# 全球股票市场基本情况图

图1　全球主要交易所股票市值（截至2017年12月31日）

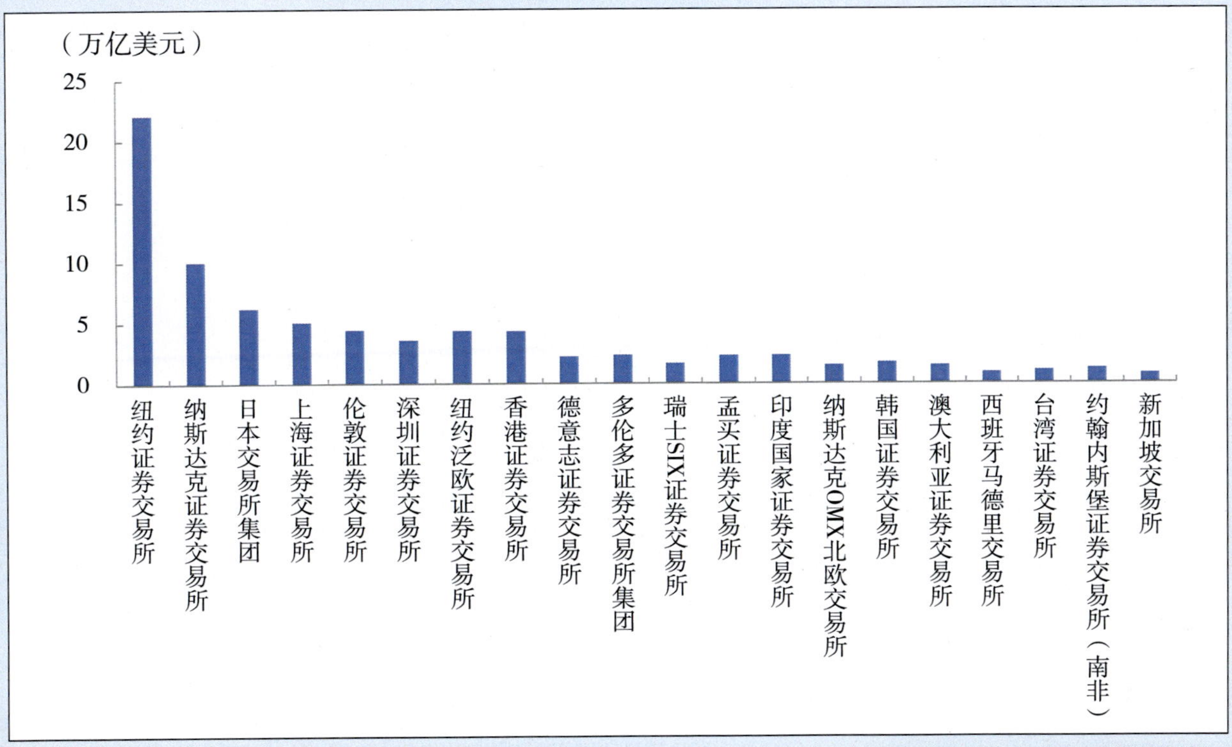


资料来源：世界交易所联合会。

图2　2017年全球主要股票指数变动情况

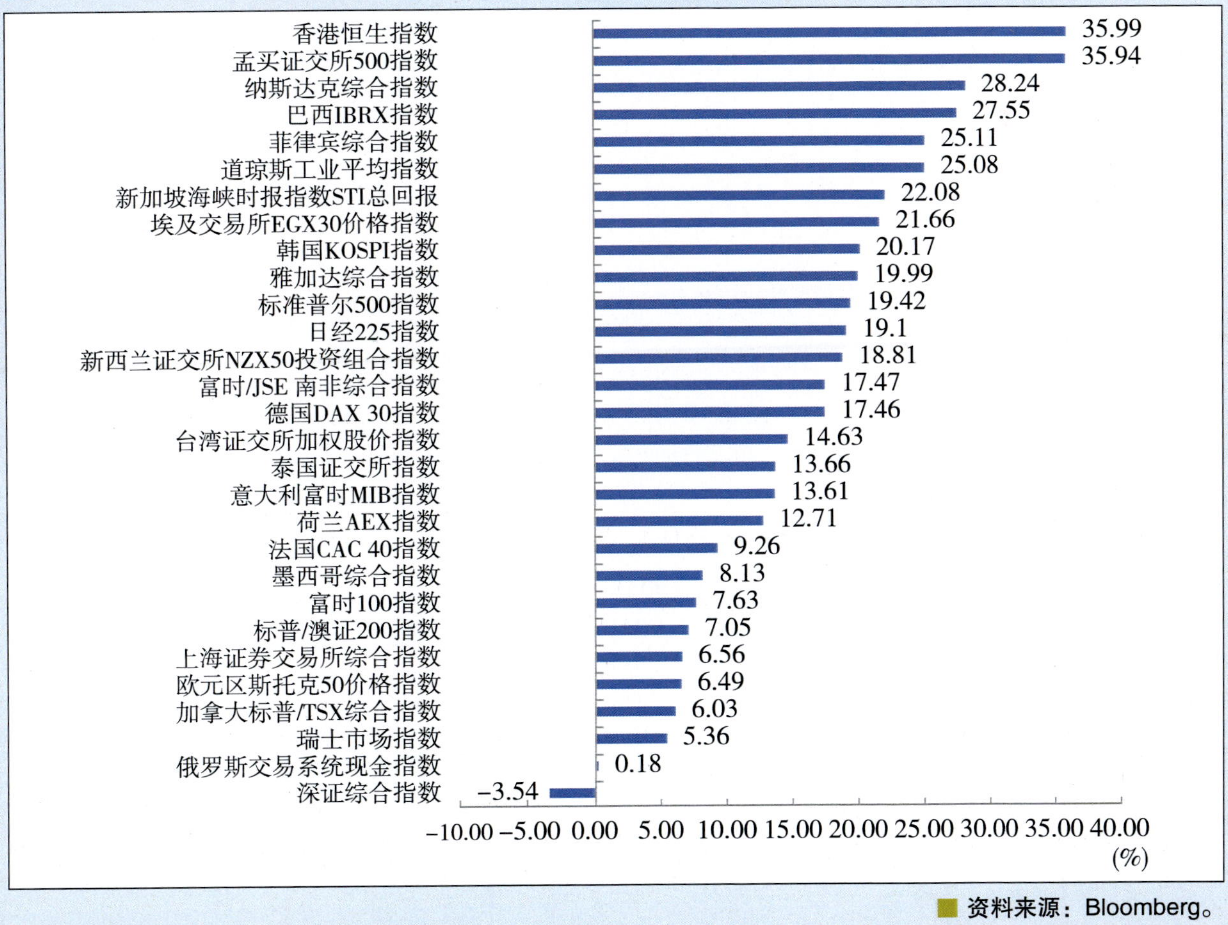


资料来源：Bloomberg。

图3　全球股票总市值历年变化情况

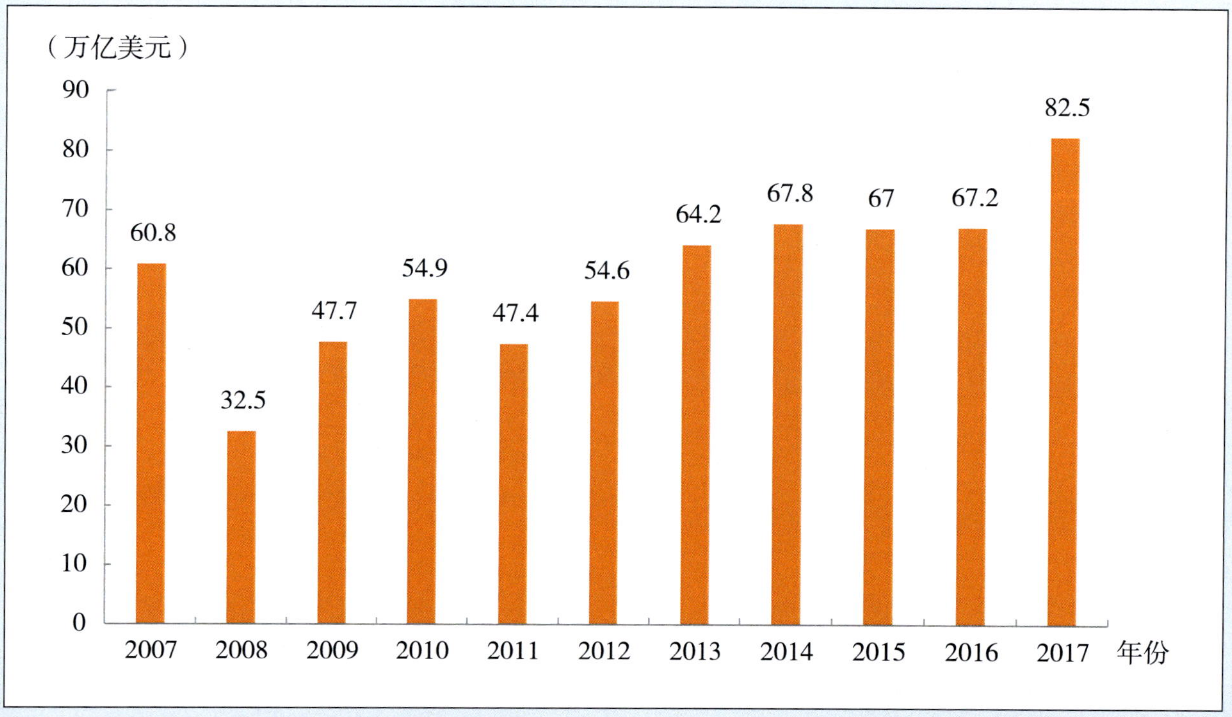


资料来源：世界交易所联合会。

图4　上证综指和深证综指走势

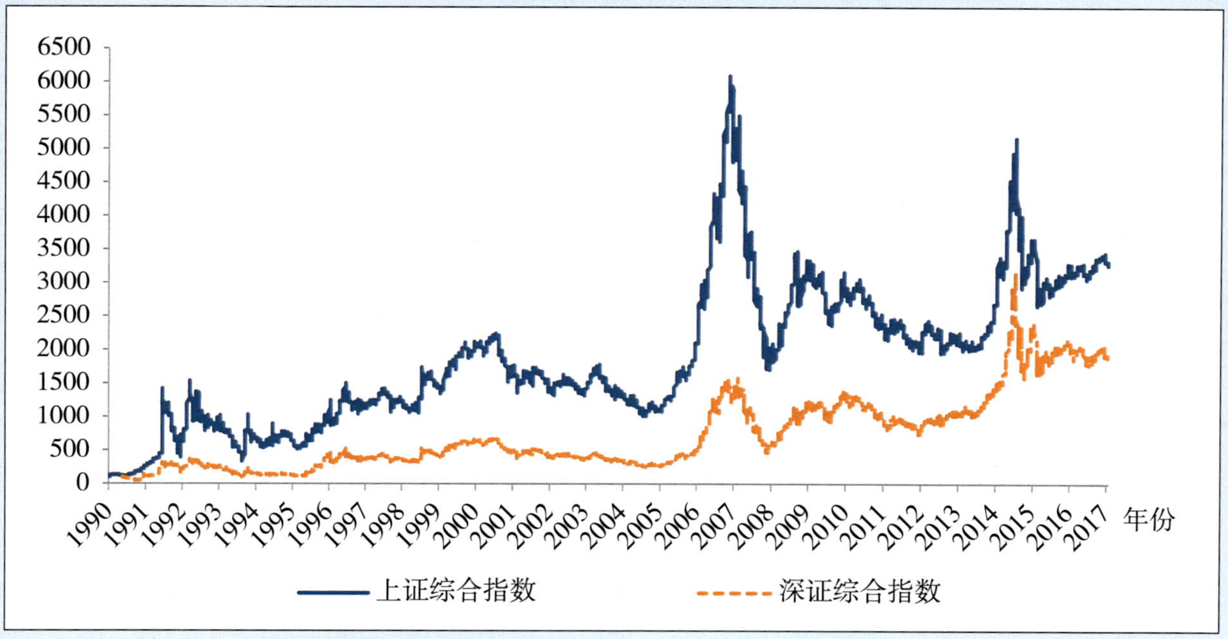


资料来源：Wind资讯。

图5　　沪深300指数、中小板综指和创业板综指走势

资料来源：Wind资讯。

图6　　摩根士丹利全球股票指数走势

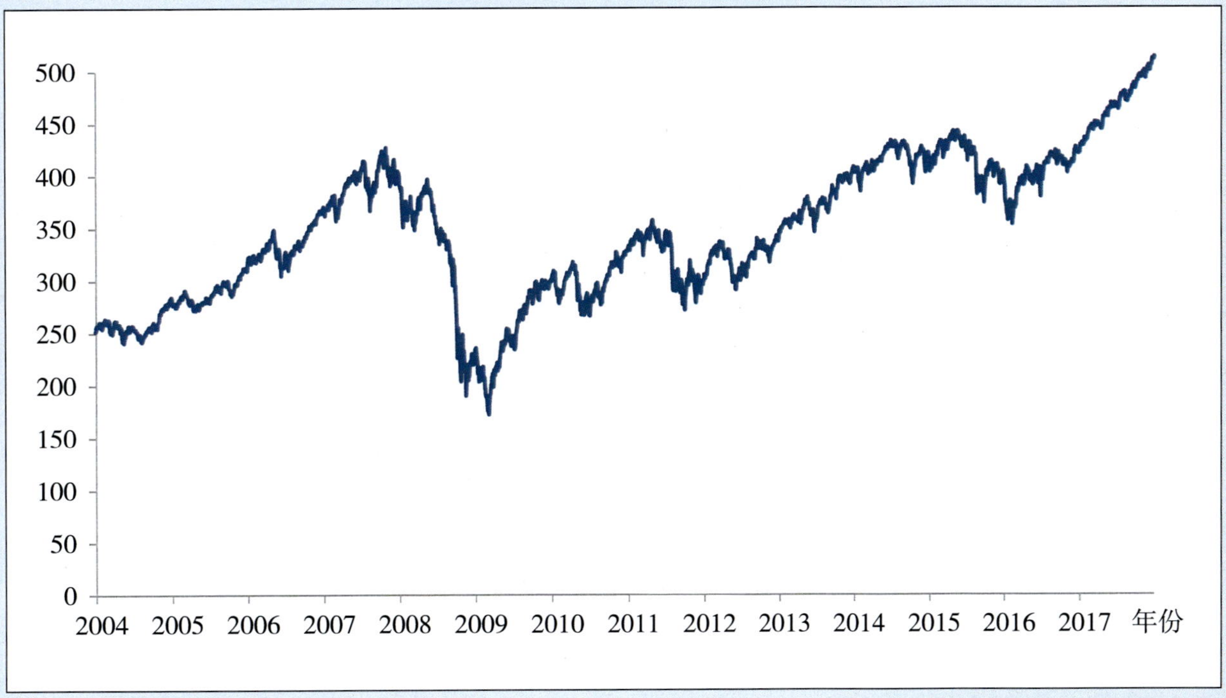


资料来源：Bloomberg。

图7　摩根士丹利全球发达国家股票指数走势

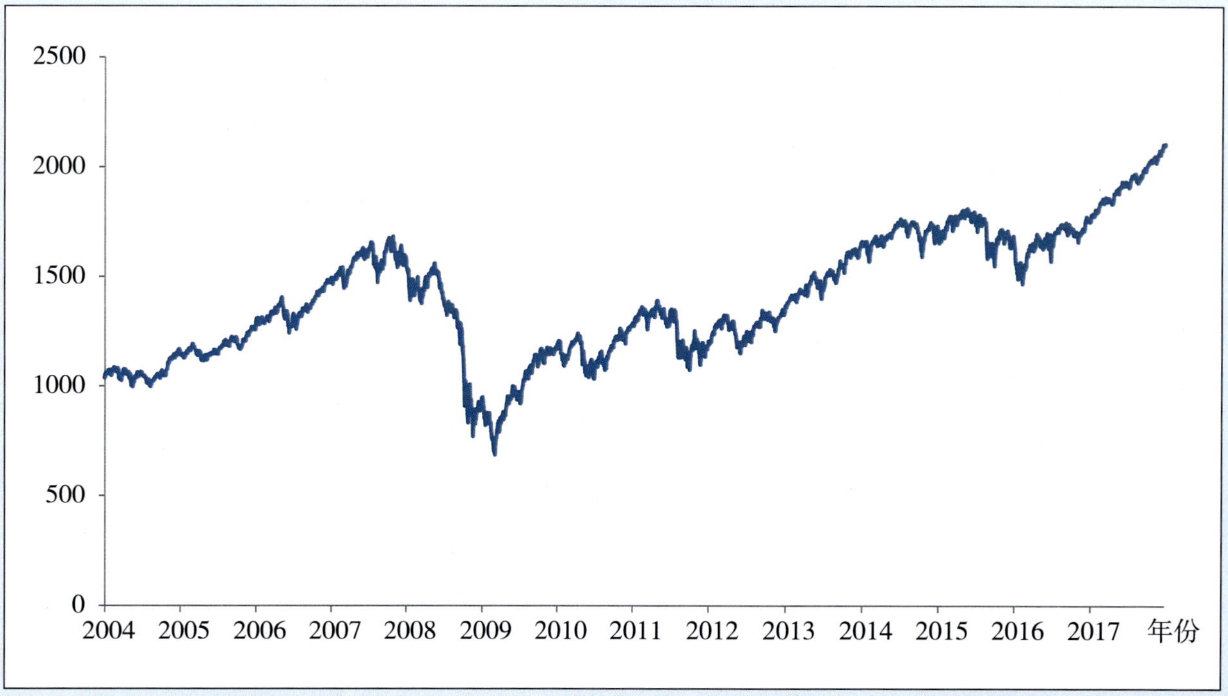


资料来源：Bloomberg。

图8　摩根士丹利发展中国家股票指数走势

资料来源：Bloomberg。

ALMANAC OF THE
CHINESE LISTED COMPANIES

# 中国上市公司年鉴

# 2018

中国证券监督管理委员会
中国上市公司协会
编

中国财经出版传媒集团
中国财政经济出版社

**图书在版编目（CIP）数据**

中国上市公司年鉴．2018 / 中国证券监督管理委员会，中国上市公司协会编．--北京：中国财政经济出版社，2019.10

ISBN 978-7-5095-9254-0

Ⅰ.①中… Ⅱ.①中… ②中… Ⅲ.①上市公司-中国-2018-年鉴 Ⅳ.①F279.246-54

中国版本图书馆 CIP 数据核字（2019）第 206914 号

责任编辑：付克华　　责任校对：胡永立

封面设计：北京兰卡绘世

中国财政经济出版社出版

URL：http：//www.cfeph.cn

E-mail：cfeph@cfeph.cn



社址：北京市海淀区阜成路甲 28 号　邮政编码：100142

营销中心电话：010-88191537

北京虎彩文化传播有限公司印刷　各地新华书店经销

889×1194 毫米　16 开　57 印张　2 000 000 字

2019 年 10 月第 1 版　2019 年 10 月北京第 1 次印刷

定价：998.00 元

ISBN 978-7-5095-9254-0

（图书出现印装问题，本社负责调换）

本社质量投诉电话：010-88190744

**打击盗版举报热线：010-88191661　QQ：2242791300**

# 《中国上市公司年鉴》（2018）编辑委员会

| | | |
|---|---|---|
| 田向阳 | 中国证券监督管理委员会宁波监管局 | 局长 |
| 闫　勇 | 中国证券监督管理委员会河北监管局 | 局长 |
| 孙春生 | 中国证券监督管理委员会山西监管局 | 局长 |
| 严伯进 | 中国证券监督管理委员会上海监管局 | 局长 |
| 李　明 | 中国证券监督管理委员会江苏监管局 | 局长 |
| 李立国 | 中国证券监督管理委员会黑龙江监管局 | 局长 |
| 李永春 | 中国证券监督管理委员会厦门监管局 | 局长 |
| 李秉恒 | 中国证券监督管理委员会湖北监管局 | 局长 |
| 杨　光 | 中国证券监督管理委员会贵州监管局 | 局长 |
| 杨宗儒 | 中国证券监督管理委员会海南监管局 | 局长 |
| 吴运浩 | 中国证券监督管理委员会新疆监管局 | 局长 |
| 邱　勇 | 中国证券监督管理委员会广东监管局 | 局长 |
| 何庆文 | 中国证券监督管理委员会湖南监管局 | 局长 |
| 张文鑫 | 中国证券监督管理委员会青岛监管局 | 局长 |
| 陈小澎 | 中国证券监督管理委员会深圳监管局 | 局长 |
| 陈家琰 | 中国证券监督管理委员会山东监管局 | 局长 |
| 林　林 | 中国证券监督管理委员会云南监管局 | 局长 |
| 鱼向东 | 中国证券监督管理委员会内蒙古监管局 | 局长 |
| 柳　磊 | 中国证券监督管理委员会辽宁监管局 | 局长 |
| 唐理斌 | 中国证券监督管理委员会江西监管局 | 局长 |
| 梁世鹏 | 中国证券监督管理委员会青海监管局 | 局长 |
| 鲁颂宾 | 中国证券监督管理委员会福建监管局 | 局长 |
| 滕必焱 | 中国证券监督管理委员会四川监管局 | 局长 |
| 颜晓红 | 中国证券监督管理委员会西藏监管局 | 局长 |

张　卓　张姗姗　张　洋　张　浩　张敏聪　张彩霞　张婉姝
张雅洁　张雅婧　张景霞　张蓉蓉　张　煜　张　瑶　陆佳红
陆梅芳　陈　希　陈永强　陈　宇　陈雨竹　陈国飞　陈周飞
陈　玲　陈显帆　陈燕苹　邵珠东　邵烈娜　武　剑　武首纲
林文杰　易华强　易　轰　金晟哲　周子歆　周星辰　周笑汀
郑纪宁　郑连声　赵麦琪　赵金厚　赵　波　赵　南　赵　超
赵　瀛　胡文浩　胡文静　段玉琳　侯国祥　侯　睿　姜志华
姜　娅　祝庆松　弭杨囡　贺众营　秦一然　袁同济　贾汝明
顾　晟　柴小平　徐　冉　徐茂龙　徐　勇　徐　萍　徐雪洁
奚逸嘉　高瑞启　郭若超　黄金波　黄锦涛　曹玲燕　崔　艳
章　林　商丹丹　梁程加　彭　凰　彭　渤　葛　军　董岚枫
蒋　玮　蒋　诚　韩轶超　韩　瑶　鲁斯嘉　童　惟　曾朵红
曾　琦　谢　誉　楚天慧　訾　磊　翟太煌　熊城棋　樊晓晖
潘　俊　潘琼芳　薛　缘　霍　丹

**支持单位：**（排名不分先后）

中信证券股份有限公司　上海证券交易所
申万宏源证券有限公司　深圳证券交易所
长江证券股份有限公司　伦敦证券交易所
山西证券股份有限公司　德意志交易所
西南证券股份有限公司　东京证券交易所
渤海证券股份有限公司　纽约证券交易所
中信建投证券股份有限公司　新加坡交易所
银华基金管理股份有限公司　华融证券股份有限公司
中国国际金融股份有限公司　博时基金管理有限公司
浙江核新同花顺网络信息股份有限公司
《中国证券报》　《上海证券报》　《证券时报》　《证券日报》

# 编写说明

《中国上市公司年鉴》由中国证监会、中国上市公司协会组织编撰，是一部全面反映中国上市公司经营、发展和改革状况，以及上市公司监管政策、法律法规体系的专业性、权威性、综合性年鉴。《中国上市公司年鉴》从2007年起，每年一卷，以作为上市公司、投资者、监管工作者、研究机构、证券公司、基金公司、有关中介机构等共享和沟通上市公司信息资源的平台。

《中国上市公司年鉴（2018）》全方位、多角度、跨地区、跨行业地汇集了上市公司2017年度的基本状况，尤其对不同行业、不同地区上市公司经营状况及相关数据进行了详尽地采集和深度地分析，使读者可以全面、细致、深入地了解上市公司的经营状况和发展前景。

《中国上市公司年鉴（2018）》共设有8个篇目，各篇目下按具体内容分为章、节、目、段多个层次。篇目内容依次为：综合发展篇、上市公司行业篇、上市公司地区篇、上市公司治理篇、上市公司并购重组篇、大事记、政策法规篇及统计篇。为方便读者，本年鉴配有CD－ROM电子出版物。另外，因篇幅所限，政策法规篇和统计篇的内容只进入了电子出版物。

《中国上市公司年鉴（2018）》"上市公司行业篇"中，上市公司的行业归属系根据中国证监会2017年第四季度发布的最新行业划分标准分类。

《中国上市公司年鉴（2018）》由中国证监会、中国上市公司协会、各证监局、上海证券交易所、深圳证券交易所、部分证券公司、相关媒体等单位及部分专家、学者共同参与编写，各种资料和数据权威、可靠，均经各撰稿单位审阅。

《中国上市公司年鉴（2018）》由中国证监会副主席阎庆民同志任编委会名誉主任，中国上市公司协会会长宋志平同志任编委会主任，中国证监会上市公司监管部、上海证券交易所、深圳证券交易所、中国上市公司协会的负责同志任编委会副主任，各证监局负责人任编委会委员。

《中国上市公司年鉴（2018）》"上市公司行业篇""上市公司地区篇"中的数据，除特别说明外，由浙江核新同花顺网络信息股份有限公司整理提供。

《中国上市公司年鉴（2018）》中的资料、数据，除特别说明外，截止时间为2017

年12月31日。

《中国上市公司年鉴（2018）》的编撰工作得到了各撰稿单位及撰稿人的大力支持，在此谨表示衷心的感谢！对本年鉴的不足之处，诚请提出批评和改进意见，以使《中国上市公司年鉴》日臻完善。

《中国上市公司年鉴》编辑部

2019年6月　　北　京

# 目　录

## 第一篇　综合发展篇



## 第二篇　上市公司行业篇

## 第三篇　上市公司地区篇

## 第四篇　上市公司治理篇



## 第五篇　上市公司并购重组篇



## 大事记

注：限于篇幅，以下内容只进入随书 CD－ROM，目录只做列示

## 政策法规篇

**法律**



**行政法规、法规性文件**

**中国证监会发布的部门规章及规范性文件**

**综合类**

**附录**



**司法解释及其他司法文件**



**其他部委发布的相关部门规章及规范性文件**

## 统计篇

# 第一篇

# 综合发展篇

- 2017 年上市公司基本情况
- 沪市上市公司 2017 年年报整体分析报告
- 沪市上市公司 2017 年报会计问题分析报告
- 沪市上市公司 2017 年度审计问题分析报告
- 沪市上市公司 2017 年年报内部控制问题分析
- 深交所多层次资本市场上市公司 2017 年报实证分析报告
- 深市上市公司 2017 年首次全面执行关键审计事项准则情况分析报告
- 深市上市公司 2017 年执行行业信息披露指引情况的分析报告
- 深市上市公司 2017 年公司治理状况分析
- 深市上市公司 2017 年社会责任信息披露分析报告
- 2017 年海外股票市场基本情况

# 2017 年上市公司基本情况

2017 年，从国际环境来看，世界经济稳步扩张，发达经济体增速明显上升，新兴市场整体回暖，但分化加剧；尽管国际贸易随着全球主要经济体的复苏转好，但是贸易的失衡使得贸易保护主义在全球继续发酵，民族主义和民粹主义抬头；大宗商品价格继续回暖，CRB 现货指数上涨 2.19%；英国脱欧、美国大选和美联储加息等因素，以及日渐抬头的保护主义，使得国际金融市场有所震荡，全球经济金融环境仍然严峻；国际直接投资活动继续减少，绿地投资和全球并购显著下降。国内方面，坚持实施积极的财政政策和稳健的货币政策，国内经济稳健筑底回升。2017 年中国经济结构转型取得显著成效，企业绩效大幅改善，经济回暖的微观基础逐步筑实。

2017 年，国家出台一批具有标志性、关键性的重大改革方案，在重要领域和关键环节改革取得突破性进展，开放型经济发展水平不断提升：不断深化价格改革，充分发挥市场的定价功能；国企国资改革扎实推进，公司制改革基本完成，兼并重组、压减层级、提质增效取得积极进展；基本放开利率管制，建立存款保险制度，推动大中型商业银行设立普惠金融事业部，深化政策性、开发性金融机构改革，强化金融监管协调机制。全年经济运行缓中趋稳、稳中向好，全年经济增长处在预期目标区间，经济结构调整和供给侧结构性改革取得明显成效。

2017 年，中国 GDP 为 820754 亿元，同比增长 6.8%，增长率较 2016 年小幅上升，经济增长逐步企稳。全年 CPI 上涨 1.6%，较 2016 年有所下降；全年 PPI 上涨 6.3%，较 2016 年大幅上涨；PPI 回升使得企业利润有所增加，2017 年全国规模以上工业企业利润总额为 75187.1 亿元，比 2016 年同比增长 21%，增速比 2016 年加快 12.5 个百分点。进出口同比回落，全年货物进出口总额 277920.92 亿元，比 2016 年上涨 14.21%，贸易顺差有所回落，达到 28715.72 亿元。与此同时，中国产业结构优化升级加速，第二产业持续向高端制造业转型，高技术制造业和装备制造业增加值比 2016 年分别增长了 13.4% 和 11.3%，增速分别比规模以上工业快 2.6 个百分点和 1.8 个百分点。统计局开始公布三新（新产业、新业态、新商业模式生产活动的集合）经济增加值，2017 年达到 129578 亿元，同比增长 14.08%。全年第三产业国内生产总值占 GDP 的比重达到 51.9%，高于第二产业 11.4 个百分点。高端制造业和现代服务业发展较快，中国新旧增长动能正在加速转换。

面对挑战和机遇，2017 年 A 股上市公司经营业绩整体仍实现增长。其中，大盘蓝筹股依然起到了中流砥柱的作用；中小板股票盈利增速较快，且对整体贡献略有上升。

2017 年是资本市场“强监管”的一年，定增、减持等监管新政策纷纷亮相，对于资金“脱虚向实”的引导非常明显，通过控制定向增发募集资金规模、节奏，防范“忽悠式”“跟风式”重组，严格控制股票质押降低市场杠杆水平，出台资管新规消除多层嵌套和通道业务并打破刚性兑付；在这种背景下，上市公司并购重组继续维持“量降质升”的态势。境内 IPO 继续保持严格标准，但数量有了明显提升，IPO“堰塞湖”问题得到一定程度的解决。随着国务院金融稳定委的成立，未来去杠杆和强监管仍将成为主基调，而更加规范的资本市场也有利于充分发挥其资源配置的作用。

截至 2017 年年底，中国境内上市公司数量为 3485 家，上市公司总资产规模达到 220.56 万亿元，归属于上市公司母公司净利润达到 3.33 万亿元。

## 一、公司上市速度加快，支持创新创业

截至 2017 年年底，共有 438 只新股相继发行，总募资规模近 2301 亿元。中国股票市场上市公司数量增至 3485 家（见图 1），较 2016 年增加 433 家，同比增长 14.19%。其中，上交所上市公司为 1396 家，较 2016 年增加 214 家；深交所上市公司为 2089 家，较 2016 年增加 219 家，其中，主板、中小板、创业板分别为 514 家、903 家、710 家，除深市主板上市公司数量微降之外，深市中小板和创业板上市公司数量均增加，分别增长 81 家和 140 家。中小板、创业板公司数量逐步增加，由此可以看出中国重视创新创业理念，使得中小板、创业板得到了迅速发展。

截至 2017 年年底，3485 家上市公司仅发行 A 股的上市公司为 3385 家，仅发行 B 股的上市公司为 18 家，A + B 股上市公司为 82 家。

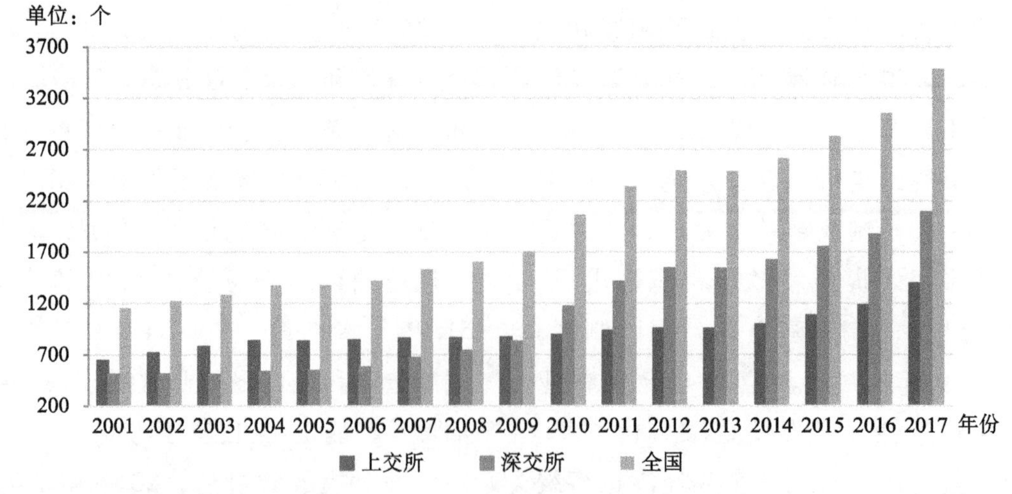


资料来源：沪深交易所，Wind 资讯。

**图 1　各年度全国上市公司数量（2001 ~ 2017 年）**

## 二、上市公司股本规模持续增加

2017 年，上市公司数量增加，上市公司股本呈现扩大趋势。截至 2017 年 12 月 31 日，上市公司总股本（包括 A 股、B 股和 H 股）达 61100 亿股，其中，境内股本规模（A 股和 B 股）为 53818 亿股，境内流通股本规模 44962 亿股。上市公司平均总股本达到 17.53 亿股，其中，平均境内总股本为 15.44 亿股，平均境内流通股本规模为 12.90 亿股。

根据统计数据，1996 年年底总股本规模在 5 亿股以上的上市公司数量为 5 家，2015 年年底为 1471 家，2016 年年底为 1745 家，2017 年年底为 1910 家；总股本规模在 10 亿以上的企业在 1996 年年底仅为 10 家，2015 年年底为 713 家，2016 年年底增至 912 家，2017 年年底为 1041 家（见表 1）。

表 1　　2017 年年底上市公司按股本规模数量分布　　单位：家

| 总股本规模 | 上海 | 深圳 | 合计 |
|---|---|---|---|
| 1 亿股以下 | 52 | 145 | 197 |
| 1 亿～2 亿股（含 2 亿股） | 152 | 278 | 430 |
| 2 亿～3 亿股（含 3 亿股） | 133 | 182 | 315 |
| 3 亿～5 亿股（含 5 亿股） | 236 | 397 | 633 |
| 5 亿～10 亿股（含 10 亿股） | 295 | 574 | 869 |
| 10 亿股以上 | 528 | 513 | 1041 |
| 合计 | 1396 | 2089 | 3485 |

资料来源：沪深交易所，Wind 资讯。

截至 2017 年年底，总股本达到 100 亿股以上的公司数量为 72 家，合计总股本 28086 亿股，较 2016 年增加 6 家（见表 2）。其中，银行业公司共 15 家，总股本达到 15758 亿股，占这一区间股本总数的 56.11%。

表 2　　2017 年年底总股本超过 100 亿的 72 家公司股本情况　　单位：亿股

| 证券代码 | 证券简称 | 总股本 | 境内 A 股 | H 股 |
|---|---|---|---|---|
| 601398.SH | 工商银行 | 3564 | 2696 | 868 |
| 601288.SH | 农业银行 | 3248 | 2941 | 307 |
| 601988.SH | 中国银行 | 2944 | 2108 | 836 |
| 601939.SH | 建设银行 | 2500 | 96 | 2404 |
| 601857.SH | 中国石油 | 1830 | 1619 | 211 |
| 600028.SH | 中国石化 | 1211 | 956 | 255 |
| 601328.SH | 交通银行 | 743 | 393 | 350 |

续表

| 证券代码 | 证券简称 | 总股本 | 境内 A 股 | H 股 |
|---|---|---|---|---|
| 601818. SH | 光大银行 | 525 | 398 | 127 |
| 601998. SH | 中信银行 | 489 | 341 | 149 |
| 600010. SH | 包钢股份 | 456 | 456 | 0 |
| 600016. SH | 民生银行 | 365 | 296 | 69 |
| 000725. SZ | 京东方 A | 348 | 339 | 0 |
| 600050. SH | 中国联通 | 302 | 302 | 0 |
| 601668. SH | 中国建筑 | 300 | 300 | 0 |
| 600000. SH | 浦发银行 | 294 | 294 | 0 |
| 601766. SH | 中国中车 | 287 | 243 | 44 |
| 601628. SH | 中国人寿 | 283 | 208 | 74 |
| 600036. SH | 招商银行 | 252 | 206 | 46 |
| 600018. SH | 上港集团 | 232 | 232 | 0 |
| 601899. SH | 紫金矿业 | 230 | 173 | 57 |
| 601390. SH | 中国中铁 | 228 | 186 | 42 |
| 600019. SH | 宝钢股份 | 221 | 221 | 0 |
| 600900. SH | 长江电力 | 220 | 220 | 0 |
| 603993. SH | 洛阳钼业 | 216 | 177 | 39 |
| 601169. SH | 北京银行 | 211 | 211 | 0 |
| 601166. SH | 兴业银行 | 208 | 208 | 0 |
| 601618. SH | 中国中冶 | 207 | 179 | 29 |
| 000166. SZ | 申万宏源 | 201 | 201 | 0 |
| 601088. SH | 中国神华 | 199 | 165 | 34 |
| 600795. SH | 国电电力 | 197 | 197 | 0 |
| 601989. SH | 中国重工 | 191 | 191 | 0 |
| 601318. SH | 中国平安 | 183 | 108 | 74 |
| 600025. SH | 华能水电 | 180 | 180 | 0 |
| 000001. SZ | 平安银行 | 172 | 172 | 0 |
| 600221. SH | 海航控股 | 168 | 164 | 0 |
| 601800. SH | 中国交建 | 162 | 117 | 44 |
| 601985. SH | 中国核电 | 156 | 156 | 0 |
| 601669. SH | 中国电建 | 153 | 153 | 0 |
| 600011. SH | 华能国际 | 152 | 105 | 47 |

续表

| 证券代码 | 证券简称 | 总股本 | 境内 A 股 | H 股 |
|---|---|---|---|---|
| 601600. SH | 中国铝业 | 149 | 110 | 39 |
| 601006. SH | 大秦铁路 | 149 | 149 | 0 |
| 601727. SH | 上海电气 | 147 | 118 | 30 |
| 601111. SH | 中国国航 | 145 | 100 | 46 |
| 600115. SH | 东方航空 | 145 | 98 | 47 |
| 600871. SH | *ST 油服 | 141 | 120 | 21 |
| 600023. SH | 浙能电力 | 136 | 136 | 0 |
| 601186. SH | 中国铁建 | 136 | 115 | 21 |
| 000100. SZ | TCL 集团 | 135 | 135 | 0 |
| 601991. SH | 大唐发电 | 133 | 100 | 33 |
| 601898. SH | 中煤能源 | 133 | 92 | 41 |
| 601018. SH | 宁波港 | 132 | 132 | 0 |
| 601880. SH | 大连港 | 129 | 77 | 52 |
| 600015. SH | 华夏银行 | 128 | 128 | 0 |
| 600157. SH | 永泰能源 | 124 | 124 | 0 |
| 002027. SZ | 分众传媒 | 122 | 122 | 0 |
| 600606. SH | 绿地控股 | 122 | 122 | 0 |
| 600030. SH | 中信证券 | 121 | 98 | 23 |
| 600048. SH | 保利地产 | 119 | 119 | 0 |
| 600104. SH | 上汽集团 | 117 | 117 | 0 |
| 601866. SH | 中远海发 | 117 | 79 | 38 |
| 600919. SH | 江苏银行 | 115 | 115 | 0 |
| 600837. SH | 海通证券 | 115 | 81 | 34 |
| 000002. SZ | 万科 A | 110 | 97 | 13 |
| 600022. SH | 山东钢铁 | 109 | 109 | 0 |
| 600688. SH | 上海石化 | 108 | 73 | 35 |
| 601992. SH | 金隅集团 | 107 | 83 | 23 |
| 000709. SZ | 河钢股份 | 106 | 106 | 0 |
| 000630. SZ | 铜陵有色 | 105 | 105 | 0 |
| 601919. SH | 中远海控 | 102 | 76 | 26 |
| 601881. SH | 中国银河 | 101 | 64 | 37 |
| 600029. SH | 南方航空 | 101 | 70 | 31 |
| 601225. SH | 陕西煤业 | 100 | 100 | 0 |

资料来源：沪深交易所，Wind 资讯。

## 三、并购重组量降质升，市场秩序明显好转

2017 年，并购重组沿着服务于供给侧结构性改革和国企改革，推动新经济、新技术、新产业与资本市场深度融合，以及推动跨境并购服务国家经济转型。在证监会的监管下，上市公司实施并购重组更加理性务实，紧贴实体经济运行轨道，并购标的回归实体本源、估值溢价回归理性水平、股价反映回归价值投资以及举牌行为回归产业逻辑。

2017 年，沪市上市公司并购重组，延续了近年来的良好态势，质量配比更为合理，扶优限劣效果彰显。全年共完成并购重组 864 家次，交易总金额 9200 亿元，较 2016 年度分别增长 45% 和 8%。重大资产重组方面，共有 127 家公司停牌启动重组，同比下降 28%；共披露 99 个重组方案，同比下降 34%，涉及交易金额近 4500 亿元；74 家公司完成重大资产重组，涉及交易金额约 2500 亿元，合计增加市值约 2300 亿元，新增市值超过百亿元公司 13 家。深市披露重大资产重组方案合计 217 家次，比 2016 年同期减少 33.6%，涉及交易金额 4726.7 亿元，比 2016 年同期下降 54.5%，其中，产业整合方案占比达 59%，同比提高 4 个百分点。包括吸收合并等方案在内，2017 年实施完成方案合计 186 家次，比 2016 年同期减少 14.3%，涉及金额 6528.2 亿元，比 2016 年同期增长 45.8%。

2017 年，沪市国有上市公司并购重组金额超过 5400 亿元，重大资产重组金额接近 2000 亿元。混合所有制改革、债转股试点、资产证券化及专业化重组，多点开花、全线并进，创下多个第一，国企改革整体性突破的积极态势已经形成。其中，中国联通引入阿里、腾讯、百度、京东等战略投资者，同步完成增强资本实力与完善法人治理结构，成为国企混改的“里程碑”案例。中国重工推出首单市场化法治化债转股方案，整体降低资产负债率 5 个百分点。国电电力与中国神华成立煤电合资公司，理顺煤电联营产业链，化解煤电顶牛难题。中远海控响应“一带一路”倡议，要约收购港交所上市公司东方海外，成为全球航运“三巨头”之一，双方的航线网络资源将形成有效的补充和完善，规模效应和成本优势将得到充分发挥。山煤国际、阳煤化工、大同煤业、潞安环能等多家国有公司的控股权由山西省国资委划转至国资管理平台，国有资产管理体制从“管资产”向“管资本”的转变，从构想变为现实。

## 四、上市公司行业分布改善，地区分布呈现两极分化

由于自然地理、历史文化、地区政策、市场结构和投资环境的不同，中国上市公司地域性差异依然存在，各地区经济增长有显著差别，上市公司的数量、规模和盈利能力也表现出不平衡性。

截至 2017 年年底，全国拥有上市公

司数量前 5 名的地区为广东 571 家、浙江 415 家、江苏 382 家、北京 306 家、上海 279 家，均为发达地区，符合中国经济增长的区域格局；而上市公司数量排名靠后的则为青海、宁夏、西藏、内蒙古和贵州，大部分为相对落后的地区（见表 3）。

表 3　　2017 年年底上市公司按省市数量分布　　单位：家

| 省市 | 上市公司数量 | 省市 | 上市公司数量 |
|---|---|---|---|
| 广东省 | 571 | 天津 | 49 |
| 浙江省 | 415 | 陕西省 | 47 |
| 江苏省 | 382 | 吉林省 | 42 |
| 北京 | 306 | 江西省 | 39 |
| 上海 | 279 | 山西省 | 38 |
| 山东省 | 196 | 广西壮族自治区 | 36 |
| 福建省 | 132 | 黑龙江省 | 36 |
| 四川省 | 115 | 云南省 | 34 |
| 安徽省 | 102 | 甘肃省 | 33 |
| 湖南省 | 101 | 海南省 | 30 |
| 湖北省 | 97 | 贵州省 | 27 |
| 河南省 | 78 | 内蒙古自治区 | 26 |
| 辽宁省 | 76 | 西藏自治区 | 15 |
| 河北省 | 56 | 宁夏回族自治区 | 13 |
| 新疆维吾尔自治区 | 52 | 青海省 | 12 |
| 重庆 | 50 | — | — |

资料来源：沪深交易所，Wind 资讯。

在区域分布上，华东地区比重最大，共有 1545 家上市公司，占全部上市公司的 44.33%，同比增加 19.31%；中南地区次之，上市公司数量为 913 家，占比 26.2%，同比增加 15.13%；而上市公司分布最少的为东北地区，仅为 154 家，占比 4.42%（见表 4），同比增加 1.32%。整体来看，华东地区、中南地区上市公司占比进一步上升，同时华北地区、西南地区、东北地区、西北地区占比都有所下降。中国上市公司区域分布不平衡与中国目前的经济格局基本一致，且从 2017 年的分布情况来看，两极分化情况未得到改善，反而有加剧的趋势。

表 4　　2017 年年底全国上市公司区域分布

| 地区 | 数量（家） | 比例（%） | 包括省份 |
|---|---|---|---|
| 华东地区 | 1545 | 44.33 | 鲁、苏、皖、浙、沪、赣、闽 |
| 中南地区 | 913 | 26.22 | 鄂、湘、桂、粤（含深圳市）、琼、豫 |
| 华北地区 | 475 | 13.63 | 京、津、冀、晋、内蒙古 |
| 西南地区 | 241 | 6.92 | 滇、黔、蜀、藏、渝 |
| 东北地区 | 154 | 4.42 | 辽、吉、黑 |
| 西北地区 | 157 | 4.56 | 陕、甘、宁、青、新 |
| 合计 | 3485 | 100 | |

资料来源：沪深交易所，Wind 资讯。

截至2017年年底，中国制造业上市公司数量占上市公司总数的比例为63.33%，与2016年相比上升了0.68个百分点，信息传输、软件和信息技术服务业上市公司数量占比为7.09%，与2016年相比上升了0.44个百分点；批发和零售业上市公司占比相对于2016年下降了0.4个百分点，占比为4.71%；房地产业上市公司数量占比下降了0.56个百分点，达到3.67%。电力、热力、燃气及水生产和供应业，采矿业，建筑业，交通运输、仓储和邮政业等均有小幅下降。金融业，科学研究和技术服务业，水利、环境和公共设施管理业，租赁和商务服务业和文化、体育和娱乐业等均有所上升。住宿和餐饮业、卫生和社会工作和教育的上市公司数量占比不足0.5%（见表5）。

**表5　　2017年年底全国上市公司按门类行业比例分布**　　单位：家

| 行业 | 上市公司家数 | 占比（%） | 行业 | 上市公司家数 | 占比（%） |
|---|---|---|---|---|---|
| 制造业 | 2207 | 63.33 | 文化、体育和娱乐业 | 57 | 1.64 |
| 信息传输、软件和信息技术服务业 | 247 | 7.09 | 租赁和商务服务业 | 48 | 1.38 |
| 批发和零售业 | 164 | 4.71 | 科学研究和技术服务业 | 45 | 1.29 |
| 房地产业 | 128 | 3.67 | 水利、环境和公共设施管理业 | 43 | 1.23 |
| 电力、热力、燃气及水生产和供应业 | 107 | 3.07 | 农、林、牧、渔业 | 43 | 1.23 |
| 交通运输、仓储和邮政业 | 97 | 2.78 | 综合 | 24 | 0.69 |
| 建筑业 | 100 | 2.87 | 卫生和社会工作 | 9 | 0.26 |
| 金融业 | 78 | 2.24 | 住宿和餐饮业 | 9 | 0.26 |
| 采矿业 | 76 | 2.18 | 教育 | 3 | 0.09 |

资料来源：沪深交易所，Wind资讯。

制造业上市公司细分为29个行业大类，其中，公司总数超过100家的子行业分别是计算机、通信和其他电子设备制造业，化学原料及化学制品制造业，电气机械及器材制造业，医药制造业，专用设备制造业，通用设备制造业和汽车制造业（见表6）。中国计算机、通信和其他电子设备制造业上市公司数量占制造业上市公司总数的比例为15.22%，与2016年相比上升了1.05个百分点；化学原料及化学制品制造业上市公司占比相对于2016年下降了0.20个百分点，占比为10.42%；电气机械及器材制造业上市公司占比相对于2016年下降了0.12个百分点，占比为9.97%。

2017年，中国经济结构得到进一步优化，服务业在国内生产总值中的比重上升至51.9%，比2016年提高0.37个百分点，与此同时，中国上市公司行业分布也得到改善。一方面，以农、林、牧、渔业为代表的第一产业上市公司数量占比下降，而第三产业金融业、租赁和商务服务业、文化、体育和娱乐业以及科学研究和技术服务业上市公司占比上升，上市公司行业分布向附加值更高的第三产业倾斜；

另一方面，制造业上市公司中，计算机、通信和其他电子设备制造业和医药制造业等占比上升，制造业上市公司分布向技术更为先进的中高端制造业倾斜。

表 6　　2017 年年底全国制造业上市公司按行业大类分布　　单位：家

| 行业 | 上市公司家数 | 占比（%） | 行业 | 上市公司家数 | 占比（%） |
|---|---|---|---|---|---|
| 计算机、通信和其他电子设备制造业 | 326 | 15.22 | 食品制造业 | 42 | 1.90 |
| 化学原料及化学制品制造业 | 230 | 10.42 | 纺织业 | 40 | 1.81 |
| 电气机械及器材制造业 | 220 | 9.97 | 纺织服装、服饰业 | 36 | 1.63 |
| 医药制造业 | 209 | 9.47 | 黑色金属冶炼及压延加工 | 31 | 1.40 |
| 专用设备制造业 | 198 | 8.97 | 造纸及纸制品业 | 29 | 1.31 |
| 通用设备制造业 | 130 | 5.89 | 化学纤维制造业 | 22 | 1.00 |
| 汽车制造业 | 117 | 5.30 | 家具制造业 | 22 | 1.00 |
| 非金属矿物制品业 | 85 | 3.85 | 其他制造业 | 20 | 0.91 |
| 橡胶和塑料制品业 | 73 | 3.31 | 石油加工、炼焦及核燃料加工业 | 16 | 0.72 |
| 有色金属冶炼及压延加工 | 67 | 3.04 | 文教、工美、体育和娱乐用品制造业 | 14 | 0.63 |
| 金属制品业 | 59 | 2.67 | 印刷和记录媒介复制业 | 12 | 0.54 |
| 农副食品加工业 | 49 | 2.22 | 皮革、毛皮、羽毛及其制品和制鞋业 | 11 | 0.50 |
| 仪器仪表制造业 | 47 | 2.13 | 木材加工及木、竹、藤、棕、草制品业 | 9 | 0.41 |
| 铁路、船舶、航空航天和其他运输设备制造业 | 46 | 2.08 | 废弃资源综合利用业 | 5 | 0.23 |
| 酒、饮料和精制茶制造业 | 42 | 1.90 | 总计 | 2207 | 100 |

资料来源：沪深交易所，Wind 资讯。

## 五、供给侧改革亮点频现；国企改革纵深发展

2017 年，“三去一降一补”亮点频现。“三去一降一补”是供给侧结构性改革的重要任务，也是评价供给侧结构性改革成效的重要标尺。2017 年《政府工作报告》量化指标任务落实情况表显示，去产能方面，2017 年预期目标为压减钢铁产能 5000 万吨左右，实际完成 5000 万吨以上；计划退出煤炭产能 1.5 亿吨以上，实际累计化解 2.5 亿吨；计划淘汰、停建、缓建煤电产能 5000 万千瓦以上，实际完成 6500 万千瓦。2017 年国民经济和社会发展统计公报显示，2017 年全年全国工业产能利用率为 77%，比 2016 年提高 3.7 个百分点。

2017年，国企改革动作频频，落实效果初步显现。央企重组加速，混合所有制改革迈出实质性步伐，公司制改革接近尾声。2017年的国企改革有以下5个明显的特点：第一，国资改革引领国企改革的势态比较明显。以管资本为主的监管体制改革，建立现代企业制度为核心的公司制改革和混合所有制为核心的产权改革，共同为国企改革创造条件，引领国企改革的新局面。第二，公司制改制进度加快。改制后，原来的“公司”将变为“有限公司”。国家以股东的形式参与，国有企业不再是行政性企业。国企改革朝着市场化方向深入迈进。第三，混合所有制改革取得突破性进展。尤其是联通和东航的混改试点形成重要突破，带动全国混改试点的推进。第四，供给侧结构性改革效果非常明显。尤其是年初政府工作报告提出的煤炭、钢铁去产能目标均已提前两个月超额完成。第五，央企重组频率明显提升，央企数量已经减至98家。未来以布局优化、结构调整为目标的央企重组还会进一步加快。

## 六、2017年上市公司经营情况

根据上市公司2017年年报披露数据，2017年度全部上市公司共实现营业收入391560.27亿元，按可比口径计算，较2016年同比增长17.68%；实现归属于母公司股东的净利润33258.39亿元，按可比口径计算，同比增长18.67%。

2017年上市公司年报数据呈现出以下特点：

### （一）上市公司业绩整体向好

2017年，上市公司业绩整体向好。一方面，2017年全年3485家上市公司营业收入按可比样本计算，累计同比增长17.68%，较2016年增幅增加8.98个百分点；另一方面，2017年全年上市公司归属于母公司股东的净利润同比增长18.67%，较2016年的增幅增加11.01个百分点。

根据年报披露情况，按可比口径计算，2017年上市公司盈利的数量为2735家，占全部上市公司总数的91.93%，较2016年有所下降；2017年上市公司亏损公司的数量为240家，按照可比口径，较2016年248家减少8家。

根据上市公司盈利水平分布状况统计，按可比口径计算，2017年度实现归属于母公司股东的净利润超过6000万元水平的上市公司数量为2100家，较2016年增加23家；实现归属于母公司股东的净利润超过1亿元的上市公司数量为1758家，较2016年增加57家，增加幅度为3.35%；实现归属于母公司股东的净利润超过10亿元的上市公司数量为349家，较2016年增加63家；实现归属于母公司股东的净利润超过100亿元的上市公司数量为43家，较2016年增加6家。

### （二）传统行业持续回暖，第三产业增长强劲

根据上市公司2017年年报数据，按

可比口径计算，各行业的主营业务收入均实现了不同程度的增长（见图2）。

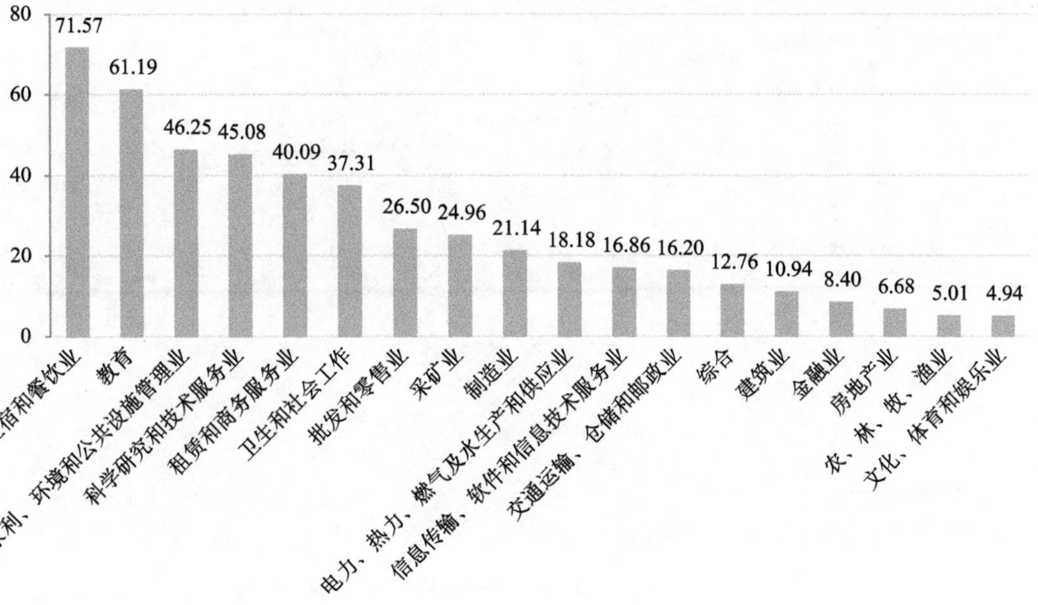


资料来源：沪深交易所，Wind资讯。

**图2　2017年上市公司分行业主营业务收入增长率（%）**

2017年，受益于供给侧结构性改革，大宗商品价格均价持续上升，传统周期性行业主营业务收入增长明显，同时，第三产业增长也非常强劲。具体来看，采矿业主营业务收入增长24.96%，而2016年主营业务收入同比下降2.30%，环比提升27.27个百分点；住宿和餐饮业主营业务收入增长71.57%，环比2016年虽有所下降，但维持高增；教育同比增长61.19%，环比提升8.15个百分点。

毛利率方面，18个门类中，有11个门类毛利率同比增长，其中：综合，卫生和社会工作，房地产业，教育，采矿业，交通运输、仓储和邮政业，制造业，建筑业，金融业，信息传输、软件和信息技术服务业，文化、体育和娱乐业分别增长4.49个百分点、3.87个百分点、3.49个百分点、2.73个百分点、1.42个百分点、1.28个百分点、0.90个百分点、0.76个百分点、0.59个百分点、0.38个百分点和0.12个百分点，而批发和零售业，租赁和商务服务业，水利、环境和公共设施管理业，科学研究和技术服务业，电力、热力、燃气及水生产和供应业，农、林、牧、渔业，住宿和餐饮业分别下降了0.56个百分点、1.09个百分点、2.06个百分点、2.16个百分点、4.54个百分点、5.35个百分点、17.28个百分点（见图3至图8）。

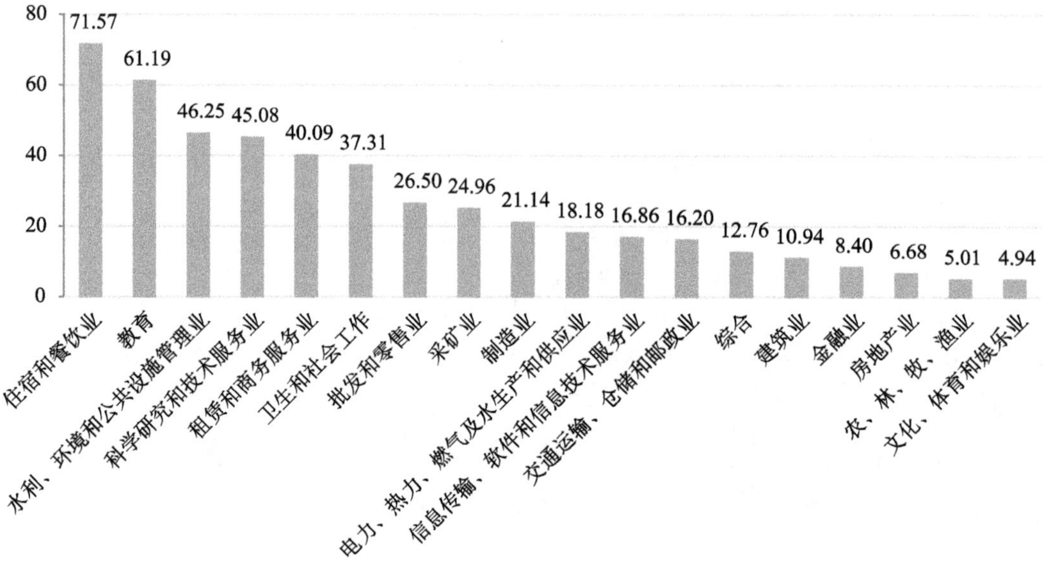


资料来源：沪深交易所，Wind 资讯。

**图 3　2017 年上市公司分行业归属母公司净利润增长率（%）**

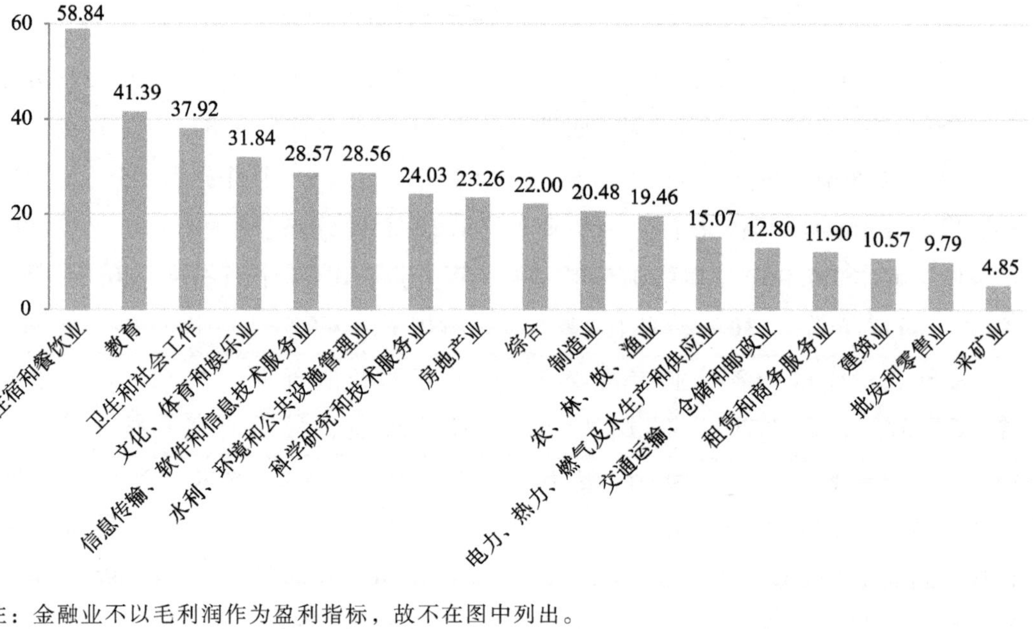


注：金融业不以毛利润作为盈利指标，故不在图中列出。

资料来源：沪深交易所，Wind 资讯。

**图 4　2017 年上市公司分行业毛利润（%）**

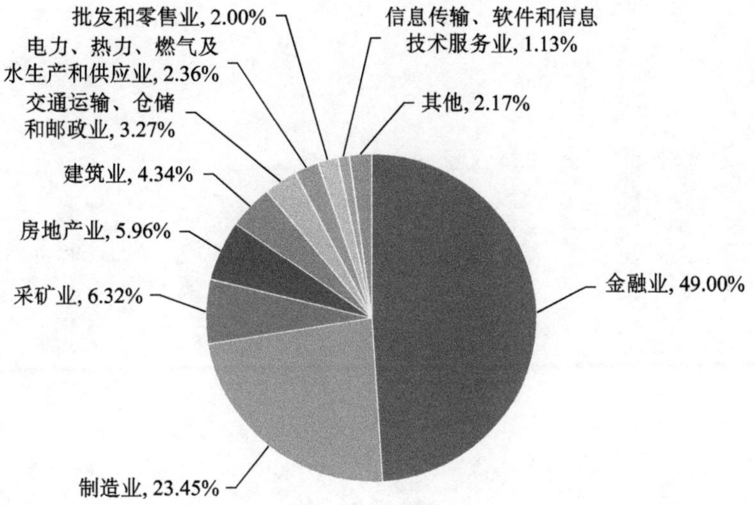


注：图中的其他行业包括文化、体育和娱乐业，租赁和商务服务业，水利、环境和公共设施管理业，农、林、牧、渔业，科学研究和技术服务业，综合业，卫生和社会工作，住宿和餐饮业，教育。

资料来源：沪深交易所，Wind 资讯。

**图 5　2017 年上市公司净利润分行业构成**

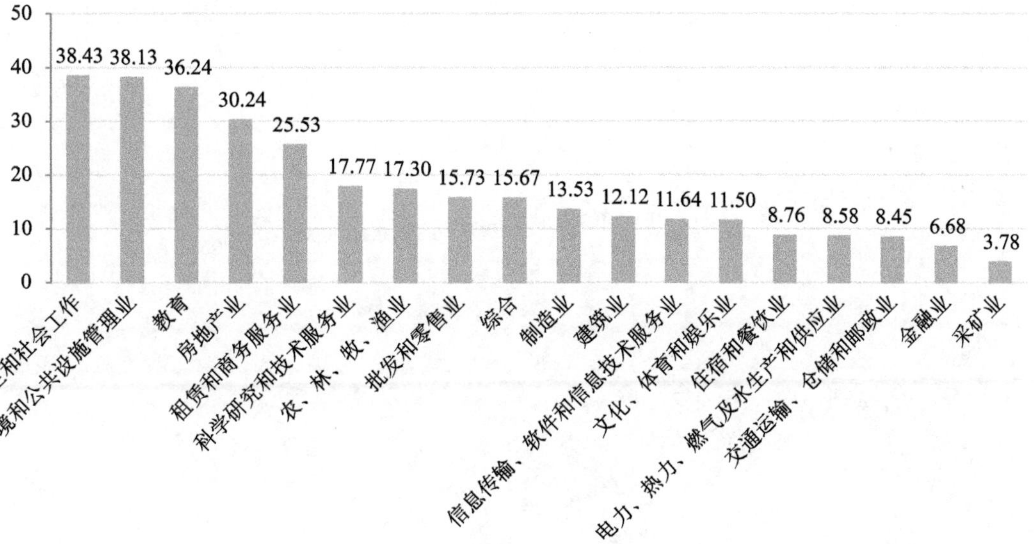


资料来源：沪深交易所，Wind 资讯。

**图 6　2017 年上市公司分行业总资产增长率（%）**

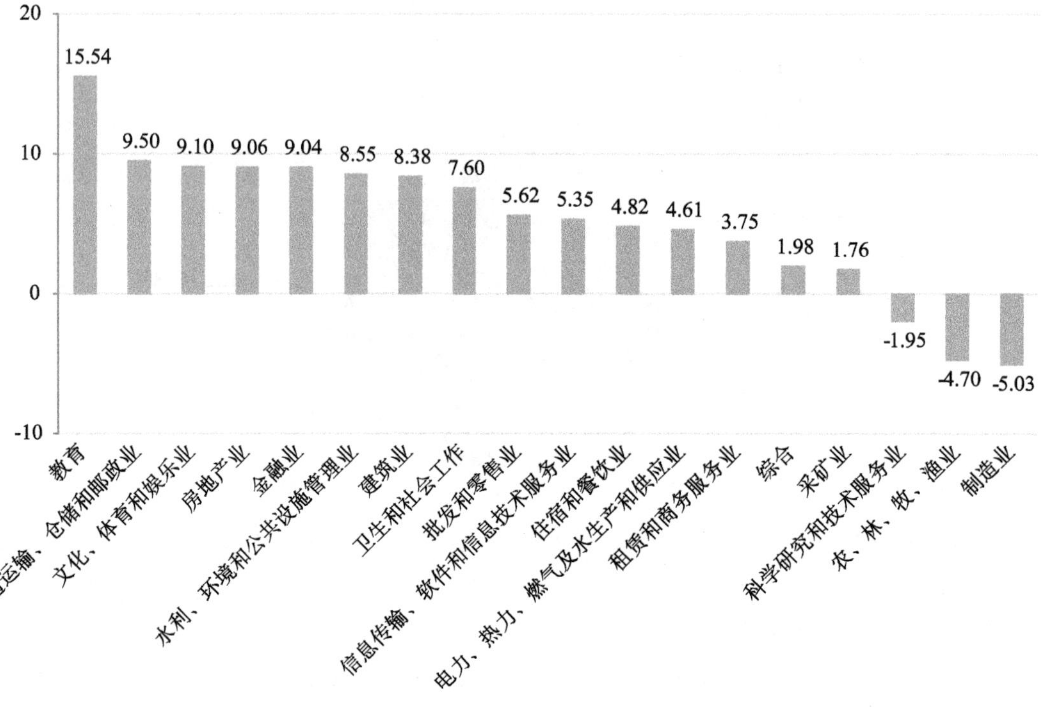


资料来源：沪深交易所，Wind资讯。

**图7　2017年上市公司分行业净资产收益率（%）**

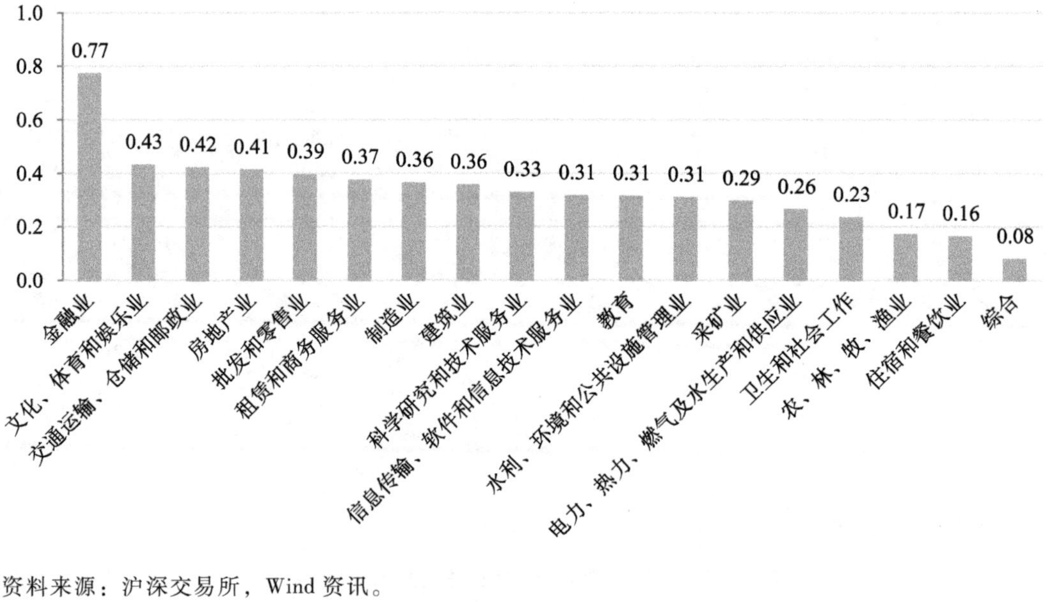


资料来源：沪深交易所，Wind资讯。

**图8　2017年上市公司分行业平均每股收益（单位：元）**

### （三）创新创业推动，新兴行业发展态势良好

近些年，中国深入实施创新驱动发展战略，高度大力推动创新创业，发展新兴战略性产业，以发挥其对经济社会全局和长远发展的重大引领作用。在这一推动下，2017 年上市公司新兴行业得到快速发展，经营业绩表现突出。

2017 年，创新发展持续发力，新动能继续较快增长。全年全国新登记企业 607.4 万户，比 2016 年增长 9.9%，日均新登记企业 1.66 万户。航空航天、人工智能、深海探测、生物医药等领域涌现出一批重大科技成果。新产业新产品蓬勃发展，工业战略性新兴产业增加值比 2016 年增长 11.0%，增速比规模以上工业快 4.4 个百分点；工业机器人产量比 2016 年增长 68.1%，新能源汽车增长 51.1%。经济结构继续优化。全年第三产业增加值对国内生产总值增长的贡献率为 58.8%，比 2016 年提高 1.3 个百分点；消费是经济增长主动力，最终消费支出对国内生产总值增长的贡献率为 58.8%，高于资本形成总额 26.7 个百分点。绿色发展扎实推进，万元国内生产总值能耗比 2016 年下降 3.7%。

### （四）上市公司经营状况两极分化

根据上市公司年报数据统计，2017 年，占全部上市公司总数 20% 的上市公司（盈利居前的 697 家公司）实现营业收入 309042.93 亿元，占所有上市公司营业收入的 78.93%；实现归属母公司净利润 30841.01 亿元，占所有上市公司归属于母公司净利润的 92.73%。

2017 年，所有上市公司中归属于母公司净利润排名前十的分别是工商银行、建设银行、农业银行、中国银行、中国平安、交通银行、招商银行、兴业银行、浦发银行、中国石化。这 10 家上市公司共实现营业收入 63450.57 亿元，占全部上市公司营业收入的 16.20%；实现归属于母公司净利润 12857.20 亿元，占全部上市公司归属于母公司净利润的 38.66%。

### （五）产业结构稳中向好

2017 年，中国经济结构继续改善，国内生产总值中服务业占比达到 51.9%；消费对经济增长的贡献率达 51.9%。上市公司的经营数据也体现了这一结构性改善，第三产业的规模与效益均超过第一、第二产业。

从规模上来看，第三产业总资产比重达 83.30%，远超第一、第二产业。从效益上来看，第一产业下属的农林牧渔四部门中，农业、林业、牧业部门归母净利润负增长。第二产业中，采矿业、制造业、建筑业净利润分别增长 144.06%、42.30%、19.04%；电力、燃气及用水生产供应业净利润下降 21.98%。

2017 年，第三产业营收达 146816.58 万亿元，同比增长 17.72%，归母净利润达 21181.78 亿元，同比增长 11.64%。细分来看，信息传输、软件和信息技术服务业营收增长 20.12%，归母净利润下降

11.06%；金融业营收增长8.82%，归母净利润增长7.93%；房地产业营收增长6.54%，归母净利润增长23.72%；租赁和商务服务业营收增长43.63%，归母净利润下降4.70%；水利、环境和公共设施管理业营收增长60.04%，归母净利润增长57.93%；文化、体育和娱乐业营收增长20.46%，归母净利润增长17.57%；卫生和社会工作行业营收增长56.45%，归母净利润增长9.58%。第三产业上市公司整体业绩呈现出良好的增长势头，产业结构稳中向好。

### （六）各地上市公司经营状况呈现地域差异

中国上市公司存在区域发展分化的现象，沿海区域的产业结构更为合理、基础设施更为完善、经营理念更为开放，因而，该区域的上市公司在供给侧结构性改革中转型调整速度相对更快，在经济增速放缓中增长态势相对稳定。而与之相对应，产业机构单一、基建设施落后、产能过剩集中地区的上市公司，受到的冲击则更为严重。

根据上市公司2017年年报，平均每家上市公司营业收入靠前的省市依次是北京、上海、天津、内蒙古、江西，排名靠后的依次是西藏、宁夏、吉林、黑龙江、海南。北京的上市公司平均营业收入达471.45亿元/家，是西藏上市公司平均营业收入的26.88倍，呈现悬殊的格局（见表7）。中国这种各地上市公司经营成果悬殊的状况与大部分国有大型企业总部设在北京且注册在北京的背景相符。中国上市公司的盈利情况也存在区域性差异。2017年，平均每家上市公司归属于母公司净利润靠前的省市依次是北京、贵州、上海、内蒙、广东，排名靠后的依次是青海、宁夏、海南、黑龙江、湖南。与西部经济欠发达地区的上市公司相比，东部的经济发达地区上市公司数量较多且经营业绩更好，中国经济实力东强西弱的整体格局依然不变。

表7　2017年年底全国各省市上市公司平均营业收入和归属于母公司净利润状况

| 省市 | 数量 | 营业收入（亿元） | 归母净利润（亿元） | 平均营业收入（亿元/家） | 平均归母净利润（亿元/家） |
|---|---|---|---|---|---|
| 广东省 | 571 | 50444.69 | 5147.52 | 88.34 | 9.01 |
| 浙江省 | 415 | 18913.68 | 1514.25 | 45.58 | 3.65 |
| 江苏省 | 382 | 17940.23 | 1384.63 | 46.96 | 3.62 |
| 北京 | 306 | 144265.02 | 14548.26 | 471.45 | 47.54 |
| 上海 | 279 | 44798.91 | 3641.18 | 160.57 | 13.05 |
| 山东省 | 196 | 15879.32 | 893.34 | 81.02 | 4.56 |
| 福建省 | 132 | 13542.27 | 1030.63 | 102.59 | 7.81 |
| 四川省 | 115 | 5543.04 | 425.40 | 48.20 | 3.70 |

续表

| 省市 | 数量 | 营业收入（亿元） | 归母净利润（亿元） | 平均营业收入（亿元/家） | 平均归母净利润（亿元/家） |
|---|---|---|---|---|---|
| 安徽省 | 102 | 7949.99 | 507.28 | 77.94 | 4.97 |
| 湖南省 | 101 | 4677.01 | 244.22 | 46.31 | 2.42 |
| 湖北省 | 97 | 6914.87 | 325.48 | 71.29 | 3.36 |
| 河南省 | 78 | 4460.67 | 305.58 | 57.19 | 3.92 |
| 辽宁省 | 76 | 6708.82 | 304.78 | 88.27 | 4.01 |
| 河北省 | 56 | 6635.91 | 388.88 | 118.50 | 6.94 |
| 新疆维吾尔自治区 | 52 | 3917.97 | 292.94 | 75.35 | 5.63 |
| 重庆 | 50 | 3855.11 | 269.87 | 77.10 | 5.40 |
| 天津 | 49 | 6501.83 | 143.60 | 132.69 | 2.93 |
| 陕西省 | 47 | 2577.80 | 184.51 | 54.85 | 3.93 |
| 吉林省 | 42 | 1667.08 | 107.00 | 39.69 | 2.55 |
| 江西省 | 39 | 4597.45 | 175.30 | 117.88 | 4.49 |
| 山西省 | 38 | 4125.92 | 296.48 | 108.58 | 7.80 |
| 广西壮族自治区 | 36 | 1922.25 | 120.98 | 53.40 | 3.36 |
| 黑龙江省 | 36 | 1529.92 | 74.64 | 42.50 | 2.07 |
| 云南省 | 34 | 3024.58 | 101.97 | 88.96 | 3.00 |
| 甘肃省 | 33 | 1768.79 | 106.69 | 53.60 | 3.23 |
| 海南省 | 30 | 1363.13 | 47.98 | 45.44 | 1.60 |
| 贵州省 | 27 | 1682.97 | 386.20 | 62.33 | 14.30 |
| 内蒙古自治区 | 26 | 3100.39 | 262.89 | 119.25 | 10.11 |
| 西藏自治区 | 15 | 263.11 | 41.71 | 17.54 | 2.78 |
| 宁夏回族自治区 | 13 | 258.44 | 5.81 | 19.88 | 0.45 |
| 青海省 | 12 | 729.13 | –19.74 | 60.76 | –1.65 |

资料来源：沪深交易所。

审稿人：黄锦涛

撰稿人：黄锦涛

# 沪市上市公司2017年年报整体分析报告

2018年4月30日，沪市有1417家上市公司按期对外披露2017年年报信息。综观过去一年，社会主义经济建设进入新时代，供给侧结构性改革持续深入推进，沪市公司顺势而为，经营业绩再上新台阶。沪市公司主动适应国家推动经济转型升级的战略发展大局，实现经营的质量变革、效率变革、动力变革，取得了可喜的成绩。同时，也应看到，在上市公司的持续经营中还存在一些不平衡因素，需要坚持高质量发展的理念，通过改革创新持续提高公司质量。

## 一、沪市公司经营质量呈现八大新亮点

2017年，中国坚持把发展经济着力点放在实体经济上，以供给侧结构性改革为主线，实体经济在转型升级中实现了质量效益稳步提升。总的来看，2017年，沪市公司的营业收入规模、盈利金额比2016年实现大幅增长。沪市公司共实现营业收入27.97万亿元，同比上升14.46%；共实现净利润约2.62万亿元，同比上升18.55%，增长率创近年新高，实现了“十三五”计划开局以来的连续增长（见图1和图2）。综观过往一年，沪市公司在经济发展的韧性、经济结构的优化、新动能的发展等方面呈现出八大新亮点。

### （一）改革深化助力实体经济再上新台阶

随着结构性改革的深入推进，2017年沪市实体类公司（非金融类）收入和

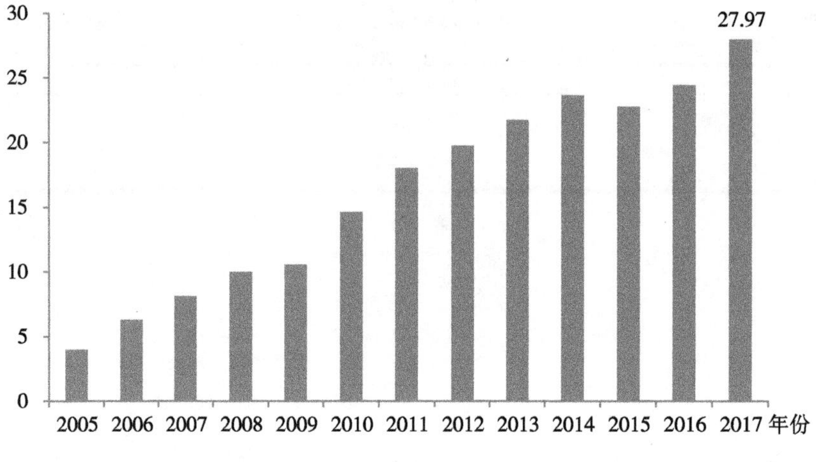


图1　2005～2017年沪市上市公司营业总收入情况（单位：万亿元）

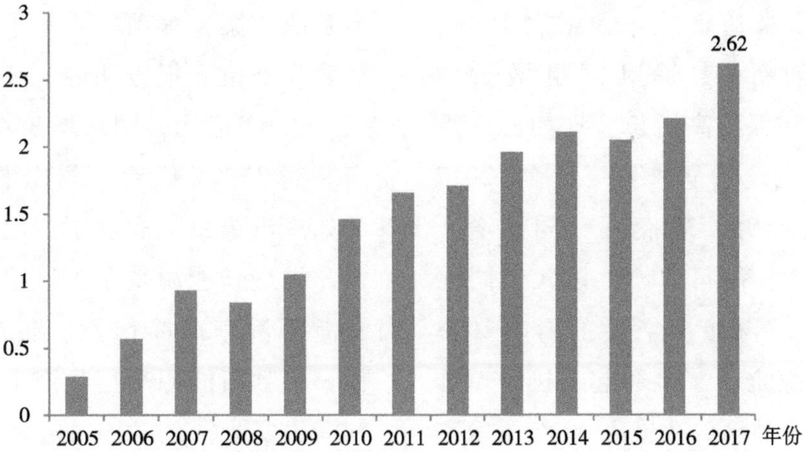


图2 2005～2017年沪市上市公司净利润情况（单位：万亿元）

净利润实现双增长，延续了2016年的良好态势。实体类公司全年实现营业收入21.98万亿元，同比增长16.32%；实现净利润1.03万亿元，同比增长39.80%。并且，实体类公司的增长质量明显提升，扣非后的净利润为0.90万亿元，同比增长49.27%。

尤其值得一提的是，过去一年，大型公司和中小企业齐头并进，凸显市场经营质量协调发展。国家支柱性产业的大型龙头公司表现依然抢眼，上证50公司全年实现营业收入15.48万亿元，同比增长13.67%；实现净利润1.61万亿元，同比增长13.92%。代表中小成长企业的上证380公司同样实现稳步增长，全年实现营业收入3.70万亿元，同比增长18.57%；实现净利润0.25万亿元，同比增长26.99%。

同时，在去杠杆政策的推动下，实体类公司的杠杆水平持续改善，抗风险能力不断提升。2017年，沪市实体类公司的财务费用率为1.40%，同比下降0.15个百分点。尤其是煤炭和钢铁等传统的高杠杆行业，财务费用率分别为2.91%和1.47%，同比下降1.1个百分点和0.9个百分点，实现了财务费用率的稳步回落，杠杆结构得到改善，系统性风险得到缓解。

### （二）创新战略促新兴产业取得新突破

近年，中国坚持创新发展理念，加快实施创新驱动发展，大力推动实施“制造强国”的宏观战略。作为经济建设的主力军，沪市公司积极贯彻落实国家战略，2017年，实体创新类公司研发投入达到2500余亿元，同比增长8.55%。在创新引领下，一系列新一代信息技术、高端装备、新材料、新能源等高技术、高附加值行业公司迅速成长，成为经济增长的新引擎，形成“老中有新、新中更新、新老融合”多点突破的新发展局面。

首先，高端制造业在创新驱动下，展现新活力，形成高质量发展趋势。例如，亨通光电专注于光通信网络，2017年积极寻求智能电网领域高端转型升级之路，布局 5G/6G 未来通信技术及芯片产业，营业收入再创新高，净利润更增长约60%，连续3年保持高增长。又如三一重工，作为混凝土设备全球第一品牌，2017年实现营业收入383.35亿元，同比增长64.67%，实现净利润20.92亿元，同比增长928.35%。再如振华重工，自1998年以来一直占据全球集装箱起重机订单排名的第一位，产品已成功进入99个国家和地区，2017年净利润同比增长41.32%。

其次，信息技术带来技术变革，沪市涌现出一批代表未来技术革新和发展方向的“新企业”。例如恒瑞医药，每年投入销售额10%左右的研发资金，技术创新能力在国内位列前茅，2017年公司抗肿瘤产品快速增长的同时，麻醉、造影剂等新产品为公司成长注入新动力，推动公司净利润同比增长24.25%。又如三安光电，作为LED行业领先企业，拥有专利及专有技术达1300件，掌握的产品核心技术达到国际同类产品的技术水平，近年公司规模不断扩大，产销量快速提升，2017年营业收入和净利润分别增长33.82%和46.04%。再如用友网络，报告期内公司总研发投入合计约12亿元，占营业收入的比重为20.5%，持续保持了对云服务和金融服务业务的大力度研发投入，创新驱动公司报告期内净利润同比增长97.1%。

再次，绿色发展的新理念引领一批公司致力于新能源产业，推动社会生态高质量的可持续性发展。例如隆基股份，长期专注于为全球客户提供高效单晶太阳能发电解决方案，多项核心技术与产品处于行业领先地位。报告期内，公司实现营业收入163.62亿元，同比增长41.90%；实现净利润35.65亿元，同比增长130.38%。又如广汽集团，成立了广汽新能源汽车公司，推进新能源整车工厂建设，加快推动新能源汽车产品研发、生产和销售的步伐，多款新能源车型量产上市。同时，净利润也实现了约70%的大幅增长。

最后，在创新的促动下，还出现新老经济融合、军民融合的新现象。例如，腾讯以42亿元入股永辉超市，并向永辉云创增资，共同推进线上线下融合发展新模式。双方通过优势互补，有望实现高度协同，加速零售技术与业态的改革与创新。又如联创光电，作为国家火炬计划重点高技术企业，拥有国内最早的宇航级高可靠元器件研发生产技术，国内第一条物理发泡射频同轴电缆生产线。公司产品持续应用于国家“神舟”飞船系列，为中国的航天航空事业做出重要贡献。报告期营业收入与利润也稳步增长。

### （三）供给侧改革助推传统产业焕发新风采

2017年，沪市传统产业公司紧抓供给侧结构性改革主线，缩减低质产能、增加有效供给，实现上中游供需关系的进一步改善。行业营业收入和净利润延续增长态势，特别是三大去产能行业表现亮眼。

黑色金属行业受去产能工作深入推进、“地条钢”全面取缔、采暖季错峰生产和市场需求回升等因素影响，钢材价格大幅上涨，行业效益明显好转。行业内上市公司合计实现营业收入和净利润8501亿元和462亿元，同比增长32.11%和503.93%。值得关注的是，随着行业兼并重组不断推进，整合协同效应快速释放。宝钢股份年报显示，宝武整合取得了超预期成效，公司实现净利润191.7亿元，同比增长111.22%。其中，“武钢有限”效率大幅提升，全年实现净利润5.9亿元，实现大幅增长。

煤炭行业超额完成去产能任务，已基本实现供需平衡，行业运行质量明显提高。沪市煤炭企业合计实现营业收入和净利润7958亿元和782亿元，同比增长35.46%和152.42%。一些企业持续提质增效，取得了良好的经营业绩。例如中煤能源，深化精益管理、强化成本管控，同时积极稳妥降杠杆，提高资产周转效率，使得盈利能力明显增强，扣非净利润同比增长91.5%。

有色金属行业受益于主要有色金属价格回升，行业经营效益持续向好。行业内上市公司合计实现营业收入和净利润9555亿元和263亿元，同比增长15.96%和138.42%。江西铜业和紫金矿业等主要公司业绩均大幅增长，盈利能力显著提升。

### （四）并购重组推动转型升级取得新成效

2017年，沪市公司并购重组在延续近年来良好态势的基础上，回归本源、服务实体的主旨更加突出。全年共完成并购重组864家次，交易总金额9200亿元，较2016年度分别增长45%和8%。重大资产重组方面，共有127家公司停牌启动重组，同比下降28%；共披露99个重组方案，同比下降34%，涉及交易金额近4500亿元；74家公司完成重大资产重组，涉及交易金额约2500亿元，合计增加市值约2300亿元，新增市值超过百亿公司13家。

可喜的是，过去一年里，沪市并购重组在助推结构优化、动力转换方面，涌现出一批推动改革、风险可控、设计合理、示范引领的重大突破性案例。

首先，多家处于行业周期性低谷的公司通过横向并购强强联合，实现了经营优化、业务互补、市场占有率提升，行业竞争格局得到进一步优化。复星医药收购印度注射剂药品生产龙头企业Gland Pharma，有望借助标的资产当前在美国和欧洲市场的领先地位拓展海外销售市场。招商轮船收购集团4家同行业的水上运输公司，通过优化经营共同应对运价震荡下跌的周期，通过提升市占率增加定价权。

其次，多家公司借助并购重组，注入了具备强大发展后劲的新生力量，成功实现了新旧发展动能的转换。例如，360科技通过江南嘉捷实现重组上市，带动实现中国网络安全技术体系自主可控，夯实中国网络强国的坚实技术基础，成为沪市“新蓝筹”行动的标志性事件。泛微网络现金收购上海市数字证书认证中心，完善协同管理软件中身份认证、电子签名和电子印章的集成应用。国电南瑞收购继保电气，获得智能电网保护与运行控制国家重点实验室，有望在继电保护、轨道交通信号控制、电力调度自动化等领域取得新的技术突破。

**（五）“一带一路”助力海外发展赢得新空间**

在经济全球化的时代背景下，沪市公司积极践行国家倡议，响应国家“一带一路”战略发展，努力开拓海外市场，着力提升自身实力。

近年来，中国“一带一路”倡议为沪市公司的发展提供了良好契机。过去一年，沪市公司境外业务持续扩展，国际竞争力不断增强。特别是部分企业，在金融机构专项贷款支持下，海外承包合同稳中有升，国际工程市场份额逐步扩大。例如中国建筑，境外业务全年新签合同额2096亿元，同比大幅增长65.7%；在9个新国别市场实质运营、在20个新国别市场进驻设点、全年新签合同额5亿元以上的海外市场达26个、30亿元以上的海外市场已达15个。

同时，跨境并购的价值凸显，助力沪市公司在全球价值链、产业链、供应链中的地位不断提升。2017年，沪市公司共实施重大跨境并购17起，涉及金额近1400亿元，与新技术、新产品相关的实体制造业，成为并购的主流目标。郑煤机收购博世旗下起动机和发电机业务，获得启停电机和能量回收助力系统这两项混合和电动车型领域的重要技术，逐步成为全球领先的起动机和发电机制造商。天华院收购德国高端装备企业克劳斯玛菲，有望通过收购成为全球塑料和橡胶加工机械设备市场的行业领导者。申达股份收购世界第三大汽车内饰零部件供应商IAC集团的汽车软饰及声学元件业务相关资产，成为全球领先的汽车内饰零部件供应商。

**（六）混改战略深入推动国企焕发新活力**

2017年，沪市国企整体经营稳定增长。报告期内，占沪市整体约5成的国有公司实现的营业收入和净利润分别占沪市整体的85%左右，是沪市生产经营的中坚力量。

报告期内，沪市国有公司通过混合所有制改革、债转股试点、资产证券化、专业化重组等多种方式，多点开花、全线并进，积极推动企业整合资源、提质增效，创下多个第一。国企改革整体性突破的积极态势已经形成。其中，沪市国有上市公司并购重组金额超过5400亿元，重大资产重组金额接近2000亿元。例如，中国联通引入阿里、腾讯、百度、京东等战略投资者，同步完成增强资本实力与完善法人治理结构，成为国企混改的“里程碑”案例。中国重工推出首单市场化法治化债转股方案，整体降低资产负债率5个百分点，开拓出国企可持续化降杠杆的新路径，丰富了资本市场服务供给侧改革的思路和手段。国电电力与中国神华成立煤电合资公司，理顺煤电联营产业链，化解煤电顶牛难题，成为国企行业整合新样本。

### （七）责任意识引导社会贡献取得新成绩

根据十九大决胜全面建成小康社会的部署要求，未来要重点打好防范化解重大风险、精准脱贫、污染防治三大攻坚战，沪市公司积极响应国家号召，履行社会责任，成为推动构建和谐社会的重要力量。

在税收贡献上，沪市公司对国家税收贡献持续稳定，现金流量表反映沪市公司支付的各项税费共计2.38万亿元，与沪市公司实现的净利润总量相当。在解决就业上，雇用员工数稳步上升，沪市公司创造了约1400万个就业岗位，合计支付职工薪酬2.42万亿元，同比增加9%。在精准扶贫方面，沪市已有460余家上市公司披露了精准扶贫信息。例如，中国联通结合行业优势，重点在产业扶贫、教育扶贫、就业扶贫等方面推进定点扶贫工作，2017年在精准扶贫方面投入扶贫资金和物资约8400万元，帮助1.93万个建档立卡贫困户脱贫。在污染防治方面，沪市已有370余家上市公司建立了环境信息披露机制，主动披露环保相关信息。例如，复兴医药详细披露了各板块及部分成员企业的能耗及污染物排放情况，并披露了采取的减排治理措施以及具体成效。又如，环旭电子对能耗情况进行了细致的量化分析，还主动披露了公司在绿色管理、绿色供应链、绿色教育、绿色支出方面的各项进展。

### （八）股东回报意识推动现金分红创新高

沪市公司回报股东的意识不断增强，现金分红水平持续维持高位。2017年，沪市公司分红整体比例为37.92%，高于2016年约5个百分点。统计显示，共有1000余家公司推出派现方案，占公司总数的74.47%，同比增加约5个百分点；合计派现8111余亿元，同比增加约18个百分点，现金分红金额再创历史新高。分红公司中，代表蓝筹绩优股的上证50和上证180成分公司依然是分红主力，分别派现4988亿元和6861亿元，占沪市分红总额的61.50%和84.59%。

从行业分布情况来看，金融业的派现力度最大，合计派现4341余亿元，占沪市分红总额的53.16%。从公司分布情况来看，持续稳定高比例分红公司群体已形成，单年分红比例在50%以上的企业194家，30%以上的778家。其中，有370余家公司连续3年分红比例超过30%。诸如中国神华、福耀玻璃、上汽集团等公司已经成为沪市公司长期大比例分红的典范。

同时，部分公司在监管推动下，从常年不分红到开始实施分红。例如，联美控股、东安动力、阳泉煤业等，通过现金分红现场说明会的方式，响应投资者诉求，积极提出分红计划。

## 二、经济发展进入新常态，制约上市公司发展的因素仍存在

2017年度，沪市公司专注主业，改善经营，业绩表现良好。取得成绩的同时，也存在一些短板，对上市公司持续稳

定发展产生一定制约，需要在后续改革中予以关注和解决。

### （一）资本市场服务实体经济能力仍需改善

优化资源配置是资本市场服务实体经济、推动国民经济转型升级的重要功能。目前，中国经济正处于培育新动能，实现由高速增长向高质量发展转换的关键时期。因此，引导资金供给新产业和提高公司直接融资比重是当前中国资本市场的重要目标。纵观2017年，沪市A股市场在服务新产业和改善融资结构方面尚待提高。

一是资本市场助推产业发展有待优化。加快创新转型、实现动能转化，是中国经济新常态下的战略选择。2017年，沪市新产业、新业态和新技术公司取得了长足发展。360顺利回归和富士康上市反映出资本市场对新经济企业的支持力度。然而，新动能规模尚小，对经济发展的支持作用仍需培育。例如，发展较为迅速的铁路设备、医药制造、电器制造、汽车等制造业总资产规模与煤炭、石油、黑色金属及有色金属等传统产能相比，占比仍小，约为前述四大行业总资产的48%，仍需培育。

二是资本市场改善融资结构有待加强。一般而言，银行体系的融资适合为技术相对成熟的大型项目筹集资金；而资本市场体系的融资更适合在不确定性强的创新项目中发挥作用。目前，中国经济发展正处于结构调整和转型升级的阶段，提高直接融资比重不仅有利于降低企业的融资成本，而且也有利于推动战略新兴企业成长壮大。然而，与发达国家的直接融资比重集中于65%～75%之间的情况不同，一直以来，中国直接融资比重相对较低。尽管近10年来沪市公司直接融资比重有所上升，但是以银行借款为主的间接融资仍占所有融资比重的80%左右。未来，中国有必要发展资本市场的融资功能，以支持经济发展中的结构转型和产业升级。

### （二）上市公司的发展仍存在结构差异

2017年，沪市公司在区域结构和上下游结构中仍存在一定的发展不均衡。

一是区域结构。2017年，不同区域上市公司经营情况存在差异。资本市场需要进一步加大对落后地区的扶持，以实现区域经济的平衡发展。2017年，在经济稳中向好的环境下，绝大部分地区上市公司均实现了营业收入的增长。而营业收入增长缓慢的上市公司集中在产业结构落后单一、产能过剩的地区。例如，西藏、青海和宁夏3省，上市公司实现营业收入增长分别约5.89%、7.55%和9.65%，低于沪市整体水平。

二是上下游结构。2017年，在供给侧结构性改革的深化推动下，多行业实现了较快增长。然而，上下游行业之间的成本传导机制，使得部分行业出现业绩下滑。例如，上游煤炭价格上涨带来的原材料成本压力，使得煤电公司经营业绩不佳，导致2017年电力行业净利润下滑幅度高达16%左右。因此，未来在宏观经济调控时，上下游之间的成本传导机制，特别是上游原材料的价格变动对下游制造业和消费业的影响，需要予以综合考虑，以避免对经济健康协调发展产生不利影响。

### （三）部分上市公司生产经营和规范运作仍存在风险

部分上市公司存在生产经营风险。2017年，415家沪市公司出现净利润下滑的现象。其中，118家公司净利润下滑幅度在50%以上；74家公司出现亏损，占公司总数的约5%。更为严重的是，部分公司主营不畅，甚至公司长期失去造血能力，沦为市场所诟病的“壳公司”，面临退市风险。统计显示，22家公司因连续两年亏损或其他原因触及退市指标，被实施退市风险警示（*ST）；1家公司因连续两年审计意见被出具无法表示意见的审计报告，将暂停上市。

同时，部分上市公司存在规范运作风险。特别是一些公司的控股股东及其一致行动人，在从严监管背景下出现信用风险，利用不同形式损害公司利益，干扰公司经营，甚至直接出现资金占用、违规担保问题。对于这些情况，需要继续从严监管，防范出现重大风险。

此外，部分上市公司存在财务报表信息质量和内部控制方面的问题。2017年，40余家公司年度报告被会计师出具非标准审计意见。还有部分公司会计政策、估计和处理不规范，对财务报表结果产生不当影响。尤其是部分上市公司内部控制被出具否定意见，表明公司治理和规范运作方面存在严重缺陷。甚至有4家公司未能如期披露年度报告，说明公司存在较为严重的经营管理和规范运作风险。

## 三、思考和建议

目前，中国经济已由高速增长阶段转向高质量发展阶段。上市公司作为国民经济发展的主力军，不断提高上市公司质量是保障中国经济高质量发展的前提。新时代，要始终坚持服务国家战略，以提高上市公司质量为主线，从加强监管、完善制度和提升服务等方面支持实体经济发展。

监管上，切实全面加强交易所一线监管，防范和化解公司风险，维护市场稳定。以防风险、提质量为目标，在推动上市公司聚焦主业，规范经营，提升经营质量的同时，继续保持全面、从严、依法的监管态势，重点加强对各类风险公司的监管，做好风险预判，严防个案风险外溢，守住不发生系统性风险的底线，对违法违规行为敢于重拳出击、果断亮剑。同时，加强上市公司财务现场核查的深度和广度，做好财务质量监管，严厉打击财务造假行为。此外，还要持续推进科技监管，利用大数据、云计算等新技术，提高监管效能。

制度上，响应市场关切，提升制度包容性，构建资本市场服务实体经济的长效机制。响应国家发展壮大新动能的战略，优化IPO发行上市条件，重点扶持符合国家经济发展战略和产业转型升级需要的新经济、新蓝筹企业上市，促进新产业、新技术、新业态经济的快步发展。同时，宽严相济，完善并购重组、上市公司收购和再融资制度，引导上市公司真正利用平台优势提质增效，防止脱实向虚和概念炒作。此外，着力从规范控股股东行为和加强对董监高的正向激励两个方面，提升上市公司的公司治理水平和经营质量。并且进一步落实完善退市制度，实现资本市场的优胜劣汰。

服务上，紧紧围绕供给侧结构性改革这条主线，切实提升资本市场服务实体经济能力。化解产能过剩，积极支持上市公司利用并购重组行为实现结构调整和转型升级。提升培训服务水平，助力公司降低融资成本，促进公司利用可转债和优先股等再融资品种发展壮大。服务于“一带一路”战略和国企混合所有制改革等国家各项重要改革，增强与财政部、国资委、工信部等相关部委的沟通协调工作，为提高上市公司质量创造良好环境。

（上海证券交易所　资本市场研究所年报分析小组）

执笔：付鹏　陈希

# 沪市上市公司2017年年报会计问题分析报告

真实公允的财务信息有利于保护投资者利益，优化资本市场资源配置，增强市场透明度，进而推动资本市场健康发展。近年来，在国际财务报告准则持续进行重大变革、中国会计准则国际趋同大步推进、国内创新业务和商业模式日趋复杂多变的背景下，财务信息越来越复杂化，对财务报告编制和披露的要求也越来越高。在此背景下，综观2017年财务信息及其披露，上市公司财务信息披露质量仍保持较为平稳的水平，但也应关注到，目前市场上一些会计问题需要高度重视，会计监管必须长抓不懈。本报告对2017年沪市上市公司中存在的财务舞弊、构造交易、滥用会计规则、规则理解分歧和新准则适用影响等问题进行了全面归纳，结合上述会计问题成因，并从强化信息披露、明确监管指标、加强中介监管、树立监管权威等角度，提出交易所的监管应对。

## 一、财务舞弊

财务舞弊是会计问题中最严重的，虚假的财务信息使报表不能如实反映企业经营状况，严重影响投资者预期和决策。沪市公司中，根据财务舞弊的暴露程度，可将问题分为以下3类：

一是已经暴露的财务舞弊。2017年年报中，有2家公司被确认存在财务舞弊，分别是*ST抚钢和*ST正源。具体而言，*ST抚钢以前年度虚增存货、固定资产和在建工程，累积影响公司2016年及以前年度净利润17.74亿元，追溯调整后公司由业绩稳定增长的“好”公司立刻变为“披星戴帽”的风险公司；*ST正源自2015年10月起，在不符合退税条件且长期未收到相关退税款的情况下仍确认相关损益，导致2015~2017年虚增净利润，追溯调整后公司也因两年连亏被实施退市风险警示。隐蔽性强是财务舞弊的一大特点，通过非现场监管难于发现，*ST抚钢和*ST正源的风险暴露均源自于自查，但回溯来看，却也能够发现其财务数据中的一些“蹊跷”。以*ST抚钢为例，首先，公司业绩存在显著的逆周期特征，在钢铁行业处于“冰河期”的2014年和2015年，公司净利润大幅增长，而在钢铁行业大幅回暖的2016年和2017年，公司净利润却出现下滑；其次，公司存在大额应收应付票据，但却未能给出合理解释；最后，公司现金流日趋紧张，债务持续增加，与公司靓丽的业绩形成鲜明对比。

二是虽未暴露但已发现明显的财务舞弊线索。在2017年的年报审核中，发现部分公司存在明显的财务舞弊线索。泰豪科技多家供应商明显不实，公司商品采购及财务真实性存疑。刚泰控股年报中大额发出商品一季度被退回，存货真实性存疑。东方金钰在经营性现金流为负的情况下，常年通过举债囤积翡翠原石，且供应商与控股股东疑似存在关联关系，存货真实性存疑。中毅达年度报告未获董事会审议通过，存在极大的财务舞弊风险。奥瑞德重组上市后应收账款高企且存在大额关联交易，公司资金链紧张，大股东资金链已断裂，与*ST 抚钢具有较强的相似性。由于非现场监管的特性，暂无法确认上述公司一定存在财务舞弊，但根据相应线索追查，有望发现部分尚未暴露的财务舞弊。

三是部分公司存在财务舞弊嫌疑。除以上两类公司之外，还有部分类型化的公司存在较大的财务舞弊嫌疑。首先是业绩承诺到期后即出现大幅下滑的公司，该类公司为避免发生高额业绩补偿，存在业绩舞弊的嫌疑，如游久游戏、飞乐音响、中源协和、鹏起科技等。其次是重组标的失控的公司，标的公司拒绝接受审计甚至失去控制，究其原因，标的公司财务舞弊嫌疑较大，如新日恒力、黄河旋风、建设机械等。最后是海外收入、资产占比较高，且业绩存在异常的公司，这类公司利用海外资产难以被监管和审计的特点，存在利用海外业务粉饰业绩或转移资金的嫌疑，如新潮能源、小康股份、国美通讯、鹏欣资源等。

## 二、构造交易

财务信息本应反映业务的经济实质，但部分公司出于保壳、实现业绩承诺等动机，通过构造不具备商业实质的交易制造利润，扭曲财务信息。这类行为可以说是游走于财务舞弊的边缘，一方面，公司有真实的现金流和资产转移，会计处理有依据；但另一方面，交易并不具有商业实质，仅按照表面形式进行会计处理不符合实质重于形式的原则，将扭曲财务信息。在 2017 年的财务信息审核中，发现以下几种较为典型的做法：

一是通过关联交易非关联化，蓄意构造交易虚增利润。根据会计准则，将交易取得的对价与资产账面价值的差额计入利润，这本身是无可厚非的。但在实务中，部分公司的实际控制人通过设立空壳公司或假借他人之手的方式，刻意隐瞒关联关系，虚构与上市公司之间的交易，以使得上市公司利润达成既定目标。这类交易没有交易实质，从实际控制人的角度来看，纯粹是一出左手倒右手的资金游戏，虽然增厚了上市公司利润，但是并未使上市公司盈利能力提升，仅仅是一种财务上的“虚胖”。根据证监会发布的《上市公司执行企业会计准则监管问题解答》，实际控制人基于其特殊身份与上市公司发生的交易，且使得上市公司明显地、单方面地从中获益，应当将相关利得计入所有者权益而非利润。上市公司正是基于规避上述规则的目的，才想方设法隐瞒关联关系，以求将相关利得计入利润。

二是以复杂交易设计掩盖交易实质。这是一种比较高级的构造交易手法，上市公司利用一系列复杂交易设计，在大股东的暗中帮助下，造成资产控制权转移至第三方的假象，从而将一项融资行为包装成资产转让，将关联交易包装为非关联交易，以达到创造利润、增厚资产的目的。如皖新传媒、友好集团，两公司表面上均通过发行ABS的方式将其物业资产转让给ABS持有人，但实际却通过产品分级设计、回售回购设计、长期租赁协议、大股东保证条款、高额权利维持费等复杂设计，将物业资产的风险和报酬保留在上市公司或大股东方，名义上的受让方（ABS持有人）实际只在较短年限内收取固定收益，不承担物业资产的报酬和风险。由此可见，该交易设计纯粹基于财务目的，不具有交易实质。

三是通过签署协议的方式将子公司控制权“转移”，确认股权增值收益。根据会计准则，在丧失子公司控制权时，可将所获对价与剩余股权公允价值之和，减去原子公司资产净额的差额，确认为损益。有部分公司无意愿或无能力转让子公司，但却需要确认收益以实现扭亏或达成目标利润，由此便想出了以协议约定的方式形成不继续控制子公司的假象。这类安排一般有几个特征：有的协议对方是关联方，与公司利益一致；有的没有违约条款，公司无违约成本；有的协议期限较短，公司很快能够重新拿回控制权；更隐蔽的可能与协议对方有抽屉协议等其他利益安排。总而言之，一般情况下，仅通过协议安排的形式实现控制权的转移，往往并不具有商业实质，更多是一种纯粹的构造交易行为。

## 三、滥用会计规则

近年来，会计准则原则导向日益突出，公允价值使用日益普遍，这赋予公司更多的自主决定权。实务中，有部分公司滥用会计准则操纵财务信息，在无任何交易的情况下，纯粹利用财务技法，为上市公司的业绩“上妆”，甚至“整容”。在2017年的财务信息审核中，发现以下几种常用方式：

一是利用委派与撤回被投资单位董事，操纵长期股权投资与金融资产间的转换。根据会计准则的规定，对于不具有控制权的股权投资，需要根据是否可以对被投资单位实施重大影响来区分计入长期股权投资或金融资产，而在被投资单位的董事会或类似权力机构中派有代表，一般视为可以对被投资单位实施重大影响，该规定主要考虑到董事可以通过在生产经营决策制定过程中的发言对被投资单位实施重大影响。但实务中，部分公司滥用该规定操纵利润，通过撤回或委派董事，以改变长期股权投资会计核算政策，确认大额重估收益，或不确认损益，实现盈余管理目标。就该行为，证监会会计部已在《上市公司执行企业会计准则案例解析（2016）》中明确，构成重大影响的判断关键在于是否有派驻董事的权利，而非是否实际派驻董事。但该种滥用会计规则的行为仍然未能在资本市场中绝迹，雅戈尔就曾因为该做法，在资本市场中引发轩然大波。

二是利用职业判断的主观性，进行利润操纵。原则导向会计准则赋予了公司一定的判断空间，资产减值的计提、预计负债的计量、会计政策与估计的确定等因此成为滥用会计准则的重灾区。有的公司在行业环境、经营状况等未发生重大变化的情况下，利用资产减值的计提与转回，实现跨期盈余管理；有的公司为避免亏损，在应当计提减值和预计负债时，以种种理由少计甚至不计，向投资者传递错误预期；还有的公司随意变更会计政策和会计估计，以达到其预设利润目标。凡此种种，不一而足。

三是滥用公允价值计量。公允价值准则的初衷是增强会计信息相关性、提高会计信息质量，进而更好地为会计信息使用者的投资决策提供帮助。在现有会计准则体系中，公允价值涉及科目较多，资产、负债和所有者权益均有涉及。然而，由于中国资本市场尚不成熟，市场中有效数据相对不足，这导致很多公允价值的确定都依赖于职业判断，难免出现公允价值“不公允”的现象。实务中，有部分公司任意操纵公允价值计量，借此进行盈余管理。在该种情况下，公允价值计量已变成部分企业用于操纵利润的工具，完全违背了使用公允价值的初衷。

四是操纵业绩补偿确认时点。根据会计准则的权责发生制原则，在标的公司业绩不达标的当年年末，上市公司即拥有了收取业绩补偿的权利，只要认定该补偿很可能收到，即应当在标的公司业绩不达标的当年确认相关收益，除非因为特殊原因未能于年报出具前完成对标的公司的审计。实务中，部分公司并未按此进行会计处理，由于公司在业绩不达标当年要对商誉计提大额减值，当业绩补偿收益难以令上市公司扭亏，公司会选择业绩补偿确认时点，以将业绩补偿收益记到下一年度，以达到“深蹲起跳”的目的，但这一做法实质上违背了权责发生制的原则。

五是在建工程长期挂账不转固，降低折旧费用。根据会计准则的规定，在建工程需达到预订可使用状态方可转为固定资产，转为固定资产前无需计提折旧。由于固定资产折旧要计入成本费用，部分公司为不计提折旧，迟迟不对在建工程进行竣工结算，以未达到预定可使用状态为由不转入固定资产，以减少成本费用，实现操纵利润的目的。

## 四、规则理解分歧

由于会计准则的原则化导向以及实务的复杂性，目前仍存在对部分会计准则的理解分歧，导致不同公司对相似的经济行为采用了不同的会计处理。如果该类分歧长期存在，将可能影响会计信息的可比性，不利于投资者的投资决策。在2017年的财务信息审核中，有以下几种理解分歧较为典型：

一是对总额法和净额法适用的判断存在分歧。在电子商务、百货零售、运输物流、对外贸易等行业中，公司的销售与采购之间往往存在对应关系，该类营业收入按照总额法或净额法确认的争议由来已久。在旧收入准则中，由于未对总额法、净额法的适用做出明确区分，导致实务中对于该类业务的处理存在分歧。新收入准则中，虽然已参照国际会计准则的规定，对总额法、净额法的适用做出解释，但是由于新收入准则尚未全面施行、市场存在思维惯性等原因，该类问题仍然较为普遍。

二是对风险和报酬转移判断存在分歧。一般情况下，公司应当在被转让资产完成过户并收取货款或取得收取货款的权利时确认相关收益。但在实务中，有部分公司在资产尚未办理完成过户手续时，即确认资产转让收益。其主要依据有两点：首先，买卖合同中规定，自签订合同并交付资产之日起，资产损毁、灭失的风险及收益转移给买受人，因此，判断所有权上的主要风险和报酬已转移，符合收入确认条件；其次，证监会会计部在其出版的《上市公司执行企业会计准则案例解析》中明确，股权资产的工商变更登记是否完成并不实质性地影响股权购买日的判断，同理推断资产的过户登记是否完成也并不实质性地影响资产转让确认日的判断。但需要指出的是，股权资产有其特殊性，在对标的公司的公司章程和股东名册进行变更后，购买方即能在法律上行使对标的公司的股东权利，一般可以视之为办理了财产权转让手续。对于非股权资产而言，在过户登记完成之前，出售方存在违约的可能，导致购买方无法对资产行使权力。由于有关机构暂未对此进行权威解释，对于非股权类资产而言，能否在过户登记完成前即确认资产转让存在争议。

三是对业绩补偿收益与标的公司减值损失之间的数量关系存在分歧。对于附业绩承诺的并购而言，由于标的公司未完成盈利承诺，一般将同时产生业绩补偿收益和资产减值损失。实务中，对于两者金额之间的数量关系存在分歧。一种观点认为标的公司未实现盈利预测，即使有业绩承诺也仅属于保护性权益，公司不可能因标的公司未完成盈利预测反而获得价值的提升，因此，资产减值金额应当高于业绩补偿收益金额；另一种观点认为，资产减值金额应当按照相关准则独立计算，其金额大小不应与业绩补偿金额存在必然的对应关系。

四是对股份补偿公允价值的计量存在分歧。业绩补偿分为现金补偿和股份补偿两种，实务中对于现金补偿的计量基本一致，均将应收的补偿金额计入损益，但在股份补偿的计量上仍存在分歧。首先，在股份补偿能否计入损益中存在分歧，有观点认为受偿的股份最终会被注销，并不会导致所有者权益增加，不符合利得的定义，故不应计入损益；另有观点认为，股份补偿应被拆分为无偿获得上市公司股份和注销股份两项行为，无偿获得上市公司股份这一行为应当确认损益。其次，在股份补偿公允价值的确定中也存在理解分歧，有观点认为应当基于交易当时的股份发行价格计算，另一观点认为应当基于上市公司目前的股价计算。

五是对借壳上市中商誉的计算存在分歧。根据会计准则，借壳上市均应当适用反向购买的会计处理原则，即将上市公司作为会计上的被购买方，即将原上市公司市值与其全部资产负债公允价值之间的差额确认为商誉。由于中国市场的特殊性，上市公司市值中一般都存在数额不等的“壳费”，借壳上市时将“壳费”直接计入商誉，未来将面临巨大的减值风险。为避免因“壳费”原因形成巨额商誉，实务中有部分公司采用了替代的商誉计算方法，即参照普通并购，将原上市公司按收益法确定的评估值与其全部资产负债公允价值之间的差额确认为商誉。严格意义上来讲，该商誉确认方法并不符合会计准则规定。

六是对超亏子公司公允价值的确定存在分歧。实务中，向关联方以 1 元或 0 元对价出售超亏子公司并确认收益的案例并不罕见，但对于其会计处理合理性的争议一直存在。根据现有的监管规则，与实际控制人发生的非公允交易，其利得不得计入损益，仅计入所有者权益。因此，争议的焦点就在于是否可以认定超亏子公司的公允价值，这决定了该类交易利得能否计入损益。有观点认为，根据《公司法》的规定，有限责任公司的股东以其认缴的出资额为限对公司承担责任，无需承担超额亏损，因此，认定超亏子公司的公允价值最低为 0 元具有合理性。但也有观点认为，在中国资本市场环境中，关联交易背景下超亏子公司的处置具有自身的特殊性，例如，国有企业需要考虑社会责任、控股股东需要为上市公司“保壳”、控股股东需要考虑集团信用等，这都导致控股股东在收购超亏子公司后，可能需要承担超过其出资额的亏损，此时公允价值应当为负数。

七是对账龄较短的应收款项的坏账准备计提比例存在分歧。实务中发现，部分公司将账龄较短的应收款项的坏账准备计提比例确定为 0，上述公司认为，上述应收款项均在信用期内，不存在发生坏账的风险。有观点认为，该做法是对会计准则的误读，根据准则的规定，企业应当根据以前年度与之相同或相类似的、具有类似信用风险特征的应收款项组合的实际损失率为基础，确定坏账准备计提比例。公司所有发生坏账的应收款项都曾是期限较短的应收款项，除非公司自成立以来从未出现过坏账，否则将坏账准备计提比例确定为 0，与以前年度的实际损失率并不相符。

## 五、准则修订带来的新问题

2017 年，收入准则、金融工具准则等 6 个会计准则被重新修订。由于实务的复杂性，修订后的准则在适用中可能会带来一些未预料到的新问题。根据目前研究，有以下 3 个问题较为突出：

一是新金融工具准则的实施可能会带来股票市场的抛售压力。新金融工具准则的修订改变了非交易性股权类金融资产的利润确认方式，在原准则下，大多数公司将其持有的二级市场股票作为非交易性股权类金融资产，确认为可供出售金融资产，并将其累计浮盈计入其他综合收益，待处置时一并转入损益；但在新准则下，上述浮盈将直接转至所有者权益，或根据衔接规定追溯调整为期初留存收益，均不再影响未来利润。因此，如果公司希望将前期浮盈确认为利润，则必须在新准则实施前处置其持有的该类二级市场股票，这将可能在二级市场造成集中抛售的压力。

二是新金融工具准则实施可能使得上市公司净利润波动性增大。根据原准则的规定，公司可将非交易性股权类金融资产的累计浮盈在处置时一次性计入利润，这使得部分公司利用该类金融资产进行盈余管理，以达到平滑业绩或避免亏损的结果。新准则实施后，该部分浮盈将直接计入所有者权益，不再影响当年净利润，盈余管理作用失效。部分公司受此影响，其净利润波动将增大。

三是新收入准则可能极大地影响部分行业的业绩。根据新收入准则的规定，企业对于在某一时段内履行的履约义务，应当在该段时间内按照履约进度确认收入，这改变了原准则中以风险和报酬转移为基础的收入确认模式。以房地产行业为例，该行业上市公司以前年度仅能在交付物业所有权时一次性确认收入，但新收入准则实施后，其可以按照履约进度逐年确认收入。在香港联交所上市的房企碧桂园，就因为新收入准则的适用，使其2017年业绩获得了较大的提升。

## 六、会计问题成因分析与交易所监管应对

上述问题的产生，是在多种原因的综合影响下造成的。虽然上市公司的主观意愿在其中占据主导地位，但是必须认识到的是，现有的会计行业环境客观上也为上市公司的不当行为提供了土壤。

一是原则导向会计准则与国内市场环境不尽适应。会计信息的“可靠性”与“有用性”在很大程度上是矛盾的，完全基于“法律证据”的历史成本更可靠，却不那么有用；反过来，基于职业判断的公允价值更有用，却不那么可靠。相对于法律而言，原则导向会计准则更偏重于提高会计信息的有用性，而非防止不法人员钻空子。但从实践来看，原则导向会计准则与中国国情仍然不尽适应，与拥有成熟金融市场的发达国家不同，中国金融市场正处于高速发展阶段，市场乱象较多、历史数据不充分，过于原则化的准则导向容易被市场利用，也可能造成监管低效。

二是缺乏权威、高效的会计监管机构。随着会计准则日趋原则化，亟需一个类似于美国PCAOB的权威、高效的资本市场的会计监管机构与之配套，对因原则导向会计准则执行产生的问题予以及时处理。但目前中国会计监管仍呈现多头管理模式，财政部、证监会、中注协等都具有对会计行业的监管权。权力重复设置、监管标准不完全一致、监管机构间协调不够顺畅等问题在监管过程中时有发生，影响监管效能的实现。目前尤为突出的问题是，会计准则的制定与解释权在财政部，作为证券监管机构的证监会、交易所等不具备解释权，当与公司在会计处理的判断上产生争议时，难以形成监管权威和威慑

力。上市公司作为公众公司，会计信息传导更迅速、对市场影响更突出，因此，需要监管部门及时对违规行为进行纠错，特别是对影响公司盈亏的复杂交易事项的会计确认与处理，如无法及时做出权威解释与判断，将会产生极为负面的市场影响。实践中，当前的会计监管体制难以有效保护证券市场中的投资者利益。

三是会计准则与现有监管规则不尽适应。现有监管规则体系中，IPO、再融资、退市等重要制度均以净利润作为重要评价指标，然而，宏观经济、行业形势等大都存在一定的周期性，过于强调净利润指标，将迫使上市公司产生较强的盈余管理动机，以平抑周期波动对公司净利润的负面影响。监管规则向上市公司施加盈余管理的压力，会计准则赋予上市公司越来越多的盈余管理空间，综合作用下，上市公司进行盈余管理的动作也越来越多，这就不可避免地产生一系列会计问题。

四是会计准则制订过程中对中国证券市场的影响考虑不足。目前在会计准则制定中，过于偏重与国际会计准则的趋同以及准则的内在逻辑，但对于证券市场的影响考虑稍显不足。正如前文所述，在商誉计量中未考虑中国特色的“壳费”问题，在新金融工具准则修订中未考虑对二级市场造成的潜在抛压影响，这些问题虽然已经超越了单纯的会计范畴，但是会因会计准则的变动而产生较大经济后果和市场影响。

五是现有会计从业人员的执业水平和职业道德亟待提升。近年来，中国会计准则体系进行了数次重大修订，修订后的准则涉及较多的新概念，会计处理和职业判断愈发复杂，对从业人员掌握与执行新准则产生了极大的挑战。目前实务中的部分会计问题，正是由于理解偏差造成的。当然也有部分会计从业人员出现了道德风险，实务中有部分中介机构配合客户，利用原则导向会计准则的判断空间，操纵利润，其不仅未能有效承担起“看门人”的职责，反而成为部分上市公司作恶的“帮凶”。

针对上述会计问题及其成因，在现有会计监管框架下，交易所可以从强化信息披露、明确监管指标、加强中介监管、树立监管权威等方面下功夫，以逐步解决交易所面临的会计监管问题。

一是强化信息披露，全面披露会计事项影响，充分揭示风险。强化会计信息披露，让市场和投资者识别公司交易的目的、经济实质以及对公司当期和未来的影响，以减少公司利用会计手段操纵利润或维护股价等所带来的市场影响。为此，交易所梳理近年来涉及会计监管问题，针对不同类型会计事项，规定最基本的披露要求，并固化到相关披露文件中。如对于资产或股权处置，除要求公司明确披露是否为关联交易、定价依据、对公司影响外，还要求公司明确披露该资产处置对公司未来持续经营的影响，并提示交易为一次性交易，一次性收益，不产生持续业绩影响；对于权益法确认投资收益、改变长期股权投资核算方法确认重估收益，要求公司明确披露其确认的投资收益并未有对应现金流入，仅为账面收益，充分提示未来处置相关股权可能产生较大负面影响；对于资产减值计提比例调整，要求公司根据历史数据做敏感性分析，并进行同行业比较，细化披露减值计提比例调整的影响。

二是通过明确监管财务指标，设置不同交易机制等手段，弱化滥用会计准则的动机。一方面，交易所可以通过设置监管指标，过滤公司无交易实质的盈余管理行为，如退市以扣除非经常损益后的净利润为标准，使得公司无交易实质的盈余管理行为无法奏效；又如公允价值以行业均值为计算依据，使得大幅偏离行业均值的估值无处遁形，公司就难于通过高估值资产处置操纵利润。另一方面，对于长期丧失持续经营能力、陷入经营或财务困境、每年通过构造交易等手段保壳的公司，交易所可以设置风险交易板块，通过充分揭示风险和特殊交易安排，使得该类公司被市场边缘化，降低其壳资源价值，从而弱化滥用会计准则的动机。

三是加强中介监管，督促公司规范会计处理。近年来，交易所通过事前约谈中介，明确相关事项的判断与中介责任，取得了一定的监管效果；通过强化对中介的执业检查，及时有效地对违规中介机构问责追责，强化其提升执业质量的内在动力。通过中介，督促公司规范会计处理。

四是公开监管案例，树立监管权威，引导正确会计处理的方向。目前，会计准则的制订与解释权在财政部，交易所对会计事项的判断不具有解释权，当与公司在会计处理的判断上产生争议时，难以形成监管权威和威慑力。特别是对影响公司盈亏的复杂交易事项的会计处理，未有权威的解释与判断，会产生极为负面的经济后果或诉讼风险。但交易所可以总结会计监管较为成功的案例，通过培训、媒体公开等方式向市场公开，表明相关会计事项的监管理念、监管方向，引导正确会计处理的方向。

（上海证券交易所资本市场研究所）

# 沪市上市公司2017年度审计问题分析报告

审计意见是投资者判断上市公司财务信息真实性、可靠性的重要依据。会计师对财务报表出具标准无保留意见（以下简称标准意见），还是非标准无保留审计意见（以下简称非标意见），以及非标意见的具体类型，体现了会计师对公司财务报表的基本态度。投资者通过结合公司财务运营情况、审计意见类型以及其他重大关键事项做出决策，相关信息对投资者投资决策影响重大。本报告分析了沪市上市公司2017年审计报告总体情况，从审计意见的产生及信息披露两个角度归纳了目前存在的问题，提出上市公司年报审计及相关信息披露的监管建议。

## 一、2017年度审计总体情况分析

### （一）非标意见略有下降，严厉的非标意见创新高

截至目前，沪市1420家上市公司披露了2017年度报告，中毅达年报尚未披露，其中，1372家公司被出具标准意见审计报告，占全部披露年报公司的96.62%；48家公司的年度财务报告被出具了非标意见，占3.38%，较2016年度略有下降，创历史新低。但保留意见10家，无法表示意见7家，均创近年来新高。具体来讲，2017年审计意见有以下3个特点：

一是非标意见比重持续下降，创历史新低。由于上市公司总数逐年增长和非标意见公司数下降，非标意见占上市公司总数的比重呈明显下降趋势，从1998年最高占比18.4%降到2017年最低的3.38%。非标意见公司家数及占比下降主要原因，除了绝大多数公司运作规范外，还与将审计意见类型纳入退市制度考量指标，以及强化审计机构的监管密切相关。

二是强调事项占比持续保持高位，但有所下降。近年来，强调事项占比持续较高，与2016年相比有所回落，但仍然连续多年维持在60%以上。该情形也说明，即使同为非标意见，会计师往往倾向于出具强调事项这种不太“严重”的审计意见，而对其他非标意见更加谨慎，甚至可能出现以强调事项代替其他非标意见类型的极端情形。

三是无法表示意见和保留意见显著增加。值得注意的是，2017年被出具无法表示意见和保留意见的公司数占比大幅上升，创7年来新高。一是由于本年度证监会进一步强化会计师审计责任落实，监管口径进一步收紧，会计师对于审计意见的出具日趋谨慎，特别是以强调事项代替其

他非标意见类型的情形显著减少；二是可能与整体经济环境下行、信贷收紧、公司经营困难的大环境相关，整体公司质量下降导致其难以与会计师在重要领域达成一致，进而导致非标意见；三是不排除部分会计师出于减轻自身责任的考虑，倾向于以出具无法表示意见的方式避免对相关会计事项做出判断。

### （二）审计意见变化情况与以往年度基本持平

对比2017年度与2016年度财务审计结果（见表1），1353家公司两年均为标准意见，23家公司两年均出具了相同的非标意见，总计44家公司审计意见发生了变化。与2016年度变化情况相比，

表1　2016～2017年度审计意见变化情况表

<table>
<tr><th>变动状态</th><th>家数</th><th colspan="4">具体情况</th></tr>
<tr><td>两年均为标准意见</td><td>1353</td><td>具体变动</td><td>家数</td><td colspan="2">具体情况</td></tr>
<tr><td rowspan="7">非标意见与标准意见转换</td><td rowspan="7">37</td><td rowspan="4">标准意见转为非标意见</td><td rowspan="4">18</td><td>变动后审计意见类型</td><td>涉及公司</td></tr>
<tr><td>保留意见</td><td>新日恒力、黄河旋风、农发种业、信威集团、宏达矿业、大连港</td></tr>
<tr><td>强调事项</td><td>7家</td></tr>
<tr><td>无法表示意见</td><td>*ST保千、*ST信通、*ST富控、*ST工新、*ST天业</td></tr>
<tr><td rowspan="3">非标意见转为标准意见</td><td rowspan="3">19</td><td>变动前审计意见类型</td><td>涉及公司</td></tr>
<tr><td>保留意见</td><td>航天通信、ST岩石、秋林集团</td></tr>
<tr><td>强调事项</td><td>16家</td></tr>
<tr><td rowspan="9">均为非标意见</td><td rowspan="9">30</td><td>变动情形</td><td>家数</td><td colspan="2">涉及公司</td></tr>
<tr><td>同为保留意见</td><td>1</td><td colspan="2">*ST新亿</td></tr>
<tr><td>同为强调事项</td><td>21</td><td colspan="2">略</td></tr>
<tr><td>同为无法表示意见</td><td>1</td><td colspan="2">*ST海润</td></tr>
<tr><td>无法表示意见转为保留意见</td><td>2</td><td colspan="2">ST大控、退市吉恩</td></tr>
<tr><td>无法表示意见转为强调事项</td><td>1</td><td colspan="2">退市昆机</td></tr>
<tr><td>保留意见转为强调事项</td><td>2</td><td colspan="2">*ST成城、天津磁卡</td></tr>
<tr><td>强调事项转为保留意见</td><td>1</td><td colspan="2">宏达股份</td></tr>
<tr><td>强调事项转为无法表示意见</td><td>1</td><td colspan="2">抚顺特钢</td></tr>
</table>

2017 年度均为非标意见的数量较 2016 年的 32 家略有下降，其中，仍以同为强调事项段意见为主。非标意见与标准意见的转化情况与 2016 年度基本持平。

### （三）会计师事务所变更信息披露不足，与审计意见变化关联性较高

2017 年度沪市有 97 家上市公司的财务报告审计机构发生变化，占全部公司的 6.83%，占比有所下降，主要有以下几点特征：

一是变更会计师事务所的原因披露情况较差，绝大多数公司未在年报中披露变更会计师事务所的原因，仅 46 家公司单独披露变更审计机构的公告，占比仅为 47%。即使公司单独披露变更会计师事务所的公告，仍有如洪都航空等公司未披露具体变更原因。且存在历年单独披露续聘会计师公告，仅遗漏变更会计师公告的可疑情形。

二是未说明变更原因的占比较高，原因中以原会计师事务所审计年限较长为主。29 家公司未说明变更原因，占比高达 29.9%，其余公司披露的主要原因包括业务需要、重大资产重组、所属集团统一聘用审计机构、招标或竞争性谈判、工作安排和审计费用等未达一致、股东推荐或建议、申请相关业务经营资质的要求、原会计师事务所审计年限长等，其中审计年限长占比 20.61%，业务需要原因次之。

三是变更会计师事务所且审计意见发生变化的公司中，审计意见更优的情况占比较大。在上述 97 家变更会计师事务所的公司中，审计意见类型发生变化的有 9 家，其占比 9.28%，高于沪市整体比例 3.10%，另有 1 家公司两年均为带强调事项段的非标意见。前述审计意见类型发生变化的公司中，8 家变更后审计意见更优，1 家变更后更差。

四是变更事务所与公司盈亏性质变化关联度较高。在变更会计师事务所的公司中，2017 年发生盈亏变化的有 18 家，占比 12.68%，其中由亏转盈 13 家，由盈转亏 2 家。其中，ST 大控、天成控股、ST 昌九依靠非经常性损益避免了暂停上市，此外还有科力远等 9 家公司依靠非经常性损益避免了被实施退市风险警示。

### （四）财务审计与内控审计的关联性不足

财务审计与内控审计二者本质上都是从不同层面或环节对上市公司披露的会计信息质量进行鉴证，二者存在必然的联系，其结论应具有一定的关联性。2017 年度报告中，1236 家公司披露了内控审计报告，其中，1195 家公司被出具标准无保留意见，53 家公司被出具非标意见，包括 32 家带强调事项段的无保留意见和 21 家否定意见。与财务审计的结果比较发现，共有 70 家公司的两类审计意见类型存在差异，具体如表 2 所示，二者关系存在以下几个方面的特征：

表2　两类审计意见类型差异表

| 内控审计意见类型 | 财务审计意见类型 | 公司名称 |
|---|---|---|
| 标准意见 | 无法表示意见 | 抚顺特钢（1家） |
| | 保留意见 | 黄河旋风、宏达股份、退市吉恩（3家） |
| | 强调事项 | ST明科、西部资源、*ST创兴、*ST大唐、ST山水、*ST成城、ST景谷、太化股份、桂东电力、山东金泰、*ST安泰、ST仰帆、*ST柳化、山煤国际、ST云维、海航科技、宁波富邦、天津磁卡、宁波中百、*ST厦华、ST嘉陵、中房股份（22家） |
| 强调事项 | 标准意见 | 同方股份、圣济堂、桂冠电力、中昌数据、新力金融、西南证券、昆药集团、海航基础、亿晶光电、三爱富、中国高科、苏州高新、华银电力、闻泰科技、神马股份、亚泰集团、建设机械、白银有色、花王股份、创力集团、中衡设计、济民制药、雪峰科技、维格娜丝、百利科技（25家） |
| 否定意见 | 保留意见 | 新日恒力、农发种业、信威集团、宏达矿业、ST大控、大连港（6家） |
| | 强调事项 | *ST上普、退市昆机（2家） |
| | 无法表示意见 | *ST保千、*ST信通、*ST海润、*ST富控、*ST工新、*ST天业（6家） |
| | 标准意见 | *ST椰岛、菲达环保、飞乐音响、云煤能源、*ST蓝科（5家） |

一是内控审计意见与财务报告审计意见关联性较低。以本年度内控为否定意见且财务审计为标准意见的公司为例，相关内控问题主要集中于业绩预告更正以及预告和实际差距较大（*ST椰岛、*ST蓝科）、对客户超授信发货、预付款采购控制不足、对子公司管控不严（菲达环保）、对工程项目管控不当导致会计差错更正（飞乐音响）、未及时识别重大应收账款减值迹象、未履行审批程序对外投资（云煤能源）等方面。虽然上述公司均在内控审计报告中明确未影响财务审计报告结果，但是财务审计报告中未对相关内控事项予以任何反映，该做法是否恰当是值得讨论的。而*ST上普则在强调事项段中将被出具内控否定意见作为一项事由予以强调，充分提示了相关风险。

二是内控审计意见与关键审计事项缺乏关联性。2017年度财务审计报告中已全面引入关键审计事项。即使上述内控审计非标意见因重要性等原因难以影响财务审计意见，但相关内部控制缺陷理应在财务审计中予以关注，特别是导致否定意见等相对较为严重的事项，即在关键审计事项段应有所体现。而在内控为否定意见的公司中仅飞乐音响提及，其因控股子公司工程项目管控不当导致收入确认存疑导致内控否定意见，在其关键审计事项中，会计师对建造合同收入确认等相关项目进行了探讨和关注，其他公司均未有相关表述。上述不将已导致内控否定意见且具有一定重要性水平的事由纳入关键审计事项的做法值得商榷。

**(五)非标审计意见中相对严重意见的比例有所上升**

本年度整体审计意见向好，但结构性变化较大，相对严重的非标意见，包括无法表示意见、保留意见绝对数和占比均有较大增长。

一是无法表示意见审计报告持续上升，公司风险集中爆发。本年度共7家被出具无法表示意见审计报告，已连续3年持续上升，相关公司除抚顺特钢外均已被*ST。且本年度风险集中爆发，部分公司内控彻底失效、控股股东或管理层通过违规担保或借贷等方式转移资金，隐藏关联交易进行大额资金支出等，绝大多数未经决策程序且未披露，对公司日常经营影响严重，如因诉讼导致公司银行账户被冻结，可疑业务相关资产的列报和减值准备计提影响严重等。无法表示意见的7家公司中除*ST海润以外均存在上述情形。

二是保留意见数量(10家)大幅上升，具体事项表述更为明确。主要涉及重要子公司的核算和合并、诉讼相关预计负债、逾期借款、业务的真实性和合同的交易实质、相关资产项目的列报和减值计提等。其中，带强调事项段的保留意见减少，主要强调事项仍为持续经营能力。且部分涉及的事项表述也更为明确，如明确表述相关业务的真实性无法确定等。

三是强调事项(31家)仍以持续经营存在重大不确定性为主，重大事项为辅，立案调查风险大幅降低。具体持续经营不确定性事项包括流动负债大于流动资产，持续亏损，未弥补亏损较大，连续两年亏损、净资产低于股本，诉讼具有不确定性，公司及主要子公司停产、资不抵债、银行账户冻结、借款逾期、受限货币资金等情况。其次是如诉讼、突击交易等重大事项的风险提示。对于立案调查风险仅2家公司进行了提示，说明会计师不再无差别将立案调查风险列入强调事项，而是在分析对公司的影响和可能的处罚后，确有影响的方进行提示，如恒生电子是因未足额缴纳罚款，且公司已资不抵债、难以缴纳罚款，才特别提示相关风险。相关具体审计事项与审计事项分类如表3所示。

表3 非标意见主要事项分析表

| 非标意见类型 | 事项性质 | 涉及公司 |
|---|---|---|
| 无法表示意见 | 持续经营能力重大不确定、诉讼事项、违规担保和借贷、会计处理恰当性、立案调查、资产减值的恰当性 | *ST保千、*ST信通、抚顺特钢、*ST海润、*ST富控、*ST工新、*ST天业 |
| 保留意见 | 重要子公司无法审计、诉讼、资产减值准备计提、持续经营能力重大不确定性 | 新日恒力、黄河旋风、农发种业、宏达股份、退市吉恩、大连港 |

续表

| 非标意见类型 | 事项性质 | 涉及公司 |
| --- | --- | --- |
| 保留意见<br>+强调事项 | 保留意见：业务及款项的真实性、关联方占用、或有负债、诉讼、大额资金往来<br>强调事项：持续经营能力重大不确定性 | *ST新亿、信威集团、宏达矿业、ST大控、浙江广厦 |
| 强调事项 | 诉讼、破产重整、对外担保、子公司破产清算、对关联方资金占用、内控否定意见等重大风险事项或对损益影响重大的事项 | 8家 |
| | 主要业务或产品停产导致的持续经营不确定性 | 3家 |
| | 主营业务亏损、累计亏损巨大、净资产负数、高负债率、营运资金负数、每股净资产低于股本、大额关联方资金占用等，导致持续经营存在重大不确定性事宜 | 18家 |
| | 立案调查以及证监会处罚等 | 2家 |
| 合计（同一家公司不重复计算） | | 48家 |

### （六）关键审计事项类型和内容较丰富，披露存在一定差异

2016年12月，财政部印发了《中国注册会计师审计准则第1504号——在审计报告中沟通关键审计事项》等12项准则。2018年1月1日起，新审计报告准则全面实施，除无法表示意见审计报告外，上市公司财务报表的审计报告将增加“关键审计事项”部分，披露与被审计项目相关的个性化信息，以增加审计报告信息含量和相关性、提高审计项目的透明度。2017年度关键审计事项呈现以下特征：

一是关键审计事项涉及内容和类型较为丰富，针对性较强。关键审计事项可归为4类：（1）特别交易事项及会计处理，如重大资产出售、质量赔偿收益、液氯倒贴的交易处理等。相关交易往往是非常规事项，缺乏历史数据和经验支持，其计量的准确性和会计处理的恰当性成为审计关注重点。如ST锐电就大连重工给华锐风电公司供货产品所产生的故障损失签订赔偿协议，以4.128亿元赔偿金数额冲抵公司拖欠大连重工的货款，进而取得4.128亿元质量赔偿收益。（2）行业相关的特殊事项和特殊会计处理，如金融业的银行、证券类公司均关注了结构化主体的合并、金融工具公允价值的确定等事项，航空航运业涉及飞机船舶减值、飞机租赁，采矿业对特许经营权以及矿产资源的处理等。（3）存在较大不确定性和主观评估判断的非常规事项，如诉讼事项的影响以及预计负债的计提、债务重组和相关收益的确认、为关联方提供担保的预计负债等。往往涉及较大的主观判断，可能同时需要律师意见以及对其他方情况的评估判断，进一步放大了评估结果的不确定性，成为审计中的重点领域。（4）日常经营中的高风险领域，也是包含内容最丰

富、涉及事项最广的类型。具体包括商誉减值准备、收入确认、长期股权投资、关联方交易等主要事项。每类事项又因具体公司情形不同，有不同的侧重点，如收入确认的关键审计事项就包括多种重点，例如，恒生电子因不同软件销售的收入确认方式不同可能导致跨期确认、*ST 厦华的贸易业务收入确认涉及总额法和净额法等。

二是关键审计事项披露和相关表述的完整性存在差异。描述相关情况和采取的求证措施较为清晰，明确最终结论的较少。会计师大多能够较为明确地描述关键审计事项的相关情况，提示应关注的重点交易或业务，对选择关键审计事项的披露也较为完善，相关事项的重要性、对公司经营的影响等标准较为明确，但结论性认定极少。审计准则并未强制要求会计师披露审计程序的结果和注册会计师的看法，但对是否应披露执行审计程序后的结果有两种看法：一是认为不需要，因为相关事项已得到满意解决，其结论已经暗示；二是认为为方便非专业的审计报告使用，需要披露结论以提高透明度和信息含量。根据本年度的披露实践，绝大部分会计师未披露对关键审计事项的看法，且明确不单独针对相关事项发表意见，仅部分会计师，如中喜会计师事务所、大华会计师事务所、信永中和会计师事务所、华永道中天会计师事务所等发表了明确意见，更直观完整地展现了关于关键审计事项从发现、定义、处理和结论全过程的信息，便于投资者决策分析。

## 二、审计报告相关问题

会计师出具的审计意见是否恰当，是否充分提示值得关注的风险领域、能否明确公司报表受不利因素的影响程度等均是市场和投资者关注的重点，也是交易所年报审核关注的重中之重。2017年度审计报告中仍存在以下几个方面的问题：

### （一）非标意见提示风险和未确定性事项居多，涉及会计处理事项偏少

一是无法表示意见和保留意见相关事项主要源于公司自身风险。虽然无法表示意见和保留意见类型大幅上升，分析发现，主要涉及事项集中于违规担保和借贷、大额资金转出、无业务实质的合同和资金外流、诉讼等高风险事项。上市公司出现前述重大风险事项，往往导致会计师因无法执行充分的审计程序而出具非标意见。

二是强调事项段的事由发现几乎未出现以往年度常见的会计处理或重大交易的处理相关事宜，也集中提示不确定性或重大风险事项。强调事项主要强调持续经营能力、立案调查、诉讼和搬迁补偿等企业难以控制的因素，审计意见的有用性和针对性明显降低。特别是审计准则要求单独列报持续经营能力重大不确定性，并引入关键审计事项后，本年度强调事项段几乎均未涉及具体会计处理。

**（二）存在以关键审计事项替代非标审计意见的可能**

本年度强调事项段所涉及的事项大幅减少，除了经济环境和监管趋严的影响外，不排除部分会计师将原本应列为强调事项的事由纳入关键审计事项，以出具“更好的”审计意见，或者回避敏感事项。但受限于关键审计事项的披露仅涉及主要领域、判断标准和所执行的审计程序，并未明确公司的具体处理方式和主要考虑，难以切实认定实践中是否存在上述做法。若仅从字面表述来推断，某些关键审计事项在以往年度可能应当被列入强调事项段。例如，ST景谷的关键审计事项披露，公司与控股股东重庆小康控股有限公司签订《财务资助协议》之补充协议，约定将小康控股向公司提供的于2017年度到期的财务资助2.2亿元借款统一延展至2020年年底。公司对该负债的公允价值以借款终值按照补充协议生效市场利率进行折现，展期借款的现值与终值之间的差额确认资本公积，再按实际利率法确认财务费用。鉴于净资产是否为负数为公司关键业绩指标，且具体市场利率的选择和期末是否进行调整等关键处理对公司影响重大，在不存在关键审计事项的情况下，相关重要事项的会计处理可能被列入强调事项段。

**（三）关键审计事项与相关审计意见的关联性不足**

根据《中国注册会计师审计准则第1504号——在审计报告中沟通关键审计事项》的要求，注册会计师不得以关键审计事项替代其他非标准审计意见以及持续经营不确定的意见，而应当按照适用的审计准则的规定报告这些事项，并在关键审计事项部分提及形成保留（否定）意见的基础部分或与持续经营相关的重大不确定性部分。即非标审计意见仍需单独列示，但应就相关基础部分在关键审计事项中进行提示，但实践中几乎难以发现相关联系，审计意见与关键审计事项处于相对较为独立或割裂的状态。

虽然保留意见与关键审计事项关联度高于强调事项段，但是披露差异较大。被出具保留意见的审计报告中，个别关键审计事项涉及的相关事项与保留意见涉及事项基本相同或未同一事项不同时点或侧面，但因关键审计事项披露角度不同，导致披露差异较大。以信威集团和大连港为例，信威集团的保留意见与关键审计事项均涉及海外业务，关键审计事项为海外业务的收入确认，而导致保留意见的是相关业务应收账款坏账准备的计提等。在相关海外业务风险较高的背景下，会计师并未就相关事项列报是否恰当做出明确判断，仅从侧面推测该业务收入确认不存在重大问题，但缺乏直接性。相对应的，大连港因大连博辉相关应收账款及其他应收款的减值准备计提被出具保留意见，且其关键审计事项是应收账款坏账准备的计提，会计师明确给出判断结论，指出会计师认定该部分会计处理不存在重大问题，更为直接且有利于报表使用。

### （四）存在会计师应该做出判断而未判断的情形

2017年度，无法表示意见与保留意见数量大幅上升，但其中仅大连港的审计报告中对公司会计问题做出明确判断，明确其对部分应收账款及其他应收款的计提不符合自身的会计政策，不符合会计准则的规定。其余公司的审计报告中均以“无法实施必要的审计程序，以获取充分、适当的审计证据”为由避免对相关会计事项发表意见。如农发种业，公司于2017年12月筹划公开挂牌转让控股子公司河南农化67%的股权，因在暂未完成出售事宜，公司改变了此前评估河南农化相关资产减值的基础，对其应收账款补充计提坏账准备并对其固定资产及在建工程补充计提减值准备。实际上子公司股权是否顺利出售并不影响对资产减值基础的判断，会计师应该结合按照既定的减值测试程序与方法确定相关资产的减值情况，继而就公司补提减值准备的金额和合理性做出明确判断，不应以无法判断为由，以保留意见代替审计判断。

### （五）类似事项被出具的不同意见类型的判断标准不明确

此类问题仍集中体现在持续经营能力不确定和被诉讼等事项中。会计师进行相关判断的考虑和标准披露不充分，难以判断相关事项的影响程度和范围，以及据此出具审计意见的具体标准。例如，同为涉及诉讼，山煤国际仅被出具强调事项段，ST大控因所计提的预计负债与投资者诉求差异较大，被出具保留意见。二者会计师均未明确判断主要考虑，如金额的影响，是否涉及其他法律程序等，因此难以根据披露信息判断相关事项的实际严重程度。

## 三、与审计相关的信息披露问题

除审计报告本身相关问题外，与审计相关的信息的披露问题，也是报表使用者关注的主要问题。2017年年报与审计相关的信息的披露尚存在以下几个方面的不足：

### （一）审计意见类型变化的原因以及后续披露缺失

2017年度19家公司由非标意见变更为标准意见，还有部分公司的审计意见由较为“严重”的非标审计意见类型变更为较“优”的非标意见。但审计报告中无法反映变化原因，定期报告中亦未对前期非标意见所涉事项的解决、纠正情况进行披露。上述问题在持续经营不确定性导致的非标意见中尤为明显。后续被出具较“优”类型审计意见的原因不够明确，是否仅因为通过出售资产、债务豁免或政府补助等手段实现非经营性盈利，亦或已从根本上改善其经营状况，均难以判断，可能干扰投资者决策。

### （二）会计师专项说明针对性不足

根据规定，定期报告被出具非标意见

时，负责审计的会计师事务所应出具专项说明。但有关专项说明的信息披露一直不尽完善，主要表现在3个方面：一是简单重复审计报告有关内容，未说明出具非标意见的具体判断理由，未进一步分析区分各审计意见类型的详细判断标准，如对审计范围受限相关事项出具保留意见而非无法表示意见的原因，解释性说明涉及事项不影响注册会计师所发表审计意见的详细依据等。二是未说明非标意见涉及事项的具体影响，未明确对公司经营和财务状况的具体影响金额，部分甚至未明确会计师无法判断的原因是源于“审计范围受限”，还是会计师不愿明确判断，令报表使用者难以判断相关事项的影响程度。三是不属于明显违反会计准则事项的原因未予说明。近年来，会计师均能按要求明确是否存在明显违反会计准则，但普遍披露不属于明显违反会计准则的事项，导致该项要求沦为专项说明中的标准段落。

### （三）与会计师变更相关的信息披露亟待改善

目前，与聘任会计师事务所相关的信息披露仍存在较大不足，分别反映在定期报告和临时公告两个方面。一是部分公司未将会计师事务所变更作为单独事项进行披露，且变更原因披露不到位。部分上市公司仍以董事会决议的形式代替单独公告，使规则制定时对公司聘任审计机构的监督形同虚设。二是年报中仅简单披露会计师变更情况以及本年度报酬，其他信息缺失严重。公司年报就会计师变更原因、审计机构和签字会计师连续服务年限等具体信息的披露不足，难以判断是否切实执行了执业会计师轮换等相关规定，难以明确变更会计师的真实原因。

## 四、年报审计监管建议

### （一）强化优化关键审计事项的披露

本年度是全面实施关键审计事项要求的第一年，整体来看本年度准则执行状况尚可，确实为报表使用者提供了更多有效的信息，但也存在进一步完善的空间。一是可以通过对提供了完整结论表述的会计师事务所予以表扬或作为正面案例予以宣传，鼓励会计师事务所自觉完善披露标准。以改善关键审计事项披露完整性不足、缺乏结论性意见等问题，提高关键审计事项的披露水平。二是强化关键审计事项与审计意见的关联性，关注是否存在以关键审计事项替代非标审计意见的情形。通过年报事后审核问询，必要时约谈会计师，要求会计师充分披露二者的关联，明确判断的依据和结论等，减少以关键审计事项替代非标审计意见的可能。

### （二）督促会计师明确披露对具体会计事项的职业判断

针对部分以无法表示意见、保留意见等非标意见代替职业判断的现象，建议强化对会计师和非标意见的监管。审计报告中涉及可判断的具体会计处理的事项，如发现会计师以“无法判断”“无法获取充分证据”等理由不发表明确意见时，应及时通过问询、约谈方式，督促会计师补充披露其职业判断。职业判断中确有困难的，应详细说明审计受限的原因，以及对于相关判断的影响。

### （三）加强内控审计意见与财务报告审计意见的监管

目前，内控审计意见与财务报告审计意见存在差异的问题依然存在，建议从年报审核和规则制定两个角度着手，实现二者的联动监管。一是在年报审核中重点关注二者存在差异的公司，及时问询。通过问询，明确相关内部控制缺陷的影响和范围，及其对财务报告审计的影响，以监管推动审计意见的严谨性和适当性的提升。二是配合相关信息披露规则的修订，要求会计师在二者存在差异时，说明是否考虑相关审计意见和事项的影响，明确做出上述判断的主要考虑、相应依据和标准等。

### （四）优化会计师与董事会专项说明的编制要求

结合2018年度最新发布的《公开发行证券的公司信息披露编报规则第14号——非标准审计意见及其涉及事项的处理》的相关要求，进一步完善会计师对于非标意见专项说明的披露要求。如说明审计范围受限的具体情形及会计师做出审计判断的所需条件，其中是否存在注册会计师依据已获取的审计证据能够确定存在重大错报的情形；明确说明非标意见对被审计单位财务状况和经营成果影响的具体金额，如不可行，应详细解释不可行的原因；详细说明做出审计判断的原因和关键因素等；以及解释性说明涉及事项不影响会计师所发表审计意见的详细依据。同时，通过监管手段，鼓励会计师自愿披露相关信息。此外，应强化公司主体责任，优化董事会专项说明的披露，除说明上述要素之外，还应就消除相关事项及其影响的具体措施、预期消除影响的可能性及时间等进行说明。

### （五）在年报中增加对审计意见变更的披露要求

目前，在上市公司年报中仅强制要求公司对本年度非标意见进行说明，未强制要求就审计意见变更的原因进行解释，特别是针对以前年度为非标意见而本年度为标准审计意见的公司。对于上述问题，我们建议进一步强化关于以前年度非标意见以及审计意见变更的相关披露要求，要求公司说明上一年度非标审计意见类型所涉及的事项、为消除非标意见所涉事项公司后续所做的工作和进展、相关影响是否已消除，并结合本年度审计意见变更情形，说明审计意见的适当性。

### （六）加强会计师事务所变更信息披露的监管

建议制定《上市公司变更会计师事务所公告》格式指引，强化对会计师事务所变更信息披露的监管。一是强制要求变更会计师事务所的公司应单独发布公告，就相关事项进行充分地说明和披露；

二是明确要求变更提议方就改聘事宜说明情况，原会计师还应说明是否需就改聘相关事项向公司股东大会陈述意见；三是要求披露原会计师事务所与新聘事务所的具体沟通情况。在充分信息披露的基础上，交易所应加强对变更会计师事务所公司的监管，以“合理怀疑”的态度，对公告内容进行事后审核，对相关公司年报和事务所执业情况重点监管，防止出现“购买”审计报告的行为。

（上海证券交易所资本市场研究所）

# 沪市上市公司2017年年报内部控制问题分析

内部控制，旨在合理保证企业经营管理合法合规、资产安全、财务报告及其相关信息真实完整，提高经营效率和效果，促进企业实现发展战略。内部控制相关信息披露对投资者做出投资决策具有重要作用。近3年，沪市上市公司内部控制评价报告和内部控制审计报告披露数量逐年上升，反映的内部控制和相关信息披露方面的问题也逐年增加。本报告在梳理2017年沪市上市公司内部控制评价报告和内部控制审计报告总体情况的基础上，分析当前沪市上市公司内部控制存在的问题和相关信息披露存在的问题，并提出相应的监管建议。

## 一、2017年沪市公司内部控制总体情况

2017年，沪市上市公司内部控制信息披露在数量和质量上均有所提升。一方面，内部控制评价报告和内部控制审计报告的披露数量明显上升，纳入评价范围的单位指标占比有所提高；另一方面，内部控制自评无效、审计非标意见涉及的公司家数及问题数量逐年增加，信息含量提升，揭示了更多上市公司的缺陷和风险，对投资者更具有参考价值。

### （一）内部控制评价报告披露情况

截至2018年5月3日，沪市共有1419家公司披露年度报告，其中有1232家公司披露内部控制评价报告，占比达到86.82%，其中60家新上市公司自愿披露内部控制评价报告。在187家未披露内部控制评价报告的公司中，新上市公司有180家，因进行破产重整、借壳上市或重大资产重组未披露内部控制评价报告的公司有7家，分别为三六零、吉林森工、国电南瑞、华光股份、安徽水利、*ST新亿、SST前锋。近3年，内控评价报告披露家数大幅增加，但占上市公司总数的比重有所下降，主要原因是新上市公司数量增长较快（详见表1）。

表1　2015～2017年沪市公司内部控制评价报告披露情况

| 年份 | 2015 | 2016 | 2017 |
|---|---|---|---|
| 年报披露家数 | 1085 | 1214 | 1419 |
| 内控评价报告披露家数 | 1025 | 1095 | 1232 |
| 内控评价报告披露占比 | 94.5 | 89.5 | 86.8 |
| 内控评价报告未披露家数 | 60 | 129 | 187 |
| 其中：新上市公司家数 | 43 | 117 | 180 |
| 破产重整、借壳上市或重大资产重组家数 | 17 | 12 | 7 |

1. 17家公司财务报告内部控制自评无效，40余家公司存在内部控制缺陷

从总体评价结论来看，在已披露内部控制评价报告的1232家公司中，有17家公司对财务报告内部控制的评价结论为无效，相对于2016年增加6家。其中，秋林集团、ST海润、*ST昆机已连续2年对财务报告内部控制自评无效。

从具体缺陷认定结果来看，如表2所示，财务报告内部控制缺陷方面，18家公司存在重大缺陷，同比增加6家，共涉及38项缺陷问题；10家公司存在重要缺陷，同比增加6家，共涉及12项缺陷问题。存在财务报告重大缺陷的公司除上述17家内部控制自评无效的公司外，还有*ST上普，*ST上普自查发现以前年度财务数据存在不实陈述，但截至基准日已整改完毕。非财务报告内部控制缺陷方面，13家公司存在重大缺陷，涉及19项缺陷问题；14家公司存在重要缺陷，涉及22项缺陷问题，公司家数同比均有所下降。此外，上述内部控制缺陷主要集中于财务管理、销售管理、投资管理、资产管理和综合管理等业务领域。

表2　2017年沪市公司内部控制缺陷认定及整改情况

| 类型 | 公司家数 | 基准日整改完成家数 | 发出日整改完成家数 | 问题个数 | 基准日整改完成个数 | 发出日整改完成个数 |
|---|---|---|---|---|---|---|
| 财务报告内部控制重大缺陷 | 18 | 3 | 4 | 38 | 4 | 12 |
| 财务报告内部控制重要缺陷 | 10 | 4 | 6 | 12 | 5 | 7 |
| 非财务报告内部控制重大缺陷 | 13 | 1 | 5 | 19 | 4 | 10 |
| 非财务报告内部控制重要缺陷 | 14 | 7 | 10 | 22 | 14 | 17 |

2. 纳入评价范围单位的财务指标占比总体提升，少数公司存在遗漏

根据《一般规定》，上市公司应当确定纳入评价范围的主要单位、业务和事项以及高风险领域，并对评价范围是否存在重大遗漏形成明确结论。总体上来看，评价单位财务指标占比较高，内部控制评价覆盖面较广。如表3所示，纳入评价范围的单位对应资产总额占比80%以上的公司1180家，占比95.78%，同比基本持平，其中占比100%以上的公司590家，同比有所增加；对应收入总额占比80%以上的公司1173家，占比95.21%，其中占比100%以上的公司652家，同比均有所增加。

另外，仍有5家公司纳入评价范围的主要单位对应资产总额占比在50%以下，7家公司纳入评价范围的主要单位对应收入总额占比在50%以下，但相对于2016年已显著减少。此外，2家公司披露内控评价存在重大遗漏，*ST保千因无法对新收购公司实施实质控制、新收购公司运营团队已全部离职未能对构成内部控制重要方面的控制政策和程序进行内部控制评价，金杯汽车未能对构成内部控制重要方面的控制政策和程序遵循进行内部控制评价。

表 3　　2017 年沪市公司纳入内部控制评价范围单位两项指标分布情况

| 2017 年占比分布 | 纳入评价范围的资产总额 | | 纳入评价范围的收入总额 | |
|---|---|---|---|---|
| | 公司家数 | 占比 | 公司家数 | 占比 |
| 100%以上（含） | 590 | 47.89% | 652 | 52.92% |
| 80% ~100% | 590 | 47.89% | 521 | 42.29% |
| 50% ~80% | 47 | 3.81% | 52 | 4.22% |
| 50%以下 | 5 | 0.41% | 7 | 0.57% |
| 合计 | 1232 | 100.00% | 1232 | 100.00% |

3. 缺陷认定标准总体披露情况良好，部分公司调整认定标准

根据《一般规定》，上市公司应当披露内部控制缺陷认定的具体标准及其变化情况。对于财务报告内控缺陷认定标准，各公司采用的指标较为相似，其中，定量指标包括缺陷导致的净资产、总资产、销售收入、利润总额、净利润等，企业根据自身情况的判断采用不同的比率对应重大、重要或一般缺陷；定性标准则包括舞弊、重大错报、违法违规、决策失误等。而对于非财务报告内控缺陷认定标准，各公司采用的指标则较为多样化，其中，定量标准除直接财产损失外还包括员工流失，环保方面受到处罚等；定性标准包含声誉受损、内部决策流程程序不科学、违法违规等。各公司的非财务缺陷定性标准与公司行业特征和盈利模式相关性较弱，但与公司风险偏好较为相关。

此外，内部控制缺陷认定标准相对于以前年度存在调整的公司共有 31 家，均为定量指标调整。调整内容主要为指标名称和对应的错报或损失的比率和数量，调整原因主要分为 5 种情形：一是根据企业内部控制规范体系缺陷的认定要求，结合公司规模、行业特征、风险偏好和风险承受度等因素进行调整，此类说法未明确具体原因，占调整标准公司的 70% 左右；二是根据行业情况变化和公司经营情况变化进行调整，如风范股份；三是公司战略发生变化，主业进行调整，如五矿资本；四是按照控股股东统一要求进行调整，如新集能源、上海能源；五是新上市公司按照规则要求进行调整，如中原证券。

### （二）内部控制审计报告披露情况

截至 2018 年 5 月 3 日，沪市共有 1419 家公司披露年度报告，其中有 1236 家公司披露内部控制审计报告，占比达到 87.10%。其中 64 家新上市公司自愿披露内部控制审计报告。183 家未披露内部控制审计报告的公司中，新上市公司有 176 家，破产重整、借壳上市或重大资产重组等公司有 7 家（同上）。

1. 32 家公司内部控制审计意见带强调事项段，20 家公司被出具否定意见

据统计，已披露内部控制审计报告的 1232 家公司中，有 32 家公司被出具带强调事项段的无保留意见，同比有所减少，且其中有 12 家公司的强调事项是根据相

关规定未将报告期内的被并购企业纳入审计范围，属于法定豁免。此外，有20家公司被出具否定意见，同比显著增加，其中，秋林集团、ST海润、退市昆机、*ST上普4家公司已连续2年内部控制审计被出具否定意见，具体如表4所示。

表4 2015～2017年沪市公司内部控制审计非标意见情况

| 年份 | 2015 | 2016 | 2017 |
|---|---|---|---|
| 带强调事项段 | 45 | 45 | 32 |
| 否定意见家数 | 8 | 13 | 20 |

2. 少数公司内部控制审计意见与内部控制评价结论存在差异

据统计，沪市共有1216家公司同时披露内部控制评价报告和内部控制审计报告，另有16家公司仅披露内部控制评价报告，20家公司仅披露内部控制审计报告，均为新上市公司。

通常来讲，公司对财务报告内部控制有效性的评价结论与会计师对财务报告内部控制有效性的审计意见是一致的，但仍有少数公司的两项结论意见存在差异。在内部控制审计被出具否定意见的20家公司中，17家公司的财务报告内部控制自评无效，与内部控制审计意见一致，而信威集团、*ST上普、云煤能源3家公司的财务报告内部控制自评有效，与内部控制审计意见存在差异，但报告中未说明意见差异的具体原因，其中，*ST上普披露存在财务报告内部控制重大缺陷，但截至基准日已整改完毕，信威集团、云煤能源则未披露任何内部控制缺陷问题。

3. 部分公司内部控制审计意见与财务报表审计意见存在差异

通常来讲，内部控制审计意见与财务报表审计意见存在较高的相关性。内部控制审计意见是对财务报告内部控制的有效性发表意见，存在财务报告内部控制缺陷可能影响企业运营和财务数据生成的基本机制，进而影响财务报告的真实、准确、完整。然而，内部控制审计非标意见并不必然导致财务报告审计非标意见，如管理层已采取措施整改并对相关错报进行调整，则可能降低或消除对财务报告的影响；财务报告审计非标意见也并非全部由内部控制缺陷问题导致，故两者可能存在差异。

如表5所示，通过对比内部控制审计意见和财报审计意见发现，两项意见总体相符，但仍有69家公司存在差异。其中，对于内部控制审计意见为标准无保留，但财报审计意见为非标的24家公司，导致非标意见的事项主要集中于持续经营能力存在重大不确定性，涉及生产装置停产、项目停建、重组计划不明、收入大幅下滑、净利润连年亏损、资不抵债等问题；而财报审计意见为标准无保留，但内部控制审计意见为非标的30家公司涉及的内部控制问题则较为多样，其中部分公司在内部控制审计报告中表示相关事项未对财务报表审计报告产生影响或已在财务报表审计报告中考虑相关缺陷的影响，但未说明具体整改及调整情况。

表 5　　2017 年沪市公司内部控制审计意见与财报审计意见差异情况

| 内部控制审计意见 | 审计意见 | 公司名称 |
|---|---|---|
| 标准无保留 | 带强调事项段（22 家） | ST 明科、西部资源、*ST 创兴、*ST 大唐、ST 山水、*ST 成城、ST 景谷、太化股份、桂东电力、山东金泰、*ST 安泰、ST 仰帆、*ST 柳化、山煤国际、ST 云维、海航科技、宁波富邦、天津磁卡、宁波中百、*ST 厦华、ST 嘉陵、中房股份 |
| | 保留意见（2 家） | 宏达股份、退市吉恩 |
| 带强调事项段 | 标准无保留意见（25 家） | 同方股份、赤天化、桂冠电力、中昌数据、新力金融、西南证券、昆药集团、海航基础、亿晶光电、三爱富、中国高科、苏州高新、华银电力、闻泰科技、神马股份、亚泰集团、建设机械、白银有色、花王股份、创力集团、中衡设计、济民制药、雪峰科技、维格娜丝、百利科技 |
| 否定意见 | 标准无保留意见（5 家） | *ST 椰岛、菲达环保、飞乐音响、云煤能源、*ST 蓝科 |
| | 带强调事项段（2 家） | *ST 上普、退市昆机 |
| | 保留意见（7 家） | 新日恒力、农发种业、信威集团、宏达矿业、ST 大控、大连港、黄河旋风 |
| | 无法表示意见（6 家） | *ST 保千、*ST 信通、*ST 海润、*ST 富控、*ST 工新、*ST 天业 |

## 二、2017 年沪市公司内部控制缺陷问题分析

在内部控制审计报告被出具非标意见的 52 家公司中，有 12 公司的强调事项是未将报告期内的被并购企业纳入审计范围，属于法定豁免。以剔除该部分公司后的 40 家公司作为研究对象进行分析发现，存在内部控制缺陷问题的上市公司普遍具有主业低迷、业绩亏损的特点，其中，部分上市公司存在无实际控制人、控制权不稳定、实控人或管理层凌驾于内部控制之上等问题，此外，11 家公司集中于电子设备制造及信息技术服务业。上述 40 家公司的内部控制非标意见事项涉及各类业务领域、控制活动，其中较为突出的几类典型问题归纳总结如下：

### （一）经营停滞、员工离职，无法测试内部控制有效性

公司业务正常运行是测试内部控制有效性的基础前提，业务活动停滞将直接导致内部控制评价及审计工作无法开展。

以*ST保千为例，公司生产经营停滞、员工大量离职或不在岗，导致公司较多关键内部控制职能缺位，组织机构不能正常运行，内部环境存在重大缺陷、内部监督缺失。类似的案例还包括：ST昌鱼主营业务基本停滞，部分内部控制制度由于无相关实际业务发生，无法测试其运行有效性；ST南化因停产搬迁、工程停滞等事项无法对采购、生产、工程等相关业务循环内部控制活动进行测试，销售受业务限制也仅进行有限测试。

### （二）未能对子公司或分支机构实施及时、有效管控

子公司财务报表是公司合并财务报表的重要组成部分，子公司失控将广泛影响公司财务报告的准确性。以新日恒力为例，公司对其持有80%股权的子公司博雅干细胞失去控制，导致子公司的财务报表未纳入合并财务报表范围，同时影响财务报表中长期股权投资的计价。类似的案例还包括：黄河旋风对子公司上海明匠的日常经营活动缺乏有效监管，致使全资子公司上海明匠处于失控状态；*ST工新未对分支机构实施有效的内部控制，未及时获悉分公司红博商贸城因欠工程款发生的法律纠纷事项；菲达环保对子公司江苏海德日常经营活动缺乏监管，未能及时对子公司出现的大额亏损采取应对措施并进行信息披露。

### （三）销售或采购业务合同订立及款项收付管理不当

采购、销售是多数上市公司最基础的业务活动，相关内部控制缺陷可能对公司经营产生重大影响。以宏达矿业为例，公司下属全资子公司与13家公司分别签订购销合同并全额支付款项，累计支付合计13.34亿元，款项支付后又因交易未能完成解除购销合同并收回款项。上述事项表明公司在大宗贸易供应商选择、采购付款管理上未实施有效的管控。类似的案例还包括：*ST椰岛对部分客户的授信额度过大，且存在超过授信额度发货的情况，与之相关的财务报告内部控制失效；ST大控在重大经营合同未得到履行的情况下，未采取恰当的应对措施。

### （四）对外投资、担保管控失效，未经决策和披露

对外投资、担保往往是公司风险集中爆发的领域。例如，ST海润在公司资金状况紧张，投资可能无法实施的情况下，未能对投资计划进行调整或暂停投资计划，导致投资损失和违约风险；再如，ST保千原董事长庄敏主导公司多项对外投资、私自使用公司及相关子公司公章违规代表公司签订对外担保协议，致使公司产生重大损失。上市公司未就对外投资、担保等事项履行审议决策程序及信息披露义务，往往存在较大的风险隐患，该项内控缺陷问题较为突出，例如，*ST信通、ST大控、*ST工新、*ST天业等多家公司存在对外提供担保未履行审议程序及信息披露义务的问题。

### （五）工程项目管控缺失，完工百分比法确认不当

工程项目业务通常采用完工百分比法

进行会计处理，对工程项目管控缺失将对财务报表准确性产生重大影响。例如，*ST信通采用完工百分比法确认智能交通业务收入，但未对业务信息进行必要的审验和监督，工程施工进度管控及重大合同履行监督缺失，影响营业收入及成本确认的准确性、往来款项及存货等财务报表项目的计价；再如，飞乐音响子公司北京申安集团对部分 PPP 项目工程进度监控不到位，使工程项目进度资料取得不完备，导致未能对项目进度做出准确估计，影响财务报表中与工程业务相关的营业收入、营业成本、应收账款、应付账款、存货以及财务报表其他项目的确认和计量。

#### （六）会计估计和会计核算不准确

会计估计和会计核算不准确将直接影响财务报表相关科目的计价，其中，较为突出的问题是费用或减值准备计提不合理。例如，*ST 信通、信威集团计提应收款项减值准备未依据表明该款项发生减值的客观证据；云煤能源未能识别金额重大的应收款项存在的减值迹象，在估计应收款项的可收回金额时出现严重偏差；大连港下属子公司对资产减值迹象的评估或测试的执行频率不够，且未分析预计未来现金流现值，*ST 天业未能按照与部分金融及非金融机构签订的借款合同足额计提借款费用。此外，退市昆机因存货核算体系不健全，长期未建立存货收发存信息系统，导致大量的原材料、半成品无法按照永续盘存制核算，且采用成本倒扎模式结转成本。

此外，导致内部控制审计非标意见的事项还包括关联方识别和关联交易决策及披露不当、募集资金使用违规、业绩预告更正、前期报表差错更正、监管部门立案或处罚等问题。

### 三、2017 年沪市公司内部控制相关信息披露问题分析

公司内部控制的相关信息披露对投资者做出投资决策具有重要的作用，但从目前上市公司信息披露情况来看，沪市上市公司的内部控制信息披露还存在着有效性和合规性方面的问题。

#### （一）内部控制信息披露有效性不足

一是纳入评价范围的主要业务和事项、重点关注的高风险领域披露较为宽泛，未结合行业及业务模式特点。内部控制与业务活动紧密相关，应体现出不同行业、不同经营模式的差异。但仅有少数公司明确列出与行业特点、经营模式紧密相关的业务和事项，如亚宝药业将医药行业政策变动列入重点关注的高风险领域，浦东建设将工程质量风险列入重点关注的高风险领域，而多数公司关注的高风险领域为宽泛的业务经营模块，如销售、回款、人力资源等，不能体现公司风险特点。

二是部分内部控制缺陷认定标准调整的原因未予说明，认定标准调整的合理性存疑。部分公司在调整内部控制缺陷认定标准时没有对调整原因进行合理说明，可

能存在通过调节缺陷认定标准隐瞒重要内部控制缺陷的情形。

三是对公司风险和问题反映不全面，部分公司内部控制自评结论不够客观，会计师亦未起到监督作用。例如，神马股份，2016年底因财务造假受到证监局行政处罚，股东大会中关联交易议案被否仍然执行。2016年和2017年内部控制评价均认为公司内部控制有效。内部控制审计报告认为2016年公司内部控制有效，2017年为带强调事项段的标准意见，但内部控制审计报告连续两年均未关注公司财务造假事项，且在2017年内部控制评价报告中没有关于财务报表相关内部控制整改内容。再如，*ST成城在2016年度审计报告中披露，由于未能获取财务资料，会计师未能对其两家子公司进行审计，但当年会计师对公司内部控制发表了带强调事项段的肯定意见，公司内部控制评价报告认为公司内部控制为有效的。上述公司的情况表明，有些公司不愿意“自曝家丑”，作为第三方监督角色的会计师也未起到作用。

### （二）内部控制信息披露合规性不足

一是未按照内部控制相关规定的要求披露相关说明。例如,《年报准则》和《一般规定》要求，公司内部控制评价结论认定公司于内部控制评价报告基准日存在内部控制重大缺陷，内部控制否定意见事项以及标准内部控制审计报告披露非财务报告内部控制重大缺陷的，应在年报重要提示中说明相关事项及原因，但存在上述情况的公司中，几乎没有公司在年报重要提示中进行相应说明。再如，《一般规定》要求，公司对财务报告内部控制有效性的评价结论与注册会计师对财务报告内部控制有效性的审计意见存在差异的，以及公司与注册会计师对非财务报告内部控制重大缺陷的披露存在差异的，公司应在年度报告内部控制的相关章节中予以说明，并解释差异原因，但相关公司均未说明结论意见差异的原因。

二是遗漏上网附件、信息披露错误情况较多。在统计分析内部控制信息披露总体情况的过程中发现，仍有不少公司未将相关报告公开披露，经监管督促后才补充上网。此外，部分报告出现评价结论、适用情形勾选错误或遗漏，信息披露前后存在矛盾等问题，例如，新华医疗错误勾选内部控制评价结论为无效，ST信通未勾选内部控制评价结论是否有效、缺陷认定结果及整改披露有误。

## 四、监管思考与建议

根据前文梳理，针对存在内部控制缺陷问题的公司特征、内部控制缺陷问题的集中类型，以及内部控制相关信息披露的共性问题，从监管措施和政策制定等方面提出以下建议：

### （一）梳理风险公司名单，关注行业特殊、主业亏损、股东异常的公司

由前文分析发现，一是存在内部控制缺陷问题的公司在部分特定行业相对

较为集中，建议在日常监管中，关注行业较为特殊、业务较为复杂的公司，结合行业特点及时了解公司业务经营模式及主要风险领域，提前摸排相关风险；二是主业低迷、业绩亏损往往伴随着内部控制缺位、管理失控等问题，建议定期梳理风险公司名单，重点关注无主业或主业多年连续亏损的公司。此外，建议关注无实际控制人、控制权频繁变更以及实际控制人背景特殊的公司，提前研判可能存在通过逾越内部控制进行利益输送的行为。

### （二）加强对内部控制缺陷高发领域、典型问题的日常监管，及时提请核查

针对前文梳理的几类高频发内部控制缺陷领域及问题，建议在日常监管中予以重点关注。例如，通过日常公告审核，对上市公司对外投资、对外担保、工程建设、停产搬迁、关键人员离职等重大事项做出风险预判并持续关注后续进展；通过定期报告审核，分析异常财务报表科目变动的原因及背后的业务变化情况，同时关注重大经营合同订立及履行情况，及时梳理公司采购、生产、销售等业务循环的疑点和线索。针对日常监管过程中发现的问题，及时提请相关监管部门进行现场核查。

### （三）按行业明确监管要求，根据有效性原则强化信息披露规则制定

目前，关于内部控制信息披露的规则为《公开发行证券的公司信息披露编报规则第 21 号——年度内部控制评价报告的一般规定》，其中对内部控制报告的披露内容和格式做出了详细规定和要求；《公开发行证券的公司信息披露编报规则第 2 号——年度报告的内容与格式》也对内部控制相关信息披露有所要求。目前的规则和要求对公司内部控制内容要求比较统一，建议在规则中加入要求公司结合自身行业特点和盈利模式在内部控制报告中各部分进行有针对性的披露，增强披露信息的有效性。

### （四）提高公司对内部控制相关信息披露的意识，提升其重视程度

在报告撰写的过程中发现公司对内部控制报告和内部控制审计报告的重视程度较低。报告中出现内容错误，选项勾选错误，内部控制报告与审计报告内容相矛盾，内部控制报告或内部控制审计报告未上网等情况，体现出公司对内部控制相关信息披露重视程度不足。建议通过年报培训，分管人员提醒，适当的惩罚措施等等方式加强公司信息披露相关负责人对内部控制相关信息披露的意识。

### （五）建立和健全内部控制信息披露的责任追究机制

从目前上市公司披露的情况来看，充分揭示风险的公司较少，公司大多不主动披露公司内部控制存在的缺陷和风险，有些会计师发表意见较为草率。这直接导致了目前上市公司披露的内部控制相关信息有空，信息含量不足，有效性较差。因

此，建议建立和健全内部控制信息披露责任追究制度，使不负责任的信息披露主体和发表不实意见的第三方付出代价，使用强制性的措施规范信息披露行为。

### （六）加强对会计师监管，发挥其监督作用

目前，内部控制审计报告中内容较少，会计师只有在非标准意见时才发表相关事项的说明或事项段，且在内部控制评价报告与内部控制审计报告结论不一致时，会计师不需要发表意见。建议增强会计师责任，增加内部控制审计报告需要披露的内容，如加入关键审计事项，当内部控制评价报告与内部控制审计报告结论不一致时，会计师的意见段等内容，强化会计师责任，充分发挥其第三方监督的作用。

附表1　　2015～2017年内部控制自评无效的公司名单

| 2015年（7家） | 2016年（11家） | 2017年（17家） |
|---|---|---|
| 大有能源 | *ST昆机 | *ST保千 |
| 海南橡胶 | *ST匹凸 | *ST富控 |
| 禾嘉股份 | *ST中安 | *ST工新 |
| 柳化股份 | ST海润 | *ST海润 |
| 秋林集团 | ST慧球 | *ST昆机 |
| 太化股份 | 安泰集团 | *ST蓝科 |
| 雪峰科技 | 大晟文化 | *ST天业 |
| | 航天通信 | *ST信通 |
| | 秋林集团 | *ST椰岛 |
| | 天津磁卡 | ST大控 |
| | 中国高科 | 大连港 |
| | | 飞乐音响 |
| | | 菲达环保 |
| | | 宏达矿业 |
| | | 黄河旋风 |
| | | 农发种业 |
| | | 新日恒力 |

附表 2　　2015~2017 年内部控制审计否定意见的公司名单

| 2015 年（8 家） | 2016 年（13 家） | 2017 年（20 家） |
| --- | --- | --- |
| 易见股份 | *ST 海润 | *ST 保千 |
| *ST 柳化 | *ST 安泰 | *ST 富控 |
| 大有能源 | *ST 上普 | *ST 工新 |
| 海南橡胶 | ST 大控 | *ST 海润 |
| 秋林集团 | ST 慧球 | *ST 蓝科 |
| 太化股份 | ST 匹凸 | *ST 上普 |
| 雪峰科技 | ST 中安 | *ST 天业 |
| 一汽富维 | 大晟文化 | *ST 信通 |
| | 航天通信 | *ST 椰岛 |
| | 秋林集团 | ST 大控 |
| | 天津磁卡 | 大连港 |
| | 退市昆机 | 飞乐音响 |
| | 中国高科 | 菲达环保 |
| | | 宏达矿业 |
| | | 黄河旋风 |
| | | 农发种业 |
| | | 退市昆机 |
| | | 新日恒力 |
| | | 信威集团 |
| | | 云煤能源 |

附表 3　　2017 年内部控制自评存在缺陷的公司名单

| 财务报告 | | 非财务报告 | |
| --- | --- | --- | --- |
| 重大缺陷（18 家） | 重要缺陷（10 家） | 重大缺陷（13 家） | 重要缺陷（14 家） |
| *ST 保千 | 浦发银行 | *ST 保千 | 民生银行 |
| *ST 富控 | *ST 富控 | *ST 富控 | 道森股份 |
| *ST 工新 | 赤峰黄金 | *ST 昆机 | 贵人鸟 |
| *ST 海润 | 菲达环保 | *ST 天业 | 海航基础 |
| *ST 昆机 | 建设机械 | *ST 信通 | 湖南天雁 |

续表

| 财务报告 | | 非财务报告 | |
|---|---|---|---|
| 重大缺陷（18家） | 重要缺陷（10家） | 重大缺陷（13家） | 重要缺陷（14家） |
| *ST蓝科 | 金杯汽车 | *ST椰岛 | 金杯汽车 |
| *ST上普 | 鹏欣资源 | ST大控 | 金钼股份 |
| *ST天业 | 万里股份 | ST慧球 | 普莱柯 |
| *ST信通 | 闻泰科技 | 大有能源 | 山东金泰 |
| *ST椰岛 | 重庆钢铁 | 飞乐音响 | 上海物贸 |
| ST大控 | | 黄河旋风 | 神马股份 |
| 大连港 | | 西南证券 | 雪峰科技 |
| 飞乐音响 | | 亚星化学 | 中国高科 |
| 菲达环保 | | | 中远海控 |
| 宏达矿业 | | | |
| 黄河旋风 | | | |
| 农发种业 | | | |
| 新日恒力 | | | |

（上海证券交易所资本市场研究所）

# 深交所多层次资本市场上市公司 2017 年年报实证分析报告

截至 2018 年 4 月 30 日，深市 2110 家上市公司中的 2105 家披露了 2017 年年报或年报数据，其中，主板公司 472 家，中小板公司 911 家，创业板公司 722 家。2017 年至今，中小板、创业板分别新增上市公司 89 家、154 家。深市上市公司年报数据很大程度上反映了过去一年国民经济运行的整体情况，折射出经济转型的过程、方向和正在形成的突破口。

全样本统计分析显示：（1）深市上市公司总体业绩保持平稳增长，盈利质量明显改善；制造业公司表现亮眼，呈现全面增长态势；第三产业增长动力强劲，新兴服务业表现突出；创新驱动深入推进，战略新兴产业整体良好；行业龙头及创新能力强的公司业绩增长突出；新上市公司质地优秀，经营绩效良好；并购重组回归本源，持续推动产业整合与转型升级；回报股东的力度持续增强，分红乱象大幅减少；积极响应国家倡议，全力推动落实国家战略。（2）3 个板块服务实体经济的层次化特征明显，主板蓝筹增长强劲，国有企业做优做强；中小板平稳快速增长，高质量发展趋势明显；创业板成为创新创业引擎，新动能加速形成。（3）如下问题和趋势值得关注：区域和行业发展不均衡的问题依旧存在，新动能的培育和壮大需要更多包容和支持，并购重组的整合效果及业绩波动风险值得关注，外部环境变化对上市公司的影响需要持续观察。

## 一、上市公司总体情况分析

2017 年是中国社会经济发展中极不平凡的一年。中国特色社会主义进入新时代，中国经济已由高速增长阶段转向高质量发展阶段。在转变发展方式、优化经济结构、转换增长动力的攻坚期，2017 年国民经济保持稳中向好的发展态势，转型升级成效显著。作为中国经济的典型代表，深市上市公司整体业绩持续增长，传统行业回暖迹象明显，新动能正在加速形成，高质量发展的态势初步显现。

### （一）整体业绩保持平稳增长，盈利质量明显改善

营业总收入保持增长态势。2017 年深市上市公司实现营业总收入 10.4 万亿元，同比增长 23.46%，其中主板、中小板和创业板同比分别增长 20.33%、26.76% 和 27.83%；以可比数据为样本，近 3 年主板、中小板、创业板营业总收入年复合增长率分别为 11.47%、20.84% 和 29.1%，增长态势较为稳定。

净利润规模继续平稳增长。2017年深市上市公司归属母公司股东净利润合计7295.02亿元，同比增长20.58%，其中主板、中小板分别增长35.62%和18.89%，创业板下降15.21%，剔除个别权重股（温氏股份和乐视网）的影响后，净利润增长4.43%。盈利方面，深市92.97%的公司实现盈利；65.32%的公司实现净利润同比增长；连续两年持续盈利的公司中，460家公司（占比21.85%）的净利润增长幅度超过50%。

在业绩向好的同时，盈利能力也有显著的改善。2017年深市上市公司净资产收益率为9.72%，连续3年增长。非金融上市公司毛利率为22.57%，较2016年提升0.46个百分点。扣除非经常性损益后，净利润增长16.22%，连续两年增长率在10%以上。扣非后的净资产收益率为7.84%，盈利能力逐步提高。具体如表1所示。

表1　2017年深市上市公司总体业绩情况

| 板块 | 平均营业总收入增长率 | 平均净利润增长率 | 平均净资产收益率 | 平均毛利率（不含金融行业） |
|---|---|---|---|---|
| 全部公司 | 23.46% | 20.58% | 9.72% | 22.57% |
| 主板 | 20.33% | 35.62% | 10.44% | 21.20% |
| 中小板 | 26.76% | 18.89% | 9.86% | 22.41% |
| 创业板 | 27.83% | -15.21% | 7.30% | 29.48% |

### （二）制造业公司表现突出，呈现全面增长态势

盈利面、盈利能力以及经营效率均有所提升。2017年全国规模以上工业企业利润总额同比增长21%，增速比2016年高12.5个百分点。在上市公司层面，深市制造业29个细分行业全部盈利，营业总收入同比增长26.2%，净利润同比增长34.18%。净资产收益率、销售毛利率分别为9.94%和23.18%，较2016年分别增长0.68个百分点和1.63个百分点；存货周转天数为79.19天，同比下降18.91天。

传统制造业企稳回暖，新兴制造业发展良好。制造业细分行业中的钢铁、有色金属、化学纤维、金属制品业、纺织业、造纸业、非金属矿物制品等传统制造业受益于供给侧结构性改革，净利润同比增长均超过30%；新兴制造业方面，专用设备、计算机通信、仪器仪表净利润同比增长分别达到125.74%、67.40%和62.32%。深市共有133家高端装备制造公司，营业总收入和净利润分别增长39.71%和101.19%，新动能不断增强。

从产业链来看，中上游景气延续，下游稳中向好。供给侧结构性改革叠加周期性复苏，受益上游偏重资源品的制造业（石油、钢铁、有色、化工、橡胶塑料、非金属矿物制品等行业），整体净利润增长70.92%。中游机械行业（通用设备、电气机械、仪器仪表、金属制品、运输设

备等）和轻工制造业（木材、造纸、印刷），净利润分别增长 17.89% 和 39.61%；下游面向消费端的制造业（食品饮料、纺织服装、文体用品、家具、医药、汽车、专用设备、计算机通信等）业绩整体稳中向好，收入和净利润增速分别为 20.71% 和 29.87%。

**（三）第三产业增长动力强劲，新兴服务业表现突出**

中国服务业增加值增速连续 5 年高于第二产业，成为经济发展的主动力。2017 年深市第三产业营业总收入占深市总体比重 31.35%，净利润占比 36.02%；剔除乐视网的影响后，2017 年第三产业营业总收入增长 20.26%，净利润增长 13.25%，整体表现良好，部分细分行业也亮点频频。

消费提质升级推动“幸福产业”快速发展。2017 年旅游、文化、体育、健康、养老“五大幸福产业”快速发展，相关公司营业总收入合计 1065.39 亿元，同比增长 13.22%，净利润合计 141.54 亿元，同比增长 5.19%，经过数年高速增长后，继续保持平稳增长。其中，文体娱乐和卫生行业公司营业总收入同比分别增长 7.93% 和 42.52%，不断推动民生改善。

高技术服务业呈现良好发展势头。深市共 15 家公司属高技术服务业，2017 年营业总收入合计 149.91 亿元，净利润合计 20.08 亿元，同比分别增长 31.46% 和 27.57%。以具有可比数据的公司为样本，3 年间高技术服务业公司营业总收入年复合增长率为 27.82%，发展势头良好。

以互联网技术为特征的数字经济稳定增长。深市共有互联网及信息技术类公司 195 家，剔除乐视网的影响后，2017 年营业总收入合计 3841.53 亿元，同比增长 27.67%；净利润合计 372.07 亿元，同比增长 6.77%，整体保持稳定增长。

**（四）创新驱动深入推进，战略新兴产业整体良好**

研发投入逐步加大、力度不断增强。2017 年，深市整体平均研发强度达 2.61%，204 家公司研发强度超过 10%，占深市公司总数的 9.69%。深市公司研发投入金额合计 2688.094 亿元，研发投入绝对额连续 3 年明显增加，2017 年同比增加 23.75%。研发支出超过 10 亿元的公司有 33 家，中兴通讯、美的集团、比亚迪、潍柴动力、京东方 A 这 5 家公司研发支出超过 50 亿元。深市公司平均聘请技术人员 678 人，中位数为 281 人，200 多家深市公司技术人员占比超过 50%。

战略新兴产业、行业龙头公司普遍重视研发投入。2017 年，深市 865 家战略新兴产业公司研发投入 1540.43 亿元，较 2016 年增长 24.32%，平均研发强度为 4.66%，超过深市平均水平。各行业龙头明显增加了研发投入，美的集团过去 5 年投入研发资金超过 200 亿元，2017 年比亚迪研发费用 62.66 亿元，比 2016 年增加 17.44 亿元。

战略新兴产业整体良好，助力深市新旧动能转换。战略新兴产业公司 2017 年的营业总收入 3.31 万亿元，同比增长

27.61%；净利润2408.04亿元，同比增长14.95%。营业总收入占深市总体比例为31.83%，较2016年同期略有提高；净利润占比33.01%。贡献率呈逐年提高态势，推动深市新旧动能加快转换。

### （五）行业龙头及创新能力强的公司业绩增长突出

龙头企业业绩贡献率高、增速快。市值前20%的公司贡献了深市6成收入，2017年营业总收入增长24.53%，净利润增长29.25%；而市值后20%的公司营业总收入增长11.84%，净利润下降147.49%，分化较为明显。

龙头企业普遍创新能力较强，持续进行研发、创新投入，市值前20%的深市上市公司研发投入增长率为26.95%，市值后20%的研发投入增长率为9.33%。具体如表2所示。

表2　　深市上市公司不同市值组别业绩及研发投入情况

| 市值从大到小排位分布 | 营业总收入增长率 | 净利润增长率 | 平均研发投入增长率 |
|---|---|---|---|
| 前20% | 24.53% | 29.25% | 26.95% |
| 20%～40% | 24.40% | 9.70% | 22.77% |
| 40%～60% | 21.44% | 5.64% | 21.89% |
| 60%～80% | 23.45% | -16.85% | 14.63% |
| 后20% | 11.84% | -147.49% | 9.33% |

### （六）新上市公司质地优秀，经营绩效良好

资本市场始终将服务实体经济摆在最重要的位置，2017年共有243家公司IPO融资，中小板新增89家，创业板新增154家，83.4%的公司属于国家高新技术企业，分属电子与信息技术、生物医药、新材料等新兴产业。其中，电子与信息技术类新上市公司72家，占新上市公司数的29.63%；生物医药新上市公司21家，新增新材料上市公司20家。

新上市企业整体经营绩效优异，盈利能力强。新IPO公司2017年营业总收入2370.68亿元，净利润292.46亿元，同比分别增长21.34%和11.4%。净资产收益率为15.52%，毛利率为31.93%，分别高于深市平均水平5.8个百分点和9.36个百分点；3年间营业总收入年复合增长率17.18%，显示其整体拥有较强的盈利能力以及持续增长潜能。

### （七）并购重组回归本源，持续推动产业整合与转型升级

受从严监管政策的影响，2017年深市并购重组数量有所下降，但质量显著提升，“忽悠式”“跟风式”重组趋于平静。2017年深市完成并购重组190起，同比下降13.64%；并购交易金额6580.77亿元，同比增长46.46%。其中，主板并购交易金额同比增长136.85%，中小板、创业板并购交易金额分别同比下降

6.76%和8.75%。主板并购交易金额的增长主要得益于板块内的大额并购交易，2017年主板并购交易金额超过100亿元的有8起，其中*ST济柴、渤海金控、华北高速并购案交易金额均超过500亿元。具体如表3所示。

表3　各板块公司重大资产重组事件数量和交易金额（2016～2017年）

| 年度 | 板块 | 主板 | 中小板 | 创业板 | 合计 |
|---|---|---|---|---|---|
| 2017 | 实施完成数量（起） | 50 | 72 | 68 | 190 |
| | 完成交易金额（亿元） | 3971.46 | 1847.43 | 761.88 | 6580.77 |
| 2016 | 实施完成数量（起） | 50 | 82 | 88 | 220 |
| | 完成交易金额（亿元） | 1676.80 | 1981.47 | 834.90 | 4493.17 |
| 同比增长 | 实施完成数量（%） | 0 | -12.20 | -22.73 | -13.64 |
| | 完成交易金额（%） | 136.85 | -6.76 | -8.75 | 46.46 |

资料来源：深交所统计，交易金额不包括配套融资金额。

产业并购占主导地位，重组上市热潮渐退。从标的资产与上市公司业务关联情况来看，2017年披露的重组方案中超过6成为产业整合。同时，受监管新规与IPO审核常态化的影响，2017年深市仅2家公司完成重组上市，4家公司披露重组上市方案，同比分别减少85.71%和55.56%。

海外并购回归理性，助力上市公司提升国际竞争力。2017年深市公司披露海外重大资产重组方案20起，交易金额606.57亿元，低于2016年的30起和2359.78亿元。海外标的主要集中于欧美等地，行业集中于先进制造业、信息技术、医疗器械等。通过并购海外优质标的，一批公司加速了全球布局的步伐，迅速提升国际竞争力。

并购重组服务国企改革功效日益彰显。以主板为例，在2017年实施完成的重大资产重组中，46%的企业重组前控制权为国有，并购交易金额达2281.57亿元。国有企业借助资本市场平台，持续实现国有资源布局优化、结构调整、战略性整合和转型升级。深交所先后推进完成招商蛇口和招商公路吸收合并方案，实现招商局板块整合，成为国有企业发挥资本市场功能服务国家战略的典范之作。

### （八）回报股东的力度持续增强，分红乱象大幅减少

现金分红逐年稳步增加，回报股东力度不断增强。截至2018年4月30日，深市76.86%的上市公司（1611家）推出现金分红预案，分红金额3199.85亿元，同比上升62.22%，股利支付率为44%。深市盈利公司中，33.68%的公司（656家）股利支付率超过50%。2015～2017年连续3年分红的公司有1162家。分红金额最高的3个行业分别是计算机和通信设备制造业、房地产业和医药制造业，分别为373.56亿元、272.38亿元和252.29亿元。

从严监管卓有成效，“高送转”乱象

减少。近年来，证监会高度重视对高送转乱象的监管，深交所从健全规则、强化监管、加强投资者教育等方面多管齐下，严防概念炒作，净化市场环境。深市上市公司2016年度高送转方案从2015年度的267家大幅下降至166家，截至2018年4月30日，仅有49家公司披露2017年度高送转方案。从股价表现来看，市场反应也更为理性，概念股炒作明显降温。

### （九）积极响应国家倡议，全力推动落实国家战略

有力支持打好污染防治攻坚战。上市公司的环保意识不断增强，2017年深市共有409家公司披露环境保护相关信息，同比增加196家。环保监管、执法力度持续强化，如对山西三维公司违法排污问题的监管，营造打好污染防治攻坚战的良好氛围。2017年，深市118家节能环保行业公司累计投入191.18亿元开展环境技术与产品服务研发。

以多种方式积极主动参与精准扶贫。2017年深市公司结合自身产业特点与扶贫地区实际，通过成立扶贫产业基金、兴办实业、开展培训教育、参加扶贫公益活动等多种形式，推动产业发展脱贫、转移就业脱贫等。据不完全统计，截至目前深市有394家上市公司披露了2017年精准扶贫工作信息，较2016年增加175家；共投入资金181.66亿元，物资折款26.56亿元，帮助建档立卡贫困人口脱贫超过33.57万人，较2016年多帮扶25.27万人。

稳妥推进去产能、去杠杆，增强风险承受能力。煤炭行业固定资产投资延续下降态势，2017年同比下降14.01%；钢铁行业固定资产投资在连续多年下降之后，2017年保持平稳。受去产能和行业周期性回暖的影响，2017年深市钢铁行业净利润同比增长3.47倍，煤炭行业净利润增长2.87倍。在去杠杆方面，相关重资产行业的负债率下降明显，2017年采矿业的资产负债率为48.28%，较2016年下降10.48个百分点；钢铁制造业、有色金属冶炼行业资产负债率分别为67.64%和58.45%，同比下降2.7个百分点和2.6个百分点。

积极响应“一带一路”倡议，推动企业国际化发展。据不完全统计，深市公司通过进出口贸易、工程建设、设立制造基地或研发中心、产业并购等多种方式参与“一带一路”项目建设330余家次。中信海直、创维数字、新希望、京东方、中工国际、易华录、深圳能源等一批具有领先技术的公司，将中国标准、中国技术、中国创新带入沿线各国，树立了中国制造的品牌形象。

## 二、三个板块差别化发展格局继续强化

随着中小板、创业板公司数量逐步增加，以及主板公司运用资本市场工具持续整合、优化和发展，3个板块实现各自市场定位的基础更加宽厚，差别化特征更加清晰和丰富，差别化发展的格局继续强化。

### （一）服务实体经济的层次化特征明显

三板块公司的行业分布差异显著。按照国际行业分类标准，主板公司工业、可选消费业、材料行业公司数量接近，各约占比19%。中小板公司主要集中在工业、材料和信息技术业，占比分别为27.77%、18.77%和17.34%。创业板公司则主要集中在信息技术和工业，占比分别为34.49%和30.06%。

三板块公司的规模呈现阶梯状分布。2017年，主板、中小板、创业板公司平均总资产依次为336.42亿元、83.43亿元和30.96亿元，平均营业总收入依次为113.86亿元、42.97亿元和15.35亿元，平均净利润分别为7.72亿元、3.06亿元和1.2亿元，阶梯状差异特征显著。

三板块公司的盈利能力和杠杆水平呈规律性排列。2017年，主板、中小板、创业板非金融公司平均毛利率分别为21.2%、22.41%和29.48%，平均资产负债率分别为66.24%、49.3%和40.54%。中小创公司的产品服务、业态和模式等创新较多，毛利率水平普遍高于主板企业。且中小创公司较多处于发展阶段相对较早期，股权融资相对充足，资产负债率相对较低。具体如表4所示。

表4　深市多层次资本市场各板块发展概况

| 板块 | 平均总资产（亿元） | 平均营业总收入（亿元） | 平均净利润（亿元） | 平均毛利率（剔除金融行业） | 平均资产负债率（剔除金融行业） |
|---|---|---|---|---|---|
| 主板 | 336.42 | 113.86 | 7.72 | 21.20% | 66.24% |
| 中小板 | 83.43 | 42.97 | 3.06 | 22.41% | 49.30% |
| 创业板 | 30.96 | 15.35 | 1.20 | 29.48% | 40.54% |

### （二）主板：蓝筹增长强劲，国有企业做优做强

在一些竞争性行业中，主板涌现出了一批市场化蓝筹公司，2017年业绩表现亮眼。排名前10位的公司合计实现净利润1447.63亿元，占主板净利润的4成；在公司规模相对较大的基础上仍保持较快发展，2017年净利润增长23.5%。万科、美的集团、潍柴动力、TCL集团、中兴通讯等一批公司，2017年营业总收入超过千亿元。航天科技、新华制药等137家公司3年净利润复合增长率超过30%。

占主板近6成的国有企业，充分借助资本市场平台，实现国有资源的战略整合及有序流转，推动产业布局调整和转型升级。涌现出了一批广为关注的国企改革样本，例如，招商公路吸收合并华北高速实现整体上市，云南白药的控股股东引入民营股东实现集团层面的混合所有制改革等，进一步激发了国企活力。2017年主板国企实现净利润2274.88亿元，同比增长46.54%，连续两年保持增长。

### （三）中小板：平稳快速增长，高质量发展趋势明显

中小板目前已经覆盖了包括高端制造、信息技术、文化传播、物流服务、金融地产等在内的16个行业。2014～2016年，营业总收入平均增速为13.2%，净利润平均增速为11.8%，2017年继续保持高增长态势，营业总收入和净利润增长率分别为26.76%和18.89%。越来越多的公司逐步成长为市场化蓝筹企业，行业细分龙头的经济示范作用明显。2017年营业总收入超过100亿元的公司有88家，净利润超过10亿元的有59家，1/5的公司净利润增速超过50%。

中国高端制造的典型代表，聚集了一大批优秀公司，起到了良好的高质量发展示范效应。净利润排名前20的公司分布在计算机通信、汽车制造、零售、现代物流等行业，共实现净利润825.71亿元，占中小板公司净利润总额的29.64%。海康威视、比亚迪、苏宁易购、顺丰控股等已成为行业领军企业。

### （四）创业板：创新创业引擎，新动能加速形成

创业板公司业绩稳步增长，带动经济的动能逐步增强。在复杂的经济环境下，创业板公司2017年业绩实现平稳增长，剔除乐视网和温氏股份个股影响后，净利润3年复合增长率17.3%。板块内公司平均研发强度4.64%，高新技术企业占比9成，创新创业特色突出。其中，36.15%的公司承担国家火炬计划项目，11.77%的公司承担国家863计划，24.38%获得国家创新基金支持，拥有与主营产品相关的核心专利技术项目2.6万项。

新兴产业公司不断涌入创业板，经济增长新动能加速形成。板块内战略新兴产业的比重不断增加，2017年至2018年4月新增85家，主要集中在新一代信息技术、新材料和生物医药行业。在业绩贡献率方面，板块内战略新兴产业收入和净利润占比分别为70.39%和61.41%，新增长动能正在持续积累。涌现出蓝思科技、智飞生物、碧水源、汇川技术等一批具有较强影响力和创新力的企业。

## 三、问题和趋势

中国经济转向高质量发展的条件逐步成熟，支撑经济迈向中高端水平的有利因素逐步增多，为深市上市公司的持续增长提供了有力支撑。在整体业绩保持平稳增长、发展质量逐步提升的同时，发展不均衡、不充分的问题依旧存在，一些潜在风险值得高度关注。

### （一）区域和行业发展不均衡的问题依旧存在

区域发展方面，东部地区新增上市公司数量、新兴企业占比，以及盈利能力等均显著优于中部、西部和东北地区。2017年东部地区上市公司净利润增长19.71%，战略新兴产业公司占比43.41%，新增深市公司198家，居各区域之首。中、西部

地区2017年上市公司分别新增25家和18家，资源性、基础性产业比重较大，传统产业分别占比62.45%和68.24%。东北地区2015~2017年间，每年仅新增2家上市公司，已上市公司盈利能力较弱、亏损比例较高。

行业发展方面，金融和地产依然是利润大户，农业类公司表现低迷。金融和地产行业营业总收入合计占全部公司的10.07%，但净利润占全部公司的21.7%。农业类公司表现低迷，受国内养殖结构变化、产品价格下滑以及个别企业存货风险的影响，2017年农业类公司净利润同比下降48.21%。

### （二）新动能的培育和壮大需要更多包容与支持

新兴产业前期研发和市场培育的投入较大，短期内业绩难见明显增长，上市难度较大，导致新兴产业的占比提升不够快。2017年，高端设备制造、生物医药、新一代信息技术等中国实体经济中短板类产业，新增上市公司家数占比仅为26.75%。2014~2017年间，战略新兴产业公司数量占比上升3.6个百分点。在加快新旧动能转化的攻坚时期，应进一步加大对新兴产业的支持。

新兴产业的高成长性伴随高风险，支持创新的政策和资源的投入也需要转化时间，在这一过程中，需要密切关注新兴产业的波动，及时调整相关政策，同时也要给予更多包容。例如，生物科技产业具有高研发、高风险属性，短期业绩波动大属正常现象。新能源、新能源汽车行业发展初期受国家政策的影响较大，环保和补贴等政策对行业的整体影响较大，政策的调整需要及时和适当。

### （三）并购重组的整合效果及业绩波动风险值得关注

2015年是并购重组的高峰之年，如今已历3年，并购重组后的整合效果、业绩持续性等是影响未来上市公司的主要因素之一，值得高度关注。历史经验及相关研究表明，并购重组后相关业务整合失败的概率很高，给被并购标的业绩往往带来负面影响。2017年出现了一些公司未能履行业绩承诺的现象，甚至有个别公司通过更改承诺的方式逃避责任，对资本市场的诚信建设和投资者的合法权益造成不利影响，对此应予以高度关注。

并购重组形成的大额商誉，也给少数上市公司未来业绩带来较大的不确定性。截至2017年年末，深市公司累计商誉8204.9亿元，占当期营业总收入的7.89%。2015年商誉减值52.12亿元，2016年减值82.31亿元，2017年减值254.28亿元，对净利润产生直接侵蚀。由于计提大额减持，部分公司在营业收入实现大幅度增长的同时，净利润却大幅下降甚至巨额亏损。

### （四）外部环境变化对上市公司的影响需要持续观察

未来几年，中国对外开放格局将进一步增强，服务业和制造业市场准入将进一步放宽，进出口规模和对外投资规模将进一步扩大，外部环境变化对上市公司的影响将更加广泛和复杂。近期中美贸易摩擦有所升温，我们期望以合作共赢的方式解决争端，但是对上市公司面临的潜在风险需要保持高度关注。据统计，2017年深市共有764家公司存在对美国的出口贸易，出口收入约占营业收入总额的5%。短期来看，中美贸易摩擦对深市公司的影响有限。长期来看，若贸易摩擦进一步升级，受到影响的公司数量可能会增加，也会影响到公司未来对美市场的拓展。此外，部分企业对外技术依存度较高，外部环境风险也值得关注。

## 附：数据说明

1. 分析样本包括新上市公司，共2105家；行业分类采用中国证监会2016年的分类标准，战略性新兴产业样本根据深交所分类确定。

2. 东部地区是指北京、天津、河北、上海、江苏、浙江、福建、山东、广东和海南10省（市）；中部地区是指山西、安徽、江西、河南、湖北和湖南6省；西部地区是指内蒙古、广西、重庆、四川、贵州、云南、西藏、陕西、甘肃、青海、宁夏和新疆12省（区、市）；东北地区是指辽宁、吉林和黑龙江3省。

3. 报告中毛利率及资产负债率的计算，均剔除了金融行业，其他全样本指标，如未专门说明，均包含了金融行业。

4. 平均研发强度根据已披露公司的研发投入和营业收入，按照整体法计算得出，计算时剔除了数据缺失的公司。

5. 股利支付率为上市公司中报分红和年报分红预案合计，与当年归属母公司股东净利润之比，按照整体法计算得出，计算时剔除了数据缺失的公司。

6. 并购重组的统计口径为重大资产重组及发行股份购买资产。

7. “幸福产业”相关公司包括：卫生和社会工作，文化、体育和娱乐，住宿和餐饮3个一级行业，以及公共设施管理业二级行业。

（深圳证券交易所 年报分析小组）

# 深市上市公司2017年首次全面执行关键审计事项准则情况分析报告

根据新审计准则，注册会计师将在上市公司2017年审计报告中增设关键审计事项部分，披露审计工作中的重点难点等审计项目的个性化信息。本报告对深市上市公司首次全面执行关键审计事项准则的披露情况和特点进行统计分析，重点分析高风险公司关键审计事项，对关键审计事项作用和披露质量进行评价。

## 一、关键审计事项基本情况

### （一）准则出台背景

审计报告对增强财务信息的可信度起着至关重要的作用。长久以来，审计报告保持着“三段论”式格式，重点体现对会计师的免责。随着资本市场的改革与发展，政府部门、监管机构和投资者对注册会计师执业质量提出了更高的要求，期望注册会计师出具的审计报告具有更高的信息含量和决策相关性，以降低资本市场的不确定性和信息不对称带来的风险。2016年12月23日，财政部印发《中国注册会计师审计准则第1504号——在审计报告中沟通关键审计事项》，要求注册会计师应在审计报告中增设关键审计事项部分，披露审计工作中的重点难点等审计项目的个性化信息。

### （二）关键审计事项内容

关键审计事项，是指注册会计师根据职业判断认为对本期财务报表审计最为重要的事项。在确定关键审计事项内容时，主要考虑的方面有：一是按照《通过了解被审计单位及其环境识别和评估重大错报风险》准则的规定，评估的重大错报风险较高的领域或识别出的特别风险；二是与财务报表中涉及重大管理层判断的领域相关的重大审计判断；三是本期重大交易或事项对审计的影响。原则上来讲，注册会计师应描述每项关键审计事项。但以下情形除外：一是财务报表被出具无法表示意见；二是法律法规禁止公开披露某事项；三是在极少数情形下，如果合理预期在审计报告中沟通某事项造成的负面后果超过在公众利益方面产生的益处，注册会计师确定不应在审计报告中沟通该事项。

## 二、深市关键审计事项披露情况与特点

截至2018年4月30日，深市共2091家A股上市公司出具年报，其中，11家公司财务报告被出具无法表示意见。此外

的2080家上市公司均披露了关键审计事项。2080家上市公司审计报告中共披露4359个关键审计事项，平均每家公司关键审计事项为2.1个，其中，2/3的公司关键审计事项为2个。据统计，英国公司平均关键审计事项为4.2个，与英国相比，中国上市公司被识别出的关键审计事项数量明显偏低。经分析，深市上市公司关键审计事项呈现以下特点：

**（一）重点关注资产减值、收入确认和重大交易**

分析关键审计事项及其描述，我们发现会计师主要从对公司当期营业收入、净利润的影响程度评判是否为关键审计事项。我们根据对净利润的影响方面对关键审计事项进行分类。关键审计事项指向的内容如表1所示。

表1　关键审计事项内容分布

| 类别 | 事项 | 数量 | 占比 |
| --- | --- | --- | --- |
| 减值 | 应收账款的可回收性 | 862 | 19.78% |
| | 商誉减值 | 635 | 14.57% |
| | 存货跌价 | 400 | 9.18% |
| | 股权投资减值 | 66 | 1.51% |
| | 其他资产减值 | 155 | 3.55% |
| | 小计 | 2118 | 48.59% |
| 损益 | 收入确认 | 1428 | 32.76% |
| | 政府补助 | 55 | 1.26% |
| | 投资收益 | 14 | 0.32% |
| | 成本与费用 | 60 | 1.38% |
| | 小计 | 1557 | 35.72% |
| 交易 | 股权收购 | 112 | 2.57% |
| | 资产、股权出售 | 87 | 2.00% |
| | 关联交易 | 46 | 1.06% |
| | 业绩承诺补偿 | 12 | 0.28% |
| | 债务重组 | 8 | 0.18% |
| | 商誉确认 | 7 | 0.16% |
| | 小计 | 272 | 6.24% |
| 其他判断事项 | 固定资产、在建工程账面价值 | 62 | 1.42% |
| | 开发支出资本化 | 61 | 1.40% |
| | 存货存在、计价与分摊 | 49 | 1.12% |
| | 递延所得税资产的确认 | 43 | 0.99% |
| | 股权投资分类、计量与转换 | 46 | 1.06% |
| | 其他 | 151 | 3.46% |
| | 小计 | 412 | 9.45% |

从表1中可以看出，会计师重点关注的事项有以下3个方面的特征：

一是对各类资产减值的关注占据“半壁江山”。

在4359个关键审计事项中，涉及资产减值的关键审计事项最多，为2118个，占比为48.59%。其中，将应收账款的可回收性、商誉减值和存货跌价计提作为关键审计事项的分别有862个、635个和400个，占整体关键审计事项比重为19.78%、14.57%和9.18%。

二是超1/3比重关注收入确认问题。

在4359个关键审计事项中，涉及收入确认的有1428个，占比为32.76%。收入因具有易于产生舞弊的特征，审计准则中要求“注册会计师在识别和评估由于舞弊导致的重大错报风险时，应当首先假定收入确认存在舞弊风险”。对上市公司来讲，收入是影响业绩考核的重要指标，不仅与管理层薪酬高度相关，而且也因与股价表现相关而影响实际控制人、管理层的决策。因此，收入确认历来是审计中的关注重点。

三是部分交易事项受到关注。

近年来，随着鼓励并购重组、支持上市公司通过并购实现外延式发展，资本市场并购重组不断增多。对外投资和处置资产也是企业常用的增厚业绩方式。在股权投资中，因会计处理较为复杂、并购价格公允性难以判断、存在大量主观判断和可操作空间，因而成为监管层和会计师的关注重点。在4359项关键审计事项中，涉及交易的为272个，占比为6.24%，其中，主要为关注股权收购、资产、股权出售和关联交易，占交易类型关键审计事项的90%。

### （二）高风险公司的关键审计事项更多

关键审计事项表达的是会计师在审计过程中认定的最重要的事项。对于高风险公司来讲，公司有动机掩饰、美化财务报表，一般表现为多种风险交织缠绕，一个风险事项或管理层判断可能导致影响多个财务会计科目等复杂情况。因此，对于高风险公司，会计师识别出的关键审计事项数量较多。

根据深交所对上市公司的风险等级分类（A、B、C、D风险等级从低到高），不同风险等级公司关键审计事项数量与关键审计事项平均数正相关（详见表2）。C类、D类公司关键审计事项平均数分别为2.20个和2.28个，高于平均水平，且D类公司的关键审计数量平均值最高。而新上市公司经过严格的发行审核，一般来讲，盈利水平高、内部控制完善、处于行业上升周期，因此，风险整体偏低，关键审计事项数量最少（1.88个）。

表2　　不同风险等级公司关键审计事项数量

| 风险等级 | 公司数 | 关键审计事项数量平均值 |
|---|---|---|
| 新上市公司 | 96 | 1.88 |
| A（正常类公司） | 367 | 2.08 |
| B（关注类公司） | 1191 | 2.07 |

续表

| 风险等级 | 公司数 | 关键审计事项数量平均值 |
|---|---|---|
| C（重点关注类公司） | 320 | 2.20 |
| D（高风险类公司） | 106 | 2.28 |
| 总计 | 2080 | 2.10 |

从表3可以看出，带强调事项段的无保留意见和保留意见的关键审计事项平均数明显高于整体平均值，也反映出会计师对高风险公司的特别关注。

表3　不同审计意见类型公司关键审计事项数量

| 审计意见类型 | 公司数 | 关键审计事项数量平均值 |
|---|---|---|
| 标准无保留意见 | 2014 | 2.09 |
| 带强调事项段的无保留意见 | 41 | 2.29 |
| 保留意见 | 25 | 2.24 |

由于A股市场的特别风险警示、暂停上市和退市制度都与盈利情况有关，而亏损上市公司因可能存在“洗大澡”嫌疑、处于行业下行周期、内部控制不够完善等属于风险高发领域。此外，A股上市公司为了避免被实施暂停上市和退市风险警示，易采取多种手段调节利润，亦处于风险高发领域。从统计上来看，有避免被实施暂停上市动机的公司（2015年、2016年均亏损）关键审计事项最多，为2.6个；有避免被实施退市风险警示动机的公司（2016年亏损）的关键审计事项也较多，为2.43个；2017年亏损的公司关键审计事项数量也明显高于盈利公司，为2.2个。具体情形如表4所示。

表4　盈利水平的关键审计事项平均值

| 分类 | 公司数量 | 关键审计事项平均数 |
|---|---|---|
| 2015年、2016年连续亏损 | 30 | 2.60 |
| 2016年亏损 | 112 | 2.43 |
| 2017年亏损 | 140 | 2.20 |
| 其他公司 | 1847 | 2.07 |

### （三）关键审计事项的行业特征

分行业来看，非银金融、传媒、建筑装饰等10个行业的关键审计事项平均数高于整体平均数，其中，非银金融以平均每家2.95个关键审计事项位列榜首。传媒、建筑装饰平均关键审计事项数量分别位列第二位、第三位，为2.33个和2.28个。交通运输业平均关键审计事项最少，为1.83个。总体上来看，除非银金融以外，各行业关键审计数量差异不大。

不同行业3种资产减值及收入的关键审计事项发生频率具体如表5所示。

表5　关键审计事项的行业分布特征　单位：亿元

| 行业 | 关键审计事项数量 | 关键审计事项类别 | | | | | | | |
|---|---|---|---|---|---|---|---|---|---|
| | | 应收账款 | 占比 | 存货跌价 | 占比 | 商誉减值 | 占比 | 收入 | 占比 |
| 机械设备 | 485 | 126 | 25.98% | 37 | 7.63% | 77 | 15.88% | 155 | 31.96% |
| 化工 | 408 | 78 | 19.12% | 31 | 7.60% | 56 | 13.73% | 145 | 35.54% |
| 电子 | 387 | 83 | 21.45% | 52 | 13.44% | 49 | 12.66% | 120 | 31.01% |
| 医药生物 | 363 | 62 | 17.08% | 26 | 7.16% | 72 | 19.83% | 114 | 31.40% |
| 计算机 | 336 | 67 | 19.94% | 18 | 5.36% | 72 | 21.43% | 119 | 35.42% |
| 电气设备 | 273 | 90 | 32.97% | 23 | 8.42% | 35 | 12.82% | 80 | 29.30% |
| 传媒 | 200 | 31 | 15.50% | 5 | 2.50% | 55 | 27.50% | 72 | 36.00% |
| 汽车 | 170 | 31 | 18.24% | 20 | 11.76% | 23 | 13.53% | 57 | 33.53% |
| 建筑装饰 | 146 | 51 | 34.93% | 6 | 4.11% | 18 | 12.33% | 62 | 42.47% |
| 公用事业 | 146 | 23 | 15.75% | 1 | 0.68% | 19 | 13.01% | 47 | 32.19% |
| 轻工制造 | 142 | 33 | 23.24% | 12 | 8.45% | 19 | 13.38% | 53 | 37.32% |
| 通信 | 142 | 28 | 19.72% | 22 | 15.49% | 23 | 16.20% | 45 | 31.69% |
| 房地产 | 131 | 4 | 3.05% | 26 | 19.85% | 6 | 4.58% | 46 | 35.11% |
| 有色金属 | 119 | 19 | 15.97% | 16 | 13.45% | 9 | 7.56% | 38 | 31.93% |
| 农林牧渔 | 114 | 13 | 11.40% | 23 | 20.18% | 13 | 11.40% | 37 | 32.46% |
| 建筑材料 | 107 | 26 | 24.30% | 5 | 4.67% | 12 | 11.21% | 34 | 31.78% |
| 家用电器 | 101 | 20 | 19.80% | 15 | 14.85% | 13 | 12.87% | 31 | 30.69% |
| 纺织服装 | 97 | 9 | 9.28% | 26 | 26.80% | 8 | 8.25% | 33 | 34.02% |
| 食品饮料 | 90 | 6 | 6.67% | 11 | 12.22% | 10 | 11.11% | 33 | 36.67% |
| 商业贸易 | 76 | 5 | 6.58% | 6 | 7.89% | 9 | 11.84% | 26 | 34.21% |
| 交通运输 | 64 | 12 | 18.75% | 1 | 1.56% | 7 | 10.94% | 22 | 34.38% |
| 国防军工 | 63 | 15 | 23.81% | 9 | 14.29% | 10 | 15.87% | 18 | 28.57% |
| 非银金融 | 56 | 5 | 8.93% | 0 | 0.00% | 4 | 7.14% | 2 | 3.57% |
| 其他 | 428 | 52 | 12.15% | 59 | 13.79% | 47 | 10.98% | 145 | 33.88% |
| 总计 | 4359 | 862 | 19.78% | 400 | 9.18% | 635 | 14.57% | 1428 | 32.76% |

从表5中可以看出，在被出具应收账款可收回性关键审计事项的公司所属行业中，排名前三的分别是建筑装饰、电气设备和机械设备行业。建筑装饰行业一般回款周期较长，且大部分下游客户为政府部门、房地产开发商等，面对政府行业公司话语权较小，近两年房地产增速放缓也影响上游行业公司回款速度，因而，应收账

款的可回收性风险较高。

在被出具存货跌价关键审计事项的公司所属行业中，排名前三的分别是纺织服装、农林牧渔和房地产业。纺织服装业近些年处于下行周期，产品价格竞争激烈，毛利率水平持续下降，因而，存在较大的存货减值风险。农林牧渔行业存货多为消耗性生物资产，具有盘点难度高、减值迹象难以判断等特点。房地产行业存货价值高、占资产比重大，一旦出现减值，对公司当期利润会产生重大影响，因而备受会计师关注。

在被出具商誉减值关键审计事项的公司所属行业中，排名前三的分别是传媒、计算机和医药生物行业。上述行业特别是医药、传媒行业，近年来多通过并购重组实现外延式扩张，从而产生大额商誉引发会计师的重点关注。

不同行业的收入关键审计事项分布差异不大，但建筑装饰行业中超过4成的关键审计事项为收入确认。因建筑装饰行业多使用完工百分比法确认收入，而完工百分比法涉及管理层的重大判断和估计，包括对完成的进度、合同预计总成本、尚未完工成本、合同总收入和合同风险的估计。此外，合同总成本和合同总收入可能会较原有的估计发生重大变化，合同执行过程中需要持续评估和修订合同成本及合同总收入。因此，受到会计师的重点关注。

## 三、高风险公司关键审计事项特征

在深市2102家公司中，有259家公司属于高风险公司。这些公司一般由于主营业务盈利能力存疑、涉嫌股价炒作、年末突击创利、存在重大风险等情形被重点关注。除个别公司因财务报表被出具无法表示意见而无关键审计事项外，重点审查的深市242家上市公司共涉及548个关键审计事项，平均关键审计事项2.27个。

相对于全体上市公司关键审计事项分布，这些高风险公司关键审计事项呈现以下特点：

### （一）关注年底突击创利行为，提高年报可读性

在548个关键审计事项中，涉及股权处置的关键审计事项共23个，关联交易10个，资产处置事项4个。关注的交易类别事项占比为10.22%，高于平均水平6.6%。其中，18个股权处置发生在第四季度，说明会计师对年底突击创利行为进行了高度关注。这些股权处置占当期上市公司净利润的比重最高为883倍，最低为11%，平均值为55.86倍。其中，11家公司的股权转让取得的投资收益使公司扭亏为盈，而这11家公司中有9家2016年亏损。23个股权处置事项中有3个为关联交易，且会计师在关键审计事项描述中明确指出“构成关联交易”“对公司净利润影响较大”。

在上述关键审计事项中，20个定量描述股权处置带来的投资收益及对上市公司净利润的影响，22个使用“对财务报表影响重大”“对2017年盈亏具有决定性影响”“该事项属于特殊事项且金额巨

大”等描述提醒投资者注意。9个明确指出交易发生时间（交易均在第四季度发生）。经查阅相应上市公司年报，我们发现部分公司未明确披露相关股权转让事项对公司净利润的影响数及影响程度，上市公司存在淡化股权转让对当期净利润贡献的意图。因此，会计师在关键审计事项中运用量化数据、定性描述、指出交易时间和关联交易的方式提醒投资者关注对公司有重大影响的股权处置事项，提高了年报的可读性，有利于投资者更好地了解公司利润来源及可持续性、掌握公司存在的风险。

### （二）资产减值占比仍居首位，对收入确认关注度降低

在548个关键审计事项中，涉及资产减值的关键审计事项最多，为272个，占比为50%。其中，将应收账款的可回收性、商誉减值和存货跌价计提作为关键审计事项的分别有90个、83个和50个，占整体关键审计事项比重为16%、15%和9%。对应收账款的关注程度低于总体平均水平。对存货跌价和商誉减值的关注度高于平均水平。

在548个关键审计事项中，涉及收入确认的有141个，占比为25.73%，比例较总体35%的水平明显偏低。因大部分关于收入的关键审计事项针对性较低，增量信息不多。而对于高风险公司，会计师则将重点放在更有针对性的风险领域，减少了对收入的关键审计事项的描述。

## 四、关键审计事项质量初步评价

### （一）新增揭示公司风险的角度

上市公司年报信息披露内容专业而繁杂。尽管证监会每年会根据新情况、新问题对《公开发行证券的公司信息披露内容与格式准则第2号——年度报告的内容与格式》（以下简称《格式准则第2号》）修订，并尽量提高年报对重要信息披露的充分性和理解上的可读性，但是不同上市公司执行《格式准则第2号》程度不同，且绝大部分公司倾向“报喜不报忧”，夸大公司取得的业绩和未来的前景，对面临的风险泛泛而谈。中国股市以中小投资者为主，其大部分不具有专业财务知识，通过年报和财务报表对公司的风险形成全面认识难度较大。会计师作为独立第三方，关键审计事项作为表达会计师在审计过程中识别出的公司最重要的风险事项，有帮助中小投资者快速定位公司风险点的作用，方便投资者按图索骥分析年报及公司经营、风险情况。

### （二）增加重大事项、关键交易影响的完整度

A股上市公司有强烈的“保壳”动机，因而，容易通过年底突击创利、关联交易非关联化、调节资产减值和转回等手段调节利润。而多数公司年报中对公司产生重大影响的交易、会计政策变更等避而

不谈或仅按照格式准则披露基础信息。且一份年报少则100页，多则几百页，重大事项的发生原因、具体过程、对公司的影响等通常散落年报各处，加大了投资者对公司风险的认识难度。关键审计事项中会简要描述重大事件发生的情况，说明对公司的影响，索引至审计报告内容的具体位置，并说明会计师识别相关事项为最重要的事项的原因。这些描述（特别是对交易的描述）能够帮助中小投资者形成重大事项的完整认识，促进中小投资者更好地识别公司风险。

### （三）部分收入关键审计事项描述简单，传递有用信息有限

本报告将涉及收入的关键审计事项按是否说明或索引收入确认政策、是否指出特定收入占比、是否说明收入增长规模、是否说明其他特殊事项或原因进行分类。由于收入确认政策、特定收入占比和收入增长规模均可以在年报中披露，因此，传递信息有限。只有结合公司特殊事项、行业特征等描述才能够带来增量信息。

在1428个收入确认关键审计事项中，10.64%（149个）仅简单描述收入情况，说明因为收入是关键绩效指标之一，有重大错报风险，因而将其列为关键审计事项，对收入的一般化描述难以为投资者带来有效的增量信息。64.85%的关键审计事项仅程式化地描述了收入确认政策，未结合公司具体业务特征、自身风险特点做进一步阐述，因此，大部分关于收入确认政策的信息未能带来增量信息。25.95%的关键审计事项描述了关注的特定收入占比内容，26.59%的关键审计事项描述了收入增长率情况，而特定收入占比和收入增长率投资者可以自行计算，因此，增量信息并不充分。只有少数（15.48%）的收入关键审计事项结合子公司是否在业绩补偿期内、收入与应收账款的变动关系、收入确认的特殊风险事项等进行具体说明，给投资者带来更有用的信息。

因此，大部分收入确认的关键审计事项个性化内容较少，概括性内容较多，少部分关键审计事项描述极为简单，带来的增量信息极为有限。

（深圳证券交易所 年报分析小组）

# 深市上市公司2017年执行行业信息披露指引情况的分析报告

为提高上市公司信息披露的有效性和针对性，充分保障投资者合法权益，深圳证券交易所在研究行业特点、总结监管经验的基础上，积极推动行业信息披露规则体系建设。从2013年1月至今，深交所共发布22份《行业信息披露指引》（以下简称“《指引》”），覆盖影视、医药、养殖、房地产等多个行业。本报告评估了19份已施行半年以上的《指引》（创业板上市公司第1至10号指引，以及深市上市公司第1至9号指引）的执行效果，有关情况总结如下：

## 一、深市上市公司行业信息披露体系建设情况

### （一）指引规则体系

资本市场是规则导向的市场，业务规则是市场主体的行为准绳，也是交易所筑牢市场稳定防线的基石。近年来，深交所建立了以规范运作指引、行业信息披露指引为主干，以信息披露业务备忘录为补充的上市公司监管规则体系。

在2011年试行分行业监管的基础上，深交所不断总结行业运行规律和风险特征，结合深市公司特点，以新兴行业和市场关注度高的传统行业为切入点，逐步建立了两套行业信息披露指引体系：一是创业板新兴行业披露指引体系，重点突出创业板的创新创业特色，涵盖了广播电影电视、药品生物制品、光伏产业链、节能环保服务、互联网游戏、互联网视频、电子商务、互联网营销、LED产业链、医疗器械10个行业。二是市场关注度较高的传统行业信息披露指引，重点突出深市具备产业集聚效应，与一般传统制造业相比存在一定特殊性的热点领域，涵盖了畜禽水产养殖、固体矿产资源、房地产、种业种植业、工程机械、装修装饰、土木工程建筑、零售、快递服务、民用爆破、珠宝、软件与信息技术服务业12个行业。

### （二）覆盖范围及分布

据统计，截至2017年年度报告，深市共有545家公司适用深交所的行业指引，占整体上市公司比重的26%，其中，35家公司适用多个行业指引，最近一次推出的民用爆破、珠宝、软件行业公司合计新增152家。鉴于本所《股票上市规则》等规则是基于传统制造业背景设置的，在剔除一般传统制造业公司后，实际指引覆盖比例约为58%，基本对深市主要行业予以覆盖。此外，2017年度共有

28家公司自愿参照行业指引披露相关信息，体现出行业指引良好的影响力和示范效应。

从板块分布来看，主板、中小板适用行业指引的公司共为269家，创业板公司适用行业指引的公司为277家，分别占适用指引公司总数的21%、28%和51%，分别占各自板块公司总数的25%、17%和38%。

从适用指引的类型来看，创业板公司需同时适用两套指引，创业板适用行业指引的公司中有115家仅适用深市行业指引，150家仅适用创业板行业指引，12家同时适用两套体系的行业指引，分别占板块适用指引公司数的41%、53%和6%。主板、中小板公司均仅适用深市行业指引，共计269家。具体如表1所示。同时，由于近年来众多制造业公司不断转型升级，据不完全统计，约57家主板、中小板存在向创业板指引所规范的行业转型的情形，达到相关行业指引标准，占板块适用指引公司数的18%，后续可以视情况考虑将两套行业信息披露指引体系进一步整合，以进一步扩大公司覆盖面。

表1　　深市行业指引适用公司情况分布表

| 公司家数 | 主板 | 中小板 | 创业板 | 合计 | 占比情况 | 主板 | 中小板 | 创业板 | 合计 |
|---|---|---|---|---|---|---|---|---|---|
| 仅适用深市指引 | 115 | 151 | 115 | 384 | 占板块公司比例 | 25% | 17% | 16% | 18% |
| | | | | | 占本类公司分布 | 30% | 39% | 30% | 100% |
| 仅适用创业板指引 | 13① | 42① | 150 | 208 | 占板块公司比例 | 3% | 9% | 32% | 45% |
| | | | | | 占本类公司分布 | 6% | 20% | 72% | 100% |
| 同时适用两套指引 | — | 2 | 12 | 14 | 占板块公司比例 | — | 0.2% | 2% | 0.6% |
| | | | | | 占本类公司分布 | — | 14% | 86% | — |
| 总体情况（现状）② | 115 | 153 | 277 | 545 | 占板块公司比例 | 25% | 17% | 38% | 26% |
| | | | | | 占本类公司分布 | 21% | 28% | 51% | 100% |
| 总体情况（假设）③ | 128 | 195 | 277 | 600 | 占板块公司比例 | 28% | 21% | 38% | 29% |
| | | | | | 占本类公司分布 | 21% | 33% | 46% | 100% |

注：①该数据为假设主板、中小板公司需适用创业板指引，则有该数量公司仅仅适用于创业板指引。

②“总体情况（现状）”指的是按照目前指引适用范围的规定，各板块需符合指引的公司家数。

③“总体情况（假设）”指的是假设创业板指引适用深市所有公司的情况下，各板块需符合指引的公司家数。

## 二、《指引》的主要特点

一是《指引》旨在完整呈现公司经营全貌。各《指引》均从定期报告和临时报告、财务信息与非财务信息、行业特征与公司业务、价值与风险等多维度对上市公司应当履行的披露义务进行了规范，要求公司紧密结合行业特点披露相关经营情况，避免信息披露空洞与泛化。

二是深入挖掘行业特点，以投资者需求为导向，提升信息披露的深度与精度。例如，针对土木工程建筑行业受政策影响大且项目实施模式多、期限长的特点，要求公司充分披露行业政策及其国内外市场需求变化情况，每季度披露行业特色经营数据。针对互联网营销行业的平台交易及客户媒体资源对公司存在重大影响，要求公司详细披露主要合作平台交易金额并区分不同维度披露客户收入及媒体采购金额等。

三是重点披露公司特定经营业态、业务模式。16 个《指引》均重点细化对特定行业不同经营业态和模式对公司业绩表现、未来发展存在的重大影响的披露，提醒投资者特别关注。例如，光伏产业要求明确区分技术路线披露产品信息；节能环保服务产业明确要求区分工程类与特许经营类业务；快递服务行业明确要求区分直营模式与加盟模式；零售行业明确要求重点按照门店的经营模式、经营业态及其变化情况进行披露。

四是兼顾信息披露效果与披露成本。各《指引》充分平衡了信息披露必要性和披露成本之间的分寸，区分定期报告与临时报告的披露范围与内容，设置了重要性标准。例如，快递服务行业指引对绝大多数行业特殊事项均要求在年度报告中披露，对半年度报告则做了较低的披露要求，而临时报告仅规定了月度经营数据要求。例如，游戏行业指引对重要游戏定义为占营业收入 30% 以上，重大充值流水下滑定义为较前 3 个月均下降 50% 以上。此外，《指引》对个别工作量较大但对投资者有一定参考价值的数据，均通过鼓励条款的方式予以规范。据统计，共有 10 个《指引》规定了 27 项鼓励条款。

## 三、《指引》的总体执行情况分析

### （一）《指引》整体执行情况良好

各《指引》皆要求上市公司在披露定期报告时，应当对经营模式、业绩驱动因素、核心竞争力、风险因素、会计政策及附注等方面进行针对性地披露，同时要求上市公司在临时报告中及时、准确地披露行业特殊事项，如影视类公司的高额票房作品、养殖类公司的重大疫情、种植种业公司重大新品种通过品种审定、固体矿产类公司取得或出让重大矿业权等。

整体上来看，《指引》执行情况良好，公司对《指引》的核心指标均较为重视，绝大多数公司均严格披露了各《指引》的核心条款，例如，严格披露了公司主要风险、行业特殊经营指标、成本构成及重大项目情况等。影视、医药、节能环保、互联网游戏、固体矿产、装修装饰、快递服务等 10 个行业的上市公司严格贯彻《指引》要求，执行率高达 90% 以上；互联网视频、电子商务和零售 3 个行业的上市公司执行情况相对较差，执行率不到 70%（见表 2）。

表2　　深市行业信息披露指引执行情况表

| 深市指引 | 养殖 | 固体矿产 | 房地产 | 种业种植 | 工程机械 | 装修装饰 | 土木工程 | 零售 | 快递 |
|---|---|---|---|---|---|---|---|---|---|
| 公司数量 | 20 | 36 | 76 | 8 | 15 | 20 | 32 | 37 | 3 |
| 执行率 | 81% | 94% | 87% | 76% | 76% | 93% | 90% | 65% | 98% |

| 创业板 | 影视 | 医药 | 光伏 | 节能环保 | 互联网游戏 | 互联网视频 | 电子商务 | 互联网营销 | LED | 医疗器械 |
|---|---|---|---|---|---|---|---|---|---|---|
| 公司数量 | 9 | 40 | 11 | 23 | 15 | 3 | 4 | 12 | 18 | 32 |
| 执行率 | 94% | 96% | 88% | 99% | 97% | 52% | 57% | 88% | 93% | 94% |

注：执行率=各非鼓励条款执行公司家数之和/应当执行相关条款的公司家数总和。

### （二）《指引》部分条款执行情况较差

虽然公司在执行《指引》过程中对核心条款的披露均比较到位，但是在其他方面仍然存在一定程度的不完整、理解不到位的情形，执行时部分条款存在比较集中的问题主要体现为以下几个方面：

一是鼓励性条款披露意愿不足。《指引》鼓励禽类、水产类公司披露每月销售数据，鼓励固体矿产类公司分矿山披露主要财务数据，鼓励房地产类公司披露每月经营数据等，但是上市公司对于上述鼓励性条款的执行意愿不强。据统计，存在鼓励条款的《指引》平均鼓励条款执行率为24%，远低于《指引》平均执行力。各指引鼓励条款执行情况具体如表3所示。

表3　　《指引》鼓励条款执行情况

| 鼓励条款 | 养殖 | 固体矿产 | 房地产 | 工程机械 | 零售 | 快递服务 |
|---|---|---|---|---|---|---|
| 执行率 | 0% | 44% | 7% | 25% | 18% | 51% |

二是个别行业公司未充分披露关键经营数据。《指引》要求养殖类公司每月以临时公告形式披露该业务月度产品销售数量（或生产数量），该条款实际执行率为46%；要求固体矿产类公司披露报告期内相关的勘探支出情况的资本化金额和费用化金额，近50%的公司未披露相关费用金额；互联网视频类、电子商务类公司对行业通用指标以及特有指标披露均不完整。

三是经营模式类指标中，公司往往忽略模式特有风险的披露要求。养殖、种植种业等多个《指引》均要求公司披露主要业务模式、模式的特有风险和模式变化情况。从实际执行情况来看，多数公司均披露了主要业务模式，仅个别公司以模式未发生变化为由未予以披露，但是近50%的公司对模式的特有风险披露不完整，基本忽略了这一披露要求。例如，存在此条款的养殖、种植种业、装修装饰、土木工程行业指引，该条款执行率分别为45%、50%、65%和53%，远低于指引平均执行率。

四是会计政策及附注披露方面解释性披露不够。《指引》对重大政府补助要求详细披露该政府补助的具体内容及条款，对大额长期应收账款要求对相关款项形成的原因进行分析并提示风险；对个别科目，还要求分项目、类型进行披露。从实际执行来看，公司往往简单披露了相关科目的数据，但对具体条款和分析往往比较欠缺。例如，养殖、地产、装修装饰行业相关条款执行率为45%、72%、60%。此外，光伏类公司需在年度和半年度报告中披露各电站不同业务模式下相关业务活动的会计处理方法，例如，易成新能未在年度报告中披露电站不同模式下收入的确认原则和计量方法。

**（三）“不披露即解释”原则并未得到有效应用**

深交所在制定《指引》时为上市公司提供了较为灵活的制度供给，开创性地引入“不披露即解释”的原则，但实践中该原则并未得到有效应用。原因是多方面的：一是商业秘密考虑；二是出于工作量及统计可得性考虑；三是重要性水平考虑；四是执行意识欠缺。

**（四）《指引》执行对各市场主体起到良好效果**

一是提高上市公司经营便利度，促进市场对行业聚集认知。部分《指引》条款提升了上市公司经营的便利度。例如，新修订的《房地产行业指引》，针对行业对子公司融资进行担保非常普遍且频繁等情形，规定了关于对外担保、财务资助方面的程序性便利条款，减少公司反复履行程序的工作量。此外，行业指引增加了行业聚集的透明度和可比性。

二是进一步提升监管效率，提高监管质量。《指引》要求公司在一般信息披露的基础上，提供进一步的行业特色信息，在监管过程中，公司披露相关信息也进一步提升了监管效率，丰富监管视野，有助于直击业务本质，强化刨根问底式的问询。

三是有效促进上市公司投资者关系管理工作。《指引》对装修装饰、土木工程、快递服务行业均强制规定了月度或季度披露行业特殊经营数据，提升了专业投资者关心事项的披露频率。从执行情况来看，装修装饰、土木工程及快递服务类公司执行率分别为95%、81%和100%，相关规定对提高投资者关系工作效率有较大帮助。一方面，降低了公司与专业投资机构的沟通成本；另一方面，有效减少并防范公司在接受调研过程中出现违反信息披露公平性的行为。从相关行业指引涉及的研究机构报告中可以看出，披露上述内容，往往直接作为报告分析素材，有较强的信息使用价值。

四是促进公司规范运作。绝大多数公司均执行了《指引》核心条款，对行业特殊的经营模式、主要经营数据进行了披露，并区分业务类型等披露了主要财务数据，丰富了公司信息披露的内容。部分公司表示，《指引》的条款设置较为详细、清晰，有助于公司进一步梳理相关业务情况和潜在风险，也有助于投资者全面了解公司。

（深圳证券交易所　年报分析小组）

# 深市上市公司 2017 年公司治理状况分析

## 一、数据来源及主要指标

2017 年发审提速保持政策定力，上市公司数量仍然显著增加，本年度公司治理报告的样本情况如下：在剔除数据缺失或没有披露年报的公司后，本报告将深市 A 股 3 个板块合计 2077 家公司作为分析对象，与 2016 年报告相比，增加了 263 家公司，最终 3 个板块的样本数分别为：主板公司 464 家、中小板公司 903 家、创业板公司 710 家。

本次数据收集与 2016 年的报告一致，除了特别说明的（如股东大会形式以及参会情况来源于国泰安数据库、违法违规情况来源于价值在线数据库）以外，都来源于深市 3 个板块的 2017 年报和公司章程（剔除没有公布公司章程的公司）、董事会议事规则、上市公司公告等文件，全部人工收集与录入，并经研究人员的相互交叉审核。具体指标如表 1 所示。

表 1　深市公司治理的主要指标

| 一级指标 | 二级指标 |
|---|---|
| 股权结构与实际控制人状况 | 1.1 股权结构 |
| | 1.2 机构投资者持股情况 |
| | 1.3 实际控制人类型 |
| | 1.4 实际控制人的年龄 |
| | 1.5 控制方式 |
| 股东大会与股东权利 | 2.1 股东大会召集权 |
| | 2.2 提案权 |
| | 2.3 交错董事 |
| | 2.4 限制提名权 |
| | 2.5 累积投票权 |
| | 2.6 股东大会次数 |
| | 2.7 股东大会形式（网络股东大会） |
| | 2.8 股东大会参会情况 |

续表

| 一级指标 | 二级指标 |
|---|---|
| 董事会与管理层 | 3.1 董事会规模<br>3.2 董事会会议次数<br>3.3 董事出席会议方式<br>3.4 独立董事人数<br>3.5 独立董事薪酬情况<br>3.6 独立董事出席会议方式<br>3.7 独立董事表决情况<br>3.8 独立董事背景<br>3.9 实际控制人与董事长、总经理的重合情况<br>3.10 董事长的薪酬情况<br>3.11 总经理的薪酬情况<br>3.12 专门委员会设立情况<br>3.13 专门委员会会议次数<br>3.14 党委书记兼任一把手情况<br>3.15 党委委员兼任公司高管情况 |
| 违规情况与问题展望 | 4.1 公司治理违规情况<br>4.2 问题分析与展望 |

## 二、股权结构与实际控制人状况

### （一）股权结构

1. 第一大股东持股比例

据统计在3个板块中，主板第一大股东平均持股比例为32.78%，中小板和创业板分别为32.08%和29.77%，与上一年度的32.44%、31.79%和30.58%相比，没有太大变化（见图1）。第一大股东最大持股比例出现在中小板（苏泊尔），最小持股比例出现在创业板和中小板（温氏股份和积成电子）。

主板公司第一大股东持股比例最高的公司是首钢股份，实际控制人（以下简称“实控人”）北京市国资委持有79.38%的股份；持股比例最低的是TCL集团，第一大股东持股比例为7.84%。

中小板第一大股东持股比例最高的公司是苏泊尔，实控人境外法人SEBS. A.持有81.18%的股份；持股比例最低的是积成电子，第一大股东持股比例为4.15%。

创业板第一大股东持股比例最高的公司是蓝思科技，实控人周群飞通过蓝思科技（香港）有限公司间接持股74.86%；持股比例最低的是温氏股份，第一大股东温鹏程持有4.15%的股份，尽管温氏股

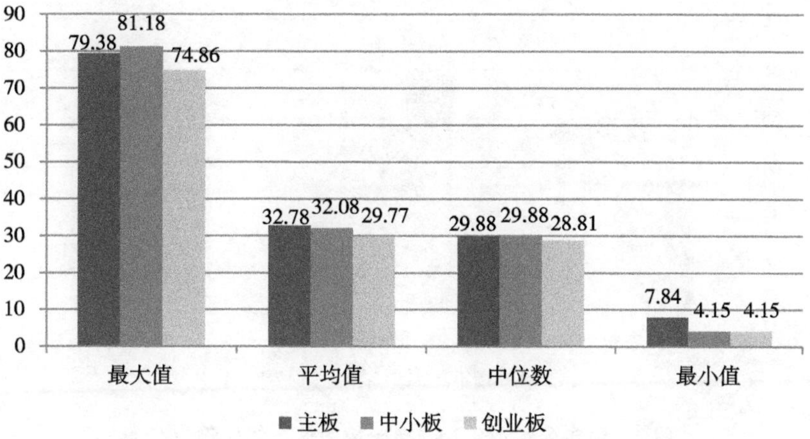


图1　深市公司2017年第一大股东持股比例情况（%）

份的第一大股东持股比例低，但是该公司前十大股东中有5位为实际控制人温氏家族成员，合计持股14.65%。

从平均值来看，2013～2017年三大板块第一大股东的持股比例都有所下降，其中，主板大股东持股比例在5年间下降了1.33%。相对于主板，中小板和创业板的第一大股东持股比下降较多，分别为4.2%和3.41%，主要原因是中小板和创业板上市公司发行前第一大股东持股比例较高，在上市后保持控制权地位不变的情况下，可以进行较大幅度的减持（见图2）。

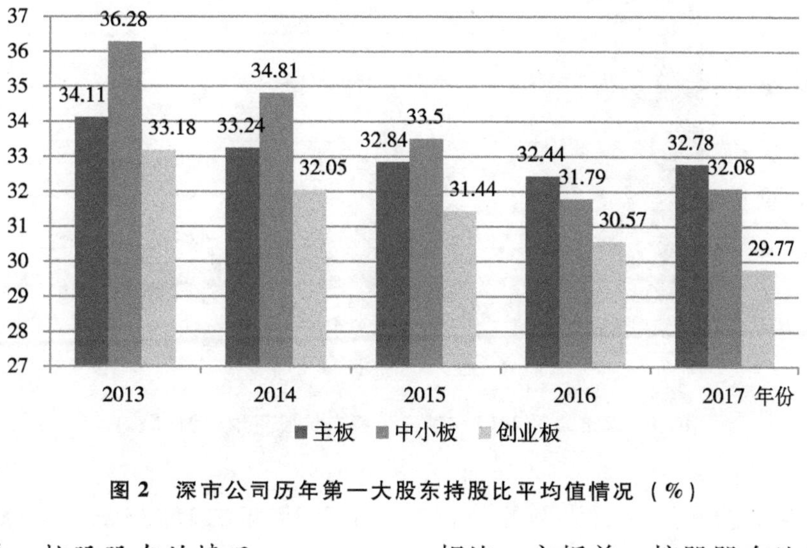


图2　深市公司历年第一大股东持股比平均值情况（%）

2. *存在单一控股股东的情况*

我们以国际上通行的持股25%以上作为控股标准，发现65.73%的主板公司、64.89%的中小板公司和61.43%的创业板公司存在单一控股股东。与前几年相比，主板单一控股股东比例近3年有所提高，中小板较2016年略有反复，创业板近3年则逐年降低，但总体上深市上市公司股权集中度较高（见图3）。

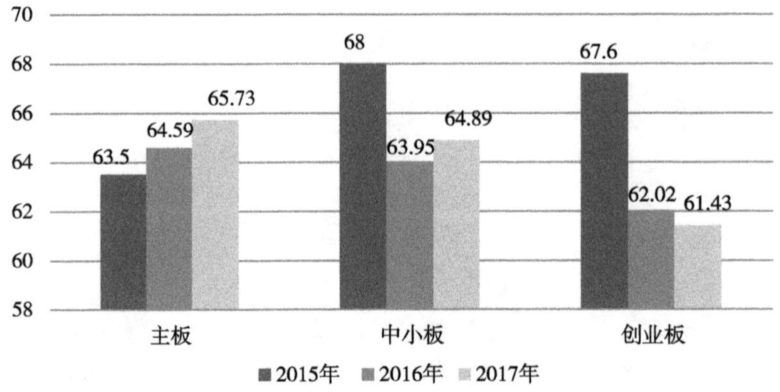


图 3　深市公司历年存在单一控股股东的比例（%）

3. 前三大股东持股平均比例

主板、中小板和创业板的第一大股东持股的平均比例分别是 32.78%、32.08% 和 29.77%，远大于第二大股东和第三大股东的持股总和。这一比例与上一年度差别不大。由于中国历来贯彻一股一权的股权平等原则，不存在多重表决权股，控股股东要想实现对上市公司的控制权，通常只能依靠持股数量的优势（见图 4）。

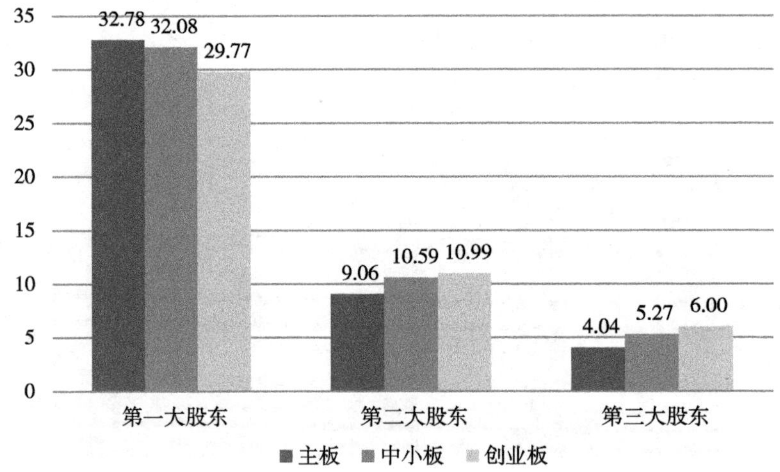


图 4　深市公司 2017 年前三大股东持股平均比例（%）

从前三大股东的平均持股比例的分布来看，主板前三大股东平均持股比例总体逐年缓慢上升，从 2013 年的 14.94% 上升至 2017 年的 15.33%；中小板与创业板前三大股东平均持股比例则逐年下降，但降幅不大（见表 2）。

表2　深市各板块公司历年前三大股东持股比例　单位：%

| 年度 | 前三大股东 | 主板 | 中小板 | 创业板 |
|---|---|---|---|---|
| 2013 | 第一大股东 | 34.17 | 33.18 | 36.28 |
| | 第二大股东 | 7.53 | 12.01 | 11.12 |
| | 第三大股东 | 3.12 | 6.08 | 4.94 |
| | 持股平均比例 | 14.94 | 17.09 | 17.45 |
| 2014 | 第一大股东 | 33.42 | 34.82 | 32.05 |
| | 第二大股东 | 8.10 | 10.61 | 11.05 |
| | 第三大股东 | 3.57 | 4.74 | 5.65 |
| | 持股平均比例 | 15.03 | 16.72 | 16.25 |
| 2015 | 第一大股东 | 32.84 | 33.50 | 31.44 |
| | 第二大股东 | 8.47 | 10.50 | 10.90 |
| | 第三大股东 | 3.69 | 4.90 | 5.65 |
| | 持股平均比例 | 15 | 16.3 | 16 |
| 2016 | 第一大股东 | 32.44 | 31.79 | 30.58 |
| | 第二大股东 | 9.13 | 10.32 | 10.69 |
| | 第三大股东 | 3.97 | 4.9 | 5.81 |
| | 持股平均比例 | 15.18 | 15.67 | 15.69 |
| 2017 | 第一大股东 | 32.78 | 32.08 | 29.77 |
| | 第二大股东 | 9.14 | 10.59 | 10.98 |
| | 第三大股东 | 4.08 | 5.25 | 6.00 |
| | 持股平均比例 | 15.33 | 15.97 | 15.58 |

4. 机构投资者持股情况

2017年年末，深市机构持有流通市值占比为42.77%，较2016有所下降。从板块的情况来看，机构投资者持股占比按照主板、中小板、创业板递减，持有主板公司的流通市值占比为54.06%，持有中小板公司的流通市值占比为42.77%，持有创业板公司的流通市值占比为34.34%。从机构投资者的类型来看，一般法人占比显著高于金融机构，基金与阳光私募次之，保险公司则更倾向于投资主板公司（见表3）。

## （二）实际控制人状况

1. 实际控制人概况

一是从所有制形态来看，57.33%的主板公司、14.17%的中小板公司和4.65%的创业板公司属于国有控股，也就是说大部分的中小板和创业板公司都属于民营企业，这一比例与上一年度相比，变化不大（见表4）。这一所有制形态反映出深市多层次资本市场的重要特征，即国有控股和民营家族企业在不同板块当中有各自鲜明的代表，也最终会反映出不同的

表 3　　深市公司 2017 年机构投资者持股占比　　单位:%

| 板块名称 | 基金 | 阳光私募 | 券商集合理财 | 保险公司 | QFII | 社保基金 | 一般机构[①] | 其他[②] | 合计 |
|---|---|---|---|---|---|---|---|---|---|
| 深证 A 股 | 2.87 | 1.59 | 0.15 | 0.44 | 0.13 | 0.40 | 26.91 | 0.37 | 32.87 |
| 主板 | 2.20 | 1.43 | 0.19 | 0.77 | 0.12 | 0.38 | 39.75 | 0.44 | 45.29 |
| 中小板 | 2.93 | 1.93 | 0.17 | 0.32 | 0.15 | 0.46 | 25.74 | 0.37 | 32.09 |
| 创业板 | 3.47 | 1.40 | 0.10 | 0.24 | 0.13 | 0.37 | 15.24 | 0.29 | 21.24 |

注：①一般机构投资者包括非金融类上市公司和一般法人。

②本部分数据来源于 Wind 资讯，其他机构投资者包括券商、企业年金、信托公司、财务公司、银行等。

治理需求。

二是从家族企业占比来看，如果我们将单一自然人控制的企业也看作是广义的家族控制企业，那么有约 31.46% 的主板公司、74.52% 的中小板上市公司、76.06% 的创业板上市公司属于家族控制企业，较上一年的 32.19%、73.39% 和 74.92% 略有下降。

三是从创业团队控制企业占比来看，2017 年度与 2016 年相比无显著变化，仍然呈现由主板向中小板、创业板占比递增的样态。

四是从无实际控制人的企业占比来看，7.54% 的主板公司、3.88% 的中小板公司和 3.66% 的创业板公司没有实际控制人。

表 4　　深市公司 2017 年控制人类型

| 板块 | | 国有控股[①] | 民营控股 | | | | |
|---|---|---|---|---|---|---|---|
| | | | 单一自然人 | 家族 | 创业团队或多人 | 投资机构或法人 | 无实际控制人 |
| 主板 | 家数 | 266 | 124 | 22 | 6 | 11 | 35 |
| | 占比 | 57.33% | 26.72% | 4.74% | 1.29% | 2.37% | 7.54% |
| 中小板 | 家数 | 128 | 451 | 222 | 65 | 2 | 35 |
| | 占比 | 14.17% | 49.94% | 24.58% | 7.20% | 0.22% | 3.88% |
| 创业板 | 家数 | 32 | 364 | 176 | 111 | 1 | 26 |
| | 占比 | 4.51% | 51.27% | 24.79% | 15.63% | 0.14% | 3.66% |

注：①只要实际控制人是国资委、地方国资委或国有企事业单位的，一律纳入到国有控股类型。

报告期内，深市有 66 家公司的实际控制人发生了变化，其中，主板有 22 家、中小板有 34 家、创业板有 10 家。其中，13 家公司变为无实际控制人，4 家公司实际控制人由自然人或家族变为国资委或地方国资委，分别为海虹控股、*ST 金宇、南洋科技和恒顺众昇（见表 5）。

表5　深市2017年实际控制人变更的公司名录

| | |
|---|---|
| 主板 | 美丽生态、深中华A、胜利股份、*ST地矿、英特集团、海虹控股、中润资源、华塑控股、*ST烯碳、云南白药、金浦钛业、哈工智能、东北电气、韶能股份、中迪投资、滨海能源、贝瑞基因、航发控制、锌业股份、美达股份、*ST金宇、茂业物流 |
| 中小板 | 丽江旅游、三花智控、云南旅游、万邦德、金智科技、恒宝股份、东港股份、梦网集团、东方锆业、延华智能、华天科技、二三四五、嘉应制药、奥维通信、威华股份、九阳股份、聚力文化、联络互动、保龄宝、宏创控股、南洋科技、信邦制药、雷科防务、尤夫股份、金洲管道、中超控股、希努尔、惠博普、步森股份、通达动力、圣阳股份、光启技术、扬子新材、共达电声 |
| 创业板 | 大禹节水、合康新能、易联众、青松股份、长海股份、恒顺众昇、明家联合、华昌达、汇冠股份、九强生物 |

表6列示了搜集和整理的深市民营企业的控制层级与金字塔结构的特征。其中，3个板块中采取3层以上的控制方式的公司数量相较前一年均有所增加。主板只有8家公司是采取直接控制，采用一级、二级和三级控制方式的公司占比递减；中小板公司的直接控制和一级控制约占整个板块的82.3%；创业板公司的控制结构相对简单和直接，过半的公司采取直接控制方式，直接控制与一级控制方式的公司比例占整个板块的91.25%，只有12家公司是采取三级以上控制。

表6　深市2017年民营控股上市公司的控制方式

| 板块 | | 直接控制 | 金字塔控制 | | |
|---|---|---|---|---|---|
| | | | 一级 | 二级 | 三级及以上 |
| 主板 | 家数 | 8 | 65 | 49 | 41 |
| | 占比 | 4.91% | 39.88% | 30.06% | 25.15% |
| 中小板 | 家数 | 292 | 317 | 82 | 49 |
| | 占比 | 39.46% | 42.84% | 11.08% | 6.62% |
| 创业板 | 家数 | 330 | 265 | 45 | 12 |
| | 占比 | 50.61% | 40.64% | 6.90% | 1.84% |

总的来看，中小板和创业板上市公司以自然人或家族控制为主，控制层级相对较少；主板的民营上市公司挂牌时间较早，很多前身是国有控股公司，经过增发、重组、借壳等资本运作方式后，呈现控制层级较多的特征，多家公司的控制层级达到5层以上。

2. 控制层级的模式分析

金字塔结构是实际控制人对公司进行有效控制的主要方式之一，实际控制人通过至少一家中间公司间接控制上市公司，掌控或者扩大对公司的控制权，达到控制权和现金流权分离的效果，享有远超投资数额及风险承担的经营决策、资金调配等方面的支配权，易激发实控人谋取私利和侵占中小股东利益的冲动。中国资本市场起步较晚，正处于快速发展期，市场机制和监管规则尚不成熟，实际控制人通过一系列非正式制度安排攫取外部股东利益的行为时有发生，而复杂的金字塔结构则降低了信息透明度，易于操纵会计信息，为掏空和利益输送提供了便利。以3层及以上的控制层级的民营控股公司为样本，样本公司可划分为如下几种类型：

（1）实际控制人通过集团控制的金字塔结构。在这一模式下，实际控制人主要通过其控股的集团公司间接控制上市公司，集团公司往往同时控股或参股多家上市公司，被实际控制人视为资本运作的平台。如新希望（000876），实际控制人刘永好持股新希望集团62.34%的股份，新希望集团则分别通过直接持股、间接持有南方希望实业和新希望化工投资的方式，最终实现对上市公司的控制（见图5）。

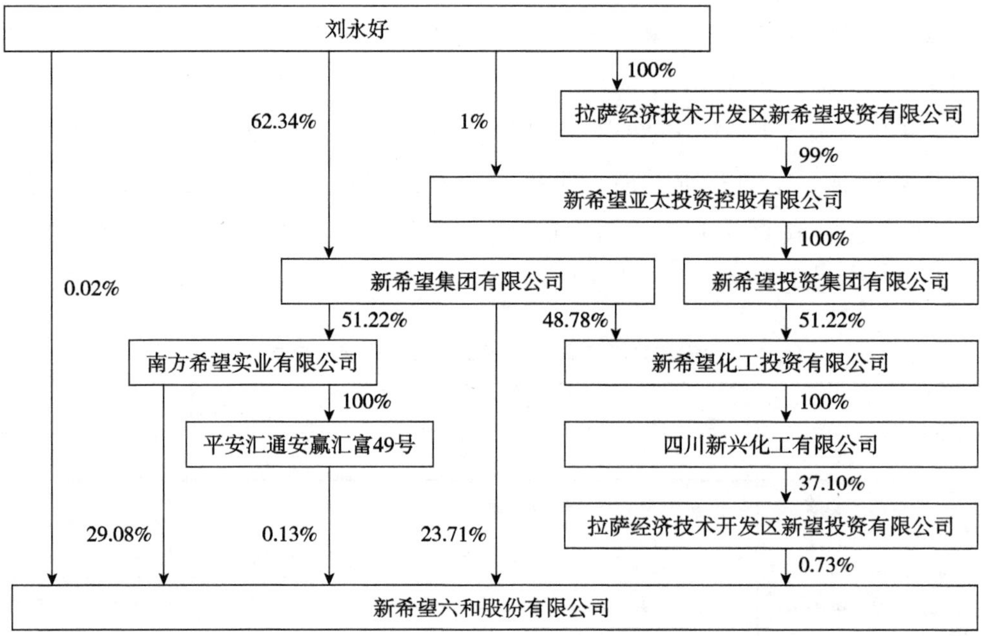


**图5 新希望股权及控制结构图**

又如海亮股份（002203），实际控制人冯氏父子虽然也直接持有上市公司股份，但是合计不超过5%。冯氏父子更多通过多层间接持股来控制海亮集团，进而通过海亮集团实现对上市公司的最终控制。在海亮股份的控制结构图中，海亮集团成为实际控制人和上市公司之间最重要的纽带（见图6）。

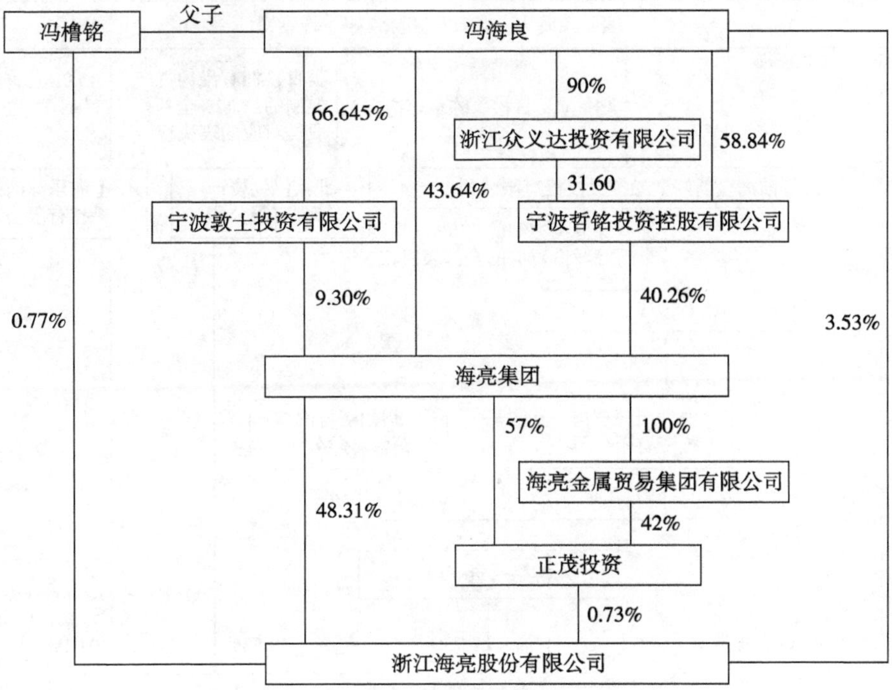


图6　海亮股份股权及控制结构图

除上述公司之外，样本中该类公司还包括大亚圣象（000910）、东旭光电（000413）、大康农业（002505）、江南化工（002226）、三花智控（002050）、如意集团（002193）等。这类公司的一个主要特征在于：实际控制人通常对集团有绝对的控股权，而集团与上市公司之间的层级较少且控股权较高，此类公司的两权分离度不高。

（2）实际控制人通过法人机构控制的金字塔结构。在这一模式下，实际控制人主要通过其控股的法人机构间接控制上市公司，这里的法人机构和第一类型的集团公司构成了前文所提到的机构持股比例最高的一般机构投资者。如全新好（000007），实际控制人吴日松、陈卓婷和许春铮分别通过直接持股、间接持有深圳前海全新好金融控股投资有限公司、北京鸿钧资产管理有限公司和上海乐铮网络科技有限公司45%、13.42%和45.90%的股权，最终实现对上市公司的控制。在全新好的控制结构图中，没有唯一节点，实际控制人通过多个法人机构实现了最终控制（见图7）。

又如天龙光电（300029），实际控制人先后通过持有北京灵光能源投资有限公司和常州诺亚科技有限公司的大部分股权实现了单线对上市公司的控制（见图8）。

除上述公司之外，样本中该类公司还包括大连友谊（000679）、劲胜智能（300083）、纳思达（002180）、江海股份（002484）等。此类公司控制层级中的核心节点往往是一家或多家投资公司（一般法人机构），相对于以集团为核心的金字塔结构公司而言，有更高程度的金融资本参与，两权分离度高于前者。

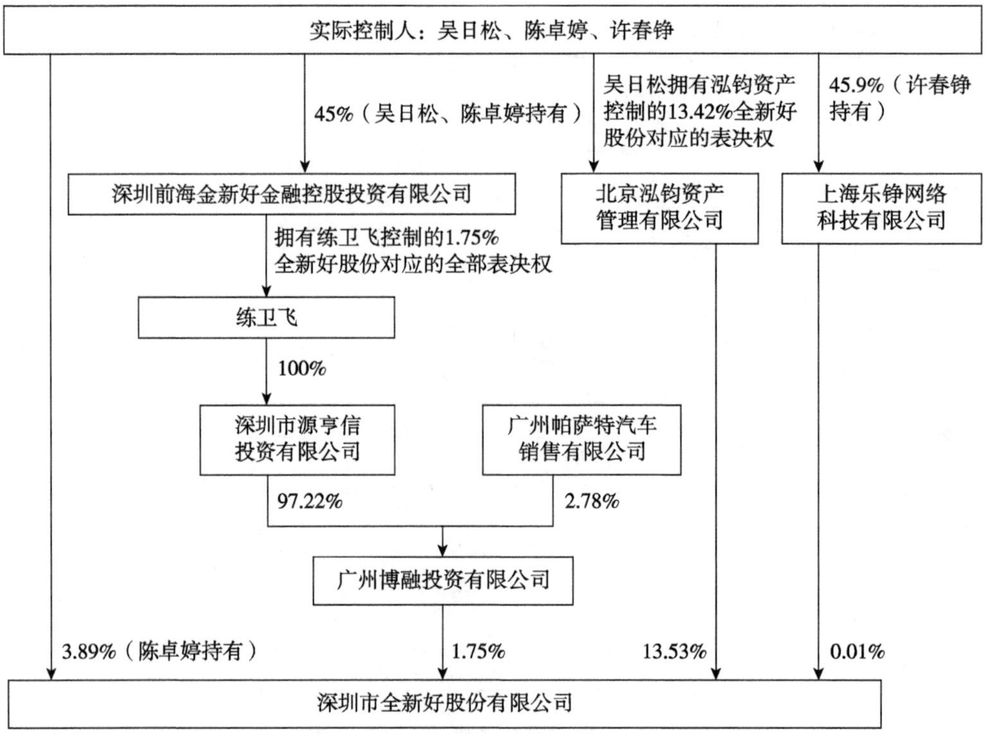


图7　全新好股权及控制结构图

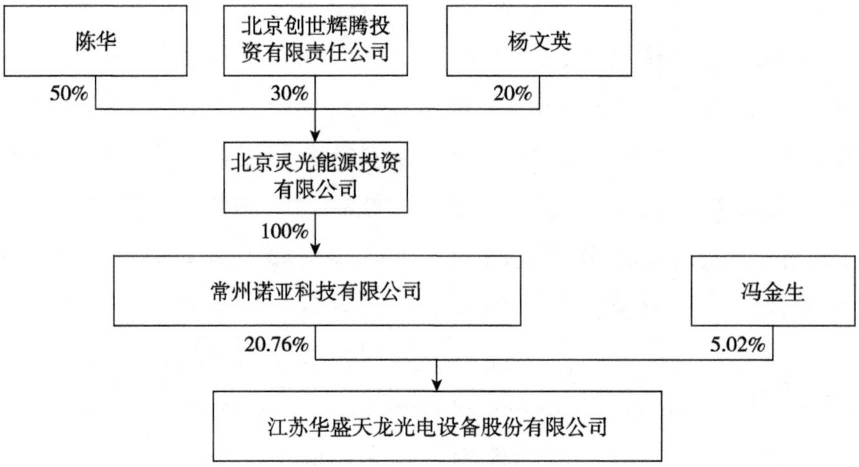


图8　天龙光电股权及控制结构图

（3）实际控制人通过有限合伙企业控制的金字塔结构。在这一模式下，实际控制人主要通过其控制或参与的有限合伙企业间接控制上市公司。如易世达（300125），实际控制人运用嵌套有限合伙企业的方式，先后通过厦门追日和杭州光恒昱，达到对上市公司的控制（见图9）。

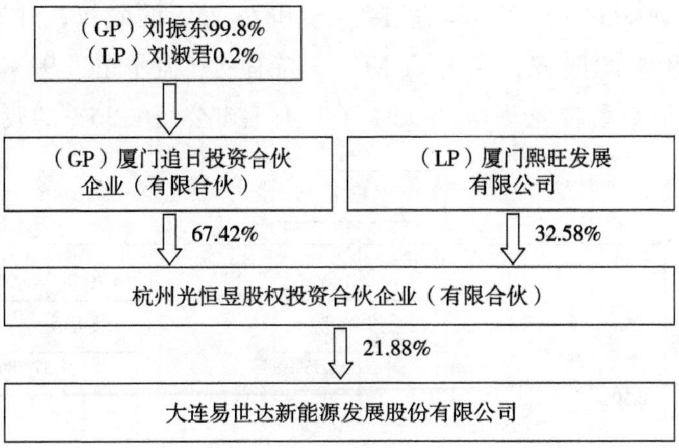


图9　易世达股权及控制结构图

除上述公司之外，样本中该类公司还包括京蓝科技（000711）、国盛金控（002670）等。由于有限合伙企业的性质，此类公司的控制权往往带有较高的杠杆属性，实控人以普通合伙人的角色出现，以较少的资金主导有限合伙企业的决策，进而撬动对上市公司的控制权，此类公司的两权分离度较高。

(4) 混合控制的金字塔结构。这一模式混合了以上3种模式中的两种或三种，实际控制人主要通过其控制或参与的企业集团、法人机构和有限合伙企业间接控制上市公司。如达意隆（002209），实际控制人通过旗下完全控制的子公司北京凤凰财鑫投资管理公司进行控制结构设计，该子公司分别作为有限合伙企业北京凤凰财鑫股权投资中心的普通合伙人和法人机构深圳乐丰投资管理有限公司的控股股东，而这两家机构合计持有上市公司超过20%的股权，实际控制人因此实现了对上市公司的控制（见图10）。

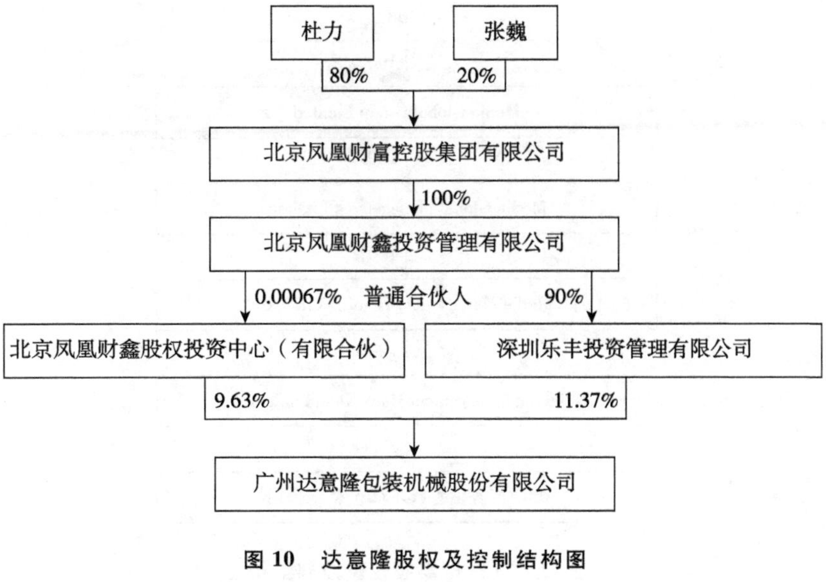


图10　达意隆股权及控制结构图

又如向日葵（300111），实控人直接控股上市公司 16.50% 的股权，又分别持有两家法人机构龙华贸易和龙华房产 90% 和 76.28% 的股权，并通过这两家机构间接持有浙江盈隼超过 90% 的股权，浙江盈隼持有上市公司 1.36% 的股权（见图 11）。

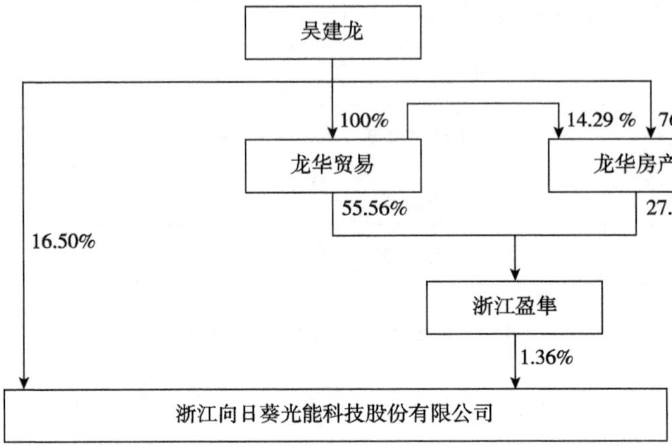


**图 11　向日葵股权及控制结构图**

除上述公司之外，样本中该类公司还包括盾安环境（002011）、上海莱士（002252）、深圳惠程（002168）、巨人网络（002558）等。此类公司的控制层级往往涉及不止一类机构，相对而言，情况比较复杂且差异较大，需通过控制结构具体分析形成起因和推测实控人动机。总体而言，两权分离度处于金字塔结构公司的平均水平。

（5）非金字塔结构：直接持股或单线绝对控股。如分众传媒（002027），实际控制人虽然不直接持股上市公司，但是其控制链条中的各节点均以 100% 的持股比例存在，直至最后一个节点持有 23.34% 上市公司的股权，与直接持股一样，并没有产生两权分离的情况（见图 12）。

**图 12　分众传媒股权及控制结构图**

除上述公司之外，样本中该类公司还包括汉钟精机（002158）、黑牛食品（002387）、万达电影（002739）、协鑫集成（002506）等。此类公司由于实际控制人实质上直接对上市公司控股，两权分离度很低。

3. 实际控制人的年龄

从表7的统计来看，多数实际控制人的年龄在40～60岁之间，主要出生于20世纪60年代和70年代。其中，主板、中小板和创业板3个板块50岁以上的实际控制人占比均在70%左右，说明在未来的十年中家族企业的传承问题会成为企业治理的重要议题。

中小板太阳电缆的实际控制人李云孝于1937年出生，是深市公司中最年长的实际控制人；创业板大禹节水的实际控制人王浩宇于1991年出生，是深市公司中最年轻的实际控制人。

表7　深市公司2017年实际控制人年龄状况

| 板块 | | 40岁以下 | 40～50 | 50～60 | 60岁以上 |
|---|---|---|---|---|---|
| 主板 | 家数 | 4 | 29 | 47 | 28 |
| | 占比 | 3.70% | 26.85% | 43.52% | 25.93% |
| 中小板 | 家数 | 25 | 136 | 340 | 183 |
| | 占比 | 3.65% | 19.88% | 49.71% | 26.75% |
| 创业板 | 家数 | 13 | 193 | 341 | 93 |
| | 占比 | 2.03% | 30.16% | 53.28% | 14.53% |

4. 无实际控制人

据年报披露，2017年无实际控制人的深市上市公司共有96家，其中，主板和中小板皆为35家，创业板有26家（见表8）。

表8　深市2017年无实际控制人的公司名录

| | |
|---|---|
| 主板 | 平安银行、万科A、神州高铁、中国宝安、南玻A、深中华A、深天地A、华联控股、深南电A、中集集团、中兴通讯、TCL集团、中联重科、四环生物、大冷股份、万家乐、云南白药、神州信息、新大洲A、汇源通信、韶能股份、顺利办、阳光股份、焦作万方、三木集团、东北证券、国海证券、广发证券、长江证券、北京文化、创维数字、天音控股、中信国安、茂业物流、凯迪生态 |
| 中小板 | 霞客环保、科华生物、康强电子、顺络电子、宁波银行、报喜鸟、东方锆业、金凤科技、特尔佳、华东数控、华昌化工、神开股份、辉煌科技、南山控股、赫美集团、四维图新、天广中茂、银河电子、金新农、亚威股份、龙蟒佰利、博彦科技、顺威股份、世龙实业、万里石、二三四五、卫光生物、扬子新材、雷科防务、第一创业、帝龙文化、东港股份、圣阳股份、张家港行、江阴银行 |
| 创业板 | 硅宝科技、朗科科技、天源迪科、三维丝、三聚环保、国民技术、荃银高科、乾照光电、银河磁体、晨光生物、沃森生物、佳士科技、理邦仪器、鸿利智汇、富瑞特装、海联讯、博雅生物、同有科技、华灿光电、凯利泰、南大光电、绿盟科技、鼎捷软件、全志科技、先进数通、九强生物 |

## 三、股东权利与股东大会状况

在股东大会中心主义的定位下，中国《公司法》为股东设置了许多权利，如股东大会召集权、提案权、董事与监事的提名权、累积投票权等。但实践中这些权利是否能够真正实现却并不十分清晰，尤其随着2016年“宝万之争”、南玻A、康达尔等上市公司控制权争夺事件的发酵，上市公司掀起了通过修订章程设定反收购条款等方式进行防御的热潮，甚至有很多公司提高股东行权门槛的做法存在突破公司法强制性规范、限制或剥夺股权法定权利的嫌疑。2017年以来，控制权争夺的影响逐渐平息，加之对上市公司反收购措施的持续关注、问询，诸多公司再度对股东权利保护予以关注，章程的限制性条款显著减少。

### （一）股东权利状况

1. 股东大会召集权

2017年度，所有深市上市公司均按照《公司法》规定，在章程中作出“连续持股90天以上持有公司10%以上的股东可以自行召集和主持股东大会”的规定。主板的深赛格也在章程中删除了对股东召集权持股时间为“连续180天以上”的要求。

2. 提案权

2017年度，仅有主板的两家公司对股东提案权进行限制，分别为海马汽车增加了“连续90日以上”的规定，中科三环增加了“连续180日以上”的要求，较2016年大幅降低（见表9）。两家公司都是在规定的3%持股比例要求之上附加持股时长的要求，而非通过提高持股比例的方式来提高提案门槛。

表9　深市公司历年限制提案权的数量

| 年度 | 主板 | 中小板 | 创业板 |
|---|---|---|---|
| 2013 | 8 | 1 | 0 |
| 2014 | 8 | 0 | 0 |
| 2015 | 8 | 0 | 0 |
| 2016 | 11 | 0 | 0 |
| 2017 | 2 | 0 | 0 |

3. 提名董事权

提名董事权是争夺控制权的重要途径之一。在存在控股股东的公司中，由于控股股东害怕失去控制权，往往在章程中设置一些反收购的条款。在实践中，上市公司一般会采用直接剥夺提名权或提高持股比例、增加持股时间、交错董事会的方法限制中小股东的提名权。

（1）剥夺提名权。直接或间接剥夺股东提名权的公司共计35家，其中，主板17家、中小板7家、创业板11家。其做法主要有以下3种：一是公司章程明文规定只有董事会才能提名董事候选人，这是最为普遍、直接剥夺提名权的做法，如景天利章程规定，董事候选人由现任董事会书面提名，提交股东大会选举[①]；二是控股股东单独或与董事会商定，如盐田港规定董事候选人由控股股东提名；三是股东提名的董事候选人必须由董事会进行资格审查后由董事会提名，如福星股份规定持股比例达3%的股东可以推荐候选人，由公司提名委员会对董事候选人进行资格审查，对于符合资格的董事人选，提交公司董事会审议确定。

（2）提高持股比例。提高持股比例是指上市公司通过章程的规定，将《公司法》规定的3%的持股比例提高到5%，甚至10%，以此来限制一些股东提名董事候选人。62家主板公司、47家中小板和33家创业板公司提高了提名董事候选人的持股比例要求（见表10）。

**表10　深市公司2017年提高提名董事候选人持股比例要求的情况**

| 板块 | 家数 | 占比 |
|---|---|---|
| 主板 | 62 | 13.36% |
| 中小板 | 47 | 5.20% |
| 创业板 | 33 | 4.65% |

从百分比来看，主板公司利用提高持股比例限制股东提名权的比例一直高于中小板和创业板，这一特征在往年数据中均有体现（见图13）。但总体来看，3个板块上市公司提高股东提名董事持股比例要求的情况在2017年呈下降趋势，其中，主板尤为显著。

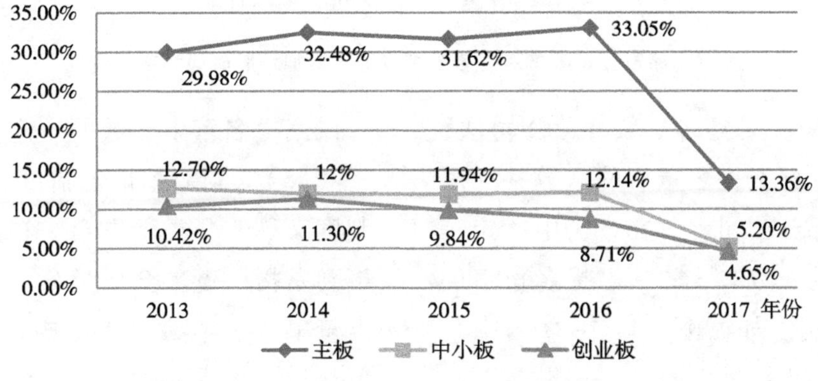


**图13　深市公司历年对提名董事候选人提高持股比例的变化情况**

① 此类公司通常还会规定，独立董事候选人的提名按照有关规定执行，或规定“单独或者合计持有公司1%以上股份的股东”即可提名独董候选人。

（3）增加持 要求。《公司法》本身 提名权并无持 要求，部分公司章 专门在持 例 附加持 Ⅲ要求， 90 天 180 天。 意味着 需要持有一 季度或者半年的 才能获得提名权， 一些 级市场 增持达 3%持 门槛的 言影响重大。 显示，36 家主 公司、50 家中 公司和 30 家 业 公司有关 持 的要求，3 块利 增加持 限制 提名权的公司 例 往年都有所下降，主 仍 中 和 业 （ 11 和 14）。

表 11 深市公司 2017 年对提名董事候选人增加持股时间的情况

| 块 | 家数 | |
|---|---|---|
| 主 | 36 | 7.76% |
| 中 | 50 | 5.54% |
| 业 | 30 | 4.23% |

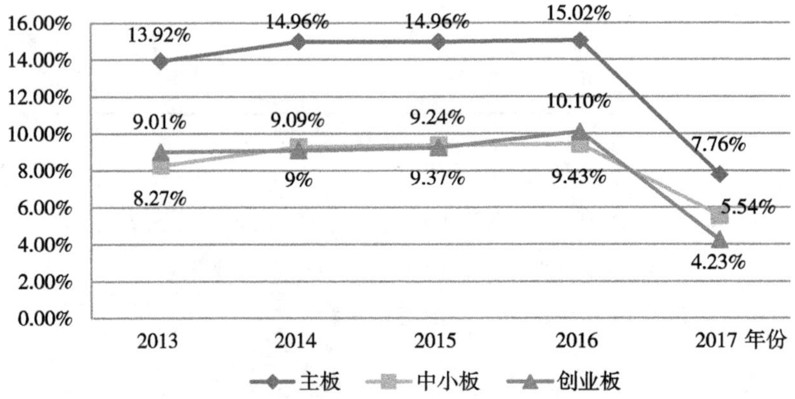


图 14 深市公司历年对提名董事候选人增加持股时间的变化情况

（4）限制议案提名 数。《公司法》 议案提名董事的 数并无限制，实践中部分公司 在章 中 定 提名董事的 数 ， 提名董事的权利加以限制。如泰尔 在章 中 定，“上述有提名资格的 ，提名 数不得超 拟改选董事、监事 数的 1/2。” ，15 家主 公司、6 家中 公司和 5 家 业 公司在章 中做出 限制 议案提名董事 数的 定。

（5） 错董事会制度。 错董事会制度又称 分类董事会。在美国， 错董事会是指 董事会成员分 ABC 类，A 类董事 一年满 就要被 ，B 类董事要在 年满才被 ，C 类董事在 年满才被 。美国 的 错董事会制度 以 董事提 安全 ，使他们 以 公司的ⅢⅣ经 做出 划并 诸实施，公

参 美国《特拉 州公司法》 141（d）条、美国《标 公司法》 8.06 条。

司在新老董事的传承中保持公司经营的连续性和稳定性。而中国本土化的“交错董事会”并非由任期不同的董事组成董事会，而是限制每年更换的董事人数或比例，如康达尔在章程中规定，为保持公司重大经营政策的连续性，董事会换届时所更换、增加的董事数额总计不得超过上届董事会董事名额的1/3①。从2017年各个公司公布的章程来看，深市有23家主板公司、9家中小板公司和8家创业板公司采用了交错董事会制度，较2016年有所下降（见表12）。

表12　　深市2017年采用交错董事会的公司名录

| 股票编码 | 公司名称 | 股票编码 | 公司名称 |
|---|---|---|---|
| 000009. SZ | 中国宝安 | 000929. SZ | 兰州黄河 |
| 000019. SZ | 深深宝 A | 000967. SZ | 盈峰环境 |
| 000023. SZ | 深天地 A | 000970. SZ | 中科三环 |
| 000040. SZ | 东旭蓝天 | 002152. SZ | 广电运通 |
| 000048. SZ | *ST 康达 | 002275. SZ | 桂林三金 |
| 000055. SZ | 方大集团 | 002400. SZ | 省广股份 |
| 000058. SZ | 深赛格 | 002405. SZ | 四维图新 |
| 000090. SZ | 天健集团 | 002516. SZ | 旷达科技 |
| 000410. SZ | 沈阳机床 | 002565. SZ | 顺灏股份 |
| 000502. SZ | 绿景控股 | 002689. SZ | 远大智能 |
| 000516. SZ | 国际医学 | 002739. SZ | 万达院线 |
| 000525. SZ | 红太阳 | 002856. SZ | 美芝股份 |
| 000528. SZ | 柳工 | 300005. SZ | 探路者 |
| 000573. SZ | 粤宏远 A | 300070. SZ | 碧水源 |
| 000680. SZ | 山推股份 | 300168. SZ | 万达信息 |
| 000716. SZ | 黑芝麻 | 300212. SZ | 易华录 |
| 000759. SZ | 中百集团 | 300294. SZ | 博雅生物 |
| 000760. SZ | 斯太尔 | 300348. SZ | 长亮科技 |
| 000762. SZ | 西藏矿业 | 300458. SZ | 全志科技 |
| 000908. SZ | 景峰医药 | 300578. SZ | 会畅通讯 |

4. 累积投票权

累积投票权可以使中小股东能够选出代表自己利益的董事，以避免董事会被控股股东或实际控制人完全控制，是股权集

① 如果结合中国上市公司董事选举普遍采用的累积投票制的话，这种交错董事会制度能够降低应选董事的人数，减弱累积投票制的效果。

中模式下中小股东一项重要的权利。近年来，深交所对累积投票制非常重视，深交所3个板块的《规范运作指引》分别要求控股股东持股30%以上的主板公司、所有的中小板公司和所有的创业板公司强制采用累积投票制。

从深市公司章程具体规定来看，2017年度仅有韶能股份、神州易桥、美达股份和陕西金叶4家主板公司没有采用累积投票权，中小板和创业板的所有公司都遵循了《规范运作指引》的要求而全部采用累积投票权，占比显著下降（见表13）。2016年第一大股东持股比例超过了30%的深圳华强、丽珠集团和粤桂股份均已修订章程，增加了累积投票权的规定。未采用累积投票权的4家公司中，韶能股份、美达股份的章程中对此未提及；陕西金叶则规定“控股股东（含一致行动人关系）控股比例在30%以上时，董事及股东代表担任的监事的选举均采取累积投票制”，由于控股股东持股比例并未高于30%，则事实上并未采取；神州易桥则是专门在章程中明确“公司董事、监事的选举不采用累积投票制。”

表13　深市公司历年未采用累计投票制的占比情况

| 年份 | 数量 | 统计公司数 | 占比 |
|---|---|---|---|
| 2013 | 5 | 1523 | 0.33% |
| 2014 | 10 | 1608 | 0.62% |
| 2015 | 10 | 1745 | 0.57% |
| 2016 | 10 | 1814 | 0.55% |
| 2017 | 4 | 2077 | 0.19% |

### （二）股东大会状况

1. 股东大会会议次数

在2017年度，深市绝大多数上市公司召开次数为2次或3次①。其中，股东大会召开次数最多的公司仍然是主板的阳光城，2017年共召开了27次股东大会，平均每月两次以上；此外，中小板股东大会次数最多的盐津铺子召开了19次，创业板的华谊嘉信召开了15次。从平均值来看，深市公司召开股东大会会议次数较2016年有所降低（见表14和表15）。

表14　深市公司2017年股东大会召开次数统计

| 板块 | 平均数 | 最高 | 最低 | 中位数 |
|---|---|---|---|---|
| 主板 | 3.8 | 27 | 1 | 3 |
| 中小板 | 3.7 | 19 | 1 | 4 |
| 创业板 | 3.6 | 15 | 1 | 4 |

① 《公司法》规定，股份公司每年至少召开一次股东大会。

表15　　深市公司历年召开股东大会平均值

| 年份 | 主板 | 中小板 | 创业板 |
|---|---|---|---|
| 2012 | 3.66 | 3.56 | 3.21 |
| 2013 | 3 | 3 | 3 |
| 2014 | 3.3 | 3.3 | 3.4 |
| 2015 | 3.7 | 3.7 | 3.8 |
| 2016 | 3.9 | 3.9 | 3.8 |
| 2017 | 3.8 | 3.7 | 3.6 |

2. 股东大会形式①

深市公司在2017年总共召开股东大会7504次，其中，仅采用现场投票方式召开股东大会的有99次，占比1.32%，采用现场投票与网络投票相结合的方式的有7180次，占比95.68%。从数据来看，上市公司采用现场投票与网络投票相结合方式已被绝大多数上市公司所采纳（见表16）。

表16　　深市公司2017年股东大会投票方式

| | 现场投票+网络投票 | 现场投票 | 其他方式 |
|---|---|---|---|
| 深市A股 | 95.68%（7180） | 1.32%（99） | 2.99%（225） |
| 主板 | 98.15%（1752） | 0.28%（5） | 1.57%（27） |
| 中小板 | 95.45%（3128） | 1.34%（44） | 3.20%（105） |
| 创业板 | 94.15%（2300） | 2.05%（50） | 3.81%（93） |

注：其他方式包括网络投票、委托董事会投票、几种方式结合等其他的投票方式。

就3个板块的具体情况来看，采取网络投票与现场投票相结合的方式的比例分别是主板的98.15%，中小板的95.45%和创业板的94.15%。主板采取网络投票与现场投票相结合的比例较高，主要是因为主板的股东大会审议事项经常是重大资产重组、增发类的事项，而这些恰好属于必须提供网络投票的范畴（见图15和图16）。网络投票技术的普遍适用实际上是深交所对中小股东权益保护的重要成果，能够较好地为中小股东表达自身的诉求提供了低成本参与的渠道。然而，中小股东参与公司治理的意愿仍有待提高，委托投票权行使的成本也亟需降低。

3. 股东大会参会情况②

从出席股东大会的股东及股东代表人数来看，主要存在以下3个方面的特征：

（1）公司与公司之间的差异比较大（标准差高达69），出席会议股东数最少

① 这部分数据来自国泰安数据库。

② 这部分数据来自国泰安数据库，此外这里的参会包括了现场、网络和委托出席的情况。

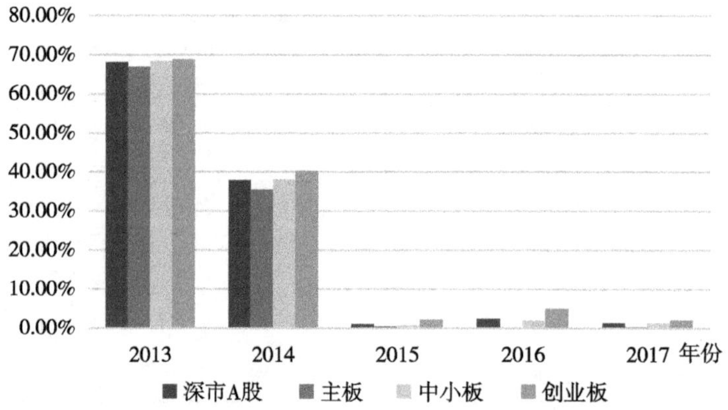


图 15　深市公司历年股东大会投票方式变化（现场）

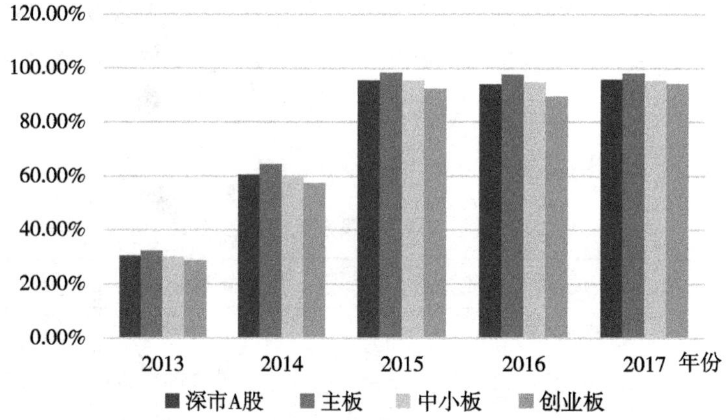


图 16　深市公司历年股东大会投票方式变化（现场与网络结合）

为 1 人，最多为 3040 人，平均为 24 人，中位数为 12 人，众数为 7 人。相对于 2016 年，参与公司股东大会的股东人数有所减少（在 2016 年深圳 A 股上市公司中，出席股东数平均为 32，众数为 7）。从大多数公司的股东参与情况来看，出席会议股东数的平均数从 2016 年的 32 人下降到 24 人。这表明，深市上市公司股东参与公司治理的积极性没有得到显著提升（见表 17）。

表 17　深市公司 2017 年股东大会出席会议的股东及股东代表人数情况

| 板块 | 出席股东数最多（人） | 出席股东数最少 | 平均值 | 中位数 | 众数 | 标准差 |
|---|---|---|---|---|---|---|
| 深市 A 股 | 3040 | 1 | 24 | 12 | 7 | 69 |
| 主板 | 3040 | 1 | 42 | 16 | 10 | 119 |
| 中小板 | 1271 | 1 | 19 | 12 | 6 | 38 |
| 创业板 | 1617 | 1 | 18 | 12 | 7 | 44 |

（2）从板块的角度来看，主板公司参会股东平均人数最多，为 42 人，其次

为中小板，为19人，创业板最低，为18人，3板块与2016年度相比均略有下降。深市公司参会股东数最多的是格力电器，该公司于2017年3月召开临时股东大会，参会人数达到3040人。

(3)从出席股东大会的股东持股比例情况来看，深市A股的平均值为47.80%，中位数为47.69%。在3个板块中，股东大会出席股份比例创业板(49.93%)与中小板(48.15%)基本持平，高于主板(44.23%)。与2016年度相比，主板和创业板公司股东大会出席股份比例基本持平，中小板则略有下降(见表18和图17)。

表18　深市公司2017年股东大会出席股份比例情况　单位:%

| 板块 | 最大值 | 最小值 | 平均值 | 中位数 | 众数 | 标准差 |
|---|---|---|---|---|---|---|
| 深市A股 | 100 | 0.004 | 47.80 | 47.69 | 100 | 17.98 |
| 主板 | 100 | 0.081 | 44.23 | 43.99 | 100 | 18.20 |
| 中小板 | 100 | 0.004 | 48.15 | 47.65 | 100 | 17.82 |
| 创业板 | 100 | 0.004 | 49.93 | 50.07 | 100 | 17.64 |

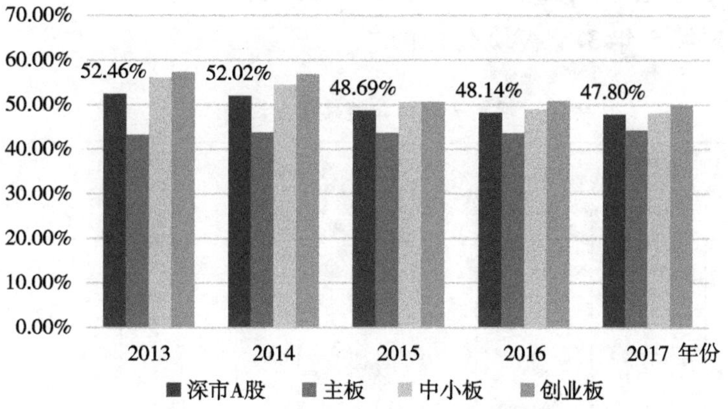


图17　深市公司历年股东大会参会情况

## 四、董事会与管理层状况

### (一) 董事会基本状况

1. 董事会规模

2017年度，深市主板、中小板、创业板公司的董事会规模总体与往年相当，3个板块的最低董事会人数均为5人，董事会人数目维持在8～9人(《公司法》规定董事会人数5～19人)，主板略有下降。具体而言，深市公司仍然呈现出公司越小、董事会规模越小的规律，董事会规模的平均值与最高值均按照主板、中小板、创业板的顺序递减。主板公司董事会平均规模为8.72人，最高值为18人；中小板公司董事会平均规模为8.35人，最高值为17人；创业板公司董事会平均规模则略低于其他两个板块，均值为7.94人，最高值为13人(见表19)。

表19　　深市公司历年董事会规模概况

| 年份 | 主板 | | | 中小板 | | | 创业板 | | |
|---|---|---|---|---|---|---|---|---|---|
| | 平均 | 最高 | 最低 | 平均 | 最高 | 最低 | 平均 | 最高 | 最低 |
| 2013 | 9.02 | 18 | 5 | 8.50 | 18 | 5 | 8.12 | 13 | 5 |
| 2014 | 8.93 | 18 | 5 | 8.47 | 17 | 5 | 8.07 | 13 | 5 |
| 2015 | 8.87 | 18 | 5 | 8.45 | 18 | 5 | 8.01 | 12 | 5 |
| 2016 | 8.95 | 18 | 5 | 8.35 | 16 | 5 | 7.96 | 12 | 5 |
| 2017 | 8.72 | 18 | 5 | 8.35 | 17 | 5 | 7.94 | 13 | 5 |

2. 董事会会议次数

2017年度，大部分深市上市公司召开董事会的次数在10~11次左右。其中，主板的中国长城、中小板的广宇集团在2017年都召开了46次董事会会议，成为深市公司中召开董事会会议最多的公司。对比数据显示，连续5年3个板块公司的董事会会议平均次数维持在9~11次左右，会议次数没有呈现随板块、年份变化的规律，主板公司的会议次数的最高值呈逐年递增的趋势，而3个板块的会次次数最低值较为稳定，并无随年度变化的规律（见表20）。

表20　　深市公司历年董事会会议次数

| 年份 | 主板 | | | 中小板 | | | 创业板 | | |
|---|---|---|---|---|---|---|---|---|---|
| | 平均 | 最高 | 最低 | 平均 | 最高 | 最低 | 平均 | 最高 | 最低 |
| 2013 | 10.00 | 26 | 2 | 9.01 | 35 | 3 | 9.13 | 24 | 4 |
| 2014 | 9.89 | 29 | 2 | 9.29 | 44 | 3 | 9.56 | 33 | 3 |
| 2015 | 10.73 | 31 | 3 | 10.18 | 35 | 3 | 10.05 | 32 | 3 |
| 2016 | 11.47 | 39 | 3 | 10.72 | 35 | 3 | 10.34 | 32 | 3 |
| 2017 | 11.43 | 46 | 3 | 10.08 | 46 | 3 | 10.10 | 29 | 3 |

### （二）董事会专门委员会状况

根据深交所3个板块的《规范运作指引》，主板公司“董事会可以设立审计委员会、薪酬与考核委员会、提名委员会”，中小板公司“董事会应当设立审计、提名、薪酬与考核委员会”，创业板公司“董事会必须设立审计、薪酬与考核委员会”①。也就是说主板公司可以自愿设立董事会专门委员会的，而中小板和创业板公司则是强制设立董事会专门委员会的。

① 参见《深圳证券交易所主板上市公司规范运作指引》第2.3.4条、《深圳证券交易所中小企业板上市公司规范运作指引》第2.3.4条、《深圳证券交易所创业板上市公司规范运作指引》第2.3.4条。

1. 董事会专门委员会数量

91.81%的主板公司、97.79%的中小板公司和96.76%的创业板公司都设立了完整的3个专门委员会。由于深交所对中小板和创业板企业提出了强制要求，所以这两个板块公司较主板公司的专门委员会设置更为完整。其中，中小板的围海股份取消了董事会下设专门委员会，是深市唯一一家未设专门委员会的上市公司；宁波银行、江阴银行、张家港行3家中小板公司都设置了7个专门委员会，是深市设立专门委员会最多的公司（见表21）。

表21　深市公司历年董事会专门委员会数量

| 板块 | 年份 | 0 | | 1 | | 2 | | 3及以上 | |
|---|---|---|---|---|---|---|---|---|---|
| | | 家数 | 占比 | 家数 | 占比 | 家数 | 占比 | 家数 | 占比 |
| 主板 | 2014 | 0 | 0 | 11 | 2.4% | 45 | 9.83% | 402 | 87.77% |
| | 2015 | 0 | 0 | 7 | 1.53% | 43 | 9.37% | 409 | 89.11% |
| | 2016 | 0 | 0 | 5 | 1.08% | 42 | 9.05 | 417 | 89.87% |
| | 2017 | 0 | 0 | 3 | 0.64% | 35 | 7.54% | 426 | 91.81% |
| 中小板 | 2014 | 1 | 0.14% | 3 | 0.42% | 18 | 2.53% | 689 | 96.9% |
| | 2015 | 0 | 0 | 2 | 0.26% | 22 | 2.86% | 744 | 96.89% |
| | 2016 | 1 | 0.13% | 1 | 0.13% | 4 | 0.52% | 759 | 99.35% |
| | 2017 | 1 | 0.11% | 2 | 0.22% | 17 | 1.88% | 883 | 97.79% |
| 创业板 | 2014 | 0 | 0 | 0 | 0 | 5 | 8.93% | 51 | 91.07% |
| | 2015 | 0 | 0 | 2 | 0.46% | 25 | 5.76% | 407 | 93.78% |
| | 2016 | 0 | 0 | 3 | 0.53% | 24 | 4.20% | 524 | 95.27% |
| | 2017 | 0 | 0 | 1 | 0.14% | 25 | 3.52% | 687 | 96.76% |

注：部分企业的章程与年报中均未具体披露专门委员会设置情况，披露内容为“报告期内，董事会下设专门委员会各委员在报告期内恪尽职守、勤勉尽责，发挥各自的专业特长、技能和经验，将会议讨论的重要事项形成决议向董事会汇报或提请董事会审议，为董事会的科学决策提供积极的帮助”等类似语句，显示其设置了多个及以上的专门委员会，遂计入占比最多、最为普遍且有一定强制要求的3个及以上的统计项目。

2. 董事会专门委员会会议次数

专门委员会制度是董事会制度的重要组成部分，既体现了董事会的专业性，又是独立董事发挥监督独立性的重要机制，“董事会下设专门委员会在报告期内履行职责情况”也属于公司年报的披露项目。但事实上，主板有283家公司，中小板有351家公司都没有召开或未明确披露专门委员会会议次数，长城影视（召开了34次）是已统计的深市公司中召开专门委员会会议最多的公司。单纯从披露的信息来看，再结合披露此项信息的公司数量等因素，中小板公司专门委员会的运作情况相比之下显得更加规范（见表22）。

表 22　　深市公司历年董事会专门委员会会议情况

| 板块 | 年份 | 1~3 | | 4~6 | | 6 以上 | |
|---|---|---|---|---|---|---|---|
| | | 家数 | 占比 | 家数 | 占比 | 家数 | 占比 |
| 主板 | 2014 | 45 | 27.27% | 47 | 28.48% | 73 | 44.24% |
| | 2015 | 28 | 15.91% | 54 | 30.68% | 94 | 53.41% |
| | 2016 | 34 | 17.09% | 67 | 33.69% | 98 | 49.25% |
| | 2017 | 27 | 15.52% | 53 | 30.46% | 94 | 54.02% |
| 中小板 | 2014 | 34 | 6.5% | 113 | 21.60% | 377 | 72.08% |
| | 2015 | 9 | 2.21% | 67 | 15.76% | 349 | 82.12% |
| | 2016 | 19 | 4.03% | 102 | 21.61% | 351 | 74.36% |
| | 2017 | 22 | 3.96% | 112 | 20.18% | 411 | 74.05% |
| 创业板 | 2014 | 0 | 0 | 2 | 66.7% | 1 | 33.3% |
| | 2015 | 18 | 7.73% | 64 | 27.47% | 151 | 64.81% |
| | 2016 | 20 | 6.60% | 69 | 22.77% | 214 | 70.63% |

### （三）独立董事状况

2017 年 5 月，深交所对《深圳证券交易所独立董事备案办法》进行了修订，严格了独立董事任职资格的要求，并增加对独立董事候选人过往履职情况的关注和披露要求，以进一步充分发挥独立董事在公司治理中的积极作用，完善独立董事任职资格备案工作。

1. 独立董事数量

根据 2001 年《关于在上市公司建立独立董事制度的指导意见》，上市公司董事会成员中应当至少包括 1/3 的独立董事。3 个板块历年的平均独董数量连续 5 年保持稳定，平均人数仍在 3 人左右。将深市公司独董数量与董事会规模总体比较，不论从最高值、中位数还是平均值来看，深市公司独董数量均符合监管部门规定的“1/3”达标线。其中，仅有主板公司海南高速的独董数量不符合要求，且是深市所有公司中唯一一家仅有 1 名独立董事的公司①。此外，主板的长安汽车聘任了 7 名独董，中小板的宁波银行聘任了 6 名独董，创业板的易联众、泰胜风能、佳讯飞鸿、美尚生态 4 家公司聘任了 5 名独董，分别是各个板块独董人数最多的公司（见表 23）。

2. 独立董事表决情况

根据 2017 年年报披露，在主板中，有 4 家公司的独立董事投了 36 张反对票和 5 家公司的独立董事投了 11 张弃权票；在中小板中，有 2 家公司的独立董事投了

① 根据海南高速 2017 年年报披露情况，在任职状态部分，仅显示一名现任独董，其余两名均为离任，且任职终止日期为 2014 年 11 月 11 日。但是在独董任职情况、出席董事会及股东大会的情况处均列了 3 名独董的相应信息，且 3 名独董的应参会次数也一致。

表23　　深市公司历年独立董事数量情况

| 年份 | 主板 | | | 中小板 | | | 创业板 | | |
|---|---|---|---|---|---|---|---|---|---|
| | 平均 | 最高 | 最低 | 平均 | 最高 | 最低 | 平均 | 最高 | 最低 |
| 2013 | 3.00 | 8 | 2 | 3.00 | 6 | 2 | 3.04 | 5 | 2 |
| 2014 | 3.00 | 8 | 2 | 3.00 | 6 | 2 | 3.04 | 5 | 2 |
| 2015 | 3.24 | 6 | 2 | 3.11 | 6 | 2 | 2.99 | 5 | 2 |
| 2016 | 3.25 | 6 | 2 | 3.08 | 6 | 2 | 2.98 | 5 | 2 |
| 2017 | 3.26 | 7 | 1 | 3.08 | 6 | 2 | 2.99 | 5 | 2 |

2张反对票和5家公司的董事投了5张弃权票；在创业板中，有4家公司的独立董事投了7张反对票和3家公司的独立董事投了22张弃权票（见表24）。除主板的独立董事投弃权票的次数由2016年的41次下降为11次之外，主板反对票次数和其他两个板块的反对票和弃权票次数均较2016年有所增加。

表24　　深市公司2017年独董表决情况概览　　单位：次

| 板块 | 反对 | 弃权 | 质疑 |
|---|---|---|---|
| 主板 | 36 | 11 | 1 |
| 中小板 | 2 | 5 | 0 |
| 创业板 | 7 | 22 | 0 |

从反对和弃权的事项来看，主要集中在独立董事认为决议违反公司程序等涉及公司内控制度事宜及资金使用、担保等涉及公司财务事宜（见表25）。其中，4家主板公司、2家中小板公司、4家创业板公司的独董投出了反对票；主板和中小板各5家公司、创业板3家公司的独董投出了弃权票；主板公司*ST华泽、*ST东凌及创业板公司朗科科技、三维丝等公司的独董均是既提出过反对意见，又投出过弃权票。

表25　　深市公司2017年独董反对和弃权事项类别

| 事项类别 | 反对（次） | 弃权（次） | 质疑（次） |
|---|---|---|---|
| 公司内控 | 22 | 12 | 0 |
| 人事薪酬 | 14 | 9 | 1 |
| 公司财务① | 9 | 14 | 0 |
| 其他② | 0 | 3 | 0 |

注：①包括公司对外投资、合作、收购、资金使用、经营业绩及担保等。

②*ST烯碳3名独董就《公司2017年年度报告及摘要》进行审议时认为其就任公司独立董事不久，对就职以前当年度公司经营和公司治理情况未参与，无法做出准确判断。

3. 独立董事薪酬情况

主板、中小板和创业板独董薪酬的平均值分别是7.86万元、7.62万元和6.31万元。主板的平安银行其独立董事42.4万元的薪酬是主板公司中最高的；中小板的天邦股份其独立董事120万元的薪酬是中小板公司中最高的；创业板的汉鼎宇佑其独立董事37.8万元的薪酬是创业板公司中最高的（见表26）。

表26　深市公司历年独立董事薪酬　单位：万元

| 年份 | 主板 | | 中小板 | | 创业板 | |
|---|---|---|---|---|---|---|
| | 平均值 | 最高值 | 平均值 | 最高值 | 平均值 | 最高值 |
| 2013 | 7.05 | 38.62 | 6.35 | 37.08 | 6.18 | 20 |
| 2014 | 7.3 | 40.36 | 6.38 | 30.27 | 6.24 | 20 |
| 2015 | 7.5 | 42 | 6.5 | 30.27 | 6.21 | 20 |
| 2016 | 7.92 | 23 | 7.01 | 30.27 | 6.53 | 20 |
| 2017 | 7.76 | 42.42 | 7.69 | 120 | 6.82 | 37.8 |

注：本部分的统计剔除了不在上市公司领取薪酬的独董；如果2017年存在换届的独董，则薪酬为离任或新任独董薪酬的最高值。

4. 独立董事出席会议情况

2017年度，创业板独立董事现场出席董事会会议的比重最高，为52.44%；主板和中小板独立董事出席董事会会议以通讯方式为主，分别为67.25%与54.22%；独立董事委托出席董事会的次数较少，主板公司采用此类方式出席董事会的次数占比2.15%，在3个板块中占比相对较高；独立董事缺席的情况较为鲜见，主板、中小板和创业板分别只有0.05%、0.03%和0.11%，其中，中小板公司合众思壮、创业板公司天能重工的独立董事缺席4次，系缺席次数最多的公司；近5年来，主板与中小板公司独董现场出席董事会议的比重逐年下降（见表27）。

表27　深市公司历年独董出席董事会议的方式（总数平均）

| 年份 | 主板（%） | | | | 中小板（%） | | | | 创业板（%） | | | |
|---|---|---|---|---|---|---|---|---|---|---|---|---|
| | 现场 | 通讯 | 委托 | 缺席 | 现场 | 通讯 | 委托 | 缺席 | 现场 | 通讯 | 委托 | 缺席 |
| 2013 | 39.19 | 57.41 | 3.2 | 0.20 | 54.25 | 44.04 | 1.63 | 0.08 | — | — | — | — |
| 2014 | 40.96 | 56.17 | 2.67 | 0.20 | 53.36 | 44.97 | 1.56 | 0.11 | — | — | — | — |
| 2015 | 36.82 | 60.33 | 2.58 | 0.27 | 48.21 | 50.54 | 1.16 | 0.09 | — | — | — | — |
| 2016 | 34.77 | 63.40 | 1.73 | 0.11 | 45.44 | 53.53 | 1.73 | 0.08 | — | — | — | — |
| 2017 | 30.55 | 67.25 | 2.15 | 0.05 | 44.75 | 54.22 | 0.97 | 0.06 | 52.44 | 46.76 | 0.69 | 0.11 |
| 平均 | 36.46 | 60.91 | 1.19 | 0.17 | 49.20 | 49.46 | 1.41 | 0.08 | 52.44 | 46.76 | 0.69 | 0.11 |

注：计算方式为独立董事各种方式参加会议次数除以2017年独董应参加的董事会会议总次数。

据本报告统计（见表28），93.53%的深市主板公司共计434家都存在通讯出席情况，85.16%的中小板公司共计769家存在通讯出席情况，77.32%的创业板公司共计549家存在通讯出席情况；在委托表决方面，主板中有145家公司的独董采取委托出席方式，中小板有158家公司，创业板有86家公司。近年来，主板和中小板公司通讯出席的情况基本变化不大，而委托出席的情况连续4年下降。创业板公司通讯出席与委托出席的情况均明显低于主板和中小板。

表28　深市主板和中小板公司历年存在通讯和委托出席的公司数占比

| 年份 | 主板 | | | | 中小板 | | | | 创业板 | | | |
|---|---|---|---|---|---|---|---|---|---|---|---|---|
| | 通讯出席 | | 委托出席 | | 通讯出席 | | 委托出席 | | 通讯出席 | | 委托出席 | |
| | 公司数 | 占比 | 公司数 | 占比 | 公司数 | 占比 | 公司数 | 占比 | 公司数 | 占比 | 公司数 | 占比 |
| 2014 | 443 | 92.52% | 264 | 56.41% | 617 | 84.17% | 189 | 25.78% | — | — | — | — |
| 2015 | 424 | 90.6% | 171 | 36.54% | 661 | 84.85% | 170 | 21.82% | — | — | — | — |
| 2016 | 429 | 92.06% | 159 | 34.12% | 663 | 85.66% | 147 | 18.99% | — | — | — | — |
| 2017 | 434 | 93.53% | 145 | 31.25% | 769 | 85.16% | 158 | 17.5% | 549 | 77.32% | 86 | 12.11% |

5. 独立董事的背景①

2017年度，深市3个板块独立董事背景仍然如往年一般，以学者为主，中介机构次之，公司高管占比第三。退职官员作为独立董事的占比在主板变化不大，在中小板和创业板则持续下降，占比分别为0.90%和1.51%（见表29）。

表29　深市公司历年独立董事背景

| 板块 | 年份 | 学者 | 行业专家 | 中介机构 | 公司高管 | 退职官员 | 其他 |
|---|---|---|---|---|---|---|---|
| 主板 | 2015 | 41.88% | 8.18% | 23.94% | 17.61% | 4.16% | 4.23% |
| | 2016 | 47.39% | 3.82% | 23.76% | 16.11% | 3.37% | 4.29% |
| | 2017 | 47.57% | 4.92% | 23.85% | 15.95% | 3.39% | 4.32% |
| 中小板 | 2015 | 40.02% | 10.52% | 21.70% | 15.78% | 2.84% | 9.14% |
| | 2016 | 40.70% | 7.94% | 23.86% | 18.86% | 2.27% | 6.09% |
| | 2017 | 41.49% | 7.92% | 23.64% | 20.08% | 0.90% | 5.97% |
| 创业板 | 2015 | 31.51% | 18.62% | 23.43% | 18.49% | 3.00% | 4.94% |
| | 2016 | 34.74% | 13.92% | 24.33% | 19.24% | 2.63% | 4.97% |
| | 2017 | 41.92% | 9.09% | 23.98% | 19.08% | 1.51% | 4.43% |

① 独立董事背景的分类标准为：学者是指高校老师和研究机构的人员。（退职）官员是指退休的，如果是政府机构下属的研究机构，如深圳法制办的某研究机构，也算作是官员。中介机构是指律师和会计师。行业专家是指各种协会，如中国包装协会或中国服装协会；公司高管是指其他公司的高管，如王石；不能归入上述类型的，都纳入其他。

### （四）管理层状况

1. 控制人、董事长和总经理的重合情况

从表30可以看出，深市中小板和创业板公司的实际控制人大多数情况下都是自己亲自担任董事长或总经理的。据统计，中小板有将近8成公司实际控制人至少担任董事长或总经理职务，而创业板则超过9成，38.90%的中小板公司和55.30%的创业板公司的实际控制人同时兼任董事长和总经理。相比而言，由于主板有较多国有企业，因此，实际控制人不担任董事长和总经理的情况占比较高，为46.67%。这反映了大多数家族式、创业型企业的特点。但从公司治理的角度来看，上市公司董事长和总经理的分离在学术上被视为治理水平高的重要标志，甚至有部分国家鼓励由不同人担任这两个职务①。

表30　深市公司历年实际控制人与董事长和总经理的重合情况

| 板块 | 年份 | 不担任董事长和总经理 | | 担任董事长 | | 担任总经理 | | 兼任董事长和总经理 | |
|---|---|---|---|---|---|---|---|---|---|
| | | 家数 | 占比 | 家数 | 占比 | 家数 | 占比 | 家数 | 占比 |
| 主板 | 2013 | 76 | 49.67% | 54 | 35.29% | 2 | 1.30% | 21 | 13.72% |
| | 2014 | 79 | 51% | 53 | 34.19% | 4 | 2.58% | 19 | 12.26% |
| | 2015 | 76 | 41.08% | 54 | 29.19% | 2 | 1.08% | 23 | 12.43% |
| | 2016 | 73 | 47.40% | 55 | 35.71% | 2 | 1.30% | 24 | 15.58% |
| | 2017 | 70 | 46.67% | 54 | 36% | 1 | 0.67% | 25 | 16.67% |
| 中小板 | 2013 | 61 | 10.62% | 241 | 41.98% | 5 | 0.87% | 267 | 46.51% |
| | 2014 | 79 | 13.19% | 245 | 40.9% | 4 | 0.67% | 271 | 45.24% |
| | 2015 | 98 | 14.89% | 255 | 38.75% | 3 | 0.45% | 282 | 42.86% |
| | 2016 | 124 | 19.75% | 234 | 37.26% | 3 | 0.48% | 267 | 42.52% |
| | 2017 | 167 | 21.94% | 294 | 38.63% | 4 | 0.53% | 296 | 38.90% |
| 创业板 | 2013 | 16 | 4.89% | 122 | 37.30% | 2 | 0.61% | 186 | 56.88% |
| | 2014 | 21 | 5.59% | 148 | 39.36% | 1 | 0.27% | 206 | 54.79% |
| | 2015 | 24 | 5.56% | 174 | 40.28% | 1 | 0.23% | 255 | 59.03% |
| | 2016 | 39 | 7.50% | 189 | 36.35% | 4 | 0.77% | 288 | 55.38% |
| | 2017 | 55 | 8.45% | 232 | 35.64% | 4 | 0.61% | 360 | 55.30% |

2. 董事长和总经理的薪酬水平

（1）董事长的薪酬状况。从2017年披露的年报信息来看，万科A、荣盛发展和蓝思科技的董事长薪酬分别是主板、中

① Larry Fauver, Mingyi Hung, Xi Li, Board Reforms and Firm Value: Worldwide Evidence, Journal of Financial Economics, 2017.

小板和创业板3个板块最高的，为1189.90万元、842.84万元和500万元；而*ST金宇、江南化工和中海达的董事长薪酬分别是3个板块最低的，为0.25万元、1万元和1.1万元，与平均值相差悬殊。

根据表31所示，过去5年主板公司的董事长薪酬是最高的，而中小板、创业板次之，最低值基本相当。造成这一情况的主要原因有三：第一，若实际控制人同时担任董事长的，往往不会给自己发放太多的薪酬，如中海达；第二，部分国有控股公司的董事长不一定在上市公司领薪，往往披露出来的薪酬很低，如津滨发展；第三，无实际控制人的公司一般会聘用职业经理人管理公司，这类职业经理人的薪酬一般较高，如万科A。

表31　深市公司历年董事长的薪酬情况①　单位：万元

| 年份 | 主板 | | | 中小板 | | | 创业板 | | |
|---|---|---|---|---|---|---|---|---|---|
| | 平均值 | 最高 | 最低 | 平均 | 最高 | 最低 | 平均 | 最高 | 最低 |
| 2013 | 82.27 | 904 | 0.25 | 62.49 | 829.27 | 0.83 | 51.36 | 737.41 | 3 |
| 2014 | 89 | 1045 | 0.25 | 67 | 291 | 2 | 54 | 529 | 3 |
| 2015 | 92.51 | 998.8 | 0.25 | 62.03 | 643.26 | 1.75 | 60.04 | 500.58 | 2 |
| 2016 | 105.32 | 999 | 1.97 | 75.41 | 600 | 1.8 | 61.22 | 480 | 1.1 |
| 2017 | 112.26 | 1189.9 | 0.25 | 80.19 | 842.84 | 1 | 63.67 | 500 | 1.1 |

（2）总经理的薪酬状况。从2017年披露的年报信息来看，金科股份、万达院线和蓝思科技的总经理薪酬分别是3个板块最高的，为826.82万元、977.5万元和500万元（见表32）。

表32　深市公司历年总经理的薪酬情况　单位：万元

| 年份 | 主板 | | | 中小板 | | | 创业板 | | |
|---|---|---|---|---|---|---|---|---|---|
| | 平均 | 最高 | 最低 | 平均 | 最高 | 最低 | 平均 | 最高 | 最低 |
| 2013 | 82.81 | 869.7 | 3.6 | 61.94 | 326 | 4 | 51.53 | 477 | 1.8 |
| 2014 | 87 | 966 | 3.66 | 57 | 663.55 | 1.28 | 55 | 604 | 4 |
| 2015 | 93.49 | 998.8 | 0.76 | 69.6 | 265 | 5.46 | 62.06 | 480 | 4.54 |
| 2016 | 106.64 | 979.0 | 1.47 | 78.17 | 900.50 | 1.80 | 62.65 | 480 | 2.19 |
| 2017 | 110.87 | 826.82 | 4.08 | 88.34 | 977.5 | 3.17 | 69.57 | 500 | 3.63 |

① 本部分剔除了董事长不在上市公司领取薪酬的情况以及没有披露的样本；另外，样本公司统计的薪酬是薪酬总额，而不是实际薪酬。根据向相关公司的咨询，薪酬总额是上市公司预先确定的薪酬标准，而实际薪酬是公司根据当年具体的盈利指标和任务完成情况所实际给付的部分。

（3）董事长与总经理的薪酬差别。从董事长和总经理的平均薪酬水平的差别来看，深市创业板和中小板的总经理薪酬略高于董事长的薪酬，主板公司的董事长、总经理薪酬大致相当，这与国外成熟资本市场的情况仍然有着较大差异。以美国为例，一般是 CEO 的薪酬要远远高于董事长的薪酬，这主要是因为 CEO 基本上都是职业经理人，而董事长则一般是非执行董事，只是负责战略或监督职能，与中国董事长与总经理二职合一的情况有所不同。

（4）不同实际控制模式下的薪酬差别。据 2017 年年报的披露信息来看，3 个板块的实际控制人亲自担任总经理领取的薪酬与聘请职业经理人的薪酬相比更低。从逻辑上来讲，当实际控制人自己担任公司总经理时，由于他可以从其他渠道进行“在职消费”，且直接从上市公司领取薪酬要缴纳部分税费，因而，采用公开方式直接领取薪酬的意愿不强，在很大程度上降低了实际控制人亲自担任总经理时的平均薪酬水平（见表 33）。

**表 33　　深市公司历年控制人是否担任总经理的平均薪酬水平①　　单位：万元**

| 年份 | 主板 | | 中小板 | | 创业板 | |
|---|---|---|---|---|---|---|
| | 担任 | 不担任 | 担任 | 不担任 | 担任 | 不担任 |
| 2013 | 102.61 | 72.78 | 56.08 | 59.99 | 49.98 | 50.96 |
| 2014 | 110 | 89.49 | 59.26 | 63.47 | 51 | 56.55 |
| 2015 | 73.75 | 86.48 | 60.6 | 71.19 | 61.5 | 63.54 |
| 2016 | 72.64 | 115.80 | 67.82 | 80.68 | 61.43 | 60.61 |
| 2017 | 68.85 | 110.96 | 79.48 | 85.43 | 66.53 | 68.39 |

（深圳证券交易所 年报分析小组 公司治理研究中心）

① 本部分只统计民营控股上市公司部分，不涉及国有控股上市公司。

# 深市上市公司2017年社会责任信息披露分析报告

## 一、深市社会责任信息披露的整体情况

报告期内，深市社会责任信息通过年报及独立社会责任报告两个互补的渠道进行披露，年报中的社会责任信息覆盖的上市公司履行社会责任的工作情况、精准扶贫以及环境保护三大部分内容，总体来看，披露情况较好。截至2018年4月30日，深市已披露年报的2105家上市公司中有1897家公司通过年报披露了其履行社会责任的工作情况，占全部上市公司比率的90.12%。其中，主板共418家披露相关信息，占比88.55%；中小板855家披露，占比93.85%；创业板625家披露，占比为86.56%。

在精准扶贫信息披露方面，报告期内共有1264家上市公司披露了开展精准扶贫工作以及未来计划的信息，378家[①]表示在2017年度已开展了相关工作并有规划，较2016年度增加162家，占已披露年报的上市公司数的18%，同比增加7个百分点。其中，主板上市公司148家，较2016年度增加46家，占该板块上市公司数的31.4%，同比增加10个百分点；中小板上市公司169家，较2016年度增加72家，占比18.6%，同比增加7.2个百分点；创业板上市公司61家，增加45家，占比8.45%，同比增加近6个百分点。

在环境影响信息的披露方面，报告期内共有435家上市公司在年报中进行了披露，较2016年度增加222家，占比达20.6%。其中，主板上市公司159家，较2016年增加65家，占比从2016年的19.75%提升至33.6%；中小板上市公司203家，同比增加101家，占比增加近10个百分点，达22.28%；创业板上市公司73家，同比增加57家，增幅达340%。

2018年独立社会责任报告的发布与过往的情况差异不大。深市2105家上市公司中有327家公司发布独立的2017年社会责任报告，较2016年增加12家，占全部上市公司的15.53%，占比有所下降。其中，主板公司披露社责报告的比例最高，共129家发布，占比达到27.33%；中小板和创业板公司披露家数分别为145家和53家，占比分别为15.92%和7.23%。与往年基本一致的是，规模较大的公司披露比例更高，如2017年披露社责报告的公司平均资产规模为281亿元，

① 含未直接参与，但通过控股公司代为参与精准扶贫工作并通过社会责任报告披露的上市公司。

平均总收入为144亿元，显著高于深市公司平均水平的104.25亿元、48.38亿元。这些上市公司履行社会责任的实践较多，更愿意通过独立的社会责任报告，积极与外界沟通，建立和维护良好的社会形象，因此，年报中的社会责任信息更多地成为其社会责任报告的索引。这一情况在一定程度上也体现了当前社会责任披露制度的灵活性，即允许企业根据自己的实际情况，选择合适的方式披露社会责任信息。

## 二、深市社会责任信息披露的主要特点

### （一）披露载体日益多元化

上市公司社会责任信息披露长期以社会责任报告为主要载体。自2006年9月《深圳证券交易所上市公司社会责任指引》发布以来，深交所上市公司披露社会责任报告已超过十年。十多年来，政府部门及社会公众对上市公司在环境保护、商品质量以及生产安全等方面的非经济指标给予了越来越多的关注，相应地，深市公司社会责任信息披露在数量和质量上都有所提高，但总体来看，相关信息披露是以上市公司社会责任报告为主要载体，而其他渠道披露的信息较少。

为了适应全社会对于上市公司社会责任信息的需求，监管机构逐渐扩展社会责任信息披露渠道，开始尝试在年报中披露环境和扶贫信息。深交所从2010年起，逐步将《深圳证券交易所上市公司社会责任指引》的相关内容吸纳至各板块《上市公司规范运作指引》中，在规范上市公司运作的同时，进一步推动其履行社会责任、开展社会责任信息披露的常态化与正规化。近年来，各监管机构更是开始尝试在年报中的特定区域增加社会责任信息，特别是全社会普遍关注的扶贫信息与环境信息的披露。在扶贫信息披露方面，深交所于2016年12月30日发布了《关于完善上市公司扶贫工作信息披露的通知》，开展、完善上市公司精准扶贫社会责任的信息披露。在环境信息披露方面，2016年12月，证监会发布《公开发行证券的公司信息披露内容与格式准则第2号——年度报告的内容与格式（2016年修订）》，对属于环境保护部门公布的重点排污单位的公司及其子公司的环境信息披露进行规定。深交所3个板块2016年12月30日发布了对应的信息披露业务备忘录，确定此类信息属特定企业的强制性披露，相关内容需填报至年报的“重要事项”章节。

在上述实践的基础上，监管机构进一步完善了社会责任信息披露制度，在报告期内，社会责任信息披露已转变为以年报披露为主、社会责任报告披露为辅的模式。2017年，证监会进一步修订了《公开发行证券的公司信息披露内容与格式准则第2号——年度报告的内容与格式》，在其第四十二条中，鼓励上市公司结合行业特点，主动披露积极履行社会责任的工作情况；在第四十三条、第四十四条中进一步优化了扶贫及环境信息披露的要求。

深交所根据证监会的相关规范，修订了年报披露备忘录以及年报格式模板，并通过专题培训，帮助、引导上市公司做好社会责任信息披露工作。目前，通过年报披露社会责任信息已经成为上市公司相关信息披露的主流渠道，而社会责任报告则继续发挥其应有的作用。

### （二）内容指标日益完善，内容规范化程度逐渐提高

本年度上市公司社会责任信息内容指标日益完善，逐渐契合投资者的需求。深交所过往在涉及社会责任的指引、备忘录中，重点对股东和债权人权益保护、职工权益保护、供应商、客户和消费者权益保护、环境保护和可持续发展以及公共关系和社会公益事业这5个方面予以规范和引导。2017年按照证监会的相关要求，相关要求正式被纳入了年报中的上市公司社会责任工作情况的披露工作当中，完善了披露的内容指标体系。此外，部分上市公司还积极采用国内、国际披露标准、指引，如全球报告倡议组织（GRI）《可持续发展报告指南G4》等，细化披露要素，规范披露内容，并使披露内容更符合投资者和监管部门对于社会责任信息的需求。

在环境信息和扶贫信息披露方面，相关指标体系也日益优化。对于扶贫信息的披露，监管机构除要求上市公司精准扶贫工作内容描述性概括外，还提供格式化表格，要求上市公司披露详细的定量绩效信息，包括了公司在精准扶贫工作上的总投入、实现的脱贫数，以及在各分项扶贫内容的投入、具体举措及其成效情况，能够让投资者很快判断上市公司精准扶贫工作的成效。对于环境信息披露，根据相关要求，上市公司需按照指引详尽地记录其在污染防治、环保参与等方面的进展情况，同时通过制式表格公布它们在污染排放口的污染物排放情况，包括主要污染物及特征污染物的名称、排放方式、排放口数量和分布情况、排放浓度和总量、超标排放情况、执行的污染物排放标准、核定的排放总量，以及防治污染设施的建设和运行情况等环境信息，总的来看，相关规范细致、详实，强调定量信息披露，对提高社会责任信息披露质量有正面影响。

### （三）上市公司创新承担社会责任的方式，明显提升相关成效

企业社会责任意识提升，以项目为基础，通过多种方式积极主动参与精准扶贫。2017年深市公司结合自身产业特点与扶贫地区实际，开展产业发展脱贫项目1754个，通过农林产业扶贫、资产收益扶贫、旅游扶贫以及电商、科技扶贫等方式，充分发挥贫困地区独特气候、环境等优势，以特色农产品生产、加工为重点，稳步推进贫困地区农林产业发展；积极推动扶贫与生态治理相结合，开展生态保护扶贫项目39个，以生态脆弱贫困区为重点区域，通过推广生态产业模式，开展生态产业扶贫工程，增加贫困人口的经济收入，提高了生态脆弱贫困区的扶贫效益；深入推进医疗救助、易地搬迁、公益捐赠等公益性项目建设，全年共推动开展107

个相关项目，为社会公益扶贫基金筹集资金总额超 40 亿元，有力地提升了扶贫工作的整体效果。

随着扶贫工作的日益精准化，扶贫投入与成效实现较大成长。报告期内，深市上市公司精准扶贫工作投入资金总金额达 181.66 亿元，同比增长 317%；物资折款 26.56 亿元，同比增长 483%；帮助超过 33.57 万人实现脱贫，较 2016 年多帮扶 25.27 万人，帮扶人数增幅超过 300%。分板块来看，中小板上市公司直接资金与物资投入总额最高，分别达 130.3 亿元以及 26.5 亿元，占深市两项投入的比例均超过 7 成，推动建档立卡贫困人口 24 万人，较 2016 年的 6.2 万人，多帮扶 17.8 万人；主板上市公司直接资金与物资投入总额达 39.6 亿元，较 2016 年增长 169.3%，推动建档立卡贫困人口 5.49 万人，较 2016 年多帮扶 3.8 万人；创业板上市公司直接资金与物资投入总额达 39.6 亿元，较 2016 年增长 169.3%，推动建档立卡贫困人口 5.49 万人，较 2016 年多帮扶 3.8 万人。

上市公司环保生产经营意识增强。报告期内，深市 435 家上市公司披露了其 1051 个下属子公司排放超标情况，仅 14 家上市公司出现过污染超标事件；415 家上市公司按国家要求编制了突发事件环境应急预案，组织开展了专家评审并按规定在当地环保部门进行备案，按照计划开展了突发环境事件应急演练，降低了重大突发环境事件发生的概率。135 家上市公司建设了废水、废气在线监测装置并正常运行，定期开展在线监测设施的有效性比对审核，同时委托第三方单位开展了手动环境监测，全面监控污染物排放情况。

## 三、社会责任信息披露尚存在的不足与难点

尽管社责信息披露在总量和质量上都有所提高，但是与监管者和投资者对于社会责任信息的需求存在差距，有以下 3 个方面的难点尚待突破：

### （一）报告信息量和创新不足

信息量不足体现在部分公司的讨论缺乏实质性内容，没有结合自身特点讨论履行社会责任的具体行动和措施。社会责任信息的质量在各个公司之间存在差异。从字数和内容来看，仅少数上市公司通过社会责任报告，较为详细和全面地讨论公司社会责任的履行情况，往往有很多涉及公司自身的社会责任案例和实践总结。多数公司披露较为敷衍。从披露内容的创新性来看，部分公司仍拘泥于社会责任披露要求的最低标准，以指引条款为基础，泛泛而谈公司在每一个维度的理念、对相关法律和标准的遵守以及对员工的宣传教育，但在具体措施的阐述上却缺乏实质性的内容，不能根据自身的特点和发展阶段设计报告。上述问题降低了报告的决策有用性和分析价值。

### （二）环境信息披露不足，与当前大力发展绿色金融的趋势不匹配

按照证监会的统一部署，2017 年年

报报告期内，上市公司或其子公司为重点排污单位的，应当按照准则要求披露环境信息；而重点排污单位之外的其他上市公司应遵循“遵守或解释”政策；同时鼓励上市公司披露有利于保护生态、防止污染、履行环境责任的信息，以及第三方对公司环境信息的核查、鉴定、评价情况。整体来看，环境信息的披露虽有所增加，但还是多以要求强制披露的重点污染企业为主，非污染企业的相关信息较少，从数量到内容均与当前监管部门、投资者乃至公众对环境信息的迫切需求不匹配，资本市场需要更多的持续、可比的环境信息进行风险评估和价值判断。

**（三）社会责任信息披露指引与标准还需进一步完善**

就年报中的社会责任信息披露情况来看，企业还是针对指引规定的事项来报告其履行社会责任的情况，如股东和债权人、职工、供应商、客户和消费者，环境保护与可持续发展以及公共关系和社会公益事业这4个方面的内容。但目前社会责任信息披露规范还较为粗略，且社会上还没有对企业社会影响和相关绩效缺乏有效的量化标准。这使得目前社会责任信息还是以描述性内容为主，且披露的信息量较小，形式不一，内容较为分散，不便于信息使用者进行分析和比较。

（深圳证券交易所 年报分析小组）

# 2017 年海外股票市场基本情况

## 一、全球经济与市场

### （一）2017 全球经济增长情况

2017 年，全球经济呈现稳步上升的发展态势，制造业和贸易回暖。全球股市发展震荡上行，大宗商品市场整体稳中有升，年中受加息影响走弱，而后逐渐回暖。2017 年全年国际市场进入加息周期，同时各国经济保持平稳增长。发达国家中欧元区经济增长较 2016 年更为强劲，德国、法国、日本整体经济景气程度在增强，美国在 2017 年上半年经济发展较为疲软，年中开始企稳，英国发展状况与其他发达国家相反，自 2017 年下半年开始呈现下滑态势。新兴经济体中，印度虽然增长速度有所减慢，但是始终保持较高的发展速度，成为国际经济发展的强心剂；中国 2017 年经济发展总体上优于预期。

1. 经济增速加快

2017 年，全球 GDP 增长率为 3.15%，较 2016 年下降 0.06 个百分点。发达经济体——美国、日本、欧元区的 GDP 增长率都出现了不同程度的上升，除了英国增长率出现连续下滑外，其他主要的发达国家都呈上涨趋势。整个新兴经济体的增长率呈上涨趋势，在主要的新兴经济体中，俄罗斯和巴西从前两年的负增长变为正增长，印度增长率虽然有所下滑，但是其增长速度在世界主要经济体中仍处于较高水平。除了极个别国家经济增长下滑外，大部分新兴市场和发展中经济体增速企稳回升，全球经济增长率明显回升。

2. 通货膨胀率变动

2017 年美国物价指数相对于 2016 年同期有所上升，CPI 同比先是有所下降而后逐渐回稳，并在年中以后平稳上升。欧洲经济全年发展迅猛，在中等程度扩张的财政政策刺激下居民消费和政府消费拉动经济增长，同时采取宽松的货币政策，拉动整个欧元区物价走出通货紧缩的困境，只是通胀率仍旧处于较低水平。欧元区调和 CPI 同比增长始终为正，通缩压力明显减小，增长率维持在 1.4% 左右。金砖国家整体物价指数相对 2016 年有所回落，同比增速发展向好，“稳增长、防通胀”的任务完成得较为理想，在经济稳步复苏的情况下，保持了通胀水平的稳健（见图 1）。

3. 三大经济体就业率攀升

2017 年年底，美国、日本、欧元区失业率分别为 4.1%、2.8%、8.6%，较 2016 年年底分别下降 0.6 个百分点、0.1 个百分点、1.1 个百分点。分月来看，年内三大经济体失业率呈现相似的震荡下行态势，就业状况逐渐好转。特朗普上台

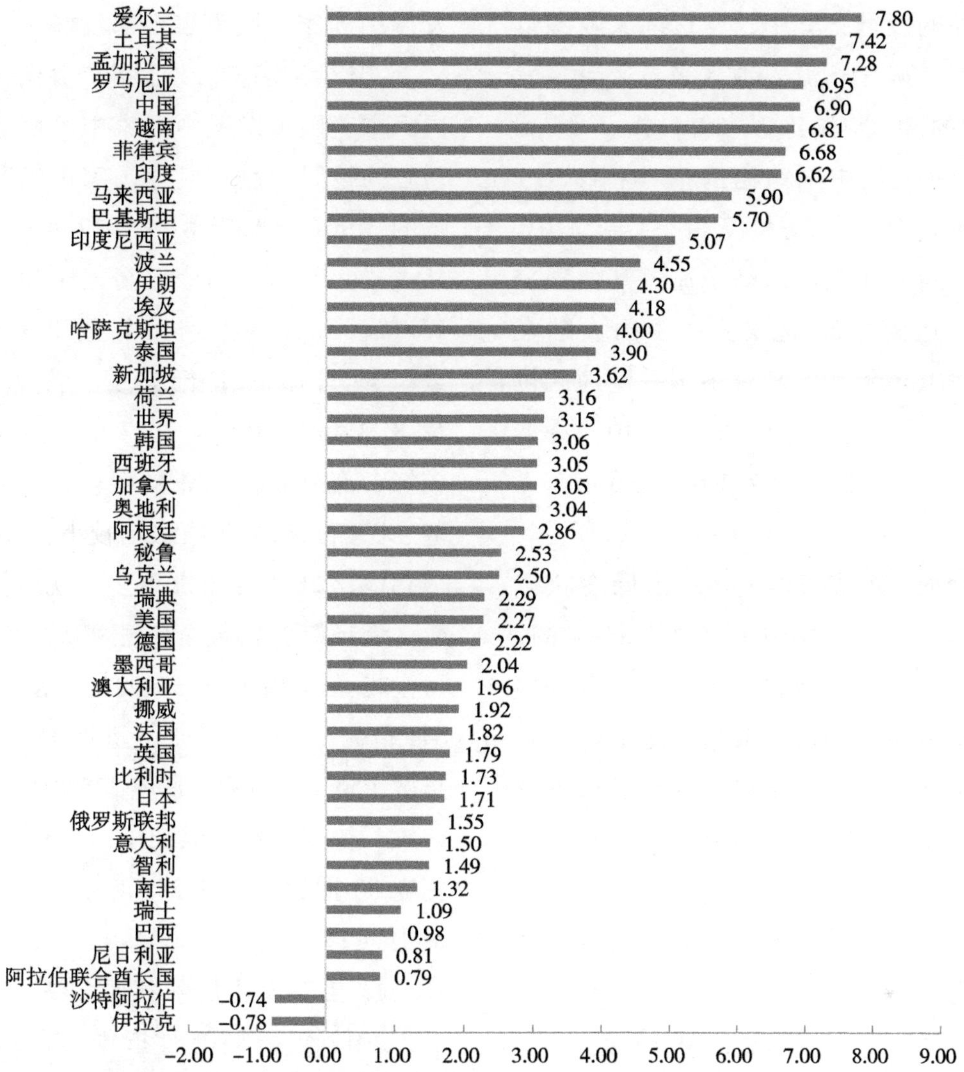


资料来源：世界银行国民经济核算数据，以及经济合作与发展组织 国民经济核算数据文件。

**图 1 全球主要经济体 GDP 增速（%）**

后对国家失业率的管控较为严格，美国失业状况改善的效果明显。欧元区 2017 年经济发展强劲，较 2016 年有较大发展，且发展状况优于美国，就业状况改善有源可溯。

4. 国际贸易持续发展

2016 年全球贸易经历了非同一般的低速增长。2017 年上半年全球货物贸易呈反弹增长趋势，超过了 4 月份世界贸易组织（WTO）预测的 2.4% 的全球贸易量增速。虽然世界经济复苏的各种政策不确定性依然存在，但是全球贸易触底反弹的态势已十分明朗。

5. 投资活动

根据联合国与发展会议的统计，2017 年 FDI 规模 1.43 万亿美元，较 2016 年有所下降，在各国呼吁经济贸易自由化的同时，贸易保护主义仍有所抬头。FDI 流量集中在并购领域，其中，发达国家收购量占比较大。从 FDI 流入地区来看，流入发达国家的资金占比从 59.11% 下降到 49.8%，而发展中国家比例相对上升，一定程度上与经济发展状况相一致。其中，流入美国的 FDI 流量远高于流入其他国家的流量，达到 2753 亿美元。中国大陆在 2017 年 FDI 流量继续超过中国香港地区位居第二，流量值为 1363 亿美元，中国香港地区位居第三，流量值为 1043 亿美元。

6. 金融市场逐渐好转

全球股市自从 2016 年走出低迷状态后，发达国家和发展中国家总体走势都较好，发达国家相对新兴市场国家而言涨幅稍大，部分发展中国家股指略有下降。政治因素为经济带来的不确定性在股市中表现得并不明显，全球股市整体企稳好转。

7. 大宗商品价格整体上升

2017 年，国际市场大宗商品价格总体走升。能源价格比 2016 年上涨 23.69%，原油价格在 2017 年年底上涨到 61.19 美元/桶。非能源中，农产品价格表现参差不齐，总体上涨了 5.6%，橡胶、棕榈等下降幅度较大。金属价格整体呈上涨态势，其中，铜价上涨较多，2017 年年底达 6833.89 美元/公吨，全年累计上涨超过 30%，实现自 2009 年以来的最大年度涨幅。

### （二）全球股市情况

2017 年全球股市总市值较 2016 年上涨了 22%。全球不同国家股市表现略有分化，纵观全年，中国香港股市涨幅居前，达到 35.99%，无论是发达国家还是发展中国家，股市表现都较好。

2017 年全球重要股指走势向好，发达国家中美国、发展中国家中巴西等国家表现较为抢眼。涵盖发达国家市场和新兴市场的 MSCI 全球指数在 2017 年表现较好，从年初开始一直走高，全年涨幅为 17.4%，MSCI 新兴市场指数和发达市场指数呈现同样的上行态势，涨幅分别为 27.81% 和 16.19%。2017 全球股市表现都较好，部分股指上涨幅度较大，如中国香港、巴西；部分股指涨幅较小，或者下跌，但总体比 2016 年上涨更多。就具体指数来看，上证综合指数全年涨幅 5.49%，香港恒生指数大幅上涨 35.99%，富士新加坡 STI 指数上涨 17.38%，圣保罗 IBOVESPA 指数上涨 26.86%，日经 225 指数总体上涨 19%，德国 DAX 指数上涨 12.5%，欧洲斯托克 50 指数上涨 9.2%，标普 500 指数上涨 19.42%。

1. 主要发达国家整体上扬

2017 年，美国股指中，道琼斯工业指数上涨 25.08%，标普 500 指数上涨 19.42%；亚太市场中，日经 225 指数上涨 19%。而欧洲斯托克 50 指数上涨 9.2%，德国法兰克福指数涨幅为 12.5%，法国 CAC 指数涨幅为 9.3%，意大利 ITLMS 指数涨幅为 15.5%。

2. 新兴市场总体表现较好

2017 年，随着全球经济持续发展，发展中国家股指表现与各国基本面相一致，整体都继续有所提升。上证综合指数上涨 5.49%，俄罗斯 RTS 指数上涨幅度较小，仅为 0.18%。另外，其他一些发展中国家股指涨幅较大，巴西圣保罗IBOVESPA指数上涨26.86%，印度孟买Sensex30指数上涨27.91%。

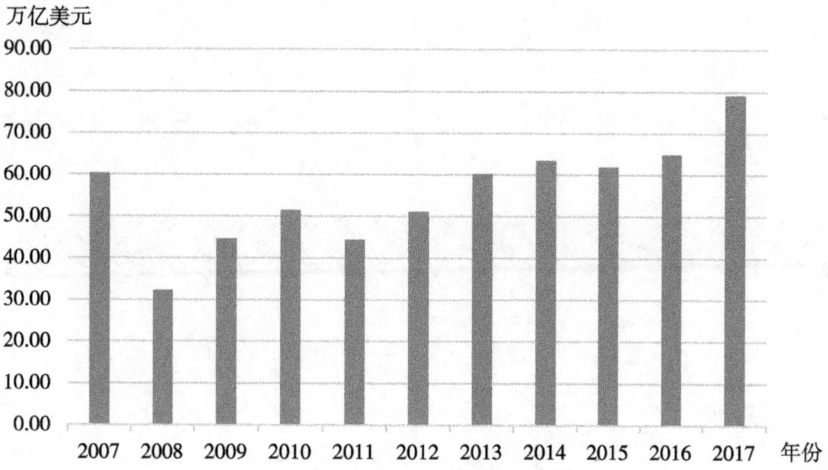


资料来源：Wind资讯。

图2 全球股市总市值

## 二、美国

### （一）2017年美国经济增长情况

1. 经济快速增长

2017年，美国经济增长稳中有升，一改2016年的低迷状态，保持了2015年的增长水平。2017年，美国实际GDP增长率为2.2%，与2016年1.5%的增长速度相比有明显回升。美国2017年4个季度的GDP不变价环比折年率分别为1.8%、3.0%、2.8%、2.3%。美联储实行宽财政、紧货币的经济政策，减税带来的财政赤字和贸易赤字有利于刺激经济发展，在经济发展状况良好的基础上，为紧缩的货币政策提供了机会。

2. 物价指数

2017年美国物价指数相对于2016年同期有所上升，CPI同比先是有所下降而后逐渐回稳，并在年中以后平稳上升。核心CPI虽然略有下降，但是整体仍然保持稳定。原油现货价格在上半年持续震荡下行，自年中开始回暖，从年初的52.33美元/桶上升到年末的60.42美元/桶。食品价格全年保持稳健增长，1月食品CPI同比增长-0.2%，12月同比增速上升到1.6%。CPI指数保持多年来稳步上升的变化态势，从1月的242.84涨至12月的246.52（见图3）。

3. 就业情况

2017年美国就业情况整体向好，全年失业率延续2016年的下降趋势，从1月的4.7%下降到12月的4.1%。其中，新增非农就业人数全年维持较高水平，在2017年9月处于全年最低水平，为14万人，但相对于过去失业人数始终增加的状况有所改善，在2017年10月增加的非农就业人数达到顶峰，有271万人次（见图4）。

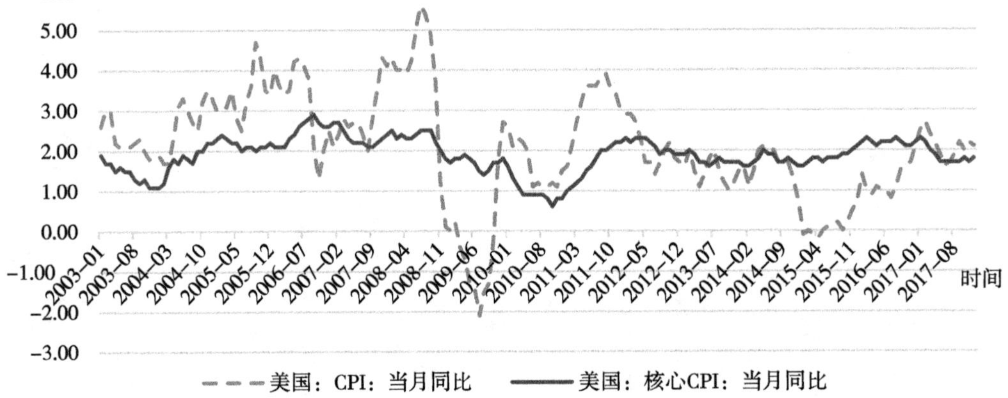


资料来源：Wind资讯。

**图3　美国通货膨胀情况（%）**

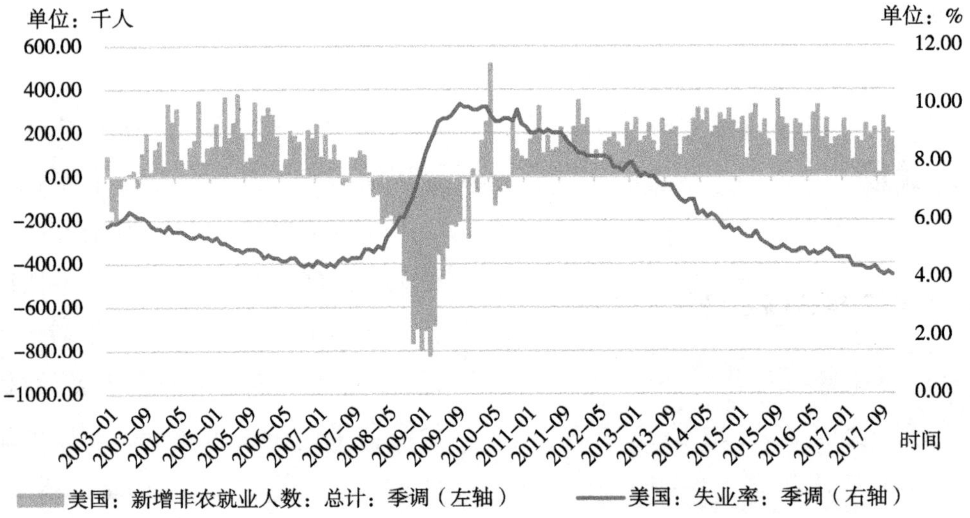


资料来源：Wind资讯。

**图4　美国就业情况**

### （二）2017年美国三大股指走势

截至2017年12月31日，道琼斯指数报收24719.22，较2016年12月31日的19762.60上升25.08%。标准普尔500指数报收2673.61，较2016年12月31日的2238.83上升19.42%。纳斯达克指数报收6903.39，较2016年12月31日的5383.12上升28.24%（见图5、图6和图7）。

### （三）2017年美国股票市值及占比情况

2017年美国股票总市值相比2016年有所增长，由2016年28.8万亿美元上升到32.12万亿美元，但美国股票市场总市值全球占比小幅下降，由2016年的42.08%降至40.54%（见图8）。

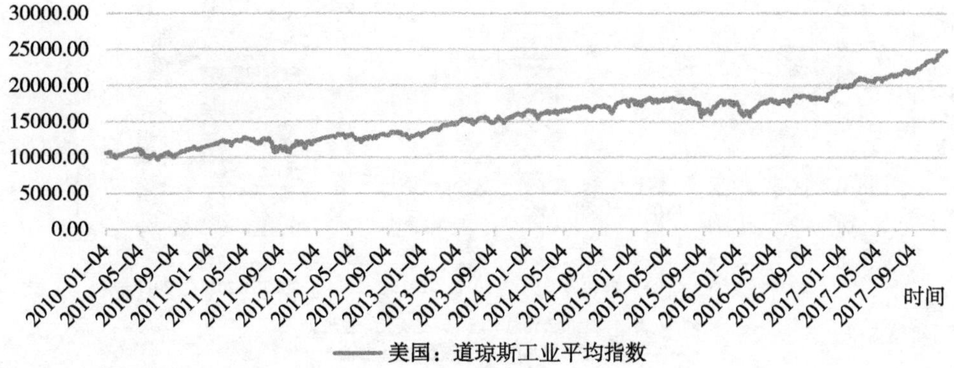


资料来源：Wind 资讯。

**图 5　美国：道琼斯指数**

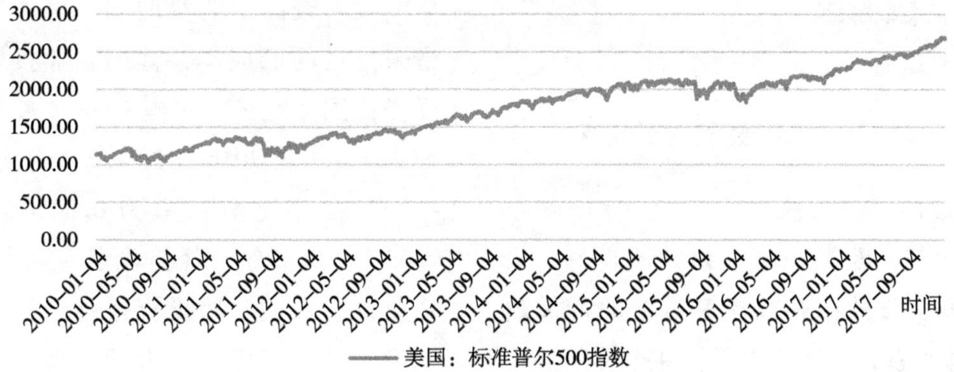


资料来源：Wind 资讯。

**图 6　美国：标普 500 指数**

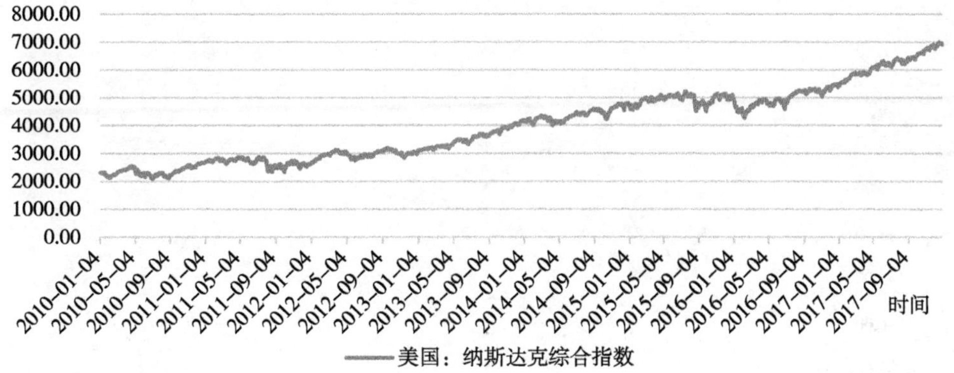


资料来源：Wind 资讯。

**图 7　美国：纳斯达克综合指数**

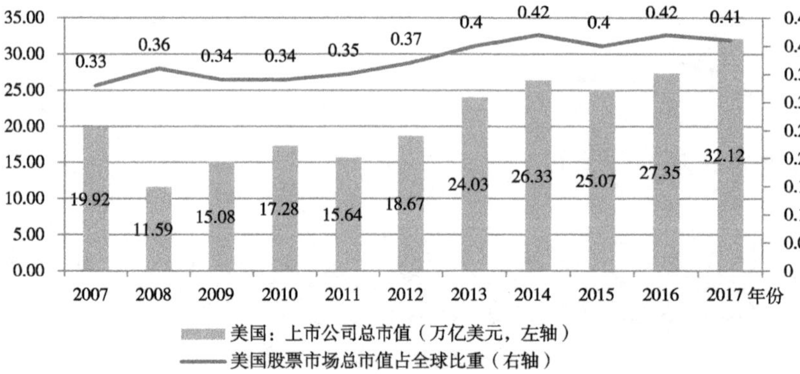


资料来源：世界银行、Wind 资讯。

图 8 美国股票总市值及全球比重

## 三、欧元区

### （一）2017 欧元区经济增长情况

1. 经济强劲增长

2017 年，欧洲经济整体状况良好，采取了中等扩张的财政政策和宽松的货币政策。总体来看，2017 年欧元区 4 个季度环比增长率均为 0.7%。分国家来看，2017 年德国经济发展势头仍然是几个主要欧元国家之首，GDP 不变价同比增长 2.2%，基本与 2016 年持平，主要受国际经济增长尤其是欧元区经济增速的影响，德国出口发展良好，居民收入较高，消费增加，再加上低利率带来投资的低成本，德国企业投资量也同样提振国家经济。法国 GDP 不变价同比增长 2.2%，较 2016 年的 1.2% 有明显提升，4 个季度环比增长率为 0.84%、0.63%、0.63%、0.69%，经济增长主要受家庭和企业投资带动，而投资得益于国家的减税政策。意大利房地产市场发展对经济刺激作用较大，GDP 不变价同比增长 1.6%，继 2014 年走出经济负增长后，继续维持增长势头，4 个季度环比增长率分别为 0.52%、0.34%、0.37%、0.32%（见图 9 和图 10）。

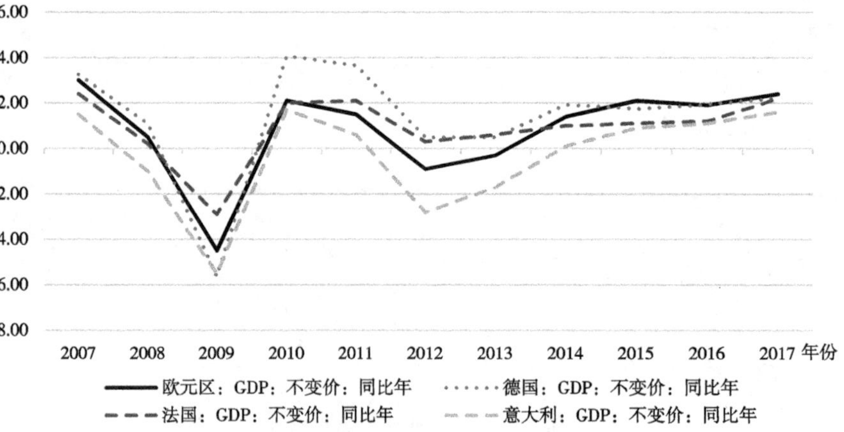


资料来源：Wind 资讯。

图 9 欧洲三大经济体经济增长情况（%）

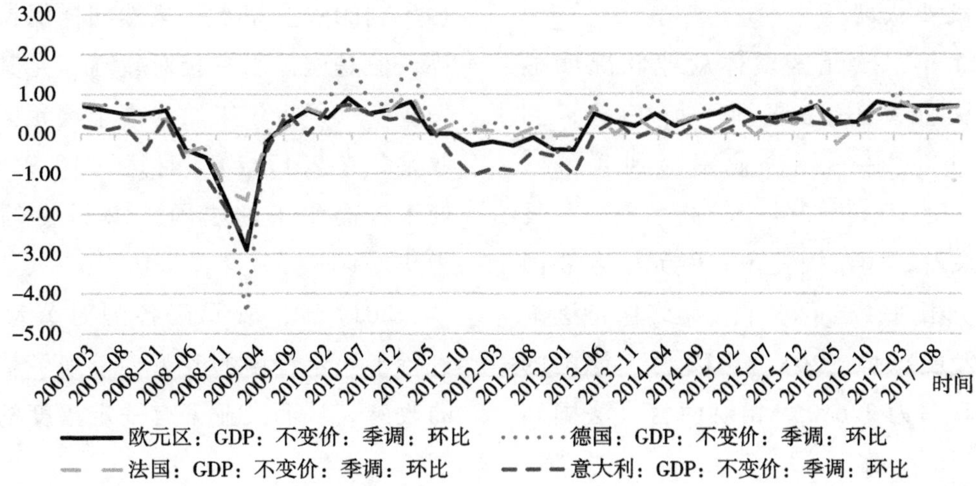


资料来源：Wind 资讯。

**图 10　欧元区及主要国家经济环比增长情况（%）**

2. 物价指数

2017 年，欧洲经济全年发展迅猛，在中等程度扩张的财政政策刺激下，居民消费和政府消费拉动经济增长，同时采取宽松的货币政策，拉动整个欧元区物价走出通货紧缩的困境，只是通胀率仍旧处于较低水平。2017 年欧元区调和 CPI 同比增长始终为正，通缩压力明显减小，增长率维持在 1.4% 左右。意大利、德国和法国 CPI 同比增速相近，德国全年增长水平略胜一筹，与该国在 2016 年率先显现出通货膨胀的发展态势不无关系（见图 11）。

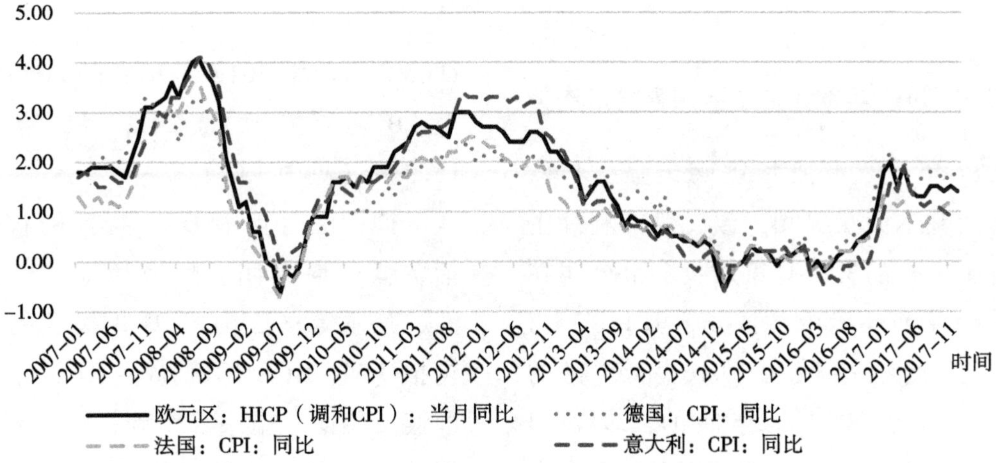


资料来源：Wind 资讯。

**图 11　欧元区及主要国家 CPI 同比增长情况（%）**

3. 就业状况

2017 年，欧元区整体就业状况明显改善，失业率呈现逐渐下降趋势，到 2017 年 12 月，季调失业率降到 8.6%，虽有所下降，但仍旧处于较高水平。分具体国家来看，德国失业率在欧元区主要国家中处于相对较低的水平，始终保持逐渐走低的发展态势，2017 年 12 月，德国的调和失业率为 3.6%。相对而言，法国和意大利的失业率水平虽然同样保持下降趋势，但是整体水平相对较高，尤其意大利失业率水平近年来始终高于欧元区整体失业率，在 2017 年 12 月达到 10.9%，同样处于较高水平的法国，12 月份的失业率为 9.1%。

2017 年，欧元区各国对劳动力市场进行了一定程度的改革，带来了就业环境的改善，从而失业率有一定幅度的降低。

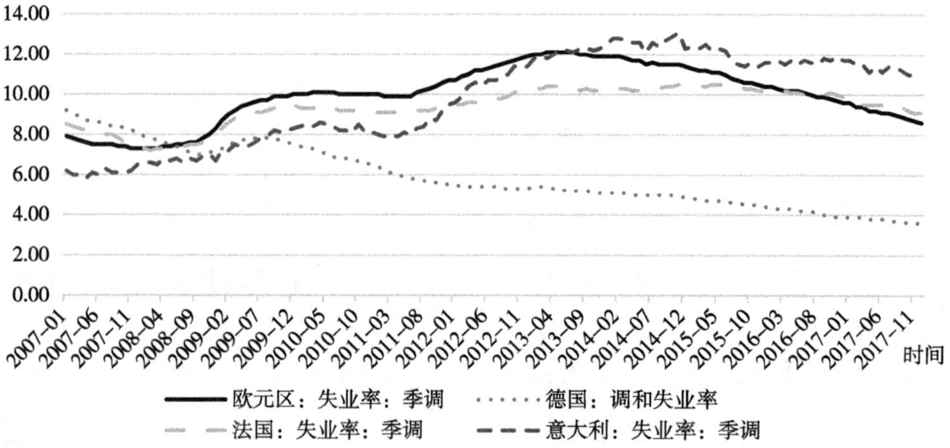


资料来源：Wind 资讯。

**图 12 欧元区及主要国家失业率（%）**

## （二）2017 年欧元区主要国家股指走势

2017 年，欧洲股指震荡走强，与欧洲经济的基本面状况相一致，股市利好主要得益于宽松的货币政策以及上市公司在更有利的发展环境中的成长。具体来看，德国法兰克福指数由 2016 年年底的 11481.06 升至 2017 年年底的 12917.64 点，涨幅 12.5%。法国 CAC40 指数由 2016 年年底的 4862.31 升至 2017 年年底的 5312.56 点，涨幅 9.3%。意大利 ITLMS 指数由 2016 年年底的 20936.48 涨至 2017 年年底的 24191.88 点，涨幅 15.5%（见图 13）。

德国法兰克福 DAX 指数的权重股包括费森尤斯集团、阿迪达斯、巴斯夫欧洲、拜尔等；法国 CAC40 指数的权重股包括 LAFARGEHOLCIM - RE、雅高、法国液空集团、空中客车等；意大利指数的权重股包括 MONCLER SPA、A2A 公司、阿兹慕、BANCA GENERALI SPA 等。

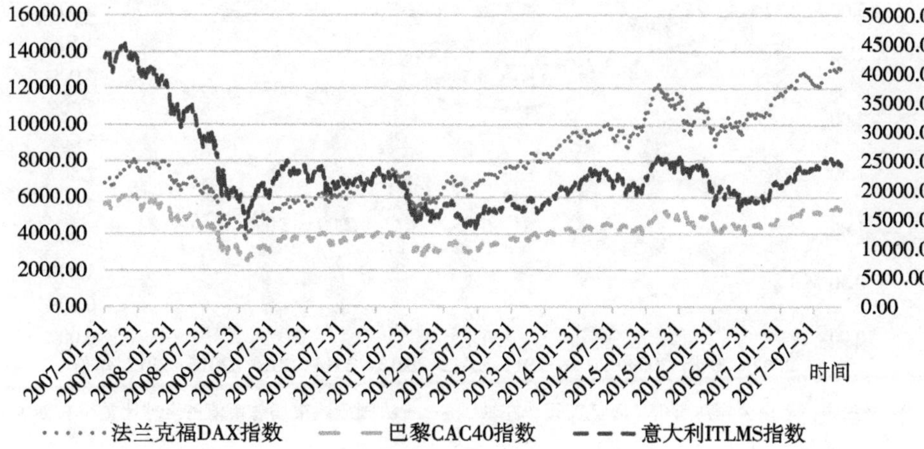


资料来源：Wind 资讯。

**图 13　欧元区主要国家股指走势**

## （三）2017 年欧元区主要国家股票市值及全球占比情况

2017 年 12 月 21 日，德国股票总市值为 2.26 万亿美元，占全球总市值的 2.86%，比 2016 年略有上涨（见图 14）。法国股票总市值为 2.75 亿美元，占全球总市值的 3.47%，与 2016 年相比略有上升（见图 15）。意大利股票总市值为 0.76 万亿美元，占全球总市值的 0.96%（见图 16）。三大经济体股市市值变化基本符合经济基本面的走势规律。

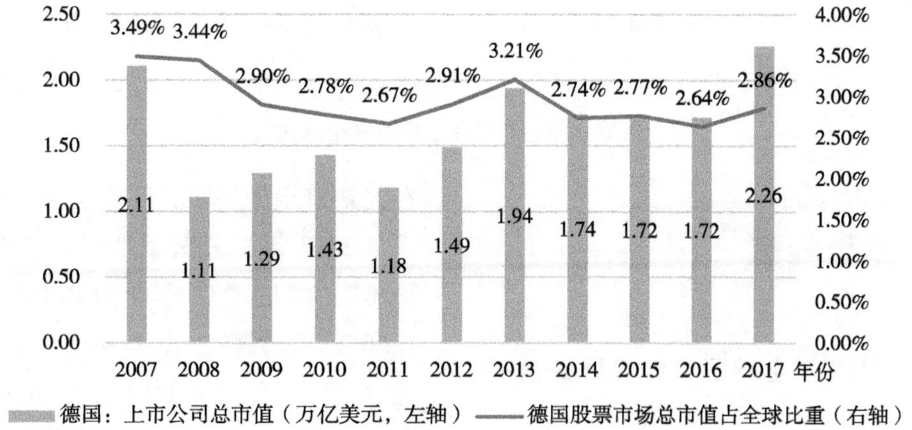


资料来源：世界银行、Wind 资讯。

**图 14　德国股票总市值及全球比重**

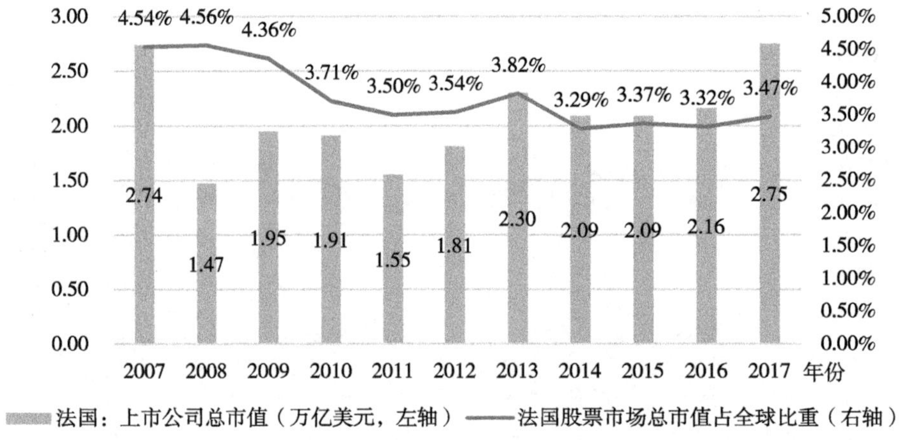


资料来源：世界银行、Wind 资讯。

**图 15 法国股票总市值及全球比重**

资料来源：世界银行、Wind 资讯。

**图 16 意大利股票总市值及全球比重**

## 四、金砖国家

### （一）2017 年金砖国家经济增长情况

1. 经济增速

2017 年，金砖国家整体发展良好，保持着和全球经济增长相同的发展态势，得益于外部经济环境的改善以及内部需求的调整，印度继续保持着高于其他国家的经济发展速度，巴西、南非和俄罗斯也扭转了以往经济衰退的局面，开始实现正向增长。

2017 年，分国家来看，巴西 4 个季度的 GDP 同比增速分别为 0.14%、0.58%、1.36%、2.17%。南非 4 个季度的 GDP 同比增速分别为 1.00%、1.24%、1.56%、1.45%。印度 4 个季度的 GDP 同比增速分别为 6.07%、5.59%、6.32%、6.97%。俄罗斯 4 个季度的 GDP 同比增速分别为 0.6%、2.50%、2.22%、0.90%。印度经济增速相对于其他金砖国家甚至世界其他国家而言，都处于相对较高的水平，只是自身增长速度实际有所回落，受 2016 年年底颁布的“废钞令”的影响较大，同时为了维持通胀水平，印度没有降低利率来刺激经济增长。巴西第一季度 GDP 增长为负，自第二季度开始正向增长，虽然经济增长状况有明显改善，但是在全球经济增长的背景下，GDP 同比增速相对较低。具体如图 17 所示。

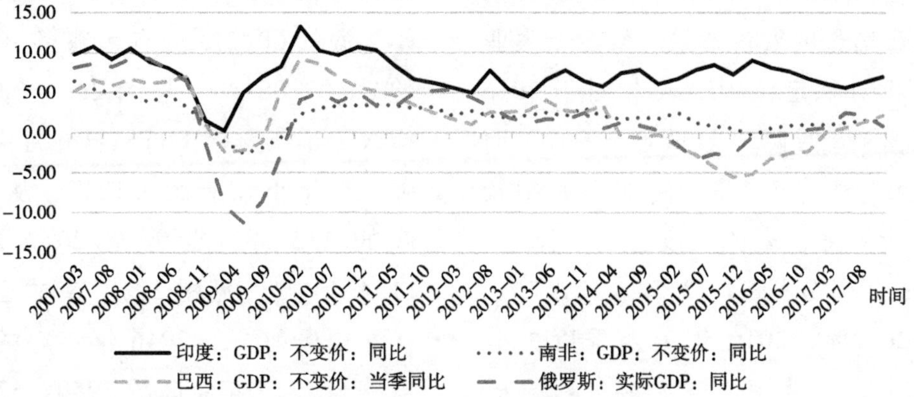


资料来源：Wind 资讯。

**图 17　金砖国家经济增长情况（%）**

2. 物价指数

2017 年，金砖国家整体物价指数相对于 2016 年有所回落，同比增速发展向好，“稳增长、防通胀”的任务完成地较为理想，在经济稳步复苏的情况下，保持了通胀水平的稳健。分国家来看，俄罗斯 CPI 由 2016 年年底 5.4% 降至 2017 年 1 月的 5%，此后逐渐下降到 12 月的 2.5%。南非 CPI 全面震荡下行从 2017 年 1 月的 6.79% 降至 12 月的 4.5%。巴西 CPI 同样呈下行趋势，从 2017 年 1 月的 5.35% 逐渐下行至 12 月的 2.95%。印度 CPI 从 2017 年 1 月的 3.17% 先是小幅攀升至 3.89% 左右，随后小幅回落至 1.46%，而后反弹上升至年末的 5.21%。具体如图 18 所示。

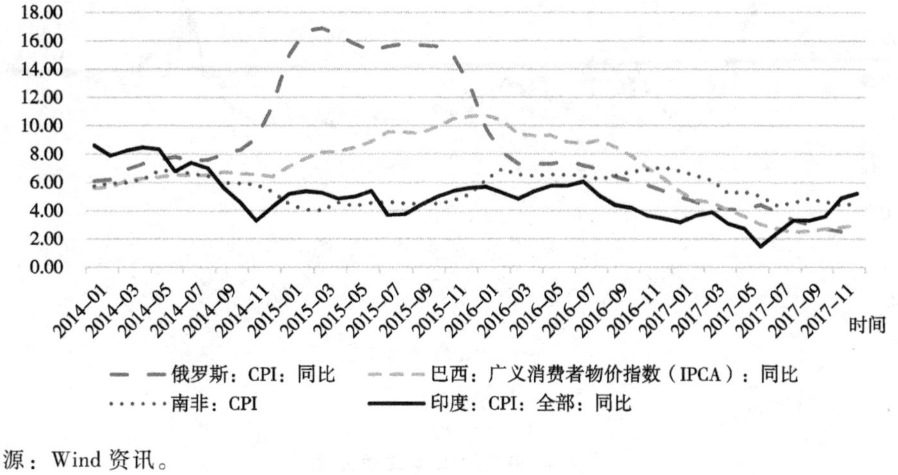


资料来源：Wind 资讯。

**图 18　金砖国家通货膨胀情况（%）**

3. 就业市场

印度2017年失业率与2016年相比小幅上升，2017年全年失业率达到8.8%。巴西就业水平指数近年来有所上升，其就业形势与经济发展状况相一致，也符合全球经济稳步增长的宏观背景。俄罗斯失业率近年来相对稳定，2017年相对于2016年有所回落，8月降至最低点4.9%。而后回升至12月的5.1%。南非失业率较前几年有所上涨，第四季度有所下降，4个季度失业率分别是27.7%、27.7%、27.7%、26.7%，2016年第四季度失业率为26.5%。失业率水平始终处于金砖国家中的高水平，在全球经济向好、失业率走低的背景下，就业形势不容乐观。

## （二）2017年金砖国家股指走势

2017年，金砖国家股指表现相对一致，总体呈现上涨态势，除俄罗斯股指涨幅较小之外，其他金砖国家涨幅普遍较高。上证综指在4月和11月出现小幅回落，全年总体上行，涨幅为6.5%，从2016年年底的3105.31点涨至2017年年底的3307.17点（见图19）。巴西圣保罗IBOVESPA指数在2月、5月、10月、11月相对回落，全年涨幅26.86%，由2016年年底的60227.28点大涨至2017年年底的76402.08点（见图20）。俄罗斯RTS指数上半年震荡下行，自6月中旬开始反弹，全年小幅上涨0.18%，从2016年年底的1152.33点涨至2017年年底的1154.43点（见图21）。南非富时综指同样涨幅居前，从2016年年底的50653.54点涨至2017年年底的59504.67点，全年涨幅为17.47%（见图20）。印度孟买Sensex30指数从2016年年底的26626.46点大涨至2017年年底的34056.83点，总体上涨27.91%（见图21）。

俄罗斯RTS指数的权重股包括ROS-TELEKOM PAO、SISTEMA JSFC、AK Al-rosa、BASHNEFT、Bashneft Pao – Pref、SEVERSTAL PAO、DIXY、FEDERAL GRID、

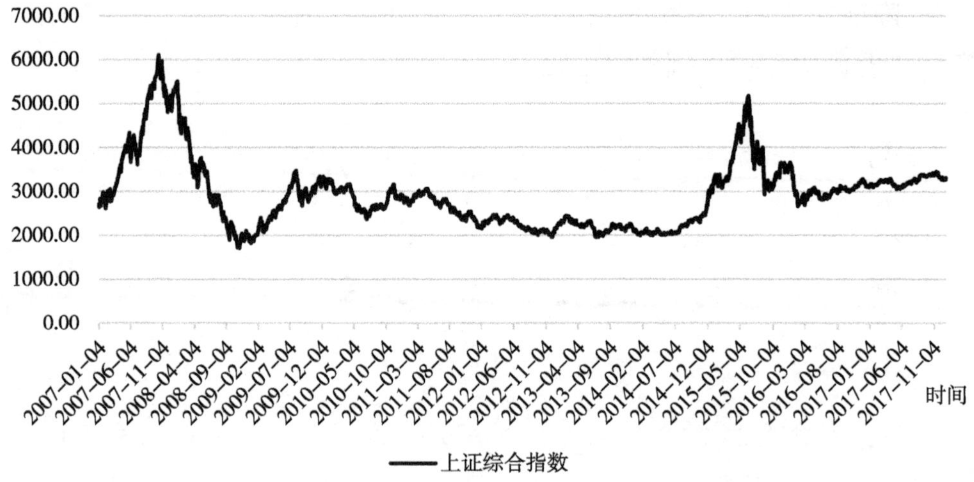


资料来源：Wind资讯。

图19　中国上证综合指数走势

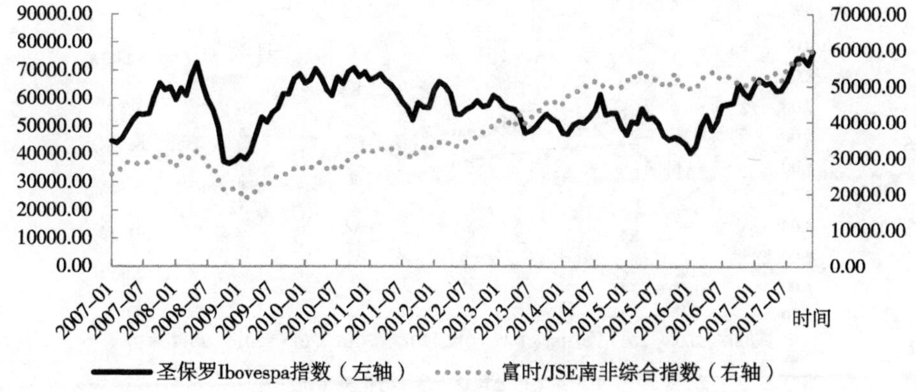


资料来源：Wind 资讯。

图 20　巴西圣保罗交易所指数和富时/JSE 南非综合指数走势

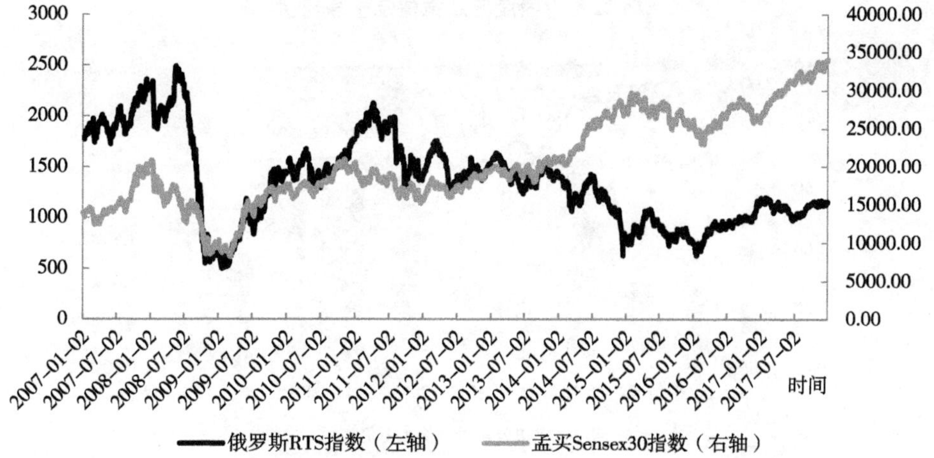


资料来源：Wind 资讯。

图 21　孟买 Sensex30 和俄罗斯 RTS 指数走势

GAZPROM、NORILSK NICKEL。巴西圣保罗交易所指数的前五大权重股包括 IGUATEMI、AMBEV SA、BRADESCO SA、BRADESCO SA – PREF、BB SEGURIDADE PA。印度孟买 Sensex30 指数的主要权重股包括 ITC、HDFC、REDY、HDFC BANK、HEROMOTOCO。

### （三）2017 年金砖国家股票市值及全球占比情况

2017 年 12 月 31 日，印度股票市场总市值为 2.33 万亿美元，全球占比 2.94%，较 2016 年的 2.41% 上涨了 0.53%；巴西股票市场总市值 0.95 万亿美元，占全球比重为 1.21%，较 2016 年有所上涨，与经济基本面符合。俄罗斯股票市场总市值为 0.62 万亿美元，占全球比重为 0.79%，较 2016 年的 0.96% 有所下降。南非股票市场总市值为 1.23 万亿美元，全球占比 1.55%，较 2016 年的 1.46% 上涨了 0.09%。具体如图 22 至图 26 所示。

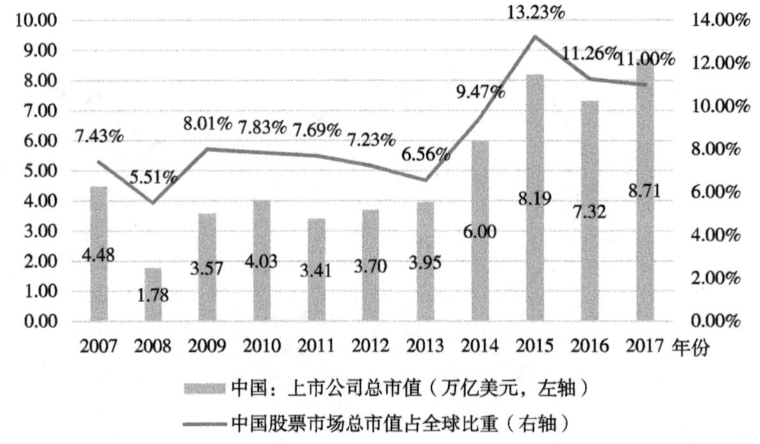


资料来源：世界银行、Wind 资讯。

**图 22　中国股票总市值及全球比重**

资料来源：世界银行、Wind 资讯。

**图 23　印度股票总市值及全球比重**

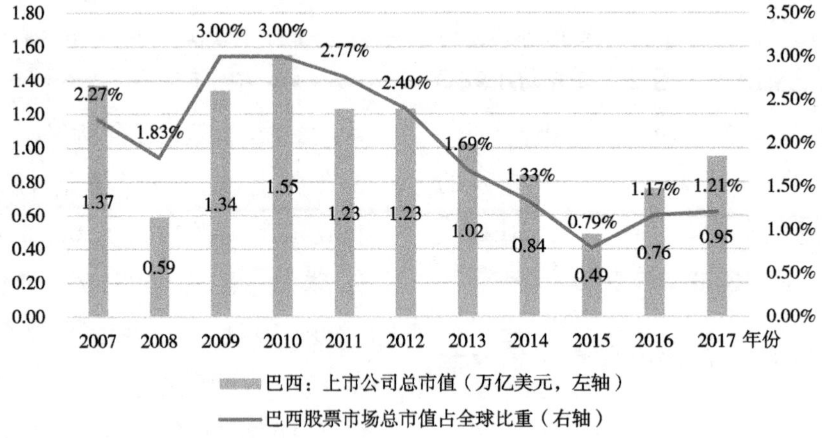


资料来源：世界银行、Wind 资讯。

**图 24　巴西股票总市值及全球比重**

资料来源：世界银行、Wind 资讯。

**图 25　俄罗斯股票总市值及全球比重**

资料来源：世界银行、Wind 资讯。

**图 26　南非股票总市值及全球比重**

## 五、亚洲主要国家和地区

### （一）2017 年亚洲主要国家和地区经济增长情况

1. 经济增长态势良好

2017 年中国香港和中国台湾地区经济增长表现较好。2017 年 4 个季度，中国香港地区 GDP 同比增速分别为 4.4%、3.9%、3.6%、3.4%，得益于内地经济稳步向好以及内需带动，香港也将在“一带一路”国家政策中做出重要贡献（见图 27）。2017 年台湾地区 GDP 同比增速分别为 2.94%、2.50%、3.36%、3.48%，经济发展状况良好，符合全球经济增长的大背景（见图 27）。2017 年中国周边国家经济增长普遍较好。分国家来看，日本受内需和外需共同推动的影响，2017 年日本 GDP 同比增速为 1.71%，高于 2016 年，维持稳定向好的发展态势（见图 28）。韩国经济增长依靠外部环境，2017 年全球经济稳定增长，同时韩国半导体外部需求旺盛，带来韩国经济的复苏发展，韩国 2017 年经济同比增速为 3.1%，是自 2014 年来首次高于 3%，季度 GDP 同比增速分别为 2.93%、2.75%、3.76%、2.81%（见图 28）。新加坡经济增速回升，制造业和服务业的发展及出口推动整个国民经济的增长，2017 年 4 个季度同比增速分别为 2.5%、2.8%、5.5%、3.6%，全年 GDP 增长为 3.62%，是 2014 年以来最大增幅。泰国在国内需求叠加出口增加的推动下，经济稳步增长，国内能源转型顺利推进以及合理的货币政策也同样具有带动作用，全年经济增速达到 3.9%，4 个季度 GDP 增速分别为 3.4%、3.9%、4.3%、4.0%。马来西亚作为"一带一路"战略的支点国家，在中国经济增长的 2017 年，经济也同样呈现良好的发展态势，全年经济增速达到 5.9%，4 个季度经济增速分别为 5.64%、5.80%、6.20%、5.93%。印度尼西亚 2017 年经济增速为 5.07%，较 2016 年略微上涨，2017 年 4 个季度 GDP 同比增速分别为 5.01%、5.01%、5.06%、5.19%。具体如图 29 所示。

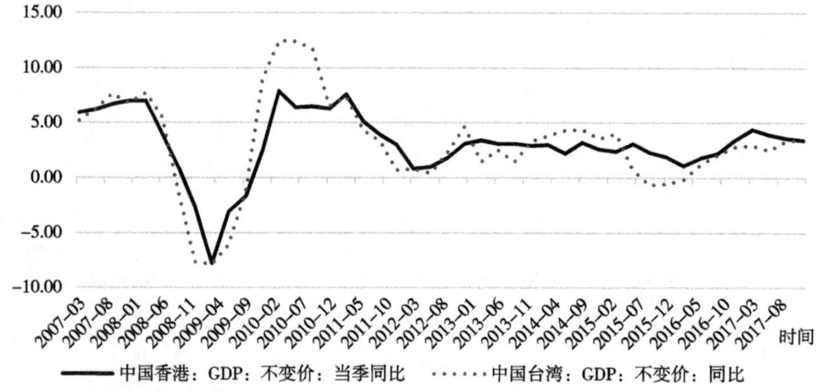


资料来源：Wind 资讯。

**图 27　中国香港和台湾地区经济增长情况（%）**

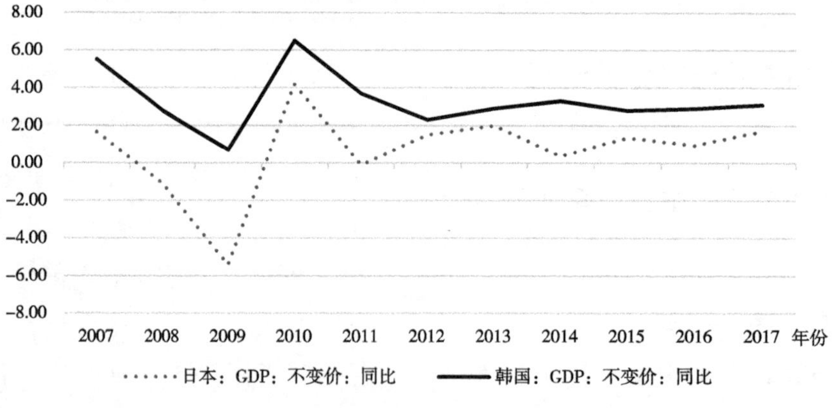


资料来源：Wind 资讯。

**图 28　日本和韩国经济增长情况（%）**

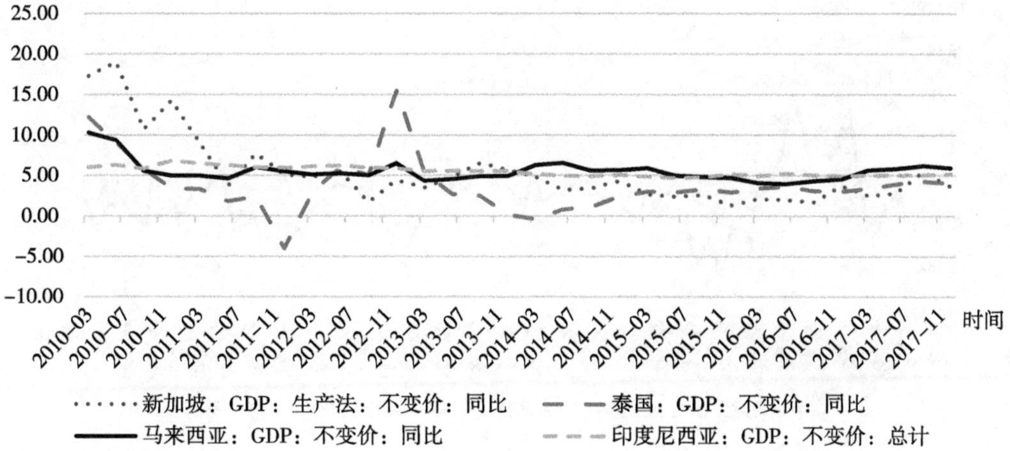


资料来源：Wind资讯。

图29 东南亚主要国家经济增长情况（%）

2. 通胀水平稳中有升

2017年，中国香港地区CPI年初延续了2016年的下滑态势，下行到-0.1%后逐渐回升，最高达到2%后有所回落，第四季度开始再次回升，年末达到1.7%，全年CPI同比增速达到1.5%（见图30）。而中国台湾地区2017年CPI同比增速两次跌破零点，整体状况较2016年有所下行，CPI同比在1月份相对较高，为2.24%，而后震荡下行，年末有所回升，达到1.22%（见图30）。韩国2017年通胀水平较前几年有所上升，8月上涨到近几年高点2.49%，而后震荡下行，年末达到1.41%（见图31）。日本2016年CPI指数持续为负，2017年有明显改善，同比增长持续上升，达到0.7%后开始回落，年末回升至1%（见图31）。与之相似的是新加坡的通胀率，在2017年扭转了过往的连续负增长，全年始终高于零，最高达到1.41%，12月份通胀水平达到0.38%。泰国2017年年中时出现通缩压力，7月开始平稳上升，12月份达到0.78%。马来西亚2017年通胀率较2016年有所上涨，整体高两个百分点，2017年1月CPI同比增长3.1%，比2016年12月的1.7%明显上升，奠定了全年的通胀发展基调，2017年年末通胀率为3.5%。菲律宾全年通胀健康趋好，相对于前几年同样呈现上升的发展态势，年末达到2.9%。印度尼西亚2017年通胀变化与马来西亚相类似，上半年逐渐走升，上升到4.37%后有所回落，年末达到3.61%的水平。具体如图32所示。

3. 就业市场发展良好

2017年，中国香港和中国台湾地区失业率都有所下降，就业情况略有改善，香港失业率由1月份的3.1%下降至12月的2.8%，全年整体态势好于2016年；台湾失业率从1月份的3.78%震荡下行，降至12月的3.66%。具体如图33所示。中国周边地区失业率总体平稳向好，日本就业情况较2016年有所改观，2017年全年保持在健康水平，1月份失业率为3%，12月份降至2.6%。韩国失业率同样平稳

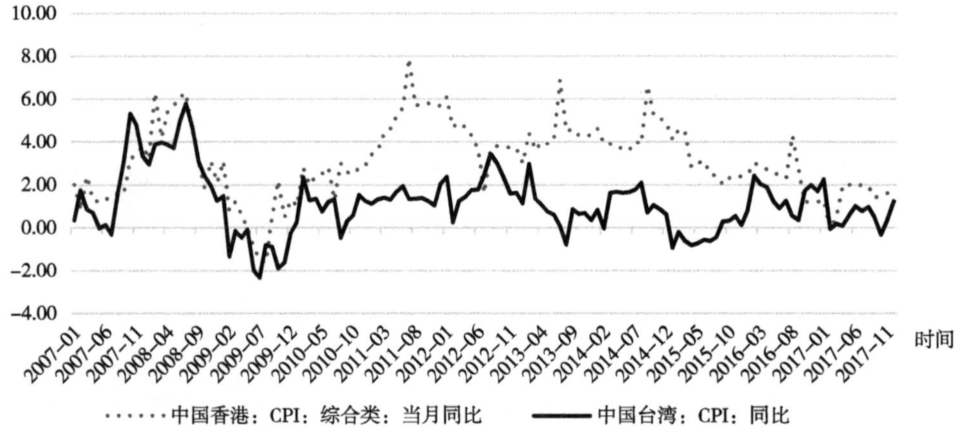


资料来源：Wind 资讯。

图 30　中国香港和台湾地区通胀情况（%）

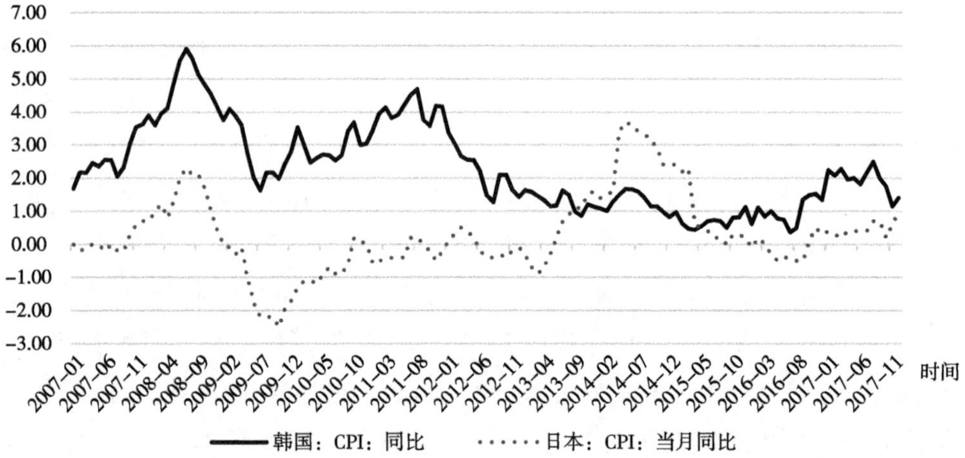


资料来源：Wind 资讯。

图 31　韩国和日本通胀情况（%）

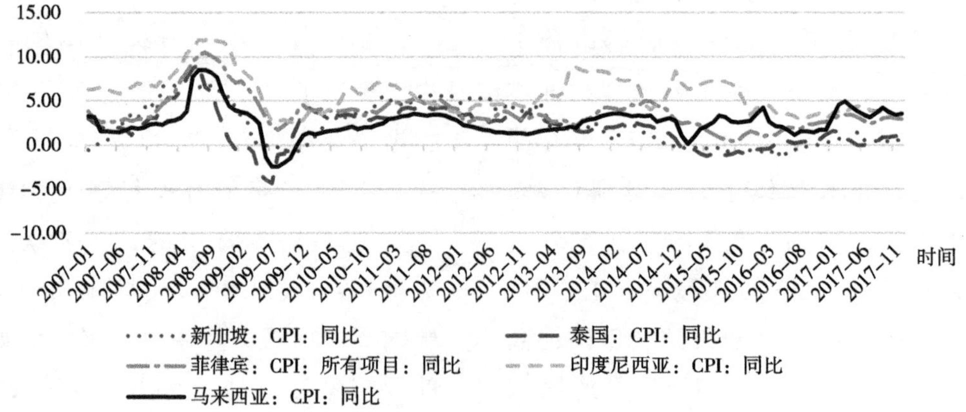


资料来源：Wind 资讯。

图 32　东南亚主要国家通胀情况（%）

走低，在 2～4 月份失业率有所升高，高于 4%，而后逐渐下降至 12 月份的 3.3%。马来西亚 2017 年失业率与前几年持平，变化幅度较小，始终保持较低水平，失业率在 12 月份为 3.3%。泰国失业率相对于前几年有微弱的上涨，但始终处于低水平，2017 年全年保持在 1% 左右，新加坡失业率较为稳定，从 2016 年下半年开始一直到 2017 年年末，失业率都在 2.10%～2.20% 之间。年末失业率为 0.96%。受全球经济以及自身经济发展的带动，中国周边国家失业率在 2017 年普遍保持良好的发展态势，就业市场平稳向好。具体如图 34 所示。

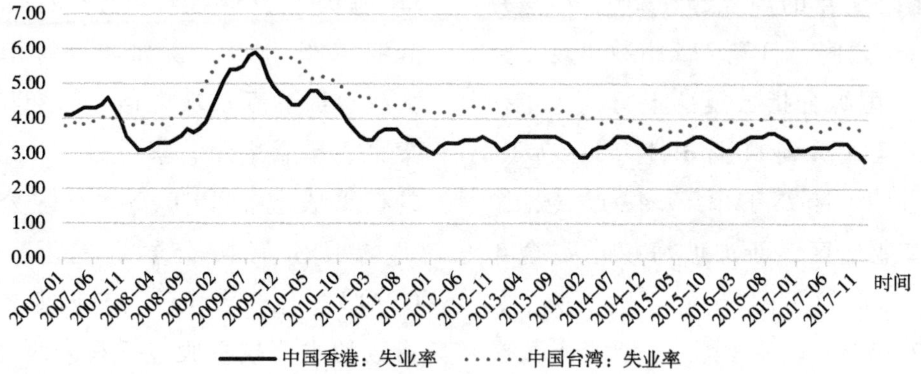


资料来源：Wind 资讯。

**图 33　中国香港和台湾地区失业率走势（%）**

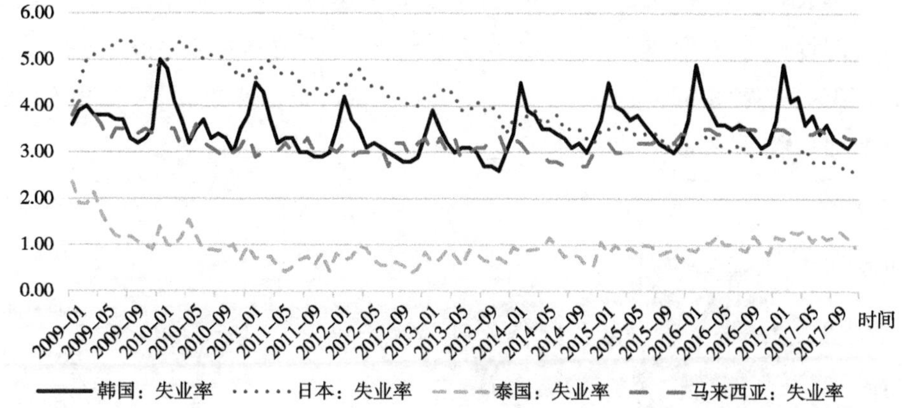


资料来源：Wind 资讯。

**图 34　中国周边国家失业率走势（%）**

### （二）2017 年亚洲主要国家和地区股指走势

2017 年，中国香港恒生指数和中国台湾地区加权指数总体呈现上升态势。其中，香港地区较 2016 年年末大幅上升，幅度达到 35.99%，中国台湾地区虽然涨幅不及中国香港，但是与 2016 年年末相比，涨幅也达到了 15.01%。具体如图 35 所示。

中国周边国家股票市场主要指数普遍呈现上涨趋势，由于全球经济走强，再加上日本国内政治稳定以及央行的超宽松货币政策，帮助提振了2017年的日本企业获利，日经225指数在2017年一整年的累计涨幅却达到了19%，创下了自从2013年以来的最大年度涨幅，使日本股市重新回到1991年的高点，在2017年9月份到11月份之间，日经225指数出现了大幅上涨；韩国综合指数震荡上行，从年初的2026.16点上升到11月3日2557.97点，随后回落到12月28日2467.49点（见图36）。东南亚地区，新加坡海峡指数全年涨幅为17.38%（见图36）；泰国SET指数涨幅为12.16%；马来西亚吉隆坡指数在统计的东南亚国家中涨幅偏小，上涨了9.86%（见图37）；印度尼西亚雅加达指数大幅上涨，涨幅达20.46%；菲律宾综合指数在本次统计的东南亚国家中涨幅最大，达到24.73%（见图38）。

中国台湾加权指数的前五大权重股包括台積電、台塑石化、中華電、國泰金、台塑。中国香港地区恒生指数前五大权重股为腾讯控股、汇丰控股、友邦保险、建设银行、中国移动。日经225指数的前五大权重股为丰田汽车、NTT DOCOMO、软银集团公司、日本电话电报、三菱日联金融集团。韩国综合指数的主要权重股为SK海力士、现代汽车公司、浦项制铁、起亚汽车、LG。新加坡海峡指数的前五大权重股为新加坡电信、新翔集团、华业集团、星展集团、华侨银行。泰国证交所的权重股包括PPT公共有限公司、泰国机场股份有限公司、暹罗商业银行、CPALL、亿旺资讯。马来西亚吉隆坡综合指数的主要权重股包括马来西亚银行、公共银行、Tenaga Nasional电力公司、国有石化、Bumiputra Commerce。印度尼西亚雅加达综合指数的前五大权重股包括中亚银行、印尼国家银行股份有限公司 、Hm Sampoerna、印度尼西亚电信股份有限公司、印尼联合利华。

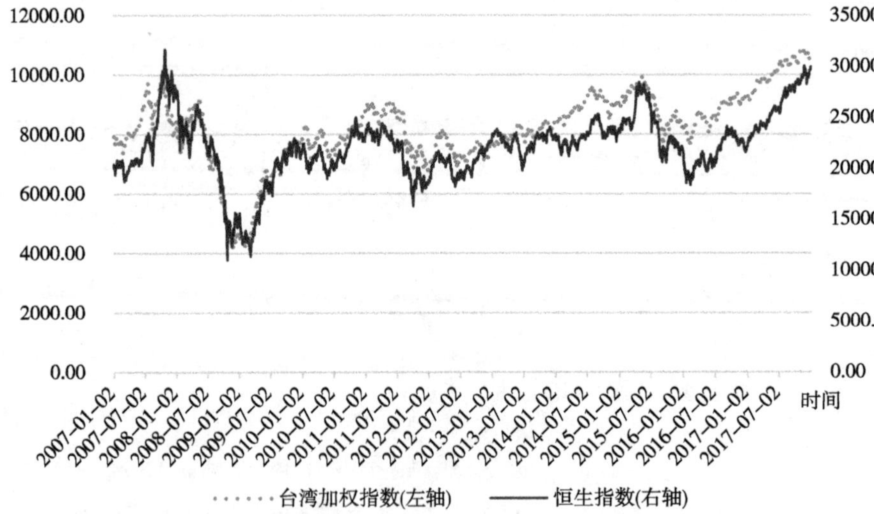


资料来源：Wind资讯。

**图35 香港恒生股指和台湾加权指数走势**

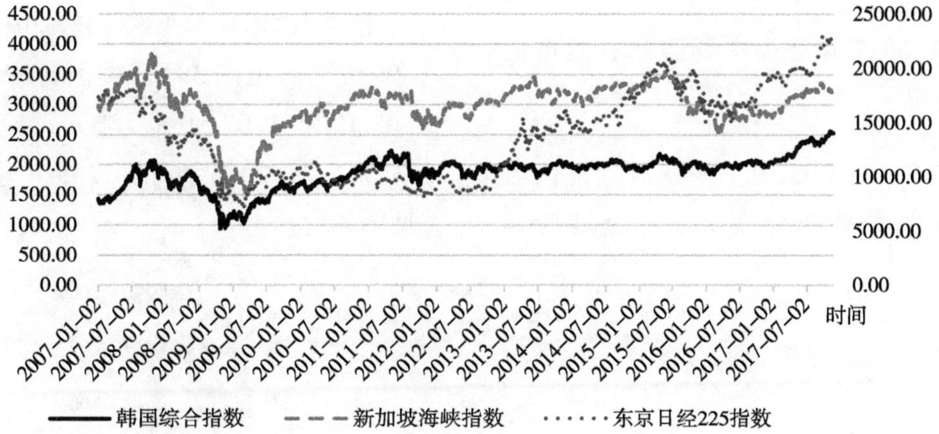


资料来源：Wind 资讯。

图 36　韩国综合指数、新加坡海峡指数和东京日经 225 指数走势

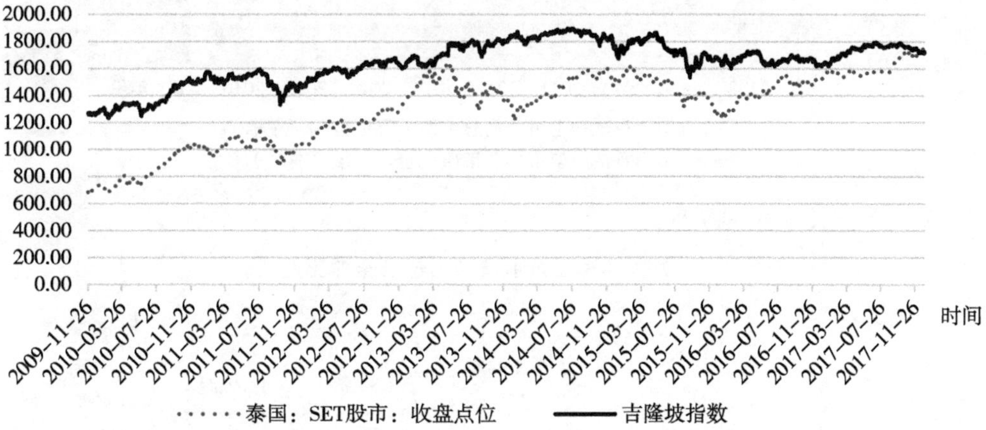


资料来源：Wind 资讯。

图 37　泰国 SET 股市指数和马来西亚吉隆坡指数走势

资料来源：Wind 资讯。

图 38　印度尼西亚雅加达综合指数和菲律宾综合指数走势

### （三）2017 年亚洲主要国家股票市值及占比情况

2017 年 12 月 31 日，中国香港地区股票总市值为 4.35 万亿美元，占全球股票总市值的比重为 5.49%，较 2016 年上涨了 0.58%（见图 39）。中国台湾地区股票总市值为 1.07 万亿美元，全球占比 1.35%，较 2016 年的 1.33% 略微上涨（见图 40）。

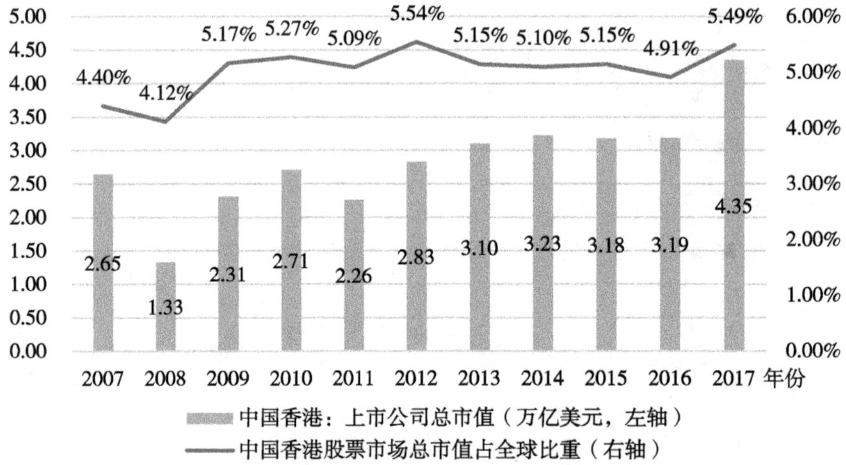


资料来源：世界银行、Wind 资讯。

**图 39　中国香港股票总市值及全球比重**

资料来源：世界银行、Wind 资讯。

**图 40　中国台湾股票总市值及全球比重**

东亚地区股票市值及全球占比稍有上涨，日本股票总市值 6.22 万亿美元，全球占比 7.85%，较 2016 年上涨了 0.23%（见图 41）。韩国股票总市值为 1.77 万亿美元，全球占比 2.24%，与前几年平稳的占比数据相比，增加了 0.31%（见图 42）。

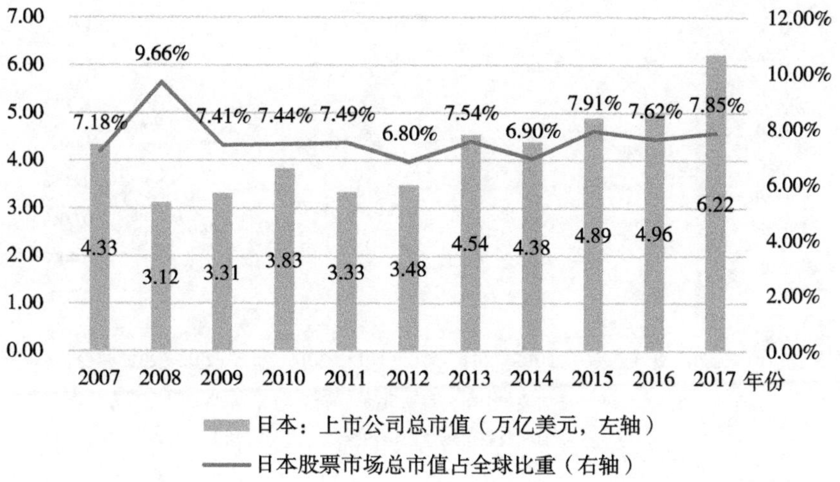


资料来源：世界银行、Wind 资讯。

**图 41　日本股票总市值及全球比重**

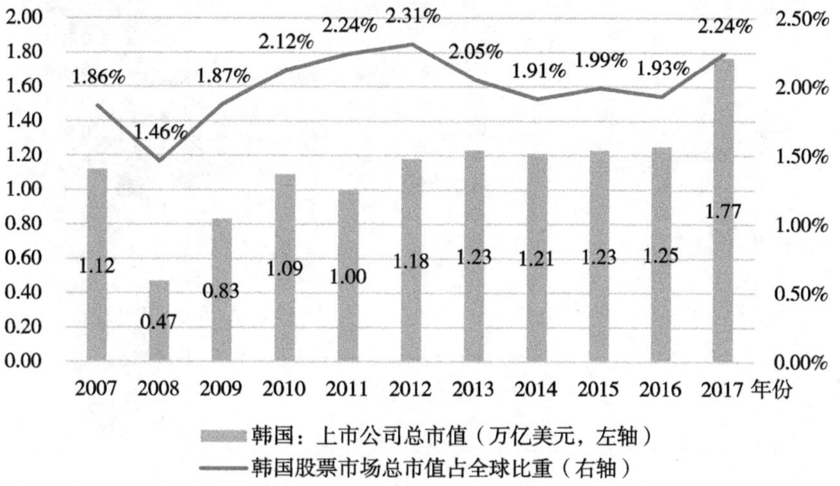


资料来源：世界银行、Wind 资讯。

**图 42　韩国股票总市值及全球比重**

东南亚国家股市市值及全球占比浮动不大。新加坡股票总市值为 0.79 万亿美元，占全球股票总市值的比重为 0.99%，与 2016 年相比无太大变化（见图 43）。印度尼西亚股票总市值为 0.52 万亿美元，占全球股票总市值的比重为 0.66%，与 2016 年相比无太大变化（见图 44）。马来西亚股票总市值为 0.46 万亿美元，占全球的比重为 0.58%，比 2016 年上涨了 0.03%（见图 45）。泰国股票总市值为 0.55 万亿美元，全球占比 0.69%，比 2016 年上涨了 0.02%（见图 46）。菲律宾股票总市值为 0.29 万亿美元，全球占比 0.37%，与过去几年相比无太多变化（见图 47）。

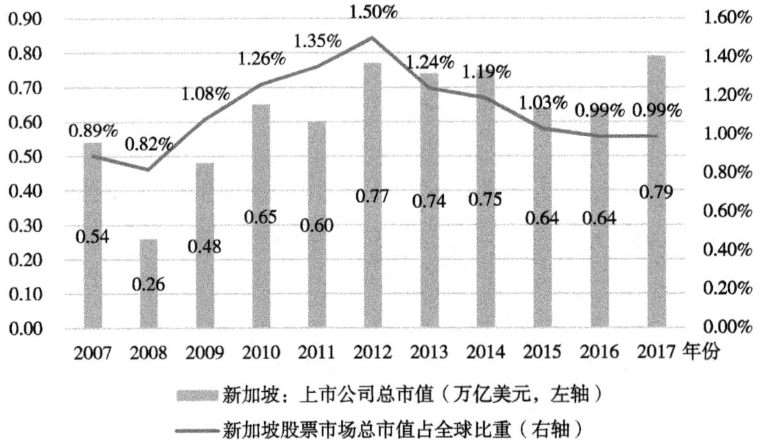


资料来源：世界银行、Wind 资讯。

**图 43　新加坡股票总市值及全球比重**

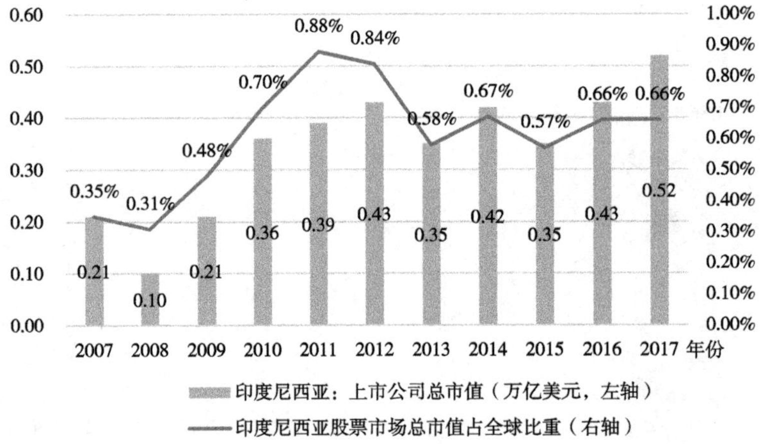


资料来源：世界银行、Wind 资讯。

**图 44　印度尼西亚股票总市值及全球比重**

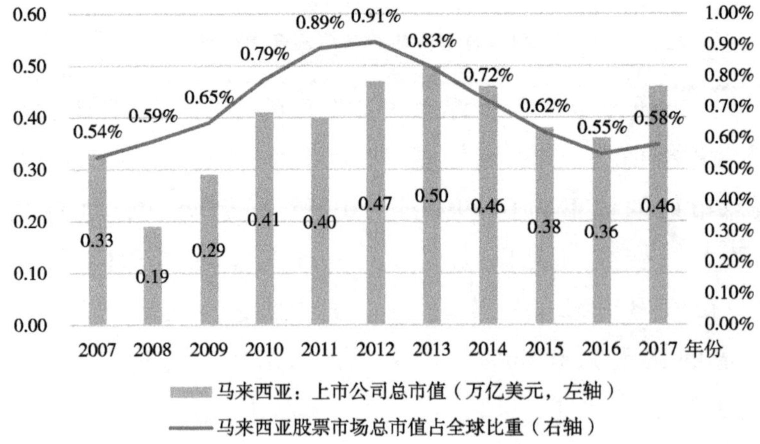


资料来源：世界银行、Wind 资讯。

**图 45　马来西亚股票总市值及全球比重**

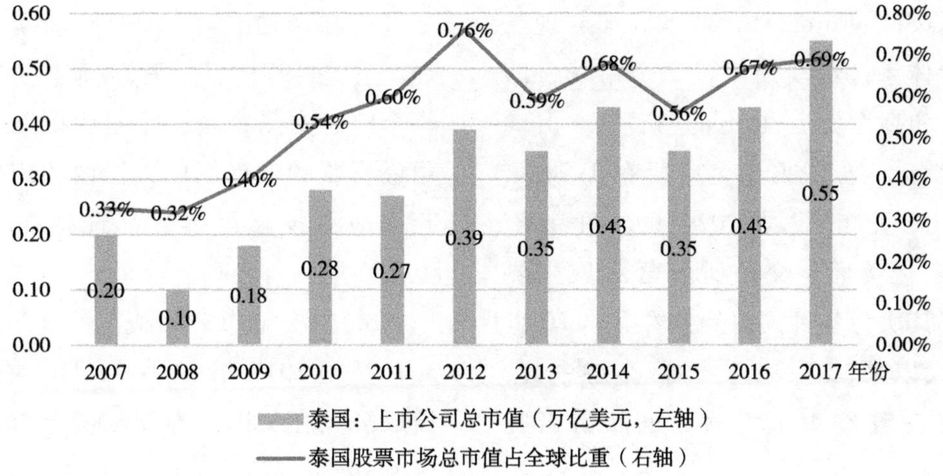


资料来源：世界银行、Wind 资讯。

图 46　泰国股票总市值及全球比重

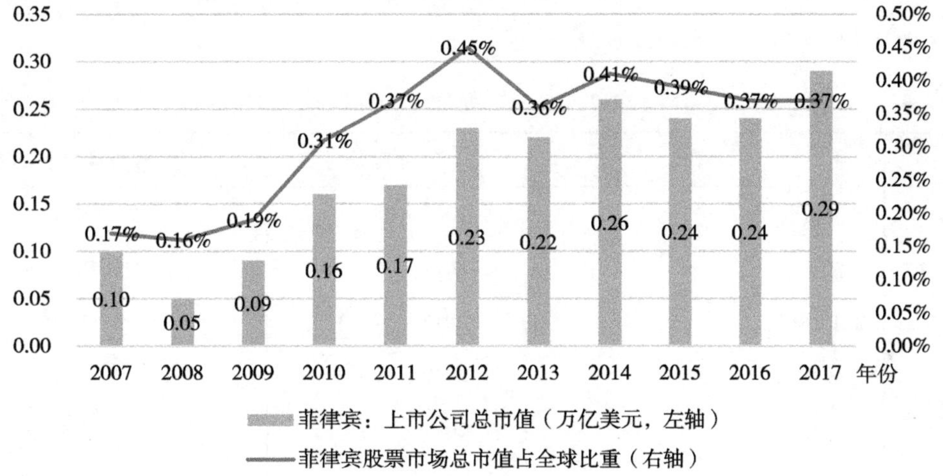


资料来源：世界银行、Wind 资讯。

图 47　菲律宾股票总市值及全球比重

## 六、中国企业赴海外上市基本情况

### （一）美国的证券交易所

1. 纽约证券交易所概况

美国证券交易所主要由三大交易所组成，纽约证券交易所（New York Stock Exchange，NYSE）是全球最大的证券交易所。在 2005 年 4 月末，NYSE 收购全电子证券交易所（Archipelago），成为一个盈利性机构。2006 年 6 月 1 日，纽约证券交易所宣布与泛欧证券交易所合并组成纽约证交所—泛欧证交所公司（NYSE Euronext）。2013 年 11 月，ICE（纽约州际交易所）完成其对 NYSE - Euronext 的收购，形成现在的交易所体系。纽交所下设 2 个市场，即主板市场和高增长板（Arca）市场。

2017 年，纽约证券交易所有 1994 家上市公司，上市股票 2029 只，总市值 299209.93 亿美元。交易所经营对象主要为股票，其次为各种国内外债券。自 20 世纪 20 年代以来，它一直是国际金融中心，现在它还是纽约市最受欢迎的旅游名胜之一。

2. 纳斯达克交易所

纳斯达克证券市场（NASDAQ），英文全称是"National Association of Securities Dealers Automated Quotation"，由全美证券交易商协会（NASD）创立并负责管理。它是 1971 年在华盛顿建立的全球第一个电子交易市场，也是中国新兴产业公司最喜欢的上市场所，国内的门户网站和互联网科技公司多数都选择在纳斯达克上市。

3. 中资上市公司概况

截至 2017 年 12 月 31 日，有 20 家中概股公司在美国证券交易所上市，首次融资额达 34.72 亿美元。其中，2017 年纽交所 IPO 中国公司 9 家，全年融资额 28 亿美元。纳斯达克上市的有 11 家，融资 6.73 亿美元。

**表 1　　2017 年度纽交所 IPO 公司名单**

| 代码 | 名称 | 公告日期 | 首发募资额（百万美元） |
|---|---|---|---|
| ZLAB. O | 再鼎医药 | 2017 - 08 - 15 | 150. 0 |
| BCACU. O | 贝森资本 | 2017 - 06 - 21 | 50. 4 |
| NEWA. O | 金正环保 | 2017 - 07 - 31 | 5. 6 |
| RETO. O | 瑞图生态 | 2017 - 11 - 30 | 12. 1 |
| PETZ. O | 天地荟 | 2017 - 09 - 21 | 4. 4 |
| ZKIN. O | 正康国际 | 2017 - 07 - 07 | 4. 3 |
| CIFS. O | 中国互联网金融服务 | 2017 - 05 - 23 | 18. 2 |
| HX. O | 和信贷 | 2017 - 09 - 29 | 50. 0 |
| LX. O | 乐信 | 2017 - 11 - 13 | 108. 0 |
| REDU. O | 瑞思学科英语 | 2017 - 09 - 22 | 159. 5 |
| SECO. O | 寺库 | 2017 - 08 - 25 | 110. 5 |

资料来源：Wind 资讯。

表 2　　2017 年在纳斯达克上市并交易的中国公司名单

| 代码 | 名称 | 公告日期 | 首发募资额（百万美元） |
|---|---|---|---|
| BEST. N | 百世集团 | 2017 - 06 - 26 | 450. 0 |
| BEDU. N | 博实乐 | 2017 - 04 - 18 | 157. 5 |
| RYB. N | 红黄蓝 | 2017 - 08 - 30 | 144. 3 |
| JT. N | 简普科技 | 2017 - 10 - 20 | 180. 0 |
| PPDF. N | 拍拍贷 | 2017 - 10 - 13 | 221. 0 |
| QD. N | 趣店 | 2017 - 09 - 18 | 900. 0 |
| FEDU. N | 四季教育 | 2017 - 10 - 13 | 101. 0 |
| SOGO. N | 搜狗 | 2017 - 10 - 13 | 585. 0 |
| XRF. N | 信而富 | 2017 - 03 - 31 | 60. 0 |

资料来源：Wind 资讯。

## （二）伦敦证券交易所

伦敦证券交易所集团（上市代码：LSE. L）是一家为国际资本市场提供基础设施平台的公司，其多元化的全球业务集中于资本形成、知识产权、风险和资产负债表管理，最早可以追溯到 1698 年。集团旗下拥有伦敦证券交易所、米兰证券交易所、欧洲领先的固定收益市场 MTS 以及泛欧股权多边交易平台 Turquoise，为散户投资者、机构和中小型企业等市场参与者进入欧洲资本市场提供服务。

集团通过旗下的富时罗素公司提供全球领先的金融指数、基准设定和数据分析服务，截至 2017 年年底，约有 16. 2 万亿美元的资产以富时罗素指数为跟踪基准。交易后期服务和风险管理服务也是集团业务经营的重要部分。集团持有为多种资产提供全球集中交易的伦敦清算所的多数股权，全资拥有意大利清算所 CC&G、欧洲领先的托管结算公司 Monte Titoli。集团是领先的高性能技术解决方案开发商和运营商，为包括集团自身市场在内的 40 多家机构和交易所提供交易、监督和交易后期服务系统。总部位于英国，在北美、意大利、法国和斯里兰卡拥有重要经营活动。集团全球雇员约 4500 人。

2017 年发行 108 个新股，比 2016 年增长 54%，继 2014 年以来再次“破百”，融资额超过 148 亿英镑，4 倍于欧洲同业。发行人来源更为国际化，发行规模排名前列的公司中有 90% 来自英国以外，例如，俄罗斯的 En + Group 和美国的 J2 Acquisition Ltd。联合爱尔兰银行 Allied Irish Bank 创下 2017 年年度之最，通过在伦敦的两地上市，募集资金 30 亿英镑。20 家来自北美的公司选择伦敦作为上市地点，伦敦成为北美地区以外最受北美发行人青睐的上市地点。2017 年，有 44 家公司在伦敦证券交易所的高增长市场上市，首发融资额将近 20 亿英镑，再融资超过 50 亿英镑，比 2016 年增长 27%。

截至2017年12月31日，31家中国概念公司在伦敦证券交易所上市并交易（中国概念公司特指公司位于中国境内，或公司70%以上的业务或现金流来自中国的公司），其中，主板市场11家，高增长市场20家。总市值294.44亿英镑，年度再融资10笔，再融资额1.18亿英镑，累计融资总额47.07亿英镑，分别占伦敦证券交易所整体数字的0.7%、0.39%、5.17%和0.71%。2017年5月22日，非股权投资机构GRAND FORTUNE HIGH GRADE登陆伦敦主板市场标准上市，首发融资额430万英镑。

表3　伦敦证券交易所主板市场上市的中国概念公司

| 公司名称 | 上市时间 | IPO融资额（百万英镑） | 累计再融资额（百万英镑） | 市值*（百万英镑） |
|---|---|---|---|---|
| JP MORGAN CHINESE INVESTMENT TRUST | 1993/10/19 | – | 1.60 | 223.89 |
| DATANG INTL POWER GENERATION | 1997/3/20 | 0.00 | | 851.37 |
| ZHEJIANG EXPRESSWAY CO | 2000/5/5 | 0.00 | | 1129.04 |
| CHINA PETROLEUM & CHEMICAL CORP | 2000/10/18 | 2435.90 | | 18022.53 |
| AIR CHINA | 2004/12/15 | 592.51 | 84.60 | 3316.96 |
| FIDELITY CHINA SPECIAL SITUATIONS | 2010/4/19 | 460.00 | | 1298.58 |
| MACAU PROPERTYOPPORTUNITIES FUND | 2010/6/30 | 105.00 | | 140.64 |
| GREEN DRAGON GAS LTD | 2014/10/14 | 0.00 | | 97.55 |
| FRAGRANT PROSPERITY HOLDINGS LIMITED | 2016/9/5 | 0.60 | | 1.40 |
| GOLDEN ROCK GLOBAL PLC | 2016/10/31 | 1.60 | | 1.44 |
| GRAND FORTUNE HIGH GRADE | 2017/05/22 | 4.3 | | 15.20 |

注：*市值统计时点为2017年12月31日。

表4　伦敦证券交易所高增长市场上市的中国概念公司

| 公司名称 | 上市时间 | IPO融资额（百万英镑） | 累计再融资额（百万英镑） | 市值*（百万英镑） |
|---|---|---|---|---|
| GRIFFIN MINING | 1997/6/30 | 0.00 | 93.64 | 198.04 |
| UNIVISION ENGINEERING | 2005/12/16 | 1.50 | 1.36 | 7.67 |

续表

| 公司名称 | 上市时间 | IPO 融资额（百万英镑） | 累计再融资额（百万英镑） | 市值*（百万英镑） |
|---|---|---|---|---|
| FASTFORWARD INNOVATIONS LTD | 2006/3/15 | 0.00 | 3.77 | 19.07 |
| HUTCHISON CHINA MEDITECH | 2006/5/19 | 39.98 | 114.4 | 3721.03 |
| MINERAL & FINANCIAL INVESTMENTS LTD | 2006/10/16 | 0.00 | 1.29 | 4.20 |
| TERRA CAPITAL PLC | 2006/11/17 | 42.13 | 71.14 | 48.72 |
| WALCOM GROUP LTD | 2006/12/21 | 1.57 | | 0.69 |
| HAIKE CHEMICAL GROUP LTD | 2007/2/14 | 10.21 | | 10.36 |
| PACIFIC ALLIANCE CHINA LAND LTD | 2007/11/22 | 244.45 | | 100.17 |
| ORIGO PARTNERS PLC | 2009/12/14 | 0.00 | 57.67 | 17.87 |
| GREKA DRILLING LTD | 2011/3/8 | 0.00 | | 8.76 |
| CHINA NEW ENERGY LIMITED | 2011/5/23 | 0.66 | 2.75 | 7.37 |
| PEMBRIDGE RESOURCES PLC | 2011/8/1 | 4.70 | 1.00 | 3.25 |
| NEW TREND LIFESTYLE GROUP PLC | 2012/6/28 | 0.96 | | 1.56 |
| ALL ASIA ASSET CAPTIAL | 2013/5/2 | 3.57 | 0.49 | 8.51 |
| ADAMAS FINANCE ASIA LTD | 2014/2/19 | 3.07 | 1.29 | 42.86 |
| ZIBAO METALS RECYCLING HLDGS LTD | 2014/6/20 | 1.30 | | 2.29 |
| BNN TECHNOLOGY PLC | 2014/7/24 | 9.00 | 56.67 | 100.22 |
| MAYAIR GROUP PLC | 2015/5/7 | 16.22 | | 40.28 |
| PCG ENTERTAINMENT PLC | 2015/8/28 | 3.41 | 2.90 | 2.11 |

注：* 市值统计时点为 2017 年 12 月 31 日。

### （三）东京证券交易所

东京证券交易所（东京证券取引所）是日本的证券交易所之一，总部位于东京都中央区日本桥兜町。在东京证券交易所上市的股份分为第一部和第二部两大类，第一部的上市条件要比第二部的条件高。新上市股票原则上先在交易所第二部上市交易，每一营业年度结束后考评各上市股票的实际成绩，据此作为划分部类的标准。

截至 2017 年 12 月底，反映东交所一部上市企业股价变化的东交所股价指数（TOPIX）以及反映 Mothers 上市企业股价变化的 Mothers 指数均呈持续上涨趋势，股价走势坚挺。纵观 2017 年的上市公司业绩，东交所全体上市公司的本期净利润高于 2016 年创下的新高，表明日本经济形势持续向好。在此背景下，2017 年东交所的 IPO 公司达到 96 家，继 2016 年的 86 家之后继续保持高水平。特别是在东交所创业板（Mothers）上市的公司占全体上市公司半数，成绩显著。此外，信息通信业和服务业的上市企业在全体上市企业中占比过半，可以说“科技新兴企业在 MOTHERS 上市”已然成为日本 IPO 的一个关键词。

2017 年年末，日本全国上市公司达 3712 家，较 2016 年多出 58 家。其中，东交所上市企业（不包括 6 家外国企业）有 3596 家公司，占总数的 96.9%。2017 年年末，东交所上市公司股票总市值为 701.0 万亿日元（约 6.3 万亿美元），较 2016 年年底增加 121.4 万亿日元。受 2012 年年末出台的经济政策——安倍经济学的影响，股票市场继续保持良好势头。2017 年全年股票成交额 741.4 万亿日元，较 2016 年增加 7.2%。此外，日均成交额为 3.0 万亿日元，2017 年的换手率（基于成交额）为 115.8%。

截至 2017 年 12 月末，东交所一部上市企业实际 PER 平均为 21.7 倍。按行业来看，仓库、运输相关行业最高，为 53.9 倍，电气设备位居其后，高达 30.5 倍，服务业也达到了 28.8 倍。此外，从每股收益的当期净利润来看，除矿业、海运业外，所有行业均为盈利。此外，MOTHERS 上市企业的实际 PER 平均为 119.8 倍。按行业来看，信息通信业最高，高达 181.6 倍，其次为零售业，为 74.9 倍。

2017 年，日本国内 IPO 公司数为 101 家。其中，东交所 IPO 公司数为 96 家（见图 48），较 2016 年度增加 10 家。此外，从市场分布来看，在东交所 MOTHERS 上市的公司达 49 家，占 IPO 总数的 50.0%。此外，有 19 家企业在东交所市场一部和二部上市，有 7 家公司在 TOKYO PRO Market 上市。

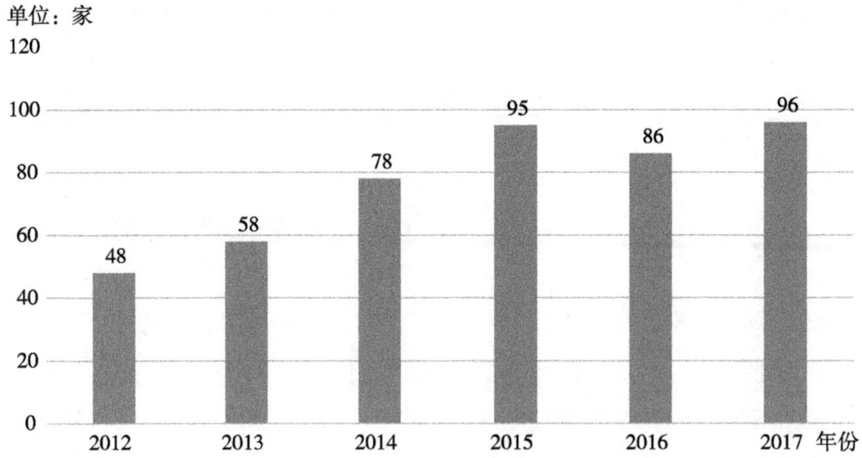


资料来源：东交所。

**图 48　IPO 公司数的变化情况**

2017 年，东交所各行业 IPO 公司情况如图 49 所示。2017 年实现 IPO 的 96 家公司，26 家（27%）为服务业、23 家（24%）为信息通信业、9 家（9%）为零售业。

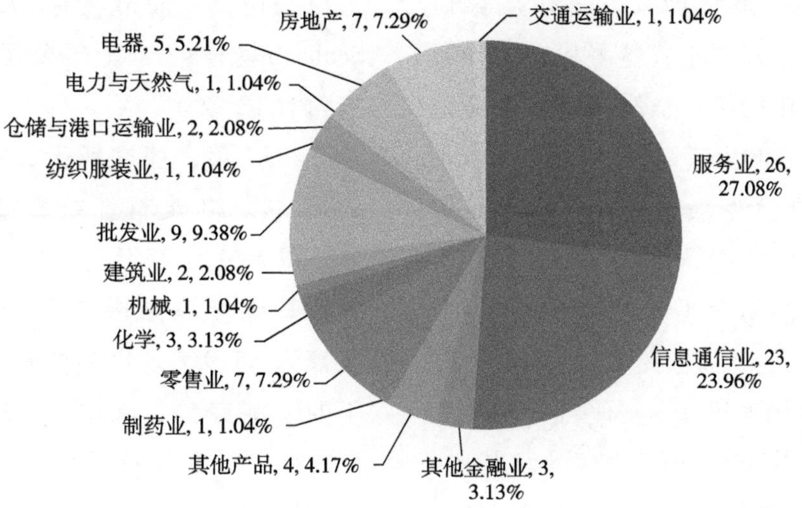


资料来源：东交所。

**图 49　2017 年 IPO 公司行业分布**

2017 年，东交所的企业 IPO 筹资额达到 2607.9 亿日元。其中，SG Holdings 株式会社的 IPO 筹资额最高，约 1276.2 亿日元。2017 年，东交所二部有 46 家上市企业转板至东交所一部；Mothers 市场有 23 家上市公司转板至东交所主板市场（一部、二部）。

### （四）德意志交易所

德交所集团成立于 1992 年，是依照德国交易所制度专门为运营公立性质的交易所机构而成立的股份有限公司，其前身为法兰克福证券交易所股份有限公司。20 余年来，德交所集团以其纵向兼容的产品及服务从德国本土扩大到欧洲乃至全球。至 2017 年年底，德交所集团在全球建立了 27 个办公地点，通过旗下 20 多家法人实体（包括德意志交易所股份有限公司、欧洲期货交易所苏黎世股份有限公司、欧洲期交所清算行股份有限公司、明讯国际结算托管行股份有限公司、势拓指数有限责任公司、欧洲能源交易所、外汇交易平台 360T、债券现货与回购交易有限责任公司等）提供涵盖了证券发行上市，证券及衍生品的交易与清算、交易后结算与托管服务，全球证券融资业务，指数计算与授权、信息产品和信息技术开发与服务的整个价值链。

2017 年是德交所发展中国市场的重要一年。2017 年 3 月 2 日，中央国债登记结算有限责任公司（中央结算公司）与全球最具影响力的金融基础设施之一明讯银行（Clearstream）在上海举行合作备忘录签署仪式，开启跨境金融基础设施互联。2017 年 7 月 18 日，德交所旗下欧洲能源交易所（European Energy Exchange，EEX）执行董事 Egbert Laege 一行到访北京环境交易所，就推动双方合作展开研讨。会议期间，双方正式签署战略合作条款协议。作为中德第一次高级别财金对话的重大成果，中欧国际交易所（中欧所/CEINEX）在法兰克福正式运营，正式运营至今，约 200 个产品在中欧所平台挂牌交易，主要产品为 ETF 和债券。2017 年，中欧所挂牌现货产品总交易额 5.18 亿欧元（约 39.27 亿人民币）。日均交易额为 205 万欧元（约 1558 万人民币）。其中，ETF 交易额 5.15 亿欧元（约 39.11 亿人民币），人民币计价的产品市场交易额 1906 万人民币。

作为一家世界领先的交易所，德意志交易所在工业、汽车、化工、银行、公用事业、消费、保险、科技、软件开发和绿色能源等多个行业具有全球领先优势。德意志交易所负责运营法兰克福证券交易所，目前设有 3 个现券市场板块：高级市场板块（Primary Standard）、一般市场板块（General Standard）和 Scale 板块。Scale 板块是 2017 年 3 月 1 日德交所成功推出的主要面向德国及欧洲的中小企业（SMEs）的新板块，旨在促进中小企业的融资，并为中小企业提供投资者渠道。德交所已将“所有股票指数”（All Share Index）纳入其指数发行规模。该指数描述了在 Scale 板块上市的所有公司的整体业绩。

截至 2017 年 12 月 31 日，德意志交易所共有上市公司 496 家，涉及 18 个行业和 57 个细分行业（见图 50），总市值超过 2900 亿。其中，高级市场有 305 家上市公司，一般市场有 143 家上市公司，Scale 市场有 48 家上市公司。当年新上市公司有 13 家。

2017 年，德交所上市公司整体表现较好，以 18 支行业指数 2017 年表现来看，只有 4 个板块下跌。以行业板块划分，基础资源保持了 2016 年下跌态势，涨幅为 85.9%，食品饮料行业延续前一年的上涨趋势，涨幅为 27.9%，其他表现靠前的行业包括消费品（19.6%）、制药与医疗（12%）、建筑（25.9%）等；跌幅最大的是传媒板块，下跌 10.7%，此外，银行板块下跌 2.3%，汽车下跌 4.2%，公共事业下跌 0.8%。截至 2017 年 12 月 31 日，共有 14 家中国概念企业在德交所上市，占整个交易所上市公司数量的 0.28%，在高级市场上市的有 2 家，一般市场上市的有 12 家。

### （五）新加坡交易所

新加坡交易所总部位于新加坡，原本由新加坡证券交易所（SES）、新加坡国际金融交易所（Simex）和证券结算及电脑服务公司（SCCS）组成。1999 年 12 月 1 日，新加坡交易所（以下简称“新交所”）以控股公司的形式正式成立。新交所是世界率先采用金融股市场基础设施准原则的交易所之一，也是亚洲首个和唯一一家获得美国监管机构全面批准的中央交易对手方；截至 2017 年年末，新交所员

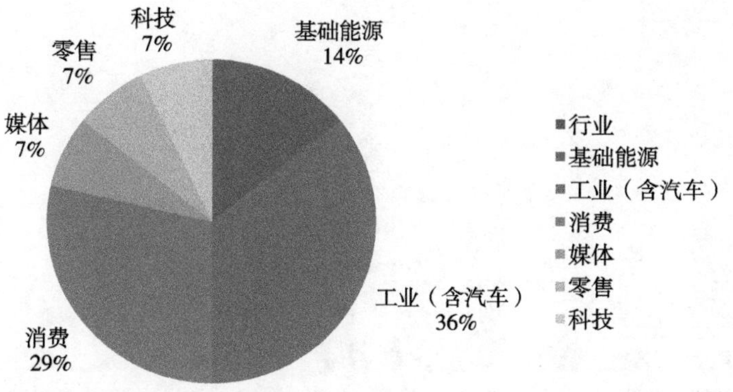


资料来源：德意志交易所集团。

**图 50　企业所属行业分布（行业，企业数目）**

工超过 700 名，在北京、中国香港、伦敦、孟买和芝加哥等地设立了服务当地的办事机构，搭建起服务全球客户的网络。

2017 年，新交所正式启动针对亚洲指数的每日杠杆证书交易，成为亚洲首个提供该类产品交易的交易所。该产品类别为投资者提供了获得包括市场指数及个股在内的标的资产的固定杠杆敞口的机会。首批产品的标的指数包括 MSCI 新加坡指数、恒生指数和恒生中国企业指数。

凭借着独特的泛亚洲多元资产市场，新交所为国际投资者提供了覆盖亚洲 95% GDP 的投资机遇，也是中国、印度、日本以及东盟基准股票指数在全世界最具流动性的离岸市场。为进一步扩大国际业务覆盖，新交所于 2017 年 10 月在芝加哥设立了美洲办事处，强化了新交所产品和平台的全球性。

截至 2017 年 12 月 31 日，新加坡交易所主板及凯利板共有 750 家上市公司，总市值 10522 亿新加坡元（约合 7700 亿美元）。36% 的上市公司来自新加坡境外，其中，包括中国公司及中国概念公司 104 家，占新交所上市公司总数量的 13.87%，总市值约 252 亿新币（约合 1226 亿人民币）；2017 年新上市企业 24 家，募资金额超过 47 亿新币，再融资 84 例，融资额 93.4 亿新币；其中，包括 1 家中国企业首次公开发行商业信托并募资 1.65 亿新币，中国企业及中国概念企业再融资 8 例，融资金额 3.07 亿新币。2007～2017 年在新交所通过发行股票融资的情况如图 51 所示。

新交所的房地产投资信托及商业信托因合理的设计理念以及较高的国际化程度在全球范围内获得了认可，更因为满足国家政策导向及现阶段中国企业轻资产发展计划的需求而受到中国大陆市场的广泛关注。目前，新交所共有 42 支房托及商业信托产品，总市值 680 亿美元，是亚洲（除日本外）最大的房地产投资信托市场，也是全球最国际化的房托市场之一，底层资产的 75% 来自新加坡境外，已上市的 12 支房托产品包含中国物业资产，总市值 184 亿美元，平均股息收益率 6.5%。2017 年房托收益回报率在全球处

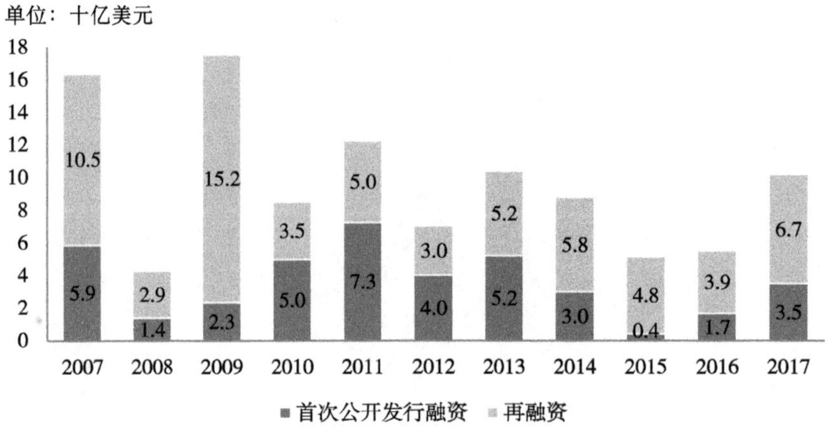


图 51　2007～2017 年股票融资情况

于领先地位。在新交所上市的房托及商业信托产品的底层资产类别丰富多样，包含住宅、医疗、办公楼、工业厂房以及基础设施等。

股票市场交易方面，包括主板及凯利板在内的股票市场全年总交易量约 5437 亿股，成交额超过 2935 亿新币。其中，中国概念公司股票成交量超过 400 亿股，成交额 113 亿新币。分行业来看，交易最活跃的为工业行业股票，交易额最大的为金融行业股。全年富时海峡行业指数上涨幅度较大的包括海事、金融以及房地产等，基础材料及基础资源等行业指数则有不同程度的下降。

债券及票据方面，新加坡金融管理局于 2017 年实施了绿色债券、新元信用评级以及亚洲债券 3 项资助计划，帮助在新加坡发行债券的发行人削减发行费用，进一步发展亚洲债券市场。2017 年，在新交所挂牌发行的债券及票据共 1112 支，外国发行人占 89%；总募集资金超过 4960 亿新币，其中，92% 为外币计价债券及票据。按募集资金量排名前七位债券及票据产品中，四支由阿里集团发行，均以美元计价，共募集 63 亿美元。

伦敦证券交易所北京代表处
德意志交易所北京代表处
新加坡交易所北京代表处
东京证券交易所北京代表处
西南证券股份有限公司　张仕元
长江证券股份有限公司　张蓉蓉

# 第二篇

# 上市公司行业篇

- 农、林、牧、渔业
- 采矿业
- 制造业
- 电力、热力、燃气及水生产和供应业
- 建筑业
- 批发和零售业
- 交通运输、仓储和邮政业
- 住宿和餐饮业
- 信息传输、软件和信息技术服务业
- 金融业
- 房地产业
- 租赁和商务服务业
- 科学研究和技术服务业
- 水利、环境和公共设施管理业
- 教育
- 卫生和社会工作
- 文化、体育和娱乐业
- 综　合

# 农、林、牧、渔业

## 一、农、林、牧、渔业总体概况

### （一）行业整体运行情况

2017年，中国农业总体经济继续保持平稳增长，生产形势良好，但整体增速较以往继续放缓。农业部根据第三次全国农业普查结果，对2007~2016年农林牧渔业总产值数据进行了修订。2017年，农、林、牧、渔业总产值为109331.72亿元，较2016年增长2.68%。其中，农业总产值为58059.76亿元，同比增长4.31%；林业总产值为4980.55亿元，同比增长7.43%；牧业总产值为29361.19亿元，同比下降3.61%；渔业总产值为11577.09亿元，同比增长6.28%。2017年，各级农业部门坚持稳中求进总基调，围绕农业供给侧结构性改革工作主线，扎实推进结构调整、绿色发展、创新驱动和深化改革；稳定粮食生产，农业农村经济实现了稳中向好，全年各项目标任务圆满完成，为推动农业高质量发展奠定了坚实基础，为经济社会大局向好提供了有力支撑。

### （二）细分行业运行概况

从细分行业来看，农、林、牧、渔业均保持增长态势。农业方面，夏粮与秋粮有所下滑，粮食产量在连续12年增产后出现小幅减产。全年粮食产量61791万吨，比2016年增加166万吨，增产0.3%。其中，夏粮、早稻和秋粮产量分别为14031.50万吨、3174万吨和44585.20万吨，同比分别增产0.8%、减产3.2%和增产0.4%。在主要粮食品种中，稻谷、小麦、玉米产量分别为20856万吨、12977万吨和21589万吨，同比分别增产0.79%、0.72%和减产1.67%。2017年全年棉花产量548.6万吨，同比增加2.7%。油料产量3732万吨，糖料产量12556万吨。

2017年，全国林业产业保持较快发展。全年林业产业总产值达到71000亿元，比2016年增长9.3%。全国林产品进出口贸易额约为1500亿美元，同比增加10.7%，木材产量7776万立方米，人造板产量2.95亿立方米。全国木本药材产量279.8万吨，同比增长14.1%。2017年全国森林旅游游客量达到13.9亿人次，占当年国内旅游总人数的28%，创造社会综合产值11500亿元。

2017年，中国畜牧业总产值约为32376亿元，同比增长2.12%。2017年中国全年肉类总产量8547万吨、禽蛋产量3070万吨、牛奶产量3545万吨，比

2016年分别增长了0.8%、-0.80%和-1.60%。目前，中国肉类和禽蛋产量位居世界第一，肉类消费达到中等发达国家水平，奶的产量居世界第三，人均奶类消费水平约为世界平均水平的1/3。畜牧产业基础不断夯实，经营体制机制不断改革发展，规模养殖已经成为畜牧业生产的中坚力量，现代畜牧业建设稳步推进。总体来看，畜牧业从家庭副业逐步成长为农业农村经济的支柱产业，已经形成了比较充足的生产能力和比较完善的质量安全保障体系，同时也将继续在标准化、规模化、专业化的道路上前行。

2017年是加快推进渔业转方式、调结构、深化供给侧结构性改革的关键一年，全年渔业总产值为12314亿元，同比增长6.13%。全国水产品总产量6445万吨，比2016年增长1.03%。其中，养殖产量4906万吨，同比增长2.35%，捕捞产量1539万吨，同比下降0.16%；海水产品产量3322万吨，同比增长0.62%，淡水产品产量3124万吨，同比增长1.47%。海水产品与淡水产品的产量比例为51.5:48.5。加工水产品2680万吨，同比增长1.68%，水产品供给得到充分保障。2017年全国水产养殖面积7449千公顷，同比上升0.05%。

## 二、行业内上市公司发展概况

### （一）行业内上市公司基本情况

表1　　2017年农、林、牧、渔业上市公司发行股票概况

| 门　类 | A、B股总数 | A股股票数 | B股股票数 | 境内总市值（亿元） | 流通A股市值（亿元） | 流通B股市值（亿元） |
|---|---|---|---|---|---|---|
| 农、林、牧、渔业 | 43 | 42 | 1 | 4686.99 | 3523.35 | 5.81 |
| 占沪深两市比重（%） | 1.21 | 1.18 | 0.03 | 0.82 | 0.79 | 0.32 |

资料来源：沪深交易所，同花顺。

### （二）行业内上市公司构成情况

表2　　2017年农、林、牧、渔业上市公司构成情况　　单位：家

| 门　类 | 沪市 | | | 深市 | | | ST/*ST |
|---|---|---|---|---|---|---|---|
| | 仅A股 | 仅B股 | A+B股 | 仅A股 | 仅B股 | A+B股 | |
| 农、林、牧、渔业 | 15 | 0 | 0 | 27 | 1 | 0 | 1/1 |
| 占行业内上市公司比重（%） | 34.88 | 0.00 | 0.00 | 62.79 | 2.33 | 0.00 | 2.33/2.33 |

资料来源：沪深交易所，同花顺。

### （三）行业内上市公司融资情况

表 3　　2017 年农、林、牧、渔业上市公司与沪深两市融资情况对比　　单位：家

| 门类 | 融资家数 | 新股 | 增发 | 配股 |
|---|---|---|---|---|
| 农、林、牧、渔业 | 4 | 0 | 4 | 0 |
| 沪深两市总数 | 867 | 438 | 422 | 7 |
| 占比（%） | 0.46 | 0.00 | 0.95 | 0.00 |

资料来源：沪深交易所，同花顺。

2017 年农、林、牧、渔业无首发公司；增发的 4 家公司中，有 1 家沪市、3 家深市。

按行业大类划分，进行融资的 4 家公司中，渔业 2 家，畜牧业 2 家。

从融资效果来看，上述公司实际发行数量为 34817.21 万股；实际募集资金 67.94 亿元，基本完成了融资计划。

2017 年农、林、牧、渔业上市公司融资情况明细见附录。

### （四）行业内上市公司资产及业绩情况

表 4　　2017 年农、林、牧、渔业上市公司资产情况　　单位：亿元

| 指　标 | 2017 年 | 2017 年可比样本增长（%） | 2016 年 | 2016 年可比样本增长（%） | 2015 年 |
|---|---|---|---|---|---|
| 总资产 | 2626.99 | 14.73 | 2369.95 | 26.65 | 1845.59 |
| 流动资产 | 1200.87 | 5.53 | 1199.16 | 30.43 | 911.2 |
| 占比（%） | 45.71 | -3.99 | 50.60 | 1.47 | 49.37 |
| 非流动资产 | 1426.11 | 23.82 | 1170.79 | 23.00 | 934.38 |
| 占比（%） | 54.29 | 3.99 | 49.40 | -1.47 | 50.63 |
| 流动负债 | 895.88 | 14.95 | 785.81 | 26.92 | 604.16 |
| 占比（%） | 34.10 | 0.06 | 33.16 | 0.07 | 32.74 |
| 非流动负债 | 302.76 | 62.53 | 187.73 | 25.70 | 146.88 |
| 占比（%） | 11.52 | 3.39 | 7.92 | -0.06 | 7.96 |
| 归属于母公司股东权益 | 1344.93 | 8.00 | 1316.79 | 26.26 | 1034.82 |
| 占比（%） | 51.20 | -3.19 | 55.56 | -0.17 | 56.07 |

资料来源：沪深交易所，同花顺。

表 5　　2017 年农、林、牧、渔业上市公司收入实现情况　　单位：亿元

| 指　标 | 2017 年 | 2017 年可比样本增长（%） | 2016 年 | 2016 年可比样本增长（%） | 2015 年 |
|---|---|---|---|---|---|
| 营业收入 | 1567.92 | 8.25 | 1456.07 | 23.57 | 1166.97 |
| 利润总额 | 110.77 | -44.65 | 203.70 | 162.12 | 77.13 |
| 归属于母公司所有者的净利润 | 103.95 | -45.44 | 193.48 | 176.44 | 68.95 |

资料来源：沪深交易所，同花顺。

（五）利润分配情况

2017 年全年农、林、牧、渔业上市公司中共有 21 家公司实施了分红配股。其中，5 家上市公司实施送股或转增股，21 家上市公司实施派息，其中，5 家公司既实施了送股、转增又实施了派息。

2017 年农、林、牧、渔业上市公司分红明细见附录。

（六）其他财务指标情况

1. 盈利能力指标

表 6　2017 年农、林、牧、渔业上市公司盈利能力情况　单位：%

| 指　标 | 2017 年 | 2017 年可比样本变动 | 2016 年 | 2016 年可比样本变动 | 2015 年 |
|---|---|---|---|---|---|
| 毛利率 | 18.99 | -5.34 | 24.51 | 6.90 | 17.52 |
| 净资产收益率 | 7.73 | -7.57 | 14.69 | 7.98 | 6.66 |
| 销售净利率 | 6.71 | -6.68 | 13.53 | 7.37 | 6.17 |
| 资产净利率 | 4.28 | -5.16 | 9.29 | 5.16 | 4.16 |

资料来源：沪深交易所，同花顺。

2. 偿债能力指标

表 7　2017 年农、林、牧、渔业上市公司偿债能力指标

| 指　标 | 2017 年 | 2017 年可比样本变动 | 2016 年 | 2016 年可比样本变动 | 2015 年 |
|---|---|---|---|---|---|
| 流动比率 | 1.34 | -0.12 | 1.53 | 0.04 | 1.51 |
| 速动比率 | 0.84 | -0.11 | 1.00 | 0.09 | 0.92 |
| 资产负债率（%） | 45.63 | 3.45 | 41.08 | 0.01 | 40.69 |

资料来源：沪深交易所，同花顺。

3. 营运能力指标

表 8　2017 年农、林、牧、渔业上市公司营运能力情况　单位：次

| 营运能力指标 | 2017 年 | 2017 年可比样本变动 | 2016 年 | 2016 年可比样本变动 | 2015 年 |
|---|---|---|---|---|---|
| 存货周转率 | 2.97 | 0.06 | 2.85 | 0.10 | 2.74 |
| 应收账款周转率 | 16.93 | -2.33 | 18.69 | 1.25 | 17.35 |
| 流动资产周转率 | 1.34 | -0.08 | 1.37 | -0.02 | 1.39 |
| 固定资产周转率 | 2.32 | -0.25 | 2.51 | 0.24 | 2.31 |
| 总资产周转率 | 0.64 | -0.07 | 0.69 | 0.02 | 0.67 |
| 净资产周转率 | 1.14 | 0.09 | 1.17 | 0.00 | 1.16 |

资料来源：沪深交易所，同花顺。

## 三、重点细分行业介绍

表 9　　2017 年农、林、牧、渔业上市公司数量分布及市值情况

| 大类 | 上市公司家数（家） | 占行业内比重（%） | 境内总市值（亿元） | 占行业内比重（%） |
|---|---|---|---|---|
| 农业 | 15 | 34.88 | 1270.94 | 27.12 |
| 林业 | 4 | 9.30 | 191.04 | 4.08 |
| 畜牧业 | 14 | 32.56 | 2814.10 | 60.04 |
| 渔业 | 9 | 20.93 | 390.36 | 8.33 |
| 农、林、牧、渔服务业 | 1 | 2.33 | 20.56 | 0.44 |

资料来源：沪深交易所，同花顺。

### （一）农业

1. 行业概况

2017 年，中国农业总体经济继续保持平稳增长，整体增速继续放缓。在坚持“稳中求进”的总基调下，各级农业部门围绕农业供给侧结构性改革工作主线，扎实推进粮食生产，但受农业气象灾害影响，部分省份和地区受灾严重，导致农业整体增长趋缓。

2017 年，尽管播种面积较 2016 年减少，但单产上升，粮食产量小幅增产，2017 年，全年粮食产量 61791 万吨，比 2016 年增加 167 万吨，增产 0.3%。其中，夏粮、秋粮产量分别为 14032 万吨、44585 万吨，同比分别增产 0.8%、0.4%；早稻产量为 3174 万吨，同比减产 3.2%。在主要粮食品种中，稻谷、小麦产量分别为 21268 万吨、13433 万吨，同比分别增产 0.8%、0.8%；玉米产量为 25907 万吨，同比减产 1.7%。

2017 年，棉花、油料、茶叶均实现增产。其中，棉花大幅度增产，全年棉花产量 565 万吨，同比增产 5.8%。油料产量 3475 万吨，同比增产 2.2%。糖料产量 12556 万吨，同比增产 1.8%。茶叶产量 246 万吨，同比增产 6.4%。

2. 行业内上市公司发展情况

表 10　　2017 年农业上市公司收入及资产增长情况　　单位：亿元

| 指　标 | 2017 年 | 2017 年可比样本增长（%） | 2016 年 | 2016 年可比样本增长（%） | 2015 年 |
|---|---|---|---|---|---|
| 营业收入 | 302.02 | 2.34 | 299.41 | 7.51 | 268.28 |
| 利润总额 | 17.60 | 38.86 | 13.28 | 14.76 | 10.27 |
| 归属于母公司所有者的净利润 | 17.11 | 27.62 | 13.93 | 46.79 | 8.25 |
| 总资产 | 706.70 | 7.88 | 680.34 | 14.07 | 579.09 |
| 归属于母公司股东权益 | 377.81 | 1.73 | 392.93 | 17.47 | 328.68 |

资料来源：沪深交易所，同花顺。

表 11　　2017 年农业上市公司盈利能力情况　　单位:%

| 指　标 | 2017 年 | 2017 年可比样本变动 | 2016 年 | 2016 年可比样本变动 | 2015 年 |
|---|---|---|---|---|---|
| 毛利率 | 23.26 | -0.39 | 23.88 | 0.66 | 23.07 |
| 净资产收益率 | 4.53 | 0.92 | 3.55 | 0.71 | 2.51 |
| 销售净利率 | 5.31 | 1.39 | 4.01 | 0.23 | 3.46 |
| 资产净利率 | 2.35 | 0.48 | 1.88 | 0.05 | 1.66 |

资料来源：沪深交易所，同花顺。

表 12　　2017 年农业上市公司偿债及营运情况

| 指　标 | 2017 年 | 2017 年可比样本变动 | 2016 年 | 2016 年可比样本变动 | 2015 年 |
|---|---|---|---|---|---|
| 资产负债率（%） | 41.54 | 3.37 | 37.24 | -0.72 | 37.12 |
| 存货周转率（次） | 2.56 | -0.11 | 2.69 | 0.22 | 2.42 |
| 总资产周转率（次） | 0.44 | -0.04 | 0.47 | -0.02 | 0.48 |

资料来源：沪深交易所，同花顺。

## （二）林业

1. 行业概况

2017 年，全国林业产业保持较高速发展。全年林业产业总产值达到 7.10 万亿元，比 2016 年增长 9.4%。其中，林业第一产业总产值 23365 亿元，林业第二产业总产值 33953 亿元，林业第三产业总产值 13949 亿元。

全国林产品进出口贸易额约为 1500 亿美元，同比增加 10.7%，木材产量 7776 万立方米，人造板产量 2.95 亿立方米。全国森林食品产量 384.1 万吨，同比增加 8.4%，木本药材产量 319.6 万吨，同比增长 14.2%。森林旅游收入 878.5 亿元，同比增长 12.4%。

2017 年，受整体经济环境的影响，林业投资完成额为 4800 亿元，较 2016 年上涨了 6.45%，较 2016 年增速加快。

2. 行业内上市公司发展情况

表 13　　2017 年林业上市公司收入及资产增长情况　　单位：亿元

| 指　标 | 2017 年 | 2017 年可比样本增长（%） | 2016 年 | 2016 年可比样本增长（%） | 2015 年 |
|---|---|---|---|---|---|
| 营业收入 | 17.58 | -12.31 | 20.04 | -4.24 | 20.93 |
| 利润总额 | -3.76 | -326.50 | 1.66 | 342.76 | 0.37 |
| 归属于母公司所有者的净利润 | -3.74 | -431.00 | 1.13 | 1971.85 | -0.06 |
| 总资产 | 96.71 | 0.68 | 96.06 | 10.69 | 86.78 |
| 归属于母公司股东权益 | 44.22 | -7.24 | 47.67 | 3.68 | 45.98 |

资料来源：沪深交易所，同花顺。

表 14　　2017 年林业上市公司盈利能力情况　　单位：%

| 指　标 | 2017 年 | 2017 年可比样本变动 | 2016 年 | 2016 年可比样本变动 | 2015 年 |
|---|---|---|---|---|---|
| 毛利率 | 21.55 | -3.59 | 25.14 | -1.12 | 26.26 |
| 净资产收益率 | -8.46 | -10.83 | 2.37 | 2.50 | -0.13 |
| 销售净利率 | -21.91 | -28.55 | 6.65 | 5.48 | 1.17 |
| 资产净利率 | -3.99 | -5.45 | 1.46 | 1.13 | 0.33 |

资料来源：沪深交易所，同花顺。

表 15　　2017 年林业上市公司偿债及营运情况

| 指　标 | 2017 年 | 2017 年可比样本变动 | 2016 年 | 2016 年可比样本变动 | 2015 年 |
|---|---|---|---|---|---|
| 资产负债率（%） | 49.24 | 3.81 | 45.43 | 2.93 | 42.5 |
| 存货周转率（次） | 0.33 | -0.04 | 0.37 | -0.05 | 0.42 |
| 总资产周转率（次） | 0.18 | -0.04 | 0.22 | -0.06 | 0.28 |

资料来源：沪深交易所，同花顺。

## （三）畜牧业

1. 行业概况

2017 年，中国畜牧业总产值约为 32376 亿元，同比增长 2.12%。2017 年中国全年肉类总产量 8547 万吨、禽蛋产量 3070 万吨、牛奶产量 3545 万吨，比 2016 年分别增长了 0.8%、-0.80% 和 -1.60%。目前，中国肉类和禽蛋产量位居世界第一，肉类消费达到中等发达国家水平，奶的产量居世界第三，人均奶类消费水平约为亚洲平均水平的 1/2、世界平均水平的 1/3。畜牧产业基础不断夯实，经营体制机制不断改革发展，规模养殖已经成为畜牧业生产的中坚力量。在国家政策重点支持和鼓励下，规模化、集约化和产业化的现代畜牧产业链逐渐成型，现代畜牧业建设稳步推进。当前，中国农牧产业发展方式逐步改变，产业结构日益优化，产业综合竞争力稳步提升。总体来看，畜牧业从家庭副业逐步成长为农业农村经济的支柱产业，已经形成了比较充足的生产能力和比较完善的质量安全保障体系，同时也将继续在标准化、规模化、专业化的道路上前行。

2. 行业内上市公司发展情况

表 16　　2017 年畜牧业上市公司收入及资产增长情况　　单位：亿元

| 指　标 | 2017 年 | 2017 年可比样本增长（%） | 2016 年 | 2016 年可比样本增长（%） | 2015 年 |
|---|---|---|---|---|---|
| 营业收入 | 1072.47 | 8.26 | 982.38 | 30.84 | 750.32 |
| 利润总额 | 96.04 | -46.74 | 179.42 | 170.42 | 66.75 |
| 归属于母公司所有者的净利润 | 90.58 | -47.05 | 170.58 | 176.02 | 62.12 |
| 总资产 | 1532.91 | 19.97 | 1262.14 | 38.41 | 906.36 |
| 归属于母公司股东权益 | 762.82 | 12.19 | 675.16 | 34.41 | 502.7 |

资料来源：沪深交易所，同花顺。

表 17　　2017 年畜牧业上市公司盈利能力情况　　单位：%

| 指　标 | 2017 年 | 2017 年可比样本变动 | 2016 年 | 2016 年可比样本变动 | 2015 年 |
|---|---|---|---|---|---|
| 毛利率 | 17.72 | -8.08 | 25.75 | 10.30 | 15.46 |
| 净资产收益率 | 11.87 | -13.29 | 25.27 | 12.96 | 12.36 |
| 销售净利率 | 8.66 | -9.11 | 17.86 | 9.25 | 8.66 |
| 资产净利率 | 6.61 | -9.47 | 16.14 | 8.37 | 7.84 |

资料来源：沪深交易所，同花顺。

表 18　　2017 年畜牧业上市公司偿债及营运情况

| 指　标 | 2017 年 | 2017 年可比样本变动 | 2016 年 | 2016 年可比样本变动 | 2015 年 |
|---|---|---|---|---|---|
| 资产负债率（%） | 47.64 | 3.84 | 43.53 | 0.63 | 42.51 |
| 存货周转率（次） | 3.94 | 0.00 | 3.94 | 0.00 | 3.94 |
| 总资产周转率（次） | 0.76 | -0.14 | 0.90 | 0.00 | 0.9 |

资料来源：沪深交易所，同花顺。

## （四）渔业

1. 行业概况

2017 年是印发《全国渔业发展第十三个五年规划》的第二年，全国渔业主要以水产养殖业转型升级、捕捞业调减控制、一二三产业融合发展等为目标推进发展。此外，农业部印发《远洋渔业海外基地建设项目实施管理细则（试行）》，利用中央财政资金，推进远洋渔业海外基地建设项目实施；开展休闲渔业发展监测工作，推进渔业供给侧结构性改革、渔民就业增收和产业扶贫。

全年渔业总产值为 12314 亿元，同比增长 6.13%。全国水产品总产量 6445 万吨，比 2016 年增长 1.03%。其中，养殖产量 4906 万吨，同比增长 2.35%，捕捞产量 1539 万吨，同比下降 0.16%；海水产品产量 3322 万吨，同比增长 0.62%，淡水产品产量 3124 万吨，同比增长 1.47%。海水产品与淡水产品的产量比例为 51.5:48.5。加工水产品 2680 万吨，同比增长 1.68%。水产品供给得到充分保障。

2017 年，全国水产养殖面积 7449 千公顷，同比下降 10.75%。海水养殖面积 2084 千公顷，同比下降 3.81%。淡水养殖面积 5365 千公顷，同比下降 13.18%，海水养殖与淡水养殖的面积比例为 28.0:72.0，水产养殖面积整体呈现大幅下降态势。

2. 行业内上市公司发展情况

表 19　　2017 年渔业上市公司收入及资产增长情况　　单位：亿元

| 指　标 | 2017 年 | 2017 年可比样本增长（%） | 2016 年 | 2016 年可比样本增长（%） | 2015 年 |
|---|---|---|---|---|---|
| 营业收入 | 161.39 | 23.65 | 137.45 | 18.18 | 116.31 |
| 利润总额 | 0.71 | -86.23 | 8.75 | 1147.71 | -0.58 |
| 归属于母公司所有者的净利润 | -0.11 | -102.41 | 7.50 | 490.57 | -1.66 |
| 总资产 | 268.74 | 11.93 | 269.81 | 6.03 | 254.72 |
| 归属于母公司股东权益 | 146.71 | 10.75 | 157.44 | 9.65 | 143.85 |

资料来源：沪深交易所，同花顺。

表 20　　2017 年渔业上市公司盈利能力情况　　单位：%

| 指　标 | 2017 年 | 2017 年可比样本变动 | 2016 年 | 2016 年可比样本变动 | 2015 年 |
|---|---|---|---|---|---|
| 毛利率 | 19.49 | 4.26 | 17.51 | 1.64 | 15.86 |
| 净资产收益率 | -0.08 | -3.63 | 4.77 | 6.10 | -1.16 |
| 销售净利率 | -0.01 | -3.63 | 5.70 | 8.33 | -2.41 |
| 资产净利率 | -0.01 | -2.05 | 2.99 | 4.21 | -1.12 |

资料来源：沪深交易所，同花顺。

表 21　　2017 年渔业上市公司偿债及营运情况

| 指　标 | 2017 年 | 2017 年可比样本变动 | 2016 年 | 2016 年可比样本变动 | 2015 年 |
|---|---|---|---|---|---|
| 资产负债率（%） | 44.31 | 0.36 | 40.55 | -2.25 | 42.76 |
| 存货周转率（次） | 2.00 | 0.16 | 1.75 | 0.21 | 1.54 |
| 总资产周转率（次） | 0.63 | 0.07 | 0.52 | 0.06 | 0.47 |

资料来源：沪深交易所，同花顺。

## （五）农、林、牧、渔服务业

1. 行业概况

农、林、牧、渔服务业指对农、林、牧、渔业生产活动进行的各种专业及辅助性生产活动，包含种子育苗培育服务、农业机械服务、灌溉服务、农产品初加工服务，但不包括各种科学技术和专业技术服务活动。该行业在国内尚且处于初步发展阶段，2017 年国内农业上市公司中该行业只有 1 家公司，且行业内公司规模小、专业化水平低。不过，随着国内农业转型升级，专业化、规模化进一步发展，对农、林、牧、渔专业经济辅助性服务需求将日渐增长，该领域在未来会有巨大的发展空间，将会有专业服务公司为行业带来专业的增值性服务。

2. 行业内上市公司发展情况

表 22　　2017 年农、林、牧、渔服务业上市公司收入及资产增长情况　　单位：亿元

| 指　标 | 2017 年 | 2017 年可比样本增长（%） | 2016 年 | 2016 年可比样本增长（%） | 2015 年 |
|---|---|---|---|---|---|
| 营业收入 | 14.47 | 18.81 | 16.79 | 41.68 | 11.13 |
| 利润总额 | 0.18 | -40.12 | 0.59 | 133.03 | 0.31 |
| 归属于母公司所有者的净利润 | 0.12 | -45.48 | 0.33 | -50.97 | 0.3 |
| 总资产 | 21.93 | 5.79 | 61.58 | 185.05 | 18.63 |
| 归属于母公司股东权益 | 13.37 | -3.68 | 43.58 | 163.66 | 13.62 |

资料来源：沪深交易所，同花顺。

表 23　　2017 年农、林、牧、渔服务业上市公司盈利能力情况　　单位：%

| 指　标 | 2017 年 | 2017 年可比样本变动 | 2016 年 | 2016 年可比样本变动 | 2015 年 |
|---|---|---|---|---|---|
| 毛利率 | 14.95 | -1.76 | 20.13 | -4.82 | 22.86 |
| 净资产收益率 | 0.87 | -0.67 | 0.77 | -3.35 | 2.23 |
| 销售净利率 | 1.01 | -0.81 | 2.45 | 0.73 | 2.74 |
| 资产净利率 | 0.69 | -0.44 | 0.99 | 0.22 | 1.62 |

资料来源：沪深交易所，同花顺。

表 24　　2017 年农、林、牧、渔服务业上市公司偿债及营运情况

| 指　标 | 2017 年 | 2017 年可比样本变动 | 2016 年 | 2016 年可比样本变动 | 2015 年 |
|---|---|---|---|---|---|
| 资产负债率（%） | 37.14 | 4.20 | 28.82 | 5.25 | 26.88 |
| 存货周转率（次） | 1.69 | 0.00 | 1.20 | -0.54 | 1.68 |
| 总资产周转率（次） | 0.68 | 0.06 | 0.40 | -0.05 | 0.59 |

资料来源：沪深交易所，同花顺。

## 四、重点上市公司介绍

### （一）牧原股份

牧原食品股份有限公司创立于 1992 年，于 2014 年在深圳证券交易所上市，是集饲料加工、生猪育种、种猪扩繁、商品猪饲养、屠宰加工为一体的农业产业化国家重点龙头企业。

2017 年，牧原股份生猪销售实现快速增长，全年生猪销售量达 723.74 万头，同

比增加132.40%，其中，商品猪524.32万头，仔猪193.82万头，种猪5.60万头。实现营业收入100.42亿元，同比上涨79.14%，其中，归属于上市公司股东的净利润23.66亿元，同比增长1.88%。

牧原股份采用大规模一体化的养殖模式，经过20多年的发展，已形成了集科研、饲料加工、生猪育种、种猪扩繁、商品猪饲养为一体的完整封闭式生猪产业链，目前是中国较大的生猪养殖企业、生猪育种企业。

牧原股份生猪养殖模式如下：自建饲料厂和研究营养配方，生产饲料，供应各环节生猪饲养；自行设计猪舍和自动化设备；建立育种体系，自行选育优良品种；建立曾祖代—祖代—父母代—商品代的扩繁体系，自行繁殖种猪及商品猪；采取全程自养方式，使各养殖环节置于公司的严格控制之中，在食品安全控制、产品质量控制、疫病防治、规模化经营、生产成本控制等方面具有优势。

### （二）圣农发展

福建圣农发展股份有限公司于1999年成立，主营业务为白羽鸡养殖，是国内集饲料加工、祖代与父母代种鸡养殖、种蛋孵化、肉鸡饲养、肉鸡屠宰加工为一体的联合型企业。

2017年，圣农发展全年鸡肉销售量达90.56万吨，同比上升18.88%。实现营业总收入101.59亿元，同比增长10.87%，归属于上市公司股东的净利润3.15亿元，比2016年同期下降58.69%，经营绩效在2017年波动下降，主要受白羽肉鸡行情低迷的影响。然而，白羽肉鸡行业被迫去产能、去库存效果显著，2018年白羽肉鸡供给仍然存在较大缺口，这一缺口的弥补受制于白羽肉鸡自身生长周期的影响，国内白羽肉鸡供给难以在几年内恢复到正常需求水平，这为行业回暖提供了动力。

圣农发展核心竞争力为产业链一体化经营模式。产业链从下游的熟食加工、肉鸡屠宰加工纵向延伸至上游祖代种鸡养殖，现代化程度高、产业链完整。一体化的产业链在成本控制、疫病防控、产品“优质、可控、可靠、可追溯”、规模化经营、供货稳定等方面拥有竞争优势。同时，基于特殊的地域环境约束、资金约束和人才约束、管理体系以及运营系统等多方面的原因，同行业其他公司难以简单模仿。

此外，2017年圣农发展完成对圣农食品的收购，促进一体化农业产业向下游深加工行业延伸。圣农发展与子公司圣农食品在鸡肉原材料采购、工艺流程优化、产品销售渠道、客户维护与拓展等方面，将产生纵向一体化的协同效应，从而降低管理成本，提升运营效率，进一步提高产品的市场占有率和竞争力。

## 五、上市公司在行业中的影响力

2017年，国务院办公厅印发《关于深入推进农业供给侧结构性改革、加快培育农业农村发展新动能的若干意见》，以推进农业供给侧结构性改革为主线，围绕农业增效、农民增收、农村增绿，加强科技创新引领，加快结构调整步伐，加大农村改革力度，提高农业综合效益和竞争力。文件提出，农业供给侧结构性改革的重点有：（1）优化产品产业结构，着力推进农业提质增效。统筹调整粮经饲种植结构，发展规模高效养殖业，做大做强优势特色产业，优化农业布局等。（2）推行绿色生产方式，增强农业可持续发展能力。推进农业清洁生产，集中治理农业环境突出问题以及加强重大生态工程建设。（3）壮大新产业、新业态，拓展农业产业链、价值链。大力发展乡村休闲旅游产业，推进农村电商发展，加快发展现代食品产业等；（4）强化科技创新驱动，引领现代农业加快发展。加强农业科技研发，强化农业科技推广，完善农业科技创新激励机制等。（5）补齐农业农村短板，夯实农村共享发展基础。持续加强农田基本建设，深入开展农村人居环境治理和美丽宜居乡村建设，提升农村基本公共服务水平等。（6）加大农村改革力度，激活农业农村内生发展动力。深化粮食等重要农产品价格形成机制和收储制度改革，完善农业补贴制度，加快农村金融创新等。

此外，各部门共同编制完成《“十三五”农业农村科技创新专项规划》，重点要求有：（1）健全农业科技创新体系。（2）构筑农业科技创新先发优势。（3）夯实农业科技创新物质基础。（4）壮大农业高新技术产业。（5）提升农业科技国际合作水平。（6）增强县域科技创新服务能力。（7）强化科技扶贫和精准脱贫。

总体来说，中央要求把农业农村工作的重心转移到推进农业供给侧结构性改革上来，落实到政策制定、工作部署、财力投放、干部配备等各个方面。

具体来说，在农业供给侧改革的大浪潮中，信息化、现代化持续推进的大环境下，以下几类公司将受益：（1）依托科技创新，实现业务升级，加速转型发展的企业；（2）为行业提供专业性辅助的农业服务型公司；（3）依托互联网信息技术、新型农业金融模式的企业。

撰稿人：朱珺逸

审稿人：赵金厚

# 采矿业

## 一、采矿业总体概况

### （一）行业整体运行情况

2017 年，采矿业形势稳中向好，煤、油、铁矿石、铜、铅、锌、萤石等矿产品价格迎来普涨，主要矿产品产量也稳中有升，行业经营效益显著改善，收入普遍增加，现金流持续改善，行业资产负债表更加强健。

### （二）细分行业运行概况

黑色金属矿产采选方面，2017 年全国规模以上铁矿企业原矿产量 12.3 亿吨，同比增长 7.1%。2017 年铁矿石价格总体前高后低，国产铁精矿平均价格为 595 元/吨，同比上升 85 元/吨，涨幅为 16.6%。规模以上矿山实现主营业收入 5723 亿元，同比增长 11%，利润总额 413 亿元，上升 43.8%。

石油和天然气开采方面，2017 年规模以上企业实现收入 9202 亿元，同比增长 17.6%；利润总额 329.8 亿元，比 2016 年同期亏损 550.8 亿元；资产总计 2.18 万亿元，减少 3.9%；资产负债率 46.95%。全年原油天然气总产量 3.24 亿吨（油当量），同比增长 0.8%。其中，原油产量 1.92 亿吨，下降 4%；天然气产量（含煤层气，下同）1474.2 亿立方米，增长 8.5%。

开采辅助活动方面，2017 年布伦特原油均价 54.99 美元/桶，同比上升 21.84%，油价的回升带动上游勘探开发的投资。2017 年全球油田服务市场规模约为 2335.2 亿美元，同比增长约 5%，结束了 2015 年以来的持续大幅萎缩。国内市场方面，中国石油、中国石化、中海油 2017 年勘探及开发资本支出分别同比变化 24.38%、－2.62%、2.02%，合计 2461.3 亿元，同比增长 16.34%，自 2014 年以来首次实现正增长，开采辅助行业开始回暖。

煤炭开采方面，2017 年是煤炭行业供给侧改革深化之年，低效落后产能继续退出，先进产能有序释放，政策调控手段不断完善，全年供需格局基本均衡、略微偏紧，煤价全年季节性宽幅震荡，代表性品种秦皇岛港 5500 大卡动力煤全年均价 638 元/吨，同比 2016 年 475 元/吨的均价上涨 34%，行业现金流大幅好转，盈利显著增长。

有色金属矿采选方面，2017 年主要有色金属矿产品价格趋稳向好，铜、铝、铅、锌现货均价分别为 49256 元/吨、14521 元/吨、18366 元/吨、24089 元/吨，同比分别增长 29.2%、15.9%、26.0%、42.8%。产量稳中有升，十种有色金属产量 5378 万吨，同比增长 3.0%。企业效益显著提升，采选利润 527 亿元，同比增长 23.5%。

非金属矿采选方面，目前该分类下仅有金石资源一家上市公司，主要从事萤石的开采与销售业务。2017 年国内萤石价格大幅上涨，年初国内均价为 1434 元/吨，年末价格为 2555 元/吨，价格整体冲高震荡，全年均价 2595 元/吨，一扫前 6 年的低迷，行业迎来复苏之年。

## 二、行业内上市公司发展概况

### （一）行业内上市公司基本情况

表 1　　2017 年采矿业上市公司发行股票概况

| 门　类 | A、B 股总数 | A 股股票数 | B 股股票数 | 境内总市值（亿元） | 流通 A 股市值（亿元） | 流通 B 股市值（亿元） |
|---|---|---|---|---|---|---|
| 采矿业 | 76 | 75 | 1 | 36212.32 | 33576.23 | 126.19 |
| 占沪深两市比重（%） | 2.13 | 2.10 | 0.03 | 6.37 | 7.51 | 7.05 |

资料来源：沪深交易所，同花顺。

### （二）行业内上市公司构成情况

表 2　　2017 年采矿业上市公司构成情况　　单位：家

| 门　类 | 沪市 | | | 深市 | | | ST/*ST |
|---|---|---|---|---|---|---|---|
| | 仅 A 股 | 仅 B 股 | A+B 股 | 仅 A 股 | 仅 B 股 | A+B 股 | |
| 采矿业 | 48 | 1 | 0 | 27 | 0 | 0 | 0/6 |
| 占行业内上市公司比重（%） | 63.16 | 1.32 | 0.00 | 35.53 | 0.00 | 0.00 | 0.00/7.89 |

资料来源：沪深交易所，同花顺。

### （三）行业内上市公司融资情况

表 3　　2017 年采矿业上市公司与沪深两市融资情况对比　　单位：家

| | 融资家数 | 新股 | 增发 | 配股 |
|---|---|---|---|---|
| 采矿业 | 9 | 1 | 8 | 0 |
| 沪深两市总数 | 867 | 438 | 422 | 7 |
| 占比（%） | 1.04 | 0.23 | 1.90 | 0.00 |

资料来源：沪深交易所，同花顺。

其中，首发1家公司，在上交所上市；增发的8家公司中，有5家沪市、3家中小板公司。

按行业大类划分，进行融资的9家公司中，黑色金属矿采选业2家，有色金属采选业4家，石油和天然气开采业1家，开采辅助活动业1家，非金属矿采选业1家。

从融资效果来看，上述公司实际发行数量为863816万股；实际募集资金387亿元，基本完成了融资计划。

2017年采矿业上市公司融资情况明细见附录。

### （四）行业内上市公司资产及业绩情况

表4　　2017年采矿业上市公司资产情况　　单位：亿元

| 指　标 | 2017年 | 2017年可比样本增长（%） | 2016年 | 2016年可比样本增长（%） | 2015年 |
|---|---|---|---|---|---|
| 总资产 | 66233.16 | 3.51 | 62965.11 | 1.83 | 61655.81 |
| 流动资产 | 17866.81 | 16.04 | 14515.51 | 8.73 | 13290.49 |
| 占比（%） | 26.98 | 2.91 | 23.05 | 1.46 | 21.56 |
| 非流动资产 | 48366.35 | -0.46 | 48449.60 | -0.07 | 48365.32 |
| 占比（%） | 73.02 | -2.91 | 76.95 | -1.46 | 78.44 |
| 流动负债 | 20041.38 | 9.83 | 17453.91 | 5.31 | 16469.28 |
| 占比（%） | 30.26 | 1.74 | 27.72 | 0.92 | 26.71 |
| 非流动负债 | 11561.08 | -6.15 | 12287.04 | -6.88 | 13226.26 |
| 占比（%） | 17.46 | -1.80 | 19.51 | -1.82 | 21.45 |
| 归属于母公司股东权益 | 29599.30 | 3.06 | 28537.81 | 2.42 | 27765.9 |
| 占比（%） | 44.69 | -0.20 | 45.32 | 0.26 | 45.03 |

资料来源：沪深交易所，同花顺。

表5　　2017年采矿业上市公司收入实现情况　　单位：亿元

| 指　标 | 2017年 | 2017年可比样本增长（%） | 2016年 | 2016年可比样本增长（%） | 2015年 |
|---|---|---|---|---|---|
| 营业收入 | 56832.94 | 24.76 | 45005.66 | -3.39 | 46503.54 |
| 利润总额 | 2900.81 | 81.02 | 1572.66 | 4.91 | 1469 |
| 归属于母公司所有者的净利润 | 1643.17 | 167.67 | 596.05 | -24.51 | 765.18 |

资料来源：沪深交易所，同花顺。

### （五）利润分配情况

2017年全年采矿业上市公司中共有49家公司实施了分红配股。其中，2家上市公司实施送股或转增股，49家上市公司实施派息，其中2家公司既实施了送股、转增又实施了派息。

2017 年采矿业上市公司分红明细见附录。

## （六）其他财务指标情况

1. 盈利能力指标

表 6　　2017 年采矿业上市公司盈利能力情况　　单位:%

| 指　标 | 2017 年 | 2017 年可比样本变动 | 2016 年 | 2016 年可比样本变动 | 2015 年 |
|---|---|---|---|---|---|
| 毛利率 | 21.87 | -0.64 | 22.63 | 0.31 | 22.29 |
| 净资产收益率 | 5.55 | 3.41 | 2.09 | -0.75 | 2.76 |
| 销售净利率 | 3.85 | 1.54 | 2.29 | 0.04 | 2.19 |
| 资产净利率 | 3.36 | 1.70 | 1.65 | -0.06 | 1.67 |

资料来源：沪深交易所，同花顺。

2. 偿债能力指标

表 7　　2017 年采矿业上市公司偿债能力指标

| 指　标 | 2017 年 | 2017 年可比样本变动 | 2016 年 | 2016 年可比样本变动 | 2015 年 |
|---|---|---|---|---|---|
| 流动比率 | 0.89 | 0.05 | 0.83 | 0.03 | 0.81 |
| 速动比率 | 0.66 | 0.06 | 0.60 | 0.02 | 0.58 |
| 资产负债率（%） | 47.71 | -0.05 | 47.23 | -0.91 | 48.16 |

资料来源：沪深交易所，同花顺。

3. 营运能力指标

表 8　　2017 年采矿业上市公司营运能力情况　　单位：次

| 营运能力指标 | 2017 年 | 2017 年可比样本变动 | 2016 年 | 2016 年可比样本变动 | 2015 年 |
|---|---|---|---|---|---|
| 存货周转率 | 9.92 | 1.50 | 9.04 | 0.16 | 8.89 |
| 应收账款周转率 | 23.57 | 5.29 | 19.70 | 1.77 | 17.98 |
| 流动资产周转率 | 3.42 | 0.34 | 3.23 | -0.22 | 3.46 |
| 固定资产周转率 | 2.48 | 0.50 | 1.97 | -0.15 | 2.12 |
| 总资产周转率 | 0.87 | 0.15 | 0.72 | -0.04 | 0.76 |
| 净资产周转率 | 1.67 | 0.28 | 1.38 | -0.12 | 1.49 |

资料来源：沪深交易所，同花顺。

## 三、重点细分行业介绍

表 9　　2017 年采矿业上市公司数量分布及市值情况

| 大类 | 上市公司家数（家） | 占行业内比重（%） | 境内总市值（亿元） | 占行业内比重（%） |
|---|---|---|---|---|
| 有色金属矿采选业 | 23 | 30.26 | 5515.33 | 15.23 |
| 石油和天然气开采业 | 5 | 6.58 | 19480.26 | 53.79 |
| 煤炭开采和洗选业 | 26 | 34.21 | 8683.07 | 23.98 |
| 开采辅助活动 | 15 | 20.00 | 1718.16 | 4.78 |
| 黑色金属矿采选业 | 6 | 7.89 | 765.62 | 2.11 |
| 非金属矿采选业 | 1 | 1.32 | 49.87 | 0.14 |

资料来源：沪深交易所，同花顺。

### （一）黑色金属矿采选业

1. 行业概况

2017 年，国内铁矿石市场景气度有所回升，供给持续增加，消费量有所回升，但总体供大于求的局面没有改变。国内铁精粉价格有所上涨，但企业资金仍然紧张，规模以上铁矿企业数量减少 500 家以上，行业投资持续萎缩，行业 90% 企业处于累计亏损状态。

2. 行业内上市公司发展情况

表 10　　2017 年黑色金属矿采选业上市公司收入及资产增长情况　　单位：亿元

| 指　标 | 2017 年 | 2017 年可比样本增长（%） | 2016 年 | 2016 年可比样本增长（%） | 2015 年 |
|---|---|---|---|---|---|
| 营业收入 | 198.19 | 16.76 | 130.93 | -10.59 | 172.43 |
| 利润总额 | 15.19 | 123.17 | -72.68 | -176.67 | -26.72 |
| 归属于母公司所有者的净利润 | 8.23 | 112.76 | -67.00 | -166.92 | -26.23 |
| 总资产 | 406.08 | 17.59 | 246.42 | -64.91 | 779.41 |
| 归属于母公司股东权益 | 220.53 | 25.88 | 140.66 | -27.33 | 219.44 |

资料来源：沪深交易所，同花顺。

表 11　　2017 年黑色金属矿采选业上市公司盈利能力情况　　单位:%

| 指　标 | 2017 年 | 2017 年可比样本变动 | 2016 年 | 2016 年可比样本变动 | 2015 年 |
|---|---|---|---|---|---|
| 毛利率 | 30.82 | 9.79 | 9.11 | -5.40 | 15.25 |
| 净资产收益率 | 3.73 | 40.54 | -47.63 | -34.67 | -11.96 |
| 销售净利率 | 5.90 | 46.11 | -55.40 | -36.78 | -16.33 |
| 资产净利率 | 3.11 | 15.96 | -15.29 | -11.32 | -3.73 |

资料来源：沪深交易所，同花顺。

表 12　　2017 年黑色金属矿采选业上市公司偿债及营运情况

| 指　标 | 2017 年 | 2017 年可比样本变动 | 2016 年 | 2016 年可比样本变动 | 2015 年 |
|---|---|---|---|---|---|
| 资产负债率（%） | 38.23 | -3.52 | 40.44 | -29.55 | 69.08 |
| 存货周转率（次） | 5.46 | -0.22 | 7.67 | 2.35 | 5.32 |
| 总资产周转率（次） | 0.53 | 0.21 | 0.28 | 0.06 | 0.23 |

资料来源：沪深交易所，同花顺。

## （二）开采辅助活动

1. 行业概况

2017 年，布伦特原油均价 54.99 美元/桶，同比增长 21.84%，油价的回升带动上游勘探开发的投资。2017 年全球油田服务市场规模约为 2335.2 亿美元，同比增长约 5%，结束了 2015 年以来的持续大幅萎缩。

国内市场方面，中国石油、中国石化、中海油 2017 年勘探及开发资本支出分别同比变化 24.38%、-2.62%、2.02%，合计 2461.3 亿元，同比增长 16.34%，自 2014 年以来首次实现正增长。根据中国石油和中国石化公布的资本开支预算，2018 年预计勘探及开发资本支出额合计 2161 亿元，比 2017 年实际勘探及开发资本支出增长 11.77%；中海油公布的 2018 年资本支出计划为 700 亿～800 亿元，相比 2017 年实际资本支出同比增长 31.55%～50.34%，开采辅助行业开始回暖。

2. 行业内上市公司发展情况

表 13　　2017 年开采辅助活动上市公司收入及资产增长情况　　单位：亿元

| 指　标 | 2017 年 | 2017 年可比样本增长（%） | 2016 年 | 2016 年可比样本增长（%） | 2015 年 |
|---|---|---|---|---|---|
| 营业收入 | 1484.52 | 11.49 | 824.94 | -26.77 | 1096.29 |
| 利润总额 | -74.13 | 67.99 | -250.64 | -475.64 | 63.46 |
| 归属于母公司所有者的净利润 | -91.46 | 62.28 | -255.38 | -613.87 | 46.85 |
| 总资产 | 2914.71 | -5.12 | 2177.53 | -7.88 | 2329.81 |
| 归属于母公司股东权益 | 994.54 | -4.88 | 880.06 | -20.30 | 1089.45 |

资料来源：沪深交易所，同花顺。

表 14　　2017 年开采辅助活动上市公司盈利能力情况　　单位：%

| 指　标 | 2017 年 | 2017 年可比样本变动 | 2016 年 | 2016 年可比样本变动 | 2015 年 |
|---|---|---|---|---|---|
| 毛利率 | 6.60 | 9.09 | -9.44 | -25.72 | 16.13 |
| 净资产收益率 | -9.20 | 14.00 | -29.02 | -33.52 | 4.3 |
| 销售净利率 | -6.09 | 12.15 | -30.95 | -35.48 | 4.4 |
| 资产净利率 | -3.02 | 4.49 | -11.24 | -13.47 | 2.13 |

资料来源：沪深交易所，同花顺。

表 15　　2017 年开采辅助活动上市公司偿债及营运情况

| 指　标 | 2017 年 | 2017 年可比样本变动 | 2016 年 | 2016 年可比样本变动 | 2015 年 |
|---|---|---|---|---|---|
| 资产负债率（%） | 65.40 | -0.30 | 59.22 | 6.40 | 52.78 |
| 存货周转率（次） | 3.19 | 0.51 | 5.23 | 0.05 | 5.16 |
| 总资产周转率（次） | 0.50 | 0.08 | 0.36 | -0.13 | 0.48 |

资料来源：沪深交易所，同花顺。

## （三）煤炭开采和洗选业

1. 行业概况

2017 年是煤炭行业供给侧改革深化之年，低效落后产能继续退出，先进产能有序释放，政策调控手段不断完善，全年供需格局基本均衡、略微偏紧，煤价全年季节性宽幅震荡，代表性品种秦皇岛港 5500 大卡动力煤全年均价 638 元/吨，同比 2016 年 475 元/吨的均价上涨 34%，行业现金流大幅好转，盈利显著增长。

2. 行业内上市公司发展情况

表 16　　2017 年煤炭开采和洗选业上市公司收入及资产增长情况　　单位：亿元

| 指　标 | 2017 年 | 2017 年可比样本增长（%） | 2016 年 | 2016 年可比样本增长（%） | 2015 年 |
|---|---|---|---|---|---|
| 营业收入 | 8004.18 | 40.63 | 5702.51 | 10.38 | 5108.2 |
| 利润总额 | 1370.31 | 144.24 | 562.90 | 131.04 | 225.21 |
| 归属于母公司所有者的净利润 | 868.43 | 172.55 | 320.94 | 837.89 | 20.63 |
| 总资产 | 17880.26 | 6.11 | 16875.24 | 2.30 | 16298.63 |
| 归属于母公司股东权益 | 7170.81 | 4.96 | 6852.42 | 4.82 | 6464.34 |

资料来源：沪深交易所，同花顺。

表 17　　2017 年煤炭开采和洗选业上市公司盈利能力情况　　单位：%

| 指　标 | 2017 年 | 2017 年可比样本变动 | 2016 年 | 2016 年可比样本变动 | 2015 年 |
|---|---|---|---|---|---|
| 毛利率 | 33.77 | 3.74 | 30.01 | 2.68 | 27.19 |
| 净资产收益率 | 12.11 | 7.45 | 4.68 | 4.16 | 0.32 |
| 销售净利率 | 13.27 | 5.99 | 7.30 | 5.10 | 1.88 |
| 资产净利率 | 6.12 | 3.62 | 2.49 | 1.78 | 0.61 |

资料来源：沪深交易所，同花顺。

表18　　2017年煤炭开采和洗选业上市公司偿债及营运情况

| 指　标 | 2017年 | 2017年可比样本变动 | 2016年 | 2016年可比样本变动 | 2015年 |
|---|---|---|---|---|---|
| 资产负债率（%） | 50.96 | -0.74 | 51.61 | -1.33 | 52.85 |
| 存货周转率（次） | 14.04 | 3.33 | 10.59 | 1.27 | 9.5 |
| 总资产周转率（次） | 0.46 | 0.12 | 0.34 | 0.02 | 0.32 |

资料来源：沪深交易所，同花顺。

### （四）石油和天然气开采业

1. 行业概况

2017年年末，石油和天然气开采业规模以上企业293家，累计主营收入9201.5亿元，同比增长17.6%；利润总额329.8亿元，2016年同期亏损550.8亿元；完成固定资产投资2648.9亿元，增长13.9%；资产总计2.18万亿元，减少3.9%；资产负债率46.95%；主营收入利润率为3.58%，2016年为-7.04%；行业亏损面30%，同比缩小9.2个百分点。

全年原油天然气总产量3.24亿吨（油当量），同比增长0.8%。其中，原油产量1.92亿吨，下降4%；天然气产量（含煤层气，下同）1474.2亿立方米，增长8.5%；液化天然气产量829万吨，增幅14.4%。全年进口原油4.2亿吨，同比增长10.2%，对外依存度68.4%；进口天然气955.2亿立方米，增幅27%，对外依存度38.4%。

2. 行业内上市公司发展情况

表19　　2017年石油和天然气开采业上市公司收入及资产增长情况　　单位：亿元

| 指　标 | 2017年 | 2017年可比样本增长（%） | 2016年 | 2016年可比样本增长（%） | 2015年 |
|---|---|---|---|---|---|
| 营业收入 | 43889.75 | 23.48 | 35532.14 | -5.30 | 37503.97 |
| 利润总额 | 1411.44 | 12.15 | 1254.14 | 9.34 | 1145.67 |
| 归属于母公司所有者的净利润 | 748.30 | 36.18 | 545.65 | -20.05 | 681.73 |
| 总资产 | 40689.70 | 2.69 | 39562.67 | 1.54 | 38922.89 |
| 归属于母公司股东权益 | 19409.53 | 1.11 | 19182.66 | 2.38 | 18714.55 |

资料来源：沪深交易所，同花顺。

表20　　2017年石油和天然气开采业上市公司盈利能力情况　　单位：%

| 指　标 | 2017年 | 2017年可比样本变动 | 2016年 | 2016年可比样本变动 | 2015年 |
|---|---|---|---|---|---|
| 毛利率 | 20.66 | -2.47 | 23.13 | 0.39 | 22.75 |
| 净资产收益率 | 3.86 | 0.99 | 2.84 | -0.80 | 3.64 |
| 销售净利率 | 2.46 | -0.05 | 2.50 | 0.20 | 2.29 |
| 资产净利率 | 2.69 | 0.42 | 2.26 | 0.05 | 2.21 |

资料来源：沪深交易所，同花顺。

表 21　　2017 年石油和天然气开采业上市公司偿债及营运情况

| 指　标 | 2017 年 | 2017 年可比样本变动 | 2016 年 | 2016 年可比样本变动 | 2015 年 |
|---|---|---|---|---|---|
| 资产负债率（%） | 44.48 | 0.66 | 43.77 | -1.00 | 44.81 |
| 存货周转率（次） | 10.91 | 1.51 | 9.42 | 0.23 | 9.19 |
| 总资产周转率（次） | 1.09 | 0.19 | 0.90 | -0.06 | 0.96 |

资料来源：沪深交易所，同花顺。

### （五）有色金属矿采选业

1. 行业概况

2017 年，主要有色金属矿产品价格趋稳向好，铜、铝、铅、锌现货均价分别为 49256 元/吨、14521 元/吨、18366 元/吨、24089 元/吨，同比分别增长 29.2%、15.9%、26.0%、42.8%。产量稳中有升，十种有色金属产量 5378 万吨，同比增长 3.0%。企业效益显著提升，采选利润 527 亿元，同比增长 23.5%。

2. 行业内上市公司发展情况

表 22　　2017 年有色金属矿采选业上市公司收入及资产增长情况　　单位：亿元

| 指　标 | 2017 年 | 2017 年可比样本增长（%） | 2016 年 | 2016 年可比样本增长（%） | 2015 年 |
|---|---|---|---|---|---|
| 营业收入 | 3252.53 | 15.54 | 2815.14 | 7.14 | 2622.66 |
| 利润总额 | 176.98 | 123.00 | 78.93 | 16.19 | 61.39 |
| 归属于母公司所有者的净利润 | 108.90 | 108.51 | 51.84 | 7.26 | 42.2 |
| 总资产 | 4330.12 | 6.01 | 4103.24 | 23.94 | 3325.07 |
| 归属于母公司股东权益 | 1796.63 | 22.41 | 1482.01 | 14.78 | 1278.12 |

资料来源：沪深交易所，同花顺。

表 23　　2017 年有色金属矿采选业上市公司盈利能力情况　　单位:%

| 指　标 | 2017 年 | 2017 年可比样本变动 | 2016 年 | 2016 年可比样本变动 | 2015 年 |
|---|---|---|---|---|---|
| 毛利率 | 15.39 | 3.93 | 11.46 | 1.95 | 9.27 |
| 净资产收益率 | 6.06 | 2.50 | 3.50 | -0.25 | 3.3 |
| 销售净利率 | 3.73 | 1.80 | 1.92 | 0.11 | 1.59 |
| 资产净利率 | 2.89 | 1.41 | 1.46 | -0.07 | 1.32 |

资料来源：沪深交易所，同花顺。

表 24　　2017 年有色金属矿采选业上市公司偿债及营运情况

| 指　标 | 2017 年 | 2017 年可比样本变动 | 2016 年 | 2016 年可比样本变动 | 2015 年 |
|---|---|---|---|---|---|
| 资产负债率（%） | 53.67 | -3.18 | 56.68 | 0.78 | 56.26 |
| 存货周转率（次） | 6.13 | -0.34 | 6.47 | -1.16 | 7.59 |
| 总资产周转率（次） | 0.77 | 0.01 | 0.76 | -0.08 | 0.83 |

资料来源：沪深交易所，同花顺。

### （六）非金属矿采选业

1. 行业概况

目前，该分类下仅有金石资源一家上市公司，主要从事萤石的开采与销售业务。2017 年国内萤石价格大幅上涨，年初国内均价为 1434 元/吨，年末价格为 2555 元/吨，价格整体冲高震荡，全年均价 2595 元/吨，一扫前 6 年的低迷，行业迎来复苏之年。

2. 行业内上市公司发展情况

表 25　　2017 年非金属矿采选业上市公司收入及资产增长情况　　单位：亿元

| 指　标 | 2017 年 | 2017 年可比样本增长（%） | 2016 年 | 2016 年可比样本增长（%） | 2015 年 |
|---|---|---|---|---|---|
| 营业收入 | 3.78 | 33.25 | — | — | — |
| 利润总额 | 1.03 | 59.23 | — | — | — |
| 归属于母公司所有者的净利润 | 0.77 | 53.62 | — | — | — |
| 总资产 | 12.29 | 25.74 | — | — | — |
| 归属于母公司股东权益 | 7.27 | 55.13 | — | — | — |

资料来源：沪深交易所，同花顺。

表 26　　2017 年非金属矿采选业上市公司盈利能力情况　　单位：%

| 指　标 | 2017 年 | 2017 年可比样本变动 | 2016 年 | 2016 年可比样本变动 | 2015 年 |
|---|---|---|---|---|---|
| 毛利率 | 45.53 | 8.37 | — | — | — |
| 净资产收益率 | 10.61 | -0.10 | — | — | — |
| 销售净利率 | 20.41 | 2.71 | — | — | — |
| 资产净利率 | 6.98 | 1.58 | — | — | — |

资料来源：沪深交易所，同花顺。

表 27　　2017 年非金属矿采选业上市公司偿债及营运情况

| 指　标 | 2017 年 | 2017 年可比样本变动 | 2016 年 | 2016 年可比样本变动 | 2015 年 |
|---|---|---|---|---|---|
| 资产负债率（%） | 40.70 | -11.14 | — | — | — |
| 存货周转率（次） | 6.18 | -1.38 | — | — | — |
| 总资产周转率（次） | 0.34 | 0.04 | — | — | — |

资料来源：沪深交易所，同花顺。

## 四、重点上市公司介绍

### （一）中国石油

中国石油是国内规模最大的油气生产商，受原油、成品油价格同比上涨的影响，2017年中国石油营业收入和净利润明显回升，2017年公司实现营业收入20159亿元，比2016年同期增长24.7%，实现归属于母公司股东的净利润为228亿元，同比增长189%。生产方面，2017年公司实现原油产量8.87亿桶（约1.20亿吨），较2016年同期下降3.7%；实现天然气产量969亿立方米，较2016年同期增长4.5%。截至2017年年底，公司原油证实储量74.81亿桶，同比增长0.6%，天然气证实储量21772亿方，同比下降2.3%。

### （二）中国石化

中国石化是国内规模最大的炼油炼化企业，是国内第二大的油气生产商，在国内乃至世界油气领域均具有举足轻重的地位。受原油、成品油及化工品价格同比上涨的影响，2017年中国石化营业收入和净利润明显回升，实现营业收入23602亿元，较2016年同期增长22.2%，实现归属于母公司股东的净利润为511亿元，较2016年同期增长10.1%。生产方面，2017年公司实现原油产量2.94亿桶（约0.40亿吨），较2016年同期下降3.2%；实现天然气产量258.39亿立方米，较2016年同期增长19.1%，油气当量产量4.49亿桶，较2016年同期增长4.1%。截至2017年年底，公司原油证实储量15.99亿桶，较2016年年底同比增长3.0%，天然气证实储量2471.0亿方，较2016年年底同比下降2.5%。

### （三）中国神华

中国神华是国内最大的综合性矿业集团，目前煤炭产能国内第一、火电装机A股第二、铁路运营里程仅次于中国铁总。公司实行“煤电港运航化”一体化的运营策略，在产业链上纵向扩张，将外部风险不断内部化，有效抵御周期波动。2017年公司实现营业收入2487亿元，同比增长36%，归母净利443亿元，同比增长95%，年中实施分红600亿元。

### （四）海南矿业

海南矿业拥有的石碌铁矿属多金属矿区，以富铁矿石储量大、品位高而著称。储量大，铁矿石品位居中国第一，能够生产块矿直接用于生铁冶炼。海南矿业的矿山开采机械化程度较高，具有采矿、选矿、尾矿回收、设备维修、金属加工等综合生产能力。海南矿业拥有的铁矿石保有储量2.57亿吨，平均品位46.60%。生产规模年产铁矿石原矿460万吨，成品铁矿石350万吨。2017年公司成品铁矿石产量400.29万吨，同比增长37.76%；铁矿石销售量395.29万吨，同比增长36.49%。2017年实现营业收入27.56亿元，归属于上市公司股东的净利润

4553.84 万元，实现扭亏为盈。

### （五）紫金矿业

紫金矿业是一家以金、铜、锌等金属矿产资源勘查和开发为主的大型矿业集团，是中国最大的黄金生产企业、第二大矿产铜生产企业、第六大锌生产企业和中国控制金属矿产资源最多的企业之一。2017 年，公司实现销售收入 946 亿元，同比增长 20%；实现归属母公司股东净利润 35 亿元，同比增长 91%。截至 2017 年 12 月底，总资产为 893 亿元，较年初增长 0.11%；净资产为 376 亿元，其中归属母公司股东净资产为 350 亿元，较年初增长 26%。

### （六）山东黄金

山东黄金是山东黄金集团有限公司控股的上市公司，以黄金开采为主业，公司控制及经营 12 座中国矿山，主要生产标准金锭和各种规格的投资金条和银锭等产品。2017 年，公司矿产金产量达到 35.88 吨，同比增长 19.71%；公司总资产 21.16 亿元，同比增长 48.52%；资产负债率 59.23%，同比增加 16.87 个百分点。2017 年，实现营业收入 510.41 亿元，同比增加 8.42 亿元，增幅 1.68%；实现利润总额 16.29 亿元，同比减少 0.63 亿元，降幅 3.72%；实现加权平均净资产收益率 7.12%，同比减少 3.24 个百分点。

## 五、上市公司在行业中的影响力

2017 年，黑色金属矿采选业企业共 1891 家，比 2016 年减少 456 家，其中，上市公司 6 家，上市公司数量占比不足 1%。受行业景气度持续下滑影响，黑色金属矿采选企业数量不断减少，行业内小型私营企业数量较多。从经营情况来看，2017 年黑色金属矿采选企业主营业务收入为 5723.2 亿元，上市公司营业收入为 198.19 亿元，占比仅 3.46%。全年黑色金属矿采选企业实现利润总额 413 亿元，上市公司利润总额 15.19 亿元，实现扭亏，占比仅 3.68%。从亏损面来看，2017 年共计亏损企业 386 家，亏损企业占比 20.41%，亏损总额达 101.7 亿元。上市公司亏损 2 家，亏损企业占比 33%。

2017 年石油和天然气开采行业上市公司共 5 家，分别为中国石油、中国石化、广汇能源、洲际油气和蓝焰控股。从产量来看，2017 年上市公司共实现原油产量 11.87 亿桶（合 1.61 亿吨），其中，国内原油产量达 9.92 亿桶（合 1.34 亿吨），占全国总产量的 69.9%；2017 年上市公司共实现天然气产量 1252.9 亿立方米，其中，国内天然气产量达 1171.7 亿立方米，占全国总产量的 79.5%；行业内上市公司在油气产量方面继续保持绝对领先地位。中国石油和中国石化两家上市公司自上市以来，在市场化的浪潮中不断锤炼，生产经营效率不断优化，并率先实施“走出去”战略，为中国的能源安全和国民经济健康稳定发展做出了突出贡献。其他 3 家上市公司中，广汇能源是中国民营能源企业的优秀代表，除传统的煤工业务以外，公司也是国内少有的获批建设 LNG 接收站的民营企业之一；洲际油气在海外油气资源并购方面走在国内民营企业前列；蓝焰控股是中国主要的煤层气开发企业，目前已经形成了煤层气上中下游一体化的产业链。

2017 年，煤炭采选业企业有 5111 家，上市公司仅 26 家，行业内仍然存在大量小型民营企业；2017 年全行业营业收入 25445 亿元，上市公司 8004.18 亿元，占比 31.46%；行业利润总额 2959 亿元，上市公司利润总额 1370.31 亿元，占比 46.31%，上市资产盈利能力显著优于非上市资产；2017 年全行业原煤产量 35.2 亿吨，上市公司产量 8.8 亿吨，占比 25%，行业资产证券化率依旧较低，近几年来煤炭企业在资本市场运作很少，新股已经断了 3 年，再融资也很少，煤炭市场回暖后大量煤炭资产将具备注入上市公司或者独立上市的条件，行业资产证券化率有望进一步提升。

2017 年，非金属矿采选业上市公司仅金石资源一家，主要从事萤石开采，不能代表非金属矿采选业的全貌。就萤石开采领域而言，金石资源是中国萤石行业中拥有资源储量、开采及加工规模最大的企业，同时还是“国家矿产资源综合利用示范基地”的主要承建单位和行业标准《萤石》修订的承担单位。目前拥有资源储量 2700 万吨，采矿规模 102 万吨/年，均位居国内第一。

2017 年，有色金属矿采选业有上市公司 23 家，年内共计实现营业收入 3252.53 亿元，利润总额 176.98 亿元，资产总额 4330.12 亿元，占据行业主体地位。行业内各品类的龙头公司基本都已实现上市，近年来业内还不断向海外扩张，获取大量海外资源，对价格的话语权不断增强。

审稿人：金晟哲

撰稿人：吴　鹏

# 制造业

## 农副食品加工业

### 一、农副食品加工业总体概况

#### （一）行业整体运行情况

2017年，国内宏观经济增速持续放缓，农副食品加工行业发展情况较为稳定，行业整体运行态势稳中有降。全行业规模以上企业2.47万家，同比减少0.13万家；资产总额32311亿元，较2016年下降4.75%；实现营业收入59894亿元，较2016年下降12.98%；实现利润总额3101亿元，较2016年下降14.4%；整体毛利率11.00%（2016年同期10.48%），销售利润率5.17%（2016年同期4.96%），较2016年水平略有上升。行业财务状况稳定，截至2017年年底，全行业的资产负债率达到50.64%，较2016年上升0.96个百分点。

#### （二）细分行业运行概况

农副食品加工行业共分为8个细分子行业：饲料加工业，植物油加工业，制糖业，屠宰及肉制品加工业，水产品加工业，蔬菜、水果和坚果加工业，谷物磨制业以及其他农副食品加工业，下面介绍其中几个细分子行业的运行情况。

饲料加工业：尽管猪周期下行，行业整体经营压力增加，但是受益于饲料工业化率的稳步提升以及行业转型升级的推进，商品饲料产量继续增加。截至2017年年底全国共有11426家饲料和饲料添加剂生产企业，同比减少201家，其中，配合饲料、浓缩饲料和精料补充料生产企业7492家，同比增长445家。2017年，全国商品饲料总产量22161.2万吨，同比增长5.9%。其中，配合饲料产量19618.6万吨，同比增长6.7%；浓缩饲料产量1853.7万吨，同比增长1.2%；添加剂预混合饲料产量688.9万吨，同比下降0.3%。2017年，全国饲料工业总产值为8393.6亿元，同比增长4.7%，总营业收入8194.6亿元，同比增长5.4%。

植物油加工业：行业产品结构进一步调整优化，企业经济效益向好。2017年，全国油脂油料价格指数同比小幅增长2.55%，全国食用精制植物油产量6072万吨，同比下降12%，进口食用植物油577万吨，同比增长4.34%。大豆进口量创下新高，达到9553万吨，食用植物油进口进一步增加。

制糖业：受印度、泰国等糖产量增加，全球白糖处于下行周期。国内市场亦不例外，产量持续增加，2017 年，全国糖产量1593 万吨，同比增长13.06%，白糖价格持续下跌，年均价跌幅12%，企业经营承压。截至 2017 年年底，白糖主产区广西壮族自治区制糖企业 97 家，较2016 年增加1 家，总产值650 亿元，同比增长7.2%，资产总计 506 亿元，同比增长6.5%。随着国储白糖的去库存化，白糖进口亦有所减少，2017 年全国白糖进口量229 万吨，同比下降25%。

屠宰及肉制品加工业：猪鸡价格下行，行业亏损加剧。生猪养殖方面，规模场快速扩栏，散户在环保压力下持续退出，行业盈利整体下滑，猪价进入下行通道，2017 年全国猪肉均价 23.25 元/公斤，同比下滑 18.44%；肉鸡养殖方面，祖代鸡引种低位并未如期带来价格反转，行业由于大范围换羽叠加进口冲击、禽流感疫情等影响，持续亏损，鸡价全面下行，2017 年肉鸡均价 6.68 元/公斤，同比下滑 11.26%。

水产品加工业：受益于消费升级的带动，居民对于优质蛋白需求提升，水产品行业景气向上，价格产量双双提升。2017 年，中国渔业产值 12313.85 亿元，海洋捕捞产值 1987.65 亿元，海水养殖产值 3307.40 亿元，淡水捕捞产值 461.75 亿元，淡水养殖产值 5876.25 亿元，水产苗种产值 680.80 亿元。2017 年，中国水产品产量 6445 万吨，同比增长 1.03%，其中，海水产品产量 3322 万吨，同比略增，淡水产品产量 3124 万吨，同比增长 1.49%。2017 年，中国水产品进出口总量 923.65 万吨，进出口总额 324.96 亿美元，同比分别增长 11.56% 和 7.92%，均创历史新高。

## 二、行业内上市公司发展概况

### （一）行业内上市公司基本情况

**表 1　　2017 年农副食品加工业上市公司发行股票概况**

| 门　类 | A、B 股总数 | A 股股票数 | B 股股票数 | 境内总市值（亿元） | 流通 A 股市值（亿元） | 流通 B 股市值（亿元） |
|---|---|---|---|---|---|---|
| 农副食品加工业 | 50 | 49 | 1 | 4917.01 | 3776.10 | 2.88 |
| 占沪深两市比重（%） | 1.40 | 1.37 | 0.03 | 0.87 | 0.84 | 0.16 |

资料来源：沪深交易所，同花顺。

2017 年，农副食品加工业新增 11 家公司，分别为京粮控股、华统股份、道道全、中宠股份、佩蒂股份、苏垦农发、安井食品、傲农生物、绝味食品、惠发股份、天马科技。其中，京粮控股为借壳上市，其余十家公司均为新股发行。

### （二）行业内上市公司构成情况

表 2　　2017 年农副食品加工业上市公司构成情况　　单位：家

| 门类 | 沪市 | | | 深市 | | | ST/*ST |
|---|---|---|---|---|---|---|---|
| | 仅 A 股 | 仅 B 股 | A+B 股 | 仅 A 股 | 仅 B 股 | A+B 股 | |
| 农副食品加工业（家） | 15 | 0 | 0 | 33 | 0 | 1 | 0/2 |
| 占行业内上市公司比重（%） | 30.61 | 0.00 | 0.00 | 67.35 | 0.00 | 2.04 | 0.00/0.09 |

资料来源：沪深交易所，同花顺。

## （三）行业内上市公司融资情况

表 3　　2017 年农副食品加工业上市公司与沪深两市融资情况对比　　单位：家

| | 融资家数 | 新股 | 增发 | 配股 |
|---|---|---|---|---|
| 农副食品加工业 | 15 | 10 | 5 | 0 |
| 沪深两市总数 | 867 | 438 | 422 | 7 |
| 占比（%） | 1.73 | 2.28 | 1.18 | 0.00 |

资料来源：沪深交易所，同花顺。

其中，首发的 10 家公司中，有 6 家在主板上市，3 家在中小板上市，1 家在创业板上市；增发的 5 家公司中，有 2 家深市主板公司、3 家中小板公司。

从融资效果来看，上述公司实际发行数量为 12.37 亿股；实际募集资金 127.32 亿元，基本完成了融资计划。

2017 年农副食品加工业上市公司融资情况明细见附录。

## （四）行业内上市公司资产及业绩情况

表 4　　2017 年农副食品加工业上市公司资产情况　　单位：亿元

| 指标 | 2017 年 | 2017 年可比样本增长（%） | 2016 年 | 2016 年可比样本增长（%） | 2015 年 |
|---|---|---|---|---|---|
| 总资产 | 2875.95 | 15.89 | 2255.59 | 15.70 | 2016.58 |
| 流动资产 | 1284.23 | 20.98 | 945.75 | 12.80 | 929.86 |
| 占比（%） | 44.65 | 1.88 | 41.93 | -1.08 | 46.11 |
| 非流动资产 | 1591.72 | 12.08 | 1309.85 | 17.89 | 1086.73 |
| 占比（%） | 55.35 | -1.88 | 58.07 | 1.08 | 53.89 |
| 流动负债 | 1024.20 | 24.18 | 740.33 | 14.02 | 671.01 |
| 占比（%） | 35.61 | 2.38 | 32.82 | -0.48 | 33.27 |
| 非流动负债 | 238.09 | 26.43 | 158.55 | 42.11 | 133.14 |
| 占比（%） | 8.28 | 0.69 | 7.03 | 1.31 | 6.6 |
| 归属于母公司股东权益 | 1480.37 | 9.47 | 1251.40 | 15.02 | 1122.74 |
| 占比（%） | 51.47 | -3.02 | 55.48 | -0.33 | 55.68 |

资料来源：沪深交易所，同花顺。

表 5　　2017 年农副食品加工业上市公司收入实现情况　　单位：亿元

| 指　标 | 2017 年 | 2017 年可比样本增长（%） | 2016 年 | 2016 年可比样本增长（%） | 2015 年 |
|---|---|---|---|---|---|
| 营业收入 | 3547.47 | 11.84 | 2833.80 | 5.65 | 2727.56 |
| 利润总额 | 171.71 | −15.79 | 178.96 | 18.14 | 151.79 |
| 归属于母公司所有者的净利润 | 121.81 | −23.89 | 140.96 | 24.11 | 113.49 |

资料来源：沪深交易所，同花顺。

### （五）利润分配情况

2017 年全年农副食品加工业上市公司中共有 37 家公司实施了分红配股。其中，10 家上市公司实施送股或转增股，37 家上市公司实施派息，其中，10 家公司既实施了送股、转增，又实施了派息。

2017 年农副食品加工业上市公司分红明细见附录。

### （六）其他财务指标情况

1. 盈利能力指标

表 6　　2017 年农副食品加工业上市公司盈利能力情况　　单位：%

| 指　标 | 2017 年 | 2017 年可比样本变动 | 2016 年 | 2016 年可比样本变动 | 2015 年 |
|---|---|---|---|---|---|
| 毛利率 | 15.46 | 0.75 | 14.39 | 1.00 | 14.08 |
| 净资产收益率 | 8.23 | −3.61 | 11.26 | 0.83 | 10.11 |
| 销售净利率 | 3.74 | −1.67 | 5.34 | 0.69 | 4.55 |
| 资产净利率 | 4.95 | −2.52 | 7.20 | 0.41 | 6.37 |

资料来源：沪深交易所，同花顺。

2. 偿债能力指标

表 7　　2017 年农副食品加工业上市公司偿债能力指标

| 指　标 | 2017 年 | 2017 年可比样本变动 | 2016 年 | 2016 年可比样本变动 | 2015 年 |
|---|---|---|---|---|---|
| 流动比率 | 1.25 | −0.03 | 1.28 | −0.01 | 1.39 |
| 速动比率 | 0.78 | −0.02 | 0.80 | −0.06 | 0.86 |
| 资产负债率（%） | 43.89 | 3.07 | 39.85 | 0.82 | 39.88 |

资料来源：沪深交易所，同花顺。

3. 营运能力指标

表 8　　2017 年农副食品加工业上市公司营运能力情况　　单位：次

| 营运能力指标 | 2017 年 | 2017 年可比样本变动 | 2016 年 | 2016 年可比样本变动 | 2015 年 |
|---|---|---|---|---|---|
| 存货周转率 | 6.81 | -0.70 | 7.70 | -0.13 | 6.35 |
| 应收账款周转率 | 30.02 | -0.99 | 30.77 | -3.52 | 34.75 |
| 流动资产周转率 | 3.02 | -0.17 | 3.18 | -0.04 | 2.93 |
| 固定资产周转率 | 4.61 | -0.15 | 4.63 | -0.33 | 5.02 |
| 总资产周转率 | 1.32 | -0.06 | 1.35 | -0.11 | 1.40 |
| 净资产周转率 | 2.30 | -0.02 | 2.23 | -0.25 | 2.43 |

资料来源：沪深交易所，同花顺。

## 三、重点上市公司介绍

### （一）新希望

新希望是中国最大的饲料生产企业，也是中国最大的农牧企业之一。2017 年，营业收入 625.67 亿元，同比增长 2.77%，归母净利润 22.80 亿元，同比下跌 7.66%。公司毛利率 8.15%，较 2016 年小幅上升 0.18 个百分点，净利率 4.69%，较 2016 年下滑 0.46 个百分点。饲料是公司第一大主营业务，2017 年饲料销量 1572.29 万吨，同比增加 5.61%，其中，猪饲料 419 万吨，禽饲料 1029 万吨。养殖是公司第二大主营业务，2017 年种鸡/鸭销量 6 亿只，商品鸡/鸭销量超过 2 亿只。同时公司积极布局生猪养殖业务，2017 年生猪销量达 240 万头。随着公司对养殖产能布局的增加，生猪养殖业绩占比将不断增加，在未来 2～3 年将成为公司主要的业绩增长点。

### （二）双汇发展

双汇发展是国内最大的肉类加工企业，以屠宰和肉类加工业为核心，向上游发展饲料业和养殖业，向下游发展包装业、商业、外贸等，形成了主业突出、行业配套的产业群。2017 年，双汇发展实现营业总收入 505.8 亿元，同比下降 2.4%，归母净利润 43.2 亿元，同比下降 2%，屠宰生猪 1426.96 万头，同比增加 15.5%，鲜冻肉及肉制品外销量 310.29 万吨，同比增长 4.58%。

### （三）佩蒂股份

佩蒂股份主营宠物咬胶及其他宠物食品。2017 年，公司实现营业收入 6.32 亿元，同比增长 14.79%，归母净利润 1.07 亿元，同比增长 32.84%。毛利率 37.27%，较 2016 年上升 7.75 个百分点，净利率 16.91%，较 2016 年上升 2.29 个百分点，盈利能力稳居行业前列。佩蒂股份主要收入来自海外（6.02 亿元），凭借较强的产品设计能力、稳定的品质以及全球化生产能力，海外客户销售稳定增长。而随着国内养宠渗透率的快速提升，佩蒂股份亦加大国内市场布局。

## 四、上市公司在行业中的影响力

2017 年，农副食品加工行业规模以上企业实现资产总额 32311 亿元，较 2016 年下降 4.75%；行业内上市公司总资产 2875.95 亿元，2017 年可比样本较 2016 年增长 15.89%，上市公司总资产占行业总资产 8.90%，较 2016 年增加 2.25 个百分点。

2017 年，农副食品加工行业规模以上企业实现营业收入 59894 亿元，较 2016 年下降 12.98%；行业内上市公司营业收入 3547.47 亿元，2017 年可比样本较 2016 年增长 11.84%，上市公司总收入占行业总收入的 5.92%，较 2016 年增加 1.80 个百分点。

2017 年，农副食品加工行业规模以上企业实现利润总额 3101 亿元，较 2016 年下降 14.4%。行业内上市公司利润总额 171.71 亿元，2017 年可比样本较 2016 年下降 15.79%，上市公司总利润占行业总利润的 5.54%，较 2016 年增加 0.60 个百分点。

总体来说，上市公司盈利能力好于行业整体，总资产、营业收入、利润总额占行业比重继续增加，行业集中度进一步提高。

审稿人：金晟哲

撰稿人：宋星琦

# 食品制造业

## 一、食品制造业总体概况

### （一）行业整体运行情况

2017 年，宏观经济增速继续放缓，食品制造业属于稳健刚需，行业景气指数平均值为 135.9，保持较好的景气态势。行业整体来看，营收和利润增速有小幅提升，消费升级趋势持续。2017 年，全行业规模以上企业 8864 家，资产总额 16017.80 亿元，较 2016 年增长 5.6%；实现主营业务收入 23118.10 亿元，较 2016 年增长 8.30%，增速较同期上行 0.30 个百分点；实现利润总额 1851.10 亿元，较 2016 年增长 6.70%，增速较同期下行 1.50 个百分点。行业整体毛利率 17.56%，销售利润率 8.01%，总体盈利能力保持平稳。截至 2017 年年底，全行业的资产负债率为 44.68%，较 2016 年上升 0.3 个百分点，整体财务状况保持相对稳定。

### （二）细分行业运行概况

食品制造业共分为 7 个细分子行业：焙烤食品制造业，糖果、巧克力及蜜饯制造业，方便食品制造业，调味品发酵制品业，乳制品制造业，罐头食品制造业和其他食品制造业。其中，其他制品制造业包括营养食品制造业、保健食品制造业、冷冻饮品及食用冰制造业、盐加工业、食品及磁疗添加剂制造业等。

以烘焙食品和调味品为例：烘焙食品主要包括面包、糕点、饼等几大类产品，作为休闲食品的重要子分类广受消费者欢迎。中国烘焙行业起步相对较晚，但发展较快，2012～2017 年 GAGR 为 11.9%，2017 年市场规模约 1877 亿元，同比增长 10.4%。中国烘焙行业的集中度较低，2017 年 CR5 约为 11.1%，其中，行业龙头达利园市占率约为 4.4%，桃李面包和好丽友分列市场份额的二、三位，占比为 3.0%、1.5%。

调味品行业方面，根据 Euromonitor，2017 年零售额 1094 亿元，同比增长 8.9%，2012～2017 年 CAGR 为 9.5%，预计未来 18～21 年 CAGR 约 7.2%。分量价来看，2017 年调味品行业销售量为 1344 万吨，同比提升 4.9%，均价提升约 3.8%。行业销量增长稳定，行业的扩张主要来自于单价的增速。从市场集中度来看，2017 年 CR5 为 21%，集中度稳步提升。

## 二、行业内上市公司发展概况

### （一）行业内上市公司基本情况

表 1　2017 年食品制造业上市公司发行股票概况

| 门　类 | A、B 股总数 | A 股股票数 | B 股股票数 | 境内总市值（亿元） | 流通 A 股市值（亿元） | 流通 B 股市值（亿元） |
|---|---|---|---|---|---|---|
| 食品制造业 | 42 | 42 | 0 | 6595.34 | 5810.92 | 0.00 |
| 占沪深两市比重（%） | 1.18 | 1.18 | 0.00 | 1.16 | 1.30 | 0.00 |

资料来源：沪深交易所，同花顺。

### （二）行业内上市公司构成情况

表 2　2017 年食品制造业上市公司构成情况　单位：家

| 门　类 | 沪市 | | | 深市 | | | ST/*ST |
|---|---|---|---|---|---|---|---|
| | 仅 A 股 | 仅 B 股 | A+B 股 | 仅 A 股 | 仅 B 股 | A+B 股 | |
| 食品制造业（家） | 21 | 0 | 0 | 21 | 0 | 0 | 0/0 |
| 占行业内上市公司比重（%） | 50.00 | 0.00 | 0.00 | 50.00 | 0.00 | 0.00 | 0.00/0.00 |

资料来源：沪深交易所，同花顺。

## （三）行业内上市公司融资情况

表 3　　2017 年食品制造业上市公司与沪深两市融资情况对比　　单位：家

| | 融资家数 | 新股 | 增发 | 配股 |
|---|---|---|---|---|
| 食品制造业 | 5 | 4 | 1 | 0 |
| 沪深两市总数 | 867 | 438 | 422 | 7 |
| 占比（%） | 0.58 | 0.91 | 0.24 | 0.00 |

资料来源：沪深交易所，同花顺。

其中，首发的 4 家公司中，有 2 家在深市中小板上市，2 家在沪市主板上市；增发的 1 家公司为沪市公司。

从融资效果来看，上述公司实际发行数量为 16834 万股；实际募集资金 23.32 亿元，基本完成了融资计划。

2017 年食品制造业上市公司融资情况明细见附录。

## （四）行业内上市公司资产及业绩情况

表 4　　2017 年食品制造业上市公司资产情况　　单位：亿元

| 指　标 | 2017 年 | 2017 年可比样本增长（%） | 2016 年 | 2016 年可比样本增长（%） | 2015 年 |
|---|---|---|---|---|---|
| 总资产 | 2195.96 | 12.87 | 1904.65 | 6.58 | 1699.54 |
| 流动资产 | 1158.23 | 20.79 | 939.52 | 8.93 | 833.32 |
| 占比（%） | 52.74 | 3.46 | 49.33 | 1.07 | 49.03 |
| 非流动资产 | 1037.73 | 5.17 | 965.13 | 4.38 | 866.22 |
| 占比（%） | 47.26 | -8.46 | 50.67 | -1.07 | 50.97 |
| 流动负债 | 768.93 | 22.29 | 614.27 | -2.13 | 594.24 |
| 占比（%） | 35.02 | 2.70 | 32.25 | -2.87 | 34.96 |
| 非流动负债 | 135.69 | -4.65 | 140.82 | 10.23 | 120.88 |
| 占比（%） | 6.18 | -1.13 | 7.39 | 0.25 | 7.11 |
| 归属于母公司股东权益 | 1238.41 | 10.09 | 1100.13 | 10.00 | 955.74 |
| 占比（%） | 56.40 | -1.42 | 57.76 | 1.80 | 56.24 |

资料来源：沪深交易所，同花顺。

表 5　　2017 年食品制造业上市公司收入实现情况　　单位：亿元

| 指　标 | 2017 年 | 2017 年可比样本增长（%） | 2016 年 | 2016 年可比样本增长（%） | 2015 年 |
|---|---|---|---|---|---|
| 营业收入 | 2068.85 | 14.87 | 1763.41 | 4.93 | 1624.73 |
| 利润总额 | 210.47 | 10.64 | 183.85 | 30.97 | 137.97 |
| 归属于母公司所有者的净利润 | 169.65 | 11.47 | 147.19 | 28.49 | 113.21 |

资料来源：沪深交易所，同花顺。

## （五）利润分配情况

2017 年全年食品制造业上市公司中共有 36 家公司实施了分红配股。其中，29 家仅实施派息，7 家公司既实施了送股、转增，又实施了派息。

2017 年食品制造业上市公司分红明细见附录。

## （六）其他财务指标情况

1. 盈利能力指标

表 6　　2017 年食品制造业上市公司盈利能力情况　　单位：%

| 指　标 | 2017 年 | 2017 年可比样本变动 | 2016 年 | 2016 年可比样本变动 | 2015 年 |
|---|---|---|---|---|---|
| 毛利率 | 34.42 | -1.24 | 35.34 | 1.33 | 33.7 |
| 净资产收益率 | 13.70 | 0.17 | 13.38 | 1.93 | 11.85 |
| 销售净利率 | 8.45 | -0.26 | 8.61 | 1.63 | 7.1 |
| 资产净利率 | 8.44 | 0.12 | 8.23 | 1.28 | 7.19 |

资料来源：沪深交易所，同花顺。

2. 偿债能力指标

表 7　　2017 年食品制造业上市公司偿债能力指标

| 指　标 | 2017 年 | 2017 年可比样本变动 | 2016 年 | 2016 年可比样本变动 | 2015 年 |
|---|---|---|---|---|---|
| 流动比率 | 1.51 | -0.02 | 1.53 | 0.16 | 1.4 |
| 速动比率 | 1.21 | 0.01 | 1.21 | 0.14 | 1.09 |
| 资产负债率（%） | 41.19 | 1.56 | 39.64 | -2.62 | 42.08 |

资料来源：沪深交易所，同花顺。

3. 营运能力指标

表 8　　2017 年食品制造业上市公司营运能力情况　　单位：次

| 营运能力指标 | 2017 年 | 2017 年可比样本变动 | 2016 年 | 2016 年可比样本变动 | 2015 年 |
|---|---|---|---|---|---|
| 存货周转率 | 6.38 | 0.55 | 5.85 | 0.27 | 5.59 |
| 应收账款周转率 | 17.36 | -0.22 | 17.54 | -2.42 | 20.05 |
| 流动资产周转率 | 1.95 | 0.00 | 1.96 | -0.10 | 2.05 |
| 固定资产周转率 | 3.18 | 0.29 | 2.90 | -0.05 | 3.00 |
| 总资产周转率 | 1.00 | 0.04 | 0.96 | -0.04 | 1.01 |
| 净资产周转率 | 1.68 | 0.06 | 1.62 | -0.16 | 1.80 |

资料来源：沪深交易所，同花顺。

## 三、重点上市公司介绍

### （一）安琪酵母

安琪酵母是国内第一、世界第三的酵母龙头企业。安琪酵母全球布局 15 条生产线，实现酵母年产能 25.1 万吨，占国内 55%、全球 13% 的市场份额，上游糖业及下游生物饲料、保健品等业务纵向拓展、协同发展，近 5 年营业收入复合增长率 16.31%。受益于产品结构提升和产能释放，安琪酵母的酵母主业增长稳健，保健品及 YE 业务实现高增长：2017 年年末公司酵母发酵产能达 20.3 万吨，同比增长 9%，受制于产能限制供不应求，酵母主业实现约 12% 的增长率，按照规划，2018 年公司 2 万吨俄罗斯酵母产能将充分释放且安琪赤峰 1.5 万吨也将投产，预期产能稳健推进，驱动销量增长；由于安琪酵母保健品批文准备充足，且受益于母婴渠道发力以及聚焦蛋白粉大单品战略，保健品业务在 2017 年实现收入 60% 的高速增长，目前产能利用率仍有提升空间。

2017 年，实现营业收入 57.76 亿元，较 2016 年增长 18.82%；实现营业利润 9.12 亿元，较 2016 年增长 53.2%；归属母公司净利润 8.47 亿元，较 2016 年增长 58.35%。2017 年，综合毛利率为 37.6%，较 2016 年同期上升 5 个百分点；归母净利率为 14.7%，较 2016 年提升 3.7 个百分点。

### （二）桃李面包

桃李面包主营以面包为核心的优质烘焙类产品的生产及销售，经营采用“中央工厂 + 批发”的模式，核心产品为桃李品牌面包，包括 3 大系列（软式面包、起酥面包和调理面包）几十余个品种。2018 年，国内烘焙市场规模达 2115 亿元，其中，面包市场规模达 379 亿元，占比 18%。随着人们消费水平的提升以及面包生产技术的精进，预计国内面包市场仍将维持较高增长，根据 Euromonitor 预测，2018 ~ 2023 年国内面包市场规模复合增速将达 12.65%，至 2023 年规模将增至 687 亿元。

面包行业主要有面包房、短保产品和长保产品 3 种模式。面包房以克里斯汀、85 度 C、面包新语为代表，租金和人力成本压力导致该模式利润增速下降甚至亏损，门店拓展趋缓甚至开始关店。短保面包以桃李、曼可顿、宾堡为代表，符合健康新鲜的消费升级趋势，曼可顿、宾堡为外资公司，在华渠道拓展较慢。长保面包以三辉麦风、达利园、盼盼等为代表，保质期在 6 个月左右，生产灵活，但在消费升级趋势下多添加的长保将受挤压。对比“面包店—短保—长保”模式，短保顺消费趋势，发展前景广阔。截至 2017 年年底已建立 16 个生产基地，进入 19 万终端，随着新产能投放，产能利用率的稳步上升，规模经济优势强。

2017 年，实现总销售收入 40.8 亿元，较 2016 年增长 23.4%，其中，面包收入占公司年度总收入的 98.11%。2012～2017 年，公司营业收入 5 年复合增长率为 21.71%。2017 年实现营业利润 6.51 亿元，较 2016 年增长 31.31%，归母净利润 5.13 亿元，较 2016 年增长 17.8%，2012～2017 年净利润年复合增长率为 18.99%。2017 年，公司综合毛利率为 38.7%，较 2016 年同期提升 2.9 个百分点；归母净利率为 13.8%，较 2016 年提升 1.92 个百分点。

## 四、上市公司在行业中的影响力

2017 年，食品制造业行业规模以上企业实现资产总额 16017.80 亿元，较 2016 年增长 4.36%；行业内上市公司总资产 2196.04 亿元，2017 年可比样本较 2016 年增长 12.87%，上市公司总资产占行业总资产的 13.71%。

2017 年，食品制造业行业规模以上企业实现营业收入 23414.80 亿元，较 2016 年下降 0.87%；行业内上市公司营业收入 2068.85 亿元，2017 年可比样本较 2016 年增长 14.87%，上市公司总收入占行业总收入的 8.84%。

2017 年，食品制造业行业规模以上企业实现利润总额 1851.10 亿元，较 2016 年下降 7.48%。行业内上市公司利润总额 210.47 亿元，2017 年可比样本较 2016 年增长 10.64%，上市公司总利润占行业总利润的 11.37%。

审稿人：薛　缘

撰稿人：奚逸嘉

# 酒、饮料和精制茶制造业

## 一、酒、饮料和精制茶制造业总体概况

2017 年，宏观经济形式仍处 L 形探底阶段，但同比增速略有回升。虽然宏观经济下行压力尚存，但是消费行业升级趋势已经确立，结构性变化为行业增长贡献主要动能。从消费者层面来看，消费者追求健康化、品质化、品牌化成为行业转型升级的主旋律。行业内部细分行业如白酒自 2016 年触底回升以来，2017 年龙头公司继续主动加快转型升级，从体制上深化改革，从营销上加强创新，继续深化品牌、渠道、产品三力，以适应行业转型和升级。而其他细分行业如啤酒、红酒、黄酒和软饮料行业从外部需求和内部调整来看，仍处于筑底阶段。2017 年，行业成本上行压力较大，部分子行业如啤酒、白酒等通过提价应对成本压力。

截至 2017 年 12 月 31 日，酒、饮料和精制茶制造业全行业规模以上企业有

7122 家，企业单位数较 2016 年增长 4.78%；全行业资产总额 17248.3 亿元，较 2016 年增长 4.42%；全行业合计实现营业收入 17637 亿元，较 2016 年下滑 4.22%；实现利润总额 2017.5 亿元，较 2016 年增长 10.6%，全行业财务状况基本保持稳定。

## 二、行业内上市公司发展概况

### （一）行业内上市公司基本情况

表 1　2017 年酒、饮料和精制茶制造业上市公司发行股票概况

| 门　类 | A、B 股总数 | A 股股票数 | B 股股票数 | 境内总市值（亿元） | 流通 A 股市值（亿元） | 流通 B 股市值（亿元） |
|---|---|---|---|---|---|---|
| 酒、饮料和精制茶制造业 | 45 | 42 | 3 | 18841.70 | 17780.19 | 85.97 |
| 占沪深两市比重（%） | 1.26 | 1.18 | 0.08 | 3.32 | 3.98 | 4.80 |

资料来源：沪深交易所，同花顺。

### （二）行业内上市公司构成情况

表 2　2017 年酒、饮料和精制茶制造业上市公司构成情况　单位：家

| 门　类 | 沪市 | | | 深市 | | | ST/*ST |
|---|---|---|---|---|---|---|---|
| | 仅 A 股 | 仅 B 股 | A＋B 股 | 仅 A 股 | 仅 B 股 | A＋B 股 | |
| 酒、饮料和精制茶制造业（家） | 25 | 0 | 0 | 14 | 0 | 3 | 0/0 |
| 占行业内上市公司比重（%） | 59.52 | 0.00 | 0.00 | 33.33 | 0.00 | 7.14 | 0.00/0.00 |

资料来源：沪深交易所，同花顺。

### （三）行业内上市公司融资情况

表 3　2017 年酒、饮料和精制茶制造业上市公司与沪深两市融资情况对比　单位：家

| | 融资家数 | 新股 | 增发 | 配股 |
|---|---|---|---|---|
| 酒、饮料和精制茶制造业 | 4 | 1 | 3 | 0 |
| 沪深两市总数 | 867 | 438 | 422 | 7 |
| 占比（%） | 0.46 | 0.23 | 0.71 | 0.00 |

资料来源：沪深交易所，同花顺。

其中，首发的1家公司在沪市；增发的3家公司中，有1家沪市、1家深市及1家中小板公司。

从融资效果来看，上述公司实际发行数量为55845.92万股；实际募集资金83.95亿元，基本完成了融资计划。

2017年酒、饮料和精制茶制造业上市公司融资情况明细见附录。

### （四）行业内上市公司资产及业绩情况

表4　　2017年酒、饮料和精制茶制造业上市公司资产情况　　单位：亿元

| 指　标 | 2017年 | 2017年可比样本增长（%） | 2016年 | 2016年可比样本增长（%） | 2015年 |
|---|---|---|---|---|---|
| 总资产 | 4802.28 | 15.07 | 4147.89 | 15.41 | 3400.11 |
| 流动资产 | 3367.49 | 18.46 | 2825.06 | 20.38 | 2216.81 |
| 占比（%） | 70.12 | 2.00 | 68.11 | 2.81 | 65.2 |
| 非流动资产 | 1434.80 | 7.84 | 1322.83 | 6.06 | 1183.3 |
| 占比（%） | 29.88 | -2.00 | 31.89 | -2.81 | 34.8 |
| 流动负债 | 1429.76 | 13.94 | 1243.32 | 28.74 | 877.65 |
| 占比（%） | 29.77 | -0.30 | 29.97 | 3.10 | 25.81 |
| 非流动负债 | 111.69 | -3.43 | 114.97 | 3.35 | 74.16 |
| 占比（%） | 2.33 | -0.45 | 2.77 | -0.32 | 2.18 |
| 归属于母公司股东权益 | 3158.69 | 16.12 | 2707.16 | 10.41 | 2380.68 |
| 占比（%） | 65.77 | 0.59 | 65.27 | -2.96 | 70.02 |

资料来源：沪深交易所，同花顺。

表5　　2017年酒、饮料和精制茶制造业上市公司收入实现情况　　单位：亿元

| 指　标 | 2017年 | 2017年可比样本增长（%） | 2016年 | 2016年可比样本增长（%） | 2015年 |
|---|---|---|---|---|---|
| 营业收入 | 2392.39 | 18.93 | 1984.33 | 6.77 | 1750.67 |
| 利润总额 | 797.73 | 40.49 | 564.17 | 9.08 | 509.81 |
| 归属于母公司所有者的净利润 | 565.42 | 40.45 | 399.60 | 7.32 | 366.54 |

资料来源：沪深交易所，同花顺。

### （五）利润分配情况

2017年全年酒、饮料和精制茶制造业上市公司中共有34家公司实施了分红配股。其中，34家上市公司均实施派息，其中3家公司既实施了送股、转增，又实施了派息。2017年酒、饮料和精制茶制造业上市公司分红明细见附录。

## （六）其他财务指标情况

### 1. 盈利能力指标

表 6　　2017 年酒、饮料和精制茶制造业上市公司盈利能力情况　　单位:%

| 指　标 | 2017 年 | 2017 年可比样本变动 | 2016 年 | 2016 年可比样本变动 | 2015 年 |
|---|---|---|---|---|---|
| 毛利率 | 64.46 | 3.17 | 61.55 | 2.38 | 60.28 |
| 净资产收益率 | 17.90 | 3.10 | 14.76 | -0.42 | 15.4 |
| 销售净利率 | 24.74 | 3.92 | 20.95 | 0.28 | 21.64 |
| 资产净利率 | 13.19 | 2.43 | 10.74 | -0.62 | 11.87 |

资料来源：沪深交易所，同花顺。

### 2. 偿债能力指标

表 7　　2017 年酒、饮料和精制茶制造业上市公司偿债能力指标

| 指　标 | 2017 年 | 2017 年可比样本变动 | 2016 年 | 2016 年可比样本变动 | 2015 年 |
|---|---|---|---|---|---|
| 流动比率 | 2.36 | 0.09 | 2.27 | -0.16 | 2.53 |
| 速动比率 | 1.70 | 0.14 | 1.57 | 0.00 | 1.67 |
| 资产负债率（%） | 32.10 | -0.74 | 32.75 | 2.78 | 27.99 |

资料来源：沪深交易所，同花顺。

### 3. 营运能力指标

表 8　　2017 年酒、饮料和精制茶制造业上市公司营运能力情况　　单位：次

| 营运能力指标 | 2017 年 | 2017 年可比样本变动 | 2016 年 | 2016 年可比样本变动 | 2015 年 |
|---|---|---|---|---|---|
| 存货周转率 | 0.94 | 0.03 | 0.89 | -0.05 | 0.96 |
| 应收账款周转率 | 93.85 | 14.88 | 78.65 | 6.82 | 76.83 |
| 流动资产周转率 | 0.77 | 0.00 | 0.77 | -0.09 | 0.86 |
| 固定资产周转率 | 2.80 | 0.28 | 2.49 | -0.06 | 2.51 |
| 总资产周转率 | 0.53 | 0.02 | 0.51 | -0.04 | 0.55 |
| 净资产周转率 | 0.79 | 0.03 | 0.75 | -0.03 | 0.76 |

资料来源：沪深交易所，同花顺。

## 三、重点上市公司介绍

### （一）贵州茅台

2017年，贵州茅台实现营业收入610.63亿元，归母净利润270.79亿元，较2016年分别同比增长52.1%、62%。其中，四季度酒类收入158亿元，同比增长29%，归母净利润71亿元，同比增长67%。分产品来看，销售茅台酒、系列酒各3.02万吨、2.99万吨，实现销售收入各523.9亿元、57.7亿元，同比增速分别为42.7%、171%。

消费升级推动高端酒需求增长，贵州茅台持续推进茅台酒结构升级和渠道结构优化。全年飞天茅台并未直接提价，但非标如生肖酒等比例上升叠加直销比例提升，带动茅台酒吨价上行8%。例如，直销渠道收入62亿元，同比增长79%，占比达10.7%，销量3673吨，同比增长86%。2017年，贵州茅台加强量价平衡工作，通过季度间调控投放量应对需求淡旺季，以及通过云商平台树立价格体系，管控价格，防止价格过快上涨库存累积。全年市场飞天一批价强劲，需求转型为大众需求，供需紧平衡状态持续。

系列酒精简SKU，由量增扩渠道转为动销带增长。2017年，贵州茅台将系列酒由原有的34个品牌277款产品削减到11个品牌96款产品，通过精简SKU，聚焦主力单品，系列酒在量增的同时，均价亦提升27.4%。系列酒通过加强资源投入引导消费升级，有望成为下一个重要的增长点。

### （二）洋河股份

2017年，洋河股份实现营业收入199.18亿元，归母净利润66.27亿元，较2016年分别同比增长15.9%，13.7%。其中，四季度营收加速增长，单四季度实现营收30.4亿元，同比增加20.81%。2017年一季度至四季度营业收入分别同比增加10.9%、17.65%、19.55%、20.81%，增速逐渐爬坡。

洋河股份结构升级和省外扩张推进效果显著。全年销售毛利率66.46%，同比增加2.56个百分点。毛利率提升一方面因为公司顺应行业趋势结构升级，主动推广梦之蓝，在品牌宣传和费用上支持加大，梦之蓝占比显著提升；另一方面因为2017年9月起原先由受托方代扣代缴的消费税（计入生产成本）改为由公司自行生产销售计入税金及附加。也正是由于消费税调整的影响，2017年税金及附加率上升至5.78%，同比增加3.98%。分区域来看，省内收入106.3亿元，同比增加12.45%，省外收入92.87亿元，同比增加20.16%，省内通过结构升级继续打开空间，省外收入占比则由44.98%提升至46.63%，持续推广新江苏市场。

## 四、上市公司在行业中的影响力

2017年，全行业资产总额17248.3亿元，较2016年增长4.42%；全行业合计实现营业收入17637亿元，较2016年下滑4.22%。行业内上市公司总资产为4802.28亿元，2017年可比样本较2016年增长15.07%；上市公司实现营业收入2392.39亿元，2017年可比样本较2016年增长18.93%；上市公司实现利润总额797.73亿元，2017年可比样本较2016年增长40.49%。

从经营情况来看，上市公司的总资产增速、营业收入增速、利润总额增速均有所加速，且盈利能力有较大幅度提升。

审稿人：王勇、董岚枫

撰稿人：李旻、杨默曦

# 纺织业

## 一、纺织业总体概况

2017年，中国纺织行业坚持深化供给侧结构性改革，努力化解各种外部风险，总体上保持了稳中有进、稳中提质的发展态势，各项经济运行指标均实现正增长，部分指标增速较2016年同期有所加快，运行质效稳步提升，转型升级成效逐步显现。

纺织行业产出增速略有放缓，但内销及出口均出现回暖迹象，行业供需结构不断优化调整。根据国家统计局的数据，2017年规模以上纺织企业工业增加值同比增长4.8%，低于2016年同期增速0.1个百分点。行业出口呈现企稳回升态势，根据海关数据，2017年纺织品服装出口总额达2745.1亿美元，同比增长1.6%，较2016年同期回升8.8个百分点。内需市场继续保持平稳增长，网络消费仍维持较快发展。2017年，全国限额以上服装鞋帽针纺织品零售额同比增长7.8%，增速较2016年同期提高0.8个百分点，全国网上穿着类商品零售额同比增长20.3%，较2016年同期加快2.2个百分点。

2017年，规模以上纺织企业累计实现主营业务收入68935.6亿元，同比增长4.2%，增速较2016年提高0.1个百分点；实现利润总额3768.8亿元，同比增长6.9%，增速较2016年提高2.4个百分点。规模以上企业销售利润率为5.5%，高于2016年同期0.2个百分点；产成品周转率为20.8次/年，总资产周转率为1.5次/年，均与2016年同期基本持平；三费比例为6.5%，略高于2016年同期0.1个百分点。在运行平稳、质效较好的情况下，纺织企业投资信心总体稳定，2017年全行业500万元以上项目固定资产投资完成额达13507.3亿元，同比增长5.2%。

## 二、行业内上市公司发展概况

### （一）行业内上市公司基本情况

表 1　　2017 年纺织业上市公司发行股票概况

| 门　类 | A、B 股总数 | A 股股票数 | B 股股票数 | 境内总市值（亿元） | 流通 A 股市值（亿元） | 流通 B 股市值（亿元） |
|---|---|---|---|---|---|---|
| 纺织业 | 42 | 40 | 2 | 2123.75 | 1547.25 | 20.82 |
| 占沪深两市比重（%） | 1.18 | 1.12 | 0.06 | 0.37 | 0.35 | 1.16 |

资料来源：沪深交易所，同花顺。

### （二）行业内上市公司构成情况

表 2　　2017 年纺织业上市公司构成情况　　单位：家

| 门　类 | 沪市 | | | 深市 | | | ST/*ST |
|---|---|---|---|---|---|---|---|
| | 仅 A 股 | 仅 B 股 | A+B 股 | 仅 A 股 | 仅 B 股 | A+B 股 | |
| 纺织业（家） | 17 | 0 | 1 | 21 | 0 | 1 | 0/2 |
| 占行业内上市公司比重（%） | 42.50 | 0.00 | 2.50 | 52.50 | 0.00 | 2.50 | 0.00/0.09 |

资料来源：沪深交易所，同花顺。

### （三）行业内上市公司融资情况

表 3　　2017 年纺织业上市公司与沪深两市融资情况对比　　单位：家

| | 融资家数 | 新股 | 增发 | 配股 |
|---|---|---|---|---|
| 纺织业 | 10 | 5 | 5 | 0 |
| 沪深两市总数 | 867 | 438 | 422 | 7 |
| 占比（%） | 1.15 | 1.14 | 1.18 | 0.00 |

资料来源：沪深交易所，同花顺。

其中，首发的 5 家公司中，有 4 家在主板上市，1 家在创业板上市；增发的 5 家公司中，有 4 家沪市上市公司、1 家深市中小板公司。

从融资效果来看，上述公司实际发行数量为 77076.26 万股；实际募集资金 89.34 亿元，基本完成了融资计划。

2017 年纺织业上市公司融资情况明细见附录。

### （四）行业内上市公司资产及业绩情况

表 4　　2017 年纺织业上市公司资产情况　　单位：亿元

| 指　标 | 2017 年 | 2017 年可比样本增长（%） | 2016 年 | 2016 年可比样本增长（%） | 2015 年 |
|---|---|---|---|---|---|
| 总资产 | 1705.43 | 10.45 | 1567.89 | 8.52 | 1471.56 |
| 流动资产 | 895.68 | 15.73 | 764.96 | 9.37 | 730.49 |
| 占比（%） | 52.52 | 2.39 | 48.79 | 0.38 | 49.64 |
| 非流动资产 | 809.75 | 5.15 | 802.93 | 7.72 | 741.07 |
| 占比（%） | 47.48 | -2.39 | 51.21 | -0.38 | 50.36 |
| 流动负债 | 624.92 | 10.15 | 557.35 | 7.26 | 538.17 |
| 占比（%） | 36.64 | -0.10 | 35.55 | -0.42 | 36.57 |
| 非流动负债 | 125.52 | -14.54 | 154.30 | -3.57 | 157.21 |
| 占比（%） | 7.36 | -2.15 | 9.84 | -1.23 | 10.68 |
| 归属于母公司股东权益 | 920.42 | 14.78 | 827.19 | 11.97 | 749.81 |
| 占比（%） | 53.97 | 2.04 | 52.76 | 1.63 | 50.95 |

资料来源：沪深交易所，同花顺。

表 5　　2017 年纺织业上市公司收入实现情况　　单位：亿元

| 指　标 | 2017 年 | 2017 年可比样本增长（%） | 2016 年 | 2016 年可比样本增长（%） | 2015 年 |
|---|---|---|---|---|---|
| 营业收入 | 1075.20 | 16.22 | 887.57 | 10.86 | 831.84 |
| 利润总额 | 87.08 | 16.88 | 67.77 | 36.96 | 52.53 |
| 归属于母公司所有者的净利润 | 68.22 | 20.74 | 51.14 | 38.00 | 39.43 |

资料来源：沪深交易所，同花顺。

### （五）利润分配情况

2017 年，全年纺织业上市公司中共有 31 家公司实施了分红配股。其中，4 家上市公司实施送股或转增股，31 家上市公司实施派息，其中 4 家公司既实施了送股、转增，又实施了派息。

2017 年纺织业上市公司分红明细见附录。

### （六）其他财务指标情况

1. 盈利能力指标

表 6　　2017 年纺织业上市公司盈利能力情况　　单位：%

| 指　标 | 2017 年 | 2017 年可比样本变动 | 2016 年 | 2016 年可比样本变动 | 2015 年 |
|---|---|---|---|---|---|
| 毛利率 | 20.78 | -0.68 | 20.63 | 0.36 | 20.27 |
| 净资产收益率 | 7.41 | 0.37 | 6.18 | 1.17 | 5.26 |
| 销售净利率 | 6.62 | 0.24 | 5.98 | 1.20 | 4.89 |
| 资产净利率 | 4.38 | 0.38 | 3.53 | 0.74 | 2.91 |

资料来源：沪深交易所，同花顺。

2. 偿债能力指标

表 7　　2017 年纺织业上市公司偿债能力指标

| 指　标 | 2017 年 | 2017 年可比样本变动 | 2016 年 | 2016 年可比样本变动 | 2015 年 |
|---|---|---|---|---|---|
| 流动比率 | 1.43 | 0.07 | 1.37 | 0.03 | 1.36 |
| 速动比率 | 0.91 | 0.02 | 0.92 | 0.07 | 0.87 |
| 资产负债率（%） | 44.00 | -2.25 | 45.39 | -1.65 | 47.25 |

资料来源：沪深交易所，同花顺。

3. 营运能力指标

表 8　　2017 年纺织业上市公司营运能力情况　　单位：次

| 营运能力指标 | 2017 年 | 2017 年可比样本变动 | 2016 年 | 2016 年可比样本变动 | 2015 年 |
|---|---|---|---|---|---|
| 存货周转率 | 2.89 | 0.14 | 2.75 | 0.26 | 2.57 |
| 应收账款周转率 | 7.48 | -0.18 | 7.45 | -0.92 | 7.26 |
| 流动资产周转率 | 1.29 | 0.03 | 1.21 | 0.03 | 1.18 |
| 固定资产周转率 | 2.36 | 0.24 | 2.09 | 0.03 | 2.15 |
| 总资产周转率 | 0.66 | 0.04 | 0.59 | 0.01 | 0.59 |
| 净资产周转率 | 1.20 | 0.02 | 1.09 | 0.00 | 1.12 |

资料来源：沪深交易所，同花顺。

## 三、重点上市公司介绍

### （一）水星家纺

水星家纺专注于中高档家用纺织品的研发、设计、生产和销售，主要产品包括套件、被芯、枕芯等床上用品，拥有在行业内突出的品牌形象优势、销售网络规模优势、高效的供应链管理水平和领先的技术研发能力。

水星家纺采用“品类品牌化”的方式组建起了品牌矩阵，系统性地强化了企业的品牌建设。品牌矩阵以“水星”品牌为主，“百丽丝”品牌为辅；以“水星家纺婚庆馆”“水星宝贝”“水星 KIDS”以及“Hello Kitty（凯蒂猫）”等授权使用品牌为组合细分品类品牌，在强化“水星”主品牌的同时，快速有效地实现了品类细分市场的拓展。通过品牌矩阵的组建、完善，有效地促进了整个品牌系列的协同效应，有效地突出了品牌形象及其认知美誉度。

2017 年，水星家纺实现营业收入 24.62 亿元，较 2016 年同期增长 24.53%，归属于上市公司股东的净利润 2.57 亿元，较 2016 年同期增长 30.17%。

### （二）梦洁股份

梦洁股份立足于家纺行业，主要从事

家纺产品的设计、制造、销售以及提供高品质的家居生活服务，拥有梦洁（MENDALE）、梦洁宝贝（MJ - BABY）、梦洁床垫、平实美学、觅（MEE）、Dreamcoco等在国内外家纺市场有重要影响力的自主品牌。

2017年，梦洁股份品牌形象进一步升级，重点城市打造全品牌集合店32个，场景化展示公司各品牌产品与服务，为顾客打造一站式高品质的家居生活体验平台。根据市场需求以及公司规划，终端门店逐步下沉，2017年共新增终端181个。同时，电商、团购等渠道也不断加强，销售增幅提升明显。大管家家居服务有限公司以及星生活居家服务有限公司在全国布局终端数量超过262个。随着家居服务布局的深入，客户粘性提高，重复购买率增加，服务收益也带来了新的业绩增长点。

2017年，梦洁股份实现营业收入19.34亿元，同比增长33.69%；实现归属母公司所有者净利润0.51亿元，同比下降47.30%。公司资产总额33亿元，归属于上市公司股东的所有者权益19.86亿元。

### （三）联发股份

联发股份是一家拥有轧花、纺纱、染色、织造、整理、针织、家纺、印染、制衣全产业链，热电、污水处理配套，品牌运营与仓储物流于一体的大型高新技术企业。联发股份利用资源整合逐步形成上下游一体化的产业布局，促进成本控制优势，具备较大的盈利空间。

联发股份拥有纺纱21万锭生产规模，拥有年产色织布1.6亿米、印染布6000万米、服装1100万件、家纺面料6000万米、针织纱与针织布染色各6000吨的生产能力。产品销往全国20多个省市，73%的主营产品出口到日本、美国等30多个国家和地区。

2017年，联发股份实现营业收入400362万元，同比上升7.09%；实现营业利润45605万元，同比下降5.80%；实现净利润35599万元，同比下降7.19%。

## 四、上市公司在行业中的影响力

2015～2017年，纺织行业规模以上工业企业总资产分别为24304.04亿元、24522.83亿元和22912.5亿元，其中，上市公司总资产占行业整体的比重分别为5.88%、6.4%和7.4%。

2015～2017年，纺织行业上市公司的主营收入和利润总额占行业整体的比重稳中有升。

审稿人：翟太煌

撰稿人：石　晋

# 纺织服装、服饰业

## 一、纺织服装、服饰业总体概况

2017年，面对国际需求回暖和国内经济稳中向好的新形势，中国服装行业推动“三品”战略，全面务实创新发展，总体保持“稳中向好、稳中提质”的发展态势，产业整体素质大幅提高，转型升级成效开始显现。

### （一）生产基本稳定

国家统计局的数据显示，2017年1～12月服装行业规模以上企业累计完成服装产量287.81亿件，同比下降2.62%。其中，梭织服装154.36亿件，同比下降2.72%；针织服装133.47亿件，同比下降2.43%。

根据国家统计局的数据，2017年1～12月，服装行业规模以上企业累计实现主营业务收入21903.86亿元，同比增长1.06%；利润总额1263.74亿元，同比增长2.95%；销售利润率5.77%，比2016年同期提升0.11个百分点；销售毛利率14.32%，比2016年同期提升0.27个百分点；三费比例为8.32%，比2016年同期上升0.16个百分点。服装行业规模以上企业销售利润率和毛利率明显提高，行业盈利能力稳定提升，运行质效稳中趋好。

国家统计局的数据显示，2017年1～12月全国服装类商品零售价格同比上涨1.1%；衣着类居民消费价格同比上涨1.3%。2017年1～12月衣着类生产者出厂价格同比上涨1.2%。

### （二）出口企稳回暖

受全球经济放缓、国际需求不振以及市场竞争加剧的影响，前两年中国服装出口持续负增长。自2017年以来，全球经济温和复苏，服装行业出口降幅持续收窄，整体呈现企稳回暖态势。

根据中国海关数据显示，2017年1～12月，中国对欧盟、美国、日本和东盟的服装出口总额为947.31亿美元，同比下降0.73%，降幅较2016年同期收窄9.94个百分点。行业对欧盟、美国、日本服装出口数量保持增长，出口金额仍然呈现下跌态势，但降幅较2016年同期均有所放缓；对东盟服装出口量跌价升，出口金额实现正增长。

根据中国海关数据显示，受益于“一带一路”战略，2017年1～12月，中国对一带一路沿线相关65个国家（地区）累计服装出口377.86亿美元，同比增长0.89%，占中国服装出口总额的23.79%。其中，对俄罗斯、越南、哈萨克斯坦、波兰、伊拉克和印度的服装出口金额合计153.31亿美元。

### （三）投资增速明显回落

根据国家统计局统计，2017 年 1 ~ 12 月中国服装行业实际完成投资 4976.79 亿元，同比增长 4.10%，增速比 2016 年同期回落 1.47 个百分点。行业发展正处在从规模速度型向质量效率型的转型升级过程中。

## 二、行业内上市公司发展概况

### （一）行业内上市公司基本情况

表 1　　2017 年纺织服装、服饰业上市公司发行股票概况

| 门　类 | A、B 股总数 | A 股股票数 | B 股股票数 | 境内总市值（亿元） | 流通 A 股市值（亿元） | 流通 B 股市值（亿元） |
|---|---|---|---|---|---|---|
| 纺织服装、服饰业 | 36 | 36 | 0 | 3016.54 | 2187.09 | 0.00 |
| 占沪深两市比重（%） | 1.01 | 1.01 | 0.00 | 0.53 | 0.49 | 0.00 |

资料来源：沪深交易所，同花顺。

### （二）行业内上市公司构成情况

表 2　　2017 年纺织服装、服饰业上市公司构成情况　　单位：家

| 门　类 | 沪市 | | | 深市 | | | ST/*ST |
|---|---|---|---|---|---|---|---|
| | 仅 A 股 | 仅 B 股 | A + B 股 | 仅 A 股 | 仅 B 股 | A + B 股 | |
| 纺织服装、服饰业（家） | 15 | 0 | 0 | 21 | 0 | 0 | 0/0 |
| 占行业内上市公司比重（%） | 41.67 | 0.00 | 0.00 | 58.33 | 0.00 | 0.00 | 0.00/0.00 |

资料来源：沪深交易所，同花顺。

### （三）行业内上市公司融资情况

表 3　　2017 年纺织服装、服饰业上市公司与沪深两市融资情况对比　　单位：家

| | 融资家数 | 新股 | 增发 | 配股 |
|---|---|---|---|---|
| 纺织服装、服饰业 | 9 | 6 | 3 | 0 |
| 沪深两市总数 | 867 | 438 | 422 | 7 |
| 占比（%） | 1.04 | 1.37 | 0.71 | 0.00 |

资料来源：沪深交易所，同花顺。

其中，首发的 6 家公司中，有 1 家在中小板上市，5 家在主板上市；增发的 3 家公司中，有 1 家沪市公司、2 家中小板公司。

从融资效果来看，上述公司实际发行数量为 88333.94 万股；实际募集资金

92.62 亿元，基本完成了融资计划。

2017 年纺织服装、服饰业上市公司融资情况明细见附录。

## （四）行业内上市公司资产及业绩情况

表 4　　2017 年纺织服装、服饰业上市公司资产情况　　单位：亿元

| 指　标 | 2017 年 | 2017 年可比样本增长（%） | 2016 年 | 2016 年可比样本增长（%） | 2015 年 |
|---|---|---|---|---|---|
| 总资产 | 1928.02 | 13.52 | 1555.79 | 14.88 | 1429.31 |
| 流动资产 | 1188.89 | 9.14 | 979.69 | 13.96 | 896.56 |
| 占比（%） | 61.66 | -2.47 | 62.97 | -0.51 | 62.73 |
| 非流动资产 | 739.13 | 21.33 | 576.10 | 16.48 | 532.75 |
| 占比（%） | 38.34 | 2.47 | 37.03 | 0.51 | 37.27 |
| 流动负债 | 608.07 | 14.48 | 471.59 | 12.29 | 442.29 |
| 占比（%） | 31.54 | 0.27 | 30.31 | -0.70 | 30.94 |
| 非流动负债 | 163.08 | 6.67 | 142.49 | -3.35 | 153.91 |
| 占比（%） | 8.46 | -0.54 | 9.16 | -1.73 | 10.77 |
| 归属于母公司股东权益 | 1120.06 | 13.76 | 913.81 | 18.68 | 813.64 |
| 占比（%） | 58.09 | 0.13 | 58.74 | 1.88 | 56.93 |

资料来源：沪深交易所，同花顺。

表 5　　2017 年纺织服装、服饰业上市公司收入实现情况　　单位：亿元

| 指　标 | 2017 年 | 2017 年可比样本增长（%） | 2016 年 | 2016 年可比样本增长（%） | 2015 年 |
|---|---|---|---|---|---|
| 营业收入 | 1443.89 | 20.75 | 1012.86 | 14.10 | 913.92 |
| 利润总额 | 143.81 | 9.76 | 113.39 | 3.68 | 111.28 |
| 归属于母公司所有者的净利润 | 103.63 | 6.81 | 84.28 | 7.04 | 80.24 |

资料来源：沪深交易所，同花顺。

## （五）利润分配情况

2016 年全年纺织服装、服饰业上市公司中共有 29 家公司实施了分红配股。其中，9 家上市公司实施送股或转增股，28 家上市公司实施派息，其中 8 家公司既实施了送股、转增，又实施了派息。

2017 年纺织服装、服饰业上市公司分红明细见附录。

## （六）其他财务指标情况

1. 盈利能力指标

表 6　　2017 年纺织服装、服饰业上市公司盈利能力情况　　单位：%

| 指　标 | 2017 年 | 2017 年可比样本变动 | 2016 年 | 2016 年可比样本变动 | 2015 年 |
|---|---|---|---|---|---|
| 毛利率 | 33.75 | -1.21 | 30.53 | -2.54 | 32.52 |
| 净资产收益率 | 9.25 | -0.60 | 9.22 | -1.00 | 9.86 |
| 销售净利率 | 7.43 | -0.75 | 8.34 | -0.45 | 8.73 |
| 资产净利率 | 5.92 | -0.27 | 5.81 | -0.39 | 6.12 |

资料来源：沪深交易所，同花顺。

2. 偿债能力指标

表 7　　2017 年纺织服装、服饰业上市公司偿债能力指标

| 指　标 | 2017 年 | 2017 年可比样本变动 | 2016 年 | 2016 年可比样本变动 | 2015 年 |
|---|---|---|---|---|---|
| 流动比率 | 1.96 | -0.10 | 2.08 | 0.03 | 2.03 |
| 速动比率 | 1.35 | -0.02 | 1.40 | 0.09 | 1.31 |
| 资产负债率（%） | 40.00 | -0.28 | 39.47 | -2.43 | 41.71 |

资料来源：沪深交易所，同花顺。

3. 营运能力指标

表 8　　2017 年纺织服装、服饰业上市公司营运能力情况　　单位：次

| 营运能力指标 | 2017 年 | 2017 年可比样本变动 | 2016 年 | 2016 年可比样本变动 | 2015 年 |
|---|---|---|---|---|---|
| 存货周转率 | 2.62 | 0.42 | 2.24 | 0.16 | 2.13 |
| 应收账款周转率 | 9.11 | -0.21 | 9.05 | 0.11 | 8.67 |
| 流动资产周转率 | 1.27 | 0.09 | 1.10 | 0.02 | 1.08 |
| 固定资产周转率 | 7.19 | 1.18 | 5.49 | 0.67 | 4.79 |
| 总资产周转率 | 0.80 | 0.04 | 0.70 | -0.01 | 0.70 |
| 净资产周转率 | 1.33 | 0.04 | 1.17 | -0.01 | 1.17 |

资料来源：沪深交易所，同花顺。

## 三、重点上市公司介绍

### （一）太平鸟

太平鸟是一家以零售为导向的多品牌时尚服饰公司。太平鸟实施梯度品牌发展战略，各品牌针对差异化的细分市场，在目标消费群、品牌定位及产品设计等方面相互补充，满足日益细分的消费群体的多元需求；采取“直营与加盟为主，代理为辅”相结合的销售模式，实现了电商与线下销售的同步快速发展。

2017 年，太平鸟经营实现了多品牌协同发展，零售总额破百亿元；持续优化线下渠道结构，推进联营模式转换；积极发展电商渠道，推进线上线下全渠道融合；创新营销拥抱新生代，提升品牌粘度与会员贡献，可持续发展能力进一步增强。

2017 年，太平鸟实现营业收入 71.42 亿元，同比增长 12.99%；归属于母公司所有者的净利润 4.56 亿元，较 2016 年增长 6.72%。公司男装、童装销售表现良好，女装、乐町调整到位，电商销售表现优异，库存结构优化，公司业绩情况改善见好。截至 2017 年 12 月 31 日，总资产 61.74 亿元，较年初增长 30.67%，归属于母公司所有者权益为 33.18 亿元，较年初增长 66.15%。

### （二）拉夏贝尔

拉夏贝尔是一家定位于大众消费市场

的快时尚、多品牌、直营式的时装集团，为广大消费者提供兼具时尚、品质与高性价比的各式时装产品。拉夏贝尔现拥有 La Chapelle、Puella、Candie´s、7m 及 La Babité 等多个品牌，设计风格互补、客群定位交织延展，满足更广泛女性消费者多样化的衣着需求。拉夏贝尔亦推出了 POTE 等大众时尚男装品牌及 8eM 童装品牌，进一步丰富品牌组合，以覆盖更多元化的消费群体。

2017 年 9 月，拉夏贝尔于上海证券交易所成功上市，成为国内首家 A 股 + H 股上市的服装公司，为后续借力资本市场进一步加快发展奠定了良好的基础。

2017 年，拉夏贝尔实现营业收入 89.99 亿元，同比增长 5.24%；实现营业利润 7.37 亿元，同比增长 7.35%；实现归属于母公司所有者的净利润 4.99 亿，同比下降 6.29%；实现归属于上市公司股东的扣除非经常性损益的净利润 3.80 亿元，同比下降 19.53%；经营活动产生的现金流量净额 5.57 亿元，同比下降 20.99%。

## 四、上市公司在行业中的影响力

2015～2017 年，纺织服装、服饰业规模以上工业企业总资产分别为 13043.73 亿元、13748.1 亿元和 12823.5 亿元，其中，上市公司总资产占行业整体的比重快速上涨，分别为 11.0%、11.3%、15.0%。

2015～2017 年，纺织服装、服饰业规模以上工业企业主营收入总额分别为 22232.83 亿元、23741.4 亿元、20892.12 亿元，其中，上市公司主营收入总额占行业整体的比重快速上升，依次为 4.1%，4.3% 和 6.5%。

2015～2017 年，纺织服装、服饰业规模以上工业企业利润总额分别为 1363.03 亿元、1428.29 亿元和 1213.41 亿元，其中，上市公司利润总额占行业整体的比重由 2015 年的 8.2% 下降到 2016 年的 7.9% 后，回暖至 2017 年的 11.9%。

审稿人：翟太煌

撰稿人：石　晋

# 皮革、毛皮、羽毛及其制品和制鞋业

## 一、皮革、毛皮、羽毛及其制品和制鞋业总体概况

2017 年，中国皮革行业面临的外部形势愈发严峻，市场增长动力偏弱，企业成本负担没有实质性减轻，行业总体处于运行压力加大、增长动力转换、转型任务紧迫的攻坚阶段。

行业发展趋势稳中略带升。2017 年，中国规模以上皮革、毛皮及制品和制鞋业销售收入 13673.5 亿元，同比增长 3.1%，

增速放缓0.2个百分点。细分行业中，鞋业占比56.59%，同比增长4.41%，拉动行业整体增长。制革、皮革服装、毛皮服装、皮手套及皮装饰品4个行业同比下降，上述4个行业合计占比20.9%，整体下降1.8%，拉低了行业增幅。2017年，规模以上皮革、毛皮及制品和制鞋业利润总额851.5亿元，同比增长6.9%，增速提升9.8个百分点。其中，鞋业利润总额占比57.1%，增速高达14.8%。而制革、箱包、毛皮等行业降幅不一，尤其是制革行业出现了销售、利润双向下滑的局面。全行业的销售收入利润率为6.2%，同比增长0.2%。

出口市场整体回暖。2017年，中国皮革行业出口787.4亿美元，同比增长3.14%，增幅提高14.4个百分点，扭转了2016年出口下滑的局面。行业全年实现顺差689亿美元，同比增长2.1%，占中国贸易总顺差的16.3%。中国皮革行业主要出口市场为美国、欧盟、东盟、俄罗斯和日本，合计占比64.9%。美国作为行业出口第一大目标市场，同比增长0.8%。欧盟是中国皮革行业出口的第二大目标市场，2017年中国对其出口增长2.6%，终结了此前连续两年下降的局面。行业对东盟的出口也呈现恢复性增长，同比增长7.4%。对俄出口继续增长，增幅为11.5%，连续两年高于10%，俄罗斯在中国皮革行业出口市场的排名得以继续提升，取代日本成为行业第四大出口市场。相比之下，行业对日本出口则有1.2%的小幅下降。

## 二、行业内上市公司发展概况

### （一）行业内上市公司基本情况

表1　　2017年皮革、毛皮、羽毛及其制品和制鞋业上市公司发行股票概况

| 门　类 | A、B股总数 | A股股票数 | B股股票数 | 境内总市值（亿元） | 流通A股市值（亿元） | 流通B股市值（亿元） |
|---|---|---|---|---|---|---|
| 皮革、毛皮、羽毛及其制品和制鞋业 | 11 | 11 | 0 | 521.73 | 292.04 | 0.00 |
| 占沪深两市比重（%） | 0.31 | 0.31 | 0.00 | 0.09 | 0.07 | 0.00 |

资料来源：沪深交易所，同花顺。

### （二）行业内上市公司构成情况

表2　　2017年皮革、毛皮、羽毛及其制品和制鞋业上市公司构成情况　　单位：家

| 门　类 | 沪市 | | | 深市 | | | ST/*ST |
|---|---|---|---|---|---|---|---|
| | 仅A股 | 仅B股 | A+B股 | 仅A股 | 仅B股 | A+B股 | |
| 皮革、毛皮、羽毛及其制品和制鞋业（家） | 8 | 0 | 0 | 3 | 0 | 0 | 0/0 |
| 占行业内上市公司比重（%） | 72.73 | 0.00 | 0.00 | 27.27 | 0.00 | 0.00 | 0.00/0.00 |

资料来源：沪深交易所，同花顺。

### （三）行业内上市公司融资情况

表 3　　2017 年皮革、毛皮、羽毛及其制品和制鞋业上市公司与沪深两市融资情况对比　　单位：家

| | 融资家数 | 新股 | 增发 | 配股 |
|---|---|---|---|---|
| 皮革、毛皮、羽毛及其制品和制鞋业 | 4 | 3 | 1 | 0 |
| 沪深两市总数 | 867 | 438 | 422 | 7 |
| 占比（%） | 0.46 | 0.68 | 0.24 | 0.00 |

资料来源：沪深交易所，同花顺。

其中，首发的 3 家公司中，有 2 家在主板上市，1 家在创业板上市；增发的 1 家为沪市公司。

从融资效果来看，上述公司实际发行数量为 20273.42 万股；实际募集资金 13.96 亿元，基本完成了融资计划。

2017 年皮革、毛皮、羽毛及其制品和制鞋业上市公司融资情况明细见附录。

### （四）行业内上市公司资产及业绩情况

表 4　　2017 年皮革、毛皮、羽毛及其制品和制鞋业上市公司资产情况　　单位：亿元

| 指　标 | 2017 年 | 2017 年可比样本增长（%） | 2016 年 | 2016 年可比样本增长（%） | 2015 年 |
|---|---|---|---|---|---|
| 总资产 | 292.28 | 10.04 | 237.42 | 3.36 | 203.35 |
| 流动资产 | 206.66 | 9.53 | 169.56 | 2.99 | 144.35 |
| 占比（%） | 70.71 | -0.33 | 71.42 | -0.25 | 70.99 |
| 非流动资产 | 85.62 | 11.32 | 67.86 | 4.28 | 59 |
| 占比（%） | 29.29 | 0.33 | 28.58 | 0.25 | 29.01 |
| 流动负债 | 65.79 | 9.19 | 49.46 | -25.66 | 55.63 |
| 占比（%） | 22.51 | -0.18 | 20.83 | -8.13 | 27.36 |
| 非流动负债 | 14.44 | 9.75 | 12.67 | -24.78 | 16.6 |
| 占比（%） | 4.94 | -0.01 | 5.34 | -2.00 | 8.16 |
| 归属于母公司股东权益 | 211.09 | 10.45 | 174.32 | 19.85 | 130.64 |
| 占比（%） | 72.22 | 0.27 | 73.42 | 10.10 | 64.24 |

资料来源：沪深交易所，同花顺。

表 5　　2017 年皮革、毛皮、羽毛及其制品和制鞋业上市公司收入实现情况　　单位：亿元

| 指　标 | 2017 年 | 2017 年可比样本增长（%） | 2016 年 | 2016 年可比样本增长（%） | 2015 年 |
|---|---|---|---|---|---|
| 营业收入 | 183.86 | 2.36 | 155.35 | -3.13 | 124.68 |
| 利润总额 | 17.66 | 0.92 | 14.17 | -3.37 | 11.88 |
| 归属于母公司所有者的净利润 | 13.67 | 0.63 | 10.87 | -3.39 | 9.02 |

资料来源：沪深交易所，同花顺。

### （五）利润分配情况

2017年全年皮革、毛皮、羽毛及其制品和制鞋业上市公司中共有9家公司实施了分红配股。其中，1家上市公司实施送股或转增股，9家上市公司实施派息，其中1家公司既实施了送股、转增，又实施了派息。

2017年皮革、毛皮、羽毛及其制品和制鞋业上市公司分红明细见附录。

### （六）其他财务指标情况

1. 盈利能力指标

表6　2017年皮革、毛皮、羽毛及其制品和制鞋业上市公司盈利能力情况　单位：%

| 指　标 | 2017年 | 2017年可比样本变动 | 2016年 | 2016年可比样本变动 | 2015年 |
| --- | --- | --- | --- | --- | --- |
| 毛利率 | 34.00 | 0.54 | 34.03 | 1.26 | 27.26 |
| 净资产收益率 | 6.48 | -0.63 | 6.24 | -1.50 | 6.91 |
| 销售净利率 | 7.54 | -0.11 | 7.10 | -0.02 | 7.35 |
| 资产净利率 | 4.97 | -0.28 | 4.72 | -0.62 | 4.89 |

资料来源：沪深交易所，同花顺。

2. 偿债能力指标

表7　2017年皮革、毛皮、羽毛及其制品和制鞋业上市公司偿债能力指标

| 指　标 | 2017年 | 2017年可比样本变动 | 2016年 | 2016年可比样本变动 | 2015年 |
| --- | --- | --- | --- | --- | --- |
| 流动比率 | 3.14 | 0.01 | 3.43 | 0.95 | 2.59 |
| 速动比率 | 2.00 | 0.14 | 1.99 | 0.62 | 1.48 |
| 资产负债率（%） | 27.45 | -0.19 | 26.17 | -10.13 | 35.52 |

资料来源：沪深交易所，同花顺。

3. 营运能力指标

表8　2017年皮革、毛皮、羽毛及其制品和制鞋业上市公司营运能力情况　单位：次

| 营运能力指标 | 2017年 | 2017年可比样本变动 | 2016年 | 2016年可比样本变动 | 2015年 |
| --- | --- | --- | --- | --- | --- |
| 存货周转率 | 1.59 | 0.06 | 1.41 | -0.10 | 1.53 |
| 应收账款周转率 | 5.69 | -0.61 | 6.81 | 0.50 | 5.85 |
| 流动资产周转率 | 0.93 | -0.03 | 0.93 | -0.11 | 0.93 |
| 固定资产周转率 | 4.98 | 0.08 | 5.18 | -0.55 | 5.21 |
| 总资产周转率 | 0.66 | -0.03 | 0.67 | -0.08 | 0.67 |
| 净资产周转率 | 0.91 | -0.11 | 0.97 | -0.20 | 1.01 |

资料来源：沪深交易所，同花顺。

## 三、重点上市公司介绍

### 万里马

万里马是皮具行业领先的民族品牌之一，主营业务为皮具产品的研发设计、生产制造、品牌运营及市场销售业务。同时，采取ODM的模式，为国际知名企业生产手袋等产品。近年来，万里马通过构建多品牌矩阵，以“精准体验、精细营销”为主线全方位布局新零售，为客户提供场景化全品类的体验选择。

万里马已经初步形成了3个自有品牌和1个代理品牌的“3+1”多品牌格局，分别是“万里马”“SAINT JACK”“COOME”以及“Oilily”。另外，还与意大利品牌Gabs达成战略合作。产品按用途及渠道主要分为团购产品和时尚消费品两大类，产品类别主要包括手袋、钱包、拉杆箱、皮鞋和皮带，同时，万里马不断丰富产品线，搭配各式时尚精品小配饰，如眼镜、丝巾、钥匙扣等。团购产品客户群体较为稳定，主要分为军警系统、国家权力机关及其分支机构、国有大中型企业三大类团购客户，业务规模占比较大。时尚品类主要通过直营渠道、电商渠道及代理加盟渠道面向终端零售开拓市场。

2017年，实现营业收入6.04亿元，与2016年同期相比增长0.38%；实现综合毛利率30.46%，较2016年同期增长1.61个百分点；实现归属于母公司的净利润0.37亿元，同比增长0.89%。

## 四、上市公司在行业中的影响力

2015~2017年，皮革、毛皮、羽毛及其制品和制鞋业规模以上工业企业总资产分别为7323.85亿元、7396.26亿元和6979亿元，其中，上市公司总资产占行业整体的比重逐年攀升，为3.5%、3.6%和4.2%。

上市公司主营收入总额占行业整体的比重总体平稳，利润总额占行业整体的比重变化比较小。

审稿人：翟太煌

撰稿人：石　晋

# 木材加工及木、竹、藤、棕、草制品业

## 一、木材加工及木、竹、藤、棕、草制品业总体概况

国家统计局数据显示，2017 年中国木材加工及木、竹、藤、棕、草制品业总资产达到 6523.30 亿元，同比减少 0.13%；行业销售收入 13962.40 亿元，同比下降 5.04%；行业利润总额为 811.30 亿元，同比下降 6.84%。

截至 2017 年年底，中国木材加工及木、竹、藤、棕、草制品业企业数量达 9455 家，其中，590 家企业出现亏损，行业亏损率为 6.24%。从木材加工及木、竹、藤、棕、草制品业三费占主营业务收入的比重变化情况来看，2017 年行业三费占木材加工及木、竹、藤、棕、草制品业行业销售收入的 5.87%，占比较 2016 年上升 0.08 个百分点。其中，销售费用上涨 0.06 个百分点，财务费用比例基本维持不变，管理费用上涨 0.02 个百分点。

从木材加工及木、竹、藤、棕、草制品业的盈利能力来看，2017 年木材加工及木、竹、藤、棕、草制品业总体盈利能力略有回落，2017 年木材加工及木、竹、藤、棕、草制品业销售毛利率为 12.18%，较 2016 年回落 0.21 个百分点，2017 年销售利润率为 5.81%，较 2016 年回落 0.11 个百分点，2017 年资产报酬率为 12.44%，较 2016 年回落 0.89 个百分点。

## 二、行业内上市公司发展概况

### （一）行业内上市公司基本情况

表 1　　2017 年木材加工及木、竹、藤、棕、草制品业上市公司发行股票概况

| 门　类 | A、B 股总数 | A 股股票数 | B 股股票数 | 境内总市值（亿元） | 流通 A 股市值（亿元） | 流通 B 股市值（亿元） |
|---|---|---|---|---|---|---|
| 木材加工及木、竹、藤、棕、草制品业 | 9 | 9 | 0 | 627.71 | 518.74 | 0.00 |
| 占沪深两市比重（%） | 0.25 | 0.25 | 0.00 | 0.11 | 0.12 | 0.00 |

资料来源：沪深交易所，同花顺。

## （二）行业内上市公司构成情况

表 2　　2017 年木材加工及木、竹、藤、棕、草制品业上市公司构成情况　　单位：家

| 门　类 | 沪市 | | | 深市 | | | ST/*ST |
|---|---|---|---|---|---|---|---|
| | 仅 A 股 | 仅 B 股 | A + B 股 | 仅 A 股 | 仅 B 股 | A + B 股 | |
| 木材加工及木、竹、藤、棕、草制品业（家） | 5 | 0 | 0 | 4 | 0 | 0 | 0/0 |
| 占行业内上市公司比重（%） | 55.56 | 0.00 | 0.00 | 44.44 | 0.00 | 0.00 | 0.00/0.00 |

资料来源：沪深交易所，同花顺。

## （三）行业内上市公司融资情况

表 3　　2017 年木材加工及木、竹、藤、棕、草制品业上市公司与沪深两市融资情况对比　　单位：家

| | 融资家数 | 新股 | 增发 | 配股 |
|---|---|---|---|---|
| 木材加工及木、竹、藤、棕、草制品业 | 3 | 1 | 2 | 0 |
| 沪深两市总数 | 867 | 438 | 422 | 7 |
| 占比（%） | 0.35 | 0.23 | 0.47 | 0.00 |

资料来源：沪深交易所，同花顺。

其中，首发的 1 家公司为沪市公司；增发的 2 家公司中，沪市主板和中小板公司各 1 家。

从融资效果来看，上述公司实际发行数量为 24515.17 万股；实际募集资金 27.25 亿元，基本完成了融资计划。

2017 年木材加工及木、竹、藤、棕、草制品业上市公司融资情况明细见附录。

## （四）行业内上市公司资产及业绩情况

表 4　　2017 年木材加工及木、竹、藤、棕、草制品业上市公司资产情况　　单位：亿元

| 指　标 | 2017 年 | 2017 年可比样本增长（%） | 2016 年 | 2016 年可比样本增长（%） | 2015 年 |
|---|---|---|---|---|---|
| 总资产 | 318.47 | 18.98 | 289.55 | -0.21 | 288.33 |
| 流动资产 | 157.29 | 24.89 | 147.31 | -2.34 | 150.05 |
| 占比（%） | 49.39 | 2.34 | 50.88 | -1.11 | 52.04 |
| 非流动资产 | 161.19 | 13.73 | 142.24 | 2.09 | 138.28 |
| 占比（%） | 50.61 | -2.34 | 49.12 | 1.11 | 47.96 |

续表

| 指　标 | 2017 年 | 2017 年可比样本增长（%） | 2016 年 | 2016 年可比样本增长（%） | 2015 年 |
|---|---|---|---|---|---|
| 流动负债 | 95.22 | 21.44 | 87.37 | -16.28 | 103.33 |
| 占比（%） | 29.90 | 0.61 | 30.18 | -5.79 | 35.84 |
| 非流动负债 | 16.21 | -8.12 | 18.13 | -28.14 | 25.23 |
| 占比（%） | 5.09 | -1.50 | 6.26 | -2.43 | 8.75 |
| 归属于母公司股东权益 | 201.74 | 21.40 | 178.13 | 16.23 | 152.47 |
| 占比（%） | 63.35 | 1.26 | 61.52 | 8.70 | 52.88 |

资料来源：沪深交易所，同花顺。

**表 5　2017 年木材加工及木、竹、藤、棕、草制品业上市公司收入实现情况**　单位：亿元

| 指　标 | 2017 年 | 2017 年可比样本增长（%） | 2016 年 | 2016 年可比样本增长（%） | 2015 年 |
|---|---|---|---|---|---|
| 营业收入 | 208.92 | 27.77 | 168.00 | 0.80 | 163.91 |
| 利润总额 | 22.45 | 16.02 | 18.78 | 101.65 | 9 |
| 归属于母公司所有者的净利润 | 18.10 | 13.19 | 15.75 | 122.71 | 6.82 |

资料来源：沪深交易所，同花顺。

### （五）利润分配情况

2017 年全年木材加工及木、竹、藤、棕、草制品业上市公司中共有 7 家公司实施了分红配股。其中，2 家公司实施了送股或转增股，7 家上市公司实施派息，其中 2 家公司既实施了送股、转增，又实施了派息。

2017 年木材加工及木、竹、藤、棕、草制品业上市公司分红明细见附录。

### （六）其他财务指标情况

1. 盈利能力指标

**表 6　2017 年木材加工及木、竹、藤、棕、草制品业上市公司盈利能力情况**　单位：%

| 指　标 | 2017 年 | 2017 年可比样本变动 | 2016 年 | 2016 年可比样本变动 | 2015 年 |
|---|---|---|---|---|---|
| 毛利率 | 26.76 | -1.08 | 26.22 | 1.29 | 24.8 |
| 净资产收益率 | 8.97 | -0.65 | 8.84 | 4.23 | 4.48 |
| 销售净利率 | 9.20 | -0.74 | 9.40 | 4.81 | 4.52 |
| 资产净利率 | 6.56 | 0.44 | 5.45 | 2.76 | 2.61 |

资料来源：沪深交易所，同花顺。

2. 偿债能力指标

表 7　　2017 年木材加工及木、竹、藤、棕、草制品业上市公司偿债能力指标

| 指　标 | 2017 年 | 2017 年可比样本变动 | 2016 年 | 2016 年可比样本变动 | 2015 年 |
|---|---|---|---|---|---|
| 流动比率 | 1.65 | 0.05 | 1.69 | 0.24 | 1.45 |
| 速动比率 | 0.99 | 0.02 | 1.13 | 0.21 | 0.92 |
| 资产负债率（%） | 34.99 | -0.90 | 36.44 | -8.23 | 44.59 |

资料来源：沪深交易所，同花顺。

3. 营运能力指标

表 8　　2017 年木材加工及木、竹、藤、棕、草制品业上市公司营运能力情况　　单位：次

| 营运能力指标 | 2017 年 | 2017 年可比样本变动 | 2016 年 | 2016 年可比样本变动 | 2015 年 |
|---|---|---|---|---|---|
| 存货周转率 | 2.72 | 0.39 | 2.39 | 0.21 | 2.15 |
| 应收账款周转率 | 13.80 | 1.76 | 11.37 | 0.66 | 10.55 |
| 流动资产周转率 | 1.48 | 0.23 | 1.13 | 0.00 | 1.11 |
| 固定资产周转率 | 2.80 | 0.82 | 1.91 | 0.08 | 1.80 |
| 总资产周转率 | 0.71 | 0.10 | 0.58 | -0.01 | 0.58 |
| 净资产周转率 | 1.10 | 0.09 | 0.98 | -0.11 | 1.07 |

资料来源：沪深交易所，同花顺。

## 三、重点上市公司介绍

### 大亚圣象

大亚圣象家居股份有限公司创建于 1999 年，是中国人造板和地板行业龙头企业。公司股票于 1999 年 6 月 30 日在深圳证券交易所上市交易，截至 2017 年 12 月 31 日，公司拥有总股本 55527 万股。

大亚圣象以人造板、地板为主业，已建成一条完善的涵盖资源、基材、工厂、研发、设计、营销、服务等各大环节的森工行业上下游的绿色产业链。旗下拥有“圣象”地板和“大亚”人造板，品牌价值分别达 345.68 亿元和 108.36 亿元。大亚圣象目前已通过 ISO9001、ISO14001 国际质量、环境管理体系认证，主导产品已达欧洲的 E0、E1 级环保标准。

2017 年，实现营业收入 704825.83 万元，同比增加 7.91%；实现营业利润 85450.71 万元，同比增加 61.45%；实现利润总额 85364.40 万元，同比增加 24.09%；实现净利 73744.09 万元，同比增加 38.06%；归属于母公司所有者的净利润 65918.83 万元，同比增加 21.82%。

## 四、上市公司在行业中的影响力

2015～2017年，木材加工和木、竹、藤、棕、草制品业行业整体总资产分别为6427.00亿元、6532.10亿元和6523.30亿元，上市公司总资产占行业整体的比重呈上升趋势，2015年为4.49%，2016年为4.43%，2017年上升至4.88%。

2015～2017年，木材加工和木、竹、藤、棕、草制品业行业主营收入总额分别为14079.30亿元、14703.70亿元和13962.40亿元，上市公司主营收入总额占行业整体的比重先降后升，由2015年的1.16%，下降至2016年的1.14%，再上涨至2017年的1.50%。

2015～2017年，木材加工和木、竹、藤、棕、草制品业行业整体利润总额分别为861.20亿元、870.90亿元和811.30亿元，上市公司利润总额占行业整体的比重逐年上升，由2015年的1.05%，上升至2016年的2.16%和2017年的2.77%。

审稿人：翟太煌

撰稿人：李欣谢

# 家具制造业

## 一、家具制造业总体概况

国家统计局数据显示，2017年，中国家居制造业主营业务收入9056.00亿元，同比增长5.80%；利润总额565.20亿元，同比增长5.15%。截至2017年年底，中国家居制造业总资产达到5934.60亿元，较2016年年末增长9.56%；规模以上企业数量达6000家，其中，608家企业出现亏损，行业亏损率为10.13%，较2016年同期上升1.14个百分点。

行业三费占销售收入的比例有所上升。2017年行业三费占家具制造行业销售收入的比例为9.24%，较2016年上升0.69个百分点。其中，销售费用比例为3.90%，较2016年上升0.28个百分点；财务费用比例为0.8%，较2016年上升0.14个百分点；管理费用比例为4.54%，较2016年上升0.27个百分点。

行业总体盈利水平略有回落。2017年家具制造业综合毛利率为15.47%，较2016年上升0.37个百分点；2017年家具制造业销售利润率为6.24%，较2016年回落0.04个百分点，主要在于三费占比有所上升；2016年家具制造业资产报酬率为9.52%，较2016年回落0.4个百分点。

## 二、行业内上市公司发展概况

### （一）行业内上市公司基本情况

表1　　2017年家具制造业上市公司发行股票概况

| 门　类 | A、B股总数 | A股股票数 | B股股票数 | 境内总市值（亿元） | 流通A股市值（亿元） | 流通B股市值（亿元） |
|---|---|---|---|---|---|---|
| 家具制造业 | 22 | 22 | 0 | 2447.94 | 949.22 | 0.00 |
| 占沪深两市比重（%） | 0.62 | 0.62 | 0.00 | 0.43 | 0.21 | 0.00 |

资料来源：沪深交易所，同花顺。

### （二）行业内上市公司构成情况

表2　　2017年家具制造业上市公司构成情况　　单位：家

| 门　类 | 沪市 | | | 深市 | | | ST/*ST |
|---|---|---|---|---|---|---|---|
| | 仅A股 | 仅B股 | A+B股 | 仅A股 | 仅B股 | A+B股 | |
| 家具制造业（家） | 14 | 0 | 0 | 8 | 0 | 0 | 0/0 |
| 占行业内上市公司比重（%） | 63.64 | 0.00 | 0.00 | 36.36 | 0.00 | 0.00 | 0.00/0.00 |

资料来源：沪深交易所，同花顺。

### （三）行业内上市公司融资情况

表3　　2017年家具制造业上市公司与沪深两市融资情况对比　　单位：家

| | 融资家数 | 新股 | 增发 | 配股 |
|---|---|---|---|---|
| 家具制造业 | 10 | 9 | 1 | 0 |
| 沪深两市总数 | 867 | 438 | 422 | 7 |
| 占比（%） | 1.15 | 2.05 | 0.24 | 0.00 |

资料来源：沪深交易所，同花顺。

其中，首发的9家公司中，有6家在主板上市，1家在中小板上市，2家在创业板上市；增发的1家公司是沪市公司。

从融资效果来看，上述公司实际发行数量为26551.33万股；实际募集资金87.05亿元，基本完成了融资计划。

2017年家具制造业上市公司融资情况明细见附录。

### （四）行业内上市公司资产及业绩情况

表 4　　2017 年家具制造业上市公司资产情况　　单位：亿元

| 指　标 | 2017 年 | 2017 年可比样本增长（%） | 2016 年 | 2016 年可比样本增长（%） | 2015 年 |
|---|---|---|---|---|---|
| 总资产 | 876.86 | 34.46 | 515.06 | 34.56 | 338.45 |
| 流动资产 | 522.26 | 41.42 | 299.46 | 47.04 | 180.74 |
| 占比（%） | 59.56 | 2.93 | 58.14 | 4.93 | 53.4 |
| 非流动资产 | 354.60 | 25.36 | 215.60 | 20.38 | 157.71 |
| 占比（%） | 40.44 | -2.93 | 41.86 | -4.93 | 46.6 |
| 流动负债 | 305.79 | 24.23 | 180.01 | 34.39 | 117.1 |
| 占比（%） | 34.87 | -2.87 | 34.95 | -0.04 | 34.6 |
| 非流动负债 | 65.20 | 52.68 | 39.84 | 25.22 | 29.12 |
| 占比（%） | 7.44 | 0.89 | 7.73 | -0.58 | 8.6 |
| 归属于母公司股东权益 | 497.49 | 38.11 | 292.42 | 36.81 | 189.09 |
| 占比（%） | 56.74 | 1.50 | 56.77 | 0.93 | 55.87 |

资料来源：沪深交易所，同花顺。

表 5　　2017 年家具制造业上市公司收入实现情况　　单位：亿元

| 指　标 | 2017 年 | 2017 年可比样本增长（%） | 2016 年 | 2016 年可比样本增长（%） | 2015 年 |
|---|---|---|---|---|---|
| 营业收入 | 638.18 | 31.44 | 304.40 | 27.10 | 179.17 |
| 利润总额 | 78.61 | 19.47 | 41.21 | 9.45 | 27.77 |
| 归属于母公司所有者的净利润 | 65.59 | 23.67 | 32.35 | 6.74 | 22.38 |

资料来源：沪深交易所，同花顺。

### （五）利润分配情况

2017 年全年家具制造业上市公司中共有 20 家公司实施了分红配股。其中，4 家公司实施了送股或转增股，20 家上市公司全部实施了派息，其中 4 家公司既实施了送股、转增，又实施了派息。

2017 年家具制造业上市公司分红明细见附录。

### （六）其他财务指标情况

1. 盈利能力指标

表 6　　2017 年家具制造业上市公司盈利能力情况　　单位：%

| 指　标 | 2017 年 | 2017 年可比样本变动 | 2016 年 | 2016 年可比样本变动 | 2015 年 |
|---|---|---|---|---|---|
| 毛利率 | 34.90 | -1.43 | 35.08 | 1.06 | 31.75 |
| 净资产收益率 | 13.18 | -1.54 | 11.06 | -3.12 | 11.83 |
| 销售净利率 | 10.24 | -0.54 | 10.39 | -2.11 | 12.33 |
| 资产净利率 | 8.55 | -0.66 | 7.05 | -1.95 | 7.58 |

资料来源：沪深交易所，同花顺。

2. 偿债能力指标

表 7　　2017 年家具制造业上市公司偿债能力指标

| 指　标 | 2017 年 | 2017 年可比样本变动 | 2016 年 | 2016 年可比样本变动 | 2015 年 |
|---|---|---|---|---|---|
| 流动比率 | 1.71 | 0.21 | 1.66 | 0.14 | 1.54 |
| 速动比率 | 1.38 | 0.23 | 1.28 | 0.18 | 1.14 |
| 资产负债率（%） | 42.31 | -1.98 | 42.68 | -0.62 | 43.2 |

资料来源：沪深交易所，同花顺。

3. 营运能力指标

表 8　　2017 年家具制造业上市公司营运能力情况　　单位：次

| 营运能力指标 | 2017 年 | 2017 年可比样本变动 | 2016 年 | 2016 年可比样本变动 | 2015 年 |
|---|---|---|---|---|---|
| 存货周转率 | 4.42 | 0.49 | 3.14 | 0.14 | 2.83 |
| 应收账款周转率 | 9.89 | 0.65 | 6.66 | 0.02 | 5.70 |
| 流动资产周转率 | 1.43 | -0.12 | 1.21 | -0.11 | 1.12 |
| 固定资产周转率 | 3.93 | 0.17 | 3.22 | 0.10 | 2.74 |
| 总资产周转率 | 0.83 | -0.02 | 0.68 | -0.04 | 0.62 |
| 净资产周转率 | 1.47 | -0.08 | 1.19 | -0.05 | 1.05 |

资料来源：沪深交易所，同花顺。

## 三、重点上市公司介绍

### 索菲亚

索菲亚家居股份有限公司设立于 2003 年，注册资本 92342.631 万元，总厂位于广州市增城宁西工业园，主要从事全屋定制家具及配套家居产品的设计、生产及销售，为消费者提供全屋定制的空间解决方案，产品主要品牌为“索菲亚”全屋定制、司米“定制橱柜”、米兰纳 MILANA 定制木门、华鹤定制木门以及易福诺地板。公司厂房面积逾 50000 多平方米，拥有世界先进电脑控制的电子开料机、压板机、全自动封边机、打孔机等家具加工设备。

截至 2017 年 12 月 31 日，索菲亚已进入超过 1350 个城市，拥有索菲亚定制家具专卖店超过 2200 家（另外 20～60$m^2$ 的超市店约 400 家），覆盖了全国一、二线城市以及大部分四五线城市。

凭借在柔性化生产制造、销售渠道、品类拓展以及大数据运营等方面的综合竞争优势，索菲亚在 2017 年度实现了营业收入约 61.62 亿元，同比增长 36.02%；归属于上市公司股东的净利润约 9.06 亿元，比上期增长 36.37%。

## 四、上市公司在行业中的影响力

总体来看，随着2017年行业内9家公司首发上市，上市公司在行业内的影响力在逐年加大。具体来看：

2015～2017年，家具制造业整体总资产分别为5013.20亿元、5416.60亿元和5934.60亿元，其中，上市公司总资产占行业整体的比重有所上升，由2015年的6.75%，提升至2016年的9.51%，随后又上升至2017年的14.78%。

2015～2017年，家具制造业整体营业收入分别为7872.50亿元、8559.50亿元和9056.00亿元，其中，上市公司营业收入占行业整体的比重呈现上扬趋势，由2015年的2.28%，上升至2016年的3.56%，再上涨至2017年的7.05%。

2015～2017年，家具制造业整体利润总额分别为500.90亿元、537.50亿元和565.20亿元，其中，上市公司利润总额占行业整体的比重逐年上升，由2015年5.54%，提升至2016年的7.67%，2017年上升到13.91%。

审稿人：翟太煌

撰稿人：李欣谢

# 造纸及纸制品业

## 一、造纸及纸制品业总体概况

2017年，造纸及纸制品行业投资规模保持稳定，全年行业累计固定资产投资额3090.96亿元，同比增长1.20%。全行业规模以上企业6586家，资产总额14575.80亿元，同比增长5.10%；实现营业收入15413.10亿元，同比增长13.70%；实现利润总额1028.60亿元，同比增长36.20%；整体毛利率15.64%，较2016年同期上涨2.64个百分点；销售利润率6.77%，较2016年同期提升1.02个百分点。行业整体盈利能力显著提升。

## 二、行业内上市公司发展概况

### （一）行业内上市公司基本情况

表1　　2017年造纸及纸制品业上市公司发行股票概况

| 门　类 | A、B股总数 | A股股票数 | B股股票数 | 境内总市值（亿元） | 流通A股市值（亿元） | 流通B股市值（亿元） |
|---|---|---|---|---|---|---|
| 造纸及纸制品业 | 30 | 28 | 2 | 2375.08 | 1836.41 | 58.10 |
| 占沪深两市比重（%） | 0.84 | 0.78 | 0.06 | 0.42 | 0.41 | 3.25 |

资料来源：沪深交易所，同花顺。

### （二）行业内上市公司构成情况

表2　　2017年造纸及纸制品业上市公司构成情况　　单位：家

| 门类 | 沪市 | | | 深市 | | | ST/*ST |
|---|---|---|---|---|---|---|---|
| | 仅A股 | 仅B股 | A+B股 | 仅A股 | 仅B股 | A+B股 | |
| 造纸及纸制品业（家） | 13 | 0 | 0 | 14 | 1 | 1 | 0/0 |
| 占行业内上市公司比重（%） | 44.83 | 0.00 | 0.00 | 48.28 | 3.45 | 3.45 | 0.00/0.00 |

资料来源：沪深交易所，同花顺。

### （三）行业内上市公司融资情况

表3　　2017年造纸及纸制品业上市公司与沪深两市融资情况对比　　单位：家

| | 融资家数 | 新股 | 增发 | 配股 |
|---|---|---|---|---|
| 造纸及纸制品业 | 4 | 2 | 2 | 0 |
| 沪深两市总数 | 867 | 438 | 422 | 7 |
| 占比（%） | 0.46 | 0.46 | 0.47 | 0.00 |

资料来源：沪深交易所，同花顺。

其中，首发的2家公司均为沪市公司；增发的2家公司中，有1家沪市、1家中小板公司。

从融资效果来看，上述公司实际发行数量为53557.86万股；实际募集资金35.39亿元，基本完成了融资计划。

2017年造纸及纸制品业上市公司融资情况明细见附录。

### （四）行业内上市公司资产及业绩情况

表4　　2017年造纸及纸制品业上市公司资产情况　　单位：亿元

| 指标 | 2017年 | 2017年可比样本增长（%） | 2016年 | 2016年可比样本增长（%） | 2015年 |
|---|---|---|---|---|---|
| 总资产 | 2838.08 | 17.57 | 2399.86 | 6.49 | 2210.53 |
| 流动资产 | 1327.67 | 22.87 | 1073.60 | 10.99 | 939.47 |
| 占比（%） | 46.78 | 2.02 | 44.74 | 1.81 | 42.5 |
| 非流动资产 | 1510.42 | 13.28 | 1326.26 | 3.12 | 1271.05 |
| 占比（%） | 53.22 | -2.02 | 55.26 | -1.81 | 57.5 |
| 流动负债 | 1261.35 | 17.62 | 1066.18 | -2.88 | 1076.29 |
| 占比（%） | 44.44 | 0.02 | 44.43 | -4.29 | 48.69 |
| 非流动负债 | 337.61 | 11.37 | 302.99 | -6.60 | 325.23 |
| 占比（%） | 11.90 | -0.66 | 12.63 | -1.77 | 14.71 |
| 归属于母公司股东权益 | 1180.80 | 17.92 | 993.85 | 25.05 | 772.52 |
| 占比（%） | 41.61 | 0.12 | 41.41 | 6.14 | 34.95 |

资料来源：沪深交易所，同花顺。

表 5　　2017 年造纸及纸制品业上市公司收入实现情况　　单位：亿元

| 指　标 | 2017 年 | 2017 年可比样本增长（%） | 2016 年 | 2016 年可比样本增长（%） | 2015 年 |
|---|---|---|---|---|---|
| 营业收入 | 1505.87 | 29.72 | 1146.14 | 14.85 | 953.45 |
| 利润总额 | 160.05 | 91.78 | 81.29 | 55.89 | 43.89 |
| 归属于母公司所有者的净利润 | 128.29 | 107.50 | 60.53 | 64.21 | 30.04 |

资料来源：沪深交易所，同花顺。

### （五）利润分配情况

2017 年全年造纸及纸制品业上市公司中共有 21 家公司实施了分红配股。其中，6 家上市公司实施送股或转增股，19 家上市公司实施派息，其中 4 家公司既实施了送股、转增，又实施了派息。

2017 年造纸及纸制品业上市公司分红明细见附录。

### （六）其他财务指标情况

1. 盈利能力指标

表 6　　2017 年造纸及纸制品业上市公司盈利能力情况　　单位：%

| 指　标 | 2017 年 | 2017 年可比样本变动 | 2016 年 | 2016 年可比样本变动 | 2015 年 |
|---|---|---|---|---|---|
| 毛利率 | 24.39 | 2.90 | 21.46 | 1.11 | 19.84 |
| 净资产收益率 | 10.86 | 4.69 | 6.09 | 1.45 | 3.89 |
| 销售净利率 | 8.75 | 3.29 | 5.42 | 1.66 | 3.22 |
| 资产净利率 | 5.02 | 2.31 | 2.67 | 0.91 | 1.47 |

资料来源：沪深交易所，同花顺。

2. 偿债能力指标

表 7　　2017 年造纸及纸制品业上市公司偿债能力指标

| 指　标 | 2017 年 | 2017 年可比样本变动 | 2016 年 | 2016 年可比样本变动 | 2015 年 |
|---|---|---|---|---|---|
| 流动比率 | 1.05 | 0.04 | 1.01 | 0.13 | 0.87 |
| 速动比率 | 0.84 | 0.04 | 0.80 | 0.14 | 0.66 |
| 资产负债率（%） | 56.34 | -0.65 | 57.05 | -6.06 | 63.4 |

资料来源：沪深交易所，同花顺。

3. 营运能力指标

表 8　2017 年造纸及纸制品业上市公司营运能力情况　单位：次

| 营运能力指标 | 2017 年 | 2017 年可比样本变动 | 2016 年 | 2016 年可比样本变动 | 2015 年 |
|---|---|---|---|---|---|
| 存货周转率 | 4.68 | 0.66 | 3.99 | 0.58 | 3.31 |
| 应收账款周转率 | 7.29 | 1.13 | 6.17 | 0.21 | 6.30 |
| 流动资产周转率 | 1.25 | 0.12 | 1.12 | 0.01 | 1.09 |
| 固定资产周转率 | 1.61 | 0.32 | 1.28 | 0.11 | 1.13 |
| 总资产周转率 | 0.57 | 0.08 | 0.49 | 0.02 | 0.45 |
| 净资产周转率 | 1.32 | 0.08 | 1.23 | -0.05 | 1.26 |

资料来源：沪深交易所，同花顺。

## 三、重点上市公司介绍

### 太阳纸业

太阳纸业主要从事铜版纸、白板纸、双胶纸以及白卡纸等高端纸品的生产和销售，是中国最大的民营造纸企业、中国500强企业之一。

2017 年，太阳纸业实现营业收入188.94 亿元，同比上升 30.71%；归属于上市公司股东的净利润为 20.24 亿元，同比增长 91.55%；实现每股收益 0.80 元。公司盈利能力持续提升。毛利率为26.03%，同比提升 4.11 个百分点；销售净利率 11.91%，同比上升 3.90 个百分点；净资产收益率 22.65%，同比上升8.53 个百分点。2017 年年末，太阳纸业资产负债率为 58.46%，同比下降 0.24 个百分点。

## 四、上市公司在行业中的影响力

从行业整体情况来看，2017 年行业总资产、营业收入和利润总额分别为14575.80 亿元、15413.10 亿元和 1028.60 亿元，上市公司占比分别为 19.47%、9.77% 和 15.56%。上市公司对行业影响力有限。

审稿人：刘小勇

撰稿人：王　磊

# 印刷和记录媒介复制业

## 一、印刷和记录媒介复制业总体概况

2017年，印刷和记录媒介复制业投资规模保持稳定，全年累计固定资产投资额为1797.10亿元，同比小幅下滑0.70%。全行业规模以上企业5577家，资产总额6040.20亿元，同比增长3.80%；实现营业收入8163.10亿元，同比增长6.50%；实现利润总额558.70亿元，同比增长6.90%。整体毛利率15.96%，较2016年同期上涨1.21个百分点；销售利润率6.91%，较2016年同期下降0.06个百分点。行业整体盈利能力小幅提升。

## 二、行业内上市公司发展概况

### （一）行业内上市公司基本情况

表1　2017年印刷和记录媒介复制业上市公司发行股票概况

| 门　类 | A、B股总数 | A股股票数 | B股股票数 | 境内总市值（亿元） | 流通A股市值（亿元） | 流通B股市值（亿元） |
|---|---|---|---|---|---|---|
| 印刷和记录媒介复制业 | 12 | 12 | 0 | 689.98 | 505.90 | 0.00 |
| 占沪深两市比重（%） | 0.34 | 0.34 | 0.00 | 0.12 | 0.11 | 0.00 |

资料来源：沪深交易所，同花顺。

### （二）行业内上市公司构成情况

表2　2017年印刷和记录媒介复制业上市公司构成情况　单位：家

| 门　类 | 沪市 | | | 深市 | | | ST/*ST |
|---|---|---|---|---|---|---|---|
| | 仅A股 | 仅B股 | A+B股 | 仅A股 | 仅B股 | A+B股 | |
| 印刷和记录媒介复制业（家） | 5 | 0 | 0 | 7 | 0 | 0 | 0/0 |
| 占行业内上市公司比重（%） | 41.67 | 0.00 | 0.00 | 58.33 | 0.00 | 0.00 | 0.00/0.00 |

资料来源：沪深交易所，同花顺。

### （三）行业内上市公司融资情况

表 3　　2017 年印刷和记录媒介复制业上市公司与沪深两市融资情况对比　　单位：家

| | 融资家数 | 新股 | 增发 | 配股 |
|---|---|---|---|---|
| 印刷和记录媒介复制业 | 5 | 2 | 3 | 0 |
| 沪深两市总数 | 867 | 438 | 422 | 7 |
| 占比（%） | 0.58 | 0.46 | 0.71 | 0.00 |

资料来源：沪深交易所，同花顺。

其中，首发的 2 家公司中，均在主板上市；增发的 4 家公司中，有 1 家深市主板和 3 家中小板公司。

从融资效果来看，上述公司实际发行数量为 32123.49 万股；实际募集资金 33.31 亿元，基本完成了融资计划。

2017 年印刷和记录媒介复制业上市公司融资情况明细见附录。

### （四）行业内上市公司资产及业绩情况

表 4　　2017 年印刷和记录媒介复制业上市公司资产情况　　单位：亿元

| 指　标 | 2017 年 | 2017 年可比样本增长（%） | 2016 年 | 2016 年可比样本增长（%） | 2015 年 |
|---|---|---|---|---|---|
| 总资产 | 304.70 | 14.31 | 258.82 | 15.50 | 208.58 |
| 流动资产 | 155.51 | 13.49 | 133.75 | 9.85 | 113.69 |
| 占比（%） | 51.04 | -0.37 | 51.68 | -2.66 | 54.51 |
| 非流动资产 | 149.19 | 15.18 | 125.07 | 22.22 | 94.89 |
| 占比（%） | 48.96 | 0.37 | 48.32 | 2.66 | 45.49 |
| 流动负债 | 87.46 | -2.87 | 87.85 | 16.23 | 70.85 |
| 占比（%） | 28.70 | -5.08 | 33.94 | 0.21 | 33.97 |
| 非流动负债 | 9.78 | 4.11 | 8.47 | 114.07 | 3.66 |
| 占比（%） | 3.21 | -0.31 | 3.27 | 1.51 | 1.75 |
| 归属于母公司股东权益 | 200.57 | 28.12 | 151.93 | 12.85 | 124.26 |
| 占比（%） | 65.82 | 7.10 | 58.70 | -1.38 | 59.57 |

资料来源：沪深交易所，同花顺。

表 5　　2017 年印刷和记录媒介复制业上市公司收入实现情况　　单位：亿元

| 指　标 | 2017 年 | 2017 年可比样本增长（%） | 2016 年 | 2016 年可比样本增长（%） | 2015 年 |
|---|---|---|---|---|---|
| 营业收入 | 136.93 | 8.12 | 121.93 | 13.70 | 96.29 |
| 利润总额 | 25.01 | 12.69 | 21.07 | -12.87 | 22.24 |
| 归属于母公司所有者的净利润 | 19.88 | 15.92 | 16.17 | -15.36 | 17.45 |

资料来源：沪深交易所，同花顺。

### （五）利润分配情况

2017 年全年印刷和记录媒介复制业上市公司中共有 12 家公司实施了分红配股。其中，2 家上市公司实施送股或转增股，12 家上市公司实施派息，其中 2 家公司既实施了送股、转增，又实施了派息。

2017 年印刷和记录媒介复制业上市公司分红明细见附录。

### （六）其他财务指标情况

1. 盈利能力指标

表 6　2017 年印刷和记录媒介复制业上市公司盈利能力情况　单位：%

| 指　标 | 2017 年 | 2017 年可比样本变动 | 2016 年 | 2016 年可比样本变动 | 2015 年 |
|---|---|---|---|---|---|
| 毛利率 | 34.26 | 0.81 | 33.27 | -3.64 | 37.76 |
| 净资产收益率 | 9.91 | -1.04 | 10.64 | -3.55 | 14.04 |
| 销售净利率 | 15.52 | 0.69 | 14.60 | -4.73 | 19.86 |
| 资产净利率 | 7.44 | -0.11 | 7.37 | -2.54 | 9.83 |

资料来源：沪深交易所，同花顺。

2. 偿债能力指标

表 7　2017 年印刷和记录媒介复制业上市公司偿债能力指标

| 指　标 | 2017 年 | 2017 年可比样本变动 | 2016 年 | 2016 年可比样本变动 | 2015 年 |
|---|---|---|---|---|---|
| 流动比率 | 1.78 | 0.26 | 1.52 | -0.09 | 1.6 |
| 速动比率 | 1.26 | 0.20 | 1.06 | 0.05 | 0.98 |
| 资产负债率（%） | 31.91 | -5.39 | 37.22 | 1.72 | 35.73 |

资料来源：沪深交易所，同花顺。

3. 营运能力指标

表 8　2017 年印刷和记录媒介复制业上市公司营运能力情况　单位：次

| 营运能力指标 | 2017 年 | 2017 年可比样本变动 | 2016 年 | 2016 年可比样本变动 | 2015 年 |
|---|---|---|---|---|---|
| 存货周转率 | 2.07 | 0.14 | 1.88 | 0.25 | 1.50 |
| 应收账款周转率 | 4.37 | 0.15 | 4.27 | -0.36 | 4.80 |
| 流动资产周转率 | 0.94 | -0.03 | 0.95 | 0.00 | 0.91 |
| 固定资产周转率 | 1.86 | -0.01 | 1.87 | 0.01 | 1.88 |
| 总资产周转率 | 0.48 | -0.03 | 0.50 | -0.01 | 0.50 |
| 净资产周转率 | 0.73 | -0.07 | 0.79 | 0.00 | 0.78 |

资料来源：沪深交易所，同花顺。

## 三、重点上市公司介绍

### 劲嘉股份

劲嘉股份是烟标印刷行业的龙头企业，主要从事高端包装印刷品和包装材料的研究生产，主要产品有高技术和高附加值的烟标、高端知名消费品牌包装及相关镭射包装材料镭射膜和镭射纸等。

2017 年，劲嘉股份实现营业收入 29.45 亿元，同比上升 6.06%；归属于上市公司股东的净利润为 5.74 亿元，同比上升 0.65%；实现每股收益 0.43 元。毛利率为 44.11%，同比上升 2.78 个百分点；销售净利率 22.84%，同比下滑 0.13 个百分点；净资产收益率 11.63%，同比下滑 1.67 个百分点。2017 年年末，劲嘉股份的资产负债率达到 17.64%，同比下降 10.34 个百分点。

## 四、上市公司在行业中的影响力

从行业整体情况来看，2017 年行业总资产、营业收入和利润总额分别为 6040.20 亿元、8163.10 亿元和 558.70 亿元，上市公司占比分别为 5.04%、1.68% 和 4.48%。上市公司总资产等情况在行业总体情况中占比较小，对行业影响力有限。

审稿人：刘小勇

撰稿人：王磊

# 文教、工美、体育和娱乐用品制造业

## 一、文教、工美、体育和娱乐用品制造业总体概况

国家统计局数据显示，2017 年，中国文教、工美、体育和娱乐用品制造业企业共有 9472 家，较 2016 年小幅增长 3.67%。近年来中国 GDP 增长已经转入增长结构与方式发生转变的阶段，给行业发展带来持续动力。同时，在国家十三五规划中进一步明确了加大消费战略以及文化产业的支柱性，文教、工美、体育和娱乐用品制造业受到了国家政策面的大力支持，有利于推动文教体育用品行业与文化创意和设计服务产业融合发展，提高产品附加值；同时促进企业技术创新、产品创新和营销模式创新，提升行业国际竞争力；并扩大文教体育用品中高端产品供给，满足居民消费升级需要，培育新的消费增长点。

截至 2017 年 12 月 31 日，文教、工美、体育和娱乐用品制造业总资产为

9183.70 亿元，较 2016 年增长 3.65%；行业全年实现营业收入 16568.40 亿元，较 2016 年下降 0.76%；实现利润总额 936.00 亿元，较 2016 年下降 3.64%。2017 年 12 月 31 日，行业资产负债率为 49.51%，相比 2016 年下降 0.38 个百分点。

## 二、行业内上市公司发展概况

### （一）行业内上市公司基本情况

表 1　　2017 年文教、工美、体育和娱乐用品制造业上市公司发行股票概况

| 门　类 | A、B 股总数 | A 股股票数 | B 股股票数 | 境内总市值（亿元） | 流通 A 股市值（亿元） | 流通 B 股市值（亿元） |
|---|---|---|---|---|---|---|
| 文教、工美、体育和娱乐用品制造业 | 14 | 14 | 0 | 979.95 | 554.20 | 0.00 |
| 占沪深两市比重（%） | 0.39 | 0.39 | 0.00 | 0.17 | 0.12 | 0.00 |

资料来源：沪深交易所，同花顺。

### （二）行业内上市公司构成情况

表 2　　2017 年文教、工美、体育和娱乐用品制造业上市公司构成情况　　单位：家

| 门　类 | 沪市 | | | 深市 | | | ST/*ST |
|---|---|---|---|---|---|---|---|
| | 仅 A 股 | 仅 B 股 | A＋B 股 | 仅 A 股 | 仅 B 股 | A＋B 股 | |
| 文教、工美、体育和娱乐用品制造业（家） | 2 | 0 | 0 | 12 | 0 | 0 | 0/0 |
| 占行业内上市公司比重（%） | 14.29 | 0.00 | 0.00 | 85.71 | 0.00 | 0.00 | 0.00/0.00 |

资料来源：沪深交易所，同花顺。

### （三）行业内上市公司融资情况

表 3　　2017 年文教、工美、体育和娱乐用品制造业上市公司与沪深两市融资情况对比　　单位：家

| | 融资家数 | 新股 | 增发 | 配股 |
|---|---|---|---|---|
| 文教、工美、体育和娱乐用品制造业 | 6 | 4 | 2 | 0 |
| 沪深两市总数 | 867 | 438 | 422 | 7 |
| 占比（%） | 0.69 | 0.91 | 0.47 | 0.00 |

资料来源：沪深交易所，同花顺。

其中，首发的4家公司和增发的2家公司全部为深市公司。从融资效果来看，上述公司实际发行数量为23206.26万股；实际募集资金33.51亿元，基本完成了融资计划。

2017年文教、工美、体育和娱乐用品制造业上市公司融资情况明细见附录。

### （四）行业内上市公司资产及业绩情况

表4　2017年文教、工美、体育和娱乐用品制造业上市公司资产情况　单位：亿元

| 指　标 | 2017年 | 2017年可比样本增长（%） | 2016年 | 2016年可比样本增长（%） | 2015年 |
|---|---|---|---|---|---|
| 总资产 | 340.54 | 17.86 | 320.20 | 38.08 | 265.2 |
| 流动资产 | 179.67 | 28.24 | 140.14 | 20.29 | 127.64 |
| 占比（%） | 52.76 | 4.27 | 43.77 | -6.47 | 48.13 |
| 非流动资产 | 160.86 | 8.09 | 180.06 | 56.05 | 137.56 |
| 占比（%） | 47.24 | -4.27 | 56.23 | 6.47 | 51.87 |
| 流动负债 | 96.98 | 12.10 | 92.60 | 93.19 | 50.19 |
| 占比（%） | 28.48 | -1.46 | 28.92 | 8.25 | 18.93 |
| 非流动负债 | 9.94 | -33.73 | 28.76 | 60.82 | 17.9 |
| 占比（%） | 2.92 | -2.27 | 8.98 | 1.27 | 6.75 |
| 归属于母公司股东权益 | 229.21 | 24.12 | 195.58 | 19.04 | 195.25 |
| 占比（%） | 67.31 | 3.40 | 61.08 | -9.77 | 73.62 |

资料来源：沪深交易所，同花顺。

表5　2017年文教、工美、体育和娱乐用品制造业上市公司收入实现情况　单位：亿元

| 指　标 | 2017年 | 2017年可比样本增长（%） | 2016年 | 2016年可比样本增长（%） | 2015年 |
|---|---|---|---|---|---|
| 营业收入 | 218.35 | 19.30 | 185.29 | 25.66 | 153.35 |
| 利润总额 | 18.30 | -14.84 | 23.10 | 9.86 | 22.25 |
| 归属于母公司所有者的净利润 | 15.85 | -14.73 | 20.70 | 16.42 | 18.98 |

资料来源：沪深交易所，同花顺。

### （五）利润分配情况

2017年全年文教、工美、体育和娱乐用品制造业上市公司中共有10家公司实施了分红配股。其中，3家上市公司实施送股或转增股，10家上市公司实施派息，其中3家公司既实施了送股、转增，又实施了派息。

2017年文教、工美、体育和娱乐用品制造业上市公司分红明细见附录。

## （六）其他财务指标情况

### 1. 盈利能力指标

表6　　2017年文教、工美、体育和娱乐用品制造业上市公司盈利能力情况　　单位：%

| 指　标 | 2017年 | 2017年可比样本变动 | 2016年 | 2016年可比样本变动 | 2015年 |
|---|---|---|---|---|---|
| 毛利率 | 28.63 | -1.86 | 30.29 | -1.85 | 32.69 |
| 净资产收益率 | 6.92 | -3.15 | 10.58 | -0.24 | 9.72 |
| 销售净利率 | 7.16 | -2.82 | 10.98 | -1.23 | 12.54 |
| 资产净利率 | 4.96 | -2.26 | 7.37 | -1.22 | 8.32 |

资料来源：沪深交易所，同花顺。

### 2. 偿债能力指标

表7　　2017年文教、工美、体育和娱乐用品制造业上市公司偿债能力指标

| 指　标 | 2017年 | 2017年可比样本变动 | 2016年 | 2016年可比样本变动 | 2015年 |
|---|---|---|---|---|---|
| 流动比率 | 1.85 | 0.23 | 1.51 | -0.92 | 2.54 |
| 速动比率 | 1.43 | 0.27 | 1.10 | -0.71 | 1.91 |
| 资产负债率（%） | 31.40 | -3.74 | 37.90 | 9.52 | 25.67 |

资料来源：沪深交易所，同花顺。

### 3. 营运能力指标

表8　　2017年文教、工美、体育和娱乐用品制造业上市公司营运能力情况　　单位：次

| 营运能力指标 | 2017年 | 2017年可比样本变动 | 2016年 | 2016年可比样本变动 | 2015年 |
|---|---|---|---|---|---|
| 存货周转率 | 3.87 | 0.26 | 3.80 | 0.41 | 3.34 |
| 应收账款周转率 | 7.85 | 0.16 | 8.27 | 0.39 | 7.26 |
| 流动资产周转率 | 1.37 | -0.07 | 1.44 | 0.05 | 1.34 |
| 固定资产周转率 | 4.91 | 0.51 | 4.27 | 0.45 | 3.79 |
| 总资产周转率 | 0.69 | -0.03 | 0.67 | -0.03 | 0.66 |
| 净资产周转率 | 1.04 | -0.03 | 1.02 | 0.03 | 0.90 |

资料来源：沪深交易所，同花顺。

## 三、重点上市公司介绍

### 晨光文具

2017 年，晨光文具实现营业收入 63.57 亿元，同比增长 36.35%；归属于上市公司股东的净利润 6.34 亿元，同比增长 28.63%，实现每股收益 0.69 元。

传统业务方面，晨光文具具备核心技术优势、品牌黏性极强：剔除科力普的并表影响，传统业务实现营收 51.02 亿元，同比增长 23%，收入增长稳健。传统业务的高速成长主要来源于对渠道的深耕和聚焦：在对现有销售门店持续优化升级的基础上，专注于四大产品赛道，多管齐下，持续扩大公司的市场占有率。此外，晨光文具积极探索精品文创新型渠道，为第三方文具店打包提供高端产品，预计其未来高附加值的产品比例将持续提升。科力普业务方面，抢滩中国万亿办公直销蓝海市场（2016 年中国大办公用品市场规模达 1.6 万亿元），其 2013 ~ 2017 年收入规模增长近 10 倍，是国内发展速度最快的办公用品一站式采购服务平台。晨光文具还积极探索九木杂物社和晨光生活馆的线下直营模式。

晨光文具管理效率稳步提升，持续加大营销、研发力度：2017 年三费率合计 14.96%，整体可控。其中，销售费用率同比上涨 0.29%，至 8.97%，主要是由于对科力普及晨光科技加大投入，因此，交通运输费、业务宣传费增长较快。管理费费用率同比下降 0.40%，至 6.03%，管理效率持续提升。此外，研发费用投入合计 1.06 亿元，较 2016 年同期增长 13%。

晨光文具传统业务渠道优势明显，加快新产品的市场拓展及渠道升级：截至 2017 年年末，晨光文具已在全国拥有 31 家一级（省级）合作伙伴、超过 1200 个城市的二、三级合作伙伴，构建了超过 7.5 万家零售终端的庞大零售终端网络。在竞争激烈的内需市场确立了自主品牌销售的龙头地位。晨光文具加强对传统终端的掌控能力，并占据新出现的精品渠道，通过九木杂物社、晨光生活馆和晨光科技形成从消费者洞察到销售实现的闭环。产品方面，调结构促增长，保持原有大众品类的优势，拓展儿童美术和办公品类，大力推动精品文创的增长，适应消费升级的趋势。

## 四、上市公司在行业中的影响力

上市公司市场份额持续提高：2015 ~ 2017 年上市公司总资产占行业总体的比重由 3.28% 逐年提高至 3.71%，营业收入占比由 0.99% 提高至 1.32%，利润总额占比由 2.52% 下滑至 1.96%。近年来，面对业内激烈的竞争，上市公司加强渠道建设、聚焦提升品牌知名度，费用投放力度较大，获得了高于行业平均的收入增速，加速行业集中。

审稿人：王勇、董岚枫

撰稿人：李旻、史凡可

# 石油加工、炼焦及核燃料加工业

## 一、石油加工、炼焦及核燃料加工业总体概况

截至2017年年底，全国石油加工、炼焦和核燃料加工业规模以上企业数量为1790家，其中，325家出现亏损，平均亏损金额为5400万元。石油加工、炼焦及核燃料加工行业资产合计28254.80亿元，较2016年增加6.59%；实现销售收入40331.50亿元，较2016年增加16.79%；完成利润总额2205.28亿元，较2016年增加16.99%。

## 二、行业内上市公司发展概况

### （一）行业内上市公司基本情况

表1　　2017年石油加工、炼焦及核燃料加工业上市公司发行股票概况

| 门　类 | A、B股总数 | A股股票数 | B股股票数 | 境内总市值（亿元） | 流通A股市值（亿元） | 流通B股市值（亿元） |
|---|---|---|---|---|---|---|
| 石油加工、炼焦及核燃料加工业 | 16 | 16 | 0 | 1777.79 | 1210.47 | 0.00 |
| 占沪深两市比重（%） | 0.45 | 0.45 | 0.00 | 0.31 | 0.27 | 0.00 |

资料来源：沪深交易所，同花顺。

### （二）行业内上市公司构成情况

表2　　2017年石油加工、炼焦及核燃料加工业上市公司构成情况　　单位：家

| 门　类 | 沪市 | | | 深市 | | | ST/*ST |
|---|---|---|---|---|---|---|---|
| | 仅A股 | 仅B股 | A+B股 | 仅A股 | 仅B股 | A+B股 | |
| 石油加工、炼焦及核燃料加工业（家） | 10 | 0 | 0 | 6 | 0 | 0 | 1/0 |
| 占行业内上市公司比重（%） | 62.50 | 0.00 | 0.00 | 37.50 | 0.00 | 0.00 | 0.05/0.00 |

资料来源：沪深交易所，同花顺。

### （三）行业内上市公司融资情况

表 3　　2017 年石油加工、炼焦及核燃料加工业上市公司与沪深两市融资情况对比　　单位：家

| | 融资家数 | 新股 | 增发 | 配股 |
|---|---|---|---|---|
| 石油加工、炼焦及核燃料加工业 | 4 | 1 | 3 | 0 |
| 沪深两市总数 | 867 | 438 | 422 | 7 |
| 占比（%） | 0.46 | 0.23 | 0.71 | 0.00 |

资料来源：沪深交易所，同花顺。

其中，首发的 1 家公司和增发的 3 家公司中都在沪市上市。

从融资效果来看，上述公司实际发行数量为 97802.5 万股；实际募集资金 65.9 亿元，基本完成了融资计划。

2017 年石油加工、炼焦及核燃料加工业上市公司融资情况明细见附录。

### （四）行业内上市公司资产及业绩情况

表 4　　2017 年石油加工、炼焦及核燃料加工业上市公司资产情况　　单位：亿元

| 指　标 | 2017 年 | 2017 年可比样本增长（%） | 2016 年 | 2016 年可比样本增长（%） | 2015 年 |
|---|---|---|---|---|---|
| 总资产 | 1685.69 | 7.82 | 1614.05 | -0.11 | 1630.58 |
| 流动资产 | 729.65 | 19.28 | 634.78 | 15.65 | 542.76 |
| 占比（%） | 43.29 | 4.16 | 39.33 | 5.36 | 33.29 |
| 非流动资产 | 956.03 | 0.45 | 979.27 | -8.23 | 1087.83 |
| 占比（%） | 56.71 | -4.16 | 60.67 | -5.36 | 66.71 |
| 流动负债 | 653.63 | -0.26 | 678.48 | -8.17 | 767.28 |
| 占比（%） | 38.78 | -3.14 | 42.04 | -3.69 | 47.06 |
| 非流动负债 | 110.07 | -14.94 | 145.30 | -33.74 | 212.96 |
| 占比（%） | 6.53 | -1.75 | 9.00 | -4.57 | 13.06 |
| 归属于母公司股东权益 | 857.11 | 19.40 | 728.25 | 20.14 | 597.93 |
| 占比（%） | 50.85 | 4.93 | 45.12 | 7.61 | 36.67 |

资料来源：沪深交易所，同花顺。

表 5　　2017 年石油加工、炼焦及核燃料加工业上市公司收入实现情况　　单位：亿元

| 指　标 | 2017 年 | 2017 年可比样本增长（%） | 2016 年 | 2016 年可比样本增长（%） | 2015 年 |
|---|---|---|---|---|---|
| 营业收入 | 2068.51 | 27.03 | 1633.85 | -2.41 | 1657.07 |
| 利润总额 | 148.40 | -0.94 | 149.51 | 1133.24 | -30.67 |
| 归属于母公司所有者的净利润 | 111.80 | -5.63 | 117.55 | 1171.05 | -23.26 |

资料来源：沪深交易所，同花顺。

### （五）利润分配情况

2017年全年石油加工、炼焦及核燃料加工业上市公司中共有8家公司实施了分红配股，全部8家上市公司实施派息，均无送股或转增股。

2017年石油加工、炼焦及核燃料加工业上市公司分红明细见附录。

### （六）其他财务指标情况

1. 盈利能力指标

表6　2017年石油加工、炼焦及核燃料加工业上市公司盈利能力情况　单位:%

| 指　标 | 2017年 | 2017年可比样本变动 | 2016年 | 2016年可比样本变动 | 2015年 |
|---|---|---|---|---|---|
| 毛利率 | 19.95 | -3.99 | 24.04 | 6.64 | 17.08 |
| 净资产收益率 | 13.04 | -3.46 | 16.14 | 17.95 | -3.89 |
| 销售净利率 | 5.61 | -1.89 | 7.42 | 8.90 | -2.33 |
| 资产净利率 | 7.14 | -0.69 | 7.51 | 9.00 | -2.26 |

资料来源：沪深交易所，同花顺。

2. 偿债能力指标

表7　2017年石油加工、炼焦及核燃料加工业上市公司偿债能力指标

| 指　标 | 2017年 | 2017年可比样本变动 | 2016年 | 2016年可比样本变动 | 2015年 |
|---|---|---|---|---|---|
| 流动比率 | 1.12 | 0.18 | 0.94 | 0.19 | 0.71 |
| 速动比率 | 0.85 | 0.17 | 0.69 | 0.12 | 0.54 |
| 资产负债率（%） | 45.30 | -4.89 | 51.04 | -8.26 | 60.12 |

资料来源：沪深交易所，同花顺。

3. 营运能力指标

表8　2017年石油加工、炼焦及核燃料加工业上市公司营运能力情况　单位：次

| 营运能力指标 | 2017年 | 2017年可比样本变动 | 2016年 | 2016年可比样本变动 | 2015年 |
|---|---|---|---|---|---|
| 存货周转率 | 9.63 | 1.29 | 8.49 | -0.34 | 8.60 |
| 应收账款周转率 | 25.20 | 6.53 | 17.48 | -0.02 | 17.45 |
| 流动资产周转率 | 3.08 | 0.22 | 2.76 | 0.01 | 2.72 |
| 固定资产周转率 | 3.25 | 0.76 | 2.41 | 0.04 | 2.27 |
| 总资产周转率 | 1.27 | 0.23 | 1.01 | 0.00 | 0.97 |
| 净资产周转率 | 2.43 | 0.15 | 2.26 | -0.35 | 2.55 |

资料来源：沪深交易所，同花顺。

## 三、重点上市公司介绍

### 上海石化

上海石化2017年实现营业收入920.14亿元，较2016年增加18.13%。2017年本集团合成纤维、树脂及塑料、中间石化产品和石油产品的加权平均价格（不含税）与2016年相比，分别增长了26.60%、10.84%、20.97%和18.39%。实现归母净利润61.42亿元，与2016年同比增长3.12%。

2017年度上海石化集团的营业利润为人民币64.02亿元，比2016年度的营业利润人民币67.78亿元减少5.55%。归属于母公司股东的净利润为61.42亿元，每股收益0.57元。2017年由于国际原油的年平均油价略高于2016年，各主要板块成本端较2016年呈上升趋势。虽然产成品销售单价亦随之上涨，但是由于生产周期和下游市场需求的影响，产成品销售单价上升幅度小于原材料采购单价上升幅度，故营业利润较2016年小幅减少。2017年度经营活动现金净流入量为人民币70.61亿元，比2016年的现金净流入人民币71.82亿元减少1.68%。

从销售收入的产品构成来看，石油产品收入占总收入的36.4%，2017年共实现营业收入445.21亿元，较2016年增加26.26%；毛利率37.13%，比2016年减少7.55个百分点。石化产品收入占比45.42%，包括24.19%石油化工产品贸易和10.56%中间石化产品；其中石油化工产品贸易实现营业收入237.13亿元，比2016年增加15.13%；毛利率0.76%，比2016年减少0.08个百分点。中间石化产品实现营业收入103.54亿元，比2016年增加18.03%，毛利率为31.66%，比2016年减少2.55个百分点。公司有10.69%的收入来自树脂及塑料，2017年实现营业收入104.73亿元，比2016年增加3.97%；毛利率为22.60%，比2016年减少5.47个百分点。有2.10%的收入来自合成纤维，2017年实现营业收入20.62亿，比2016年增加7.65%，毛利率为-9.09%。从各板块销售净额来看，公司的盈利主要来自石油产品。从销售地区来看，出口部分销售收入138.46亿元，占比14.13%，比2016年增加16.33%；华东地区销售收入为725.97亿元，占比74.07%，比2016年增加21.53%；中国其他地区销售收入为55.70亿元，占比5.68%，比2016年减少10.96%。

## 四、上市公司在行业中的影响力

2017年，行业的资产规模、营业收入及利润总额稳定增长。截至2017年年底，全行业总资产达28254.80亿元，上市公司占比由2016年的6.09%略微下降至5.97%；行业全年实现主营业务收入40331.50亿元，上市公司占比由2016年的4.73%上升至5.13%；行业全年实现利润总额2205.28亿元，其中上市公司占比6.73%。

审稿人：宋　涛

撰稿人：马昕晔

# 化学原料及化学制品制造业

## 一、化学原料及化学制品制造业总体概况

2017 年 1～12 月，中国规模及以上（主营业务收入达到 2000 万元及以上）化学原料及化学制品企业数量为 24869 家，亏损企业达到 2988 家，平均亏损金额为 2108.1 万元。行业累计总资产 76461.87 亿元，较 2016 年增长 0.51%。实现营业收入 88690.70 亿元，较 2016 年上涨 1.60%，利润总额 6045.60 亿元，较 2016 年同比增长 21.32%。

## 二、行业内上市公司发展概况

### （一）行业内上市公司基本情况

表 1　2017 年化学原料及化学制品制造业上市公司发行股票概况

| 门　类 | A、B 股总数 | A 股股票数 | B 股股票数 | 境内总市值（亿元） | 流通 A 股市值（亿元） | 流通 B 股市值（亿元） |
|---|---|---|---|---|---|---|
| 化学原料及化学制品制造业 | 234 | 229 | 5 | 19264.77 | 13640.08 | 58.73 |
| 占沪深两市比重（%） | 6.56 | 6.42 | 0.14 | 3.39 | 3.05 | 3.28 |

资料来源：沪深交易所，同花顺。

### （二）行业内上市公司构成情况

表 2　2017 年化学原料及化学制品制造业上市公司构成情况　单位：家

| 门　类 | 沪市 | | | 深市 | | | ST/*ST |
|---|---|---|---|---|---|---|---|
| | 仅 A 股 | 仅 B 股 | A+B 股 | 仅 A 股 | 仅 B 股 | A+B 股 | |
| 化学原料及化学制品制造业（家） | 78 | 1 | 3 | 147 | 0 | 1 | 2/8 |
| 占行业内上市公司比重（%） | 33.91 | 0.43 | 1.30 | 63.91 | 0.00 | 0.43 | 0.09/0.36 |

资料来源：沪深交易所，同花顺。

### （三）行业内上市公司融资情况

表 3　　2017 年化学原料及化学制品制造业上市公司与沪深两市融资情况对比　　单位：家

| | 融资家数 | 新股 | 增发 | 配股 |
|---|---|---|---|---|
| 化学原料及化学制品制造业 | 63 | 34 | 29 | 0 |
| 沪深两市总数 | 867 | 438 | 422 | 7 |
| 占比（%） | 7.27 | 7.76 | 6.87 | 0.00 |

资料来源：沪深交易所，同花顺。

其中，首发的 34 家公司中，有 19 家在沪市上市，5 家在中小板上市，10 家在创业板上市；增发的 29 家公司中，有 6 家沪市、1 家深市主板、8 家创业板及 14 家中小板公司。

从融资效果来看，上述公司实际发行数量为 621517.4 万股；实际募集资金 622.79 亿元，基本完成了融资计划。

2017 年化学原料及化学制品制造业上市公司融资情况明细见附录。

### （四）行业内上市公司资产及业绩情况

表 4　　2017 年化学原料及化学制品制造业上市公司资产情况　　单位：亿元

| 指　标 | 2017 年 | 2017 年可比样本增长（%） | 2016 年 | 2016 年可比样本增长（%） | 2015 年 |
|---|---|---|---|---|---|
| 总资产 | 15403.15 | 12.27 | 14142.59 | 12.06 | 11730.23 |
| 流动资产 | 6676.77 | 22.21 | 5986.68 | 14.22 | 4389.06 |
| 占比（%） | 43.35 | 3.53 | 42.33 | 0.80 | 37.42 |
| 非流动资产 | 8726.38 | 5.68 | 8155.90 | 10.52 | 7341.18 |
| 占比（%） | 56.65 | -3.53 | 57.67 | -0.80 | 62.58 |
| 流动负债 | 6033.24 | 12.75 | 5898.49 | 10.74 | 4583.34 |
| 占比（%） | 39.17 | 0.17 | 41.71 | -0.50 | 39.07 |
| 非流动负债 | 1976.86 | -0.85 | 1917.89 | 2.68 | 1883.37 |
| 占比（%） | 12.83 | -1.70 | 13.56 | -1.24 | 16.06 |
| 归属于母公司股东权益 | 6841.56 | 15.24 | 5898.27 | 17.75 | 4797.14 |
| 占比（%） | 44.42 | 1.15 | 41.71 | 2.02 | 40.9 |

资料来源：沪深交易所，同花顺。

表 5　　2017 年化学原料及化学制品制造业上市公司收入实现情况　　单位：亿元

| 指　标 | 2017 年 | 2017 年可比样本增长（%） | 2016 年 | 2016 年可比样本增长（%） | 2015 年 |
|---|---|---|---|---|---|
| 营业收入 | 10112.84 | 27.49 | 8110.11 | 7.80 | 6947.3 |
| 利润总额 | 860.50 | 88.67 | 416.76 | 9.42 | 360.32 |
| 归属于母公司所有者的净利润 | 633.71 | 93.54 | 293.95 | 8.90 | 242.11 |

资料来源：沪深交易所，同花顺。

## （五）利润分配情况

2017年全年化学原料及化学制品制造业上市公司中共有196家公司实施了分红配股。其中，3家上市公司仅实施送股或转增股，154家上市公司仅实施派息，其中39家公司既实施了送股、转增，又实施了派息。

2017年化学原料及化学制品制造业上市公司分红明细见附录。

## （六）其他财务指标情况

1. 盈利能力指标

表6　　2017年化学原料及化学制品制造业上市公司盈利能力情况　　单位：%

| 指　标 | 2017年 | 2017年可比样本变动 | 2016年 | 2016年可比样本变动 | 2015年 |
|---|---|---|---|---|---|
| 毛利率 | 21.85 | 2.02 | 17.93 | 0.15 | 18.6 |
| 净资产收益率 | 9.26 | 3.75 | 4.98 | -0.40 | 5.05 |
| 销售净利率 | 6.79 | 2.37 | 3.84 | 0.04 | 3.78 |
| 资产净利率 | 4.71 | 1.95 | 2.32 | -0.16 | 2.32 |

资料来源：沪深交易所，同花顺。

2. 偿债能力指标

表7　　2017年化学原料及化学制品制造业上市公司偿债能力指标

| 指　标 | 2017年 | 2017年可比样本变动 | 2016年 | 2016年可比样本变动 | 2015年 |
|---|---|---|---|---|---|
| 流动比率 | 1.11 | 0.09 | 1.01 | 0.03 | 0.96 |
| 速动比率 | 0.86 | 0.08 | 0.77 | 0.04 | 0.73 |
| 资产负债率（%） | 52.00 | -1.53 | 55.27 | -1.73 | 55.13 |

资料来源：沪深交易所，同花顺。

3. 营运能力指标

表8　　2017年化学原料及化学制品制造业上市公司营运能力情况　　单位：次

| 营运能力指标 | 2017年 | 2017年可比样本变动 | 2016年 | 2016年可比样本变动 | 2015年 |
|---|---|---|---|---|---|
| 存货周转率 | 5.71 | 0.30 | 4.65 | -0.39 | 5.32 |
| 应收账款周转率 | 10.24 | 0.70 | 7.99 | -1.67 | 10.12 |
| 流动资产周转率 | 1.67 | 0.06 | 1.44 | -0.22 | 1.67 |
| 固定资产周转率 | 1.97 | 0.28 | 1.70 | -0.07 | 1.63 |
| 总资产周转率 | 0.69 | 0.07 | 0.61 | -0.05 | 0.61 |
| 净资产周转率 | 1.47 | 0.10 | 1.38 | -0.17 | 1.43 |

资料来源：沪深交易所，同花顺。

## 三、重点上市公司介绍

### （一）华鲁恒升

2017 年，华鲁恒升实现营业收入 104.08 亿元，同比增加 35.15%，实现归属于母公司股东的净利润 12.22 亿元，同比增加 39.58%。

华鲁恒升为多业联产的新型化工企业，主要业务包括化工产品及化学肥料的生产、销售，发电及供热业务。主要产品有肥料、有机胺、己二酸及中间品、醋酸及衍生品、多元醇等。目前具备年产 265 万吨肥料、25 万吨 DMF、50 万吨醋酸、16 万吨己二酸、25 万吨多元醇的生产能力，是国内重要的基础化工原料制造商和全球最大的 DMF 供应商。

按主营产品划分，肥料实现营业收入 19.80 亿元，较 2016 年增加 0.97%，毛利率为 12.94%，较 2016 年减少 5.47 个百分点；有机胺实现营业收入 19.02 亿元，较 2016 年增加 31.62%，毛利率 29.62%，较 2016 年增加 1.26 个百分点；己二酸及中间品实现营业收入 18.31 亿元，较 2016 年增加 42.37%，毛利率 17.67%，较 2016 年增加 0.75 个百分点；醋酸及衍生品实现营业收入 16.75 亿元，较 2016 年增加 47.07%，毛利率 30.33%，较 2016 年增加 4.43 个百分点；多元醇实现营业收入 14.07 亿元，比上期增加 26.67%，毛利率 5.79%，比 2016 年减少 0.05 个百分点。

按地区划分，出口实现营业收入 5.61 亿元，较 2016 年增加 32.11%；北方实现营业收入 65.33 亿元，较 2016 年增加 34.69%；南方实现营业收入 31.89 亿元，比 2016 年增加 34.45%。

### （二）万华化学

万华化学是国内 MDI（二苯基甲烷二异氰酸酯）制造龙头企业，是亚太地区最大的 MDI 制造企业。公司主要从事聚氨酯（MDI、TDI、多元醇），丙烯及其下游丙烯酸、环氧丙烷等系列石化产品，SAP、TPU、PC、PMMA、有机胺、ADI、水性涂料等精细化学品及新材料的研究开发、生产和销售。

2017 年，万华化学实现销售收入 531.23 亿元，同比增长 76.49%；实现归属于上市公司股东的净利润 111.35 亿元，同比增长 202.62%；每股收益 4.09 元。2017 年年末，万华化学资产总额 658.28 亿元，同比增长 29.67%；归属母公司所有者权益 282.80 亿元，同比增长 84.05%；公司加权平均净资产收益率 50.66%，同比增长 22.55 个百分点；每股净资产 9.98 元，同比增长 74.78%；资产负债率 53.28%，同比降低 10.60 个百分点。

主营业务按照产品分，2017 年聚氨酯系列实现营业收入 298.34 亿元，较 2016 年增加 81.72%，毛利率 55.41%，较 2016 年增加 14.79 个百分点；石化系列实现营业收入 153.07 亿元，较 2016 年增长 85.30%，毛利率 12.48%，较 2016

年减少 1.72 个百分点；精细化学品及新材料系列实现营业收入 41.97 亿元，较 2016 年增长 53.66%，毛利率 31.50%，较 2016 年减少 5.19 个百分点。主营业务按地区分，国内市场营业收入 369.56 亿元，较 2016 年增加 56.57%；国外市场营业收入 157.84 亿元，较 2016 年增加 153.72%。

#### （三）巨化股份

巨化股份是国内领先的氟化工、氯碱化工综合配套的氟化工先进制造业基地，主营业务为基本化工原料、食品包装材料、电子化学材料、氟化工原料及后续产品的研发、生产与销售，拥有氯碱化工、硫酸化工、基础氟化工等氟化工、电子化学材料必需的产业自我配套体系，形成了液氯、氯仿、三氯乙烯、四氯乙烯、AHF 为配套原料支撑的氟致冷剂、有机氟单体、氟聚合物完整的氟化工产业链，并涉足石油化工产业。巨化股份核心产业氟化工及其他主导产品在规模、技术上均处于行业领先水平。

2017 年，巨化股份实现营业收入 137.68 亿元，较 2016 年增加 36.30%；实现利润总额 12.18 亿元，同比增长 412.48%；实现归属上市公司股东的净利润 9.35 亿元，较 2016 年增长 518.57%。

主营业务按产品分，2017 年含氟精细化工品营业收入 0.43 亿元，较 2016 年增长 26.74%，毛利率 62.60%，较 2016 年增加 12.82 个百分点；氟化工原料营业收入 12.58 亿元，较 2016 年增加 17.63%，毛利率 8.93%，较 2016 年减少 12.21 个百分点；石化材料营业收入 14.39 亿元，较 2016 年增加 41.70%，毛利率 12.41%，较 2016 年增加 11.50 个百分点；制冷剂营业收入 36.98 亿元，较 2016 年增长 53.65%，毛利率 29.62%，较 2016 年增加 11.77 个百分点；含氟聚合物材料营业收入 11.91 亿元，较 2016 年增加 52.00%，毛利率 27.74%，较 2016 年增加 17.38 个百分点。主营业务按地区分，国外销售营业收入 15.82 亿元，较 2016 年增加 42.21%；国内销售营业收入 83.50 亿元，较 2016 年增加 39.78%。

## 四、上市公司在行业中的影响力

2017 年行业资产规模较 2016 年出现微幅上升，与 2016 年基本持平。营业收入上升 1.60%，利润总额增加 21.32%，上市公司在其中的占比都出现了较大幅度的增长。截至 2017 年年底，全行业总资产达 76461.87 亿元，上市公司占比由 2016 年的 18.59% 上升至 20.14%；行业全年实现营业收入 88690.70 亿元，上市公司占比由 2016 年的 9.29% 上升至 11.40%；行业全年实现利润总额 6045.60 亿元，其中，上市公司占比由 2016 年的 8.05% 上升至 14.23%。

审稿人：宋　涛

撰稿人：马昕晔

# 医药制造业

## 一、医药制造业总体概况

### （一）行业整体运行情况

2017年，中国经济增长总体平稳，供给侧改革持续，经济结构不断优化。从增加值数据来看，2017年1～9月规模以上医药工业增加值同比增长11.60%，增速较2016年同期提高1.20个百分点，高于全国工业整体增速4.90个百分点，位居工业全行业前列。

从营业收入数据来看，2017年1～9月医药工业规模以上企业实现主营业务收入22936.45亿元，同比增长11.70%，增速较2016年同期提高1.61个百分点。各子行业中，增长最快的是中药饮片加工，增速为17.20%。

从盈利水平数据来看，2017年1～9月医药工业规模以上企业实现利润总额2557.26亿元，同比增长17.54%，增速较2016年同期提高1.90个百分点。各子行业中，增长最快的是生物药品制造和化学药品制剂制造。2017年1～9月，规模以上医药工业主营收入利润率为11.15%，较2016年同期提升0.69个百分点，高于全国工业整体水平4.98个百分点。

从出口数据来看，2017年1～9月医药工业规模以上企业实现出口交货值1519.68亿元，同比增长9.37%，增速较2016年同期提高1.21个百分点。根据海关进出口数据，1～9月份医药产品出口额为436.78亿美元，同比增长5.61%，增速较2016年同期提高7.61个百分点。

### （二）细分行业运行概况

医药制造业共分为8个细分子行业，分别为：化学药品原料药制造、化学药品制剂制造、中药饮片加工、中成药制造、生物药品制造、卫生材料及医药用品制造、制药专用设备制造以及医疗仪器设备及器械制造。

从营业收入数据来看，各细分子行业情况如下：化学药品原料药制造行业2017年1～9月实现主营业务收入3927.88亿元，同比增长14.13%，增速较2016年同期提高4.82个百分点；化学药品制剂制造行业2017年1～9月实现主营业务收入6249.90亿元，同比增长10.85%，增速较2016年同期提高0.03个百分点；中药饮片加工行业2017年1～9月实现主营业务收入1592.60亿元，同比增长17.20%，增速较2016年同期提高4.75个百分点；中成药制造行业2017年1～9月实现主营业务收入4548.13亿元，同比增长9.69%，增速较2016年同期提高1.76个百分点；生物药品制造行业2017年1～9月实现主营业务收入2562.61亿元，同比增长11.17%，增速较2016年同期提高0.95个百分点；卫生材料及医药用品制造行业2017年1～9月实现主营业务收入1753.85亿元，同比增长14.09%，增速较2016年同期提高2.19个百分点；制药专用设备制造行业2017年1～9月实现主营业务收入134.27亿元，同比增长9.86%，增速较2016年同期提高4.52个百分点；医疗仪器设备及器械制造行业2017年1～9月实现主营业务收入2167.21亿元，同比增长9.24%，增速较2016年同期下降2.79个百分点。由以上数据可以看出，中药饮片加工、化学药品原料药制造以及卫生材料及医药用品制造子行业的主营业务收入增速高于医药工业的整体增速水平；而医疗仪器设备及器械制造、中成药制造、制药专用设备制造、化学药品制剂制造及生物药品制造子行业的主营业务收入增速则低于医药工业的整体增速水平。各子行业中，化学药品原料药制造与中药饮片加工子行业的主营业务收入增速较2016年同期提升幅度较大。

从盈利水平数据来看，各子行业情况如下：化学药品原料药制造行业2017年1～9月实现利润总额307.24亿元，同比增长9.25%，增速较2016年同期下降23.60个百分点；化学药品制剂制造行业2017年1～9月实现利润总额878.79亿元，同比增长24.79%，增速较2016年同期提高6.03个百分点；中药饮片加工行业2017年1～9月实现利润总额110.89亿元，同比增长18.32%，增速较2016年同期提高7.87个百分点；中成药制造行业2017年1～9月实现利润总额499.50亿元，同比增长10.89%，增速较2016年同期提高5.22个百分点；生物药品制造行业2017年1～9月实现利润总额361.91亿元，同比增长26.26%，增速较2016年同期提高20.13个百分点；卫生材料及医药用品制造行业2017年1～9月实现利润总额163.75亿元，同比增长17.15%，增速较2016年同期提高9.04个百分点；制药专用设备制造行业2017年1～9月实现利润总额10.30亿元，同比增长0.32%，增速较2016年同期提高10.31个百分点；医疗仪器设备及器械制造行业2017年1～9月实现利润总额224.87亿元，同比增长7.40%，增速较2016年同期下降29.23个百分点。由以上数据可以看出，生物药品制造、化学药品制剂制造及中药饮片加工子行业的利润总额增速高于医药工业的整体增速水平；而制药专用设备制造、医疗仪器设备及器械制造、化学药品原料药制造、中成药制造以及卫生材料及医药用品制造子行业的利润总额增速则低于医药工业的整体增速水平。各子行业中，生物药品制造与制药专用设备制造子行业的利润总额增速较2016年同期提升幅度较大。

## 二、行业内上市公司发展概况

### （一）行业内上市公司基本情况

表 1　　2017 年医药制造业上市公司发行股票概况

| 门　类 | A、B 股总数 | A 股股票数 | B 股股票数 | 境内总市值（亿元） | 流通 A 股市值（亿元） | 流通 B 股市值（亿元） |
|---|---|---|---|---|---|---|
| 医药制造业 | 211 | 209 | 2 | 29263.41 | 22549.23 | 24.23 |
| 占沪深两市比重（%） | 5.92 | 5.86 | 0.06 | 5.15 | 5.04 | 1.35 |

资料来源：沪深交易所，同花顺。

### （二）行业内上市公司构成情况

表 2　　2017 年医药制造业上市公司构成情况　　单位：家

| 门　类 | 沪市 | | | 深市 | | | ST/*ST |
|---|---|---|---|---|---|---|---|
| | 仅 A 股 | 仅 B 股 | A＋B 股 | 仅 A 股 | 仅 B 股 | A＋B 股 | |
| 医药制造业（家） | 70 | 0 | 2 | 137 | 0 | 0 | 1/0 |
| 占行业内上市公司比重（%） | 33.49 | 0.00 | 0.96 | 65.55 | 0.00 | 0.00 | 0.05/0.00 |

资料来源：沪深交易所，同花顺。

### （三）行业内上市公司融资情况

表 3　　2017 年医药制造业上市公司与沪深两市融资情况对比　　单位：家

| | 融资家数 | 新股 | 增发 | 配股 |
|---|---|---|---|---|
| 医药制造业 | 46 | 31 | 15 | 0 |
| 沪深两市总数 | 867 | 438 | 422 | 7 |
| 占比（%） | 5.31 | 7.08 | 3.55 | 0.00 |

资料来源：沪深交易所，同花顺。

其中，首发的 31 家公司中，有 12 家在主板上市，7 家在中小板上市，12 家在创业板上市；增发的 15 家公司中，有 5 家沪市、5 家深市主板及 5 家深市中小板公司。

按行业大类划分，进行融资的 46 家公司中，化学制药行业 25 家，中药行业 10 家，生物制品行业 5 家，医疗器械行业 6 家。

从融资效果来看，上述公司实际发行数量为 240054.19 万股；实际募集资金 350.42 亿元，基本完成了融资计划。

2017 年医药制造业上市公司融资情况明细见附录。

### （四）行业内上市公司资产及业绩情况

表 4　2017 年医药制造业上市公司资产情况　单位：亿元

| 指　标 | 2017 年 | 2017 年可比样本增长（%） | 2016 年 | 2016 年可比样本增长（%） | 2015 年 |
|---|---|---|---|---|---|
| 总资产 | 12464.39 | 17.04 | 10166.81 | 20.45 | 7917.49 |
| 流动资产 | 6795.64 | 19.40 | 5478.80 | 24.76 | 4167.86 |
| 占比（%） | 54.52 | 1.08 | 53.89 | 1.86 | 52.64 |
| 非流动资产 | 5668.76 | 14.33 | 4688.01 | 15.77 | 3749.63 |
| 占比（%） | 45.48 | -1.08 | 46.11 | -1.86 | 47.36 |
| 流动负债 | 3355.71 | 18.88 | 2697.53 | 11.85 | 2269.3 |
| 占比（%） | 26.92 | 0.42 | 26.53 | -2.04 | 28.66 |
| 非流动负债 | 1188.44 | 27.22 | 900.10 | 28.05 | 651.59 |
| 占比（%） | 9.53 | 0.76 | 8.85 | 0.53 | 8.23 |
| 归属于母公司股东权益 | 7466.66 | 14.85 | 6208.87 | 23.88 | 4740.75 |
| 占比（%） | 59.90 | -1.14 | 61.07 | 1.69 | 59.88 |

资料来源：沪深交易所，同花顺。

表 5　2017 年医药制造业上市公司收入实现情况　单位：亿元

| 指　标 | 2017 年 | 2017 年可比样本增长（%） | 2016 年 | 2016 年可比样本增长（%） | 2015 年 |
|---|---|---|---|---|---|
| 营业收入 | 6328.08 | 15.57 | 5212.38 | 11.58 | 4277.52 |
| 利润总额 | 1108.76 | 22.55 | 865.21 | 14.37 | 655.25 |
| 归属于母公司所有者的净利润 | 850.44 | 19.25 | 683.91 | 15.42 | 522.85 |

资料来源：沪深交易所，同花顺。

### （五）利润分配情况

2017 年全年医药制造业上市公司中共有 227 家公司实施了分红配股。其中，46 家上市公司实施送股或转增股，183 家上市公司实施派息，其中 2 家公司既实施了送股、转增，又实施了派息。

2017 年医药制造业上市公司分红明细见附录。

## （六）其他财务指标情况

### 1. 盈利能力指标

表 6　　2017 年医药制造业上市公司盈利能力情况　　单位：%

| 指　标 | 2017 年 | 2017 年可比样本变动 | 2016 年 | 2016 年可比样本变动 | 2015 年 |
|---|---|---|---|---|---|
| 毛利率 | 48.55 | 2.18 | 46.38 | 1.51 | 43.96 |
| 净资产收益率 | 11.39 | 0.42 | 11.02 | -0.81 | 11.03 |
| 销售净利率 | 14.53 | 0.71 | 13.89 | 0.47 | 12.84 |
| 资产净利率 | 7.95 | 0.18 | 7.78 | -0.30 | 7.59 |

资料来源：沪深交易所，同花顺。

### 2. 偿债能力指标

表 7　　2017 年医药制造业上市公司偿债能力指标

| 指　标 | 2017 年 | 2017 年可比样本变动 | 2016 年 | 2016 年可比样本变动 | 2015 年 |
|---|---|---|---|---|---|
| 流动比率 | 2.03 | 0.01 | 2.03 | 0.21 | 1.84 |
| 速动比率 | 1.59 | 0.00 | 1.60 | 0.21 | 1.39 |
| 资产负债率（%） | 36.46 | 1.18 | 35.39 | -1.51 | 36.89 |

资料来源：沪深交易所，同花顺。

### 3. 营运能力指标

表 8　　2017 年医药制造业上市公司营运能力情况　　单位：次

| 营运能力指标 | 2017 年 | 2017 年可比样本变动 | 2016 年 | 2016 年可比样本变动 | 2015 年 |
|---|---|---|---|---|---|
| 存货周转率 | 2.43 | -0.11 | 2.52 | -0.09 | 2.53 |
| 应收账款周转率 | 5.25 | -0.40 | 5.64 | -0.39 | 5.85 |
| 流动资产周转率 | 1.01 | -0.06 | 1.06 | -0.10 | 1.12 |
| 固定资产周转率 | 2.87 | 0.15 | 2.78 | -0.02 | 2.82 |
| 总资产周转率 | 0.55 | -0.02 | 0.56 | -0.04 | 0.59 |
| 净资产周转率 | 0.85 | -0.03 | 0.88 | -0.09 | 0.94 |

资料来源：沪深交易所，同花顺。

## 三、重点上市公司介绍

### （一）恒瑞医药

2017年，恒瑞医药实现营业收入138.36亿元，较2016年增长24.72%；归属于上市公司股东的净利润32.17亿元，比2016年同期增长24.25%；稀释每股收益1.14元，利润分配方案为每10股派送现金1.30元（含税），每10股送红股2股，每10股转增1股。

在销售工作方面，恒瑞医药继续推进销售分线，建立学术营销体系，加强人员补充力度。销售收入增长主要来自抗肿瘤药、造影剂、手术麻醉药品。尽管市场竞争不断加剧，但是由于创新药阿帕替尼等产品的快速放量，肿瘤药品依然保持市场领先地位，其中，创新药阿帕替尼进入国家医保目录，市场销售规模再创佳绩。抗肿瘤药营收较2016年同期增长18.47%，造影剂营收较2016年同期增长44.85%，手术麻醉药品营收较2016年同期增长19.71%。

在研发创新方面，一是继续加大研发投入。2017年累计投入研发资金17.59亿元，比2016年同期增长48.53%，研发投入占销售收入的比重达到12.71%。二是围绕公司药物开发"创新+仿制药+国际注册"功能板块建设，加强研发队伍建设，广开渠道，引进人才，充实研发队伍，提升公司药物开发实力。三是积极推动仿制药质量和疗效一致性评价工作。四是项目注册申报有序推进。五是专利申请和维持工作顺利开展，创新成果获得国家奖励。全年提交国内新申请154件，提交国际PCT新申请45件，获得国内授权23件，国外授权30件。完成54个项目相关专利侵权或专利性分析。"药剂高效分装成套装备及产业化"项目获得国家科学进步二等奖。

在国际化方面，2017年恒瑞医药继续加大国际化战略的实施力度，积极拓展海外市场，实现海外销售收入6.37亿元人民币。仿制药国际化方面，苯磺顺阿曲库铵注射液、多西他赛注射液、盐酸右美托咪定注射液在美国获批，注射用卡泊芬净和地氟烷在欧洲获批，注射用环磷酰胺等系列产品销售稳步增长；欧、美、日高端法规市场各项目按计划开展注册申报工作，2017年分别向美国FDA递交了4个注射剂、2个原料药，向日本递交1个注射剂，向欧洲递交1个片剂、1个原料药的注册申请；其他新兴市场如澳大利亚、南非、中东地区等国家也逐步加强注册力度。创新药国际化方面，注射用SHR-A1403、SHR9146、SHR-1316注射液、SHR8554注射液、SHR-1314注射液等产品获准在海外开展临床试验。

### （二）复星医药

2017年，复星医药实现营业收入185.34亿元，较2016年增长26.69%；实现归属于上市公司股东的净利润31.24亿元，较2016年增长11.36%；实现归属于上市公司股东的扣除非经常性损益的净利润23.46亿元，较2016年增长12.10%。稀释每股收益1.27元，较2016年增长5.83%。利润分配方案为每10股派发现金红利3.80元（含税）。

分板块来看，2017年，复星医药药品制造与研发业务实现营业收入131.95亿元，较2016年增长28.62%；医疗服务业务实现营业收入20.88亿元，较2016年增长24.49%；医疗器械与医学诊断实现营业收入32.14亿元，较2016年增长20.65%。

目前，复星医药已在中国药品市场最具潜力和成长力的六大疾病领域（心血管、代谢及消化系统、中枢神经系统、血液系统、抗感染、抗肿瘤）形成了比较完善的产品布局。2017年，公司制药版块（不含Gland Pharma）销售额过亿元的制剂单品或系列共21个，其中，销售额过3亿元的制剂单品或系列共11个（包括销售额超过5亿元的5个制剂单品或系列）。

研发方面，复星医药通过在中国、美国、印度等布局建立互动一体化的研发体系，形成了国际化的研发布局和较强的研发能力。截至2017年年底，除新并购的Gland Pharma外，公司在研新药、仿制药、生物类似药及一致性评价等项目171项（其中，小分子创新药10项、生物创新药8项、生物类似药14项、国际标准的仿制药98项、一致性评价项目39项、中药2项），9个项目正在申报进入临床试验、29个项目正在进行临床试验、27个项目等待审批上市。在不断提升研发水平及产品竞争力的同时，复星医药也在持续加强国内外营销体系建设，现已经形成了近5000人的国内外营销队伍，其中包括1000余人的海外营销队伍。

### （三）科伦药业

2017年，科伦药业实现营业收入114.35亿元，较2016年增长33.49%；归属于上市公司股东的净利润7.49亿元，比2016年同期增长28.04%；稀释每股收益0.52元，利润分配方案为每10股派送现金2.09元（含税）。

2017年，科伦药业的输液板块业务实现平稳增长，输液产品销售收入75.79亿元，同比增长26.12%，公司产品结构持续优化，生产管理水平进一步提高，生产成本降低，毛利和毛利率持续增长；科伦药业的非输液板块收入37.52亿元，同比增长68.68%，实现毛利10.36亿元，同比增长96.36%，其中，伊犁川宁抗生素中间体二期在试生产中未能如期释放产能，2017年亏损7497.05万元。

2017年，科伦药业7个重要仿制药物连续获批生产，草酸艾司西酞普兰片国内首家通过一致性评价，2项创新小分子药物获批临床，重组抗表皮生长因子受体人鼠嵌合单克隆抗体注射液进入临床Ⅲ期，KL-A167启动临床Ⅰ期，重组抗VEGFR2全人源单克隆抗体注射液获批临床，紫杉醇白蛋白纳米粒、盐酸伊立替康脂质体、阿立哌唑长效微晶获批临床，同时创新专利海外成功授权和创新ADC项目进行中美双报。

在知识产权工作方面，截至 2018 年 3 月 31 日，科伦集团上市公司共申请专利 3204 项，其中发明专利申请 753 项；授权专利共 2432 项，其中发明专利 303 项。报告期内，公司共申请专利 400 项，其中，发明专利申请 163 项，实用新型专利申请 199 项，外观设计专利申请 23 项，PCT 专利申请 15 项；已获授权 223 项，其中，发明专利 42 项，实用新型 154 项，外观设计 27 项。

在营销方面，2017 年输液制剂产品销售总量 44.66 亿瓶/袋，较 2016 年同期略增约 2776 万瓶/袋，随着输液行业集中度的提升、持续的产品结构优化以及加强成本控制管理，输液制剂销售收入同比增长 156944 万元，营业成本较 2016 年同期减少 7675 万元，公司输液制剂产品毛利率较同期增长 10.76%。公司非输液制剂 3 个核心产品销售继续保持增长，其中，塑料水针销售收入较同期增长 105.24%，销售过亿元的天舒欣（康复新液）销售收入增长 137.01%，百洛特（草酸艾司西酞普兰片）销售收入增长 185.22%。

在国际业务方面，科伦 KAZ 药业有限公司销售团队建设完成，产品在哈萨克斯坦、吉尔吉斯斯坦、塔吉克斯坦、俄罗斯 4 国实现规模销售，2017 年成功开拓俄罗斯市场，实现 2016 年、2017 年度持续盈利。科伦药业抗生素产业链出口业务业已开展，通过了多家国际大客户审计，2017 年外贸销售广西科伦、伊犁川宁产品约 1.56 亿元，抗生素制剂产品注册正在进行中。2017 年国际业务销售收入 3.31 亿元人民币，较 2016 年同期增长 27.95%。

### （四）天坛生物

2017 年，天坛生物实现营业收入 17.65 亿元，较 2016 年下降 17.45%；实现归属于上市公司股东的净利润 11.80 亿元，较 2016 年增长 359.33%；实现归属于上市公司股东的扣除非经常性损益的净利润 4.14 亿元，较 2016 年增长 69.20%。稀释每股收益 1.76 元，较 2016 年增长 359.33%。利润分配方案为每 10 股派发现金股利 2 元（含税），同时向全体股东每 10 股送红股 3 股。

分板块来看，2017 年，天坛生物预防制品业务实现营业收入 2.46 亿元，较 2016 年下降 68.62%；血液制品业务实现营业收入 15.13 亿元，较 2016 年增长 13.24%。

2017 年，为解决公司与控股股东之间的同业竞争，天坛生物实施了两次重大资产重组项目，重组完成后，天坛生物成为中国生物下属唯一的血液制品业务平台。目前，天坛生物的主要业务是以健康人血浆、经特异免疫的人血浆为原材料和采用基因重组技术研发、生产血液制品，开展血液制品经营业务。在研和在产品种包括白蛋白、免疫球蛋白、凝血因子及蛋白酶抑制剂等血液制品。

2017 年重组实施完成后，天坛生物成为国内规模最大的血液制品公司，下属公司包括成都蓉生、上海血制、武汉血制、兰州血制和贵州中泰5个血液制品生产企业。2017年，采浆规模超过1400吨，领跑国内血制企业。截至2017年年底，共有单采血浆站（含分站）55家，其中，在营浆站47家，新获批浆站（含分站）8家，浆站网络扩大至13个省份。在研发及产品储备方面，拥有近百名从事血浆蛋白产品研发的科研人员，拥有完善的科研体系，配备有先进的研发设施和设备。在销售渠道方面，2017年重组后，天坛生物下属公司基本覆盖了除港澳台地区外的各省市地区主要的重点终端，目前已经覆盖近500家三级医院，近1000家三级以下医院及其他终端，终端数量处于领先地位。

### （五）长春高新

2017年，长春高新实现营业收入41.02亿元，较2016年增长41.58%；实现归属于上市公司股东的净利润6.62亿元，较2016年增长36.53%；实现归属于上市公司股东的扣除非经常性损益的净利润6.43亿元，较2016年增长37.92%。稀释每股收益3.89元，较2016年增长36.49%。利润分配方案为每10股派发现金股利8元（含税）。

分板块来看，2017年，长春高新基因工程药品\生物类药品板块实现营业收入28.01亿元，较2016年增长62.37%；中成药板块实现营业收入6.52亿元，较2016年增长9.92%；房地产板块实现营业收入6.16亿元，较2016年增长11.69%；服务业板块实现营业收入0.33亿元，较2016年增长19.84%。

经过多年的产业布局和研发投入，目前长春高新医药产品覆盖创新基因工程制药、生物疫苗、现代中药等多个医药细分领域，塑造了良好的品牌形象并逐步赢得市场认可。在医药产业布局方面，长春高新以市场为导向，一方面在现有产品工艺设施的基础上，利用自身的技术和研发优势，加大产品创新；另一方面通过创新项目的成功孵化和产业化培育，打造并形成目前在国内基因工程制药、生物疫苗、现代中药领域具有一定的技术优势和市场优势的产品结构。在营销方面，经过多年的布局，长春高新搭就了多元化的销售服务渠道，结合产品资源整合优势，为产品经销商及终端客户提供完善的专业化服务。

### （六）云南白药

2017年，云南白药实现营业收入243.15亿元，较2016年增长8.50%；实现归属于上市公司股东的净利润31.45亿元，较2016年增长7.71%；实现归属于上市公司股东的扣除非经常性损益的净利润27.81亿元，较2016年增长3.01%。稀释每股收益3.02元，较2016年增长7.71%。利润分配方案为每10股派发现金股利15元（含税）。

主要板块方面，2017年，云南白药医药工业板块实现营业收入99.62亿元，较2016年增长9.71%；医药商业板块实现营业收入142.84亿元，较2016年增长7.59%。

2017年，公司控股股东云南白药控股有限公司完成了混合所有制改革，为公司体制机制的理顺激活，以及经营发展活力的进一步释放，营造了更为宽松有利的环境。

在业务方面，云南白药以事业部的形式，按照产品系列及服务划分了药品、健康产品、中药资源和医药商业四大业务板块。其中，药品板块涵盖16个剂型共计370余个品种（以云南白药系列专注于止血镇痛、消肿化瘀的产品为主，并涉及补益气血、伤风感冒、心脑血管、妇科、儿童等领域的天然特色药物）。健康板块着力构建全方位个人护理产品平台，目前主要产品为牙膏，功效为口腔护理和保健，该产品市场占有率位居全国第二位、民族品牌第一位。养元青、卫生巾、面膜等其他个人护理产品培育情况良好。中药资源板块将战略药材保障体系建设、药材中间产品开发和养生保健产品开发进行有机结合，已完成中药资源全产业链布局，其中，豹七三七已成为云南高品质三七的代表。医药商业板块继续根据国家医改政策调整渠道布局，实施对县级及以上医疗机构定制化服务，有效巩固现有渠道优势；在国家政策允许范围内，对线下零售药店业务、药房托管、网上售药等线上线下渠道协同发展进行有益探索。

### （七）片仔癀

2017年，片仔癀实现营业收入37.14亿元，较2016年增长60.85%；实现归属于上市公司股东的净利润8.07亿元，较2016年增长50.53%；实现归属于上市公司股东的扣除非经常性损益的净利润7.75亿元，较2016年增长48.40%。稀释每股收益1.34元，较2016年增长50.56%。利润分配方案为每10股派发现金股利4.30元（含税）。

在主要板块方面，2017年，片仔癀医药工业板块实现营业收入14.64亿元，较2016年增长33.47%；医药商业板块实现营业收入19.01亿元，较2016年增长106.20%；日用品、化妆品板块实现营业收入3.18亿元，较2016年增长21.55%；食品板块实现营业收入0.13亿元，较2016年增长195.73%。

片仔癀主要业务包括中成药制造、医药流通。其中，核心产品为片仔癀系列，包括片仔癀、片仔癀胶囊、复方片仔癀软膏、复方片仔癀含片等片仔癀系列产品。除药品销售之外，公司积极打造健康、保健、养生食品的健康产业，产品延伸至保健品、保健食品、特色功效化妆品和日化产品。“片仔癀”品牌的良好形象，为其他中成药产品打开市场创造了十分有利的条件。

### （八）安图生物

安图生物所处行业为医药制造业，具体属于体外诊断行业，专业从事体外诊断试剂及仪器的研发、生产、销售及服务，产品涵盖免疫、生化、微生物等检测领域，能够为医学实验室提供全面的解决方案。采用“技术+产品线+渠道”全方位发展模式，坚持仪器和试剂共同发展的模式，形成免疫检测、生化检测和微生物检测产品共同发展的格局，并向产业链上游核心原材料领域拓展，以取得全方位的竞争优势。

2017 年，安图生物实现营业收入 14.00 亿元，较 2016 年增长 42.84%；实现归属于上市公司股东的净利润 4.47 亿元，较 2016 年增长 27.68%；实现归属于上市公司股东的扣除非经常性损益的净利润 4.14 亿元，较 2016 年增长 23.59%。稀释每股收益 1.06 元，较 2016 年增长 19.10%。利润分配方案为每 10 股派发现金红利 7.20 元（含税）。

分产品来看，2017 年，公司试剂类产品实现营业收入 11.59 亿元，较 2016 年增长 28.22%；仪器类产品实现营业收入 1.79 亿元，较 2016 年增长 485.15%。

目前，安图生物不仅掌握了半自动、全自动仪器开发技术，而且在智能集成控制、携带污染控制、流体力学、温度控制、微弱光检测、颜色分辨及配套分析软件等关键技术上积累了多年的经验，已开发出酶标仪、化学发光免疫分析仪、洗板机、全自动化学发光测定仪、自动化血培养系统等体外诊断试剂仪器，部分产品的主要性能指标都已达到国际先进水平。

在研发方面，安图生物已建立起一支高素质的研发队伍，2015～2017 年公司研发投入分别为 6450.97 万元、10388.13 万元、14764.45 万元，占当期营业收入的比重分别为 9.00%、10.60% 和 10.54%，持续的研发高投入使公司源源不断的技术创新得到了保障。目前，安图生物建立了免疫检测试剂开发平台、生化检测试剂开发平台、微生物检测试剂开发平台、抗原和抗体开发平台和仪器开发平台，拥有国家认定企业技术中心、免疫检测自动化国家地方联合工程实验室、河南省体外诊断试剂工程研究中心、河南省免疫诊断试剂工程技术研究中心，形成了完善的科研开发体系。在营销方面，安图生物共有千余家经销商，基本形成了覆盖全国的营销网络。目前产品已进入二级医院及以上终端用户 4500 多家，其中三级医院 1381 家，占全国三级医院总量的 61.87%。

## 四、上市公司在行业中的影响力

2017 年，医药制造业总资产规模为 31053.00 亿元，较 2016 年增长 8.77%；上市公司资产规模为 12464.39 亿元，2017 年可比样本较 2016 年增长 17.04%；上市公司占总资产的比重为 40.14%，比 2016 年上升 3.22 个百分点。

2017 年，医药制造业实现营业收入 28185.50 亿元，较 2016 年增长 0.44%；上市公司实现营业收入为 6328.08 亿元，2017 年可比样本较 2016 年增长 15.57%；上市公司占营业收入比重为 22.45%，比 2016 年上升 3.21 个百分点。

2017 年，医药制造业实现利润总额 3314.10 亿元，较 2016 年增长 10.36%；上市公司实现利润总额为 1108.76 亿元，2017 年可比样本较 2016 年增长 22.55%；

上市公司占利润总额的比重为33.46%，较2016年上升3.75个百分点。

综合以上数据分析可以看出，2017年医药制造类上市公司在行业中的地位进一步提升。

审稿人：王洪磊

撰稿人：赵　波、甘英健

# 化学纤维制造业

## 一、化学纤维制造业总体概况

根据国家统计局数据，2017年，中国化学纤维制造业全年累计生产化学纤维4920万吨，同比增加4.97%。其中，人造纤维428万吨，合成纤维4481万吨。2017年，全国规模以上化学纤维制造业企业家数为1799家，行业资产总额为7381亿元，同比增长4.8%，总负债为4234亿元，同比增长5.5%，全年实现主营业务收入7906亿元，同比增长15.69%，实现利润总额445亿元，同比增长38.30%。

从细分产品产量来看，人造纤维中，粘胶短纤2017年产量为364万吨，同比增长3.68%；粘胶长丝产量为18万吨，同比增长7.50%；醋酸纤维产量为37万吨，同比增长2.62%。

合成纤维中，涤纶3934万吨、锦纶333万吨、腈纶72万吨、维纶8.4万吨、丙纶29万吨、氨纶55万吨，同比增速分别为4.84%、8.83%、-0.12%、-3.72%、16.17%和7.99%。

在子行业中，涤纶行业实现利润总额205.6亿元，同比大幅增长63.40%，贡献了化纤全行业46.20%的利润，但相对产量占比超过80%来讲，单位产品利润率仍相对较低；人造纤维行业实现利润136.16亿元，同比增长17.11%，但亏损企业亏损额却大幅增加78.77%；腈纶行业总体处于盈亏边缘，部分企业亏损加重。

## 二、行业内上市公司发展概况

### （一）行业内上市公司基本情况

表1　2017年化学纤维制造业上市公司发行股票概况

| 门　类 | A、B股总数 | A股股票数 | B股股票数 | 境内总市值（亿元） | 流通A股市值（亿元） | 流通B股市值（亿元） |
|---|---|---|---|---|---|---|
| 化学纤维制造业 | 22 | 22 | 0 | 3036.85 | 2201.16 | 0.00 |
| 占沪深两市比重（%） | 0.62 | 0.62 | 0.00 | 0.53 | 0.49 | 0.00 |

资料来源：沪深交易所，同花顺。

## （二）行业内上市公司构成情况

表 2　　2017 年化学纤维制造业上市公司构成情况　　单位：家

| 门类 | 沪市 | | | 深市 | | | ST/*ST |
|---|---|---|---|---|---|---|---|
| | 仅 A 股 | 仅 B 股 | A+B 股 | 仅 A 股 | 仅 B 股 | A+B 股 | |
| 化学纤维制造业（家） | 8 | 0 | 0 | 14 | 0 | 0 | 0/0 |
| 占行业内上市公司比重（%） | 36.36 | 0.00 | 0.00 | 63.64 | 0.00 | 0.00 | 0.00/0.00 |

资料来源：沪深交易所，同花顺。

## （三）行业内上市公司融资情况

表 3　　2017 年化学纤维制造业上市公司与沪深两市融资情况对比　　单位：家

| | 融资家数 | 新股 | 增发 | 配股 |
|---|---|---|---|---|
| 化学纤维制造业 | 5 | 2 | 3 | 0 |
| 沪深两市总数 | 867 | 438 | 422 | 7 |
| 占比（%） | 0.58 | 0.46 | 0.71 | 0.00 |

资料来源：沪深交易所，同花顺。

其中，首发的 2 家公司中，有 1 家在主板上市，1 家在创业板上市；增发的 3 家公司均为沪市公司。

从融资效果来看，上述公司实际发行数量为 67874 万股；实际募集资金 62 亿元，基本完成了融资计划。

2017 年化学纤维制造业上市公司融资情况明细见附录。

## （四）行业内上市公司资产及业绩情况

表 4　　2017 年化学纤维制造业上市公司资产情况　　单位：亿元

| 指标 | 2017 年 | 2017 年可比样本增长（%） | 2016 年 | 2016 年可比样本增长（%） | 2015 年 |
|---|---|---|---|---|---|
| 总资产 | 2407.02 | 23.69 | 1850.87 | 15.21 | 1409.14 |
| 流动资产 | 882.00 | 11.50 | 749.54 | 22.48 | 518.88 |
| 占比（%） | 36.64 | -4.01 | 40.50 | 2.40 | 36.82 |
| 非流动资产 | 1525.02 | 32.05 | 1101.33 | 10.74 | 890.26 |
| 占比（%） | 63.36 | 4.01 | 59.50 | -2.40 | 63.18 |
| 流动负债 | 1065.70 | 28.17 | 794.72 | -3.36 | 687.19 |
| 占比（%） | 44.27 | 1.55 | 42.94 | -8.25 | 48.77 |
| 非流动负债 | 216.87 | 9.41 | 181.77 | 56.90 | 90.61 |
| 占比（%） | 9.01 | -1.18 | 9.82 | 2.61 | 6.43 |
| 归属于母公司股东权益 | 952.21 | 13.73 | 812.47 | 33.30 | 574.37 |
| 占比（%） | 39.56 | -3.47 | 43.90 | 5.96 | 40.76 |

资料来源：沪深交易所，同花顺。

表 5　　2017 年化学纤维制造业上市公司收入实现情况　　单位：亿元

| 指　标 | 2017 年 | 2017 年可比样本增长（%） | 2016 年 | 2016 年可比样本增长（%） | 2015 年 |
|---|---|---|---|---|---|
| 营业收入 | 2692.92 | 45.88 | 1683.50 | 20.01 | 1226.49 |
| 利润总额 | 131.64 | 51.86 | 76.21 | 107.80 | 26.82 |
| 归属于母公司所有者的净利润 | 105.70 | 49.21 | 61.84 | 96.71 | 22.55 |

资料来源：沪深交易所，同花顺。

### （五）利润分配情况

2017 年全年化学纤维制造业上市公司中共有 14 家公司实施了分红配股。其中，5 家上市公司实施送股或转增股，14 家上市公司实施派息，其中 5 家公司既实施了送股、转增，又实施了派息。

2017 年化学纤维制造业上市公司分红明细见附录。

### （六）其他财务指标情况

1. 盈利能力指标

表 6　　2017 年化学纤维制造业上市公司盈利能力情况　　单位：%

| 指　标 | 2017 年 | 2017 年可比样本变动 | 2016 年 | 2016 年可比样本变动 | 2015 年 |
|---|---|---|---|---|---|
| 毛利率 | 9.00 | -0.98 | 10.04 | 1.65 | 8.14 |
| 净资产收益率 | 11.10 | 2.64 | 7.61 | 2.45 | 3.93 |
| 销售净利率 | 4.14 | 0.27 | 3.71 | 1.59 | 1.76 |
| 资产净利率 | 5.12 | 1.20 | 3.61 | 1.60 | 1.56 |

资料来源：沪深交易所，同花顺。

2. 偿债能力指标

表 7　　2017 年化学纤维制造业上市公司偿债能力指标

| 指　标 | 2017 年 | 2017 年可比样本变动 | 2016 年 | 2016 年可比样本变动 | 2015 年 |
|---|---|---|---|---|---|
| 流动比率 | 0.83 | -0.12 | 0.94 | 0.20 | 0.76 |
| 速动比率 | 0.64 | -0.13 | 0.76 | 0.21 | 0.57 |
| 资产负债率（%） | 53.28 | 0.37 | 52.76 | -5.64 | 55.2 |

资料来源：沪深交易所，同花顺。

3. 营运能力指标

表 8　　2017 年化学纤维制造业上市公司营运能力情况　　单位：次

| 营运能力指标 | 2017 年 | 2017 年可比样本变动 | 2016 年 | 2016 年可比样本变动 | 2015 年 |
|---|---|---|---|---|---|
| 存货周转率 | 14.15 | 3.58 | 10.02 | 1.29 | 8.69 |
| 应收账款周转率 | 33.86 | 4.16 | 29.55 | 0.69 | 26.06 |
| 流动资产周转率 | 3.22 | 0.64 | 2.47 | -0.06 | 2.42 |
| 固定资产周转率 | 3.39 | 0.95 | 2.43 | 0.10 | 2.23 |
| 总资产周转率 | 1.24 | 0.23 | 0.97 | 0.03 | 0.89 |
| 净资产周转率 | 2.64 | 0.36 | 2.18 | -0.15 | 2.09 |

资料来源：沪深交易所，同花顺。

## 三、重点上市公司介绍

### 荣盛石化

2017 年 1～12 月，荣盛石化实现营业收入 705.31 亿元，同比增长 55.01%；实现归属于上市公司股东的净利润 20.01 亿元，同比增长 4.20%；实现每股收益 0.52 元，同比增长 4.20%。

荣盛石化主营业务包括芳烃、精对苯二甲酸（PTA）、聚酯（PET）切片、涤纶预取向丝（POY）、涤纶全牵引丝（FDY）和涤纶加弹丝（DTY）等，是国内首家拥有“燃料油、石脑油—芳烃—PTA—聚酯—纺丝—加弹”一体化产业链的上市公司。

荣盛石化各类主要产品的生产规模在同行业中居于领先地位。子公司中金石化年产芳烃 200 万吨，单线产能全球最大，约占全国总产能的 11.5%。公司作为 PTA 行业龙头企业之一，从北到南沿海岸线战略布局辽宁大连、浙江宁波和海南洋浦三大 PTA 基地，控股和参股 PTA 产能共计约 1350 万吨，约占 PTA 全国总产能的 28%。化纤板块，长期以来荣盛石化产品在市场上拥有良好的口碑。PET 纤维产能为 110 万吨/年，约占全国总产能的 3%。

## 四、上市公司在行业中的影响力

2017 年，化学纤维制造业行业运行稳中向好，在总量增加有限的情况下，产业集中度进一步提高。上市公司盈利状况良好，除南京化纤外全部实现盈利。截至 2017 年 12 月 31 日，全行业总资产 7381 亿元，上市公司总资产 2407.02 亿元，占全行业总资产的比例为 32.61%；全行业总收入 7906 亿元，上市公司总收入 2692.92 亿元，占全行业总收入的 34.06%；全行业利润总额 445 亿元，上市公司利润总额 131.64 亿元，占全行业利润总额的 29.58%。

审稿人：王　刚

撰稿人：云　昀

# 橡胶和塑料制品业

## 一、橡胶和塑料制品业总体概况

2017 年，中国橡胶和塑料制品业各项经营指标较 2016 年同期形势好转，盈利能力稳步提升。2017 年，行业总资产规模达到 23524.3 亿元，与 2016 年同期相比增长 5.11%；营业收入 32068.9 亿元，与 2016 年同期相比增长 7.5%；实现利润总额 1852.0 亿元，与 2016 年同期相比增长 3.7%。

## 二、行业内上市公司发展概况

### （一）行业内上市公司基本情况

表 1　　2017 年橡胶和塑料制品业上市公司发行股票概况

| 门　类 | A、B 股总数 | A 股股票数 | B 股股票数 | 境内总市值（亿元） | 流通 A 股市值（亿元） | 流通 B 股市值（亿元） |
|---|---|---|---|---|---|---|
| 橡胶和塑料制品业 | 73 | 73 | 0 | 5171.30 | 3671.49 | 0.00 |
| 占沪深两市比重（%） | 2.05 | 2.05 | 0.00 | 0.91 | 0.82 | 0.00 |

资料来源：Wind 资讯。

### （二）行业内上市公司构成情况

表 2　　2017 年橡胶和塑料制品业上市公司构成情况

| 门　类 | 沪市 | | | 深市 | | | ST/*ST |
|---|---|---|---|---|---|---|---|
| | 仅 A 股 | 仅 B 股 | A+B 股 | 仅 A 股 | 仅 B 股 | A+B 股 | |
| 橡胶和塑料制品业（家） | 19 | 0 | 0 | 54 | 0 | 0 | 0/1 |
| 占行业内上市公司比重（%） | 26.03 | 0.00 | 0.00 | 73.97 | 0.00 | 0.00 | 0/1.37 |

资料来源：Wind 资讯。

## （三）行业内上市公司融资情况

表 3　　2017 年橡胶和塑料制品业上市公司与沪深两市融资情况对比

| 门　类 | 融资家数 | 新股 | 增发 | 配股 |
|---|---|---|---|---|
| 橡胶和塑料制品业 | 23 | 16 | 7 | 0 |
| 沪深两市总数 | 867 | 438 | 422 | 7 |
| 占比（%） | 2.65 | 3.65 | 1.66 | 0.00 |

资料来源：Wind 资讯。

其中，在首发的 16 家公司中，有 7 家在主板上市，2 家在中小板上市，7 家在创业板上市；在增发的 7 家公司中，有 1 家主板公司，3 家中小板公司，3 家创业板公司。

从融资效果来看，上述公司实际发行数量为 11.57 亿股；实际募集资金 98.35 亿元，基本完成了融资计划。

2017 年橡胶和塑料制品业上市公司融资情况明细见附录。

## （四）行业内上市公司资产及业绩情况

表 4　　2017 年橡胶和塑料制品业上市公司资产情况　　单位：亿元

| 指　标 | 2017 年 | 2017 年可比样本增长（%） | 2016 年 | 2016 年可比样本增长（%） | 2015 年 |
|---|---|---|---|---|---|
| 总资产 | 3122.99 | 13.98 | 2621.51 | 16.45 | 1910.45 |
| 流动资产 | 1764.48 | 14.32 | 1469.61 | 22.62 | 1044.66 |
| 占比（%） | 56.50 | 0.17 | 56.06 | 2.82 | 54.68 |
| 非流动资产 | 1358.5 | 13.53 | 1151.90 | 9.42 | 865.79 |
| 占比（%） | 43.50 | -0.17 | 43.94 | -2.82 | 45.32 |
| 流动负债 | 1090.26 | 13.81 | 923.79 | 7.23 | 646.55 |
| 占比（%） | 34.91 | -0.05 | 35.24 | -3.03 | 33.84 |
| 非流动负债 | 317.35 | 24.05 | 250.90 | -5.27 | 231.74 |
| 占比（%） | 10.16 | 0.83 | 9.57 | -2.19 | 12.13 |
| 归属于母公司股东权益 | 1680.23 | 12.42 | 1415.72 | 28.97 | 1004.72 |
| 占比（%） | 53.80 | -0.75 | 54.00 | 5.25 | 52.59 |

资料来源：Wind 资讯。

表 5　　2017 年橡胶和塑料制品业上市公司收入实现情况　　单位：亿元

| 指　标 | 2017 年 | 2017 年可比样本增长（%） | 2016 年 | 2016 年可比样本增长（%） | 2015 年 |
|---|---|---|---|---|---|
| 营业收入 | 2202.91 | 19.62 | 1743.18 | 10.75 | 1328.87 |
| 利润总额 | 145.32 | -6.13 | 142.38 | 18.06 | 98.58 |
| 归属于母公司所有者的净利润 | 121.16 | -4.27 | 116.30 | 18.90 | 79.13 |

资料来源：Wind 资讯。

### （五）利润分配情况

2017年全年橡胶和塑料制品业上市公司中共有60家公司实施了利润分配。其中，36家上市公司仅实施派息，24家公司既实施了转增，又实施了派息。

### （六）其他财务指标情况

1. 盈利能力指标

表6　　2017年橡胶和塑料制品业上市公司盈利能力情况　　单位：%

| 指　标 | 2017年 | 2017年可比样本变动 | 2016年 | 2016年可比样本变动 | 2015年 |
|---|---|---|---|---|---|
| 毛利率 | 20.44 | -2.27 | 22.42 | 0.48 | 21.49 |
| 净资产收益率 | 7.21 | -1.26 | 8.21 | -0.70 | 7.88 |
| 销售净利率 | 5.55 | -1.45 | 6.81 | 0.40 | 6.18 |
| 总资产净利率 | 4.17 | -0.90 | 4.91 | 0.13 | 4.54 |

资料来源：Wind资讯。

2. 偿债能力指标

表7　　2017年橡胶和塑料制品业上市公司偿债能力指标

| 指　标 | 2017年 | 2017年可比样本变动 | 2016年 | 2016年可比样本变动 | 2015年 |
|---|---|---|---|---|---|
| 流动比率 | 1.62 | 0.01 | 1.59 | 0.20 | 1.62 |
| 速动比率 | 1.28 | 0.00 | 1.26 | 0.19 | 1.26 |
| 资产负债率（%） | 45.07 | 0.78 | 44.81 | -5.22 | 45.97 |

资料来源：Wind资讯。

3. 营运能力指标

表8　　2017年橡胶和塑料制品业上市公司营运能力指标　　单位：次

| 营运能力指标 | 2017年 | 2017年可比样本变动 | 2016年 | 2016年可比样本变动 | 2015年 |
|---|---|---|---|---|---|
| 存货周转率 | 5.08 | 0.42 | 4.64 | 0.23 | 4.38 |
| 应收账款周转率 | 5.01 | 0.10 | 4.98 | -0.32 | 4.98 |
| 流动资产周转率 | 1.33 | 0.01 | 1.31 | -0.07 | 1.33 |
| 固定资产周转率 | 2.65 | 0.23 | 2.37 | 0.04 | 2.49 |
| 总资产周转率 | 0.75 | 0.03 | 0.72 | -0.02 | 0.73 |
| 净资产周转率 | 1.36 | 0.00 | 1.36 | -0.12 | 1.37 |

资料来源：Wind资讯。

## 三、重点上市公司介绍

### （一）福斯特

福斯特是从事光伏封装材料研发与生产的公司，主营业务为 EVA 太阳能电池胶膜、共聚酰胺丝网状热熔胶膜、太阳能电池背板产品的研发、生产和销售。2017 年，福斯特出口销售额较 2016 年同期增长 11.54%；持续加大白色 EVA 和 PO 胶膜的推广，提升胶膜新产品在整体销售中的占比，产品结构不断优化。

2017 年，福斯特实现营业收入 45.85 亿元，同比增长 16.03%，归属于上市公司股东的净利润为 5.85 亿元，同比减少 30.97%。2017 年公司的收入结构中，光伏胶膜产品占 84.78%，光伏背板占 11.07%，热熔网膜占 0.59%，光伏胶膜产品和光伏背板毛利率分别为 20.37% 和 24.38%。

### （二）中鼎股份

中鼎股份主营密封件、特种橡胶制品的研发、生产、销售于服务，产品广泛应用于汽车、工程机械、石油化工、船舶铁路、航天军事等行业领域。中鼎股份自 2008 年以来实施的国际化战略渐渐进入收获期，截至 2017 年年底，已在中国、德国和美国设立了三大研发中心，实现全球研发、全球生产、全球物流、全球采购的国际化布局，在亚洲、欧洲、美洲三大区域的销售分别为 35.32%、33.18%、31.50%。中鼎股份在国内同行业处于领先地位，在全球非轮胎橡胶行业排名第 18 位。

2017 年，中鼎股份实现营业收入 117.70 亿元，同比增长 40.39%，归属于上市公司股东的净利润为 11.27 亿元，同比增长 25.13%。

### （三）金发科技

金发科技是一家主营化工新材料研发、生产和销售的国家级创新型企业，主要产品包括改性塑料、完全生物降解塑料、特种工程塑料、高性能碳纤维及复合材料和环保高性能再生塑料五大类。金发科技在中国的南部、东部、西南部、北部等地均设立了子公司和生产基地，是亚太地区规模最大、产品种类最为齐全的改性塑料生产企业，也是全球化工新材料行业产品种类最为齐全的企业之一。依托国家企业技术中心、塑料改性与加工国家工程实验室和高分子材料资源高质化利用国家重点实验室 3 个国家级技术研发平台，构建了具有战略意义的“13551”研发体系，即 1 个中央研究院、3 个国际研发中心、5 个分技术中心、5 个化工新材料孵化基地和 1 个产学研协同创新中心。同时，金发科技还与行业内多家企业和高校建立合作关系，促进创新产业发展。

2017 年，金发科技实现营业收入 231.27 亿元，同比增长 28.61%，归属于上市公司股东的净利润为 5.48 亿元，同比减少 25.68%。

## 四、上市公司在行业中的影响力

2017 年，橡胶和塑料制造业总资产规模达到 23524.3 亿元，较 2016 年上升 5.11%；其中，全行业上市公司资产总额为 3122.99 亿元，2017 年可比样本较 2016 年增长 13.98%；上市公司资产总额占行业资产总额的 13.28%。

2017 年，橡胶和塑料制造业营业收入达到 32068.9 亿元，较 2016 年增加 7.5%；其中，全行业上市公司实现营业收入 2202.91 亿元，2017 年可比样本较 2016 年增长 19.62%；上市公司营业收入占行业营业收入总额的 6.87%。

2017 年，橡胶和塑料制造业利润总额达到 1852.0 亿元，较 2016 年上升 3.7%；其中，全行业上市公司实现利润总额 145.32 亿元。

审稿人：王喆

撰稿人：王喆

# 非金属矿物制品业

## 一、非金属矿物制品业总体概况

2017 年，非金属矿物制品业认真落实党中央国务院决策部署，加快推进供给侧结构性改革，大力化解过剩产能，深入推动联合重组，精准实施错峰生产，在市场需求继续放缓的情况下，经济效益明显改善，产业结构持续优化，经济运行稳中向好。

### （一）生产继续保持增长

2017 年，非金属矿物制品业生产保持增长态势，行业增加值同比增长 0.8%。水泥产量 23.2 亿吨，同比微降 0.2%；平板玻璃产量 7.9 亿重量箱，同比增长 3.5%；夹层玻璃、陶瓷砖、商品混凝土等实现较快增长。

### （二）价格水平大幅回升

2017 年全年非金属矿物制品产品均价扭转连续两年下降趋势。其中，水泥价格涨幅明显，12 月当月水泥出厂均价 384 元/吨，同比上涨 26%。平板玻璃价格稳中有升，9 月份以来连续上涨，12 月当月出厂均价同比上涨 8.5%。

### （三）经济效益明显好转

2017 年全年非金属矿物制品行业完成主营业务收入 6.15 万亿元，同比增长 9.3%；实现利润 4446.6 亿元，同比增长 20.5%；销售利润率 7.23%，同比提高 0.68 个百分点。建材行业资产负债率 50.34%，同比降低 0.76 个百分点；亏损企业亏损总额 223.2 亿元，同比减亏 25.8%。水泥行业营收攀上高位达 9150 亿元，同比增长 18%；利润 877 亿元，同比增长 94%。平板玻璃行业营收 759 亿元，同比增长 20%；利润 93 亿元，同比增长 81%。混凝土与水泥制品、卫生陶瓷制品、技术玻璃、玻璃纤维及制品、非金属矿制品等行业效益也均表现良好。

## 二、行业内上市公司发展概况

### （一）行业内上市公司基本情况

表 1　　2017 年非金属矿物制品业上市公司发行股票概况

| 门　类 | A、B 股总数 | A 股股票数 | B 股股票数 | 境内总市值（亿元） | 流通 A 股市值（亿元） | 流通 B 股市值（亿元） |
|---|---|---|---|---|---|---|
| 非金属矿物制品业 | 88 | 85 | 3 | 9981.86 | 8223.45 | 85.58 |
| 占沪深两市比重（%） | 2.47 | 2.38 | 0.08 | 1.76 | 1.84 | 4.78 |

资料来源：沪深交易所，同花顺。

### （二）行业内上市公司构成情况

表 2　　2017 年非金属矿物制品业上市公司构成情况　　单位：家

| 门　类 | 沪市 | | | 深市 | | | ST/*ST |
|---|---|---|---|---|---|---|---|
| | 仅 A 股 | 仅 B 股 | A+B 股 | 仅 A 股 | 仅 B 股 | A+B 股 | |
| 非金属矿物制品业（家） | 33 | 0 | 2 | 49 | 0 | 1 | 0/4 |
| 占行业内上市公司比重（%） | 38.82 | 0.00 | 2.35 | 57.65 | 0.00 | 1.18 | 0.00/0.18 |

资料来源：沪深交易所，同花顺。

### （三）行业内上市公司融资情况

表 3　　2017 年非金属矿物制品业上市公司与沪深两市融资情况对比　　单位：家

| | 融资家数 | 新股 | 增发 | 配股 |
|---|---|---|---|---|
| 非金属矿物制品业 | 16 | 10 | 6 | 0 |
| 沪深两市总数 | 867 | 438 | 422 | 7 |
| 占比（%） | 1.85 | 2.28 | 1.42 | 0.00 |

资料来源：沪深交易所，同花顺。

其中，首发的 10 家公司中，有 4 家在主板上市，1 家在中小板上市，5 家在创业板上市；增发的 6 家公司中，有 1 家沪市、3 家深市主板及 2 家中小板公司。

从融资效果来看，上述公司实际发行数量为 1889.18 万股；实际募集资金 161.03 亿元，基本完成了融资计划。

2017 年非金属矿物制品业上市公司融资情况明细见附录。

### （四）行业内上市公司资产及业绩情况

表 4　　2017 年非金属矿物制品业上市公司资产情况　　单位：亿元

| 指　标 | 2017 年 | 2017 年可比样本增长（%） | 2016 年 | 2016 年可比样本增长（%） | 2015 年 |
|---|---|---|---|---|---|
| 总资产 | 9530.63 | 12.91 | 8524.61 | 17.32 | 9052.89 |
| 流动资产 | 4567.41 | 22.99 | 3735.39 | 20.09 | 3130.68 |
| 占比（%） | 47.92 | 3.93 | 43.82 | 1.01 | 34.58 |
| 非流动资产 | 4963.22 | 5.00 | 4789.22 | 15.24 | 4192.65 |
| 占比（%） | 52.08 | -3.93 | 56.18 | -1.01 | 46.31 |
| 流动负债 | 3551.26 | 11.95 | 3178.05 | 11.76 | 2843.13 |
| 占比（%） | 37.26 | -0.32 | 37.28 | -1.86 | 31.41 |
| 非流动负债 | 1390.21 | 6.36 | 1313.79 | 35.90 | 986.19 |
| 占比（%） | 14.59 | -0.90 | 15.41 | 2.11 | 10.89 |
| 归属于母公司股东权益 | 4200.38 | 16.97 | 3658.47 | 13.82 | 3345.95 |
| 占比（%） | 44.07 | 1.53 | 42.92 | -1.32 | 36.96 |

资料来源：沪深交易所，同花顺。

表 5　　2017 年非金属矿物制品业上市公司收入实现情况　　单位：亿元

| 指　标 | 2017 年 | 2017 年可比样本增长（%） | 2016 年 | 2016 年可比样本增长（%） | 2015 年 |
|---|---|---|---|---|---|
| 营业收入 | 4435.80 | 35.49 | 3264.85 | 13.44 | 3073.91 |
| 利润总额 | 656.72 | 80.60 | 359.05 | 58.01 | 242.28 |
| 归属于母公司所有者的净利润 | 488.39 | 78.50 | 269.46 | 61.87 | 172.87 |

资料来源：沪深交易所，同花顺。

### （五）利润分配情况

2017 年全年非金属矿物制品业上市公司中共有 61 家公司实施了分红配股。其中，18 家上市公司实施送股或转增股，61 家上市公司实施派息，其中 18 家公司既实施了送股、转增，又实施了派息。

2017 年非金属矿物制品业上市公司分红明细见附录。

## （六）其他财务指标情况

### 1. 盈利能力指标

表 6　　2017 年非金属矿物制品业上市公司盈利能力情况　　单位：%

| 指　标 | 2017 年 | 2017 年可比样本变动 | 2016 年 | 2016 年可比样本变动 | 2015 年 |
|---|---|---|---|---|---|
| 毛利率 | 30.59 | 2.65 | 27.83 | 2.82 | 30.11 |
| 净资产收益率 | 11.63 | 4.01 | 7.37 | 2.19 | 5.17 |
| 销售净利率 | 11.65 | 3.06 | 8.48 | 2.93 | 5.55 |
| 资产净利率 | 5.75 | 2.15 | 3.51 | 1.21 | 2.09 |

资料来源：沪深交易所，同花顺。

### 2. 偿债能力指标

表 7　　2017 年非金属矿物制品业上市公司偿债能力指标

| 指　标 | 2017 年 | 2017 年可比样本变动 | 2016 年 | 2016 年可比样本变动 | 2015 年 |
|---|---|---|---|---|---|
| 流动比率 | 1.29 | 0.12 | 1.18 | 0.08 | 1.1 |
| 速动比率 | 0.85 | 0.03 | 0.82 | 0.09 | 0.74 |
| 资产负债率（%） | 51.85 | -1.22 | 52.69 | 0.25 | 59.01 |

资料来源：沪深交易所，同花顺。

### 3. 营运能力指标

表 8　　2017 年非金属矿物制品业上市公司营运能力情况　　单位：次

| 营运能力指标 | 2017 年 | 2017 年可比样本变动 | 2016 年 | 2016 年可比样本变动 | 2015 年 |
|---|---|---|---|---|---|
| 存货周转率 | 2.31 | 0.12 | 2.18 | 0.04 | 2.13 |
| 应收账款周转率 | 6.53 | 0.92 | 5.60 | -0.22 | 6.06 |
| 流动资产周转率 | 1.07 | 0.11 | 0.95 | -0.03 | 1.04 |
| 固定资产周转率 | 1.37 | 0.28 | 1.08 | 0.04 | 1.11 |
| 总资产周转率 | 0.49 | 0.07 | 0.41 | 0.00 | 0.38 |
| 净资产周转率 | 1.04 | 0.15 | 0.87 | -0.01 | 0.89 |

资料来源：沪深交易所，同花顺。

## 三、重点上市公司介绍

### （一）海螺水泥

安徽海螺水泥股份有限公司成立于1997年9月1日。1997年10月21日在香港挂牌上市，主要从事水泥及商品熟料的生产和销售。2017年公司水泥产品量价齐升，全年实现主营业务收入735.92亿元，同比增加34.22%，占营业总收入的比重为97.72%，主营业务突出。

受益于水泥市场行情的明显回暖，全年水泥和熟料产量大幅增加，产能利用率有效提升，行业龙头地位得以进一步巩固。2017年，水泥和熟料产量大幅增加，全年产量分别为2.59亿吨和2.32亿吨，同比分别增加11.16%和6.42%，增速分别加快7.16个百分点和1.22个百分点。2017年，水泥和熟料产能利用率分别为77.28%和94.43%，分别较2016年提高2.84个百分点和5.09个百分点，在行业景气度回暖的带动下，水泥、熟料产能利用率有所提升，且高于行业平均水平。

随着在建项目的稳步推进及完工项目的陆续投产、达产，海螺水泥整体产能规模逐步扩大。截至2017年年末，熟料年产能总计约2.46亿吨，同比增长0.82%，拥有显著的规模优势；另配备配套装机容量1193.36兆瓦，同比增加0.79%；水泥能力3.35亿吨，同比增长7.03%；骨料产能2890万吨，同比增长16.06%。总体来看，2017年公司积极推进产能扩建及并购项目，产能布局趋于优化完善，且整体产能规模稳步增长，规模优势显著。

### （二）南玻A

中国南玻集团股份有限公司成立于1984年，为中外合资企业。1992年2月，公司A、B股同时在深交所上市，成为中国最早的上市公司之一。公司目前主要业务包括平板玻璃、工程玻璃及太阳能3个部分，资产规模已超过100亿元，是中国玻璃行业和太阳能行业最具竞争力和影响力的大型企业集团。

南玻A总部位于深圳蛇口，在香港设有子公司，在深圳、东莞、成都、天津、廊坊、吴江、咸宁、宜昌、四川江油、广东清远、广东英德等地建有大型生产和原料基地，形成了节能玻璃、太阳能、显示器三大完整产业链。现拥有10条代表国内先进技术的浮法玻璃生产线、两条太阳能压延玻璃生产线，年产约232万吨各种高档浮法玻璃原片、43万吨太阳能压延玻璃，在四川江油、广东英德拥有石英砂原料基地，玻璃产业链完善有序。电子及显示器件产业链方面，旗下子公司深圳南玻显示器件科技有限公司具有雄厚的玻璃基板加工镀膜实力，主要为生产触摸屏模组、新型显示器件、半导体光电材料等产品的研发和销售；太阳能光伏产业方面，在宜昌拥有从硅砂到多晶硅，再到太阳能电池和组件的完整产业链。

2017年，南玻A实现营业收入108.79亿元，同比增长21.23%，其中，玻璃板块实现收入69.76亿元，占营业总收入的比重为64.12%，实现归母净利8.25亿元，同比增长3.47%；综合毛利率、净利率分别为24.48%、7.62%，同比下降2.4个百分点、1.34个百分点。

### （三）中国巨石

中国巨石股份有限公司前身为中国化学建材股份有限公司，成立于1998年8月31日，由中国建筑材料集团有限公司（原名中国新型建筑材料〈集团〉公司）、振石控股集团有限公司（原名浙江桐乡振石股份有限公司）、江苏永联集团公司和中国建材股份有限公司（原名中国建筑材料及设备进出口公司）4家公司发起设立。1999年4月在上海证券交易所上市挂牌交易，股票简称和代码为“中国玻纤（600176）”。自2015年3月18日起，公司名称由“中国玻纤股份有限公司”变更为“中国巨石股份有限公司”，证券简称由“中国玻纤”变更为“中国巨石”，证券代码不变。

中国巨石是国内玻纤行业的龙头企业，主营业务为玻璃纤维及制品的生产和销售，主要产品分20多个种类，近500个品种，可以分为无碱玻璃纤维纱、中碱玻璃纤维纱、玻璃纤维制品及其他产品4个主要的业务板块，具体包括无碱SP纱、无碱直接纱、无碱SMC纱、无碱增强纱以及无碱TP短切纱等。其中，中碱玻璃纤维纱相对于无碱玻璃纤维纱附加值较低，目前中碱玻璃纤维纱已停产停销。

中国巨石拥有桐乡、江西、成都、埃及四大生产基地，保持着较高的规模优势，玻璃纤维的产量、销量、出口量、技术、营销网络、管理等多项指标长期保持国内第一和世界领先。中国巨石研发实力强，拥有E8等多项自主知识产权、高附加值的高性能玻璃纤维产品。公司在全球14个国家和地区建立了生产基地和销售网络，完善了全球化的销售网络布局。

2017年，中国巨石实现营业收入86.52亿元，同比增长16.19%；综合毛利率45.84%，同比提升2.5个百分点；受益于公司产品质量提升、高端化生产及精细化管理，公司净利率大幅提升，同比提升4.41个百分点，到24.94%。2017年，公司实现净利润21.50亿元，同比增长41.34%；基本每股收益为0.74元/股，同比增长41.33%。2017年度利润分配方案为每10股送现金2.5元（含税）；以资本公积金向全体股东每10股转增2股。

审稿人：易华强

撰稿人：贺众营

# 黑色金属冶炼及压延加工业

## 一、黑色金属冶炼及压延加工业总体概况

2017年，中国黑色金属冶炼及压延加工业固定资产投资额为3804.20亿元，较2016年下降8.58%，工业品出厂价格指数为127.91。

2017年，中国黑色金属冶炼及压延加工业销售收入达到67429.60亿元，较2016年增加6.74%；利润总额为3419.40亿元，较2016年上升106.10%。毛利率为10.37%，与2016年相比上升了1.98个百分点。

## 二、行业内上市公司发展概况

### （一）行业内上市公司基本情况

表1　2017年黑色金属冶炼及压延加工业上市公司发行股票概况

| 门　类 | A、B股总数 | A股股票数 | B股股票数 | 境内总市值（亿元） | 流通A股市值（亿元） | 流通B股市值（亿元） |
|---|---|---|---|---|---|---|
| 黑色金属冶炼及压延加工业 | 33 | 31 | 2 | 8319.55 | 6982.43 | 41.91 |
| 占沪深两市比重（%） | 0.93 | 0.87 | 0.06 | 1.46 | 1.56 | 2.34 |

资料来源：沪深交易所，同花顺。

### （二）行业内上市公司构成情况

表2　2017年黑色金属冶炼及压延加工业上市公司构成情况　单位：家

| 门　类 | 沪市 | | | 深市 | | | ST/*ST |
|---|---|---|---|---|---|---|---|
| | 仅A股 | 仅B股 | A+B股 | 仅A股 | 仅B股 | A+B股 | |
| 黑色金属冶炼及压延加工业 | 19 | 0 | 1 | 10 | 0 | 1 | 0/3 |
| 占行业内上市公司比重（%） | 61.29 | 0 | 3.23 | 32.26 | 0 | 3.23 | 0/0.14 |

资料来源：沪深交易所，同花顺。

## （三）行业内上市公司融资情况

表 3　　2017 年黑色金属冶炼及压延加工业上市公司与沪深两市融资情况对比　　单位：家

| | 融资家数 | 新股 | 增发 | 配股 |
|---|---|---|---|---|
| 黑色金属冶炼及压延加工业 | 3 | 0 | 3 | 0 |
| 沪深两市总数 | 867 | 438 | 422 | 7 |
| 占比（%） | 0.35 | 0 | 0.71 | 0 |

资料来源：沪深交易所，同花顺。

2017 年共有 3 家公司进行融资，均为增发，其中，2 家为沪市公司，1 家为深市公司。

从融资效果来看，上述公司实际发行数量为 129008.58 万股；实际募集资金 35.48 亿元，基本完成了融资计划。

2017 年黑色金属冶炼及压延加工业上市公司融资情况明细见附录。

## （四）行业内上市公司资产及业绩情况

表 4　　2017 年黑色金属冶炼及压延加工业上市公司资产情况　　单位：亿元

| 指　标 | 2017 年 | 2017 年可比样本增长（%） | 2016 年 | 2016 年可比样本增长（%） | 2015 年 |
|---|---|---|---|---|---|
| 总资产 | 16490.12 | 2.48 | 16495.35 | 3.08 | 14914.01 |
| 流动资产 | 5725.96 | 12.34 | 5343.28 | 11.32 | 4503.9 |
| 占比（%） | 34.72 | 3.05 | 32.39 | 2.40 | 30.2 |
| 非流动资产 | 10764.16 | -2.09 | 11152.07 | -0.46 | 10410.11 |
| 占比（%） | 65.28 | -3.05 | 67.61 | -2.40 | 69.8 |
| 流动负债 | 8734.46 | -1.97 | 9118.29 | 2.24 | 8420.45 |
| 占比（%） | 52.97 | -2.40 | 55.28 | -0.45 | 56.46 |
| 非流动负债 | 1590.17 | -17.91 | 1953.49 | -0.03 | 1705.96 |
| 占比（%） | 9.64 | -2.40 | 11.84 | -0.37 | 11.44 |
| 归属于母公司股东权益 | 5629.78 | 17.79 | 4937.06 | 6.88 | 4424.71 |
| 占比（%） | 34.14 | 4.44 | 29.93 | 1.07 | 29.67 |

资料来源：沪深交易所，同花顺。

表 5　　2017 年黑色金属冶炼及压延加工业上市公司收入实现情况　　单位：亿元

| 指　标 | 2017 年 | 2017 年可比样本增长（%） | 2016 年 | 2016 年可比样本增长（%） | 2015 年 |
|---|---|---|---|---|---|
| 营业收入 | 13076.92 | 36.07 | 9548.53 | 2.95 | 8783.16 |
| 利润总额 | 903.28 | 358.92 | 224.97 | 139.74 | -586.61 |
| 归属于母公司所有者的净利润 | 723.79 | 418.03 | 159.43 | 128.78 | -571.55 |

资料来源：沪深交易所，同花顺。

## （五）利润分配情况

2017年全年黑色金属冶炼及压延加工业上市公司中共有19家公司实施了分红配股。其中，2家上市公司仅实施送股或转增股，16家上市公司仅实施派息，1家公司既实施了送股、转增，又实施了派息。

2017年黑色金属冶炼及压延加工业上市公司分红明细见附录。

## （六）其他财务指标情况

1. 盈利能力指标

表6　2017年黑色金属冶炼及压延加工业上市公司盈利能力情况　单位：%

| 指　标 | 2017年 | 2017年可比样本变动 | 2016年 | 2016年可比样本变动 | 2015年 |
|---|---|---|---|---|---|
| 毛利率 | 13.86 | 2.72 | 11.43 | 7.28 | 3.74 |
| 净资产收益率 | 12.86 | 9.93 | 3.23 | 15.22 | -12.92 |
| 销售净利率 | 5.98 | 4.50 | 1.73 | 7.92 | -6.76 |
| 资产净利率 | 4.80 | 3.88 | 1.01 | 4.74 | -3.99 |

资料来源：沪深交易所，同花顺。

2. 偿债能力指标

表7　2017年黑色金属冶炼及压延加工业上市公司偿债能力指标

| 指　标 | 2017年 | 2017年可比样本变动 | 2016年 | 2016年可比样本变动 | 2015年 |
|---|---|---|---|---|---|
| 流动比率 | 0.66 | 0.08 | 0.59 | 0.05 | 0.53 |
| 速动比率 | 0.44 | 0.08 | 0.38 | 0.02 | 0.35 |
| 资产负债率（%） | 62.61 | -4.80 | 67.12 | -0.82 | 67.90 |

资料来源：沪深交易所，同花顺。

3. 营运能力指标

表8　2017年黑色金属冶炼及压延加工业上市公司营运能力情况　单位：次

| 营运能力指标 | 2017年 | 2017年可比样本变动 | 2016年 | 2016年可比样本变动 | 2015年 |
|---|---|---|---|---|---|
| 存货周转率 | 5.90 | 0.86 | 4.82 | -0.14 | 4.78 |
| 应收账款周转率 | 33.21 | 7.62 | 21.00 | 0.42 | 19.76 |
| 流动资产周转率 | 2.42 | 0.36 | 1.88 | -0.01 | 1.86 |
| 固定资产周转率 | 1.59 | 0.36 | 1.18 | -0.07 | 1.24 |
| 总资产周转率 | 0.80 | 0.18 | 0.59 | -0.01 | 0.59 |
| 净资产周转率 | 2.29 | 0.36 | 1.81 | -0.01 | 1.79 |

资料来源：沪深交易所，同花顺。

## 三、重点上市公司介绍

### （一）宝钢股份

宝钢股份于2000年2月由上海宝钢集团公司独家创立，同年12月在上海证券交易所上市，是中国最现代化的特大型钢铁联合企业。宝钢股份总部位于上海市宝山区，濒临长江入海口，现有三大钢铁精品基地，覆盖炼铁、炼钢、热轧、厚板、冷轧、硅钢、高速线材、无缝钢管、焊管等全流程生产线。宝钢股份专业生产高技术含量、高附加值的碳钢薄板、厚板与钢管等钢铁精品，在汽车板、电工钢、镀锡板、能源及管线用钢、高等级船舶及海工用钢，以及其他高端薄板产品等领域处于国内市场领导地位，产品出口日本、韩国、欧美等70多个国家和地区。

2017年，宝钢股份实现营业收入2894.98亿元，较2016年上升17.48%；毛利率较2016年上升1.34个百分点，至14.07%；营业利润249.24亿元，较2016年上升109.11%；归属于上市公司净利润191.70亿元，较2016年上升111.22%；净资产收益率上升4.27个百分点，至11.66%；EPS为0.86元，较2016年上升56.36%。2017年年末，公司资产负债率50.18%，较2016年下降0.78个百分点。

### （二）鞍钢股份

鞍钢股份始建于1916年，前身是鞍山制铁所和昭和制钢所。总部坐落在辽宁省鞍山市，鞍山地区已探明的铁矿石储量约占全国的1/4。公司是国内大型钢铁生产和销售企业之一，拥有烧结、焦化、炼铁、炼钢、轧钢等完整的钢铁生产流程及配套设施，铁、钢材综合年产能均在2000万吨以上。公司主要产品涵盖了热轧板、冷轧板、镀锌板、彩涂板、中厚板、大型材、重轨、线材、无缝钢管、冷轧硅钢等。产品广泛应用于机械、冶金、石油、化工、煤炭、电力、铁路、船舶、汽车、建筑、家电、航空等行业。

2017年，鞍钢股份实现营业收入843.10亿元，较2016年上升45.66%；毛利率较2016年上升0.42个百分点，至13.72%；营业利润55.26亿元，较2016年上升247.33%；归属于上市公司净利润56.05亿元，较2016年上升246.84%；净资产收益率上升7.62个百分点，至11.22%；EPS为0.77元，较2016年上升250.00%。2017年年末，公司资产负债率43.52%，较2016年下降5.06个百分点。

## 四、上市公司在行业中的影响力

2017年，黑色金属冶炼及压延加工业总资产规模达到63818.00亿元，较2016年下降0.97%；其中，全行业上市公司资产总额为16490.12亿元，2017年可比样本较2016年增长2.48%；上市资产总额占行业资产总额的25.84%。

2017年，黑色金属冶炼及压延加工业营业收入达到67429.60亿元，较2016年增加6.74%；其中，全行业上市公司实现营业收入为13076.92亿元，2017年可比样本较2016年增长36.07%；上市公司营业收入占行业营业收入总额的19.39%。

2017年，黑色金属冶炼及压延加工业利润总额达到3419.40亿元，较2016年上升106.10%；其中，全行业上市公司实现利润总额903.28亿元。

审稿人：王鹤涛

撰稿人：肖勇、易轰

# 有色金属冶炼和压延加工业

## 一、有色金属冶炼和压延加工业总体概况

2017年，中国有色金属冶炼和压延加工业固定资产投资额为5038.38亿元，较2016年下降4.19%，工业增加值同比增长1.50%。

2017年，中国有色金属冶炼及压延加工业主营业务收入达55142.40亿元，较2016年增长15.70%，利润总额为2023.90亿元，较2016年上升28.60%。

## 二、行业内上市公司发展概况

### （一）行业内上市公司基本情况

表1　2017年有色金属冶炼和压延加工业上市公司发行股票概况

| 门　类 | A、B股总数 | A股股票数 | B股股票数 | 境内总市值（亿元） | 流通A股市值（亿元） | 流通B股市值（亿元） |
|---|---|---|---|---|---|---|
| 有色金属冶炼和压延加工业 | 67 | 67 | 0 | 10241.35 | 8038.55 | 0.00 |
| 占沪深两市比重（%） | 1.88 | 1.88 | 0.00 | 1.8 | 1.80 | 0.00 |

资料来源：沪深交易所，同花顺。

### （二）行业内上市公司构成情况

表2　2017年有色金属冶炼和压延加工业上市公司构成情况　单位：家

| 门　类 | 沪市 | | | 深市 | | | ST/*ST |
|---|---|---|---|---|---|---|---|
| | 仅A股 | 仅B股 | A+B股 | 仅A股 | 仅B股 | A+B股 | |
| 有色金属冶炼和压延加工业（家） | 27 | 0 | 0 | 40 | 0 | 0 | 0/1 |
| 占行业内上市公司比重（%） | 40.30 | 0.00 | 0.00 | 59.70 | 0.00 | 0.00 | 0.00/0.05 |

资料来源：沪深交易所，同花顺。

### （三）行业内上市公司融资情况

表 3　　2017 年有色金属冶炼和压延加工业上市公司与沪深两市融资情况对比　　单位：家

| | 融资家数 | 新股 | 增发 | 配股 |
|---|---|---|---|---|
| 有色金属冶炼和压延加工业 | 19 | 8 | 11 | 0 |
| 沪深两市总数 | 867 | 438 | 422 | 7 |
| 占比（%） | 2.19 | 1.83 | 2.61 | 0.00 |

资料来源：沪深交易所，同花顺。

其中，首发的 8 家公司中，有 4 家在主板上市，2 家在中小板上市，2 家在创业板上市；增发的 11 家公司中，有 3 家沪市、3 家深市主板及 5 家中小板公司。

从融资效果来看，上述公司实际发行数量为 330861.49 万股；实际募集资金 219.38 亿元，基本完成了融资计划。

2017 年有色金属冶炼和压延加工业上市公司融资情况明细见附录。

### （四）行业内上市公司资产及业绩情况

表 4　　2017 年有色金属冶炼和压延加工业上市公司资产情况　　单位：亿元

| 指　标 | 2017 年 | 2017 年可比样本增长（%） | 2016 年 | 2016 年可比样本增长（%） | 2015 年 |
|---|---|---|---|---|---|
| 总资产 | 9589.56 | 11.6 | 8167.39 | 3.12 | 7711.77 |
| 流动资产 | 4356.27 | 16.63 | 3505.26 | 4.74 | 3283.85 |
| 占比（%） | 45.43 | 1.96 | 42.92 | 0.66 | 42.58 |
| 非流动资产 | 5233.40 | 7.77 | 4662.13 | 1.94 | 4427.92 |
| 占比（%） | 54.57 | -1.94 | 57.08 | -0.66 | 57.42 |
| 流动负债 | 4253.95 | 9.36 | 3653.87 | 4.59 | 3452.58 |
| 占比（%） | 44.36 | -0.91 | 44.74 | 0.63 | 44.77 |
| 非流动负债 | 1307.64 | 11.56 | 1113.12 | -11.25 | 1224.82 |
| 占比（%） | 13.64 | 0.00 | 13.63 | -2.21 | 15.88 |
| 归属于母公司股东权益 | 3501.95 | 11.94 | 3028.11 | 6.95 | 2710.44 |
| 占比（%） | 36.52 | 0.11 | 37.08 | 1.33 | 35.15 |

资料来源：沪深交易所，同花顺。

表 5　　2017 年有色金属冶炼和压延加工业上市公司收入实现情况　　单位：亿元

| 指　标 | 2017 年 | 2017 年可比样本增长（%） | 2016 年 | 2016 年可比样本增长（%） | 2015 年 |
|---|---|---|---|---|---|
| 营业收入 | 10072.87 | 15.57 | 8109.96 | 8.26 | 7460.07 |
| 利润总额 | 308.63 | 95.82 | 144.03 | 347.84 | -63.64 |
| 归属于母公司所有者的净利润 | 200.10 | 116.36 | 84.61 | 233.99 | -65.57 |

资料来源：沪深交易所，同花顺。

### （五）利润分配情况

2017 年全年有色金属冶炼和压延加工业上市公司中共有 47 家公司实施了分红配股。其中，1 家上市公司仅实施送股或转增股，33 家上市公司仅实施派息，其中 13 家公司既实施了送股、转增，又实施了派息。

2017 年有色金属冶炼和压延加工业上市公司分红明细见附录。

### （六）其他财务指标情况

1. 盈利能力指标

表 6　　2017 年有色金属冶炼和压延加工业上市公司盈利能力情况　　单位：%

| 指　标 | 2017 年 | 2017 年可比样本变动 | 2016 年 | 2016 年可比样本变动 | 2015 年 |
|---|---|---|---|---|---|
| 毛利率 | 8.92 | 1.43 | 7.76 | 2.95 | 4.66 |
| 净资产收益率 | 5.71 | 2.76 | 2.79 | 5.02 | -2.42 |
| 销售净利率 | 2.29 | 1.10 | 1.15 | 2.13 | -1.03 |
| 资产净利率 | 2.54 | 1.31 | 1.16 | 2.08 | -0.99 |

资料来源：沪深交易所，同花顺。

2. 偿债能力指标

表 7　　2017 年有色金属冶炼和压延加工业上市公司偿债能力指标

| 指　标 | 2017 年 | 2017 年可比样本变动 | 2016 年 | 2016 年可比样本变动 | 2015 年 |
|---|---|---|---|---|---|
| 流动比率 | 1.02 | 0.06 | 0.96 | 0.00 | 0.95 |
| 速动比率 | 0.63 | 0.01 | 0.62 | -0.01 | 0.63 |
| 资产负债率（%） | 58.00 | -0.91 | 58.37 | -1.58 | 60.65 |

资料来源：沪深交易所，同花顺。

3. 营运能力指标

表 8　　2017 年有色金属冶炼和压延加工业上市公司营运能力情况　　单位：次

| 营运能力指标 | 2017 年 | 2017 年可比样本变动 | 2016 年 | 2016 年可比样本变动 | 2015 年 |
|---|---|---|---|---|---|
| 存货周转率 | 6.20 | -0.24 | 6.31 | 0.45 | 5.89 |
| 应收账款周转率 | 21.57 | 0.77 | 22.02 | -0.74 | 22.48 |
| 流动资产周转率 | 2.49 | 0.12 | 2.37 | 0.20 | 2.18 |
| 固定资产周转率 | 3.36 | 0.32 | 2.88 | 0.15 | 2.77 |
| 总资产周转率 | 1.11 | 0.08 | 1.01 | 0.06 | 0.96 |
| 净资产周转率 | 2.67 | 0.10 | 2.47 | 0.01 | 2.53 |

资料来源：沪深交易所，同花顺。

## 三、重点上市公司介绍

### （一）江西铜业

江西铜业系原国家国有资产管理局国资企发〔1996〕231号文件等批准，由原江西铜业公司、香港国际铜业（中国）投资有限公司、深圳宝恒（集团）股份有限公司等企业于1997年1月24日共同发起设立，并于1997年和2001年分别在香港、上海完成H股和A股上市。江西铜业已成为集采矿、选矿、冶炼、贸易、技术为一体的国内最大的综合性铜生产企业。公司生产的阴极铜在伦敦金属交易所和上海期货交易所注册，是期货市场主要的交割品牌之一。

2017年，江西铜业实现营业收入2050.47亿元，较2016年上升1.35%；毛利率较2016年上升1.03个百分点，至4.49%；营业利润28.87亿元，较2016年上升51.42%；归属于上市公司净利润16.04亿元，较2016年上升104.57%；净资产收益率上升1.69个百分点，至3.39%；EPS为0.46元，较2016年上升100.00%。2017年年末，公司资产负债率48.72%，较2016年上升4.59个百分点。

### （二）天齐锂业

天齐锂业是2007年12月25日由射洪锂业整体变更设立的股份有限公司，于2010年8月在上海证券交易所挂牌上市，是国内最大的锂电新能源核心材料供应商，也是全球最大的矿石提锂生产商。天齐锂业拥有丰富的锂精矿资源，控股子公司文菲尔德拥有的格林布什锂辉石矿是全球规模最大、品位最高的固体锂辉矿，公司参股公司日喀则扎布耶拥有的扎布耶盐湖是国内资源禀赋最好的盐湖锂资源。公司主营产品有电池级碳酸锂、工业级碳酸锂、电池级氢氧化锂、工业级氢氧化锂、电池级无水氯化锂和金属锂等。电池级碳酸锂和电池级无水氯化锂等生产技术居国际先进水平，电池级碳酸锂的国内市场占有率约54%，广泛应用于国内锂电池正极材料行业。

2017年，天齐锂业实现营业收入54.70亿元，较2016年上升40.09%；毛利率较2016年下降1.11个百分点，至70.14%；营业利润34.26亿元，较2016年上升55.19%；归属于上市公司净利润21.45亿元，较2016年上升41.86%；净资产收益率下降3.70个百分点，至35.71%；EPS为1.94元，较2016年上升25.97%。2017年年末，公司资产负债率40.39%，较2016年下降7.90个百分点。

### （三）北方稀土

北方稀土是中国最早建立并发展壮大的国有控股稀土企业，1997年1月，经改建后由包头钢铁公司、嘉鑫有限公司（香港）、包钢综合企业（集团）公司共同发起设立，同年8月在上海证券交易所挂牌上市。北方稀土是中国乃至全世界最大的稀土生产、科研、贸易基地，是稀土行业的龙头企业，拥有世界上最大的稀土矿山——白云鄂博稀土矿山，其稀土资源储量占全国的97%，建有稀土选矿、冶炼分离、深加工、应用产品、科研等完善的稀土工业体系，能够生产稀土原料（精矿、碳酸稀土、氧化物与盐类、金属）、稀土功能材料（抛光材料、贮氢材料、磁性材料、发光材料、催化材料）、稀土应用产品（镍氢动力电池、磁共振仪）等门类齐全的稀土产品。

2017年，北方稀土实现营业收入102.04亿元，较2016年上升99.56%；毛利率较2016年下降3.21个百分点，至18.34%；营业利润8.20亿元，较2016年上升337.89%；归属于上市公司净利润4.01亿元，较2016年上升341.83%；净资产收益率上升3.59个百分点，至4.68%；EPS为0.11元，较2016年上升266.67%。2017年年末，公司资产负债率48.31%，较2016年上升11.03个百分点。

## 四、上市公司在行业中的影响力

2017年，有色金属冶炼和压延加工业总资产规模达到41601.20亿元，较2016年增加6.80%；其中，全行业上市公司资产总额为9589.56亿元，2017年可比样本较2016年增长11.6%，上市公司资产总额占行业资产总额的23.05%。

2017年，有色金属冶炼和压延加工业营业收入规模达到55142.40亿元，较2016年增加15.70%；其中，全行业上市公司营业收入为10072.87亿元，2017年可比样本较2016年增长15.57%，上市公司营业收入占行业营业收入总额的18.27%。

2017年，有色金属冶炼和压延加工业利润规模达到2023.90亿元，较2016年增加28.60%；其中，全行业上市公司利润为308.63亿元，2017年可比样本较2016年增长95.82%，上市公司利润总额占行业利润总额的15.25%。

审稿人：葛军

撰稿人：孙景文、王筱茜

# 金属制品业

## 一、金属制品业总体概况

2017年，中国金属制品业固定投资额为10389.88亿元，较2016年增长2.76%，工业品出厂价格指数为105.56。销售收入达37097.70亿元，较2016年减少3.50%。2010～2016年收入呈不断增长趋势，但2017年销售收入开始减少。利润总额为2005.90亿元，较2016年减少8.01%。从2012年开始利润总额稳中有升，但2017年利润开始下降。毛利率为12.27%，与2016年相比下降0.09个百分点。

## 二、行业内上市公司发展概况

### （一）行业内上市公司基本情况

表1　　2017年金属制品业上市公司发行股票概况

| 门　类 | A、B股总数 | A股股票数 | B股股票数 | 境内总市值（亿元） | 流通A股市值（亿元） | 流通B股市值（亿元） |
|---|---|---|---|---|---|---|
| 金属制品业 | 60 | 59 | 1 | 4184.07 | 2849.8 | 20.12 |
| 占沪深两市比重（%） | 1.68 | 1.65 | 0.03 | 0.74 | 0.64 | 1.12 |

资料来源：沪深交易所，同花顺。

### （二）行业内上市公司构成情况

表2　　2017年金属制品业上市公司构成情况　　单位：家

| 门　类 | 沪市 | | | 深市 | | | ST/*ST |
|---|---|---|---|---|---|---|---|
| | 仅A股 | 仅B股 | A+B股 | 仅A股 | 仅B股 | A+B股 | |
| 金属制品业（家） | 18 | 0 | 0 | 40 | 0 | 1 | 0/0 |
| 占行业内上市公司比重（%） | 30.51 | 0.00 | 0.00 | 67.8 | 0.00 | 1.69 | 0.00/0.00 |

资料来源：沪深交易所，同花顺。

### （三）行业内上市公司融资情况

表3　　2017年金属制品业上市公司与沪深两市融资情况对比　　单位：家

| | 融资家数 | 新股 | 增发 | 配股 |
|---|---|---|---|---|
| 金属制品业 | 18 | 11 | 7 | 0 |
| 沪深两市总数 | 867 | 438 | 422 | 7 |
| 占比（%） | 2.08 | 2.51 | 1.66 | 0.00 |

资料来源：沪深交易所，同花顺。

2017年，金属制品业上市公司中共有18家进行融资。其中，首发的11家公司中，有6家在主板上市，4家在中小板上市，1家在创业板上市；增发的7家公司中，有1家主板公司、5家中小板及1家创业板公司。

从融资效果来看，上述公司实际发行数量为128154.29万股；实际募集资金143.62亿元，基本完成了融资计划。

2017年金属制品业上市公司融资情况明细见附录。

### （四）行业内上市公司资产及业绩情况

表 4　　2017 年金属制品业上市公司资产情况　　单位：亿元

| 指　标 | 2017 年 | 2017 年可比样本增长（%） | 2016 年 | 2016 年可比样本增长（%） | 2015 年 |
|---|---|---|---|---|---|
| 总资产 | 4148.19 | 10.41 | 4235.31 | 20.80 | 3092.93 |
| 流动资产 | 2178.90 | 13.43 | 2145.30 | 22.64 | 1521.92 |
| 占比（%） | 52.53 | 1.40 | 50.65 | 0.76 | 49.21 |
| 非流动资产 | 1969.29 | 7.25 | 2090.01 | 18.97 | 1571.01 |
| 占比（%） | 47.47 | -1.40 | 49.35 | -0.76 | 50.79 |
| 流动负债 | 1686.30 | 13.47 | 1682.21 | 15.53 | 1263.21 |
| 占比（%） | 40.65 | 1.10 | 39.72 | -1.81 | 40.84 |
| 非流动负债 | 591.85 | -9.33 | 706.61 | 41.42 | 445.99 |
| 占比（%） | 14.27 | -3.11 | 16.68 | 2.43 | 14.42 |
| 归属于母公司股东权益 | 1707.41 | 16.34 | 1695.96 | 19.11 | 1259.24 |
| 占比（%） | 41.16 | 2.10 | 40.04 | -0.57 | 40.71 |

资料来源：沪深交易所，同花顺。

表 5　　2017 年金属制品业上市公司收入实现情况　　单位：亿元

| 指　标 | 2017 年 | 2017 年可比样本增长（%） | 2016 年 | 2016 年可比样本增长（%） | 2015 年 |
|---|---|---|---|---|---|
| 营业收入 | 2580.32 | 17.86 | 2722.11 | 8.60 | 1990.08 |
| 利润总额 | 172.25 | 41.64 | 164.71 | 20.79 | 113.03 |
| 归属于母公司所有者的净利润 | 125.58 | 50.01 | 118.59 | 18.53 | 83.90 |

资料来源：沪深交易所，同花顺。

### （五）利润分配情况

2017 年全年金属制品业上市公司中共有 45 家公司实施了分红配股。其中，36 家上市公司仅实施派息，9 家公司既实施了送股、转增，又实施了派息。

2017 年金属制品业上市公司分红明细见附录。

### （六）其他财务指标情况

1. 盈利能力指标

表 6　　2017 年金属制品业上市公司盈利能力情况　　单位：%

| 指　标 | 2017 年 | 2017 年可比样本变动 | 2016 年 | 2016 年可比样本变动 | 2015 年 |
|---|---|---|---|---|---|
| 毛利率 | 18.83 | 0.51 | 18.40 | 0.91 | 16.53 |
| 净资产收益率 | 7.36 | 1.65 | 6.99 | -0.03 | 6.66 |
| 销售净利率 | 5.14 | 1.19 | 4.45 | 0.33 | 4.36 |
| 资产净利率 | 3.36 | 0.85 | 3.13 | -0.14 | 2.96 |

资料来源：沪深交易所，同花顺。

2. 偿债能力指标

表 7　　2017 年金属制品业上市公司偿债能力指标

| 指　标 | 2017 年 | 2017 年可比样本变动 | 2016 年 | 2016 年可比样本变动 | 2015 年 |
|---|---|---|---|---|---|
| 流动比率 | 1.29 | 0.00 | 1.28 | 0.07 | 1.20 |
| 速动比率 | 0.97 | 0.02 | 0.97 | 0.09 | 0.83 |
| 资产负债率（%） | 54.92 | -2.01 | 56.40 | 0.62 | 55.26 |

资料来源：沪深交易所，同花顺。

3. 营运能力指标

表 8　　2017 年金属制品业上市公司营运能力情况　　单位：次

| 营运能力指标 | 2017 年 | 2017 年可比样本变动 | 2016 年 | 2016 年可比样本变动 | 2015 年 |
|---|---|---|---|---|---|
| 存货周转率 | 4.00 | 0.33 | 4.46 | 0.14 | 3.54 |
| 应收账款周转率 | 5.27 | -0.01 | 5.97 | -0.51 | 5.53 |
| 流动资产周转率 | 1.26 | 0.00 | 1.40 | -0.13 | 1.31 |
| 固定资产周转率 | 3.02 | 0.24 | 3.11 | -0.11 | 2.72 |
| 总资产周转率 | 0.65 | 0.02 | 0.70 | -0.09 | 0.68 |
| 净资产周转率 | 1.48 | 0.03 | 1.60 | -0.21 | 1.54 |

资料来源：沪深交易所，同花顺。

## 三、重点上市公司介绍

### （一）中集集团

中集集团于 1980 年 1 月 14 日创立于深圳，1994 年 4 月 8 日在深圳证券交易所上市，目前主要股东为招商局集团和中远集团等，是国有控股的公众上市公司。经过 20 多年的发展，中集集团已经成为根植于中国本土的世界领先的物流装备和能源装备供应商。公司在集装箱、道路运输车辆、能源化工及食品装备、海洋工程、物流服务、空港设备等业务领域提供高品质与可信赖的装备和服务，占据领先地位。

2017 年，中集集团实现营业收入 763.00 亿元，较 2016 上升 49.28%；毛利率较 2016 年下降 0.48 个百分点，至 18.36%；营业利润 41.72 亿元，较 2016 年上升 246.81%；归属于上市公司净利润 25.09 亿元，较 2016 年上升 364.97%；净资产收益率上升 5.89 个百分点，至 7.73%；EPS 为 0.84 元，较 2015 年上升 366.67%。2017 年年末，公司资产负债率 66.89%，较 2016 年降低 1.71 个百分点。

### （二）新兴铸管

新兴铸管是一家跨地区、跨行业、集科工贸于一体的大型企业，国家 520 家重点企业之一，主营业务为离心球墨铸铁管及配套管件、钢铁冶炼及压延加工、铸造制品和机械设备和电子工程等，形成了6大产品系列：新兴铸管、新兴管件、新兴钢铁、新兴格板、新兴钢塑管、新兴机械。新兴铸管产品先后通过了SGSISO9001质量体系认证、法国BV质量体系认证，获得了欧共体15个国家承认的PSB证书，通过了德国、新加坡、埃及等十几个国家的商检，通过了ISO14001环保体系认证，获国际尤卡斯环保证书。

2017年，新兴铸管实现营业收入412.66亿元，较2016年减少20.88%；毛利率较2016年上升5.29个百分点，至10.80%；营业利润17.33亿元，较2016年上升1107.29%；归属于上市公司净利润10.93亿元，较2016年上升148.29%；净资产收益率上升3.04个百分点，至5.57%；EPS为0.27元，较2016年上升125.00%。2017年年末，公司资产负债率57.94%，较2016年下降4.61个百分点。

## 四、上市公司在行业中的影响力

2017年，金属制品业行业总资产规模达到26190.20亿元，较2016年增长0.84%；其中，全行业上市公司资产总额为4148.19亿元，2017年可比样本较2016年增长10.41%；上市资产总额占行业资产总额的15.84%。

2017年，金属制品业行业营业收入37097.70亿元，较2016年减少3.50%；其中，全行业上市公司实现营业收入为2580.32亿元，较2016年增加17.86%；上市公司营业收入占行业资产总额的6.96%。

2017年，金属制品业行业利润总额达2005.9亿元，较2016年减少8.01%；其中，全行业上市公司实现利润总额为172.25亿元，2017年可比样本较2016年增长41.64%；上市公司利润总额占行业利润总额的8.59%。

审稿人：王鹤涛

撰稿人：肖勇、易轰

# 通用设备制造业

## 一、通用设备制造业总体概况

通用设备制造业是装备制造业中的基础性产业，为工业行业提供基础动力、基础加工零部件和整机，在航空航天、交通运输、石油化工、轻工纺织等领域具有重要应用价值。通用设备制造业有较强的周期性，特别与宏观经济政策、固定资产投资等变量高度相关。2016年下半年以来，受益于国内外经济复苏和投资回暖，行业订单开始复苏，2017 年回暖趋势持续，资产负债表和 ROE 的修复加速。

2017 年，全行业实现营业收入 46980.7 亿元，较 2016 年下滑 1.86%，实现利润总额 3125.4 亿元，较 2016 年增长 2.34%。通用设备作为能够适用于多行业的产品，业绩不依赖单一行业的景气波动，运行趋势较为稳健；行业收入端略有波动，但是行业经营质量有所改善，盈利能力提升。

2017 年，受益于世界主要经济体的经济持续复苏，加上供给侧结构性改革成效逐步显现，中国经济持续转型升级，经济运行总体稳中向好、好于预期。随着供给侧改革的推进以及高效化、节能环保需求带来的设备迭代，下游行业将更多地考虑产品质量而非成本，通用设备小企业的市场份额将逐步被大企业蚕食，行业马太效应将日益明显，细分领域龙头业绩有望充分受益。从结构上来看，竞争能力较弱的低端通用装备仍在继续消化过剩产能，而高端装备进口替代能力较强的龙头订单已在持续复苏中。在《中国智造 2025》的指引下，掌握智能制造核心技术、关键零部件和系统解决方案的先进制造龙头将引领中国制造业的转型创新升级。

## 二、行业内上市公司发展概况

### （一）行业内上市公司基本情况

表 1　　2017 年通用设备制造业上市公司发行股票概况

| 门　类 | A、B 股总数 | A 股股票数 | B 股股票数 | 境内总市值（亿元） | 流通 A 股市值（亿元） | 流通 B 股市值（亿元） |
|---|---|---|---|---|---|---|
| 通用设备制造业 | 135 | 127 | 8 | 9056.56 | 6557.19 | 113.74 |
| 占沪深两市比重（%） | 3.78 | 3.56 | 0.22 | 1.59 | 1.47 | 6.35 |

资料来源：沪深交易所，同花顺。

### （二）行业内上市公司构成情况

表 2　　2017 年通用设备制造业上市公司构成情况　　单位：家

| 门　类 | 沪市 | | | 深市 | | | ST/*ST |
|---|---|---|---|---|---|---|---|
| | 仅 A 股 | 仅 B 股 | A+B 股 | 仅 A 股 | 仅 B 股 | A+B 股 | |
| 通用设备制造业（家） | 33 | 1 | 3 | 89 | 2 | 2 | 0/5 |
| 占行业内上市公司比重（%） | 25.38 | 0.77 | 2.31 | 68.46 | 1.54 | 1.54 | 0.00/0.23 |

资料来源：沪深交易所，同花顺。

## （三）行业内上市公司融资情况

表 3　　2017 年通用设备制造业上市公司与沪深两市融资情况对比　　单位：家

| | 融资家数 | 新股 | 增发 | 配股 |
|---|---|---|---|---|
| 通用设备制造业 | 38 | 16 | 21 | 1 |
| 沪深两市总数 | 867 | 438 | 422 | 7 |
| 占比（%） | 4.38 | 3.65 | 4.98 | 14.29 |

资料来源：沪深交易所，同花顺。

其中，首发的 16 家公司中，有 7 家在沪市，5 家在中小板，4 家在创业板；增发的 21 家公司中，有 4 家沪市、1 家深市主板、9 家中小板、7 家创业板公司。

从融资效果来看，上述公司实际发行数量为 193204 万股；实际募集资金 195 亿元，基本完成了融资计划。

2017 年通用设备制造业上市公司融资情况明细见附录。

## （四）行业内上市公司资产及业绩情况

表 4　　2017 年通用设备制造业上市公司资产情况　　单位：亿元

| 指　标 | 2017 年 | 2017 年可比样本增长（%） | 2016 年 | 2016 年可比样本增长（%） | 2015 年 |
|---|---|---|---|---|---|
| 总资产 | 9408.89 | 12.20 | 16117.24 | 9.13 | 7280.33 |
| 流动资产 | 6258.04 | 10.83 | 10267.41 | 9.00 | 5016.47 |
| 占比（%） | 66.51 | -0.82 | 63.70 | -0.08 | 68.90 |
| 非流动资产 | 3150.85 | 15.03 | 5849.83 | 9.37 | 2263.86 |
| 占比（%） | 33.49 | 0.82 | 36.30 | 0.08 | 31.10 |
| 流动负债 | 4532.13 | 13.57 | 10197.25 | 6.82 | 3598.29 |
| 占比（%） | 48.17 | 0.58 | 63.27 | -1.37 | 49.42 |
| 非流动负债 | 830.70 | 7.58 | 1075.33 | -1.81 | 656.41 |
| 占比（%） | 8.83 | -0.38 | 6.67 | -0.74 | 9.02 |
| 归属于母公司股东权益 | 3742.30 | 12.19 | 4024.85 | 17.8 | 2769.45 |
| 占比（%） | 39.77 | -0.01 | 24.97 | 1.84 | 38.04 |

资料来源：沪深交易所，同花顺。

表 5　　2017 年通用设备制造业上市公司收入实现情况　　单位：亿元

| 指　标 | 2017 年 | 2017 年可比样本增长（%） | 2016 年 | 2016 年可比样本增长（%） | 2015 年 |
|---|---|---|---|---|---|
| 营业收入 | 4031.72 | 9.41 | 3918.03 | 2.01 | 3341.06 |
| 利润总额 | 294.23 | 27.60 | 368.46 | 3.39 | 190.42 |
| 归属于母公司所有者的净利润 | 213.16 | 50.09 | 190.75 | -1.66 | 110.62 |

资料来源：沪深交易所，同花顺。

### （五）利润分配情况

2017 年全年通用设备制造业上市公司中共有 103 家公司实施了分红配股。其中，16 家上市公司实施送股或转增股，103 家上市公司实施派息，其中 16 家公司既实施了送股、转增，又实施了派息。

2017 年通用设备制造业上市公司分红明细见附录。

### （六）其他财务指标情况

1. 盈利能力指标

表 6　　2017 年通用设备制造业上市公司盈利能力情况　　单位：%

| 指　标 | 2017 年 | 2017 年可比样本变动 | 2016 年 | 2016 年可比样本变动 | 2015 年 |
|---|---|---|---|---|---|
| 毛利率 | 22.64 | -0.25 | 28.07 | -0.15 | 21.99 |
| 净资产收益率 | 5.70 | 1.44 | 4.74 | -0.94 | 3.99 |
| 销售净利率 | 6.29 | 1.34 | 7.57 | 0.08 | 4.44 |
| 资产净利率 | 2.85 | 0.54 | 1.92 | -0.76 | 2.14 |

资料来源：沪深交易所，同花顺。

2. 偿债能力指标

表 7　　2017 年通用设备制造业上市公司偿债能力指标

| 指　标 | 2017 年 | 2017 年可比样本变动 | 2016 年 | 2016 年可比样本变动 | 2015 年 |
|---|---|---|---|---|---|
| 流动比率 | 1.38 | -0.03 | 1.01 | 0.02 | 1.39 |
| 速动比率 | 1.06 | -0.03 | 0.88 | 0.03 | 1.04 |
| 资产负债率（%） | 57.00 | 0.20 | 69.94 | -2.11 | 58.44 |

资料来源：沪深交易所，同花顺。

3. 营运能力指标

表 8　　2017 年通用设备制造业上市公司营运能力情况　　单位：次

| 营运能力指标 | 2017 年 | 2017 年可比样本变动 | 2016 年 | 2016 年可比样本变动 | 2015 年 |
|---|---|---|---|---|---|
| 存货周转率 | 2.26 | 0.08 | 2.18 | 0.12 | 2.00 |
| 应收账款周转率 | 2.81 | 0.10 | 2.85 | -0.07 | 2.59 |
| 流动资产周转率 | 0.68 | -0.01 | 0.40 | -0.15 | 0.69 |
| 固定资产周转率 | 3.22 | 0.03 | 3.31 | -0.27 | 3.25 |
| 总资产周转率 | 0.45 | -0.01 | 0.25 | -0.10 | 0.48 |
| 净资产周转率 | 1.05 | -0.04 | 0.87 | -0.25 | 1.18 |

资料来源：沪深交易所，同花顺。

## 三、重点上市公司介绍

### （一）上海机电

2017年，上海机电实现营业收入194.7亿元，较2016年增长2.8%；实现利润总额27.0亿元，较2016年下滑2.1%；归母净利润13.9亿元，较2016年下滑4.1%；扣非归母净利润12.8亿元，较2016年增长14.6%；EPS为1.36元。综合毛利率为21.8%，较2016年下降0.15个百分点。业绩无增长的原因是2016年剥离非电梯资产后获得大额非经常损益导致2016年可比基数过高，扣非利润的增长反映了上海机电的良好成长性。

分板块来看，电梯收入185.2亿元，较2015年增长2.62%，毛利率21.9%，较2016年下滑0.21个百分点，电梯行业继续保持龙头地位，通过战略绑定万达、恒大、中海等高价值客户，实现收入的小幅但是平稳增长。毛利率基本维持稳定，虽然面临原材料普遍上涨和行业产能过剩的局面，但是上海机电作为龙头企业依旧能维持稳定的盈利能力。2017年，三菱电梯安装维保服务收入超52亿元，收入占比超26%，在国内同行中处于领先水平。上海机电与日本纳博合作的RV减速机已于2016年5月正式投入生产，预计产能20万台/年，子公司纳博精机在2017年5月开始实现单月盈利，现正加快相关生产设施的基础投入，达产后将受益国产机器人发展机遇。

### （二）天奇股份

2017年，天奇股份实现营业收入24.6亿元，较2016年增长0.9%；实现利润总额1.3亿元，较2016年降低2.9%；归母净利润0.85亿元，较2016年降低18.5%；扣非归母净利润0.5亿元，较2016年降低19.5%；EPS为0.23元。综合毛利率24.9%，较2016年增长2.5%。利润降低主要系2016年营业外收入推高利润基数。

分板块来看，主业物流自动化装备系统收入11.4亿元，较2016年降低11.7%，但新签订单达10.19亿元，未来将受益新能源车市场爆发带来了自动化装备业务的增长；毛利率19%，较2016年增长5%，主要系天奇股份开展的EPC总包模式，利用自动化装备业务的优势，向业务上下游拓展，进一步增强了盈利能力。循环产业收入5.6亿元，较2016年增长61.9%，毛利率34.7%，较2016年下滑1.6%，主要受益于全年供给侧改革的主基调，地条钢产能快速清除，利好破碎设备行业，湖北力帝合计签单15.68亿元，2017年确认收入6.43亿元。天奇股份于2017年12月通过增资收购方式，获得深圳乾泰技术51%的股权，同时通过专项并购基金收购江西龙南金泰阁钴业98%的股权。两个标的涉及锂电池回收前端的拆解、破碎、梯次利用（深圳乾泰）和后端元素回收（龙南金泰阁）的产业链闭环布局，将持续受益废钢设备和动力锂电池回收市场的发展。

### （三）机器人

2017 年，机器人实现营业收入 24.6 亿元，较 2016 年增长 20.7%；实现利润总额 5.1 亿元，较 2016 年增长 4%；归母净利润 4.3 亿元，较 2016 年增长 5.3%；扣非归母净利润 2.9 亿元，较 2016 年增长 6.9%；EPS 为 0.28 元。综合毛利率 33.3%，较 2016 年增长 1.5 个百分点。公司收入维持稳定增长，而净利润增长较慢的原因是研发费用支出较多。

分板块来看，机器人业务 2017 年实现收入 7.7 亿元，较 2016 年增长 17.4%，毛利率 30%，较 2016 年增长 0.35 个百分点，成功开发了双臂移动机器人、轻量化复合机器人、210 公斤下探机器人、360 公斤长臂重载机器人等新产品，通用工业机器人已实现 25 种型号 + 包括焊接、切割、磨抛等 18 大类智能应用，进一步提升市场认可度。同时机器人发力物流设备领域，物流与仓储自动化增速快，主要客户为锂电池厂、汽车厂、物流企业等，2017 年实现收入 7.2 亿元，较 2016 年增长 30.9%，毛利率 31.5%，较 2016 年增长 2.56%。自动化装配与检测及系统集成收入 7.6 亿元，较 2016 年增长 17.4%，毛利率 37.8%，较 2016 年增长 1.4%。交通自动化系统收入 2.0 亿元，较 2016 年增长 9.2%，2017 年机器人接连签订重大订单合同，包括地铁自动售票、综合监控系统等。

### （四）拓斯达

2017 年，拓斯达实现营业收入 7.64 亿元，较 2016 年增长 76.51%；实现利润总额 1.58 亿元，较 2016 年增长 75.05%；归母净利润 1.38 亿元，较 2016 年增长 77.92%；扣非归母净利润 1.26 亿元，较 2016 年增长 103.68%；EPS 为 1.34 元。综合毛利率 36.78%，较 2016 年下滑 4.88%。2017 年营业收入快速增长原因是：机器人业务持续增长，此外，智能能源及环境管理系统（原水、电、气系统集成业务）在 2017 年进入全面发展阶段，客户由注塑厂家向其他制造业延伸；拓斯达 2017 年毛利率略有回落主要系上游原材料涨价、行业竞争激烈。

分板块来看，工业机器人及自动化应用系统营收 4.35 亿元，较 2016 年增长 84.73%，毛利率 39.24%，较 2016 年下滑 4.57%，由于上游原材料涨价和行业竞争激烈，毛利率有所下滑，但机器人主业营收占比持续大增，全年销售 9138 台/套机器人，同比增加 77.68%，体现高市场认可度及强营销能力；注塑机配套设备及自动供料系统营收 2.09 亿元，较 2016 年增长 36.15%，毛利率 45.34%，较 2016 年下滑 1.14%；智能能源及环境管理系统营收 1.00 亿元，较 2016 年增长 225.58%，毛利率 21.20%，较 2016 年下滑 3.75%，该板块业务营收实现跨越式增长主要系智能能源及环境管理系统（原水、电、气系统集成业务）在 2017 年进入全面发展阶段，客户由注塑厂家向其他制造业延伸。

### （五）新筑股份

2017 年，新筑股份实现营业收入

16.6 亿元，较 2016 年增长 9.26%；实现利润总额 0.39 亿元，较 2016 年下滑 15.94%；归母净利润 0.12 亿元，较 2016 年下滑 33.4%；扣非归母净利润 -1.51 亿元，较 2016 年持平（2016 年为 -1.52 亿元）；EPS 为 0.02 元。综合毛利率 20.02%，较 2016 年增加 0.65%。2017 年业绩增长主要系轨道交通业务和超级电容系统业务增速显著。

分板块来看，轨道交通营收 8.1 亿元，较 2016 年增长 22.86%，毛利率 7.36%，较 2016 年增长 2.36%，公司是国内除中车外唯一具备自主研发和生产多制式城轨车辆能力的公司，且产品层出不穷，多制式轨交车辆 + 轨道系统即将合力腾飞；桥梁功能部件营收 6.3 亿元，较 2016 年增长 3.20%，毛利率 31.54%，较 2016 年下滑 1.13%；超级电容系统营收 1.2 亿元，较 2016 年增长 62%，毛利率 42.46%，较 2016 年增长 6.56%。报告期内，新筑股份超级电容产品取得了国内首张 ECE R100 证书和 ECE R10 证书，该认证证书属于全球同行业内的稀缺资源，标志着奥威科技的车用超级电容器产品相关安全性能已达到国内领先水平，拿到了全面进军欧洲市场的通行证；特种汽车和其他业务合计营收 9855 万元。

### （六）智云股份

2017 年，智云股份实现营业收入 9.13 亿元，较 2016 年增长 51.65%；实现利润总额 2.01 亿元，较 2016 年增长 94.17%；归母净利润 1.70 亿元，较 2016 年增长 83.08%；扣非归母净利润 1.69 亿元，较 2016 年增长 397.13%。公司业绩爆发式增长原因：公司收购的鑫三利成为业绩增长的新动力；此外，公司于 2016 年启动三星项目，是国内唯一切入三星 OLED 供应链的厂商，并于 2017 年成功切入苹果产业链；公司积极布局摄像头模组和指纹识别模组，部分产品已形成量产及订单。

分板块来看，平板显示模组设备收入 6.39 亿元，较 2016 年增长 106.8%，毛利率 58.92%，较 2016 年增长 7.16 个百分点，收购鑫三利为公司该业务带来强劲增长：鑫三利 LCD 模组设备技术全国领先，并已率先深入布局 OLED 模组设备，受益国内京东方、华星光电、中电集团等主要的面板厂承接日韩关闭的 LCD 产能和扩建 OLED 产能释放高额资本开支，国内面板设备商迎来下游景气叠加国产化机遇；自动装配设备收入 1.5 亿元，较 2016 年下滑 24.6%；其余的自动检测设备、物流搬运设备、清洗过滤设备和锂电池装备设备等收入整体较 2016 年基本持平。

## 四、上市公司在行业中的影响力

2017 年，通用设备制造业上市公司总资产占行业总量的 21.4%；营业收入占行业总量的 8.6%；利润总额占行业总量的 9.4%。上市公司的体量在行业中的占比持续提升。

中国通用设备制造业数量超过 3 万家，整体呈现小、散、乱、弱的格局，除个别细分行业外，行业集中度较低，产品相似度高、竞争激烈，小型企业数量占比接近90%，大型企业数量占比不到1%，呈现大而不强的特点。从近年来的行业总资产、营业收入和利润总额数值来看，行业总资产和营业收入呈现递增的趋势。2016年下半年开始全球经济复苏带动的补库存周期叠加国内基建和地产投资回暖，2017年龙头企业订单持续复苏，大型企业中年收入规模在百亿元级别以上的有6家，即上海电气、东方电气、金风科技、上海机电、宁波东力、海立股份，在130余家上市公司中，仍有近一半企业收入低于10亿元。随着行业内部结构转型升级，未来龙头的市场集中度有望继续提升，百亿元营收级别企业有望增多。

审稿人：王勇、董岚枫

撰稿人：李旻、陈显帆

# 专用设备制造业

## 一、专用设备制造业总体概况

专用设备制造业是专用于特定行业的设备制造业，下游应用行业包括矿山、冶金、建筑、化工、木材、非金属加工、食品饮料、烟草及饲料生产专用设备九大行业。作为典型的下游驱动型行业，专用设备制造业与国家宏观经济政策、固定资产投资、下游特定行业资本开支等变量高度相关。受益于国内外经济回暖，行业从2016年下半年以来订单持续复苏，以工程机械等为代表的细分行业在2017年迎来周期性量价齐升，公司资产负债表和ROE修复加速。

2017年，全行业实现营业收入39445.5亿元，较2016年下降2.0%，实现利润总额为2490.2亿元，较2016年增长14.8%，在全球经济回暖和细分方向回归景气的带动下，行业利润增长率明显提升。

2017年，受益于世界主要经济体的经济持续复苏，加上供给侧结构性改革成效逐步显现，中国经济持续转型升级，经济运行总体稳中向好、好于预期。行业收入端略有波动，但是行业经营质量明显改善，盈利能力提升。以工程机械、海工装备等为代表的周期行业迎来周期性量价齐升，资产负债表修复加速；以锂电设备、3C自动化设备为代表的高成长行业细分方向受益于下游行业高景气下的产能扩张，业绩增速具备较大弹性。

## 二、行业内上市公司发展概况

### （一）行业内上市公司基本情况

表 1　　2017 年专用设备制造业上市公司发行股票概况

| 门　类 | A、B 股总数 | A 股股票数 | B 股股票数 | 境内总市值（亿元） | 流通 A 股市值（亿元） | 流通 B 股市值（亿元） |
|---|---|---|---|---|---|---|
| 专用设备制造业 | 201 | 198 | 3 | 16237.85 | 11095.56 | 77.27 |
| 占沪深两市比重（%） | 5.63 | 5.55 | 0.08 | 2.86 | 2.48 | 4.32 |

资料来源：沪深交易所，同花顺。

### （二）行业内上市公司构成情况

表 2　　2017 年专用设备制造业上市公司构成情况　　单位：家

| 门　类 | 沪市 | | | 深市 | | | ST/*ST |
|---|---|---|---|---|---|---|---|
| | 仅 A 股 | 仅 B 股 | A＋B 股 | 仅 A 股 | 仅 B 股 | A＋B 股 | |
| 专用设备制造业（家） | 63 | 0 | 2 | 132 | 0 | 1 | 0/4 |
| 占行业内上市公司比重（%） | 31.82 | 0.00 | 1.01 | 66.67 | 0.00 | 0.51 | 0/0.18 |

资料来源：沪深交易所，同花顺。

### （三）行业内上市公司融资情况

表 3　　2017 年专用设备制造业上市公司与沪深两市融资情况对比　　单位：家

| | 融资家数 | 新股 | 增发 | 配股 |
|---|---|---|---|---|
| 专用设备制造业 | 55 | 24 | 31 | 0 |
| 沪深两市总数 | 867 | 438 | 422 | 7 |
| 占比（%） | 6.34 | 5.48 | 7.35 | 0 |

资料来源：沪深交易所，同花顺。

其中，首发的 24 家公司中，有 15 家在沪市，2 家在中小板，7 家在创业板；增发的 31 家公司中，有 10 家沪市、2 家深市主板、4 家中小板、15 家创业板公司。

从融资效果来看，上述公司实际发行数量为 455127 万股；实际募集资金 476.97 亿元，基本完成了融资计划。

2017 年专用设备制造业上市公司融资情况明细见附录。

## （四）行业内上市公司资产及业绩情况

表 4　　2017 年专用设备制造业上市公司资产情况　　单位：亿元

| 指　标 | 2017 年 | 2017 年可比样本增长（%） | 2016 年 | 2016 年可比样本增长（%） | 2015 年 |
|---|---|---|---|---|---|
| 总资产 | 13646.32 | 8.57 | 10080.21 | 7.76 | 9231.38 |
| 流动资产 | 8501.93 | 7.43 | 6455.62 | 4.66 | 6053.81 |
| 占比（%） | 62.30 | -0.66 | 64.04 | -1.90 | 65.58 |
| 非流动资产 | 5144.39 | 10.52 | 3624.58 | 13.76 | 3177.57 |
| 占比（%） | 37.70 | 0.66 | 35.96 | 1.90 | 34.42 |
| 流动负债 | 5509.44 | 5.43 | 4151.28 | 6.54 | 3871.27 |
| 占比（%） | 40.37 | -1.21 | 41.18 | -0.47 | 41.94 |
| 非流动负债 | 1804.90 | -1.96 | 1188.35 | 27.40 | 934.82 |
| 占比（%） | 13.23 | -1.42 | 11.79 | 1.82 | 10.13 |
| 归属于母公司股东权益 | 5706.55 | 13.88 | 4423.36 | 4.27 | 4165.01 |
| 占比（%） | 41.82 | 1.95 | 43.88 | -1.47 | 45.12 |

资料来源：沪深交易所，同花顺。

表 5　　2017 年专用设备制造业上市公司收入实现情况　　单位：亿元

| 指　标 | 2017 年 | 2017 年可比样本增长（%） | 2016 年 | 2016 年可比样本增长（%） | 2015 年 |
|---|---|---|---|---|---|
| 营业收入 | 6583.34 | 23.58 | 3649.88 | 1.83 | 3467.83 |
| 利润总额 | 544.32 | 189.66 | 94.06 | -44.64 | 148.92 |
| 归属于母公司所有者的净利润 | 403.01 | 344.88 | 25.90 | -76.92 | 93.69 |

资料来源：沪深交易所，同花顺。

## （五）利润分配情况

2017 年全年专用设备制造业上市公司中共有 153 家公司实施了分红配股。其中，38 家上市公司实施送股或转增股，149 家上市公司实施派息，其中 34 家公司既实施了送股、转增，又实施了派息。

2017 年专用设备制造业上市公司分红明细见附录。

## （六）其他财务指标情况

1. 盈利能力指标

表 6　　2017 年专用设备制造业上市公司盈利能力情况　　单位:%

| 指　标 | 2017 年 | 2017 年可比样本变动 | 2016 年 | 2016 年可比样本变动 | 2015 年 |
|---|---|---|---|---|---|
| 毛利率 | 26.23 | 2.34 | 25.69 | 0.30 | 25.27 |
| 净资产收益率 | 7.06 | 5.25 | 0.59 | -2.06 | 2.25 |
| 销售净利率 | 6.93 | 4.57 | 1.37 | -2.23 | 3.17 |
| 资产净利率 | 3.48 | 2.42 | 0.51 | -0.93 | 1.24 |

资料来源：沪深交易所，同花顺。

2. 偿债能力指标

表 7　2017 年专用设备制造业上市公司偿债能力指标

| 指　标 | 2017 年 | 2017 年可比样本变动 | 2016 年 | 2016 年可比样本变动 | 2015 年 |
|---|---|---|---|---|---|
| 流动比率 | 1.54 | 0.03 | 1.56 | -0.03 | 1.56 |
| 速动比率 | 1.18 | 0.02 | 1.19 | -0.02 | 1.2 |
| 资产负债率（%） | 53.60 | -2.63 | 52.97 | 1.34 | 52.06 |

资料来源：沪深交易所，同花顺。

3. 营运能力指标

表 8　2017 年专用设备制造业上市公司营运能力情况　单位：次

| 营运能力指标 | 2017 年 | 2017 年可比样本变动 | 2016 年 | 2016 年可比样本变动 | 2015 年 |
|---|---|---|---|---|---|
| 存货周转率 | 2.51 | 0.25 | 1.84 | -0.04 | 1.85 |
| 应收账款周转率 | 2.82 | 0.54 | 1.79 | -0.02 | 1.76 |
| 流动资产周转率 | 0.80 | 0.10 | 0.58 | -0.02 | 0.59 |
| 固定资产周转率 | 3.03 | 0.39 | 2.17 | -0.12 | 2.23 |
| 总资产周转率 | 0.50 | 0.05 | 0.38 | -0.02 | 0.39 |
| 净资产周转率 | 1.11 | 0.11 | 0.79 | -0.06 | 0.83 |

资料来源：沪深交易所，同花顺。

## 三、重点上市公司介绍

### （一）三一重工

2017 年，三一重工实现营业收入 383.4 亿元，较 2016 年增长 64.7%；实现利润总额 28.7 亿元，较 2016 年增长 4456%；归母净利润为 20.9 亿元，较 2016 年增长 928.4%；EPS 为 0.27 元；综合毛利率 30.07%，较 2016 年增长 3.86%。业绩增长的主要原因是由于基建和地产投资复苏带动工程机械需求持续回暖，资产负债表逐渐修复，板块整体盈利实现大幅提升，龙头复苏速度快于行业整体增速。而更新、基建、一带一路三大因素将使行业复苏更具持续性，行业龙头也将强者恒强。

在板块方面，挖掘机械引领收入复苏，2017 年实现收入 136.7 亿元，较 2016 年增长 83.0%，挖掘机毛利率 40.6%，较 2016 年上升 8.2%，主要因为挖掘机能先于其他机种反映固定资产投资增速回暖趋势。同时，其他板块如混凝土机械、起重机械、桩工机械和路面机械受到趋势传导，销售收入均较 2016 年大幅增长；其中，混凝土机械实现收入 126 亿元，较 2016 年增长 32.6%；起重机械实现收入 52.4 亿元，较 2016 年增长 93.5%，毛利率 23.0%，较 2016 年上升

11.1 个百分点。2017 年海外市场贡献收入 116.2 亿元，占比 30%，远高于工程机械同行水平，良好的海外收入有利于收入结构多元化和平滑行业周期波动性。

### （二）恒立液压

2017 年，恒立液压实现营业收入 27.95 亿元，较 2016 年增长 104.02%；实现利润总额 4.47 亿元，较 2016 年增长 358.24%；归母净利润为 3.82 亿元，较 2016 年增长 442.9%；EPS 为 0.61 元。受益于下游工程机械高景气和新产品渗透率提升，业绩大幅增长。

在板块方面，挖掘机专用油缸收入 11.54 亿元，较 2016 年增长 118%；非标油缸收入 10.42 亿，较 2016 年增长 86.09%，其中，盾构机油缸收入达 4.77 亿元，增长 101.70%，增长迅猛；液压泵阀收入 2.49 亿元，同比增加 199%，受益于 15 吨以下小型挖掘机用主控泵阀批量供货，在主机厂的份额不断提升，以及重大挖泵阀产品研发加速推进，并且小批量配套主机厂。综合毛利率 32.8%，较 2016 年上升 10.8%，规模效应下盈利能力显著；其中，挖掘机专用油缸毛利率 38.8%，较 2016 年上升 13.45%。预计未来两年下游工程机械行业稳中有升，公司作为主要零部件供应商短期内产能供不应求，中长期看液压泵阀国产替代进口空间大。

### （三）浙江鼎力

2017 年，浙江鼎力实现营业收入 11.39 亿元，较 2016 年增长 63.99%；实现利润总额 3.33 亿元，较 2016 年增长 61.64%；归母净利润为 2.83 亿元，较 2016 年增长 62.00%；EPS 为 1.73 元；综合毛利率为 41.98%，较 2016 年降低 0.3%。业绩增长的主要原因为浙江鼎力作为国内高空作业平台的绝对龙头，其技术品质、品牌口碑、实践经验和营销管理都构筑了较深的护城河，对标欧美市场的高空作业平台保有量，销售具备持续增长的较大空间。

在板块方面，剪叉式高空作业平台收入 8.53 亿元，较 2016 年增长 69.84%，为增速最快的板块；臂式收入 1.02 亿元，较 2016 年增长 79.27%；公司具备多种类型产品的柔性化生产能力，也具备较好的市场适应能力。海外收入 7.1 亿元，较 2016 年增长 82.88%，在总收入中的占比升至 62.34%，产品已成功进入美、德、日三大高端市场，直接设立海外子公司销售。公司定增募集 8.8 亿元优化产品结构，未来臂式放量有望带动业绩快速提升。

### （四）振华重工

2017 年，振华重工实现营业收入 218.59 亿元，较 2016 年下降 10.22%；实现利润总额 4.22 亿元，较 2016 年增长 14.34%；归母净利润为 3 亿元，较 2016 年增长 41.32%；扣非归母净利润 2.78 亿元，较 2016 年增长 76.47%；EPS 为 0.07 元。综合毛利率达 17.57%，较 2016 年下降 1.41%，主要系毛利率较高的港机业务占营收的比例降低。

在板块方面，主业港机收入 131.21 亿元，较2016年下降23.2%，毛利率达到历史新高24.24%，港机已进入99个国家和地区，连续19年全球市场份额第一，充分体现公司港机产品市场议价能力，以及自动化码头推广等因素带来的积极影响；散货机件收入16.16亿元，较2016年下降48.8%；以海工为主的重型装备收入33.85亿元，较2016年增长163.4%，毛利率上升至8.89%，海工市场在油价持续坚挺后，迎来复苏，预计目前公司业绩已经步入上升通道。分地区来看，国内收入101.42亿元，同比增长11.98%，海外收入115亿元，同比下降23.77%，受全球贸易不景气的影响，2018年有望回暖。

### （五）先导智能

2017年，先导智能实现营业收入21.77亿元，较2016年增长101.75%；实现营业利润6.04亿元，较2016年增长124.25%；归母净利润为5.37亿元，较2016年增长84.93%；EPS为1.29元；综合毛利率为41.14%，较2016年下滑1.42%，主要系收购泰坦后合并报表抵消事项造成。

在板块方面，锂电设备收入18.23亿元，较2016年增长149.38%，毛利率39.45%，较2016年下降0.1%；光伏设备收入2.32亿元，较2016年下降19.44%。先导智能作为具备全球竞争力的锂电设备龙头，受益于全球电动化的大浪潮，锂电设备收入大幅增长且占营业收入的比例大幅提高。

### （六）晶盛机电

2017年，晶盛机电实现收入19.49亿元，较2016年增长78.55%；实现利润总额4.29亿元，较2016年增长96.35%；归母净利润3.87亿元，较2016年增长89.76%；EPS为0.39元；综合毛利率38.35%，较2015年下滑0.52%，主要系公司产品呈现多样化趋势、个别产品毛利率较低以及原材料钢材价格上涨。

在板块方面，晶体硅生长设备收入15.72亿元，较2016年增长132.89%，主要系公司作为单晶硅设备龙头，显著受益于光伏单晶路线市占率提升；智能加工设备（包括光伏和LED）收入1.99亿元，主要系中为光电产业升级与新业务开拓，原LED设备销量有所下降。蓝宝石材料收入9375万元，同比增长173.34%，受益于产能逐步放量。晶盛机电研发投入持续加大，产品线不断拓展，将支持业绩持续增长。公司短期业绩将受益于光伏行业回暖，中期看平价上网带动光伏需求大爆炸，长期有望受益于半导体行业高度景气和国家对半导体设备国产化的支持。

### （七）弘亚数控

2017年，弘亚数控实现收入8.2亿元，较2016年增长53.6%；实现利润总额2.75亿元，较2016年增长51.46%；归母净利润2.34亿元，较2016年增长51.15%；EPS为1.75元；综合毛利率38.18%，较2016年下降1.95%，

分板块来看，主营封边机收入4.29亿元，较2016年增长37.5%，毛利率49.36%，较2016年下降1.43%；裁板锯收入1.78亿元，较2016年增长50.85%，

毛利率27.33%，较2016年增长1.28%。值得注意的是，定制化产线为主的数控钻、加工中心两大板块均实现较快发展。其中，数控钻（含多排钻）共实现收入1.16亿元，同比增加183.1%；加工中心业务实现收入0.46亿元，同比增加80.8%。公司定制化产品线的高成长性充分体现。弘亚数控作为国内家板式家具机械行业科技创新型代表企业，受益于消费升级、定制化快速发展，行业空间广阔。弘亚数控技术实力出色，在中高端产品方面明显具有价格优势，出口市场竞争力逐渐体现。

### （八）北方华创

2017年，北方华创实现收入22.23亿元，较2016年增长37.01%；实现利润总额2.06亿元，较2016年增长18.16%，主要受益于电子工艺设备及元器件发展的利好市场因素；归母净利润1.26亿元，较2016年增长35.21%；EPS为0.27元；综合毛利率36.59%，较2016年下降3.14%，主要系半导体设备毛利率下降5.51%所致。

分板块来看，电子元件收入7.63亿元，较2016年增长25.49%，毛利率43.72%；半导体收入11.34亿元，较2016年增长39.48%，毛利率35.37%，半导体核心设备受到国外技术封锁，全面国产化是必然趋势，北方华创作为半导体设备龙头行业，有望受益于国产半导体设备的崛起；真空设备营业收入2.01亿元，同比增长127.46%，受益于国内光伏行业的快速发展和单晶电池工艺技术的不断进步，单晶炉订单迅猛增长。2017年，北方华创维持高研发投入，研发费用占总收入比例达33%。

### （九）杰瑞股份

2017年，杰瑞股份实现收入31.87亿元，较2016年增长12.47%；实现利润总额0.73亿元，较2016年下降53.82%；归母净利润0.68亿元，较2016年下降43.82%。公司净利润出现大幅下滑，主要系报告期内美元贬值形成的大额汇兑损失、2016年PDVSA项目尾单的脉冲等因素所致。EPS为0.07元；综合毛利率26.8%，较2016年增长0.26%。经营活动现金流量净额4.4亿元，同比增长28.16%，主要系收入规模增加，同时采取多种方式消耗库存，严格控制应收账款，多举措提高回款比例所致。

分板块来看，维修改造及配件销售板块营收10.9亿元，同比增长22.4%，毛利率31.8%，同比增长2.9%。油田业务技术服营收7.2亿元，同比增长51.5%，毛利率6.37%，同比增长13.95%，实现扭亏为盈，主要系油服行业逐渐复苏，市场对油田技术服务需求增大。环保服务及设备板块实现营收1.94亿元，同比增长134.9%，主要系加大环保产品线投入所致。2014~2016年的行业低谷期，北美大量油田服务设备厂在2014年关闭，作为油服设备最大的市场——北美市场的远期采购将逐步转向中国，利好国内的油服设备公司。杰瑞股份继续深化全球营销体系，深度推进国际市场开发，依靠完备的销售和服务体现出较强的竞争力。

## 四、上市公司在行业中的影响力

2017年，专用设备制造业上市公司总资产13636.32亿元，占全行业总量的34.54%；营业收入6583.34亿元，占全行业总量的16.69%；利润总额544.32亿元，占行业总量的21.86%。

中国专用设备制造业企业较多，市场较分散，细分领域竞争较激烈，近年来由于全球经济去产能、去库存周期，资本开支整体下行，设备企业的营业收入和利润也持续下行，行业内部经历出清和洗牌。而2016年下半年开始全球经济复苏带动的补库存周期叠加国内基建和地产投资回暖，部分周期性较强的细分行业在2017年订单持续复苏，周期量价齐升，但行业集中度继续提高，其中，占据行业龙头地位的上市公司将处于竞争优势地位，未来影响力和市占率有望继续提升。而在高成长细分领域，具备核心竞争力的先进制造公司，也将在下游持续高景气周期中继续获得良好业绩。

审稿人：王勇、董岚枫

撰稿人：李旻、陈显帆

# 汽车制造业

## 一、汽车制造业总体概况

### （一）行业整体运行情况

2017年，中国汽车产销分别完成2901.54万辆、2887.89万辆，同比分别增长3.19%、3.04%，比2016年分别降低11.27个百分点、10.61个百分点，增速明显收窄，主要是由于2015年10月开始实施的1.6升及以下排量乘用车购置税减半政策在2016年提前透支了购车需求叠加同期高基数所致。

从财务数据来看，2017年，汽车行业累计实现主营业务收入87932.08亿元，同比增长10.82%，增幅同比下降2.97个百分点；累计实现利润总额6995.47亿元，同比增长5.74%，增幅同比下降4.92个百分点。由于购置税优惠政策导致需求提前透支，2017年行业营收与利润总额增速相比2016年有较为明显的收窄。

2017年，新能源汽车仍保持快速增长态势：根据中国汽车工业协会的数据，2017年新能源汽车销量达77.70万辆，同比增长53.30%，占汽车整体的比重达2.69%，同比提升0.88个百分点。其中，新能源乘用车销量达57.80万辆，同比增长72%，新能源商用车销量达19.80万辆，同比增长16.30%。从数据来看，新能源乘用车成为增长主力，销量占比高达74.39%。

### （二）细分行业运行概况

分领域来看，首先，2017年乘用车产销分别为2480.67万辆、2471.83万辆，同比分别增长1.58%、1.40%，增速低于汽车整体水平。其中，轿车产销同比增速为-1.43%、-2.48%，MPV为-17.62%、-17.05%，SUV为12.39%、13.32%，交叉型为-20.39%、-19.97%。

其次，商用车产销分别为420.87万辆、416.06万辆，同比分别增长13.81%、13.95%，主要受重卡产销大幅提升的拉动。其中，客车产销分别为52.60万辆、52.72万辆，同比分别下降3.81%、2.98%，货车产销分别为368.27万辆、363.34万辆，同比分别增长16.87%、16.91%，增速同比明显扩大，主要受益于治超新政的实施下重卡用户换车需求较为集中地释放。

分品牌来看，2017年，自主品牌乘用车销售1087.20万辆，同比增长3.50%，占乘用车销量总量的43.94%，比2016年同期提高0.70个百分点。我们认为，主要得益于自主车企加快新车型开发和提升产品品质，抢占了韩系、法系等部分合资份额。

在出口方面，2017年，汽车整车出口106.38万辆，同比增长31.37%；出口金额140.57亿美元，同比增长23.05%；出口单价1.32万美元，较2016年低0.09万美元。在汽车整车出口主要品种中，轿车出口增速比2016年大幅提升，载货车出口结束2016年下降趋势，呈一定增长趋势，客车出口增速比2016年有所减缓。

## 二、行业内上市公司发展概况

### （一）行业内上市公司基本情况

表1　　2017年汽车制造业上市公司发行股票概况

| 门　类 | A、B股总数 | A股股票数 | B股股票数 | 境内总市值（亿元） | 流通A股市值（亿元） | 流通B股市值（亿元） |
|---|---|---|---|---|---|---|
| 汽车制造业 | 121 | 116 | 5 | 17846.01 | 13895.97 | 149.25 |
| 占沪深两市比重（%） | 3.39 | 3.25 | 0.14 | 3.14 | 3.11 | 8.34 |

资料来源：沪深交易所，同花顺。

### （二）行业内上市公司构成情况

表2　　2017年汽车制造业上市公司构成情况　　单位：家

| 门　类 | 沪市 | | | 深市 | | | ST/*ST |
|---|---|---|---|---|---|---|---|
| | 仅A股 | 仅B股 | A+B股 | 仅A股 | 仅B股 | A+B股 | |
| 汽车制造业（家） | 55 | 1 | 1 | 57 | 0 | 3 | 0/0 |
| 占行业内上市公司比重（%） | 47.01 | 0.85 | 0.85 | 48.72 | 0.00 | 2.56 | 0.00/0.00 |

资料来源：沪深交易所，同花顺。

## （三）行业内上市公司融资情况

表 3　　2017 年汽车制造业上市公司与沪深两市融资情况对比　　单位：家

| | 融资家数 | 新股 | 增发 | 配股 |
|---|---|---|---|---|
| 汽车制造业 | 40 | 26 | 14 | 0 |
| 沪深两市总数 | 867 | 438 | 422 | 7 |
| 占比（%） | 4.61 | 5.94 | 3.32 | 0.00 |

资料来源：沪深交易所，同花顺。

其中，首发的 26 家公司中，有 18 家在主板，3 家在中小板，5 家在创业板；增发的 14 家公司中，有 6 家沪市、8 家深市公司。

按行业大类划分，进行融资的公司中，计算机、通信和其他电子设备制造业 41 家，专业设备制造业 31 家，化学原料及化学制品制造业 29 家，软件和信息技术服务业 26 家。

从融资效果来看，上述公司实际发行数量为 14313468.52 万股；实际募集资金 13542.82 亿元，基本完成了融资计划。

2017 年汽车制造业上市公司融资情况明细见附录。

## （四）行业内上市公司资产及业绩情况

表 4　　2017 年汽车制造业上市公司资产情况　　单位：亿元

| 指　标 | 2017 年 | 2017 年可比样本增长（%） | 2016 年 | 2016 年可比样本增长（%） | 2015 年 |
|---|---|---|---|---|---|
| 总资产 | 21902.32 | 18.51 | 19824.46 | 21.11 | 16119.57 |
| 流动资产 | 12594.52 | 18.86 | 11181.61 | 25.54 | 8806.73 |
| 占比（%） | 57.50 | 0.17 | 56.40 | 1.99 | 54.63 |
| 非流动资产 | 9307.80 | 18.04 | 8642.85 | 15.83 | 7312.84 |
| 占比（%） | 42.50 | -0.17 | 43.60 | -1.99 | 45.37 |
| 流动负债 | 10967.99 | 20.90 | 9523.97 | 21.49 | 7684.74 |
| 占比（%） | 50.08 | 0.99 | 48.04 | 0.15 | 47.67 |
| 非流动负债 | 1613.06 | 4.32 | 2134.10 | 36.14 | 1495.05 |
| 占比（%） | 7.36 | -1.00 | 10.77 | 1.19 | 9.27 |
| 归属于母公司股东权益 | 8518.88 | 19.58 | 7294.92 | 17.69 | 6188.69 |
| 占比（%） | 38.89 | 0.35 | 36.80 | -1.07 | 38.39 |

资料来源：沪深交易所，同花顺。

表 5　　2017 年汽车制造业上市公司收入实现情况　　单位：亿元

| 指　标 | 2017 年 | 2017 年可比样本增长（%） | 2016 年 | 2016 年可比样本增长（%） | 2015 年 |
|---|---|---|---|---|---|
| 营业收入 | 20035.10 | 14.37 | 18180.87 | 17.23 | 15272.7 |
| 利润总额 | 1310.21 | 1.68 | 1290.02 | 16.93 | 1098.31 |
| 归属于母公司所有者的净利润 | 949.36 | -1.61 | 953.41 | 17.25 | 809.76 |

资料来源：沪深交易所，同花顺。

### （五）利润分配情况

2017 年全年汽车制造业上市公司中共有 98 家公司实施了分红配股。其中，17 家上市公司实施送股或转增股，97 家上市公司实施派息，其中 16 家公司既实施了送股、转增，又实施了派息。

2017 年汽车制造业上市公司分红明细见附录。

### （六）其他财务指标情况

1. 盈利能力指标

表 6　　2017 年汽车制造业上市公司盈利能力情况　　单位：%

| 指　标 | 2017 年 | 2017 年可比样本变动 | 2016 年 | 2016 年可比样本变动 | 2015 年 |
|---|---|---|---|---|---|
| 毛利率 | 16.67 | -0.08 | 16.81 | 0.85 | 15.94 |
| 净资产收益率 | 11.14 | -2.40 | 13.07 | -0.05 | 13.08 |
| 销售净利率 | 5.66 | -0.72 | 6.14 | -0.05 | 6.26 |
| 资产净利率 | 5.62 | -0.98 | 6.17 | -0.18 | 6.42 |

资料来源：沪深交易所，同花顺。

2. 偿债能力指标

表 7　　2017 年汽车制造业上市公司偿债能力指标

| 指　标 | 2017 年 | 2017 年可比样本变动 | 2016 年 | 2016 年可比样本变动 | 2015 年 |
|---|---|---|---|---|---|
| 流动比率 | 1.15 | -0.02 | 1.17 | 0.04 | 1.15 |
| 速动比率 | 0.99 | -0.02 | 1.01 | 0.05 | 0.96 |
| 资产负债率（%） | 57.44 | -0.01 | 58.81 | 1.34 | 56.95 |

资料来源：沪深交易所，同花顺。

3. 营运能力指标

表 8　　2017 年汽车制造业上市公司营运能力情况　　单位：次

| 营运能力指标 | 2017 年 | 2017 年可比样本变动 | 2016 年 | 2016 年可比样本变动 | 2015 年 |
|---|---|---|---|---|---|
| 存货周转率 | 10.18 | -0.12 | 10.10 | 0.55 | 9.46 |
| 应收账款周转率 | 8.52 | -0.63 | 9.25 | -1.27 | 10.57 |
| 流动资产周转率 | 1.73 | -0.11 | 1.81 | -0.07 | 1.87 |
| 固定资产周转率 | 6.38 | 0.01 | 6.23 | 0.22 | 6.04 |
| 总资产周转率 | 0.99 | -0.04 | 1.00 | -0.02 | 1.03 |
| 净资产周转率 | 2.33 | -0.08 | 2.40 | 0.02 | 2.36 |

资料来源：沪深交易所，同花顺。

## 三、重点上市公司介绍

### （一）上汽集团

上汽集团是国内 A 股市场最大的汽车上市公司，总股本达到 116.83 亿股。目前，上汽集团主要业务包括整车（含乘用车、商用车）的研发、生产和销售，正积极推进新能源汽车、互联网汽车的商业化，并开展智能驾驶等技术研究和产业化探索；零部件（含动力驱动系统、底盘系统、内外饰系统，以及电池、电驱、电力电子等新能源汽车核心零部件和智能产品系统）的研发、生产、销售；物流、汽车电商、出行服务、节能和充电服务等汽车服务贸易业务；汽车相关金融、保险和投资业务；海外经营和国际商贸业务；并在产业大数据和人工智能领域积极布局。上汽集团所属主要整车企业包括乘用车公司、上汽大通、上汽大众、上汽通用、上汽通用五菱、南京依维柯、上汽依维柯红岩、上海申沃等。

2017 年，上汽集团整车销量达到 693.01 万辆，同比增长 6.80%，继续保持国内汽车市场领先优势。2017 年，公司实现营业收入 8579.78 亿元，归属母公司所有者的净利润为 344.10 亿元，同比分别增长 14.97% 和 7.51%。

表 9　　上汽集团 2014～2017 年财务指标

| 项　目 | 2017 年 | 2016 年 | 2015 年 | 2014 年 |
|---|---|---|---|---|
| 营业收入（万元） | 85797771.79 | 74623674.12 | 66137392.98 | 62671239.45 |
| 营业成本（万元） | 74238241.23 | 65021810.59 | 58583288.32 | 54923602.59 |
| 营业利润（万元） | 5410998.71 | 4843300.30 | 4358803.04 | 4033376.85 |
| 利润总额（万元） | 5426101.26 | 5049245.75 | 4580967.65 | 4268879.52 |
| 归属母公司股东的净利润（万元） | 3441033.95 | 3200861.07 | 2979379.07 | 2797344.13 |
| 毛利率（%） | 13.47 | 12.87 | 11.42 | 12.36 |
| 净利率（%） | 5.49 | 5.89 | 6.06 | 6.10 |
| 资产负债率（%） | 62.39 | 60.20 | 58.78 | 55.41 |

资料来源：Wind 资讯。

### （二）广汽集团

广汽集团成立于 2005 年 6 月 28 日，目前拥有员工超过 8.4 万人，是国内首家实现 A + H 股整体上市的大型国有控股股份制汽车集团。广汽集团前身为成立于 1997 年 6 月的广州汽车集团有限公司。

广汽集团坚持合资合作与自主创新共同发展，业务涵盖整车（汽车、摩托车）及零部件研发、制造、汽车商贸服务、汽车金融等，是国内产业链最为完整的汽车集团之一，也是国内汽车行业首家拥有保险、保险经纪、汽车金融、融资租赁、财务等多块金融行业牌照的企业集团。目前，广汽集团旗下共有广汽本田、广汽丰田、广汽乘用车、广汽新能源、广汽研究院、广汽菲亚特克莱斯勒、广汽三菱等数十家知名企业与研发机构，整车核心业务板块形成自主品牌、日系合资、欧美系合资“三足鼎立”稳步发展格局。

2017 年，广汽集团汽车产销量均超过 200 万辆，同比增长超 21%；实现营业收入 711.44 亿元，归属母公司所有者的净利润为 107.86 亿元，分别同比增长 43.96% 和 71.53%。

表 10　　广汽集团 2014～2017 年财务指标

| 项　目 | 2017 年 | 2016 年 | 2015 年 | 2014 年 |
|---|---|---|---|---|
| 营业收入（万元） | 7114388.12 | 4941767.62 | 2941822.27 | 2237593.39 |
| 营业成本（万元） | 5477800.81 | 3955835.44 | 2481615.30 | 1895899.28 |
| 营业利润（万元） | 1180650.53 | 683216.15 | 406481.00 | 269588.37 |
| 利润总额（万元） | 1197649.50 | 705071.71 | 440692.72 | 305359.29 |
| 归属母公司股东的净利润（万元） | 1078621.99 | 628821.59 | 423235.19 | 318589.07 |
| 毛利率（%） | 23.00 | 19.95 | 15.64 | 15.27 |
| 净利率（%） | 15.21 | 12.74 | 13.62 | 13.08 |
| 资产负债率（%） | 41.13 | 45.38 | 41.28 | 42.05 |

资料来源：Wind 资讯。

### （三）长城汽车

长城汽车是中国最大的 SUV 制造企业，于 2003 年、2011 年分别在香港 H 股和国内 A 股上市，截至 2017 年年底资产总计达 1105.47 亿元。目前，旗下拥有哈弗、长城、WEY 和欧拉 4 个品牌，产品涵盖 SUV、轿车、皮卡三大品类，拥有 4 个整车生产基地，具备发动机、变速器等核心零部件的自主配套能力，下属控股子公司 40 余家，员工 7 万余人。

2017 年，面对激烈的市场竞争环境及产品周期调整等挑战，长城汽开展 WEY 品牌和新产品推广活动，促进新品牌及新产品销量稳步提升；继续加大研发投入，推动公司产品结构继续升级。2017 年，整车销量达 106.1 万辆，继续保持 SUV 市场领导地位。

在新能源方面，长城汽同步开展 EV、HEV、PHEV 三种技术架构的车型开发以及 FCV 的策划，以增资入股方式，获得河北御捷车业有限公司 25% 的股权；并与宝马股份公司签署合作意向书，双方拟利用其各自在汽车行业的技术和商业知识，以合资公司的形式在汽车领域开展合作。

长城汽不断扩大经营规模、优化产品结构，持续聚焦 SUV 品类，打造高性价比产品，并致力于提升客户满意度，使得经营收入稳步提升。2017 年，长城汽实现营业收入 1004.91 亿元，归属母公司所有者的净利润为 50.27 亿元，分别同比增长 2.08% 和下降 52.35%，利润下滑的主要原因在于让利客户，对现有产品进行促销，以及加大品牌及新产品推广力度所致。

表 11 长城汽车 2014～2017 年财务指标

| 项　目 | 2017 年 | 2016 年 | 2015 年 | 2014 年 |
|---|---|---|---|---|
| 营业收入（万元） | 10049161.82 | 9844366.51 | 7595458.60 | 6259077.26 |
| 营业成本（万元） | 8196690.36 | 7436022.35 | 5686391.14 | 4525176.11 |
| 营业利润（万元） | 585415.24 | 1226070.49 | 928042.28 | 924368.10 |
| 利润总额（万元） | 623296.60 | 1248306.08 | 968857.68 | 964007.56 |
| 归属母公司股东的净利润（万元） | 502729.80 | 1055115.89 | 805933.25 | 804153.55 |
| 毛利率（%） | 18.43 | 24.46 | 25.13 | 27.70 |
| 净利率（%） | 5.02 | 10.72 | 10.61 | 12.85 |
| 资产负债率（%） | 55.44 | 48.70 | 46.62 | 45.36 |

资料来源：Wind 资讯。

### （四）长安汽车

长安汽车为中国汽车行业第一阵营，多年来位居全国工业企业 500 强、中国制造业 100 强、重庆上市公司前 10 强之列。业务涵盖整车（乘用车、商用车）研发、制造和销售以及发动机的研发、生产，并利用自身主机厂优势，积极发展电子商务、分时租赁等新业务。

长安汽车现已形成轿车、SUV、MPV、交叉型乘用车、客车、货车等多档次、宽系列、多品种的产品谱系，覆盖传统燃油和新能源车型，拥有排量从 1.0 升到 2.0 升的发动机平台。公司旗下拥有长安乘用车、长安欧尚、长安福特、长安马自达、长安铃木、长安 PSA、长安客车等众多知名品牌。

长安汽车已推出睿骋 CC、逸动系列、悦翔系统、CS 系列 SUV、CX70、欧尚、欧诺等一系列经典自主品牌车型；合资品牌新福克斯、新蒙迪欧、翼虎、锐界、CX－5、昂克赛拉、维特拉、启悦等多款知名产品。同时，长安汽车打造了逸动 EV、新奔奔 EV、欧力威 EV、奔奔 miniEV、CS15EV 等新能源车型。

2017 年，长安汽车实现销量 287.25 万辆，其中，长安品牌销量 166.30 万辆，保持中国品牌领导者地位。2017 年，公司实现营业收入 800.12 亿元，归属母公司所有者的净利润为 71.37 亿元，分别同比增长 1.87% 和下降 30.61%。

表 12　　长安汽车 2014～2017 年财务指标

| 项　目 | 2017 年 | 2016 年 | 2015 年 | 2014 年 |
|---|---|---|---|---|
| 营业收入（万元） | 8001220.52 | 7854244.18 | 6677158.05 | 5291333.21 |
| 营业成本（万元） | 6936303.27 | 6448760.59 | 5340671.07 | 4326582.59 |
| 营业利润（万元） | 715162.75 | 945817.15 | 958745.62 | 717651.59 |
| 利润总额（万元） | 718088.96 | 1034982.48 | 1001188.50 | 753882.96 |
| 归属母公司股东的净利润（万元） | 713723.47 | 1028528.41 | 995271.42 | 756108.16 |
| 毛利率（%） | 13.31 | 17.89 | 20.02 | 18.23 |
| 净利率（%） | 9.01 | 13.08 | 14.86 | 14.21 |
| 资产负债率（%） | 55.28 | 59.30 | 61.78 | 63.47 |

资料来源：Wind 资讯。

### （五）宇通客车

宇通客车是一家集客车产品研发、制造与销售为一体的大型现代化制造企业，日产整车达 430 台，年生产能力达 70000 台以上。主厂区位于河南省郑州市宇通工业园。宇通客车于 1997 年在上海证券交易所上市，是国内客车行业第一家上市公司。

目前，宇通客车已形成了 5～25 米，覆盖公路客运、旅游、公交、团体、校车、专用客车等各个细分市场，包括普档、中档、高档等各个档次，国内 75 个产品系列，海外 69 个产品系列的完整产品链。自主研发的新能源客车动力系统已成为行业主流动力系统，形成了具有国际竞争力的 6～18 米系列化新能源客车产品，并已在全国 334 个城市累计推广近 9 万辆。近几年来，宇通客车的销售服务网络已经覆盖欧洲、独联体、拉美、非洲、中东、亚太等海外主要市场。

2017 年，公司客车产品实现销售 6.73 万辆，其中，销售新能源客车 2.49 万辆；2017 年，公司实现营业收入 332.22 亿元，归属母公司所有者的净利润为 31.29 亿元，同比下降 7.33% 和 22.62%。

表 13　　宇通客车 2014～2017 年财务指标

| 项　目 | 2017 年 | 2016 年 | 2015 年 | 2014 年 |
|---|---|---|---|---|
| 营业收入（万元） | 3322194.88 | 3585044.2 | 3121087.39 | 2572829.95 |
| 营业成本（万元） | 2447863.83 | 2587631.9 | 2330589.85 | 1948136.06 |
| 营业利润（万元） | 360155.28 | 439333.03 | 382828.30 | 290271.13 |
| 利润总额（万元） | 363594.52 | 478229.03 | 410434.49 | 305084.04 |
| 归属母公司股东的净利润（万元） | 312919.39 | 404374.56 | 353521.59 | 261262.19 |
| 毛利率（%） | 26.32 | 27.82 | 25.33 | 24.28 |
| 净利率（%） | 9.54 | 11.44 | 11.49 | 10.31 |
| 资产负债率（%） | 56.85 | 61.09 | 57.07 | 54.41 |

资料来源：Wind 资讯。

## 四、上市公司在行业中的影响力

在主营业务收入方面，2017 年，汽车行业累计实现主营业务收入 87932.08 亿元，同比增长 5.50%；2017 年行业内上市公司营业收入为 20035.10 亿元，可比样本较 2016 年增长 14.37%，高于行业增速 8.87 个百分点；上市公司营业收入占全行业的比重为 22.78%。

在利润总额方面，2017 年，汽车行业累计实现利润总额 6995.47 亿元，同比增长 1.59%；2017 年行业内上市公司利润总额为 1310.21 亿元，可比样本较 2016 年增长 1.68%，高于行业增速 0.09 个百分点；上市公司利润总额占全行业的比重为 18.73%。

总体上来看，汽车上市公司在行业中影响较大，主要汽车企业集团均已实现整体或部分上市，并在行业营业收入、利润总额等方面占比较高。

审稿人：王洪磊

撰稿人：郑连声、张冬明

# 铁路、船舶、航空航天和其他运输设备制造业

## 一、铁路、船舶、航空航天和其他运输设备制造业总体概况

2017 年，中国经济企稳，随着供给侧改革已见成效，行业集中度提升，工业增长稳定，投资需求位于高位。从企业景气指数来看，2017 年，各季度铁路、船舶、航空航天和其他运输设备制造业的企业景气指数分别为 124.50、125.00、123.10、123.20，与 2016 年同比增速分别为 22.66%、19.62%、14.41%、5.48%，景气度稳定在高位。

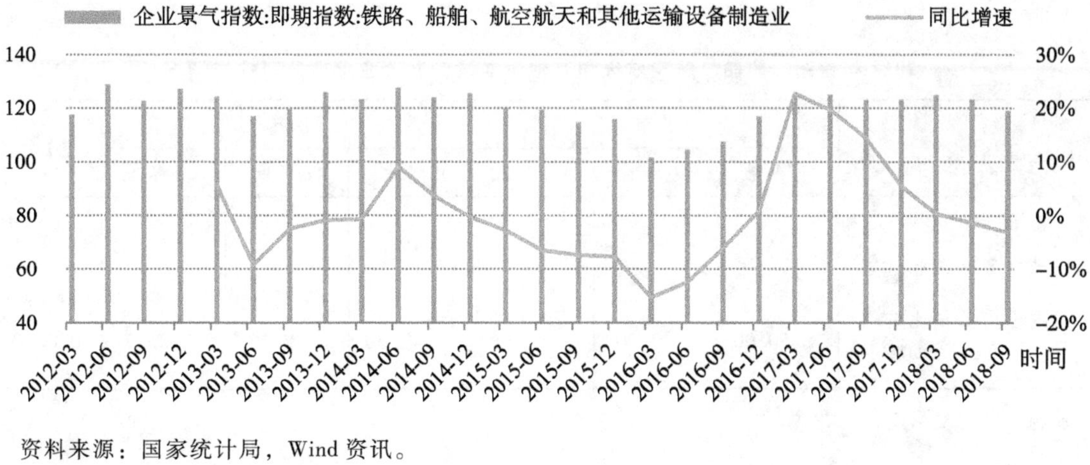


资料来源：国家统计局，Wind 资讯。

**图 1　2012 年至 2018 年第三季度铁路、船舶、航空航天和其他运输设备制造业企业景气指数**

从货物周转量数据来看，2017 年，中国货物周转量总计完成 19.14 万亿吨公里，同比增长 4.90%。其中，铁路货物周转量完成 2.70 万亿吨公里，同比增长 13.30%，增长较快；公路货物周转量完成 6.67 万亿吨公里，同比增长 9.20%；水运货物周转量完成 9.75 万亿吨公里，同比增长 0.10%；民航货邮周转量完成 243.54 亿吨公里，同比增长 9.50%。公路治超与环保限产政策的实施，部分公路运力向铁路转移，使得铁路货运增长较快。

从旅客周转量数据来看，2017 年，中国旅客周转量总计完成 3.28 万亿人公里，同比增长 5.00%。其中，铁路旅客周转量完成 1.35 万亿人公里，同比增长 7%；高铁旅客周转量完成 5875.60 亿人公里，占铁路比重达 43.70%；公路旅客周转量完成 9765.06 亿人公里，同比下降 4.50%；水运旅客周转量完成 77.89 亿人公里，同比增长 7.70%；民航旅客周转量完成 9512.79 亿人公里，同比增长 13.50%。

## 二、行业内上市公司发展概况

### （一）行业内上市公司基本情况

表 1　2017 年铁路、船舶、航空航天和其他运输设备制造业上市公司发行股票概况

| 门　类 | A、B 股总数 | A 股股票数 | B 股股票数 | 境内总市值（亿元） | 流通 A 股市值（亿元） | 流通 B 股市值（亿元） |
|---|---|---|---|---|---|---|
| 铁路、船舶、航空航天和其他运输设备制造业 | 49 | 45 | 4 | 10248.29 | 8446.55 | 26.32 |
| 占沪深两市比重（%） | 1.37 | 1.26 | 0.11 | 1.80 | 1.89 | 1.47 |

资料来源：沪深交易所，同花顺。

### （二）行业内上市公司构成情况

表 2　2017 年铁路、船舶、航空航天和其他运输设备制造业上市公司构成情况　单位：家

| 门　类 | 沪市 | | | 深市 | | | ST/*ST |
|---|---|---|---|---|---|---|---|
| | 仅 A 股 | 仅 B 股 | A+B 股 | 仅 A 股 | 仅 B 股 | A+B 股 | |
| 铁路、船舶、航空航天和其他运输设备制造业（家） | 23 | 0 | 2 | 19 | 1 | 1 | 0/1 |
| 占行业内上市公司比重（%） | 50.00 | 0.00 | 4.35 | 41.30 | 2.17 | 2.17 | 0.00/0.05 |

资料来源：沪深交易所，同花顺。

## （三）行业内上市公司融资情况

表 3　2017 年铁路、船舶、航空航天和其他运输设备制造业上市公司与沪深两市融资情况对比 单位：家

| | 融资家数 | 新股 | 增发 | 配股 |
|---|---|---|---|---|
| 铁路、船舶、航空航天和其他运输设备制造业 | 16 | 7 | 9 | 0 |
| 沪深两市总数 | 867 | 438 | 422 | 7 |
| 占比（%） | 1.85 | 1.60 | 2.13 | 0.00 |

资料来源：沪深交易所，同花顺。

其中，首发的 7 家公司中，有 3 家在沪市，4 家在创业板；增发的 9 家公司中，有 7 家沪市、2 家创业板公司。

按行业大类划分，进行融资的公司中，铁路、船舶、航空航天和其他运输设备制造业 16 家。

从融资效果来看，上述公司实际发行数量为 1556.52 亿股；实际募集资金 14483.05 亿元，基本完成了融资计划。

2017 年铁路、船舶、航空航天和其他运输设备制造业上市公司融资情况明细见附录。

## （四）行业内上市公司资产及业绩情况

表 4　2017 年铁路、船舶、航空航天和其他运输设备制造业上市公司资产情况　单位：亿元

| 指　标 | 2017 年 | 2017 年可比样本增长（%） | 2016 年 | 2016 年可比样本增长（%） | 2015 年 |
|---|---|---|---|---|---|
| 总资产 | 10541.05 | 9.01 | 9630.86 | 2.89 | 8487.75 |
| 流动资产 | 7066.73 | 10.90 | 6179.18 | 0.64 | 5744.81 |
| 占比（%） | 67.04 | 1.14 | 64.16 | -1.43 | 67.68 |
| 非流动资产 | 3474.32 | 5.36 | 3451.67 | 7.18 | 2742.94 |
| 占比（%） | 32.96 | -1.14 | 35.84 | 1.43 | 32.32 |
| 流动负债 | 4974.93 | 5.10 | 4647.84 | -2.87 | 4439.58 |
| 占比（%） | 47.20 | -1.75 | 48.26 | -2.86 | 52.31 |
| 非流动负债 | 1013.88 | -9.58 | 1169.03 | -1.07 | 1012.63 |
| 占比（%） | 9.62 | -1.98 | 12.14 | -0.49 | 11.93 |
| 归属于母公司股东权益 | 3972.54 | 14.61 | 3433.49 | 12.55 | 2748.18 |
| 占比（%） | 37.69 | 1.84 | 35.65 | 3.06 | 32.38 |

资料来源：沪深交易所，同花顺。

表 5　　2017 年铁路、船舶、航空航天和其他运输设备制造业上市公司收入实现情况　　单位：亿元

| 指　标 | 2017 年 | 2017 年可比样本增长（%） | 2016 年 | 2016 年可比样本增长（%） | 2015 年 |
|---|---|---|---|---|---|
| 营业收入 | 4872.76 | -4.04 | 4964.90 | -3.70 | 4722.66 |
| 利润总额 | 269.17 | 2.01 | 276.73 | 21.31 | 161.95 |
| 归属于母公司所有者的净利润 | 203.27 | 11.57 | 179.56 | 28.79 | 95.61 |

资料来源：沪深交易所，同花顺。

## （五）利润分配情况

2017 年全年铁路、船舶、航空航天和其他运输设备制造业上市公司中共有 32 家公司实施了分红配股。其中，2 家上市公司仅实施送股或转增股，24 家上市公司仅实施派息，6 家公司既实施了送股、转增，又实施了派息。

2017 年铁路、船舶、航空航天和其他运输设备制造业上市公司分红明细见附录。

## （六）其他财务指标情况

1. 盈利能力指标

表 6　　2017 年铁路、船舶、航空航天和其他运输设备制造业上市公司盈利能力情况　　单位:%

| 指　标 | 2017 年 | 2017 年可比样本变动 | 2016 年 | 2016 年可比样本变动 | 2015 年 |
|---|---|---|---|---|---|
| 毛利率 | 18.93 | 1.30 | 18.12 | 1.42 | 16.18 |
| 净资产收益率 | 5.12 | -0.14 | 5.23 | 0.66 | 3.48 |
| 销售净利率 | 4.41 | 0.48 | 4.16 | 0.96 | 2.36 |
| 资产净利率 | 2.13 | 0.00 | 2.17 | 0.29 | 1.34 |

资料来源：沪深交易所，同花顺。

2. 偿债能力指标

表 7　　2017 年铁路、船舶、航空航天和其他运输设备制造业上市公司偿债能力指标

| 指　标 | 2017 年 | 2017 年可比样本变动 | 2016 年 | 2016 年可比样本变动 | 2015 年 |
|---|---|---|---|---|---|
| 流动比率 | 1.42 | 0.07 | 1.33 | 0.05 | 1.29 |
| 速动比率 | 1.02 | 0.10 | 0.92 | 0.05 | 0.88 |
| 资产负债率（%） | 56.81 | -3.73 | 60.40 | -3.35 | 64.24 |

资料来源：沪深交易所，同花顺。

3. 营运能力指标

表 8　2017 年铁路、船舶、航空航天和其他运输设备制造业上市公司营运能力情况　单位：次

| 营运能力指标 | 2017 年 | 2017 年可比样本变动 | 2016 年 | 2016 年可比样本变动 | 2015 年 |
|---|---|---|---|---|---|
| 存货周转率 | 2.00 | -0.13 | 2.12 | -0.18 | 2.19 |
| 应收账款周转率 | 3.46 | -0.28 | 3.69 | -0.40 | 3.89 |
| 流动资产周转率 | 0.73 | -0.09 | 0.81 | -0.07 | 0.83 |
| 固定资产周转率 | 2.79 | -0.21 | 2.69 | -0.45 | 3.13 |
| 总资产周转率 | 0.48 | -0.06 | 0.52 | -0.07 | 0.57 |
| 净资产周转率 | 1.16 | -0.25 | 1.38 | -0.28 | 1.61 |

资料来源：沪深交易所，同花顺。

## 三、重点上市公司介绍

### （一）中国中车

中国中车是经国务院同意，国务院国资委批准，由中国北车、中国南车按照对等原则合并组建的 A+H 股上市公司。经中国证监会核准，2015 年 6 月 8 日，中国中车在上海证券交易所和香港联交所成功上市。中国中车承继了中国北车、中国南车的全部业务和资产，是全球规模最大、品种最全、技术领先的轨道交通装备供应商。

2017 年是中国中车重组成立完整运营的第二年，实现营业收入 2110.13 亿元，同比下降 8.14%；实现归属于母公司所有者的净利润 107.99 亿元，同比下降 4.35%；扣非后归属母公司所有者的净利润 87.50 亿元，同比下降 2.84%；基本每股收益 0.38 元，同比下降 7.32%；加权平均净资产收益率 9.14%，同比下降 2.07 个百分点。

分业务板块来看，铁路装备的营业收入同比增长 1.19%，主要是 2017 年铁路市场的主要产品订单增长，交付量增加所致。城轨与城市基础设施业务的营业收入同比增长 23.72%，主要是 2017 年城市轨道车辆的交付量增加所致。新产业业务的营业收入比 2016 年同期下降 7.08%，主要是风电装备和机车配件等业务本期交付量减少所致。现代服务业务的营业收入比 2016 年同期下降 59.15%，主要是本期缩减物流业务规模所致。

### （二）中航飞机

中航飞机是科研、生产一体化的特大型航空工业企业，是国内首家注入航空整机资产的上市公司。中航飞机是中航工业的龙头公司，也是中国唯一的运输机、轰炸机生产厂商。公司主营业务主要分为军用飞机整机、民用飞机整机、国产飞机零部件和国际转包飞机零部件。

2017 年，中航飞机实现营业收入 310.79 亿元，同比增长 18.98%，完成全年计划的 115.11%；实现工业增加值

58.74 亿元，同比增长 9.94%，完成计划的 109.59%；实现归属于母公司所有者的净利润 4.71 亿元，同比增长 14.10%；扣非后归属母公司所有者的净利润 3.35 亿元，同比增长 16.28%；基本每股收益 0.17 元，同比增长 13.33%；加权平均净资产收益率 3.03%，同比提升 0.33 个百分点。

分主要产品业务来看，军机产品按期完成了生产交付任务，确保了国家防务的需求；民机产品交付新舟系列飞机 1 架；飞机制动系统交付机轮刹车系统 131 套；国际合作交付 6300 架份组件；非航产品销售铝型材 1.42 万吨。其中，航空产品的营业收入同比增长 20.05%；汽车零部件的营业收入同比下降 52.12%；铝合金型材的营业收入同比下降 41.05%。

## 四、上市公司在行业中的影响力

2017 年，铁路、船舶、航空航天和其他运输设备制造业总资产规模达到 17087.80 亿元，较 2016 年增加 1.07%；其中，全行业上市公司资产总额为 10541.46 亿元，2017 年可比样本较 2016 年增长 9.01%，上市公司资产总额占全行业资产总额的 61.69%。

2017 年，铁路、船舶、航空航天和其他运输设备制造业营业收入规模达到 14606.80 亿元，较 2016 年下降 10.98%；其中，全行业上市公司营业收入为 4872.83 亿元，2017 年可比样本较 2016 年下降 4.04%，上市公司营业收入占全行业营业收入总额的 33.36%。

2017 年，铁路、船舶、航空航天和其他运输设备制造业利润规模达到 873.20 亿元，较 2016 年下降 14.47%；其中，全行业上市公司利润为 269.21 亿元，2017 年可比样本较 2016 年增长 2.01%，上市公司营业收入占全行业利润总额的 30.83%。

审稿人：吕　梁

撰稿人：陈周飞

# 电气机械及器材制造业

## 一、电气机械及器材制造业总体概况

### （一）行业整体运行情况

根据国家统计局的数据，2017 年全国规模以上电气机械及器材制造行业企业数量为 23934 家，行业总资产合计 66878.24 亿元，较 2016 年增长 5.92%。

2017 年，电气机械及器材制造业实现营业收入 71683.11 亿元，较 2016 年减少 2.66%；实现利润总额 4657.49 亿元，较 2016 年减少 9.57%；2017 年，电气机械及器材制造行业毛利率为15.69%，较2016年增长0.14个百分点。

2017年，电气机械及器材制造业固定资产投资完成额累计13346.71亿元，较2016年增长4.42%。从国家统计局发布的细分行业景气指数来看，2017年四季度电气机械及器材制造业景气指数为134.1，较2016年四季度的123.5显著回升。

### （二）细分行业运行概况

1. 电气设备类公司

电气设备类公司景气度与电力投资完成情况密切相关。根据国家能源局的统计，2017年，全社会用电量63077亿千瓦时，较2016年增长6.6%。新增发电设备13372万千瓦，较2016年增长10.9%。其中，水电新增设备容量1287.5万千瓦，较2016年增长9.7%；火电新增设备容量4577.81万千瓦，较2016年下降5.3%；核电新增设备容量217.5万千瓦，较2016年下降69.8%；风电新增设备容量1951.67万千瓦，较2016年增长4.2%；太阳能新增设备容量5337.52万千瓦，较2016年增长54.3%。2017年，新增220千伏及以上变电设备容量24263.27万千伏安，新增220千伏及以上线路长度41459.26千米。

2017年，全国发电设备累计平均利用3785.78小时，较2016年小幅增加0.78小时。其中，水电累计平均利用3578.93小时，较2016年减少42.07小时；火电累计平均利用4208.90小时，较2016年增加43.90小时；风电累计平均利用1948.01小时，较2016年增加206.01小时；核电累计平均利用7107.94小时，较2016年增加65.94小时。

2017年，电源工程投资完成额2699.51亿元，较2016年下降20.80%。其中，水电工程投资完成额617.94亿元，较2016年小幅增长0.13%；火电工程投资完成额740.09亿元，较2016年下降33.88%；核电工程投资完成额395.38亿元，较2016年下降21.56%；风电投资完成额643.14亿元，较2016年下降30.60%；2017年，电网基本建设工程投资完成额5314.67亿元，较2016年下降2.15%。

2. 家电类公司

家电类公司景气度与房地产投资完成情况紧密相关。2017年，全国房地产开发投资完成额109798.53亿元，较2016年增长7.0%，增幅比2016年增加0.1个百分点。

2017年，彩电累计生产量17233.10万台，较2016年下降1.43%；空调累计生产量18039.80万台，较2016年增长12.40%；家用电冰箱累计生产量8670.30万台，较2016年下降6.15%；家用洗衣机累计生产量7500.90万台，较2016年下降1.57%；冷柜累计生产量1792.83万台，较2016年下降16.53%。

# 二、行业内上市公司发展概况

## （一）行业内上市公司基本情况

表1　　2017年电气机械及器材制造业上市公司发行股票概况

| 门　类 | A、B股总数 | A股股票数 | B股股票数 | 境内总市值（亿元） | 流通A股市值（亿元） | 流通B股市值（亿元） |
|---|---|---|---|---|---|---|
| 电气机械及器材制造业 | 223 | 219 | 4 | 26495.40 | 20991.38 | 99.56 |
| 占沪深两市比重（%） | 6.25 | 6.14 | 0.11 | 4.66 | 4.70 | 5.56 |

资料来源：沪深交易所，同花顺。

## （二）行业内上市公司构成情况

表2　　2017年电气机械及器材制造业上市公司构成情况　　单位：家

| 门　类 | 沪市 | | | 深市 | | | ST/*ST |
|---|---|---|---|---|---|---|---|
| | 仅A股 | 仅B股 | A+B股 | 仅A股 | 仅B股 | A+B股 | |
| 电气机械及器材制造业（家） | 66 | 0 | 0 | 150 | 1 | 3 | 0/5 |
| 占行业内上市公司比重（%） | 30.00 | 0.00 | 0.00 | 68.18 | 0.45 | 1.36 | 0.00/0.23 |

资料来源：沪深交易所，同花顺。

## （三）行业内上市公司融资情况

表3　　2017年电气机械及器材制造业上市公司与沪深两市融资情况对比　　单位：家

| | 融资家数 | 新股 | 增发 | 配股 |
|---|---|---|---|---|
| 电气机械及器材制造业 | 55 | 28 | 24 | 3 |
| 沪深两市总数 | 867 | 438 | 422 | 7 |
| 占比（%） | 6.34 | 6.39 | 5.69 | 42.86 |

资料来源：沪深交易所，同花顺。

其中，首发的28家公司中，有12家在沪市，10家在创业板，6家在中小板；增发的24家公司中，有7家在沪市、8家在创业板、9家在中小板；配股的3家公司中，有1家沪市、1家创业板、1家中小板公司。

从融资效果来看，上述公司实际发行数量为 463557.82 万股；实际募集资金 566.53 亿元，基本完成了融资计划。

2017 年电气机械及器材制造业上市公司融资情况明细见附录。

### （四）行业内上市公司资产及业绩情况

表 4　　2017 年电气机械及器材制造业上市公司资产情况　　单位：亿元

| 指　标 | 2017 年 | 2017 年可比样本增长（%） | 2016 年 | 2016 年可比样本增长（%） | 2015 年 |
|---|---|---|---|---|---|
| 总资产 | 19349.67 | 22.77 | 15769.58 | 28.74 | 11972.13 |
| 流动资产 | 12708.65 | 23.64 | 10290.90 | 24.63 | 8105.49 |
| 占比（%） | 65.68 | 0.46 | 65.26 | -2.15 | 67.7 |
| 非流动资产 | 6641.03 | 21.16 | 5478.68 | 37.24 | 3866.63 |
| 占比（%） | 34.32 | -0.46 | 34.74 | 2.15 | 32.3 |
| 流动负债 | 8978.32 | 22.02 | 7340.16 | 24.95 | 5737.78 |
| 占比（%） | 46.40 | -0.29 | 46.55 | -1.41 | 47.93 |
| 非流动负债 | 1888.61 | 49.72 | 1301.86 | 79.53 | 664.12 |
| 占比（%） | 9.76 | 1.76 | 8.26 | 2.34 | 5.55 |
| 归属于母公司股东权益 | 7895.50 | 18.65 | 6649.62 | 28.10 | 5133.83 |
| 占比（%） | 40.80 | -1.42 | 42.17 | -0.21 | 42.88 |

资料来源：沪深交易所，同花顺。

表 5　　2017 年电气机械及器材制造业上市公司收入实现情况　　单位：亿元

| 指　标 | 2017 年 | 2017 年可比样本增长（%） | 2016 年 | 2016 年可比样本增长（%） | 2015 年 |
|---|---|---|---|---|---|
| 营业收入 | 13586.86 | 29.77 | 10271.52 | 16.68 | 8619.06 |
| 利润总额 | 1156.61 | 11.60 | 1008.79 | 24.23 | 784.82 |
| 归属于母公司所有者的净利润 | 910.42 | 12.33 | 787.35 | 22.78 | 619.51 |

资料来源：沪深交易所，同花顺。

### （五）利润分配情况

2017 年全年电气机械及器材制造业上市公司中共有 178 家公司实施了分红配股。其中，1 家上市公司仅实施送股或转增股，140 家上市公司仅实施派息，37 家公司既实施了送股、转增，又实施了派息。

2017 年电气机械及器材制造业上市公司分红明细见附录。

## （六）其他财务指标情况

### 1. 盈利能力指标

表6　　2017年电气机械及器材制造业上市公司盈利能力情况　　单位:%

| 指　标 | 2017年 | 2017年可比样本变动 | 2016年 | 2016年可比样本变动 | 2015年 |
|---|---|---|---|---|---|
| 毛利率 | 25.27 | -1.26 | 26.41 | 1.00 | 25.27 |
| 净资产收益率 | 11.53 | -0.65 | 11.84 | -0.51 | 12.07 |
| 销售净利率 | 7.15 | -1.15 | 8.23 | 0.42 | 7.72 |
| 资产净利率 | 5.53 | -0.62 | 6.03 | 0.10 | 5.93 |

资料来源：沪深交易所，同花顺。

### 2. 偿债能力指标

表7　　2017年电气机械及器材制造业上市公司偿债能力指标

| 指　标 | 2017年 | 2017年可比样本变动 | 2016年 | 2016年可比样本变动 | 2015年 |
|---|---|---|---|---|---|
| 流动比率 | 1.42 | 0.02 | 1.40 | 0.00 | 1.41 |
| 速动比率 | 1.15 | -0.01 | 1.17 | 0.00 | 1.18 |
| 资产负债率（%） | 56.16 | 1.47 | 54.80 | 0.92 | 53.47 |

资料来源：沪深交易所，同花顺。

### 3. 营运能力指标

表8　　2017年电气机械及器材制造业上市公司营运能力情况　　单位：次

| 营运能力指标 | 2017年 | 2017年可比样本变动 | 2016年 | 2016年可比样本变动 | 2015年 |
|---|---|---|---|---|---|
| 存货周转率 | 4.97 | 0.10 | 4.96 | 0.05 | 4.89 |
| 应收账款周转率 | 4.88 | 0.32 | 4.58 | -0.14 | 4.69 |
| 流动资产周转率 | 1.18 | 0.06 | 1.11 | -0.02 | 1.12 |
| 固定资产周转率 | 5.16 | 0.54 | 4.61 | -0.09 | 4.77 |
| 总资产周转率 | 0.77 | 0.03 | 0.73 | -0.04 | 0.77 |
| 净资产周转率 | 1.74 | 0.12 | 1.61 | -0.08 | 1.67 |

资料来源：沪深交易所，同花顺。

## 三、重点上市公司介绍

### （一）美的集团

美的于1968年成立于中国广东，业务与客户迄今已遍及全球。美的是一家消费电器、暖通空调、机器人与自动化系统、智能供应链（物流）的科技集团，提供多元化的产品种类与服务，包括以厨房家电、冰箱、洗衣机及各类小家电为核心的消费电器业务；以家用空调、中央空调、供暖及通风系统为核心的暖通空调业务；以库卡集团、美的机器人公司等为核心的机器人及自动化系统业务；以安得智联为集成解决方案服务平台的智能供应链业务。同时，美的为全球领先机器人智能自动化公司德国库卡集团最主要的股东（约95%）。

美的集团2017年实现营收总收入2419.19亿元，同比增长51.35%，实现利润总额218.55亿元，同比增长15.54%，其中归属于母公司的净利润为172.84亿元，同比增长17.70%，基本每股收益2.66元，2016年为2.29元。

### （二）格力电器

珠海格力电器股份有限公司成立于1991年，1996年11月在深交所挂牌上市。公司成立初期，主要依靠组装生产家用空调，现已发展成为多元化的工业集团，产业覆盖空调、高端装备、生活品类、通信设备等领域。格力电器在全球建有珠海、重庆、合肥、郑州、武汉、石家庄、芜湖、长沙、杭州、巴西、巴基斯坦十一大空调生产基地以及长沙、郑州、石家庄、芜湖、天津五大再生资源基地，下辖凌达压缩机、格力电工、凯邦电机、新元电子、生活电器、智能装备、精密模具等子公司，覆盖了从上游零部件生产到下游废弃产品回收的全产业链条。

格力电器2017年实现营收总收入1500.20亿元，同比增长36.24%，实现利润总额266.17亿元，同比增长43.31%，其中归属于母公司的净利润为224.02亿元，同比增长44.87%，基本每股收益3.72元，2016年为2.57元。多年以来，公司深耕制冷空调领域，商用空调国内市场占有率第一，产品涵盖20个大类、400个系列、12700多个品种规格，远销160多个国家和地区，用户超过3亿。

### （三）青岛海尔

诞生于1984年的海尔，是海尔集团家电主品牌。全球设有29个制造基地、8个综合研发中心、19个海外贸易公司，主要从事冰箱/冷柜、洗衣机、空调、热水器、厨电、小家电、U－home智能家居等产品的研发、生产和销售，为消费者提供智慧家庭成套解决方案；公司渠道综合服务业务主要为客户提供物流服务、家电及其他产品分销、售后及其他增值服务。公司成立至今始终秉承“以用户为是，以自己为非”的理念，坚持创业、创新精神，不断适应时代发展。公司通过自身持续耕耘与并购重组日本三洋白电业务、

GE 家电业务、受托管理新西兰 Fisher&Paykel 业务、持股墨西哥 MABE，已在海内外构建研发、制造、营销三位一体的竞争力，实现世界级品牌的布局与全球化运营，2017 年海外收入占比 42%，近 100% 为自有品牌收入。

青岛海尔 2017 年实现营收总收入 1592.54 亿元，同比增长 33.68%，实现利润总额 105.44 亿元，同比增长 28.77%，其中归属于母公司的净利润为 69.26 亿元，同比增长 50.37%，基本每股收益 1.136 元，2016 年为 0.827 元。

### （四）正泰电器

浙江正泰电器股份有限公司成立于 1997 年 8 月，是正泰集团核心控股公司。公司专业从事配电电器、控制电器、终端电器、电源电器和电力电子等 100 多个系列、10000 多种规格的低压电器产品的研发、生产和销售。正泰电器于 2010 年 1 月 21 日在上海证券交易所成功上市，2016 年，正泰电器收购正泰新能源开发有限公司 100% 的股权，注入光伏发电资产及业务，形成了“低压电器 + 光伏新能源”双主业。

正泰电器 2017 年实现营收总收入 234.17 亿元，同比增长 16.13%，实现利润总额 33.95 亿元，同比增长 11.84%，其中归属于母公司的净利润为 28.40 亿元，同比增长 29.98%，基本每股收益 1.34 元，2016 年为 1.31 元。

### （五）亨通光电

亨通光电成立于 1993 年，专注于光通信网络、智能电网领域高端技术与产品研发、制造及系统集成服务，向通信运营服务、新能源汽车充电运营服务、智慧社区、大数据领域发展，布局芯片高端技术研发、制造，在“产品 + 运营 + 服务”综合服务模式的基础上，形成运营一代、储备一代、布局一代的可持续发展的业务生态，在全国 13 省市和海外 9 个国家设立研发产业基地。

亨通光电 2017 年实现营收总收入 259.50 亿元，同比增长 34.40%，实现利润总额 25.65 亿元，同比增长 43.36%，其中归属于母公司的净利润为 21.09 亿元，同比增长 60.20%，基本每股收益 1.63 元，2016 年为 1.06 元。

### （六）汇川技术

汇川技术成立于 2003 年，是专门从事工业自动化和新能源相关产品研发、生产和销售的高新技术企业。经过 15 年的发展，公司已经从单一的变频器供应商发展成机电液综合产品及解决方案供应商，已在电机驱动与控制、电力电子、工业网络通信等核心技术方面取得了领先优势。目前主要产品包括：服务于智能装备领域的工业自动化产品；服务于工业机器人领域的核心部件、整机及解决方案；服务于新能源汽车领域的动力总成产品；服务于轨道交通领域的牵引与控制系统；服务于设备后服务市场的工业互联网解决方案等。

汇川技术 2017 年实现营收总收入 47.77 亿元，同比增长 30.53%，实现利润总额 12.02 亿元，同比增长 15.20%，其中归属于母公司的净利润为 10.06 亿元，同比增长 13.76%，基本每股收益 0.65 元，2016 年为 0.59 元。

### （七）老板电器

老板电器创立于 1979 年，专业生产吸油烟机、家用灶具、消毒柜、电烤箱、蒸汽炉、微波炉、洗碗机、净水器等家用厨房电器产品，致力于为千万家庭创造更高品质的厨房新生活。经过 30 多年的发展与壮大，老板电器现已成为中国厨房电器行业发展历史、市场份额、生产规模、产品类别、销售区域都排在前列的品牌。

老板电器 2017 年实现营收总收入 70.17 亿元，同比增长 21.10%，实现利润总额 16.93 亿元，同比增长 20.54%，其中归属于母公司的净利润为 14.61 亿元，同比增长 21.08%，基本每股收益 1.54 元，2016 年为 1.28 元。

### （八）特变电工

特变电工是中国变压器行业首家上市公司，拥有对外经济技术合作经营权和国家外援项目建设资质。主营业务包括输变电业务、新能源业务及能源业务。公司输变电业务主要包括变压器、电线电缆及其他输变电产品的研发、生产和销售，输变电国际成套系统集成业务等；新能源业务主要包括多晶硅、逆变器的生产与销售，为光伏、风能电站提供设计、建设、调试及运维等全面的能源解决方案；能源业务主要包括煤炭的开采与销售、电力及热力的生产和供应。特变电工建有中国唯一的国家级特高压变压器工程技术研究中心、四大国家级工程实验室、五家国家级企业技术中心。

特变电工 2017 年实现营收总收入 382.81 亿元，同比下降 4.58%，实现利润总额 30.60 亿元，同比增长 2.33%，其中归属于母公司的净利润为 21.96 亿元，同比增长 0.25%，基本每股收益 0.61 元，2016 年为 0.68 元。

### （九）阳光电源

阳光电源是一家专注于太阳能、风能、储能、电动汽车等新能源电源设备的研发、生产、销售和服务的国家重点高新技术企业。主要产品有光伏逆变器、风能变流器、储能系统、新能源汽车驱动系统、水面光伏浮体、智慧能源运维服务等，并致力于提供全球一流的光伏电站解决方案。阳光电源先后承担了 20 余项国家重大科技计划项目，主持起草了多项国家标准，是行业内为数极少的掌握多项自主核心技术的企业之一。

阳光电源 2017 年实现营收总收入 88.86 亿元，同比增长 48.01%，实现利润总额 11.62 亿元，同比增长 73.88%，其中归属于母公司的净利润为 10.24 亿元，同比增长 85.00%，基本每股收益 0.71 元，2016 年为 0.41 元。

### （十）宏发股份

宏发股份成立于 1984 年，产品涵盖继电器、低压电器、高低压成套设备、电容器、精密零件及自动化设备等多个类别，继电器产品作为宏发电声的主营业务，共有160多个系列、40000多种常用规格，年生产能力达20亿只，且能够根据客户要求定制数千余种特规产品及承接OEM生产，产品应用于工业、能源、交通、信息、生活电器、医疗、国防等领域。宏发股份目前建立了三大区域研发生产基地，全球雇员逾14000人。

宏发股份2017年实现营收总收入60.20亿元，同比增长18.44%，实现利润总额11.51亿元，同比增长16.38%，其中归属于母公司的净利润为6.85亿元，同比增长17.74%，基本每股收益1.29元，2016年为1.09元。

### （十一）杉杉股份

宁波杉杉股份有限公司成立于1992年，公司自1996年A股上市以来，由国内第一家上市的服装企业转型为新能源产业领军企业，现有业务覆盖锂离子电池材料、电池系统集成（包括锂离子电容、动力电池PACK）、能源管理服务和充电桩建设及新能源汽车运营等新能源业务，以及服装、创投和融资租赁等业务，其中，新能源业务已经成为公司主要的业绩来源及未来发展重点。杉杉股份已经成为全球规模最大的锂离子电池材料综合供应商。

杉杉股份2017年实现营收总收入82.71亿元，同比增长51.07%，实现利润总额12.45亿元，同比增长161.93%，其中归属于母公司的净利润为8.96亿元，同比增长171.42%，基本每股收益0.80元，2016年为0.40元。

## 四、上市公司在行业中的影响力

2017年，上市公司对行业的引领作用显著上升。2017年，电气机械及器材制造业总资产规模达到66878.24亿元，上市公司资产总额占行业的28.93%。2017年，全行业实现营业收入71683.44亿元，上市公司实现营业收入占比18.95%。2017年，全行业实现利润总额4657.49亿元，上市公司实现利润总额占比24.83%。

审稿人：王勇、董岚枫

撰稿人：李旻、曾朵红

# 计算机、通信和其他电子设备制造业

## 一、计算机、通信和其他电子设备制造业总体概况

2017年，计算机、通信和其他电子设备制造业各项经营指标较2016年同期形势好转，盈利能力稳步提升。2017年，行业内上市公司总资产规模达到25259.24亿元，与2016年同期相比增长16.37%；行业内上市公司营业收入15972.32亿元，与2016年同期相比增长17.93%；行业内上市公司实现利润总额1052.32亿元，与2016年同期相比增长18.71%。

## 二、行业内上市公司发展概况

### （一）行业内上市公司基本情况

表1　　2017年计算机、通信和其他电子设备制造业上市公司发行股票概况

| 门　类 | A、B股总数 | A股股票数 | B股股票数 | 境内总市值（亿元） | 流通A股市值（亿元） | 流通B股市值（亿元） |
|---|---|---|---|---|---|---|
| 计算机、通信和其他电子设备制造业 | 333 | 325 | 8 | 42852.13 | 30446.65 | 102.7 |
| 占沪深两市比重（%） | 9.34 | 9.11 | 0.26 | 7.54 | 6.81 | 5.74 |

资料来源：沪深交易所，同花顺。

### （二）行业内上市公司构成情况

表2　　2017年计算机、通信和其他电子设备制造业上市公司构成情况　　单位：家

| 门　类 | 沪市 | | | 深市 | | | ST/*ST |
|---|---|---|---|---|---|---|---|
| | 仅A股 | 仅B股 | A+B股 | 仅A股 | 仅B股 | A+B股 | |
| 计算机、通信和其他电子设备制造业（家） | 80 | 0 | 2 | 238 | 1 | 5 | 2/5 |
| 占行业内上市公司比重（%） | 24.54 | 0.00 | 0.61 | 73.01 | 0.31 | 1.53 | 0.09/0.23 |

资料来源：沪深交易所，同花顺。

## （三）行业内上市公司融资情况

表 3　　2017 年计算机、通信和其他电子设备制造业上市公司与沪深两市融资情况对比　　单位：家

| | 融资家数 | 新股 | 增发 | 配股 |
|---|---|---|---|---|
| 计算机、通信和其他电子设备制造业 | 103 | 60 | 41 | 2 |
| 沪深两市总数 | 867 | 438 | 422 | 7 |
| 占比（%） | 11.88 | 13.70 | 9.72 | 28.57 |

资料来源：沪深交易所，同花顺。

其中，首发的 60 家公司中，有 17 家在中小板，28 家在创业板；增发的 41 家公司中，有 10 家沪市、31 家深市公司。

从融资效果来看，上述公司实际发行数量为 208591.88 万股；实际募集资金 308.76 亿元，基本完成了融资计划。

2017 年计算机、通信和其他电子设备制造业上市公司融资情况明细见附录。

## （四）行业内上市公司资产及业绩情况

表 4　　2017 年计算机、通信和其他电子设备制造业上市公司资产情况　　单位：亿元

| 指　标 | 2017 年 | 2017 年可比样本增长（%） | 2016 年 | 2016 年可比样本增长（%） | 2015 年 |
|---|---|---|---|---|---|
| 总资产 | 25259.24 | 15.74 | 21246.53 | 28.31 | 16083.64 |
| 流动资产 | 14774.43 | 12.62 | 12695.55 | 28.76 | 9543.58 |
| 占比（%） | 58.49 | -1.62 | 59.75 | 0.21 | 59.34 |
| 非流动资产 | 10484.81 | 20.44 | 8550.97 | 27.65 | 6540.06 |
| 占比（%） | 41.51 | 1.62 | 40.25 | -0.21 | 40.66 |
| 流动负债 | 9734.12 | 15.86 | 8125.41 | 27.78 | 6108.04 |
| 占比（%） | 38.54 | 0.04 | 38.24 | -0.16 | 37.98 |
| 非流动负债 | 3349.07 | 14.43 | 2907.04 | 51.94 | 1859.37 |
| 占比（%） | 13.26 | -0.15 | 13.68 | 2.13 | 11.56 |
| 归属于母公司股东权益 | 11136.40 | 18.00 | 9193.70 | 20.79 | 7357.99 |
| 占比（%） | 44.09 | 0.84 | 43.27 | -2.69 | 45.75 |

资料来源：沪深交易所，同花顺。

表 5　　2017 年计算机、通信和其他电子设备制造业上市公司收入实现情况　　单位：亿元

| 指　标 | 2017 年 | 2017 年可比样本增长（%） | 2016 年 | 2016 年可比样本增长（%） | 2015 年 |
|---|---|---|---|---|---|
| 营业收入 | 15972.32 | 17.39 | 12935.97 | 18.75 | 10609.05 |
| 利润总额 | 1052.32 | 18.07 | 806.87 | 20.90 | 631.44 |
| 归属于母公司所有者的净利润 | 837.54 | 21.72 | 616.10 | 18.92 | 488.13 |

资料来源：沪深交易所，同花顺。

### （五）利润分配情况

2017年全年计算机、通信和其他电子设备制造业上市公司中共有255家公司实施了分红配股。其中，1家上市公司仅实施送股或转增股，192家上市公司仅实施派息，62家公司既实施了送股、转增，又实施了派息。

2017年计算机、通信和其他电子设备制造业上市公司分红明细见附录。

### （六）其他财务指标情况

1. 盈利能力指标

表6　2017年计算机、通信和其他电子设备制造业上市公司盈利能力情况　单位：%

| 指　标 | 2017年 | 2017年可比样本变动 | 2016年 | 2016年可比样本变动 | 2015年 |
|---|---|---|---|---|---|
| 毛利率 | 22.02 | 0.72 | 20.95 | 0.10 | 20.71 |
| 净资产收益率 | 7.52 | 0.23 | 6.7 | -0.11 | 6.63 |
| 销售净利率 | 5.66 | 0.21 | 5.17 | 0.00 | 5.02 |
| 资产净利率 | 3.84 | 0.01 | 3.54 | -0.20 | 3.63 |

资料来源：沪深交易所，同花顺。

2. 偿债能力指标

表7　2017年计算机、通信和其他电子设备制造业上市公司偿债能力指标

| 指　标 | 2017年 | 2017年可比样本变动 | 2016年 | 2016年可比样本变动 | 2015年 |
|---|---|---|---|---|---|
| 流动比率 | 1.52 | -0.04 | 1.56 | 0.01 | 1.56 |
| 速动比率 | 1.23 | -0.04 | 1.27 | 0.03 | 1.26 |
| 资产负债率（%） | 51.80 | -0.11 | 51.93 | 1.97 | 49.54 |

资料来源：沪深交易所，同花顺。

3. 营运能力指标

表8　2017年计算机、通信和其他电子设备制造业上市公司营运能力情况　单位：次

| 营运能力指标 | 2017年 | 2017年可比样本变动 | 2016年 | 2016年可比样本变动 | 2015年 |
|---|---|---|---|---|---|
| 存货周转率 | 4.70 | -0.06 | 4.74 | 0.04 | 4.80 |
| 应收账款周转率 | 4.51 | -0.02 | 4.51 | -0.01 | 4.50 |
| 流动资产周转率 | 1.15 | -0.03 | 1.15 | -0.04 | 1.19 |
| 固定资产周转率 | 3.53 | -0.05 | 3.52 | -0.11 | 3.61 |
| 总资产周转率 | 0.68 | -0.02 | 0.68 | -0.04 | 0.72 |
| 净资产周转率 | 1.41 | -0.03 | 1.40 | -0.08 | 1.46 |

资料来源：沪深交易所，同花顺。

## 三、重点上市公司介绍

### （一）中兴通讯

中兴通讯成立于 1985 年，前身为深圳市中兴半导体有限公司，1997 年 11 月首次发行 A 股并在深圳交易所主板上市，2004 年 12 月发行 H 股并在香港联交所主板上市。公司是全球领先的综合通信解决方案提供商，通过为全球 160 多个国家和地区的电信运营商和企业网客户提供创新技术与产品解决方案，让全世界用户享有语音、数据、多媒体、无线宽带等全方位沟通。截至 2017 年 12 月 31 日，中兴通讯专利资产累计超过 6.9 万件，全球授权专利数量超过 3 万件。持续在 5G/4G、智能终端、光通信、云计算、大数据等重点产品和技术领域构建技术和专利优势，不断加强专利风险防御能力。

2017 年，实现营业收入 1088.15 亿元，同比增长 7.49%；归属上市公司股东净利润 45.68 亿元，同比增长 293.78%。

### （二）烽火通信

烽火通信是全球知名的通信信息网络产品与解决方案供应商，中国光通信产业龙头，A 股稀缺的光通信标的。公司持续专注于光通信产品的研发、生产和销售，提出“云网一体化”的信息服务策略，从生态、组织、管理、应用等方面全面实现烽火通信的数字化转型。此外，烽火通信在武汉、南京、西安等核心城市建立了云计算、数据中心相关研发机构，成功发布烽火 FitCloud 云网一体化技术战略。作为国内第三大系统设备商，产品类别涵盖通信系统、光纤光缆及电缆、数据网络产品 3 类，具有成本优势和一站式光通信解决方案。此外，公司下属烽火星空、烽火集成和烽火超微，分别切入网络安全和大数据、行业信息化和高端服务器等 ICT 业务领域。

2017 年，实现营业收入 210.56 亿元，同比增长 21.28%；归属上市公司股东净利润 8.25 亿元，同比增长 8.49%。

### （三）东山精密

东山精密系前身东山钣金于 2007 年 12 月整体变更发起设立，经过多年的整合和发展，已经成为中国领先的智能互联核心器件的制造商，并逐步打造出以印刷电路板、电子器件和通信设备为代表，以 FPC、LED 封装、滤波器、基站天线为核心的产品群。公司致力于为智能互联、互通的世界提供技术领先的核心器件，为全球客户提供全方位的智能互联解决方案，业务涵盖印刷电路板、电子器件和通信设备等领域，产品广泛应用于消费电子、电信、工业、汽车等市场。公司已经成为全球前五名的柔性线路板的制造商，行业知名的基站天线通讯设备部件供应商之一，LED 在部分小间距细分领域市场份额第一。

2017 年，实现营业收入 153.90 亿元，同比增长 83.14%；归属上市公司股东净利润 5.26 亿元，同比增长 264.88%。

### （四）三安光电

三安光电主要从事Ⅲ－Ⅴ族化合物半导体材料的研发与应用，着重于砷化镓、氮化镓、碳化硅、磷化铟、氮化铝、蓝宝石等半导体新材料所涉及外延、芯片为核心主业。主要产品包含LED芯片、LED特殊应用和第二代、第三代半导体芯片。公司研发实力突出，主力产品各项技术指标均达到国际先进水平。截至2017年年底，公司拥有专利及专有技术达1300件。

2017年，实现营业收入83.94亿元，同比增长33.82%；归属上市公司股东净利润31.64亿元，同比增长46.04%。

### （五）至纯科技

至纯科技是国内领先的高纯工艺系统集成商。公司成立于2000年，主要为电子、生物医药等行业的先进制造业企业提供高纯工艺系统的整体解决方案。业务包括高纯工艺系统与高纯工艺设备的设计、加工制造、安装，以及配套工程、检测、厂务托管、标定和维护保养等增值服务，经过多年发展，至纯科技已成为国内高纯工艺系统集成商中的龙头，客户包含上海华力、中芯国际、长江存储、合肥长鑫、士兰微、南京台积电、无锡海力士、合肥晶合、和辉光电、武汉天马、华灿光电、澳洋顺昌、富通光纤、中天科技、晶澳、协鑫等，拥有丰富稳定的客户资源。2017年，至纯科技成立独立的半导体湿法事业部，已形成了Ultron B200和Ultron B300的槽式湿法清洗设备和Ultron S200和Ultron S300的单片式湿法清洗设备产品系列，并已经取得6台的批量订单。

2017年，实现营业收入3.69亿元，同比增长40.17%；归属上市公司股东净利润0.49亿元，同比增长8.79%。

### （六）广联达

广联达成立于1998年，于2010年上市，专注于建筑工程信息化领域，起始业务以工程造价软件为主，主要产品工程造价软件在2009年全国建筑行业工程造价软件领域的市场占有率超过50%。广联达经过3年转型积累，2016年营收和净利润均大幅增长，扭转颓势从而重回高增长通道。

2017年，实现营业收入23.57亿元，同比增长15.56%；归属上市公司股东净利润4.72亿元，同比增长11.62%。

### （七）恒生电子

恒生电子是国内金融IT供应商龙头，在证券、基金、保险、信托等金融机构核心系统的市场占有率领先，传统金融IT业务营收占比近80%。为贯彻“Online”和“连接”策略，恒生电子制定全线业务云化发展路径，打造恒生“ARES Cloud”PaaS平台致力于“连接百万亿金融资产”，通过控股子公司落实各项SaaS业务。其中，云赢（金融服务领域）与云永（交易所）于2017年实现盈利。同时，恒生电子搭建的GTN平台连接全球金融机构与开发者，目前已对接全球交易所、1000余家金融机构，拥有约15000

条服务通道，提供300多项金融IT服务。随着金融云监管的逐步放开，公司云业务收入有望迎来爆发。

2017年，实现营业收入26.66亿元，同比增长22.85%；归属上市公司股东净利润4.71亿元，同比增长2476.18%。

### （八）艾华集团

湖南艾华集团股份有限公司成立于1985年，历经32年的持续发展，已逐步建立起以电极箔腐蚀及化成技术、电解液技术、铝电解电容器技术、高分子固态铝电解电容器技术、铝电解电容器生产设备制造技术以及品质专业管理软件开发技术等基于全产业链的六大核心技术模块。艾华集团目前具有微型电容器、大容量电容器、高分子固态电容器和照明专用电容器四大产品系列。截至2017年年底，艾华集团已经拥有授权专利124个，获评“国家知识产权优势企业”称号。艾华集团自主研发和生产的节能照明专用铝电解电容器，性能已达到国际同行先进水平。艾华集团在照明应用类、电源应用类、消费电子类及工业电源应用类等领域积累了大量核心客户，并与德国欧司朗、荷兰飞利浦、日本松下、东芝、海尔、海信、长虹等知名企业达成长期合作关系。

2017年，实现营业收入17.93亿元，同比增长15.37%；归属上市公司股东净利润2.92亿元，同比增长10.35%。

## 四、上市公司在行业中的影响力

2017年，计算机、通信和其他电子设备制造业上市公司营业收入15972.32亿元，2017年可比样本较2016年增长17.39，占行业收入的比重为14.94%；上市公司实现利润总额1052.32亿元，2017年可比样本较2016年增长18.07，占全行业利润的比重为19.35%。

综合来看，上市公司营收增速和利润增速高于行业整体水平，有效地带动了行业的发展。计算机、通信和其他设备制造业相对景气。2017～2022年，随着5G、物联网、数据中心的建设，以及人工智能、无人驾驶、AR/VR的爆发，市场需求将不断增高。上市公司将凭借其规模优势、管理优势、资金优势、技术优势等，不断进行技术创新和商业模式创新，引领行业整体不断成长。

审稿人：于海宁
撰稿人：梁程加、王楠
章林、赵麦琪

# 仪器仪表制造业

## 一、仪器仪表制造业总体概况

2017年，中国仪器仪表行业继续保持增长，实现营业收入9558.4亿元，同比增长2.17%，实现利润总额869.1亿元，同比增长9.97%，利润率9.09%，较2016年提升0.63个百分点。同时，行业出口交货值1507.1亿元，同比增长11.41%，出口增速大幅提升，出口交货值占行业收入的比重为15.77%，比2016年上升1.31个百分点。

从费用情况来看，2017年，仪器仪表行业期间费用总计1088.3亿元，期间费用率为11.39%，同比上升0.44个百分点。其中，营业费用370.9亿元，销售费用率3.88%，同比上升0.04个百分点；管理费用652.1亿元，管理费用率6.82%，同比上升0.23个百分点；财务费用65.3亿元，财务费用率0.68%，同比上升0.17个百分点。

从偿债能力来看，截至2017年12月31日，仪器仪表行业总资产9271亿元，同比增长8.53%；资产负债率44.18%，较2016年年末上升0.65个百分点。

## 二、行业内上市公司发展概况

### （一）行业内上市公司基本情况

表1　2017年仪器仪表制造业上市公司发行股票概况

| 门　类 | A、B股总数 | A股股票数 | B股股票数 | 境内总市值（亿元） | 流通A股市值（亿元） | 流通B股市值（亿元） |
|---|---|---|---|---|---|---|
| 仪器仪表制造业 | 47 | 47 | 0 | 2552.62 | 1560.85 | 0.00 |
| 占沪深两市比重（%） | 1.32 | 1.32 | 0.00 | 0.45 | 0.35 | 0.00 |

资料来源：沪深交易所，同花顺。

### （二）行业内上市公司构成情况

表2　2017年仪器仪表制造业上市公司构成情况　单位：家

| 门　类 | 沪市 | | | 深市 | | | ST/*ST |
|---|---|---|---|---|---|---|---|
| | 仅A股 | 仅B股 | A+B股 | 仅A股 | 仅B股 | A+B股 | |
| 仪器仪表制造业（家） | 6 | 0 | 0 | 41 | 0 | 0 | 0/0 |
| 占行业内上市公司比重（%） | 12.77 | 0.00 | 0.00 | 87.23 | 0.00 | 0.00 | 0.00/0.00 |

资料来源：沪深交易所，同花顺。

### （三）行业内上市公司融资情况

表 3　　2017 年仪器仪表制造业上市公司与沪深两市融资情况对比　　单位：家

| | 融资家数 | 新股 | 增发 | 配股 |
|---|---|---|---|---|
| 仪器仪表制造业 | 14 | 7 | 7 | 0 |
| 沪深两市总数 | 867 | 438 | 422 | 7 |
| 占比（%） | 1.61 | 1.60 | 1.66 | 0.00 |

资料来源：沪深交易所，同花顺。

其中，首发的 7 家公司中，有 4 家在中小板，3 家在创业板；增发的 7 家公司均为深市公司。

从融资效果来看，上述公司实际发行数量为 55764.5 万股；实际募集资金 75.94 亿元，基本完成了融资计划。

2017 年仪器仪表制造业上市公司融资情况明细见附录。

### （四）行业内上市公司资产及业绩情况

表 4　　2017 年仪器仪表制造业上市公司资产情况　　单位：亿元

| 指　标 | 2017 年 | 2017 年可比样本增长（%） | 2016 年 | 2016 年可比样本增长（%） | 2015 年 |
|---|---|---|---|---|---|
| 总资产 | 1275.20 | 26.73 | 975.43 | 43.74 | 678.32 |
| 流动资产 | 722.77 | 18.64 | 588.39 | 43.95 | 397.7 |
| 占比（%） | 56.68 | -3.86 | 60.32 | 0.09 | 58.63 |
| 非流动资产 | 552.43 | 39.13 | 387.04 | 43.43 | 280.62 |
| 占比（%） | 43.32 | 3.86 | 39.68 | -0.09 | 41.37 |
| 流动负债 | 358.98 | 25.56 | 276.65 | 30.40 | 213.59 |
| 占比（%） | 28.15 | -0.26 | 28.36 | -2.90 | 31.49 |
| 非流动负债 | 151.24 | 62.39 | 92.92 | 49.38 | 65.04 |
| 占比（%） | 11.86 | 2.60 | 9.53 | 0.36 | 9.59 |
| 归属于母公司股东权益 | 740.18 | 22.11 | 584.84 | 49.30 | 386.34 |
| 占比（%） | 58.04 | -2.20 | 59.96 | 2.23 | 56.96 |

资料来源：沪深交易所，同花顺。

表 5　　2017 年仪器仪表制造业上市公司收入实现情况　　单位：亿元

| 指　标 | 2017 年 | 2017 年可比样本增长（%） | 2016 年 | 2016 年可比样本增长（%） | 2015 年 |
|---|---|---|---|---|---|
| 营业收入 | 469.70 | 28.08 | 344.80 | 18.49 | 272.54 |
| 利润总额 | 83.84 | 48.20 | 52.51 | 4.46 | 43.66 |
| 归属于母公司所有者的净利润 | 69.01 | 49.34 | 42.79 | 1.78 | 36.21 |

资料来源：沪深交易所，同花顺。

（五）利润分配情况

2017年全年仪器仪表制造业上市公司中共有45家公司实施了分红配股。其中，13家上市公司实施送股或转增股，45家上市公司实施派息，其中13家公司既实施了送股、转增，又实施了派息。

2017年仪器仪表制造业上市公司分红明细见附录。

（六）其他财务指标情况

1. 盈利能力指标

表6　　2017年仪器仪表制造业上市公司盈利能力情况　　单位：%

| 指　标 | 2017年 | 2017年可比样本变动 | 2016年 | 2016年可比样本变动 | 2015年 |
|---|---|---|---|---|---|
| 毛利率 | 40.33 | 2.12 | 38.10 | -0.42 | 37.23 |
| 净资产收益率 | 9.32 | 1.70 | 7.32 | -3.42 | 9.37 |
| 销售净利率 | 15.23 | 2.23 | 12.85 | -1.99 | 13.74 |
| 资产净利率 | 6.27 | 0.69 | 5.36 | -1.99 | 6.4 |

资料来源：沪深交易所，同花顺。

2. 偿债能力指标

表7　　2017年仪器仪表制造业上市公司偿债能力指标

| 指　标 | 2017年 | 2017年可比样本变动 | 2016年 | 2016年可比样本变动 | 2015年 |
|---|---|---|---|---|---|
| 流动比率 | 2.01 | -0.12 | 2.13 | 0.20 | 1.86 |
| 速动比率 | 1.72 | -0.12 | 1.84 | 0.22 | 1.53 |
| 资产负债率（%） | 40.01 | 2.34 | 37.89 | -2.54 | 41.08 |

资料来源：沪深交易所，同花顺。

3. 营运能力指标

表8　　2017年仪器仪表制造业上市公司营运能力情况　　单位：次

| 营运能力指标 | 2017年 | 2017年可比样本变动 | 2016年 | 2016年可比样本变动 | 2015年 |
|---|---|---|---|---|---|
| 存货周转率 | 2.92 | -0.01 | 2.93 | 0.03 | 2.62 |
| 应收账款周转率 | 2.36 | 0.05 | 2.26 | -0.13 | 2.35 |
| 流动资产周转率 | 0.71 | 0.00 | 0.69 | -0.10 | 0.76 |
| 固定资产周转率 | 2.42 | -0.13 | 2.46 | -0.87 | 3.14 |
| 总资产周转率 | 0.41 | -0.02 | 0.42 | -0.08 | 0.47 |
| 净资产周转率 | 0.67 | -0.03 | 0.68 | -0.12 | 0.76 |

资料来源：沪深交易所，同花顺。

## 三、重点上市公司介绍

### （一）香山股份

香山股份主要从事中高端家用、商用衡器和健康运动信息测量产品的研发、生产和销售，其中，中高端家用、商用衡器是主导产品，健康运动信息测量产品是重点拓展的新业务。同时，香山股份目前正在致力于“香山健康运动大数据分析云平台”的研发与建设，提升产品的用户体验和市场竞争力。

在衡器领域，香山股份在产品的技术研发、设计能力、生产规模、销售渠道建设等方面已处于行业领先水平。在行业内拥有“香山”“CAMRY”“金叶”三大知名品牌，产品远销全球五大洲的80多个国家和地区。

近年来，随着人们健康管理意识的增强，以及物联网、移动互联网应用技术的逐步成熟，健康运动信息测量产品发展迅速，市场应用前景广阔。依托多年来在衡器领域积累的战略供应链、先进制造管理、全球客户资源等优势，同时结合移动互联、生物传感测量等前沿技术，近年来公司投入较多资源积极拓展健康运动信息产品业务。目前，香山股份已开发出智能体脂秤、智能儿童成长秤、智能食品营养秤、智能手表、智能手环、计步器等健康运动信息测量新产品。

2017年，香山股份实现营业收入9.29亿元，同比增长12.21%，归属于母公司股东的净利润7148.96万元，每股收益0.72元，扣除非经常性损益后归属母公司净利润为6150.57万元，对应的每股收益为0.62元。

### （二）必创科技

必创科技是国内最早从事无线传感器网络相关产品研发、生产的企业之一。主营业务为工业过程无线监测系统解决方案（监测方案）、力学参数无线检测系统解决方案（检测方案）、MEMS压力传感器芯片及模组产品（MEMS产品）的研发、生产和销售。为智能工业、数字油田、智能电网等领域提供监测方案；为装备制造、科研及检测、教学及实验和国防研究等领域提供检测方案；为汽车电子及消费类电子产品等领域提供MEMS产品。目前，必创科技拥有64项专利和27项软件著作权，其中，发明专利27项，并参与制定关于《MEMS压阻式压力敏感芯片性能的圆片级试验方法》等4项国家标准。

2017年，公司实现营业收入1.73亿元，同比增长32.09%，归属于母公司股东的净利润4286.99万元，同比增长32.89%，每股收益0.72元，扣除非经常性损益后归属母公司净利润为3956.04万元，对应的每股收益为0.66元。

## 四、上市公司在行业中的影响力

仪器仪表主要用于数据的测量、采集、分析和控制，普遍应用于工业、农业、科研等领域，产品基本覆盖人类活动的所有领域，中国仪器仪表工业起步较晚，经过20多年的不懈努力，已经基本形成了健全的研发和生产体系。

近年来，制造业数字化转型步伐加快，“两化融合”作为中国装备制造业实现升级的重要举措，也是中国从装备制造大国向制造强国发展的重要途径。“两化融合”的实现对设备自动化以及生产线自动化提出了更多的需求，自动化的实现离不开底层生产设备数据信息的采集与分析，催生了更多专用仪器仪表的需求。仪器仪表制造业作为知识与技术密集型产业，是高端装备制造与智能制造不可或缺的重要组成部分。

2017年，上市公司实现的营业收入和利润总额分别为469.7亿元、83.84亿元，可比样本增长28.08%、48.20%，主要由于上市公司数量的增长，在行业中的占比分别为4.91%、9.65%，营业收入占比较2016年有所提升，利润总额占比较2016年有较大提升，但总体来看、比例依然不高，这与中国仪器仪表行业较为分散的行业格局是一致的，上市公司虽然在行业内领先，但是规模与影响力还是比较有限。

审稿人：吕　梁

撰稿人：胡文浩

# 其他制造业

## 一、其他制造业总体概况

根据国家统计局的数据，2017年，其他制造业合计实现营业收入1117.17亿元，同比增长16.82%；实现利润总额72.13亿元，同比增长10.17%；行业毛利率水平13.85%，较2016年同期下降0.43个百分点。

## 二、行业内上市公司发展概况

### （一）行业内上市公司基本情况

表1　　2017年其他制造业上市公司发行股票概况

| 门　类 | A、B股总数 | A股股票数 | B股股票数 | 境内总市值（亿元） | 流通A股市值（亿元） | 流通B股市值（亿元） |
|---|---|---|---|---|---|---|
| 其他制造业 | 21 | 20 | 1 | 1530.15 | 942.67 | 50.29 |
| 占沪深两市比重（%） | 0.59 | 0.56 | 0.03 | 0.27 | 0.21 | 2.81 |

资料来源：沪深交易所，同花顺。

## （二）行业内上市公司构成情况

表 2　　2017 年其他制造业上市公司构成情况　　单位：家

| 门　类 | 沪市 | | | 深市 | | | ST/*ST |
|---|---|---|---|---|---|---|---|
| | 仅 A 股 | 仅 B 股 | A+B 股 | 仅 A 股 | 仅 B 股 | A+B 股 | |
| 其他制造业（家） | 6 | 0 | 1 | 13 | 0 | 0 | 0/0 |
| 占行业内上市公司比重（%） | 30.00 | 0.00 | 5.00 | 65.00 | 0.00 | 0.00 | 0.00/0.00 |

资料来源：沪深交易所，同花顺。

## （三）行业内上市公司融资情况

表 3　　2017 年其他制造业上市公司与沪深两市融资情况对比　　单位：家

| | 融资家数 | 新股 | 增发 | 配股 |
|---|---|---|---|---|
| 其他制造业 | 6 | 4 | 2 | 0 |
| 沪深两市总数 | 867 | 438 | 422 | 7 |
| 占比（%） | 0.69 | 0.91 | 0.47 | 0.00 |

资料来源：沪深交易所，同花顺。

其中，首发的 4 家公司中，有 2 家在主板上市，2 家在创业板上市；增发的 2 家公司都是深市公司。

从融资效果来看，上述公司实际发行数量为 37173.37 万股；实际募集资金 42.76 亿元，基本完成了融资计划。

2017 年其他制造业上市公司融资情况明细见附录。

## （四）行业内上市公司资产及业绩情况

表 4　　2017 年其他制造业上市公司资产情况　　单位：亿元

| 指　标 | 2017 年 | 2017 年可比样本增长（%） | 2016 年 | 2016 年可比样本增长（%） | 2015 年 |
|---|---|---|---|---|---|
| 总资产 | 1323.54 | 16.12 | 1221.03 | 46.41 | 779.68 |
| 流动资产 | 868.27 | 19.56 | 764.16 | 28.51 | 553.42 |
| 占比（%） | 65.60 | 1.89 | 62.58 | -8.72 | 70.98 |
| 非流动资产 | 455.27 | 10.08 | 456.88 | 90.91 | 226.26 |
| 占比（%） | 34.40 | -1.89 | 37.42 | 8.72 | 29.02 |
| 流动负债 | 534.78 | 13.86 | 494.48 | 35.90 | 342.26 |
| 占比（%） | 40.41 | -0.80 | 40.50 | -3.13 | 43.9 |
| 非流动负债 | 207.66 | 22.99 | 167.83 | 139.16 | 69.58 |
| 占比（%） | 15.69 | 0.88 | 13.75 | 5.33 | 8.92 |
| 归属于母公司股东权益 | 550.61 | 16.41 | 530.51 | 39.11 | 349.44 |
| 占比（%） | 41.60 | 0.10 | 43.45 | -2.28 | 44.82 |

资料来源：沪深交易所，同花顺。

表 5　　2017 年其他制造业上市公司收入实现情况　　单位：亿元

| 指　标 | 2017 年 | 2017 年可比样本增长（%） | 2016 年 | 2016 年可比样本增长（%） | 2015 年 |
|---|---|---|---|---|---|
| 营业收入 | 1117.17 | 16.82 | 1021.24 | 5.77 | 875.77 |
| 利润总额 | 72.73 | 10.17 | 81.17 | 47.28 | 44.49 |
| 归属于母公司所有者的净利润 | 50.78 | 9.88 | 57.23 | 53.48 | 29.97 |

资料来源：沪深交易所，同花顺。

### （五）利润分配情况

2017 年全年其他制造业上市公司中共有 16 家公司实施了分红配股。其中，4 家上市公司实施送股或转增股，15 家上市公司实施派息，其中 3 家公司既实施了送股、转增，又实施了派息。

2017 年其他制造业上市公司分红明细见附录。

### （六）其他财务指标情况

1. 盈利能力指标

表 6　　2017 年其他制造业上市公司盈利能力情况　　单位:%

| 指　标 | 2017 年 | 2017 年可比样本变动 | 2016 年 | 2016 年可比样本变动 | 2015 年 |
|---|---|---|---|---|---|
| 毛利率 | 13.85 | -0.43 | 15.35 | 3.79 | 10.88 |
| 净资产收益率 | 9.22 | -0.55 | 10.79 | 1.01 | 8.58 |
| 销售净利率 | 5.14 | -0.27 | 6.15 | 1.91 | 3.85 |
| 资产净利率 | 4.67 | -0.65 | 6.11 | -0.05 | 5.39 |

资料来源：沪深交易所，同花顺。

2. 偿债能力指标

表 7　　2017 年其他制造业上市公司偿债能力指标

| 指　标 | 2017 年 | 2017 年可比样本变动 | 2016 年 | 2016 年可比样本变动 | 2015 年 |
|---|---|---|---|---|---|
| 流动比率 | 1.62 | 0.08 | 1.55 | -0.09 | 1.62 |
| 速动比率 | 0.88 | -0.02 | 0.92 | -0.08 | 0.97 |
| 资产负债率（%） | 56.09 | 0.08 | 54.24 | 2.20 | 52.82 |

资料来源：沪深交易所，同花顺。

3. 营运能力指标

表 8　　2017 年其他制造业上市公司营运能力情况　　单位：次

| 营运能力指标 | 2017 年 | 2017 年可比样本变动 | 2016 年 | 2016 年可比样本变动 | 2015 年 |
|---|---|---|---|---|---|
| 存货周转率 | 2.73 | -0.34 | 3.20 | -0.82 | 3.86 |
| 应收账款周转率 | 8.71 | -3.13 | 12.81 | -5.00 | 16.85 |
| 流动资产周转率 | 1.40 | -0.06 | 1.50 | -0.43 | 1.87 |
| 固定资产周转率 | 20.27 | -0.08 | 16.10 | -4.63 | 21.93 |
| 总资产周转率 | 0.91 | -0.08 | 0.99 | -0.46 | 1.40 |
| 净资产周转率 | 2.06 | -0.08 | 2.13 | -0.93 | 3.00 |

资料来源：沪深交易所，同花顺。

## 三、重点上市公司介绍

### 萃华珠宝

萃华珠宝始于 1895 年，主要从事珠宝饰品设计、加工、批发和零售的“中华老字号”企业，拥有“前店后厂”的优势，同时具有专业的设计团队。产品以黄金饰品为主，兼营铂金饰品、镶嵌饰品等珠宝饰品，一方面，以直营店为核心，发展连锁加盟网络、打造品牌形象、拓展市场空间；另一方面，坚持优势产品自主设计、自主生产，为销售网络提供产品和服务支持。

萃华珠宝 2017 年实现营业收入 27.47 亿元，同比增长 23.84%，实现净利润 0.56 亿元，同比增长 7.45%。同时，2017 年 1～11 月限额以上金银珠宝类社会消费品零售总额达 2702 亿元，同比增长 6.2%。

2017 年，萃华珠宝在北京开设了全资子公司北京萃华廷珠宝有限公司，以北京为中心并辐射周边地区的珠宝市场，带动“萃华”品牌在该区域的发展与渠道拓展。同时，加快募集资金开设直营店的使用效率，2017 年在北京故宫内开设了直营店。

萃华珠宝在拓展线下销售渠道的同时，仍加速线上营销网络体系建设，同时也开拓了银行销售渠道，加速了品牌营销模式的发展。截至 2017 年，公司在辽宁、北京、河北、河南、江西、陕西、湖北等省份开设加盟店 404 家、直营店 18 家。

审稿人：易华强

撰稿人：吕　梁

# 废弃资源综合利用业

## 一、废弃资源综合利用业总体概况

根据国家统计局的数据，2017年，全国规模以上废弃资源综合利用业企业数量为1584家，较2016年增长2家，同比增长0.13%；规模以上工业企业资产总计2382.06亿元，较2016年增长12.40%。2017年，废弃资源综合利用业规模以上工业企业总计实现主营业务收入3898.18亿元，较2016年下降4.24%；实现利润总额227.21，较2016年增长6.58%；2017年废弃资源综合利用业毛利率10.29%，较2016年上升0.7个百分点。2017年，废弃资源综合利用业投资规模稳步提升，中国废弃资源综合利用业累计固定资产投资额为1694.9亿元，较2016年增长24.1%。

国家统计局发布的细分行业企业景气指数中，2017年四季度废弃资源综合利用业景气指数为114，较2016年四季度的108.1有所提升。

## 二、行业内上市公司发展概况

### （一）行业内上市公司基本情况

表1　　2017年废弃资源综合利用业上市公司发行股票概况

| 门　类 | A、B股总数 | A股股票数 | B股股票数 | 境内总市值（亿元） | 流通A股市值（亿元） | 流通B股市值（亿元） |
|---|---|---|---|---|---|---|
| 废弃资源综合利用业 | 6 | 5 | 1 | 826.03 | 576.00 | 11.47 |
| 占沪深两市比重（%） | 0.17 | 0.14 | 0.03 | 0.15 | 0.13 | 0.64 |

资料来源：沪深交易所，同花顺。

### （二）行业内上市公司构成情况

表2　　2017年废弃资源综合利用业上市公司构成情况　　单位：家

| 门　类 | 沪市 | | | 深市 | | | ST/*ST |
|---|---|---|---|---|---|---|---|
| | 仅A股 | 仅B股 | A+B股 | 仅A股 | 仅B股 | A+B股 | |
| 废弃资源综合利用业（家） | 1 | 0 | 1 | 3 | 0 | 0 | 0/0 |
| 占行业内上市公司比重（%） | 20.00 | 0.00 | 20.00 | 60.00 | 0.00 | 0.00 | 0.00/0.00 |

资料来源：沪深交易所，同花顺。

## （三）行业内上市公司融资情况

表 3　　2017 年废弃资源综合利用业上市公司与沪深两市融资情况对比　　单位：家

| | 融资家数 | 新股 | 增发 | 配股 |
|---|---|---|---|---|
| 废弃资源综合利用业 | 1 | 0 | 1 | 0 |
| 沪深两市总数 | 867 | 438 | 422 | 7 |
| 占比（%） | 0.12 | 0.00 | 0.24 | 0.00 |

资料来源：沪深交易所，同花顺。

增发的 1 家为沪市公司。

从融资效果来看，上述公司实际发行数量为 6974.9 万股；实际募集资金 4.62 亿元，基本完成了融资计划。

2017 年废弃资源综合利用业上市公司融资情况明细见附录。

## （四）行业内上市公司资产及业绩情况

表 4　　2017 年废弃资源综合利用业上市公司资产情况　　单位：亿元

| 指　标 | 2017 年 | 2017 年可比样本增长（%） | 2016 年 | 2016 年可比样本增长（%） | 2015 年 |
|---|---|---|---|---|---|
| 总资产 | 476.88 | 20.09 | 316.88 | 22.48 | 159.39 |
| 流动资产 | 256.23 | 26.83 | 158.23 | 25.06 | 77.58 |
| 占比（%） | 53.73 | 2.85 | 49.93 | 1.03 | 48.67 |
| 非流动资产 | 220.65 | 13.11 | 158.65 | 20.01 | 81.82 |
| 占比（%） | 46.27 | -2.85 | 50.07 | -1.03 | 51.33 |
| 流动负债 | 196.46 | 25.58 | 129.41 | 23.97 | 61.61 |
| 占比（%） | 41.20 | 1.80 | 40.84 | 0.49 | 38.65 |
| 非流动负债 | 80.17 | 22.65 | 58.63 | 41.14 | 29.95 |
| 占比（%） | 16.81 | 0.35 | 18.50 | 2.45 | 18.79 |
| 归属于母公司股东权益 | 189.28 | 14.35 | 119.29 | 13.18 | 65.62 |
| 占比（%） | 39.69 | -1.99 | 37.65 | -3.09 | 41.17 |

资料来源：沪深交易所，同花顺。

表 5　　2017 年废弃资源综合利用业上市公司收入实现情况　　单位：亿元

| 指　标 | 2017 年 | 2017 年可比样本增长（%） | 2016 年 | 2016 年可比样本增长（%） | 2015 年 |
|---|---|---|---|---|---|
| 营业收入 | 195.10 | 29.15 | 127.42 | 30.26 | 51.17 |
| 利润总额 | 25.88 | 49.08 | 16.11 | 41.51 | 2.49 |
| 归属于母公司所有者的净利润 | 20.37 | 49.45 | 12.80 | 53.66 | 1.54 |

资料来源：沪深交易所，同花顺。

### （五）利润分配情况

2017 年全年废弃资源综合利用业上市公司中共有 3 家公司实施了分红配股。其中，3 家上市公司实施派息。

2017 年废弃资源综合利用业上市公司分红明细见附录。

### （六）其他财务指标情况

1. 盈利能力指标

**表 6　　2017 年废弃资源综合利用业上市公司盈利能力情况**　　单位：%

| 指　标 | 2017 年 | 2017 年可比样本变动 | 2016 年 | 2016 年可比样本变动 | 2015 年 |
|---|---|---|---|---|---|
| 毛利率 | 29.13 | 2.10 | 26.58 | -2.23 | 17.12 |
| 净资产收益率 | 10.76 | 2.53 | 10.73 | 2.83 | 2.35 |
| 销售净利率 | 11.23 | 1.80 | 10.72 | 0.89 | 4.27 |
| 资产净利率 | 5.01 | 1.16 | 4.75 | 0.50 | 1.59 |

资料来源：沪深交易所，同花顺。

2. 偿债能力指标

**表 7　　2017 年废弃资源综合利用业上市公司偿债能力指标**

| 指　标 | 2017 年 | 2017 年可比样本变动 | 2016 年 | 2016 年可比样本变动 | 2015 年 |
|---|---|---|---|---|---|
| 流动比率 | 1.30 | 0.01 | 1.22 | 0.01 | 1.26 |
| 速动比率 | 0.92 | 0.01 | 0.89 | 0.01 | 0.81 |
| 资产负债率（%） | 58.01 | 2.15 | 59.34 | 2.94 | 57.44 |

资料来源：沪深交易所，同花顺。

3. 营运能力指标

**表 8　　2017 年废弃资源综合利用业上市公司营运能力情况**　　单位：次

| 营运能力指标 | 2017 年 | 2017 年可比样本变动 | 2016 年 | 2016 年可比样本变动 | 2015 年 |
|---|---|---|---|---|---|
| 存货周转率 | 2.02 | 0.20 | 2.41 | 0.23 | 1.69 |
| 应收账款周转率 | 3.30 | -0.40 | 3.24 | -0.12 | 4.91 |
| 流动资产周转率 | 0.85 | 0.04 | 0.89 | -0.01 | 0.80 |
| 固定资产周转率 | 2.15 | 0.08 | 2.10 | 0.01 | 1.66 |
| 总资产周转率 | 0.45 | 0.04 | 0.44 | 0.01 | 0.37 |
| 净资产周转率 | 1.04 | 0.14 | 1.05 | 0.07 | 0.89 |

资料来源：沪深交易所，同花顺。

## 三、重点上市公司介绍

### 中再资环

中再资源环境股份有限公司为中华全国供销合作总社旗下中国再生资源开发有限公司的控股公司，主营业务为废弃电器电子产品的回收与拆解处理，产品为废弃电器电子产品拆解物。中再资环回收废弃电器电子产品，对其进行拆解、分拣和部分深加工，将其中可利用的二次资源出售获取部分收入。

此外，国家对处理企业按照实际完成拆解处理的废弃电器电子产品（指整机，不包括零部件或散件）数量给予定额补贴。2015 年，四部委对补贴标准进行了细化和调整，下调了电视机和微型计算机的补贴标准，上调了空调和洗衣机的补贴标准。新版补贴标准：电视机 60/70 元/台；微型计算机 70 元/台；洗衣机 35/45 元/台；电冰箱 80 元/台；空气调节器 130 元/台。

中再资环下属 10 家子（孙）公司均拥有国家废弃电器电子产品处理资格，均入列国家财政部、环境保护部、发展改革委、工业和信息化部共同公布的废弃电器电子产品处理基金补贴企业名单。该项补贴是公司子公司的重要收入来源。

2017 年，中再资环营业总收入 23.38 亿元，同比增长 60%；利润总额 2.64 亿元，同比增长 51.17%；归属于母公司所有者的净利润 2.18 亿元，同比增长 55.22%；基本每股收益 0.16 元。

## 四、上市公司在行业中的影响力

废弃资源综合利用业公司普遍偏小。2017 年，5 家 A 股上市公司总资产合计 476.88 亿元，营业收入合计 195.10 亿元，利润总额合计 25.88 亿元，分别占行业总体的 20.02%、5.00% 和 11.40%，较 2016 年均有所提升。上市公司在行业中具备一定的影响力，但行业集中度仍有待提升。

审稿人：刘小勇

撰稿人：张婉姝

# 电力、热力、燃气及水生产和供应业

## 一、电力、热力、燃气及水生产和供应业总体概况

2017年，电力、热力、燃气及水生产和供应业发展较为平稳。根据国家统计局的数据，2017年，全国发电量为64951亿千瓦时，同比增长5.9%，增速比2016年增加0.4个百分点；全国水电发电量为11898亿千瓦时，同比增长0.5%，约占全部发电量的18.32%；火电发电量为46627亿千瓦时，同比增长5.1%，约占全部发电量的71.79%，核电发电量为2481亿千瓦时，同比增加16.30%，约占全部发电量的3.82%。

2017年，全社会用电量63077亿千瓦时，同比增长6.6%。分产业来看，第一产业用电量1155亿千瓦时，同比增长7.3%，占全社会用电量的1.83%；第二产业用电量44413亿千瓦时，同比增长5.5%，占全社会用电量的70.41%；第三产业用电量8814亿千瓦时，同比增长10.7%，占全社会用电量的13.97%。城乡居民生活用电量8695亿千瓦时，同比增长7.8%，占全社会用电量的13.73%。

## 二、行业内上市公司发展概况

### （一）行业内上市公司基本情况

**表1　　2017年电力、热力、燃气及水生产和供应业上市公司发行股票概况**

| 门　类 | A、B股总数 | A股股票数 | B股股票数 | 境内总市值（亿元） | 流通A股市值（亿元） | 流通B股市值（亿元） |
|---|---|---|---|---|---|---|
| 电力、热力、燃气及水生产和供应业 | 111 | 107 | 4 | 18921.18 | 13111.84 | 47.59 |
| 占沪深两市比重（%） | 3.11 | 3.00 | 0.11 | 3.33 | 2.93 | 2.66 |

资料来源：沪深交易所，同花顺。

### （二）行业内上市公司构成情况

表 2　　2017 年电力、热力、燃气及水生产和供应业上市公司构成情况　　单位：家

| 门　类 | 沪市 | | | 深市 | | | ST/*ST |
|---|---|---|---|---|---|---|---|
| | 仅 A 股 | 仅 B 股 | A+B 股 | 仅 A 股 | 仅 B 股 | A+B 股 | |
| 电力、热力、燃气及水生产和供应业 | 60 | 0 | 2 | 43 | 0 | 2 | 0/0 |
| 占行业内上市公司比重（%） | 56.07 | 0.00 | 1.87 | 40.19 | 0.00 | 1.87 | 0.00/0.00 |

资料来源：沪深交易所，同花顺。

### （三）行业内上市公司融资情况

表 3　　2017 年电力、热力、燃气及水生产和供应业上市公司与沪深两市融资情况对比　　单位：家

| | 融资家数 | 新股 | 增发 | 配股 |
|---|---|---|---|---|
| 电力、热力、燃气及水生产和供应业 | 24 | 7 | 17 | 0 |
| 沪深两市总数 | 867 | 438 | 422 | 7 |
| 占比（%） | 2.77 | 1.60 | 4.03 | 0.00 |

资料来源：沪深交易所，同花顺。

其中，首发的 7 家公司中，有 5 家在主板上市，2 家在中小板上市；增发的 17 家公司中，有 8 家沪市、9 家深市主板公司，其中有 1 家中小板公司。

按行业大类划分，进行融资的 23 家公司中，水的生产和供应业 3 家，燃气生产和供应业 7 家，电力、热力生产和供应业 13 家。

从融资效果来看，上述公司实际发行数量为 846326.58 万股；实际募集资金 528.74 亿元，基本完成了融资计划。

2017 年电力、热力、燃气及水生产和供应业上市公司融资情况明细见附录。

### （四）行业内上市公司资产及业绩情况

表 4　　2017 年电力、热力、燃气及水生产和供应业上市公司资产情况　　单位：亿元

| 指　标 | 2017 年 | 2017 年可比样本增长（%） | 2016 年 | 2016 年可比样本增长（%） | 2015 年 |
|---|---|---|---|---|---|
| 总资产 | 38021.30 | 5.04 | 32754.36 | 3.73 | 29464.79 |
| 流动资产 | 5507.19 | 11.92 | 4569.77 | 7.72 | 4031.29 |

续表

| 指　标 | 2017 年 | 2017 年可比样本增长（%） | 2016 年 | 2016 年可比样本增长（%） | 2015 年 |
|---|---|---|---|---|---|
| 占比（%） | 14.48 | 0.89 | 13.95 | 0.52 | 13.68 |
| 非流动资产 | 32514.11 | 3.96 | 28184.58 | 3.11 | 25433.5 |
| 占比（%） | 85.52 | -0.89 | 86.05 | -0.52 | 86.32 |
| 流动负债 | 10567.08 | 7.58 | 8792.84 | 5.23 | 7733.89 |
| 占比（%） | 27.79 | 0.65 | 26.84 | 0.38 | 26.25 |
| 非流动负债 | 14281.92 | 5.04 | 12068.06 | 0.12 | 11160.74 |
| 占比（%） | 37.56 | 0.00 | 36.84 | -1.33 | 37.88 |
| 归属于母公司股东权益 | 10928.90 | 3.46 | 9814.82 | 8.47 | 8620.39 |
| 占比（%） | 28.74 | -0.44 | 29.96 | 1.31 | 29.26 |

资料来源：沪深交易所，同花顺。

表 5　2017 年电力、热力、燃气及水生产和供应业上市公司收入实现情况　单位：亿元

| 指　标 | 2017 年 | 2017 年可比样本增长（%） | 2016 年 | 2016 年可比样本增长（%） | 2015 年 |
|---|---|---|---|---|---|
| 营业收入 | 10077.82 | 13.98 | 8157.15 | -2.87 | 8054.63 |
| 利润总额 | 1060.95 | -28.22 | 1392.01 | -21.04 | 1632.13 |
| 归属于母公司所有者的净利润 | 713.06 | -24.04 | 897.31 | -17.94 | 1003.41 |

资料来源：沪深交易所，同花顺。

### （五）利润分配情况

2017 年全年电力、热力、燃气及水生产和供应业上市公司中共有 79 家公司实施了分红配股。其中，7 家上市公司实施送股或转增股，78 家上市公司实施派息，其中 6 家公司既实施了送股、转增，又实施了派息。

2017 年电力、热力、燃气及水生产和供应业上市公司分红明细见附录。

### （六）其他财务指标情况

1. 盈利能力指标

表 6　2017 年电力、热力、燃气及水生产和供应业上市公司盈利能力情况　单位:%

| 指　标 | 2017 年 | 2017 年可比样本变动 | 2016 年 | 2016 年可比样本变动 | 2015 年 |
|---|---|---|---|---|---|
| 毛利率 | 20.06 | -7.23 | 27.20 | -4.43 | 30.49 |
| 净资产收益率 | 6.52 | -2.36 | 9.14 | -2.94 | 11.64 |
| 销售净利率 | 8.38 | -5.16 | 13.92 | -2.89 | 15.97 |
| 资产净利率 | 2.28 | -1.14 | 3.53 | -1.22 | 4.48 |

资料来源：沪深交易所，同花顺。

2. 偿债能力指标

表 7　　2017 年电力、热力、燃气及水生产和供应业上市公司偿债能力指标

| 指　标 | 2017 年 | 2017 年可比样本变动 | 2016 年 | 2016 年可比样本变动 | 2015 年 |
|---|---|---|---|---|---|
| 流动比率 | 0.52 | 0.02 | 0.52 | 0.01 | 0.52 |
| 速动比率 | 0.45 | 0.02 | 0.45 | 0.01 | 0.45 |
| 资产负债率（%） | 65.36 | 0.65 | 63.69 | -0.95 | 64.13 |

资料来源：沪深交易所，同花顺。

3. 营运能力指标

表 8　　2017 年电力、热力、燃气及水生产和供应业上市公司营运能力情况　　单位：次

| 营运能力指标 | 2017 年 | 2017 年可比样本变动 | 2016 年 | 2016 年可比样本变动 | 2015 年 |
|---|---|---|---|---|---|
| 存货周转率 | 11.57 | 1.74 | 9.68 | 0.30 | 9.19 |
| 应收账款周转率 | 8.10 | -0.32 | 8.29 | -0.33 | 8.34 |
| 流动资产周转率 | 1.93 | 0.04 | 1.85 | -0.22 | 2.02 |
| 固定资产周转率 | 0.47 | 0.04 | 0.44 | -0.05 | 0.49 |
| 总资产周转率 | 0.27 | 0.02 | 0.25 | -0.03 | 0.28 |
| 净资产周转率 | 0.78 | 0.10 | 0.71 | -0.11 | 0.81 |

资料来源：沪深交易所，同花顺。

## 三、重点细分行业介绍

表 9　　2017 年电力、热力、燃气及水生产和供应业上市公司数量分布及市值情况

| 大　类 | 上市公司家数（家） | 占行业内比重（%） | 境内总市值（亿元） | 占行业内比重（%） |
|---|---|---|---|---|
| 水的生产和供应业 | 15 | 14.02 | 1682.88 | 8.89 |
| 燃气生产和供应业 | 22 | 20.56 | 2113.87 | 11.17 |
| 电力、热力生产和供应业 | 70 | 65.42 | 15124.44 | 79.93 |

资料来源：沪深交易所，同花顺。

## （一）电力、热力生产和供应业

表 10　　2017 年电力、热力生产和供应业上市公司收入及资产增长情况　　单位：亿元

| 指　标 | 2017 年 | 2017 年可比样本增长（%） | 2016 年 | 2016 年可比样本增长（%） | 2015 年 |
|---|---|---|---|---|---|
| 营业收入 | 8602.71 | 13.18 | 7021.96 | −3.83 | 7041.71 |
| 利润总额 | 863.61 | −33.5 | 1222.33 | −23.67 | 1474.81 |
| 归属于母公司所有者的净利润 | 568.27 | −29.57 | 771.71 | −20.45 | 882.85 |
| 总资产 | 33810.67 | 4.15 | 29241.47 | 2.60 | 26556.95 |
| 归属于母公司股东权益 | 9135.78 | 2.07 | 8289.89 | 8.00 | 7333.27 |

资料来源：沪深交易所，同花顺。

表 11　　2017 年电力、热力生产和供应业上市公司盈利能力情况　　单位：%

| 指　标 | 2017 年 | 2017 年可比样本变动 | 2016 年 | 2016 年可比样本变动 | 2015 年 |
|---|---|---|---|---|---|
| 毛利率 | 19.90 | −8.14 | 27.90 | −5.19 | 31.73 |
| 净资产收益率 | 6.22 | −2.79 | 9.31 | −3.33 | 12.04 |
| 销售净利率 | 7.95 | −5.91 | 14.22 | −3.28 | 16.41 |
| 资产净利率 | 2.06 | −1.28 | 3.46 | −1.30 | 4.45 |

资料来源：沪深交易所，同花顺。

表 12　　2017 年电力、热力生产和供应业上市公司偿债及营运情况

| 指　标 | 2017 年 | 2017 年可比样本变动 | 2016 年 | 2016 年可比样本变动 | 2015 年 |
|---|---|---|---|---|---|
| 资产负债率（%） | 67.07 | 0.78 | 65.24 | −1.01 | 65.68 |
| 存货周转率（次） | 11.7 | 1.77 | 9.75 | 0.33 | 9.15 |
| 总资产周转率（次） | 0.26 | 0.02 | 0.24 | −0.03 | 0.27 |

资料来源：沪深交易所，同花顺。

## （二）燃气生产和供应业

表 13　　2017 年燃气生产和供应业上市公司收入及资产增长情况　　单位：亿元

| 指　标 | 2017 年 | 2017 年可比样本增长（%） | 2016 年 | 2016 年可比样本增长（%） | 2015 年 |
|---|---|---|---|---|---|
| 营业收入 | 1105.09 | 20.48 | 814.83 | 2.68 | 723.70 |
| 利润总额 | 100.7 | −1.73 | 93.81 | 9.40 | 81.46 |
| 归属于母公司所有者的净利润 | 68.56 | −2.91 | 65.27 | 6.95 | 57.85 |
| 总资产 | 2330.05 | 12.06 | 1877.61 | 18.20 | 1447.96 |
| 归属于母公司股东权益 | 924.53 | 10.32 | 759.64 | 14.44 | 605.92 |

资料来源：沪深交易所，同花顺。

表 14　　2017 年燃气生产和供应业上市公司盈利能力情况　　单位:%

| 指　标 | 2017 年 | 2017 年可比样本变动 | 2016 年 | 2016 年可比样本变动 | 2015 年 |
|---|---|---|---|---|---|
| 毛利率 | 16.23 | -1.93 | 17.96 | 1.47 | 15.70 |
| 净资产收益率 | 7.42 | -1.01 | 8.59 | -0.60 | 9.55 |
| 销售净利率 | 7.21 | -1.58 | 9.10 | 0.45 | 9.00 |
| 资产净利率 | 3.61 | -0.59 | 4.28 | -0.37 | 4.83 |

资料来源：沪深交易所，同花顺。

表 15　　2017 年燃气生产和供应业上市公司偿债及营运情况

| 指　标 | 2017 年 | 2017 年可比样本变动 | 2016 年 | 2016 年可比样本变动 | 2015 年 |
|---|---|---|---|---|---|
| 资产负债率（%） | 53.34 | 1.20 | 51.95 | 1.54 | 50.08 |
| 存货周转率（次） | 12.49 | -1.86 | 15.16 | -4.40 | 25.27 |
| 总资产周转率（次） | 0.50 | 0.02 | 0.47 | -0.07 | 0.54 |

资料来源：沪深交易所，同花顺。

## （三）水的生产和供应业

表 16　　2017 年水的生产和供应业上市公司收入及资产增长情况　　单位：亿元

| 指　标 | 2017 年 | 2017 年可比样本增长（%） | 2016 年 | 2016 年可比样本增长（%） | 2015 年 |
|---|---|---|---|---|---|
| 营业收入 | 370.02 | 14.32 | 320.36 | 5.61 | 289.22 |
| 利润总额 | 96.63 | 25.55 | 75.87 | 0.18 | 75.86 |
| 归属于母公司所有者的净利润 | 76.23 | 24.39 | 60.32 | -3.36 | 62.70 |
| 总资产 | 1880.59 | 13.78 | 1635.27 | 9.84 | 1459.88 |
| 归属于母公司股东权益 | 868.59 | 12.14 | 765.28 | 8.05 | 681.20 |

资料来源：沪深交易所，同花顺。

表 17　　2017 年水的生产和供应业上市公司盈利能力情况　　单位:%

| 指　标 | 2017 年 | 2017 年可比样本变动 | 2016 年 | 2016 年可比样本变动 | 2015 年 |
|---|---|---|---|---|---|
| 毛利率 | 35.05 | -0.36 | 35.29 | -0.57 | 37.26 |

续表

| 指　标 | 2017 年 | 2017 年可比样本变动 | 2016 年 | 2016 年可比样本变动 | 2015 年 |
|---|---|---|---|---|---|
| 净资产收益率 | 8.78 | 0.86 | 7.88 | -0.93 | 9.20 |
| 销售净利率 | 22.08 | 2.35 | 19.63 | -1.79 | 22.59 |
| 资产净利率 | 4.62 | 0.56 | 4.03 | -0.64 | 4.70 |

资料来源：沪深交易所，同花顺。

表 18　　2017 年水的生产和供应业上市公司偿债及营运情况

| 指　标 | 2017 年 | 2017 年可比样本变动 | 2016 年 | 2016 年可比样本变动 | 2015 年 |
|---|---|---|---|---|---|
| 资产负债率（%） | 49.48 | 0.14 | 49.37 | 0.45 | 49.72 |
| 存货周转率（次） | 7.31 | 3.15 | 4.12 | 0.86 | 3.06 |
| 总资产周转率（次） | 0.21 | 0.00 | 0.21 | -0.01 | 0.21 |

资料来源：沪深交易所，同花顺。

## 四、重点上市公司介绍

### （一）华能国际

2017 年，华能国际实现营业收入 1524.59 亿元，同比增长 10.36%，营业利润 40.95 亿元，同比减少 76.67%，归属于母公司的净利润 17.93 亿元，同比减少 82.73%，摊薄每股收益 0.12 元。

截至 2017 年年底，华能国际可控发电装机容量达到 104321 兆瓦，国内电厂年发电量 3944.81 亿千瓦时，居国内行业可比公司第一。火电机组中，超过 50% 是 60 万千瓦以上的大型机组，包括 14 台已投产的世界最先进的百万千瓦等级的超超临界机组，投产国内最高参数的 66 万千瓦高效超超临界燃煤机组和国内首座超超临界二次再热燃煤发电机组，天然气发电装机容量达到 10419 兆瓦，风电装机容量达到 4578 兆瓦，其中，海上风电 300 兆瓦，清洁能源比例不断提高。华能国际在环保和发电效率方面都处于行业领先地位，平均煤耗、厂用电率、水耗等技术指标均达到世界领先水平。截至 2017 年年底，燃煤机组已全部实施了超低排放改造。截至 2017 年年底，华能国际在中国境内的电厂分布在 26 个省、自治区和直辖市，主要位于沿海沿江地区和电力负荷中心区域。这些区域运输便利，有利于多渠道采购煤炭、稳定煤炭供给以及降低采购成本。华能国际在新加坡全资拥有一家运营电力公司，此外，华能国际全面建成中巴经济走廊首个重大能源项目——萨希瓦尔燃煤电站。

### （二）长江电力

2017 年，长江电力实现营业收入

501.47 亿元，同比增长 2.47%，营业利润 270.77 亿元，同比增长 21.44%，归属于母公司的净利润 222.61 亿元，同比增长 7.12%，摊薄每股收益 1.01 元。

长江电力是全球最大的水电上市公司，拥有总装机容量 4549.5 万千瓦，占全国水电装机的 13.33%，2017 年发电量 2108.93 亿千瓦时，占全国水电发电量的 17.66%。公司以大型水电运营为主要业务，运行管理三峡、葛洲坝、溪洛渡、向家坝 4 座巨型电站，为社会提供优质、稳定、可靠的清洁能源，在发挥梯级电站综合效益、促进节能减排、推动中国经济社会发展等方面发挥了重要作用。2017 年，溪洛渡、向家坝、三峡首次开展三库联合生态调度试验；积极实施联合防洪调度，成功应对长江 1 号洪水，三峡水库 175 米试验性蓄水创造了蓄水历时最短、蓄水到位时间最早的记录；四座电站年发电量全部超设计值。公司目前拥有 4 座世界知名的大型水电站，58 台 700 兆瓦级巨型水轮发电机组，占全球同类机组的 58%。

### （三）首创股份

2017 年，首创股份实现营业收入 92.85 亿元，同比增长 17.36%，营业利润 10.09 亿元，同比增长 50.43%，归属于母公司的净利润 6.12 亿元，同比增长 0.18%，摊薄每股收益 0.13 元。

首创股份主要从事环境综合服务业务，业务范围包括供水、污水处理等城镇水务业务，以及固废处理、海绵城市、黑臭水体治理、村镇水环境治理等综合环境治理业务，并逐步延伸至绿色资源循环利用业务（包括污泥处理、绿色供热、再生水等）。目前，首创股份拥有的项目类型包括供水、城市污水处理、村镇污水处理、固废处理、海绵城市、黑臭水体治理、再生水、污泥处理等。业务覆盖中国、新西兰、新加坡，服务人口超过 5000 万，已成为世界第五大环境综合服务商。首创股份是国内水务综合服务运营经验最丰富的公司之一，也是最早实现全国布局和市场化的企业。首创股份目前运营的重资产水务项目规模达到 2308 万吨/日。

2017 年，首创股份通过并购河北华冠环保科技有限公司，增加供水规模 87.1 万吨/日；通过签约福建省福州市仓山龙津阳岐水系综合治理及运营维护 PPP 等项目，布局环境综合治理业务；固废处理业务不断优化升级，下属子公司首创环境作为公司固废业务的主要发展载体，通过借鉴并深度吸收、消化境外公司在固废全产业链上技术、运营、管理等方面的先进经验，深度拓展国内固废业务，不断加强固废平台公司的地位，进一步强化在国内固废市场上的竞争力；绿色资源循环利用业务正在逐步推进，积极推动污水处理厂的污水源热泵技术与城镇供热市场的结合。

### （四）深圳燃气

2017 年，深圳燃气实现营业收入 110.59 亿元，同比增长 29.97%，营业利润 11.51 亿元，同比增长 15.31%，归属于母公司的净利润 8.87 亿元，同比增长 14.88%，摊薄每股收益 0.40 元。

深圳燃气主要从事城市管道燃气供应、液化石油气批发、瓶装液化石油气零售及燃气投资业务。城市管道燃气业务为特许经营业务。目前，公司在广东、广西、江西、安徽、湖南、江苏、浙江 7 省（区）拥有 34 个城市（区）管道燃气特许经营权。目前，深圳燃气的管道燃气的气源均为天然气，在深圳地区从中石油、广东大鹏等气源方采购天然气向用户销售；在深圳以外地区从中石油、所在省管网公司等气源方采购天然气向用户销售。燃气销售价格和相关服务价格受所在地政府物价监管部门的监管。深圳燃气经营业务涵盖了气源供应到终端销售的全部环节，业务链较为完整，抗风险能力较强。在气源供应方面，拥有广东液化天然气项目广东大鹏公司 10% 股权，拥有宣城深燃、求雨岭天然气液化工厂，投资兴建的年周转能力 10 亿立方米的深圳市天然气储备与调峰库也即将投入运营。深圳燃气分别与广东大鹏公司签订了 25 年照付不议的天然气采购合同，稳产期年供应量为 27.1 万吨，与中石油签订了稳产期年供 40 亿立方米的天然气采购协议。

## 五、上市公司在行业中的影响力

2017 年，电力、热力、燃气及水生产和供应业共实现主营业务收入 66432 亿元，比 2016 年增长 8.5%，其中，上市公司共实现主营业务收入 10077.82 亿元，上市公司总收入规模占全行业的比重达 15.17%，比 2016 年占比增加 2.08 个百分点；2017 年，电力、热力、燃气及水生产和供应业共实现利润总额 4089.2 亿元，同比下降 10.7%，其中，上市公司共实现利润总额 1060.95 亿元，上市公司利润总额占全行业的比重达 25.95%，比 2016 年减少 4.44 个百分点。总体来看，上市公司在行业中的影响力略有下滑。

审稿人：王洪磊

撰稿人：刘　蕾

# 建筑业

## 一、建筑业总体概况

2017 年，在以习近平同志为核心的党中央坚强领导下，建筑业深入学习贯彻党的十九大会议精神，认真落实《国务院办公厅关于促进建筑业持续健康发展的意见》（国办发〔2017〕19 号），全面深化改革，加快转型升级，积极推进建筑产业现代化，整体发展稳中有进，发展质量不断提升。全国建筑业企业（指具有资质等级的总承包和专业承包建筑业企业，不含劳务分包建筑业企业，下同）完成建筑业总产值 213953.96 亿元，同比增长 10.53%；完成竣工产值 116791.89 亿元，同比增长 3.46%；签订合同总额 439524.36 亿元，同比增长 18.10%，其中，新签合同额 254665.71 亿元，同比增长 20.41%；完成房屋施工面积 131.72 亿平方米，同比增长 4.19%；完成房屋竣工面积 41.91 亿平方米，同比下降 0.78%；实现利润 7661 亿元，同比增长 9.66%。截至 2017 年年底，全国有施工活动的建筑业企业 88059 个，同比增长 6.07%；从业人数 5536.90 万人，同比增长 6.80%；按建筑业总产值计算的劳动生产率为 347462 元/人，同比增长 3.11%。

2017 年，全国建筑业企业签订合同总额 439524.36 亿元，比 2016 年增长 18.10%，增速连续两年增长。其中，本年新签合同额 254665.71 亿元，比 2016 年增长 20.41%，增速也连续两年保持增长。本年新签合同额占签订合同总额的比例为 57.94%，比 2016 年提高 1.11 个百分点，连续两年出现增长。

2017 年年底，全社会就业人员总数 77640 万人，其中，建筑业从业人数 5536.90 万人，比 2016 年年末增加 352.36 万人，增长 6.80%。建筑业从业人数占全社会就业人员总数的 7.13%，比 2016 年提高 0. 45 个百分点，占比再创新高。建筑业在吸纳农村转移人口就业、推进新型城镇化建设和维护社会稳定等方面继续发挥显著作用。

2017 年，中国对外承包工程业务完成营业额 1685.80 亿美元，比 2016 年增长 5.75%，增速比 2016 年提高 2.28 个百分点。新签合同额 2652.80 亿美元，比 2016 年增长 8.72%，增速比 2016 年下降 7.44 个百分点。

## 二、行业内上市公司发展概况

### （一）行业内上市公司基本情况

表 1　2017 年建筑业上市公司发行股票概况

| 门　类 | A、B 股总数 | A 股股票数 | B 股股票数 | 境内总市值（亿元） | 流通 A 股市值（亿元） | 流通 B 股市值（亿元） |
|---|---|---|---|---|---|---|
| 建筑业 | 102 | 99 | 3 | 18068.69 | 15053.49 | 24.30 |
| 占沪深两市比重（%） | 2.85 | 2.76 | 0.08 | 3.18 | 3.37 | 1.36 |

资料来源：沪深交易所，同花顺。

### （二）行业内上市公司构成情况

表 2　2017 年建筑业上市公司构成情况　单位：家

| 门　类 | 沪市 | | | 深市 | | | ST/*ST |
|---|---|---|---|---|---|---|---|
| | 仅 A 股 | 仅 B 股 | A+B 股 | 仅 A 股 | 仅 B 股 | A+B 股 | |
| 建筑业 | 45 | 1 | 1 | 52 | 0 | 1 | 0/1 |
| 占行业内上市公司比重（%） | 45.00 | 1.00 | 1.00 | 52.00 | 0.00 | 1.00 | 0.00/1.00 |

资料来源：沪深交易所，同花顺。

### （三）行业内上市公司融资情况

表 3　2017 年建筑业上市公司与沪深两市融资情况对比　单位：家

| 门类 | 融资家数 | 新股 | 增发 | 配股 |
|---|---|---|---|---|
| 建筑业 | 23 | 9 | 14 | 0 |
| 沪深两市总数 | 867 | 438 | 422 | 7 |
| 占比（%） | 2.65 | 2.05 | 3.32 | 0.00 |

资料来源：沪深交易所，同花顺。

其中，首发的 9 家公司中，有 6 家在主板上市，2 家在中小板上市，1 家在创业板上市；增发的 17 家公司中，有 7 家沪市、2 家深市主板及 8 家中小板公司。

按行业大类划分，进行融资的 23 家公司中，房屋建筑业 1 家，建筑装饰和其他建筑业3家，土木工程建筑业19家。

从融资效果来看，上述公司实际发行数量为15137228.43万股；实际募集资金13895.68亿元，基本完成了融资计划。

2017年建筑业上市公司融资情况明细见附录。

### （四）行业内上市公司资产及业绩情况

表4　　2017年建筑业上市公司资产情况　　单位：亿元

| 指　标 | 2017年 | 2017年可比样本增长（%） | 2016年 | 2016年可比样本增长（%） | 2015年 |
|---|---|---|---|---|---|
| 总资产 | 68196.04 | 12.39 | 59636.13 | 15.60 | 50910.08 |
| 流动资产 | 48383.19 | 8.21 | 43964.54 | 16.00 | 37326.89 |
| 占比（%） | 70.95 | -2.74 | 73.72 | 0.25 | 73.32 |
| 非流动资产 | 19812.86 | 24.10 | 15671.59 | 14.51 | 13583.19 |
| 占比（%） | 29.05 | 2.74 | 26.28 | -0.25 | 26.68 |
| 流动负债 | 40586.91 | 13.19 | 35182.69 | 13.58 | 30431 |
| 占比（%） | 59.52 | 0.42 | 59.00 | -1.05 | 59.77 |
| 非流动负债 | 11973.14 | 5.02 | 11300.25 | 19.70 | 9384.37 |
| 占比（%） | 17.56 | -1.23 | 18.95 | 0.65 | 18.43 |
| 归属于母公司股东权益 | 12778.20 | 14.09 | 10943.28 | 15.80 | 9382.74 |
| 占比（%） | 18.74 | 0.28 | 18.35 | 0.03 | 18.43 |

资料来源：沪深交易所，同花顺。

表5　　2017年建筑业上市公司收入实现情况　　单位：亿元

| 指　标 | 2017年 | 2017年可比样本增长（%） | 2016年 | 2016年可比样本增长（%） | 2015年 |
|---|---|---|---|---|---|
| 营业收入 | 43547.88 | 9.98 | 39036.05 | 6.11 | 36168.07 |
| 利润总额 | 1967.02 | 16.72 | 1653.07 | 11.68 | 1452.27 |
| 归属于母公司所有者的净利润 | 1352.05 | 17.87 | 1123.48 | 11.02 | 990.62 |

资料来源：沪深交易所，同花顺。

### （五）利润分配情况

2017年全年建筑业上市公司中共有83家公司实施了分红配股。其中，2家上市公司仅实施送股或转增股，59家上市公司仅实施派息，22家公司既实施了送股或转增，又实施了派息。

2017 年建筑业上市公司分红明细见附录。

### （六）其他财务指标情况

1. 盈利能力指标

**表 6　　2017 年建筑业上市公司盈利能力情况**　　单位：%

| 指　标 | 2017 年 | 2017 年可比样本变动 | 2016 年 | 2016 年可比样本变动 | 2015 年 |
|---|---|---|---|---|---|
| 毛利率 | 11.64 | 0.33 | 11.29 | -1.43 | 12.73 |
| 净资产收益率 | 10.58 | 0.34 | 10.27 | -0.44 | 10.56 |
| 销售净利率 | 3.50 | 0.19 | 3.29 | 0.21 | 3.07 |
| 资产净利率 | 2.36 | 0.04 | 2.31 | -0.02 | 2.31 |

资料来源：沪深交易所，同花顺。

2. 偿债能力指标

**表 7　　2017 年建筑业上市公司偿债能力指标**

| 指　标 | 2017 年 | 2017 年可比样本变动 | 2016 年 | 2016 年可比样本变动 | 2015 年 |
|---|---|---|---|---|---|
| 流动比率 | 1.19 | -0.05 | 1.25 | 0.03 | 1.23 |
| 速动比率 | 0.71 | -0.04 | 0.75 | 0.03 | 0.72 |
| 资产负债率（%） | 77.07 | -0.81 | 77.94 | -0.40 | 78.21 |

资料来源：沪深交易所，同花顺。

3. 营运能力指标

**表 8　　2017 年建筑业上市公司营运能力情况**　　单位：次

| 营运能力指标 | 2017 年 | 2017 年可比样本变动 | 2016 年 | 2016 年可比样本变动 | 2015 年 |
|---|---|---|---|---|---|
| 存货周转率 | 2.06 | -0.03 | 2.09 | -0.05 | 2.12 |
| 应收账款周转率 | 4.81 | -0.03 | 4.82 | -0.14 | 4.99 |
| 流动资产周转率 | 0.94 | -0.02 | 0.95 | -0.08 | 1.03 |
| 固定资产周转率 | 11.25 | 0.34 | 10.94 | -0.24 | 11.09 |
| 总资产周转率 | 0.68 | -0.03 | 0.70 | -0.06 | 0.75 |
| 净资产周转率 | 3.00 | -0.21 | 3.21 | -0.42 | 3.59 |

资料来源：沪深交易所，同花顺。

## 三、重点细分行业介绍

表 9　　2017 年建筑业上市公司数量分布及市值情况

| 大　类 | 上市公司家数（家） | 占行业内比重（%） | 境内总市值（亿元） | 占行业内比重（%） |
|---|---|---|---|---|
| 房屋建筑业 | 2 | 2.00 | 160.68 | 0.89 |
| 建筑安装业 | 1 | 1.00 | 55.62 | 0.31 |
| 建筑装饰和其他建筑业 | 29 | 29.00 | 2076.54 | 11.49 |
| 土木工程建筑业 | 68 | 68.00 | 15775.85 | 87.31 |

资料来源：沪深交易所，同花顺。

### （一）房屋建筑业

1. 行业概况

房屋建筑业指的是居民住宅、商业建筑、学校医院、港口码头等房屋建筑主体的施工，是建筑业最传统的业务组成部分。上市公司中大部分公司都有业务涉及房屋建筑。

2. 行业内上市公司发展情况

表 10　　2017 年房屋建筑业上市公司收入及资产增长情况　　单位：亿元

| 指　标 | 2017 年 | 2017 年可比样本增长（%） | 2016 年 | 2016 年可比样本增长（%） | 2015 年 |
|---|---|---|---|---|---|
| 营业收入 | 456.22 | 2.82 | 11.14 | -37.10 | 17.71 |
| 利润总额 | 5.51 | 8.06 | 0.42 | -33.58 | 0.63 |
| 归属于母公司所有者的净利润 | 3.88 | 7.21 | 0.29 | -37.07 | 0.47 |
| 总资产 | 702.35 | 3.67 | 34.84 | -12.28 | 39.71 |
| 归属于母公司股东权益 | 73.89 | 35.49 | 7.30 | 4.31 | 7 |

资料来源：沪深交易所，同花顺。

表 11　　2017 年房屋建筑业上市公司盈利能力情况　　单位：%

| 指　标 | 2017 年 | 2017 年可比样本变动 | 2016 年 | 2016 年可比样本变动 | 2015 年 |
|---|---|---|---|---|---|
| 毛利率 | 5.22 | -0.99 | 14.91 | 5.70 | 9.21 |
| 净资产收益率 | 5.25 | -1.38 | 4.02 | -2.64 | 6.67 |
| 销售净利率 | 0.93 | 0.03 | 3.03 | 0.25 | 2.78 |
| 资产净利率 | 0.61 | 0.01 | 0.90 | -0.38 | 1.29 |

资料来源：沪深交易所，同花顺。

表 12　　2017 年房屋建筑业上市公司偿债及营运情况

| 指　标 | 2017 年 | 2017 年可比样本变动 | 2016 年 | 2016 年可比样本变动 | 2015 年 |
|---|---|---|---|---|---|
| 资产负债率（%） | 88.95 | -2.53 | 79.29 | -3.42 | 82.71 |
| 存货周转率（次） | 1.83 | -0.17 | 1.47 | -0.82 | 2.29 |
| 总资产周转率（次） | 0.66 | -0.01 | 0.30 | -0.16 | 0.46 |

资料来源：沪深交易所，同花顺。

## （二）建筑安装业

1. 行业概况

建筑安装业是指建筑物主体工程竣工后，建筑物内各种设备的安装，如生产设备、动力设备、起重设备、运输设备、传动设备、医疗实验设备及其他各种设备的装配、安置工程作业，包括建筑物主体施工中的敷设线路、管道的安装以及铁路、机场、港口、隧道、地铁的照明和信号系统的安装。包括与设备相连的工作台、梯子、栏杆的装设工程作业和被安装设备的绝缘、防腐、保温、油漆等工程作业在内，不包括工程收尾的装饰，如对墙面、地板、天花板、门窗等处理。建筑安装是房地产开发行业中必不可少的环节，通常认为房地产的竣工面积与建筑安装行业完成的建筑面积较为相近，其在建筑业总产值中的比例在 8% 左右。中国建筑安装业起步于 20 世纪 80 年代，目前仍处于快速发展阶段。

2. 行业内上市公司发展情况

表 13　　2017 年建筑安装业上市公司收入及资产增长情况　　单位：亿元

| 指　标 | 2017 年 | 2017 年可比样本增长（%） | 2016 年 | 2016 年可比样本增长（%） | 2015 年 |
|---|---|---|---|---|---|
| 营业收入 | 17.81 | -16.83 | 20.85 | 88.35 | — |
| 利润总额 | 1.48 | -27.67 | 2.05 | 88.89 | — |
| 归属于母公司所有者的净利润 | 1.28 | -22.41 | 1.65 | 107.91 | — |
| 总资产 | 16.63 | 13.10 | 14.28 | 21.07 | — |
| 归属于母公司股东权益 | 9.80 | 9.41 | 8.88 | 63.31 | — |

资料来源：沪深交易所，同花顺。

表 14　　2017 年建筑安装业上市公司盈利能力情况　　单位：%

| 指　标 | 2017 年 | 2017 年可比样本变动 | 2016 年 | 2016 年可比样本变动 | 2015 年 |
|---|---|---|---|---|---|
| 毛利率 | 13.77 | 0.13 | 13.81 | -2.95 | — |
| 净资产收益率 | 13.09 | -5.37 | 18.61 | 3.99 | — |
| 销售净利率 | 7.20 | -0.53 | 7.93 | 0.75 | — |
| 资产净利率 | 8.18 | -4.31 | 12.67 | 4.45 | — |

资料来源：沪深交易所，同花顺。

表 15　　2017 年建筑安装业上市公司偿债及营运情况

| 指　标 | 2017 年 | 2017 年可比样本变动 | 2016 年 | 2016 年可比样本变动 | 2015 年 |
|---|---|---|---|---|---|
| 资产负债率（%） | 40.06 | 1.48 | 37.83 | -16.08 | — |
| 存货周转率（次） | 5.72 | -0.15 | 5.71 | 2.02 | — |
| 总资产周转率（次） | 1.14 | -0.48 | 1.60 | 0.45 | — |

资料来源：沪深交易所，同花顺。

### （三）建筑装饰和其他建筑业

1. 行业概况

建筑装饰是建筑业的重要组成部分，随着中国经济快速增长，城市化进程不断加快，建筑装饰业处于快速增长阶段，成为成长性较好的新兴行业之一，在国民经济中的地位和重要性不断提升。建筑装饰按照服务对象划分，可分为公共建筑装饰（简称“公装”）和家庭住宅装饰（简称“家装”）。

2. 行业内上市公司发展情况

表 16　　2017 年建筑装饰和其他建筑业上市公司收入及资产增长情况　　单位：亿元

| 指　标 | 2017 年 | 2017 年可比样本增长（%） | 2016 年 | 2016 年可比样本增长（%） | 2015 年 |
|---|---|---|---|---|---|
| 营业收入 | 1280.23 | 10.40 | 1135.38 | 5.99 | 1002.99 |
| 利润总额 | 85.82 | 13.34 | 74.32 | 10.50 | 58.88 |
| 归属于母公司所有者的净利润 | 67.83 | 13.80 | 58.65 | 4.56 | 48.07 |
| 总资产 | 1991.56 | 9.11 | 1800.59 | 18.13 | 1530.36 |
| 归属于母公司股东权益 | 705.82 | 11.01 | 629.99 | 17.88 | 545.89 |

资料来源：沪深交易所，同花顺。

表 17　　2017 年建筑装饰和其他建筑业上市公司盈利能力情况　　单位:%

| 指　标 | 2017 年 | 2017 年可比样本变动 | 2016 年 | 2016 年可比样本变动 | 2015 年 |
|---|---|---|---|---|---|
| 毛利率 | 17.07 | 0.00 | 17.14 | -0.75 | 17.92 |
| 净资产收益率 | 9.61 | 0.24 | 9.31 | -1.19 | 8.81 |
| 销售净利率 | 5.43 | 0.18 | 5.28 | 0.22 | 4.63 |
| 资产净利率 | 3.64 | 0.04 | 3.61 | -0.20 | 3.23 |

资料来源：沪深交易所，同花顺。

表 18　　2017 年建筑装饰和其他建筑业上市公司偿债及营运情况

| 指　标 | 2017 年 | 2017 年可比样本变动 | 2016 年 | 2016 年可比样本变动 | 2015 年 |
|---|---|---|---|---|---|
| 资产负债率（%） | 63.02 | -0.70 | 63.54 | 0.08 | 62.57 |
| 存货周转率（次） | 5.11 | 0.20 | 4.87 | 0.21 | 3.44 |
| 总资产周转率（次） | 0.67 | -0.02 | 0.68 | -0.07 | 0.7 |

资料来源：沪深交易所，同花顺。

## （四）土木工程建筑业

1. 行业概况

土木工程建筑业指土木工程主体的施工活动，主要是指铁路、道路、隧道和桥梁工程建筑、水利和港口工程建筑、工矿工程建筑、架线和管道工程建筑以及公园、高尔夫球场等其他工程建筑，不包括主体工程施工签订土方挖运、拆除爆破等工程准备活动。土木工程建筑业是建筑业中最主要的细分行业之一，产值在行业总产值中的占比较大。上市公司大部分集中在这一细分领域内。

2. 行业内上市公司发展情况

表 19　　2017 年土木工程建筑业上市公司收入及资产增长情况　　单位：亿元

| 指　标 | 2017 年 | 2017 年可比样本增长（%） | 2016 年 | 2016 年可比样本增长（%） | 2015 年 |
|---|---|---|---|---|---|
| 营业收入 | 41793.62 | 10.06 | 37868.69 | 6.11 | 35147.37 |
| 利润总额 | 1874.20 | 16.96 | 1576.28 | 11.70 | 1392.75 |
| 归属于母公司所有者的净利润 | 1279.06 | 18.19 | 1062.89 | 11.34 | 942.08 |
| 总资产 | 65485.50 | 12.60 | 57786.42 | 15.54 | 49340.01 |
| 归属于母公司股东权益 | 11988.69 | 14.17 | 10297.11 | 15.66 | 8829.85 |

资料来源：沪深交易所，同花顺。

表 20　　2017 年土木工程建筑业上市公司盈利能力情况　　单位：%

| 指　标 | 2017 年 | 2017 年可比样本变动 | 2016 年 | 2016 年可比样本变动 | 2015 年 |
|---|---|---|---|---|---|
| 毛利率 | 11.54 | 0.35 | 11.11 | -1.45 | 12.58 |
| 净资产收益率 | 10.67 | 0.36 | 10.32 | -0.40 | 10.67 |
| 销售净利率 | 3.46 | 0.19 | 3.23 | 0.21 | 3.02 |
| 资产净利率 | 2.34 | 0.04 | 2.27 | -0.02 | 2.29 |

资料来源：沪深交易所，同花顺。

表 21　　2017 年土木工程建筑业上市公司偿债及营运情况

| 指　标 | 2017 年 | 2017 年可比样本变动 | 2016 年 | 2016 年可比样本变动 | 2015 年 |
|---|---|---|---|---|---|
| 资产负债率（%） | 77.38 | -0.80 | 78.40 | -0.40 | 78.69 |
| 存货周转率（次） | 2.03 | -0.03 | 2.05 | -0.06 | 2.1 |
| 总资产周转率（次） | 0.68 | -0.03 | 0.70 | -0.06 | 0.76 |

资料来源：沪深交易所，同花顺。

## 四、重点上市公司介绍

### （一）中国建筑

中国建筑是由中建总公司、中国石油集团、宝钢集团和中化集团作为发起人共同发起设立。截至 2017 年 12 月 31 日，中建总公司持有公司的国家股 1687906.8569 万股，占公司股权比例的 56.26%，是公司的控股股东。公司主营业务为房屋建筑工程、房地产开发与投资、基础设施建设与投资以及设计勘察等。

2017 年度，累计新签合约金额 2.45 万亿元，同比增长 18.6%，持续保持较高增长。分业务来看，房屋建筑累计新签合同金额占比 60.2%，同比增长 13.8%；基础设施、勘察设计分别同比增长 28.2%、54.8%；商品房销售额为 2286 亿元，同比增长 20.6%；新开工面积为 3.26 亿平方米，同比增长 24.4%，二者均高于行业平均水平。境内新签合同金额占比 85.6%，同比增长 14.7%，增速平稳；境外同比增长 74.8%，与 2016 年同期 4.3% 的增速相比，大幅提升。

2017 年，中国建筑实现营业收入 10541 亿元，同比增长 9.8%，其中，房屋建筑工程业务收入 6250.8 亿元，同比增长 0.8%，收入占比 59.3%，房建收入占比首次低于 60%；房地产开发与投资业务收入 1792 亿元，同比增长 17.9%，收入占比 17%；基础设施建设与投资业务收入 2309.2 亿元，同比增长 32.8%，收入占比上升 3.8 个百分点，至 21.9%，中国建筑加大基建板块重点布局持续取得进展，实现较高增长。从各分子公司经营情况来看，重要的分子公司中，中海外实现净利润 270.7 亿元（公司持股 55.99%），同比增长 9.5%，中建三局实现净利润 44.9 亿元，同比增长 16.1%，中建八局实现净利润 43.9 亿元，同比增长 20.2%。

中国建筑是全球最大的建筑承包商，2017 年，公司累计新签订单 2.22 万亿元，同比增长 18.4%，其中，房建新签订单 1.47 万亿元，同比增长 13.8%，基建业务新签订单 7369 亿元，同比大幅增加 28.2%，勘察设计新签订单 130 亿元，同比增长 54.8%，在过去的几年中，公司市场占有率每年提升近 1 个百分点，在存量经济环境下，龙头效应不断凸显。

### （二）中国铁建

中国铁建业务涵盖工程承包、勘察设

计咨询、工业制造、房地产开发、物流与物资贸易及其他业务，具有科研、规划、勘察、设计、施工、监理、维护、运营和投融资等完善的行业产业链。在高原铁路、高速铁路、高速公路、桥梁、隧道和城市轨道交通工程设计及建设领域具有领导地位。目前，中国铁建经营业务遍及包括台湾省在内的全国 32 个省、自治区、直辖市和香港、澳门特别行政区，以及世界 116 个国家。

2017 年，中国铁建实现营收 6809.8 亿元，同比增长 8.21%，实现归母净利润 160.6 亿元，同比增长 14.70%。盈利能力方面，2017 年毛利率为 9.24%，与 2016 年基本持平，净利率为 2.48%，同比提高 0.12%；2017 年综合费用率为 4.92%，与 2016 年基本持平。2017 年，经营活动现金流净额为 254 亿元，同比减少 32%，收现比与付现比分别为 1.005、0.95，同比分别下降 0.15% 和上升 3.98%，现金流量情况稍微变差。2017 年资产负债率为 78.3%，同比下降 2.16%，负债状况有所改善。

新签订单同比增长 24%，交通运输及房建订单比重较高：中国铁建 2017 年新签合同额为 15083 亿元，同比增长 23.72%；在执行未完成合同额为 23966.3 亿元，同比增长 21.18%，在手订单为 2017 年营收的 3.5 倍。公路及市政工程新签增速较快，主要受益于 PPP 政策改变了项目投融资形式。分区域来看，境内新签订单金额占比 93.1%，同比增长 26.3%，境外订单占比 6.9%，同比下降 2.7%。另外，中国铁建有 21 个 PPP 项目被列为国家示范项目，将随着 PPP 项目的逐步规范，持续受益。

### （三）金螳螂

金螳螂是中国建筑装饰行业首家上市公司，2017 年，实现营业收入 209.96 亿元，同比增长 7.1%；实现归母净利 19.18 亿元，同比增长 13.97%。公司 2017 年毛利率为 16.8%，同比上升 0.26%，净利率为 9.2%，同比上升 0.53%；2017 年综合费用率同比上升 1.97%；资产负债率同比下降 3.9%，资本结构进一步改善。公司 2017 年经营活动现金流净额为 17.77 亿元，同比增长 61.5%，收现比与付现比同比分别上升 8.6%、4.3%。

## 五、上市公司在行业中的影响力

上市建筑公司引领行业增长。建筑业的上市公司充分利用公共公司的品牌、公信力方面的优势，依靠资本市场融资条件优势，在整个行业中始终处在排头兵的位置，具有较强的代表性。2017 年，建筑业上市公司共完成营业收入 43547.88 亿元，占建筑业总产值的 20.74%，实现利润 1967.02 亿元，占行业总利润的 25.68%。

上市建筑公司在细分领域普遍处于行业龙头地位。2017 年，全球工程建设领域最权威的学术杂志《工程新闻纪录》

（ENR），对全世界工程建筑领域的重要建筑企业进行排名，选出营业收入排在全球前 250 名的工程公司，上榜的中国企业大部分为上市的建筑公司（见表 22）。

表 22　　2017 年度 ENR 全球最大 250 家国际承包商中的中国内地企业

| 序号 | 公司名称 | 排名 | | 海外市场收入（百万美元） |
|---|---|---|---|---|
| | | 2017 | 2016 | |
| 1 | 中国交通建设股份有限公司 | 3 | 3 | 21201 |
| 2 | 中国电力建设集团有限公司 | 10 | 11 | 11595.9 |
| 3 | 中国建筑工程总公司 | 11 | 14 | 10358.8 |
| 4 | 中国中铁股份有限公司 | 21 | 20 | 5565.6 |
| 5 | 中国铁建股份有限公司 | 23 | 55 | 4945 |
| 6 | 中国能源建设股份有限公司 | 27 | ** | 4297 |
| 7 | 中国机械工业集团公司 | 31 | 23 | 3992.2 |
| 8 | 中国冶金科工集团有限公司 | 48 | 49 | 2519 |
| 9 | 中国化学工程集团公司 | 50 | 67 | 2472.3 |
| 10 | 中国石化工程建设有限公司 | 53 | 75 | 2180.5 |
| 11 | 中信建设有限责任公司 | 56 | 58 | 2005.2 |
| 12 | 青建集团股份公司 | 64 | 77 | 1640.4 |
| 13 | 哈尔滨电气国际工程有限公司 | 67 | 88 | 1502.4 |
| 14 | 中国石油工程建设（集团）公司 | 73 | 84 | 1262.7 |
| 15 | 中国水利电力对外公司 | 83 | 74 | 935.3 |
| 16 | 特变电工股份有限公司 | 84 | ** | 912.7 |
| 17 | 中国石油天然气管道局 | 88 | 68 | 881 |
| 18 | 中国江西国际经济技术合作公司 | 90 | 103 | 830.3 |
| 19 | 中国电力技术装备有限公司 | 93 | 128 | 810.1 |
| 20 | 浙江省建设投资集团有限公司 | 94 | 117 | 799.6 |
| 21 | 中煤建设集团有限公司 | 95 | 111 | 797.4 |
| 22 | 中国中原对外工程有限公司 | 96 | 109 | 797.3 |
| 23 | 中地海外建设集团 | 102 | 97 | 742.8 |
| 24 | 北方国际合作股份有限公司 | 103 | 112 | 741 |
| 25 | 中国通用技术（集团）控股有限责任公司 | 104 | 92 | 727.1 |
| 26 | 中国有色金属建设股份有限公司 | 106 | 129 | 694.6 |
| 27 | 新疆兵团建设工程（集团）有限责任公司 | 108 | 116 | 664.8 |
| 28 | 中国江苏国际经济技术合作公司 | 115 | 95 | 621.5 |
| 29 | 安徽省外经建设（集团）有限公司 | 116 | 145 | 601.4 |
| 30 | 上海建工集团 | 117 | 105 | 600.5 |
| 31 | 中原石油工程有限公司 | 124 | 125 | 535.9 |
| 32 | 中国地质工程集团公司 | 126 | 124 | 517.3 |

续表

| 序号 | 公司名称 | 排名 | | 海外市场收入（百万美元） |
|---|---|---|---|---|
| | | 2017 | 2016 | |
| 33 | 中鼎国际工程有限责任公司 | 127 | 131 | 514.6 |
| 34 | 中钢设备有限公司 | 129 | 160 | 492.3 |
| 35 | 中国武夷实业股份有限公司 | 131 | 168 | 470 |
| 36 | 东方电气股份有限公司 | 132 | 107 | 464.7 |
| 37 | 中国寰球工程公司 | 133 | 119 | 461.9 |
| 38 | 中国山东对外经济技术合作集团有限公司 | 139 | 167 | 437.1 |
| 39 | 上海电气集团股份有限公司 | 141 | 249 | 432.2 |
| 40 | 北京建工集团有限责任公司 | 142 | 115 | 429.9 |
| 41 | 江苏南通三建集团股份有限公司 | 143 | 150 | 428.8 |
| 42 | 烟建集团有限公司 | 146 | 183 | 419.7 |
| 43 | 安徽建工集团有限公司 | 147 | 127 | 416.4 |
| 44 | 沈阳远大铝业工程有限公司 | 149 | 153 | 412.8 |
| 45 | 中国河南国际合作集团有限公司 | 150 | 130 | 440.8 |
| 46 | 上海城建（集团）公司 | 153 | 144 | 388.4 |
| 47 | 云南建工集团有限公司 | 159 | 186 | 355.7 |
| 48 | 中石化胜利油田石油工程技术服务有限责任公司 | 160 | 176 | 344.3 |
| 49 | 中国成套设备进出口（集团）总公司 | 163 | 179 | 335.2 |
| 50 | 中国核工业建设股份有限公司 | 171 | ** | 316 |
| 51 | 山东德建集团有限公司 | 177 | ** | 270.3 |
| 52 | 南通建工集团股份有限公司 | 179 | 185 | 264.2 |
| 53 | 北京城建集团 | 180 | 171 | 263.6 |
| 54 | 中国大连国际经济技术合作集团有限公司 | 181 | 194 | 259.5 |
| 55 | 江苏南通六建建设集团有限公司 | 185 | 204 | 241.5 |
| 56 | 中国甘肃国际经济技术合作总公司 | 193 | 196 | 216.3 |
| 57 | 烟台国际经济技术合作集团有限公司 | 202 | 211 | 183.7 |
| 58 | 重庆对外建设（集团）有限公司 | 203 | 213 | 182.7 |
| 59 | 浙江省交通工程建设集团有限公司 | 210 | 218 | 161.6 |
| 60 | 平高集团有限公司 | 220 | ** | 132.1 |
| 61 | 江苏中南建筑产业集团有限责任公司 | 228 | ** | 113.8 |
| 62 | 山东淄建集团 | 229 | 189 | 110.3 |
| 63 | 中国凯盛国际工程有限公司 | 230 | ** | 106.3 |
| 64 | 北京住总集团有限责任公司 | 240 | ** | 79.4 |
| 65 | 中铝国际工程股份有限公司 | 245 | ** | 67.1 |

注：** 表示未进入 2016 年度 250 强排行榜。

审稿人：贺众营

撰稿人：彭　渤

# 批发和零售业

## 一、批发和零售业总体概况

### (一) 行业整体运行情况

2017 年，宏观经济增速略有回升，随着国家经济转型升级的有效推进和供给侧结构性改革的进一步实施，城镇居民收入、消费品价格指数逐渐呈现向好的趋势，给零售行业带来了积极影响。从经济结构来看，2017 年 GDP 为 82.7 万亿元，较 2016 年增长 6.9%。2017 年最终消费对经济增长的贡献率为 58.8%，比 2016 年下降 5.8 个百分点。消费市场保持平稳较快增长，全国百家重点大型零售企业零售额较 2016 年增长 2.8%，增速相比 2016 年提升 3.3 个百分点，增速近 6 年来首次回升，社会消费品零售总额较 2016 年增长 10.2%，增速相比 2016 年下降 0.2 个百分点。

国家统计局数据显示，2004～2017 年，中国城镇居民人均可支配收入稳步提升，从 2004 年的 9422 元增长到 2017 年的 36396 元。2017 年社会消费品零售总额 36.6 万亿元，较 2016 年增长 10.2%。2017 年网上零售额 7.2 万亿元，较 2016 年增长 32.2%。其中，实物商品网上零售额 5.5 万亿元，增长 28.0%，占社会消费品零售总额的比重为 15.0%。在实物商品网上零售额中，吃、穿和用类商品分别增长 28.5%、20.3% 和 30.8%。

批发零售业是社会化大生产过程中的重要环节，是决定经济运行速度、质量和效益的引导性力量，是中国市场化程度最高、竞争较为激烈的行业之一。从长远来看，中国居民消费无论是从总量上，还是从结构上都有相当大的发展空间，这为中国批发零售行业的发展提供了良好的中长期宏观环境。

2017 年，国务院、发改委、商务部、农业部出台了一些系列政策，支持改善经商环境，发展电子商务、进出口贸易、农产品贸易。中国已进入消费需求持续增长、消费结构加快升级、消费拉动经济作用明显增加的重要阶段。以传统消费提质升级、新兴消费蓬勃兴起为主要内容的新消费，及其催生的相关产业发展、科技创新、基础设施建设和公共服务等领域的新投资、新供给，蕴藏着巨大发展潜力和空间。

### (二) 细分行业运行概况

根据商品在流通环节中的批发活动和零售活动，批发与零售业主要分为批发业和零售业两个大类。

批发行业自 20 世纪 90 年代起进入了

快速发展期，限额以上批发业企业销售额增速自2008年以来不断放缓，近年来传统批发行业均出现萎缩态势。一方面，批发市场份额增长渐缓、批发商数量不断减少；另一方面，批发行业经营利润迅速下滑、用户留存率降低。从客流量、货物量、利润率等多个方面来看，昔日红火的批发市场都已大不如前。随着流通便利性增加及互联网与新模式的迅速发展，传统批发业正面临发展瓶颈。总体来说，中国批发企业规模较小，市场集中度偏低，难以形成规模效应。

零售行业景气底部开始回暖，整体集中度开始提升，各细分业态基本面结构性差异较大。线上延续较高增长，随着互联网信息技术的高速发展，电商交易成为商品交易的重要方式。《2017中国电商报告》指出，2017年，中国电子商务交易规模继续扩大，并保持高速增长态势。国家统计局调查显示，2017年全国电子商务交易额达29.16万亿元，较2016年增长11.7%。

除了阿里巴巴，京东商城等综合电商保持较好增长之外，如跨境电商、社交电商、电商服务行业涌现龙头。跨境通在2017年营业收入140.2亿元，较2016年增长64.17%；归属净利润7.51亿元，较2016年增长90.61%。微博在2017年营业收入11.50亿美元（约75.15亿元人民币），较2016年增长75.30%，归属净利润3.53亿美元（约23.04亿元人民币），较2016年增长226.85%。南极电商在2017年营业收入9.86亿元，较2016年增长89.25%；归属净利润5.34亿元，较2016年增长77.41%。

反观线下商企，整体仍处于洗牌整合过程，收入端被分流见底的迹象明显，业绩端开始逐渐回暖。同时新技术、新模式开始在线上线下融合过程中试探、应用，以超市、百货为主的传统零售企业关店、重组、调整已成为常态，互联网数字化技术对商品流通产业链的智能化改造有望开启“新零售”时代。

## 二、行业内上市公司发展概况

### （一）行业内上市公司基本情况

表1　　2017年批发和零售业上市公司发行股票概况

| 门　类 | A、B股总数 | A股股票数 | B股股票数 | 境内总市值（亿元） | 流通A股市值（亿元） | 流通B股市值（亿元） |
|---|---|---|---|---|---|---|
| 批发和零售业 | 172 | 164 | 8 | 17687.98 | 12652.40 | 83.74 |
| 占沪深两市比重（%） | 4.82 | 4.60 | 0.22 | 3.11 | 2.83 | 4.68 |

资料来源：沪深交易所，同花顺。

## （二）行业内上市公司构成情况

表 2　　2017 年批发和零售业上市公司构成情况　　单位：家

| 门　类 | 沪市 | | | 深市 | | | ST/*ST |
|---|---|---|---|---|---|---|---|
| | 仅 A 股 | 仅 B 股 | A+B 股 | 仅 A 股 | 仅 B 股 | A+B 股 | |
| 批发和零售业 | 90 | 0 | 5 | 66 | 0 | 3 | 2/2 |
| 占行业内上市公司比重（%） | 54.88 | 0.00 | 3.05 | 40.24 | 0.00 | 1.83 | 1.22/1.22 |

资料来源：沪深交易所，同花顺。

## （三）行业内上市公司融资情况

表 3　　2017 年批发和零售业上市公司与沪深两市融资情况对比　　单位：家

| 门　类 | 融资家数 | 新股 | 增发 | 配股 |
|---|---|---|---|---|
| 批发和零售业 | 28 | 7 | 21 | 0 |
| 沪深两市总数 | 867 | 438 | 422 | 7 |
| 占比（%） | 3.11 | 1.60 | 4.98 | 0.00 |

资料来源：沪深交易所，同花顺。

其中，首发的 7 家公司中，有 4 家在主板上市，2 家在中小板上市，1 家在创业板上市；增发的 21 家公司中，有 10 家沪市、11 家深市公司。

按行业大类划分，进行融资的 28 家公司中，批发业 12 家，零售业 16 家。

从融资效果来看，上述公司实际发行数量为 475783.03 万股；实际募集资金 442.72 亿元，基本完成了融资计划。

2017 年批发和零售业上市公司融资情况明细见附录。

## （四）行业内上市公司资产及业绩情况

表 4　　2017 年批发和零售业上市公司资产情况　　单位：亿元

| 指　标 | 2017 年 | 2017 年可比样本增长（%） | 2016 年 | 2016 年可比样本增长（%） | 2015 年 |
|---|---|---|---|---|---|
| 总资产 | 24785.39 | 12.93 | 21564.74 | 23.24 | 15876.89 |
| 流动资产 | 15972.38 | 12.48 | 13750.50 | 21.03 | 10270.02 |
| 占比（%） | 64.44 | -0.26 | 63.76 | -1.16 | 64.69 |
| 非流动资产 | 8813.01 | 13.75 | 7814.23 | 27.33 | 5606.87 |

续表

| 指　标 | 2017 年 | 2017 年可比样本增长（%） | 2016 年 | 2016 年可比样本增长（%） | 2015 年 |
|---|---|---|---|---|---|
| 占比（%） | 35.56 | 0.26 | 36.24 | 1.16 | 35.31 |
| 流动负债 | 12787.99 | 12.03 | 10844.15 | 11.46 | 8916.93 |
| 占比（%） | 51.59 | -0.41 | 50.29 | -5.32 | 56.16 |
| 非流动负债 | 2626.16 | 5.84 | 2523.2 | 42.05 | 1401.66 |
| 占比（%） | 10.60 | -0.71 | 11.70 | 1.55 | 8.83 |
| 归属于母公司股东权益 | 8376.53 | 14.99 | 7355.95 | 36.40 | 5073.97 |
| 占比（%） | 33.80 | 0.60 | 34.11 | 3.29 | 31.96 |

资料来源：沪深交易所，同花顺。

表 5　　2017 年批发和零售业上市公司收入实现情况　　单位：亿元

| 指　标 | 2017 年 | 2017 年可比样本增长（%） | 2016 年 | 2016 年可比样本增长（%） | 2015 年 |
|---|---|---|---|---|---|
| 营业收入 | 35315.06 | 31.54 | 25536.87 | 11.30 | 21694.14 |
| 利润总额 | 987.70 | 28.65 | 729.92 | 49.28 | 451.89 |
| 归属于母公司所有者的净利润 | 660.54 | 30.90 | 477.04 | 58.88 | 287.29 |

资料来源：沪深交易所，同花顺。

### （五）利润分配情况

2017 年全年批发和零售业上市公司中共有 130 家公司实施了分红配股。其中，1 家上市公司仅实施送股或转增股，111 家上市公司仅实施派息，1 家公司既实施了送股、转增，又实施了派息。

2017 年批发和零售业上市公司分红明细见附录。

### （六）其他财务指标情况

1. 盈利能力指标

表 6　　2017 年批发和零售业上市公司盈利能力情况　　单位：%

| 指　标 | 2017 年 | 2017 年可比样本变动 | 2016 年 | 2016 年可比样本变动 | 2015 年 |
|---|---|---|---|---|---|
| 毛利率 | 10.39 | -0.89 | 11.41 | 0.13 | 11.08 |
| 净资产收益率 | 7.89 | 0.96 | 6.49 | 0.92 | 5.66 |
| 销售净利率 | 2.13 | -0.01 | 2.13 | 0.71 | 1.39 |
| 资产净利率 | 3.21 | 0.28 | 2.79 | 0.76 | 1.98 |

资料来源：沪深交易所，同花顺。

2. 偿债能力指标

表 7　　2017 年批发和零售业上市公司偿债能力指标

| 指　标 | 2017 年 | 2017 年可比样本变动 | 2016 年 | 2016 年可比样本变动 | 2015 年 |
|---|---|---|---|---|---|
| 流动比率 | 1.25 | 0.00 | 1.27 | 0.10 | 1.15 |
| 速动比率 | 0.87 | 0.00 | 0.88 | 0.11 | 0.77 |
| 资产负债率（%） | 62.19 | -1.12 | 61.99 | -3.77 | 64.99 |

资料来源：沪深交易所，同花顺。

3. 营运能力指标

表 8　　2017 年批发和零售业上市公司营运能力情况　　单位：次

| 营运能力指标 | 2017 年 | 2017 年可比样本变动 | 2016 年 | 2016 年可比样本变动 | 2015 年 |
|---|---|---|---|---|---|
| 存货周转率 | 6.96 | 0.97 | 5.62 | 0.03 | 5.62 |
| 应收账款周转率 | 13.15 | -0.37 | 15.49 | -1.48 | 17.16 |
| 流动资产周转率 | 2.34 | 0.22 | 2.03 | -0.16 | 2.2 |
| 固定资产周转率 | 13.66 | 2.17 | 11.14 | -0.11 | 11.13 |
| 总资产周转率 | 1.51 | 0.14 | 1.31 | -0.12 | 1.42 |
| 净资产周转率 | 4.05 | 0.24 | 3.60 | -0.57 | 4.12 |

资料来源：沪深交易所，同花顺。

## 三、重点细分行业介绍

表 9　　2017 年批发和零售业上市公司数量分布及市值情况

| 大类 | 上市公司家数（家） | 占行业内比重（%） | 境内总市值（亿元） | 占行业内比重（%） |
|---|---|---|---|---|
| 批发业 | 76 | 46.34 | 7106.25 | 40.18 |
| 零售业 | 88 | 53.66 | 10581.73 | 59.82 |

资料来源：沪深交易所，同花顺。

### （一）零售业

1. 行业概况

零售业指从工农业生产者、批发贸易业或居民购进商品，转卖给城乡居民作为生活消费和售给社会集团作为公共消费的商品流通企业。它是百货商店、超级市场、专门零售商店、品牌专卖店、售货摊等主要面向最终消费者（如居民等）的销售活动，包括以互联网、邮政、电话、售货机等方式的销售活动。

2017年，零售业行业内改革和变革优化在加快：存量优化方面，关店出清大幅提速、并购整合频率提升；增量布局方面，跨境电商、农村电商、互联网金融及电商代运营等细分领域具备较强的成长性，越来越多的企业借助资本纽带，通过外延并购整合切入其中。

2. 行业内上市公司发展情况

表10　2017年零售业上市公司收入及资产增长情况　单位：亿元

| 指　标 | 2017年 | 2017年可比样本增长（%） | 2016年 | 2016年可比样本增长（%） | 2015年 |
|---|---|---|---|---|---|
| 营业收入 | 13173.13 | 12.35 | 11579.87 | 9.93 | 10203.18 |
| 利润总额 | 505.9 | 34.03 | 376.58 | 16.06 | 310.89 |
| 归属于母公司所有者的净利润 | 353.67 | 34.55 | 257.84 | 15.87 | 213.31 |
| 总资产 | 11933.23 | 10.67 | 12149.51 | 28.03 | 8411.09 |
| 归属于母公司股东权益 | 4744.99 | 14.12 | 4541.65 | 41.27 | 2989.96 |

资料来源：沪深交易所，同花顺。

表11　2017年零售业上市公司盈利能力情况　单位：%

| 指　标 | 2017年 | 2017年可比样本变动 | 2016年 | 2016年可比样本变动 | 2015年 |
|---|---|---|---|---|---|
| 毛利率 | 17.52 | 0.28 | 17.30 | -0.10 | 17.03 |
| 净资产收益率 | 7.45 | 1.13 | 5.68 | -1.24 | 7.13 |
| 销售净利率 | 2.86 | 0.50 | 2.38 | 0.15 | 2.21 |
| 资产净利率 | 3.31 | 0.48 | 2.55 | -0.19 | 2.81 |

资料来源：沪深交易所，同花顺。

表12　2017年零售业上市公司偿债及营运情况

| 指　标 | 2017年 | 2017年可比样本变动 | 2016年 | 2016年可比样本变动 | 2015年 |
|---|---|---|---|---|---|
| 资产负债率（%） | 57.03 | -1.64 | 58.99 | -4.39 | 62.05 |
| 存货周转率（次） | 6.22 | 0.34 | 5.09 | -0.42 | 6.04 |
| 总资产周转率（次） | 1.16 | -0.04 | 1.07 | -0.16 | 1.27 |

资料来源：沪深交易所，同花顺。

## （二）批发业

1. 行业概况

批发业是指批发商向批发、零售单位及其他企业、事业、机关批量销售生活用品和生产资料的活动，以及从事进出口贸易和贸易经纪与代理的活动。批发商可以对所批发的货物拥有所有权，并以本单位、公司的名义进行交易活动；也可以不拥有货物的所有权，而以中介身份做代理销售商；还包括各类商品批发市场中固定摊位的批发活动。

中国的批发企业存在规模过小、商品流通效率低下、市场交易秩序混乱等缺陷。

2. 行业内上市公司发展情况

表 13　2017 年批发业上市公司收入及资产增长情况　单位：亿元

| 指　标 | 2017 年 | 2017 年可比样本增长（%） | 2016 年 | 2016 年可比样本增长（%） | 2015 年 |
|---|---|---|---|---|---|
| 营业收入 | 22141.93 | 46.43 | 13957.00 | 12.46 | 11490.96 |
| 利润总额 | 481.80 | 23.44 | 353.35 | 114.83 | 141 |
| 归属于母公司所有者的净利润 | 306.87 | 26.93 | 219.21 | 182.06 | 73.98 |
| 总资产 | 12852.16 | 15.11 | 9415.22 | 17.56 | 7465.8 |
| 归属于母公司股东权益 | 3631.53 | 16.13 | 2814.30 | 29.21 | 2084.01 |

资料来源：沪深交易所，同花顺。

表 14　2017 年批发业上市公司盈利能力情况　单位:%

| 指　标 | 2017 年 | 2017 年可比样本变动 | 2016 年 | 2016 年可比样本变动 | 2015 年 |
|---|---|---|---|---|---|
| 毛利率 | 6.14 | -0.51 | 6.53 | 0.45 | 5.8 |
| 净资产收益率 | 8.45 | 0.72 | 7.79 | 4.22 | 3.55 |
| 销售净利率 | 1.69 | -0.27 | 1.93 | 1.18 | 0.66 |
| 资产净利率 | 3.11 | 0.08 | 3.09 | 1.86 | 1.06 |

资料来源：沪深交易所，同花顺。

表 15　2017 年批发业上市公司偿债及营运情况

| 指　标 | 2017 年 | 2017 年可比样本变动 | 2016 年 | 2016 年可比样本变动 | 2015 年 |
|---|---|---|---|---|---|
| 资产负债率（%） | 66.98 | -0.82 | 65.86 | -2.72 | 68.3 |
| 存货周转率（次） | 7.43 | 1.35 | 6.08 | 0.43 | 5.33 |
| 总资产周转率（次） | 1.84 | 0.3 | 1.60 | -0.05 | 1.59 |

资料来源：沪深交易所，同花顺。

## 四、重点上市公司介绍

### （一）永辉超市

永辉超市是中国大陆首批将生鲜农产品引进现代超市的流通企业之一。近年来，公司采取差异化战略进行错位竞争，形成以生鲜为特色的市场品牌。永辉超市是行业内为数不多的依然在扩张并能够在大部分地区盈利的超市企业。

线下，永辉超市 2017 年度新增 Bravo

门店133家，云创新开永辉生活店172家、超级物种27家，超额完成了年初规划；开业门店经营面积528万平方米，同比增加23%；新签约门店133家，已签约未开业门店达282家，储备面积179万平方米。云超：推进门店硬件设施升级改造，引入新物种，业态升级；深化组织架构变革，运用科技信息化赋能团队；供应链云超精减SKU至店均1.1万、推动生鲜国际直采（澳洲牛肉、高端水产等）、国内生鲜、食品用品品质定制。云商：彩食鲜已建渝/京/闽/川/皖5省中央工厂，向银行/教育/电力等300家企业提供食品食材，主营收入10亿元。永辉生活APP注册用户289万，GMV7.3亿元，永辉生活/超级物种线上交易占比分别为40%/27.4%。云金是基于保理和小贷双牌照构建"全供应链+门店+消费者"的移动智能科技金融业务，注册用户14万人，贷款余额10.6亿元。

2017年，永辉超市营业收入达585.91亿元，较2016年增长19.01%；营业利润达到19.40亿元，较2016年增长29.68%；归属母公司净利润达18.17亿元，较2016年增长46.28%。2017年，永辉超市食品用品收入为272.12亿元，占主营业务收入的47.56%，生鲜及加工收入为261.01亿元，占主营业务收入的49.58%，服装收入为15.71亿元，占主营业务收入的2.86%。

### （二）苏宁易购

苏宁易购是中国3C（家电、电脑、通讯）家电连锁零售行业的领先者。截至2017年，公司已进入297个地级以上城市，拥有店面3799家，其中，家电3C店1499家、苏宁易购直营店2215家、母婴店53家、超市店9家、社区便利店23家。整体格局上来看，苏宁易购已经形成了"一大、两小、多专"的业态产品族群，"一大"是指苏宁易购广场，"两小"是指苏宁小店和苏宁易购直营店；"多专"是指专注于垂直类目经营的，如家电3C、母婴、超市、家居生活等业态店面。2017年，大陆地区家电3C可比店面收入同比增长4.17%。

截至2017年12月末，苏宁易购零售注册用户数3.45亿，苏宁易购APP月活跃用户数较年初增长105.73%。2017年公司线上平台实体商品交易总规模为1266.96亿元（含税），同比增长57.37%，其中，线上平台自营商品销售规模974.60亿元（含税），同比增长57.52%，开放平台商品交易规模为292.36亿元（含税）。

苏宁物流及天天快递2017年拥有仓储及相关配套合计面积686万平方米，拥有快递网点达20871个，公司物流网络覆盖全国352个地级城市、2908个区县城市。2017年，苏宁物流社会化营业收入（不含天天快递）同比增长136.24%。

苏宁金融聚焦支付、供应链金融、消费金融、产品销售四大核心业务，募资53.35亿元引入战略股东，进一步强化在资金、场景、人才资源方面的竞争力。2017年，苏宁金融业务总体交易规模同比增长 129.71%。

2017 年，苏宁易购实现营业收入 1879.28 亿元，较 2016 年增长 26.48%；实现利润总额 43.32 亿元，较 2016 年增长 380.86%；归属母公司股东的净利润达 42.13 亿元，较 2016 年增长 498.02%。

表 16　　苏宁易购 2014～2017 年财务指标

| 项目 | 2017 年 | 2016 年 | 2015 年 | 2014 年 |
|---|---|---|---|---|
| 营业总收入（万元） | 18792776.40 | 14858533.10 | 13554763.30 | 10892529.60 |
| 营业总成本（万元） | 18848012.50 | 14999501.30 | 13780549.80 | 11034505.20 |
| 营业利润（万元） | 407609.60 | 205.20 | －61002.10 | －145893.30 |
| 利润总额（万元） | 433204.10 | 90088.70 | 88895.70 | 97261.30 |
| 归属母公司股东的净利润（万元） | 421251.60 | 70441.40 | 87250.40 | 86691.50 |
| 销售毛利率（%） | 14.10 | 14.36 | 14.44 | 15.28 |
| 销售净利率（%） | 2.15 | 0.33 | 0.56 | 0.76 |
| 资产负债率（%） | 46.83 | 49.02 | 63.75 | 64.06 |

资料来源：Wind 资讯。

### （三）王府井

王府井拥有极高的品牌价值和市场影响力，是中国零售业最知名的品牌之一。公司主要业务为商品零售和商业物业出租业务，覆盖传统百货、购物中心、奥特莱斯及超市四大主力业态，形成了处于不同发展阶段的门店梯次，同时，拥有线上自建零售渠道和加速扩张的便利店品牌。公司营业收入主要来自于公司旗下各门店的商品销售收入以及功能商户的租金收入。截至 2017 年年末，王府井旗下共有 54 家门店，包括 35 家百货、10 家购物中心、9 家奥特莱斯。

2017 年，王府井同店增速同比增长 10.7%，为近 6 年同店增速之最，强劲反弹。王府井门店普遍位于北京、省会、地级市核心商圈的核心地段，人流量密集，受益于线下客流回升，零售额增长明显。分地区来看，外地门店呈现高同店增速，长沙、太原、贵阳门店同店增速均超过 12%，成都两店同店增速约为 6%～7%。分地区来看，2017 年王府井华北、华中、华南、西南、西北地区收入贡献分别为 35%、13%、3%、29%、16%。

2017 年，王府井新增门店 16 家，其中，公司新开 3 家门店，包括 2 家购物中心、1 家购物中心内百货店；收购贝尔蒙特 13 家门店，包括 10 家百货、1 家购物中心、2 家奥特莱斯。目前，购物中心、奥特莱斯储备丰富，是未来扩张重点。2017 年，王府井实现营业收入 260.85 亿元，同比上升 46.59%；营业利润 13.35 亿元，同比上升 69.35%，实现归属于上市公司股东的净利润 9.10 亿元，同比上升 58.26%。

表 17　王府井 2014～2017 年财务指标

| 项目 | 2017 年 | 2016 年 | 2015 年 | 2014 年 |
|---|---|---|---|---|
| 营业总收入（万元） | 2608522.49 | 1779511.98 | 1732763.13 | 1827710.49 |
| 营业总成本（万元） | 2474868.99 | 1700395.96 | 1645078.49 | 1748909.75 |
| 营业利润（万元） | 133543.64 | 78857.57 | 105954.53 | 95620.35 |
| 利润总额（万元） | 134336.26 | 84853.28 | 93573.48 | 92895.69 |
| 归属母公司股东的净利润（万元） | 90981.83 | 57483.40 | 66124.53 | 63607.85 |
| 销售毛利率（%） | 20.72 | 21.38 | 21.43 | 20.75 |
| 销售净利率（%） | 3.57 | 3.18 | 3.82 | 3.48 |
| 资产负债率（%） | 45.56 | 40.01 | 47.06 | 49.89 |

资料来源：Wind 资讯。

### （四）跨境通

跨境通专注跨境电商业务，以自营 B2C 渠道为主，以第三方平台渠道为辅，通过全资子公司环球易购、控股子公司帕拓逊、自建品牌“五洲会”开展跨境进出口业务。

跨境出口自营渠道包括环球易购旗下电子类自营网站 Gearbest，服装类自营网站 Zuful、Rosegal、Dresslily 等。截至 2017 年 12 月末，主要网站 Gearbest、Zuful、Rosegal 注册人数分别达 3195 万、1083 万、1307 万，月均活跃用户数分别达 4533 万、1779 万、1662 万，在线 SKU 数分别达 39 万、4.8 万、15 万。2017 年跨境出口自营网站（含移动端）实现收入 74.45 亿元（移动端占比 32.34%），占跨境出口总收入的 57.18%，GMV 达 118.72 亿元（2016 年 GMV 为 70.86 亿，同比增加 67.54%）。跨境出口第三方平台渠道主要包括环球易购、帕拓逊在 Amazon、eBay、aliexpress、Wish 等第三方平台开设的店铺。2017 年，跨境出口第三方平台营业收入达到 55.59 亿元，占跨境出口总收入的 42.82%。其中，环球易购实现第三方平台收入 31.34 亿元，同比增加 27.02%；帕拓逊实现第三方平台收入 24.25 亿元，同比增加 15.29%。跨境进口业务主要依托自有跨境进口电商品牌“五洲会”。2017 年，跨境进口业务实现营业收入 6.67 亿元，占整体营业收入的 4.82%，同比上升 59.76%。

2017 年，跨境通实现营业收入 140.18 亿元，同比上升 64.20%；利润总额完成 9.48 亿元，同比上升 76.54%，实现归属于上市公司股东的净利润 7.51 亿元，同比上升 90.61%。

### （五）天虹股份

天虹股份是中外合资的连锁零售企业，其控股股东是中国航空工业集团下属的中国航空技术深圳有限公司。公司成立于 1984 年，立足珠三角向全国扩张。公司已进驻广东、江西、湖南、福建、江苏、浙江、北京、四川共计 8 省/市的 21 个城市，共经营购物中心店 7 家和综合百货店 67 家（含加盟店3家)、独立超市门店2家（前海超市、石岩超市)、便利店148家（含加盟店37家)，面积合计约256万平方米。

2017年，天虹股份新开3家购物中心、2家百货、1家独立超市和43家便利店，新增建筑面积约33.1万平米，增幅13.0%。天虹股份推进购物中心化，可比店租赁面积同比增加14.4%，对应销售额同比增加8.2%，对应营业收入同比增加21.1%。

天虹股份业态完善与升级，千店千面：百货推进主题编辑，Discovery为80后轻熟女定制时尚，CC. Mall服务于年轻群体；超市新品牌sp@ce强调“生活区块场景”，以数字化、餐饮化增强体验；购物中心打造各类主题“英伦小镇” “yes!街”等；微喔便利店衍生出生鲜和体验加强版的便利生活店、数字化无人值守便利店“WELL GO”等。数字化：截至2017年年底，虹领巾会员数超600万，微信会员数近600万，全年GMV13.6亿元。供应链：深化国际直采（海外合作厂家增至95家)、生鲜基地57个、生鲜果蔬源头直采占比43%；自有品牌销售同比增加32%。

2017年，天虹股份实现营业收入185.36亿元，同比上升7.31%；利润总额9.31亿元，同比上升30.21%；实现归属于上市公司股东的净利润7.18亿元，同比上升37.02%。

### （六）家家悦

家家悦的主营业务为超市连锁经营，公司是以大卖场和综合超市为业态主体，以区域一体化物流为支撑，以发展现代农业生产基地和食品深加工产业链为保障，以经营生鲜为特色的全供应链、多业态的综合性零售服务商。2017年年末，家家悦各业态连锁门店数量675家，其中，大卖场88家、社区综合超市289家、农村综合超市234家、专业店45家（其中，宝宝悦34家、其他专业店11家)、百货店12家、便利店7家。其中，大卖场、社区综合超市、农村综合超市的业态单店平均经营面积分别为3697.58平米、944.09平米、733.10平米，门店生鲜和食品的销售占比达到80.67%。

2017年，家家悦同店增速为2.8%。2017年，公司开店68家，关店24家，净开店44家；其中，Q1/Q2/Q3/Q4分别开店7、23、14、24家，关店5、7、9、3家。2017年公司改造门店约100处。截至2017年年底，家家悦门店胶东和其他地区家数占比为87%、13%，营业收入占比89%、11%。2017年年末公告以受让、增资方式获青岛维客连锁51%股权，已于2018年3月1日完成交易实现并表。

家家悦拥有2500多家供应商，品牌直采比例86.8%；自有10.8万平米的食品工业园、约5万平米的生鲜加工中心和中央厨房；自有品牌销售占比8.96%（+0.38pct)；生鲜源头直采比例超过80%；拥有4处常温、6处生鲜物流中心（含维客)，覆盖山东全省及周边省份临近山东的区域。公司面临拓展机遇期，内部业态创新、组织架构调整完毕，合伙人制稳步推进；外部在山东省内并无业态相近、密集布点的大规模连锁竞争对手。

2017 年，家家悦实现营业收入 113.30 亿元，同比上升 5.13%；利润总额 4.10 亿元，同比上升 12.95%；实现归属于上市公司股东的净利润 3.11 亿元，同比上升 23.90%。

## 五、上市公司在行业中的影响力

批发与零售是中国市场化程度最高，竞争最激烈的行业。中国地域分布较广，渠道深度大，在商业区域代理格局下，上市公司区域格局明显。

根据中国商业联合会和中华全国商业信息中心联合发布的《2017 年中国零售百强名单》，共有百货 46 家，超市 25 家，专业店 12 家，购物中心 9 家，电商 7 家。据中商联信息部发布的数据显示，从上榜企业的整体情况来看，2017 年零售百强继续保持较快增长，增速略有上升。2017 年，中国零售百强企业实现销售额 6.08 万亿元，同比增长 26%，增幅较 2016 年同期上升 7.5 个百分点，高于社会消费品零售总额增速 15.8 个百分点。就零售百强企业的整体发展趋势而言，电商保持较快增长，零售实体店整体回升。

电商依然保持较快增长，增速略有回升。百强中 7 家电商销售规模达到 3.57 万亿元，同比增长 41.2%，增速高于 2016 年 7 个百分点，占百强整体销售的比重为 58.7%，较 2016 年提高 7.5 个百分点。7 家电商对百强零售企业整体销售增长的贡献率为 83%，较 2016 年降低 0.5 个百分点。其中，京东为中国最大零售商（自营 + B2C 平台 + 实体），大商集团为中国最大实体零售商，天猫为中国最大 B2C 零售平台。此外，“实体 + 电商”型企业增速也略有回升，2017 年，零售百强中 6 家“实体 + 电商”型零售企业销售规模为 6415.9 亿元，比 2016 年同期增长 15.5%，增速高于 2016 年 4.3 个百分点，占百强整体销售的比重为 10.5%，6 家企业对百强零售企业整体销售增长的贡献率为 6.9%。

零售百强企业中的实体零售企业增速持续回暖。2017 年，零售百强中 87 家实体零售企业销售规模达 1.87 万亿元，同比增长 7.5%，比 2016 年加快 3.5 个百分点，销售规模占百强整体销售的比重为 30.8%，87 家实体店零售企业对百强零售企业整体销售增长的贡献率为 10.1%。

可以看出，电商保持较快增长，与实体合作加强。2017 年是电商与实体合作持续推进的一年，例如，阿里巴巴与百联集团达成战略合作，基于大数据和互联网技术进行全方位的新零售合作；亚马逊收购全食超市，深耕生鲜电商领域。

在未来的双线融合发展中，批发与零售行业上市公司需进一步提升采购、仓储物流、IT 系统等供应链效率，在行业洗牌中进一步提升市场份额，转型升级，在创新中寻求发展。

审稿人：金晟哲

撰稿人：宋星琦

# 交通运输、仓储和邮政业

## 一、交通运输、仓储和邮政业总体概况

### （一）行业整体运行情况

2017 年，国内外宏观经济稳健复苏，全社会货运量及客货周转量均较 2016 年有所增长，客运量增速较 2016 年小幅下降。2017 年，全社会旅客运输量累计完成 184.9 亿人次，较 2016 年下降 2.7%；全社会旅客运输周转量完成 32812.8 亿人公里，较 2016 年增加 5.0%。2017 年，全社会货运量累计完成 480.5 亿吨，较 2016 年增加 9.5%；全社会货运周转量累计完成 197373.00 亿吨公里，较 2016 年增加 5.8%。其中，除公路客运量有所降低外，公路货运量、铁路、水路和航空客货运量均有所提升。

2017 年，交通运输、仓储和邮政业固定资产投资完成 61185.82 亿元，较 2016 年增长 14.1%，增速较 2016 年加快。其中，铁路运输固定资产投资完成 8006.19 亿元，较 2016 年增加 3.3%；水上运输业固定资产投资完成 1886.41 亿元，较 2016 年减少 12.8%；道路运输业固定资产投资完成 40303.59 亿元，较 2016 年增加 22.4%，增速较 2016 年大幅上涨；航空运输业固定资产投资完成 2394.92 亿元，较 2016 年增长 7.9%，增速较 2016 年大幅下降。

### （二）细分行业运行概况

2017 年，各细分行业景气不一，从不同的细分运输方式来看，公路旅客运输量完成 145.68 亿人次，较 2016 年降低 5.57%；公路旅客运输周转量完成 9765.20 亿人公里，较 2016 年降低 4.53%。铁路旅客运输量完成 30.84 亿人次，较 2016 年增长 9.59%；铁路旅客运输周转量完成 13456.90 亿人公里，较 2016 年增长 6.98%。水路旅客运输量完成 2.83 亿人次，较 2016 年增长 3.91%；水路旅客运输周转量完成 77.70 亿人公里，较 2016 年增长 7.43%。航空旅客运输量完成 5.52 亿人次，较 2016 年增长 13.03%；航空旅客运输周转量完成 9513.00 亿人公里，较 2016 年增长 13.55%。

2017 年，公路货运量完成 368.69 亿吨，较 2016 年增长 10.34%；公路货运周转量完成 66771.50 亿吨公里，较 2016 年增长 9.32%。铁路货运量完成 36.89 亿吨，较 2016 年增长 10.71%；铁路货运周转量完成 26962.20 亿吨公里，较 2016 年增长 13.32%。水路货运量完成 66.78 亿吨，较 2016 年增长 4.64%；水路货运周转量完成

98611.20 亿吨公里，较 2016 年增长 1.31%；航空货运量完成 705.90 万吨，较 2016 年增长 5.67%；航空货运周转量完成 243.55 亿吨公里，较 2016 年增长 9.49%。

2017 年，全国港口完成货物吞吐量 140.07 亿吨，比 2016 年增长 6.1%。其中，沿海港口完成 90.57 亿吨，增长 7.1%；内河港口完成 49.50 亿吨，增长 4.3%。全国港口完成集装箱吞吐量 2.38 亿标准箱，比 2016 年增长 8.3%。其中，沿海港口完成 2.11 亿标准箱，增长 7.7%；内河港口完成 2739 万标准箱，增长 13.4%。

## 二、行业内上市公司发展概况

### （一）行业内上市公司基本情况

表 1　　2017 年交通运输、仓储和邮政业上市公司发行股票概况

| 门　类 | A、B 股总数 | A 股股票数 | B 股股票数 | 境内总市值（亿元） | 流通 A 股市值（亿元） | 流通 B 股市值（亿元） |
|---|---|---|---|---|---|---|
| 交通运输、仓储和邮政业 | 103 | 95 | 8 | 22254.67 | 15550.52 | 149.32 |
| 占沪深两市比重（%） | 2.89 | 2.66 | 0.22 | 3.92 | 3.48 | 8.34 |

资料来源：沪深交易所，同花顺。

### （二）行业内上市公司构成情况

表 2　　2017 年交通运输、仓储和邮政业上市公司构成情况　　单位：家

| 门　类 | 沪市 | | | 深市 | | | ST/*ST |
|---|---|---|---|---|---|---|---|
| | 仅 A 股 | 仅 B 股 | A+B 股 | 仅 A 股 | 仅 B 股 | A+B 股 | |
| 交通运输、仓储和邮政业 | 62 | 0 | 4 | 27 | 2 | 2 | 0/0 |
| 占行业内上市公司比重（%） | 63.92 | 0.00 | 4.12 | 27.84 | 2.06 | 2.06 | 0.00/0.00 |

资料来源：沪深交易所，同花顺。

### （三）行业内上市公司融资情况

表 3　　2017 年交通运输、仓储和邮政业上市公司与沪深两市融资情况对比　　单位：家

| 门类 | 融资家数 | 新股 | 增发 | 配股 |
|---|---|---|---|---|
| 交通运输、仓储和邮政业 | 15 | 7 | 8 | 0 |
| 沪深两市总数 | 867 | 438 | 422 | 7 |
| 占比（%） | 1.73 | 1.60 | 1.90 | 0.00 |

资料来源：沪深交易所，同花顺。

其中，首发的 7 家公司全在主板上市；增发的 8 家公司中，有 2 家沪市、1 家深市主板及 5 家中小板公司。

按行业大类划分，进行融资的 15 家公司中，仓储业 1 家，道路运输业 7 家，道路运输业 1 家，水上运输业 4 家，装卸搬运和其他运输代理 1 家，邮政业 1 家。

从融资效果来看，上述公司实际发行数量为 81 亿股；实际募集资金 219 亿元，基本完成了融资计划。

2017 年交通运输、仓储和邮政业上市公司融资情况明细见附录。

### （四）行业内上市公司资产及业绩情况

**表 4　2017 年交通运输、仓储和邮政业上市公司资产情况**　单位：亿元

| 指　标 | 2017 年 | 2017 年可比样本增长（%） | 2016 年 | 2016 年可比样本增长（%） | 2015 年 |
|---|---|---|---|---|---|
| 总资产 | 27473.92 | 9.61 | 24441.06 | 9.73 | 21112.24 |
| 流动资产 | 5671.97 | 13.56 | 5375.18 | 24.80 | 4050.37 |
| 占比（%） | 20.64 | 0.72 | 21.99 | 2.66 | 19.18 |
| 非流动资产 | 21801.94 | 8.63 | 19065.88 | 6.12 | 17061.87 |
| 占比（%） | 79.36 | -0.72 | 78.01 | -2.66 | 80.82 |
| 流动负债 | 7307.77 | 15.71 | 6475.45 | 22.20 | 4908.6 |
| 占比（%） | 26.60 | 1.40 | 26.49 | 2.70 | 23.25 |
| 非流动负债 | 7389.95 | 2.29 | 7309.53 | 4.85 | 6713.26 |
| 占比（%） | 26.90 | -1.92 | 29.91 | -1.39 | 31.8 |
| 归属于母公司股东权益 | 11520.54 | 10.76 | 9590.12 | 6.47 | 8566.01 |
| 占比（%） | 41.93 | 0.44 | 39.24 | -1.20 | 40.57 |

资料来源：沪深交易所，同花顺。

**表 5　2017 年交通运输、仓储和邮政业上市公司收入实现情况**　单位：亿元

| 指　标 | 2017 年 | 2017 年可比样本增长（%） | 2016 年 | 2016 年可比样本增长（%） | 2015 年 |
|---|---|---|---|---|---|
| 营业收入 | 11466.23 | 17.45 | 9120.66 | 5.67 | 8266.05 |
| 利润总额 | 1599.77 | 39.70 | 998.45 | -8.23 | 1020.27 |
| 归属于母公司所有者的净利润 | 1146.54 | 43.58 | 688.57 | -12.11 | 730.92 |

资料来源：沪深交易所，同花顺。

### （五）利润分配情况

2017 年全年交通运输、仓储和邮政业上市公司中共有 83 家公司实施了分红配股。其中，3 家上市公司实施送股或转增股，83 家上市公司实施派息，其中 3 家公司既实施了送股、转增，又实施了派息。

2017年交通运输、仓储和邮政业上市公司分红明细见附录。

**（六）其他财务指标情况**

1. 盈利能力指标

表6　　2017年交通运输、仓储和邮政业上市公司盈利能力情况　　单位：%

| 指　标 | 2017年 | 2017年可比样本变动 | 2016年 | 2016年可比样本变动 | 2015年 |
|---|---|---|---|---|---|
| 毛利率 | 18.43 | -1.28 | 18.93 | -2.09 | 20.9 |
| 净资产收益率 | 9.95 | 2.27 | 7.18 | -1.52 | 8.53 |
| 销售净利率 | 10.96 | 1.93 | 8.37 | -1.72 | 9.83 |
| 资产净利率 | 4.78 | 1.16 | 3.27 | -0.86 | 3.95 |

资料来源：沪深交易所，同花顺。

2. 偿债能力指标

表7　　2017年交通运输、仓储和邮政业上市公司偿债能力指标

| 指　标 | 2017年 | 2017年可比样本变动 | 2016年 | 2016年可比样本变动 | 2015年 |
|---|---|---|---|---|---|
| 流动比率 | 0.78 | -0.01 | 0.83 | 0.02 | 0.83 |
| 速动比率 | 0.68 | -0.02 | 0.70 | -0.01 | 0.72 |
| 资产负债率（%） | 53.50 | -0.52 | 56.40 | 1.31 | 55.05 |

资料来源：沪深交易所，同花顺。

3. 营运能力指标

表8　　2017年交通运输、仓储和邮政业上市公司营运能力情况　　单位：次

| 营运能力指标 | 2017年 | 2017年可比样本变动 | 2016年 | 2016年可比样本变动 | 2015年 |
|---|---|---|---|---|---|
| 存货周转率 | 14.29 | 0.63 | 10.75 | -1.97 | 12.32 |
| 应收账款周转率 | 16.73 | 1.15 | 11.71 | -5.29 | 17.16 |
| 流动资产周转率 | 2.15 | 0.11 | 1.88 | -0.16 | 2.02 |
| 固定资产周转率 | 0.93 | 0.11 | 0.80 | 0.00 | 0.78 |
| 总资产周转率 | 0.44 | 0.04 | 0.39 | -0.02 | 0.4 |
| 净资产周转率 | 0.94 | 0.14 | 0.88 | -0.05 | 0.91 |

资料来源：沪深交易所，同花顺。

## 三、重点细分行业介绍

表 9　　2017 年交通运输、仓储和邮政业公司数量分布及市值情况

| 大类 | 上市公司家数（家） | 占行业内比重（%） | 境内总市值（亿元） | 占行业内比重（%） |
|---|---|---|---|---|
| 装卸搬运和运输代理业 | 5 | 5.15 | 622.92 | 2.80 |
| 道路运输业 | 35 | 36.08 | 3815.54 | 17.14 |
| 铁路运输业 | 4 | 4.12 | 1874.22 | 8.42 |
| 水上运输业 | 28 | 28.87 | 6222.19 | 27.96 |
| 航空运输业 | 12 | 12.37 | 5469.70 | 24.58 |
| 仓储业 | 9 | 9.28 | 620.23 | 2.79 |
| 邮政业 | 4 | 4.12 | 3629.87 | 16.31 |

资料来源：沪深交易所，同花顺。

### （一）仓储业

1. 行业概况

2017 年，中国社会物流总额高达 252.8 万亿元，与 5 年前相比，增长 43% 左右，5 年年均可比增幅约为 7.4%；社会物流总费用与 GDP 的比率从 5 年前的 18%，降至 2017 年的 14.6%，物流行业运行效率有所提升。

2. 行业内上市公司发展情况

表 10　　2017 年仓储业上市公司收入及资产增长情况　　单位：亿元

| 指　标 | 2017 年 | 2017 年可比样本增长（%） | 2016 年 | 2016 年可比样本增长（%） | 2015 年 |
|---|---|---|---|---|---|
| 营业收入 | 401.80 | 63.32 | 244.39 | -2.48 | 250.26 |
| 利润总额 | 24.84 | 24.59 | 20.30 | 33.98 | 15.13 |
| 归属于母公司所有者的净利润 | 17.48 | 27.29 | 14.01 | 31.64 | 10.64 |
| 总资产 | 438.48 | 5.25 | 432.51 | 23.81 | 347.43 |
| 归属于母公司股东权益 | 215.98 | 9.55 | 208.29 | 7.20 | 193.46 |

资料来源：沪深交易所，同花顺。

表 11　　2017 年仓储业上市公司盈利能力情况　　单位：%

| 指　标 | 2017 年 | 2017 年可比样本变动 | 2016 年 | 2016 年可比样本变动 | 2015 年 |
|---|---|---|---|---|---|
| 毛利率 | 7.25 | -4.92 | 12.32 | 2.68 | 9.55 |
| 净资产收益率 | 8.09 | 1.13 | 6.73 | 1.25 | 5.5 |
| 销售净利率 | 4.53 | -1.43 | 6.13 | 1.70 | 4.43 |
| 资产净利率 | 4.26 | 0.37 | 3.83 | 0.32 | 3.52 |

资料来源：沪深交易所，同花顺。

表 12　　2017 年仓储业上市公司偿债及营运情况

| 指　标 | 2017 年 | 2017 年可比样本变动 | 2016 年 | 2016 年可比样本变动 | 2015 年 |
|---|---|---|---|---|---|
| 资产负债率（%） | 44.49 | -4.15 | 47.80 | 5.87 | 41.86 |
| 存货周转率（次） | 8.48 | 3.65 | 4.68 | -8.05 | 12.72 |
| 总资产周转率（次） | 0.94 | 0.29 | 0.63 | -0.17 | 0.79 |

资料来源：沪深交易所，同花顺。

## （二）道路运输业

1. 行业概况

2017 年，全国营业性客运车辆完成公路客运量 145.68 亿人次，旅客周转量 9765.20 亿人公里，比 2016 年分别减少 5.6% 和 4.5%，平均运距为 67.03 公里。完成货运量 368.69 亿吨、货物周转量 66771.50 亿吨公里，比 2016 年分别增长 10.3% 和 9.3%，平均运距为 181.10 公里。

2. 行业内上市公司发展情况

表 13　　2017 年道路运输业上市公司收入及资产增长情况　　单位：亿元

| 指　标 | 2017 年 | 2017 年可比样本增长（%） | 2016 年 | 2016 年可比样本增长（%） | 2015 年 |
|---|---|---|---|---|---|
| 营业收入 | 1185.69 | 11.15 | 975.86 | 5.73 | 894.03 |
| 利润总额 | 333.57 | 12.83 | 250.49 | 14.91 | 212.74 |
| 归属于母公司所有者的净利润 | 243.50 | 12.06 | 185.28 | 11.32 | 163.78 |
| 总资产 | 5202.30 | 6.20 | 4261.38 | 3.94 | 4043.21 |
| 归属于母公司股东权益 | 2537.28 | 7.41 | 1974.33 | 8.46 | 1804.54 |

资料来源：沪深交易所，同花顺。

表 14　　2017 年道路运输业上市公司盈利能力情况　　单位:%

| 指　标 | 2017 年 | 2017 年可比样本变动 | 2016 年 | 2016 年可比样本变动 | 2015 年 |
|---|---|---|---|---|---|
| 毛利率 | 33.37 | -1.18 | 34.22 | -0.91 | 35.02 |
| 净资产收益率 | 9.60 | 0.40 | 9.38 | 0.24 | 9.08 |
| 销售净利率 | 22.08 | 0.47 | 19.68 | 1.04 | 18.85 |
| 资产净利率 | 5.18 | 0.36 | 4.59 | 0.19 | 4.35 |

资料来源：沪深交易所，同花顺。

表 15　　2017 年道路运输业上市公司偿债及营运情况

| 指　标 | 2017 年 | 2017 年可比样本变动 | 2016 年 | 2016 年可比样本变动 | 2015 年 |
|---|---|---|---|---|---|
| 资产负债率（%） | 47.90 | 0.00 | 50.69 | -1.19 | 51.69 |
| 存货周转率（次） | 3.30 | 0.80 | 2.42 | 0.32 | 2.05 |
| 总资产周转率（次） | 0.23 | 0.01 | 0.23 | 0.00 | 0.23 |

资料来源：沪深交易所，同花顺。

### （三）航空运输业

1. 行业概况

2017 年，航空运输业完成运输总周转量 1083.08 亿吨公里，比 2016 年增加 120.57 亿吨公里，增长 12.53%；其中，旅客周转量 9513.00 亿人公里，比 2016 年增加 1134.87 亿人公里，增长 13.55%；货邮周转量 243.55 亿吨公里，比 2016 年增加 21.10 亿吨公里，增长 9.49%。

2017 年，国内航线完成运输周转量 694.60 亿吨公里，比 2016 年增加 72.67 亿吨公里，增长 11.68%；其中，港澳台航线完成 16.10 亿吨公里，比 2016 年增加 0.67 亿吨里，增加 4.34%；国际航线完成运输周转量 388.48 亿吨公里，比 2016 年增加 47.90 亿吨公里，增长 14.06%。

2017 年，全行业完成旅客运输量 55156 万人次，比 2016 年增加 6359.95 万人次，增长 13.03%。国内航线完成旅客运输量 49611 万人次，比 2016 年增加 5977 万人次，增长 13.70%；其中，港澳台航线完成 1027.00 万人次，比 2016 年增加 42.00 万人次，增加 4.26%；国际航线完成旅客运输量 5545 万人次，比 2016 年增加 383 万人次，增加 7.42%。

2017 年，全行业完成货邮运输量 705.90 万吨，比 2016 年增长 5.67%。国内航线完成货邮运输量 483.80 万吨，比 2016 年增长 1.90%；其中，港澳台航线完成 24.20 万吨，比 2016 年上涨 10.00%；国际航线完成货邮运输量 222.10 万吨，比 2016 年增加 14.96%。

截至 2017 年年底，民航全行业运输飞机期末在册架数 3296 架，比 2016 年增加346架。定期航班航线4418条，按不重复距离计算的航线里程为748.3万公里。

2. 行业内上市公司发展情况

表16　2017年航空运输业上市公司收入及资产增长情况　单位：亿元

| 指　标 | 2017年 | 2017年可比样本增长（%） | 2016年 | 2016年可比样本增长（%） | 2015年 |
|---|---|---|---|---|---|
| 营业收入 | 4714.19 | 12.87 | 4189.31 | 5.94 | 3997.51 |
| 利润总额 | 464.41 | 18.67 | 391.33 | 10.05 | 365.17 |
| 归属于母公司所有者的净利润 | 323.49 | 17.65 | 274.94 | 5.90 | 269.32 |
| 总资产 | 10062.81 | 11.94 | 8989.00 | 9.30 | 8304.63 |
| 归属于母公司股东权益 | 3254.67 | 14.65 | 2838.74 | 25.27 | 2338.71 |

资料来源：沪深交易所，同花顺。

表17　2017年航空运输业上市公司盈利能力情况　单位：%

| 指　标 | 2017年 | 2017年可比样本变动 | 2016年 | 2016年可比样本变动 | 2015年 |
|---|---|---|---|---|---|
| 毛利率 | 14.98 | -4.55 | 19.78 | -1.52 | 21.16 |
| 净资产收益率 | 9.94 | 0.25 | 9.69 | -1.77 | 11.52 |
| 销售净利率 | 7.62 | 0.39 | 7.21 | 0.00 | 7.37 |
| 资产净利率 | 3.77 | 0.26 | 3.51 | -0.06 | 3.66 |

资料来源：沪深交易所，同花顺。

表18　2017年航空运输业上市公司偿债及营运情况

| 指　标 | 2017年 | 2017年可比样本变动 | 2016年 | 2016年可比样本变动 | 2015年 |
|---|---|---|---|---|---|
| 资产负债率（%） | 63.47 | -1.08 | 64.55 | -4.74 | 68.72 |
| 存货周转率（次） | 64.17 | 9.72 | 54.45 | 1.98 | 53.13 |
| 总资产周转率（次） | 0.49 | 0.01 | 0.49 | -0.01 | 0.5 |

资料来源：沪深交易所，同花顺。

### （四）水上运输业

1. 行业概况

2017年，水上运输业完成客运量2.83亿人，比2016年增长3.9%，旅客周转量77.7亿人公里，比2016年增长7.4%。完成货运量66.78亿吨，增长4.6%，货物周转量98611.25亿吨公里，增长1.3%。其中，内河运输完成货运量37.05亿吨、货物周转量14948.68亿吨公里；沿海运输完成货运量22.13亿吨、货物周转量28578.71亿吨公里；远洋运输完成货运量7.60亿吨、货物周转量55083.86亿吨公里。

2. 行业内上市公司发展情况

表19　2017年水上运输业上市公司收入及资产增长情况　单位：亿元

| 指　标 | 2017年 | 2017年可比样本增长（%） | 2016年 | 2016年可比样本增长（%） | 2015年 |
|---|---|---|---|---|---|
| 营业收入 | 2894.03 | 16.81 | 2713.62 | 8.96 | 2281.96 |
| 利润总额 | 430.94 | 109.20 | 195.01 | -32.96 | 240.15 |
| 归属于母公司所有者的净利润 | 295.17 | 173.34 | 100.61 | -45.62 | 143.51 |
| 总资产 | 8795.72 | 8.47 | 8767.45 | 12.35 | 6818.3 |
| 归属于母公司股东权益 | 3419.12 | 6.89 | 3089.83 | -7.32 | 2982.27 |

资料来源：沪深交易所，同花顺。

表20　2017年水上运输业上市公司盈利能力情况　单位：%

| 指　标 | 2017年 | 2017年可比样本变动 | 2016年 | 2016年可比样本变动 | 2015年 |
|---|---|---|---|---|---|
| 毛利率 | 18.88 | 2.65 | 14.42 | -2.03 | 15.49 |
| 净资产收益率 | 8.63 | 5.26 | 3.26 | -2.29 | 4.81 |
| 销售净利率 | 12.13 | 6.08 | 5.19 | -4.48 | 8.5 |
| 资产净利率 | 4.15 | 2.31 | 1.70 | -1.65 | 2.89 |

资料来源：沪深交易所，同花顺。

表21　2017年水上运输业上市公司偿债及营运情况

| 指　标 | 2017年 | 2017年可比样本变动 | 2016年 | 2016年可比样本变动 | 2015年 |
|---|---|---|---|---|---|
| 资产负债率（%） | 54.26 | 0.40 | 58.51 | 8.38 | 49.08 |
| 存货周转率（次） | 9.57 | -6.04 | 8.78 | -7.85 | 15.76 |
| 总资产周转率（次） | 0.34 | 0.04 | 0.33 | -0.02 | 0.34 |

资料来源：沪深交易所，同花顺。

### （五）铁路运输业

1. 行业概况

2017年，全年全国铁路完成旅客发送量30.84亿人，比2016年增长9.6%，旅客周转量13456.92亿人公里，增长7.0%。其中，国家铁路旅客发送量30.38亿人，增长9.6%，旅客周转量13396.96亿人公里，增长6.9%。2017年，全年全国铁路完成货运总发送量36.89亿吨，比2016年增长10.7%，货运总周转量26962.20亿吨公里，增长

13.3%。其中，国家铁路完成货运总发送量29.19亿吨，增长10.1%，货运总周转量24091.70亿吨公里，增长13.2%。

2. 行业内上市公司发展情况

表22　　2017年铁路运输业上市公司收入及资产增长情况　　单位：亿元

| 指　标 | 2017年 | 2017年可比样本增长（%） | 2016年 | 2016年可比样本增长（%） | 2015年 |
|---|---|---|---|---|---|
| 营业收入 | 863.11 | 25.67 | 686.81 | -8.64 | 745.91 |
| 利润总额 | 187.06 | 75.19 | 106.78 | -41.51 | 181.65 |
| 归属于母公司所有者的净利润 | 147.83 | 72.36 | 85.77 | -38.99 | 139.82 |
| 总资产 | 1755.52 | 3.93 | 1689.09 | 5.88 | 1543.17 |
| 归属于母公司股东权益 | 1373.75 | 8.31 | 1268.30 | 1.10 | 1215.6 |

资料来源：沪深交易所，同花顺。

表23　　2017年铁路运输业上市公司盈利能力情况　　单位：%

| 指　标 | 2017年 | 2017年可比样本变动 | 2016年 | 2016年可比样本变动 | 2015年 |
|---|---|---|---|---|---|
| 毛利率 | 21.01 | 6.09 | 14.93 | -9.41 | 24.21 |
| 净资产收益率 | 10.76 | 4.00 | 6.76 | -4.44 | 11.5 |
| 销售净利率 | 16.83 | 4.48 | 12.35 | -6.35 | 18.74 |
| 资产净利率 | 8.43 | 3.27 | 5.16 | -3.84 | 9.11 |

资料来源：沪深交易所，同花顺。

表24　　2017年铁路运输业上市公司偿债及营运情况

| 指　标 | 2017年 | 2017年可比样本变动 | 2016年 | 2016年可比样本变动 | 2015年 |
|---|---|---|---|---|---|
| 资产负债率（%） | 20.89 | -2.99 | 23.88 | 3.46 | 20.25 |
| 存货周转率（次） | 13.63 | 0.82 | 12.80 | 0.00 | 12.8 |
| 总资产周转率（次） | 0.50 | 0.08 | 0.42 | -0.06 | 0.49 |

资料来源：沪深交易所，同花顺。

## （六）装卸搬运和运输代理业

1. 行业概况

2017年，中国物流总额达到252.8万亿元，按可比价格计算，较2016年上涨6.7%。2017年，中国装卸搬运和运输代理业就业人数出现了一定的下降，较2016年下跌1.00%，至42.81万人。

2. 行业内上市公司发展情况

表 25　　2017 年装卸搬运和运输代理业上市公司收入及资产增长情况　　单位：亿元

| 指　标 | 2017 年 | 2017 年可比样本增长（%） | 2016 年 | 2016 年可比样本增长（%） | 2015 年 |
|---|---|---|---|---|---|
| 营业收入 | 270.22 | 39.50 | 142.47 | 1.83 | 96.39 |
| 利润总额 | 33.52 | 49.27 | 16.26 | 4.65 | 5.44 |
| 归属于母公司所有者的净利润 | 26.16 | 38.37 | 14.25 | 2.13 | 3.85 |
| 总资产 | 318.96 | 21.33 | 189.95 | 35.95 | 55.51 |
| 归属于母公司股东权益 | 181.11 | 15.48 | 128.58 | 23.32 | 31.44 |

资料来源：沪深交易所，同花顺。

表 26　　2017 年装卸搬运和运输代理业上市公司盈利能力情况　　单位：%

| 指　标 | 2017 年 | 2017 年可比样本变动 | 2016 年 | 2016 年可比样本变动 | 2015 年 |
|---|---|---|---|---|---|
| 毛利率 | 13.55 | -0.70 | 12.35 | 1.74 | 11.41 |
| 净资产收益率 | 14.44 | 2.39 | 11.08 | -2.30 | 12.23 |
| 销售净利率 | 10.40 | 0.26 | 10.51 | 0.20 | 4.5 |
| 资产净利率 | 9.66 | 1.23 | 9.08 | -1.53 | 7.77 |

资料来源：沪深交易所，同花顺。

表 27　　2017 年装卸搬运和运输代理业上市公司偿债及营运情况

| 指　标 | 2017 年 | 2017 年可比样本变动 | 2016 年 | 2016 年可比样本变动 | 2015 年 |
|---|---|---|---|---|---|
| 资产负债率（%） | 39.19 | 2.36 | 27.80 | 4.77 | 37.55 |
| 存货周转率（次） | 27.63 | -3.84 | 25.86 | -12.79 | 26.72 |
| 总资产周转率（次） | 0.93 | 0.10 | 0.86 | -0.16 | 1.73 |

资料来源：沪深交易所，同花顺。

## （七）邮政业

1. 行业概况

2017 年，邮政行业业务总量完成 9763.7 亿元，同比增长 32%。邮政行业业务收入（不包括邮政储蓄银行直接营业收入）完成 6622.6 亿元，同比增长 23.1%。其中，2017 年，快递服务企业业务量完成 400.6 亿件，同比增长 28%；快递业务收入完成 4957.1 亿元，同比增长 43.5%。快递业务收入占行业总收入的比重为 74.9%，比 2016 年提高 1 个百分点，快递业务收入在行业中的占比继续提升。

2017 年，民营快递企业市场份额进一步提升。全年民营快递企业业务量完成 369.5 亿件，实现业务收入 4243.9 亿元。民营快递企业业务量市场份额为 92.2%，业务收入市场份额为 85.6%。

2. 行业内上市公司发展情况

表 28　　2017 年邮政业上市公司收入及资产增长情况　　单位：亿元

| 指　标 | 2017 年 | 2017 年可比样本增长（%） | 2016 年 | 2016 年可比样本增长（%） | 2015 年 |
|---|---|---|---|---|---|
| 营业收入 | 1137.19 | 24.24 | 168.18 | 39.04 | — |
| 利润总额 | 125.43 | 21.75 | 18.28 | 79.40 | — |
| 归属于母公司所有者的净利润 | 92.91 | 16.26 | 13.72 | 91.24 | — |
| 总资产 | 900.12 | 28.63 | 111.68 | 80.03 | — |
| 归属于母公司股东权益 | 538.64 | 42.15 | 82.05 | 139.13 | — |

资料来源：沪深交易所，同花顺。

表 29　　2017 年邮政业上市公司盈利能力情况　　单位：%

| 指　标 | 2017 年 | 2017 年可比样本变动 | 2016 年 | 2016 年可比样本变动 | 2015 年 |
|---|---|---|---|---|---|
| 毛利率 | 19.21 | -0.29 | 13.56 | -0.12 | — |
| 净资产收益率 | 17.25 | -3.84 | 16.72 | -4.19 | — |
| 销售净利率 | 8.16 | -0.56 | 8.16 | 2.22 | — |
| 资产净利率 | 11.59 | -1.99 | 15.80 | -2.86 | — |

资料来源：沪深交易所，同花顺。

表 30　　2017 年邮政业上市公司偿债及营运情况

| 指　标 | 2017 年 | 2017 年可比样本变动 | 2016 年 | 2016 年可比样本变动 | 2015 年 |
|---|---|---|---|---|---|
| 资产负债率（%） | 39.87 | -5.89 | 26.53 | -18.16 | — |
| 存货周转率（次） | 177.94 | 1.22 | 525.58 | 462.53 | — |
| 总资产周转率（次） | 1.42 | -0.14 | 1.94 | -1.21 | — |

资料来源：沪深交易所，同花顺。

## 四、重点上市公司介绍

### （一）大秦铁路

大秦铁路拥有的铁路干线衔接了中国北方地区最重要的煤炭供应和中转枢纽，处于“承东启西”的战略位置。2017 年，大秦铁路在全国铁路煤炭运输市场的占有率为 23.0%，较 2016 年提升 2.5 个百分点，核心资产大秦铁路继续承担“西煤东运”的重要能源战略任务。

大秦铁路主要经营铁路客、货运输业务。铁路货物运输业务是公司最主要的业务，2017年货运收入占公司主营业务收入的78.10%。运输的货品以动力煤为主，主要用于火力发电，发运的其他货品还包括焦炭、钢铁等大宗物资以及零散货物、集装箱等。铁路旅客运输方面，大秦铁路担当开行的普通旅客列车及高铁列车覆盖全国大部分省市、自治区，2017年客运收入占公司主营业务收入的10.58%。

2017年，煤炭等大宗货物需求复苏，煤炭价格高位运行，煤炭生产、供应企业的发运积极性较高，同时煤炭运输结构不断优化，主要货运指标较2016年大幅回升。2017年，大秦铁路货物发送量完成57274万吨，同比增长28.0%；货物运输量完成82825万吨，同比增长32.4%；换算周转量3542亿吨公里，同比增长24.4%。大秦铁路核心经营资产大秦线货物运输量完成43239万吨，较2016年增长23.1%；日均开行重车81.8列。其中，2万吨56.1列，1.5万吨8.5列，单元万吨4.1列，组合万吨12.8列。侯月线货物运输量完成8322万吨。

### （二）粤高速A

粤高速属基础设施行业，主营业务为收费高速公路、桥梁的投资、建设、收费和养护管理，是广东省高速公路系统内开发高速公路和特大桥梁的主要机构之一。截至2017年年底，粤高速控股高速公路里程158.12公里，参股高速公路里程684.20公里，按照权益比例折算里程合计273.05公里，核心经营的高速公路资产包括广佛高速公路、佛开高速公路、京珠高速公路广珠段以及广惠高速公路等。

2017年，粤高速吸收合并全资子公司佛开公司工作稳步推行，珠海市政府收回广澳高速珠海段相关工作进展顺利，同时，国元证券定增项目完成进资，并在“1+4”产业发展布局下，对沿线土地开发工作有序进行。

2017年，粤高速核心经营资产表现良好：广佛高速公路实现车流量6263.37万辆，同比增长8.65%；佛开高速公路实现车流量6292.05万辆，同比增长17.84%；京珠高速公路广珠段实现车流量7897.42万辆，同比增长13.03%。公司核心参控股高速公路项目通行费较2016年同比，均呈不同程度的增长，高速公路主业持续盈利能力进一步得到提升。

2017年，粤高速实现营业收入30.89亿元，增幅9.35%；总资产增至165.23亿元，增幅2.81%；归属于上市公司所有者的净利润增至12.72亿元，增幅50.18%；公司实现投资收益4.48亿元，完成目标值4.44亿元的100.90%。

### （三）上港集团

上海港位于中国大陆东海岸的中部、“黄金水道”长江与沿海运输通道构成的“T”字型水运网络的交汇点，自然条件优越，腹地经济发达。上港集团是上海港公共码头运营商，国内首家整体上市的港口股份制企业。公司母港集装箱吞吐量自

2010 年起连续 7 年位居世界第一，主要经营指标居行业前列，依托长三角和长江流域经济腹地，形成辐射整个东北亚经济腹地的主枢纽港地位。公司主要从事港口相关业务，主营业务分为集装箱、散杂货、港口物流和港口服务四大板块，经营范围包括国内外货物装卸、储存、中转和水陆运输，船舶引水、拖带等。通过为客户提供港口及相关服务，公司相应收取港口作业包干费、堆存保管费和港口其他收费。

2017 年，上港集团母港货物吞吐量完成 5.61 亿吨，同比增长 9.1%。其中，母港散杂货吞吐量完成 1.64 亿吨，同比增长 11.4%。母港集装箱吞吐量完成 4023.3 万标准箱，同比增长 8.3%，其中，洋山港区完成集装箱吞吐量 1655.2 万标准箱，同比增长 6.0%，占全港集装箱吞吐量的 41.1%。2017 年，公司进一步深化和拓展水水中转业务，水水中转比例达到 46.7%。

### （四）中远海控

中远海控，原名“中国远洋”，成立于 2005 年 3 月，分别于 2005 年 6 月和 2007 年 6 月在香港联交所和上交所上市，公司原从事业务包括集装箱航运、干散货航运、码头和集装箱租赁业务。2015 年 12 月，航运国企改革剥离了集装箱租赁业务和干散货航运业务，中远海控专注于从事集装箱航运和码头业务。2017 年 7 月 9 日，联合上港集团向东方海外全体股东发出附先决条件的自愿性全面现金收购要约，并于 2017 年 10 月 30 日，发布 A 股非公开发行预案，募集资金不超过 129 亿元用于支付在建船舶造船款，推进营运效率和竞争力的进一步提升。

截至 2017 年 12 月 31 日，中远海控自营集装箱船舶 360 艘，运力规模达到 181.91 万标准箱。2017 年，公司运输集装箱重箱量共 2091.37 万标准箱，同比增加 23.73%。国际航线平均单箱收入为 4641.34 元/标准箱，同比上升 12.08%；内贸干线平均单箱收入 1632.13 元/标准箱，同比上升 3.22%。码头业务方面，2017 年，中远海运港口控股集装箱码头总吞吐量为 1735.34 万标准箱，同比增长 10.28%。

### （五）上海机场

上海机场经营范围包括航空运输地面服务及其他相关业务。2004 年资产重组后，公司以上海浦东机场为主要资产，对浦东机场进行经营管理，提供地面保障。公司经营业务主要分为航空性业务和非航空性业务。

2017 年，浦东机场的年旅客吞吐量巩固了全国第二的地位，国际和地区旅客量继续保持全国第一，航空运量比肩全球超大型枢纽机场。2017 年，浦东机场共实现飞机起降 49.68 万架次，较 2016 年增长 3.52%；旅客吞吐量 7000.12 万人次，较 2016 年增长 6.06%；货邮吞吐量 382.43 万吨，较 2016 年增长 11.16%。在浦东机场运营的航空公司达到 107 家。其中，国际及地区航空公司 79 家，国内航空公司28家。新辟4条国际远程航线，截至2017年年底，浦东机场共有通航点243个，其中，国际及地区通航点129个，国内通航点114个。

上海浦东国际机场三期扩建工程项目于2015年底动工，截至2017年年底，项目进度达50%。浦东机场三期扩建工程建设顺利推进，本项目位于浦东机场内，工程主要建设内容包括飞行区工程、航站区工程和生产辅助设施工程，卫星厅工程是该工程的主体工程，为目前世界上最大的单体卫星厅。工程的设计目标年是2025年，卫星厅建成后，浦东机场可满足年旅客吞吐量8000万人次的运行需求。

### （六）中国国航

中国国航是中国唯一载旗航空公司，品牌优势明显。2007～2017年公司连续十一年荣列世界品牌实验室“世界品牌500强”，排名由2007年的第461位上升至2017年的第290位。公司主要定位中高端公商务主流旅客市场，目前拥有中国规模最大、价值最高的客户群体。截至2017年12月31日，凤凰知音会员已超过5000万人，常旅客贡献收入占公司客运收入的43.7%，贡献收入同比增加19.6%。

中国国航以北京首都国际机场为主基地，在多年的经营过程中，形成了以北京、成都、上海和深圳为节点的四角菱形网络结构和广泛均衡的国内、国际航线网络。截至2017年12月31日，公司经营的客运航线条数达到420条，其中，国际航线101条，地区航线16条，国内航线303条；通航国家及地区40个，通航城市185个，其中，国际66个，地区3个，国内116个。此外，公司还积极开展国际化合作，36家合作伙伴为公司提供每周14467班次代码共享航班；通过与星空联盟成员合作，将服务进一步拓展到全球192个国家1330个目的地。

2017年，中国国航投入2478.15亿可用座位公里，同比增加6.26%；实现客运总周转量2010.78亿客公里，同比增长6.87%；客座利用率为81.14%，同比上升0.46个百分点。投入133.19亿可用货运吨公里，同比增加4.57%；实现货运总周转量75.53亿吨公里，同比增长7.97%；货邮载运率为56.70%，同比上升1.78个百分点。

### （七）中储股份

中储股份是业务涵盖期现货交割物流、大宗商品供应链、互联网+物流、工程物流、消费品物流、金融物流等领域的现代综合物流企业，为中国特大型全国性仓储物流企业。

中储股份仓储网络覆盖亚洲、欧洲、美洲等世界主要经济区域，在国内20多个省、直辖市和自治区投资运营了物流园区，形成了立足中国、服务全球的仓储物流服务能力，能够为中外企业的全球化经营提供物流支持。中国实体网络覆盖北京、上海、天津、江苏、山东、湖北、湖南、广东、四川、河北、河南、陕西、山西、辽宁等地，拥有土地面积600多万平米，年吞吐能力6000万吨。公司拥有50余条专用线，累计长度40多公里，具备公路、铁路运输转换的重要条件；公司天津、青岛、上海等地区分子公司拥有靠近港口的优势，无锡、南京等地区分公司拥有货运码头，有利于形成水路、公路、铁路运输方式的转换及联运。

中储股份拥有精细化、专业化、信息化管理流程和管理方法以及相当数量、素质较高的人才队伍，能够向客户提供个性化的供应链解决方案；公司是唯一一家同时拥有国内外主要期货交易所交割库资质全牌照的企业，在国内期现货品种中，铜、铝、镍、白银、橡胶等均占有较高的市场份额；截至2017年12月，中储股份控股子公司英国Henry Bath & Son Limited集团有色金属业务量在LME排名第6，库存占LME全球交易的3%。

2017年，中储股份实现主营业务收入255.10亿元，同比增长67.22%。其中，仓储业务收入6.95亿元，同比增长3.84%；进出库收入6.98亿元，同比增长19.56%；配送运输业务收59.79亿元，同比增长242.32%；集装箱业务收入7766.61万元，同比增长3.19%；现货市场收入1.87亿元，同比下降3.01%；金融物流收入1097.81万元，同比下降31.92%，商品流通业务收入173.34亿元，同比增长51.68%。

### （八）顺丰控股

顺丰控股是国内领先的快递物流综合服务商，经过多年发展，已初步建立为客户提供一体化综合物流解决方案的能力，不仅提供配送端的高质量物流服务，而且还延伸至价值链前端的产、供、销、配等环节，从客户需求出发，利用大数据分析和云计算技术，为客户提供仓储管理、销售预测、大数据分析、金融管理等一揽子解决方案。顺丰控股是中国最大的邮政业上市企业。

截至2017年年底，顺丰控股已建成覆盖全国的快递服务网络，并向全球主要国家拓展。截至报告期末，顺丰控股业务覆盖全国334个地级市、2672个县区级城市，近1.3万个自营网点。顺丰控股共在飞41架自有全货机，自有全货机平均机龄22.56年，租赁16架全货机。航线57条，覆盖39个国内主要城市及香港、台北、大阪。国际业务方面，国际标快/国际特惠业务涉及美国、欧盟、俄罗斯、加拿大、日本、韩国、东盟、印度、巴西、墨西哥、智利等53个国家，较2016年年底增加2个国家，分别是智利和菲律宾；国际小包业务覆盖全球225个国家及地区。

2017年，公司业务量为30.5亿票，实现营业收入711亿元，市场规模位居行业前列。

## 五、上市公司在行业中的影响力

整体来看，交通运输、仓储和邮政业作为支撑客货运流转的基础行业，在国民经济中处于重要地位，经过多年的发展，交运各细分子行业的龙头公司或具较强影响力的企业，基本均已登陆资本市场，因此，交运上市公司基本代表了交通运输、仓储和邮政业各领域的变化发展。

其中，航空板块最具代表性，目前，国内体量最大的四大国有航企（中国国航、南方航空、东方航空和海航控股），以及民营航空领军企业春秋航空和吉祥航空均已上市，上述航空公司 2017 年合计完成客运量 4.27 亿人次，占全国民航客运总量的 77%。四大航为国内全服务航空的代表，而吉祥航空为民营全服务航空的特色代表航企，而春秋为国内低成本航空的领导者，也是国内第一家上市的低成本航企。总体来看，A 股上市航企从业务量到航空细分市场的服务类型上，均具高度的代表性和较强的影响力。

上市机场同样在机场行业中具有较强的代表性。目前，A 股上市机场中的上海机场、白云机场、深圳机场和厦门空港，以及在香港上市的北京首都国际机场，均为所在区域的核心航空枢纽。其中，首都机场、上海机场和白云机场位居国内吞吐量前三位。2017 年，国内上市机场旅客吞吐量达 3.0 亿人次，占全国机场旅客吞吐量的 26.3%。上述上市机场也基本代表了国内几大核心经济区的对外交流活跃程度，也是国内机场最强盈利能力的代表企业。

在铁路方面，目前，已上市的大秦铁路、广深铁路和铁龙物流均具有较强的代表性。大秦铁路是中国“西煤东运”战略中最重要的一环，并且具有世界先进的重载运输装备和技术体系，且大秦铁路市值超千亿元，为交运领域重要的权重股。2017 年虽然铁路货运量持续下滑，但是大秦铁路货物发送量占全国铁路货物发送量的 15.5%，煤炭发送量占全国铁路煤炭发送量的 23.0%，分别较 2016 年提升 2.1 个百分点和 2.5 个百分点，继续在全国铁路货运市场中占有重要地位。广深铁路是铁路客运的代表，铁龙物流承担全国铁路特种集装箱业务，是铁路物流方面的重要企业，也具有较强的代表性。

从水上运输业来看，国内代表性航运公司均已上市，其中，中远海控在 2017 年相继进行了资产收购和非公开发行的重大资本运作项目，船队规模及运营能力将大幅提升，成为具有较强国际竞争力的班轮公司。

在邮政业板块方面，目前已上市的圆通速递具有较强的代表性。顺丰控股是行业领先的快递物流企业，也是国内仅有的两家拥有自有航空公司的民营快递企业之一。2017 年，公司实现快递业务量 30.5 亿件，占全国快递业务量的 7.6%，在行业内具有较高的影响力和代表性。

审稿人：韩轶超

撰稿人：赵超、于灯灯

鲁斯嘉

# 住宿和餐饮业

## 一、住宿和餐饮业总体概况

### （一）行业整体运行情况

2017年，住宿和餐饮业国内生产总值达14594.1亿元，同比增长7.1%，占全国GDP总值的比例为1.76%，与2016年度相比，占比回落0.04个百分点。2017年住宿行业规模持续增长，业态丰富、定位清晰、结构健全的行业形态逐步成熟，大住宿业的结构逐步成熟完善，当前住宿业已经进入高质量发展的大住宿时代，精品酒店、绿色饭店、生活方式酒店、共享空间、民俗客栈、公寓、亲子、养老、健康等不同类型业态多元化发展。2017年，餐饮业大众消费已经达到80%，快餐、团餐、火锅、小吃、商场餐饮、休闲餐饮生意红火。高端消费比例下降，百姓消费成为主流。在国民经济结构呈现新变化、推动经济高质量发展的进程中，消费对经济增长的贡献率不断提高，随着人民群众收入的提高和中等收入群体规模的扩大，餐饮的消费结构加快向多样化、特色化、品质化升级，品质品牌餐饮引领作用显著。

### （二）细分行业运行概况

住宿业：国家统计局数据显示，2017年，全国限额以上住宿业企业营业收入达3963.93亿元，同比增长4%，全国酒店平均出租率为60.4%，与2016年同期相比增长3.5%。截至2017年年底，全国住宿业的设施总数为457834家，客房总规模16770394间。从住宿业结构来看，住宿业在规模和档次上保持着金字塔型的市场结构，服务大众市场的业态占比高达92.6%，反映了大众住宿消费市场的强大生命力和极其广阔的创新增长空间，大众住宿是行业未来的主流市场。同时，中等规模、定位某些细分市场的中型特色化连锁住宿企业也迎来较大发展，行业的空间共享、跨界融合、主题化、IP化新型连锁模式出现并逐步成熟，信息技术的应用更加广泛，共同造就了创新性的连锁化发展道路。

餐饮业：2017年，全国餐饮收入39644亿元，同比增长10.7%，高于同期社会消费品零售总额增长率0.5个百分点，占GDP的比重达4.8%；限额以上餐饮业营业收入达5312.78亿元，同比增长3.73%。2017年，全国餐饮业在宏观经济稳步发展、大众消费持续增强、餐饮升级的持续推动下，稳健增长，已经成为人民生活服务的重要产业。餐饮业在扩内需、促消费、稳增长、惠民生方面作用强劲，餐饮市场继续呈现稳步增长态势，其中，特色餐饮、团餐、休闲餐饮、外卖快速发展，表现突出。正餐高质量、特色化发展特点明显；团餐成为增长最快的餐饮业态；火锅品类增长放缓，直营成为主流；快餐在中央厨房和供应链支持下，集中度不断提高；在线外卖市场保持高速增长；新餐饮成为行业创新的主要驱动力。

## 二、行业内上市公司发展概况

### （一）行业内上市公司基本情况

**表 1　　2017 年住宿和餐饮业上市公司发行股票概况**

| 门　类 | A、B 股总数 | A 股股票数 | B 股股票数 | 境内总市值（亿元） | 流通 A 股市值（亿元） | 流通 B 股市值（亿元） |
|---|---|---|---|---|---|---|
| 住宿和餐饮业 | 11 | 9 | 2 | 802.67 | 515.82 | 29.07 |
| 占沪深两市比重（%） | 0.31 | 0.25 | 0.06 | 0.14 | 0.12 | 1.62 |

资料来源：沪深交易所，同花顺。

### （二）行业内上市公司构成情况

**表 2　　2017 年住宿和餐饮业上市公司构成情况**　　单位：家

| 门　类 | 沪市 | | | 深市 | | | ST/*ST |
|---|---|---|---|---|---|---|---|
| | 仅 A 股 | 仅 B 股 | A+B 股 | 仅 A 股 | 仅 B 股 | A+B 股 | |
| 住宿和餐饮业 | 2 | 0 | 1 | 5 | 0 | 1 | 0/2 |
| 占行业内上市公司比重（%） | 22.22 | 0.00 | 11.11 | 55.56 | 0.00 | 11.11 | 0.00/22.22 |

资料来源：沪深交易所，同花顺。

### （三）行业内上市公司融资情况

**表 3　　2017 年住宿和餐饮业上市公司与沪深两市融资情况对比**　　单位：家

| | 融资家数 | 新股 | 增发 | 配股 |
|---|---|---|---|---|
| 住宿和餐饮业 | 2 | 0 | 2 | 0 |
| 沪深两市总数 | 867 | 438 | 422 | 7 |
| 占比（%） | 0.23 | 0.00 | 0.47 | 0.00 |

资料来源：沪深交易所，同花顺。

无首发公司；增发的 2 家公司中，有 1 家沪市、1 家深市主板公司。

按行业大类划分，进行融资的 2 家公司中，均为住宿业。

从融资效果来看，上述公司实际发行数量为60205.79万股；实际募集资金83.11亿元，基本完成了融资计划。

2017年住宿和餐饮业上市公司融资情况明细见附录。

### （四）行业内上市公司资产及业绩情况

表4　　2017年住宿和餐饮业上市公司资产情况　　单位：亿元

| 指　标 | 2017年 | 2017年可比样本增长（%） | 2016年 | 2016年可比样本增长（%） | 2015年 |
|---|---|---|---|---|---|
| 总资产 | 801.65 | 0.18 | 783.92 | 60.63 | 487.3 |
| 流动资产 | 218.08 | 18.51 | 178.41 | 37.15 | 129.85 |
| 占比（%） | 27.20 | 4.21 | 22.76 | -3.90 | 26.65 |
| 非流动资产 | 583.57 | -5.29 | 605.51 | 69.17 | 357.46 |
| 占比（%） | 72.80 | -4.21 | 77.24 | 3.90 | 73.35 |
| 流动负债 | 179.80 | -32.84 | 258.88 | 73.27 | 149.43 |
| 占比（%） | 22.43 | -11.03 | 33.02 | 2.41 | 30.67 |
| 非流动负债 | 299.36 | 29.24 | 227.97 | 49.64 | 152.34 |
| 占比（%） | 37.34 | 8.40 | 29.08 | -2.14 | 31.26 |
| 归属于母公司股东权益 | 296.13 | 8.05 | 270.01 | 56.72 | 171.88 |
| 占比（%） | 36.94 | 2.69 | 34.44 | -0.86 | 35.27 |

资料来源：沪深交易所，同花顺。

表5　　2017年住宿和餐饮业上市公司收入实现情况　　单位：亿元

| 指　标 | 2017年 | 2017年可比样本增长（%） | 2016年 | 2016年可比样本增长（%） | 2015年 |
|---|---|---|---|---|---|
| 营业收入 | 328.72 | 20.47 | 219.23 | 80.94 | 120.93 |
| 利润总额 | 29.20 | 93.54 | 14.57 | 2.02 | 14.21 |
| 归属于母公司所有者的净利润 | 20.12 | 125.94 | 8.68 | -19.94 | 10.81 |

资料来源：沪深交易所，同花顺。

### （五）利润分配情况

2017年全年住宿和餐饮业上市公司中共有5家公司实施了分红配股。其中，1家上市公司实施送股或转增股，5家上市公司实施派息，其中1家公司既实施了送股、转增，又实施了派息。

2017年住宿和餐饮业上市公司分红明细见附录。

## （六）其他财务指标情况

### 1. 盈利能力指标

表6　　2017年住宿和餐饮业上市公司盈利能力情况　　单位：%

| 指　标 | 2017年 | 2017年可比样本变动 | 2016年 | 2016年可比样本变动 | 2015年 |
|---|---|---|---|---|---|
| 毛利率 | 72.55 | 2.06 | 84.24 | 8.73 | 75.55 |
| 净资产收益率 | 6.79 | 3.54 | 3.21 | -3.08 | 6.29 |
| 销售净利率 | 6.15 | 2.79 | 4.05 | -4.50 | 8.52 |
| 资产净利率 | 2.53 | 1.09 | 1.40 | -1.17 | 2.56 |

资料来源：沪深交易所，同花顺。

### 2. 偿债能力指标

表7　　2017年住宿和餐饮业上市公司偿债能力指标

| 指　标 | 2017年 | 2017年可比样本变动 | 2016年 | 2016年可比样本变动 | 2015年 |
|---|---|---|---|---|---|
| 流动比率 | 1.21 | 0.53 | 0.69 | -0.18 | 0.87 |
| 速动比率 | 1.09 | 0.50 | 0.59 | -0.11 | 0.69 |
| 资产负债率（%） | 59.77 | -2.63 | 62.10 | 0.27 | 61.93 |

资料来源：沪深交易所，同花顺。

### 3. 营运能力指标

表8　　2017年住宿和餐饮业上市公司营运能力情况　　单位：次

| 营运能力指标 | 2017年 | 2017年可比样本变动 | 2016年 | 2016年可比样本变动 | 2015年 |
|---|---|---|---|---|---|
| 存货周转率 | 3.63 | 0.59 | 1.31 | 0.20 | 1.1 |
| 应收账款周转率 | 24.93 | -3.99 | 24.35 | 4.28 | 20.03 |
| 流动资产周转率 | 1.64 | -0.14 | 1.42 | 0.40 | 1.02 |
| 固定资产周转率 | 2.08 | 0.30 | 1.44 | 0.48 | 0.96 |
| 总资产周转率 | 0.41 | -0.02 | 0.34 | 0.04 | 0.3 |
| 净资产周转率 | 1.05 | 0.18 | 0.91 | 0.22 | 0.69 |

资料来源：沪深交易所，同花顺。

## 三、重点细分行业介绍

表 9　　2017 年住宿和餐饮业上市公司数量分布及市值情况

| 大类 | 上市公司家数（家） | 占行业内比重（%） | 境内总市值（亿元） | 占行业内比重（%） |
|---|---|---|---|---|
| 住宿业 | 6 | 66.67 | 680.58 | 84.79 |
| 餐饮业 | 3 | 33.33 | 122.09 | 15.21 |

资料来源：沪深交易所，同花顺。

### （一）住宿业

1. 行业概况

从早期借鉴发达国家经验建立的星级体系，到经济型 + 中端 + 高端林立的品牌体系，再到客栈、民宿、公寓种类繁多的非标准住宿体系，中国酒店业形成了多体系、多层次、多品牌的初步市场格局。近年来，酒店行业进入整合转型阶段，酒店并购频频，集团化、连锁化、品质化成为行业发展的新趋势。具体到不同类型的酒店，其所处的生命周期阶段不同。高档酒店已经迈入成熟期，这一时期的机会，存量优先于增量，开发存量价值是重点。中端酒店符合消费升级的趋势且具备投资回报价值，目前仍处于成长期，新品迭出，消费升级带来了庞大的市场机会，其发展要点是酒店品质与造价控制之间的有效平衡。经济型酒店处于一个衰退期，资产更新升级是关键，当前经济连锁型酒店经历快速扩张后，市场已趋于饱和，众多酒店集团持续升级经济连锁型酒店。度假酒店，对整个中国市场而言，尚处于一个起步期，消费基础仍待培育。受到消费升级和全域旅游的推动，公寓、精品酒店、房车、民宿等非标准住宿，由于能够满足消费者多样化的住宿需求且能够扩大住宿业的商业空间，成为发展热点。

2. 行业内上市公司发展情况

表 10　　2017 年住宿业上市公司收入及资产增长情况　　单位：亿元

| 指　标 | 2017 年 | 2017 年可比样本增长（%） | 2016 年 | 2016 年可比样本增长（%） | 2015 年 |
|---|---|---|---|---|---|
| 营业收入 | 304.21 | 22.48 | 194.75 | 107.47 | 93.64 |
| 利润总额 | 27.41 | 104.02 | 12.92 | 5.70 | 12.15 |
| 归属于母公司所有者的净利润 | 19.05 | 140.42 | 7.70 | -16.21 | 9.16 |
| 总资产 | 769.18 | 0.05 | 752.49 | 64.75 | 456.04 |
| 归属于母公司股东权益 | 274.26 | 8.33 | 249.12 | 64.19 | 151.32 |

资料来源：沪深交易所，同花顺。

表 11　　2017 年住宿业上市公司盈利能力情况　　单位：%

| 指　标 | 2017 年 | 2017 年可比样本变动 | 2016 年 | 2016 年可比样本变动 | 2015 年 |
|---|---|---|---|---|---|
| 毛利率 | 73.88 | 1.91 | 87.87 | 6.19 | 81.76 |
| 净资产收益率 | 6.95 | 3.82 | 3.09 | -2.97 | 6.05 |
| 销售净利率 | 6.26 | 2.99 | 4.02 | -5.32 | 9.3 |
| 资产净利率 | 2.47 | 1.14 | 1.29 | -1.08 | 2.36 |

资料来源：沪深交易所，同花顺。

表 12　　2017 年住宿业上市公司偿债及营运情况

| 指　标 | 2017 年 | 2017 年可比样本变动 | 2016 年 | 2016 年可比样本变动 | 2015 年 |
|---|---|---|---|---|---|
| 资产负债率（%） | 61.05 | -2.67 | 63.44 | -0.52 | 64.06 |
| 存货周转率（次） | 3.32 | 0.59 | 0.93 | 0.26 | 0.67 |
| 总资产周转率（次） | 0.40 | -0.01 | 0.32 | 0.07 | 0.25 |

资料来源：沪深交易所，同花顺。

## （二）餐饮业

1. 行业概况

当前中国餐饮行业发展态势明显，主要体现在连锁经营、品牌培育、技术创新、管理科学化为代表的现代餐饮企业，逐步替代传统餐饮业的手工随意性生产、单店作坊式、人为经验管理型的企业，快步向产业化、集团化、连锁化和现代化迈进。大众化消费越来越成为餐饮消费市场的主体；饮食文化已经成为餐饮品牌培育和餐饮企业竞争的核心，成为餐饮竞争的分水岭，技术、品牌和文化经营成为餐饮企业的核心竞争力。科学的经管模式、现代的营养理念在餐饮行业的应用已经越来越广泛，科学化、营养化成为餐饮业的重要指向标。2017 年，全国餐饮业在宏观经济稳步发展、大众消费持续增强、餐饮升级的持续推动下，稳健增长，餐饮业已经成为为人们美好生活服务的重要产业。特色餐饮、团餐、休闲餐饮、外卖快速发展，表现突出。

2. 行业内上市公司发展情况

表 13　　2017 年餐饮业上市公司收入及资产增长情况　　单位：亿元

| 指　标 | 2017 年 | 2017 年可比样本增长（%） | 2016 年 | 2016 年可比样本增长（%） | 2015 年 |
|---|---|---|---|---|---|
| 营业收入 | 24.51 | 0.12 | 24.48 | -10.29 | 27.29 |
| 利润总额 | 1.78 | 8.16 | 1.65 | -19.87 | 2.06 |

续表

| 指　标 | 2017 年 | 2017 年可比样本增长（%） | 2016 年 | 2016 年可比样本增长（%） | 2015 年 |
|---|---|---|---|---|---|
| 归属于母公司所有者的净利润 | 1.06 | 8.74 | 0.98 | -40.71 | 1.65 |
| 总资产 | 32.47 | 3.30 | 31.43 | 0.52 | 31.27 |
| 归属于母公司股东权益 | 21.87 | 4.69 | 20.89 | 1.59 | 20.56 |

资料来源：沪深交易所，同花顺。

表 14　　2017 年餐饮业上市公司盈利能力情况　　单位：%

| 指　标 | 2017 年 | 2017 年可比样本变动 | 2016 年 | 2016 年可比样本变动 | 2015 年 |
|---|---|---|---|---|---|
| 毛利率 | 55.96 | 0.62 | 55.35 | 1.07 | 54.28 |
| 净资产收益率 | 4.87 | 0.18 | 4.68 | -3.34 | 8.03 |
| 销售净利率 | 4.88 | 0.55 | 4.33 | -1.53 | 5.86 |
| 资产净利率 | 3.74 | 0.36 | 3.38 | -1.21 | 4.59 |

资料来源：沪深交易所，同花顺。

表 15　　2017 年餐饮业上市公司偿债及营运情况

| 指　标 | 2017 年 | 2017 年可比样本变动 | 2016 年 | 2016 年可比样本变动 | 2015 年 |
|---|---|---|---|---|---|
| 资产负债率（%） | 29.53 | -0.69 | 30.22 | -0.64 | 30.86 |
| 存货周转率（次） | 11.31 | 0.60 | 10.71 | 1.52 | 9.18 |
| 总资产周转率（次） | 0.77 | -0.01 | 0.78 | 0.00 | 0.78 |

资料来源：沪深交易所，同花顺。

## 四、重点上市公司介绍

### 锦江股份

2017 年锦江股份实现合并营业收入 1358258 万元，比 2016 年同期增长 27.71%。营业利润 127562 万元，比 2016 年同期增长 49.35%。实现归属于上市公司股东的净利润 88176 万元，比 2016 年同期增长 26.95%。实现归属于上市公司股东的扣除非经常性损益后的净利润 67285 万元，比 2016 年同期增长 75.85%。实现经营活动产生的现金流量净额 325178 万元，比 2016 年同期增长 42.50%。

2017 年度，锦江股份于中国大陆境内有限服务型连锁酒店业务实现合并营业收入 943773 万元，比 2016 年同期增长 36.98%；实现归属于母公司所有者的净利润 55240 万元，比 2016 年同期增长 84.55%；合并营业收入中的首次加盟费收入 50117 万元，比 2016 年同期增长 102.57%；持续加盟费收入 100465 万元，比 2016 年同期增长 49.69%；中央订房系统渠道销售费收入 8044 万元，比 2016 年同期增长 17.50%；2017 年公司于中国大陆境外有限服务型连锁酒店业务实现合并营业收入 51205 万欧元，比 2016 年同期增长 7.46%；实现归属于母公司所有者的净利润 3930 万欧元，2016 年同期 2275 万欧元，比 2016 年同期增长 72.75%。合并营业收入中的持续加盟费收入 94245 万元，比 2016 年同期增长 17.88%。

## 五、上市公司在行业中的影响力

国家统计局数据显示，2017 年，住宿和餐饮业营业收入 9276.71 亿元，限额以上住宿和餐饮业企业资产总计为 17650.05 亿元，主营业务利润 4529.31 亿元。住宿餐饮业上市公司 2017 年年末的营业总收入为 328.72 亿元，资产总额为 801.65 亿元，利润总额为 29.20 亿元，分别占行业整体的 3.54%、4.54%、0.64%，相比 2016 年的经营状况小幅提升。住宿餐饮业整体集中度不高，上市公司在行业中的影响不大。

2016 年，住宿和餐饮业营业收入是 8938.19 亿元，限额以上住宿和餐饮业企业资产总计为 17651.40 亿元，主营业务利润为 4417.05 亿元。住宿餐饮业上市公司 2016 年年末的营业总收入为 219.23 亿元，资产总额为 783.92 亿元，利润总额为 14.57 亿元，分别占行业整体的 2.45%、4.44%、0.33%。

审稿人：刘小勇

撰稿人：谷　茜

# 信息传输、软件和信息技术服务业

## 一、信息传输、软件和信息技术服务业总体概况

### （一）行业整体运行情况

信息传输、软件和信息技术服务业是信息产业的重要支柱，是国民经济和社会信息化的重要基础。作为国家战略性新兴产业的重要组成部分，信息传输、软件和信息技术服务业具有更新换代快、知识密集性高和行业渗透性强等特性，已经全面融入到国民经济体系中的各个行业，借以提升传统产业的生产、经营方式的演进程度，提高了经济社会的运行效率。近年来，随着移动互联网技术的快速发展，企业对信息数据资源的挖掘、利用和开发有了更深入的要求，一方面是将数据上传集中云化，另一方面是将底层数据分布式边缘化处理。而普通消费者也对信息化产品和资源的使用有更多样化的需求，因此，信息传输、软件和信息技术服务业的重要性得到进一步强化，其市场规模的深度和广度都在持续增长。

2017 年，中国经济形势总的特点是经济增长平稳、物价涨幅温和，随着供给侧结构性改革效果不断显现，转型升级、节能减排步伐加快，宏观经济呈现稳中向好的特点。在此基础上，中国经济开始迈向高质量发展阶段，经济运行开始显现新特点：市场需求对供给的要求发生了重大变化，个性化、多元化的消费特点日益突出。新型工业化、信息化则进入以水平提升为主线的发展时期，重点以提高质量，提升在供应链和产业分工中的位置，优化结构为主。同时，世界经济总体处于生物信息技术革命与下一次技术革命之间的发展平台期，出现高度繁荣的可能性较小。社会总需求将由主要关注数量的快速扩张转为温和增长。从供给方面来看，中国物质技术基础已经达到较大规模，多种产品生产能力位居世界前列，对社会总需求的数量保障能力显著提高。社会生产力发展的重点，必然从强调“快和多”转为强调“好和省”。这必然倒逼生产转型、企业转型，从粗放、低水平数量扩张，转向集约型、质量效益型、绿色清洁型发展轨道。因此，加快发展信息传输、软件和信息技术服务业，能够加快增强信息技术在国民经济中的渗透带动作用，成为经济持续增长的良好支撑基础和条件，促进经济结构保持不断调整优化的前进态势。

### （二）细分行业运行概况

从细分行业来看，按可比口径计算，整个信息传输、计算机服务和软件业 2017 年季度景气度较 2016 年同期有一定

程度的上升。

2017 年，中国通信业深入贯彻落实党中央、国务院决策部署，积极推进网络强国战略，加强信息网络建设，深入落实提速降费，加快发展移动互联网、IPTV、物联网等新型业务，为国民经济和社会发展提供了有力支撑。电信业务总量大幅提高，电信收入增长有所加快。初步核算，2017 年电信业务总量达到 27557 亿元（按照 2015 年不变单价计算），比 2016 年增长 76.4%，增幅同比提高 42.5 个百分点。电信业务收入 12620 亿元，比 2016 年增长 6.4%，增速同比提高 1 个百分点。通信行业发展对话音业务的依赖持续快速减弱，收入结构继续向互联网接入和移动流量业务倾斜。

2017 年，全国各级广播电视部门和单位认真贯彻落实党中央、国务院决策部署，牢牢坚持正确政治方向和宣传创作导向，加快科技创新、推进跨界融合，不断巩固壮大舆论宣传阵地，扎实推进广播电视发展再上新台阶。全国广播电视节目制作量持续增长，广播剧类广播节目与新闻资讯类电视节目、影视剧类、广告类电视节目制作时间增幅较大。电视节目创作进一步繁荣，各类节目制作投资额均保持大幅增长。全国广播电视综合人口覆盖率稳步提升。网络视听节目服务繁荣发展，内容创作持续活跃，服务模式不断创新，影响力与日俱增，行业规模继续扩大。广播电视行业创新发展理念，深化供给侧结构性改革，优化产业结构，引导文化消费升级，全国广播电视服务业总收入、实际创收收入均大幅增长。

2017 年，中国网民规模达 7.72 亿人，互联网普及率为 55.8%，同比增长 2.6 个百分点。移动互联网规模 8.23 万亿元，增速达 48.8%，网购市场规模 7.18 万亿元。中国个人互联网应用保持快速发展，各类应用用户规模均呈上升趋势，其中，网上外卖用户规模增长显著，年增长率达到 64.6%；手机应用方面，手机外卖、手机旅行预订用户规模增长明显，年增长率分别为 66.2% 和 29.7%。

2017 年，中国软件和信息技术服务业继续呈现稳中向好运行态势，收入和效益同步加快增长，出口有所恢复，吸纳就业人数平稳增加，创新能力不断提升，产业结构持续调整优化，服务和支撑保障能力显著增强。全国软件和信息技术服务业完成软件业务收入 5.5 万亿元，比 2016 年增长 13.9%，增速同比提高 0.8 个百分点。全行业实现利润总额 7020 亿元，比 2016 年增长 15.8%。

## 二、行业内上市公司发展概况

### （一）行业内上市公司基本情况

表 1　2017 年信息传输、软件和信息技术服务业上市公司发行股票概况　单位：家

| 门类 | A、B 股总数 | A 股股票数 | B 股股票数 | 境内总市值（亿元） | 流通 A 股市值（亿元） | 流通 B 股市值（亿元） |
|---|---|---|---|---|---|---|
| 信息传输、软件和信息技术服务业 | 249 | 247 | 2 | 27425.58 | 17969.34 | 35.79 |

续表

| 门　类 | A、B 股总数 | A 股股票数 | B 股股票数 | 境内总市值（亿元） | 流通 A 股市值（亿元） | 流通 B 股市值（亿元） |
|---|---|---|---|---|---|---|
| 占沪深两市比重（%） | 6.98 | 6.92 | 0.06 | 4.83 | 4.02 | 2.00 |

资料来源：沪深交易所，同花顺。

## （二）行业内上市公司构成情况

表 2　2017 年信息传输、软件和信息技术服务业上市公司构成情况　单位：家

| 门　类 | 沪市 | | | 深市 | | | ST/*ST |
|---|---|---|---|---|---|---|---|
| | 仅 A 股 | 仅 B 股 | A+B 股 | 仅 A 股 | 仅 B 股 | A+B 股 | |
| 信息传输、软件和信息技术服务业 | 54 | 0 | 2 | 191 | 0 | 0 | 2/3 |
| 占行业内上市公司比重（%） | 21.86 | 0.00 | 0.81 | 77.33 | 0.00 | 0.00 | 0.81/1.21 |

资料来源：沪深交易所，同花顺。

## （三）行业内上市公司融资情况

表 3　2017 年信息传输、软件和信息技术服务业上市公司与沪深两市融资情况对比　单位：家

| | 融资家数 | 新股 | 增发 | 配股 |
|---|---|---|---|---|
| 信息传输、软件和信息技术服务业 | 68 | 28 | 40 | 0 |
| 沪深两市总数 | 867 | 438 | 422 | 7 |
| 占比（%） | 7.84 | 6.39 | 9.48 | 0.00 |

资料来源：沪深交易所，同花顺。

其中，首发的 28 家公司中，有 9 家在主板上市，2 家在中小板上市，17 家在创业板上市；增发的 40 家公司中，有 8 家沪市、32 家深市公司。

按行业大类划分，进行融资的 68 家公司中，软件和信息技术服务业 50 家，互联网和相关服务业 15 家，电信、广播电视和卫星传输服务业 3 家。

从融资效果来看，上述公司实际发行数量为 1358215.84 万股；实际募集资金 1306.68 亿元，基本完成了融资计划。

2017 年信息传输、软件和信息技术服务业上市公司融资情况明细见附录。

### （四）行业内上市公司资产及业绩情况

表 4　　2017 年信息传输、软件和信息技术服务业上市公司资产情况　　单位：亿元

| 指　标 | 2017 年 | 2017 年可比样本增长（%） | 2016 年 | 2016 年可比样本增长（%） | 2015 年 |
|---|---|---|---|---|---|
| 总资产 | 17697.19 | 9.46 | 15045.10 | 17.53 | 11976.75 |
| 流动资产 | 7404.79 | 13.64 | 5878.60 | 32.06 | 4012.83 |
| 占比（%） | 41.84 | 1.54 | 39.07 | 4.30 | 33.51 |
| 非流动资产 | 10292.40 | 6.63 | 9166.49 | 9.79 | 7963.92 |
| 占比（%） | 58.16 | -1.54 | 60.93 | -4.30 | 66.49 |
| 流动负债 | 6283.28 | -3.92 | 6101.45 | 10.09 | 5229.94 |
| 占比（%） | 35.50 | -4.95 | 40.55 | -2.74 | 43.67 |
| 非流动负债 | 1065.29 | 3.06 | 988.22 | 19.52 | 760.63 |
| 占比（%） | 6.02 | -0.37 | 6.57 | 0.11 | 6.35 |
| 归属于母公司股东权益 | 8321.38 | 22.96 | 6160.27 | 29.64 | 4318.45 |
| 占比（%） | 47.02 | 5.16 | 40.95 | 3.82 | 36.06 |

资料来源：沪深交易所，同花顺。

表 5　　2017 年信息传输、软件和信息技术服务业上市公司收入实现情况　　单位：亿元

| 指　标 | 2017 年 | 2017 年可比样本增长（%） | 2016 年 | 2016 年可比样本增长（%） | 2015 年 |
|---|---|---|---|---|---|
| 营业收入 | 8446.44 | 12.35 | 6896.97 | 14.88 | 5621.84 |
| 利润总额 | 488.77 | -19.97 | 514.79 | -8.49 | 509.87 |
| 归属于母公司所有者的净利润 | 397.86 | -23.88 | 445.16 | 11.56 | 356.63 |

资料来源：沪深交易所，同花顺。

### （五）利润分配情况

2017 年全年信息传输、软件和信息技术服务业上市公司中共有 364 家公司实施了分红配股。其中，207 家上市公司实施送股或转增股，202 家上市公司实施派息，其中 45 家公司既实施了送股、转增，又实施了派息。

2017 年信息传输、软件和信息技术服务业上市公司分红明细见附录。

### （六）其他财务指标情况

1. 盈利能力指标

表 6　　2017 年信息传输、软件和信息技术服务业上市公司盈利能力情况　　单位：%

| 指　标 | 2017 年 | 2017 年可比样本变动 | 2016 年 | 2016 年可比样本变动 | 2015 年 |
|---|---|---|---|---|---|
| 毛利率 | 29.35 | -0.18 | 28.88 | -1.35 | 29.54 |
| 净资产收益率 | 4.78 | -2.94 | 7.23 | -1.17 | 8.26 |

续表

| 指　标 | 2017 年 | 2017 年可比样本变动 | 2016 年 | 2016 年可比样本变动 | 2015 年 |
|---|---|---|---|---|---|
| 销售净利率 | 4.74 | -2.39 | 6.59 | -1.34 | 7.69 |
| 资产净利率 | 2.36 | -1.28 | 3.26 | -0.87 | 3.99 |

资料来源：沪深交易所，同花顺。

2. 偿债能力指标

表 7　　2017 年信息传输、软件和信息技术服务业上市公司偿债能力指标

| 指　标 | 2017 年 | 2017 年可比样本变动 | 2016 年 | 2016 年可比样本变动 | 2015 年 |
|---|---|---|---|---|---|
| 流动比率 | 1.18 | 0.18 | 0.96 | 0.16 | 0.77 |
| 速动比率 | 1.05 | 0.16 | 0.86 | 0.16 | 0.68 |
| 资产负债率（%） | 41.52 | -5.32 | 47.12 | -2.63 | 50.02 |

资料来源：沪深交易所，同花顺。

3. 营运能力指标

表 8　　2017 年信息传输、软件和信息技术服务业上市公司营运能力情况　　单位：次

| 营运能力指标 | 2017 年 | 2017 年可比样本变动 | 2016 年 | 2016 年可比样本变动 | 2015 年 |
|---|---|---|---|---|---|
| 存货周转率 | 7.61 | -0.37 | 8.29 | 0.18 | 8.91 |
| 应收账款周转率 | 4.79 | -0.45 | 5.40 | -0.46 | 6.12 |
| 流动资产周转率 | 1.21 | -0.13 | 1.34 | -0.19 | 1.58 |
| 固定资产周转率 | 1.74 | 0.11 | 1.52 | 0.17 | 1.3 |
| 总资产周转率 | 0.50 | -0.01 | 0.50 | -0.03 | 0.52 |
| 净资产周转率 | 0.89 | -0.09 | 0.96 | -0.07 | 1.03 |

资料来源：沪深交易所，同花顺。

## 三、重点细分行业介绍

表 9　　2017 年信息传输、软件和信息技术服务业上市公司数量分布及市值情况

| 大类 | 上市公司家数（家） | 占行业内比重（%） | 境内总市值（亿元） | 占行业内比重（%） |
|---|---|---|---|---|
| 软件和信息技术服务业 | 177 | 71.66 | 14893.22 | 54.30 |
| 互联网和相关服务 | 55 | 22.27 | 8342.17 | 30.42 |

续表

| 大类 | 上市公司家数（家） | 占行业内比重（%） | 境内总市值（亿元） | 占行业内比重（%） |
|---|---|---|---|---|
| 电信、广播电视和卫星传输服务 | 15 | 6.07 | 4258.49 | 15.53 |

资料来源：沪深交易所，同花顺。

## （一）电信、广播电视和卫星传输服务

1. 行业概况

（1）电信行业保持较快发展。2017年，电信业务总量大幅提高，电信收入增长有所加快。电信业务总量达到27557亿元（按照2015年不变单价计算），比2016年增长76.4%，增幅同比提高42.5个百分点。电信业务收入12620亿元，比2016年增长6.4%，增速同比提高1个百分点。全年固定通信业务收入完成3549亿元，比2016年增长8.4%。移动通信业务实现收入9071亿元，比2016年增长5.7%，在电信业务收入中占比为71.9%，较2016年回落0.5个百分点。

数据及互联网业务稳定增长，话音等传统业务继续萎缩。宽带中国战略加快实施带动数据及互联网业务加快发展。2017年，在固定通信业务中固定数据及互联网业务收入达到1971亿元，比2016年增长9.5%，在电信业务收入中占比由2016年的15.2%提升到15.6%，拉动电信业务收入增长1.4个百分点，对全行业业务收入增长贡献率达21.9%。受益于光纤接入速率大幅提升，家庭智能网关、视频通话、IPTV等融合服务加快发展。全年IPTV业务收入121亿元，比2016年增长32.1%；物联网业务收入比2016年大幅增长86%。移动数据及互联网业务收入5489亿元，比2016年增长26.7%，在电信业务收入中占比从2016年的38.1%提高到43.5%，对收入增长贡献率达152.1%。随着高速互联网接入服务发展和移动数据流量消费快速上升，话音业务（包括固定话音和移动话音）继续呈现大幅萎缩态势。2017年，完成话音业务收入2212亿元，比2016年下降33.5%，在电信业务收入中的占比降至17.5%，比2016年下降7.3个百分点。

电信网络提速和普遍服务效果显现。2017年，全国电话用户净增8269万户，总数达到16.1亿户，比2016年增长5.4%。其中，移动电话用户净增9555万户，总数达14.2亿户，移动电话用户普及率达102.5部/百人，比2016年提高6.9部/百人，全国已有16省市的移动电话普及率超过100部/百人。固定电话用户总数1.94亿户，比2016年减少1286万户，每百人拥有固定电话数下降至14部。网络提速效果显著，高速率宽带用户占比大幅提升。三家基础电信企业的固定互联网宽带接入用户总数达3.49亿户，全年净增5133万户。其中，50Mbps及以

上接入速率的固定互联网宽带接入用户总数达2.44亿户，占总用户数的70%，占比较2016年提高27.4个百分点；100Mbps及以上接入速率的固定互联网宽带接入用户总数达1.35亿户，占总用户数的38.9%，占比较2016年提高22.4个百分点。截至12月底，移动宽带用户（即3G和4G用户）总数达11.3亿户，全年净增1.91亿户，占移动电话用户的79.8%。4G用户总数达到9.97亿户，全年净增2.27亿户。普遍服务继续推进，农村宽带用户增长加速。2017年年末，电信业完成3.2万个行政村通光纤的电信普遍服务任务部署。全国农村宽带用户达到9377万户，全年净增用户1923万户，比2016年增长25.8%，增速较2016年提高9.3个百分点；在固定宽带接入用户中占26.9%，占比较2016年提高1.8个百分点。行业融合加深，新业务发展动能强劲。加快培育新兴业务，扎实提高IPTV、物联网、智慧家庭等服务能力。2017年年末，IPTV用户数达到1.22亿户，全年净增3545万户，净增用户占光纤接入净增用户总数的53.5%。

移动数据流量消费等新兴业务继续大幅攀升。移动互联网应用加快普及，户均流量翻倍增长。4G移动电话用户扩张带来用户结构不断优化，支付、视频广播等各种移动互联网应用普及，带动数据流量呈爆炸式增长。2017年，移动互联网接入流量消费达246亿GB，比2016年增长162.7%，增速较2016年提高38.7个百分点。全年月户均移动互联网接入流量达到1775MB/月/户，是2016年的2.3倍，12月当月户均接入流量高达2752MB/月/户。其中，手机上网流量达到235亿GB，比2016年增长179%，在移动互联网总流量中占95.6%，成为推动移动互联网流量高速增长的主要因素。互联网应用替代作用增强，传统业务持续下降。2017年，全国移动电话去话通话时长2.69万亿分钟，比2016年减少4.3%，降幅较2016年扩大2.8个百分点。全国移动短信业务量6644亿条，比2016年减少0.4%。其中，由移动用户主动发起的点对点短信量比2016年减少30.2%，占移动短信业务量比重由2016年的28.5%降至19.9%。彩信业务量只有488亿条，比2016年减少12.3%。移动短信业务收入358亿元，比2016年减少2.6%。

电信网络基础设施建设继续加强，4G移动网络深覆盖。2017年，全国净增移动通信基站59.3万个，总数达619万个，是2012年的3倍。其中，4G基站净增65.2万个，总数达到328万个。光缆加快建设，网络空间综合实力加强。2017年新建光缆线路长度705万公里，全国光缆线路总长度达3747万公里，比2016年增长23.2%。“光进铜退”趋势更加明显，截至12月底，互联网宽带接入端口数量达到7.79亿个，比2016年净增0.66亿个，增长9.3%。其中，光纤接入（FTTH/0）端口比2016年净增1.2亿个，达到6.57亿个，占互联网接入端口的比重由2016年的75.5%提升至84.4%。xDSL端口比2016年减少1639万个，总数降至2248万个，占互联网接入端口的比重由2016年的5.5%下降至2.9%。

(2)广播电视行业再上新台阶。2017年，传统媒体与新兴媒体加速融合，视频终端及内容服务领域的竞争进一步向超清化、多屏化、移动化和智能化发展，用户群体观看视频的方式日趋多样，网络视听产业发展迅速。有线电视网络面临用户流失、市场份额减少等行业性问题，特别是IPTV、OTT等新兴媒体带来的严峻市场竞争，使得有线网络市场环境由垄断向充分竞争加速转变，行业发展面临诸多困难和挑战。

2017年，全国广播电视节目制作量持续增长，广播剧类广播节目与新闻资讯类电视节目、影视剧类、广告类电视节目制作时间增幅较大。2017年，全国广播节目制作时间788.83万小时，比2016年(782.03万小时)增加6.80万小时，同比增长0.87%。2017年，全国电视节目制作时间365.18万小时，比2016年(350.72万小时)增加14.46万小时，同比增长4.12%。

2017年，全国广播电视节目播出时间平稳增加，广播剧类、广告类广播节目与专题服务类电视节目、广告类电视节目播出时间增幅较大。2017年，全国公共广播节目实际套数2825套，公共广播节目播出时间1491.89万小时，比2016年(1456.51万小时)增加35.38万小时，同比增长2.43%，其中，农村广播节目套数1271套，农村节目播出时间435.36万小时，占公共广播节目播出总时长29.18%。2017年，全国公共电视节目实际套数3493套，播出时间1881.02万小时，比2016年(1792.44万小时)增加88.58万小时，同比增长4.94%，其中，农村电视节目套数1546套，农村节目播出时间405.88万小时，占公共电视节目播出总时长的21.58%。2017年，全国广播电视公益广告制作总时间达17.79万小时。其中，广播公益广告制作时间12.00万小时，占广告类广播节目制作时间的15.66%；电视公益广告制作时间5.79万小时，占广告类电视节目制作时间的10.82%。

电视节目创作进一步繁荣，各类节目制作投资额均保持大幅增长。2017年，全国电视节目制作投资额达426.46亿元，比2016年(316.94亿元)增加109.52亿元，同比增长34.56%。其中，2017年全国电视剧国内投资额达242.26亿元，比2016年(128.53亿元)增加113.73亿元，同比增长88.49%；全国电视动画国内投资额14.43亿元，比2016年(11.94亿元)增加2.49亿元，同比增长20.85%；全国纪录片国内投资额17.42亿元，同比增长15.90%。

广播电视传输覆盖情况：各级广播电视机构统筹有线、无线、卫星覆盖，大力实施广播电视户户通、高山无线发射台站基础设施建设、地面数字电视无线覆盖和中央广播电视节目无线数字化覆盖等重点工程，推进数字化、智能化、移动化接收，全国广播电视综合人口覆盖率稳步提升。截至2017年年底，全国广播综合人口覆盖率98.71%，电视综合人口覆盖率99.07%，比2016年(广播98.37%，电视98.88%）分别提高0.34个百分点和0.19个百分点。从节目层级来看。中央广播电视节目覆盖情况依然优于省级广播电视节目。从覆盖方式来看。随着中央广播电视无线数字化覆盖工程的推进，全国广播电视无线覆盖率稳步提升。有线电视网络数字化、双向化和宽带网络建设持续推进，有线广播电视覆盖人群持续扩大。2017年，全国有线广播电视覆盖用户数达3.36亿户，比2016年（3.10亿户）增加0.26亿户，其中，数字电视覆盖用户数达3.04亿户。在数字电视覆盖用户中双向覆盖用户数达1.86亿户，比2016年（数字电视覆盖用户数2.75亿户，双向数字电视覆盖用户数1.42亿户）分别增加0.29亿户和0.44亿户。受交互式网络电视（IPTV）、网络视听等业务的快速发展，用户收视习惯发生变化，全国有线电视实际用户数继续下降。2017年，全国有线广播电视实际用户数2.14亿户，比2016年（2.28亿户）减少0.14亿户，同比下降6.06%。其中，全国有线数字电视实际用户数1.94亿户，比2016年（2.02亿户）减少0.08亿户，同比下降3.96%；数字电视实际用户占有线电视实际用户数比例为90.65%，比2016年（88.60%）提高了2.05个百分点，有线电视数字化率进一步提升。

网络视听节目服务情况：网络视听节目服务繁荣发展，内容创作持续活跃，服务模式不断创新，影响力与日俱增，行业规模继续扩大。2017年，网络视听节目服务收入142.98亿元。其中，用户付费收入112.75亿元，占网络视听节目服务总收入78.86%；节目版权收入21.99亿元，占网络视听节目服务总收入的15.38%。2017年，全国网络视听节目自制专业栏目（不包括网络剧、网络电影和电视剧）存量1441.45万小时（8.65亿分钟），用户生产节目（UGC）存量8.36亿个，比2016年（5.59亿个）增加2.77亿个，同比增长49.55%。2017年，全国新增购买及自制网络剧2136部（20652集），其中，新增自制网络剧409部（6863集）。新增网络电影7443部，其中，新增自制网络电影1182部。网络视听付费用户增长迅速。2017年，全国网络视听付费用户数达2.80亿，比2016年（1.72亿）增加1.08亿，同比增长62.79%，付费消费习惯已初步形成。移动终端、电脑页面是网络视听节目观看的主要途径。2017年，网络视听节目播放总量达16332.03亿次，其中，移动客户端（APP）和电脑页面端播放次数分别达到7494.91亿次、6687.43亿次，占网络视听节目播放总量的45.89%和40.95%。

广播电视服务业收入情况：广播电视行业创新发展理念，深化供给侧结构性改革，优化产业结构，增加有效供给，提升服务质量，引导文化消费升级，全国广播电视服务业总收入、实际创收收入均大幅增长。2017年，全国广播电视服务业总收入6070.21亿元，比2016年（5039.77亿元）增加1030.44亿元，同比增长20.45%。2017年，全国广播电视实际创收收入4841.76亿元，比2016年（4322.40亿元）增加519.36

亿元，同比增长12.02%。

全国广告收入持续保持增长，收入构成持续调整，电视广告收入继续下降，广播广告收入增幅较大。2017年，全国广告收入1651.24亿元，比2016年（1547.22亿元）增加104.02亿元，同比增长6.72%。其中，广播广告收入155.56亿元，比2016年（145.83亿元）增加9.73亿元，同比增长6.67%；电视广告收入968.34亿元，比2016年（1004.87亿元）减少36.53亿元，同比下降3.64%；网络媒体广告收入306.71亿元，占广告收入总额的18.57%，网络等新媒体广告成为新的收入增长点。受有线电视用户减少和外部竞争影响，全国有线电视网络收入下滑。2017年，有线电视网络收入834.43亿元，比2016年（910.26亿元）减少75.83亿元，同比下降8.33%。其中，有线广播电视收视维护费收入414.00亿元，付费数字电视收入65.56亿元，三网融合业务收入102.82亿元。2017年，新媒体业务收入277.66亿元，占实际创收收入5.73%，其中，交互式网络电视（IPTV）收入67.61亿元，互联网电视（OTT）收入18.31亿元，网络视听节目服务收入142.98亿元。广播电视节目交易活动活跃，节目销售收入继续保持高速增长。2017年全国广播电视节目销售收入523.54亿元，比2016年（365.05亿元）增加158.49亿元，同比增长43.42%，占实际创收收入的10.81%。

（3）卫星传输服务快速增长。2017年，中国卫星导航与位置服务产业总体产值已达到2550亿元，较2016年增长20.4%。其中，包括与卫星导航技术直接相关的芯片、器件、算法、软件、导航数据、终端设备等在内的产业核心产值占比为35.4%，达到902亿元，北斗对产业核心产值的贡献率已达到80%。北斗卫星导航系统已广泛应用于交通、海事、电力、民政、气象、渔业、测绘、矿产、公安、农业、林业、国土、水利、金融、市政管网等十几个行业领域，包括智能手机在内的采用北斗兼容芯片的终端产品社会用户总保有量接近5亿台套。

伴随着中国北斗卫星导航系统的建设完善和应用开发，国内卫星导航及北斗应用相关上市企业将获得长足发展，产业链条日趋完善，产业规模持续扩大。上市公司涉及卫星导航与位置服务的相关产值约占全国总产值的11.85%。国内卫星导航设备营销总规模相较于全球市场，占比逐年提高，已接近15%。当前，中国卫星导航与位置服务领域企业事业单位数量保持在14000家左右，从业人员数量超过50万。北斗卫星导航系统的建设已从区域迈向全球，北斗应用不断深化发展，北斗信号被全球绝大多数卫星导航芯片方案支持，极大拓展了北斗应用范围和规模。

2017年，北斗在行业应用方面也已基本形成了稳定增长的授时、定位、短报文应用市场，行业的应用覆盖省份进一步增加，有效提高了各个行业的服务效率和管理水平。预计到2020年，北斗应用在交通运输、精准农业、城市综合安防和智慧城市建设等主要细分市场的规模有望超过2万亿元。特别是随着中国智慧城市建设步伐的不断加快，北斗精准应用将由城市基础设施领域迅速拓展至智慧城市的各个方面。通过北斗精准时空服务，采集地下管线关键信息已形成行业建设刚需，以智慧燃气为引领的北斗精准应用正逐步形成行业标准。预计在未来较长的时期内，城市基础设施和公用事业领域不断增长的数字化管理需求，将成为北斗精准应用的重要市场，相关行业领域的市场总体规模将超过1500亿元。随着互联网位置服务新兴业态逐渐成熟，人们正越来越多的感受到卫星定位导航技术及位置服务所带来的智能与便利，面向大众化服务的“北斗+”与“时空+”发展前景越来越广阔。

2. 行业内上市公司发展情况

**表10　　2017年电信、广播电视和卫星传输服务上市公司收入及资产增长情况**　　单位：亿元

| 指　标 | 2017年 | 2017年可比样本增长（%） | 2016年 | 2016年可比样本增长（%） | 2015年 |
| --- | --- | --- | --- | --- | --- |
| 营业收入 | 3323.94 | 1.22 | 3274.39 | 0.13 | 3220.65 |
| 利润总额 | 98.18 | 7.50 | 91.89 | -58.51 | 213.01 |
| 归属于母公司所有者的净利润 | 60.07 | -14.86 | 70.95 | -31.60 | 95.37 |
| 总资产 | 7572.14 | -2.61 | 7757.08 | 4.14 | 7354.87 |
| 归属于母公司股东权益 | 2373.45 | 38.62 | 1703.05 | 5.90 | 1568.46 |

资料来源：沪深交易所，同花顺。

**表11　　2017年电信、广播电视和卫星传输服务上市公司盈利能力情况**　　单位：%

| 指　标 | 2017年 | 2017年可比样本变动 | 2016年 | 2016年可比样本变动 | 2015年 |
| --- | --- | --- | --- | --- | --- |
| 毛利率 | 25.00 | 1.15 | 23.85 | -1.60 | 25.28 |
| 净资产收益率 | 2.53 | -1.59 | 4.17 | -2.28 | 6.08 |
| 销售净利率 | 2.41 | -0.02 | 2.45 | -2.96 | 5.23 |
| 资产净利率 | 1.04 | 0.00 | 1.05 | -1.47 | 2.44 |

资料来源：沪深交易所，同花顺。

**表12　　2017年电信、广播电视和卫星传输服务上市公司偿债及营运情况**

| 指　标 | 2017年 | 2017年可比样本变动 | 2016年 | 2016年可比样本变动 | 2015年 |
| --- | --- | --- | --- | --- | --- |
| 资产负债率（%） | 44.28 | -12.44 | 56.73 | -0.31 | 57.03 |
| 存货周转率（次） | 20.78 | -1.09 | 22.27 | 0.64 | 22.31 |
| 总资产周转率（次） | 0.43 | 0.00 | 0.43 | -0.04 | 0.47 |

资料来源：沪深交易所，同花顺。

## （二）互联网和相关服务

1. 行业概况

互联网基础资源保有量稳步增长，资源应用水平显著提升。截至 2017 年 12 月，中国域名总数同比减少 9.0%，但“.CN”域名总数实现 1.2% 的增长，达到 2085 万个，在域名总数中占比从 2016 年年底的 48.7% 提升至 54.2%；国际出口带宽实现 10.2% 的增长，达 7320180Mbps；此外，光缆、互联网接入端口、移动电话基站和互联网数据中心等基础设施建设稳步推进。在此基础上，网站、网页、移动互联网接入流量与 APP 数量等应用发展迅速，均在 2017 年实现显著增长，尤其是移动互联网接入流量自 2014 年以来连续 3 年实现翻番增长。

互联网惠及全民取得新进展。截至 2017 年 12 月，中国网民规模达 7.72 亿，普及率达到 55.8%，超过全球平均水平（51.7%）4.1 个百分点。全年共计新增网民 4074 万人，增长率为 5.6%，中国网民规模继续保持平稳增长。互联网商业模式不断创新、线上线下服务融合加速以及公共服务线上化步伐加快，成为网民规模增长推动力。信息化服务快速普及、网络扶贫大力开展、公共服务水平显著提升，让广大人民群众在共享互联网发展成果上拥有了更多获得感。中国手机网民规模达 7.53 亿，网民中使用手机上网人群的占比由 2016 年的 95.1% 提升至 97.5%；与此同时，使用电视上网的网民比例也提高 3.2 个百分点，达 28.2%；台式电脑、笔记本电脑、平板电脑的使用率均出现下降，手机不断挤占其他个人上网设备的使用。以手机为中心的智能设备，成为“万物互联”的基础，车联网、智能家电促进“住行”体验升级，构筑个性化、智能化应用场景。移动互联网服务场景不断丰富、移动终端规模加速提升、移动数据量持续扩大，为移动互联网产业创造更多价值挖掘空间。

互联网应用得到广泛深入的推进。移动支付使用不断深入，中国移动支付用户规模持续扩大，用户使用习惯进一步巩固，网民在线下消费使用手机网上支付比例由 2016 年年底的 50.3% 提升至 65.5%，线下支付加速向农村地区网民渗透，农村地区网民使用线下支付的比例已由 2016 年年底的 31.7% 提升至 47.1%；中国购买互联网理财产品的网民规模达到 1.29 亿，同比增长 30.2%，货币基金在线理财规模保持高速增长。网络文化娱乐产业进入全面繁荣期。2017 年，网络娱乐类应用用户规模均保持了高速增长，强烈的市场需求、政策的鼓励引导、企业的资源支持共同推动网络文化娱乐产业进入全面繁荣期。网络娱乐应用中网络直播用户规模年增长率最高，达到 22.6%，其中，游戏直播用户规模增速达 53.1%，真人秀直播用户规模增速达 51.9%。与此同时，网络文化娱乐内容进一步规范，以网络游戏和网络视频为代表的网络娱乐行业营收进一步提升。良好的行业营收推动网络娱乐厂商加大对于内容创作者的扶持力度，为网络娱乐内容的繁荣发展打下基础。共享单车用户规模突破2亿，网约车监管政策逐步落地。以第三方信息平台为基础，整合社会资源为用户提供服务的共享经济业务在2017年得到蓬勃发展。在节能减排方面，共享单车用户骑行超过299.47亿公里，减少碳排放量超过699万吨；在拉动就业方面，共享单车行业创造超过3万个线下运维岗位。同时，共享单车为2017年下半年用户规模增长最为显著的应用类型，国内用户规模已达2.21亿，并渗透到21个海外国家。在网约车方面，各地网约车细则陆续出台调整准入门槛，企业谋求转型与跨界融合以提升盈利能力，与旅行、招聘等企业合作，分享客户资源进行跨界营销推广。政务新媒体助力政务服务智能化。2017年，中国在线政务服务用户规模达到4.85亿，占总体网民的62.9%，通过支付宝或微信城市服务平台获得政务服务的使用率为44.0%。中国政务服务线上化速度明显加快，网民线上办事使用率显著提升，大数据、人工智能技术与政务服务不断融合，服务走向智能化、精准化和科学化。微信城市服务、政务微信公众号、政务微博及政务头条号等政务新媒体及服务平台不断扩张服务范围，上线并完善包括交通违法、气象、人社、生活缴费等在内的多类生活服务，并向县域下沉。

互联网经济繁荣发展。2017年，中国移动互联网市场规模增速将至48.8%，总量为82298.8亿元。移动购物在移动互联网市场份额高达73.7%，依然保持绝对优势。移动旅游市场和移动出行市场进入成熟期，市场规模增速放缓，导致移动生活服务份额降低2.8个百分点，占比仅为14.8%。中国网络购物市场交易规模达7.18万亿元，同比增长32.2%。电子商务持续快速增长，2017年，电子商务、网络游戏、网络广告收入水平增速均在20%以上，发展势头良好。其中，1~11月电子商务平台收入2188亿元，同比增长高达43.4%。电子商务服务模式、技术形态、赋能效力不断创新突破是收入水平快速提升的主要驱动力。网络游戏产业在移动化、国际化、竞技化方面表现突出。网络广告市场进一步成熟，市场结构更加趋于稳定。

国内互联网独角兽企业蓬勃兴起。截至2017年12月，中国网信独角兽企业总数为77家。北京的独角兽企业数占比为41.6%；上海的独角兽企业占比为23.4%；其他分布在杭州、深圳、珠海、广州等地。第一梯队中的电子商务和网络金融企业分别占独角兽企业总数的18.2%和15.6%，占据了主导地位；第二梯队中的文化娱乐、汽车交通和第三梯队中的智能硬件、在线医疗、人工智能企业均取得了快速发展。随着《新一代人工智能发展规划》为中国人工智能发展提供了顶层战略依据，中国在人工智能领域取得重要进展：截至2017年6月，中国拥有人工智能企业592家，占全球总数的23.3%；2017年，中国人工智能相关专利申请数达30115项。

网络安全相关法规逐步完善。2017年《中华人民共和国网络安全法》的正式实施，以及相关配套法规的陆续出台，为此后开展的网络安全工作提供了切实的法律保障。政府与企业共同打击各类网络安全问题，网民遭遇网络安全问题的比例明显下降。数据显示，高达 47.4% 的网民表示在过去半年中并未遇到过任何网络安全问题，较 2016 年提升 17.9 个百分点。

2. 行业内上市公司发展情况

表 13　　2017 年互联网和相关服务上市公司收入及资产增长情况　　单位：亿元

| 指　标 | 2017 年 | 2017 年可比样本增长（%） | 2016 年 | 2016 年可比样本增长（%） | 2015 年 |
|---|---|---|---|---|---|
| 营业收入 | 2110.45 | 25.53 | 1379.93 | 55.50 | 671.99 |
| 利润总额 | 67.60 | -60.64 | 119.80 | 18.05 | 69.92 |
| 归属于母公司所有者的净利润 | 68.29 | -56.86 | 115.64 | 26.10 | 64.7 |
| 总资产 | 3549.57 | 23.56 | 2264.07 | 43.92 | 1082.12 |
| 归属于母公司股东权益 | 1995.59 | 25.72 | 1240.22 | 56.71 | 516.22 |

资料来源：沪深交易所，同花顺。

表 14　　2017 年互联网和相关服务上市公司盈利能力情况　　单位：%

| 指　标 | 2017 年 | 2017 年可比样本变动 | 2016 年 | 2016 年可比样本变动 | 2015 年 |
|---|---|---|---|---|---|
| 毛利率 | 26.32 | -4.65 | 28.25 | -6.64 | 30.48 |
| 净资产收益率 | 3.42 | -6.55 | 9.32 | -2.26 | 12.53 |
| 销售净利率 | 1.87 | -7.22 | 7.92 | -2.33 | 9.58 |
| 资产净利率 | 1.23 | -5.20 | 5.70 | -1.63 | 7.71 |

资料来源：沪深交易所，同花顺。

表 15　　2017 年互联网和相关服务上市公司偿债及营运情况

| 指　标 | 2017 年 | 2017 年可比样本变动 | 2016 年 | 2016 年可比样本变动 | 2015 年 |
|---|---|---|---|---|---|
| 资产负债率（%） | 42.43 | -0.27 | 43.04 | -5.65 | 51.37 |
| 存货周转率（次） | 21.02 | 5.71 | 17.95 | 7.36 | 23.75 |
| 总资产周转率（次） | 0.66 | -0.05 | 0.72 | 0.00 | 0.8 |

资料来源：沪深交易所，同花顺。

## （三）软件和信息技术服务业

1. 行业概况

软件和信息技术服务业是关系国民经济和社会发展全局的基础性、战略性、先导性产业，具有技术更新快、产品附加值高、应用领域广、渗透能力强、资源消耗低、人力资源利用充分等突出特点，对经济社会发展具有重要的支撑和引领作用。中国软件行业已进入快速成长期，正加速成长为信息产业中增长最快、潜力最大的行业。当前中国正处于加快转变经济发展方式的攻坚时期，经济全球化不断深入，信息化不断普及，全球软件技术和产业格局孕育着新一轮重大变革，为中国软件和信息技术服务业带来创新突破、应用深化、融合发展的战略机遇。产业政策及宏观经济环境为中国软件和信息技术服务业创造了良好的发展机遇，未来的发展前景广阔。随着各行业对于基于其自身行业特点的应用软件，连接应用软件和底层操作软件之间的中间件，跨行业的管理软件以及基于现有系统的专业化服务呈现出旺盛的需求。发展和提升软件和信息技术服务业，对于推动信息化和工业化深度融合，培育和发展战略性新兴产业，加快经济发展方式转变和产业结构调整，提高国家信息安全保障能力和国际竞争力具有重要意义。

2017 年，中国软件和信息技术服务业继续呈现稳中向好运行态势，收入和效益同步加快增长，出口有所恢复，吸纳就业人数平稳增加，创新能力不断提升，产业结构持续调整优化，服务和支撑保障能力显著增强。软件业务收入加快增长。2017 年，全国软件和信息技术服务业完成软件业务收入 5.5 万亿元，比 2016 年增长 13.9%，增速同比提高 0.8 个百分点。从全年增长情况来看，走势基本平稳。全行业利润增长快于收入增长。2017 年，全行业实现利润总额 7020 亿元，比 2016 年增长 15.8%，比 2016 年提高 2.1 个百分点，高出收入增速 1.9 个百分点。分季度来看，一至四季度利润总额增速分别为 9.6%、14.2%、15.6% 和 21.2%，呈逐步上升态势。出口形势仍然低迷，但进入下半年以后情况有所改观。2017 年，全国软件业实现出口 538 亿美元，同比增长 3.4%，增速比 2016 年提高 2.4 个百分点。其中，外包服务出口增长 5.1%，比 2016 年提高 4.4 个百分点；嵌入式系统软件出口增长 2.3%。从业人数平稳增加，工资水平保持较快增长。全行业从业人数接近 600 万人，比 2016 年同期增加约 20 万人，比上年增长 3.4%。从业人员工资总额增长 14.9%，人均工资增长 11.2%。企业研发投入不断增强，创新能力逐步提升。对重点软件企业的监测显示，全年企业研发投入强度接近 11%。据中国版权保护中心的数据，2017 年中国软件著作权登记量突破 70 万件，比 2016 年增长达 85%，呈现爆发式增长；大数据、云计算、人工智能等新技术迅速得到应用和扩展，产业活力不断增强。

从软件细分领域运行情况来看，软件和信息技术服务业结构继续调整，产业生态链不断完善，为制造强国和网络强国建设提供重要支撑和保障。信息技术服务保持领先，产业继续向服务化、云化演进。2017 年，全行业实现信息技术服务收入 2.9 万亿元，比 2016 年增长 16.8%，增速高出全行业平均水平 2.9 个百分点，占全行业收入比重为 53.3%。其中，云计算相关的运营服务（包括在线软件运营服务、平台运营服务、基础设施运营服务等在内的信息技术服务）收入超过8千亿元，比2016年增长16.5%。软件产品平稳增长，支撑保障能力显著增强。2017年，全行业实现软件产品收入1.7万亿元，比2016年增长11.9%，占全行业收入比重为31.3%。其中，信息安全和工业软件产品收入均超过1千亿元，分别增长14%和19.9%。随着核心关键技术的突破，软件产业正向构筑有力的产业基础、推进信息系统安全可控、驱动工业智能化等方向迈进。软件技术加快向各领域渗透，应用服务能力不断提升。支撑电子商务快速发展，电子商务平台技术服务收入比2016年增长30.3%；助力集成电路产业发展，集成电路设计服务收入比2016年增长15.6%；加快向通信、医院、交通、装备等各领域渗透，嵌入式系统软件已成为产品和装备数字化改造、各领域智能化增值的关键性带动技术，全年实现收入8479亿元，比2016年增长8.9%。

从全国各个地区情况来看，东部地区稳步发展，中西部地区软件业加快增长。2017年，东部地区完成软件业务收入4.4万亿元，同比增长13.8%，占全国软件业的比重为79.2%；中部和西部地区完成软件业务收入分别为2497亿元和6187亿元，分别增长15.9%和17.3%，占全国软件业的比重为4.5%和11.2%；东北地区完成软件业务收入2778亿元，增长7.1%，占全国软件业的比重为5.1%。

2. 行业内上市公司发展情况

**表16　　2017年软件和信息技术服务业上市公司收入及资产增长情况　　单位：亿元**

| 指　标 | 2017年 | 2017年可比样本增长（%） | 2016年 | 2016年可比样本增长（%） | 2015年 |
|---|---|---|---|---|---|
| 营业收入 | 3012.05 | 17.99 | 2242.65 | 21.47 | 1729.2 |
| 利润总额 | 322.99 | -7.08 | 303.10 | 26.50 | 226.94 |
| 归属于母公司所有者的净利润 | 269.50 | -8.27 | 258.57 | 27.00 | 196.56 |
| 总资产 | 6575.47 | 19.12 | 5023.96 | 32.96 | 3539.75 |
| 归属于母公司股东权益 | 3952.33 | 13.96 | 3217.00 | 36.76 | 2233.77 |

资料来源：沪深交易所，同花顺。

**表17　　2017年软件和信息技术服务业上市公司盈利能力情况　　单位：%**

| 指　标 | 2017年 | 2017年可比样本变动 | 2016年 | 2016年可比样本变动 | 2015年 |
|---|---|---|---|---|---|
| 毛利率 | 36.26 | 0.39 | 36.63 | 0.15 | 37.1 |
| 净资产收益率 | 6.82 | -1.65 | 8.04 | -0.62 | 8.8 |
| 销售净利率 | 9.32 | -2.57 | 11.81 | 0.53 | 11.55 |
| 资产净利率 | 4.64 | -1.79 | 6.02 | -0.34 | 6.46 |

资料来源：沪深交易所，同花顺。

表 18　　2017 年软件和信息技术服务业上市公司偿债及营运情况

| 指　标 | 2017 年 | 2017 年可比样本变动 | 2016 年 | 2016 年可比样本变动 | 2015 年 |
|---|---|---|---|---|---|
| 资产负债率（%） | 37.87 | 2.77 | 34.13 | -1.70 | 35.03 |
| 存货周转率（次） | 3.25 | -0.20 | 3.34 | -0.01 | 3.43 |
| 总资产周转率（次） | 0.50 | -0.04 | 0.51 | -0.05 | 0.56 |

资料来源：沪深交易所，同花顺。

## 四、重点上市公司介绍

### （一）中国联通

中国联通是国内三大移动运营商之一，国内上市公司通过联通红筹公司及其所属子公司面向全国提供全方位的电信服务，包括移动宽带（WCDMA、LTE FDD、TD-LTE）、固网宽带、GSM、固网本地电话、信息通信技术服务、数据通信服务以及其他相关增值服务。2017 年，中国联通的混合所有制改革取得实质性突破。首创 2I2C 商业新模式，有效拉动收入增长和效益改善，经营模式转型达到突出效果。截至 2017 年年底，中国联通集团拥有约 6000 万本地电话用户，约 7654 万固网宽带用户，约 2.84 亿移动出账用户，其中 4G 用户约 1.75 亿户。

2017 年，中国联通经营业绩改善，全年实现主营业务收入人民币 2490.2 亿元，同比增长 4.6%；EBITDA1 达到 817.0 亿元，同比增长 2.3%；利润总额达到 23.8 亿元，归属于母公司净利润为 4.3 亿元，同比增长 176.4%。2017 年，中国联通发生与光改相关的资产报废损失 29 亿元，该资产报废损失不会对现金流产生任何影响。剔除上述光改相关的资产报废净损失后，中国联通 EBITDA1 达到 846.0 亿元，占主营业务收入的比例达到 34.0%，同比提升 0.5 个百分点；利润总额达到 52.8 亿元，归属于母公司的净利润达到 11.5 亿元，同比增长 647.1%。

中国联通围绕提质增效，推动精准投资、共享合作与资源挖潜，提升回报。在确保网络竞争力的同时，中国联通资本开支同比大幅下降 41.6%。得益于收入逐步改善以及资本开支大幅下降，自由现金流同比提升 5.6 倍。同时，受益于混合所有制改革引资顺利完成，资本实力大幅增强，财务状况更加稳健，资产负债率由上年同期的 62.6% 下降至 46.5%。

### （二）歌华有线

北京歌华有线电视网络股份有限公司主要负责北京地区有线广播电视网络的建设开发、经营管理和维护，广播电视节目的收转、传送，广播电视网络信息服务等，属于有线电视行业。歌华有线加快由单一有线电视传输商向全业务综合服务提供商、由传统媒介向新型媒体转型。公司通过整合北京市有线电视网络，已形成覆盖全市 16 个区，可承载视频、语音、数据的超大型信息化基础网络。歌华有线依托已经建立的高清交互数字电视新媒体平台，形成了广播电视节目收转传送、网络建设开发经营管理以及有线网络信息服务等主营业务。通过向用户提供电视节目、视频点播等基本业务和增值业务，向用户收取基本收视业务收入和增值业务收入；通过规划建设小区有线电视网络和提供有线电视入户服务，取得工程入网建设收入；通过传输节目向电视台或内容提供商提供节目传输服务，取得频道收转收入；通过广电网络向居民或非居民提供互联网接入服务及其他网络服务，取得数据业务收入；通过高清交互平台及其应用，取得广告收入。

2017 年，歌华有线实现营业收入 26.98 亿元，较 2016 年同期增加 1.25%；实现归属于母公司所有者的净利润 7.61 亿元，较 2016 年同期增加 4.98%；每股盈利 0.55 元。2017 年，整体毛利率为 27.50%，净利润率为 28.22%，同比减少 1 个百分点，扣非净资产收益率 19.23%，同比上升 0.08 个百分点。营业成本为 19.56 亿元，比 2016 年同期减少 0.05%。2017 年销售费用同比增加 5.72%；管理费用同比增加 0.61%；财务费用同比减少 1449 万元，主要是利息收入增加所致。公司 2017 年资产负债率为 16.59%，同比增加 0.72 个百分点，经营性现金净流量为 10.63 亿元，同比减少 10.30%。截至 2017 年 12 月 31 日，公司资产总额为 153.27 亿元，比 2016 年年末增加 2.43 亿元，增长 1.61%；归属于上市公司股东的净资产为 127.84 亿元，同比增长 0.74%。

截至 2017 年 12 月底，歌华有线的有线电视注册用户 586 万户，较 2016 年年底增长 6 万户；高清交互数字电视用户突破 500 万户，较 2016 年年底增长 20 万户；家庭宽带在线用户 56.9 万户，较 2016 年年底增长 6.3 万户。

### （三）中信国安

中信国安主要从事信息网络基础设施建设业务中的有线电视网、卫星通信网的投资建设，信息服务业中的增值电信服务、网络系统集成、应用软件开发，高科技产业中的动力电池开发和生产，以及房地产开发及物业管理等业务。中信国安已经基本形成了以信息产业为核心，新能源、系统集成、增值电信业务等高科技行业为辅助的产业布局，有线电视、数字电视用户规模居国内同行业上市公司领先地位。

2017 年，中信国安实现营业收入 43.62 亿元，较 2016 年同期增长 11.09%；实现利润总额 4.27 亿元，较 2016 年同期增长 60.74%；实现归属于母公司所有者的净利润 2.59 亿元，较 2016 年同期增长 12.67%，每股盈利 0.07 元。2017 年，公司整体毛利率为 18.52%，净利润率为 6.89%，同比减少 1.01 个百分点，扣非净资产收益率 0.33%，同比下降 3 个百分点。营业成本同比增长 12.90%，管理费用同比增加 19.59%，财务费用同比增加 50.41 %。公司 2017 年资产负债率为 55.64%，同比增加 1.1 个百分点，经营性现金净流量为 -2.99 亿元，同比减少 0.31 亿。截至 2017 年 12 月 31 日，公司资产总额为 168.02 亿元，比 2016 年年末增加 19.72 亿元，增长 11.74%；归属于上市公司股东的净资产为 67.43 亿元，同比增长 3.26%。公司重大投资总额为 3.98 亿元，比 2016 年同期下降约 84.81%。

### （四）东方财富

东方财富是国内领先的互联网金融服务平台综合运营商，通过以“东方财富网”为核心，集互联网财经门户平台、金融电子商务平台、金融终端平台及移动端平台等为一体的互联网金融服务大平台，向海量用户提供基于互联网平台应用的产品和服务。东方财富运营的以“东方财富网”为核心的互联网金融服务大平台已成为中国用户访问量最大、用户黏性最高的互联网金融服务平台之一，“天天基金网”和“股吧”在各自细分领域中均具有市场领先地位，在用户数量和用户黏性方面长期保持竞争优势，形成了公司的核心竞争力。东方财富主要业务有证券业务、金融电子商务服务业务、金融数据服务业务及互联网广告服务业务等。

2017 年，公司实现营业总收入 25.47 亿元，同比增长 8.29%，公司营业总成本 20.72 亿元，同比增长 21.52%。2017 年度实现归属于上市公司股东的净利润 6.37 亿元，同比下降 10.77%，每股盈利 0.15 元。2017 年，公司整体毛利率为 64.31%，净利润率为 57.07%，同比减少 2.15 个百分点，扣非净资产收益率 4.19%，同比下降 0.45 个百分点。营业成本同比增长 21.52%，管理费用同比增加 15.23%，财务费用同比减少 51.45%。公司 2017 年资产负债率为 64.92%，同比增加 12.47 个百分点，经营性现金净流量为 -61.60 亿元，同比减少 19.32 亿。截至 2017 年 12 月 31 日，公司资产总额为 418.45 亿元，比 2016 年年末增加 148.59 亿元；归属于上市公司股东的净资产为 146.78 亿元，同比增长 14.45%。

### （五）数知科技

数知科技作为国内通信基础设施行业领先的民营上市公司。数知科技 2015 年完成并购国内数字营销行业领先企业日月同行；2017 年完成全球广告技术龙头企业 BBHI 的收购。2017 年，数知科技集中优势资源拓展数字营销行业，深度布局大数据 + 人工智能产业，逐渐形成“大数据 + 人工智能”为主的业务格局。数知科技业务分以下 4 个部分：供应端智能营销平台、需求端智能营销平台、大数据智能应用与服务和信息基础设施投资运营。

2017 年，公司实现营业收入 27.51 亿元，同比增长 179.54%，实现营业利润 5.50 万元，同比增长 329.65%，实现归属于母公司所有者净利润 4.87 亿元，同比增长 350.74%。每股盈利 1.51 元。2017 年，公司整体毛利率为 29.03%，净利润率为 18.01%，同比减少 5.54 个百分点，扣非净资产收益率 4.90%，同比下降 0.8 个百分点。营业成本同比增长 150.14%，管理费用同比增加 41.82%，财务费用同比增加 7.72%。公司 2017 年资产负债率为 17.33%，同比减少 28.73 个百分点，经营性现金净流量为 2.90 亿元，同比减少 12.82 亿。截至 2017 年 12 月 31 日，公司资产总额为 120.39 亿元，比 2016 年年末增加 80.92 亿元；归属于上市公司股东的净资产为 98.87 亿元，同比增长 403.67%。

### （六）同花顺

同花顺是国内领先的互联网金融信息服务提供商，同花顺在业内拥有完整的产业链，产品及服务覆盖产业链上下游。主要客户涵盖金融市场的各层次参与主体，包括券商、基金、私募、银行、保险、政府、科研院所、上市公司等机构客户和广大的个人投资者用户。主要业务是为国内外的各类机构客户提供软件产品及系统维护服务、金融数据服务、智能推广服务，为个人投资者提供金融资讯以及各种投资理财分析工具。

2017 年，同花顺实现营业总收入 14.10 亿元，同比减少 18.69%；实现营业利润 8.07 亿元，同比减少 37.76%；实现利润总额 8.06 亿元，同比减少 38.92%；实现归属上市公司股东的净利润 7.26 亿元，同比减少 40.11%，每股盈利 1.35 元。2017 年，公司整体毛利率为 90.00%，净利润率为 51.48%，同比减少 18.41 个百分点，扣非净资产收益率 21.03%，同比下降 15.53 个百分点。营业成本同比增长 10.64%，管理费用同比增加 12.27%，财务费用同比增加 14.64%。公司 2017 年资产负债率为 24.74%，同比减少 2.86 个百分点，经营性现金净流量为 5.79 亿元，同比减少 31.72%。截至 2017 年 12 月 31 日，公司资产总额为 42.11 亿元，比 2016 年年末增加 3.24%；归属于上市公司股东的净资产为 31.69 亿元，同比增长 7.31%。

### （七）科大讯飞

科大讯飞专业从事于人工智能技术研究、软件及芯片产品开发、知识服务，人工智能相关核心技术代表了世界最高水平。科大讯飞承建有首批国家新一代人工智能开放创新平台（智能语音国家人工智能开放创新平台）、语音及语言信息处理国家工程实验室以及中国在人工智能高级阶段——认知智能领域的首个国家级重点实验室等国家级重要平台。

2017 年，科大讯飞实现营业总收入 54.45 亿元，同比增长 63.97%；实现营业利润 5.40 亿元，同比增长 37.13%；实现利润总额 5.77 亿元，同比增长 2.89%；实现归属上市公司股东的净利润 4.35 亿元，同比减少 10.27%，每股盈利 0.33 元。2017 年，公司整体毛利率为 51.38%，净利润率为 8.80%，同比减少 6.16 个百分点，扣非净资产收益率 4.65%，同比上升 1.04 个百分点。营业成本同比增长 61.48%，管理费用同比增加 61.30%，财务费用同比增加 23.40%。

公司2017年资产负债率为40.39%，同比增加10个百分点，经营性现金净流量为3.63亿元，同比增加21.19%。截至2017年12月31日，公司资产总额为133.40亿元，比2016年年末增加28.10%；归属于上市公司股东的净资产为77.18亿元，同比增长9.29%。科大讯飞当前费用成本对应增加，一定程度上影响了当期税后利润增幅，但对提升产业领导者地位，保障可持续发展和长期盈利能力奠定了基础。

### （八）国电南瑞

国电南瑞作为专业从事电力自动化软硬件开发和系统集成服务的提供商，主要从事电网调度自动化、变电站自动化、火电厂及工业控制自动化系统的软硬件开发和系统集成服务。国电南瑞的自动化产品涉足电力、石化、市政、轨道交通等多个领域。2017年，国电南瑞通过重大资产重组，拥有普瑞特高压、设计公司等100%股权，新增继电保护及柔性输电、电力信息通信等领域的业务，是中国电力系统自动化、超/特高压交/直流输电、柔性交/直流输电、水利水电自动化、轨道交通监控及工业控制、综合能源等领域技术、设备、服务和整体解决方案的供应商和电力二次设备龙头企业。

2017年，国电南瑞实现营业总收入241.98亿元，同比增长112.81%；实现营业利润42.01亿元，同比增长22.16%；实现利润总额42.47亿元，同比增长5.33%；实现归属上市公司股东的净利润32.41亿元，同比增加123.92%，每股盈利0.79元。2017年，公司整体毛利率为30.01%，净利润率为15.30%，同比增加2.6个百分点，扣非净资产收益率5.92%，同比下降10个百分点。营业成本同比增长105.48%，管理费用同比增加6.97%，财务费用同比增加1874.85%。公司2017年资产负债率为43.06%，同比增加5.17个百分点，经营性现金净流量为33.01亿元，同比增加80.98%。截至2017年12月31日，公司资产总额为459.78亿元，比2016年年末增加5.68%；归属于上市公司股东的净资产为193.80亿元，同比增长4.59%。

### （九）四维图新

四维图新是中国领先的导航地图和动态交通信息服务提供商，由国家测绘局创建的唯一专业从事测绘的国家级公司。四维图新为主流汽车制造厂商、汽车电子厂商、手机生产商、便携导航设备厂商、移动通信服务商和互联网平台提供专业化、高品质的导航电子地图产品和服务。四维图新通过收购杰发科技，完成了面向车载芯片领域的战略布局。杰发科技作为国内汽车电子芯片行业主要代表企业之一，是目前国内首家面向自动驾驶在高精度地图、算法、芯片几处关键节点布局的企业。

2017年，四维图新实现营业总收入21.56亿元，同比增长36.03%；实现营业利润2.69亿元，同比增长216.44%；实现归属上市公司股东的净利润2.65亿元，同比增加69.38%，每股盈利0.22元。2017年，公司整体毛利率为75.38%，净利润率为9.85%，同比增加2.52个百分点，扣非净资产收益率3.31%，同比下降1.87个百分点。营业成本同比增长32.18%，管理费用同比增加29.13%，财务费用同比下降119.83%。公司2017年资产负债率为29.85%，同比增加6.79个百分点，经营性现金净流量为3.90亿元，同比减少2.16%。截至2017年12月31日，公司资产总额为97.99亿元，比2016年年末增加137.71%；归属于上市公司股东的净资产为66.36亿元，同比增长137.56%。

### （十）用友网络

用友网络是亚太本土领先的企业管理软件和企业移动应用、企业云服务提供商，是中国最大的ERP、CRM、人力资源管理、商业分析、内审、小微企业管理软件和财政、汽车、烟草等行业应用解决方案提供商，并在金融、医疗卫生等行业应用以及企业支付、企业通信、管理咨询、培训教育等领域快速发展。基于移动互联网、云计算、大数据、社交等先进技术，用友UAP私有云平台是中国大型企业和公共组织应用最广泛的企业计算平台，畅捷通公有云平台在小微企业和各类企业公共应用服务中得到运用。中国及亚太地区超过200万家企业与公共组织通过使用用友软件和云服务，实现精细管理、敏捷经营、业务创新。其中，中国500强企业超过60%是用友的客户。

2017年，公司实现营业总收入63.44亿元，同比增长24.1%；实现营业利润6.76亿元，同比增长1412.29%；实现归属上市公司股东的净利润3.89亿元，同比增加97.1%，每股盈利0.27元。2017年，公司整体毛利率为71.43%，净利润率为8.83%，同比增加4.05个百分点，扣非净资产收益率5.01%，同比上升2.6个百分点。营业成本同比增长17.46%，管理费用同比增加14.9%，财务费用同比上升121.8%。公司2017年资产负债率为51.97%，同比增加4.53个百分点，经营性现金净流量为14.30亿元，同比增加61.2%。截至2017年12月31日，公司资产总额为140.34亿元，比2016年年末增加15.46%；归属于上市公司股东的净资产为58.49亿元，同比增长2.83%。

## 五、上市公司在行业中的影响力

2017年，信息传输、软件和信息技术服务业国内上市公司合计实现营业收入8446.44亿元，可比样本较2016年增长12.35%；按照可比样本的测算口径，信息传输、软件和信息技术服务业国内上市公司营业收入占行业总收入的比重为5.33%，占比持续降低，维持在5%的水平。按照细分行业看，3个子行业中，电信、广播电视和卫星传输服务业和软件行业上市公司在行业中营业收入占比明显上升，而互联网行业营业收入占比均有所下降，各细分子行业情况如下：

2017年，电信、广播电视和卫星传输服务业国内上市公司收入行业占比为15.65%，较2016年上升2.82个百分点。2017年，上市公司占行业收入比重明显上升，其主要原因是2017年新上市的相关公司数量增加带来上市公司营收增长明显，而广播电视等行业的萎缩导致行业基数降低，而行业龙头都是上市公司，因此行业占比有所提升，但是上市公司营收增长低于行业增长率，导致上市公司营收行业占比增长不快。此外，营收占比偏低的原因主要还是由于行业内重量级企业如中国移动、中国电信和华为等均未在国内上市，导致行业头部企业的缺失。不过从行业的发展趋势看，行业内各个细分行业的龙头不仅是整个行业的中流砥柱和优秀行业代表，而且也是未来在上市首选品种。因此，随着电信、广播电视和卫星传输服务行业逐渐进入5G时代，宽带化、移动化、互联网化将是行业进一步演进趋势，行业重要性将快速提升。伴随着多种上市形式的出现，未来电信、广播电视和卫星传输服务业将吸纳更多公司上市，覆盖到更多的细分领域，影响力有望得到进一步增长。

2017年，软件和信息技术服务业国内上市公司收入行业占比为5.48%，较2015年继续上升了0.9个百分点。2017年，软件类上市公司整体盈利能力持续性提高，软件外包出口等业务的稳步增长，同期国内兴起的人工智能技术、大数据业务和存储类业务给国内的软件企业带来了崭新的发展风口，AI加速了计算力的提升、CDN和IDC等业务开拓出广阔的数据市场，由此诞生了一大批小型创新类的公司，并吸引更多的资金投入该行业，由此带来行业内公司业务创新与新的利润点出现。此外软件和信息技术服务业与工业化深度融合，加快经济发展方式转变和产业结构调整，提高国家信息安全保障能力。上市公司占行业收入比例偏低的原因主要是行业内很多外资（包括台资）企业从事相关组件外包业务，以及一些大型互联网软件企业，并未在国内上市；同时该行业产业链较分散，产业集中度较低，导致上市公司体量都较小导致占比重较低。随着新技术如区块链、云计算等出现，行业结构会重新整合，前期资本的投入将导入上市体系，越来越多的软件类企业进入上市公司体系，这样必然会增强上市公司群体在整个行业的影响力。

2017年，互联网和相关服务业国内上市公司营业收入行业占比为5.32%，较2016年上升4.06个百分点。2017年是互联网产业快速扩张的一年，特别是移动互联网规模迅速膨胀的阶段。虽然新的上市公司数量也在增多，但是行业本身的扩张速度远大于上市公司体系的增长速度，新业务的增长都来自于初创类企业，如摩拜、美团等，同时在海外上市的腾讯、阿里巴巴和百度公司的市值之和占总体市值的73.9%，这就导致国内上市公司营收占比迅速降低。虽然上市公司营收占比降低，但是整个互联网行业对中国国内生产总值的贡献越来越大，成长为国民经济中重要先导性产业，而上市类企业一般都是行业内盈利较好的细分行业龙头。2017年以来，现有上市公司所开发了内容丰富的新型互联网应用，业内出现了各种新型网络商业模式，用户通过其平台开展信息获取、娱乐、购物、沟通交流，使得流量变现等网络商业规模越来越大，增速远远超越传统上市公司。此类基于智能移动终端的应用，如手游、在线阅读、点播、直播视频等爆发式的增长普及都给电商、视频网站以及其他互联网上市公司开辟了一个又一个的新利润增长点。在行业快速上升期，资本的助力不可缺失，一方面上市公司依托资本市场，加快了业内横向和产业链纵向的并购，大大增加自身的实力；另一方面有技术实力与成熟和商业模式的互联网公司通过上市快速扩大规模。因此上市公司在推动互联网传输的传统业务向新型服务性移动互联网经济转变，加速整个行业爆发起到了非常重要的作用。此外，在2017年中国互联网独角兽企业总数为77家。第一梯队中的电子商务和网络金融企业分别占独角兽企业总数的18.2%和15.6%，占据了主导地位；第二梯队中的文化娱乐、汽车交通和第三梯队中的智能硬件、在线医疗、人工智能企业均取得了快速发展。这些独角兽企业都是未来上市的中坚力量，代表着科技的发展方向，也是未来经济增长的重要支撑力量。

审稿人：王洪磊

撰稿人：徐勇

# 金融业

## 一、金融业总体概况

### （一）行业整体运行情况

金融市场运行总体平稳，2017年年末，广义货币供应量（M2）余额为167.7万亿元，比2016年年末增长8.2%，增速下降3.1个百分点；狭义货币供应量（M1）余额为54.4万亿元，同比增长11.8%，增速下降9.6个百分点；流通中现金（M0）余额为7.1万亿元，增长3.4%。全部金融机构各项贷款余额125.6万亿元，同比增长12.1%。其中，人民币贷款余额120.1万亿元，同比增长12.7%，回落0.8个百分点；外币贷款余额8379亿美元，同比增长6.6%。2017年年末，全部金融机构各项存款余额169.3万亿元，同比增长8.8%，下降2.5个百分点。其中，人民币存款余额164.1万亿元，同比增长9.0%，增速下降2.0个百分点；外币存款余额7910亿美元，同比上涨11.1%。社会融资继续较快增长，根据人民银行的统计，2017年全年社会融资规模增量为19.4万亿元，比2016年多1.6万亿元。其中，人民币贷款增加13.8万亿元，同比多增1.4万亿元；外币贷款折合人民币增加18亿元，同比多增5658亿元；委托贷款增加7770亿元，同比少增1.4万亿元；信托贷款增加2.3万亿元，同比多增1.4万亿元；未贴现的银行承兑汇票增加5364亿元；企业债券净融资4495亿元，同比减少2.55万亿元；非金融企业境内股票融资8734亿元，同比减少3682亿元。

2017年，债券市场发行规模继续保持增长，交易量有所减少，债券收益率曲线上移，市场投资者结构进一步多元化；货币市场利率有所上行，交易量小幅下降；互换利率小幅上行；股指震荡上行，成交量同比下降。2017年，债券市场发行各类债券规模达40.8万亿元，较2016年增长12.9%，其中，银行间债券市场发行债券36.8万亿元，同比增长14.2%。银行间市场拆借、现券和债券回购累计成交803.7万亿元，同比减少2.5%。其中，银行间市场同业拆借成交79.0万亿元，同比增加17.7%；质押式回购累计成交588.3万亿元，同比增长3.5%；买断式回购累计成交28.1万亿元，同比下降14.9%；现券成交108.4万亿元，同比下降18.0%。2017年12月份，银行间货币市场同业拆借月加权平均利率为2.91%；质押式回购月加权平均利率为3.11%。2017年，债券收益率曲线整体上移。12月末，1年、3年、5年、7年、10年期国债收益率分别为3.79%、3.78%、

3.84%、3.90%、3.88%；5 年期 AAA 级、AA+级和 AA 级中短期票据收益率分别为 5.42%、5.67%、5.87%；中债综合全价指数为 113.37 点；交易所上证国债指数为 160.85 点。

2017 年，期货市场活跃度较 2016 年有所下降，全国期货市场累计成交量为 30.8 亿手，同比下降 25.7%；累计成交额为 187.9 万亿元，同比下降 4.0%。2017 年共 50 个商品期货品种，从各品种的成交量来看，排在前六位的分别是螺纹钢、铁矿石、豆粕、PTA、甲醇、玉米，分别占全国期货市场总成交量的 22.8%、10.7%、5.3%、4.6%、4.5%、4.1%。从国内四大交易所的整体成交情况来看，上海期货交易所累计成交量为 13.6 亿手，同比下降 18.8%，累计成交额为 89.9 万亿元，同比增长 5.8%，分别占全国市场的 44.4% 和 47.9%；郑州商品交易所累计成交量为 5.86 亿手，累计成交额为 21.4 万亿元，同比分别下降 35.0% 和 31.1%，分别占全国市场的 11.9% 和 19.1%；大连商品交易所累计成交量为 11.01 亿手，累计成交额为 5.2 万亿元，同比分别下降 28.4% 和 15.3%，分别占全国市场的 35.8% 和 27.7%；中国金融期货交易所累计成交量为 0.25 亿手，累计成交额为 24.6 万亿元，同比分别增长 34.1% 和 35.0%，分别占全国市场的 0.8% 和 13.1%。

### （二）细分行业运行概况

2017 年 12 月末，中国银行业金融机构境内外本外币资产总额为 252.4 万亿元，同比增长 8.7%。其中，大型商业银行资产总额 92.8 万亿元，占比 36.8%，同比增长 7.2%；股份制商业银行资产总额 45.0 万亿元，占比 17.8%，同比增长 3.4%。银行业金融机构境内外本外币负债总额为 232.9 万亿元，同比增长 8.4%。其中，大型商业银行负债总额 85.6 万亿元，占比 36.7%，同比增长 7.1%；股份制商业银行负债总额 41.9 万亿元，占比 18%，同比增长 2.7%。

2017 年，普惠金融力度加大，银行业金融机构用于小微企业贷款和涉农贷款余额均达到 31 万亿元，同比分别增长 15.1% 和 9.6%。保障性安居工程贷款同比增长 42.3%，高于各项贷款平均增速 29.9 个百分点。商业银行不良贷款余额 1.71 万亿元，不良贷款率 1.74%；关注类贷款余额 3.41 万亿元，关注类贷款率 3.49%。商业银行贷款损失准备余额为 3.09 万亿元，较 2016 年年末增加 4268 亿元；拨备覆盖率为 181.42%，较 2016 年年末上升 5.02 个百分点；贷款拨备率为 3.16%，较 2016 年年末上升 0.09 个百分点。

2017 年，国内保险行业在经济下行压力加大的情况下，保持强劲增长势头。2017 年，保险行业全年实现保费收入 3.66 万亿元，同比增长 18.2%。其中，财产险业务继续保持较快增长，保费收入 9835 亿元，同比增长 12.7%；人身险业务保费收入 2.67 万亿元，同比增长 20.3%。2017 年全年的寿险业务原保险保费收入 2.15 万亿元，同比增长 23.0%；健康险业务原保险保费收入 4389 亿元，同比增长 8.6%；意外险业务原保险保费收入

901 亿元，同比增长 20.2%。2017 年，保险公司总资产达到 16.7 万亿元，较年初增长 10.8%；保险资金运用余额为 14.9 万亿元，占保险业总资产的 89.1%，较年初增加 1.53 万亿元，增幅为 11.4%。从投资收益来看，2017 年保险资金运用平均收益率为 5.77%，同比增长 0.1 个百分点。

中国证券业协会的数据显示，2017 年，131 家证券公司全年实现营业收入 3113 亿元，各主营业务收入分别为代理买卖证券业务净收入 821 亿元、证券承销与保荐业务净收入 384 亿元、财务顾问业务净收入 125 亿元、投资咨询业务净收入 34.0 亿元、资产管理业务净收入 310 亿元、证券投资收益（含公允价值变动）861 亿元、融资融券业务利息收入 348 亿元，全年实现净利润 1130 亿元，120 家公司实现盈利。据统计，截至 2017 年 12 月，131 家证券公司总资产为 6.14 万亿元，净资产为 1.85 万亿元，净资本为 1.58 万亿元，客户交易结算资金余额（含信用交易资金）1.06 万亿元，同比下降 26.4%，托管证券市值 40.3 万亿元，同比增长 19.4%，受托管理资金本金总额 17.3 万亿元，同比下降 3.1%。2017 年年底，融资融券余额高达 10261 亿元，同比增长 9.2%，其中，融资余额 10216 亿元，约占融资融券余额的 99.6%；融券余额 45.1 亿元，约占 0.44%，同比上涨 29.6%。

2017 年，中国信托业继续保持高速增长，截至 2017 年年末，全国 68 家信托公司管理资产规模为 26.25 万亿元（平均每家信托公司资产规模 3860 亿元），同比增长 29.8%，较 2016 年增速提升 5.8%；从季度环比增速来看，2017 年 4 个季度分别环比增长 8.6%、5.3%、5.5% 和 7.5%，保持较高速度增长。从营业收入来看，2017 年年末，信托业实现经营收入 1191 亿元（平均每家信托公司 17.5 亿元），同比增长 6.7%；从具体构成来看，利息收入为 62.4 亿元，同比略微下滑 0.6%，收入占比从 2016 年的 5.6% 下降至 5.2%，信托业务收入 805.2 亿元，同比增长 7.4%，收入占比从 2016 年的 67.2% 增加至 2017 年的 67.6%，投资收益 284.9 亿元，同比增长 5.2%，收入占比从 2016 年的 24.3% 下降至 23.9%。从利润总额来看，2017 年，信托业实现利润总额 824 亿元（平均每家信托公司 12.1 亿元），同比增长 6.8%；从人均利润来看，2017 年，信托业实现人均利润 311.1 万元，相较 2016 年下降 1.6%。

## 二、行业内上市公司发展概况

### （一）行业内上市公司基本情况

表 1　　2017 年金融业上市公司发行股票概况

| 门　类 | A、B 股总数 | A 股股票数 | B 股股票数 | 境内总市值（亿元） | 流通 A 股市值（亿元） | 流通 B 股市值（亿元） |
|---|---|---|---|---|---|---|
| 金融业 | 79 | 78 | 1 | 110157.97 | 100022.00 | 13.14 |
| 占沪深两市比重（%） | 2.21 | 2.19 | 0.03 | 19.39 | 22.38 | 0.73 |

资料来源：沪深交易所，同花顺。

## （二）行业内上市公司构成情况

表 2　　2017 年金融业上市公司构成情况　　单位：家

| 门　类 | 沪市 | | | 深市 | | | ST/*ST |
|---|---|---|---|---|---|---|---|
| | 仅 A 股 | 仅 B 股 | A+B 股 | 仅 A 股 | 仅 B 股 | A+B 股 | |
| 金融业（家） | 54 | 0 | 1 | 23 | 0 | 0 | 0/0 |
| 占行业内上市公司比重（%） | 69.23 | 0.00 | 1.28 | 29.49 | 0.00 | 0.00 | 0.00/0.00 |

资料来源：沪深交易所，同花顺。

## （三）行业内上市公司融资情况

表 3　　2017 年金融业上市公司与沪深两市融资情况对比　　单位：家

| | 融资家数 | 新股 | 配股 | 增发 |
|---|---|---|---|---|
| 金融业 | 16 | 5 | 10 | 1 |
| 沪深两市总数 | 867 | 438 | 422 | 7 |
| 占比（%） | 1.85 | 1.14 | 2.37 | 14.29 |

资料来源：沪深交易所，同花顺。

2017 年，金融业有 16 家公司进行了融资。

2017 年金融业上市公司融资情况明细见附录。

## （四）行业内上市公司资产及业绩情况

表 4　　2017 年金融业上市公司资产情况　　单位：亿元

| 指　标 | 2017 年 | 2017 年可比样本增长（%） | 2016 年 | 2016 年可比样本增长（%） | 2015 年 |
|---|---|---|---|---|---|
| 总资产 | 1663577.82 | 6.65 | 1545654.15 | 12.88 | 1327684.77 |
| 总负债 | 1524154.58 | 6.26 | 1423028.32 | 12.95 | 1220927.98 |
| 归属于母公司股东权益 | 135056.65 | 11.09 | 119412.93 | 11.45 | 104544.59 |

资料来源：沪深交易所，同花顺。

表 5　2017 年金融业上市公司收入实现情况　单位：亿元

| 指　标 | 2017 年 | 2017 年可比样本增长（%） | 2016 年 | 2016 年可比样本增长（%） | 2015 年 |
|---|---|---|---|---|---|
| 营业收入 | 63282.69 | 8.28 | 57637.05 | 0.51 | 56122.11 |
| 利润总额 | 21046.61 | 5.01 | 19713.73 | －6.88 | 20710.09 |
| 归属于母公司所有者的净利润 | 16478.06 | 7.18 | 15185.37 | －4.68 | 15567.62 |

资料来源：沪深交易所，同花顺。

### （五）利润分配情况

2017 年，金融业共有 73 家上市公司实施分红配股。72 家上市公司实施派息，6 家上市公司实施转增股，其中 5 家公司既实施了送股、转增，又实施了派息。

## 三、重点细分行业介绍

表 6　2017 年金融业上市公司数量分布及市值情况

| 大　类 | 上市公司家数（家） | 占行业内比重（%） | 境内总市值（亿元） | 占行业内比重（%） |
|---|---|---|---|---|
| 货币金融服务 | 25 | 32.05 | 68909.53 | 62.56 |
| 资本市场服务 | 37 | 47.44 | 20490.05 | 18.60 |
| 保险业 | 6 | 7.69 | 18641.73 | 16.92 |
| 其他金融业 | 10 | 12.82 | 2116.66 | 1.92 |

资料来源：沪深交易所，同花顺。

### （一）货币金融服务业

1. 行业概况

截至 2017 年年底，中国货币金融服务业金融机构共有法人机构 4532 家，从业人员 417 万人。包括 3 家政策性银行、5 家大型商业银行、12 家股份制商业银行、134 家城市商业银行、1262 家农村商业银行、33 家农村合作银行、965 家农村信用社、68 家信托公司、247 家企业集团财务公司、66 家金融租赁公司、5 家货币经纪公司、25 家汽车金融公司、22 家消费金融公司，还有 1625 家其他机构，包括新型农村金融机构、邮政储蓄银行。

银行业资产和负债规模稳步增长。2017 年 12 月末，中国银行业金融机构境内外本外币资产总额为 252 万亿元，同比增长 8.7%。其中，大型商业银行资产总额 92.8 万亿元，占比 36.8%，同比增长 7.2%；股份制商业银行资产总额 44.9 万亿元，占比 17.8%，同比增长 3.4%。银行业金融机构境内外本外币负债总额为 232.8 万亿元，同比增长 8.4%。其中，大型商业银行负债总额 85.6 万亿元，占比 36.7%，同比增长 10.9%；股份制商业银行负债总额 41.9 万亿元，占比

18.0%，同比增长2.7%。存贷款继续平稳增长，截至2017年年底，银行业金融机构本外币各项存款余额为169.2万亿元，比年初增加13.7万亿元，同比增长8.8%。其中，住户存款余额为65.2万亿元，比年初增加4.5万亿元，同比增长7.5%；非金融企业人民币存款余额为54.2万亿元，比年初增加4.0万亿元，非金融企业外汇各项存款余额为4474亿美元，比年初增加335亿美元。本外币各项贷款余额为125.6万亿元，比年初增加13.6万亿元，同比增长12.1%。其中，短期贷款余额为40.5万亿元，比年初增加3.4万亿元，同比增长9.2%；中长期贷款余额为75.0万亿元，比年初增加11.6万亿元，同比增长18.3%；票据融资余额为3.9万亿元，比年初减少1.59万亿元，同比下降29.0%。资本充足率继续维持在较高水平。2017年12月末，商业银行（不含外国银行分行）加权平均核心一级资本充足率为10.8%，与年初持平；加权平均一级资本充足率为11.4%，较年初提升0.1个百分点；加权平均资本充足率为13.7%，较年初上升0.4个百分点。

资产质量保持平稳，截至2017年年底，银行业金融机构不良贷款余额为2.4万亿元，比年初增加1957亿元，不良贷款率为1.85%，较年初下降0.06个百分点。其中，商业银行不良贷款余额为1.7万亿元，比年初增加1935亿元，不良贷款率为1.74%，与年初持平。

针对信用风险计提的减值准备金额较大。2017年12月末，商业银行贷款损失准备金余额3.1万亿元，较年初增加4268亿元，同比增长16%；拨备覆盖率181.4%，较年初上升5个百分点；贷款拨备率3.2%，较年初上升0.09个百分点。

银行业利润持续增长且增速小幅提升。2017年，银行业金融机构实现税后利润2.2万亿元，同比增长6.2%，增速较2016年同期提升2.5个百分点；资本利润率为11.9%，比年初下降0.9个百分点；资产利润率0.9%，与2016年基本持平。其中，商业银行实现税后利润为1.7万亿元，同比增长6.0%，商业银行资本利润率12.6%，比年初下降0.8个百分点；资产利润率0.9%，比年初下降0.1个百分点。

流动性水平比较充裕。截至2017年年底，商业银行流动性比例50.0%，比年初上升2.5个百分点；人民币存贷款比例70.6%，比年初上升2.9个百分比；人民币超额备付率2.0%，比年初下降0.3个百分点。

2. 行业内上市公司发展状况

表7　　2017年货币金融服务上市公司收入及资产增长情况　　单位：亿元

| 指　标 | 2017年 | 2017年可比样本增长（%） | 2016年 | 2016年可比样本增长（%） | 2015年 |
|---|---|---|---|---|---|
| 营业收入 | 38685.54 | 2.67 | 37645.56 | 0.77 | 36436.83 |

续表

| 指　标 | 2017 年 | 2017 年可比样本增长（%） | 2016 年 | 2016 年可比样本增长（%） | 2015 年 |
|---|---|---|---|---|---|
| 利润总额 | 17353.75 | 1.86 | 17030.35 | -0.01 | 16626.61 |
| 归属于母公司所有者的净利润 | 13910.26 | 4.82 | 13263.75 | 1.85 | 12696.67 |
| 总资产 | 1480171.96 | 6.25 | 1392168.41 | 13.41 | 1188446.68 |
| 归属于母公司股东权益 | 109762.74 | 10.79 | 98999.25 | 12.11 | 85982.48 |

资料来源：沪深交易所，Wind 资讯。

**表 8　　2017 年货币金融服务业上市公司盈利能力情况**　　单位：%

| 指　标 | 2017 年 | 2017 年可比样本增长 | 2016 年 | 2016 年可比样本增长 | 2015 年 |
|---|---|---|---|---|---|
| 净利差 | 1.98 | -0.13 | 2.11 | -0.28 | 2.31 |
| 净息差 | 2.07 | -0.15 | 2.22 | -0.32 | 2.45 |
| 成本收入比率 | 30.46 | 0.86 | 29.28 | 0.47 | 28.18 |
| ROAE | 13.43 | -0.76 | 14.38 | -1.55 | 16.54 |
| ROAA | 0.88 | -0.04 | 0.92 | -0.11 | 1.07 |

资料来源：Wind 资讯。

**表 9　　2017 年货币金融服务业上市公司资本充足情况**　　单位：%

| 指　标 | 2017 年 | 2017 年可比样本增长 | 2016 年 | 2016 年可比样本增长 | 2015 年 |
|---|---|---|---|---|---|
| 核心资本充足率 | 10.08 | -0.16 | 10.15 | 0.01 | 9.93 |
| 资本充足率 | 13.29 | 0.43 | 12.83 | 0.09 | 12.71 |

资料来源：Wind 资讯。

**表 10　　2017 年货币金融服务业上市公司资产质量情况**

| 指　标 | 2017 年 | 2017 年可比样本增长（%） | 2016 年 | 2016 年可比样本增长（%） | 2015 年 |
|---|---|---|---|---|---|
| 不良贷款余额（亿元） | 12322.00 | 4.07 | 11717.26 | 15.32 | 9942.01 |
| 不良贷款率（%） | 1.59 | -0.10 | 1.68 | 0.05 | 1.64 |
| 贷款损失准备（亿元） | 21827.96 | 13.39 | 19234.06 | 11.10 | 16854.23 |
| 拨备覆盖率（%） | 177.15 | 14.57 | 164.15 | -6.23 | 169.53 |

资料来源：沪深交易所，Wind 资讯。

## （二）资本市场服务

1. 行业概况

截至2017年年底，全国共有证券公司131家，与2016年相比增加了2家，131家证券公司中，共有31家证券公司在沪、深证券交易所上市，新上市的有中原证券、中国银河、浙商证券、财通证券。

根据中国证券业协会的数据，截至2017年年底，131家证券公司总资产为6.14万亿元，同比增长6.0%，平均每家证券公司总资产为469亿元，比2016年末增长4.4%；全部证券公司净资产规模合计1.85万亿元，同比增长12.8%；净资本为1.58万亿元，同比增长7.5%。从证券行业整体的杠杆倍数来看，由2016年的2.65倍提升至2017年的2.75倍。

2017年，证券公司规模的CR5集中率发生变化，总资产集中度略有下降、净资产集中度较大幅度下降、净资本集中度有所提升，具体来看，2017年行业内总资产、净资产、净资本前五家证券公司的集中率分别为38.0%、32.1%和23.3%，而2016年三项指标CR5分别为39.5%、29.8%和22.4%。

2017年，证券公司实现营业收入3113亿元，同比下降5.1%；实现净利润1130亿元，同比下降8.5%；行业净资产收益率（ROE）为6.11%，同比减少1.42%。从2017年证券公司的收入结构来看，经纪业务和自营业务在总收入中的占比分别为26.4%和27.7%，两项业务的合计占比54.0%，较2016年增长4.6%；融资融券业务收入占比11.2%，比2016年下降0.4%，受托客户资产管理业务收入占比由9.04%上升至9.96%，投资咨询业务收入占比由1.54%下降至1.09%。

截至2017年年底，全国证券公司营业部共10873家，与2016年相比增加1488家。区域分布来看，沿海地区仍然是证券公司营业部布局的必争之地，而西部地区在奋起追赶。在2017年新增设的1488家营业部中，广东、浙江、江苏合计占33.4%，分别增加了194家、174家、129家，其中，江苏和浙江近年来营业部扩张速度一直较快；此外，西藏、新疆、贵州、陕西、湖北、北京增速居前，分别增长9家、22家、20家、49家、70家、97家，西部地区增长快有低基数的原因。从单体营业部的股票交易金额来看，单体营业部股票交易金额达103亿元，同比下降23.7%。

截至2017年年底，证券行业（含证券公司和证券投资咨询机构）已注册从业人员数达到35.07万人，同比增加2.7万人，增幅为8.4%。从业人员中，一般从业人员20.77万人，证券经纪业务营销人员1490人，证券经纪人9.04万人，证券投资咨询业务（分析师）2728人，证券投资咨询业务（投资顾问）4.24万人，保荐代表人3489人，投资主办人2055人。从构成来看，与2016年相比，各类证券从业人员的增速分化较大：证券投资主办人同比增长38.3%，证券投资咨询业务（分析师）同比增长23.7%，证券投资咨询业务（投资顾问）从业人员较

2016年大幅增长18.0%；其次为保荐人，同比增加8.3%，证券经纪人同比增加6.8%，一般从业人员数量同比增长6.9%；证券经纪业务营销人员数量同比下降19.1%。

2. 行业内上市公司发展状况

表11 2017年资本市场服务上市公司收入及资产增长情况 单位：亿元

| 指　标 | 2017年 | 2017年可比样本增长（%） | 2016年 | 2016年可比样本增长（%） | 2015年 |
|---|---|---|---|---|---|
| 营业收入 | 3323.95 | 3.52 | 2580.53 | -39.22 | 4171.71 |
| 利润总额 | 1441.4 | 0.50 | 1139.04 | -50.16 | 2244.71 |
| 归属于母公司所有者的净利润 | 1019.67 | 0.33 | 851.34 | -49.91 | 1668.00 |
| 总资产 | 62835.66 | 4.51 | 47186.06 | -5.94 | 49434.91 |
| 归属于母公司股东权益 | 14127.20 | 10.51 | 10853.46 | 10.66 | 9668.06 |

资料来源：沪深交易所，同花顺。

表12 2017年资本市场服务业上市公司盈利能力情况 单位:%

| 指　标 | 2017年 | 2017年可比样本增长 | 2016年 | 2016年可比样本增长 | 2015年 |
|---|---|---|---|---|---|
| 净资产收益率 | 7.22 | -0.73 | 8.16 | -13.25 | 22.07 |
| 总资产收益率 | 1.84 | -0.02 | 1.83 | -2.87 | 4.68 |

资料来源：同花顺。

表13 2017年资本市场服务业上市公司营运能力情况 单位:%

| 指　标 | 2017年 | 2017年可比样本增长 | 2016年 | 2016年可比样本增长 | 2015年 |
|---|---|---|---|---|---|
| 总资产周转率 | 0.05 | 0.00 | 0.05 | -0.05 | 0.1 |

资料来源：沪深交易所，同花顺。

### （三）保险业

1. 行业概况

2017年，保险行业在2016年高基数下仍然实现稳健增长，保险市场“十三五”规划第二年收局良好。一是保费规模再创新高，2017年，全行业原保费收入3.66万亿元，同比增长18.2%；增速较2016年有所放缓但仍然稳健。寿险业务一马当先，实现原保险保费收入2.15万亿元，同比增长23.0%；健康险业务稳定增长，实现原保险保费收入4389亿元，同比增长8.6%；财产险业务增速再回归双位数，实现原保险保费收入9835亿元，同比增长12.7%。从业务结构来看，与国计民生密切相关的责任保险和农业保险业务继续保持较快增长，分别实现原保险保费收入451.27亿元和479.06亿元，同比增长24.54%和14.69%，占产险业务的比例分别为4.6%和4.9%；健康险业务占人身险业务的16.4%，同比下降1.77个百分点。二是市场集中度继续下降，从行业结构来看，人身险公司前10家公司原保险保费收入合计1.86万亿元，市场份额为71.3%，同比下降1.0个百分点；财产险公司前10家公司原保险保费收入合计8996亿元，市场份额为85.3%，同比下降0.2个百分点。三是保障能力大幅增强，2017年，保险业为全社会提供风险保障4154万亿元，同比增长75%。其中，机动车辆保险提供风险保障169.12万亿元，同比增长26.51%；责任险251.76万亿元，同比增长112.98%；寿险31.73万亿元，同比增长59.79%；健康险536.80万亿元，同比增长23.87%。寿险本年累计新增保单1.11亿件，净增加0.73亿件。四是保险科技应用日益广泛，创新业务快速发展。2017年，互联网保险签单件数124.91亿件，增长102.60%，其中，退货运费险68.19亿件，增长51.91%；保证保险16.61亿件，增长107.45%；意外险15.92亿件，增长539.26%；责任保险10.32亿件，增长438.25%。

2017年，保险行业积极助力经济社会发展的重点领域和薄弱环节，推动科技创新，维护社会稳定，不断提升保险服务实体经济的效率和水平。从助推脱贫攻坚来看，截至12月末，农业保险为2.13亿户次农户提供风险保障金额2.79万亿元，同比增长29.24%；支付赔款334.49亿元，增长11.79%；4737.14万户次贫困户和受灾农户受益，增长23.92%。从服务实体经济来看，保险业定期存款余额超过1.34万亿元，是实体经济中长期贷款的重要资金来源；以债券和股票为实体经济直接融资超过7万亿元，较年初增长15.00%。其中，支持“一带一路”战略投资规模达8568.26亿元；支持长江经济带和京津冀协同发展战略投资规模分别达3652.48亿元和1567.99亿元；支持清洁能源、资源节约和污染防治等绿色产业规模达6676.35亿元。从支持科技创新来看，科技保险为科技创新提供风险保障金额1.19万亿元；首台（套）重大技术装备保险为技术装备创新提供风险保障金额821.71亿元。从稳定社会就业来看，保险公司代理人数持续快速增长。截至2017年年底，保险代理人数达806.94万人，较年初增加149.66万人，较年初增长22.77%。

2. 行业内上市公司发展状况

**表14　2017年保险业经营情况表**　　单位：万元

| | |
|---|---|
| 原保险保费收入 | 365810073.85（309591008.9） |
| 1. 财产险 | 98346579.05（87244981.36） |
| 2. 人身险 | 267463494.80（222346027.54） |
| （1）寿险 | 214555650.29（174422166.77） |

续表

| | |
|---|---|
| （2）健康险 | 43894603.83（40424967.91） |
| （3）人身意外伤害险 | 9013240.68（7498892.86） |
| 人身保险公司保户投资款新增交费 | 58923639.73 |
| 人身保险公司投连险独立账户新增交费 | 4704175.97 |
| 原保险赔付支出 | 111807932.57（105128899.84） |
| 1. 财产险 | 50874495.97（47261838.89） |
| 2. 人身险 | 60933436.60（57867060.95） |
| （1）寿险 | 45748906.94（46029461.77） |
| （2）健康险 | 12947670.22（10007522.22） |
| （3）人身意外伤害险 | 2236859.45（1830076.96） |
| 业务及管理费 | 42880643.40（38955248.72） |
| 银行存款 | 192740725.29（248442107.31） |
| 投资 | 1299321408.14（1090664619.03） |
| 资产总额 | 1674893735.07（1511691649.52） |

资料来源：中国保险业监督管理委员会。

**表 15　　2017 年保险业上市公司收入及资产增长情况**　　单位：亿元

| 指　标 | 2017 年 | 2017 年可比样本增长（%） | 2016 年 | 2016 年可比样本增长（%） | 2015 年 |
|---|---|---|---|---|---|
| 营业收入 | 20916.70 | 21.39 | 17230.10 | 10.58 | 15370.12 |
| 利润总额 | 2106.83 | 46.04 | 1442.60 | －18.28 | 1754.37 |
| 归属于母公司所有者的净利润 | 1451.07 | 44.62 | 1003.35 | －13.25 | 1152.31 |
| 总资产 | 116383.56 | 11.72 | 104174.70 | 16.09 | 87978.77 |
| 归属于母公司股东权益 | 10272.03 | 13.75 | 9030.68 | 5.00 | 8479.11 |

资料来源：沪深交易所，同花顺。

**表 16　　2017 年保险业上市公司盈利能力情况**　　单位：%

| | 2017 年 | 2017 年可比样本变动 | 2016 年 | 2016 年可比样本变动 | 2015 年 |
|---|---|---|---|---|---|
| 净资产收益率 | 15.03 | 3.65 | 11.38 | －3.04 | 14.42 |
| 总资产收益率 | 1.32 | 0.28 | 1.03 | －0.35 | 1.38 |

资料来源：上市公司年报，Wind 资讯。

表 17　　2017 年保险业上市公司偿债能力情况　　单位:%

| 指　标 | 2017 年 | 2017 年可比样本增长 | 2016 年 | 2016 年可比样本增长 | 2015 年 |
|---|---|---|---|---|---|
| 偿付能力充足率 | 264.56 | -6.06 | 270.62 | 5.26 | 265.36 |

资料来源：上市公司年报，Wind 资讯。

表 18　　2017 年保险业上市公司资金运用效率情况　　单位:%

| 指　标 | 2017 年 | 2017 年可比样本变动 | 2016 年 | 2016 年可比样本增长 | 2015 年 |
|---|---|---|---|---|---|
| 保险资金运用率 | 58.53 | 0.17 | 58.36 | -3.04 | 61.40 |
| 资金运用盈利率 | 5.54 | 0.58 | 4.96 | -2.08 | 7.04 |

资料来源：上市公司年报，Wind 资讯。

### （四）其他金融业

1. 行业概况

其他金融业包含金融信托与管理、金融租赁、邮政储蓄、典当、其他未列明的金融活动等。2017 年，信托业资产规模增速有所放缓，但实现稳步增长。在宏观经济发展模式转变和强监管形势下，信托业粗放经营、专业管理能力不强等问题亟需改变。根据中国信托业协会公布的数据，截至 2017 年年末，全国 68 家信托公司管理的信托资产规模突破 26 万亿元，达 26.25 万亿元（平均每家信托公司 3859.60 亿元），同比增长 29.81%，较 2016 年年末的 24.01% 上升了 5.8 个百分点；环比增长 7.54%，较 2017 年三季度的 5.47% 上升 2.07 个百分点。信托资产同比增速自 2016 年 2 季度触及历史低点后开始回升。从信托资金的来源来看，单一类资金信托占比整体呈下降趋势，而集合类资金信托和管理财产类信托占比上行趋势愈加明显。截至 2017 年年末，单一类信托占比由 2016 年年末的 50.07% 降至 45.73%，下降 4.34 个百分点；集合类信托占比由 36.28% 增至 37.74%，上升 1.46 个百分点；管理财产类信托占比由 13.65% 增至 16.53%，上升 2.88 个百分点。信托资金来源持续向多样化和均衡化发展。从信托功能来看，2017 年，投资类、融资类和事务管理类信托产品三分天下局面进一步改变，事务管理类信托产品发展速度明显快于其他两类产品。融资类信托占比继续下降，2017 年末为 16.9%，比 2016 年年末下降 3.7 个百分点，相比历史最高占比即 2010 年的 59.0%，降幅高达 42.1 个百分点；投资类信托 2017 年年末占比为 23.5%，比 2016 年下降 6.1 个百分点，与此同时，事务管理类信托的占比提升幅度较大，2017 年年末为 59.8%，较 2016 年提升 9.8 个百分点。从信托资金的投向来看，工商企业依然稳居信托投向的榜首，其后依次是金融机构、基础产业、证券投资、房地产。截至 2017 年年末，五大投向占比情况如下：

工商企业占比27.84%，金融机构占比18.76%，基础产业占比14.49%，证券投资占比14.15%，房地产行业占比10.42%。与2016年年末相比，变化在于基础产业超过证券投资升至第三位。

截至2017年年末，信托行业固有资产规模达到6578.99亿元（平均每家信托公司96.75亿元），同比增长18.12%，环比增长3.69%，同比增速较2017年三季度的25.88%有所回落，但固有资产规模依旧持续增长。从固有资产的结构来看，投资类资产依然是主要形式，规模为4961.07亿元，占固有资产的比例为75.41%；货币类资产规模为656.81亿元，占比9.98%；贷款类资产规模为380.71亿元，占比仅为5.79%。

从所有者权益来看，2017年年末，信托全行业规模为5250.67亿元（平均每家信托公司77.22亿元），同比增长16.63%，环比增长5.10%。从所有者权益的构成来看，2017年年末，实收资本占所有者权益的比例为46.05%，与2016年年末相比，所占比例提高0.78个百分点；未分配利润占比29.52%，所占比例下降0.03个百分点；信托赔偿准备占比4.21%，所占比例上升0.06个百分点。

所有者权益规模与构成的变化一定程度上反映了信托公司主动防控风险的意图和成效。2017年年末，信托全行业实收资本由2016年年末的2038.16亿元上升至2417.70亿元，同比增长18.62%，环比增长8.22%；未分配利润由1330.50亿元上升至1550.09亿元，同比增长16.50%，环比降低0.62%；信托赔偿准备上升至221.12亿元，同比增长18.23%，环比增长12.78%。实收资本增加是近两年来信托公司持续增资扩股效应的直接体现，未分配利润和信托赔偿准备的增加能直接提升信托公司抵御风险的能力。

2017年，信托全行业实现经营收入1190.69亿元，相对于2016年的1116.24亿元，同比增加6.67%。2017年年末，信托全行业实现利润总额824.11亿元，较2016年年末同比上升6.78%。从经营收入的构成来看，信托业务收入仍是经营收入增长的主要驱动力。截至2017年年末，信托业务收入为805.16亿元，占比为67.62%，同比增长7.41%，环比增长51.96%；投资收益为284.93亿元，占比为23.93%，同比增长5.24%，环比增长74.01%；利息收入为62.38亿元，占比仅为5.24%，同比下降0.60%，环比增长55.28%。信托业务是信托公司的主业，随着整个金融行业回归本源和信托行业转型升级的推进，信托业务收入占比仍有继续提升的空间。

2017年，全国融资租赁业呈现稳步发展态势，企业数量、注册资金和业务总量，都在稳步增长。

截至2017年年底，全国融资租赁企业（不含单一项目公司、分公司、SPV公司和收购海外的公司）总数约为9090家，较2016年年底的7136家增加1954家，同比增长27.4%。其中，截至2017年年底，已经获批开业的金融租赁企业达到69家，较2016年年底的59家增加10家，同比增长16.9%。全国国内资融资租赁试点企业总数达到276家，较2016年年底的204家增加72家，同比增长35.3%；外资租赁企业增长速度相对放缓，截至2017年年底，全国共约8745家，较2016年年底的6873家增加1862家，同比增长27.1%。

截至2017年年底，行业注册资金统一以1:6.9的平均汇率折合成人民币计算，约合32031亿元，较2016年年底的25569亿元增加6462亿元，同比增长25.3%。其中，金融租赁为1974亿元，较2016年年底的1686亿元增加288亿元，同比增长17.1%；内资租赁为2057亿元，较2016年年底的1420亿元增加637亿元，同比增长44.9%；外资租赁约为28000亿元，较2016年年底的22463亿元增加5537亿元，同比增长24.6%。

截至2017年年底，全国融资租赁合同余额约为60600亿元人民币，较2016年年底的53300亿元增加53300亿元，同比增长13.7%。其中，金融租赁约22800亿元，较2016年年底的20400亿元增加2400亿元，同比增长11.8%。内资租赁约18800亿元，较2016年年底的16200亿元增加2600亿元，同比增长16.0%。外商租赁约19000亿元，较2016年年底的16700亿元增加2300亿元，同比增长13.8%。

截至2017年年底，全国31个省、市、区都设立了融资租赁公司。但绝大部分企业仍分布在东南沿海一带。其中，上海、天津、广东、北京、福建、江苏、浙江、山东8个省市的企业总数占到全国的约93%。

2. 行业内上市公司发展状况

表19　　2017年年底全国融资租赁企业概况

| 指　标 | 2017年年底企业数（家） | 2016年底企业数（家） | 2017年比上年增加（家） | 企业数量增长（%） | 企业数量所占比重（%） |
|---|---|---|---|---|---|
| 金融租赁 | 69 | 59 | 10 | 16.9 | 0.76 |
| 内资租赁 | 276 | 204 | 72 | 35.3 | 3.04 |
| 外资租赁 | 8745 | 6873 | 1862 | 27.1 | 96.2 |
| 总计 | 9090 | 7136 | 1954 | 27.4 | 100.0 |

资料来源：中国租赁联盟。

表20　　2017年年底全国融资租赁企业注册资金　　单位：亿元

| 指　标 | 2017年年底注册资金 | 2016年底注册资金 | 2017年比上年增加 | 注册资金增长增长率（%） |
|---|---|---|---|---|
| 金融租赁 | 1974 | 1686 | 288 | 17.1 |
| 内资租赁 | 2057 | 1420 | 637 | 44.9 |
| 外资租赁 | 28000 | 22463 | 5537 | 24.6 |
| 总计 | 32031 | 25569 | 6462 | 25.3 |

资料来源：中国租赁联盟。

表 21　　2017 年全国融资租赁业务发展概况　　单位：亿元

| 指　标 | 2017 年底业务总量 | 2016 年底业务总量 | 2017 年比上年增加 | 2017 年比上年增长（%） | 业务总量所占比重（%） |
|---|---|---|---|---|---|
| 金融租赁 | 22800 | 20400 | 2400 | 11.8 | 37.6 |
| 内资租赁 | 18800 | 16200 | 2600 | 16.0 | 31.0 |
| 外资租赁 | 19000 | 16700 | 2300 | 13.8 | 31.4 |
| 总计 | 60600 | 53300 | 7300 | 13.7 | 100.0 |

资料来源：中国租赁联盟。

表 22　　2017 年其他金融业上市公司收入及资产增长情况　　单位：亿元

| 指　标 | 2017 年 | 2017 年可比样本增长（%） | 2016 年 | 2016 年可比样本增长（%） | 2015 年 |
|---|---|---|---|---|---|
| 营业收入 | 356.5 | 9.96 | 180.87 | 12.95 | 143.45 |
| 利润总额 | 144.62 | 13.05 | 101.74 | 16.34 | 84.4 |
| 归属于母公司所有者的净利润 | 97.07 | 16.05 | 66.94 | 29.72 | 50.64 |
| 总资产 | 4186.64 | 67.45 | 2124.99 | 11.48 | 1824.41 |
| 归属于母公司股东权益 | 894.68 | 30.70 | 529.55 | 22.14 | 414.94 |

资料来源：沪深交易所，同花顺。

表 23　　2017 年其他金融业上市公司盈利能力情况　　单位：%

| 指标 | 2017 年 | 2017 年可比样本变动 | 2016 年 | 2016 年可比样本变动 | 2015 年 |
|---|---|---|---|---|---|
| 毛利率 | 65.49 | 7.59 | 86.93 | 1.78 | 88.89 |
| 净资产收益率 | 10.85 | -1.37 | 12.64 | 0.74 | 12.2 |
| 销售净利率 | 30.53 | 1.06 | 41.42 | 0.76 | 43.85 |
| 资产净利率 | 3.25 | -0.77 | 3.72 | -0.37 | 4.09 |

资料来源：沪深交易所，同花顺。

表 24　　2017 年其他金融业上市公司偿债及营运情况

| 指　标 | 2017 年 | 2017 年可比样本变动 | 2016 年 | 2016 年可比样本变动 | 2015 年 |
|---|---|---|---|---|---|
| 资产负债率（%） | 76.40 | 6.72 | 72.57 | -2.15 | 75.21 |
| 存货周转率（次） | 29.61 | 12.56 | 19.78 | 8.58 | 16.49 |
| 总资产周转率（次） | 0.11 | -0.03 | 0.09 | -0.01 | 0.09 |

资料来源：沪深交易所，同花顺。

## 四、重点上市公司介绍

### （一）兴业银行

兴业银行股份有限公司成立于1988年8月，是经国务院、中国人民银行批准成立的首批股份制商业银行之一，2007年2月5日在上海证券交易所正式挂牌上市。兴业银行主要从事商业银行业务，经营范围包括：吸收公众存款；发放短期、中期和长期贷款；办理国内外结算；发行金融债券；代理发行、代理兑付、承销各类债券；资产托管业务及经中国银行业监督管理机构批准的其他业务。

2017年期末，兴业银行资产总额6.4万亿元，比2016年年末增长5.4%，客户贷款总额2.43万亿元，比2016年年末增长16.9%；客户存款总额3.09万亿元，比2016年年末增长14.6%。

2017年，兴业银行实现归属于股东的净利润572.0亿元，比2016年增长6.2%；拨备前利润1003.2亿元，同比减少12.5%；实现利息净收入884.51亿元，比2016年减少21.3%；实现非利息净收入515.24亿元，比2016年增长15.1%。

2017年期末，兴业银行不良贷款余额386.54亿元，比2016年年末增加42.38亿元，上升12.3%，不良贷款率1.59%，比2016年降低0.06个百分点，拨备覆盖率为211.8%，比2016年年末上升1.3个百分点；贷款拨备率3.37%，比2016年年末降低0.12个百分点。

### （二）招商银行

招商银行成立于1987年，总部位于中国深圳，是一家在中国具有相当规模和实力的全国性商业银行。招商银行业务以中国市场为主，分销网络主要分布在长江三角洲地区、珠江三角洲地区、环渤海经济区域等中国相对富裕的地区以及其他地区的一些大中城市。招商银行在中国境内的130多个城市设有137家分行及1681家支行。2002年4月，公司在上海证券交易所上市。2006年9月，公司在香港联交所上市。招商银行向客户提供各种批发及零售银行产品和服务，亦自营及代客资金业务。

2017年期末，招商银行资产总额6.30万亿元，比2016年年末增长6.0%，客户贷款总额3.57万亿元，比2016年年末增长9.3%；客户存款总额4.06万亿元，比2016年年末增长6.9%。

2017年，招商银行实现归属于股东的净利润701.50亿元，比2016年增长13.0%；拨备前利润1504.66亿元，同比增长4.1%；实现利息净收入1448.52亿元，比2016年减少7.6%；实现非利息净收入760.45亿元，比2016年增长1.2%。

2017年期末，招商银行不良贷款余额573.93亿元，比2016年年末减少37.28亿元，同比减少6.1%，不良贷款率1.61%，比2016年年末降低0.26个百分点，拨备覆盖率为262.1%，比2016年年末上升82.1个百分点；贷款拨备率4.2%，比2016年年末上升0.8个百分点。

### （三）中国人寿

中国人寿保险（集团）公司及其子公司构成了中国最大的商业保险集团，是中国资本市场最大的机构投资者之一。中国人寿于2007年1月在A股市场上市，成为第一家在A股上市的保险业公司。

中国人寿于2003年6月30日在中国北京注册成立，并于2003年12月17日、18日及2007年1月9日分别在纽约、香港和上海三地上市的人寿保险公司。注册资本为人民币282.7亿元。

2017年，中国人寿归属于母公司股东的净利润为322.53亿元，同比增长68.6%；一年新业务价值达601.17亿元，同比增长21.9%。截至2017年年底，中国人寿内含价值为7341.72亿元，同比增长12.6%。2017年，中国人寿总保费为4298.22亿元，同比增长18.8%；其中，首年期交保费为1052.56亿元，同比增长20.1%，首年期交保费占首年业务的比重为62.32%，同比上升7.76个百分点；趸交保费为636.53亿元，同比下降12.8%；续期保费达2609.13亿元，同比增长29.6%。健康险业务总保费为677.08亿元，同比增长25.4%。意外险业务总保费为144.36亿元，与2016年基本持平。个险渠道总保费达3536.68亿元，同比增长25.4%。其中，个险首年期交保费同比增长21.1%，十年期及以上首年期交保费同比增长26.9%，五年期及以上和十年期及以上首年期交保费占首年期交保费的比重分别为86.50%和65.16%；短期险业务同比增长26.1%；个险渠道续期保费同比增长26.9%，续期拉动作用效果明显。公司坚持扩量提质的队伍发展策略，在队伍规模平稳增长的同时，升级新人和主管培养体系，着力改善队伍质态。截至2017年12月31日，公司长险有效保单数量达2.68亿份，同比增长8.9%；退保率为4.13%，同比上升0.59个百分点。本报告期内，保单持续率（14个月及26个月）分别达90.90%和85.70%。

截至2017年年末，公司投资资产达25932.53亿元，较2016年年底增长5.7%；2017年，公司实现总投资收益1290.21亿元，较2016年增加208.70亿元，同比增长19.3%；总投资收益率为5.16%，较2016年上升0.55个百分点；净投资收益率为4.91%，较2016年上升0.25个百分点；包含联营企业和合营企业收益净额在内的总投资收益率为5.16%，较2016年上升0.47个百分点；考虑当期计入其他综合收益的可供出售金融资产公允价值变动净额后综合投资收益率为4.54%，较2016年上升2.11个百分点。

### （四）新华人寿

新华人寿保险股份有限公司是一家全国性的大型寿险企业，目前拥有新华资产管理股份有限公司、新华家园养老企业管理（北京）有限公司等子公司。新华人寿于2011年12月在A股市场上市，成为第四家在A股上市的保险业公司。

2017年，新华归属于母公司股东的净利润为53.83亿元，同比增长8.9%；2017年，公司实现一年新业务价值120.63亿元，同比增长15.4%；内含价值达1534.74亿元，同比增长186%；剩余边际为1704.35亿元，较2016年年末的1409.46亿元增长20.9%。2017年，公司实现寿险业务收入为1093亿元，较2016年下降2.9%，其中，首年期交保费收入278.1亿元，同比增长17.4%；续期保费收入774.7亿元，同比增长19.4%。按渠道分析，2017年，个险渠道以健康险和年金险为抓手，持续聚焦期交业务，实现保费收入873.96亿元，同比增长19.0%。其中，首年期交保费收入213.55亿元，同比增长19.0%；十年期及以上期交保费180.44亿元，同比增长29.6%；续期保费639.92亿元，同比增长21.2%；银保渠道聚焦期交业务发展，取消趸交业务计划。全年实现保费收入199.26亿元，同比下降47.2%。其中，首年保费64.92亿元，同比下降74.7%；首年期交保费64.50亿元，同比增长13.0%；续期保费134.35亿元，同比增长11.5%，扭转了银代续期保费连续3年负增长的趋势。

相对于2016年，保费结构优化，首年期交占首年保费的比例由49.7%提升至87.4%，续期保费增长19.4%至774.67亿元；年期结构优化，十年期及以上期交业务占首年期交的比例提升6.1个百分点至65.8%；产品结构优化，健康险占首年保费的比例达到35.1%，同比提升14.2个百分点。

相对于2016年，业务质量不断改善。继续率提升，个人寿险业务13个月和25个月继续率为89.4%和83.0%，分别较2016年提升1.1个百分点和4.2个百分点。退保情况改善，全年退保率为5.2%，同比降低1.7个百分点，退保金同比减少22.5%。

2017年，新华人寿投资组合总投资收益率为5.2%，净投资收益率为5.1%，总投资收益率的增加主要原因是固定收益投资利息收入和权益投资分红收入增加，以及资本市场波动上行公司投资资产买卖价差收益较2016年增加和公允价值变动扭亏为盈。债权型金融资产投资方面，投资金额4634.68亿元，在总投资资产中占比为67.3%，较2016年年末上升3.0个百分点。股权型金融资产投资方面，投资金额1313.70亿元，在总投资资产中占比为19.1%，较2016年年末上升3.3个百分点。

### （五）国泰君安

1998年8月，国泰君安由当时的国泰证券与君安证券合并形成，注册资本37亿元。随后，公司在2005年向中央汇金公司定向增发10亿股，注册资本增长到47亿元。2007年公司进行第二次增资，向上海国资公司定向增发4亿股，同时向原有股东进行10亿股的配股融资，增资完成后公司注册资本达到61亿元。2010年，公司全资子公司国泰君安国际

（1788）在港交所上市。2015 年，在上交所成功上市，发行股份 15.25 亿元，募集资金超过 300 亿元，注册资本 76.26 亿元。2017 年 4 月，经中国证监会核准及香港联交所批准，公司发行 10.4 亿股 H 股并于 5 月在超额配售权获行使后发行 0.489338 亿股 H 股，注册资本变更为 87.14 亿元。

2017 年，国泰君安实现营业收入 238.04 亿元，同比降低 7.61%；归属于上市公司股东的净利润 98.82 亿元，同比增长 0.41%；归属于上市公司股东的扣除非经常性损益的净利润同比增长 11.61%。公司规模持续领先，盈利能力突出。2007～2017 年，公司的净利润一直居于行业前三位；2011～2017 年，公司的营业收入、总资产连续 7 年排名行业前三位。2017 年，本公司完成 H 股及可转债发行，综合竞争力进一步提升。

## 五、上市公司对行业的影响

在资产规模方面，截至 2017 年年底，银行业上市公司总资产为 148.0 万亿元，同比增长（2017 年可比样本同比增速）6.25%。截至 2017 年年底，银行业金融机构境内外本外币资产总额为 252.4 万亿元，同比增长 8.7%。上市公司总资产占全行业的比重为 58.6%，同比下降 1.3 个百分点。

在盈利能力方面，银行业上市公司盈利规模在行业内占比仍较大。2017 年，银行业上市公司全年共实现归属于母公司所有者的净利润 1.39 万亿元，同比增长（2017 年可比样本同比增速）4.82%，银行业金融机构 2017 年实现税后利润为 2.2 万亿元，同比增长 6.2%，上市公司净利润占全行业的比重为 63.21%，较 2016 年提高约 0.77 个百分点。

资本市场服务业：截至 2017 年年底，券商 A 股上市共有 31 家，新上市的有中原证券、中国银河、浙商证券、财通证券。2017 年，资本市场服务业上市证券公司共实现主营业务收入 3323.95 亿元，可比样本较 2016 年增长 3.52%，好于全行业同比下降 5.1% 的水平；实现利润总额 1441.4 亿元，可比样本较 2016 年增长 0.50%，好于全行业同比下降 8.5% 的水平；实现归属于母公司所有者的净利润 1019.67 亿元，可比样本较 2016 年下降 0.33 个百分点，净资产收益率为 7.22%，净资产收益率好于全行业 6.11% 的水平。

根据中国证券业协会的数据，截至 2017 年年底，131 家证券公司总资产为 6.14 万亿元，同比增长 6.0%，实现营业收入 3113 亿元，同比下降 5.1%；实现净利润 1130 亿元，同比下降 8.5%；行业净资产收益率（ROE）为 6.11%，同比下降了 1.42 个百分点。

保险业：截至 2017 年年底，A 股保险业上市公司共 6 家，分别为中国平安、新华保险、中国太保、中国人寿、西水股份、天茂集团。2017 年，保险业上市公司总资产为 116384 亿元，可比样本较 2016 年增长 11.72%；归属于母公司股东的权益为 10272.03 亿元，可比样本较 2016 年增长 13.75%。2017 年，保险业上市公司共实现营业收入 20916.7 亿元，可比样本较 2016 年增长 21.39%；实现利润总额 2106.83 亿元，可比样本较 2016 年增长 46.04%；实现归属于母公司所有者的净利润 1451.07 亿元，可比样本较 2016 年增长 44.62%。截至 2017 年 12 月底，保险行业资产总额达到 16.7 万亿元，较年初增长 10.8%。从资产角度来看，上市保险公司占行业总资产的比重为 69.69%。从原保险保费收入的角度来看，2017 年，各公司合计达到 1.57 万亿元，同比增长 20.8%，占行业总保费的比重为 42.9%（50.65%）。

其他金融业：信托业、金融租赁业上市公司数量和规模均较小，不具有行业代表性。

审稿人：金晟哲

撰稿人：吴　鹏

# 房地产业

## 一、房地产业总体概况

2017年，房地产行业景气度持续上升，全年商品房销售面积、销售金额、房地产投资，继续创历史新高。在“房住不炒”的调控总基调指引下，房地产行业政策全面收紧，在各地纷纷出台调控政策后，全国房价快速上涨趋势明显减缓，行业热度明显下降。

在政策方面，2017年，房地产政策坚持“房住不炒”的总基调，各地因城施策，总体上从抑制需求向增加供给转变，限购、限贷、限售政策频出，全年超过120个以上城市出台了约250项调控政策，再叠加土地拍卖政策收紧，房地产供需结构得到改善。在长效机制建设方面，为落实“租售并举”政策，各地出台了支持租赁住房发展政策，大力培育发展住房租赁市场，深化发展共有产权住房试点，完善多层次住房供给体系。

在销售方面，2017年，一线城市和二线重点城市在紧缩政策抑制下，房地产市场保持总体稳定；但部分二线城市以及三四线城市，在总体宽松的货币政策和棚改货币化政策的支持下，房地产市场全面回暖。根据国家统计局的数据，2017年，商品房销售面积16.94亿平方米，同比增长7.70%。其中，住宅销售面积增长5.30%，办公楼销售面积增长24.30%，商业营业用房销售面积增长18.70%。商品房销售额13.37万亿元，同比增长13.70%。其中，住宅销售额增长11.30%，办公楼销售额增长17.50%，商业营业用房销售额增长25.30%。全年商品房销售面积和销售金额均创历史新高。从城市来看，根据国家统计局的数据，全国40个大中城市2017年商品房销售面积6.04亿平方米，同比下降2.00%；商品房销售额6.91万亿元，同比增长3.10%。其中，一线城市销售面积4990.34万平方米，同比下降29.21%；销售额1.31万亿元，同比下降26.08%。二线城市销售面积4.50亿平方米，同比下降0.41%；销售额4.68亿万亿元，同比增长11.11%；三线城市销售面积1.04亿平方米，同比增长10.45%；销售额9137.72亿元，同比增长28.17%。

在价格方面，2017年以来，房地产行业进入新一轮调控周期，力度持续加大，9月下旬多城市再次密集出台调控政策，范围不断扩大，楼市迅速降温，调控效果显现，房价上涨趋势得以控制。2017年12月，全国百城住宅价格同比上涨7.15%，涨幅较上月下降0.39个百分点；其中，一线城市同比上涨1.43%，二线城市同比上涨 7.70%，三线城市同比上涨 12.48%，同比涨幅较上个月分别下降 0.43 个百分点、0.18 个百分点、0.06 个百分点。

在投资方面，尽管全国商品房销售面积再创新高，但是受调控加码影响，2017 年，全国房地产投资并未大幅增长，全年全国完成房地产开发投资 10.98 万亿元，同比增长 7.00%，较 2016 年上升 0.1 个百分点；其中，住宅投资 7.51 万亿元，同比增长 9.40%，较 2016 年上升 3 个百分点。在销售回暖、库存下降的背景下，2017 年，房地产商开始增加土地储备，全年共购置土地 2.55 亿平方米，同比增长 15.80%；地价继续快速上涨，全年土地成交额达到 1.36 万亿元，同比增长 49.40%。尽管房地产商开始积极增加土地储备，但是房地产调控政策加码使其在开竣工方面开始观望，2017 年，全国房屋新开工面积 17.87 亿平方米，同比增长 7.00%，较 2016 年下降 1.1 个百分点；全国房屋竣工面积 10.15 亿平方米，同比下降 4.40%。

总体来看，2017 年，全国房地产市场热度不减，销售面积、销售额再创历史新高；一、二、三线城市房价继续上涨，但在密集的政策调控下，全国房价上涨趋势得以控制；库存下降使得房地产商开始增加土地储备，但开竣工并不积极。房地产行业仍处于调控期。

## 二、行业内上市公司发展概况

### （一）行业内上市公司基本情况

表 1　　2017 年房地产业上市公司发行股票概况

| 门　类 | A、B 股总数 | A 股股票数 | B 股股票数 | 境内总市值（亿元） | 流通 A 股市值（亿元） | 流通 B 股市值（亿元） |
|---|---|---|---|---|---|---|
| 房地产业 | 137 | 125 | 12 | 24566.40 | 19647.33 | 205.34 |
| 占沪深两市比重（%） | 3.84 | 3.50 | 0.34 | 4.32 | 4.40 | 11.47 |

资料来源：沪深交易所，同花顺。

### （二）行业内上市公司构成情况

表 2　　2017 年房地产业上市公司构成情况　　单位：家

| 门　类 | 沪市 | | | 深市 | | | ST/*ST |
|---|---|---|---|---|---|---|---|
| | 仅 A 股 | 仅 B 股 | A+B 股 | 仅 A 股 | 仅 B 股 | A+B 股 | |
| 房地产业 | 62 | 1 | 6 | 54 | 2 | 3 | 1/4 |
| 占行业内上市公司比重（%） | 48.44 | 0.78 | 4.69 | 42.19 | 1.56 | 2.34 | 0.78/3.12 |

资料来源：沪深交易所，同花顺。

## （三）行业内上市公司融资情况

表 3　　2017 年房地产业上市公司与沪深两市融资情况对比　　单位：家

| | 融资家数 | 新股 | 增发 | 配股 |
|---|---|---|---|---|
| 房地产业 | 5 | 0 | 5 | 0 |
| 沪深两市总数 | 867 | 438 | 422 | 7 |
| 占比（%） | 0.58 | 0.00 | 1.18 | 0.00 |

资料来源：沪深交易所，同花顺。

其中，增发的 5 家公司中，有 2 家沪市、2 家深市主板、1 家中小板公司。

从融资效果来看，上述公司实际发行数量为 410024.60 万股；实际募集资金 298.59 亿元，基本完成了融资计划。

2017 年房地产业上市公司融资情况明细见附录。

## （四）行业内上市公司资产及业绩情况

表 4　　2017 年房地产业上市公司资产情况　　单位：亿元

| 指　标 | 2017 年 | 2017 年可比样本增长（%） | 2016 年 | 2016 年可比样本增长（%） | 2015 年 |
|---|---|---|---|---|---|
| 总资产 | 81884.51 | 27.53 | 61307.06 | 22.96 | 49315.84 |
| 流动资产 | 68475.24 | 27.39 | 51716.42 | 21.43 | 42224.29 |
| 占比（%） | 83.62 | -0.09 | 84.36 | -1.06 | 85.62 |
| 非流动资产 | 13409.27 | 28.26 | 9590.64 | 31.90 | 7091.55 |
| 占比（%） | 16.38 | 0.09 | 15.64 | 1.06 | 14.38 |
| 流动负债 | 44632.27 | 36.80 | 31261.95 | 20.33 | 25756.48 |
| 占比（%） | 54.51 | 3.69 | 50.99 | -1.12 | 52.23 |
| 非流动负债 | 19803.92 | 18.27 | 16107.16 | 32.83 | 12040.59 |
| 占比（%） | 24.19 | -1.89 | 26.27 | 1.95 | 24.42 |
| 归属于母公司股东权益 | 13597.24 | 13.06 | 11329.44 | 18.15 | 9438.42 |
| 占比（%） | 16.61 | -2.13 | 18.48 | -0.75 | 19.14 |

资料来源：沪深交易所，同花顺。

表 5　　2017 年房地产业上市公司收入实现情况　　单位：亿元

| 指　标 | 2017 年 | 2017 年可比样本增长（%） | 2016 年 | 2016 年可比样本增长（%） | 2015 年 |
|---|---|---|---|---|---|
| 营业收入 | 17042.42 | 6.50 | 15505.51 | 29.03 | 11969.85 |
| 利润总额 | 2921.88 | 23.78 | 2247.50 | 34.26 | 1651.72 |
| 归属于母公司所有者的净利润 | 1784.84 | 23.73 | 1363.11 | 39.13 | 967.83 |

资料来源：沪深交易所，同花顺。

### （五）利润分配情况

2017年全年房地产业上市公司中共有96家公司实施了分红配股。其中，11家上市公司实施送股或转增股，96家上市公司仅实施派息，其中11家公司既实施了送股、转增，又实施了派息。

2017年房地产业上市公司分红明细见附录。

### （六）其他财务指标情况

1. 盈利能力指标

表6　2017年房地产业上市公司盈利能力情况　单位:%

| 指　标 | 2017年 | 2017年可比样本变动 | 2016年 | 2016年可比样本变动 | 2015年 |
|---|---|---|---|---|---|
| 毛利率 | 30.51 | 2.23 | 27.70 | -0.94 | 28.43 |
| 净资产收益率 | 13.13 | 1.13 | 12.03 | 1.81 | 10.25 |
| 销售净利率 | 12.56 | 1.88 | 10.46 | 0.43 | 9.94 |
| 资产净利率 | 2.93 | -0.02 | 2.92 | 0.26 | 2.64 |

资料来源：沪深交易所，同花顺。

2. 偿债能力指标

表7　2017年房地产业上市公司偿债能力指标

| 指　标 | 2017年 | 2017年可比样本变动 | 2016年 | 2016年可比样本变动 | 2015年 |
|---|---|---|---|---|---|
| 流动比率 | 1.53 | -0.11 | 1.65 | 0.02 | 1.64 |
| 速动比率 | 0.54 | -0.01 | 0.55 | 0.08 | 0.47 |
| 资产负债率（%） | 78.69 | 1.80 | 77.27 | 0.84 | 76.64 |

资料来源：沪深交易所，同花顺。

3. 营运能力指标

表8　2017年房地产业上市公司营运能力情况　单位：次

| 营运能力指标 | 2017年 | 2017年可比样本变动 | 2016年 | 2016年可比样本变动 | 2015年 |
|---|---|---|---|---|---|
| 存货周转率 | 0.29 | -0.05 | 0.35 | 0.04 | 0.3 |
| 应收账款周转率 | 18.25 | -5.74 | 24.23 | 3.71 | 20.31 |
| 流动资产周转率 | 0.28 | -0.05 | 0.33 | 0.02 | 0.31 |
| 固定资产周转率 | 14.07 | -1.19 | 19.06 | 1.98 | 17.06 |
| 总资产周转率 | 0.23 | -0.04 | 0.28 | 0.01 | 0.27 |
| 净资产周转率 | 1.06 | -0.12 | 1.21 | 0.08 | 1.14 |

资料来源：沪深交易所，同花顺。

## 三、重点上市公司介绍

### （一）万科A

万科企业股份有限公司成立于1984年。2017年，深圳地铁集团成为公司第一大股东，混合所有制改革取得突破性进展。万科定位于城市配套服务商，核心业务包括住宅开发和物业服务，业务已延伸至商业开发和运营、物流仓储服务、租赁住宅、产业城镇、冰雪度假、养老、教育等领域。2017年年底，万科地产已进入全球70个城市，销售面积和销售金额分别为3595.15万平方米和5298.82亿元，销售额约占全国商品房市场份额的3.96%。在物业服务业务方面，截至2017年年底，万科物业已进入80个城市，连续8年蝉联物业服务品牌价值榜首。

2017年，万科实现营业收入2428.97亿元，归属上市公司股东的净利润为280.52亿元，分别同比增长1.0%、33.4%。营业收入中来自房地产项目的结算收入为2330.13亿元，占比95.9%；2017年，公司房地产项目结算毛利率为25.82%，较2016年上升6.05个百分点；2017年，公司全面摊薄的净资产收益率为21.1%，较2016年上升2.61个百分点，盈利能力持续提升。现金流情况，2017年年底万科持有的货币资金达到人民币1741.2亿元，远高于短期借款和一年内到期的长负债的总和622.7亿元。

融资情况，2017年，万科先后完成面向合格投资者公开发行公司债券第一期和第二期的发行，两期债券均为5年期，发行金额分别为人民币30亿元和10亿元，发行利率分别为4.50%和4.54%，位于同期发债利率低位；全资子公司万科地产（香港）有限公司完成金额为10亿美元的10年期定息票据发行，票面利率为3.975%。

2017年，万科新增开发项目216个，总规划建筑面积4615.4万平方米，权益规划建筑面积2768.1万平方米，其中，74.7%的新增项目位于一、二线城市。截至2017年年底，在建项目总建筑面积约6852.8万平方米，权益建筑面积约4374.0万平方米。2017年，万科累计开工约3651.6万平方米，同比增长16.4%，较年初计划增长24.9%；实际竣工2301.4万平方米，较2016年增长2.9%，因部分项目竣工略有延迟，全年竣工面积略低于年初计划竣工面积。

### （二）招商蛇口

招商蛇口为国内房地产上市龙头企业之一，是A级央企招商局集团城市综合开发运营板块的旗舰公司，是招商局集团在国内重要的核心资产整合及业务协同平台。招商蛇口于2015年吸收合并招商地产上市。目前，招商蛇口主要业务包括：园区开发运营、社区开发运营、邮轮建设运营。

2017年，招商蛇口已经进入全国50个城市以及香港、新西兰等境外市场，在售项目超过200个；全年实现签约销售面积570.0万平方米，签约销售额1127.8亿元，分别同比增长21.0%和52.5%；

全年新增项目计容建筑面积 1023 万平方米，其中，权益面积 594 万平方米。

2017 年，招商蛇口实现营业收入 754.6 亿元，归属上市公司股东的净利润 122.2 亿元，分别同比增长 18.7%、27.5%。营业收入中来自社区开发与运营的收入为 690.4 亿元，占比达到 91.5%；来自园区开发与运营的收入为 58.1 亿元，占比为 7.7%；来自邮轮产业建设与运营的收入为 5.95 亿元，占比为 0.8%。社区开发与运营仍为公司的主要收入来源。

现金流情况，2017 年年底，招商蛇口持有的货币资金达到人民币 452.8 亿元，远高于短期借款和一年内到期的长负债的总和 303.8 亿元。

融资情况，2017 年，招商蛇口完成 50 亿元中期票据的注册和发行，获批 150 亿元公司债发行额度并完成首期 24 亿元的发行，获批交易所首单储架式长租公寓 CMBS 发行额度 60 亿元，携手建设银行完成银行间市场首单长租公寓 ABN 产品注册额度 200 亿元。招商蛇口通过引入各类优质资金来源控制资金综合成本，全年公司平均融资成本 4.8%，在行业内具有较大的资金成本优势。

### （三）华侨城 A

华侨城 A 是华侨城集团旗下旅游及房地产板块的上市公司，以旅游综合、房地产为主营业务，具有成熟的成片综合开发模式。

2017 年，华侨城 A 实现营业收入 423.4 亿元，同比增长 19.3%；利润总额 86.4 亿元，同比增长 25.5%。其中，文化旅游业务实现营业收入 185.3 亿元，同比增长 15.8%。主题公园全年游客接待量超过 3500 万人次，位列全球景区业四强，亚洲第一；房地产业务实现营业收入 233.6 亿元，同比增长 23.3%。

土地储备情况，2017 年年末，华侨城 A 旅游综合及房地产开发业务土地储备 637.2 万平方米，规划总建筑面积 1197.3 万平方米；其中，2017 年新增土地面积 269.1 万平方米，新增规划建筑面积 580.1 万平方米。2017 年年底，旅游综合及房地产开发业务总占地面积 901.1 万平方米，规划总建筑面积 1504.4 万平方米；2017 年，新开工建筑面积 293.1 万平方米，竣工面积 111.0 万平方米。

融资情况，2017 年，华侨城 A 下属企业华侨城（亚洲）控股有限公司在境外成功定价了 8 亿美元永续债券，并于 2017 年 10 月 10 日完成交割；华侨城 A 与招行、农行、工行等银行和金融机构落实了对公授信及按揭额度等金融支持，全年累计获得银行授信额度 400 多亿元。

负债情况，2017 年年末，华侨城 A 资产负债率为 69.9%，扣除预收款后的资产负债率为 64.9%，处于行业较低水平。在偿债能力方面，2017 年年末有息负债/股权价值为 60.6%，净负债/股权价值为 38.3%，处于行业较低水平。

## 四、上市公司在行业中的影响力

房地产上市公司作为房地产公司中的

优秀企业，在品牌影响力、信息获取能力、市场研判能力、土地资源获取能力、融资能力、管理能力、研发能力、销售能力等方面都具有较强的优势。经过多次房地产行业的调控和洗礼，上市房企在行业中的地位不断上升，影响力不断增强。

品牌影响力提升：经过过去的黄金十年，房地产行业不断优胜劣汰，注品牌、重形象的上市公司在行业中的地位不断巩固，万科、保利、招商地产、金地、华侨城等已经成为行业中的知名房地产品牌。良好的品牌形象使这些房地产企业在获取资源、融资、销售等方面都具有很强的优势和议价能力。

市场分化，强者恒强：2017 年，沪深两市上市房地产企业销售额超过千亿元的达到 7 家，分别为万科 A、保利地产、绿地控股、华夏幸福、金地集团、招商蛇口、新城控股，较 2016 年增加 2 家；7 家上市房地产企业销售额为 1.68 万亿元，占全国商品房销售额的比重为 12.55%，较 2016 年的 10.12% 上升 2.43 个百分点。从已上市公司来看，2017 年，沪深两市房地产上市公司营业收入前 30 名之和为 13969.43 亿元，占两市房企的比例为 81.99%，较 2016 年上升 2.62 个百分点；前 30 名总资产之和为 65945.24 亿元，占比为 80.55%，较 2016 年上升 3.81 个百分点。从以上数据可以看出，上市房地产公司行业集中度在不断提高，行业龙头公司的市场份额上升更快，强者恒强。

管理能力不断提高：作为公众公司，上市公司在组织架构、公司运作、财务会计、信息披露等方面必须遵守相关法律法规。另外，为了追求更高回报率，上市公司股东也要求上市公司规范治理、提升管理和运营能力。

信息获取能力和研发能力：上市房地产公司信息一般比较公开、透明，受市场关注度较高，也容易与投资者和金融机构形成互动，在互动中更容易获得市场信息。大型房地产上市公司业务布局城市非常多，在与当地相关部门、客户、金融机构的互动中，也能获取更多市场信息。大量市场信息的获得也有利于上市公司提高研发能力。

融资能力更强：由于信息公开透明，上市公司能获得金融机构、评级机构、资产评估机构等中介机构更好的评级，在融资方面相对非上市公司更容易，同时融资成本也相对较低。

更能获得优质土地资源：基于在品牌影响力、信息获取能力和研发能力、融资能力，以及其他方面的优势，房地产上市公司能获得当地政府的政策支持，具有更多的市场信息和更多的资金，在土地资源获取方面具有一定的优势。

总体来看，房地产行业上市公司汇聚了房地产行业的优秀企业，代表了行业发展的方向，拥有品牌、信息、资源、规模、研发等方面的优势，房地产行业上市公司在未来的市场中将会更具优势，强者恒强。

审稿人：刘小勇

撰稿人：平海庆

# 租赁和商务服务业

## 一、租赁和商务服务业总体概况

2017年，全国租赁和商务服务业增加值为22163亿元，同比增长10.9%，占GDP（现价）的比重为2.7%，较2016年上升0.08个百分点。2017年，租赁和商务服务业对GDP增长的贡献率为4.1%，与2016年持平。2017年，租赁和商务服务业固定资产投资额为13304.22亿元，同比增长14.4%。就业人数保持稳步增长，2017年，租赁和商务服务业就业人员522.6万人，同比增长7%；就业人员平均工资81393元，同比增长6.01%。

## 二、行业内上市公司发展概况

### （一）行业内上市公司基本情况

表1　　2017年租赁和商务服务业上市公司发行股票概况

| 门类 | A、B股总数 | A股股票数 | B股股票数 | 境内总市值（亿元） | 流通A股市值（亿元） | 流通B股市值（亿元） |
|---|---|---|---|---|---|---|
| 租赁和商务服务业 | 49 | 47 | 2 | 6881.16 | 4429.72 | 19.96 |
| 占沪深两市比重（%） | 1.37 | 1.32 | 0.06 | 1.21 | 0.99 | 1.11 |

资料来源：沪深交易所，同花顺。

### （二）行业内上市公司构成情况

表2　　2017年租赁和商务服务业上市公司构成情况　　单位：家

| 门类 | 沪市 | | | 深市 | | | ST/*ST |
|---|---|---|---|---|---|---|---|
| | 仅A股 | 仅B股 | A+B股 | 仅A股 | 仅B股 | A+B股 | |
| 租赁和商务服务业（家） | 16 | 1 | 0 | 30 | 0 | 1 | 0/0 |
| 占行业内上市公司比重（%） | 33.33 | 2.08 | 0.00 | 62.50 | 0.00 | 2.08 | 0.00/0.00 |

资料来源：沪深交易所，同花顺。

## （三）行业内上市公司融资情况

表 3　　2017 年租赁和商务服务业上市公司与沪深两市融资情况对比　　单位：家

| | 融资家数 | 新股 | 增发 | 配股 |
|---|---|---|---|---|
| 租赁和商务服务业 | 13 | 6 | 7 | 0 |
| 沪深两市总数 | 867 | 438 | 422 | 7 |
| 占比（%） | 1.50 | 1.37 | 1.66 | 0.00 |

资料来源：沪深交易所，同花顺。

其中，首发的 6 家公司中，有 1 家在沪市上市，2 家在中小板上市，3 家在创业板上市；增发的 7 家公司中，有 3 家主板公司、2 家中小板公司、2 家创业板公司。

按行业大类划分，进行融资的 13 家公司均为商务服务业。

从融资效果来看，上述公司实际发行数量为 178243.41 万股；实际募集资金 165.38 亿元，基本完成了融资计划。

2017 年租赁和商务服务业上市公司融资情况明细见附录。

## （四）行业内上市公司资产及业绩情况

表 4　　2017 年租赁和商务服务业上市公司资产情况　　单位：亿元

| 指　标 | 2017 年 | 2017 年可比样本增长（%） | 2016 年 | 2016 年可比样本增长（%） | 2015 年 |
|---|---|---|---|---|---|
| 总资产 | 7317.74 | 21.95 | 5789.79 | 27.56 | 4273.54 |
| 流动资产 | 3191.84 | 14.33 | 2637.26 | 6.60 | 2314.37 |
| 占比（%） | 43.62 | -2.91 | 45.55 | -8.96 | 54.16 |
| 非流动资产 | 4125.91 | 28.58 | 3152.53 | 52.69 | 1959.17 |
| 占比（%） | 56.38 | 2.91 | 54.45 | 8.96 | 45.84 |
| 流动负债 | 2693.04 | 17.37 | 2198.91 | 5.46 | 1973.87 |
| 占比（%） | 36.80 | -1.44 | 37.98 | -7.96 | 46.19 |
| 非流动负债 | 2366.89 | 43.67 | 1606.45 | 84.45 | 856.38 |
| 占比（%） | 32.34 | 4.89 | 27.75 | 8.56 | 20.04 |
| 归属于母公司股东权益 | 2020.24 | 11.23 | 1748.95 | 24.38 | 1275 |
| 占比（%） | 27.61 | -2.66 | 30.21 | -0.77 | 29.83 |

资料来源：沪深交易所，同花顺。

表 5　　2017 年租赁和商务服务业上市公司收入实现情况　　单位：亿元

| 指　标 | 2017 年 | 2017 年可比样本增长（%） | 2016 年 | 2016 年可比样本增长（%） | 2015 年 |
|---|---|---|---|---|---|
| 营业收入 | 5739.63 | 34.76 | 4160.05 | 46.48 | 2709.16 |
| 利润总额 | 284.81 | -1.43 | 281.70 | 45.47 | 169.91 |
| 归属于母公司所有者的净利润 | 194.32 | -7.93 | 206.14 | 47.95 | 120.27 |

资料来源：沪深交易所，同花顺。

### （五）利润分配情况

2017 年全年租赁和商务服务业上市公司中共有 35 家公司实施了分红配股。其中，9 家上市公司实施送股或转增股，35 家上市公司实施派息，其中 9 家公司既实施了送股、转增，又实施了派息。

2017 年租赁和商务服务业上市公司分红明细见附录。

### （六）其他财务指标情况

1. 盈利能力指标

表 6　　2017 年租赁和商务服务业上市公司盈利能力情况　　单位：%

| 指　标 | 2017 年 | 2017 年可比样本变动 | 2016 年 | 2016 年可比样本变动 | 2015 年 |
|---|---|---|---|---|---|
| 毛利率 | 12.94 | -1.02 | 13.94 | -1.47 | 15.2 |
| 净资产收益率 | 9.62 | -2.00 | 11.79 | 1.88 | 9.43 |
| 销售净利率 | 3.75 | -1.64 | 5.38 | 0.03 | 4.89 |
| 资产净利率 | 3.23 | -1.03 | 4.33 | 0.38 | 3.63 |

资料来源：沪深交易所，同花顺。

2. 偿债能力指标

表 7　　2017 年租赁和商务服务业上市公司偿债能力指标

| 指　标 | 2017 年 | 2017 年可比样本变动 | 2016 年 | 2016 年可比样本变动 | 2015 年 |
|---|---|---|---|---|---|
| 流动比率 | 1.19 | -0.03 | 1.20 | 0.01 | 1.17 |
| 速动比率 | 1.02 | -0.02 | 1.03 | -0.01 | 1.02 |
| 资产负债率（%） | 69.15 | 3.45 | 65.73 | 0.60 | 66.23 |

资料来源：沪深交易所，同花顺。

3. 营运能力指标

表 8　　2017 年租赁和商务服务业上市公司营运能力情况　　单位：次

| 营运能力指标 | 2017 年 | 2017 年可比样本变动 | 2016 年 | 2016 年可比样本变动 | 2015 年 |
|---|---|---|---|---|---|
| 存货周转率 | 11.74 | 1.37 | 10.30 | 1.90 | 8.27 |
| 应收账款周转率 | 10.61 | 0.83 | 10.09 | 0.86 | 9.18 |
| 流动资产周转率 | 1.92 | 0.35 | 1.63 | 0.27 | 1.36 |
| 固定资产周转率 | 3.25 | -0.71 | 3.86 | -0.84 | 4.57 |
| 总资产周转率 | 0.86 | 0.07 | 0.81 | 0.07 | 0.74 |
| 净资产周转率 | 2.66 | 0.69 | 2.33 | 0.20 | 2.2 |

资料来源：沪深交易所，同花顺。

## 三、重点细分行业介绍

表 9　　2017 年租赁和商务服务业上市公司数量分布及市值情况

| 大　类 | 上市公司家数（家） | 占行业内比重（%） | 境内总市值（亿元） | 占行业内比重（%） |
|---|---|---|---|---|
| 租赁业 | 4 | 8.33 | 466.34 | 6.78 |
| 商务服务业 | 44 | 91.67 | 6414.82 | 93.22 |

资料来源：沪深交易所，同花顺。

### （一）商务服务业

1. 行业概况

商务服务业属于现代服务业的范畴，行业门类较多，包括市场管理、旅行社、企业管理服务、广告业等，是符合现代服务业要求的人力资本密集行业，也是高附加值行业。2017 年，中国服务业商务活动指数总体运行平稳，平均商务活动指数为 54.56%，较 2016 年均值上升 0.84 个百分点。

随着供给侧结构性改革深入推进，服务业结构持续优化，服务业新动能不断孕育，新产业新经济蓬勃兴起，活力和实力不断增强。2017 年，以“互联网 +”为标志的服务业新经济高速成长，全国电子商务交易额达到 29.16 万亿元，同比增长 11.7%；网上商品零售额同比增长 32.2%。

旅行社服务业态与旅游人次密切相关。2017 年，国内旅游人数 50.01 亿人次，同比增长 12.8%；出入境旅游总人数 2.7 亿人次，同比增长 3.7%；实现旅游总收入 5.40 万亿元，同比增长 15.1%，国际旅游收入 1234 亿美元，同比增长

2.9%。2017 年，国内入境旅游人数 13948 万人次，同比增长 0.8%；中国公民出境旅游人数 13051 万人次，比 2016 年同期增长 7.0%，中国已连续多年保持世界第一大出境旅游客源国地位。2017 年，全国旅游业对 GDP 的综合贡献为 9.13 万亿元，占 GDP 总量的 11.04%。旅游直接就业 2825 万人，旅游直接和间接就业 7990 万人，占全国就业总人口的 10.28%。

2017 年，中国广告经营额为 6896.41 亿元，同比增长 6.28%，占 GDP 的比重为 0.84%。广告经营单位为 112.31 万户，新增 25.80 万户，同比增长 28.33%；广告业从业人员 438.18 万人，新增 48.14 万人，同比增长 12.34%。CTR 媒介数据显示，2017 年，中国新兴媒介广告刊例花费增速较快，其中，电梯电视广告刊例花费同比增长 20.4%，电梯海报同比增长 18.8%，影院视频同比增长 25.5%，互联网同比增长 12.4%。传统媒介广告刊例花费方面，电视广告刊例花费重回正增长，同比增长 1.7%，交通类视频广告刊例花费跌幅收窄，从 2016 年的 -14.5% 收窄至 2017 年的 -1.0%，广播广告同比增长 6.9%，报纸广告刊例花费同比减少 32.5%，杂志广告刊例花费同比减少 18.9%。

市场管理—物流。2017 年，中国物流业物流总额达 252.80 万亿元，同比增长 10.03%，物流费用总额为 12.10 万亿元，同比增长 9.38%，物流总费用占 GDP 的比重为 14.6%，同比下降 0.3 个百分点。物流业总收入达 8.8 万亿元，同比增长 2.42%。铁路物流、公路物流及内河航道物流里程数分别为 12.7 万公里、477.35 万公里和 12.7 万公里，同比分别增长 2.42%、增长 1.64% 和减少 0.08%。

市场管理。2017 年，中国亿元以上商品交易专业市场数量为 3308 个，同比减少 5.27%；亿元以上商品交易专业市场营业面积达 21524.99 万平方米，同比减少 2.22%；亿元以上商品交易专业市场成交额达 82413.26 亿元，同比增长 7.58%。

2. 行业内上市公司发展情况

**表 10　2017 年商务服务业上市公司收入及资产增长情况**　单位：亿元

| 指　标 | 2017 年 | 2017 年可比样本增长（%） | 2016 年 | 2016 年可比样本增长（%） | 2015 年 |
|---|---|---|---|---|---|
| 营业收入 | 5354.92 | 34.41 | 3884.92 | 42.98 | 2609.24 |
| 利润总额 | 240.39 | -4.49 | 244.47 | 44.79 | 148.11 |
| 归属于母公司所有者的净利润 | 166.54 | -10.49 | 181.12 | 46.49 | 106.53 |
| 总资产 | 4155.73 | 12.55 | 3481.42 | 11.53 | 2937.71 |
| 归属于母公司股东权益 | 1660.74 | 13.52 | 1395.67 | 27.76 | 991.34 |

资料来源：沪深交易所，同花顺。

表 11　　2017 年商务服务业上市公司盈利能力情况　　单位：%

| 指　标 | 2017 年 | 2017 年可比样本变动 | 2016 年 | 2016 年可比样本变动 | 2015 年 |
|---|---|---|---|---|---|
| 毛利率 | 10.92 | -1.56 | 12.43 | -1.65 | 13.85 |
| 净资产收益率 | 10.03 | -2.69 | 12.98 | 1.66 | 10.75 |
| 销售净利率 | 3.38 | -1.59 | 4.95 | 0.12 | 4.36 |
| 资产净利率 | 4.61 | -1.02 | 5.82 | 1.09 | 4.31 |

资料来源：沪深交易所，同花顺。

表 12　　2017 年商务服务业上市公司偿债及营运情况

| 指　标 | 2017 年 | 2017 年可比样本变动 | 2016 年 | 2016 年可比样本变动 | 2015 年 |
|---|---|---|---|---|---|
| 资产负债率（%） | 55.86 | -0.41 | 55.76 | -5.35 | 62.31 |
| 存货周转率（次） | 11.23 | 1.34 | 9.81 | 1.64 | 8.09 |
| 总资产周转率（次） | 1.36 | 0.23 | 1.18 | 0.20 | 0.99 |

资料来源：沪深交易所，同花顺。

## （二）租赁业

1. 行业概况

2017 年 3 月，中国人民银行、工业和信息化部、银监会、证监会和保监会五部门联合印发《关于金融支持制造强国建设的指导意见》，指出要加快制造业领域融资租赁业务发展，大力发展直接租赁、售后回租等业务，充分发挥融资租赁业务支持企业融资与融物的双重功能，通过“以租代购”、分期偿还等方式，支持制造业企业实施设备更新改造和智能升级。

根据中国租赁联盟和天津滨海融资租赁研究院的统计，2017 年，全国融资租赁业呈现稳步发展态势，企业数量、注册资金和业务总量都稳步增长。2017 年，全国融资租赁企业 9090 家，同比增长 27.4%；其中，金融租赁 69 家，同比增长 16.9%；内资租赁 276 家，同比增长 35.3%；外资租赁 8745 家，同比增长 27.1%。2017 年，全国融资租赁企业注册资金总量为 32031 亿元，同比增长 25.3%。截至 2017 年年底，全国融资租赁合同余额约为 60600 亿元，同比增长 13.7%；其中，金融租赁合同余额约 22800 亿元，同比增长 11.8%；内资租赁合同余额约 18800 亿元，同比增长 16%；外商租赁合同余额约 19000 亿元，同比增长 13.8%。

从地区分布来看，全国 31 个省、市、区都设立了融资租赁公司，但大部分仍分布在东南沿海一带，其中，上海、天津、广东、北京、福建、江苏、浙江、山东8个省市的企业总数占到全国数量的93%。

2. 行业内上市公司发展情况

表13　2017年租赁业上市公司收入及资产增长情况　单位：亿元

| 指　标 | 2017年 | 2017年可比样本增长（%） | 2016年 | 2016年可比样本增长（%） | 2015年 |
|---|---|---|---|---|---|
| 营业收入 | 384.71 | 39.83 | 275.13 | 123.88 | 99.92 |
| 利润总额 | 44.41 | 19.28 | 37.24 | 50.15 | 21.81 |
| 归属于母公司所有者的净利润 | 27.78 | 11.05 | 25.02 | 59.39 | 13.74 |
| 总资产 | 3162.01 | 36.98 | 2308.37 | 62.87 | 1335.82 |
| 归属于母公司股东权益 | 359.51 | 1.76 | 353.28 | 12.62 | 283.66 |

资料来源：沪深交易所，同花顺。

表14　2017年租赁业上市公司盈利能力情况　单位:%

| 指　标 | 2017年 | 2017年可比样本变动 | 2016年 | 2016年可比样本变动 | 2015年 |
|---|---|---|---|---|---|
| 毛利率 | 41.06 | 5.74 | 35.32 | -9.70 | 50.39 |
| 净资产收益率 | 7.73 | 0.65 | 7.08 | 2.08 | 4.85 |
| 销售净利率 | 8.94 | -2.53 | 11.47 | -5.45 | 18.6 |
| 资产净利率 | 1.26 | -0.44 | 1.69 | -0.25 | 1.84 |

资料来源：沪深交易所，同花顺。

表15　2017年租赁业上市公司偿债及营运情况

| 指　标 | 2017年 | 2017年可比样本变动 | 2016年 | 2016年可比样本变动 | 2015年 |
|---|---|---|---|---|---|
| 资产负债率（%） | 86.61 | 5.85 | 80.76 | 6.77 | 74.84 |
| 存货周转率（次） | 224.53 | 33.82 | 190.71 | 82.40 | 1487.64 |
| 总资产周转率（次） | 0.14 | -0.01 | 0.15 | 0.03 | 0.1 |

资料来源：沪深交易所，同花顺。

## 四、重点上市公司介绍

### （一）宝德股份

宝德股份目前主要从事自动化及融资租赁业务，2009年，公司在创业板上市。融资租赁业务为其控股子公司庆汇租赁主营业务。根据不同的业务模式，庆汇租赁的收入主要包括融资租赁租金收入、委托贷款利息收入及顾问咨询收入。2017年，庆汇租赁为多地政府建设、大型国企央企、优质民营企业提供了全方位、专业化的融资租赁服务，同时，进一步拓宽了资金来源渠道，通过资产支持计划（ABS）、发行新型融资工具盘活租赁资产，降低了资金成本。

2017 年，宝德股份实现营业收入 7.21 亿元，同比增长 6.57%；实现利润总额 2633 万元，同比减少 76.35%；实现归属于母公司净利润 3601.47 万元，同比减少 42.7%；每股收益 0.09 元。2017 年毛利率为 30.65%，同比下降 0.73 个百分点；销售净利率 4.4%，同比下降 7.04 个百分点；净资产收益率 2.79%，同比下降 3.41 个百分点。截至 2017 年年末，资产负债率为 83.89%，同比上升 1.32 个百分点。

### （二）分众传媒

分众传媒原从事专业研究、制造、销售计算机整机及其周边产品和数码通讯产品，2015 年，通过重大资产重组，将原有资产全部置出，主营业务转变为媒体广告业务。

分众传媒构建了国内最大的城市生活圈媒体网络，当前的主营业务为生活圈媒体的开发和运营，主要产品为楼宇媒体（包含电梯电视媒体和电梯海报媒体）、影院银幕广告媒体和终端卖场媒体等，覆盖城市主流消费人群的工作场景、生活场景、娱乐场景和消费场景，并相互整合成为生活圈媒体网络。2017 年，分众传媒投资设立韩国子公司并投入运营，将业务拓展至首尔、釜山等 15 个韩国主要城市。

2017 年，分众传媒实现营业收入 120.14 亿元，同比增长 17.63%；实现利润总额 72.32 亿元，同比增长 36.03%；实现归属于母公司净利润 60.05 万元，同比增长 34.90%；每股收益 0.49 元。2017 年，分众传媒毛利率为 72.72%，同比上升 2.28 个百分点；销售净利率 49.72%，同比上升 6.17 个百分点；净资产收益率 67.65%，同比下降 3.08 个百分点。截至 2017 年年末，分众传媒的资产负债率为 32.12%，同比下降 0.66 个百分点。

审稿人：曹玲燕

撰稿人：徐雪洁

# 科学研究和技术服务业

## 一、科学研究和技术服务业总体概况

### （一）行业整体运行情况

2017年，中国科学研究和技术服务业公共财政支出预算6811.23亿元，较2016年同比增长12.22%；中国科学研究和技术服务业公共财政支出决算7266.98亿元，较2016年同比增长10.71%。中国科学研究和技术服务业固定资产投资额5932亿元，较2016年同比增长9.4%。

### （二）细分行业运行概况

科学研究和技术服务业分为研究和试验发展、专业技术服务业以及科技推广和应用服务业3个子行业。

其中，研究和试验发展行业方面，2017年固定资产投资额累计达1525.1亿元，同比增长12.20%；专业技术服务业方面，2017年固定资产投资额累计达1880.9亿元，同比下降3.57%；科技推广和应用服务业方面，2017年固定资产投资额累计达2257.9亿元，同比增长11.89%。

## 二、行业内上市公司发展概况

### （一）行业内上市公司基本情况

表1　2017年科学研究和技术服务上市公司发行股票概况

| 门类 | A、B股总数 | A股股票数 | B股股票数 | 境内总市值（亿元） | 流通A股市值（亿元） | 流通B股市值（亿元） |
|---|---|---|---|---|---|---|
| 科学研究和技术服务业 | 45 | 45 | 0 | 3322.19 | 1417.66 | 0.00 |
| 占沪深两市比重（%） | 1.26 | 1.26 | 0.00 | 0.58 | 0.32 | 0.00 |

资料来源：沪深交易所，同花顺。

### （二）行业内上市公司构成情况

表2　2017年科学研究和技术服务上市公司构成情况　单位：家

| 门类 | 沪市 | | | 深市 | | | ST/*ST |
|---|---|---|---|---|---|---|---|
| | 仅A股 | 仅B股 | A+B股 | 仅A股 | 仅B股 | A+B股 | |
| 科学研究和技术服务业 | 19 | 0 | 0 | 26 | 0 | 0 | 0/0 |
| 占行业内上市公司比重（%） | 42.22 | 0.00 | 0.00 | 57.78 | 0.00 | 0.00 | 0.00/0.00 |

资料来源：沪深交易所，同花顺。

## （三）行业内上市公司融资情况

表 3　　2017 年科学研究和技术服务上市公司与沪深两市融资情况对比　　单位：家

| 门类 | 融资家数 | 新股 | 增发 | 配股 |
|---|---|---|---|---|
| 科学研究和技术服务业 | 20 | 15 | 5 | 0 |
| 沪深两市总数 | 867 | 438 | 422 | 7 |
| 占比（%） | 2.31 | 3.42 | 1.18 | 0.00 |

资料来源：沪深交易所，同花顺。

其中，首发的 15 家公司中，有 7 家在主板上市，1 家在中小板上市，7 家在创业板上市；增发的 5 家公司中，有 3 家主板公司、2 家创业板公司。

按行业大类划分，进行融资的 20 家公司中，专业技术服务业 18 家，研究和试验发展业 2 家。

从融资效果来看，上述公司实际发行数量为 77524.21 万股；实际募集资金 135.24 亿元，基本完成了融资计划。

2017 年科学研究和技术服务上市公司融资情况明细见附录。

## （四）行业内上市公司资产及业绩情况

表 4　　2017 年科学研究和技术服务上市公司资产情况　　单位：亿元

| 指标 | 2017 年 | 2017 年可比样本增长（%） | 2016 年 | 2016 年可比样本增长（%） | 2015 年 |
|---|---|---|---|---|---|
| 总资产 | 1316.58 | 20.05 | 748.83 | 16.69 | 568.75 |
| 流动资产 | 909.33 | 25.13 | 482.18 | 17.09 | 380.35 |
| 占比（%） | 69.07 | 2.81 | 64.39 | 0.22 | 66.87 |
| 非流动资产 | 407.25 | 10.06 | 266.65 | 15.96 | 188.4 |
| 占比（%） | 30.93 | -2.81 | 35.61 | -0.22 | 33.13 |
| 流动负债 | 568.43 | 23.78 | 292.21 | 0.36 | 251.18 |
| 占比（%） | 43.18 | 1.30 | 39.02 | -6.35 | 44.16 |
| 非流动负债 | 79.04 | -8.88 | 39.10 | 12.58 | 26.57 |
| 占比（%） | 6.00 | -1.91 | 5.22 | -0.19 | 4.67 |
| 归属于母公司股东权益 | 647.10 | 21.67 | 405.33 | 33.03 | 281.8 |
| 占比（%） | 49.15 | 0.66 | 54.13 | 6.65 | 49.55 |

资料来源：沪深交易所，同花顺。

表 5　　2017 年科学研究和技术服务上市公司收入实现情况　　单位：亿元

| 指标 | 2017 年 | 2017 年可比样本增长（%） | 2016 年 | 2016 年可比样本增长（%） | 2015 年 |
|---|---|---|---|---|---|
| 营业收入 | 642.13 | 40.31 | 352.40 | 6.73 | 303.35 |
| 利润总额 | 65.39 | 32.36 | 32.87 | -0.29 | 34.77 |
| 归属于母公司所有者的净利润 | 50.02 | 27.72 | 26.03 | -4.99 | 28.24 |

资料来源：沪深交易所，同花顺。

### （五）利润分配情况

2017 年全年科学研究和技术服务业上市公司中共有 38 家公司实施了分红配股。其中，15 家上市公司实施送股或转增股，37 家上市公司实施派息，其中 14 家公司既实施了送股、转增，又实施了派息。

2017 年科学研究和技术服务上市公司分红明细见附录。

### （六）其他财务指标情况

1. 盈利能力指标

表 6　　2017 年科学研究和技术服务上市公司盈利能力情况　　单位：%

| 指标 | 2017 年 | 2017 年可比样本变动 | 2016 年 | 2016 年可比样本变动 | 2015 年 |
|---|---|---|---|---|---|
| 毛利率 | 27.68 | -3.02 | 26.93 | -0.30 | 27.21 |
| 净资产收益率 | 7.73 | 0.37 | 6.42 | -2.57 | 10.02 |
| 销售净利率 | 8.28 | -0.45 | 7.49 | -0.69 | 9.59 |
| 资产净利率 | 4.41 | 0.31 | 3.80 | -0.68 | 5.46 |

资料来源：沪深交易所，同花顺。

2. 偿债能力指标

表 7　　2017 年科学研究和技术服务上市公司偿债能力指标

| 指标 | 2017 年 | 2017 年可比样本变动 | 2016 年 | 2016 年可比样本变动 | 2015 年 |
|---|---|---|---|---|---|
| 流动比率 | 1.60 | 0.02 | 1.65 | 0.24 | 1.51 |
| 速动比率 | 1.29 | 0.03 | 1.34 | 0.21 | 1.2 |
| 资产负债率（%） | 49.18 | -0.60 | 44.24 | -6.54 | 48.83 |

资料来源：沪深交易所，同花顺。

3. 营运能力指标

表 8　2017 年科学研究和技术服务上市公司营运能力情况　单位：次

| 营运能力指标 | 2017 年 | 2017 年可比样本变动 | 2016 年 | 2016 年可比样本变动 | 2015 年 |
|---|---|---|---|---|---|
| 存货周转率 | 2.81 | 0.32 | 2.98 | 0.00 | 2.87 |
| 应收账款周转率 | 2.28 | 0.24 | 2.38 | -0.18 | 2.61 |
| 流动资产周转率 | 0.78 | 0.07 | 0.79 | -0.06 | 0.84 |
| 固定资产周转率 | 4.00 | 0.99 | 3.22 | 0.12 | 3.77 |
| 总资产周转率 | 0.53 | 0.06 | 0.51 | -0.04 | 0.57 |
| 净资产周转率 | 1.05 | 0.30 | 0.96 | -0.17 | 1.14 |

资料来源：沪深交易所，同花顺。

## 三、重点细分行业介绍

表 9　2017 年科学研究和技术服务上市公司数量分布及市值情况

| 大类 | 上市公司家数（家） | 占行业内比重（%） | 境内总市值（亿元） | 占行业内比重（%） |
|---|---|---|---|---|
| 专业技术服务业 | 40 | 88.89 | 3024.69 | 91.05 |
| 研究和试验发展 | 4 | 8.89 | 224.28 | 6.75 |
| 科技推广和应用服务业 | 1 | 2.22 | 73.22 | 2.20 |

资料来源：沪深交易所，同花顺。

### （一）研究和试验发展

1. 行业概况

研发和试验发展指在科学技术领域，为增加知识总量（包括人类文化和社会知识的总量），以及运用这些知识去创造新的应用进行的系统的创造性的活动，包括基础研究、应用研究、试验发展 3 类活动。

2017 年全年研究与试验发展（R&D）经费支出 17500 亿元，比 2016 年增长 11.6%，与国内生产总值之比为 2.12%，其中，基础研究经费 920 亿元。2017 年全年国家重点研发计划共安排 42 个重点专项 1115 个科技项目，国家科技重大专项共安排 454 个课题，国家自然科学基金共资助 43935 个项目。截至 2017 年年底，累计建设国家重点实验室 503 个，国家工程研究中心 131 个，国家工程实验室 217 个，国家企业技术中心 1276 家。国家科技成果转化引导基金累计设立 5 只子基金，资金总规模 247.2 亿元。全年境内外专利申请 369.8 万件，授予专利权 183.6 万件；PCT 专利申请受理量为 5.1 万件。截至 2017 年年底，有效专利 714.8 万件，其中，境内有效发明专利 135.6 万件，每万人口发明专利拥有量9.8件。全年共签订技术合同36.8万项，技术合同成交金额13424亿元，比2016年增长17.7%。

2. 行业内上市公司发展情况

表10　　2017年研究和试验发展上市公司收入及资产增长情况　　单位：亿元

| 指　标 | 2017年 | 2017年可比样本增长（%） | 2016年 | 2016年可比样本增长（%） | 2015年 |
|---|---|---|---|---|---|
| 营业收入 | 17.22 | -9.17 | 16.55 | 0.62 | 8.36 |
| 利润总额 | -4.70 | -285.09 | 1.93 | 167.84 | 2.92 |
| 归属于母公司所有者的净利润 | -5.31 | -329.93 | 1.79 | 204.14 | 2.34 |
| 总资产 | 65.48 | -5.14 | 63.06 | -14.77 | 33.36 |
| 归属于母公司股东权益 | 41.92 | -8.09 | 43.02 | 85.45 | 19.86 |

资料来源：沪深交易所，同花顺。

表11　　2017年研究和试验发展上市公司盈利能力情况　　单位:%

| 指标 | 2017年 | 2017年可比样本变动 | 2016年 | 2016年可比样本变动 | 2015年 |
|---|---|---|---|---|---|
| 毛利率 | 54.21 | 15.52 | 36.97 | 8.83 | 63 |
| 净资产收益率 | -12.66 | -17.72 | 4.16 | 11.58 | 11.78 |
| 销售净利率 | -30.53 | -38.96 | 6.54 | 24.85 | 29.04 |
| 资产净利率 | -7.82 | -9.98 | 1.58 | 5.79 | 8.01 |

资料来源：沪深交易所，同花顺。

表12　　2017年研究和试验发展上市公司偿债及营运情况

| 指　标 | 2017年 | 2017年可比样本变动 | 2016年 | 2016年可比样本变动 | 2015年 |
|---|---|---|---|---|---|
| 资产负债率（%） | 33.73 | 2.39 | 28.96 | -36.31 | 36.62 |
| 存货周转率（次） | 1.72 | -1.28 | 3.17 | -0.62 | 3.05 |
| 总资产周转率（次） | 0.26 | 0.00 | 0.24 | 0.01 | 0.28 |

资料来源：沪深交易所，同花顺。

## （二）专业技术服务业

1. 行业概况

专业技术服务业包括气象服务、地震服务、海洋服务、测绘服务、技术检测、环境监测、工程技术与规划管理、工程管理服务、工程勘察设计、规划管理、其他专业技术服务等。

截至2017年年末，全国共有产品检测实验室35000个，其中，国家检测中心739个。全国现有产品质量、体系认证机构401个，已累计完成对140250个企业的产品认证。全国共有法定计量技术机构4037个，全年强制检定计量器具8326万台（件）。全年制定、修订国家标准3811项，其中，新制定2684项。

2. 行业内上市公司发展情况

表13　2017年专业技术服务业上市公司收入及资产增长情况　单位：亿元

| 指　标 | 2017年 | 2017年可比样本增长（%） | 2016年 | 2016年可比样本增长（%） | 2015年 |
| --- | --- | --- | --- | --- | --- |
| 营业收入 | 624.23 | 42.51 | 335.85 | 7.05 | 294.99 |
| 利润总额 | 70.44 | 51.38 | 30.94 | -13.59 | 31.86 |
| 归属于母公司所有者的净利润 | 55.70 | 52.01 | 24.24 | -16.75 | 25.9 |
| 总资产 | 1247.05 | 21.70 | 685.77 | 20.79 | 535.39 |
| 归属于母公司股东权益 | 604.93 | 24.42 | 362.32 | 28.71 | 261.94 |

资料来源：沪深交易所，同花顺。

表14　2017年专业技术服务业上市公司盈利能力情况　单位：%

| 指标 | 2017年 | 2017年可比样本变动 | 2016年 | 2016年可比样本变动 | 2015年 |
| --- | --- | --- | --- | --- | --- |
| 毛利率 | 26.95 | -3.40 | 26.44 | -0.75 | 26.2 |
| 净资产收益率 | 9.21 | 1.67 | 6.69 | -3.65 | 9.89 |
| 销售净利率 | 9.42 | 0.72 | 7.54 | -2.03 | 9.04 |
| 资产净利率 | 5.17 | 0.94 | 4.04 | -1.60 | 5.31 |

资料来源：沪深交易所，同花顺。

表15　2017年专业技术服务业上市公司偿债及营运情况

| 指　标 | 2017年 | 2017年可比样本变动 | 2016年 | 2016年可比样本变动 | 2015年 |
| --- | --- | --- | --- | --- | --- |
| 资产负债率（%） | 49.93 | -1.03 | 45.65 | -3.25 | 49.6 |
| 存货周转率（次） | 2.84 | 0.36 | 2.98 | 0.02 | 2.87 |
| 总资产周转率（次） | 0.55 | 0.06 | 0.54 | -0.05 | 0.59 |

资料来源：沪深交易所，同花顺。

### （三）科技推广和应用服务业

1. 行业概况

科技推广和应用服务业包括技术推广服务、科技中介服务、其他科技推广和应用服务业等。技术推广服务指将新技术、新产品、新工艺直接推向市场而进行的相关技术活动，以及技术推广和转让活动。

科技中介服务指为科技活动提供社会化服务与管理，在政府、各类科技活动主体与市场之间提供居间服务的组织，主要开展信息交流、技术咨询、技术孵化、科技评估和科技鉴证等活动。其他科技推广和应用服务业指除技术推广、科技中介以外的其他科技服务，但不包括短期的日常业务活动。

全年规模以上服务业中，战略性新兴服务业营业收入 41235 亿元，比 2016 年增长 17.3%；实现营业利润 7446 亿元，增长 30.2%。

2. 行业内上市公司发展情况

表 16　　2017 年科技推广和应用服务业上市公司收入及资产增长情况　　单位：亿元

| 指　标 | 2017 年 | 2017 年可比样本增长（%） | 2016 年 | 2016 年可比样本增长（%） | 2015 年 |
|---|---|---|---|---|---|
| 营业收入 | 0.67 | 0.21 | — | — | — |
| 利润总额 | -0.36 | -209.03 | — | — | — |
| 归属于母公司所有者的净利润 | -0.37 | -270.62 | — | — | — |
| 总资产 | 4.05 | 34.39 | — | — | — |
| 归属于母公司股东权益 | 0.25 | 367.39 | — | — | — |

资料来源：沪深交易所，同花顺。

表 17　　2017 年科技推广和应用服务业上市公司盈利能力情况　　单位：%

| 指标 | 2017 年 | 2017 年可比样本变动 | 2016 年 | 2016 年可比样本变动 | 2015 年 |
|---|---|---|---|---|---|
| 毛利率 | 26.42 | -5.80 | — | — | — |
| 净资产收益率 | -150.63 | -563.26 | — | — | — |
| 销售净利率 | -53.79 | -96.76 | — | — | — |
| 资产净利率 | -10.27 | -23.90 | — | — | — |

资料来源：沪深交易所，同花顺。

表 18　　2017 年科技推广和应用服务业上市公司偿债及营运情况

| 指　标 | 2017 年 | 2017 年可比样本变动 | 2016 年 | 2016 年可比样本变动 | 2015 年 |
|---|---|---|---|---|---|
| 资产负债率（%） | 68.27 | -5.25 | — | — | — |
| 存货周转率（次） | 2.91 | -6.90 | — | — | — |
| 总资产周转率（次） | 0.19 | -0.13 | — | — | — |

资料来源：沪深交易所，同花顺。

## 四、重点上市公司介绍

### （一）电科院

电科院主要从事各类高低压电器的技术检测服务，主要包括输配电电器、核电电器、机床电器、船用电器、汽车电子电气、太阳能及风能发电设备等。电科院是全国性的独立第三方综合电器检测机构，是电器检测行业的龙头企业之一，主要业务包括电器检测、环境检测和认证3类。

2017年，电科院实现营业收入6.42亿元，同比增长16.13%；归属于上市公司股东的净利润为1.25亿元，同比增长78.02%；实现每股收益0.17元；毛利率达到51.89%，同比提升2.37个百分点；销售净利率19.67%，同比提升6.80个百分点；净资产收益率6.49%，同比提升1.85个百分点。

2017年年末，电科院的资产负债率达到47.38%，同比下降1.53个百分点。

### （二）华测检测

华测检测是一家全国性、综合性的独立第三方检测服务机构，主要从事工业品、消费品、生命科学以及贸易保障领域的技术检测服务。在国内拥有近30家分支机构组成的业务网络，拥有化学、生物、物理、机械、电磁等领域的30个实验室，取得了CMA计量认证与CNAS国家合格评定委员会实验室认可资格和检查机构认可资格，并依据ISO17025、ISO17020进行管理。华测检测具备向社会独立出具公正数据的资质，检测数据具有较高的市场公信力，检测报告得到包括美国、英国、德国、法国、意大利、日本、韩国、中国台湾和中国香港地区在内的共42个国家和地区的认可。

2017年，华测检测实现营业收入21.18亿元，同比增长28.20%；归属于上市公司股东的净利润为1.33亿元，同比增长31.87%；实现每股收益0.08元；毛利率达到44.37%，同比下降6.24个百分点；销售净利率6.50%，同比下降0.23个百分点；净资产收益率5.48%，同比下降0.54个百分点。

2017年年末，华测检测的资产负债率达到27.83%，同比上升6.62个百分点。

## 五、上市公司在行业中的影响力

研究与试验发展业上市公司共有4家，2017年共实现营业收入17.22亿元，仅占全国研究与试验发展经费的0.1%，对行业影响力很小。

专业技术服务业上市公司共有40家，而2017年全国共有产品检测实验室35000个，产品质量、体系认证机构401个，2017年共有法定计量技术机构4037个。与此相比，专业技术服务上市公司对行业影响力很小。

科技推广和应用服务业上市公司共有1家，2017年共实现营业收入0.67亿元，仅占战略性新兴服务业营业收入的不到0.01%，对行业影响力很小。

审稿人：曹玲燕

撰稿人：王　磊

# 水利、环境和公共设施管理业

## 一、水利、环境和公共设施管理业总体概况

### （一）行业整体运行情况

2017 年，水利、环境和公共设施管理行业固定资产投资总额为 82105.30 亿元，比 2016 年增长 19.60%，较全社会固定资产投资增长率高出 12.60 个百分点。其中，水利管理业固定资产投资总额为 10020.83 亿元，比 2016 年增长 14.85%；生态保护和环境治理业固定资产投资总额为 3822.34 亿元，比 2016 年增长 21.51%；公共设施管理业固定资产投资总额为 68262.13 亿元，比 2016 年增长 20.23%。

### （二）细分行业运行概况

1. 水利管理业

水利管理业包括防洪除涝设施管理、水资源管理、天然水收集与分配、水文服务和其他水利管理。中国是一个严重缺水的国家，2017 年，中国人均水资源量仅有 2074.53 立方米/人，不及世界平均水平的 1/3。同时，中国水资源的分布失衡，呈现出南多北少、东多西少的状态。有效管理水资源、协调水资源使用是当前保证可持续发展的重要课题。

面对中国水资源紧张和分布不均的现状，《水利改革发展“十三五”规划》确定了“十三五”水利改革发展的 8 个重点任务：一是全面推进节水型社会建设；二是改革创新水利发展体制机制；三是加快完善水利基础设施网络；四是提高城市防洪排涝和供水能力；五是进一步夯实农村水利基础；六是加强水生态治理与保护；七是优化流域区域水利发展布局；八是全面强化依法治水、科技兴水。

当前，不少水利项目采用 PPP 模式实施。截至 2017 年年底，财政部 PPP 项目管理库中包含水利建设项目 310 个，占比 4.30%，总投资 2743 亿元，占比 2.50%。其中，示范项目 30 个，落地 27 个，示范项目落地率 90%。

2. 公共设施管理业

公共设施管理业包括市政设施管理、环境卫生管理、城乡市容管理、绿化管理、公园管理和游览景区管理。

城市化进程的推进使得城乡市容管理、绿化管理的面积有所增加；2017 年，城市清扫保洁面积为 842048 万平方米，同比增长 5.93%；城市园林绿地面积为 2921346.03 公顷，同比增长 4.86%；城市公园面积为 444621.83 公顷，同比增长 6.65%。日益增长的城市人口也带来了生

活垃圾总量的上涨，2017 年，城市生活垃圾清运量 21520.86 万吨，同比增长 5.69%，已连续 11 年上涨。清扫、绿化面积的增加和垃圾总量的上涨都带来了更高的公共设施管理需求。2017 年，城市市容环境卫生建设投资额为 623 亿元，同比增长 11.03%。

2017 年，国内旅游总收入 4.57 万亿元，同比增长 15.90%，连续 8 年实现两位数增长。2017 年，国内旅游人数达 50 亿人次，创出历史新高，同比增长 12.51%。6 月 12 日，国家旅游局召开新闻发布会，正式发布《全域旅游示范区创建工作导则》，为全域旅游示范区创建工作提供行动指南，力图建立一个完整的旅游平台，构建出诸多各具特色的旅游目的地。

3. 生态保护和环境管理业

生态保护业包括自然保护区管理、野生动物保护、野生植物保护、其他自然保护；环境治理业包括水污染治理、大气污染治理、固体废物治理、危险废物治理、放射性废物治理、其他污染治理。

2013 年以来，生态环境保护和治理领域重磅政策相继出台。“水十条”“大气十条”“土十条”均提出了更加明确的治理目标和更加严格的考核标准，督促各地对生态环境进行更为有效的治理。2016 年 12 月 25 日，《中华人民共和国环境保护税法》表决通过，将于 2018 年 1 月 1 日开始施行，通过“税负平移”原则，实现排污费制度向环保税制度的转移。

2017 年 10 月 18 ~ 24 日，“十九大”在北京召开。习近平同志明确提出“为把中国建设成为富强、民主、文明、和谐、美丽的社会主义现代化强国而奋斗”。“十九大”报告将“美丽”一词加入社会主义现代化奋斗目标。10 月 24 日通过的《中国共产党章程（修正案）》将“增强绿水青山就是金山银山的意识”写入了党章，生态文明建设的地位显著提高。

2017 年 12 月 18 ~ 20 日召开的中央经济工作会议，将污染防治列为三大攻坚战之一。会议强调：打好污染防治攻坚战，要使主要污染物排放总量大幅减少，生态环境质量总体改善，重点是打赢蓝天保卫战，加快推进生态文明建设。引导国企、民企、外企、集体、个人、社会组织等各方面的资金投入，培育一批专门从事生态保护修复的专业化企业。生态文明的重视程度空前。2017 年 11 月 23 日，环保部宣布六大“督察局”成立，环保督查的长效机制逐步建立。生态文明建设的地位空前。

2017 年，大气、水、土壤污染治理方面均取得了显著成果。大气污染治理方面，全国 338 个地级及以上城市可吸入颗粒物（PM10）平均浓度比 2013 年下降 22.7%，《大气污染防治行动计划》空气质量改善目标和重点工作任务全面完成。水污染治理方面，2017 年，全国地表水 1940 个水质断面（点位）中，Ⅰ ~ Ⅲ类水质断面（点位）1317 个，占比 67.9%，同比上升 0.1 个百分点；Ⅳ、Ⅴ类 462 个，占比 23.8%；劣Ⅴ类 161 个，占比

8.3%，同比下降0.3个百分点；大江大河干流水质稳步改善。土壤污染治理方面，土壤污染防治法草案已经全国人大常委会二审，《农用地土壤环境管理办法（试行）》发布，土壤污染状况详查全面开展。

## 二、行业内上市公司发展概况

### （一）行业内上市公司基本情况

表1　　2017年水利、环境和公共设施管理业上市公司发行股票概况

| 门　类 | A、B股总数 | A股股票数 | B股股票数 | 境内总市值（亿元） | 流通A股市值（亿元） | 流通B股市值（亿元） |
|---|---|---|---|---|---|---|
| 水利、环境和公共设施管理业 | 44 | 43 | 1 | 3915.93 | 2793.90 | 21.03 |
| 占沪深两市比重（%） | 1.23 | 1.20 | 0.03 | 0.69 | 0.63 | 1.17 |

资料来源：沪深交易所，同花顺。

### （二）行业内上市公司构成情况

表2　　2017年水利、环境和公共设施管理业上市公司构成情况　　单位：家

| 门　类 | 沪市 | | | 深市 | | | ST/*ST |
|---|---|---|---|---|---|---|---|
| | 仅A股 | 仅B股 | A+B股 | 仅A股 | 仅B股 | A+B股 | |
| 水利、环境和公共设施管理业 | 16 | 0 | 1 | 26 | 0 | 0 | 0/1 |
| 占行业内上市公司比重（%） | 37.21 | 0.00 | 2.32 | 60.47 | 0.00 | 0.00 | 0.00/2.32 |

资料来源：沪深交易所，同花顺。

### （三）行业内上市公司融资情况

表3　　2017年水利、环境和公共设施管理业上市公司与沪深两市融资情况对比　　单位：家

| | 融资家数 | 新股 | 增发 | 配股 |
|---|---|---|---|---|
| 水利、环境和公共设施管理业 | 14 | 8 | 6 | 0 |
| 沪深两市总数 | 867 | 438 | 422 | 7 |
| 占比（%） | 1.61 | 1.83 | 1.42 | 0.00 |

资料来源：沪深交易所，同花顺。

其中，首发的8家公司中，有7家在　　主板上市，1家在创业板上市；增发的7

家公司中，有1家沪市、4家深市主板及2家深市中小板公司。

按行业大类划分，进行融资的14家公司中，生态保护和环境治理业12家，公共设施管理业2家。

从融资效果来看，上述公司实际发行数量为150859万股；实际募集资金139.49亿元，基本完成了融资计划。

2017年水利、环境和公共设施管理业上市公司融资情况明细见附录。

### （四）行业内上市公司资产及业绩情况

表4　　2017年水利、环境和公共设施管理业上市公司资产情况　　单位：亿元

| 指　标 | 2017年 | 2017年可比样本增长（%） | 2016年 | 2016年可比样本增长（%） | 2015年 |
|---|---|---|---|---|---|
| 总资产 | 2598.65 | 27.90 | 3065.98 | 32.19 | 2314.14 |
| 流动资产 | 1110.00 | 22.55 | 1794.03 | 32.27 | 1324.19 |
| 占比（%） | 42.71 | -1.86 | 58.51 | 0.04 | 57.22 |
| 非流动资产 | 1488.64 | 32.19 | 1271.95 | 32.07 | 989.94 |
| 占比（%） | 57.29 | 1.86 | 41.49 | -0.04 | 42.78 |
| 流动负债 | 935.19 | 25.20 | 1317.17 | 64.66 | 790.55 |
| 占比（%） | 35.99 | -0.78 | 42.96 | 8.47 | 34.16 |
| 非流动负债 | 441.36 | 56.53 | 468.79 | 7.86 | 440.37 |
| 占比（%） | 16.98 | 3.11 | 15.29 | -3.45 | 19.03 |
| 归属于母公司股东权益 | 1149.81 | 21.49 | 1200.11 | 18.11 | 1014.03 |
| 占比（%） | 44.25 | -2.33 | 39.14 | -4.67 | 43.82 |

资料来源：沪深交易所，同花顺。

表5　　2017年水利、环境和公共设施管理业上市公司收入实现情况　　单位：亿元

| 指　标 | 2017年 | 2017年可比样本增长（%） | 2016年 | 2016年可比样本增长（%） | 2015年 |
|---|---|---|---|---|---|
| 营业收入 | 784.29 | 33.22 | 812.31 | 17.93 | 689.75 |
| 利润总额 | 137.03 | 36.04 | 173.85 | 22.83 | 143.1 |
| 归属于母公司所有者的净利润 | 107.78 | 35.82 | 132.07 | 31.82 | 101.35 |

资料来源：沪深交易所，同花顺。

### （五）利润分配情况

2017年全年水利、环境和公共设施管理业上市公司中共有34家公司实施了分红配股。其中，7家上市公司实施送股或转增股，33家上市公司实施派息，其中6家公司既实施了送股、转增，又实施了派息。

2017年水利、环境和公共设施管理业上市公司分红明细见附录。

## （六）其他财务指标情况

1. 盈利能力指标

表 6　　2017 年水利、环境和公共设施管理业上市公司盈利能力情况　　单位:%

| 指　标 | 2017 年 | 2017 年可比样本变动 | 2016 年 | 2016 年可比样本变动 | 2015 年 |
|---|---|---|---|---|---|
| 毛利率 | 31.36 | -1.49 | 42.14 | -1.61 | 43.7 |
| 净资产收益率 | 9.37 | 0.99 | 11.00 | 1.14 | 9.99 |
| 销售净利率 | 14.24 | 0.27 | 16.97 | 1.17 | 15.99 |
| 资产净利率 | 4.82 | 0.07 | 5.12 | -0.10 | 5.3 |

资料来源：沪深交易所，同花顺。

2. 偿债能力指标

表 7　　2017 年水利、环境和公共设施管理业上市公司偿债能力指标

| 指　标 | 2017 年 | 2017 年可比样本变动 | 2016 年 | 2016 年可比样本变动 | 2015 年 |
|---|---|---|---|---|---|
| 流动比率 | 1.19 | -0.03 | 1.36 | -0.33 | 1.68 |
| 速动比率 | 0.91 | -0.03 | 0.73 | -0.17 | 0.87 |
| 资产负债率（%） | 52.97 | 2.33 | 58.25 | 5.02 | 53.19 |

资料来源：沪深交易所，同花顺。

3. 营运能力指标

表 8　　2017 年水利、环境和公共设施管理业上市公司营运能力情况　　单位：次

| 营运能力指标 | 2017 年 | 2017 年可比样本变动 | 2016 年 | 2016 年可比样本变动 | 2015 年 |
|---|---|---|---|---|---|
| 存货周转率 | 2.37 | 0.08 | 0.64 | -0.01 | 0.65 |
| 应收账款周转率 | 2.64 | -0.02 | 4.40 | -0.25 | 5.6 |
| 流动资产周转率 | 0.78 | 0.01 | 0.52 | -0.05 | 0.58 |
| 固定资产周转率 | 2.61 | 0.33 | 2.14 | 0.17 | 1.92 |
| 总资产周转率 | 0.34 | 0.00 | 0.30 | -0.03 | 0.33 |
| 净资产周转率 | 0.70 | 0.05 | 0.69 | -0.03 | 0.72 |

资料来源：沪深交易所，同花顺。

## 三、重点细分行业介绍

表 9　　2017 年水利、环境和公共设施管理业上市公司数量分布及市值情况

| 大类 | 上市公司家数（家） | 占行业内比重（%） | 境内总市值（亿元） | 占行业内比重（%） |
|---|---|---|---|---|
| 水利管理业 | 0 | 0.00 | 0.00 | 0.00 |
| 公共设施管理业 | 16 | 37.21 | 677.05 | 17.29 |
| 生态保护和环境治理业 | 27 | 62.79 | 3238.88 | 82.71 |

资料来源：沪深交易所，同花顺。

### （一）公共设施管理业

1. 行业概况

根据《国民经济行业分类》，公共设施管理业包括市政设施管理、环境卫生管理、城乡市容管理、绿化管理、城市公园管理、游览景区管理 6 个细分行业。

细分行业多具有较强的公用事业属性，相关工程多由政府投资修建，行业发展受政策导向和财政投向影响较大。2002 年，建设部印发《关于加快市政公用行业市场化进程的意见》，开放市政公用行业投资建设、运营、作业市场，推进市政公用行业市场化。此后，大部分细分行业市场化程度逐渐提高，部分行业由事业单位垄断的格局被打破。

“十三五”期间，环卫行业出现了显著增长。2017 年，环卫行业市场规模出现了显著提升。全国新签环卫服务合同总金额为 1701 亿元，同比增长 97.56%。

2017 年 3 月，国务院办公厅《关于转发国家发展改革委、住房城乡建设部生活垃圾分类制度实施方案的通知》，提出到 2020 年年底，基本建立垃圾分类相关法律法规和标准体系，形成可复制、可推广的生活垃圾分类模式，在实施生活垃圾强制分类的城市，生活垃圾回收利用率达到 35% 以上的目标。该文件进一步推动了公共设施管理业的发展。

2. 行业内上市公司发展情况

表 10　　2017 年公共设施管理业上市公司收入及资产增长情况　　单位：亿元

| 指　标 | 2017 年 | 2017 年可比样本增长（%） | 2016 年 | 2016 年可比样本增长（%） | 2015 年 |
|---|---|---|---|---|---|
| 营业收入 | 130.52 | 20.52 | 459.02 | 9.01 | 425.66 |
| 利润总额 | 23.59 | 60.64 | 108.25 | 21.20 | 89 |
| 归属于母公司所有者的净利润 | 16.41 | 65.53 | 78.14 | 35.45 | 57.38 |

续表

| 指　标 | 2017 年 | 2017 年可比样本增长（%） | 2016 年 | 2016 年可比样本增长（%） | 2015 年 |
|---|---|---|---|---|---|
| 总资产 | 438.99 | 4.28 | 1874.51 | 25.73 | 1496.87 |
| 归属于母公司股东权益 | 262.34 | 8.39 | 675.91 | 16.17 | 587.41 |

资料来源：沪深交易所，同花顺。

表 11　　2017 年公共设施管理业上市公司盈利能力情况　　单位：%

| 指　标 | 2017 年 | 2017 年可比样本变动 | 2016 年 | 2016 年可比样本变动 | 2015 年 |
|---|---|---|---|---|---|
| 毛利率 | 40.60 | -1.32 | 50.49 | -0.24 | 50.31 |
| 净资产收益率 | 6.26 | 2.16 | 11.56 | 1.65 | 9.77 |
| 销售净利率 | 13.15 | 3.62 | 18.01 | 2.66 | 15.11 |
| 资产净利率 | 3.99 | 1.31 | 4.91 | 0.21 | 4.66 |

资料来源：沪深交易所，同花顺。

表 12　　2017 年公共设施管理业上市公司偿债及营运情况

| 指　标 | 2017 年 | 2017 年可比样本变动 | 2016 年 | 2016 年可比样本变动 | 2015 年 |
|---|---|---|---|---|---|
| 资产负债率（%） | 37.70 | -2.43 | 61.09 | 3.53 | 57.36 |
| 存货周转率（次） | 0.90 | 0.13 | 0.34 | -0.04 | 0.38 |
| 总资产周转率（次） | 0.30 | 0.02 | 0.27 | -0.03 | 0.31 |

资料来源：沪深交易所，同花顺。

### （二）生态保护和环境治理业

1. 行业概况

生态文明建设是“十三五”时期的重点工作之一，“水十条”“大气十条”“土十条”同步推进，为水体、大气、土壤领域的污染治理起到了全方位的推动作用。2017 年，全国公共财政支出的污染防治支出达 1883.02 亿元，连续 6 年保持增长。其中，水体污染防治支出为 827.32 亿元，占比 43.94%，是全国公共财政重点支持的领域；大气污染防治支出为 579.60 亿元，占比 30.78%，仅次于水体污染防治支出。以上两个领域的污染防治公共财政支出自 2010 年以来也保持了持续增长的态势，国家财政对污染防治的支持力度不断提升。

2. 行业内上市公司发展情况

表 13　　2017 年生态保护和环境治理业上市公司收入及资产增长情况　　单位：亿元

| 指　标 | 2017 年 | 2017 年可比样本增长（%） | 2016 年 | 2016 年可比样本增长（%） | 2015 年 |
|---|---|---|---|---|---|
| 营业收入 | 653.76 | 36.08 | 353.29 | 31.96 | 264.09 |
| 利润总额 | 113.44 | 31.84 | 65.60 | 25.62 | 54.1 |
| 归属于母公司所有者的净利润 | 91.37 | 31.57 | 53.93 | 26.89 | 43.96 |
| 总资产 | 2159.65 | 34.07 | 1191.48 | 43.81 | 817.27 |
| 归属于母公司股东权益 | 887.47 | 26.00 | 524.21 | 20.70 | 426.61 |

资料来源：沪深交易所，同花顺。

表 14　　2017 年生态保护和环境治理业上市公司盈利能力情况　　单位：%

| 指　标 | 2017 年 | 2017 年可比样本变动 | 2016 年 | 2016 年可比样本变动 | 2015 年 |
|---|---|---|---|---|---|
| 毛利率 | 29.52 | -1.30 | 31.29 | -1.49 | 33.05 |
| 净资产收益率 | 10.30 | 0.44 | 10.29 | 0.50 | 10.31 |
| 销售净利率 | 14.46 | -0.51 | 15.62 | -0.90 | 17.42 |
| 资产净利率 | 5.01 | -0.34 | 5.46 | -0.75 | 6.57 |

资料来源：沪深交易所，同花顺。

表 15　　2017 年生态保护和环境治理业上市公司偿债及营运情况

| 指　标 | 2017 年 | 2017 年可比样本变动 | 2016 年 | 2016 年可比样本变动 | 2015 年 |
|---|---|---|---|---|---|
| 资产负债率（%） | 56.08 | 2.69 | 53.78 | 8.35 | 45.56 |
| 存货周转率（次） | 3.26 | -0.40 | 3.89 | 0.07 | 4.15 |
| 总资产周转率（次） | 0.35 | -0.01 | 0.35 | -0.03 | 0.38 |

资料来源：沪深交易所，同花顺。

## 四、重点上市公司介绍

### （一）国祯环保

安徽国祯环保节能科技股份有限公司创建于 1997 年，起初从事热电联产业务，于 2000 年收购安徽中联环保设备有限公司，开始从事生活污水处理业务，热电联产业务逐步退出。2006 年以后，国祯环保已成为专业从事生活污水处理的企业，逐步形成以“设备销售、环境工程 EPC、生活污水处理投资运营”为一体的经营模式，为各地方水务局及水务集团提供服务。国祯环保于2014年8月上市，2015年收购麦王环境和挪威BIOVAC公司，切入工业废水处理和小城镇污水处理领域。国祯环保目前已形成水环境治理综合服务、工业废水处理综合服务、小城镇环境治理综合服务三大业务板块。

截至2017年年底，国祯环保运营的污水处理厂近百座，日处理规模近450万吨，污水处理厂遍及安徽、山东、福建、广东、浙江、云南、湖南、江苏、河南、河北、陕西等地，实现了污水处理厂安全高效运行、出水稳定达标的良好业绩。国祯环保多次主持、参与国家水专项课题研究和行业标准制定，截至2017年年底，已发布省级以上标准17项。同时，国祯环保拥有国家专利79项，其中，发明专利29项。

2017年，国祯环保营业总收入26.28亿元，同比增长79.67%；利润总额2.41亿元，同比增长35.40%；归属于母公司所有者的净利润1.94亿元，同比增长49.57%；基本每股收益0.65元。

### （二）伟明环保

浙江伟明环保股份有限公司成立于2001年，是国内领先的生活垃圾焚烧处理企业，主营业务涵盖城市生活垃圾焚烧发电行业全产业链，包括核心技术研发、关键设备制造销售及项目投资、项目建设、运营管理等领域。

伟明环保主要采用BOT模式（建设—经营—移交）从事城市生活垃圾焚烧发电业务。在该模式下，公司需要投入大笔资金完成项目建设，并通过25~30年的特许经营获得垃圾处置费和发电收入。BOT模式的毛利率较高，但经营周期长。公司在垃圾焚烧项目建设过程中，核心的垃圾焚烧处理设备、烟气处理设备、自动化控制系统由下属公司伟明设备提供；在垃圾焚烧项目运营过程中，由伟明设备提供部分日常检修维护、大修和技改设备。

截至2017年12月31日，伟明环保运营生活垃圾焚烧处理BOT项目13个，受托管理渗滤液处理站2座。2017年，各运营项目合计完成生活垃圾入库量370.31万吨，同比增长9.89%，完成上网电量11.23亿度，同比增长22.07%。

2017年，伟明环保营业总收入10.29亿元，同比增长48.51%；利润总额5.76亿元，同比增长48.75%；归属于母公司所有者的净利润5.07亿元，同比增长54.27%；基本每股收益0.74元。

### （三）大连圣亚

大连圣亚旅游控股股份有限公司是一家主营旅游娱乐产业的上市公司，已经基本实现了从单一的旅游项目型公司，向以主题旅游项目为主导、具备较完整产业链的旅游控股型公司的转型。

大连圣亚在大连市建成运营的项目有：圣亚海洋世界核心景区，包括圣亚海洋世界、圣亚极地世界、圣亚珊瑚世界、圣亚深海传奇、圣亚恐龙传奇。2001年获评国家首批AAAA级旅游景区（点）。

大连圣亚在异地建成运营的项目有：哈尔滨极地馆，2005年开业，位于哈尔滨太阳岛风景区，是哈尔滨国际冰雪节四大景区之一。2009 年获评国家 AAAA 级旅游景区（点）。

2017 年，大连圣亚营业总收入 3.45 亿元，同比增长 14.60%；利润总额 0.79 亿元，同比增长 69.61%；归属于母公司所有者的净利润 0.55 亿元，同比增长 65.31%；基本每股收益 0.60 元。

审稿人：曹玲燕

撰稿人：张婉姝

# 教育

## 一、教育业总体概况

2017 年，全国教育经费总投入 42562.01 亿元，较 2016 年同比增长 9.45%；其中，国家财政性教育经费 34207.75 亿元，较 2016 年同比增长 8.95%。全国公共财政教育支出 29919.78 亿元，较 2016 年同比增长 8.01%，占公共财政支出的 14.71%，较 2016 年同期降低 0.04 个百分点；其中，中央财政教育支出 4663.16 亿元，较 2016 年同比增长 5.03%。

2017 年，全国各级各类学校 513799 所，同比增加 2105 所。其中，高等教育院校 2913 所，同比增加 33 所；中等教育院校 77018 所，同比减少 380 所；初等教育院校 176718 所，同比减少 12717 所；工读学校 93 所，同比增加 4 所；特殊教育院校 2107 所，同比增加 27 所；学前教育机构 254950 所，同比增加 15138 所。

2017 年，全国教职工数 20258654 人，同比增加 662908 人。其中，高等教育院校 2505285 人，同比增加 34913 人；中等教育院校 7827807 人，同比增加 146167 人；初等教育院校 5664652 人，同比增加 104105 人；工读学校 2922 人，同比增加 33 人；特殊教育院校 65138 人，同比增加 2670 人；学前教育机构 4192850 人，同比增加 375020 人。

## 二、行业内上市公司发展概况

### （一）行业内上市公司基本情况

表 1　　2017 年教育上市公司发行股票概况

| 门　类 | A、B 股总数 | A 股股票数 | B 股股票数 | 境内总市值（亿元） | 流通 A 股市值（亿元） | 流通 B 股市值（亿元） |
|---|---|---|---|---|---|---|
| 教育 | 3 | 3 | 0 | 276.10 | 148.27 | 0.00 |
| 占沪深两市比重（%） | 0.08 | 0.08 | 0.00 | 0.05 | 0.03 | 0.00 |

资料来源：沪深交易所，同花顺。

### （二）行业内上市公司构成情况

表 2　　2017 年教育上市公司构成情况　　单位：家

| 门类 | 沪市 | | | 深市 | | | ST/*ST |
|---|---|---|---|---|---|---|---|
| | 仅 A 股 | 仅 B 股 | A+B 股 | 仅 A 股 | 仅 B 股 | A+B 股 | |
| 教育 | 2 | 0 | 0 | 1 | 0 | 0 | 0/1 |
| 占行业内上市公司比重（%） | 66.67 | 0.00 | 0.00 | 33.33 | 0.00 | 0.00 | 0.00/33.33 |

资料来源：沪深交易所，同花顺。

### （三）行业内上市公司融资情况

表 3　　2017 年教育上市公司与沪深两市融资情况对比　　单位：家

| | 融资家数 | 新股 | 增发 | 配股 |
|---|---|---|---|---|
| 教育 | 1 | 0 | 1 | 0 |
| 沪深两市总数 | 867 | 438 | 422 | 7 |
| 占比（%） | 0.12 | 0.00 | 0.24 | 0.00 |

资料来源：沪深交易所，同花顺。

其中，增发的 1 家公司为沪市公司。

从融资效果来看，上述公司实际增发数量为 2747.23 万股；实际募集资金 5.93 亿元，基本完成融资计划。

2017 年教育上市公司融资情况明细见附录。

### （四）行业内上市公司资产及业绩情况

表 4　　2017 年教育上市公司资产情况　　单位：亿元

| 指标 | 2017 年 | 2017 年可比样本增长（%） | 2016 年 | 2016 年可比样本增长（%） | 2015 年 |
|---|---|---|---|---|---|
| 总资产 | 99.03 | 19.00 | 83.22 | 115.08 | 18.61 |
| 流动资产 | 45.59 | 26.63 | 36.01 | 165.67 | 8.15 |
| 占比（%） | 46.04 | 2.77 | 43.27 | 8.24 | 43.78 |
| 非流动资产 | 53.44 | 13.19 | 47.21 | 87.80 | 10.46 |
| 占比（%） | 53.96 | -2.77 | 56.73 | -8.24 | 56.22 |
| 流动负债 | 57.35 | 10.22 | 52.03 | 190.74 | 9.47 |
| 占比（%） | 57.91 | -4.62 | 62.52 | 16.27 | 50.87 |

续表

| 指　标 | 2017 年 | 2017 年可比样本增长（%） | 2016 年 | 2016 年可比样本增长（%） | 2015 年 |
|---|---|---|---|---|---|
| 非流动负债 | 2.95 | 68.89 | 1.75 | 18.22 | 0.08 |
| 占比（%） | 2.98 | 0.88 | 2.10 | -1.72 | 0.44 |
| 归属于母公司股东权益 | 33.71 | 28.89 | 26.15 | 50.88 | 8.37 |
| 占比（%） | 34.04 | 2.61 | 31.43 | -13.37 | 44.98 |

资料来源：沪深交易所，同花顺。

表 5　　2017 年教育上市公司收入实现情况　　单位：亿元

| 指　标 | 2017 年 | 2017 年可比样本增长（%） | 2016 年 | 2016 年可比样本增长（%） | 2015 年 |
|---|---|---|---|---|---|
| 营业收入 | 57.08 | 48.19 | 38.52 | 53.03 | 11.65 |
| 利润总额 | 5.63 | 25.07 | 4.50 | -6.55 | 0.44 |
| 归属于母公司所有者的净利润 | 3.82 | 15.85 | 3.30 | -12.11 | 0.6 |

资料来源：沪深交易所，同花顺。

### （五）利润分配情况

2017 年全年教育业上市公司中共有 2 家公司实施了分红配股。其中，1 家上市公司仅实施派息，1 家公司既实施了转增，又实施了派息。

2017 年教育上市公司分红明细见附录。

### （六）其他财务指标情况

1. 盈利能力指标

表 6　　2017 年教育上市公司盈利能力情况　　单位：%

| 指　标 | 2017 年 | 2017 年可比样本变动 | 2016 年 | 2016 年可比样本变动 | 2015 年 |
|---|---|---|---|---|---|
| 毛利率 | 38.34 | -1.67 | 40.00 | -9.22 | 39.71 |
| 净资产收益率 | 11.35 | -1.28 | 12.62 | -9.05 | 7.18 |
| 销售净利率 | 6.12 | -2.13 | 8.25 | -4.59 | 1.78 |
| 资产净利率 | 3.83 | -1.38 | 5.22 | -3.41 | 1.16 |

资料来源：沪深交易所，同花顺。

2. 偿债能力指标

表 7　　2017 年教育上市公司偿债能力指标

| 指　标 | 2017 年 | 2017 年可比样本变动 | 2016 年 | 2016 年可比样本变动 | 2015 年 |
|---|---|---|---|---|---|
| 流动比率 | 0.80 | 0.10 | 0.69 | -0.07 | 0.86 |
| 速动比率 | 0.78 | 0.1 | 0.93 | 0.15 | 0.78 |
| 资产负债率（%） | 60.89 | -3.73 | 64.63 | 14.55 | 51.31 |

资料来源：沪深交易所，同花顺。

3. 营运能力指标

表 8　　2017 年教育上市公司营运能力情况　　单位：次

| 营运能力指标 | 2017 年 | 2017 年可比样本变动 | 2016 年 | 2016 年可比样本变动 | 2015 年 |
|---|---|---|---|---|---|
| 存货周转率 | 49.44 | 17.51 | 31.94 | 17.03 | 8.19 |
| 应收账款周转率 | 70.97 | 21.98 | 48.99 | 8.01 | 23.53 |
| 流动资产周转率 | 1.40 | -0.16 | 1.55 | -0.34 | 1.45 |
| 固定资产周转率 | 5.60 | 1.50 | 4.11 | 1.43 | 3.75 |
| 总资产周转率 | 0.63 | -0.01 | 0.63 | -0.04 | 0.65 |
| 净资产周转率 | 1.67 | 0.54 | 1.58 | 0.24 | 1.27 |

资料来源：沪深交易所，同花顺。

## 三、重点上市公司介绍

### 东方时尚

东方时尚于 2016 年 2 月 5 日登陆 A 股市场，主营业务是机动车驾驶员培训，提供驾培服务、陪练服务、汽车维修、汽车保险代理等汽车消费相关服务和产品。2017 年，驾培服务、陪练服务业务分别占营业收入的 99.32% 和 0.68%。东方时尚拥有训练场及配套设施，现有宝来、桑塔纳、伊兰特和金龙大型客车、中型客车、大型货车、牵引车、摩托车等各种训练用车 3000 余部，员工 5000 余人，总资产超过 30 亿元。

2017 年，东方时尚实现营业收入 11.73 亿元，同比增加 1.53%；实现利润总额 3.35 亿元，同比减少 1.06%；实现归属于母公司净利润 2.35 亿元，同比减少 4.47%；每股收益 0.56 元。

2017 年，东方时尚毛利率达 53.69%，同比上升 1.00 个百分点；销售净利率 18.95%，同比下降 1.51 个百分点；净资产收益率 14.03%，同比下降 2.95 个百分点。截至 2017 年年末，公司的资产负债率为 30.59%，同比上升 2.58 个百分点。

## 四、上市公司在行业中的影响力

教育业上市公司共有 3 家，2017 年，共实现营业收入 57.08 亿元，占全国总投入教育经费 42562.01 亿元的 0.13%，较 2016 年提升 0.04 个百分点。教育资产的证券化进程尚处于初期，且部分企业选择港股、美股上市，目前 A 股上市公司在行业中影响力有限。

审稿人：姜娅

撰稿人：刘济玮

# 卫生和社会工作

## 一、卫生和社会工作总体概况

2017年，中国卫生业公共财政支出预算14044.01亿元，与2016年同比增长13.6%；卫生业公共财政支出决算14450.63亿元，与2016年同比增长9.82%；2017年，全国卫生总费用达51598.8亿元，与2016年同比增长11.34%；人均卫生费用3712.2元，与2016年同比增长10.76%；中国卫生和社会工作固定资产投资（不含农户）7327.4亿元，与2016年同比增长16.65%。

截至2017年年末，全国医疗卫生机构总数达986649个，相比2016年增加3255个。其中，医院31056个，基层医疗卫生机构933024个，专业公共卫生机构19896个。与2016年相比，医院增加1916个，基层医疗卫生机构增加6506个，专业公共卫生机构减少4970个。

截至2017年年末，全国医疗卫生机构床位794万张，其中，医院612万张（占77.1%），基层医疗卫生机构152.9万（占19.3%）。与2016年相比，床位增加53万张，其中，医院床位增加43.1万张，基层医疗卫生机构床位减少8.7万张。每千人口医疗卫生机构床位数由2016年的5.37张增加到2017年的5.72张。

截至2017年年底，全国社会服务事业费支出5932.68亿元，与2016年同比增长9.05%，占国家财政支出的比重约为2.92%，与2016年同期相比下降0.47个百分点。中央财政共向各地转移支付社会服务事业费2492.3亿元，与2016年同比增长0.33%，占社会服务事业费的比重为42.01%，与2016年同期相比下降0.04个百分点。社会服务事业基本建设在建项目建设规模2594万平方米，全年完成投资总额209.2亿元，与2016年同比减少14.89%。

## 二、行业内上市公司发展概况

### （一）行业内上市公司基本情况

表1　2017年卫生和社会工作上市公司发行股票概况

| 门　类 | A、B股总数 | A股股票数 | B股股票数 | 境内总市值（亿元） | 流通A股市值（亿元） | 流通B股市值（亿元） |
|---|---|---|---|---|---|---|
| 卫生和社会工作 | 9 | 9 | 0 | 1853.86 | 1097.69 | 0.00 |
| 占沪深两市比重（%） | 0.25 | 0.25 | 0.00 | 0.33 | 0.25 | 0.00 |

资料来源：沪深交易所，同花顺。

### （二）行业内上市公司构成情况

表 2　　2017 年卫生和社会工作上市公司构成情况　　单位：家

| 门类 | 沪市 | | | 深市 | | | ST/*ST |
|---|---|---|---|---|---|---|---|
| | 仅 A 股 | 仅 B 股 | A+B 股 | 仅 A 股 | 仅 B 股 | A+B 股 | |
| 卫生和社会工作 | 3 | 0 | 0 | 6 | 0 | 0 | 0/0 |
| 占行业内上市公司比重（%） | 33.33 | 0.00 | 0.00 | 66.67 | 0.00 | 0.00 | 0.00/0.00 |

资料来源：沪深交易所，同花顺。

### （三）行业内上市公司融资情况

表 3　　2017 年卫生和社会工作上市公司与沪深两市融资情况对比　　单位：家

| | 融资家数 | 新股 | 增发 | 配股 |
|---|---|---|---|---|
| 卫生和社会工作 | 3 | 1 | 2 | 0 |
| 沪深两市总数 | 867 | 438 | 422 | 7 |
| 占比（%） | 0.35 | 0.23 | 0.47 | 0.00 |

资料来源：沪深交易所，同花顺。

其中，首发的 1 家公司在沪市上市；增发的 2 家中，有 1 家中小板公司、1 家创业板公司。

按行业大类划分，进行融资的 3 家公司均为卫生业。

从融资效果来看，上述公司实际发行数量为 27381.45 万股；实际募集资金 39.63 亿元，基本完成了融资计划。

2017 年卫生和社会工作上市公司融资情况明细见附录。

### （四）行业内上市公司资产及业绩情况

表 4　　2017 年卫生和社会工作上市公司资产情况　　单位：亿元

| 指标 | 2017 年 | 2017 年可比样本增长（%） | 2016 年 | 2016 年可比样本增长（%） | 2015 年 |
|---|---|---|---|---|---|
| 总资产 | 544.35 | 30.74 | 310.14 | 35.42 | 129.7 |
| 流动资产 | 240.58 | 26.69 | 146.82 | 48.62 | 55.68 |
| 占比（%） | 44.20 | -1.41 | 47.34 | 4.21 | 42.93 |
| 非流动资产 | 303.77 | 34.14 | 163.32 | 25.40 | 74.01 |
| 占比（%） | 55.80 | 1.41 | 52.66 | -4.21 | 57.07 |

续表

| 指　标 | 2017 年 | 2017 年可比样本增长（%） | 2016 年 | 2016 年可比样本增长（%） | 2015 年 |
|---|---|---|---|---|---|
| 流动负债 | 178.87 | 40.37 | 105.00 | 34.18 | 34.49 |
| 占比（%） | 32.86 | 2.25 | 33.86 | -0.31 | 26.6 |
| 非流动负债 | 75.60 | 74.63 | 34.96 | 24.04 | 7.61 |
| 占比（%） | 13.89 | 3.49 | 11.27 | -1.03 | 5.87 |
| 归属于母公司股东权益 | 268.70 | 17.26 | 154.62 | 37.73 | 82.03 |
| 占比（%） | 49.36 | -5.67 | 49.86 | 0.84 | 63.25 |

资料来源：沪深交易所，同花顺。

表 5　　2017 年卫生和社会工作上市公司收入实现情况　　单位：亿元

| 指　标 | 2017 年 | 2017 年可比样本增长（%） | 2016 年 | 2016 年可比样本增长（%） | 2015 年 |
|---|---|---|---|---|---|
| 营业收入 | 269.24 | 32.45 | 151.10 | 39.53 | 88.45 |
| 利润总额 | 32.95 | 4.18 | 26.40 | 57.18 | 15.79 |
| 归属于母公司所有者的净利润 | 20.34 | -3.96 | 17.21 | 41.11 | 12.12 |

资料来源：沪深交易所，同花顺。

### （五）利润分配情况

2017 年全年卫生和社会工作业上市公司中共有 8 家公司实施了分红配股。其中，3 家上市公司实施送股或转增股，8 家上市公司实施派息，其中 3 家公司既实施了送股、转增，又实施了派息。

2017 年卫生和社会工作上市公司分红明细见附录。

### （六）其他财务指标情况

1. 盈利能力指标

表 6　　2017 年卫生和社会工作上市公司盈利能力情况　　单位：%

| 指　标 | 2017 年 | 2017 年可比样本变动 | 2016 年 | 2016 年可比样本变动 | 2015 年 |
|---|---|---|---|---|---|
| 毛利率 | 41.56 | 2.75 | 38.11 | -0.11 | 43.34 |
| 净资产收益率 | 7.57 | -1.67 | 11.13 | 0.27 | 14.77 |
| 销售净利率 | 8.72 | -2.60 | 12.47 | 0.17 | 14.35 |
| 资产净利率 | 4.89 | -1.92 | 6.99 | 0.30 | 12.14 |

资料来源：沪深交易所，同花顺。

2. 偿债能力指标

表 7　　2017 年卫生和社会工作上市公司偿债能力指标

| 指　标 | 2017 年 | 2017 年可比样本变动 | 2016 年 | 2016 年可比样本变动 | 2015 年 |
|---|---|---|---|---|---|
| 流动比率 | 1.35 | -0.15 | 1.40 | 0.14 | 1.61 |
| 速动比率 | 1.15 | -0.19 | 1.30 | 0.39 | 1.49 |
| 资产负债率（%） | 46.75 | 5.74 | 45.13 | -1.34 | 32.47 |

资料来源：沪深交易所，同花顺。

3. 营运能力指标

表 8　　2017 年卫生和社会工作上市公司营运能力情况　　单位：次

| 营运能力指标 | 2017 年 | 2017 年可比样本变动 | 2016 年 | 2016 年可比样本变动 | 2015 年 |
|---|---|---|---|---|---|
| 存货周转率 | 5.77 | 1.26 | 4.85 | 2.41 | 14.54 |
| 应收账款周转率 | 4.97 | -0.70 | 5.62 | -0.73 | 6.07 |
| 流动资产周转率 | 1.25 | -0.06 | 1.23 | -0.04 | 1.8 |
| 固定资产周转率 | 4.08 | 0.85 | 3.09 | 1.18 | 4.69 |
| 总资产周转率 | 0.56 | -0.04 | 0.56 | 0.02 | 0.85 |
| 净资产周转率 | 1.01 | 0.25 | 1.03 | 0.02 | 1.21 |

资料来源：沪深交易所，同花顺。

## 三、重点上市公司介绍

### 泰格医药

泰格医药是国内领先的临床合同研究组织（CRO），专注于为医药产品研发提供 I－IV 期临床试验、数据管理与生物统计、注册申报等全方位服务。泰格医药的临床研究业务几乎包括中国 GCP 中提出的全部临床试验内容，完备的服务内容可以满足绝大多数国内外制药企业的临床研究要求。为客户提供在降低研发风险、节约研发经费的同时，提供高质量的临床试验服务，从而推进产品市场化进程。

2017 年，泰格医药实现营业收入 16.87 亿元，同比增长 43.63%；实现利润总额 4.31 亿元，同比增长 103.36%；实现归属于母公司净利润 3.01 亿元，同比增长 114.01%；每股收益 0.60 元。

2017 年，泰格医药毛利率达到 42.94%，同比上升 4.91 个百分点；销售净利率 19.69%，同比上升 6.34 个百分点；净资产收益率 13.89%，同比上升 4.55 个百分点。

截至 2017 年年末，泰格医药的资产负债率为 21.33%，同比下降 1.64 个百分点。

审稿人：曹玲燕

撰稿人：徐雪洁

# 文化、体育和娱乐业

## 一、文化、体育和娱乐业总体概况

### （一）行业整体运行情况

2017 年，中国传媒产业整体保持增长态势，产业总值达 18966.7 亿元人民币，较 2016 年同期增长 16.6%，并有望在 2018 年突破 2.2 万亿元。2017 年，中国媒体融合已进入深度融合期，媒介融合的诉求从“大而全”向“专而精”转变。随着互联网与传统媒体的融合走向深化，传媒产业已经成为中国数字经济的重要组成部分。中国是全球第二大数字经济大国，数字经济呈现增长快速、规模庞大、潜力巨大的特征。工信部直属研究机构中国信息通信研究院日前发布报告显示，2017 年，中国数字经济规模达 27.2 万亿元，占国内生产总值（GDP）的比重达到 32.9%，同比提高 2.6 个百分点，增长速度位居全球前列，但低于全球其他主要国家。因此，中国的数字经济仍有较大发展空间。随着互联网逐渐成为获取信息资讯和娱乐的主通道，互联网也已成为传媒业发展的重要驱动力。根据普华永道的研究数据，未来 5 年全球娱乐及媒体行业市场的复合年增长率为 4.2%，中国稳定的政治经济态势为传媒业营造了良好的发展环境，预计中国仍将以 2 倍于全球的速度增长，且互联网产业增长的核心，从用户增长向用户付费增长转型。总体来看，中国传媒产业仍将保持较强的增长力，在线视频、泛娱乐化、付费内容等领域增长迅猛，VR/AR（虚拟现实/增强现实）、人工智能、媒体再造等创新领域依旧是传媒产业发展的重要方向。

从传媒行业发展状况来看，互联网保持良好发展态势，传统媒体继续下行。根据艾瑞公司的数据显示，2017 年，中国网络广告市场规模超过 3800 亿元，网络游戏收入超过 2000 亿元，网络视频市场规模接近 1000 亿元，并以 30% 的速度快速增长，网络广告、网络游戏和网络视频成为拉动传媒产业发展的三大主力。移动互联网则已经超过传统互联网的市场规模，移动广告占网络广告市场规模的比例达到 69.2%，超过了传统媒体广告市场的总和。然而，2017 年广播电视广告收入首次出现负增长，同比下降 1.84%，报刊广告和发行也持续降低，整体市场下滑 14.8%，其中，报纸广告市场的跌幅更是超过了 30%，市场整体规模不足 150 亿元。

2017 年，互联网用户的增速平缓，优质内容和内容付费将是发展方向。根据中国互联网络信息中心（CNNIC）的统计，截至2017年12月，中国网民规模达7.72亿人，手机网民占整体网民的比例高达97.5%，为7.53亿人，渗透率达到55.8%，超过全球平均水平。然而，中国互联网的人口红利正逐渐消失，2017年网民人数的年增长率递减到5.6%，新增网民数仅4074万，较2015年和2016年下滑，用户单月使用移动设备的时长也出现增长停滞，单日使用时长有小幅下降。虽然互联的用户规模增速逐渐放缓，但是在总市场规模中，用户付费的规模（3184亿元）占比已经超过50%，产业形成了用户付费和广告收入双引擎同时驱动的良性发展模式。产业整体将走向以内部结构调整和优化促发展的阶段，未来提供优质内容和服务将是中国互联网企业发展的方向，内容付费将是中国互联网产业规模增长的核心主线。2017年，传媒行业的第二大特征"头部更大，尾部更长"，商业资源渐汇于头部内容和机构化媒体，对于尾部内容提供者，接下来的发展道路会更加艰难。

随着文化传媒行业的不断发展和创新，国家的正确引导和监管依然不容忽视。2017年发布的《新闻出版广播影视"十三五"发展规划》提出了6大发展目标和11项主要任务，中国对于传媒未来的发展方向是：对内强调"数字化、服务、安全"；对外强调"走出去"。《规划》发布后，国家出台了一系列加强对网络信息管理的政策规范，总体来说，国家对于传媒行业的政策调控原则是"线上线下统一标准，深化融合打造精品"，具体措施是扶持非娱乐类内容，培育精品娱乐内容。

2017年1月25日，中共中央办公厅、国务院办公厅印发了《关于实施中华优秀传统文化传承发展工程的意见》，为2017年传媒内容行业打下主旋律的基调。2017年9月8日，国家新闻出版广电总局、国家发改委、财政部、商务部、人力资源和社会保障五部委针对目前电视剧行业出现的新现象及新趋势，联合下发《关于支持电视剧繁荣发展若干政策的通知》，强调了对重大革命和历史题材等几大主题题材的肯定，再到对原创的着重鼓励，以打造中国品牌，推动优秀电视剧走出去。

### （二）细分行业运行概况

按照行业分类，国内文化、体育和娱乐行业主要可以分为新闻和出版业、广播、电视、电影和影视录音制作业与文化艺术业、体育4个大类，其中有多家公司的业务同时涵盖几个大类，按照各类业务收入占总收入比例最高为标准。

#### 1. 新闻和出版业

新闻出版产业规模、效益稳步提升。2017年，图书出版营业收入增长提速，报刊出版营业收入保持稳定，报刊出版利润总额止跌回升，印刷复制营业收入增速有所回升，出版物发行营收利润增速趋缓，对外版权输出增长提速。电子出版物出版、图书出版和印刷复制营业收入增速分居前三位。据《2017年新闻出版产业分析报告》数据显示，2017 年，全国出版、印刷和发行服务（不含数字出版）实现营业收入 18119.2 亿元，较 2016 年同口径增长 4.5%；另据中国新闻出版研究院调查汇总数据显示，2017 年，数字出版实现营业收入 7071.9 亿元，增长 23.6%。

2. 广播、电视、电影和影视录音制作业

截至 2017 年年底，全国广播综合人口覆盖率 98.71%，电视综合人口覆盖率 99.07%，比 2016 年（广播 98.37%，电视 98.88%）分别提高 0.34 个百分点和 0.19 个百分点。广播广告收入 155.56 亿元，比 2016 年（145.83 亿元）增加 9.73 亿元，同比增长 6.67%；传统电视广告收入首次低于 1000 亿元，收入仅为 968.34 亿元，比 2016 年（1004.87 亿元）减少 36.53 亿元，同比下降 3.64%；网络媒体广告收入 306.71 亿元，占广告收入总额的 18.57%，网络等新媒体广告成为新的收入增长点。

网络媒体中，网络直播和短视频新流量蓝海形成。伴随硬件的成熟，网络直播和短视频行业出现了快速增长，根据《中国网络版权产业发展报告（2018）》显示，2017 年，中国网络直播用户规模达 4.22 亿人，产业市场规模近 400 亿元，成为仅次于游戏用户付费的产业。短视频产业也实现迅猛增长，用户规模突破 4.1 亿人，同比增长 115%。短视频市场用户流量与广告价值爆发，大大激发了用户的内容生产热情，促使整体互联网进入“全民内容时代”，未来随着商业化探索逐渐成熟，预计 2020 年短视频市场规模将超 350 亿元。

2017 年，据广电总局、《2018 中国电视剧产业报告》数据显示，截至 2017 年 12 月底，2017 年全年中国电视剧备案公示总量为 1180 部、46520 集。与 2016 年相比，总部数同比下降 3.36%，总集数下降 3.59%。这是自 2012 年来以来首次出现回落。2017 年，新增网络剧 295 部，与 2016 年同比减少 15.5%，与 2015 年同比减少 22.2%，下降趋势明显。2017 年，当代题材电视剧在数量上稳居主流，占比 55%，《大江大河》等一批聚焦“中国梦”时代主题、艺术展现社会主义核心价值观的主旋律电视剧涌现，“主旋律突出、类型多样、题材均衡”的格局也在逐步形成，很好地体现了社会主义核心价值观。其中，《人民的名义》全国网首播平均收视率高达 3.05%，成为 2017 年当之无愧的卫视剧王，也成为 2017 年高收视、高热议的爆款剧。

2017 年，中国电影市场票房总额突破 559.11 亿元，同比增长 13.45%，是目前仅次于美国的世界第二大电影市场，并逐渐缩短和北美市场的距离，或可 2020 年成世界第一电影市场。全年共有 13 部国产影片票房超过 5 亿元，6 部国产影片票房超过 10 亿元；《建军大业》《战狼 2》等一批结合了商业片风格的优秀主旋律电影的出现，其中，《战狼 2》以 56.83 亿元票房和 1.6 亿观影人次创造了多项市场纪录。

3. 文化艺术业

2017 年，据国家统计局对全国规模以上文化及相关产业企业的调查，文化艺术服务业营业收入 434 亿元，增长 17.1%。为了加强文化产业发展的顶层设计，出台了一系列促进文化产业发展的政策文件。《文化产业促进法》起草工作稳步推进并形成了征求意见稿。制定出台《文化部“十三五”时期文化产业发展规划》，明确“十三五”时期文化产业发展总体要求、主要任务、重点行业和保障措施，为全国文化产业创新发展提供指引。推动出台《国务院办公厅关于进一步激发社会领域投资活力的意见》，首次明确提出推进文化等领域“投贷联动”。推动出台《社会领域产业专项债券发行指引》，推出文化产业专项债券。印发《关于推动数字文化产业创新发展的指导意见》，成为国家层面首个针对数字文化产业的宏观性、指导性政策文件。

中国艺术产业探索新模式稳步发展，在“文艺＋互联网”“文艺＋城市化”“文艺＋旅游”等方面出现了不少可资借鉴的消费模式，较好地激发了城乡居民的文化消费热情。一方面，演艺产业突出惠民与市场兼顾，二、三线城市的演艺市场逐步培育和扩大；另一方面，“演艺＋旅游”“电影＋旅游”等产业发展模式越发受到资本市场的关注，文化旅游产业开始向三、四线城市布局，各类古镇、海滩音乐节、戏剧节等成为演艺市场发展的新趋势。

4. 体育

2016 年，国家统计局与国家体育总局首次联合发布体育产业年度统计数据，2017 年，全国体育产业总规模（总产出）2.2 万亿元，增加值为 7811 亿元。从名义增长来看，总产出比 2016 年增长 15.7%，增加值增长 20.6%。

从体育产业内部结构来看，体育用品及相关产品制造的总产出和增加值最大，分别为 13509.2 亿元和 3264.6 亿元，增长速度分别为 12.9% 和 14.0%。体育服务业（除体育用品及相关产品制造、体育场地设施建设外的 9 大类）继续保持快速发展势头，增加值在体育产业中所占的比重继续上升，从 2016 年的 55% 上升到 2017 年的 57%，其中，直接与公众体育消费相关的体育竞赛表演活动、体育健身休闲活动增长突出，增长速度分别达到 39.2% 和 47.5%。此外，中国体育场馆、健身步道、体育公园等全民健身设施建设力度不断加大，增长速度达 94.7%，反映出中国体育场地设施建设快速蓬勃的发展势头。

## 二、行业内上市公司概况

### （一）行业内上市公司基本情况

表 1　2017 年文化、体育和娱乐业上市公司发行股票概况

| 门类 | A、B 股总数 | A 股股票数 | B 股股票数 | 境内总市值（亿元） | 流通 A 股市值（亿元） | 流通 B 股市值（亿元） |
|---|---|---|---|---|---|---|
| 文化、体育和娱乐业 | 57 | 57 | 0 | 7192.65 | 4294.43 | 0.00 |
| 占沪深两市比重（%） | 1.60 | 1.60 | 0.00 | 1.27 | 0.96 | 0.00 |

资料来源：沪深交易所，同花顺。

### （二）行业内上市公司构成情况

表 2　　2017 年文化、体育和娱乐业上市公司构成情况　　单位：家

| 门　类 | 沪市 | | | 深市 | | | ST/*ST |
|---|---|---|---|---|---|---|---|
| | 仅 A 股 | 仅 B 股 | A+B 股 | 仅 A 股 | 仅 B 股 | A+B 股 | |
| 文化、体育和娱乐业 | 27 | 0 | 0 | 30 | 0 | 0 | 0/0 |
| 占行业内上市公司比重（%） | 47.37 | 0.00 | 0.00 | 52.63 | 0.00 | 0.00 | 0.00/0.00 |

资料来源：沪深交易所，同花顺。

### （三）行业内上市公司融资情况

表 3　　2017 年文化、体育和娱乐业上市公司与沪深两市融资情况对比　　单位：家

| | 融资家数 | 新股 | 增发 | 配股 |
|---|---|---|---|---|
| 文化、体育和娱乐业 | 17 | 12 | 5 | 0 |
| 沪深两市总数 | 867 | 438 | 422 | 7 |
| 占比（%） | 1.96 | 2.74 | 1.18 | 0.00 |

资料来源：沪深交易所，同花顺。

其中，首发的 12 家公司中，有 7 家在主板上市，2 家在中小板上市，3 家在创业板上市；增发的 5 家公司中，有 2 家沪市、3 家深市公司。

按行业大类划分，进行融资的 17 家公司中，广播、电视、电影和影视业 7 家，新闻和出版业 6 家，文化艺术业 3 家，体育业 1 家。

从融资效果来看，上述公司实际发行数量为 135611 万股；实际募集资金 111.04 亿元，基本完成了融资计划。

2017 年文化、体育和娱乐业上市公司融资情况明细见附录。

### （四）行业内上市公司资产及业绩情况

表 4　　2017 年文化、体育和娱乐业上市公司资产情况　　单位：亿元

| 指　标 | 2017 年 | 2017 年可比样本增长（%） | 2016 年 | 2016 年可比样本增长（%） | 2015 年 |
|---|---|---|---|---|---|
| 总资产 | 4178.98 | 13.34 | 3316.46 | 20.04 | 2348.98 |
| 流动资产 | 2337.87 | 14.73 | 1800.32 | 19.28 | 1302.56 |
| 占比（%） | 55.94 | 0.68 | 54.28 | -0.34 | 55.45 |

续表

| 指　标 | 2017 年 | 2017 年可比样本增长（%） | 2016 年 | 2016 年可比样本增长（%） | 2015 年 |
|---|---|---|---|---|---|
| 非流动资产 | 1841.11 | 11.61 | 1516.14 | 20.95 | 1046.42 |
| 占比（%） | 44.06 | -0.68 | 45.72 | 0.34 | 44.55 |
| 流动负债 | 1105.72 | 18.83 | 806.36 | 8.46 | 604.56 |
| 占比（%） | 26.46 | 1.22 | 24.31 | -2.60 | 25.74 |
| 非流动负债 | 310.54 | 7.89 | 244.38 | 45.12 | 158.67 |
| 占比（%） | 7.43 | -0.38 | 7.37 | 1.27 | 6.76 |
| 归属于母公司股东权益 | 2682.33 | 12.65 | 2185.95 | 23.16 | 1523.28 |
| 占比（%） | 64.19 | -0.39 | 65.91 | 1.67 | 64.85 |

资料来源：沪深交易所，同花顺。

表 5　　2017 年文化、体育和娱乐业上市公司收入实现情况　　单位：亿元

| 指　标 | 2017 年 | 2017 年可比样本增长（%） | 2016 年 | 2016 年可比样本增长（%） | 2015 年 |
|---|---|---|---|---|---|
| 营业收入 | 1871.24 | 4.07 | 1558.92 | 16.68 | 1125.54 |
| 利润总额 | 294.13 | 3.03 | 250.53 | 20.3 | 178.37 |
| 归属于母公司所有者的净利润 | 257.72 | 7.33 | 208.79 | 20.6 | 149.55 |

资料来源：沪深交易所，同花顺。

### （五）利润分配情况

2017 年全年文化、体育和娱乐业上市公司中共有 52 家公司实施了分红配股。其中，10 家上市公司实施送股或转增股，52 家上市公司实施派息，其中 10 家公司既实施了送股、转增，又实施了派息。

2017 年文化、体育和娱乐业上市公司分红明细见附录。

### （六）其他财务指标情况

1. 盈利能力指标

表 6　　2017 年文化、体育和娱乐业上市公司盈利能力情况　　单位：%

| 指　标 | 2017 年 | 2017 年可比样本变动 | 2016 年 | 2016 年可比样本变动 | 2015 年 |
|---|---|---|---|---|---|
| 毛利率 | 32.82 | 0.43 | 32.57 | -0.69 | 33.46 |
| 净资产收益率 | 9.61 | -0.48 | 9.55 | -0.20 | 9.82 |
| 销售净利率 | 14.30 | 0.19 | 14.27 | 0.43 | 14.15 |
| 资产净利率 | 6.80 | -0.69 | 7.32 | -0.48 | 7.86 |

资料来源：沪深交易所，同花顺。

2. 偿债能力指标

表 7　　2017 年文化、体育和娱乐业上市公司偿债能力指标

| 指　标 | 2017 年 | 2017 年可比样本变动 | 2016 年 | 2016 年可比样本变动 | 2015 年 |
|---|---|---|---|---|---|
| 流动比率 | 2.11 | -0.08 | 2.23 | 0.20 | 2.15 |
| 速动比率 | 1.80 | -0.08 | 1.95 | 0.20 | 1.88 |
| 资产负债率（%） | 33.89 | 0.85 | 31.68 | -0.32 | 32.49 |

资料来源：沪深交易所，同花顺。

3. 营运能力指标

表 8　　2017 年文化、体育和娱乐业上市公司营运能力情况　　单位：次

| 营运能力指标 | 2017 年 | 2017 年可比样本变动 | 2016 年 | 2016 年可比样本变动 | 2015 年 |
|---|---|---|---|---|---|
| 存货周转率 | 4.02 | -0.49 | 4.92 | 0.31 | 4.76 |
| 应收账款周转率 | 5.22 | -0.68 | 5.81 | -0.36 | 6.13 |
| 流动资产周转率 | 0.86 | -0.10 | 0.94 | -0.08 | 0.99 |
| 固定资产周转率 | 4.96 | -0.01 | 5.02 | 0.49 | 4.68 |
| 总资产周转率 | 0.48 | -0.06 | 0.51 | -0.05 | 0.56 |
| 净资产周转率 | 0.72 | -0.09 | 0.76 | -0.1 | 0.83 |

资料来源：沪深交易所，同花顺。

## 三、重点细分行业介绍

表 9　　2017 年文化、体育和娱乐业上市公司数量分布及市值情况

| 大　类 | 上市公司家数（家） | 占行业内比重（%） | 境内总市值（亿元） | 占行业内比重（%） |
|---|---|---|---|---|
| 新闻和出版业 | 24 | 42.11 | 2811.92 | 39.09 |
| 文化艺术业 | 8 | 14.04 | 846.03 | 11.76 |
| 广播、电视、电影和影视录音制作业 | 24 | 42.11 | 3510.15 | 48.80 |
| 体育 | 1 | 1.75 | 24.56 | 0.34 |

资料来源：沪深交易所，同花顺。

## （一）广播、电视、电影和影视录音制作业

### 1. 行业概况

2017年，中国电影产业重新恢复了稳定增长的常态，中国电影市场票房总额突破559.11亿元，同比增长13.45%，相比2016年低幅的增长，再次回到两位数的高幅增长。其中，《战狼2》以56.83亿元票房和1.6亿观影人次创造了多项市场纪录，从2016年的《湄公河行动》到本年度的《战狼2》，两部电影以商业手法拍摄、走市场化运作、以精良的制作为中国新主流电影打通道路。

### 2. 行业内上市公司发展情况

表10　2017年广播、电视、电影和影视录音制作业上市公司收入及资产增长情况　单位：亿元

| 指　标 | 2017年 | 2017年可比样本增长（%） | 2016年 | 2016年可比样本增长（%） | 2015年 |
|---|---|---|---|---|---|
| 营业收入 | 634.35 | 12.12 | 503.48 | 27.85 | 290.43 |
| 利润总额 | 119.20 | -0.17 | 109.11 | 22.68 | 70.14 |
| 归属于母公司所有者的净利润 | 98.73 | 4.54 | 86.24 | 28.67 | 53.93 |
| 总资产 | 1829.89 | 16.82 | 1456.19 | 27.16 | 928.28 |
| 归属于母公司股东权益 | 1120.66 | 13.64 | 926.91 | 25.75 | 598.96 |

资料来源：沪深交易所，同花顺。

表11　2017年广播、电视、电影和影视录音制作业上市公司盈利能力情况　单位：%

| 指　标 | 2017年 | 2017年可比样本变动 | 2016年 | 2016年可比样本变动 | 2015年 |
|---|---|---|---|---|---|
| 毛利率 | 34.28 | -0.55 | 35.59 | -1.73 | 40.43 |
| 净资产收益率 | 8.81 | -0.77 | 9.30 | 0.21 | 9.00 |
| 销售净利率 | 16.25 | -1.25 | 18.06 | -0.35 | 19.85 |
| 资产净利率 | 6.07 | -1.03 | 6.99 | -1.19 | 7.99 |

资料来源：沪深交易所，同花顺。

表12　2017年广播、电视、电影和影视录音制作业上市公司偿债及营运情况

| 指　标 | 2017年 | 2017年可比样本变动 | 2016年 | 2016年可比样本变动 | 2015年 |
|---|---|---|---|---|---|
| 资产负债率（%） | 37.20 | 1.70 | 34.70 | 0.86 | 33.91 |
| 存货周转率（次） | 3.45 | -0.50 | 3.76 | 0.21 | 3.08 |
| 总资产周转率（次） | 0.37 | -0.03 | 0.39 | -0.06 | 0.4 |

资料来源：沪深交易所，同花顺。

### （二）文化艺术业

1. 行业概况

2017 年，根据国家统计局对全国规模以上文化及相关产业企业的调查，文化艺术服务业营业收入 434 亿元，增长 17.1%。2017 年，借力“互联网 + 文化”的新动能，中国文化创意产业走出了一条内涵整合、外延链接的发展新路。在国家政策的主导下，各地政府和文化企业通过整合文化、创意、科技、资本、制造和管理等要素，培育和提升了传统型、大众化和普及性的文化产业业态。各地积极探索文化创意内容和传播渠道的整合再造，推进文化创意、文化科技与红色旅游、演艺、传媒、体育、装备、城市规划、城市运营等的融合，在打造区域全产业链、建设多向度服务的现代文化产业体系方面，取得了新的进展。

2. 行业内上市公司发展情况

表 13　　2017 年文化艺术业上市公司收入及资产增长情况　　单位：亿元

| 指　标 | 2017 年 | 2017 年可比样本增长（%） | 2016 年 | 2016 年可比样本增长（%） | 2015 年 |
|---|---|---|---|---|---|
| 营业收入 | 88.94 | 13.66 | 57.15 | 63.29 | 31.39 |
| 利润总额 | 24.48 | 9.26 | 20.11 | 43.41 | 13.61 |
| 归属于母公司所有者的净利润 | 20.01 | 11.76 | 15.93 | 51.31 | 10.25 |
| 总资产 | 273.39 | 21.52 | 198.43 | 26.97 | 137.06 |
| 归属于母公司股东权益 | 194.90 | 12.71 | 162.71 | 28.67 | 109.28 |

资料来源：沪深交易所，同花顺。

表 14　　2017 年文化艺术业上市公司盈利能力情况　　单位：%

| 指　标 | 2017 年 | 2017 年可比样本变动 | 2016 年 | 2016 年可比样本变动 | 2015 年 |
|---|---|---|---|---|---|
| 毛利率 | 47.17 | 3.26 | 50.40 | -5.08 | 56.85 |
| 净资产收益率 | 10.27 | -0.09 | 9.79 | 1.47 | 9.38 |
| 销售净利率 | 23.18 | -0.12 | 28.45 | -2.39 | 33.76 |
| 资产净利率 | 8.27 | -0.75 | 9.17 | -0.33 | 10.51 |

资料来源：沪深交易所，同花顺。

表 15　　2017 年文化艺术业上市公司偿债及营运情况

| 指　标 | 2017 年 | 2017 年可比样本变动 | 2016 年 | 2016 年可比样本变动 | 2015 年 |
|---|---|---|---|---|---|
| 资产负债率（%） | 27.30 | 6.01 | 15.91 | -1.92 | 18.98 |
| 存货周转率（次） | 2.90 | -0.33 | 5.93 | 2.31 | 5.07 |
| 总资产周转率（次） | 0.36 | -0.03 | 0.32 | 0.01 | 0.31 |

资料来源：沪深交易所，同花顺。

### （三）新闻和出版业

1. 行业概况

新闻出版产业规模、效益稳步提升。2017 年，全国出版、印刷和发行服务（不含数字出版）实现营业收入 18119.2 亿元，较 2016 年同口径增长 4.5%；另据中国新闻出版研究院调查汇总数据显示，2017 年，数字出版实现营业收入 7071.9 亿元，增长 23.6%。数字出版占整个出版行业的比例高达 40%，新媒体已经成为新闻出版产业规模的支撑平台，传统媒体的迁移成为必然趋势。随着知识付费的普及和数字教育出版生态圈的逐步形成，数字出版产业将迎来更快的发展。

2. 行业内上市公司发展情况

**表 16　　2017 年新闻和出版业上市公司收入及资产增长情况**　　单位：亿元

| 指　标 | 2017 年 | 2017 年可比样本增长（%） | 2016 年 | 2016 年可比样本增长（%） | 2015 年 |
|---|---|---|---|---|---|
| 营业收入 | 1145.12 | -0.56 | 998.29 | 10.03 | 803.72 |
| 利润总额 | 149.89 | 4.64 | 121.31 | 15.22 | 94.62 |
| 归属于母公司所有者的净利润 | 138.58 | 8.73 | 106.62 | 11.55 | 85.36 |
| 总资产 | 2070.93 | 9.40 | 1661.84 | 13.72 | 1283.64 |
| 归属于母公司股东权益 | 1362.74 | 11.72 | 1096.33 | 20.3 | 815.04 |

资料来源：沪深交易所，同花顺。

**表 17　　2017 年新闻和出版业上市公司盈利能力情况**　　单位：%

| 指　标 | 2017 年 | 2017 年可比样本变动 | 2016 年 | 2016 年可比样本变动 | 2015 年 |
|---|---|---|---|---|---|
| 毛利率 | 30.90 | 0.48 | 30.03 | -0.62 | 30.03 |
| 净资产收益率 | 10.17 | -0.28 | 9.72 | -0.76 | 10.47 |
| 销售净利率 | 12.53 | 0.71 | 11.55 | 0.34 | 11.33 |
| 资产净利率 | 7.24 | -0.37 | 7.38 | -0.04 | 7.56 |

资料来源：沪深交易所，同花顺。

**表 18　　2017 年新闻和出版业上市公司偿债及营运情况**

| 指　标 | 2017 年 | 2017 年可比样本变动 | 2016 年 | 2016 年可比样本变动 | 2015 年 |
|---|---|---|---|---|---|
| 资产负债率（%） | 31.88 | -0.55 | 30.92 | -3.05 | 32.91 |
| 存货周转率（次） | 4.51 | -0.42 | 5.70 | 0.44 | 5.70 |
| 总资产周转率（次） | 0.58 | -0.07 | 0.64 | -0.02 | 0.67 |

资料来源：沪深交易所，同花顺。

### （四）体育

1. 行业概况

2017年，全国体育产业总规模（总产出）为2.2万亿元，增加值为7811亿元。从名义增长来看，总产出比2016年增长15.7%，增加值增长20.6%，其中，直接与公众体育消费相关的体育竞赛表演活动、体育健身休闲活动增长突出，增长速度分别达到39.2%和47.5%。2014年年底，《国务院关于加快发展体育产业促进体育消费的若干意见》（简称“46号文”）发布后，全国体育产业开始正式单独作为一类重要产业纳入国民经济体系，46号文明确表示，推动体育产业成为经济转型升级的重要力量。近年来，政府各部门多措并举，使得中国体育供给能力和供给质量显著提升，为中国群众体育的发展和体育消费市场的形成创造了良好的氛围。2017年，中央投入资金30多亿元，支持地方建设一批县级公共体育场、社区健身中心、农民体育健身工程等公共体育场地设施，体育总局公布了首批96个国家运动休闲特色小镇试点项目，为体育消费市场供给能力的提升提供了新的动力。

2. 行业内上市公司发展情况

**表19　　2017年体育上市公司收入及资产增长情况　　单位：亿元**

| 指　标 | 2017年 | 2017年可比样本增长（%） | 2016年 | 2016年可比样本增长（%） | 2015年 |
|---|---|---|---|---|---|
| 营业收入 | 2.82 | 17.15 | — | — | — |
| 利润总额 | 0.56 | 28.87 | — | — | — |
| 归属于母公司所有者的净利润 | 0.41 | 24.68 | — | — | — |
| 总资产 | 4.77 | 75.55 | — | — | — |
| 归属于母公司股东权益 | 4.02 | 80.77 | — | — | — |

资料来源：沪深交易所，同花顺。

**表20　　2017年体育上市公司盈利能力情况　　单位：%**

| 指　标 | 2017年 | 2017年可比样本变动 | 2016年 | 2016年可比样本变动 | 2015年 |
|---|---|---|---|---|---|
| 毛利率 | 35.45 | 2.11 | — | — | — |
| 净资产收益率 | 10.12 | -4.55 | — | — | — |
| 销售净利率 | 15.52 | 1.39 | — | — | — |
| 资产净利率 | 11.69 | -1.61 | — | — | — |

资料来源：沪深交易所，同花顺。

表 21　　2017 年体育上市公司偿债及营运情况

| 指　标 | 2017 年 | 2017 年可比样本变动 | 2016 年 | 2016 年可比样本变动 | 2015 年 |
|---|---|---|---|---|---|
| 资产负债率（%） | 12.32 | -2.73 | — | — | — |
| 存货周转率（次） | 9.83 | -1.02 | — | — | — |
| 总资产周转率（次） | 0.75 | -0.19 | — | — | — |

资料来源：沪深交易所，同花顺。

## 四、重点上市公司介绍

### （一）华策影视

华策影视是国内影视剧制作的龙头企业，2017 年，实现营业收入 52.46 亿元，同比增长 18.01%，实现归母净利润 6.34 亿元，同比增长 32.60%。

2017 年，华策影视全网剧首播 15 部 654 集，《楚乔传》《三生三世十里桃花》《孤芳不自赏》分别位列年度互联网点击播放前 10 名和卫视收视率前 10 名。根据艺恩网的数据，2017 年，国产大剧整体网络流量近 6000 亿，年增长率达到 40%；出品的全网剧累计产生网络流量超 1500 亿，占国产大剧流量约 25%，年增长率约 50%，超过市场平均增速 10%；有 8 部全网剧作品的网络流量超过 30 亿，占公司全年首播全网剧的 53%。庞大的、持续增长的精品力作流量放大了公司内容产品的商业价值，延伸了全网剧的产业链条，为未来商业模式带来了更多可能。

2017 年，华策影视共参与投资、发行电影项目 11 部，累计票房超过 39 亿元。其中，《功夫瑜伽》《悟空传》《妖猫传》分别取得 17.48 亿元、6.96 亿元、5.30 亿元的票房成绩；参投的《绣春刀：修罗战场》不仅录得 2 倍于前作的票房，而且还获得了第 54 届金马奖“最佳动作设计奖”。

2017 年，华策影视投资并出品综艺节目 3 档：《我们 17 岁》《跨界冰雪王》和《生活相对论》。其中，《我们 17 岁》为国内首档逆时光旅行类真人秀；《跨界冰雪王》由张艺谋担任总导演，是国内首档大型原创明星冰舞竞技真人秀；《生活相对论》记录明星和素人的真实生活状态，将综艺节目主题升华到社会焦点议题展开探讨。此外，华策影视策划、制作两档大型综艺晚会：“2016 腾讯应用宝互联盛典——星 APP 之夜”和“2017 天猫双 11 晚会”。根据酷云数据显示，“2017 天猫双 11 晚会”直播当天拿下收视率冠军，关注度为 1.2788%，市场占有率为 6.7919%，直播点赞数超过了 2 亿。

### （二）完美世界

完美世界是传媒板块影游互动双主业稀缺龙头。2017 年，实现营业收入 79.30 亿元，同比增长 28.8%，归母净利润 15.05 亿元，同比增长 29.0%。

手游持续发力，强势拓展电竞、二次元新兴细分品类。游戏业务全年营收56.5亿元，同比增长20.1%，其中，移动游戏、P端游、主机游戏营收增速分别为42.9%、-4.7%、27.2%。依托端游大IP转手游的优势，积极布局细分市场游戏，从核心优势的MMORPG品类向多元化的游戏类型拓展，并深入发掘同一IP多产品联动项目。前期推出的《诛仙手游》《火炬之光》《神雕侠侣》持续贡献流水，带动手游板块营收、毛利率双升。除超级IP《完美世界》手游外，公司还计划上线《武林外传》《射雕三部曲》《神雕侠侣2》等武侠题材手游，并发挥自身创意研发优势，进一步培育二次元、女性向IP，探索电竞、沙盒等新品类。

精品制作能力持续确认，2018年储备丰富。电视剧全年营收达11.28亿元，同比上涨2.36%，毛利率53.1%，同比提升4.2%，并推出《深海利剑》《神犬小七》第三季、《归去来》等精品剧。综艺方面，报告期内公司参与投资制作了《向往的生活》《欢乐中国人》《跨界歌王2》等综艺节目，赢得了良好的口碑及收视率。

强化IP运营及多板块联动，聚焦年轻用户。完美世界坚持多元化、精品化、年轻化布局，以完美世界、诛仙、梦间集等知名自有IP为核心，推动标准化的泛娱乐联动模式，打造游戏、影视、动漫、小说等多业务产品交互的IP矩阵，加强对女性用户及年轻玩家的吸引力。

## 五、上市公司在行业中的影响力

2017年，全年国内生产总值实现827122亿元，比2016年增长6.9%，其中，第三产业实现增加值427032亿元，比2016年增长8.0%，增加值与增速均高于第一、第二产业。伴随中国工业化进程的深入推进，以服务业为代表的第三产业开始逐步赶超以制造业为代表的第二产业，成为后工业化阶段的主要经济发展动力。传媒行业作为其中的佼佼者，在最近十年取得了长足进步，按照这一发展趋势及宏观经济大势，相信其在未来中国经济中所占的比重将会日益提高。传媒行业供需方面，中国居民教育文化娱乐的消费支出和供给投入稳步增长。2017年，全国居民人均消费支出中教育文化和娱乐类为2086元，占居民全部消费支出的11.4%。文化、体育和娱乐业固定资产投资（不含农户）完成额为8732亿元，比2016年增长12.9%。中国农村有机会成为互联网发展的“新蓝海”。传媒行业的高速发展，得到了资本市场的关注和认可，已经有一大批优秀的传媒公司分别在主板和创业板上市融资。传媒行业的上市公司有以下三大特点：

### （一）传媒行业公司估值处于低值，上市数量占比低

2017年，中国传媒资本市场的表现不尽如人意。在沪深300指数上涨21.78的整体市场复苏背景下，中证传媒指数下

滑 17.72%，较 2016 年跌幅（32.32%）有所收窄，在所有一级行业中排名倒数第二。115 家上市公司中（剔除市盈率 TTM 为负），有 107 家公司截至 2017 年年底的估值低于公司 2013 年以来的估值均值，其中，51 家处于均值的 50% 以下水平；28 家上市公司估值与历史最低估值相比基本持平，溢价不超过 5%。细分行业龙头公司显示出良好的抗跌性，例如，分众传媒、光线传媒、恺英网络等，表现为较大市值公司跌幅小，较小市值公司股价回调明显。

传媒公司无论是在上市数量还是市值占比上，都处于较低水平。在 A 股有 428 家 IPO 公司完成上市、数量创历史新高的大环境下，2017 年仅有 15 家传媒企业在内地资本市场完成 IPO。上市公司数量占比如此之低，有历史原因，也有行业自身的原因。主要有 3 个方面：（1）以往国家对于传媒行业进行严格的资本管控，使得传媒企业上市异常艰难；（2）中国传媒企业数量众多，行业集中度低，规模普遍偏小，很难达到主板的上市要求；（3）创业板开通时间尚短；（4）2015 年资本泡沫后，监管层强化了对传媒资产上市的审核力度，客观上加强了上市公司上市的难度。基于以上原因，我们预计，随着国家对于文化产业的大力推进、传媒行业的资本管控逐渐放开，中国传媒行业的上市公司数量有望进一步增长。

**（二）大量的文化产业投资基金成立，产业资本介入上市公司发展**

近几年，中国文化产业投资基金发展迅猛，仅 2014 年一年就新增加 51 只文化产业投资基金，其中，40 只透露募资额的基金总募资金额高达 1196.85 亿元，首期募集金额共达 140.75 亿元。

首先，在地区分布方面。投资主要分布在北京、上海、广东等一线城市，51 只基金中有 33 只分布在上述地区，占总基金数的 64%，募集基金总金额为 339.05 亿元，占比 28.32%。

其次，在行业分布方面。投资主要集中于移动互联网、旅游演艺等领域。其中，移动互联网领域 11 起，占总数的 23%；旅游演艺领域 8 起，约 17%。

同时，越来越多的上市公司和产业资本紧密合作，或通过增资入股方式引入产业资本，或通过合作成立产业基金的方式投资新兴领域。通过与产业资本的结合，一方面为上市公司的发展提供更多更新产业界的力量支持，通过上市公司平台，也可以为优质项目提供更好的融资环境和成长环境。

**（三）传媒行业上市公司在行业中竞争优势显著**

传媒行业上市公司数量占比虽低，但其竞争优势显著，这不仅体现在收入规模和盈利水平，而且还体现在上市公司在行业中的品牌和口碑。

以影视领域为例，华策影视 2017 年出品的全网剧累计产生网络流量超 1500 亿，占国产大剧流量的约 25%，年增长率约 50%，超过市场平均增速 10%；有 8 部全网剧作品的网络流量超过 30 亿，占公司全年首播全网剧的53%。

以游戏领域为例，A股游戏公司作品在iOS畅销榜前20出现的频率和个数越来越高，恺英网络的《全民奇迹》创造了全球流水过77亿元的成绩，三七互娱的《天使纪元》、完美世界的《诛仙》在iOS畅销榜也进入过前五名。同时，越来越多A股公司的作品在海外市场取得好成绩，游族网络在海外发行的《狂暴之翼》全球月流水峰值4100万美元，DAU超150万人，是海外市场收入最高的ARPG类手游。

随着国家推进文化产业快速发展的政策导向，行业内上市公司数量占比有望进一步提高，其行业影响力也有望日益增强。

审稿人：刘洋

撰稿人：顾晟

# 综　合

## 一、综合业总体概况

综合行业共有上市公司24家。综合行业特点是公司业务比较繁杂，主营业务并不十分突出。从行业内部来讲，其跨度较大，涉及房地产、商业贸易、电力设备、电子元器件、医药、汽车、采掘、钢铁、建材等多种业务。2017年，综合行业上市公司收入433.40亿元，可比样本较2016年增长16.41%；归属于母公司所有者的净利润18.31亿元，可比样本较2016年下降20.13%。

## 二、行业内上市公司发展概况

### （一）行业内上市公司基本情况

表1　　2017年综合业上市公司发行股票概况

| 门　类 | A、B股总数 | A股股票数 | B股股票数 | 境内总市值（亿元） | 流通A股市值（亿元） | 流通B股市值（亿元） |
|---|---|---|---|---|---|---|
| 综合业 | 24 | 24 | 0 | 1916.00 | 1532.33 | 0.00 |
| 占沪深两市比重（%） | 0.67 | 0.67 | 0.00 | 0.34 | 0.34 | 0.00 |

资料来源：沪深交易所，同花顺。

### （二）行业内上市公司构成情况

表2　　2017年综合业上市公司构成情况　　单位：家

| 门　类 | 沪市 | | | 深市 | | | ST/*ST |
|---|---|---|---|---|---|---|---|
| | 仅A股 | 仅B股 | A+B股 | 仅A股 | 仅B股 | A+B股 | |
| 综合业（家） | 15 | 0 | 0 | 9 | 0 | 0 | 0/1 |
| 占行业内上市公司比重（%） | 62.50 | 0.00 | 0.00 | 37.50 | 0.00 | 0.00 | 0.00/4.17 |

资料来源：沪深交易所，同花顺。

## （三）行业内上市公司融资情况

表3　　2017年综合业上市公司与沪深两市融资情况对比　　单位：家

| | 融资家数 | 新股 | 增发 | 配股 |
|---|---|---|---|---|
| 综合业 | 5 | 0 | 5 | 0 |
| 沪深两市总数 | 867 | 438 | 422 | 7 |
| 占比（%） | 0.58 | 0.00 | 1.18 | 0.00 |

资料来源：沪深交易所，同花顺。

无首发公司；增发的5家公司中，有2家沪市、3家深市公司。

从融资效果来看，上述公司实际发行数量为369658.32万股；实际募集资金175.48亿元，基本完成了融资计划。

2017年综合业上市公司融资情况明细见附录。

## （四）行业内上市公司资产及业绩情况

表4　　2017年综合业上市公司资产情况　　单位：亿元

| 指　标 | 2017年 | 2017年可比样本增长（%） | 2016年 | 2016年可比样本增长（%） | 2015年 |
|---|---|---|---|---|---|
| 总资产 | 1727.47 | 14.07 | 1458.72 | 12.70 | 1298.09 |
| 流动资产 | 784.56 | 7.19 | 708.97 | 14.34 | 653.27 |
| 占比（%） | 45.42 | -2.91 | 48.60 | 0.70 | 50.33 |
| 非流动资产 | 942.91 | 20.50 | 749.75 | 11.18 | 644.83 |
| 占比（%） | 54.58 | 2.91 | 51.40 | -0.70 | 49.67 |
| 流动负债 | 589.58 | 18.49 | 481.71 | 1.13 | 504.19 |
| 占比（%） | 34.13 | 1.27 | 33.02 | -3.78 | 38.84 |
| 非流动负债 | 211.87 | 2.62 | 200.66 | -0.82 | 204.57 |
| 占比（%） | 12.26 | -1.37 | 13.76 | -1.87 | 15.76 |
| 归属于母公司股东权益 | 820.81 | 13.25 | 697.73 | 26.41 | 523.5 |
| 占比（%） | 47.52 | -0.34 | 47.83 | 5.19 | 40.33 |

资料来源：沪深交易所，同花顺。

表5　　2017年综合业上市公司收入实现情况　　单位：亿元

| 指　标 | 2017年 | 2017年可比样本增长（%） | 2016年 | 2016年可比样本增长（%） | 2015年 |
|---|---|---|---|---|---|
| 营业收入 | 433.40 | 16.41 | 363.46 | 7.45 | 348.12 |
| 利润总额 | 30.64 | -8.19 | 33.41 | -8.37 | 9.75 |
| 归属于母公司所有者的净利润 | 18.13 | -20.13 | 22.39 | -3.34 | 4.94 |

资料来源：沪深交易所，同花顺。

### （五）利润分配情况

2017 年全年综合业上市公司中共有 14 家公司实施了分红配股。其中，2 家上市公司仅实施送股或转增股，12 家上市公司仅实施派息。

2017 年综合业上市公司分红明细见附录。

### （六）其他财务指标情况

1. 盈利能力指标

表 6　　2017 年综合业上市公司盈利能力情况　　单位：%

| 指　标 | 2017 年 | 2017 年可比样本变动 | 2016 年 | 2016 年可比样本变动 | 2015 年 |
|---|---|---|---|---|---|
| 毛利率 | 24.90 | 3.51 | 21.23 | -0.32 | 19.13 |
| 净资产收益率 | 2.21 | -0.92 | 3.21 | -0.99 | 0.94 |
| 销售净利率 | 5.22 | -1.74 | 7.14 | -0.76 | 0.88 |
| 资产净利率 | 1.40 | -0.42 | 1.88 | -0.30 | 0.25 |

资料来源：沪深交易所，同花顺。

2. 偿债能力指标

表 7　　2017 年综合业上市公司偿债能力指标

| 指　标 | 2017 年 | 2017 年可比样本变动 | 2016 年 | 2016 年可比样本变动 | 2015 年 |
|---|---|---|---|---|---|
| 流动比率 | 1.33 | -0.14 | 1.47 | 0.17 | 1.3 |
| 速动比率 | 0.82 | -0.04 | 0.86 | 0.15 | 0.68 |
| 资产负债率（%） | 46.39 | -0.10 | 46.78 | -5.65 | 54.6 |

资料来源：沪深交易所，同花顺。

3. 营运能力指标

表 8　　2017 年综合业上市公司营运能力情况　　单位：次

| 营运能力指标 | 2017 年 | 2017 年可比样本变动 | 2016 年 | 2016 年可比样本变动 | 2015 年 |
|---|---|---|---|---|---|
| 存货周转率 | 1.08 | 0.09 | 0.98 | 0.14 | 0.83 |
| 应收账款周转率 | 4.94 | -0.74 | 5.72 | -0.86 | 6.41 |
| 流动资产周转率 | 0.57 | 0.02 | 0.55 | 0.00 | 0.54 |
| 固定资产周转率 | 2.88 | -0.05 | 3.12 | 0.23 | 2.66 |
| 总资产周转率 | 0.27 | 0.01 | 0.26 | -0.01 | 0.28 |
| 净资产周转率 | 0.50 | 0.07 | 0.52 | -0.08 | 0.63 |

资料来源：沪深交易所，同花顺。

## 三、重点上市公司介绍

### （一）新潮能源

2017 年，新潮能源的收入来源为海外石油及天然气的销售，其所属油田的盈利模式是通过专业化的油田服务外包商完成钻井、测井、套管、射孔、油水处理等油井开采环节，通过专业化的石油运输与销售公司实现产品销售，并最终实现盈利。截至 2017 年年末，新潮能源在美国德克萨斯州拥有 Hoople 油田资产（常规油田）、Howard 和 Borden 油田资产（页岩油藏）两处油田资产。随着国际油价的逐步回升，新潮能源结合油田实际情况，继续采取稳健的经营策略，在控制油田投资风险前提下，稳步推进油田的打井和开采计划；另外，在总结油田管理经验的基础上，通过控成本、控人员和控大事故等来降低企业经营风险。

2017 年 8 月 1 日，随着鼎亮汇通正式纳入合并报表范围，新潮能源战略转型已经取得成功。2017 年，新潮能源实现营业收入 152253.03 万元，比 2016 年同期增加 127942.41 万元；实现归属于母公司所有者的净利润 36651.46 万元，比 2016 年同期增加 54796.89 万元；经营活动产生的现金流量净额 66681.13 万元，比 2016 年同期增加 39419.24 万元。海外油田资产共计实现净利润 36810.58 万元，其中，Howard 和 Borden 油田实现 34387.17 万元，Hoople 油田实现 2423.41 万元。

### （二）张江高科

2017 年是张江科学城规划正式获批之年。张江科学城规划总面积约 94 平方公里，将以张江高科技园区为基础，转型成为新知识、新技术的创造之地和新产业的培育之地，现代新型宜居城区和市级公共中心，世界一流科学城，并在物理空间、产业集群、产业投资、金融资源、资本市场和公共资源六大方面形成独特的优势。

2017 年，张江高科积极参与张江科学城建设，通过双轮驱动，协调发展，在加大对核心区物业资源的收购和保有力度，减少核心区物业资源的销售的情况下，公司实现营业收入 125304.95 万元，同比减少 39.98%，营业利润 57590.30 万元，同比减少 35.06%；同时，张江高科 2016 年转让所持有的合并子公司上海数讯信息技术有限公司 30% 股权，实现子公司转让收益 27394.48 万元，而 2017 年度无此类大额子公司股权转让收益，2017 年实现投资收益 59507.23 万元，同比减少 25.36%，归属于股东的净利润 46754.37 万元，同比减少 35.65%，加权平均净资产收益率 5.61%，同比减少 3.57 个百分点。

审稿人：曹玲燕

撰稿人：谷　茜

# 第三篇

# 上市公司地区篇

- 北京地区·天津地区·河北地区·山西地区·内蒙古地区
- 辽宁地区·吉林地区·黑龙江地区
- 上海地区·江苏地区·浙江地区·安徽地区·福建地区·江西地区·山东地区
- 河南地区·湖北地区·湖南地区·广东地区·广西地区·海南地区
- 重庆地区·四川地区·贵州地区·云南地区·西藏地区
- 陕西地区·甘肃地区·青海地区·宁夏地区·新疆地区
- 深圳地区·大连地区·宁波地区·厦门地区·青岛地区

# 北京地区

## 一、北京国民经济发展概况

表 1　　2017 年北京国民经济发展概况　　单位：亿元

| 指标 | 1～3 月 | | 1～6 月 | | 1～9 月 | | 1～12 月 | |
|---|---|---|---|---|---|---|---|---|
| | 绝对量 | 同比增长（%） | 绝对量 | 同比增长（%） | 绝对量 | 同比增长（%） | 绝对量 | 同比增长（%） |
| 地区生产总值（GDP） | 6040.48 | 6.90 | 12406.79 | 6.80 | 19569.76 | 6.80 | 28000.35 | 6.70 |
| 全社会固定资产投资 | 1226.07 | 8.30 | 3259.21 | 7.50 | 5509.14 | 7.00 | 8307.33 | 5.30 |
| 社会消费品零售总额 | 2583.67 | 6.10 | 5256.99 | 5.60 | 8174.91 | 5.40 | 11575.44 | 5.20 |
| 规模以上工业增加值 | — | 8.80 | — | 5.80 | — | 6.00 | — | 5.60 |
| 规模以上工业企业实现利润 | 355.40 | -4.00 | 781.10 | 10.40 | 1377.40 | 26.90 | 1992.50 | 27.50 |
| 居民消费价格指数（CPI） | 1～3 月 | | 1～6 月 | | 1～9 月 | | 1～12 月 | |
| | 1.00 | | 2.50 | | 1.60 | | 2.20 | |

资料来源：国家统计局。

## 二、北京上市公司总体情况

### （一）公司数量

表 2　　2017 年北京上市公司数量　　单位：家

| 公司总数 | 2017 年新增 | 股票类别 | | | 板块分布 | | | |
|---|---|---|---|---|---|---|---|---|
| | | 仅 A 股 | 仅 B 股 | （A＋B）股 | 沪市主板 | 深市主板 | 中小板 | 创业板 |
| 306 | 24 | 305 | 0 | 1 | 133 | 27 | 50 | 96 |

资料来源：沪深交易所，同花顺。

## （二）行业分布

表3　2017年北京上市公司行业分布情况

| 所属证监会行业类别 | 家数 | 占比（%） | 所属证监会行业类别 | 家数 | 占比（%） |
|---|---|---|---|---|---|
| 农、林、牧、渔业 | 2 | 0.65 | 金融业 | 13 | 4.25 |
| 采矿业 | 13 | 4.25 | 房地产业 | 17 | 5.56 |
| 制造业 | 110 | 35.95 | 租赁和商务服务业 | 12 | 3.92 |
| 电力、热力、燃气及水生产和供应业 | 11 | 3.59 | 科学研究和技术服务业 | 8 | 2.61 |
| 建筑业 | 21 | 6.86 | 水利、环境和公共设施管理业 | 5 | 1.63 |
| 批发和零售业 | 14 | 4.58 | 教育 | 1 | 0.33 |
| 交通运输、仓储和邮政业 | 3 | 0.98 | 卫生和社会工作 | 0 | 0.00 |
| 住宿和餐饮业 | 3 | 0.98 | 文化、体育和娱乐业 | 9 | 2.94 |
| 信息传输、软件和信息技术服务业 | 62 | 20.26 | 综合 | 2 | 0.65 |
| 合计 | 306 | 100 | | | |

资料来源：沪深交易所，同花顺。

## （三）股本结构及规模

表4　2017年北京上市公司股本规模在10亿股以上公司分布情况

| 股本规模（亿股） | 公司家数 | 具体公司 |
|---|---|---|
| 1000≤ | 6 | 中国石化，农业银行，工商银行，中国石油，建设银行，中国银行 |
| 500≤～<1000 | 1 | 光大银行 |
| 200≤～<500 | 10 | 京东方A，民生银行，长江电力，北京银行，中国中铁，中国中冶，中国人寿，中国建筑，中国中车，中信银行 |
| 100≤～<200 | 15 | 华能国际，华夏银行，石化油服，中国神华，中国国航，中国铁建，中国铝业，中国电建，中国交建，中国银河，中煤能源，中国核电，中国重工，大唐发电，金隅集团 |
| 50≤～<100 | 8 | 泛海控股，首钢股份，招商公路，三一重工，福田汽车，京能电力，国投电力，*ST锐电 |
| 20≤～<50 | 32 | 神州高铁，金融街，燕京啤酒，中信国安，华联股份，东华软件，东方园林，大北农，首航节能，奥瑞金，蓝色光标，碧水源，乐视网，捷成股份，光线传媒，掌趣科技，首创股份，同方股份，万通地产，安迪苏，首开股份，信威集团，中金黄金，天地科技，华远地产，节能风电，中国化学，东兴证券，新华保险，北辰实业，中国核建，际华集团 |

续表

| 股本规模（亿股） | 公司家数 | 具体公司 |
|---|---|---|
| 10≤～<20 | 56 | 新华联，中色股份，北新建材，财信发展，紫光股份，安泰科技，中科三环，中工国际，石基信息，千方科技，北京利尔，四维图新，广联达，*ST弘高，中化岩土，惠博普，清新环境，京威股份，万达电影，神州泰岳，乐普医疗，合康新能，三聚环保，数码科技，神雾环保，东方国信，飞利信，利亚德，旋极信息，北信源，光环新网，昆仑万维，中国国贸，歌华有线，中国医药，五矿发展，同仁堂，中国卫星，华业资本，北京城建，航天信息，农发种业，中航电子，华胜天成，三元股份，北方导航，用友网络，信达地产，中国电影，昊华能源，华电重工，江河集团，中国国旅，京运通，中国出版，人民网 |

资料来源：沪深交易所，同花顺。

表 5　2017 年北京上市公司分地区股权构成情况　单位：家

| 股权性质 / 地域分布 | 央企国资控股 | 省属国资控股 | 地市国资控股 | 民营控股 | 其他 | 合计 |
|---|---|---|---|---|---|---|
| 北京市 | 93 | 34 | 0 | 163 | 16 | 306 |

资料来源：北京证监局。

### （四）市值规模

截至 2017 年 12 月 31 日，北京 306 家上市公司境内总市值 137731.18 亿元，占全国上市公司境内总市值的 24.24%；其中，上交所上市公司 133 家，总股本 16265.33 亿股，境内总市值 114702.1 亿元，占上交所上市公司境内总市值的 34.52%；深交所上市公司 173 家，总股本 1916.76 亿股，境内总市值 23029.08 亿元，占深交所上市公司境内总市值的 9.76%。

### （五）资产规模

截至 2017 年 12 月 31 日，北京 306 家上市公司合计总资产 1294121.66 亿元，归属于母公司股东权益 139232.77 亿元，与 2016 年相比，分别增长 6.50%、9.01%；平均每股净资产 5.80 元。

## 三、北京上市公司经营情况及变动分析

### （一）总体经营情况

表 6　　2017 年北京上市公司经营情况

| 指标 | 2017 年 | 2016 年 | 变动率（%） |
|---|---|---|---|
| 家数 | 306 | 282 | 8.51 |
| 亏损家数 | 21 | 13 | 61.54 |
| 亏损家数比例（%） | 6.86 | 4.61 | 2.25 |
| 平均每股收益（元） | 0.61 | 0.57 | 7.02 |
| 平均每股净资产（元） | 5.8 | 5.47 | 6.03 |
| 平均净资产收益率（%） | 10.45 | 10.42 | 0.03 |
| 总资产（亿元） | 1294121.66 | 1215125.82 | 6.50 |
| 归属于母公司股东权益（亿元） | 139232.77 | 127726.12 | 9.01 |
| 营业收入（亿元） | 144265.02 | 126469.47 | 14.07 |
| 利润总额（亿元） | 19528.90 | 18329.27 | 6.54 |
| 归属于母公司所有者的净利润（亿元） | 14548.26 | 13308.27 | 9.32 |

资料来源：沪深交易所，同花顺。

## （二）分行业经营情况

表 7　　2017 年北京上市公司分行业经营情况

| 所属行类 | 营业收入（亿元） | 可比样本变动率（%） | 归属于母公司所有者的净利润（亿元） | 可比样本变动率（%） |
|---|---|---|---|---|
| 农、林、牧、渔业 | 46.15 | -8.40 | -2.31 | -340.63 |
| 采矿业 | 48164.06 | 23.40 | 1120.12 | 74.50 |
| 制造业 | 11987.81 | 12.93 | 572.37 | 22.10 |
| 电力、热力、燃气及水生产和供应业 | 3603.89 | 9.45 | 352.97 | -10.82 |
| 建筑业 | 35951.31 | 9.81 | 1071.04 | 15.74 |
| 批发和零售业 | 1758.75 | 17.15 | 33.34 | 26.82 |
| 交通运输、仓储和邮政业 | 1329.10 | 8.34 | 119.61 | 11.29 |
| 住宿和餐饮业 | 103.74 | 22.48 | 7.49 | 153.04 |
| 信息传输、软件和信息技术服务业 | 1288.78 | 2.92 | -25.69 | -112.67 |
| 金融业 | 36903.54 | 5.50 | 10990.84 | 5.07 |
| 房地产业 | 1567.29 | 13.89 | 163.66 | 7.53 |
| 租赁和商务服务业 | 813.66 | 19.89 | 40.29 | 0.72 |
| 科学研究和技术服务业 | 83.46 | 14.33 | 6.81 | 44.59 |
| 水利、环境和公共设施管理业 | 237.42 | 41.50 | 36.17 | 23.15 |
| 教育 | 11.73 | 1.56 | 2.35 | -4.47 |
| 卫生和社会工作 | 0.00 | — | 0.00 | — |
| 文化、体育和娱乐业 | 394.19 | 15.54 | 57.70 | -0.22 |
| 综合 | 20.12 | 24.97 | 1.49 | -6.88 |
| 合计 | 144265.02 | 13.20 | 14548.26 | 8.31 |

资料来源：沪深交易所，同花顺。

### （三）业绩变动情况分析

1. 营业收入、毛利率等变动原因分析

2017年，北京306家上市公司实现营业收入144265.02亿元，同比增长14.07%；营业利润19462.11亿元，同比增长8.52%；归属于母公司所有者的净利润14548.26亿元，同比增长9.32%；收入与净利润增速均较2016年有一定提升。平均毛利率为33.56%，较2016年增长0.96个百分点。

2. 盈利构成分析

2017年北京上市公司扣除非经常性损益后归属于母公司股东的净利润为14096.72亿元，同比增长12.45%，非经常性损益金额合计451.47亿元；营业利润占利润总额的比重为99.66%，是上市公司的主要利润来源；投资净收益合计3004.36亿元，在利润总额中占比15.38%，比重有所下降。

3. 经营性现金流量分析

2017年北京上市公司经营活动产生的现金流量净额为25959.58亿元，同比减少47.65%，企业资金状况较为紧张；198家上市公司经营活动产生的现金流量净额为正，较2016年有所减少。

4. 业绩特点分析

（1）总体业绩稳中有升。2017年北京上市公司营业收入、净利润与2016年相比呈“双升”态势；平均净资产收益率为10.45%，与2016年基本持平，扭转了连续下降趋势，总体盈利状况得到提升。

（2）亏损面有所扩大。2017年北京有21家上市公司亏损，另有20家上市公司扣除非经常性损益后的净利润为负，共计41家上市公司经营性亏损，比2016年增加10家，约占北京上市公司总数的13%。

（3）经济增速换挡回落，实体经济面临一定的结构调整压力，北京市处于加快“四个中心”功能建设、疏解非首都功能的关键时期。供给侧结构性改革深入推进，煤炭、钢铁等行业短期内业绩大幅提升；金融业上市公司利润贡献度较高，2017年实现归属于母公司股东的净利润在辖区占比75.55%。同时，市场资金面趋紧，部分公司面临一定的债务风险和股权质押风险。

（4）大盘股对北京上市公司业绩有重要影响。中国石油、中国石化、工商银行、农业银行、中国银行、建设银行6家公司营业收入在北京全部上市公司中占比46.75%，归属母公司股东的净利润占比66.51%。

5. 利润分配情况

表8　2017年北京上市公司现金分红情况

| 2017年分红公司家数 | | | 2017年分红金额 | | |
|---|---|---|---|---|---|
| 家数 | 变动率（%） | 分红公司家数占地区公司总数比重 | 金额（亿元） | 变动率（%） | 分红金额占归属于母公司所有者的净利润比重 |
| 260 | 6.56 | 84.97% | 5009.91 | 6.70 | 34.44% |

资料来源：北京证监局。

## 四、北京上市公司并购重组情况

### （一）并购重组基本情况

2017 年北京地区并购交易数量共计 813 项，较 2016 年增加 226 项；交易金额共计 4410.24 亿元，同比减少 29.49%。2017 年北京上市公司共发起重大资产重组交易 23 项①，交易总价值共计约 1436.31 亿元，同比增长 6.68%；其中，涉及主板公司 8 项、中小板公司 3 项、创业板公司 12 项。

### （二）并购重组特点

2017 年北京上市公司并购重组交易形式较为多样，其中，发行股份购买资产 12 项、协议收购 7 项，还包括吸收合并、资产置换等其他方式。上市公司并购重组目的仍以产业整合为主流，其中，横向整合 17 项、资产调整 3 项、整体上市 2 项、多元化战略 1 项。横向整合有助于企业提高市场占有率，增强抵抗风险的能力，对于经营压力较大的传统行业，有助于快速调整经营方向，寻求业务转型。

北京辖区上市公司行业分布广泛、类型齐全，整体规模处于国内领先地位，央企众多、总部集聚，集中了国民经济支柱产业和战略新兴产业的龙头企业，近年来上市公司并购重组呈现活跃势头。在深化供给侧结构性改革的背景下，北京辖区不乏规模巨大的央企战略性重组，例如，神华集团与国电集团合并、招商公路换股吸并华北高速等。同时，北京上市公司高科技发展潜力较高，新兴行业是并购重组的主力军，民营上市公司多为中小型规模并购，体现出其经营方式灵活、“船小好掉头”的特点。

## 五、北京上市公司募集资金情况、使用情况

### （一）募集资金总体情况

表 9　　2017 年北京上市公司募集资金情况

| 发行类型 | 代码 | 简称 | 募集资金（亿元） |
|---|---|---|---|
| 首发 | 002878.SZ | 元隆雅图 | 2.73 |
| | 002893.SZ | 华通热力 | 2.57 |
| | 300593.SZ | 新雷能 | 1.89 |
| | 300608.SZ | 思特奇 | 2.72 |
| | 300612.SZ | 宣亚国际 | 2.91 |
| | 300661.SZ | 圣邦股份 | 4.47 |
| | 300662.SZ | 科锐国际 | 2.95 |

① 以 2017 年披露重大重组预案为准。

续表

| 发行类型 | 代码 | 简称 | 募集资金（亿元） |
| --- | --- | --- | --- |
| 首发 | 300663. SZ | 科蓝软件 | 2.39 |
| | 300667. SZ | 必创科技 | 1.83 |
| | 300684. SZ | 中石科技 | 1.74 |
| | 300688. SZ | 创业黑马 | 1.83 |
| | 300719. SZ | 安达维尔 | 5.12 |
| | 601858. SH | 中国科传 | 8.93 |
| | 601881. SH | 中国银河 | 40.86 |
| | 601949. SH | 中国出版 | 12.17 |
| | 603127. SH | 昭衍新药 | 2.56 |
| | 603138. SH | 海量数据 | 2.05 |
| | 603533. SH | 掌阅科技 | 1.66 |
| | 603603. SH | 博天环境 | 2.70 |
| | 603803. SH | 瑞斯康达 | 7.79 |
| | 603825. SH | 华扬联众 | 5.87 |
| | 603860. SH | 中公高科 | 2.61 |
| | 603903. SH | 中持股份 | 2.53 |
| | 603970. SH | 中农立华 | 4.16 |
| | 小计 | | 127.04 |
| 再融资（增发、配股） | 000605. SZ | 渤海股份 | 8.96 |
| | 000882. SZ | 华联股份 | 17.23 |
| | 000931. SZ | 中关村 | 7.10 |
| | 002405. SZ | 四维图新 | 36.82 |
| | 002439. SZ | 启明星辰 | 5.56 |
| | 002599. SZ | 盛通股份 | 7.04 |
| | 002642. SZ | 荣之联 | 5.46 |
| | 002665. SZ | 首航节能 | 44.67 |
| | 002721. SZ | 金一文化 | 25.31 |
| | 002780. SZ | 三夫户外 | 2.60 |
| | 300003. SZ | 乐普医疗 | 7.19 |
| | 300011. SZ | 鼎汉技术 | 4.11 |
| | 300038. SZ | 梅泰诺 | 75.96 |
| | 300045. SZ | 华力创通 | 2.40 |

续表

| 发行类型 | 代码 | 简称 | 募集资金（亿元） |
|---|---|---|---|
| 再融资（增发、配股） | 300058. SZ | 蓝色光标 | 17. 50 |
| | 300075. SZ | 数字政通 | 5. 38 |
| | 300150. SZ | 世纪瑞尔 | 4. 09 |
| | 300200. SZ | 高盟新材 | 6. 86 |
| | 300213. SZ | 佳讯飞鸿 | 2. 33 |
| | 300271. SZ | 华宇软件 | 15. 02 |
| | 300282. SZ | 汇冠股份 | 10. 81 |
| | 300332. SZ | 天壕环境 | 10. 48 |
| | 300365. SZ | 恒华科技 | 7. 50 |
| | 300369. SZ | 绿盟科技 | 7. 89 |
| | 300384. SZ | 三联虹普 | 7. 53 |
| | 300418. SZ | 昆仑万维 | 6. 00 |
| | 300430. SZ | 诚益通 | 8. 12 |
| | 300444. SZ | 双杰电气 | 2. 89 |
| | 300449. SZ | 汉邦高科 | 4. 89 |
| | 300477. SZ | 合纵科技 | 9. 74 |
| | 600258. SH | 首旅酒店 | 38. 73 |
| | 600405. SH | 动力源 | 4. 77 |
| | 600511. SH | 国药股份 | 71. 75 |
| | 600578. SH | 京能电力 | 84. 92 |
| | 600764. SH | 中电广通 | 10. 65 |
| | 601111. SH | 中国国航 | 112. 18 |
| | 601169. SH | 北京银行 | 206. 41 |
| | 601618. SH | 中国中冶 | 62. 29 |
| | 601669. SH | 中国电建 | 120. 00 |
| | 601718. SH | 际华集团 | 43. 79 |
| | 601766. SH | 中国中车 | 120. 00 |
| | 601989. SH | 中国重工 | 39. 00 |
| | 603025. SH | 大豪科技 | 2. 14 |
| | 小计 | | 1294. 07 |

续表

| 发行类型 | 代码 | 简称 | 募集资金（亿元） |
| --- | --- | --- | --- |
| 其他融资（公司债券、可转换债券） | 001965. SZ | 招商公路 | 30. 00 |
| | 002271. SZ | 东方雨虹 | 18. 40 |
| | 002279. SZ | 久其软件 | 7. 80 |
| | 002373. SZ | 千方科技 | 1. 00 |
| | 002405. SZ | 四维图新 | 0. 50 |
| | 002658. SZ | 雪迪龙 | 5. 20 |
| | 002662. SZ | 京威股份 | 5. 00 |
| | 002707. SZ | 众信旅游 | 7. 00 |
| | 002721. SZ | 金一文化 | 10. 00 |
| | 300010. SZ | 立思辰 | 3. 20 |
| | 300071. SZ | 华谊嘉信 | 3. 30 |
| | 300139. SZ | 晓程科技 | 2. 00 |
| | 300251. SZ | 光线传媒 | 10. 00 |
| | 300370. SZ | 安控科技 | 2. 50 |
| | 300418. SZ | 昆仑万维 | 2. 40 |
| | 600008. SH | 首创股份 | 10. 00 |
| | 600011. SH | 华能国际 | 73. 00 |
| | 600372. SH | 中航电子 | 24. 00 |
| | 600405. SH | 动力源 | 1. 70 |
| | 600900. SH | 长江电力 | 25. 00 |
| | 601016. SH | 节能风电 | 3. 00 |
| | 601618. SH | 中国中冶 | 85. 70 |
| | 601818. SH | 光大银行 | 300. 00 |
| | 601857. SH | 中国石油 | 20. 00 |
| | 601898. SH | 中煤能源 | 10. 00 |
| | 601992. SH | 金隅股份 | 70. 00 |
| | 603603. SH | 博天环境 | 3. 00 |
| | 603979. SH | 金诚信 | 2. 00 |
| | 小计 | | 735. 70 |
| 总计 | | | 2156. 81 |

资料来源：北京证监局。

### （二）募集资金使用情况及特点

2017 年，资本市场建设坚持稳中求进总基调，“IPO 堰塞湖”现象有效缓解，再融资政策调整完善，交易所债券市场融资功能稳步发挥。北京上市公司运用多种资本市场工具累计直接融资 2156.81 亿元。其中，24 家 IPO 公司募集资金 127.04 亿元；43 家公司定向增发、配股融资 1294.07 亿元；28 家公司发行公司债券、可转换债券融资 735.70 亿元。首发、增发、配股、可转债募投项目共计 251 个，截至 2017 年年底已投入募集资金占计划投入募集资金总额的比例约为 74.88%。

### （三）募集资金变更情况

表 10　　2017 年北京上市公司募集资金使用项目变更情况

| 变更募集资金使用项目的公司家数 | 涉及金额（亿元） | 募集资金总额（亿元） | 占公司募集资金总额的比例（%） |
|---|---|---|---|
| 17 | 65.04 | 255.12 | 25.50 |

资料来源：北京证监局。

2017 年，北京有 17 家上市公司（三元股份、万东医疗、三一重工、汉邦高科、腾信股份、数字政通、碧水源、立思辰、东方园林、渤海股份、长久物流、中国核建、万邦达、大北农、用友网络、中科创达、航天长峰）变更募集资金投向，涉及金额约 65.04 亿元，变更金额约占相关公司募集资金总额的 25.5%。辖区多数上市公司能够按照原计划使用募集资金，变更募投项目的公司数量与 2016 年持平。

## 六、北京上市公司规范运作情况

### （一）上市公司治理专项情况

2017 年，北京证监局加强依法全面从严监管，召开辖区上市公司监管工作会以及央属、市属和银行业代表公司座谈会，通过“四大证券报”、北京证监局网站和北京上市公司协会等平台持续发声，多渠道传达监管要求。以点带面、股债结合，全面摸排风险，优化检查资源配置，纵深推进现场检查，针对公司治理制度执行不到位、内部控制体系建设不完善等问题，及时要求公司整改。着力加强现金分红监管，约谈长期未分红公司，倡导回报股东理念。开展“投资者保护·明规则、识风险”等活动，发布监管通报，要求上市公司畅通与投资者联系渠道，积极开展投资者教育。深度参与《上市公司治理准则》修订工作，进一步完善资本市场法制建设。

### （二）审计情况及监管情况

截至 2018 年 4 月 30 日，北京辖区全部上市公司已披露 2017 年年报。2017 年共有 30 家会计师事务所为北京上市公司提供年报审计服务。北京上市公司 2017 年年报审计意见类型中，1 家无法表示意见、3 家为保留意见、5 家为带强调事项段的无保留意见，其他为标准无保留意见；内部控制审计意见中，2 家为否定意见，5 家为带强调事项段的无保留意见。北京证监局召开辖区上市公司 2017 年年报审计监管工作会，与 11 家会计师事务所质控负责人、年审会计师座谈，建立沟通对接机制，着力提升上市公司财务信息披露质量和审计机构执业质量。

### （三）信息披露情况

北京证监局继续增强与交易所信息披露监管协作的广度与深度，综合运用约谈、培训、检查、协作等多种方式，全面提升年报审核质量与效率，实现高风险公司全覆盖，监管精确性不断增强。在年报审核前即完成检查对象抽取，以便在审核时充分关注，增强与现场检查的衔接力度。对交易所重点问询的公司跟踪审核，对疑点坚持追本溯源、一问到底，对信息披露违法违规行为严肃追责。开展上市公司智能监管系统课题研究，不断提高科学监管水平。

### （四）证券市场服务情况

2017 年，北京证监局秉持寓服务于监管的理念，推动资本市场服务首都经济发展。支持供给侧结构性改革和京津冀协同发展，调研“三去一降一补”、医药改革等政策对辖区上市公司的影响，了解公司需求和建议，支持公司合理利用资本市场转型发展。做好政策解读宣讲，为上市公司交流学习牵线搭桥，指导北京上市公司协会服务会员，组织 10 期上市公司董事监事培训，第一时间组织学习减持新规，联合上交所举办北京地区拟上市公司董秘资格培训。及时推广典型案例，防微杜渐，引导上市公司依法合规经营。有序规范拟上市公司辅导，汇总分析企业 IPO 现状及特点，向北京市政府提出政策建议，助力首都地区优质企业上市。

### （五）其他

北京证监局密切结合辖区实际情况，强化政策协同，突显首都特色，进一步增进与北京市金融局、中关村管委会等相关部门的沟通协调，加强与国资监管机构及中证金融研究院的合作，以联合座谈等方式，实现监管一线与主管部门的优势互补，以及研究机构与市场主体的有效对接。

审稿人：陆　倩、孙　林

撰稿人：王　璟

# 天津地区

## 一、天津国民经济发展概况

表 1　　2017 年天津国民经济发展概况　　单位：亿元

| 指标 | 1～3 月 | | 1～6 月 | | 1～9 月 | | 1～12 月 | |
|---|---|---|---|---|---|---|---|---|
| | 绝对量 | 同比增长（%） | 绝对量 | 同比增长（%） | 绝对量 | 同比增长（%） | 绝对量 | 同比增长（%） |
| 地区生产总值（GDP） | 4667.18 | 8.00 | 9386.87 | 6.90 | 13449.50 | 6.00 | 18595.38 | 3.60 |
| 全社会固定资产投资 | 2520.57 | 10.00 | 7329.89 | 3.60 | 10458.81 | -0.30 | 11274.69 | 0.50 |
| 社会消费品零售总额 | 1417.66 | 5.00 | 2851.03 | 5.50 | 4295.63 | 4.30 | 5729.67 | 1.70 |
| 规模以上工业增加值 | — | 7.50 | — | 5.60 | — | 3.20 | — | 2.30 |
| 规模以上工业企业实现利润 | 461.10 | 39.10 | 884.00 | 21.90 | 988.10 | 13.10 | 1096.00 | 22.40 |
| 居民消费价格指数（CPI） | 1～3 月 | | 1～6 月 | | 1～9 月 | | 1～12 月 | |
| | 1.80 | | 2.80 | | 1.50 | | 1.60 | |

资料来源：国家统计局。

## 二、天津上市公司总体情况

### （一）公司数量

表 2　　2017 年天津上市公司数量　　单位：家

| 公司总数 | 2017 年新增 | 股票类别 | | | 板块分布 | | | |
|---|---|---|---|---|---|---|---|---|
| | | 仅 A 股 | 仅 B 股 | （A+B）股 | 沪市主板 | 深市主板 | 中小板 | 创业板 |
| 49 | 4 | 48 | 0 | 1 | 25 | 7 | 9 | 8 |

资料来源：沪深交易所，同花顺。

## （二）行业分布

表 3　　2017 年天津上市公司行业分布情况

| 所属证监会行业类别 | 家数 | 占比（%） | 所属证监会行业类别 | 家数 | 占比（%） |
|---|---|---|---|---|---|
| 农、林、牧、渔业 | 0 | 0.00 | 金融业 | 0 | 0.00 |
| 采矿业 | 3 | 6.12 | 房地产业 | 6 | 12.24 |
| 制造业 | 26 | 53.06 | 租赁和商务服务业 | 0 | 0.00 |
| 电力、热力、燃气及水生产和供应业 | 2 | 4.08 | 科学研究和技术服务业 | 2 | 4.08 |
| 建筑业 | 1 | 2.04 | 水利、环境和公共设施管理业 | 0 | 0.00 |
| 批发和零售业 | 4 | 8.16 | 教育 | 0 | 0.00 |
| 交通运输、仓储和邮政业 | 3 | 6.12 | 卫生和社会工作 | 0 | 0.00 |
| 住宿和餐饮业 | 0 | 0.00 | 文化、体育和娱乐业 | 1 | 2.04 |
| 信息传输、软件和信息技术服务业 | 0 | 0.00 | 综合 | 1 | 2.04 |
| 合计 | 49 | 100 | | | |

资料来源：沪深交易所，同花顺。

## （三）股本结构及规模

表 4　　2017 年天津上市公司股本规模在 10 亿股以上公司分布情况

| 股本规模（亿股） | 公司家数 | 具体公司 |
|---|---|---|
| 100≤～<200 | 1 | 中远海控 |
| 20≤～<50 | 6 | 中环股份，红日药业，海油工程，海航科技，中储股份，中海油服 |
| 10≤～<20 | 12 | 广宇发展，泰达股份，鑫茂科技，津滨发展，一汽夏利，天保基建，天房发展，国机汽车，天药股份，天士力，天津港，创业环保 |

资料来源：沪深交易所，同花顺。

表 5　　2017 年天津上市公司分地区股权构成情况　　单位：家

| 股权性质 / 地域分布 | 央企国资控股 | 省属国资控股 | 地市国资控股 | 民营控股 | 其他 | 合计 |
|---|---|---|---|---|---|---|
| 天津市 | 10 | 18（市属） | 1（区属） | 18 | 2 | 49 |

资料来源：天津证监局。

### （四）市值规模

截至2017年12月31日，天津49家上市公司境内总市值5245.23亿元，占全国上市公司境内总市值的0.92%；其中，上交所上市公司25家，总股本347.08亿股，境内总市值3521.49亿元，占上交所上市公司境内总市值的1.06%；深交所上市公司24家，总股本194.95亿股，境内总市值1723.74亿元，占深交所上市公司境内总市值的0.73%。

### （五）资产规模

截至2017年12月31日，天津49家上市公司合计总资产7794.16亿元，归属于母公司股东权益2374.37亿元，与2016年相比，分别增长16.04%、11.41%；平均每股净资产4.02元。

## 三、天津上市公司经营情况及变动分析

### （一）总体经营情况

表6　　2017年天津上市公司经营情况

| 指标 | 2017年 | 2016年 | 变动率（%） |
|---|---|---|---|
| 家数 | 49 | 45 | 8.89 |
| 亏损家数 | 6 | 7 | -14.29 |
| 亏损家数比例（%） | 12.24 | 15.56 | -3.32 |
| 平均每股收益（元） | 0.24 | 0.21 | 14.29 |
| 平均每股净资产（元） | 4.02 | 3.78 | 6.35 |
| 平均净资产收益率（%） | 6.05 | -5.49 | 11.54 |
| 总资产（亿元） | 7794.16 | 6716.73 | 16.04 |
| 归属于母公司股东权益（亿元） | 2374.37 | 2131.22 | 11.41 |
| 营业收入（亿元） | 6501.83 | 3057.58 | 112.65 |
| 利润总额（亿元） | 224.64 | -66.48 | 437.91 |
| 归属于母公司所有者的净利润（亿元） | 143.6 | -117.06 | 222.67 |

资料来源：沪深交易所，同花顺。

### （二）分行业经营情况

表7　　2017年天津上市公司分行业经营情况

| 所属行类 | 营业收入（亿元） | 可比样本变动率（%） | 归属于母公司所有者的净利润（亿元） | 可比样本变动率（%） |
|---|---|---|---|---|
| 农、林、牧、渔业 | 0.00 | — | 0.00 | — |
| 采矿业 | 281.78 | -5.53 | 6.34 | 106.40 |
| 制造业 | 655.14 | 16.75 | 31.08 | -35.20 |
| 电力、热力、燃气及水生产和供应业 | 31.55 | 23.10 | 5.18 | 15.88 |
| 建筑业 | 6.96 | 1.61 | 1.78 | 3.49 |

续表

| 所属行类 | 营业收入（亿元） | 可比样本变动率（%） | 归属于母公司所有者的净利润（亿元） | 可比样本变动率（%） |
|---|---|---|---|---|
| 批发和零售业 | 3849.30 | 269.17 | 17.98 | 63.01 |
| 交通运输、仓储和邮政业 | 1303.18 | 29.60 | 48.24 | 161.87 |
| 住宿和餐饮业 | 0.00 | — | 0.00 | — |
| 信息传输、软件和信息技术服务业 | 0.00 | — | 0.00 | — |
| 金融业 | 0.00 | — | 0.00 | — |
| 房地产业 | 333.82 | 81.07 | 29.39 | 1926.90 |
| 租赁和商务服务业 | 0.00 | — | 0.00 | — |
| 科学研究和技术服务业 | 25.55 | 9.42 | 1.15 | -31.55 |
| 水利、环境和公共设施管理业 | 0.00 | — | 0.00 | — |
| 教育 | 0.00 | — | 0.00 | — |
| 卫生和社会工作 | 0.00 | — | 0.00 | — |
| 文化、体育和娱乐业 | 9.44 | 10.67 | 2.32 | 52.63 |
| 综合 | 5.12 | -26.96 | 0.14 | 117.07 |
| 合计 | 6501.83 | 105.53 | 143.60 | 232.93 |

资料来源：沪深交易所，同花顺。

### （三）业绩变动情况分析

1. 营业收入、毛利率等变动原因分析

2017年，辖区上市公司实现营业收入6501.83亿元，比2016年增加3444.25亿元，增长112.65%，主要原因是海航科技2016年年底完成对美国英迈公司的收购、广宇发展完成发行股份购买资产，两家公司营业收入分别大幅增长2779亿元、177亿元。2017年，辖区公司总体销售毛利率、销售净利率、净资产收益率分别为10.99%、2.76%、6.05%。与2016年相比，销售毛利率基本持平，销售净利率及净资产收益率由负转正，主要原因是中海油服、中远海控2家大型央企在2017年扭转了2016年大幅亏损的局面，实现了盈利，另外，海航科技、广宇发展完成外延式并购，合并净利润大幅增长。

2. 盈利构成分析

2017年，天津辖区共6家上市公司亏损，比2016年减少1家。6家亏损公司合计归属于母公司股东的净利润-20.70亿元。其他43家盈利公司合计归属于母公司股东的净利润164.30亿元。从盈利构成来看，43家公司利润的主要来源是营业利润，为109.29亿元，占利润总额的95.88%。

3. 经营性现金流量分析

2017年，天津辖区上市公司经营活动现金流量净额为185.60亿元，较2016年增加63.1亿元，同比增长51.51%。大幅增长的主要原因是中远海控、中海油服、广宇发展、中储股份4家央企经营活动现金流量净额大幅增长，其中，广宇发展由上年的-66亿元增长为2017年的80

亿元。49家公司中，有18家公司经营活动净现金流量净额为负，较2016年增加2家。

4. 业绩特点分析

一是资产规模持续增长，经营业绩整体向好。2017年年末，辖区上市公司总资产、归属母公司股东的净资产较2016年年末分别增加16.04%、10%，资产规模持续增长。全年实现营业收入6501.83亿元，增长率创近年新高。归属母公司股东的净利润143.6亿元，扭转了2016年整体亏损的局面。34家公司的盈利较2016年有所增长，其中，11家公司盈利增长率超过100%。盈利超过亿元的公司共31家，超过5亿元的共9家，中远海控、广宇发展、天士力、中储股份4家公司盈利超过10亿元。

二是国有公司业绩增长，民营公司增收不增利。辖区19家市属国有上市公司营业收入、净利润分别增长19%、51%，远高于2016年的增长水平，盈利能力较以前年度显著提高。其中，百利电气、天房发展、滨海能源等公司扣非后净利润增幅在100%以上。18家民营公司收入总额仅占辖区的5.85%，但净利润占比22%，扣非后净利润占比达35%，反映出民营经济突出的盈利能力。但从发展速度来看，民营公司近年来的业绩增速呈放缓态势，2017年营收增长7.07%、净利润减少9.76%，延续2016年增收不增利的情况。

5. 利润分配情况

表8　　2017年天津上市公司现金分红情况

| 2017年分红公司家数 | | | 2017年分红金额 | | |
|---|---|---|---|---|---|
| 家数 | 变动率（%） | 分红公司家数占地区公司总数比重 | 金额（亿元） | 变动率（%） | 分红金额占归属于母公司所有者的净利润比重 |
| 35 | 20.69 | 71.43% | 30.76 | -1.89 | 21.42% |

资料来源：天津证监局。

## 四、天津上市公司并购重组情况

### （一）并购重组基本情况

2017年，天津辖区上市公司中有广宇发展、经纬电材、天药股份、天津松江、津膜科技5家公司完成并购重组，涉及金额130.11亿元。

### （二）并购重组特点

2017年，天津辖区上市公司并购重组以发行股份购买股权为主。其中，广宇发展发行股份，以91.11亿元购买重庆鲁能、宜宾鲁能等5家公司的股权，交易金额最大；经纬电材、天药股份、津膜科技均是通过发行股份并支付现金，分别以12.41亿元购买新辉开（深圳）100%股权、11.59亿元购买金耀药业62%股权、4.2亿元购买金桥水科100%股权。另外，天津松江通过现金方式以10.8亿元购买卓朗科技80%股权。

## 五、天津上市公司募集资金情况、使用情况

### （一）募集资金总体情况

表 9　　2017 年天津上市公司募集资金情况

<table>
<tr><th>发行类型</th><th>代码</th><th>简称</th><th>募集资金（亿元）</th></tr>
<tr><td rowspan="5">首发</td><td>603106</td><td>恒银金融</td><td>7.53</td></tr>
<tr><td>603096</td><td>新经典</td><td>7.19</td></tr>
<tr><td>002887</td><td>绿茵生态</td><td>8.4</td></tr>
<tr><td>300596</td><td>利安隆</td><td>3.39</td></tr>
<tr><td colspan="2">小计</td><td>26.51</td></tr>
<tr><td rowspan="6">再融资（增发、配股）</td><td>300195</td><td>长荣股份</td><td>14.91</td></tr>
<tr><td>300120</td><td>经纬电材</td><td>5.32</td></tr>
<tr><td>600488</td><td>天药股份</td><td>4.6</td></tr>
<tr><td>300375</td><td>鹏翎股份</td><td>2.48</td></tr>
<tr><td>300334</td><td>津膜科技</td><td>1.09</td></tr>
<tr><td colspan="2">小计</td><td>28.4</td></tr>
<tr><td rowspan="6">其他融资（公司债券、短期融资券、中期票据、次级债、金融债、境外发行债券）</td><td rowspan="3">002129</td><td rowspan="3">中环股份</td><td>8.8（公司债）</td></tr>
<tr><td>7（短期融资券）</td></tr>
<tr><td>7.7（中期票据）</td></tr>
<tr><td rowspan="2">600335</td><td rowspan="2">国机汽车</td><td>8（超短期融资券）</td></tr>
<tr><td>10（短期融资券）</td></tr>
<tr><td colspan="2">小计</td><td>41.5</td></tr>
<tr><td colspan="3">总计</td><td>96.41</td></tr>
</table>

资料来源：天津证监局。

### （二）募集资金使用情况及特点

2017 年，辖区上市公司通过首发、非公开发行、公司债券共募集资金 63.71 亿元，短期融资券、中期票据分别融资 25 亿元、7.7 亿元，融资方式多元化：一是新增上市公司 4 家，首发融资达 26.51 亿元。二是再融资均为非公开发行，其中，长荣股份、鹏翎股份均为非公开发行募集资金，主要用于项目建设；经纬电材、天药股份、津膜科技均为在发行股份购买资产中募集配套资金，用于支付现金对价及交易费用等。三是公司债券融资仅 8.8 亿元，较 2016 年大幅减少。

### （三）募集资金变更情况

表 10　　2017 年天津上市公司募集资金使用项目变更情况

| 变更募集资金使用项目的公司家数 | 涉及金额（亿元） | 募集资金总额（亿元） | 占公司募集资金总额的比例（%） |
|---|---|---|---|
| 6 | 24.83 | 115.56 | 21.48 |

资料来源：天津证监局。

其中，力生制药、长荣股份调整首发募集资金的使用项目，力生制药处置了募集资金部分投资项目原实施主体的股权，长荣股份将部分超募资金用于永久补充流动资金。中环股份、国机汽车、九安医疗将 2014～2016 年期间非公开发行募集资金的部分原投资项目，变更为新的项目或用于偿还银行借款。

## 六、天津上市公司规范运作情况

### （一）上市公司治理专项情况

2017 年度，天津辖区上市公司治理结构逐步完善，规范运作水平持续提高。各公司积极开展投资者关系管理工作，完善投资者保护机制，50 家公司（2018 年初新增 1 家）参与了“年报业绩网上集体说明会”，有效拉近了与投资者之间的距离；35 家公司实施了现金分红，分红公司家数占辖区上市公司总数的 71.43%。另外，辖区有 46 家公司在披露 2017 年年报的同时，披露了内部控制自我评价报告，内部控制经审计的公司共 40 家，全部为标准无保留意见。此外，共有 20 家上市公司披露了 2017 年度社会责任报告。

### （二）审计情况及监管情况

在天津辖区上市公司 2017 年年报审计中，3 家公司被出具带强调事项段的无保留意见审计报告，46 家公司为标准无保留意见。2017 年，天津证监局强化和完善事前督导、事中跟踪和事后检查的全过程监管，贯彻依法全面从严监管。对上市公司年报审计机构，一方面开展“双随机”抽查，另一方面以风险问题为导向加大重点审计项目的检查力度，并在对上市公司的现场检查中，延伸检查年审机构执业质量，针对发现的问题，对个别会计师事务所及签字会计师采取了行政监管措施，向部分会计师事务所印发了监管关注函，督促其进一步提高执业质量。

### （三）信息披露情况

2017 年，天津辖区上市公司合规意识不断增强，信息披露质量持续提高。49 家公司均在规定时间内披露了 2017 年年报。但也有个别公司仍然存在信息披露违规情况，有的公司未按规定披露股东减持情况，有的公司重大事项未按规定履行股东大会审议程序，公司及有关责任人员分别被采取行政监管措施；有的公司年报或其他临时公告存在信息披露瑕疵，被出具监管关注函。

(四) 证券市场服务情况

一是广泛调研积极建言献策。2017年，天津证监局深入各区及市有关部门、辖区上市公司等走访调研，累计调研近30家次，聚焦具体问题，提出工作建议。向天津市两个区派出挂职干部，负责协助推动企业上市挂牌、规范运作。编发《天津上市、挂牌、融资情况周报》，动态汇总辖区上市挂牌及直接融资情况，定期报送市领导及市有关部门。

二是加大宣传和培训力度。2017年，天津证监局联合上海证券交易所在天津举办津冀晋三地沪市上市公司债券发行人业务培训，面向辖区上市公司、拟上市公司举办2017年宏观经济形势报告会、经济形势及资本市场研讨会、上市公司监事会主席培训、法律培训、财务总监培训、证券事务代表培训等各类培训班，引导辖区企业不断提升利用资本市场的能力。

审稿人：毛寒松、王修祥、李　艳

撰稿人：田德水

# 河北地区

## 一、河北国民经济发展概况

表 1　　2017 年河北国民经济发展概况　　单位：亿元

| 指标 | 1~3月 | | 1~6月 | | 1~9月 | | 1~12月 | |
|---|---|---|---|---|---|---|---|---|
| | 绝对量 | 同比增长（%） | 绝对量 | 同比增长（%） | 绝对量 | 同比增长（%） | 绝对量 | 同比增长（%） |
| 地区生产总值（GDP） | 7512.43 | 6.50 | 16404.87 | 6.80 | 25603.47 | 6.70 | 35964.00 | 6.70 |
| 全社会固定资产投资 | 4189.91 | 8.40 | 14722.77 | 6.80 | 24787.93 | 5.10 | 33012.23 | 5.30 |
| 社会消费品零售总额 | 3508.30 | 9.70 | 7065.90 | 10.60 | 10938.70 | 10.80 | 15907.60 | 10.70 |
| 规模以上工业增加值 | — | 4.50 | — | 5.00 | — | 3.70 | — | 3.40 |
| 规模以上工业企业实现利润 | 617.90 | 32.90 | 1332.40 | 14.40 | 2244.50 | 21.00 | 3118.70 | 21.00 |
| 居民消费价格指数（CPI） | 1~3月 | | 1~6月 | | 1~9月 | | 1~12月 | |
| | 0.70 | | 1.80 | | 1.90 | | 2.10 | |

资料来源：国家统计局，河北省统计局。

## 二、河北上市公司总体情况

### （一）公司数量

表 2　　2017 年河北上市公司数量　　单位：家

| 公司总数 | 2017 年新增 | 股票类别 | | | 板块分布 | | | |
|---|---|---|---|---|---|---|---|---|
| | | 仅 A 股 | 仅 B 股 | （A+B）股 | 沪市主板 | 深市主板 | 中小板 | 创业板 |
| 56 | 4 | 54 | 1 | 1 | 22 | 14 | 10 | 10 |

资料来源：沪深交易所，Wind 资讯。

## （二）行业分布

表 3　　2017 年河北上市公司行业分布情况

| 所属证监会行业类别 | 家数 | 占比（%） | 所属证监会行业类别 | 家数 | 占比（%） |
|---|---|---|---|---|---|
| 农、林、牧、渔业 | 1 | 1.79 | 金融业 | 1 | 1.79 |
| 采矿业 | 2 | 3.57 | 房地产业 | 3 | 5.36 |
| 制造业 | 41 | 73.21 | 租赁和商务服务业 | 0 | 0.00 |
| 电力、热力、燃气及水生产和供应业 | 2 | 3.57 | 科学研究和技术服务业 | 0 | 0.00 |
| 建筑业 | 0 | 0.00 | 水利、环境和公共设施管理业 | 0 | 0.00 |
| 批发和零售业 | 2 | 3.57 | 教育 | 0 | 0.00 |
| 交通运输、仓储和邮政业 | 2 | 3.57 | 卫生和社会工作 | 0 | 0.00 |
| 住宿和餐饮业 | 0 | 0.00 | 文化、体育和娱乐业 | 0 | 0.00 |
| 信息传输、软件和信息技术服务业 | 1 | 1.79 | 综合 | 1 | 1.79 |
| 合计 | 56 | 100 | | | |

资料来源：沪深交易所，Wind 资讯。

## （三）股本结构及规模

表 4　　2017 年河北上市公司股本规模在 10 亿股以上公司分布情况

| 股本规模（亿股） | 公司家数 | 具体公司 |
|---|---|---|
| 100≤～<200 | 1 | 河钢股份 |
| 50≤～<100 | 3 | 东旭光电，庞大集团，长城汽车 |
| 20≤～<50 | 7 | 新兴铸管，冀中能源，荣盛发展，华夏幸福，秦港股份，三友化工，唐山港 |
| 10≤～<20 | 11 | 常山北明，冀东水泥，建投能源，东方能源，沧州明珠，以岭药业，宝硕股份，中国动力，保变电气，华北制药，开滦股份 |

资料来源：沪深交易所，Wind 资讯。股本数据为境内总股本，不含境外股本。

表 5　　2017 年河北上市公司分地区股权构成情况　　单位：家

| 股权性质 / 地域分布 | 央企国资控股 | 省属国资控股 | 地市国资控股 | 民营控股 | 其他 | 合计 |
|---|---|---|---|---|---|---|
| 石家庄市 | 1 | 3 | 1 | 11 | 0 | 16 |
| 唐山市 | 1 | 2 | 3 | 4 | 0 | 10 |

续表

| 地域分布＼股权性质 | 央企国资控股 | 省属国资控股 | 地市国资控股 | 民营控股 | 其他 | 合计 |
|---|---|---|---|---|---|---|
| 秦皇岛市 | 0 | 1 | 0 | 1 | 1 | 3 |
| 邯郸市 | 1 | 0 | 0 | 1 | 0 | 2 |
| 邢台市 | 0 | 1 | 0 | 1 | 0 | 2 |
| 保定市 | 5 | 0 | 0 | 5 | 0 | 10 |
| 张家口市 | 0 | 1 | 0 | 0 | 0 | 1 |
| 承德市 | 0 | 0 | 0 | 2 | 0 | 2 |
| 沧州市 | 1 | 1 | 0 | 3 | 0 | 5 |
| 廊坊市 | 0 | 0 | 1 | 3 | 0 | 4 |
| 衡水市 | 0 | 0 | 1 | 0 | 0 | 1 |
| 合计 | 9 | 9 | 6 | 31 | 1 | 56 |

资料来源：河北证监局。

### （四）市值规模

截至 2017 年 12 月 31 日，河北 56 家上市公司境内总市值 8308.29 亿元，占全国上市公司境内总市值的 1.46%；其中，上交所上市公司 22 家，总股本 402.84 亿股，境内总市值 4231.01 亿元，占上交所上市公司境内总市值的 1.27%；深交所上市公司 34 家，总股本 474.58 亿股，境内总市值 4077.28 亿元，占深交所上市公司境内总市值的 1.73%。

### （五）资产规模

截至 2017 年 12 月 31 日，河北 56 家上市公司合计总资产 15178.56 亿元，归属于母公司股东权益 4376.18 亿元，与 2016 年相比，分别增长 23.78%、18.95%；平均每股净资产 4.76 元。

## 三、河北上市公司经营情况及变动分析

### （一）总体经营情况

表 6　　2017 年河北上市公司经营情况

| 指标 | 2017 年 | 2016 年 | 变动率（%） |
|---|---|---|---|
| 家数 | 56 | 52 | 7.69 |
| 亏损家数 | 3 | 4 | -25.00 |
| 亏损家数比例（%） | 5.36 | 7.69 | -2.33 |
| 平均每股收益（元） | 0.42 | 0.45 | -6.67 |
| 平均每股净资产（元） | 4.76 | 4.68 | 1.71 |
| 平均净资产收益率（%） | 8.89 | 9.60 | -0.71 |

续表

| 指标 | 2017 年 | 2016 年 | 变动率（%） |
|---|---|---|---|
| 总资产（亿元） | 15178.56 | 12262.75 | 23.78 |
| 归属于母公司股东权益（亿元） | 4376.18 | 3678.98 | 18.95 |
| 营业总收入（亿元） | 6635.91 | 5500.64 | 20.64 |
| 利润总额（亿元） | 546.89 | 462.92 | 18.14 |
| 归属于母公司所有者的净利润（亿元） | 388.88 | 353.04 | 10.15 |

资料来源：沪深交易所，Wind 资讯。

## （二）分行业经营情况

表 7　2017 年河北上市公司分行业经营情况

| 所属行类 | 营业收入（亿元） | 可比样本变动率（%） | 归属于母公司所有者的净利润（亿元） | 可比样本变动率（%） |
|---|---|---|---|---|
| 农、林、牧、渔业 | 13.61 | -0.73 | 1.57 | -15.14 |
| 采矿业 | 257.83 | 47.19 | 13.05 | 169.96 |
| 制造业 | 4349.75 | 17.75 | 194.99 | -7.74 |
| 电力、热力、燃气及水生产和供应业 | 130.62 | 9.25 | 2.36 | -86.41 |
| 建筑业 | 0.00 | — | 0.00 | — |
| 批发和零售业 | 709.16 | 6.77 | 3.06 | -23.12 |
| 交通运输、仓储和邮政业 | 146.45 | 28.03 | 24.26 | 44.49 |
| 住宿和餐饮业 | 0.00 | — | 0.00 | — |
| 信息传输、软件和信息技术服务业 | 21.07 | 16.09 | 2.29 | 4.09 |
| 金融业 | 21.01 | 88.43 | 1.31 | 192.25 |
| 房地产业 | 985.90 | 16.25 | 145.46 | 36.66 |
| 租赁和商务服务业 | 0.00 | — | 0.00 | — |
| 科学研究和技术服务业 | 0.00 | — | 0.00 | — |
| 水利、环境和公共设施管理业 | 0.00 | — | 0.00 | — |
| 教育 | 0.00 | — | 0.00 | — |
| 卫生和社会工作 | 0.00 | — | 0.00 | — |
| 文化、体育和娱乐业 | 0.00 | — | 0.00 | — |
| 综合 | 0.51 | 200.00 | 0.20 | 180.00 |
| 合计 | 6635.91 | 17.27 | 388.88 | 7.05 |

资料来源：沪深交易所，同花顺。

### （三）业绩变动情况分析

1. 营业收入、毛利率等变动原因分析

2017 年度，辖区上市公司累计实现营业收入 6635.91 亿元，占全国上市公司营业总收入的 1.70%，较 2016 年度增加 1135.27 亿元，增长 20.64%。其中，实现收入增长的 47 家，收入下降的 9 家；平均每家上市公司营业收入 118.50 亿元，较 2016 年度的 105.78 亿元增加 12.72 亿元；营业收入最大的为河钢股份 1089.83 亿元，最小的为 ST 坊展 0.51 亿元。

2. 盈利构成分析

2017 年度，河北上市公司累计实现净利润 408.70 亿元，占全国上市公司净利润的 1.14%，较 2016 年度增加 39.79 亿元，增长 10.79%，净利润涨幅低于营业收入涨幅的主要原因为，2016 年辖区部分公司使用前期未确认递延所得税资产的可抵扣亏损减少了所得税费用，而 2017 年可抵扣亏损使用较少或 2016 年已使用完，使得 2017 年所得税费用较 2016 年涨幅大于利润总额涨幅，进而导致了净利润涨幅低于收入涨幅。

3. 经营性现金流量分析

2017 年度，河北上市公司经营活动产生的现金流量净额为 242.56 亿元，较 2016 年度的 296.88 亿元下降 54.32 亿元，下降 18.30%，经营活动产生的现金流量净额为正的 42 家，为负的 14 家。经营活动产生的现金流量净额最大的为河钢股份 164.07 亿元，最小的为华夏幸福 -162.28 亿元。

4. 业绩特点分析

2017 年，河北上市公司利润主要来自汽车制造、房地产、钢铁及化工等行业，上市公司净利润较 2016 年有较大提升，主营业务发展势头良好。归属于母公司股东净利润前五位分别是华夏幸福、荣盛发展、长城汽车、河钢股份和三友化工，金额合计 232.75 亿元，占全省上市公司归属于母公司股东净利润的 6 成。

5. 利润分配情况

表 8　　2017 年河北上市公司现金分红情况

| 2017 年分红公司家数 | | | 2017 年分红金额 | | |
|---|---|---|---|---|---|
| 家数 | 变动率（%） | 分红公司家数占地区公司总数比重 | 金额（亿元） | 变动率（%） | 分红金额占归属于母公司所有者的净利润比重 |
| 40 | 0 | 71.43% | 128.63 | 8.29 | 33.08% |

资料来源：河北证监局，Wind 资讯。

## 四、河北上市公司并购重组情况

### （一）并购重组基本情况

2017 年，受 IPO 提速、重大资产重组管理办法修订等综合因素的影响，河北省上市公司并购重组有一定回落。全年实施并完成并购重组 2 家（博深工具、河北宣工），较 2016 年减少 5 家，并购重组涉及标的资产金额共 42.98 亿元，较 2016 年减少 89.21%。

### （二）并购重组特点

2017年，河北省上市公司并购重组的实施，主要围绕结构调整、转型升级进行。一是围绕主业进行产业领域延伸发展，如博深工具收购金牛研磨100%股权；二是通过并购重组实现业务转型，注入优质资产，解决原主业发展受限问题，如河北宣工购买四联香港100%股权。

## 五、河北上市公司募集资金情况、使用情况

### （一）募集资金总体情况

表9　　2017年河北上市公司募集资金情况

| 发行类型 | 代码 | 简称 | 募集资金（亿元） |
|---|---|---|---|
| 首发 | 603385 | 惠达卫浴 | 9.43 |
| | 601326 | 秦港股份 | 13.06 |
| | 603050 | 科林电气 | 3.43 |
| | 603938 | 三孚股份 | 3.62 |
| | 小计 | | 29.54 |
| 再融资（增发、配股） | 000413 | 东旭光电 | 75.65 |
| | 002282 | 博深工具 | 9.17 |
| | 000923 | 河北宣工 | 56.98 |
| | 600409 | 三友化工 | 14.25 |
| | 300081 | 恒信东方 | 10.92 |
| | 000778 | 新兴铸管 | 17.90 |
| | 002603 | 以岭药业 | 13.06 |
| | 600997 | 开滦股份 | 19.00 |
| | 300107 | 建新股份 | 0.03 |
| | 600480 | 凌云股份 | 0.43 |
| | 000687 | 华讯方舟 | 0.71 |
| | 300368 | 汇金股份 | 0.59 |
| | 小计 | | 218.69 |
| 其他融资（公司债券、短期融资券、中期票据、次级债、金融债、境外发行债券） | 600812 | 华北制药 | 20.00 |
| | 600340 | 华夏幸福 | 79.00 |
| | 000937 | 冀中能源 | 20.00 |
| | 601258 | 庞大集团 | 18.00 |
| | 002146 | 荣盛发展 | 52.00 |
| | 000401 | 冀东水泥 | 15.00 |
| | 600409 | 三友化工 | 10.00 |
| | 小计 | | 214 |
| 总计 | | | 462.23 |

资料来源：河北证监局，Wind资讯。其中，汇金股份、华讯方舟、凌云股份、建新股份及恒信东方增发1.02亿元，均为股票激励增发。

### （二）募集资金使用情况及特点

2017年，河北省上市公司首发和增发募集资金使用方面基本能够按照《上市公司监管指引第2号——上市公司募集资金管理和使用的监管要求》的规定使用，整体上不存在违规变更募集资金或者重大违规情况，但存在使用情况整体低于预定进度、闲置募集资金购买理财产品无保本承诺和募集资金账户使用不规范等问题。

### （三）募集资金变更情况

2017年，河北省上市公司中有4家（常山股份、恒信移动、乐凯胶片和华夏幸福）变更募集资金使用项目，常山股份变更的募集资金为2015年并购重组配套融资，涉及金额为1.79亿元；恒信移动变更的募集资金为2016年并购重组配套融资，涉及金额为1亿元；华夏幸福变更的募集资金为2015年非公开发行股票融资，涉及金额为39.92亿元。具体如表10所示。

表10　2017年河北上市公司募集资金使用项目变更情况

| 变更募集资金使用项目的公司家数 | 涉及金额（亿元） | 募集资金总额（亿元） | 占公司募集资金总额的比例（%） |
|---|---|---|---|
| 4 | 44.71 | 91.39 | 48.92 |

资料来源：河北证监局。

## 六、河北上市公司规范运作情况

### （一）上市公司治理专项情况

2017年，河北省上市公司公司整体治理水平稳步提升，但也存在部分上市公司三会决策程序不规范，实际控制人和上市公司之间人员任职不规范，个别公司章程、内部制度不符合交易所规定。

### （二）审计情况及监管情况

河北省56家上市公司均按时披露了2017年年报和年报审计报告，均为标准无保留意见类型，年报审计工作整体推进有序。在2017年年报审计监管工作中，河北证监局事前调阅审计计划，约谈多家重点监管上市公司的会计师，提示风险，督促严格审计程序。年报披露后，河北证监局对56家上市公司的年报进行了审阅，就发现的问题通过监管谈话或下发年报问询函的形式进行深入了解，向1家公司下发年报问询函，对3家公司进行现场检查。

### （三）信息披露情况

2017年，河北省上市公司信息披露整体良好，但仍有4家公司未及时披露重大事件，涉及业绩预告、大额政府补助、大股东股权轮候冻结、对外财务资助和减持计划5项内容，河北证监局已对3家公司采取了行政监管措施，对1家公司稽查立案。

**（四）证券市场服务情况**

一是健全多层次资本市场体系。不断加强市场培育，积极支持符合条件的辖区企业首发上市。截至2017年12月末，河北省上市公司家数比2016年增加4家，增长率7.69%，全国占比为1.65%，居第14位。

二是扩大直接融资规模。坚持把为实体经济服务作为资本市场改革发展的出发点和落脚点，支持辖区资本市场发展，扩大直接融资。2017年，辖区上市公司通过资本市场实现直接融资296.23亿元，其中，4家公司首发筹资29.54亿元，11家公司定向增发筹资140.40亿元（含股权激励），3家公司发行公司债券筹资30亿元，1家资产证券化融资18亿元。

三是探索金融精准扶贫新方式。在上市公司的支持下，组织引导合作社资本金投资实业，通过股份投资收益实现贫困人口收入增长的持续性、稳定性。先后在张家口和保定举办“全省资本市场服务脱贫攻坚工作培训对接会”，不断发挥资本市场促进普惠金融体系发展和扶贫工作的作用。支持张、承、保等深度贫困县利用证监会绿色通道支持政策，带动当地经济发展。

四是全力支持雄安新区规划建设。选派专人参加雄安新区金融工作组。组织召开辖区上市公司座谈会，围绕资本市场服务于雄安新区建设大局深入研讨。支持市场主体参与新区建设，履行社会责任。积极向省有关部门建言献策，多次向证监会请示报告，争取政策支持。

审稿人：武首纲

撰稿人：王　亮

# 山西地区

## 一、山西国民经济发展概况

表 1　　2017 年山西国民经济发展概况　　单位：亿元

| 指标 | 1~3 月 | | 1~6 月 | | 1~9 月 | | 1~12 月 | |
|---|---|---|---|---|---|---|---|---|
| | 绝对量 | 同比增长（%） | 绝对量 | 同比增长（%） | 绝对量 | 同比增长（%） | 绝对量 | 同比增长（%） |
| 地区生产总值（GDP） | 2809.42 | 6.10 | 6577.91 | 6.90 | 10460.38 | 7.20 | 14973.51 | 7.00 |
| 全社会固定资产投资 | 694.72 | 4.10 | 3249.63 | 5.10 | 4669.77 | 5.30 | 5722.16 | 6.30 |
| 社会消费品零售总额 | 1572.30 | 5.80 | 3226.60 | 6.60 | 4976.00 | 6.80 | 6918.10 | 6.80 |
| 规模以上工业增加值 | — | 5.80 | — | 8.10 | — | 7.70 | — | 7.00 |
| 规模以上工业企业实现利润 | 190.30 | — | 416.60 | — | 704.20 | 54069.20 | 1024.50 | 350.30 |
| 居民消费价格指数（CPI） | 1~3 月 | | 1~6 月 | | 1~9 月 | | 1~12 月 | |
| | 0.50 | | 0.90 | | 1.10 | | 1.50 | |

资料来源：国家统计局，山西统计局。

## 二、山西上市公司总体情况

### （一）公司数量

表 2　　2017 年山西上市公司数量　　单位：家

| 公司总数 | 2017 年新增 | 股票类别 | | | 板块分布 | | | |
|---|---|---|---|---|---|---|---|---|
| | | 仅 A 股 | 仅 B 股 | （A+B）股 | 沪市主板 | 深市主板 | 中小板 | 创业板 |
| 38 | 0 | 37 | 0 | 1 | 20 | 11 | 4 | 3 |

资料来源：沪深交易所，同花顺。

## （二）行业分布

表 3　　2017 年山西上市公司行业分布情况

| 所属证监会行业类别 | 家数 | 占比（%） | 所属证监会行业类别 | 家数 | 占比（%） |
|---|---|---|---|---|---|
| 农、林、牧、渔业 | 0 | 0.00 | 金融业 | 1 | 2.63 |
| 采矿业 | 7 | 18.42 | 房地产业 | 0 | 0.00 |
| 制造业 | 23 | 60.53 | 租赁和商务服务业 | 0 | 0.00 |
| 电力、热力、燃气及水生产和供应业 | 3 | 7.89 | 科学研究和技术服务业 | 0 | 0.00 |
| 建筑业 | 0 | 0.00 | 水利、环境和公共设施管理业 | 0 | 0.00 |
| 批发和零售业 | 2 | 5.26 | 教育 | 0 | 0.00 |
| 交通运输、仓储和邮政业 | 1 | 2.63 | 卫生和社会工作 | 0 | 0.00 |
| 住宿和餐饮业 | 0 | 0.00 | 文化、体育和娱乐业 | 1 | 2.63 |
| 信息传输、软件和信息技术服务业 | 0 | 0.00 | 综合 | 0 | 0.00 |
| 合计 | 38 | 100 | | | |

资料来源：沪深交易所，同花顺。

## （三）股本结构及规模

表 4　　2017 年山西上市公司股本规模在 10 亿股以上公司分布情况

| 股本规模（亿股） | 公司家数 | 具体公司 |
|---|---|---|
| 100≤～<200 | 2 | 永泰能源，大秦铁路 |
| 50≤～<100 | 1 | 太钢不锈 |
| 20≤～<50 | 7 | 美锦能源，漳泽电力，西山煤电，山西证券，太原重工，阳泉煤业，潞安环能 |
| 10≤～<20 | 11 | 英洛华，跨境通，兰花科创，盛和资源，安泰集团，晋西车轴，山煤国际，国新能源，阳煤化工，通宝能源，大同煤业 |

资料来源：沪深交易所，同花顺。

表 5　　2017 年山西上市公司分地区股权构成情况　　单位：家

| 股权性质 / 地域分布 | 央企国资控股 | 省属国资控股 | 地市国资控股 | 民营控股 | 其他 | 合计 |
|---|---|---|---|---|---|---|
| 太原市 | 2 | 10 | 0 | 7 | 0 | 19 |
| 大同市 | 1 | 1 | 0 | 2 | 0 | 4 |

续表

| 地域分布 \ 股权性质 | 央企国资控股 | 省属国资控股 | 地市国资控股 | 民营控股 | 其他 | 合计 |
|---|---|---|---|---|---|---|
| 阳泉市 | 0 | 2 | 0 | 0 | 0 | 2 |
| 长治市 | 0 | 1 | 0 | 1 | 0 | 2 |
| 朔州市 | 0 | 0 | 0 | 0 | 0 | 0 |
| 晋城市 | 0 | 0 | 1 | 0 | 0 | 1 |
| 晋中市 | 0 | 0 | 0 | 2 | 0 | 2 |
| 运城市 | 1 | 1 | 0 | 2 | 0 | 4 |
| 忻州市 | 0 | 0 | 0 | 1 | 0 | 1 |
| 临汾市 | 0 | 2 | 0 | 0 | 0 | 2 |
| 吕梁市 | 0 | 1 | 0 | 0 | 0 | 1 |
| 合计 | 4 | 18 | 1 | 15 | 0 | 38 |

资料来源：山西证监局。

### （四）市值规模

截至 2017 年 12 月 31 日，山西 38 家上市公司境内总市值 6271.96 亿元，占全国上市公司境内总市值的 1.10%；其中，上交所上市公司 20 家，总股本 509.70 亿股，境内总市值 3971.34 亿元，占上交所上市公司境内总市值的 1.20%；深交所上市公司 18 家，总股本 269.42 亿股，境内总市值 2300.62 亿元，占深交所上市公司境内总市值的 0.98%。

### （五）资产规模

截至 2017 年 12 月 31 日，山西 38 家上市公司合计总资产 8846.07 亿元，归属于母公司股东权益 3130.81 亿元，与 2016 年相比，分别增长 6.19%、10.42%；平均每股净资产 4.02 元。

## 三、山西上市公司经营情况及变动分析

### （一）总体经营情况

表 6　　2017 年山西上市公司经营情况

| 指标 | 2017 年 | 2016 年 | 变动率（%） |
|---|---|---|---|
| 家数 | 38 | 38 | 0.00 |
| 亏损家数 | 5 | 8 | -37.50 |
| 亏损家数比例（%） | 13.16 | 21.05 | -7.89 |
| 平均每股收益（元） | 0.38 | 0.14 | 171.43 |
| 平均每股净资产（元） | 4.02 | 3.81 | 5.51 |
| 平均净资产收益率（%） | 9.47 | 3.63 | 5.84 |
| 总资产（亿元） | 8846.07 | 8330.38 | 6.19 |

续表

| 指标 | 2017 年 | 2016 年 | 变动率（%） |
|---|---|---|---|
| 归属于母公司股东权益（亿元） | 3130.81 | 2835.37 | 10.42 |
| 营业收入（亿元） | 4125.92 | 3221.60 | 28.07 |
| 利润总额（亿元） | 408.55 | 161.22 | 153.41 |
| 归属于母公司所有者的净利润（亿元） | 296.48 | 102.90 | 188.12 |

资料来源：沪深交易所，同花顺。

## （二）分行业经营情况

表 7　　2017 年山西上市公司分行业经营情况

| 所属行类 | 营业收入（亿元） | 可比样本变动率（%） | 归属于母公司所有者的净利润（亿元） | 可比样本变动率（%） |
|---|---|---|---|---|
| 农、林、牧、渔业 | 0.00 | — | 0.00 | — |
| 采矿业 | 1213.34 | 53.12 | 84.61 | 268.03 |
| 制造业 | 1511.85 | 29.04 | 76.44 | 806.47 |
| 电力、热力、燃气及水生产和供应业 | 242.69 | 17.09 | -14.58 | -371.00 |
| 建筑业 | 0.00 | — | 0.00 | — |
| 批发和零售业 | 549.55 | -4.75 | 11.32 | 61.48 |
| 交通运输、仓储和邮政业 | 556.36 | 24.67 | 133.50 | 86.24 |
| 住宿和餐饮业 | 0.00 | — | 0.00 | — |
| 信息传输、软件和信息技术服务业 | 0.00 | — | 0.00 | — |
| 金融业 | 43.93 | 87.25 | 4.09 | -12.61 |
| 房地产业 | 0.00 | — | 0.00 | — |
| 租赁和商务服务业 | 0.00 | — | 0.00 | — |
| 科学研究和技术服务业 | 0.00 | — | 0.00 | — |
| 水利、环境和公共设施管理业 | 0.00 | — | 0.00 | — |
| 教育 | 0.00 | — | 0.00 | — |
| 卫生和社会工作 | 0.00 | — | 0.00 | — |
| 文化、体育和娱乐业 | 8.20 | -16.84 | 1.10 | -37.85 |
| 综合 | 0.00 | — | 0.00 | — |
| 合计 | 4125.92 | 27.82 | 296.48 | 188.69 |

资料来源：沪深交易所，同花顺。

## （三）业绩变动情况分析

1. 营业收入、毛利率等变动原因分析

2017 年，山西地区上市公司实现营业收入 4125.92 亿元，较 2016 年上升 28.07%；净利润 296.48 亿元，较 2016 年上升 188.12%；利润总额 408.55 亿元，较 2016 年上升 153.41%；营业成本 3065.88 亿元，较 2016 年上升 20.23%；毛利率 34.58%，较 2016 年增长 8.25 个百分点。总体来讲，受行业周期以及去产能等因素的影响，煤炭行业业绩回暖，传统行业上市公司经营情况持续改善，辖区公司整体利润增幅较大，且营业收入增幅略大于营业成本增幅，导致整体毛利率上升。

2. 盈利构成分析

从盈利构成来看，2017 年山西地区上市公司利润来源主要是当年营业利润 417.88 亿元，较 2016 年上升 195.42%，占利润总额的比重为 102.33%。其中，山西辖区上市公司投资净收益 72.91 亿元，较 2016 年上升 0.1%，占利润总额的比重为 17.85%；资产减值损失 52.42 亿元，较 2016 年减少 13.98%，占利润总额的比重为 12.84%；营业外净收益 -9.50 亿元，较 2016 年下降 148.07%，占利润总额的比重为 2.33%；公允价值变动净收益对利润影响较小，占利润总额的比重为 -0.31%。

3. 经营性现金流量分析

2017 年，山西地区上市公司经营现金流量净额为 636.19 亿元，较 2016 年上升了 89.65%，其中，大秦铁路经营现金流量净额为 174.94 亿元，占所有公司的 27.50%。38 家上市公司中，28 家经营现金流量净额为正，占比 73.68%，与 2016 年持平。

4. 业绩特点分析

（1）整体业绩水平。2017 年，山西地区 38 家上市公司实现净利润 296.48 亿元，较 2016 年上升 188.12%；每股收益 0.38 元，较 2016 年上升 171.43%；净资产收益率 9.47%，较 2016 年上升 5.84 个百分点；每股净资产 4.02 元，较 2016 年上升 5.51%。

（2）板块情况。2017 年，山西主板上市公司平均每股收益 0.38 元，远低于 0.85 元的全国平均水平；净资产收益率 9.70%，高于 9.55% 的全国平均水平。山西作为中西部地区，中小板、创业板上市公司还不多（中小板 4 家，创业板 3 家），仅占山西上市公司家数的 18.42%。中小板上市公司平均每股收益 0.31 元，低于深交所中小板 0.36 元的平均每股收益水平；净资产收益率 7.61%，低于深交所中小板 8.65% 的平均净资产收益率。创业板上市公司每股收益 0.41 元，高于深交所创业板 0.26 元的平均每股收益水平；净资产收益率 5.12%，低于深交所创业板 6.35% 的平均净资产收益率。

5. 利润分配情况

2017 年，山西共有 17 家公司发放现金股利，家数较 2016 年增加 2 家，占山西上市公司总数的 44.74%；派现总额 112.18 亿元，较 2016 年增长 88.94%，分红金额占 38 家上市公司归属于母公司所有者的净利润的 37.84%。具体如表 8 所示。

表 8　2017 年山西上市公司现金分红情况

| 2017 年分红公司家数 | | | 2017 年分红金额 | | |
|---|---|---|---|---|---|
| 家数 | 变动率（%） | 分红公司家数占地区公司总数比重 | 金额（亿元） | 变动率（%） | 分红金额占归属于母公司所有者的净利润比重 |
| 17 | 13.33 | 44.74% | 112.18 | 88.92 | 37.84% |

资料来源：山西证监局。

## 四、山西上市公司并购重组情况

### （一）并购重组基本情况

2017 年，山西共有 6 家公司实施并购重组，涉及金额合计约 62.89 亿元。从并购重组情况来看，4 家公司为现金收购，2 家为发行股份（及支付现金）购买资产。

1. 盛和资源（600392）

盛和资源向红石创投等 6 名机构及自然人黄平发行股份及支付现金购买其合计持有的赣州晨光稀土新材料股份有限公司 100.00% 股权，标的资产的交易价格为 13.29 亿元，其中，以现金支付 1.76 亿元，以发行股份方式支付 11.53 亿元；向王晓晖等 3 名自然人发行股份及支付现金买其合计持有的四川省乐山市科百瑞新材料有限公司 71.43% 股权，标的资产的交易价格 1.90 亿元，其中，以现金支付 0.48 亿元，以发行股份方式支付 1.42 亿元；向文盛投资等 9 名机构及王丽荣等 14 名自然人发行股份购买其合计持有的海南文盛新材股份有限公司 100.00% 股权，标的资产的交易价格 15.31 亿元。2017 年 2 月完成工商变更登记。

2. 跨境通（002640）

跨境通通过发行股份及支付现金的方式购买周敏等 6 名股东合计持有的上海优壹电子商务有限公司 100% 股权。标的资产的交易价格 17.9 亿元，其中，以现金方式支付 6.265 亿元，以发行股份方式支付 11.635 亿元。2017 年 12 月完成工商登记变更。

3. 大同煤业（601001）

大同煤业以现金方式收购漳泽电力持有的同煤漳泽（上海）融资租赁公司 20% 股权。标的资产的交易价格为 5.13 亿元。2017 年 12 月完成工商登记变更。

4. 美锦能源（000723）

美锦能源以自有资金公开摘牌收购广东佛山（云浮）产业转移工业园投资开发有限公司持有的佛山市飞驰汽车制造有限公司（简称飞驰汽车）36.2% 股权，以现金方式收购佛山市汽车运输集团有限公司持有的飞驰汽车 15% 股权。标的资产的交易价格合计 3.325 亿元。2018 年完成工商登记变更。

5. 漳泽电力（000767）

漳泽电力以现金方式收购大同煤矿集团有限责任公司持有的大同煤矿集团同达热电有限公司 51% 股权。标的资产的交易价格 3.09 亿元。2017 年 11 月完成工商登记变更。

6. 当代东方（000673）

当代东方全资子公司东阳盟将威影视文化有限公司以现金方式收购井冈山市星斗企业管理咨询中心持有的河北当代文化传媒有限公司 49% 股权。标的资产的交易价格 2.94 亿元。2017 年 11 月完成工商登记变更。

### （二）并购重组特点

2017 年，山西地区并购重组呈现较活跃的态势，呈现出以下几个特点：一是通过并购重组进行横向收购和实施多元化战略，拓宽业务领域，积极实现转型协同发展。二是以业务或行业整合为目标，充分发挥资本市场并购重组功能，实施产业布局优化，延伸产业链条，提高盈利能力，稳步推进公司战略目标的实现。

## 五、山西上市公司募集资金情况、使用情况

### （一）募集资金总体情况

表 9　　2017 年山西上市公司募集资金情况

| 发行类型 | 代码 | 简称 | 募集资金（亿元） |
|---|---|---|---|
| 再融资（增发、配股） | 000767. SZ | 漳泽电力 | 29. 8（增发） |
| | 000968. SZ | 蓝焰控股 | 30. 34（增发） |
| | 600392. SH | 盛和资源 | 34. 92（增发） |
| | 小计 | | 95. 06 |
| 其他融资（公司债券、短期融资券、中期票据、次级债、金融债、境外发行债券） | 002753. SZ | 永东股份 | 3. 4（可转债） |
| | 601699. SH | 潞安环能 | 60（公司债） |
| | 002500. SZ | 山西证券 | 30（公司债） |
| | 000983. SZ | 西山煤电 | 30（公司债） |
| | 002640. SZ | 跨境通 | 6. 63（公司债） |
| | 600617. SH | 国新能源 | 6（公司债） |
| | 600157. SH | 永泰能源 | 3（公司债） |
| | 600157. SH | 永泰能源 | 20（中期票据） |
| | 600157. SH | 永泰能源 | 73（短期融资券） |
| | 000767. SZ | 漳泽电力 | 30（短期融资券） |
| | 600617. SH | 国新能源 | 8（短期融资券） |
| | 600157. SH | 永泰能源 | 15. 3(定向债务融资工具） |
| | 600691. SH | 阳煤化工 | 9(定向债务融资工具） |
| | 小计 | | 294. 33 |
| 总计 | | | 389. 39 |

资料来源：山西证监局。

### （二）募集资金使用情况及特点

2017 年，山西共有 20 家公司使用募集资金 306. 84 亿元。其中，217. 14 亿元为 2017 年度募集的资金，占年度募集资金使用总额的 70. 77%；89. 70 亿元为以前年度募集的资金，占年度募集资金使用总额的 29. 23%。上市公司使用的 2017 年度募集资金 217. 14 亿元中，108. 3 亿元为短期融资券、中期票据和非公开定向债务融资工具等，主要用于偿还债务及补充流动资金；11. 12 亿元为定向增发融资，

97.72 亿元为公司债及可转债，主要用于购买相关资产、项目建设和补充流动资金。

### （三）募集资金变更情况

2017 年，山西有 7 家公司变更募集资金的使用项目，涉及金额 6.96 亿元，占辖区公司 2017 年募集资金总额的 1.79%。募集资金变更程序合法，变更的主要原因：由于业务发展、资金需求等变更项目、调整投资、结余资金永久补流等。具体如表 10 所示。

表 10　2017 年山西上市公司募集资金使用项目变更情况

| 变更募集资金使用项目的公司家数 | 涉及金额（亿元） | 募集资金总额（亿元） | 占公司募集资金总额的比例（%） |
|---|---|---|---|
| 7 | 6.96 | 389.39 | 1.79 |

资料来源：山西证监局。

## 六、山西上市公司规范运作情况

### （一）上市公司治理专项情况

2017 年，山西证监局推动市场主体建立长效机制，提升公司治理水平，维护投资者合法权益。一是完善投资者关系管理长效机制，督促上市公司做好章程及相关制度修订，切实落实好中小投资者单独计票、累计投票制和分红政策。二是督促畅通沟通渠道，举办上市公司投资者网上集体接待日活动，引导采用网络投票方式召开股东大会，采用累积投票制选举董事、监事，保障中小投资者充分行使股东权利。三是加强诚信体系建设，对上市公司承诺履行和规范情况定期排查，将辖区公司被采取行政监管措施的情况及时录入证监会诚信档案系统，将上市公司资本运作与公司诚信记录挂钩，构建诚信约束环境。

### （二）审计情况及监管情况

在 2017 年度报告审计过程中，共有 15 家会计师事务所为 38 家山西上市公司提供审计服务，其中，3 家公司更换了会计师事务所。在 38 家上市公司中，32 家上市公司审计报告为标准无保留意见，6 家为带强调事项段的无保留意见。在披露内部控制审计报告的辖区 35 家上市公司中，34 家上市公司内部控制审计报告为标准无保留意见，1 家为否定意见。

2017 年年报审计监管中，主要采取事前督促提醒、事中事后监管、以检查促整改等方式提升年报监管质量。一是加强事前提醒，要求审计机构报备审计计划，系统梳理风险；走访辖区 3 家具有证券期货资格的审计分支机构；召开辖区首次承接上市公司年报审计业务负责人座谈会，提示切实防控审计风险，提升审计质量。

二是强化事中事后监管，提请审计师关注日常监管中掌握的重点事项，现场约谈重点公司审计机构，列席审计沟通会

15家次；年报出具后认真进行审核，下发年报问询函11份，进行监管风险分类，科学选取检查样本。

三是加大现场检查力度，以问题和风险为导向，对13家次上市公司、4家中介机构进行了检查，督促中介机构归位尽责，实现借力监管，促进公司规范运作水平提高。

### （三）信息披露情况

2017年，山西证监局坚持以信息披露为抓手，坚持依法全面从严监管，提升监管针对性和有效性。一是提升信息披露监管水平，认真进行定期报告审核，以年报分析为契机，全面排查公司风险，对重点公司明确风险因素和应对措施，把非现场监管、媒体报道和投资者反映的问题作为日常监管的重要线索来源，及时关注辖区公司经营及风险防范情况，主动作为、多措并举，做好风险防范和化解。二是进一步完善分行业监管制度，加强对行业的研究，及时了解行业动向，总结行业特征，更加注重行业分析和同行业公司横向对比，发现风险举一反三，进一步提高监管能力和监管效率。三是将信息披露作为现场检查重点，加大对违法违规行为的处置力度，全年累计对上市公司现场检查13家次，采取行政监管措施11件，日常监管措施41件，移交稽查1件。

### （四）证券市场服务情况

1. 构建多层次资本市场体系。一是积极推动中小企业在新三板挂牌融资。联合行业协会，继续开展新三板业务培训，全年新增21家新三板挂牌企业。二是支持区域性股权市场发展。与山西省金融办签订《关于促进山西区域性股权市场健康稳定发展的合作备忘录》，建立监管合作机制。截至2017年12月末，山西省股权交易中心挂牌83家，纯托管16家，展示企业1502家。三是支持证券公司柜台交易市场建设。截至2017年12月末，山西证券柜台市场投资者账户数为23871户，累计实现融资193.32亿元。

2. 加强资本市场宣传培训。一是深化调研指导，山西证监局领导带队深入市场主体、地市县调研10余次，为省国资委、省委宣传部、省人大财经委干部培训班等做资本市场专题讲座，助力山西转型发展。二是加强培训和宣传，召开辖区证券期货经营机构监管、私募机构监管、上市公司监管等领域工作会议，传递监管政策；联合辖区各行业协会对监管对象开展专业培训，提升合规意识；利用网站、微信公众号等媒体平台，围绕投资者教育、防范打击非法集资及资本市场新政策等开展舆论宣传。

3. 打击证券市场违法违规行为。开展防范打击证券期货类非法集资宣传月活动和防范非法证券期货活动宣传教育进社区活动，不断健全网络举报系统，强化举报信息发现机制。2017年累计办理各类案件35起，做出行政处罚决定5件，协助省金融办对各类交易场所进行现场检查，积极配合地方政府做好清理整顿各类交易场所“回头看”工作，完成互联网金融整治工作，积极维护市场稳定。

**（五）其他**

支持地方金融发展。积极提供政策咨询，及时向省政府报告证监会监管工作会议精神并提出工作建议；主动加强协调沟通，就省属企业资本运作、省国投公司运作方面问题积极建言献策；积极参与地方改革，汇报省属国有上市公司情况，参与制定《关于深化国企国资改革的指导意见》1+N等系列文件；积极配合地方国资国企改革，选派一名处级干部到省国资委挂职。

审稿人：王　坤

撰稿人：张彩霞

# 内蒙古地区

## 一、内蒙古国民经济发展概况

表 1　　2017 年内蒙古国民经济发展概况　　单位：亿元

| 指标 | 1~3月 | | 1~6月 | | 1~9月 | | 1~12月 | |
|---|---|---|---|---|---|---|---|---|
| | 绝对量 | 同比增长（%） | 绝对量 | 同比增长（%） | 绝对量 | 同比增长（%） | 绝对量 | 同比增长（%） |
| 地区生产总值（GDP） | 3742.20 | 7.20 | 8465.71 | 6.60 | 13740.21 | 5.00 | 16103.17 | 4.00 |
| 全社会固定资产投资 | 636.62 | 12.70 | 6737.09 | 10.00 | 12413.22 | 0.40 | 13827.85 | -7.20 |
| 社会消费品零售总额 | 1667.99 | 9.80 | 3315.11 | 9.40 | 5120.99 | 8.40 | 7160.20 | 6.90 |
| 规模以上工业增加值 | — | 7.60 | — | 5.50 | — | 2.60 | — | 3.10 |
| 规模以上工业企业实现利润 | 397.70 | 142.20 | 830.90 | 84.90 | 1236.50 | 78.20 | 1409.10 | 115.70 |
| 居民消费价格指数（CPI） | 1~3月 | | 1~6月 | | 1~9月 | | 1~12月 | |
| | 0.80 | | 1.70 | | 2.00 | | 1.90 | |

资料来源：国家统计局。

## 二、内蒙古上市公司总体情况

### （一）公司数量

表 2　　2017 年内蒙古上市公司数量　　单位：家

| 公司总数 | 2017 年新增 | 股票类别 | | | 板块分布 | | | |
|---|---|---|---|---|---|---|---|---|
| | | 仅 A 股 | 仅 B 股 | （A+B）股 | 沪市主板 | 深市主板 | 中小板 | 创业板 |
| 26 | 0 | 24 | 1 | 1 | 16 | 5 | 2 | 3 |

资料来源：沪深交易所，同花顺。

## （二）行业分布

表 3　　2017 年内蒙古上市公司行业分布情况

| 所属证监会行业类别 | 家数 | 占比（%） | 所属证监会行业类别 | 家数 | 占比（%） |
|---|---|---|---|---|---|
| 农、林、牧、渔业 | 0 | 0.00 | 金融业 | 1 | 3.85 |
| 采矿业 | 6 | 23.07 | 房地产业 | 0 | 0.00 |
| 制造业 | 17 | 65.38 | 租赁和商务服务业 | 0 | 0.00 |
| 电力、热力、燃气及水生产和供应业 | 1 | 3.85 | 科学研究和技术服务业 | 0 | 0.00 |
| 建筑业 | 0 | 0.00 | 水利、环境和公共设施管理业 | 1 | 3.85 |
| 批发和零售业 | 0 | 0.00 | 教育 | 0 | 0.00 |
| 交通运输、仓储和邮政业 | 0 | 0.00 | 卫生和社会工作 | 0 | 0.00 |
| 住宿和餐饮业 | 0 | 0.00 | 文化、体育和娱乐业 | 0 | 0.00 |
| 信息传输、软件和信息技术服务业 | 0 | 0.00 | 综合 | 0 | 0.00 |
| 合计 | 26 | 100.00 | | | |

资料来源：沪深交易所，同花顺。

## （三）股本结构及规模

表 4　　2017 年内蒙古上市公司股本规模在 10 亿股以上公司分布情况

| 股本规模（亿股） | 公司家数 | 具体公司 |
|---|---|---|
| 200≤ ~ <500 | 1 | 包钢股份 |
| 50≤ ~ <100 | 3 | 君正集团，伊利股份，内蒙华电 |
| 20≤ ~ <50 | 4 | 远兴能源，北方稀土，伊泰 B 股，亿利洁能 |
| 10≤ ~ <20 | 9 | 兴业矿业，内蒙一机，露天煤业，蒙草生态，赤峰黄金，西水股份，银泰资源，鄂尔多斯，平庄能源 |

资料来源：沪深交易所，同花顺。

表 5　　2017 年内蒙古上市公司分地区股权构成情况　　单位：家

| 股权性质 / 地域分布 | 央企国资控股 | 省属国资控股 | 地市国资控股 | 民营控股 | 其他 | 合计 |
|---|---|---|---|---|---|---|
| 呼和浩特市 | 1 | 0 | 0 | 2 | 2 | 5 |
| 包头市 | 2 | 2 | 0 | 4 | 0 | 8 |
| 乌海市 | 0 | 0 | 0 | 2 | 0 | 2 |

续表

| 地域分布 \ 股权性质 | 央企国资控股 | 省属国资控股 | 地市国资控股 | 民营控股 | 其他 | 合计 |
|---|---|---|---|---|---|---|
| 赤峰市 | 1 | 0 | 0 | 2 | 0 | 3 |
| 通辽市 | 1 | 0 | 0 | 0 | 0 | 1 |
| 鄂尔多斯市 | 0 | 0 | 0 | 4 | 0 | 4 |
| 锡林郭勒盟 | 0 | 0 | 0 | 1 | 0 | 1 |
| 阿拉善盟 | 1 | 0 | 0 | 0 | 0 | 1 |
| 乌兰察布市 | 0 | 0 | 0 | 1 | 0 | 1 |
| 合计 | 6 | 2 | 0 | 16 | 2 | 26 |

资料来源：内蒙古证监局。

### （四）市值规模

截至 2017 年 12 月 31 日，内蒙古 26 家上市公司境内总市值 6588.03 亿元，占全国上市公司境内总市值的 1.16%；其中，上交所上市公司 16 家，总股本 812.80 亿股，境内总市值 5587.27 亿元，占上交所上市公司境内总市值的 1.68%；深交所上市公司 10 家，总股本 128.51 亿股，境内总市值 1000.76 亿元，占深交所上市公司境内总市值的 0.42%。

### （五）资产规模

截至 2017 年 12 月 31 日，内蒙古 26 家上市公司合计总资产 7870.20 亿元，归属于母公司股东权益 2358.00 亿元，与 2016 年相比，分别增长 -2.05%、11.57%；平均每股净资产 2.45 元。

## 三、内蒙古上市公司经营情况及变动分析

### （一）总体经营情况

表 6　　2017 年内蒙古上市公司经营情况

| 指标 | 2017 年 | 2016 年 | 变动率（%） |
|---|---|---|---|
| 家数 | 26 | 26 | 0.00 |
| 亏损家数 | 1 | 2 | -50.00 |
| 亏损家数比例（%） | 3.85 | 7.69 | -3.84 |
| 平均每股收益（元） | 0.27 | 0.16 | 68.75 |
| 平均每股净资产（元） | 2.45 | 2.65 | -7.55 |
| 平均净资产收益率（%） | 11.15 | 6.07 | 5.08 |
| 总资产（亿元） | 7870.2 | 8034.81 | -2.05 |
| 归属于母公司股东权益（亿元） | 2358 | 2113.42 | 11.57 |
| 营业收入（亿元） | 3100.39 | 2338.73 | 32.57 |
| 利润总额（亿元） | 354.73 | 173.08 | 104.95 |
| 归属于母公司所有者的净利润（亿元） | 262.89 | 128.34 | 104.84 |

资料来源：沪深交易所，同花顺。

## （二）分行业经营情况

表 7　　2017 年内蒙古上市公司分行业经营情况

| 所属行类 | 营业收入（亿元） | 可比样本变动率（%） | 归属于母公司所有者的净利润（亿元） | 可比样本变动率（%） |
|---|---|---|---|---|
| 农、林、牧、渔业 | 0.00 | — | 0.00 | — |
| 采矿业 | 535.87 | 56.39 | 83.28 | 167.27 |
| 制造业 | 2088.45 | 32.97 | 142.07 | 56.83 |
| 电力、热力、燃气及水生产和供应业 | 117.83 | 20.70 | 5.14 | 33.85 |
| 建筑业 | 0.00 | — | 0.00 | — |
| 批发和零售业 | 0.00 | — | 0.00 | — |
| 交通运输、仓储和邮政业 | 0.00 | — | 0.00 | — |
| 住宿和餐饮业 | 0.00 | — | 0.00 | — |
| 信息传输、软件和信息技术服务业 | 0.00 | — | 0.00 | — |
| 金融业 | 302.46 | -1.11 | 23.95 | 6552.78 |
| 房地产业 | 0.00 | — | 0.00 | — |
| 租赁和商务服务业 | 0.00 | — | 0.00 | — |
| 科学研究和技术服务业 | 0.00 | — | 0.00 | — |
| 水利、环境和公共设施管理业 | 55.79 | 95.00 | 8.44 | 148.97 |
| 教育 | 0.00 | — | 0.00 | — |
| 卫生和社会工作 | 0.00 | — | 0.00 | — |
| 文化、体育和娱乐业 | 0.00 | — | 0.00 | — |
| 综合 | 0.00 | — | 0.00 | — |
| 合计 | 3100.39 | 32.19 | 262.89 | 103.24 |

资料来源：沪深交易所，同花顺。

## （三）业绩变动情况分析

1. 营业收入、毛利率等变动原因分析

2017 年，内蒙古地区煤炭、钢铁行业在去产能、去库存政策的积极影响下，整体经营情况向好，加上医药制造业持续向好，全区上市公司整体经营业绩有所好转。2017 年 26 家上市公司实现营业收入 3100.39 亿元，同比增加 32.57%；归属于母公司的净利润 262.89 亿元，同比增加 104.84%。然而，由于成本上升等影响，2017 年毛利率为 35.33%，降低了 22.06 个百分点。

2. 盈利构成分析

2017 年全区上市公司利润主要来源于营业利润，为 348.38 亿元，占利润总额的 98.21%，较 2016 年上升 13.99 个百分点。营业利润中，投资净收益占比 48.74%。

3. 经营性现金流量分析

2017 年，全区上市公司经营活动现金流量净额为 -487.42 亿元，较 2016 年同期降低 132.81%。在 26 家上市公司中，19 家上市公司经营活动现金净流量为正，比 2016 年减少 6 家。增长较大的有兴业矿业 495.41%、平庄能源 365.61%、亿利洁能 259.42%、远兴能源 192.12%，增长原因分别是由于公司报告期主营化工产品、煤炭售价上涨，化工行业去产能后成本和技术消耗降低所致。

4. 业绩特点分析

2017 年，全区上市公司实现归属于母公司净利润 262.89 亿元，较 2016 年同期增加 104.84%，经营业绩大幅增长的主要原因是传统产业钢铁行业转型升级、提质增效，煤炭价格有所回升，钢铁煤炭净利润及归属于母公司的净利润同比增长分别为 202.84%、188.15%，金融保险业净利润及归属于母公司的净利润同比增长分别为 635.12%、6553.03%。

5. 利润分配情况

表 8　　2017 年内蒙古上市公司现金分红情况

| 2017 年分红公司家数 | | | 2017 年分红金额 | | |
|---|---|---|---|---|---|
| 家数 | 变动率（%） | 分红公司家数占地区公司总数比重 | 金额（亿元） | 变动率（%） | 分红金额占归属于母公司所有者的净利润比重 |
| 23 | 27.78 | 88.46% | 85.76 | 46.98 | 32.62% |

资料来源：内蒙古证监局。

## 四、内蒙古上市公司并购重组情况

### （一）并购重组基本情况

2017 年内蒙古共有 3 家上市公司完成 7 次并购重组，购买资产总额 79.93 亿元，其中，1 家公司为以发行股份购买资产，资产总额为 70.59 亿元。

1. 内蒙一机

2017 年 2 月内蒙一机以非公开发行股份和支付现金的方式合计 70.59 亿元收购一机集团主要经营性资产及负债和北方机械 100% 股权。

2. 金河生物

2017 年 4 月，金河生物以支付现金的方式合计 1620.00 万元收购金河牧星（重庆）生物科技有限公司 51% 的股权。

2017 年 4 月，金河生物以支付现金的方式合计 3.41 亿元收购 ProtaTek International，Inc 100% 的股权。

2017 年 4 月，金河生物以支付现金的方式合计 6.50 万元收购呼和浩特金盛水务有限公司 65% 的股权。

2017 年 4 月，金河生物以发债的方式合计 1.49 亿元收购杭州佑本动物疫苗有限公司 33% 的股权。

3. 内蒙华电

2017 年 4 月内蒙华电以收取现金的方式合计 1.31 亿元转让内蒙古蒙华海勃湾有限责任公司 51% 的股权。

2017 年 5 月内蒙华电以收取现金的方式合计 2.97 亿元转让内蒙古京隆发电有限责任公司 25% 的股权。

### （二）并购重组特点

从并购重组的金额来看，上亿元的上市公司重组项目占半数以上；从并购类型来看，内蒙古地区上市公司横向整合的产业并购成为主流，上市公司通过横向整合的产业并购，提高了产业集中度和核心竞争力，降低了企业成本，培育了发展新动能；促进了传统行业转型，帮助企业“盘活”和“再生”；从并购主体股权性质来看，各有侧重，国有企业通过并购重组实现大股东资产注入，助力国有企业混合所有制改革，内蒙一机通过重大资产重组整合控股股东的军工产品，实现军民融合发展，使公司在业务结构、资产体量、盈利能力等方面得到显著改善。民营企业主要以收购外部企业为主，培养发展新动能。

## 五、内蒙古上市公司募集资金情况、使用情况

### （一）募集资金总体情况

表 9　　2017 年内蒙古上市公司募集资金情况

| 发行类型 | 代码 | 简称 | 募集资金（亿元） |
|---|---|---|---|
| 再融资（增发、配股） | 000426 | 兴业矿业 | 11.96 |
| | 600277 | 亿利洁能 | 45.00 |
| | 600967 | 内蒙一机 | 89.34 |
| | 小计 | | 146.30 |
| 其他融资（公司债券、短期融资券、中期票据、次级债、金融债、境外发行债券） | 300355 | 蒙草生态 | 10.50 |
| | 600111 | 北方稀土 | 36.00 |
| | 600295 | 鄂尔多斯 | 13.00 |
| | 600863 | 内蒙华电 | 18.75 |
| | 600988 | 赤峰黄金 | 7.00 |
| | 小计 | | 85.25 |
| 总计 | | | 231.55 |

资料来源：内蒙古证监局。

### （二）募集资金使用情况及特点

2017 年，内蒙古自治区共有 8 家公司募集资金，募集资金总额 231.55 亿元，同比增长 144.72%，占全区新增社会融资规模的 11.00%，同比下降 14.06%。从发行类型来看，定向增发融资 146.30 亿元，公司债融资 58.50 亿元，可转债融资 18.75 亿元，短期融资 8.00 亿元。

2017 年，内蒙古共有 4 家上市公司使用募集资金，至 2017 年年末，上市公司累计使用额达 390.71 亿元，其中 45.74 亿元为使用 2017 年募集资金，占比 11.71%。

（三）募集资金变更情况

2017 年，内蒙古地区只有内蒙一机 1 家公司变更募集资金用途，终止实施原有募集资金投资项目新型变速器系列产品产业化建设项目、环保及新能源配套设施生产建设项目，将募投项目变更为外贸车辆产业化项目和综合技术改造项目。具体如表 10 所示。

表 10　　2017 年内蒙古上市公司募集资金使用项目变更情况

| 变更募集资金使用项目的公司家数 | 涉及金额（亿元） | 募集资金总额（亿元） | 占公司募集资金总额的比例（%） |
|---|---|---|---|
| 1 | 3.85 | 89.34 | 4.31 |

资料来源：内蒙古证监局。

## 六、内蒙古上市公司规范运作情况

（一）上市公司治理专项情况

2017 年，内蒙古证监局贯彻落实依法全面从严监管理念，严守不发生区域性、系统性风险底线不动摇。上市公司监管工作以维护上市公司稳定和防范风险为核心，以公司治理为基石，以推动上市公司治理机制完善和治理水平提高为目标。辖区上市公司全年运行平稳，公司治理水平稳步提升。

（二）审计情况及监管情况

2017 年，内蒙古证监局结合日常监管掌握情况提前部署，对辖区包括上市公司、证券公司、新三板公司、债券发行人在内的 104 家市场主体的年报开展了审计监管工作，以问题和风险为导向，结合“双随机”抽查对 10 家重点关注的公司进行年报审核，形成 7 份年报重点审核分析报告；对上市公司进行现场检查时，延伸审计机构执业项目 1 家次，实施年报审计执业项目专项检查 5 家次。

2017 年审计监管工作中，主要工作及成效有：一是扎实部署、明确要求，提前传导监管压力，夯实审计监管基础；二是强化事前沟通、事中督导、事后审核，注重审计过程监管；三是动态跟踪、科技监管，发挥一线监管优势；四是强化问责，落实依法从严监管。

（三）信息披露情况

2017 年，内蒙古证监局切实履行信息披露监管职责，始终保持谨慎态度，强化监管敏感性，严防风险发生。一是加强日常信息披露审核，突出问题风险导向，加强舆情监测，紧盯风险公司和突发事件，妥善处置风险。二是提前传导监管压力，做好年报监管，有效提升监管效能。通过年报监管，发现辖区上市公司、债券发行人在信息披露、公司治理、财务核算等方面存疑事项 50 余个，下发问询函 4 家次，电话沟通风险点 40 余次，保证了对疑点问题的全覆盖。三是做好现场检查，强化非现场监管和与交易所的监管协作，提升监管合力。约谈公司主要负责人6家次、年审会计师3家次；向交易所移送有关线索2件次，核查交易所重大监管协作线索3件次，回复协作函1件次。

### （四）证券市场服务情况

2017年，内蒙古证监局站位区情，不忘初心，积极促进辖区资本市场规范发展，着力提升资本市场服务实体经济能力。一是加强资本市场知识普及培训工作，做好上市公司董监高培训和新三板挂牌公司“监管第一课”，年内开展投资者教育专项活动6次，组织投资者走进上市公司3次，投保宣传公益活动14场等。二是加强拟上市企业辅导监管，着力推动辖区企业挂牌上市，年内新增拟上市辅导企业3家，新三板挂牌公司8家。三是依法依规处理投诉举报，维护中小投资者的合法利益，全年处理投诉举报19件次，赴现场核查投诉事项2件次。四是着力推动企业直接融资特别是股权融资，服务国家供给侧结构性改革、国有企业并购重组，支持企业发行公司债券解决融资难题，年内辖区企业通过股权融资159.66亿元、债券融资1181.50亿元。五是加强调查研究，为服务实体经济发展建言献策，年内开展上市公司、新三板挂牌公司、公司债发行人发展状况和运行情况调查，为政府发展多层次资本市场和多渠道融资方式提出可行性建议等。

### （五）其他

内蒙古证监局积极履行社会责任，不断提升上市公司和挂牌公司的担当意识，服务地区脱贫攻坚。推动伊利股份、佰惠生等农牧业龙头企业和涉农涉牧企业发挥产业扶贫带动作用，引导上市挂牌公司创新产业帮扶模式，通过产业发展带动贫困地区脱贫致富，2017年6家农牧业新三板挂牌公司融资10.84亿元。

审稿人：韩永宁、侯国祥

撰稿人：孔繁慧

# 辽宁地区

## 一、辽宁国民经济发展概况

表 1　　2017 年辽宁国民经济发展概况　　单位：亿元

<table>
<tr><th rowspan="2">指标</th><th colspan="2">1～3 月</th><th colspan="2">1～6 月</th><th colspan="2">1～9 月</th><th colspan="2">1～12 月</th></tr>
<tr><th>绝对量</th><th>同比增长（%）</th><th>绝对量</th><th>同比增长（%）</th><th>绝对量</th><th>同比增长（%）</th><th>绝对量</th><th>同比增长（%）</th></tr>
<tr><td>地区生产总值（GDP）</td><td>4574.72</td><td>2.40</td><td>10296.82</td><td>2.10</td><td>16639.40</td><td>2.50</td><td>23942.00</td><td>4.20</td></tr>
<tr><td>全社会固定资产投资</td><td>1061.81</td><td>-24.90</td><td>3156.40</td><td>-31.40</td><td>5143.74</td><td>-15.40</td><td>6444.75</td><td>0.10</td></tr>
<tr><td>社会消费品零售总额</td><td>—</td><td>—</td><td>—</td><td>—</td><td>—</td><td>—</td><td>—</td><td>—</td></tr>
<tr><td>规模以上工业增加值</td><td>—</td><td>-6.20</td><td>—</td><td>-4.30</td><td>—</td><td>-1.80</td><td>—</td><td>4.40</td></tr>
<tr><td>规模以上工业企业实现利润</td><td>221.20</td><td>77.10</td><td>413.00</td><td>47.90</td><td>725.00</td><td>69.60</td><td>1001.40</td><td>93.70</td></tr>
<tr><td rowspan="2">居民消费价格指数（CPI）</td><td colspan="2">1～3 月</td><td colspan="2">1～6 月</td><td colspan="2">1～9 月</td><td colspan="2">1～12 月</td></tr>
<tr><td colspan="2">0.50</td><td colspan="2">0.90</td><td colspan="2">1.70</td><td colspan="2">2.30</td></tr>
</table>

资料来源：国家统计局。

## 二、辽宁上市公司总体情况

### （一）公司数量

表 2　　2017 年辽宁上市公司数量　　单位：家

<table>
<tr><th rowspan="2">公司总数</th><th rowspan="2">2017 年新增</th><th colspan="3">股票类别</th><th colspan="4">板块分布</th></tr>
<tr><th>仅 A 股</th><th>仅 B 股</th><th>（A+B）股</th><th>沪市主板</th><th>深市主板</th><th>中小板</th><th>创业板</th></tr>
<tr><td>47</td><td>-1</td><td>45</td><td>0</td><td>2</td><td>18</td><td>14</td><td>6</td><td>9</td></tr>
</table>

资料来源：沪深交易所，同花顺。

## （二）行业分布

表 3　　2017 年辽宁上市公司行业分布情况

| 所属证监会行业类别 | 家数 | 占比（%） | 所属证监会行业类别 | 家数 | 占比（%） |
|---|---|---|---|---|---|
| 农、林、牧、渔业 | 0 | 0.00 | 金融业 | 0 | 0.00 |
| 采矿业 | 1 | 2.13 | 房地产业 | 0 | 0.00 |
| 制造业 | 32 | 68.09 | 租赁和商务服务业 | 0 | 0.00 |
| 电力、热力、燃气及水生产和供应业 | 3 | 6.38 | 科学研究和技术服务业 | 0 | 0.00 |
| 建筑业 | 0 | 0.00 | 水利、环境和公共设施管理业 | 1 | 2.13 |
| 批发和零售业 | 3 | 6.38 | 教育 | 0 | 0.00 |
| 交通运输、仓储和邮政业 | 2 | 4.26 | 卫生和社会工作 | 0 | 0.00 |
| 住宿和餐饮业 | 0 | 0.00 | 文化、体育和娱乐业 | 2 | 4.26 |
| 信息传输、软件和信息技术服务业 | 3 | 6.38 | 综合 | 0 | 0.00 |
| 合计 | 47 | 100 | | | |

资料来源：沪深交易所，同花顺。

## （三）股本结构及规模

表 4　　2017 年辽宁上市公司股本规模在 10 亿股以上公司分布情况

| 股本规模（亿股） | 公司家数 | 具体公司 |
|---|---|---|
| 50≤～<100 | 2 | 鞍钢股份，营口港 |
| 20≤～<50 | 3 | 本钢板材，锦州港，凌钢股份 |
| 10≤～<20 | 10 | 华锦股份，烯碳退，锌业股份，机器人，金山股份，抚顺特钢，金杯汽车，文投控股，东软集团，红阳能源 |

资料来源：沪深交易所，同花顺。

表 5　　2017 年辽宁上市公司分地区股权构成情况　　单位：家

| 股权性质 / 地域分布 | 央企国资控股 | 省属国资控股 | 地市国资控股 | 民营控股 | 其他 | 合计 |
|---|---|---|---|---|---|---|
| 沈阳市 | 3 | 3 | 4 | 12 | 2 | 24 |
| 鞍山市 | 1 | 0 | 0 | 5 | 0 | 6 |
| 抚顺市 | 0 | 1 | 0 | 0 | 0 | 1 |
| 本溪市 | 0 | 1 | 0 | 0 | 0 | 1 |

续表

| 股权性质<br>地域分布 | 央企国资控股 | 省属国资控股 | 地市国资控股 | 民营控股 | 其他 | 合计 |
|---|---|---|---|---|---|---|
| 丹东市 | 0 | 0 | 0 | 1 | 0 | 1 |
| 锦州市 | 0 | 0 | 0 | 2 | 1 | 3 |
| 营口市 | 0 | 0 | 1 | 1 | 0 | 2 |
| 阜新市 | 0 | 0 | 0 | 2 | 0 | 2 |
| 辽阳市 | 0 | 0 | 0 | 2 | 0 | 2 |
| 盘锦市 | 1 | 0 | 0 | 0 | 0 | 1 |
| 铁岭市 | 0 | 0 | 1 | 0 | 0 | 1 |
| 葫芦岛市 | 0 | 0 | 0 | 2 | 0 | 2 |
| 朝阳市 | 0 | 0 | 1 | 0 | 0 | 1 |
| 合计 | 5 | 5 | 7 | 27 | 3 | 47 |

资料来源：辽宁证监局。

### （四）市值规模

截至 2017 年 12 月 31 日，辽宁 47 家上市公司境内总市值 4303.5 亿元，占全国上市公司境内总市值的 0.76%；其中上交所上市公司 18 家，总股本 237.14 亿股，境内总市值 2037.12 亿元，占上交所上市公司境内总市值的 0.61%；深交所上市公司 29 家，总股本 259.46 亿股，境内总市值 2266.38 亿元，占深交所上市公司境内总市值的 0.96%。

### （五）资产规模

截至 2017 年 12 月 31 日，辽宁 47 家上市公司合计总资产 4637.30 亿元，归属于母公司股东权益 1938.37 亿元，与 2016 年相比，分别增长 4.57%、11.12%；平均每股净资产 3.82 元。

## 三、辽宁上市公司经营情况及变动分析

### （一）总体经营情况

表 6　　2017 年辽宁上市公司经营情况

| 指标 | 2017 年 | 2016 年 | 变动率（%） |
|---|---|---|---|
| 家数 | 47 | 48 | -2.08 |
| 亏损家数 | 3 | 6 | -50.00 |
| 亏损家数比例（%） | 6.38 | 12.5 | -6.12 |
| 平均每股收益（元） | 0.32 | 0.19 | 68.42 |
| 平均每股净资产（元） | 3.82 | 3.46 | 10.40 |
| 平均净资产收益率（%） | 8.47 | 5.61 | 2.86 |
| 总资产（亿元） | 4637.3 | 4434.61 | 4.57 |

续表

| 指标 | 2017 年 | 2016 年 | 变动率（%） |
|---|---|---|---|
| 归属于母公司股东权益（亿元） | 1938.37 | 1744.34 | 11.12 |
| 营业收入（亿元） | 3127.85 | 2477.97 | 26.23 |
| 利润总额（亿元） | 197.07 | 121.38 | 62.36 |
| 归属于母公司所有者的净利润（亿元） | 164.24 | 97.9 | 67.76 |

资料来源：沪深交易所，同花顺。

## （二）分行业经营情况

表 7　　2017 年辽宁上市公司分行业经营情况

| 所属行类 | 营业收入（亿元） | 可比样本变动率（%） | 归属于母公司所有者的净利润（亿元） | 可比样本变动率（%） |
|---|---|---|---|---|
| 农、林、牧、渔业 | 0.00 | — | 0.00 | — |
| 采矿业 | 76.91 | 7.40 | 4.65 | 167.24 |
| 制造业 | 2677.98 | 30.19 | 131.24 | 140.59 |
| 电力、热力、燃气及水生产和供应业 | 110.50 | 5.82 | -0.40 | -105.17 |
| 建筑业 | 0.00 | — | 0.00 | — |
| 批发和零售业 | 35.09 | -1.54 | 1.83 | -12.86 |
| 交通运输、仓储和邮政业 | 83.50 | 34.29 | 6.78 | 23.95 |
| 住宿和餐饮业 | 0.00 | — | 0.00 | — |
| 信息传输、软件和信息技术服务业 | 101.00 | -8.50 | 13.18 | -38.41 |
| 金融业 | 0.00 | — | 0.00 | — |
| 房地产业 | 0.00 | — | 0.00 | — |
| 租赁和商务服务业 | 0.00 | — | 0.00 | — |
| 科学研究和技术服务业 | 0.00 | — | 0.00 | — |
| 水利、环境和公共设施管理业 | 0.80 | 280.95 | 1.01 | 142.08 |
| 教育 | 0.00 | — | 0.00 | — |
| 卫生和社会工作 | 0.00 | — | 0.00 | — |
| 文化、体育和娱乐业 | 42.08 | 5.02 | 5.95 | -19.16 |
| 综合 | 0.00 | — | 0.00 | — |
| 合计 | 3127.85 | 26.05 | 164.24 | 67.71 |

资料来源：沪深交易所，同花顺。

## （三）业绩变动情况分析

1. 营业收入、毛利率等变动原因分析

2017 年，辖区 47 家上市公司累计实现营业收入 3127.85 亿元，较 2016 年增长 26.23%；归属于母公司所有者的净利润 164.24 亿元，较 2016 年增长 67.76%；营业利润 193.61 亿元，较 2016 年增长 84.78%；利润总额 197.07 亿元，较 2016 年增长 62.36%；平均毛利率 24.73%，较 2016 年增加 1.54 个百分点。随着供给侧结构性改革的不断深入，辖区钢铁类和煤炭有色金属类企业营业盈利能力显著提升，其中，钢铁类上市公司业绩的大幅增长是辖区整体业绩向好的主要原因。

2. 盈利构成分析

2017年，辖区47家上市公司总体实现归属于母公司所有者的净利润164.24亿元，较2016年增长67.76%。辖区44家公司盈利，仅*ST抚钢、金山股份和惠天热电3家公司亏损，亏损总额23.73亿元。其中，净利润超过10亿元的公司为鞍钢股份、华锦股份、本钢板材和凌钢股份，分别为56.12亿元、19.41亿元、16.09亿元和12.07亿元；净利润实现翻倍及以上增长的有11家；沈阳机床、铁岭新城和鞍重股份3家公司实现扭亏为盈。营业利润是辖区上市公司盈利的主要来源，占当期利润总额的比重为98.24%。47家上市公司共确认非经常性损益46.13亿元，较2016年增加10.62%，占归属于母公司所有者净利润的28.09%。

近年来辖区上市公司盈利能力持续提升，2017年辖区上市公司加权净资产收益率为9.54%，较2016年同期增加逾3个百分点，较全国上市公司高出0.05个百分点。

3. 经营性现金流量分析

2017年，辽宁辖区上市公司经营性现金流量净额为226.75亿元，较2016年减少10.36%。47家上市公司中，有36家公司经营性现金流量净额为正，占比76.60%，较2016年增加5.77个百分点。

4. 业绩特点分析

（1）行业发展不平衡，个别板块业绩拉动明显。制造业整体持续向好，业绩显著攀升。辖区制造业上市公司32家，占辖区公司总数的近7成，2017年营业总收入2677.98亿元，占辖区全部公司营业总收入的85.62%，同比增长30.19%；净利润131.24亿元，占辖区净利润总额的79.71%，同比增长1.41倍。除*ST抚钢外，辖区制造业上市公司全部实现盈利，其中，沈阳机床、鞍重股份和*ST烯碳实现扭亏为盈。

采矿业收入规模稳增，利润翻升。辖区1家采矿业上市公司（红阳能源）受煤炭价格上涨等因素的影响，报告期实现营业总收入76.91亿元，同比增长7.40%；实现净利润4.65亿元，同比增长1.67倍，其中，实现扣除非经常性损益后的净利润4.47亿元，同比增长3.76倍，主营业务盈利实现翻升。

钢铁业盈利能力显著提高，业绩持续向好。辖区4家钢铁行业权重公司的净利润由2016年的26.86亿元增长至2017年的70.91亿元，除*ST抚钢亏损外，3家钢铁行业上市公司的净利润均实现跨越式增长。其中，本钢板材报告期实现净利润16.09亿元，同比增长95.03%；鞍钢股份报告期实现净利润56.12亿元，同比增长2.47倍；凌钢股份报告期实现净利润12.07亿元，同比增长8.01倍。

（2）供给侧结构性改革持续推进，取得新突破。2017年，辖区三大去产能行业上市公司（鞍钢股份、本钢板材、抚顺特钢、凌钢股份、红阳能源、新华龙、锌业股份）固定资产投资连续第二年负增长，去产能效果明显；上市公司在营业收入同比增长26%的情况下，营业总成本增幅小、债务成本下降，降成本成效明显。辖区上市公司整体“去杠杆”取得一定效果。2017年年末，辖区上市公司总体负债率为55.81%，低于全国非金融上市公司资产负债率（60.05%），较2016年下降2.90个百分点，下降幅度大于全国总体水平（同期非金融上市公司资产负债率同期下降0.33个百分点）。

（3）国有控股业绩向好，民营控股盈利能力略有下降。国有控股公司多年来一直为辖区上市公司贡献大部分收入。2017年占辖区公司总数近4成的17家国有控股公司实现营业总收入2327.56亿元，占比74.41%；实现净利润109.51亿元，占比66.68%，较2016年增长1.16倍。占辖区上市公司总数近6成的27家民营控股公司实现营业总收入674.45亿元，占比21.56%；实现净利润45.59亿元，占比27.76%。在盈利能力方面，民营控股公司依旧保持明显优势，但呈现国有控股盈利能力上升、民营控股盈利能力下降的趋势。具体表现在：辖区平均净利率为3.51%，较2016年下降0.44个百分点。其中，国有控股平均净利率为3.28%，较2016年增长0.66个百分点；民营控股平均净利率为4.58%，较2016年下降1.73个百分点。

5. 利润分配情况

表8　　2017年辽宁上市公司现金分红情况

| 2017年分红公司家数 | | | 2017年分红金额 | | |
|---|---|---|---|---|---|
| 家数 | 变动率（%） | 分红公司家数占地区公司总数比重 | 金额（亿元） | 变动率（%） | 分红金额占归属于母公司所有者的净利润比重 |
| 31 | 14.81 | 65.96% | 41.14 | 102.36 | 25.05% |

资料来源：辽宁证监局。

## 四、辽宁上市公司并购重组情况

### （一）并购重组基本情况

2017年，辽宁辖区上市公司共发生重大资产并购重组5起，比2016年发生的9起减少了44.44%，涉及交易金额44.55亿元，比2016年下降了47.23%。在发生的5起并购重组中，完成4起、失败1起，其中，横向整合类重组实施完成2起，失败1起；多元化重组实施完成1起；资产调整实施完成1起。

### （二）并购重组特点

2017年，辖区开展并购重组公司数量及交易金额较2016年明显下降。从开展并购重组公司的性质来看，4家为民营控股上市公司，仅1家为国有控股上市公司。从并购重组公司所属上市板块来看，创业板公司占据了大部分。从支付手段来看，重组方式逐渐丰富，不只局限于发行股份购买资产，越来越多资金充裕的上市公司选择现金方式购买资产。从重组目的来看，部分公司通过横向并购扩大产业规模，部分公司通过整体资产置换实现过剩产能出清和优质资产注入，实现多元化发展，整体质量得到有效提升，充分体现了资本市场优化资源配置的重要作用。

## 五、辽宁上市公司募集资金情况、使用情况

### （一）募集资金总体情况

表 9　　2017 年辽宁上市公司募集资金情况

| 发行类型 | 代码 | 简称 | 募集资金（亿元） |
|---|---|---|---|
| 首发 | 603396 | 金辰股份 | 3.29 |
| | 小计 | | 3.29 |
| 再融资（增发、配股） | 600715 | 文投控股 | 22.70 |
| | 603315 | 福鞍股份 | 3.31 |
| | 603866 | 桃李面包 | 7.19 |
| | 小计 | | 33.20 |
| 其他融资（公司债券） | 600609 | 金杯汽车 | 15.00 |
| | 小计 | | 15.00 |
| 总计 | | | 51.49 |

资料来源：辽宁证监局。

### （二）募集资金使用情况及特点

2017 年，辖区共有 5 家公司通过首发、再融资和公司债 3 种方式募集资金 51.49 亿元，较 2016 年增长 1.74 倍。其中，有 1 家公司首发上市募集资金 3.29 亿元，较 2016 年增长 2.19 倍；3 家公司通过非公开发行股票的方式募集资金 33.20 亿元，较 2016 年增长 4.76 倍；1 家公司通过发行公司债券募集资金 15 亿元，较 2016 年增长 25%。2017 年，已投入使用募集资金 11.96 亿元，占全年股权募集资金总额的 32.78%（公司债募集资金使用无指定使用项目，故未统计）。近年来，辖区上市公司融资规模增长迅速，募集资金整体使用情况较为规范。主要特点如下：一是募集资金整体使用效率较高，但受经济转型及行业动态变化的影响，个别公司募集资金使用进度较慢，部分募投项目未达预期收益。二是使用闲置募集资金购买理财产品的现象更加普遍，主要用于购买保本型银行理财产品。

### （三）募集资金变更情况

2017 年，辖区不存在变更募集资金使用项目的情况。

## 六、辽宁上市公司规范运作情况

### （一）上市公司治理专项情况

2017年，辽宁证监局继续以公司治理为着眼点，多举措督促上市公司完善公司治理结构，提升规范运作水平。一是有序推进“双随机”检查和专项检查工作，不断夯实现场检查效果。2017年，辽宁证监局对辖区上市公司共开展各类现场检查20家次，其中，年报现场检查4家次、专项检查核查2家次、中介机构检查6家次、走访回访8家次。针对检查中发现的问题，视性质及情节轻重，采取了差异化的监管措施，督促上市公司完善公司治理和内部控制建设，强化执行力度，增强规范运作意识，取得了初步成效。二是系统全面排查风险，及时掌握风险点和问题所在，做到风险提前可知可控。全面加强对辖区高风险公司的风险监测和处置工作，重点加强终止上市风险公司（欣泰电气）、暂停上市风险公司（*ST烯碳）及退市风险警示类公司（*ST新城和*ST沈机）等的风险监测和处置力度。三是积极引导公司通过多种方式，建立健全激励约束机制，提高公司治理水平，同时加大对股权激励和员工持股计划的信息披露非现场监管。2017年，辖区共有4家公司实施了股权激励或员工持股计划。四是推动上市公司继续落实现金分红政策。通过组织培训、检查督促、开展投资者教育活动等方式继续深入推动辖区上市公司股东提高回报意识。

### （二）审计情况及监管情况

2017年，共有17家会计师事务所对辖区47家上市公司进行了年报审计，其中，审计意见类型为标准无保留意见的有44家，无法表示意见的有2家（*ST烯碳和抚顺特钢），保留意见的有1家（神雾节能）。

辽宁证监局坚持以问题风险为导向，通过对会计师事务所的约谈提醒、现场检查和日常关注，提升审计执业监管的深入度和覆盖度，充分发挥审计机构对上市公司信息披露、内部控制等情况的把关作用，实现借力监管。2017年，对3家“双随机”现场检查公司的年报审计会计师事务所执业质量进行现场核查，并对亚太（集团）会计师事务所华晨汽车集团控股有限公司财务报告审计项目、中兴华会计师事务所*ST烯碳财务报告审计项目和北京天健兴业资产评估有限公司奥维通信收购标的评估项目重点问题的中介机构执业情况进行了核查，及时就检查中发现的问题与审计机构交换意见，向被检查对象下发检查事实确认书，有效督促会计师事务所归位尽责，切实提升审计执业质量。

### （三）信息披露情况

2017年，辽宁证监局紧紧抓住信息披露真实、准确、完整、及时的要求，持续加强上市公司信息收集、分析及监管协作。一是强化年报审阅风险识别作用，做好年报审阅工作。在年报审阅过程中，充分发挥行业监管与功能监管的优势，采取行业横向对比、历史数据纵向对比等方式，对辖区上市公司年报、内部控制审阅报告或鉴证报告进行审阅，完成《辖区上市公司2016年年报简析》。二是强化媒体质疑和股价异动等事项的联动监管。根据职责分工持续关注公司信息披露及媒体质疑情况，进行动态研判，建立起快速反应机制，重点对梦网荣信、*ST烯碳、文投控股、曙光股份、神雾节能等10家公司的媒体质疑进行核实，督促公司做好披露工作。三是以现场检查为重要抓手，不断强化监管协同。对重大信息披露问题及时开展现场核查，妥善处置风险事项。加强与交易所、稽查部门等二级市场监控部门的监管联动，及时查处打击违规行为。推动辖区上市公司信息披露质量的稳步提高。

### （四）证券市场服务情况

1. 摸清公司发展症结，推动政府加强服务

主动作为，对辖区上市公司进行系统性分析，向辽宁省政府和沈阳市政府提出若干建议，为政府部门提供决策依据，促进辖区上市公司与区域实体经济深度融合、协同发展。起草了《关于辽宁辖区高风险上市公司境况暨提高地区上市公司质量几点建议的函》，和《关于沈阳地区高风险上市公司境况暨提高地区上市公司质量几点建议的函》，报送辽宁省和沈阳市政府，获得了省市政府的高度重视，相关领导组织召开专题会议研究辽宁证监局建议并要求相关部门给予落实。

2. 持续开展首发上市谈话，切实上好监管第一课

2017年辖区金辰股份首发上市，辽宁证监局约见公司董监高人员开展新上市公司“入门”谈话，上好监管第一课：宣讲市场化、法治化监管原则和导向，提出上市公司规范运作的监管要求，划清董监高人员尽责履职的行为红线，要求公司以信息披露为核心，切实把市场主体职责担在肩上。

3. 妥善处理信访举报，保护投资者合法权益

辽宁证监局严格遵守《证券期货违法违规行为举报工作暂行规定》的要求，按照信访举报处理指引和流程的规定，依法、按程序、按时对信访举报事项进行处理，做到“有投诉必回应、有线索必核查”，切实维护了投资者的合法权益。2017年，共收到涉及辖区上市公司的信访举报事项35件，其中，受理18件，办理完毕15件。

4. 组织培训实现提升，促进交流增强互动

2017年，辽宁证监局共协助中国上市公司协会下发5期上市公司董事长、总经理研修班通知。联合辽宁上市公司协会，通过协助举办董事、监事培训会等形式，增强上市公司规范运作意识。通过举办实务讲座、派员给奥克股份等上市公司授课等方式，增强上市公司规范运作意识，锻炼提高监管干部水平。2017年，

累计完成辖区上市公司高管培训涉及217人次。联合上市公司开展投资者走进科隆精化等上市公司活动。与辽宁上市公司协会联合举办辖区上市公司投资者集体接待日，辖区43家上市公司参加，投资者共提出2473个问题，上市公司回答了1949个问题，答复率78.81%，充分实现了上市公司与投资者的良好互动。

审稿人：狄佳巍

撰稿人：汪擎卓

# 吉林地区

## 一、吉林国民经济发展概况

表 1　　2017 年吉林国民经济发展概况　　单位：亿元

| 指标 | 1~3 月 | | 1~6 月 | | 1~9 月 | | 1~12 月 | |
|---|---|---|---|---|---|---|---|---|
| | 绝对量 | 同比增长（%） | 绝对量 | 同比增长（%） | 绝对量 | 同比增长（%） | 绝对量 | 同比增长（%） |
| 地区生产总值（GDP） | 2683.43 | 5.90 | 6124.22 | 6.50 | 9970.58 | 5.70 | 15288.94 | 5.30 |
| 全社会固定资产投资 | 455.71 | 6.00 | 5258.91 | 2.40 | 10636.84 | 0.00 | 13130.90 | 1.40 |
| 社会消费品零售总额 | — | — | — | — | — | — | — | — |
| 规模以上工业增加值 | — | 4.90 | — | 5.80 | — | 5.40 | — | 5.50 |
| 规模以上工业企业实现利润 | 301.10 | 8.70 | 597.50 | 2.10 | 896.50 | 2.60 | 1129.20 | -3.40 |
| 居民消费价格指数（CPI） | 1~3 月 | | 1~6 月 | | 1~9 月 | | 1~12 月 | |
| | 1.30 | | 1.30 | | 1.70 | | 1.70 | |

资料来源：国家统计局。

## 二、吉林上市公司总体情况

### （一）公司数量

表 2　　2017 年吉林上市公司数量　　单位：家

| 公司总数 | 2017 年新增 | 股票类别 | | | 板块分布 | | | |
|---|---|---|---|---|---|---|---|---|
| | | 仅 A 股 | 仅 B 股 | （A+B）股 | 沪市主板 | 深市主板 | 中小板 | 创业板 |
| 42 | 1 | 41 | 0 | 1 | 18 | 14 | 6 | 4 |

资料来源：沪深交易所，同花顺。

## （二）行业分布

表 3　　2017 年吉林上市公司行业分布情况

| 所属证监会行业类别 | 家数 | 占比（%） | 所属证监会行业类别 | 家数 | 占比（%） |
|---|---|---|---|---|---|
| 农、林、牧、渔业 | 0 | 0.00 | 金融业 | 1 | 2.38 |
| 采矿业 | 0 | 0.00 | 房地产业 | 3 | 7.14 |
| 制造业 | 25 | 59.52 | 租赁和商务服务业 | 0 | 0.00 |
| 电力、热力、燃气及水生产和供应业 | 4 | 9.52 | 科学研究和技术服务业 | 0 | 0.00 |
| 建筑业 | 1 | 2.38 | 水利、环境和公共设施管理业 | 1 | 2.38 |
| 批发和零售业 | 2 | 4.76 | 教育 | 0 | 0.00 |
| 交通运输、仓储和邮政业 | 1 | 2.38 | 卫生和社会工作 | 0 | 0.00 |
| 住宿和餐饮业 | 0 | 0.00 | 文化、体育和娱乐业 | 0 | 0.00 |
| 信息传输、软件和信息技术服务业 | 4 | 9.52 | 综合 | 0 | 0.00 |
| 合计 | 42 | 100 | | | |

资料来源：沪深交易所，同花顺。

## （三）股本结构及规模

表 4　　2017 年吉林上市公司股本规模在 10 亿股以上公司分布情况

| 股本规模（亿股） | 公司家数 | 具体公司 |
|---|---|---|
| 20≤～<50 | 6 | 顺发恒业，东北证券，苏宁环球，吉电股份，亚泰集团，吉视传媒 |
| 10≤～<20 | 12 | 富奥股份，吉林化纤，吉林敖东，一汽轿车，中钢国际，紫鑫药业，利源精制，诺德股份，退市吉恩，中天能源，通化东宝，吉林高速 |

资料来源：沪深交易所，同花顺。

表 5　　2017 年吉林上市公司分地区股权构成情况　　单位：家

| 股权性质 / 地域分布 | 央企国资控股 | 省属国资控股 | 地市国资控股 | 民营控股 | 其他 | 合计 |
|---|---|---|---|---|---|---|
| 长春市 | 5 | 4 | 5 | 7 | 3 | 24 |
| 吉林市 | 1 | 1 | 1 | 5 | 1 | 9 |
| 四平市 | 0 | 0 | 0 | 0 | 0 | 0 |
| 辽源市 | 0 | 0 | 0 | 1 | 0 | 1 |
| 通化市 | 0 | 0 | 0 | 5 | 1 | 6 |
| 白山市 | 0 | 0 | 0 | 0 | 0 | 0 |

续表

| 地域分布＼股权性质 | 央企国资控股 | 省属国资控股 | 地市国资控股 | 民营控股 | 其他 | 合计 |
|---|---|---|---|---|---|---|
| 松原市 | 0 | 0 | 0 | 0 | 0 | 0 |
| 白城市 | 0 | 0 | 0 | 0 | 0 | 0 |
| 延边州 | 0 | 0 | 1 | 1 | 0 | 2 |
| 合计 | 6 | 5 | 7 | 19 | 5 | 42 |

资料来源：吉林证监局。

### （四）市值规模

截至2017年12月31日，吉林42家上市公司境内总市值4156.26亿元，占全国上市公司境内总市值的0.73%；其中，上交所上市公司18家，总股本175.79亿股，境内总市值1561.18亿元，占上交所上市公司境内总市值的0.47%；深交所上市公司24家，总股本261.90亿股，境内总市值2595.08亿元，占深交所上市公司境内总市值的1.10%。

### （五）资产规模

截至2017年12月31日，吉林42家上市公司合计总资产4472.66亿元，归属于母公司股东权益1751.72亿元，与2016年相比，分别增长5.19%、13.03%；平均每股净资产4元。

## 三、吉林上市公司经营情况及变动分析

### （一）总体经营情况

表6　2017年吉林上市公司经营情况

| 指标 | 2017年 | 2016年 | 变动率（%） |
|---|---|---|---|
| 家数 | 42 | 41 | 2.44 |
| 亏损家数 | 3 | 3 | 0.00 |
| 亏损家数比例（%） | 7.14 | 7.32 | -0.18 |
| 平均每股收益（元） | 0.24 | 0.19 | 26.32 |
| 平均每股净资产（元） | 4 | 3.88 | 3.09 |
| 平均净资产收益率（%） | 6.11 | 4.93 | 1.18 |
| 总资产（亿元） | 4472.66 | 4252.14 | 5.19 |
| 归属于母公司股东权益（亿元） | 1751.72 | 1549.83 | 13.03 |
| 营业收入（亿元） | 1667.08 | 1360.46 | 22.54 |
| 利润总额（亿元） | 173.61 | 113.12 | 53.47 |
| 归属于母公司所有者的净利润（亿元） | 107 | 76.4 | 40.05 |

资料来源：沪深交易所，同花顺。

## （二）分行业经营情况

表 7　　2017 年吉林上市公司分行业经营情况

| 所属行类 | 营业收入（亿元） | 可比样本变动率（%） | 归属于母公司所有者的净利润（亿元） | 可比样本变动率（%） |
|---|---|---|---|---|
| 农、林、牧、渔业 | 0.00 | — | 0.00 | — |
| 采矿业 | 0.00 | — | 0.00 | — |
| 制造业 | 1039.45 | 30.72 | 61.11 | 115.86 |
| 电力、热力、燃气及水生产和供应业 | 168.23 | 42.41 | 4.82 | -31.24 |
| 建筑业 | 78.59 | -16.82 | 4.18 | -18.52 |
| 批发和零售业 | 141.85 | 2.57 | 2.34 | 107.08 |
| 交通运输、仓储和邮政业 | 9.74 | 25.68 | 2.97 | 54.69 |
| 住宿和餐饮业 | 0.00 | — | 0.00 | — |
| 信息传输、软件和信息技术服务业 | 47.41 | 7.70 | 4.98 | -3.49 |
| 金融业 | 49.26 | 9.91 | 6.67 | -49.28 |
| 房地产业 | 128.67 | 4.52 | 19.22 | 33.01 |
| 租赁和商务服务业 | 0.00 | — | 0.00 | — |
| 科学研究和技术服务业 | 0.00 | — | 0.00 | — |
| 水利、环境和公共设施管理业 | 3.89 | 26.71 | 0.71 | 0.00 |
| 教育 | 0.00 | — | 0.00 | — |
| 卫生和社会工作 | 0.00 | — | 0.00 | — |
| 文化、体育和娱乐业 | 0.00 | — | 0.00 | — |
| 综合 | 0.00 | — | 0.00 | — |
| 合计 | 1667.08 | 21.79 | 107.00 | 39.02 |

资料来源：沪深交易所，同花顺。

## （三）业绩变动情况分析

1. 营业收入、毛利率等变动原因分析

2017 年，吉林辖区上市公司实现营业总收入 1667.08 亿元，占 A 股上市公司总收入的 0.43%，同比增长 22.54%，增速提高 20.13 个百分点。其中，36 家公司营业收入保持增长，吉林森工因重大资产重组，合并范围增加，收入增长 167.18%，增幅最大。辖区总体毛利率为 37.84%，较 2016 年同期上升 3.57 个百分点。

2. 盈利构成分析

2017 年，吉林辖区上市公司归属于母公司股东的净利润合计 107 亿元，占 A 股上市公司的 0.32%，同比增长 40.05%，扭转了 2016 年净利润同比下降的局面。投资收益 54.56 亿元，同比降低 5.6%，但仍是净利润的主要来源。从盈亏结构来看，在 42 家上市公司中，盈利 39 家，亏损 3 家（*ST 吉恩亏损 23.63 亿元、吉电股份亏损 3.39 亿元、*ST 成城亏损 0.71 亿元），亏损家数与 2016 年持平，但亏损金额减少 5.82 亿元。

3. 经营性现金流量分析

2017 年，吉林辖区上市公司经营活动现金流量净额 282.73 亿元，同比增长 1318.27%，现金流创造能力增强，其中，销售商品收到的现金 1387.94 亿元，同比增长 19.53%。投资活动现金流出 682.58 亿元，同比增长 42.61%，投资保持增长。筹资活动现金流入 1220.69 亿元，同比下降 27.85%，其中，吸收投资现金流入 120.57 亿元，同比下降 37.41%；取得借款现金流入 905.17 亿元，同比下降 9.09%。

4. 业绩特点分析

2017 年，吉林辖区汽车、医药、地产三大板块的整体业绩企稳回升。3 家汽车零部件生产企业实现净利润 13.18 亿元，同比上升 18.10%，整车制造公司一汽轿车盈利 2.81 亿元，扭亏为盈。从整体情况来看，随着供给侧结构性改革的深入推进，汽车板块以市场和用户需求为导向，创新产品研发，逐渐走出低迷，汽车销量及利润大幅提升。7 家医药类上市公司实现净利润 42.54 亿元，同比增长 26.29%，增速减缓。除益盛药业外，其余 6 家公司利润均突破亿元大关。3 家地产类上市公司实现净利润 19.22 亿元，同比增长 32.98%，增幅增加 15.7 个百分点。3 家公司业绩均实现同比增长，其中，顺发恒业因项目集中交付，售价提高，净利润增长 108.84%。

5. 利润分配情况

表 8　　2017 年吉林上市公司现金分红情况

| 2017 年分红公司家数 | | | 2017 年分红金额 | | |
|---|---|---|---|---|---|
| 家数 | 变动率（%） | 分红公司家数占地区公司总数比重 | 金额（亿元） | 变动率（%） | 分红金额占归属于母公司所有者的净利润比重 |
| 32 | 18.52 | 76.19% | 36.62 | 29.81 | 34.22% |

资料来源：吉林证监局。

## 四、吉林上市公司并购重组情况

### （一）并购重组基本情况

2017 年，吉林辖区 3 家上市公司开展重大资产重组。其中，吉林森工发行股份并募集配套资金购买新泉阳泉 75.45% 股权、苏州园区园林 100% 股权；金圆股份发行股份购买江西新金叶 58% 股权；金冠电气发行股份并募集配套资金购买辽源鸿图锂电隔膜 100% 股权。

### （二）并购重组特点

2017 年，吉林辖区上市公司并购重组日趋主动，抢救式、被迫式的变革逐步缩减，上市公司能够积极主动地利用资本市场的广阔平台寻求新增长、新发展、新突破。并购重组效果较为明显，上市公司通过收购优质资产，延伸产业链条，拓展业务领域，使得自身的经营规模、盈利能力得到大幅提高，实现了企业做大做强的目标，充分体现了资本市场优化资源配置的重要作用。

## 五、吉林上市公司募集资金情况、使用情况

### （一）募集资金总体情况

表 9　　2017 年吉林上市公司募集资金情况

| 发行类型 | 代码 | 简称 | 募集资金（亿元） |
|---|---|---|---|
| 首发 | 300597 | 吉大通信 | 3.32 |
| | 小计 | | 3.32 |
| 再融资（增发、配股） | 002501 | 利源精制 | 30 |
| | 600881 | 亚泰集团 | 30.5 |
| | 300510 | 金冠电气 | 4.97 |
| | 600333 | 长春燃气 | 5.26 |
| | 600856 | 中天能源 | 23 |
| | 000546 | 金圆股份 | 12.12 |
| | 小计 | | 105.85 |
| 总计 | | | 109.17 |

资料来源：吉林证监局。

### （二）募集资金使用情况及特点

2017 年，吉林辖区 22 家上市公司直接使用募集资金 82.18 亿元，7 家上市公司使用闲置募集资金 38.37 亿元购买理财产品，9 家上市公司使用闲置募集资金 36.38 亿元暂时补充流动资金。从募集资金使用情况来看，2017 年上市公司直接使用的募集资金占募集资金净额的 22.79%，购买理财产品占比 10.64%，补充流动资金占比 10.09%。吉林辖区上市公司能够积极利用资本市场的直接融资功能，使用募集资金投资项目建设，助力实体经济发展，同时合理安排闲置募集资金的使用，保证资金的使用效率。

### （三）募集资金变更情况

表 10　　2017 年吉林上市公司募集资金使用项目变更情况

| 变更募集资金使用项目的公司家数 | 涉及金额（亿元） | 募集资金总额（亿元） | 占公司募集资金总额的比例（%） |
|---|---|---|---|
| 4 | 18.42 | 45.15 | 40.79 |

资料来源：吉林证监局。

2017年，吉林辖区共有4家上市公司变更募集资金使用项目，其中，中天能源将原“江阴液化天然气集散中心LNG储配站项目”变更为“收购广东华丰液化天然气有限公司55%股权并增资”，涉及金额5.61亿元，金冠电气、吉林化纤为募投项目实施地点变更，中通国脉为募投项目实施地点变更及采购设备变更。具体如表10所示。

## 六、吉林上市公司规范运作情况

### （一）上市公司治理专项情况

2017年，吉林证监局对6家上市公司开展了现场检查，检查覆盖率达14.28%，检查对象涉及重组上市公司、高风险公司摸排、年报现场检查、“双随机”检查和公司债券检查等类型，就上市公司在公司治理与规范运作、募集资金管理和使用、财务管理等方面存在的问题，共采取了1项行政监管措施，惩戒违法违规问题；下发了5份监管关注函，对上市公司予以提醒，及时矫正违规行为。

### （二）审计情况及监管情况

2017年，吉林证监局对辖区8家上市公司开展了年报审计监管，针对89个风险事项，向审计机构下发了11份监管备忘录，累计约谈年审会计师12家次，现场督导10家次。通过事中监管，督促更正了2家公司的财务信息，有效防范化解风险，构筑了辖区公司风险防范的坚实防线。

### （三）信息披露情况

吉林证监局始终坚持以信息披露为核心的监管理念，进一步完善上市公司监管机制，调整非现场监管模式，有效提升风险监控能力。一是以信息日报为抓手，强化临时公告审核。补充完善信息日报内容，新增统计项目，对问题的发现、处理进行全过程记录。全年共审核上市公司临时公告文件4831份，对审核中发现的问题及时响应、妥善处置。二是以年报审核为依托，提高风险研判能力。结合监管政策新要求和上市公司风险新动向，修订年报审核底稿，对年报审核的重点和标准进行明确和细化，在年报审核分析过程中及时摸排风险，突出风险导向，掌握监管主动权。按照“披露一家，审核一家”的原则，对辖区42家上市公司实施“全覆盖”式年报审核分析工作，关注事项256个，下发问询函12份。三是充分发挥舆情监测“嘹望塔”与“前哨战”的作用。密切跟踪上市公司媒体报道，加强舆情监测和分析，发挥“关注、问询、核查及报告”一体化媒体报道快速反应机制的优势。全年妥善处置媒体质疑17次，未出现负面报道大范围蔓延的情形。

### （四）证券市场服务情况

2017年，吉林证监局以维护中小投资者合法权益专项活动为依托，紧扣投资者需求，压实上市公司主体责任，投资者保护工作取得显著成效。一是以“3·15”

消费者权益日为契机，开展“投资者保护，你我同行”主题宣传教育活动。二是抽取顺发恒业作为投资者保护工作落实情况的现场检查对象，并针对公司投资者保护制度执行不到位等问题，向公司下发监管关注函，督促公司及时改正。三是充分借助举报投诉等渠道，及时捕捉和动态分析苗头性、倾向性问题，积极采取约见谈话、书面说明、中介机构出具复核意见、现场检查等方式，妥善解决投资者诉求。全年共处理投诉举报95件，没有出现群体性事件。四是鼓励上市公司开展网上说明会，提高投资者对公司业绩及重大事项的理解和认知。2017年，辖区26家公司召开了27次网上说明会，取得了良好的市场反响。

审稿人：张　煜

撰稿人：杨　帆

# 黑龙江地区

## 一、黑龙江国民经济发展概况

表1　　2017年黑龙江国民经济发展概况　　单位：亿元

| 指标 | 1~3月 | | 1~6月 | | 1~9月 | | 1~12月 | |
|---|---|---|---|---|---|---|---|---|
| | 绝对量 | 同比增长（%） | 绝对量 | 同比增长（%） | 绝对量 | 同比增长（%） | 绝对量 | 同比增长（%） |
| 地区生产总值（GDP） | 2797.95 | 6.10 | 6108.01 | 6.30 | 9901.81 | 6.30 | 16199.88 | 6.40 |
| 全社会固定资产投资 | 203.41 | 5.80 | 2618.63 | 6.60 | 6543.88 | 7.50 | 11079.65 | 6.20 |
| 社会消费品零售总额 | 2038.50 | 9.10 | 4090.50 | 8.30 | 6323.60 | 8.40 | 9099.20 | 8.30 |
| 规模以上工业增加值 | — | 2.10 | — | 2.30 | — | 2.30 | — | 2.70 |
| 规模以上工业企业实现利润 | 142.10 | -2886.30 | 285.30 | 363.10 | 435.40 | 216.00 | 474.70 | 135.30 |
| 居民消费价格指数（CPI） | 1~3月 | | 1~6月 | | 1~9月 | | 1~12月 | |
| | 0.20 | | 0.60 | | 2.10 | | 2.20 | |

资料来源：国家统计局。

## 二、黑龙江上市公司总体情况

### （一）公司数量

表2　　2017年黑龙江上市公司数量　　单位：家

| 公司总数 | 2017年新增 | 股票类别 | | | 板块分布 | | | |
|---|---|---|---|---|---|---|---|---|
| | | 仅A股 | 仅B股 | （A+B）股 | 沪市主板 | 深市主板 | 中小板 | 创业板 |
| 36 | 1 | 35 | 0 | 1 | 25 | 5 | 4 | 2 |

资料来源：沪深交易所，同花顺。

## （二）行业分布

表 3　　2017 年黑龙江上市公司行业分布情况

| 所属证监会行业类别 | 家数 | 占比（%） | 所属证监会行业类别 | 家数 | 占比（%） |
|---|---|---|---|---|---|
| 农、林、牧、渔业 | 2 | 5.56 | 金融业 | 1 | 2.78 |
| 采矿业 | 0 | 0.00 | 房地产业 | 0 | 0.00 |
| 制造业 | 22 | 61.11 | 租赁和商务服务业 | 0 | 0.00 |
| 电力、热力、燃气及水生产和供应业 | 3 | 8.33 | 科学研究和技术服务业 | 0 | 0.00 |
| 建筑业 | 2 | 5.56 | 水利、环境和公共设施管理业 | 0 | 0.00 |
| 批发和零售业 | 2 | 5.56 | 教育 | 0 | 0.00 |
| 交通运输、仓储和邮政业 | 2 | 5.56 | 卫生和社会工作 | 0 | 0.00 |
| 住宿和餐饮业 | 0 | 0.00 | 文化、体育和娱乐业 | 0 | 0.00 |
| 信息传输、软件和信息技术服务业 | 2 | 5.56 | 综合 | 0 | 0.00 |
| 合计 | 36 | 100 | | | |

资料来源：沪深交易所，同花顺。

## （三）股本结构及规模

表 4　　2017 年黑龙江上市公司股本规模在 10 亿股以上公司分布情况

| 股本规模（亿股） | 公司家数 | 具体公司 |
|---|---|---|
| 50≤～<100 | 2 | 中航资本，中国一重 |
| 20≤～<50 | 5 | 金洲慈航，誉衡药业，哈药股份，东方集团，哈投股份 |
| 10≤～<20 | 7 | 安通控股，国中水务，北大荒，工大高新，华电能源，宝泰隆，龙江交通 |

资料来源：沪深交易所，同花顺。

表 5　　2017 年黑龙江上市公司分地区股权构成情况　　单位：家

| 股权性质 / 地域分布 | 央企国资控股 | 省属国资控股 | 地市国资控股 | 民营控股 | 其他 | 合计 |
|---|---|---|---|---|---|---|
| 哈尔滨市 | 7 | 2 | 4 | 13 | 0 | 26 |
| 齐齐哈尔市 | 1 | 0 | 0 | 2 | 0 | 3 |
| 鸡西市 | 0 | 0 | 0 | 1 | 0 | 1 |
| 鹤岗市 | 0 | 0 | 0 | 0 | 0 | 0 |
| 双鸭山市 | 0 | 0 | 0 | 0 | 0 | 0 |
| 大庆市 | 1 | 0 | 0 | 0 | 0 | 1 |

续表

| 股权性质 / 地域分布 | 央企国资控股 | 省属国资控股 | 地市国资控股 | 民营控股 | 其他 | 合计 |
|---|---|---|---|---|---|---|
| 伊春市 | 0 | 0 | 0 | 1 | 0 | 1 |
| 佳木斯市 | 1 | 0 | 0 | 0 | 0 | 1 |
| 七台河市 | 0 | 0 | 0 | 1 | 0 | 1 |
| 牡丹江市 | 0 | 0 | 1 | 0 | 1 | 2 |
| 黑河市 | 0 | 0 | 0 | 0 | 0 | 0 |
| 绥化市 | 0 | 0 | 0 | 0 | 0 | 0 |
| 合计 | 10 | 2 | 5 | 18 | 1 | 36 |

资料来源：黑龙江证监局。

### （四）市值规模

截至 2017 年 12 月 31 日，黑龙江 36 家上市公司境内总市值 3802.39 亿元，占全国上市公司境内总市值的 0.67%；其中，上交所上市公司 25 家，总股本 408.64 亿股，境内总市值 2970.44 亿元，占上交所上市公司境内总市值的 0.89%；深交所上市公司 11 家，总股本 77.57 亿股，境内总市值 831.95 亿元，占深交所上市公司境内总市值的 0.35%。

### （五）资产规模

截至 2017 年 12 月 31 日，黑龙江 36 家上市公司合计总资产 5933.11 亿元，归属于母公司股东权益 1617.34 亿元，与 2016 年相比，分别增长 24.18%、5.49%；

## 三、黑龙江上市公司经营情况及变动分析

### （一）总体经营情况

表 6　2017 年黑龙江上市公司经营情况

| 指标 | 2017 年 | 2016 年 | 变动率（%） |
|---|---|---|---|
| 家数 | 36 | 35 | 2.86 |
| 亏损家数 | 3 | 3 | 0.00 |
| 亏损家数比例（%） | 8.33 | 8.57 | -0.24 |
| 平均每股收益（元） | 0.15 | 0.09 | 66.67 |
| 平均每股净资产（元） | 3.33 | 3.38 | -1.48 |
| 平均净资产收益率（%） | 4.61 | 2.69 | 1.92 |
| 总资产（亿元） | 5933.11 | 4777.94 | 24.18 |
| 归属于母公司股东权益（亿元） | 1617.34 | 1533.24 | 5.49 |
| 营业收入（亿元） | 1529.92 | 1290.35 | 18.57 |
| 利润总额（亿元） | 113.07 | 81.51 | 38.72 |
| 归属于母公司所有者的净利润（亿元） | 74.64 | 41.25 | 80.95 |

资料来源：沪深交易所，同花顺。

## （二）分行业经营情况

表 7　　2017 年黑龙江上市公司分行业经营情况

| 所属行类 | 营业收入（亿元） | 可比样本变动率（%） | 归属于母公司所有者的净利润（亿元） | 可比样本变动率（%） |
|---|---|---|---|---|
| 农、林、牧、渔业 | 32.50 | -4.78 | 8.38 | 6.08 |
| 采矿业 | 0.00 | — | 0.00 | — |
| 制造业 | 856.42 | 13.29 | 45.14 | 462.28 |
| 电力、热力、燃气及水生产和供应业 | 120.83 | 6.24 | -7.28 | -243.59 |
| 建筑业 | 118.72 | 47.64 | 4.29 | 946.34 |
| 批发和零售业 | 159.71 | 4.05 | 10.23 | 3.65 |
| 交通运输、仓储和邮政业 | 85.48 | 98.93 | 9.05 | 31.16 |
| 住宿和餐饮业 | 0.00 | — | 0.00 | — |
| 信息传输、软件和信息技术服务业 | 46.75 | 56.77 | -23.01 | -1697.92 |
| 金融业 | 109.51 | 25.18 | 27.84 | 19.79 |
| 房地产业 | 0.00 | — | 0.00 | — |
| 租赁和商务服务业 | 0.00 | — | 0.00 | — |
| 科学研究和技术服务业 | 0.00 | — | 0.00 | — |
| 水利、环境和公共设施管理业 | 0.00 | — | 0.00 | — |
| 教育 | 0.00 | — | 0.00 | — |
| 卫生和社会工作 | 0.00 | — | 0.00 | — |
| 文化、体育和娱乐业 | 0.00 | — | 0.00 | — |
| 综合 | 0.00 | — | 0.00 | — |
| 合计 | 1529.92 | 17.87 | 74.64 | 76.16 |

资料来源：沪深交易所，同花顺。

## （三）业绩变动情况分析

1. 营业收入、毛利率等变动原因分析

2017 年度，黑龙江上市公司共实现营业总收入约为 1529.92 亿元，同比增长 18.57%。累计 7 家上市公司的营业总收入出现负增长。营业利润约为 130.89 亿元，同比增长约 85.48%。毛利率 7.76%，与 2016 年基本持平。

2. 盈利构成分析

2017 年，归属于母公司股东的净利润合计为 74.64 亿元（剔除 3 家亏损企业，实现净利润为 111.28 亿元），同比增长 80.95%，部分公司风险爆发出现巨亏。净利润在 1 亿元以上的公司有 23 家，最高为中航资本的 27.8 亿元。

2017 年，黑龙江无上市公司完全依靠非经常性损益实现盈利（即非经常性损益占归属于上市公司股东净利润的比例超过 100%）。非经常性损益占归属于上市公司股东净利润比例在 50% ~100% 的有 3 家，比例在 30% ~50% 的有 4 家。

3. 经营性现金流量分析

2017 年，黑龙江上市公司直接融资

规模大幅下降，三联药业首发融资9.52亿元，京蓝科技等4家公司再融资42.12亿元，合计融资51.65亿元，同比下降73.5%。直接融资能力下降造成了部分公司在2017年度现金流量偏紧，更多依靠银行贷款等短期借款维持正常生产经营，财务费用居高不下，影响公司利润。剔除金融类上市公司，辖区共9家上市公司经营活动产生的现金流量净额为负。

虽然辖区流动比率及速动比率分别为2.18、1.61，整体上尚处于资金流动良好的状态，但是个别公司已暴露出偿债压力大、偿债能力存疑的风险。流动比率小于1且速动比率小于0.5的企业有2家，分别为华电能源和誉衡药业。辖区部分上市公司利息保障倍数较低，其中，国中水务利息保障倍数仅为0.5，华电能源、宝泰隆、中国一重的利息保障倍数处于1～1.5的区间，其经营收益无法覆盖或刚刚能偿还现有利息费用。

4. 业绩特点分析

（1）制造业逐步向好，医药行业出现分化。黑龙江共有22家制造业上市公司，包括中直股份、东安动力、恒丰纸业等相关行业龙头企业，2017年制造业上市公司紧抓供给侧结构性改革主线，缩减低质产能，增加有效供给，整体经营持续向好。全年实现营业收入856.42亿元，同比增长13.3%。其中，2016年出现亏损的2家制造业上市公司，依靠自身生产经营，全部实现盈利。中国一重全年实现营业收入102.51亿元，同比增长220%，净利润8400万元，已成功摘帽。佳电股份全年实现营业收入15.88亿元，同比增长约25.3%，净利润为1.2亿元，已成功扭亏。

黑龙江传统优势版块医药类上市公司业绩分化比较明显。一方面，以OTC为主营产品的葵花药业经营业绩表现抢眼。2017年度实现营业收入38.6亿元，同比增长14.6%，每股收益为1.45元，净利润约为4.24亿元，同比增长约40%。另一方面，受“两票制”等政策的影响，以哈药股份、誉衡药业为代表的传统医药上市公司则出现业绩下滑。哈药股份营业收入大幅度下滑，约为120.18亿元，同比下降约15%。誉衡药业净利润约为3.1亿元，同比下降约56%。

（2）国有企业发展平稳，民营企业利润大幅度下滑。黑龙江共有国有控股上市公司17家，民营及外资上市公司19家，数量相当但经营业绩及盈利能力差别较大。17家国有企业2017年度实现营业总收入约为990.2亿元，同比增长14.6%，占营业总收入的64.7%。净利润为51.4亿元，与2016年基本持平，占净利润的69.3%。2016年黑龙江仅有的2家亏损公司均为国有上市公司，已全部扭亏。2017年黑龙江的3家亏损公司中，有2家国有控股公司。因亿阳信通巨亏24亿元的影响，2017年辖区民营企业利润则大幅度下滑，辖区民营企业全年实现归属于母公司股东的净利润约为23.2亿元，同比下降约52%。

5. 利润分配情况

表 8　　2017 年黑龙江上市公司现金分红情况

| 2017 年分红公司家数 | | | 2017 年分红金额 | | |
|---|---|---|---|---|---|
| 家数 | 变动率（%） | 分红公司家数占地区公司总数比重 | 金额（亿元） | 变动率（%） | 分红金额占归属于母公司所有者的净利润比重 |
| 27 | 3.85 | 75% | 41.15 | -5.53 | 55.13% |

资料来源：黑龙江证监局。

## 四、黑龙江上市公司并购重组情况

### （一）并购重组基本情况

2017 年，辖区共有 1 家公司完成重大资产重组，为京蓝科技，共募集配套资金约为 5.1 亿元。并购重组对改善公司业绩效果十分明显，京蓝科技净利润约为 2016 年度的 23 倍，实现净利润约为 2.89 亿元。

### （二）并购重组特点

2017 年，随着证监会并购重组监管的加强，辖区上市公司并购活跃程度大幅度下降，主要呈现以下特点：一是规模大幅度缩小，2017 年辖区上市公司审核通过并最终实施完成的只有 1 家，融资额度较 2016 年大幅下降。二是京蓝科技此次并购以产业链横向整合为主，业绩实现大幅度突破。三是本年度通过并购重组获得直接融资能力下降造成了部分公司在 2017 年度现金流量偏紧，更多依靠银行贷款等短期借款维持正常生产经营，财务费用居高不下，影响公司利润。

## 五、黑龙江上市公司募集资金情况、使用情况

### （一）募集资金总体情况

表 9　　2017 年黑龙江上市公司募集资金情况

| 发行类型 | 代码 | 简称 | 募集资金（亿元） |
|---|---|---|---|
| 首发 | 002900 | 哈三联 | 9.53 |
| | 小计 | | 9.53 |
| 再融资（增发、配股） | 600187 | 国中水务 | 9.52 |
| | 000711 | 京蓝科技 | 5.10 |
| | 601106 | 中国一重 | 15.50 |
| | 601011 | 宝泰隆 | 12.00 |
| | 小计 | | 42.12 |
| | 七台河宝泰隆煤化工股份有限公司 | | 3.1 |
| | 金洲慈航集团股份有限公司 | | 5.2 |
| | 小计 | | 8.3 |
| 总计 | | | 59.95 |

资料来源：黑龙江证监局。

### （二）募集资金使用情况及特点

2017年度，辖区共9家公司累计使用募集资金124.71亿元，募集资金整体情况良好。辖区募集资金多为生产经营项目，个别用于补充流动资金。

### （三）募集资金变更情况

2017年黑龙江上市公司募集资金使用没有发生变更。

## 六、黑龙江上市公司规范运作情况

### （一）上市公司治理专项情况

一是加强承诺履行监管。在2017年度监管座谈会上，向上市公司董事长、高级管理人员及中介机构人员提出明确要求，提醒公司强化承诺履行，注重公司形象。如果变更承诺，要及时召开投资者说明会，充分沟通，切实保护投资者合法权益。针对未如期履行承诺的行为，坚持从严监管。2017年度因佳电股份大股东哈电集团未如期履行承诺，向哈电集团采取出具警示函的行政监管措施。

二是聚焦问题和风险，实施重点盯防式监管。针对亿阳信通、工大高新等风险问题集中爆发的公司，对其违法违规行为严厉查处，绝不手软，并将线索移送立案稽查。

### （二）审计情况及监管情况

黑龙江36家上市公司的2017年年报审计工作由15家会计师事务所承担，其中，34家上市公司的年报被审计机构出具标准无保留意见的审计报告，2家公司被出具无法表示意见的审计报告（*ST信通、*ST工新）。

在年报监管方面，一是事前梳理。对照公司风险和会计师事务所审计风险指标，对上市公司存在的问题和风险隐患进行梳理，将12家公司确定为年报重点监管公司。强化谈话提醒，提示年报审计风险。二是以年报审计监管检查为契机，加强对中介机构的执业监管。约谈了瑞华会计师事务所、大信会计师事务所等12家年审机构及签字会计师，充分了解风险。三是加强检查力度，2017年度开展函证专项检查，针对部分辖区上市公司、新三板挂牌公司的年审函证质量开展深入核查。针对核查中发现的问题，从严查处，共累计对2家会计师事务所出具行政监管措施，创历年之最。

### （三）信息披露情况

信息披露监管作为上市公司监管的核心工作，黑龙江证监局以现场检查为抓手，建立并完善事中、事后监管机制，强化与交易所等部门的监管联动。加强日常信息披露的审核力度，坚持以问题和风险为导向，深入进行现场检查。此外，加大违法违规打击力度，2017年度因信息披露违规，黑龙江证监局对上市公司及其相关方累计共出具行政监管措施9项，创辖区历年之最。

（四）证券市场服务情况

1. 切实维护投资者合法权益

2017 年度，黑龙江证监局妥善处置投资者投诉举报，推动市场主体与中小投资者协商解决争议纠纷；将处置投诉举报作为促进监管的切入点，作为促进上市公司规范运作的“助推器”，实现处置投诉举报与监管工作的有效结合。针对重要举报线索，深入开展专项核查，对违法违规事项坚决打击，视情节下发行政监管措施或移送立案稽查。

2. 精心组织辖区上市公司培训

2017 年度，为了进一步推动辖区上市公司董事、监事、高管等主体各行其权、各司其责，加强内部控制，防止违法违规行为发生，传达最新监管理念，黑龙江证监局联合辖区上市公司协会开展了董监高专题培训及董秘座谈会各一次。通过培训，不但进一步推动了上市公司的规范运作，提升了辖区上市公司质量，而且也加强了对资本市场业务的学习以及对风险的研判管理。

审稿人：郭若超

撰稿人：韩　瑶

# 上海地区

## 一、上海国民经济发展概况

表 1　　2017 年上海国民经济发展概况　　单位：亿元

| 指标 | 1～3月 | | 1～6月 | | 1～9月 | | 1～12月 | |
|---|---|---|---|---|---|---|---|---|
| | 绝对量 | 同比增长（%） | 绝对量 | 同比增长（%） | 绝对量 | 同比增长（%） | 绝对量 | 同比增长（%） |
| 地区生产总值（GDP） | 6922.84 | 6.80 | 13908.57 | 6.90 | 21617.52 | 7.00 | 30133.86 | 6.90 |
| 全社会固定资产投资 | 1315.90 | 10.50 | 2989.91 | 6.40 | 4702.98 | 6.40 | 7246.60 | 7.30 |
| 社会消费品零售总额 | 2750.37 | 7.80 | 5670.00 | 8.10 | 8666.54 | 8.00 | 11830.27 | 8.10 |
| 规模以上工业增加值 | — | 6.40 | — | 7.80 | — | 9.50 | — | 6.80 |
| 规模以上工业企业实现利润 | 747.30 | 24.50 | 1555.10 | 17.50 | 2309.40 | 13.00 | 3210.90 | 10.60 |
| 居民消费价格指数（CPI） | 1～3月 | | 1～6月 | | 1～9月 | | 1～12月 | |
| | 2.20 | | 1.50 | | 1.80 | | 1.70 | |

资料来源：国家统计局，上海统计局。

## 二、上海上市公司总体情况

### （一）公司数量

表 2　　2017 年上海上市公司数量　　单位：家

| 公司总数 | 2017 年新增 | 股票类别 | | | 板块分布 | | | |
|---|---|---|---|---|---|---|---|---|
| | | 仅 A 股 | 仅 B 股 | （A+B）股 | 沪市主板 | 深市主板 | 中小板 | 创业板 |
| 279 | 39 | 242 | 4 | 33 | 201 | 2 | 30 | 46 |

资料来源：沪深交易所，同花顺。

## （二）行业分布

表 3　　2017 年上海上市公司行业分布情况

| 所属证监会行业类别 | 家数 | 占比（%） | 所属证监会行业类别 | 家数 | 占比（%） |
|---|---|---|---|---|---|
| 农、林、牧、渔业 | 2 | 0.72 | 金融业 | 13 | 4.66 |
| 采矿业 | 2 | 0.72 | 房地产业 | 21 | 7.53 |
| 制造业 | 135 | 48.39 | 租赁和商务服务业 | 4 | 1.43 |
| 电力、热力、燃气及水生产和供应业 | 3 | 1.08 | 科学研究和技术服务业 | 4 | 1.43 |
| 建筑业 | 10 | 3.58 | 水利、环境和公共设施管理业 | 3 | 1.08 |
| 批发和零售业 | 20 | 7.17 | 教育 | 1 | 0.36 |
| 交通运输、仓储和邮政业 | 17 | 6.09 | 卫生和社会工作 | 0 | 0.00 |
| 住宿和餐饮业 | 1 | 0.36 | 文化、体育和娱乐业 | 6 | 2.15 |
| 信息传输、软件和信息技术服务业 | 34 | 12.19 | 综合 | 3 | 1.08 |
| 合计 | 279 | 100 | | | |

资料来源：沪深交易所，同花顺。

## （三）股本结构及规模

表 4　　2017 年上海上市公司股本规模在 10 亿股以上公司分布情况

| 股本规模（亿股） | 公司家数 | 具体公司 |
|---|---|---|
| 500≤～＜1000 | 1 | 交通银行 |
| 200≤～＜500 | 4 | 浦发银行，上港集团，宝钢股份，中国联通 |
| 100≤～＜200 | 7 | 上汽集团，东方航空，绿地控股，上海石化，海通证券，上海电气，中远海发 |
| 50≤～＜100 | 7 | 协鑫集成，上海建工，东方证券，国泰君安，上海银行，中国太保，招商轮船 |
| 20≤～＜50 | 27 | 二三四五，上海莱士，美邦服饰，网宿科技，东方财富，上海电力，中远海能，国投资本，大名城，复星医药，振华重工，中化国际，方正科技，大众交通，华谊集团，大众公用，东方明珠，申能股份，城投控股，陆家嘴，华域汽车，安信信托，隧道股份，世茂股份，环旭电子，上海医药，光大证券 |

续表

| 股本规模（亿股） | 公司家数 | 具体公司 |
|---|---|---|
| 10～20 | 41 | 三湘印象，上海凯宝，万达信息，卫宁健康，上海机场，中国船舶，航天机电，紫江企业，现代制药，鹏欣资源，华丽家族，置信电气，光明乳业，云赛智联，市北高新，中毅达，鹏起科技，氯碱化工，华鑫股份，浦东金桥，爱建集团，外高桥，申华控股，*ST 中安，豫园股份，强生控股，中华企业，交运股份，光明地产，上实发展，益民集团，新华传媒，百联股份，上海机电，*ST 丹科，上海临港，海欣股份，张江高科，*ST 智慧，华贸物流，吉祥航空 |

资料来源：沪深交易所，同花顺。

表 5　　2017 年上海上市公司分地区股权构成情况　　单位：家

| 股权性质<br>地域分布 | 央企国资控股 | 省属国资控股 | 地市国资控股 | 民营控股 | 其他 | 合计 |
|---|---|---|---|---|---|---|
| 上海市 | 37 | 59 | 18 | 139 | 26 | 279 |

资料来源：上海证监局。

### （四）市值规模

截至 2017 年 12 月 31 日，上海 279 家上市公司境内总市值 54166.47 亿元，占全国上市公司境内总市值的 9.53%；其中，上交所上市公司 201 家，总股本 4239.05 亿股，境内总市值 47671.55 亿元，占上交所上市公司境内总市值的 14.35%；深交所上市公司 78 家，总股本 539.30 亿股，境内总市值 6494.92 亿元，占深交所上市公司境内总市值的 2.75%。

### （五）资产规模

截至 2017 年 12 月 31 日，上海 279 家上市公司合计总资产 257203.61 亿元，归属于母公司股东权益 36307.47 亿元，与 2016 年相比，分别增长 7.87%、15.13%；平均每股净资产 6.71 元。

## 三、上海上市公司经营情况及变动分析

### （一）总体经营情况

表 6　　2017 年上海上市公司经营情况

| 指标 | 2017 年 | 2016 年 | 变动率（%） |
|---|---|---|---|
| 家数 | 279 | 240 | 16.25 |
| 亏损家数 | 12 | 20 | -40.00 |
| 亏损家数比例（%） | 4.3 | 8.33 | -4.03 |
| 平均每股收益（元） | 0.67 | 0.65 | 3.08 |
| 平均每股净资产（元） | 6.71 | 6.47 | 3.71 |

续表

| 指标 | 2017 年 | 2016 年 | 变动率（%） |
|---|---|---|---|
| 平均净资产收益率（%） | 10.03 | 10.02 | 0.01 |
| 总资产（亿元） | 257203.61 | 238429.12 | 7.87 |
| 归属于母公司股东权益（亿元） | 36307.47 | 31536.05 | 15.13 |
| 营业收入（亿元） | 44798.91 | 39279.96 | 14.05 |
| 利润总额（亿元） | 4998.99 | 4429.77 | 12.85 |
| 归属于母公司所有者的净利润（亿元） | 3641.18 | 3159.76 | 15.24 |

资料来源：沪深交易所，同花顺。

### （二）分行业经营情况

表 7　　2017 年上海上市公司分行业经营情况

| 所属行类 | 营业收入（亿元） | 可比样本变动率（%） | 归属于母公司所有者的净利润（亿元） | 可比样本变动率（%） |
|---|---|---|---|---|
| 农、林、牧、渔业 | 31.18 | 45.23 | 2.45 | 116.81 |
| 采矿业 | 68.48 | 26.02 | 4.40 | -22.26 |
| 制造业 | 20417.22 | 13.31 | 939.54 | 24.48 |
| 电力、热力、燃气及水生产和供应业 | 559.48 | 13.99 | 31.40 | -23.41 |
| 建筑业 | 1902.67 | 6.85 | 40.80 | -4.87 |
| 批发和零售业 | 2831.88 | 1.64 | 73.49 | -6.29 |
| 交通运输、仓储和邮政业 | 2363.28 | 6.24 | 300.47 | 34.81 |
| 住宿和餐饮业 | 135.83 | 27.71 | 8.82 | 26.91 |
| 信息传输、软件和信息技术服务业 | 4117.00 | 8.98 | 72.68 | 2.74 |
| 金融业 | 8119.10 | 8.94 | 1874.51 | 5.84 |
| 房地产业 | 3896.29 | 9.28 | 258.81 | 27.94 |
| 租赁和商务服务业 | 96.62 | -0.46 | 4.93 | 13.86 |
| 科学研究和技术服务业 | 121.64 | 4.49 | 6.46 | 11.00 |
| 水利、环境和公共设施管理业 | 37.77 | -2.60 | 7.07 | 6.32 |
| 教育 | 17.24 | 24.03 | 1.23 | -32.79 |
| 卫生和社会工作 | 0.00 | — | 0.00 | — |
| 文化、体育和娱乐业 | 62.82 | 10.87 | 8.38 | 47.02 |
| 综合 | 20.40 | -27.32 | 5.73 | -30.55 |
| 合计 | 44798.91 | 10.26 | 3641.18 | 12.72 |

资料来源：沪深交易所，同花顺。

### （三）业绩变动情况分析

1. 营业收入、毛利率等变动原因分析

2017 年，上海上市公司实现营业收入 44798.91 亿元，较 2016 年有所增长；营业利润 4907.72 亿元，较 2016 年增长 16.71%；利润总额 4998.99 亿元，较 2016 年增长 12.85%；毛利率 9.34%，低于2016年的水平（9.51%）。与2016年相比，投资收益增长29.32%、税金及附加减少18.73%，是毛利率同比下滑但营业利润出现增长的主要原因。

2. 盈利构成分析

营业利润仍是上海上市公司盈利的主要来源，其占利润总额的比重为98.17%，略高于2016年水平，其中，投资收益2010.39亿元，占利润总额的比重为40.22%，较2016年有所增长。279家上市公司共确认非经常性损益365.90亿元，占归属于上市公司股东净利润的10.05%，与2016年的占比基本持平。

3. 经营性现金流量分析

2017年，上海上市公司经营性现金流量净额为534.93亿元，较2016年的6504.39亿元出现大幅下滑。在279家上市公司中，208家经营性现金流量净额为正，占比74.55%，低于2016年的78.49%。其中，剔除金融类上市公司，上海266家上市公司经营性现金流量净额为3490.01亿元，高于2016年的2746.27亿元。

4. 业绩特点分析

（1）实体经济持续增长，经营质量再上新台阶。2017年，上海非金融业上市公司（266家）保持良好增长态势，共实现营业收入36679.81亿元、净利润1766.66亿元，同比分别增长13.64%和21.86%，净利润占上海上市公司净利润总额的48.52%，占比较2016年提升3.4个百分点。制造业、交通运输、仓储和邮政业等行业同比增幅较大。制造业上市公司（135家）实现营业收入20417.22亿元、净利润939.54亿元，交通运输、仓储和邮政业上市公司（17家）实现营业收入2363.28亿元、净利润300.47亿元，与2016年相比，增速均有明显提升。

（2）金融业稳健发展，净利润占比较高。2017年，上海金融业上市公司（13家）合计实现净利润1874.51亿元，占上海上市公司净利润总额的51.48%。其中，银行业（3家）净利润1398.10亿元，同比增长3.86%，近3年增速基本持平；证券业（6家）实现净利润284.34亿元，同比增长9.67%；信托业（2家）实现净利润44.98亿元，同比增长23.08%。

（3）上海地方国资控股公司业绩占主导地位，民营控股公司增速明显。2017年，71家上海市国资控股上市公司共实现营业收入27714.97亿元、净利润2097.53亿元，同比分别增长10.97%、10.70%，分别占上海上市公司营业收入总额和净利润总额的61.87%、57.61%。139家上海市民营控股上市公司共实现营业收入3692.98亿元、净利润314.76亿元，同比分别增长23.26%、18.53%，但占上海上市公司营业收入总额、净利润总额的比例较低，分别仅为8.24%和8.64%。

（4）业绩两极分化，个别公司面临退市风险。2017年，净利润排名前20位的上市公司（占上海上市公司家数的7.17%）共计实现净利润2898.70亿元，占上海上市公司净利润总额的79.61%。

共有12家上市公司亏损，亏损金额合计71.94亿元。个别公司因持续亏损面临退市风险，如*ST船舶近两年连续亏损，被实施退市风险警示，如果2018年年未能实现盈利，股票将面临暂停上市风险；*ST上普近3年连续亏损，股票被暂停上市，如果2018年继续亏损，股票将被终止上市。

5. 利润分配情况

2017年，上海共有228家公司实施了现金分红，占上海279家上市公司的81.72%，较2016年分红家数（185家）增长23.24%。合计分红总额1212.43亿元，占上海上市公司归属于母公司所有者的净利润的33.33%，较2016年分红金额（1038.81亿元）增长16.71%（见表8）。上海上市公司现金分红家数和金额均呈稳定增长态势，回报投资者意识不断增强。

表8　2017年上海上市公司现金分红情况

| 2017年分红公司家数 | | | 2017年分红金额 | | |
|---|---|---|---|---|---|
| 家数 | 变动率（%） | 分红公司家数占地区公司总数比重 | 金额（亿元） | 变动率（%） | 分红金额占归属于母公司所有者的净利润比重 |
| 228 | 23.24 | 81.72% | 1212.43 | 16.71 | 33.33% |

资料来源：上海证监局。

## 四、上海上市公司并购重组情况

### （一）并购重组基本情况

2017年，上海上市公司完成并购重组18家次，涉及交易金额716.98亿元。上海上市公司积极利用资本市场进行并购重组和融资，加快产业转型升级步伐，资本市场服务实体经济成效显著。具体如表9所示。

表9　上海上市公司2017年并购重组情况

| 股票代码 | 公司简称 | 并购重组方式 | 涉及金额（亿元） |
|---|---|---|---|
| 600629 | 华建集团 | 发行股份购买资产 | 9.71 |
| 601727 | 上海电气 | 发行股份购买资产 | 66.28 |
| 600640 | 号百控股 | 发行股份及支付现金购买资产 | 39.34 |
| 600420 | 现代制药 | 发行股份及支付现金购买资产 | 77.39 |
| 300180 | 华峰超纤 | 发行股份及支付现金购买资产 | 20.50 |
| 600602 | 云赛智联 | 发行股份及支付现金购买资产 | 4.58 |
| 300398 | 飞凯材料 | 发行股份及支付现金购买资产 | 10.64 |
| 600021 | 上海电力 | 发行股份及支付现金购买资产 | 29.55 |

续表

| 股票代码 | 公司简称 | 并购重组方式 | 涉及金额（亿元） |
|---|---|---|---|
| 600171 | 上海贝岭 | 发行股份及支付现金购买资产 | 5.90 |
| 600621 | 华鑫股份 | 重大资产置换 | 9.29 |
| | | 发行股份购买资产 | 39.97 |
| 600019 | 宝钢股份 | 吸收合并武钢股份 | 260.02 |
| 300017 | 网宿科技 | 重大资产重组现金收购 | 12.75 |
| 600663 | 陆家嘴 | 重大资产重组现金收购 | 85.25 |
| 600626 | 申达股份 | 重大资产重组现金收购 | 20.70 |
| 600634 | 富控互动 | 重大资产重组现金收购 | 22.30 |
| 600608 | 上海科技 | 重大资产出售 | 2.01 |
| 600653 | 申华控股 | 重大资产置换 | 0.80 |
| 601200 | 上海环境 | 分拆上市 | — |
| 总计 | | | 716.98 |

资料来源：上海证监局。

### （二）并购重组特点

2017 年，上海上市公司积极利用资本市场兼并重组，通过横向或纵向的产业整合，做大做强优势企业，有效落实国家重点产业调整政策和战略规划，取得良好成效。伴随国资国企改革日渐深化，上海国有控股上市公司利用资本市场推进发展的意识和能力不断提升，加快改革创新步伐。上海上市公司积极响应“中国制造 2025”战略规划，利用资本市场实现产业整合，加快先进制造业布局。

## 五、上海上市公司募集资金情况、使用情况

### （一）募集资金总体情况

表 10　　2017 年上海上市公司募集资金情况

| 发行类型 | 代码 | 简称 | 募集资金（亿元） |
|---|---|---|---|
| 首发 | 603037 | 凯众网络 | 3.20 |
| | 603039 | 泛微网络 | 2.48 |
| | 603083 | 剑桥科技 | 3.68 |
| | 603157 | 拉夏贝尔 | 4.61 |
| | 603196 | 日播时尚 | 4.25 |
| | 603197 | 保隆科技 | 6.70 |
| | 603200 | 上海洗霸 | 3.20 |
| | 603226 | 菲林格尔 | 3.81 |

续表

| 发行类型 | 代码 | 简称 | 募集资金（亿元） |
|---|---|---|---|
| 首发 | 603232 | 格尔软件 | 2.76 |
| | 603329 | 上海雅仕 | 3.48 |
| | 603330 | 上海天洋 | 2.73 |
| | 603365 | 水星家纺 | 10.67 |
| | 603378 | 亚士创能 | 6.34 |
| | 603466 | 风语筑 | 5.96 |
| | 603496 | 恒为科技 | 3.54 |
| | 603499 | 翔港科技 | 2.31 |
| | 603501 | 韦尔股份 | 2.92 |
| | 603579 | 荣泰健康 | 7.82 |
| | 603580 | 艾艾精工 | 1.64 |
| | 603619 | 中曼石油 | 9.04 |
| | 603648 | 畅联股份 | 6.79 |
| | 603659 | 璞泰来 | 10.53 |
| | 603683 | 晶华新材 | 2.96 |
| | 603690 | 至纯科技 | 0.90 |
| | 603728 | 鸣志电器 | 8.98 |
| | 603730 | 岱美股份 | 11.96 |
| | 603855 | 华荣股份 | 6.28 |
| | 603881 | 数据港 | 4.11 |
| | 603960 | 克来机电 | 1.90 |
| | 603991 | 至正股份 | 1.98 |
| | 002858 | 力盛赛车 | 1.69 |
| | 300578 | 会畅通讯 | 1.75 |
| | 300590 | 移为通信 | 5.70 |
| | 300609 | 汇纳科技 | 2.03 |
| | 300613 | 富瀚微 | 6.18 |
| | 300627 | 华测导航 | 3.81 |
| | 300642 | 透景生命 | 5.42 |
| | 小计 | | 174.11 |

续表

| 发行类型 | 代码 | 简称 | 募集资金（亿元） |
|---|---|---|---|
| 再融资（非公开发行A股） | 600104 | 上汽集团 | 150.00 |
| | 600170 | 上海建工 | 12.59 |
| | 600661 | 新南洋 | 5.93 |
| | 600000 | 浦发银行 | 148.30 |
| | 600061 | 国投资本 | 80.00 |
| | 600050 | 中国联通 | 617.25 |
| | 300245 | 天玑科技 | 6.03 |
| | 300067 | 安诺其 | 4.19 |
| | 600097 | 开创国际 | 6.00 |
| | 600958 | 东方证券 | 110.58 |
| | 002324 | 普利特 | 0.20 |
| | 600848 | 上海临港 | 15.00 |
| | 600629 | 华建集团 | 2.80 |
| | 600490 | 鹏欣资源 | 17.00 |
| | 600420 | 现代制药 | 1.00 |
| | 600621 | 华鑫股份 | 12.72 |
| | 300180 | 华峰超纤 | 2.51 |
| | 300398 | 飞凯材料 | 4.73 |
| | 601727 | 上海电气 | 30.00 |
| | 小计 | | 1226.83 |
| 再融资（H股首发、增发、配股等） | 601211 | 国泰君安 | 152.65 |
| | 601328 | 交通银行 | 14.89 |
| | 600196 | 复星医药 | 21.64 |
| | 600635 | 大众公用 | 3.32 |
| | 小计 | | 192.50 |
| 再融资（优先股） | 601229 | 上海银行 | 200.00 |
| 其他融资（公司债券） | 600170 | 上海建工 | 10.00 |
| | 601211 | 国泰君安 | 70.00 |
| | 600845 | 宝信软件 | 16.00 |
| | 002527 | 新时达 | 8.83 |
| | 300168 | 万达信息 | 9.00 |
| | 300059 | 东方财富 | 58.50 |

续表

| 发行类型 | 代码 | 简称 | 募集资金（亿元） |
|---|---|---|---|
| 其他融资（公司债券） | 601211 | 国泰君安 | 190.00 |
| | 601788 | 光大证券 | 334.00 |
| | 600837 | 海通证券 | 165.00 |
| | 600958 | 东方证券 | 150.00 |
| | 600061 | 国投资本 | 83.00 |
| | 600823 | 世茂股份 | 40.00 |
| | 603108 | 润达医疗 | 9.30 |
| | 600196 | 复星医药 | 12.50 |
| | 600284 | 浦东建设 | 2.00 |
| | 300262 | 巴安水务 | 5.00 |
| | 小计 | | 1163.13 |
| 总计 | | | 2956.57 |

资料来源：上海证监局。

### （二）募集资金使用情况及特点

2017 年，上海首发上市公司数量增幅明显，上市公司再融资方式不断丰富，融资金额总计 2956.57 亿元，进一步优化公司资本结构，降低融资成本。上海上市公司募集资金整体使用情况较为规范。主要特点如下：一是募集资金整体使用效率较高，但受经济转型及行业动态变化的影响，个别公司募集资金使用进度较慢，部分募投项目未达预期收益。二是使用闲置募集资金购买理财产品的现象较为普遍，主要用于购买保本型银行理财产品。

### （三）募集资金变更情况

2017 年，上海有 13 家上市公司变更募集资金的使用项目，涉及 21 个募投项目（变更前），涉及募集资金 62.52 亿元，占该 13 家上市公司相关募集资金总额的 32.03%。募集资金变更的主要原因包括：一是根据项目行业发展和市场环境变化，暂缓或取消原募投项目，或者变更募投项目的实施方式和实施地点；二是根据公司经营规划和战略转型的需要，终止部分原募投项目，改投新项目；三是将原募投项目结余资金投资新项目，进一步提高募集资金使用效率。具体如表 11 所示。

表 11　　2017 年上海上市公司募集资金使用项目变更情况

| 变更募集资金使用项目的公司家数 | 涉及金额（亿元） | 募集资金总额（亿元） | 占公司募集资金总额的比例（%） |
|---|---|---|---|
| 13 | 62.52 | 195.21 | 32.03 |

资料来源：上海证监局。

## 六、上海上市公司规范运作情况

### （一）上市公司治理专项情况

2017年，上海上市公司继续深入推进公司治理工作，强化制度建设与执行，规范运作意识稳步提升。上海证监局积极采取措施，督促上市公司加强对中小投资者权益的保护力度，畅通与中小股东的沟通渠道，积极推行累计投票制，建立落实现金分红长效机制，并配合中小投资者保护机构的持股行权，依法保障股东重大事项知情权、参与决策和监督的权利。同时，督促上市公司严格规范关联交易，提醒控股股东、实际控制人依法依规约束自身的行为，完善审批审议权限、决策程序和内部控制制度，保障上市公司的独立性，严格履行关联交易决策程序和信息披露义务等，维护上市公司整体利益。

### （二）审计情况及监管情况

2017年，27家会计师事务所为上海279家上市公司提供了2017年年报审计服务。其中，273家公司的审计报告为标准无保留意见，3家公司的审计报告为带强调事项段的无保留意见，1家公司的审计报告为保留意见，2家公司的审计报告为无法表示意见。上海上市公司非标意见报告数量占比为2.15%，较2016年（1.67%）略有上升。上海证监局紧密结合上市公司监管要求，以问题和风险为导向，通过对会计师事务所的现场走访和检查，督促其增强责任意识、诚信意识和规范意识，严格按照审计准则的要求开展执业活动，切实提高执业质量和辖区上市公司财务信息质量，促进辖区市场主体规范发展，保护投资者的合法权益。

### （三）信息披露情况

2017年，上海上市公司进一步健全信息披露管理制度，持续提高信息披露的自觉性和主动性。上海证监局坚持以信息披露监管为核心，通过培训、座谈等方式，引导和推动上市公司提高信息披露质量。同时，鼓励上市公司增加自愿性信息披露内容，鼓励根据经营情况、业务模式进行个性化披露，并充分利用各类互动平台，加强与投资者的沟通交流，及时答复投资者关心的问题，提升上市公司透明度。

### （四）证券市场服务情况

一是积极引导，督促上市公司建立完善投资者保护机制。多措并举，要求上市公司深刻认知自身投资者保护的主体责任，增强投资者保护工作的主动性。指导上市公司完善利润分配政策尤其是现金分红政策的具体安排，推动上市公司增强持续回报能力。督促上市公司充分借助新媒体优势和互联网技术，实现与投资者之间的无阻沟通和良性互动。强化对上市公司董事、监事和高级管理人员的培训，指导上市公司协会等举办专题研讨会、座谈交流会，交流推广优秀经验做法。

二是加强监管，依法维护投资者各项

合法权益。健全投资者信访投诉处理工作制度，明确信息披露、公司治理、投资者权益保护等相关事项的投诉处理工作机制、办理期限和内部职责分工，提高投诉举报处置效率。加强对上市公司承诺履行的监管工作，强化对承诺信息披露的审核，督促整改不合规承诺，督促相关方切实履行承诺。

三是强化服务，扎实推进首发上市工作。完善辅导监管工作流程，增加辅导过程透明度和工作效率，及时总结分析企业首发上市工作的重点难点，做好辅导备案工作，从源头上促进上海上市公司质量提升。同时，利用信息平台提升服务水平，完善上海地区拟上市企业辅导信息披露工作，确保上海辖区处于辅导备案状态的企业在上海证监局网站和相应的保荐机构网站进行同步披露，方便广大投资者访问，充分发挥社会公众监督作用。

审稿人：韩少平

撰稿人：袁同济、张　浩、赵　瀛
杨和雄、于晓萌、于　淼

# 江苏地区

## 一、江苏国民经济发展概况

表 1　　2017 年江苏国民经济发展概况　　单位：亿元

| 指　标 | 1～3 月 | | 1～6 月 | | 1～9 月 | | 1～12 月 | |
|---|---|---|---|---|---|---|---|---|
| | 绝对量 | 同比增长（%） | 绝对量 | 同比增长（%） | 绝对量 | 同比增长（%） | 绝对量 | 同比增长（%） |
| 地区生产总值（GDP） | 18822.60 | 7.10 | 40821.22 | 7.20 | 62604.46 | 7.20 | 85900.94 | 7.20 |
| 全社会固定资产投资 | 11178.73 | 6.50 | 24117.21 | 7.40 | 37498.15 | 7.50 | 53000.21 | 7.50 |
| 社会消费品零售总额 | 7807.60 | 10.30 | 15416.54 | 11.00 | 23161.73 | 10.90 | 31737.41 | 10.60 |
| 规模以上工业增加值 | 8774.75 | 7.00 | 18903.73 | 7.40 | 28714.65 | 7.50 | 35117.44 | 7.50 |
| 规模以上工业企业实现利润 | 2449.60 | 17.50 | 5240.70 | 14.40 | 8122.80 | 16.00 | 10359.70 | 12.40 |
| 居民消费价格指数（CPI） | 1～3 月 | | 1～6 月 | | 1～9 月 | | 1～12 月 | |
| | 1.70 | | 1.60 | | 1.70 | | 1.70 | |

资料来源：国家统计局。

## 二、江苏上市公司总体情况

### （一）公司数量

表 2　　2017 年江苏上市公司数量　　单位：家

| 公司总数 | 2017 年新增 | 股票类别 | | | 板块分布 | | | |
|---|---|---|---|---|---|---|---|---|
| | | 仅 A 股 | 仅 B 股 | （A＋B）股 | 沪市主板 | 深市主板 | 中小板 | 创业板 |
| 382 | 65 | 378 | 1 | 3 | 158 | 25 | 106 | 93 |

资料来源：沪深交易所，同花顺。

## （二）行业分布

表 3　2017 年江苏上市公司行业分布情况

| 所属证监会行业类别 | 家数 | 占比（%） | 所属证监会行业类别 | 家数 | 占比（%） |
|---|---|---|---|---|---|
| 农、林、牧、渔业 | 0 | 0.00 | 金融业 | 9 | 2.36 |
| 采矿业 | 0 | 0.00 | 房地产业 | 7 | 1.83 |
| 制造业 | 285 | 74.61 | 租赁和商务服务业 | 2 | 0.52 |
| 电力、热力、燃气及水生产和供应业 | 5 | 1.31 | 科学研究和技术服务业 | 9 | 2.36 |
| 建筑业 | 10 | 2.62 | 水利、环境和公共设施管理业 | 6 | 1.57 |
| 批发和零售业 | 16 | 4.19 | 教育 | 0 | 0.00 |
| 交通运输、仓储和邮政业 | 8 | 2.09 | 卫生和社会工作 | 1 | 0.26 |
| 住宿和餐饮业 | 1 | 0.26 | 文化、体育和娱乐业 | 5 | 1.31 |
| 信息传输、软件和信息技术服务业 | 14 | 3.66 | 综合 | 4 | 1.05 |
| 合计 | 382 | 100 | | | |

资料来源：沪深交易所，同花顺。

## （三）股本结构及规模

表 4　2017 年江苏上市公司股本规模在 10 亿股以上公司分布情况

| 股本规模（亿股） | 公司家数 | 具体公司 |
|---|---|---|
| 100≤～<200 | 1 | 江苏银行 |
| 50≤～<100 | 5 | 徐工机械，苏宁易购，宁沪高速，南京银行，华泰证券 |
| 20≤～<50 | 26 | 华东科技，中南建设，鸿达兴业，美年健康，沙钢股份，金螳螂，奥特佳，胜利精密，康得新，江苏国信，爱康科技，ST 保千里，恒瑞医药，南钢股份，海澜之家，*ST 海润，国电南瑞，中天科技，太极实业，江苏有线，汇鸿集团，常熟银行，新城控股，怡球资源，东吴证券，凤凰传媒 |
| 10≤～<20 | 61 | 中国天楹，东方市场，四环生物，威孚高科，航发控制，智慧农业，国轩高科，新海宜，江苏国泰，南极电商，东华能源，鱼跃医疗，恩华药业，洋河股份，东山精密，必康股份，雷科防务，沪电股份，中超控股，通鼎互联，ST 辉丰，旷达科技，银河电子，天顺风能，亚太科技，春兴精工，千红制药，双星新材，华东重机，江阴银行，张家港行，海伦哲，东方电热，吴通控股，德威新材，宏图高科，江苏阳光，中央商场，维维股份，红豆股份，双良节能，亨通光电，黑牡丹，栖霞建设，长电科技，南京新百，苏美达，苏州高新，综艺股份，保税科技，中航高科，无锡银行，中材国际，宝胜股份，连云港，文峰股份，林洋能源，风范股份，苏垦农发，吴江银行，今世缘 |

资料来源：沪深交易所，同花顺。

表 5　　2017 年江苏上市公司分地区股权构成情况　　单位：家

| 股权性质 / 地域分布 | 央企国资控股 | 省属国资控股 | 地市国资控股 | 民营控股 | 其他 | 合计 |
|---|---|---|---|---|---|---|
| 南京市 | 9 | 11 | 8 | 43 | 7 | 78 |
| 无锡市 | 1 | 0 | 5 | 60 | 7 | 73 |
| 徐州市 | 0 | 0 | 1 | 10 | 0 | 11 |
| 常州市 | 1 | 0 | 2 | 33 | 2 | 38 |
| 苏州市 | 1 | 1 | 5 | 78 | 19 | 104 |
| 南通市 | 1 | 0 | 1 | 27 | 3 | 32 |
| 连云港市 | 0 | 0 | 1 | 6 | 0 | 7 |
| 淮安市 | 0 | 1 | 1 | 0 | 0 | 2 |
| 盐城市 | 0 | 0 | 1 | 3 | 1 | 5 |
| 扬州市 | 2 | 1 | 1 | 6 | 1 | 11 |
| 镇江市 | 0 | 0 | 3 | 8 | 0 | 11 |
| 泰州市 | 1 | 0 | 0 | 5 | 1 | 7 |
| 宿迁市 | 0 | 0 | 1 | 2 | 0 | 3 |
| 合计 | 16 | 14 | 30 | 281 | 41 | 382 |

资料来源：江苏证监局。

### （四）市值规模

截至 2017 年 12 月 31 日，江苏 382 家上市公司境内总市值 39569.07 亿元，占全国上市公司境内总市值的 6.96%；其中，上交所上市公司 158 家，总股本 1516.74 亿股，境内总市值 18647.08 亿元，占上交所上市公司境内总市值的 5.61%；深交所上市公司 224 家，总股本 1683.96 亿股，境内总市值 20921.99 亿元，占深交所上市公司境内总市值的 8.87%。

### （五）资产规模

截至 2017 年 12 月 31 日，江苏 382 家上市公司合计总资产 67281.69 亿元，归属于母公司股东权益 15072.67 亿元，与 2016 年相比，分别增长 16.04%、22.74%；平均每股净资产 4.66 元。

## 三、江苏上市公司经营情况及变动分析

### （一）总体经营情况

表 6　　2017 年江苏上市公司经营情况

| 指标 | 2017 年 | 2016 年 | 变动率（%） |
|---|---|---|---|
| 家数 | 382 | 317 | 20.50 |
| 亏损家数 | 16 | 17 | -5.88 |
| 亏损家数比例（%） | 4.19 | 5.36 | -1.17 |
| 平均每股收益（元） | 0.43 | 0.37 | 16.22 |
| 平均每股净资产（元） | 4.66 | 4.33 | 7.62 |

续表

| 指标 | 2017年 | 2016年 | 变动率（%） |
|---|---|---|---|
| 平均净资产收益率（%） | 9.19 | 8.48 | 0.71 |
| 总资产（亿元） | 67281.69 | 57981.74 | 16.04 |
| 归属于母公司股东权益（亿元） | 15072.67 | 12280.61 | 22.74 |
| 营业收入（亿元） | 17940.23 | 13919.03 | 28.89 |
| 利润总额（亿元） | 1788 | 1380.14 | 29.55 |
| 归属于母公司所有者的净利润（亿元） | 1384.63 | 1040.93 | 33.02 |

资料来源：沪深交易所，同花顺。

### （二）分行业经营情况

表7　2017年江苏上市公司分行业经营情况

| 所属行类 | 营业收入（亿元） | 可比样本变动率（%） | 归属于母公司所有者的净利润（亿元） | 可比样本变动率（%） |
|---|---|---|---|---|
| 农、林、牧、渔业 | 0.00 | — | 0.00 | — |
| 采矿业 | 0.00 | — | 0.00 | — |
| 制造业 | 8196.59 | 25.86 | 579.88 | 7.54 |
| 电力、热力、燃气及水生产和供应业 | 269.12 | 17.30 | 28.43 | 61.26 |
| 建筑业 | 798.55 | -0.83 | 44.63 | 38.73 |
| 批发和零售业 | 5687.39 | 24.35 | 98.34 | 98.35 |
| 交通运输、仓储和邮政业 | 206.61 | 21.14 | 41.30 | 6.50 |
| 住宿和餐饮业 | 9.38 | 12.34 | 1.03 | 145.24 |
| 信息传输、软件和信息技术服务业 | 537.42 | 5.73 | 88.27 | 26.93 |
| 金融业 | 994.25 | 5.94 | 361.70 | 17.85 |
| 房地产业 | 610.44 | 19.82 | 80.09 | 62.98 |
| 租赁和商务服务业 | 16.61 | 80.35 | 6.38 | 67.45 |
| 科学研究和技术服务业 | 240.35 | 126.66 | 19.64 | 160.13 |
| 水利、环境和公共设施管理业 | 71.36 | 53.66 | 8.85 | 58.04 |
| 教育 | 0.00 | — | 0.00 | — |
| 卫生和社会工作 | 62.33 | 44.48 | 6.14 | 35.84 |
| 文化、体育和娱乐业 | 161.53 | 4.11 | 20.32 | 2.52 |
| 综合 | 78.29 | -10.43 | -0.37 | -113.07 |
| 合计 | 17940.23 | 22.02 | 1384.63 | 20.66 |

资料来源：沪深交易所，同花顺。

### （三）业绩变动情况分析

1. 营业收入、毛利率等变动原因分析

2017年，江苏地区上市公司实现营业收入17940.23亿元，较2016年增长28.89%；营业利润1768.39亿元，较2016年增长29.75%；利润总额1788亿元，较2016年增长29.55%。辖区上市公司总数大幅增加、部分行业盈利能力提升是辖区上市公司总体收入、利润保持增加的主要原因，但受部分公司巨额亏损及建筑业等行业回落的影响，收入和利润增速较2016年均放缓。金融业上市公司盈利能力回落明显。扣除华泰证券、东吴证券、江苏银行、南京银行等9家金融业上市公司，江苏地区上市公司平均毛利率为29.79%，较2016年增长0.47个百分点，盈利能力进一步得到加强。

2. 盈利构成分析

从盈利构成来看，2017年江苏地区上市公司利润主要来源于营业利润，为1768.39亿元，占利润总额的98.9%，占比较2016年增加了5.18个百分点；其次为营业外收入，总额55.9亿元，占利润总额的3.13%，占比较2016年下降了5.91个百分点；营业外支出36.29亿元，对利润影响较小，占利润总额的2.03%，占比较2016年下降了0.73个百分点，营业外利润对上市公司利润的影响进一步下降。

3. 经营性现金流量分析

2017年，江苏地区382家上市公司中共有285家公司的经营活动产生的现金流量净额为正，占上市总数的74.35%，较2016年下降了7.35个百分点。扣除华泰证券、东吴证券、江苏银行、南京银行等9家金融业上市公司，江苏地区上市公司经营活动产生的现金流量净额818.84亿元，较2016年减少20.1%。

4. 业绩特点分析

一是制造业发展平稳，细分行业差异明显。2017年，江苏285家制造业公司合计实现收入8174亿元，同比增长25.71%；净利润605亿元，同比增长9.69%。受供给侧结构性改革影响，上、中、下游公司分化明显。上游资源品制造业（石油、钢铁、有色、化工、橡胶塑料、非金属矿物制品等行业）盈利较好，净利润增长72.54%；中游机械行业（通用设备、电气机械、仪器仪表、金属制品、运输设备等）和轻工制造业（木材、皮革）表现一般，净利润分别增长9.02%和4.47%；下游消费制造业（食品饮料、纺织服装、家具、医药、汽车、专用设备、计算机通信）整体向好，净利润增长23.91%。

二是服务业发展迅速，细分行业多头并进。97家服务业公司合计实现收入9737亿元，同比增长23.60%，净利润851亿元，同比增长38.82%。服务业上市公司以20.74%的资产规模，贡献了54.36%的营业收入和58.45%的净利润，成为江苏上市公司业绩增长的主要动力。

三是亏损企业依然集中在制造业，转型升级压力较大。2017年辖区共有16家亏损企业，其中12家制造企业，归属于母公司的净利润为-121.04亿元，占辖区上市公司总亏损金额的93.41%，占比较2016年增加2.93个百分点，制造业上市公司亏损金额较2016年增加了83.87亿元。

5. 利润分配情况

表 8 2017 年江苏上市公司现金分红情况

| 2017 年分红公司家数 | | | 2017 年分红金额 | | |
|---|---|---|---|---|---|
| 家数 | 变动率（%） | 分红公司家数占地区公司总数比重 | 金额（亿元） | 变动率（%） | 分红金额占归属于母公司所有者的净利润比重 |
| 325 | 22.18 | 85.08% | 408.38 | 14.46 | 29.49% |

资料来源：江苏证监局。

## 四、江苏上市公司并购重组情况

### （一）并购重组基本情况

2017 年江苏省共有 42 家上市公司涉及并购重组，交易金额为 1387.79 亿元。28 家上市公司完成了并购重组，交易金额为 919.91 亿元。与 2016 年相比，实施并购重组家数略有下降，但是完成并购重组的规模及金额大幅上升。

上市公司通过并购重组实现多层次、多方向、多元化发展，整体质量得到提升。部分公司通过横向整合加强主营业务，部分公司通过垂直并购完善产业链，部分公司通过跨行业并购实现多元化战略发展，部分公司通过资产调整实现低效业务剥离和优质资产注入，促进产业结构转型升级。

### （二）并购重组特点

1. 板块分布多元化

在完成并购重组的 28 家公司中，主板公司为 12 家，交易金额为 451.44 亿元，深交所中小板公司 10 家，交易金额为 422.48 亿元，创业板公司 6 家，交易金额为 45.68 亿元。从交易规模来看，2017 年主板公司与中小板公司并购数量与规模相对接近；创业板公司历经前几年的突飞猛进之后，数量和规模均呈现下降趋势。

2. 产业并购为主流

在 28 家公司中，有 15 家并购重组目的为横向整合和垂直整合，旨在通过产业并购拓展业务领域、依托战略协同实现资源互补并构建全产业链；有 4 家公司并购重组方向为多元化战略发展，通过纳入全新的主营业务来获取利润增长点；此外，有 3 家公司涉及整体上市，1 家公司涉及借壳上市，4 家公司涉及资产调整，1 家公司涉及业务转型。

## 五、江苏上市公司募集资金情况、使用情况

### （一）募集资金总体情况

表 9　　2017 年江苏上市公司募集资金情况

| 发行类型 | 代码 | 简称 | 募集资金（亿元） |
|---|---|---|---|
| 首发 | 603655. SH | 朗博科技 | 1.44 |
| | 603283. SH | 赛腾股份 | 2.47 |
| | 603890. SH | 春秋电子 | 7.41 |
| | 300725. SZ | 药石科技 | 1.83 |
| | 300721. SZ | 怡达股份 | 3.01 |
| | 300717. SZ | 华信新材 | 2.00 |
| | 603916. SH | 苏博特 | 6.29 |
| | 603507. SH | 振江股份 | 7.35 |
| | 603912. SH | 佳力图 | 2.80 |
| | 603937. SH | 丽岛新材 | 4.20 |
| | 300715. SZ | 凯伦股份 | 1.93 |
| | 603722. SH | 阿科力 | 2.13 |
| | 300709. SZ | 精研科技 | 7.63 |
| | 300707. SZ | 威唐工业 | 2.52 |
| | 603829. SH | 洛凯股份 | 2.54 |
| | 300708. SZ | 聚灿光电 | 1.45 |
| | 603136. SH | 天目湖 | 3.60 |
| | 603922. SH | 金鸿顺 | 5.16 |
| | 300697. SZ | 电工合金 | 2.66 |
| | 603183. SH | 建研院 | 2.60 |
| | 603776. SH | 永安行 | 5.81 |
| | 603359. SH | 东珠生态 | 9.37 |
| | 603880. SH | 南卫股份 | 2.56 |
| | 300682. SZ | 朗新科技 | 2.01 |
| | 300680. SZ | 隆盛科技 | 1.20 |
| | 603707. SH | 健友股份 | 4.24 |
| | 603387. SH | 基蛋生物 | 6.69 |
| | 300670. SZ | 大烨智能 | 2.71 |
| | 002883. SZ | 中设股份 | 1.77 |
| | 603380. SH | 易德龙 | 4.00 |
| | 002877. SZ | 智能自控 | 2.23 |
| | 603286. SH | 日盈电子 | 1.42 |
| | 603042. SH | 华脉科技 | 3.40 |
| | 300660. SZ | 江苏雷利 | 11.99 |
| | 603326. SH | 我乐家居 | 3.66 |
| | 300655. SZ | 晶瑞股份 | 1.23 |
| | 603269. SH | 海鸥股份 | 1.67 |
| | 601952. SH | 苏垦农发 | 22.88 |
| | 603488. SH | 展鹏科技 | 3.60 |
| | 300651. SZ | 金陵体育 | 2.19 |
| | 603985. SH | 恒润股份 | 4.84 |

续表

| 发行类型 | 代码 | 简称 | 募集资金（亿元） |
|---|---|---|---|
| 首发 | 603787. SH | 新日股份 | 2. 73 |
| | 300554. SZ | 三超新材 | 1. 67 |
| | 002866. SZ | 传艺科技 | 4. 35 |
| | 300641. SZ | 正丹股份 | 6. 99 |
| | 603078. SH | 江化微 | 3. 30 |
| | 603906. SH | 龙蟠科技 | 4. 45 |
| | 603041. SH | 美思德 | 2. 69 |
| | 300631. SZ | 久吾高科 | 1. 54 |
| | 603133. SH | 碳元科技 | 3. 50 |
| | 603179. SH | 新泉股份 | 5. 00 |
| | 300623. SZ | 捷捷微电 | 6. 02 |
| | 300618. SZ | 寒锐钴业 | 3. 26 |
| | 300617. SZ | 安靠智电 | 3. 54 |
| | 603955. SH | 大千生态 | 2. 96 |
| | 300610. SZ | 晨化股份 | 2. 18 |
| | 603626. SH | 科森科技 | 9. 16 |
| | 300598. SZ | 诚迈科技 | 1. 41 |
| | 300600. SZ | 瑞特股份 | 3. 05 |
| | 603358. SH | 华达科技 | 11. 50 |
| | 603966. SH | 法兰泰克 | 2. 54 |
| | 300584. SZ | 海辰药业 | 1. 98 |
| | 603035. SH | 常熟汽饰 | 6. 67 |
| | 002839. SZ | 张家港行 | 7. 34 |
| | 300580. SZ | 贝斯特 | 4. 42 |
| | 小计 | | 272. 74 |
| | 002309. SZ | 中利集团 | 30. 85 |
| 再融资（增发、配股） | 300261. SZ | 雅本化学 | 8. 48 |
| | 300393. SZ | 中来股份 | 13. 50 |
| | 600268. SH | 国电南自 | 3. 78 |
| | 300420. SZ | 五洋停车 | 0. 51 |
| | 300385. SZ | 雪浪环境 | 2. 83 |
| | 600527. SH | 江南高纤 | 8. 21 |
| | 002044. SZ | 美年健康 | 4. 50 |
| | 300447. SZ | 全信股份 | 2. 61 |
| | 002685. SZ | 华东重机 | 7. 92 |
| | 002540. SZ | 亚太科技 | 14. 67 |
| | 002127. SZ | 南极电商 | 3. 79 |
| | 002455. SZ | 百川股份 | 4. 17 |
| | 300450. SZ | 先导智能 | 6. 11 |
| | 300466. SZ | 赛摩电气 | 1. 21 |
| | 600282. SH | 南钢股份 | 17. 59 |

续表

| 发行类型 | 代码 | 简称 | 募集资金（亿元） |
|---|---|---|---|
| 再融资（增发、配股） | 002635. SZ | 安洁科技 | 14. 77 |
| | 300537. SZ | 广信材料 | 3. 04 |
| | 300091. SZ | 金通灵 | 4. 25 |
| | 002002. SZ | 鸿达兴业 | 11. 81 |
| | 600487. SH | 亨通光电 | 30. 13 |
| | 600475. SH | 华光股份 | 1. 98 |
| | 000035. SZ | 中国天楹 | 7. 32 |
| | 300284. SZ | 苏交科 | 3. 31 |
| | 600584. SH | 长电科技 | 26. 06 |
| | 600682. SH | 南京新百 | 3. 46 |
| | 002384. SZ | 东山精密 | 44. 39 |
| | 002491. SZ | 通鼎互联 | 4. 39 |
| | 002585. SZ | 双星新材 | 19. 68 |
| | 002438. SZ | 江苏神通 | 4. 50 |
| | 600522. SH | 中天科技 | 43. 01 |
| | 002547. SZ | 春兴精工 | 10. 82 |
| | 002091. SZ | 江苏国泰 | 27. 41 |
| | 600667. SH | 太极实业 | 20. 52 |
| | 小计 | | 411. 58 |
| 其他融资（公司债券、短期融资券、中期票据、次级债、金融债、境外发行债券） | 000961. SZ | 中南建设 | 15. 00 |
| | 601688. SH | 华泰证券 | 380. 00 |
| | 600981. SH | 汇鸿集团 | 27. 00 |
| | 601222. SH | 林洋能源 | 30. 00 |
| | 002309. SZ | 中利集团 | 9. 47 |
| | 300495. SZ | 美尚生态 | 5. 00 |
| | 601990. SH | 南京证券 | 10. 00 |
| | 000425. SZ | 徐工机械 | 27. 00 |
| | 002531. SZ | 天顺风能 | 4. 00 |
| | 000936. SZ | 华西股份 | 11. 39 |
| | 000700. SZ | 模塑科技 | 8. 14 |
| | 601555. SH | 东吴证券 | 121. 80 |
| | 600901. SH | 江苏租赁 | 18. 73 |
| | 小计 | | 667. 53 |
| 总计 | | | 1351. 85 |

资料来源：江苏证监局。

### （二）募集资金使用情况及特点

2017 年度，辖区共有 112 家公司通过首发、再融资（定增、配股）、其他融资（公司债券、短期融资券、中期票据、次级债、金融债、境外发行债券）方式募集资金 1351. 85 亿。辖区上市公司募集资金使用情况较为规范，涉及变更募集资金使用项目的公司严格履行了内部审批及对外披露程序。

### （三）募集资金变更情况

2017 年度，辖区共有 17 家公司变更了募集资金使用项目，涉及金额 35.51 亿元，占 17 家公司募集资金总额（267.60 亿元）的 13.27%。公司变更募集资金使用项目的主要原因有：一是原有投资项目不再满足市场需求，无法达到理想投资回报，为确保公司投资项目收益而进行变更；二是同一投资目的下，变更后的项目在风险和成本上优于原项目；三是项目募集资金结余，用于公司永久补充流动资金以提高使用效率。具体如表 10 所示。

表 10　　2017 年江苏上市公司募集资金使用项目变更情况

| 变更募集资金使用项目的公司家数 | 涉及金额（亿元） | 募集资金总额（亿元） | 占公司募集资金总额的比例（%） |
|---|---|---|---|
| 17 | 35.51 | 267.60 | 13.27 |

资料来源：江苏证监局。

## 六、江苏上市公司规范运作情况

### （一）上市公司治理专项情况

2017 年，江苏证监局积极实现在上市公司及机构执业项目上的全面监管，积极调研走访，将监管政策落实到一线。一是聚焦上市公司内部控制机制，建立“监管第一课”常态化教育机制。二是对辖区公司进行监管画像，将公司前世今生、重大事项进行描绘，提高监管效率，提升监管质量。三是开展并购重组“回头看”检查，强化并购重组后续监管。四是积极宣传减持新规，打击违规增减持行为。五是将风险导向与“双随机”抽取相结合，在“双随机”检查的基础上，对募集资金使用、特殊行业信息披露开展针对性的专项检查，开展了年报监管、公司治理、高管违规买卖股票等日常检查。对发现的问题积极采取监管措施，全年累次采取行政监管措施 39 项，采取监管意见函、关注函、问询函共 57 份，督促上市公司及时整改，不断提高公司规范运作意识。

### （二）审计情况及监管情况

2017 年，共有 31 家证券资格会计师事务所为江苏公司出具了 2017 年度审计报告。在 2017 年年报审计意见类型中，标准无保留意见的审计报告 375 份（占 97.66%），非标意见审计报告 9 份（占 2.34%）。2017 年，江苏辖区共有 25 家上市公司变更了审计机构，占上市公司总数的 6.54%，因为原会计师事务所项目排期冲突或时间受限、审计到期、重大资产重组需要等。在督促中介结构规范执业方面，江苏证监局坚持问题导向，加大广度、深度推进现场检查，全年共对会计师事务所、评估师事务所开展现场检查或核查16次，出具行政监管措施1份，检查结果告知书4份。

### （三）信息披露情况

2017年，江苏证监局牢牢把握上市公司信息披露真实、准确、及时的要求，通过各种措施提高上市公司信息披露质量。一是加强上市公司宣传教育，提升公司规范运作意识，减少无知情况下信息披露违规的情况。二是督促公司加强自愿性信息披露专业意识，增强信息披露的针对性、连续性，防止信息披露不足和披露过度的现象。三是编制热线投诉案例选编，通报违反信息披露上市公司信息，以身边人、身边事督促上市公司做好信息披露工作。四是加强与交易所合作，强化对问题公司的问询力度。

### （四）证券市场服务情况

2017年，江苏证监局多措并举，积极服务资本市场，保护投资者权益。一是以培训教育为载体，促进市场主体规范发展。针对2017年辖区IPO的整体提速态势，对新上市、借壳公司的董监高开展集中培训，及时传达监管要求，培养规范意识。结合上市公司监管的典型问题，资本运作和信息披露的新形势，开展专题业务培训；针对被采取监管措施、信披评级较低的公司，开展专题规范培训。为上市公司规范运作、开展资本运作提供政策解读和监管支持。二是密切关注投诉举报、媒体质疑等投资者重点关注的问题，积极回应市场关切，严格按照规定处理，维护投资者和上市公司的合法权益，全年处理投诉举报百余件。三是积极推动并购重组，助力企业跨越式发展。江苏证监局在做好规范运作监管的基础上，不断提高对优质企业和优质标的支持力度，积极搭建上市公司、地方政府与中国证监会上市部、发行部的沟通桥梁，协调推进并购重组发展。2017年，涉及江苏辖区上市公司的全部并购重组交易全年累计252单，交易金额1503.96亿元。辖区上市公司苏美达通过贸易+制造的双核驱动，替代了相对单一的工程机械业务，从2013～2015年的巨额亏损转换为2017年的盈利10.97亿元。

审稿人：许加林
撰稿人：徐　萍、陈　宇、马秋霞
孙　蕾、肖永鹏、张　洋

# 浙江地区

## 一、浙江国民经济发展概况

表 1　　2017 年浙江国民经济发展概况　　单位：亿元

| 指标 | 1～3 月 | | 1～6 月 | | 1～9 月 | | 1～12 月 | |
|---|---|---|---|---|---|---|---|---|
| | 绝对量 | 同比增长（%） | 绝对量 | 同比增长（%） | 绝对量 | 同比增长（%） | 绝对量 | 同比增长（%） |
| 地区生产总值（GDP） | 10551.93 | 8.00 | 23383.21 | 8.00 | 36958.03 | 8.10 | 51768.26 | 7.80 |
| 全社会固定资产投资 | 5949.29 | 9.70 | 14935.30 | 9.30 | 23205.88 | 9.60 | 31125.99 | 8.60 |
| 社会消费品零售总额 | 5471.14 | 8.90 | 11184.85 | 9.90 | 17265.69 | 10.60 | 24308.48 | 10.60 |
| 规模以上工业增加值 | 3280.49 | 7.50 | 7518.04 | 7.70 | 11681.02 | 8.30 | 14440.00 | 8.30 |
| 规模以上工业企业实现利润 | 941.30 | 25.10 | 2171.60 | 14.40 | 3483.00 | 17.20 | 4569.80 | 16.60 |
| 居民消费价格指数（CPI） | 1～3 月 | | 1～6 月 | | 1～9 月 | | 1～12 月 | |
| | 1.9 | | 2.0 | | 2.1 | | 2.1 | |

资料来源：国家统计局、浙江统计局。

## 二、浙江上市公司总体情况

### （一）公司数量

表 2　　2017 年浙江上市公司数量　　单位：家

| 公司总数 | 2017 年新增 | 股票类别 | | | 板块分布 | | | |
|---|---|---|---|---|---|---|---|---|
| | | 仅 A 股 | 仅 B 股 | （A＋B）股 | 沪市主板 | 深市主板 | 中小板 | 创业板 |
| 342 | 69 | 340 | 1 | 1 | 138 | 14 | 126 | 64 |

资料来源：沪深交易所，同花顺。

## （二）行业分布

表 3　　2017 年浙江上市公司行业分布情况

| 所属证监会行业类别 | 家数 | 占比（%） | 所属证监会行业类别 | 家数 | 占比（%） |
|---|---|---|---|---|---|
| 农、林、牧、渔业 | 0 | 0.00 | 金融业 | 4 | 1.17 |
| 采矿业 | 2 | 0.58 | 房地产业 | 8 | 2.34 |
| 制造业 | 259 | 75.73 | 租赁和商务服务业 | 7 | 2.05 |
| 电力、热力、燃气及水生产和供应业 | 3 | 0.88 | 科学研究和技术服务业 | 1 | 0.29 |
| 建筑业 | 7 | 2.05 | 水利、环境和公共设施管理业 | 4 | 1.17 |
| 批发和零售业 | 10 | 2.92 | 教育 | 0 | 0.00 |
| 交通运输、仓储和邮政业 | 1 | 0.29 | 卫生和社会工作 | 4 | 1.17 |
| 住宿和餐饮业 | 0 | 0.00 | 文化、体育和娱乐业 | 11 | 3.22 |
| 信息传输、软件和信息技术服务业 | 19 | 5.56 | 综合 | 2 | 0.58 |
| 合计 | 342 | 100 | | | |

资料来源：沪深交易所，同花顺。

## （三）股本结构及规模

表 4　　2017 年浙江上市公司股本规模在 10 亿股以上公司分布情况

| 股本规模（亿股） | 公司家数 | 具体公司 |
|---|---|---|
| 100≤～<200 | 1 | 浙能电力 |
| 50≤～<100 | 4 | 利欧股份，海康威视，新湖中宝，小商品城 |
| 20≤～<50 | 23 | 万向钱潮，传化智联，三花智控，万丰奥威，大华股份，滨江集团，联络互动，浙江永强，荣盛石化，森马服饰，华谊兄弟，杭钢股份，巨化股份，美都能源，中国巨石，瀚叶股份，浙江龙盛，康恩贝，物产中大，杭州银行，财通证券，正泰电器，浙商证券 |
| 10≤～<20 | 54 | 华数传媒，莱茵体育，华媒控股，普洛药业，嘉凯城，盈峰环境，新和成，亿帆医药，横店东磁，浙江交科，华峰氨纶，景兴纸业，海翔药业，天马股份，东南网架，报喜鸟，海亮股份，海利得，大东南，浙富控股，万马股份，海宁皮城，伟星新材，亚厦股份，康盛股份，万里扬，巨星科技，申通快递，贝因美，世纪华通，艾格拉斯，完美世界，光启技术，永高股份，卫星石化，向日葵，华策影视，宋城演艺，中金环境，兴源环境，金科文化，宋都股份，阳光照明，嘉化能源，士兰微，杭萧钢构，腾达建设，华海药业，卧龙电气，浙数文化，东方通信，轻纺城，浙大网新，桐昆股份 |

资料来源：沪深交易所，同花顺。

表 5　　2017 年浙江上市公司分地区股权构成情况　　单位：家

| 地域分布 \ 股权性质 | 央企国资控股 | 省属国资控股 | 地市国资控股 | 民营控股 | 其他 | 合计 |
|---|---|---|---|---|---|---|
| 杭州市 | 5 | 8 | 9 | 100 | 6 | 128 |
| 温州市 | 1 | 0 | 1 | 17 | 0 | 19 |
| 嘉兴市 | 1 | 0 | 3 | 27 | 4 | 35 |
| 湖州市 | 0 | 0 | 0 | 20 | 2 | 22 |
| 绍兴市 | 0 | 0 | 6 | 47 | 1 | 54 |
| 金华市 | 0 | 0 | 2 | 24 | 0 | 26 |
| 衢州市 | 0 | 2 | 0 | 3 | 0 | 5 |
| 舟山市 | 0 | 0 | 0 | 0 | 1 | 1 |
| 台州市 | 0 | 0 | 4 | 42 | 3 | 49 |
| 丽水市 | 0 | 0 | 0 | 2 | 1 | 3 |
| 合计 | 7 | 10 | 25 | 282 | 18 | 342 |

资料来源：同花顺。

### （四）市值规模

截至 2017 年 12 月 31 日，浙江 342 家上市公司境内总市值 40116.41 亿元，占全国上市公司境内总市值的 7.06%；其中，上交所上市公司 138 家，总股本 1193.24 亿股，境内总市值 15283.04 亿元，占上交所上市公司境内总市值的 4.60%；深交所上市公司 204 家，总股本 1621.11 亿股，境内总市值 24833.37 亿元，占深交所上市公司境内总市值的 10.53%。

### （五）资产规模

截至 2017 年 12 月 31 日，浙江 342 家上市公司合计总资产 32155.57 亿元，归属于母公司股东权益 12303.44 亿元，与 2016 年相比，分别增长 27.08%、29.15%；平均每股净资产 4.36 元。

## 三、浙江上市公司经营情况及变动分析

### （一）总体经营情况

表 6　　2017 年浙江上市公司经营情况

| 指标 | 2016 年 | 2015 年 | 变动率（%） |
|---|---|---|---|
| 家数 | 342 | 273 | 25.27 |
| 亏损家数 | 13 | 13 | 0.00 |
| 亏损家数比例（%） | 3.8 | 4.76 | -0.96 |
| 平均每股收益（元） | 0.44 | 0.40 | 10.00 |
| 平均每股净资产（元） | 4.36 | 4.09 | 6.60 |
| 平均净资产收益率（%） | 10.15 | 9.74 | 0.41 |
| 总资产（亿元） | 32155.57 | 25302.7 | 27.08 |
| 归属于母公司股东权益（亿元） | 12303.44 | 9526.32 | 29.15 |

续表

| 指标 | 2016 年 | 2015 年 | 变动率（%） |
|---|---|---|---|
| 营业收入（亿元） | 15938.39 | 11589.52 | 37.52 |
| 利润总额（亿元） | 1572.08 | 1197.89 | 31.24 |
| 归属于母公司所有者的净利润（亿元） | 1248.23 | 928.31 | 34.46 |

资料来源：沪深交易所，同花顺。

### （二）分行业经营情况

表 7　　2017 年浙江上市公司分行业经营情况

| 所属行类 | 营业收入（亿元） | 可比样本变动率（%） | 归属于母公司所有者的净利润（亿元） | 可比样本变动率（%） |
|---|---|---|---|---|
| 农、林、牧、渔业 | 0.00 | — | 0.00 | — |
| 采矿业 | 36.91 | 517.22 | 0.79 | 5.33 |
| 制造业 | 9237.33 | 30.27 | 818.72 | 33.25 |
| 电力、热力、燃气及水生产和供应业 | 554.96 | 29.99 | 47.51 | -27.20 |
| 建筑业 | 474.31 | 24.72 | 26.40 | 77.90 |
| 批发和零售业 | 3655.52 | 27.82 | 53.86 | 9.69 |
| 交通运输、仓储和邮政业 | 126.57 | 28.09 | 14.88 | 17.91 |
| 住宿和餐饮业 | 0.00 | — | 0.00 | — |
| 信息传输、软件和信息技术服务业 | 501.59 | 53.72 | 48.78 | -6.39 |
| 金融业 | 236.97 | -6.06 | 69.02 | -3.58 |
| 房地产业 | 424.53 | -22.89 | 78.99 | -1.88 |
| 租赁和商务服务业 | 186.48 | 20.86 | 4.67 | -80.31 |
| 科学研究和技术服务业 | 1.84 | 58.62 | 0.35 | 40.00 |
| 水利、环境和公共设施管理业 | 62.65 | 21.65 | 11.42 | 61.76 |
| 教育 | 0.00 | — | 0.00 | — |
| 卫生和社会工作 | 87.76 | 32.17 | 10.08 | 54.13 |
| 文化、体育和娱乐业 | 259.51 | 2.57 | 61.89 | 30.24 |
| 综合 | 91.46 | 52.54 | 0.88 | -48.54 |
| 合计 | 15938.39 | 26.71 | 1248.23 | 19.11 |

### （三）业绩变动情况分析

1. 营业收入、毛利率等变动原因分析

2017 年，浙江辖区上市公司整体业绩增长较快。全年度实现营业收入 15938.39 亿元，同比增长 37.52%；利润总额 1572.08 亿元，同比增长 31.24%；归属于母公司所有者的净利润 1248.24 亿元，同比增长 34.46%；平均毛利率达到 21.54%。企业亏损面变动不大，全年 13 家公司出现亏损，与 2016 年持平。

2. 盈利构成分析

从盈利构成来看，2017 年辖区上市公司利润来源主要是主业利润，其占利润总额的比重约为 80.93%，比 2016 年度降低 6.35 个百分点。投资收益占利润总额的 19.35%，比 2016 年同期增加 3.46 个百分点。营业外利润占利润总额的 19.07%，比 2016 年同期增加 7.35 个百分点。此外，扣除非经常性损益的净利润占净利润的比例约为 78.04%，比 2016 年同期增加 6.88 个百分点。

3. 经营性现金流量分析

2017 年，辖区上市公司经营活动现金净流入 1237.17 亿元，同比减少 39.09%。在 342 家上市公司中，276 家经营性现金流量为正，占比 80.70%，低于 2016 年的 87.91%。

4. 业绩特点分析

一是供给侧结构性改革成效显现。传统行业强劲复苏，化工、通用设备制造、有色金属冶炼和造纸等行业营业收入增幅较好；新兴行业持续保持良好发展态势，汽车、电子、电气机械等行业营业收入增长迅速；产业集群效应逐渐显现，化学制品和化学纤维、汽车零部件、医药生物等行业的产业优势突出。

二是积极参与"一带一路"建设。浙江辖区上市公司对外投资与贸易已覆盖大部分"一带一路"沿线国家，其中，东南亚、南亚、欧洲等地区业务量居前，西亚、独联体等地区成长趋势明显。相关业务涉及总分行业中的一半以上，其中，机械设备、电气设备、化工等行业集中度较高。

三是国有控股上市公司实施混合所有制改革。物产中大实施"整体上市+混改"方案，引入员工持股计划持股 7%。

5. 利润分配情况

表 8　　2017 年浙江上市公司现金分红情况

| 2017 年分红公司家数 | | | 2017 年分红金额 | | |
|---|---|---|---|---|---|
| 家数 | 变动率（%） | 分红公司家数占地区公司总数比重 | 金额（亿元） | 变动率（%） | 分红金额占归属于母公司所有者的净利润比重 |
| 295 | 27.71 | 86.26% | 408.20 | 31.32 | 32.70% |

资料来源：浙江证监局、同花顺。

## 四、浙江上市公司并购重组情况

### （一）并购重组基本情况

2017 年，浙江辖区共有 169 家上市公司实施并购重组 304 次，比 2016 年度减少 6.75%；交易金额 929.33 亿元，比 2016 年度减少 16.64%。2016 年，平均每单并购金额 3.06 亿元，单位并购数量为 1.80，平均每单并购金额和单位并购数量较 2016 年均有下降。

### （二）并购重组特点

1. 并购协同效应增强

部分上市公司及区域围绕行业龙头企业、新动能产业，通过并购重组形成较为完整的产业链，加速产业结构调整，引领地方经济发展。

2. 海外并购呈增长态势

2017 年，浙江上市公司实施海外并购 28 起，并购标的国家从原来热门的北美、西欧等发达国家，扩展到以色列、新加坡、印度尼西亚和波兰等“一带一路”沿线国家。

3. 现金收购占比增加

2017 年，浙江上市公司现金收购中涉及重大资产重组的交易量占比为 23.03%，同期交易金额占比为 7.79%，逐渐成为重大资产重组的又一重要方式。

4. 并购重组伴生问题逐步显现

并购重组中商誉规模逐年增长，商誉存在高估迹象，部分公司的高额商誉和商誉减值损失对公司报表影响明显。因业绩未达承诺导致的重组风险初步显现。此外，部分上市公司对标的资产管控较为薄弱，整合风险逐步凸显。

## 五、浙江上市公司募集资金情况、使用情况

### （一）募集资金总体情况

表 9　　2017 年浙江上市公司募集资金情况

| 发行类型 | 代码 | 简称 | 募集资金（亿元） |
|---|---|---|---|
| 首发 | 603186 | 华正新材 | 1.74 |
| | 300587 | 天铁股份 | 3.67 |
| | 002840 | 华统股份 | 2.93 |
| | 603165 | 荣晟环保 | 3.31 |
| | 603337 | 杰克股份 | 9.16 |
| | 603089 | 正裕工业 | 3.10 |
| | 603177 | 德创环保 | 1.82 |
| | 603040 | 新坐标 | 2.47 |
| | 603208 | 江山欧派 | 5.02 |
| | 603839 | 安正时尚 | 11.96 |
| | 002849 | 威星智能 | 2.62 |
| | 300611 | 美力科技 | 2.68 |
| | 603238 | 诺邦股份 | 3.99 |
| | 603578 | 三星新材 | 2.70 |
| | 603908 | 牧高笛 | 2.73 |
| | 603665 | 康隆达 | 5.35 |
| | 603811 | 诚意药业 | 3.36 |
| | 603388 | 元成股份 | 3.03 |
| | 603303 | 得邦照明 | 11.18 |
| | 002859 | 洁美科技 | 6.94 |
| | 300637 | 扬帆新材 | 3.01 |
| | 002860 | 星帅尔 | 3.01 |
| | 300604 | 长川科技 | 1.89 |
| | 603225 | 新凤鸣 | 20.62 |
| | 002863 | 今飞凯达 | 3.04 |

续表

| 发行类型 | 代码 | 简称 | 募集资金（亿元） |
|---|---|---|---|
| 首发 | 300645 | 正元智慧 | 2.06 |
| | 603320 | 迪贝电气 | 2.48 |
| | 603505 | 金石资源 | 2.24 |
| | 300643 | 万通智控 | 2.15 |
| | 300649 | 杭州园林 | 1.45 |
| | 603229 | 奥翔药业 | 3.12 |
| | 603926 | 铁流股份 | 6.12 |
| | 603896 | 寿仙谷 | 4.03 |
| | 300652 | 雷迪克 | 3.49 |
| | 603767 | 中马传动 | 5.97 |
| | 603980 | 吉华集团 | 17.20 |
| | 603316 | 诚邦股份 | 3.47 |
| | 601878 | 浙商证券 | 28.17 |
| | 300669 | 沪宁股份 | 2.32 |
| | 603331 | 百达精工 | 3.06 |
| | 603757 | 大元泵业 | 4.71 |
| | 300673 | 佩蒂股份 | 4.47 |
| | 603595 | 东尼电子 | 3.25 |
| | 603602 | 纵横通信 | 3.04 |
| | 603129 | 春风动力 | 4.54 |
| | 603557 | 起步股份 | 3.63 |
| | 603079 | 圣达生物 | 3.02 |
| | 603181 | 皇马科技 | 5.18 |
| | 300698 | 万马科技 | 2.01 |
| | 603500 | 祥和实业 | 4.15 |
| | 002897 | 意华股份 | 5.52 |
| | 300695 | 兆丰股份 | 10.45 |
| | 603277 | 银都股份 | 8.16 |
| | 603321 | 梅轮电梯 | 4.67 |
| | 300702 | 天宇股份 | 6.72 |
| | 603055 | 台华新材 | 6.23 |
| | 603103 | 横店影视 | 8.19 |
| | 603110 | 东方材料 | 3.35 |
| | 300710 | 万隆光电 | 2.58 |
| | 601108 | 财通证券 | 40.85 |
| | 603607 | 京华激光 | 3.65 |
| | 603260 | 合盛硅业 | 13.66 |
| | 603289 | 泰瑞机器 | 3.99 |
| | 300718 | 长盛轴承 | 4.64 |
| | 603605 | 珀莱雅 | 7.67 |
| | 603661 | 恒林股份 | 14.22 |
| | 603685 | 晨丰科技 | 5.26 |
| | 603711 | 香飘飘 | 5.67 |
| | 002915 | 中欣氟材 | 1.80 |
| | 小计 | | 403.94 |

续表

| 发行类型 | 代码 | 简称 | 募集资金（亿元） |
| --- | --- | --- | --- |
| 再融资（增发、配股） | 603611 | 诺力股份 | 5.63 |
| | 600070 | 浙江富润 | 12.40 |
| | 000909 | 数源科技 | 2.72 |
| | 002326 | 永太科技 | 4 |
| | 002250 | 联化科技 | 11.19 |
| | 601877 | 正泰电器 | 43.6 |
| | 002625 | 龙生股份 | 68.94 |
| | 002686 | 亿利达 | 4.34 |
| | 300451 | 创业软件 | 12.58 |
| | 600226 | 升华拜克 | 23.00 |
| | 002061 | 江山化工 | 62.06 |
| | 002712 | 思美传媒 | 8.91 |
| | 300488 | 恒锋工具 | 1.4 |
| | 002488 | 金固股份 | 27 |
| | 002522 | 浙江众成 | 4 |
| | 300347 | 泰格医药 | 6.3 |
| | 600120 | 浙江东方 | 28.26 |
| | 000925 | 众合科技 | 11.58 |
| | 600273 | 嘉化能源 | 17.98 |
| | 002276 | 万马股份 | 8.75 |
| | 002126 | 银轮股份 | 7.21 |
| | 002619 | 艾格拉斯 | 20.00 |
| | 603889 | 新澳股份 | 8.91 |
| | 002430 | 杭氧股份 | 9.56 |
| | 002019 | 亿帆医药 | 18.05 |
| | 002648 | 卫星石化 | 30.00 |
| | 002020 | 京新药业 | 11.00 |
| | 300068 | 南都电源 | 14.70 |
| | 600797 | 浙大网新 | 18.22 |
| | 603558 | 健盛集团 | 8.88 |
| | 002050 | 三花智控 | 34.72 |
| | 002552 | 宝鼎科技 | 0.79 |
| | 002632 | 道明光学 | 1.82 |
| | 002135 | 东南网架 | 13.85 |
| | 603338 | 浙江鼎力 | 8.80 |
| | 000739 | 普洛药业 | 2.54 |
| | 300411 | 金盾股份 | 27.91 |
| | 300266 | 兴源环境 | 5.50 |
| | 601233 | 桐昆股份 | 10.00 |
| | 600387 | 海越股份 | 10.40 |
| | 002001 | 新和成 | 49.00 |
| | 002343 | 慈文传媒 | 9.32 |
| | 002034 | 旺能环境 | 45.28 |
| | 002389 | 南洋科技 | 31.36 |
| | 002115 | 三维通信 | 8.91 |
| | 300360 | 炬华科技 | 6.37 |
| | 小计 | | 777.74 |

续表

| 发行类型 | 代码 | 简称 | 募集资金（亿元） |
|---|---|---|---|
| 其他融资（公司债券、短期融资券、中期票据、次级债、金融债、境外发行债券） | 002273 | 水晶光电 | 11.80 |
| | 002562 | 兄弟科技 | 7.00 |
| | 002284 | 亚太股份 | 10.00 |
| | 002418 | 康盛股份 | 0.5 |
| | 002011 | 盾安环境 | 5 |
| | 300068 | 南都电源 | 14.7 |
| | 603260 | 合盛硅业 | 6 |
| | 002244 | 滨江集团 | 6 |
| | 002010 | 传化智联 | 10 |
| | 300244 | 迪安诊断 | 4.00 |
| | 000906 | 浙商中拓 | 7.50 |
| | 600208 | 新湖中宝 | 10.00 |
| | 600704 | 物产中大 | 15.00 |
| | 002244 | 滨江集团 | 29.00 |
| | 小计 | | 136.5 |
| 总计 | | | 1318.18 |

资料来源：同花顺。

### （二）募集资金使用情况及特点

2017 年，辖区上市公司募集项目资金总额 1318.18 亿元，其中，首发与再融资总额 1181.68 亿元，已投入使用募集金额 671.68 亿元，占首发与再融资金额的 56.84%。募集资金的使用严格履行决策程序，总体来看，使用情况较好，但也存在募集资金专户存放不严格、募集资金使用违规、闲置募集资金管理未决策及信息披露、募集资金置换不规范等问题。

### （三）募集资金变更情况

表 10　　2017 年浙江上市公司募集资金使用项目变更情况

| 变更募集资金使用项目的公司家数 | 涉及金额（亿元） | 募集资金总额（亿元） | 占公司募集资金总额的比例（%） |
|---|---|---|---|
| 79 | 772.14 | 1476.00 | 52.31 |

资料来源：浙江证监局，同花顺。

## 六、浙江上市公司规范运作情况

### （一）上市公司治理专项情况

2017 年，浙江证监局在中国证监会领导和浙江省委省政府的指导下，充分发挥综合监管体系的作用，坚持依法全面从严监管，把防控金融风险放在突出位置，牢牢守住不发生系统性风险的底线，着力保护投资者合法权益，深入推进多层次资本市场建设，积极提升服务地方实体经济发展的能力，有效促进辖区资本市场健康稳定发展。2017 年，开展上市公司各类现场检查 43 家次，采取行政监管措施 35 份，下发监管关注函 102 份，较好地维护了辖区资本市场秩序。

### （二）审计情况及监管情况

在 2017 年年报审计中，境内 27 家会计师事务所为浙江辖区 342 家上市公司提供审计业务。其中，333 家公司的审计报告为标准无保留意见，5 家公司的审计报告为带强调事项段无保留意见，1 家公司的审计报告为保留意见，3 家公司的审计报告为无法表示意见。浙江证监局在日常监管中强化年报审核在非现场监管中的作用。就年报监管中发现的情况和问题，向上市公司下发年报监管关注函 15 份、监管问询函 18 份，向年报审计机构下发监管问询函 3 份，向保荐机构下发监管关注函 2 份；约谈上市公司董事长、高级管理人员等 48 人次，约谈年审会计师 14 人次，约谈保荐机构 4 人次。加大对中介机构的监管力度；在对部分上市公司检查时，对会计师事务所、保荐机构、财务顾问等进行延伸检查，并对存在的问题采取相应措施。

### （三）信息披露情况

2017 年，浙江证监局坚持以信息披露监管为核心，以信息披露的真实、及时、准确、完整和公平为重点，持续加强上市公司信息收集、分析以及监管协作。对发生控制权变更的上市公司实施监管聚焦，从信息披露等方面提出明确要求；强化违规业绩“变脸”监管，分析主客观原因，区别采取督促披露、约谈、现场检查等措施；严格监管“高送转”，重点关注财务报告真实性、利润分配与业绩增长的匹配性等事项；关注上市公司为维护股价而做出的“兜底式员工增持”倡议公告，严防信息披露不充分等问题。下发《关于规范上市公司信息披露工作的通知》，督促上市公司规范信息披露，提升信息披露质量。对重大信息披露问题及时开展现场核查，妥善处置风险事项。加强与交易所、稽查部门等二级市场监控部门的监管联动，及时查处和打击违规行为。上市公司信息披露质量稳步提高，辖区上市公司信息披露整体较好。

### （四）证券市场服务情况

投资者保护是证券市场的基础性工作。浙江证监局积极落实证券市场保护投资的各种举措。2017 年妥善处理上市公司类举报事项 159 件、12386 转办事项 37 件，内容涉及上市公司生产经营、信息披露、资产收购等方面的问题；妥善处理投资者关注度高、利益影响面广的诉求，充分保障投资者的合法权益。组织召开辖区新上市公司培训会，明确监管要求、办好“上市第一课”；组织召开董事、监事培训班，提升监督质量效果、健全公司治理。积极引导上市公司优化利润分配结构、完善现金分红决策机制、强化投资者回报意识，提高现金分红水平。召开上市公司投资者关系管理座谈会，引导上市公司建立和完善投资者关系管理机制；日常督促提醒上市公司重视投资者关系管理，保持与投资者互动渠道畅通，积极回应投资者关心的问题。深化与投资者服务中心的合作，建立长效沟通机制，督促上市公司提高治理水平；加强与政法系统的沟通交流，探索多渠道纠纷解决机制。通过实地走访、座谈调研等形式，指导市场主体完善投资者教育基地的建设，充分利用平台优势开展多样化的投资教育活动，打造投资者教育主阵地。

审稿人：俞　峰、孔艳清、张连锋

撰稿人：崔　艳、张可军

# 安徽地区

## 一、安徽国民经济发展概况

表 1　　2017 年安徽国民经济发展概况　　单位：亿元

| 指标 | 1~3 月 | | 1~6 月 | | 1~9 月 | | 1~12 月 | |
|---|---|---|---|---|---|---|---|---|
| | 绝对量 | 同比增长（%） | 绝对量 | 同比增长（%） | 绝对量 | 同比增长（%） | 绝对量 | 同比增长（%） |
| 地区生产总值（GDP） | 5826.82 | 8.40 | 12645.41 | 8.50 | 19811.35 | 8.30 | 27518.67 | 8.50 |
| 全社会固定资产投资 | 5322.38 | 11.10 | 13326.33 | 10.70 | 21169.39 | 10.00 | 28816.37 | 11.00 |
| 社会消费品零售总额 | 2714.70 | 11.90 | 5365.10 | 12.00 | 8108.60 | 11.70 | 11192.60 | 11.90 |
| 规模以上工业增加值 | 2632.90 | 8.40 | 5382.50 | 8.60 | 8253.60 | 8.80 | — | 9.00 |
| 规模以上工业企业实现利润 | 494.50 | 26.20 | 995.70 | 15.70 | 1546.70 | 17.80 | 2285.30 | 19.70 |
| 居民消费价格指数（CPI） | 1~3 月 | | 1~6 月 | | 1~9 月 | | 1~12 月 | |
| | 0.70 | | 1.10 | | 1.20 | | 1.40 | |

资料来源：国家统计局。

## 二、安徽上市公司总体情况

### （一）公司数量

表 2　　2017 年安徽上市公司数量　　单位：家

| 公司总数 | 2017 年新增 | 股票类别 | | | 板块分布 | | | |
|---|---|---|---|---|---|---|---|---|
| | | 仅 A 股 | 仅 B 股 | （A+B）股 | 沪市主板 | 深市主板 | 中小板 | 创业板 |
| 102 | 9 | 99 | 0 | 3 | 44 | 16 | 28 | 14 |

资料来源：沪深交易所，同花顺。

## （二）行业分布

**表 3　　2017 年安徽上市公司行业分布情况**

| 所属证监会行业类别 | 家数 | 占比（%） | 所属证监会行业类别 | 家数 | 占比（%） |
|---|---|---|---|---|---|
| 农、林、牧、渔业 | 2 | 1.96 | 金融业 | 3 | 2.94 |
| 采矿业 | 2 | 1.96 | 房地产业 | 3 | 2.94 |
| 制造业 | 67 | 65.69 | 租赁和商务服务业 | 0 | 0.00 |
| 电力、热力、燃气及水生产和供应业 | 2 | 1.96 | 科学研究和技术服务业 | 1 | 0.98 |
| 建筑业 | 3 | 2.94 | 水利、环境和公共设施管理业 | 4 | 3.92 |
| 批发和零售业 | 5 | 4.90 | 教育 | 0 | 0.00 |
| 交通运输、仓储和邮政业 | 3 | 2.94 | 卫生和社会工作 | 0 | |
| 住宿和餐饮业 | 0 | 0.00 | 文化、体育和娱乐业 | 2 | 1.96 |
| 信息传输、软件和信息技术服务业 | 5 | 4.90 | 综合 | 0 | 0.00 |
| 合计 | 102 | 100 | | | |

资料来源：沪深交易所，同花顺。

## （三）股本结构及规模

**表 4　　2017 年安徽上市公司股本规模在 10 亿股以上公司分布情况**

| 股本规模（亿股） | 公司家数 | 具体公司 |
|---|---|---|
| 100≤～<200 | 1 | 铜陵有色 |
| 50≤～<100 | 3 | 中弘股份，海螺水泥，马钢股份 |
| 20≤～<50 | 10 | 国元证券，众泰汽车，华信国际，顺丰控股，三七互娱，长信科技，山鹰纸业，皖江物流，华安证券，新集能源 |
| 10≤～<20 | 18 | 长虹美菱，皖能电力，中鼎股份，华孚时尚，新光圆成，楚江新材，科大讯飞，盛运环保，阳光电源，皖通高速，皖维高新，梦舟股份，江淮汽车，精工钢构，安徽水利，精达股份，恒源煤电，皖新传媒 |

资料来源：沪深交易所，同花顺。

**表 5　　2017 年安徽上市公司分地区股权构成情况**　　单位：家

| 股权性质 / 地域分布 | 央企国资控股 | 省属国资控股 | 地市国资控股 | 民营控股 | 其他 | 合计 |
|---|---|---|---|---|---|---|
| 合肥市 | 3 | 12 | 6 | 21 | 2 | 44 |
| 芜湖市 | 0 | 3 | 0 | 8 | 1 | 12 |
| 蚌埠市 | 2 | 1 | 0 | 0 | 0 | 3 |
| 淮南市 | 1 | 0 | 0 | 1 | 0 | 2 |

续表

| 地域分布 \ 股权性质 | 央企国资控股 | 省属国资控股 | 地市国资控股 | 民营控股 | 其他 | 合计 |
|---|---|---|---|---|---|---|
| 马鞍山市 | 1 | 1 | 1 | 5 | 0 | 8 |
| 淮北市 | 0 | 2 | 0 | 2 | 0 | 4 |
| 铜陵市 | 0 | 1 | 2 | 3 | 0 | 6 |
| 安庆市 | 0 | 0 | 1 | 2 | 0 | 3 |
| 黄山市 | 0 | 0 | 1 | 1 | 1 | 3 |
| 阜阳市 | 0 | 0 | 1 | 0 | 0 | 1 |
| 宿州市 | 0 | 0 | 0 | 1 | 0 | 1 |
| 滁州市 | 0 | 0 | 1 | 3 | 0 | 4 |
| 六安市 | 0 | 0 | 0 | 2 | 0 | 2 |
| 宣城市 | 0 | 0 | 0 | 7 | 0 | 7 |
| 池州市 | 0 | 0 | 1 | 0 | 0 | 1 |
| 亳州市 | 0 | 0 | 1 | 0 | 0 | 1 |
| 合计 | 7 | 20 | 15 | 56 | 4 | 102 |

资料来源：安徽证监局。

### （四）市值规模

截至 2017 年 12 月 31 日，安徽 102 家上市公司境内总市值 13504.91 亿元，占全国上市公司境内总市值的 2.38%；其中，上交所上市公司 44 家，总股本 508.4 亿股，境内总市值 4927.51 亿元，占上交所上市公司境内总市值的 1.48%；深交所上市公司 58 家，总股本 666.12 亿股，境内总市值 8577.40 亿元，占深交所上市公司境内总市值的 3.64%。

### （五）资产规模

截至 2017 年 12 月 31 日，安徽 102 家上市公司合计总资产 11990.56 亿元，归属于母公司股东权益 5302.94 亿元，与 2016 年相比，分别增长 20.44%、19.1%；平均每股净资产 4.38 元。

## 三、安徽上市公司经营情况及变动分析

### （一）总体经营情况

表 6　　2017 年安徽上市公司经营情况

| 指标 | 2017 年 | 2016 年 | 变动率（%） |
|---|---|---|---|
| 家数 | 102 | 93 | 9.68 |
| 亏损家数 | 9 | 3 | 200.00 |
| 亏损家数比例（%） | 8.82 | 3.23 | 5.59 |
| 平均每股收益（元） | 0.42 | 0.36 | 16.67 |
| 平均每股净资产（元） | 4.38 | 4.29 | 2.10 |
| 平均净资产收益率（%） | 9.57 | 8.44 | 1.13 |

续表

| 指标 | 2017 年 | 2016 年 | 变动率（%） |
|---|---|---|---|
| 总资产（亿元） | 11990.56 | 9955.63 | 20.44 |
| 归属于母公司股东权益（亿元） | 5302.94 | 4452.65 | 19.10 |
| 营业收入（亿元） | 7949.99 | 6261.78 | 26.96 |
| 利润总额（亿元） | 685.20 | 491.13 | 39.51 |
| 归属于母公司所有者的净利润（亿元） | 507.28 | 375.59 | 35.06 |

资料来源：沪深交易所，同花顺。

## （二）分行业经营情况

表 7　2017 年安徽上市公司分行业经营情况

| 所属行类 | 营业收入（亿元） | 可比样本变动率（%） | 归属于母公司所有者的净利润（亿元） | 可比样本变动率（%） |
|---|---|---|---|---|
| 农、林、牧、渔业 | 23.94 | 21.22 | 0.74 | 42.31 |
| 采矿业 | 140.04 | 39.62 | 11.27 | 306.86 |
| 制造业 | 5366.44 | 23.99 | 360.99 | 61.97 |
| 电力、热力、燃气及水生产和供应业 | 147.78 | 15.55 | 2.56 | -73.90 |
| 建筑业 | 448.99 | 6.63 | 7.80 | -4.29 |
| 批发和零售业 | 498.88 | 9.13 | 9.09 | 5.09 |
| 交通运输、仓储和邮政业 | 835.12 | 25.14 | 61.82 | 10.67 |
| 住宿和餐饮业 | 0.00 | — | 0.00 | — |
| 信息传输、软件和信息技术服务业 | 152.63 | 29.06 | 23.29 | 26.30 |
| 金融业 | 60.62 | 2.40 | 15.45 | -28.80 |
| 房地产业 | 57.76 | -46.59 | -10.21 | -156.88 |
| 租赁和商务服务业 | 0.00 | — | 0.00 | — |
| 科学研究和技术服务业 | 13.74 | 42.09 | 2.89 | 47.45 |
| 水利、环境和公共设施管理业 | 50.91 | 37.19 | 7.42 | 23.26 |
| 教育 | 0.00 | — | 0.00 | — |
| 卫生和社会工作 | 0.00 | — | 0.00 | — |
| 文化、体育和娱乐业 | 153.16 | 6.66 | 14.17 | -3.01 |
| 综合 | 0.00 | — | 0.00 | — |
| 合计 | 7949.99 | 20.50 | 507.28 | 30.30 |

资料来源：沪深交易所，同花顺。

## （三）业绩变动情况分析

1. 营业收入、毛利率等变动原因分析

2017 年，安徽 102 家上市公司实现营业收入 7949.99 亿元，同比增长 26.96%；营业利润 673.41 亿元，同比增长 86.33%；归属母公司股东的净利润 507.28 亿元，同比增长 35.06%；平均净资产收益率、销售毛利率分别为 8.08%、25.73%，同比 2016 年均略有下降。2017 年，辖区有众泰汽车等公司完成重组上市，并购资产盈收状况良好，直接提升了辖区营业收入和净利润总体水平。同时，辖区上市公司稳步推进“三去一降一补”，造纸、煤炭等政策扶持行业上市公司的业绩明显好转，但仍有部分上市公司处于行业转型发展期，导致辖区公司总体资产盈利能力、销售毛利率水平仍有待提升。

2. 盈利构成分析

2017 年，安徽辖区上市公司利润总额为685.20 亿元，同比增长39.51%，其中，营业利润达到673.41 亿元，为上市公司主要利润来源，占利润总额的比重为98.28%，营业外收支净额为 11.79 亿元，同比下降90.91%，表明辖区上市公司主营业务盈利能力明显提升，非主营类盈收规模持续下降。当年，安徽辖区上市公司93 家实现盈利，9 家出现亏损；其中，海螺水泥继续保持辖区净利润的最高水平，为158.55 亿元，中弘股份净利润水平最低，为 -25.11 亿元。

3. 经营性现金流量分析

2017 年，安徽辖区上市公司 69 家经营现金流净额为正，占辖区上市公司的比例为67.65%，辖区整体经营现金流量净额为197.42 亿元，平均经营性现金流净额为1.95 亿元；其中，海螺水泥继续保持辖区经营性现金流净额的最高水平，为173.63 亿元，安徽水利经营性现金流净额最低，为 -92.31 亿元。

4. 业绩特点分析

一是过剩行业“去产能”有序推进。2017 年，辖区 3 家钢铁、煤炭类上市公司购建固定资产、无形资产和其他长期资产支付的现金同比减少 32.88%，延续2016 年的下降趋势，新增产能继续压缩。2017 年年末，3 家公司固定资产与在建工程合计占总资产的比重为53.78%，同比下降6.67 个百分点，存量产能持续消化。二是房地产行业“去库存”持续进行。3 家房地产上市公司 2017 年年末存货占总资产的比重为53.45%，与2016 年年末基本持平，较 2015 年年末下降 11.85 个百分点，“去库存”效果显著。三是“去杠杆”效果不彰。2017 年年末，103 家上市公司资产负债率为54.06%，较2016 年上涨 1.21 个百分点；100 家非金融类上市公司资产负债率为52.33%，较2016 年上涨 1.54 个百分点，但与全国非金融类上市公司的 60.05% 相比，仍处于较低水平；3 家金融类公司资产负债率为68.02%，较2016 年下降 0.43 个百分点。四是实体经济“降成本”取得进展。2017 年，100 家非金融类上市公司营业成本占营业总收入的81.28%，下降0.94 个百分点；营业总成本率占营业总收入的93.73%，下降 1.47 个百分点；实际税费负担率为 5.98%，与 2016 年基本持平。五是“补短板”领域表现良好。在研发投入方面，辖区上市公司 2017 年共发生研发费用 140.20 亿元，同比增长24.86%，研发投入进一步加大。在污染防治方面，2017 年辖区共 10 余家上市公司主动披露了环境保护相关信息。

5. 利润分配情况

表 8　　2017 年安徽上市公司现金分红情况

| 2017 年分红公司家数 | | | 2017 年分红金额 | | |
|---|---|---|---|---|---|
| 家数 | 变动率（%） | 分红公司家数占地区公司总数比重 | 金额（亿元） | 变动率（%） | 分红金额占归属于母公司所有者的净利润比重 |
| 72 | 5.88 | 70.59% | 99.10 | 21.25 | 19.54% |

资料来源：安徽证监局。

## 四、安徽上市公司并购重组情况

### （一）并购重组基本情况

2017 年，安徽辖区有众泰汽车、安徽水利、科大讯飞等 9 家上市公司依托资本市场实施完成重大资产重组，实现交易金额 342.90 亿元，辖区上市公司发挥资本市场资源配置功能，依托结构调整、产业升级的大背景，着力“稳增长、提质量、增活力”。众泰汽车实现借壳上市，成功将整车生产及配套产业注入到上市公司，成为辖区体量最大的民营汽车生产企业；安徽水利通过吸收合并安徽建工集团，实现集团资产的整体上市，并通过员工持股计划，实现企业发展与个人利益一体化；中钢天源通过发行股份购买实际控制人旗下优质资产，打造高性能磁材料系统化生产流程。2017 年实施并购重组的 9 家上市公司，营业收入、净利润水平及资产规模同比 2016 年均大幅上升，同时资产负债率同比有所下降，通过并购重组为上市公司增添发展活力，有力支持了上市公司实现高质量发展。

### （二）并购重组特点

2017 年，辖区并购重组市场服务供给侧结构性改革功能逐步显现，成效日趋明显，支持实体经济产业升级及优化结构调整，更加注重供给侧存量重组、增量优化、动能转换。一是并购重组促进上市公司产业再升级、财务降杠杆。并购重组涉及循环能源、人工智能及健康产业等新经济领域，四创电子收购博微长安，进一步进入军品行业；同时，通过资产重组降低企业资产负债率，经营性现金流进一步改善。二是推动混合所有制改革稳中有进。通过集团整体上市等方式推动国有资本做优做强。安徽水利等上市国企吸收合并集团资产，实现集团资产整体上市，盘活存量资产，并通过股权纽带形成企业职工利益共同体，增添企业发展内生动力。三是企业创新能力再提升、技术补短板。我省目前战略新兴产业上市公司 25 家，占比 24.5%，涉及新信息技术、新能源以及新材料等新兴产业，创新能力建设持续提升，其中应流股份、阳光电源等公司借助核电材料、光伏发电等前沿类产业，加速提升核心制造业的创新能力。

## 五、安徽上市公司募集资金情况、使用情况

### （一）募集资金总体情况

表 9　　2017 年安徽上市公司募集资金情况

| 发行类型 | 代码 | 简称 | 募集资金（亿元） |
|---|---|---|---|
| 首发 | 603527 | 众源新材 | 4.13 |
| | 300692 | 中环环保 | 2.34 |
| | 603357 | 设计总院 | 8.48 |
| | 603801 | 志邦家居 | 9.39 |
| | 603768 | 常青股份 | 8.32 |
| | 603656 | 泰禾光电 | 4.16 |
| | 603429 | 集友股份 | 2.55 |
| | 300595 | 欧普康视 | 4.05 |
| | 603689 | 皖天然气 | 6.61 |
| | 小计 | | 50.03 |
| 再融资（增发、配股） | 600985 | 淮北矿业 | 4.23 |
| | 600063 | 皖维高新 | 13.02 |
| | 002042 | 华孚时尚 | 22.00 |
| | 000630 | 铜陵有色 | 26.75 |
| | 000728 | 国元证券 | 42.14 |
| | 002171 | 楚江新材 | 13.53 |
| | 002352 | 顺丰控股 | 80.00 |
| | 002230 | 科大讯飞 | 3.00 |
| | 600502 | 安徽水利 | 17.88 |
| | 600990 | 四创电子 | 2.60 |
| | 000980 | 众泰汽车 | 20.00 |
| | 002057 | 中钢天源 | 2.82 |
| | 002555 | 三七互娱 | 4.56 |
| | 小计 | | 252.53 |
| 其他融资（公司债券、短期融资券、中期票据、次级债、金融债、境外发行债券） | 000850 | 华茂股份 | 5.66 |
| | 000728 | 国元证券 | 30.00 |
| | 600909 | 华安证券 | 15.00 |
| | 002597 | 金禾实业 | 6.00 |
| | 300090 | 盛运环保 | 4.55 |
| | 600496 | 精工钢构 | 3.85 |
| | 300388 | 国祯环保 | 5.97 |
| | 小计 | | 71.03 |
| 总计 | | | 373.59 |

资料来源：安徽证监局。

### （二）募集资金使用情况及特点

2017 年度，安徽辖区共有 9 家公司实现首发上市，首发募集资金 50.03 亿元；13 家上市公司成功实行非公开发行，增发募集资金 252.53 亿元，主要用于公司技术改造、购买资产及补充流动资金等；7 家上市公司通过一般公司债、证券公司债等方式募集资金 71.03 亿元，合计实现募集资金总额 373.59 亿元，同比略有下降。从报告期内募集资金使用现场检查以及非现场监管情况来看，辖区上市公司募集资金管理及使用情况规范，基本能够按照预期投资计划使用，及时准确地披露募集资金使用的具体情况，主要存在问题是：个别上市公司未按期将暂时补流资金归还至募集资金专项账户，存在使用募集资金支付中介机构审计费用情形，募集资金理财专用账户中混有少量自有资金，募集资金账户管理不规范及资金使用不谨慎等问题。

### （三）募集资金变更情况

2017 年度，安徽辖区上市公司按照证券法律、法规的要求，规范使用募集资金，并及时披露了募集资金的使用情况，但有山鹰纸业等 4 家上市公司因募投项目客观环境发生变化，经履行相关审议及披露程序后，存在部分募集资金使用项目及拟投募资金额发生变更的情形。具体如表 10 所示。

表 10　　2017 年安徽上市公司募集资金使用项目变更情况

| 变更募集资金使用项目的公司家数 | 涉及金额（亿元） | 募集资金总额（亿元） | 占公司募集资金总额的比例（%） |
|---|---|---|---|
| 中鼎股份 | 5.86 | 19.59 | 29.91 |
| 丰原药业 | 0.16 | 2.97 | 5.39 |
| 时代出版 | 0.5 | 5.18 | 9.65 |
| 山鹰纸业 | 19.7 | 20 | 98.5 |

资料来源：安徽证监局。

## 六、安徽上市公司规范运作情况

### （一）上市公司治理专项情况

2017 年，辖区始终将防控金融风险放在突出位置，以依法从严全面监管为原则，着力提升监管能力，扎实有序开展辖区上市公司监管工作。一是以年报监管为着力点，认真做好风险排查。深入开展年报及业绩预告审阅，将年报监管作为风险监管的基础性工作，聚焦年报被出具非标意见、存在并购重组业绩承诺、大股东股权高比例质押等公司，关注信息披露违规和大股东变更风险。从财务指标要求、市值管理、业绩承诺、关联方资金需求等违规动机入手，深刻剖析粉饰业绩、选择性披露、违规担保、关联方资金占用等违规形式，提出事中、事后监管举措。围绕新上市公司、业绩大幅变脸公司和高风险公司 3 类重点公司适时安排年报现场检查，就年报关注事项约谈公司，向审计机构下发《年报审计监管备忘录》。在此基础上，实施四级风险分类评级，重点关注高风险和风险类公司，“一司一策”制定风险预案，实施“每月一查”“季度评估”等风险持续督导机制，做到风险底数清、风险处置责任清、风险处置预案清。二是以实施“四个一批”策略为切入点，平稳推进风险化解。着眼于“抓早、抓小”，切实做好日常风险的揭示和化解，强化多类别风险排查，提出“揭示警示一批、督促规范一批、依法打击一批、推动化解一批”的监管策略，进一步完善从事前做好预防，加强主动揭示，到事中持续关注风险倾向问题，事后精准打击的监管流程。在风险排查和处置环节中，做到“三个结合”、落实“三个责任”：坚持全面排查与重点突出相结合、坚持防控经营风险与违规风险相结合、坚持关注内部风险与外部风险相结合，落实好监管责任、督促各上市公司落实风险化解主体责任、协同地方政府落实维稳管理责任。三是以强化案件查办为立足点，推动风险处置化解。通过现场检查和立案调查等方式，坚决打击上市公司及其董监高、大股东等，在风险酝酿、传导、爆发过程中违法违规行为，追究其应承担的法定责任。四是以推进自查自纠为触发点，强化风险责任主体意识。通过下发《关于做好风险防范、推进规范运作自查自纠的通知》，以实名通报形式对辖区上市公司违法违规行为进行警示提醒，督导公司及时发现一些倾向性、苗头性风险，通过早发现、早提醒、早纠正、早处理等监管措施，遏制违规风险和问题的蔓延。

### （二）审计情况及监管情况

2017 年，辖区以年报审计为抓手，通过监管端口前移，提前筹划防控，不断推进年报审计事前、事中监管，持续督促审计机构归位尽责，切实提升财务信息披露风险防范和化解水平。一是突出防线布控，抓好事前防范。全力聚焦“三重”监管，强化对重点风险领域的研判，对年报审计项目风险进行全覆盖、多角度摸排，切实守好信息披露风险首道关卡。在 2017 年年报审计进场前，召开辖区审计评估机构座谈会，通报当年审计评估机构检查发现主要问题，传达最新的会计监管政策要求，督促其切实做好年报审计工作。及时将事务所存在的“四重四轻”、风险导向审计理念不清晰、专业胜任能力不足等突出问题纳入日常监管重点，结合对重点事务所、重点项目、重点领域的研判情况，集聚精力采取差异化策略予以重点监管。二是突出对症下药，抓好事中化解。通过打好“风险提示 + 现场督导 + 双约谈”组合拳，力争把财务信息披露风险化解在事中。对 19 家年审机构下发风险提示，涵盖经营风险、财务风险、审计风险等 100 余条重点关注事项。结合风险提示及现场督导中发现的问题，督促年审机构按照审计准则相关要求，发表恰当审计意见。三是突出风险监测，抓好过程把控。建立健全风险动态监测机制，强化对风险演变的感知，切实增强市场风险免疫能力。紧盯市场疑点。实时关注年报进展、网络质疑、投诉举报等重大事项，及时了解审计进展及目前审计中遇到的重大分歧，提醒年审机构严格按照准则相关要求，发表恰当审计意见。

### （三）信息披露情况

2017 年，辖区 102 家上市公司信息披露情况整体良好，积极主动通过交易所投资者关系互动平台、公司网站等多种途径与投资者进行交流，信息披露意识和义务履行进一步增强。在日常监管中，安徽证监局以投资者需求为导向，强化信息披露监管。一是通过审阅临时公告、处置媒体质疑等，做好非现场监管。督导公司严格履行强制性信息披露义务，进一步完善内部信息披露制度和流程；试点开展自愿性信息披露，引导公司以投资者需求为导向，结合行业特点和自身实际，开展自愿性信息披露；强化对公司发生敏感事件时信息披露的动态监管，健全信息披露异常情形问责机制。二是进一步强化信息披露制度建设。结合辖区新修订的《安徽证监局上市公司信息披露监管工作规程》，进一步从制度上规范事中、事后监管，修订完善《辖区上市公司非现场监管指引》，梳理完善最新的监管法律法规依据，进一步明确信息披露监管的总体要求、监管职责和方法、监管措施实施类型和程序、监管协作安排等，以制度促进日常信息披露监管水平的持续提升。

**（四）证券市场服务情况**

一是引导企业对接多层次资本市场。坚持不懈抓好上市资源培育工作，深入企业开展调研指导，摸清底数，建立清单，区分板块，分层引导，不断调动企业上市的积极性，提高规范运作水平，形成“数量相当、质地优良、梯队有序、督导有力、持续健康”的辖区企业上市后备资源库，分层次、分批次对接多层次资本市场。2017 年，累计有皖天然气等 9 家企业首发上市，实现直接融资 50.03 亿元。二是发挥上市公司再融资、并购重组的作用。积极引导上市公司结合实际，科学制定融资方案，促进再融资募集资金投向实体经济，支持企业创新发展，提升企业发展质量。支持产能过剩行业上市公司利用资本市场开展兼并重组，通过资产出售、引入新资产等方式，实施转型升级，降低企业杠杆率和融资成本，进一步发挥资本市场在结构性改革中的作用。2017 年，共有众泰汽车等 9 家上市公司成功实施重大资产重组，累计交易金额 342.9 亿元。三是促进多层次资本市场规范健康发展。在注重推进企业上市规模速度的同时，更加注重质量提升、持续督导，坚决严防企业“带病上市”，以及发行人信息披露虚假、欺诈上市等违法违规行为发生，规范企业募集资金使用，保证募集资金严格按照募集说明书使用，真正发挥直接融资服务实体经济的作用。四是提升中介机构服务市场能力。推动券商投行业务发展，在提升中介机构专业水平的同时提升服务企业的能力，为企业提供多渠道融资，为企业提供多方位、专业化的优质服务。

审稿人：张文生

撰稿人：蒋　诚、祝庆松

# 福建地区

## 一、福建国民经济发展概况

表 1　　2017 年福建国民经济发展概况　　单位：亿元

| 指标 | 1～3 月 | | 1～6 月 | | 1～9 月 | | 1～12 月 | |
|---|---|---|---|---|---|---|---|---|
| | 绝对量 | 同比增长（%） | 绝对量 | 同比增长（%） | 绝对量 | 同比增长（%） | 绝对量 | 同比增长（%） |
| 地区生产总值（GDP） | 6535.19 | 8.60 | 13289.77 | 8.30 | 20674.99 | 7.90 | 32298.28 | 8.10 |
| 全社会固定资产投资 | 4917.38 | 15.00 | 12498.83 | 14.40 | 19026.60 | 13.90 | 26110.34 | 13.90 |
| 社会消费品零售总额 | 3153.07 | 11.30 | 6156.40 | 11.50 | 9266.76 | 11.30 | 13013.00 | 11.50 |
| 规模以上工业增加值 | — | 8.00 | — | 7.80 | — | 7.90 | — | 8.00 |
| 规模以上工业企业实现利润 | 672.60 | 25.50 | 1367.20 | 18.60 | 2130.00 | 18.90 | 3208.60 | 20.20 |
| 居民消费价格指数（CPI） | 1～3 月 | | 1～6 月 | | 1～9 月 | | 1～12 月 | |
| | 0.70 | | 1.40 | | 1.00 | | 1.40 | |

资料来源：国家统计局。

## 二、福建上市公司总体情况

### （一）公司数量

表 2　　2017 年福建上市公司数量　　单位：家

| 公司总数 | 2017 年新增 | 股票类别 | | | 板块分布 | | | |
|---|---|---|---|---|---|---|---|---|
| | | 仅 A 股 | 仅 B 股 | （A+B）股 | 沪市主板 | 深市主板 | 中小板 | 创业板 |
| 85 | 15 | 85 | 0 | 0 | 35 | 11 | 25 | 14 |

资料来源：沪深交易所，同花顺。

## （二）行业分布

表 3　　2017 年福建上市公司行业分布情况

| 所属证监会行业类别 | 家数 | 占比（%） | 所属证监会行业类别 | 家数 | 占比（%） |
|---|---|---|---|---|---|
| 农、林、牧、渔业 | 3 | 3.53 | 金融业 | 2 | 2.35 |
| 采矿业 | 1 | 1.18 | 房地产业 | 4 | 4.71 |
| 制造业 | 51 | 60 | 租赁和商务服务业 | 0 | 0.00 |
| 电力、热力、燃气及水生产和供应业 | 4 | 4.71 | 科学研究和技术服务业 | 1 | 1.18 |
| 建筑业 | 0 | 0.00 | 水利、环境和公共设施管理业 | 0 | 0.00 |
| 批发和零售业 | 5 | 5.88 | 教育 | 0 | 0.00 |
| 交通运输、仓储和邮政业 | 2 | 2.35 | 卫生和社会工作 | 0 | 0.00 |
| 住宿和餐饮业 | 0 | 0.00 | 文化、体育和娱乐业 | 1 | 1.18 |
| 信息传输、软件和信息技术服务业 | 11 | 12.94 | 综合 | 0 | 0.00 |
| 合计 | 85 | 100 | | | |

资料来源：沪深交易所，同花顺。

## （三）股本结构及规模

表 4　　2017 年福建上市公司股本规模在 10 亿股以上公司分布情况

| 股本规模（亿股） | 公司家数 | 具体公司 |
|---|---|---|
| 200≤～<500 | 2 | 兴业银行，紫金矿业 |
| 50≤～<100 | 2 | 兴业证券，永辉超市 |
| 20≤～<50 | 6 | 华映科技，阳光城，冠福股份，天广中茂，福建高速，福耀玻璃 |
| 10≤～<20 | 14 | 航天发展，平潭发展，泰禾集团，中国武夷，新大陆，国脉科技，三钢闽光，圣农发展，恺英网络，纳川股份，冠城大通，青山纸业，龙净环保，福能股份 |

资料来源：沪深交易所，同花顺。

表 5　　2017 年福建上市公司分地区股权构成情况　　单位：家

| 股权性质 / 地域分布 | 央企国资控股 | 省属国资控股 | 地市国资控股 | 民营控股 | 其他 | 合计 |
|---|---|---|---|---|---|---|
| 福州市 | 2 | 8 | 2 | 26 | 5 | 43 |
| 泉州市 | 1 | 0 | 0 | 14 | 2 | 17 |
| 莆田市 | 0 | 0 | 0 | 2 | 0 | 2 |
| 三明市 | 0 | 1 | 2 | 1 | 0 | 4 |

续表

| 地域分布 \ 股权性质 | 央企国资控股 | 省属国资控股 | 地市国资控股 | 民营控股 | 其他 | 合计 |
|---|---|---|---|---|---|---|
| 漳州市 | 0 | 0 | 3 | 2 | 0 | 5 |
| 南平市 | 0 | 2 | 0 | 4 | 1 | 7 |
| 龙岩市 | 0 | 0 | 2 | 2 | 0 | 4 |
| 宁德市 | 0 | 0 | 1 | 2 | 0 | 3 |
| 合计 | 3 | 11 | 10 | 53 | 8 | 85 |

资料来源：福建证监局。

### （四）市值规模

截至2017年12月31日，福建85家上市公司境内总市值12926.01亿元，占全国上市公司境内总市值的2.27%；其中，上交所上市公司35家，总股本746.72亿股，境内总市值8609.75亿元，占上交所上市公司境内总市值的2.59%；深交所上市公司50家，总股本390.35亿股，境内总市值4316.26亿元，占深交所上市公司境内总市值的1.83%。

### （五）资产规模

截至2017年12月31日，福建85家上市公司合计总资产75085.93亿元，归属于母公司股东权益7522.89亿元，与2016年相比，分别增长8.43%、17.84%；平均每股净资产6.27元。

## 三、福建上市公司经营情况及变动分析

### （一）总体经营情况

表6　　2017年福建上市公司经营情况

| 指标 | 2017年 | 2016年 | 变动率（%） |
|---|---|---|---|
| 家数 | 85 | 70 | 21.43 |
| 亏损家数 | 7 | 3 | 133.33 |
| 亏损家数比例（%） | 8.24 | 4.29 | 3.95 |
| 平均每股收益（元） | 0.74 | 0.72 | 2.78 |
| 平均每股净资产（元） | 6.27 | 5.94 | 5.56 |
| 平均净资产收益率（%） | 11.81 | 12.1 | -0.29 |
| 总资产（亿元） | 75085.93 | 69249.93 | 8.43 |
| 归属于母公司股东权益（亿元） | 7522.89 | 6384.1 | 17.84 |
| 营业收入（亿元） | 5797.65 | 4933.42 | 17.52 |
| 利润总额（亿元） | 1071.09 | 949.34 | 12.82 |
| 归属于母公司所有者的净利润（亿元） | 888.29 | 772.47 | 14.99 |

资料来源：沪深交易所，同花顺。

## （二）分行业经营情况

表7　　2017年福建上市公司分行业经营情况

| 所属行类 | 营业收入（亿元） | 可比样本变动率（%） | 归属于母公司所有者的净利润（亿元） | 可比样本变动率（%） |
|---|---|---|---|---|
| 农、林、牧、渔业 | 111.82 | 10.86 | 3.77 | -53.40 |
| 采矿业 | 945.49 | 19.91 | 35.08 | 90.65 |
| 制造业 | 1435.79 | 30.81 | 130.26 | 26.17 |
| 电力、热力、燃气及水生产和供应业 | 85.56 | 10.66 | 11.19 | -9.98 |
| 建筑业 | 0.00 | — | 0.00 | — |
| 批发和零售业 | 800.49 | 18.77 | 20.61 | 26.67 |
| 交通运输、仓储和邮政业 | 72.25 | 47.27 | 8.23 | 14.15 |
| 住宿和餐饮业 | 0.00 | — | 0.00 | — |
| 信息传输、软件和信息技术服务业 | 162.33 | 27.96 | 32.86 | 50.80 |
| 金融业 | 1487.94 | -9.64 | 594.85 | 6.42 |
| 房地产业 | 685.63 | 39.85 | 50.31 | 44.61 |
| 租赁和商务服务业 | 0.00 | — | 0.00 | — |
| 科学研究和技术服务业 | 5.64 | 26.74 | 0.77 | 5.48 |
| 水利、环境和公共设施管理业 | 0.00 | — | 0.00 | — |
| 教育 | 0.00 | — | 0.00 | — |
| 卫生和社会工作 | 0.00 | — | 0.00 | — |
| 文化、体育和娱乐业 | 4.71 | 33.43 | 0.36 | -18.18 |
| 综合 | 0.00 | — | 0.00 | — |
| 合计 | 5797.65 | 14.59 | 888.29 | 13.54 |

资料来源：沪深交易所，同花顺。

## （三）业绩变动情况分析

1. 营业收入、毛利率等变动原因分析

2017年，福建辖区85家上市公司实现营业收入5797.65亿元，同比增长17.52%；营业成本4789.3亿元，同比增长18.81%；营业利润1075.61亿元，同比增长15.72%；利润总额1071.09亿元，同比增长12.82%；毛利率为17.39%，同比下降0.9个百分点。总体来看，营业收入增幅略低于营业成本增幅是毛利率下降的主要原因。

2. 盈利构成分析

从盈利构成来看，2017年，福建辖区上市公司利润来源主要是营业利润，其占利润总额的比重为100.42%，营业外收入总额占利润总额的比重为1.32%，营业外支出总额占利润总额的比重为-1.74%。

3. 经营性现金流量分析

2017年，福建辖区66家上市公司经营现金流量净额为正，占85家上市公司的77.65%，低于2016年80%的水平。

4. 业绩特点分析

2017年度，福建辖区上市公司总体发展形势良好，资产规模平稳增长，盈利水平有所提高。具体情况如下：

（1）资产规模持续扩大。截至2017

年12月31日，福建辖区上市公司资产总额为75085.93亿元，较2016年同期增长8.43%；归属于母公司股东权益总额为7522.89亿元，较2016年同期增长17.84%。

（2）盈利能力总体保持增长。2017年度，福建辖区85家上市公司共实现营业收入5797.65亿元，同比增长17.52%；实现净利润总额888.29亿元，同比增长14.99%；平均净资产收益率11.81%，同比减少0.29个百分点；平均每股收益0.74元，同比增长2.78%。

（3）亏损面亏损金额增加。2017年度福建辖区上市公司亏损家数有所增加，亏损金额有所增长，辖区85家上市公司中有7家出现亏损，亏损总额为16.32亿，与2016年度相比，亏损家数增加4家，亏损金额增加7.5倍。亏损主要由于主营业务市场竞争力不强所致。

（4）积极回报股东。2017年，福建辖区共有67家公司提出利润分配或资本公积金转增股本方案，占盈利公司家数的85.9%；66家发放现金股利，占利润分配家数的98.51%；派发现金总额272.23亿元，占福建辖区公司净利润总额的30.65%。

5. 利润分配情况

表8　　2017年福建上市公司现金分红情况

| 2017年分红公司家数 | | | 2017年分红金额 | | |
|---|---|---|---|---|---|
| 家数 | 变动率（%） | 分红公司家数占地区公司总数比重 | 金额（亿元） | 变动率（%） | 分红金额占归属于母公司所有者的净利润比重 |
| 66 | 22.22 | 77.65% | 272.23 | 29.61 | 30.65% |

资料来源：福建证监局。

## 四、福建上市公司并购重组情况

### （一）并购重组基本情况

2017年，福建辖区上市公司并购重组活动活跃度有所下降。据统计，全年共有14家次上市公司进行并购重组，较2016年减少4家次，涉及金额合计130.63亿元，其中，6家次公司已完成，5家次公司已终止，3家次公司正在实施中。

### （二）并购重组特点

2017年，福建辖区上市公司开展并购重组目的日益多元化，部分公司通过纵向整合延伸产业链提升产品附加值，部分公司通过横向并购扩大生产规模实现规模经济，部分公司通过跨行业重组进行业务转型，部分公司出售不良资产等。

## 五、福建上市公司募集资金情况、使用情况

### （一）募集资金总体情况

表 9　　2017 年福建上市公司募集资金情况

| 发行类型 | 代码 | 简称 | 募集资金（亿元） |
|---|---|---|---|
| 首发 | 603668 | 天马科技 | 3.29 |
| | 603615 | 茶花股份 | 5.02 |
| | 300605 | 恒锋信息 | 1.97 |
| | 603817 | 海峡环保 | 4.55 |
| | 603826 | 坤彩科技 | 6.11 |
| | 300640 | 德艺文创 | 1.88 |
| | 300648 | 星云股份 | 2.68 |
| | 300650 | 太龙照明 | 2.2 |
| | 002868 | 绿康生化 | 4.56 |
| | 603383 | 顶点软件 | 4.01 |
| | 603879 | 永悦科技 | 2.43 |
| | 603933 | 睿能科技 | 5.19 |
| | 603363 | 傲农生物 | 2.87 |
| | 300736 | 阿石创 | 1.96 |
| | 300712 | 永福股份 | 4.14 |
| | 小计 | | 52.86 |
| 再融资（增发、配股） | 002093 | 国脉科技 | 14.40 |
| | 000753 | 漳州发展 | 6.00 |
| | 600734 | 实达集团 | 1.95 |
| | 002682 | 龙洲股份 | 5.80 |
| | 002102 | 冠福股份 | 4.95 |
| | 601166 | 兴业银行 | 260.00 |
| | 002752 | 昇兴股份 | 0.96 |
| | 601899 | 紫金矿业 | 46.36 |
| | 000997 | 新大陆 | 15.78 |
| | 000993 | 闽东电力 | 7.00 |
| | 603686 | 龙马环卫 | 7.30 |
| | 002174 | 游族网络 | 7.00 |
| | 小计 | | 377.5 |
| 其他融资（公司债券、短期融资券、中期票据、次级债、金融债、境外发行债券） | 601377 | 兴业证券 | 25.00 |
| | 601377 | 兴业证券 | 40.00 |
| | 002174 | 游族网络 | 4.00 |
| | 601377 | 兴业证券 | 50.00 |
| | 601377 | 兴业证券 | 30.00 |
| | 601377 | 兴业证券 | 15.00 |
| | 601377 | 兴业证券 | 10.00 |
| | 300062 | 中能电气 | 1.80 |
| | 000732 | 泰禾集团 | 30.00 |
| | 601377 | 兴业证券 | 28.00 |
| | 601899 | 紫金矿业 | 5.00 |
| | 601377 | 兴业证券 | 20.00 |

续表

| 发行类型 | 代码 | 简称 | 募集资金（亿元） |
|---|---|---|---|
| 其他融资（公司债券、短期融资券、中期票据、次级债、金融债、境外发行债券） | 000732 | 泰禾集团 | 30.00 |
| | 601377 | 兴业证券 | 30.00 |
| | 600734 | 实达集团 | 6.00 |
| | 601377 | 兴业证券 | 22.00 |
| | 601377 | 兴业证券 | 15.00 |
| | 603555 | 贵人鸟 | 2.00 |
| | 000536 | 华映科技 | 2.00 |
| | 000632 | 三木集团 | 5.00 |
| | 000536 | 华映科技 | 2.00 |
| | 603555 | 贵人鸟 | 3.00 |
| | 603555 | 贵人鸟 | 3.00 |
| | 603555 | 贵人鸟 | 3.00 |
| | 000536 | 华映科技 | 3.00 |
| | 603555 | 贵人鸟 | 3.00 |
| | 603555 | 贵人鸟 | 3.00 |
| | 000671 | 阳光城 | 20.00 |
| | 000671 | 阳光城 | 12.00 |
| | 000732 | 泰禾集团 | 15.00 |
| | 000732 | 泰禾集团 | 20.00 |
| | 000671 | 阳光城 | 10.00 |
| | 000671 | 阳光城 | 12.00 |
| | 小计 | | 479.8 |
| 总计 | | | 910.16 |

资料来源：福建证监局。

### （二）募集资金使用情况及特点

2017年，福建辖区共有62家上市公司使用募集资金，金额共计479.6亿元，其中，321.62亿元为2016年度募集资金，占全年使用募集资金总额的67.06%；157.98亿元为以前年度募集资金，占年度使用募集资金总额的32.94%。福建辖区11个行业均涉及到募集资金的使用。

### （三）募集资金变更情况

2017年，福建辖区有6家上市公司变更募集资金的使用项目，涉及金额约为5.57亿元，占该6家公司募集资金总额188.74亿元的2.95%。募集资金变更程序合法，均经过公司董事会和股东大会的批准。变更的原因主要包括：一是拟投资项目的投资环境发生改变，导致募投项目无法实施或进展缓慢；二是公司战略发展规划调整。具体如表10所示。

表 10　　2017 年福建上市公司募集资金使用项目变更情况

| 变更募集资金使用项目的公司家数 | 涉及金额（亿元） | 募集资金总额（亿元） | 占公司募集资金总额的比例（%） |
|---|---|---|---|
| 6 | 5.57 | 188.74 | 2.95 |

资料来源：福建证监局。

## 六、福建上市公司规范运作情况

### （一）上市公司治理专项情况

一是办好监管“第一课”。约谈新上市公司主要董监高、保荐代表人、签字会计师，强调监管法规，明晰监管红线，传导监管压力，督促公司上市后主动提升规范运作水平。2017 年，累计约谈 15 家上市公司 186 人次董监高和中介机构人员，实现新上市公司“第一课”的常态化、全覆盖。

二是加强宣传教育。定期编发《公司监管简报》，解读政策法规，宣传监管动态，选取在投资者保护、专注主业、规范运作等方面工作突出、成效显著的公司，交流经验，树立典型，表彰先进。下发《关于辖区上市公司 11 起违反证券法律法规典型问题的通报》，将被采取行政处罚和行政监管措施的上市公司及其主要问题在全辖区点名通报，以案施教、以案示警，督促提升公司规范运作水平；同时，对上市公司董事会秘书办公室的机构设置、人员配备、履职条件等提出要求，督导公司为董事会秘书工作提供充分保障，切实提高信息披露质量。

三是举办专题培训。指导福建省上市公司协会定期举办集中培训，针对性举办会计准则专题培训、关联交易专题培训等。同时，督促上市公司开展自我培训，要求年初报送培训计划，年底报送培训总结，进一步强化公司及其董监高的合规意识、责任意识和风险意识。

### （二）审计情况及监管情况

纳入福建辖区 2016 年年报审计监管的上市公司共 74 家，包括 2017 年的 4 家新上市公司（截至 2017 年 2 月 28 日）。14 家会计师事务所承接了福建辖区 74 家上市公司年报审计业务，其中，福建华兴会计师事务所（特殊普通合伙）承接 26 家、致同会计师事务所（特殊普通合伙）承接 26 家、瑞华会计师事务所（特殊普通合伙）承接 5 家，合计占总量的 77.03%。

全年累计完成 2 个审计项目和 1 个评估项目专项检查，1 个 IPO 审计项目执业质量线索核查，自主安排 6 个年审项目和 1 个评估项目执业质量专项检查，延伸检查 6 个审计项目。全年对 1 家审计机构采取出具警示函的行政监管措施，对 3 家审计机构和 1 家评估机构下发检查结果告知书，并建议会计部对 1 家评估机构采取行政监管措施。

### （三）信息披露情况

一是深化年报监管。2017 年，共审

核26份重点公司年报，审阅74个审计项目，提示年报审计风险19项，列席7家公司审计沟通会，约谈20家次公司或审计机构，督促1家公司调减提前确认的收入，年报监管累计发现财务核算、信息披露、募集资金使用等方面的问题或疑点274个。

二是加强舆情监测。及时浏览媒体报道、关注股价异动，设置专人专岗，对辖区上市公司负面报道、股价异动等情况进行全面分析。每周制作《公司舆情分析与股价异动监管周报》，每月开展上市公司风险评说工作，对上市公司风险及时关注、定期分析、密切监测。全年审阅媒体报道3204条，编撰舆情周报48期。

三是稳妥处理投诉举报。2017年，因辖区众和股份风险爆发，共受理投资者举报1044件，是2016年的15.35倍。其中，针对众和股份的举报高达925件，占举报总数的88.6%。为进一步规范举报投诉处理工作，强化举报"五机制"，即从举报台账专人管理、上访接待、全面核实、电话与书面答复、后续分析机制上核实情况，稳妥处置举报，切实防范风险。同时积极配合法律部参与李国机律师事务所有关举报上市公司的行政诉讼，一审二审均已胜诉。

四是加大现场检查力度。2017年，累计派出监管干部753人天，对9家上市公司开展全面现场检查，对2家公司开展并购重组标的专项检查，8家公司开展募集资金专项检查，对7家次公司开展商誉核算与披露、内幕信息管理等专项核查工作，并延伸检查了9家次年审会计机构、2家次持续督导机构的执业情况。现场检查公司家数占辖区上市公司总数的30.59%，共发现各类问题221项。根据发现的问题，累计将2起涉嫌违法违规行为移送稽查立案，对8家上市公司、1家上市公司大股东、6名上市公司董监高、1家会计师事务所采取了责令改正、警示函等14项行政监管措施，对2名注册资产评估师建议采取监管谈话的行政监管措施。对7家次上市公司、3家中介机构下发12份关注函或检查结果告知书。

### （四）证券市场服务情况

一是保障投资者权益。要求各上市公司在年报和公司网站的投资者关系专栏中披露投资者关系管理工作计划并积极落实，指导福建省上市公司协会开展投资者关系专项工作，检查上市公司投资者热线、邮箱、投资者关系网络专栏建设和执行情况，保障投资者知情权；及时了解、分析投资者参与公司决策的状况和相关政策制度的实施效果，保障投资者的参与权和监督权；进一步落实《上市公司监管指引第3号》的要求，督促福建辖区上市公司就利润分配方案征集中小投资者意见79次，保障投资者收益权。

二是服务上市公司发展。福建证监局领导多次到辖区上市公司开展调研，引导上市公司借力资本市场开展并购重组、再融资，做强做大主业；联合福建省发改委、福建省国资委等部门召开并购重组对接会，为辖区上市公司提供优质并购标的，助力公司发展。

（五）其他

一是多措并举加强风险防范。严密监测上市公司风险状况，密切关注上市公司杠杆收购、股票质押、违规减持、暂停上市等市场热点问题，及时动态调整风险公司和风险事项。排查出3家高风险、8家次高风险公司，进行差异化监管跟进。

二是稳妥处置众和股份风险事项。辖区上市公司众和股份相继出现董事长被异地公安机关刑事拘留、媒体高度关注、投诉举报集中爆发、公司主要生产经营停顿、多名董事及高管先后辞职等风险事件。福建证监局及时采取措施，积极处置，快速启动现场检查，赴莆田、厦门、泉州、四川多地，开展大量检查调查工作，摸清风险底数，从信息披露、舆情监测、投诉举报处理等方面部署，积极稳妥处置风险；及时将风险情况报告证监会上市部，通报省市两级政府；协调地方政府做好风险处置和维稳工作；及时依法从严处理，根据检查发现问题，对公司及相关董监高采取行政监管措施，并将违法违规线索移送稽查立案；妥善答复投诉举报。

三是积极开展监管协作。2017年，福建局与上交所、深交所、大商所、郑商所、保护基金公司、福建省金融办、厦门局等单位签订监管协作备忘录，就市场风险监测、投资者保护等方面加强协作，完善监管协作机制，增强监管协作效能。2017年，福建局承接上市部2017年3次现场检查工作安排，对证监会机关交办的3家公司有关线索开展专项现场核查，对3家公司并购标的进行现场检查；针对日常监管中的法律、会计问题，2次发函征询证监会机关相关部门专业意见，得到证监会机关有关部门的高度重视和大力支持。2017年，福建证监局及时审阅交易所各类监管文件140份，与沪、深交易所相互通报违法违规线索11项，主动沟通日常监管疑点62次，对涉及交易所通报线索的4家次公司开展现场检查，首次与深交所合作对辖区上市公司开展联合现场检查，及时录入重大事项报告单15份、11份重大事项监管协作情况表。

审稿人：商丹丹

撰稿人：陈燕苹、潘琼芳、王佳炜、朱智敏

# 江西地区

## 一、江西国民经济发展概况

表 1　　2017 年江西国民经济发展概况　　单位：亿元

| 指标 | 1~3月 |  | 1~6月 |  | 1~9月 |  | 1~12月 |  |
|---|---|---|---|---|---|---|---|---|
|  | 绝对量 | 同比增长（%） | 绝对量 | 同比增长（%） | 绝对量 | 同比增长（%） | 绝对量 | 同比增长（%） |
| 地区生产总值（GDP） | 4318.62 | 9.00 | 8961.19 | 9.00 | 14725.07 | 9.00 | 20818.50 | 8.90 |
| 全社会固定资产投资 | 3158.78 | 12.60 | 9900.87 | 12.70 | 16278.29 | 12.60 | 21770.43 | 12.30 |
| 社会消费品零售总额 | 1698.20 | 12.40 | 3378.00 | 12.70 | 5154.90 | 12.60 | 7448.10 | 12.30 |
| 规模以上工业增加值 | 1850.60 | 9.10 | 3765.60 | 9.10 | — | 9.10 | — | 9.10 |
| 规模以上工业企业实现利润 | 501.10 | 18.90 | 1085.70 | 24.60 | 1809.00 | 25.60 | 2475.70 | 18.00 |
| 居民消费价格指数（CPI） | 1~3月 |  | 1~6月 |  | 1~9月 |  | 1~12月 |  |
|  | 1.20 |  | 1.80 |  | 3.00 |  | 2.30 |  |

资料来源：国家统计局。

## 二、江西上市公司总体情况

### （一）公司数量

表 2　　2017 年江西上市公司数量　　单位：家

| 公司总数 | 2017年新增 | 股票类别 |  |  | 板块分布 |  |  |  |
|---|---|---|---|---|---|---|---|---|
|  |  | 仅A股 | 仅B股 | （A+B）股 | 沪市主板 | 深市主板 | 中小板 | 创业板 |
| 39 | 3 | 38 | 0 | 1 | 16 | 7 | 9 | 7 |

资料来源：沪深交易所，同花顺。

## （二）行业分布

表 3　　2017 年江西上市公司行业分布情况

| 所属证监会行业类别 | 家数 | 占比（%） | 所属证监会行业类别 | 家数 | 占比（%） |
|---|---|---|---|---|---|
| 农、林、牧、渔业 | 0 | 0.00 | 金融业 | 0 | 0.00 |
| 采矿业 | 1 | 2.56 | 房地产业 | 1 | 2.56 |
| 制造业 | 31 | 79.49 | 租赁和商务服务业 | 0 | 0.00 |
| 电力、热力、燃气及水生产和供应业 | 2 | 5.13 | 科学研究和技术服务业 | 0 | 0.00 |
| 建筑业 | 0 | 0.00 | 水利、环境和公共设施管理业 | 0 | 0.00 |
| 批发和零售业 | 1 | 2.56 | 教育 | 0 | 0.00 |
| 交通运输、仓储和邮政业 | 2 | 5.13 | 卫生和社会工作 | 0 | 0.00 |
| 住宿和餐饮业 | 0 | 0.00 | 文化、体育和娱乐业 | 1 | 2.56 |
| 信息传输、软件和信息技术服务业 | 0 | 0.00 | 综合 | 0 | 0.00 |
| 合计 | 39 | 100 | | | |

资料来源：沪深交易所，同花顺。

## （三）股本结构及规模

表 4　　2017 年江西上市公司股本规模在 10 亿股以上公司分布情况

| 股本规模（亿股） | 公司家数 | 具体公司 |
|---|---|---|
| 20≤～＜50 | 4 | 正邦科技，赣粤高速，江西铜业，新钢股份 |
| 10≤～＜20 | 7 | 仁和药业，天音控股，诚志股份，江特电机，三川智慧，中文传媒，方大特钢 |

资料来源：沪深交易所，同花顺。

表 5　　2017 年江西上市公司分地区股权构成情况　　单位：家

| 股权性质 / 地域分布 | 央企国资控股 | 省属国资控股 | 地市国资控股 | 民营控股 | 其他 | 合计 |
|---|---|---|---|---|---|---|
| 南昌市 | 3 | 4 | 2 | 9 | 1 | 19 |
| 九江市 | — | — | — | — | — | — |
| 景德镇市 | 0 | 0 | 2 | 1 | 1 | 4 |
| 萍乡市 | 0 | 1 | 0 | 0 | 0 | 1 |
| 新余市 | 0 | 2 | 0 | 1 | 0 | 3 |
| 鹰潭市 | 0 | 1 | 0 | 1 | 0 | 2 |
| 赣州市 | 0 | 0 | 1 | 1 | 1 | 3 |

续表

| 股权性质<br>地域分布 | 央企国资控股 | 省属国资控股 | 地市国资控股 | 民营控股 | 其他 | 合计 |
|---|---|---|---|---|---|---|
| 宜春市 | 0 | 0 | 0 | 3 | 0 | 3 |
| 上饶市 | 0 | 1 | 2 | 0 | 0 | 3 |
| 吉安市 | 0 | 0 | 0 | 0 | 0 | 0 |
| 抚州市 | 0 | 0 | 0 | 0 | 1 | 1 |
| 合计 | 3 | 9 | 7 | 16 | 4 | 39 |

资料来源：江西证监局。

### （四）市值规模

截至2017年12月31日，江西39家上市公司境内总市值3988.41亿元，占全国上市公司境内总市值的0.70%；其中，上交所上市公司16家，总股本155.81亿股，境内总市值1763.47亿元，占上交所上市公司境内总市值的0.53%；深交所上市公司23家，总股本167.53亿股，境内总市值2224.94亿元，占深交所上市公司境内总市值的0.94%。

### （五）资产规模

截至2017年12月31日，江西39家上市公司合计总资产4093.44亿元，归属于母公司股东权益1936.51亿元，与2016年相比，分别增长13.54%、11.46%；平均每股净资产5.74元。

## 三、江西上市公司经营情况及变动分析

### （一）总体经营情况

表6 2017年江西上市公司经营情况

| 指标 | 2017年 | 2016年 | 变动率（%） |
|---|---|---|---|
| 家数 | 39 | 36 | 8.33 |
| 亏损家数 | 1 | 4 | -75.00 |
| 亏损家数比例（%） | 2.56 | 11.11 | -8.55 |
| 平均每股收益（元） | 0.52 | 0.29 | 79.31 |
| 平均每股净资产（元） | 5.74 | 5.47 | 4.94 |
| 平均净资产收益率（%） | 9.05 | 5.31 | 3.74 |
| 总资产（亿元） | 4093.44 | 3605.42 | 13.54 |
| 归属于母公司股东权益（亿元） | 1936.51 | 1737.41 | 11.46 |
| 营业收入（亿元） | 4597.45 | 4004.85 | 14.80 |
| 利润总额（亿元） | 234.23 | 130.05 | 80.11 |
| 归属于母公司所有者的净利润（亿元） | 175.30 | 92.19 | 90.15 |

资料来源：沪深交易所，同花顺。

## （二）分行业经营情况

表 7　　2017 年江西上市公司分行业经营情况

| 所属行类 | 营业收入（亿元） | 可比样本变动率（%） | 归属于母公司所有者的净利润（亿元） | 可比样本变动率（%） |
|---|---|---|---|---|
| 农、林、牧、渔业 | 0.00 | — | 0.00 | — |
| 采矿业 | 41.30 | 26.65 | -6.90 | 66.44 |
| 制造业 | 3890.94 | 14.46 | 149.17 | 89.47 |
| 电力、热力、燃气及水生产和供应业 | 56.70 | 7.63 | 2.90 | -52.54 |
| 建筑业 | 0.00 | — | 0.00 | — |
| 批发和零售业 | 396.28 | 17.09 | 2.34 | 4.93 |
| 交通运输、仓储和邮政业 | 71.60 | -0.14 | 10.03 | 6.70 |
| 住宿和餐饮业 | 0.00 | — | 0.00 | — |
| 信息传输、软件和信息技术服务业 | 0.00 | — | 0.00 | — |
| 金融业 | 0.00 | — | 0.00 | — |
| 房地产业 | 7.56 | -54.01 | 3.24 | -49.61 |
| 租赁和商务服务业 | 0.00 | — | 0.00 | — |
| 科学研究和技术服务业 | 0.00 | — | 0.00 | — |
| 水利、环境和公共设施管理业 | 0.00 | — | 0.00 | — |
| 教育 | 0.00 | — | 0.00 | — |
| 卫生和社会工作 | 0.00 | — | 0.00 | — |
| 文化、体育和娱乐业 | 133.06 | 4.15 | 14.52 | 12.12 |
| 综合 | 0.00 | — | 0.00 | — |
| 合计 | 4597.45 | 13.83 | 175.30 | 83.98 |

资料来源：沪深交易所，同花顺。

## （三）业绩变动情况分析

1. 营业收入、毛利率等变动原因分析

2017 年，江西辖区上市公司实现营业收入 4597.45 亿元，较 2016 年增加 592.6 亿元，增幅 14.80%，增幅相对较大；整体毛利率为 12.18%，较 2016 年增加 1.43 个百分点，高于 2015 年、2016 年的水平，呈现近 3 年上市公司经营情况稳中有升的状态。

之所以营业收入、毛利率大幅度增长，一方面是因为供给侧结构性改革的深入推进，部分行业如钢铁、碳制品等价格提升，导致企业营业收入和净利润齐升；另一方面是因为部分企业通过并购重组实现企业业绩的新增长。

2. 盈利构成分析

2017 年辖区 39 家上市公司归属于母

公司所有者的净利润 175.30 亿元，较 2016 年增长 90.15%；其中，归属于母公司股东扣除非经常性损益后的净利润为 161.89 亿元，占归属于母公司股东净利润的 92.35%，高于 2016 年度 4.65 个百分点。因此，辖区上市公司的主业贡献了企业的大部分净利润，且贡献逐年加大。

3. 经营性现金流量分析

2017 年，辖区上市公司盈利质量有所提高，全年经营活动产生的现金流量净额为 253.47 亿元，较 2016 年同期增长 13.77%，低于归属于母公司所有者净利润的增幅 76.38 个百分点。经营活动产生现金净流量为负值的公司有 9 家，与 2016 年相比增加了 5 家。

4. 业绩特点分析

一是公司之间经营状况差异较大，大部分营业收入和利润集中在少数公司。2017 年辖区营业收入在 100 亿元以上的有 7 家公司，占上市公司总数的 17.95%，其营业总收入共计 3738.53 亿元，占辖区公司营业总收入的 81.32%；其净利润共计 103.49 亿元，占辖区归属母公司净利润的 59.04%。

二是钢铁煤炭行业化解过剩产能对辖区上市公司经营状况影响较大。受益于供给侧结构性改革，相关行业产品价格提升，辖区上市公司新钢股份、方大特钢、黑猫股份净利润增幅分别为 519%、281% 和 411%，有效地覆盖了少部分上市公司的亏损，使辖区上市公司整体盈利状况有所好转。

三是加强内部管理，整体经营较为稳健。在 A 股整体存货周转率和应收账款周转率下行的背景下，辖区上市公司处置存货、提高货款回笼速度，存货和应收账款的管控水平高于 A 股整体水平。辖区公司 2017 年存货周转率 8.10，应收账款周转率 13.13，分别为 A 股整体存货周转率和应收账款周转率的 2.93 倍和 1.61 倍。

5. 利润分配情况

表 8　　2017 年江西上市公司现金分红情况

| 2017 年分红公司家数 | | | 2017 年分红金额 | | |
|---|---|---|---|---|---|
| 家数 | 变动率（%） | 分红公司家数占地区公司总数比重 | 金额（亿元） | 变动率（%） | 分红金额占归属于母公司所有者的净利润比重 |
| 33 | 6.45 | 84.62% | 83.75 | 131.16 | 47.78% |

资料来源：江西证监局。

## 四、江西上市公司并购重组情况

### （一）并购重组基本情况

2017 年，江西辖区实施股权再融资（包括非公开发行、发行股份购买资产等）共计 64.028 亿元，较 2016 年下降 65.94%。全年实施股权再融资的上市公司 6 家，其中，股份购买资产的上市公司 2 家，非公开发行股票的上市公司 3 家，配股的上市公司 1 家。

### （二）并购重组特点

一是并购重组积极性有增无减。虽然2017年股权再融资金额降幅较大，但是实施股权再融资家数与2016年持平。二是并购重组多元化与产业转型升级并重。既有通过产业并购延伸产业链，又有跨界并购探寻新的利润增长点。三是均为资产置入，无资产置出。

## 五、江西上市公司募集资金情况、使用情况

### （一）募集资金总体情况

表9　　2017年江西上市公司募集资金情况

| 发行类型 | 代码 | 简称 | 募集资金（亿元） |
|---|---|---|---|
| 首发 | 300636 | 同和药业 | 2.89 |
| | 300722 | 新余国科 | 1.80 |
| | 小计 | | 4.69 |
| 再融资（增发、配股） | 002591 | 恒大高新 | 5.54 |
| | 002068 | 黑猫股份 | 6.89 |
| | 000829 | 天音控股 | 10.75 |
| | 600782 | 新钢股份 | 17.60 |
| | 000404 | 长虹华意 | 6.40 |
| | 002157 | 正邦科技 | 16.85 |
| | 小计 | | 64.03 |
| 其他融资（公司债券、短期融资券、中期票据、次级债、金融债、境外发行债券） | 000990 | 诚志股份 | 10（公司债券） |
| | 002157 | 正邦科技 | 5.3（公司债券） |
| | 600362 | 江西铜业 | 5（公司债券） |
| | 002460 | 赣锋锂业 | 9.28（可转债） |
| | 小计 | | 29.58 |
| 总计 | | | 98.30 |

资料来源：江西证监局。

### （二）募集资金使用情况及特点

2017年，辖区24家上市公司使用了首发、再融资项目募集资金，累计使用募集资金51.52亿元，使用金额较2016年降低64.86%；辖区上市公司使用募集资金的家数占上市公司总数的61.54%，较2016年提高了5.98%。在2017年使用的募集资金中，9家上市公司使用了2017年募集的资金32.95亿元，占累计使用募集资金的63.96%。

### （三）募集资金变更情况

表 10　　2017 年江西上市公司募集资金使用项目变更情况

| 变更募集资金使用项目的公司家数 | 涉及金额（亿元） | 募集资金总额（亿元） | 占公司募集资金总额的比例（%） |
|---|---|---|---|
| 5 | 15.04 | 48.29 | 31.15 |

资料来源：江西证监局。

## 六、江西上市公司规范运作情况

### （一）上市公司治理专项情况

2017 年江西证监局结合日常监管和现场检查的情况，重点关注辖区上市公司的承诺履行、关联交易、三会运作、环境信息披露以及再融资的合规运行等情况。通过约见谈话、警示教育、监管督导等多种举措，稳步推进内部控制规范实施，强化源头防范，督促公司建立健全内部控制体系，严格落实内部控制实施要求。2017 年报中辖区 31 家上市公司出具了内部控制审计报告，占辖区上市公司的 79.49%，均出具了标准无保留意见。

### （二）审计情况及监管情况

39 家 A 股上市公司均如期披露了 2017 年年报，均被出具了标准无保留意见。江西证监局就年报审核的相关问题向 3 家公司下发了审计监管备忘录，提示其审计关注点。

江西证监局在年报审计监管中，以风险和问题为导向，对辖区公司年报逐一认真审核，就年报审核中发现的问题及时以口头或书面的形式问询，以及时掌握上市公司的风险情况。审阅完成后，江西证监局对辖区公司整体状况进行分析，动态调整各公司监管关注点和风险分类。根据 2017 年报的情况，江西证监局针对 39 家上市公司，确定次高风险公司 4 家，关注类公司 31 家，正常类 4 家。江西证监局对 3 家公司年报出具了问询函，对 1 家公司年报开展了现场检查。

### （三）信息披露情况

江西辖区 39 家上市公司中，8 家公司 2017 年交易所信息披露评级为 A，占辖区上市公司总数的 20.51%；23 家公司评级为 B，占比达 58.97%；8 家公司评级为 C，占比达 20.51%。

在日常监管中，江西证监局坚持以信息披露为核心，强化风险问题导向。2017 年度江西证监局共审核上市公司公告 4291 份，关注跟进涉及辖区上市公司的媒体报道 18 家次，核查或回复涉及上市公司的信访举报 16 家次，就各公司信息披露及相关事项向公司下发问询函 14 份等。通过多方面收集信息，对各种信息相互比对验证，关注公司是否存在应披露而未披露的事项，披露是否真实、准确、及时。

### （四）证券市场服务情况

2017 年江西证监局举办了辖区上市

公司董事、监事和高级管理人员培训班，培训近100人，解读监管政策，督促上市公司合规经营，不触碰违法违规的红线。同时，江西证监局注重实地走访，开展对新上市的企业现场走访，实地了解企业的经营状况，与公司控股股东、管理层面对面交流，介绍上市公司监管要求，督促新上市公司做好信息披露工作。

**（五）其他**

为推动辖区多层次资本市场发展，江西证监局采取多种方式推动省内企业利用资本市场加快发展。一是与省政府相关部门密切协作，共同培训辖区资本市场；二是加强与设区市人民政府协作，推动企业上市挂牌工作；三是把好市场入口，做好辅导监管工作；四是现场与重点后备企业座谈或交流，了解企业情况，宣传政策法规，帮助解决困难，打消思想顾虑，推动企业上市挂牌。

审稿人：唐理斌、洪　漫、史达宁

撰稿人：胡文静

# 山东地区

## 一、山东国民经济发展概况

表 1　　2017 年山东国民经济发展概况　　单位：亿元

| 指标 | 1～3 月 | | 1～6 月 | | 1～9 月 | | 1～12 月 | |
|---|---|---|---|---|---|---|---|---|
| | 绝对量 | 同比增长（%） | 绝对量 | 同比增长（%） | 绝对量 | 同比增长（%） | 绝对量 | 同比增长（%） |
| 地区生产总值（GDP） | 16653.29 | 7.70 | 35017.39 | 7.70 | 54866.80 | 7.50 | 72678.18 | 7.40 |
| 全社会固定资产投资 | 8127.86 | 9.70 | 24485.47 | 9.70 | 39797.77 | 8.00 | 54236.03 | 7.30 |
| 社会消费品零售总额 | 7795.25 | 9.70 | 15776.30 | 10.40 | 24028.20 | 10.00 | 33649.04 | 9.80 |
| 规模以上工业增加值 | — | 7.50 | — | 7.70 | — | 7.00 | — | 6.90 |
| 规模以上工业企业实现利润 | 2138.00 | 17.60 | 4570.20 | 13.90 | 6285.50 | 12.70 | 8327.60 | 11.50 |
| 居民消费价格指数（CPI） | 1～3 月 | | 1～6 月 | | 1～9 月 | | 1～12 月 | |
| | 0.70 | | 1.60 | | 1.20 | | 1.70 | |

资料来源：国家统计局。

## 二、山东上市公司总体情况

### （一）公司数量

表 2　　2017 年山东上市公司数量　　单位：家

| 公司总数 | 2017 年新增 | 股票类别 | | | 板块分布 | | | |
|---|---|---|---|---|---|---|---|---|
| | | 仅 A 股 | 仅 B 股 | （A+B）股 | 沪市主板 | 深市主板 | 中小板 | 创业板 |
| 167 | 19 | 163 | 1 | 3 | 56 | 26 | 60 | 25 |

资料来源：沪深交易所，同花顺。

## （二）行业分布

表 3　　2017 年山东上市公司行业分布情况

| 所属证监会行业类别 | 家数 | 占比（%） | 所属证监会行业类别 | 家数 | 占比（%） |
|---|---|---|---|---|---|
| 农、林、牧、渔业 | 6 | 3.59 | 金融业 | 0 | 0.00 |
| 采矿业 | 5 | 2.99 | 房地产业 | 2 | 1.20 |
| 制造业 | 124 | 74.25 | 租赁和商务服务业 | 0 | 0.00 |
| 电力、热力、燃气及水生产和供应业 | 3 | 1.80 | 科学研究和技术服务业 | 1 | 0.60 |
| 建筑业 | 3 | 1.80 | 水利、环境和公共设施管理业 | 0 | 0.00 |
| 批发和零售业 | 5 | 2.99 | 教育 | 0 | 0.00 |
| 交通运输、仓储和邮政业 | 5 | 2.99 | 卫生和社会工作 | 0 | 0.00 |
| 住宿和餐饮业 | 0 | 0.00 | 文化、体育和娱乐业 | 2 | 1.20 |
| 信息传输、软件和信息技术服务业 | 6 | 3.59 | 综合 | 5 | 2.99 |
| 合计 | 167 | 100 | | | |

资料来源：沪深交易所，同花顺。

## （三）股本结构及规模

表 4　　2017 年山东上市公司股本规模在 10 亿股以上公司分布情况

| 股本规模（亿股） | 公司家数 | 具体公司 |
|---|---|---|
| 100≤～<200 | 1 | 山东钢铁 |
| 50≤～<100 | 4 | 潍柴动力，华电国际，南山铝业，新潮能源 |
| 20≤～<50 | 10 | 太阳纸业，合力泰，歌尔股份，金正大，通裕重工，日照港，兖州煤业，万华化学，山东高速，山东出版 |
| 10≤～<20 | 24 | 晨鸣纸业，山东路桥，山推股份，新能泰山，鲁西化工，浪潮信息，天润曲轴，北讯集团，齐翔腾达，双塔食品，史丹利，瑞康医药，康欣新材，瑞茂通，鲁商置业，华泰股份，华鲁恒升，好当家，山东黄金，金晶科技，中航沈飞，博汇纸业，滨化股份，玲珑轮胎 |

资料来源：沪深交易所，同花顺。

表 5　　2017 年山东上市公司分地区股权构成情况　　单位：家

| 股权性质<br>地域分布 | 央企国资控股 | 省属国资控股 | 地市国资控股 | 民营控股 | 其他 | 合计 |
|---|---|---|---|---|---|---|
| 济南市 | 2 | 9 | 2 | 9 | 3 | 25 |
| 淄博市 | 0 | 5 | 2 | 15 | 1 | 23 |
| 枣庄市 | 0 | 0 | 0 | 1 | 0 | 1 |
| 东营市 | 0 | 0 | 0 | 3 | 2 | 5 |
| 烟台市 | 2 | 1 | 5 | 29 | 1 | 38 |
| 潍坊市 | 3 | 2 | 2 | 15 | 0 | 22 |
| 济宁市 | 0 | 3 | 0 | 5 | 1 | 9 |
| 泰安市 | 2 | 1 | 0 | 1 | 0 | 4 |
| 威海市 | 1 | 0 | 1 | 9 | 0 | 11 |
| 日照市 | 0 | 0 | 1 | 0 | 0 | 1 |
| 莱芜市 | 0 | 0 | 0 | 1 | 0 | 1 |
| 临沂市 | 0 | 0 | 0 | 2 | 2 | 4 |
| 德州市 | 0 | 1 | 0 | 8 | 0 | 9 |
| 聊城市 | 1 | 1 | 1 | 1 | 0 | 4 |
| 滨州市 | 0 | 0 | 3 | 5 | 0 | 8 |
| 菏泽市 | 0 | 0 | 0 | 2 | 0 | 2 |
| 合计 | 11 | 23 | 17 | 106 | 10 | 167 |

资料来源：山东证监局。

### （四）市值规模

截至 2017 年 12 月 31 日，山东 167 家上市公司境内总市值 17505.46 亿元，占全国上市公司境内总市值的 3.08%；其中，上交所上市公司 56 家，总股本 808.76 亿股，境内总市值 7722.53 亿元，占上交所上市公司境内总市值的 2.32%；深交所上市公司 111 家，总股本 814.44 亿股，境内总市值 9782.93 亿元，占深交所上市公司境内总市值的 4.15%。

### （五）资产规模

截至 2017 年 12 月 31 日，山东 167 家上市公司合计总资产 19823.63 亿元，与 2016 年相比下降 17.16%；归属于母公司股东权益 7649.89 亿元，与 2016 年相比增长 9.99%；平均每股净资产 4.53 元。

## 三、山东上市公司经营情况及变动分析

### （一）总体经营情况

表 6　　2017 年山东上市公司经营情况

| 指标 | 2017 年 | 2016 年 | 变动率（%） |
|---|---|---|---|
| 家数 | 167 | 148 | 12.84 |
| 亏损家数 | 12 | 11 | 9.09 |
| 亏损家数比例（%） | 7.19 | 7.43 | －0.24 |
| 平均每股收益（元） | 0.45 | 0.37 | 21.62 |
| 平均每股净资产（元） | 4.53 | 4.84 | －6.40 |

续表

| 指标 | 2017 年 | 2016 年 | 变动率（%） |
|---|---|---|---|
| 平均净资产收益率（%） | 9.85 | 7.66 | 2.19 |
| 总资产（亿元） | 19823.63 | 23931.42 | -17.16 |
| 归属于母公司股东权益（亿元） | 7649.89 | 6955.13 | 9.99 |
| 营业收入（亿元） | 12958.22 | 9598.91 | 35.00 |
| 利润总额（亿元） | 1043.7 | 810.85 | 28.72 |
| 归属于母公司所有者的净利润（亿元） | 753.66 | 532.78 | 41.46 |

资料来源：沪深交易所，同花顺。

### （二）分行业经营情况

表 7　　2017 年山东上市公司分行业经营情况

| 所属行类 | 营业收入（亿元） | 可比样本变动率（%） | 归属于母公司所有者的净利润（亿元） | 可比样本变动率（%） |
|---|---|---|---|---|
| 农、林、牧、渔业 | 66.79 | -21.28 | -1.55 | -110.18 |
| 采矿业 | 2040.93 | 32.59 | 71.45 | 146.04 |
| 制造业 | 8186.29 | 35.65 | 585.61 | 65.17 |
| 电力、热力、燃气及水生产和供应业 | 855.79 | 24.65 | -0.57 | -101.92 |
| 建筑业 | 181.31 | 41.13 | 12.76 | 23.64 |
| 批发和零售业 | 878.46 | 38.90 | 20.86 | 49.11 |
| 交通运输、仓储和邮政业 | 342.72 | 14.73 | 39.28 | -3.70 |
| 住宿和餐饮业 | 0.00 | — | 0.00 | — |
| 信息传输、软件和信息技术服务业 | 159.95 | 34.25 | 11.89 | 59.17 |
| 金融业 | 0.00 | — | 0.00 | — |
| 房地产业 | 95.89 | -3.00 | -1.22 | -153.51 |
| 租赁和商务服务业 | 0.00 | — | 0.00 | — |
| 科学研究和技术服务业 | 7.54 | 114.81 | 0.57 | 375.00 |
| 水利、环境和公共设施管理业 | 0.00 | — | 0.00 | — |
| 教育 | 0.00 | — | 0.00 | — |
| 卫生和社会工作 | 0.00 | — | 0.00 | — |
| 文化、体育和娱乐业 | 92.82 | 10.32 | 13.96 | 29.38 |
| 综合 | 49.73 | -15.70 | 0.61 | -28.24 |
| 合计 | 12958.22 | 32.63 | 753.66 | 46.32 |

资料来源：沪深交易所，同花顺。

### （三）业绩变动情况分析

1. 营业收入、毛利率等变动原因分析

2017 年，辖区上市公司共实现营业收入 12958.22 亿元，较 2016 年增长 35.00%；辖区上市公司 2017 年平均毛利率为 7.16%，较 2016 年平均毛利率上升 0.97 个百分点。总体来看，随着供给侧结构性改革的推进，辖区上市公司营业收入增长较快；辖区上市公司 2017 年营业成本 12030.45 亿元，较 2016 年增长 33.64%，由于营业收入增长幅度大于营业成本增长幅度，导致辖区上市公司平均毛利率略有上升。

2. 盈利构成分析

从盈利构成来看，2017 年辖区上市公司利润来源主要为营业利润，占利润总额的比重为 101.45%，较 2016 年上升 9.04 个百分点；同时，2017 年辖区上市公司营业外收入净额43.21 亿元，较2016 年减少 35.98 亿元，变动率 45.43%；资产减值损失增幅较大，2017 年辖区上市公司资产减值损失 121.01 亿元，较 2016 年增加 22.17%。

3. 经营性现金流量分析

2017 年，山东辖区 167 家上市公司中，经营活动产生的现金流量净额为正值的公司家数占比为82.03%，低于2016 年 84.43%的水平。其中，经营活动产生的现金流量净额合计为 1154.75 亿元，比 2016 年增加 18.20%，同时高于 2016 年归属于母公司所有者的净利润。

4. 业绩特点分析

2017 年山东辖区上市公司总体业绩增幅较大，涉及的 12 个门类行业中有 9 个行业实现盈利，3 个行业亏损。2017 年山东辖区上市公司实现归属于母公司股东的净利润 753.66 亿元，较 2016 年增长 41.46%。制造业，信息传输、软件和信息技术服务业，采矿业，批发零售业等行业业绩增长较快，房地产业，农、林、牧、渔业，电力、热力、燃气及水生产和供应业业绩出现亏损。2017 年辖区上市公司亏损 11 家，亏损金额合计 61.98 亿元，较 2016 年上升 101.36%。

5. 利润分配情况

2017 年，山东辖区共有 106 家上市公司提出了利润分配方案，其中，86 家采用单纯现金分红方式，2 家采取单纯转股方式，18 家公司采取现金分红和转股相结合的方式。

2017 年，山东辖区上市公司现金分红的家数为 104 家，分红总额 155.41 亿元，分红总额较 2016 年的 148.76 亿元增长 4.47%。具体如表 8 所示。

表 8　　2017 年山东上市公司现金分红情况

| 2017 年分红公司家数 | | | 2017 年分红金额 | | |
|---|---|---|---|---|---|
| 家数 | 变动率（%） | 分红公司家数占地区公司总数比重 | 金额（亿元） | 变动率（%） | 分红金额占归属于母公司所有者的净利润比重 |
| 104 | 5.05 | 62.28% | 155.41 | 4.47 | 20.62% |

资料来源：山东证监局。

## 四、山东上市公司并购重组情况

### （一）并购重组基本情况

2017 年度，辖区上市公司涉及并购重组事项 62 家次，其中，9 家次涉及上市公司控制权变更事项，53 家次涉及重大资产重组事项。截至 2017 年 12 月 31 日，9 家公司已完成控制权变更；10 家公司完成发行股份购买资产交易事项，涉及资产金额 296.29 亿元，其中，6 家公司完成募集配套资金50.83亿元，4家公司尚未完成募集配套资金31.31亿元；1家公司完成现金购买重大资产，涉及资产2.49亿元；2家公司完成重大资产出售，涉及资产5.38亿元。2家公司发行股份购买资产暨募集配套资金事项，已经并购重组委审核通过正在实施，涉及资产21.92亿元，募集配套资金6.63亿元；2家公司重大资产出售正处于实施阶段，涉及资产18.67亿元；4家公司已发布重大资产重组预案，涉及资产101.13亿元，募集配套资金31.54亿元；4家公司正在筹划重大资产重组，尚未发布预案；9家正在停牌筹划重大事项。19家次重大资产重组事项因不符合监管政策或交易各方未能就关键条款达成一致等原因终止实施。

### （二）并购重组特点

2017年度，辖区上市公司并购重组呈现以下特点：一是并购重组仍保持较高活跃度，剔除个别公司注册地变更影响，并购重组涉及资产金额较2016年有所增加。二是实施并购重组的目的以产业整合和转型升级为主，拓展了新的业务领域。三是重组中购入资产的评估增值率普遍较高，由此导致的高业绩承诺、高商誉问题值得关注。2017年度，6家公司因完成发行股份购买资产交易事项形成商誉59.2亿元，占所购入标的资产金额的67.84%。

## 五、山东上市公司募集资金情况、使用情况

### （一）募集资金总体情况

表9　2017年山东上市公司募集资金情况

| 发行类型 | 代码 | 简称 | 募集资金（亿元） |
|---|---|---|---|
| 首发 | 603638 | 艾迪精密 | 2.90 |
| | 300583 | 赛托生物 | 10.74 |
| | 002838 | 道恩股份 | 3.21 |
| | 603586 | 金麒麟 | 11.22 |
| | 603086 | 先达股份 | 3.53 |
| | 603113 | 金能科技 | 10.34 |
| | 300653 | 正海生物 | 2.34 |
| | 300659 | 中孚信息 | 2.62 |
| | 603536 | 惠发股份 | 2.29 |
| | 300677 | 英科医疗 | 4.96 |
| | 603612 | 索通发展 | 4.74 |
| | 002890 | 弘宇股份 | 2.13 |
| | 300690 | 双一科技 | 5.57 |
| | 002891 | 中宠股份 | 3.87 |
| | 300699 | 光威复材 | 10.36 |
| | 300654 | 世纪天鸿 | 1.80 |
| | 603367 | 辰欣药业 | 11.66 |

续表

| 发行类型 | 代码 | 简称 | 募集资金（亿元） |
|---|---|---|---|
| 首发 | 603856 | 东宏股份 | 5.37 |
| | 603278 | 大业股份 | 7.96 |
| | 601019 | 山东出版 | 27.12 |
| | 002921 | 联诚精密 | 2.31 |
| | 小计 | | 137.04 |
| 定向增发、配股 | 600309 | 万华化学 | 25.00 |
| | 002217 | 合力泰 | 26.42 |
| | 300224 | 正海磁材 | 7.55 |
| | 002359 | 北讯集团 | 50.31 |
| | 300214 | 日科化学 | 1.60 |
| | 002339 | 积成电子 | 1.59 |
| | 000756 | 新华制药 | 2.35 |
| | 002363 | 隆基机械 | 3.47 |
| | 603779 | 威龙股份 | 5.75 |
| | 600448 | 华纺股份 | 6.06 |
| | 600986 | 科达股份 | 7.53 |
| | 300233 | 金城医药 | 3.00 |
| | 300099 | 精准信息 | 1.80 |
| | 300308 | 中际旭创 | 4.90 |
| | 600960 | 渤海汽车 | 16.92 |
| | 600760 | 中航沈飞 | 16.68 |
| | 000977 | 浪潮信息（配股） | 29.98 |
| | 小计 | | 210.91 |
| 股权激励 | 002580 | 圣阳股份 | 0.06 |
| | 300243 | 瑞丰高材 | 0.03 |
| | 300099 | 精准信息 | 0.36 |
| | 603612 | 索通发展 | 0.71 |
| | 300659 | 中孚信息 | 0.19 |
| | 300308 | 中际装备 | 2.91 |
| | 300583 | 赛托生物 | 0.32 |
| | 300677 | 英科医疗 | 0.23 |
| | 300423 | 鲁亿通 | 0.65 |
| | 002078 | 太阳纸业 | 2.64 |
| | 002458 | 益生股份 | 0.30 |
| | 小计 | | 8.40 |
| 公司债券 | 002217 | 合力泰 | 8.00 |
| | 000498 | 山东路桥 | 5.00 |
| | 600219 | 南山铝业 | 15.00 |
| | 300237 | 美晨生态 | 4.00 |
| | 600180 | 瑞茂通 | 9.50 |
| | 000488 | 晨鸣纸业 | 12.00 |

续表

| 发行类型 | 代码 | 简称 | 募集资金（亿元） |
|---|---|---|---|
| 公司债券 | 002581 | 未名医药 | 8.00 |
| | 002589 | 瑞康医药 | 10.00 |
| | 600017 | 日照港 | 6.00 |
| | 002374 | 丽鹏股份 | 2.50 |
| | 小计 | | 80.00 |
| 可转债 | 002078 | 太阳纸业 | 12.00 |
| 合计 | | | 448.35 |

资料来源：山东证监局。

### （二）募集资金使用情况及特点

2017 年，山东辖区共有 94 家公司使用募集资金，金额 333.59 亿元。其中，272.2 亿元为 2017 年度募集的资金，占全年募集资金使用总额的 81.6%；61.39 亿元为以前年度募集资金，占年度募集资金使用总额的 18.4%。募集资金的使用总额较 2016 年有所下降。

### （三）募集资金变更情况

2017 年，山东地区 7 家公司变更募集资金的使用项目，涉及金额约 10.6 亿元，占该 7 家公司募集资金总额的 16.7%。募集资金使用项目变更程序合法，均经过公司股东大会审议。变更的主要原因是市场环境发生较大变化，原募投项目可行性降低，为保证募集资金使用效益而转投其他项目。具体如表 10 所示。

表 10　　2017 年山东上市公司募集资金使用项目变更情况

| 变更募集资金使用项目的公司家数 | 涉及金额（亿元） | 募集资金总额（亿元） | 占公司募集资金总额的比例（%） |
|---|---|---|---|
| 7 | 10.6 | 63.49 | 16.7 |

资料来源：山东证监局。

## 六、山东上市公司规范运作情况

### （一）上市公司治理专项情况

一是辖区上市公司开展全面风险摸底排查工作，梳理公司治理、内部控制、信息披露、并购重组、再融资、控股股东及实际控制人行为、诚实诚信等方面存在的风险隐患。

二是山东证监局持续推进上市公司规范运作水平，以风险为导向，有针对性地加大对“借壳上市”、媒体质疑、投诉举报、业绩“变脸”、业绩承诺“不达标”等事项的现场检查力度，促进上市公司核心层人员有效履责。继续从严整治上市公司股东和高管违规增减持、短线交易、窗口期交易行为。

三是各公司认真贯彻落实中国证监会现金分红相关要求，严格执行公司章程中确定的现金分红政策及决策程序，124 家公司实施现金分红，分红金额 255.4 亿元，现金分红家数再创历史新高。

### （二）审计情况及监管情况

截至 2018 年 4 月 30 日，山东辖区 165 家上市公司按期披露了 2017 年年报，1 家上市公司延迟披露。24 家审计机构为上述公司出具了审计报告，其中，标准无保留意见 157 份，带强调事项段的无保留意见 3 份，保留意见 4 份，无法表示意见 2 份。129 家上市公司披露了 2017 年内部控制审计报告，其中，标准无保留意见 123 份，带强调事项段的无保留意见 1 份，保留意见 1 份，否定意见 4 份。2017 年，辖区有 2 家上市公司更换会计师事务所。

山东证监局在召开年报审计监管座谈会明确监管要求的基础上，认真开展年报审核和现场检查工作，有效提高了年报监管效率效果。年内共对 23 家上市公司的年报审计机构开展了延伸检查，对 3 个上市公司审计执业项目开展了专项检查。

### （三）信息披露情况

2017 年，辖区上市公司信息披露情况总体较好，能够按照相关法律法规的要求履行信息披露义务，合理处理投资者来电来访，及时回应媒体质疑。但仍有个别上市公司或其他信息披露义务人因信息披露问题被监管部门出具监管关注函、监管意见函或采取行政监管措施，1 家上市公司因信息披露违法违规被移送立案稽查，1 家上市公司实际控制人及其一致行动人、1 家上市公司董事因非法交易股票行为被移送立案稽查。

### （四）证券市场服务情况

一是充分利用各类会议和培训，督导上市公司提高规范运作意识。全年共组织各类会议、上市“第一课”培训及董事监事培训等共计 17 期，参会、培训人员 2200 余名。二是扎实做好投资者权益保护工作。组织辖区上市公司投资者网上集体接待日活动；采取有效措施督促辖区上市公司保障投资者咨询服务电话畅通；积极推动建立辖区证券期货纠纷多元化解机制。三是妥善处理投资者投诉举报事项，全年共处理信访、举报、投诉事项 156 起。

审稿人：邵珠东、霍　丹

撰稿人：王俊霞、孙素美、邵烈娜

# 河南地区

## 一、河南国民经济发展概况

表 1　　2017 年河南国民经济发展概况　　单位：亿元

| 指标 | 1～3 月 | | 1～6 月 | | 1～9 月 | | 1～12 月 | |
|---|---|---|---|---|---|---|---|---|
| | 绝对量 | 同比增长（%） | 绝对量 | 同比增长（%） | 绝对量 | 同比增长（%） | 绝对量 | 同比增长（%） |
| 地区生产总值（GDP） | 9392.22 | 8.00 | 20307.72 | 8.20 | 32896.69 | 8.10 | 44988.16 | 7.80 |
| 全社会固定资产投资 | 5505.43 | 12.10 | 18999.28 | 10.90 | 30823.16 | 10.80 | 43890.36 | 10.40 |
| 社会消费品零售总额 | — | — | — | — | — | — | — | — |
| 规模以上工业增加值 | — | 8.00 | — | 8.20 | — | 8.10 | — | 8.00 |
| 规模以上工业企业实现利润 | 1345.90 | 14.90 | 2659.70 | 12.90 | 4145.40 | 13.80 | 5272.40 | 8.50 |
| 居民消费价格指数（CPI） | 1～3 月 | | 1～6 月 | | 1～9 月 | | 1～12 月 | |
| | 0.30 | | 1.00 | | 1.80 | | 2.30 | |

资料来源：国家统计局。

## 二、河南上市公司总体情况

### （一）公司数量

表 2　　2017 年河南上市公司数量　　单位：家

| 公司总数 | 2017 年新增 | 股票类别 | | | 板块分布 | | | |
|---|---|---|---|---|---|---|---|---|
| | | 仅 A 股 | 仅 B 股 | （A+B）股 | 沪市主板 | 深市主板 | 中小板 | 创业板 |
| 78 | 4 | 78 | 0 | 0 | 30 | 10 | 25 | 13 |

资料来源：沪深交易所，同花顺。

## （二）行业分布

表 3　　2017 年河南上市公司行业分布情况

| 所属证监会行业类别 | 家数 | 占比（%） | 所属证监会行业类别 | 家数 | 占比（%） |
|---|---|---|---|---|---|
| 农、林、牧、渔业 | 3 | 3.85 | 金融业 | 1 | 1.28 |
| 采矿业 | 4 | 5.13 | 房地产业 | 0 | 0.00 |
| 制造业 | 60 | 76.92 | 租赁和商务服务业 | 0 | 0.00 |
| 电力、热力、燃气及水生产和供应业 | 3 | 3.85 | 科学研究和技术服务业 | 1 | 1.28 |
| 建筑业 | 0 | 0.00 | 水利、环境和公共设施管理业 | 0 | 0.00 |
| 批发和零售业 | 1 | 1.28 | 教育 | 0 | 0.00 |
| 交通运输、仓储和邮政业 | 2 | 2.56 | 卫生和社会工作 | 0 | 0.00 |
| 住宿和餐饮业 | 0 | 0.00 | 文化、体育和娱乐业 | 1 | 1.28 |
| 信息传输、软件和信息技术服务业 | 2 | 2.56 | 综合 | 0 | 0.00 |
| 合计 | 78 | 100 | | | |

资料来源：沪深交易所，同花顺。

## （三）股本结构及规模

表 4　　2017 年河南上市公司股本规模在 10 亿股以上公司分布情况

| 股本规模（亿股） | 公司家数 | 具体公司 |
|---|---|---|
| 200≤～<500 | 1 | 洛阳钼业 |
| 20≤～<50 | 10 | 双汇发展，雏鹰农牧，龙蟒佰利，中原高速，宇通客车，*ST 大有，安阳钢铁，中原证券，中信重工，平煤股份 |
| 10≤～<20 | 19 | 许继电气，焦作万方，大地传媒，神火股份，新乡化纤，豫能控股，恒星科技，牧原股份，科迪乳业，豫金刚石，银鸽投资，*ST 郑煤，黄河旋风，莲花健康，平高电气，瑞贝卡，豫光金铅，中孚实业，郑煤机 |

资料来源：沪深交易所，同花顺。

表 5　　2017 年河南上市公司分地区股权构成情况　　单位：家

| 股权性质 / 地域分布 | 央企国资控股 | 省属国资控股 | 地市国资控股 | 民营控股 | 其他 | 合计 |
|---|---|---|---|---|---|---|
| 郑州市 | 0 | 6 | 2 | 17 | 2 | 27 |
| 开封市 | 0 | 1 | 0 | 0 | 0 | 1 |
| 洛阳市 | 5 | 0 | 0 | 5 | 0 | 10 |
| 商丘市 | 0 | 0 | 1 | 2 | 0 | 3 |
| 安阳市 | 0 | 2 | 0 | 1 | 0 | 3 |

续表

| 股权性质 / 地域分布 | 央企国资控股 | 省属国资控股 | 地市国资控股 | 民营控股 | 其他 | 合计 |
|---|---|---|---|---|---|---|
| 平顶山市 | 1 | 2 | 0 | 0 | 0 | 3 |
| 新乡市 | 0 | 0 | 1 | 1 | 0 | 2 |
| 焦作市 | 1 | 1 | 0 | 3 | 2 | 7 |
| 濮阳市 | 0 | 0 | 0 | 2 | 0 | 2 |
| 许昌市 | 1 | 0 | 0 | 4 | 0 | 5 |
| 漯河市 | 0 | 1 | 0 | 0 | 1 | 2 |
| 三门峡市 | 0 | 1 | 0 | 0 | 0 | 1 |
| 鹤壁市 | 0 | 0 | 0 | 0 | 0 | 0 |
| 周口市 | 0 | 0 | 0 | 2 | 0 | 2 |
| 驻马店市 | 0 | 0 | 0 | 0 | 0 | 0 |
| 南阳市 | 1 | 0 | 1 | 3 | 0 | 5 |
| 信阳市 | 0 | 0 | 1 | 1 | 0 | 2 |
| 济源市 | 1 | 0 | 1 | 1 | 0 | 3 |
| 合计 | 10 | 14 | 7 | 42 | 5 | 78 |

资料来源：河南证监局。

### （四）市值规模

截至 2017 年 12 月 31 日，河南 78 家上市公司境内总市值 9551.25 亿元，占全国上市公司境内总市值的 1.68%；其中，上交所上市公司 30 家，总股本 540.02 亿股，境内总市值 4289.03 亿元，占上交所上市公司境内总市值的 1.29%；深交所上市公司 48 家，总股本 388.93 亿股，境内总市值 5262.22 亿元，占深交所上市公司境内总市值的 2.23%。

### （五）资产规模

截至 2017 年 12 月 31 日，河南 78 家上市公司合计总资产 8814.74 亿元，归属于母公司股东权益 3506.51 亿元，与 2016 年相比，分别增长 19.13%、20.79%；平均每股净资产 3.54 元。

## 三、河南上市公司经营情况及变动分析

### （一）总体经营情况

表 6　2017 年河南上市公司经营情况

| 指标 | 2017 年 | 2016 年 | 变动率（%） |
|---|---|---|---|
| 家数 | 78 | 74 | 5.41 |
| 亏损家数 | 7 | 5 | 40.00 |
| 亏损家数比例（%） | 8.97 | 6.76 | 2.21 |
| 平均每股收益（元） | 0.31 | 0.25 | 24.00 |
| 平均每股净资产（元） | 3.54 | 3.34 | 5.99 |

续表

| 指标 | 2017 年 | 2016 年 | 变动率（%） |
|---|---|---|---|
| 平均净资产收益率（%） | 8.71 | 7.35 | 1.36 |
| 总资产（亿元） | 8814.74 | 7398.98 | 19.13 |
| 归属于母公司股东权益（亿元） | 3506.51 | 2903.02 | 20.79 |
| 营业收入（亿元） | 4460.67 | 3643.28 | 22.44 |
| 利润总额（亿元） | 404.48 | 258.48 | 56.48 |
| 归属于母公司所有者的净利润（亿元） | 305.58 | 213.41 | 43.19 |

资料来源：沪深交易所，同花顺。

## （二）分行业经营情况

表 7　　2017 年河南上市公司分行业经营情况

| 所属行类 | 营业收入（亿元） | 可比样本变动率（%） | 归属于母公司所有者的净利润（亿元） | 可比样本变动率（%） |
|---|---|---|---|---|
| 农、林、牧、渔业 | 198.63 | 39.77 | 24.72 | -23.87 |
| 采矿业 | 574.36 | 55.29 | 52.13 | 792.30 |
| 制造业 | 3277.32 | 11.90 | 186.81 | 12.23 |
| 电力、热力、燃气及水生产和供应业 | 117.21 | 20.10 | 3.85 | -50.70 |
| 建筑业 | 0.00 | — | 0.00 | — |
| 批发和零售业 | 3.46 | 1053.33 | 0.19 | 533.33 |
| 交通运输、仓储和邮政业 | 105.67 | 25.96 | 17.76 | 45.69 |
| 住宿和餐饮业 | 0.00 | — | 0.00 | — |
| 信息传输、软件和信息技术服务业 | 71.45 | 134.49 | 6.47 | 61.35 |
| 金融业 | 21.48 | 6.92 | 4.42 | -38.53 |
| 房地产业 | 0.00 | — | 0.00 | — |
| 租赁和商务服务业 | 0.00 | — | 0.00 | — |
| 科学研究和技术服务业 | 9.35 | 58.21 | 2.30 | 76.92 |
| 水利、环境和公共设施管理业 | 0.00 | — | 0.00 | — |
| 教育 | 0.00 | — | 0.00 | — |
| 卫生和社会工作 | 0.00 | — | 0.00 | — |
| 文化、体育和娱乐业 | 81.74 | 3.60 | 6.93 | 2.97 |
| 综合 | 0.00 | — | 0.00 | — |
| 合计 | 4460.67 | 18.70 | 305.58 | 32.49 |

资料来源：沪深交易所，同花顺。

## （三）业绩变动情况分析

1. 营业收入、毛利率等变动原因分析

2017 年，河南上市公司实现营业收入 4460.67 亿元，较 2016 年的 3643.28 亿元上升 22.44%；实现营业利润 398.12 亿元，较 2016 年的 222.45 亿元上升 78.97%；实现归属于母公司所有者的净利润 305.58 亿元，较 2016 年的 213.41 亿元上升 43.19%。从毛利率来看，河南

78 家上市公司整体毛利率为 23.06%，较 2016 年的 21.40% 上升 1.66 个百分点。

2. 盈利构成分析

2017 年，河南上市公司利润来源主要是营业利润，占利润总额的比重为 98.43%，其中，投资净收益 28.03 亿元，占利润总额的比重为 6.93%。营业外收支净额 6.36 亿元，占利润总额的比重为 1.57%，其中，非流动资产处置损益 1.35 亿元，占利润总额的比重为 0.33%。

3. 经营性现金流量分析

2017 年，河南上市公司经营活动产生的现金流量净额合计 343.11 亿元，非金融上市公司经营活动产生的现金流量净额合计 384.65 亿元，较 2016 年的 403.15 亿元同比减少 18.5 亿元（河南首家金融业上市公司在 2017 年度上市），减少幅度为 4.59%。河南 60 家上市公司经营性现金流量净额为正，占 78 家上市公司的 76.92%。经营活动现金流量净额与归属于母公司所有者的净利润的比例为 112.28%，公司净利润的现金含量较高，资金流动性较强。

4. 业绩特点分析

（1）业绩呈上升趋势。2017 年，河南上市公司实现归属于母公司所有者净利润 305.58 亿元，较 2016 年的 213.41 亿元上升 43.19%；按照整体法计算的每股收益为 0.31 元，较 2016 年的每股收益 0.25 元提高 0.06 元。

（2）主板、中小板上市公司业绩好于创业板。河南主板上市公司平均每股收益 0.30 元，净资产收益率 8.98%；中小板上市公司平均每股收益 0.40 元，净资产收益率 9.90%；创业板上市公司平均每股收益 0.06 元，净资产收益率 1.39%。

5. 利润分配情况

表 8　2017 年河南上市公司现金分红情况

| 2017 年分红公司家数 | | | 2017 年分红金额 | | |
|---|---|---|---|---|---|
| 家数 | 变动率（%） | 分红公司家数占地区公司总数比重 | 金额（亿元） | 变动率（%） | 分红金额占归属于母公司所有者的净利润比重 |
| 58 | 11.54 | 74.36% | 120.64 | -22.3 | 39.48% |

资料来源：河南证监局。

## 四、河南上市公司并购重组情况

### （一）并购重组基本情况

2017 年度，河南上市公司利用资本市场并购重组，整合资源，降低杠杆，加快创新步伐，实现提质增效，全年共完成重大资产重组 5 家次，交易金额 133.06 亿元。其中，3 家为国有上市公司，2 家为民营上市公司。

### （二）并购重组特点

一是紧紧围绕供给侧结构性改革，充分发挥并购重组在落实“三去一降一补”、国有企业混合所有制改革等方面的积极作用。如郑煤机收购汽车零部件公司，形成煤矿机械和汽车零部件两大主业，扭转了业绩受煤炭行业影响较大的被动局面，成为进一步深化国有企业混合所有制改革的典范。

二是上市公司通过重大资产重组向国家支持的重点行业领域转型。如光力科技以发行股份及支付现金的方式购买常熟市亚邦船舶电气有限公司100%股权，通过交易，光力科技进入增长空间广阔的军工装备领域，快速延伸产业链，拓宽市场领域，增强了上市公司的抗风险能力。

## 五、河南上市公司募集资金情况、使用情况

### （一）募集资金总体情况

表9　　2017年河南上市公司募集资金情况

| 发行类型 | 代码 | 简称 | 募集资金（亿元） |
|---|---|---|---|
| | 002857. SZ | 三晖电气 | 2. 05 |
| | 300701. SZ | 森霸传感 | 2. 63 |
| | 300732. SZ | 设研院 | 7. 46 |
| | 601375. SH | 中原证券 | 28. 00 |
| | 小计 | | 40. 14 |
| 再融资（增发、配股） | 300480. SZ | 光力科技 | 1. 51 |
| | 000885. SZ | 城发环境 | 3. 00 |
| | 601717. SH | 郑煤机 | 7. 07 |
| | 002046. SZ | 轴研科技 | 9. 81 |
| | 601677. SH | 明泰铝业 | 10. 78 |
| | 001896. SZ | 豫能控股 | 25. 56 |
| | 002714. SZ | 牧原股份 | 30. 77 |
| | 603993. SH | 洛阳钼业 | 180. 00 |
| | 小计 | | 268. 50 |
| | 002321. SZ | 华英农业 | 3. 00 |
| | 002714. SZ | 牧原股份 | 4. 00 |
| | 002087. SZ | 新野纺织 | 8. 00 |
| | 600066. SH | 宇通客车 | 10. 00 |
| | 601666. SH | 平煤股份 | 10. 00 |
| | 600172. SH | 黄河旋风 | 11. 00 |
| | 600020. SH | 中原高速 | 20. 00 |
| | 601375. SH | 中原证券 | 25. 00 |
| | 小计 | | 91. 00 |
| 总计 | | | 399. 64 |

资料来源：河南证监局。

### （二）募集资金使用情况及特点

2017年度，河南共有52家公司使用募集资金，金额共计300. 19亿元，其中，216. 11亿元为当年募集资金，占全年使用募集资金总额的72%，84. 08亿元为以

前年度募集的资金，占全年使用募集资金总额的28%。

一是募集资金主要投向战略新兴领域。2017年度上市公司通过非公开发行、重大资产重组、发行公司债券等方式融资，资金主要用于企业转型升级，投向技术密集和知识密集的新行业、新领域。

二是募集资金使用进度不一。部分上市公司当年将募集资金使用完毕，少数上市公司募集资金使用进度缓慢，2017年使用金额甚至不足1万元。

### （三）募集资金变更情况

2017年度，河南共有中原环保、远东传动2家上市公司变更募集资金使用项目，涉及金额共3.78亿元，占募集资金总额的15.80%。募集资金使用项目变动的主要原因分别是结余超募资金永久补充流动资金以及外部经营环境的重大变化。具体如表10所示。

表10　　2017年河南上市公司募集资金使用项目变更情况

| 变更募集资金使用项目的公司家数 | 涉及金额（亿元） | 募集资金总额（亿元） | 占公司募集资金总额的比例（%） |
|---|---|---|---|
| 2 | 3.78 | 23.93 | 15.80 |

资料来源：河南证监局。

此外，2017年度，河南共有西泵股份等6家上市公司变更募集资金实施方案，主要变动方式为变动实施地点、实施主体、实施时间等。主要变动原因为外部经济形势和市场环境的变化。

## 六、河南上市公司规范运作情况

### （一）上市公司治理专项情况

河南证监局继续推动上市公司按照《关于完善河南非国有控股上市公司治理的规范指引》和《关于完善河南国有控股上市公司治理的规范指引》的要求开展公司治理工作，完善内生机制；鼓励并支持辖区上市公司实施股权激励和员工持股计划，提高员工参与公司治理的积极性；以信息审阅和举报投诉为切入点，挖掘公司治理深层次问题，督促上市公司依法合规履行决策程序；加大对不履行承诺、不按规定进行现金分红等行为的监管问责力度。

### （二）审计情况及监管情况

1. 河南78家上市公司2017年年报审计情况

78家上市公司均按时披露了2017年年报和审计报告。其中，77家公司审计意见类型为标准无保留意见，1家公司（黄河旋风）被出具了保留意见的审计报告。后经补充审计，审计机构于2018年9月11日对黄河旋风调整后的2017年财务报表重新出具了标准无保留意见的审计报告。

68家上市公司披露了内部控制审计报告。其中，65家公司意见类型为标准无保留意见，1家公司（神马股份）为带强调事项段的无保留意见，2 家公司（黄河旋风、雏鹰农牧）为否定意见。

2. 年报审计监管工作情况

一是预判风险，做好年报审计监管准备工作。坚持问题和风险导向，加强年报审计披露的事中、事后监管，明确年报审计监管各阶段的工作安排和重点监管领域。2017 年年初，召开辖区年报监管工作会议，通报 2015 年年报监管中经常出现的问题，就进一步做好 2016 年年报编制、审计和披露工作提出监管要求，督促相关人员归位尽责。结合日常监管，对审计项目进行风险分类，督促年报审计机构及注册会计师贯彻风险导向审计原则。

二是及时开展现场督导，监督重点类项目的审计过程。结合重点监管类项目及公司业绩变化情况，对 11 家上市公司年报审计情况进行现场督导，发送监管备忘录 7 分，谈话提醒 14 次。

三是强化非现场监管，分析年报审核中的问题线索。在对辖区上市公司 2016 年年报、审计总结进行全面审阅的同时，以问题和风险为导向，对公司进行风险排查和重点审核。累计关注问题 80 个，先后向多家公司发送年报问询函和监管关注函。

四是积极开展随机检查与专项检查，进一步提升年报事后监管效能。通过“双随机”抽签方式，选取 4 家公司年报审计项目作为检查对象。同时，结合日常监管工作实际，对 1 家公司年报审计项目开展“以问题和风险为导向”的检查。向上市公司发送监管关注函 4 份，对年审注册会计师发送检查结果告知书 3 家次。

## （三）信息披露情况

河南证监局持续转变监管理念，加强信息披露日常监管，提升上市公司信息披露质量。2017 年，共审阅上市公司公告 9399 条，妥善处理媒体质疑 9 起，督促披露承诺进展情况 1 份，针对公司信息披露瑕疵，多次采取约见谈话等日常监管措施。

## （四）证券市场服务情况

2017 年，河南证监局进一步加快辖区企业发行上市工作，推动更多符合条件的企业上市融资，鼓励引导上市公司利用资本市场并购重组再融资。紧紧围绕供给侧结构性改革，充分发挥并购重组在落实“三去一降一补”、扶贫攻坚以及支持战略新兴产业发展等方面的积极作用。引导上市公司合理选择增发、配股、可转债、公司债等直接融资工具，优化资产负债结构。大力支持辖区符合条件的企业发行公司债券，实现股权融资和债券融资协调发展。积极落实证监会扶贫工作要求，支持贫困地区企业借力资本市场发展。

审稿人：楚天慧、王　勐

撰稿人：李　苗、吕　品、张　文
　　　　张景霞

# 湖北地区

## 一、湖北国民经济发展概况

表 1　　2017 年湖北国民经济发展概况　　单位：亿元

| 指　标 | 1～3 月 | | 1～6 月 | | 1～9 月 | | 1～12 月 | |
|---|---|---|---|---|---|---|---|---|
| | 绝对量 | 同比增长（%） | 绝对量 | 同比增长（%） | 绝对量 | 同比增长（%） | 绝对量 | 同比增长（%） |
| 地区生产总值（GDP） | 7254.06 | 7.60 | 15871.39 | 7.80 | 25076.03 | 7.80 | 36522.95 | 7.80 |
| 全社会固定资产投资 | 5310.14 | 12.20 | 15976.06 | 13.00 | 23668.13 | 12.0 | 31872.57 | 11.00 |
| 社会消费品零售总额 | 4084.33 | 10.95 | 8224.04 | 11.82 | 12459.08 | 11.80 | 17394.10 | 11.10 |
| 规模以上工业增加值 | — | 7.60 | — | 8.00 | — | 7.90 | — | 7.40 |
| 规模以上工业企业实现利润 | 593.70 | 9.30 | 1262.90 | 10.10 | 1943.30 | 12.10 | 2470.60 | 10.00 |
| 居民消费价格指数（CPI） | 1～3 月 | | 1～6 月 | | 1～9 月 | | 1～12 月 | |
| | 1.20 | | 1.30 | | 1.30 | | 1.70 | |

资料来源：国家统计局。

## 二、湖北上市公司总体情况

### （一）公司数量

表 2　　2017 年湖北上市公司数量　　单位：家

| 公司总数 | 2017 年新增 | 股票类别 | | | 板块分布 | | | |
|---|---|---|---|---|---|---|---|---|
| | | 仅 A 股 | 仅 B 股 | （A+B）股 | 沪市主板 | 深市主板 | 中小板 | 创业板 |
| 97 | 1 | 94 | 1 | 2 | 38 | 26 | 12 | 21 |

资料来源：沪深交易所，同花顺。

## （二）行业分布

表 3　　2017 年湖北上市公司行业分布情况

| 所属证监会行业类别 | 家数 | 占比（%） | 所属证监会行业类别 | 家数 | 占比（%） |
|---|---|---|---|---|---|
| 农、林、牧、渔业 | 0 | 0.00 | 金融业 | 2 | 2.06 |
| 采矿业 | 0 | 0.00 | 房地产业 | 4 | 4.12 |
| 制造业 | 62 | 63.92 | 租赁和商务服务业 | 0 | 0.00 |
| 电力、热力、燃气及水生产和供应业 | 5 | 5.15 | 科学研究和技术服务业 | 0 | 0.00 |
| 建筑业 | 5 | 5.15 | 水利、环境和公共设施管理业 | 2 | 2.06 |
| 批发和零售业 | 9 | 9.28 | 教育 | 0 | 0.00 |
| 交通运输、仓储和邮政业 | 3 | 3.09 | 卫生和社会工作 | 0 | 0.00 |
| 住宿和餐饮业 | 0 | 0.00 | 文化、体育和娱乐业 | 3 | 3.09 |
| 信息传输、软件和信息技术服务业 | 2 | 2.06 | 综合 | 0 | 0.00 |
| 合计 | 97 | 100 | | | |

资料来源：沪深交易所，同花顺。

## （三）股本结构及规模

表 4　　2017 年湖北上市公司股本规模在 10 亿股以上公司分布情况

| 股本规模（亿股） | 公司家数 | 具体公司 |
|---|---|---|
| 50≤～<100 | 2 | 长江证券，湖北能源 |
| 20≤～<50 | 8 | 沙隆达 A，天茂集团，凯迪生态，中航机电，东风汽车，葛洲坝，三安光电，航天电子 |
| 10≤～<20 | 16 | 长航凤凰，启迪桑德，新洋丰，长源电力，华工科技，南国置业，楚天高速，人福医药，东方金钰，三峡新材，烽火通信，中珠医疗，百川能源，长江传媒，华新水泥，九州通 |

资料来源：沪深交易所，同花顺。

表 5　　2017 年湖北上市公司分地区股权构成情况　　单位：家

| 股权性质 / 地域分布 | 央企国资控股 | 省属国资控股 | 地市国资控股 | 民营控股 | 其他 | 合计 |
|---|---|---|---|---|---|---|
| 武汉市 | 12 | 4 | 7 | 25 | 4 | 52 |
| 黄石市 | 1 | 0 | 1 | 4 | 1 | 7 |
| 十堰市 | 0 | 0 | 0 | 1 | 0 | 1 |
| 荆州市 | 1 | 0 | 0 | 6 | 0 | 7 |
| 宜昌市 | 1 | 0 | 4 | 1 | 0 | 6 |
| 襄阳市 | 3 | 1 | 0 | 4 | 0 | 8 |
| 鄂州市 | 0 | 0 | 0 | 2 | 1 | 3 |
| 荆门市 | 0 | 0 | 1 | 3 | 0 | 4 |
| 黄冈市 | 0 | 1 | 0 | 0 | 0 | 1 |
| 孝感市 | 0 | 0 | 1 | 2 | 0 | 3 |
| 咸宁市 | 0 | 0 | 0 | 1 | 0 | 1 |
| 随州市 | 0 | 0 | 0 | 1 | 0 | 1 |
| 仙桃市 | 0 | 0 | 0 | 1 | 0 | 1 |
| 潜江市 | 0 | 0 | 0 | 2 | 0 | 2 |
| 合计 | 18 | 6 | 14 | 53 | 6 | 97 |

资料来源：湖北证监局。

### （四）市值规模

截至 2017 年 12 月 31 日，湖北 97 家上市公司境内总市值 11388.24 亿元，占全国上市公司境内总市值的 2.00%；其中，上交所上市公司 38 家，总股本 384.28 亿股，境内总市值 5734.37 亿元，占上交所上市公司境内总市值的 1.73%；深交所上市公司 59 家，总股本 538.81 亿股，境内总市值 5653.87 亿元，占深交所上市公司境内总市值的 2.4%。

### （五）资产规模

截至 2017 年 12 月 31 日，湖北 97 家上市公司合计总资产 13327.26 亿元，归属于母公司股东权益 4574.81 亿元，与 2016 年相比，分别增长 8.51%、12.41%；平均每股净资产 4.95 元。

## 三、湖北上市公司经营情况及变动分析

### （一）总体经营情况

表 6　　2017 年湖北上市公司经营情况

| 指标 | 2017 年 | 2016 年 | 变动率（%） |
|---|---|---|---|
| 家数 | 97 | 96 | 1.04 |
| 亏损家数 | 10 | 7 | 42.86 |
| 亏损家数比例（%） | 10.31 | 7.29 | 3.02 |
| 平均每股收益（元） | 0.35 | 0.3 | 16.67 |

续表

| 指标 | 2017 年 | 2016 年 | 变动率（%） |
|---|---|---|---|
| 平均每股净资产（元） | 4.95 | 4.51 | 9.76 |
| 平均净资产收益率（%） | 7.11 | 6.69 | 0.42 |
| 总资产（亿元） | 13327.26 | 12281.95 | 8.51 |
| 归属于母公司股东权益（亿元） | 4574.81 | 4069.62 | 12.41 |
| 营业收入（亿元） | 6914.87 | 5816.12 | 18.89 |
| 利润总额（亿元） | 467.31 | 388.6 | 20.25 |
| 归属于母公司所有者的净利润（亿元） | 325.48 | 272.37 | 19.50 |

资料来源：沪深交易所，同花顺。

## （二）分行业经营情况

表 7　　2017 年湖北上市公司分行业经营情况

| 所属行类 | 营业收入（亿元） | 可比样本变动率（%） | 归属于母公司所有者的净利润（亿元） | 可比样本变动率（%） |
|---|---|---|---|---|
| 农、林、牧、渔业 | 0.00 | — | 0.00 | — |
| 采矿业 | 0.00 | — | 0.00 | — |
| 制造业 | 3128.33 | 23.15 | 145.95 | 36.66 |
| 电力、热力、燃气及水生产和供应业 | 267.19 | 17.79 | 8.57 | -75.47 |
| 建筑业 | 1153.27 | 7.63 | 57.00 | 56.72 |
| 批发和零售业 | 1259.01 | 18.49 | 39.57 | 70.56 |
| 交通运输、仓储和邮政业 | 55.58 | 45.16 | 7.37 | 63.41 |
| 住宿和餐饮业 | 0.00 | — | 0.00 | — |
| 信息传输、软件和信息技术服务业 | 12.57 | 24.46 | 2.42 | 9.50 |
| 金融业 | 590.46 | 158.44 | 28.71 | -27.95 |
| 房地产业 | 201.93 | 10.44 | 12.55 | 69.82 |
| 租赁和商务服务业 | 0.00 | — | 0.00 | — |
| 科学研究和技术服务业 | 0.00 | — | 0.00 | — |
| 水利、环境和公共设施管理业 | 98.98 | 34.34 | 12.57 | 22.40 |
| 教育 | 0.00 | — | 0.00 | — |
| 卫生和社会工作 | 0.00 | — | 0.00 | — |
| 文化、体育和娱乐业 | 147.56 | -12.66 | 10.77 | 5.80 |
| 综合 | 0.00 | — | 0.00 | — |
| 合计 | 6914.87 | 23.40 | 325.48 | 18.05 |

资料来源：沪深交易所，同花顺。

（三）业绩变动情况分析

1. 营业收入、毛利率等变动原因分析

2017年，湖北97家上市公司实现营业收入6914.87亿元，比2016年增长18.89%，其中，80家公司营业收入同比增长，17家公司营业收入同比下降，平均毛利率为27.66%，营业收入下降的公司主要集中在制造业，占比64.71%。

2. 盈利构成分析

2017年湖北97家上市公司实现归属于上市公司股东的净利润325.48亿元，比2016年增长19.5%，10家公司出现亏损，比2016年多出3家，营业利润占利润总额的比例为98.91%，营业外收入贡献有所减少，投资收益贡献持续较大，分别实现19.29亿元和165.43亿元，占利润总额的比例分别为4.13%和35.40%。

3. 经营性现金流量分析

2017年，湖北97家上市公司经营活动现金流量净额108.37亿元，扣除天茂集团和长江证券两家金融类公司，其余上市公司经营活动现金流量净额为280.43亿元，有68家公司经营活动现金为净流入，占湖北上市公司总家数的70.1%，其中，沙隆达、华新水泥、湖北能源的经营性现金净流入金额靠前，均超过30亿元。从行业来看，电力、热力、燃气及水生产和供应业的公司均为经营性现金净流入，制造业中，有43家公司的经营性现金流为净流入，18家公司的经营性现金流为净流出。

4. 业绩特点分析

湖北上市公司2017年整体业绩特点：一是资产规模持续扩大，97家上市公司资产合计13327.26亿元，同比增长8.51%；二是收入增长整体较快，97家上市公司合计实现营业收入6914.87亿元，同比增长18.89%，超百亿收入的公司有20家，占上市公司总家数的20.62%；三是非经常性损益激增，97家公司合计确认非经常性损益94.07亿元，较2016年增长119.53%。

5. 利润分配情况

2017年，有73家实施了现金分红，占上市公司总家数的75.26%，现金分红金额106.54亿元，现金分红金额占归属于母公司所有者的净利润比重为32.73%。具体如表8所示。现金分红超过5亿元的有5家，分别为葛洲坝、长江证券、三安光电、湖北能源和济川药业。

表8　　2017年湖北上市公司现金分红情况

| 2017年分红公司家数 | | | 2017年分红金额 | | |
|---|---|---|---|---|---|
| 家数 | 变动率（%） | 分红公司家数占地区公司总数比重 | 金额（亿元） | 变动率（%） | 分红金额占归属于母公司所有者的净利润比重 |
| 73 | 7.35 | 75.26% | 106.54 | 38.31 | 32.73% |

资料来源：湖北证监局。

## 四、湖北上市公司并购重组情况

### （一）并购重组基本情况

2017 年共有 6 家公司完成资产并购重组，合计购买资产金额达 296.40 亿元，配套融资金额达 64.50 亿元，平均重组交易金额达 49.40 亿元。并购重组数量相比 2016 年有所下滑，但并购重组体量有所增大，从平均交易金额来看，相比 2016 年增加了 250.35%。

### （二）并购重组特点

一是以产业横向整合为主，在 2017 年完成的资产并购重组的公司中，有 5 家公司进行了相关产业链的横向整合，进一步完善了主营业务，1 家公司通过并购重组实现了多元化发展。二是并购重组效果显著，2017 年完成并购重组的公司总资产比 2016 年增加了 281.95%，营业总收入比 2016 年增加了 453.16%，净利润比 2016 年增加了 263.62%，其中，沙隆达通过海外并购重组，2017 年业绩实现了由亏转盈。三是配套融资比例有所下降，2017 年并购重组的交易金额增大，但配套融资金额占交易金额的比重有所下降，2017 年的比重为 21.76%，相比 2016 年下降了 47.35 个百分点。

## 五、湖北上市公司募集资金情况、使用情况

### （一）募集资金总体情况

表 9　　2017 年湖北上市公司募集资金情况

| 发行类型 | 代码 | 简称 | 募集资金（亿元） |
|---|---|---|---|
| 首发 | 300683.SZ | 海特生物 | 8.51 |
| | 002861.SZ | 瀛通通讯 | 5.29 |
| | 小计 | | 13.8 |
| 再融资（增发、配股） | 300276.SZ | 三丰智能 | 16.9 |
| | 600133.SH | 东湖高新 | 8.42 |
| | 000988.SZ | 华工科技 | 18.07 |
| | 600998.SH | 九州通 | 36.00 |
| | 600681.SH | 百川能源 | 8.79 |
| | 600079.SH | 人福医药 | 11.94 |
| | 000627.SZ | 天茂集团 | 48.45 |
| | 002377.SZ | 国创高新 | 40.10 |
| | 002627.SZ | 宜昌交运 | 10.00 |
| | 600498.SH | 烽火通信 | 18.02 |
| | 000826.SZ | 启迪桑德 | 45.89 |

续表

| 发行类型 | 代码 | 简称 | 募集资金（亿元） |
|---|---|---|---|
| 再融资（增发、配股） | 000553. SZ | 沙隆达 A | 184. 71 |
| | 300041. SZ | 回天新材 | 2. 50 |
| | 600260. SH | 凯乐科技 | 10. 10 |
| | 300184. SZ | 力源信息 | 26. 20 |
| | 600035. SH | 楚天高速 | 12. 87 |
| | 600879. SH | 航天电子 | 22. 58 |
| | 300054. SZ | 鼎龙股份 | 9. 91 |
| | 300161. SZ | 华中数控 | 1. 25 |
| | 小计 | | 532. 70 |
| 其他融资（公司债券、短期融资券、中期票据、次级债、金融债、境外发行债券） | 000783. SZ | 长江证券 | 90. 27 |
| | 603738. SH | 泰晶科技 | 2. 15 |
| | 600079. SH | 人福医药 | 45. 00 |
| | 000826. SZ | 启迪桑德 | 65. 00 |
| | 601311. SH | 骆驼股份 | 7. 17 |
| | 600998. SH | 九州通 | 89. 00 |
| | 600566. SH | 济川药业 | 8. 43 |
| | 300278. SZ | 华昌达 | 5. 00 |
| | 000883. SZ | 湖北能源 | 10. 00 |
| | 600086. SH | 东方金钰 | 7. 50 |
| | 小计 | | 329. 52 |
| 总计 | | | 876. 02 |

资料来源：湖北证监局。

### （二）募集资金使用情况及特点

2017 年，湖北上市公司股票直接融资募集资金 546. 50 亿元，其他融资 329. 52 亿元。主要有以下几个特点：一是 IPO 平均融资额大幅增长，同比增长 79. 69%；二是再融资金额大幅增长，同比增长 48. 26%；三是其他融资金额有所下降，同比降幅达 49. 65%。

### （三）募集资金变更情况

表 10　　2017 年湖北上市公司募集资金使用项目变更情况

| 变更募集资金使用项目的公司家数 | 涉及金额（亿元） | 募集资金总额（亿元） | 占公司募集资金总额的比例（%） |
|---|---|---|---|
| 10 | 16. 46 | 53. 00 | 31. 06 |

资料来源：湖北证监局。

2017 年度共有 10 家上市公司变更了募集资金用途，比 2016 年增加 100%，涉及的变更金额相比 2016 年增加 220.86%，在变更募集资金项目的公司中，有 3 家公司将募集资金变更为补充流动资金，涉及金额达 4.04 亿元，占比达 24.54%，有 7 家公司变更了募集资金使用项目的标的，涉及金额达 12.42 亿元，占比达 75.46%。具体如表 10 所示。

## 六、湖北上市公司规范运作情况

### （一）上市公司治理专项情况

2017 年，湖北证监局通过推动落实各项治理工作，推动辖区上市公司规范运作水平不断提高。一是认证贯彻落实《上市公司治理准则》修改工作部署，组织做好相关研究，为相关修订工作提供意见；二是实施现场检查，完成各类检查项目 30 次，对 16 家上市公司的公司治理情况进行现场检查，重点关注三会运作情况；三是从严加强承诺监管，及时向辖区上市公司强调重大资产重组业绩承诺不得变更的要求；四是开展各类上市公司培训，提高上市公司规范运作水平。

### （二）审计情况及监管情况

2017 年共有 16 家审计机构为辖区提供年报审计服务，ST 宜化、长航凤凰、ST 昌鱼、ST 仰帆被出具带强调事项段的无保留意见，盈方微和斯太尔被出具保留意见，ST 凯迪被出具无法表示意见，其他 90 家上市公司均为标准无保留意见。2017 年年报中，85 家上市公司披露了内部控制审计报告，其中，盈方微、ST 昌鱼、闻泰科技被出具带强调事项段的无保留意见，斯太尔和 ST 凯迪被出具否定意见，其余均为标准无保留意见。

在审计监管方面，湖北证监局一是开展年报审计监管活动，根据重大资产重组、承诺履行、新上市公司等多个维度确定需要督导的项目，开展 22 次年报审计现场督导，向中介机构及上市公司提出监管建议近 40 条。二是实施延伸检查，对精测电子、葛洲坝等上市公司 3 家审计机构 5 个项目开展执业质量检查，下发监管关注函 5 份。

### （三）信息披露情况

2017 年，湖北证监局强化多角度检测，督促上市公司提高披露质量。一是全面跟踪日常经营情况，全年审阅上市公司公告 7643 份，跟踪重大资产重组事项 6 家次，持续关注再融资事项 33 家次。二是做好舆情监控，全年搜集舆情信息 2510 条，重点加强了对负面舆情的梳理。三是加强监管联动，在日常监管中，与交易所监管员形成常态沟通机制。

### （四）证券市场服务情况

湖北证监局一直坚持寓监管于服务，传递规范要求，着力做好中小投资者保护、服务资本市场工作。一是下发系列监管热点问题通告，解读新政策，传导新要求，全年先后下发6次监管通告；二是组织系列座谈会，促进上市公司相互交流，先后组织辖区上市公司开展了5次专题座谈会，形成上市公司之间的良性互动；三是组织系列调研，了解上市公司需求，先后开展了5次上市公司实地调研活动，形成调研报告；四是坚持做好投诉举报工作，全年共收到信访投诉举报事项72起，完成调查并回复72起，较圆满地完成了投诉举报的调查分析和回复工作；五是组织系列培训活动，提高上市公司规范水平和资本市场利用效率，自主举办了辖区新上市公司培训会，召开湖北资本市场规范发展培训会等。

审稿人：刘恒

撰稿人：李娄俊

# 湖南地区

## 一、湖南国民经济发展概况

表 1　　2017 年湖南国民经济发展概况　　单位：亿元

| 指标 | 1～3月 | | 1～6月 | | 1～9月 | | 1～12月 | |
|---|---|---|---|---|---|---|---|---|
| | 绝对量 | 同比增长（%） | 绝对量 | 同比增长（%） | 绝对量 | 同比增长（%） | 绝对量 | 同比增长（%） |
| 地区生产总值（GDP） | 7051.11 | 7.40 | 15275.51 | 7.60 | 24492.29 | 7.50 | 34590.56 | 8.00 |
| 全社会固定资产投资 | 3949.33 | 12.30 | 12385.12 | 12.40 | 20709.53 | 12.60 | 31328.08 | 13.10 |
| 社会消费品零售总额 | 3372.56 | — | 6839.93 | — | 10471.51 | — | 14854.87 | — |
| 规模以上工业增加值 | — | 7.30 | — | 7.10 | — | 6.70 | — | 7.30 |
| 规模以上工业企业实现利润 | 421.30 | 25.70 | 855.80 | 22.20 | 1322.70 | 23.20 | 1930.90 | 24.30 |
| 居民消费价格指数（CPI） | 1～3月 | | 1～6月 | | 1～9月 | | 1～12月 | |
| | 1.00 | | 1.40 | | 1.50 | | 1.40 | |

资料来源：国家统计局。

## 二、湖南上市公司总体情况

### （一）公司数量

表 2　　2017 年湖南上市公司数量　　单位：家

| 公司总数 | 2017年新增 | 股票类别 | | | 板块分布 | | | |
|---|---|---|---|---|---|---|---|---|
| | | 仅A股 | 仅B股 | （A+B）股 | 沪市主板 | 深市主板 | 中小板 | 创业板 |
| 101 | 16 | 100 | 0 | 1 | 28 | 20 | 29 | 24 |

资料来源：沪深交易所，同花顺。

## （二）行业分布

表 3　　2017 年湖南上市公司行业分布情况

| 所属证监会行业类别 | 家数 | 占比（%） | 所属证监会行业类别 | 家数 | 占比（%） |
|---|---|---|---|---|---|
| 农、林、牧、渔业 | 4 | 3.96 | 金融业 | 3 | 2.97 |
| 采矿业 | 1 | 0.99 | 房地产业 | 0 | 0.00 |
| 制造业 | 65 | 64.36 | 租赁和商务服务业 | 0 | 0.00 |
| 电力、热力、燃气及水生产和供应业 | 3 | 2.97 | 科学研究和技术服务业 | 2 | 1.98 |
| 建筑业 | 0 | 0.00 | 水利、环境和公共设施管理业 | 3 | 2.97 |
| 批发和零售业 | 7 | 6.93 | 教育 | 0 | 0.00 |
| 交通运输、仓储和邮政业 | 2 | 1.98 | 卫生和社会工作 | 1 | 0.99 |
| 住宿和餐饮业 | 1 | 0.99 | 文化、体育和娱乐业 | 4 | 3.96 |
| 信息传输、软件和信息技术服务业 | 5 | 4.95 | 综合 | 0 | 0.00 |
| 合计 | 101 | 100 | | | |

资料来源：沪深交易所，同花顺。

## （三）股本结构及规模

表 4　　2017 年湖南上市公司股本规模在 10 亿股以上公司分布情况

| 股本规模（亿股） | 公司家数 | 具体公司 |
|---|---|---|
| 50≤～<100 | 3 | 中联重科，大康农业，方正证券 |
| 20≤～<50 | 5 | *ST 华菱，尔康制药，蓝思科技，五矿资本，旗滨集团 |
| 10≤～<20 | 16 | 华天酒店，中兵红箭，现代投资，电广传媒，隆平高科，山河智能，湖南黄金，拓维信息，友阿股份，天桥起重，加加食品，爱尔眼科，科力远，华银电力，岳阳林纸，中南传媒 |

资料来源：沪深交易所，同花顺。

表 5　　2017 年湖南上市公司分地区股权构成情况　　单位：家

| 地域分布＼股权性质 | 央企国资控股 | 省属国资控股 | 地市国资控股 | 民营控股 | 其他 | 合计 |
|---|---|---|---|---|---|---|
| 长沙市 | 5 | 13 | 3 | 37 | 1 | 59 |
| 岳阳市 | 2 | 0 | 1 | 7 | 0 | 10 |
| 常德市 | 0 | 1 | 0 | 3 | 0 | 4 |
| 张家界市 | 0 | 1 | 0 | 0 | 0 | 1 |
| 益阳市 | 0 | 0 | 0 | 5 | 0 | 5 |
| 湘潭市 | 1 | 1 | 1 | 1 | 0 | 4 |
| 娄底市 | 0 | 0 | 0 | 0 | 0 | 0 |
| 怀化市 | 0 | 0 | 0 | 1 | 0 | 1 |
| 湘西州 | 1 | 0 | 0 | 0 | 0 | 1 |
| 邵阳市 | 0 | 0 | 0 | 0 | 0 | 0 |
| 永州市 | 0 | 1 | 0 | 1 | 0 | 2 |
| 衡阳市 | 2 | 0 | 0 | 1 | 0 | 3 |
| 郴州市 | 0 | 0 | 1 | 2 | 0 | 3 |
| 株洲市 | 2 | 2 | 0 | 4 | 0 | 8 |
| 合计 | 13 | 19 | 6 | 62 | 1 | 101 |

资料来源：湖南证监局。

### （四）市值规模

截至 2017 年 12 月 31 日，湖南 101 家上市公司境内总市值 9540.56 亿元，占全国上市公司境内总市值的 1.68%；其中，上交所上市公司 28 家，总股本 299.91 亿股，境内总市值 3082.09 亿元，占上交所上市公司境内总市值的 0.93%；深交所上市公司 73 家，总股本 561.62 亿股，境内总市值 6458.47 亿元，占深交所上市公司境内总市值的 2.74%。

### （五）资产规模

截至 2017 年 12 月 31 日，湖南 101 家上市公司合计总资产 9324.48 亿元，归属于母公司股东权益 3655.33 亿元，与 2016 年相比，分别增长 20.36%、21.2%；平均每股净资产 4.18 元。

## 三、湖南上市公司经营情况及变动分析

### （一）总体经营情况

表 6　　2017 年湖南上市公司经营情况

| 指标 | 2017 年 | 2016 年 | 变动率（%） |
|---|---|---|---|
| 家数 | 101 | 85 | 18.82 |
| 亏损家数 | 10 | 4 | 150.00 |
| 亏损家数比例（%） | 9.9 | 4.71 | 5.19 |
| 平均每股收益（元） | 0.28 | 0.21 | 33.33 |
| 平均每股净资产（元） | 4.18 | 3.92 | 6.63 |
| 平均净资产收益率（%） | 6.68 | 5.41 | 1.27 |

续表

| 指标 | 2017 年 | 2016 年 | 变动率（%） |
|---|---|---|---|
| 总资产（亿元） | 9324.48 | 7746.89 | 20.36 |
| 归属于母公司股东权益（亿元） | 3655.33 | 3016.01 | 21.20 |
| 营业收入（亿元） | 4677.01 | 3601.42 | 29.87 |
| 利润总额（亿元） | 311.69 | 201.75 | 54.49 |
| 归属于母公司所有者的净利润（亿元） | 244.22 | 163.17 | 49.67 |

资料来源：沪深交易所，同花顺。

## （二）分行业经营情况

表 7　　2017 年湖南上市公司分行业经营情况

| 所属行类 | 营业收入（亿元） | 可比样本变动率（%） | 归属于母公司所有者的净利润（亿元） | 可比样本变动率（%） |
|---|---|---|---|---|
| 农、林、牧、渔业 | 182.88 | 64.17 | 8.49 | 8.85 |
| 采矿业 | 103.26 | 52.28 | 3.02 | 112.68 |
| 制造业 | 2725.71 | 27.44 | 152.52 | 133.57 |
| 电力、热力、燃气及水生产和供应业 | 101.05 | 11.02 | -10.38 | -341.96 |
| 建筑业 | 0.00 | — | 0.00 | — |
| 批发和零售业 | 923.39 | 28.84 | 15.12 | 21.25 |
| 交通运输、仓储和邮政业 | 115.64 | 18.79 | 9.95 | 13.07 |
| 住宿和餐饮业 | 10.63 | 5.88 | 1.09 | 137.72 |
| 信息传输、软件和信息技术服务业 | 106.47 | 15.79 | -3.46 | -154.15 |
| 金融业 | 197.14 | -0.14 | 39.50 | -4.75 |
| 房地产业 | 0.00 | — | 0.00 | — |
| 租赁和商务服务业 | 0.00 | — | 0.00 | — |
| 科学研究和技术服务业 | 6.64 | -20.67 | 0.71 | -44.53 |
| 水利、环境和公共设施管理业 | 22.07 | -7.96 | 2.63 | 17.41 |
| 教育 | 0.00 | — | 0.00 | — |
| 卫生和社会工作 | 59.63 | 49.08 | 7.43 | 33.39 |
| 文化、体育和娱乐业 | 122.50 | -4.80 | 17.60 | -17.29 |
| 综合 | 0.00 | — | 0.00 | — |
| 合计 | 4677.01 | 25.61 | 244.22 | 39.22 |

资料来源：沪深交易所，同花顺。

## （三）业绩变动情况分析

1. 营业收入、毛利率等变动原因分析

2017 年，辖区 101 家上市公司全年实现营业收入 4677.01 亿元，较 2016 年增长 29.87%；营业成本 3722.46 亿元，较 2016 年增长 27.66%。整体毛利率 20.41%，较 2016 年下降 0.31 个百分点。

2. 盈利构成分析

从盈利构成来看，2017 年湖南上市公司利润来源以营业利润为主，其占利润总额的比例为 95.69%，比 2016 年上升 14.3 个百分点。营业外收支净额占利润总额的比例下降至 4.3%。净利润超过 10 亿元的有 7 家，分别是华菱钢铁、五矿资本、蓝思科技、中南传媒、方正证券、中联重科、旗滨集团，合计占上市公司净利润的 57.66%，同比上升 10.86 个百分点。

3. 经营性现金流量分析

2017 年，湖南 101 家上市公司经营活动产生的现金流净额为 328.21 亿元，较 2016 年增长 370.26%；其中，方正证券经营活动产生的现金流净额由 2016 年的 -248.55 亿元大幅上升至 86.55 亿元。剔除金融类公司方正证券和五矿资本后，辖区上市公司经营活动产生的现金流净额为 277.17 亿元，较 2016 年下降 12.28%。2017 年，湖南 74 家上市公司经营活动产生的现金流量净额为正，占全部上市公司的 73.27%，同比下降 5.55 个百分点。

4. 业绩特点分析

2017 年，辖区上市公司业绩特点：一是盈利能力大幅提升，亏损规模进一步缩小。2017 年度，辖区 101 家上市公司归属于母公司股东的净利润 244.22 亿元，同比增长 49.67%，上升势头明显。2017 年，华银电力、电广传媒、千山药机、华升股份、湖南天雁等 10 家公司亏损，亏损家数较 2016 年增加 6 家，亏损面为 9.9%，较 2016 年上升 5.2 个百分点。虽然亏损公司数量上升，但是亏损规模较 2016 年下降了 12.12 亿元，降幅 38.40%。二是供给侧结构性改革效果显著，传统行业盈利情况好转。受益于国家供给侧结构性改革，辖区部分传统行业上市公司盈利能力大幅提升，如华菱钢铁 2017 年实现归属于母公司股东的净利润 41.21 亿元，2016 年同期亏损 10.55 亿元。三是上市公司风险意识增强，资产拨备计提金额大幅提高。2017 年，辖区 101 家上市公司计提资产减值损失 146.67 亿元，较 2016 年增长 105.44 亿元，反映出在持续传导严控风险的监管压力下，辖区上市公司风险意识逐步增强。

5. 利润分配情况

表 8　　2017 年湖南上市公司现金分红情况

| 2017 年分红公司家数 | | | 2017 年分红金额 | | |
|---|---|---|---|---|---|
| 家数 | 变动率（%） | 分红公司家数占地区公司总数比重 | 金额（亿元） | 变动率（%） | 分红金额占归属于母公司所有者的净利润比重 |
| 68 | 15.25 | 67.33% | 79.6 | 43.37 | 32.6% |

资料来源：湖南证监局。

## 四、湖南上市公司并购重组情况

### （一）并购重组基本情况

2017年，辖区上市公司并购重组活跃度较2016年上升。2017年全年湖南共有15家上市公司实施了16单并购重组，交易金额315.71亿元。与2016年的5家和20.5亿元相比，实施并购重组的家数和金额大幅增长。

### （二）并购重组特点

辖区并购重组呈现出三个特点：一是注重产业转型升级，服务实体经济发展。

完成的12次重大资产重组中，涉及产业转型升级的9次，占比75%。开元股份通过并购恒企教育，成功实现转型，实现年净利润近1.7亿元；佳沃股份通过并购国星股份进军海鲜产业，终止了连续5年扣非后归属于母公司股东的净利润为负的状态；大康农业并购巴西农业贸易商，控制粮食生产总量近700万吨。二是并购产生的商誉减值风险突出。截至2017年12月31日，辖区101家上市公司商誉总额330亿元，较2016年同期增长103亿元，增长率45.7%，为2017年净利润的1.35倍。商誉账面金额与2017年净利润之比均在10倍以上的有7家公司。三是海外并购风生水起。2017年，辖区上市公司共完成4起海外并购，合计金额32.34亿元。大康农业17.55亿元收购巴西Belagricola公司53.99%股权，爱尔眼科12.73亿元收购西班牙Clinica公司96.83%股权，及1.24亿元收购美国AW Healthcare Management公司75%股权，楚天科技0.82亿元参与收购德国Romaco 75.1%股权。

## 五、湖南上市公司募集资金情况、使用情况

### （一）募集资金总体情况

表9　　2017年湖南上市公司募集资金情况

| 发行类型 | 代码 | 简称 | 募集资金（亿元） |
|---|---|---|---|
| 首发 | 002913 | 奥士康 | 10.94 |
| | 300705 | 九典制药 | 3.04 |
| | 300726 | 宏达电子 | 4.48 |
| | 002848 | 高斯贝尔 | 2.64 |
| | 002847 | 盐津铺子 | 2.83 |
| | 300730 | 科创信息 | 1.94 |
| | 002879 | 长缆科技 | 6.31 |
| | 300592 | 华凯创意 | 1.59 |
| | 002852 | 道道全 | 11.83 |
| | 300672 | 国科微 | 2.37 |

续表

| 发行类型 | 代码 | 简称 | 募集资金（亿元） |
|---|---|---|---|
| 首发 | 300700 | 岱勒新材 | 2.16 |
| | 603517 | 绝味食品 | 8.05 |
| | 002892 | 科力尔 | 3.09 |
| | 603721 | 中广天择 | 1.76 |
| | 300665 | 飞鹿股份 | 1.93 |
| | 002903 | 宇环数控 | 3.19 |
| | 002843 | 泰嘉股份 | 2.13 |
| | 小计 | | 70.28 |
| 再融资（增发） | 300358 | 楚天科技 | 5.6 |
| | 000519 | 中兵红箭 | 40.98 |
| | 000590 | 启迪古汉 | 2.86 |
| | 002716 | 金贵银业 | 12.19 |
| | 300490 | 华自科技 | 5.83 |
| | 600963 | 岳阳林纸 | 22.90 |
| | 300338 | 开元股份 | 12.8 |
| | 600478 | 科力远 | 7.5 |
| | 002097 | 山河智能 | 19.79 |
| | 300123 | 亚光科技 | 33.42 |
| | 600390 | 五矿资本 | 334.66 |
| | 300035 | 中科电气 | 2.93 |
| | 002113 | 天润数娱 | 17.56 |
| | 002567 | 唐人神 | 6.8 |
| | 603883 | 老百姓 | 8.0 |
| | 000430.SZ | 张家界 | 8.66 |
| | 小计 | | 542.48 |
| 其他融资（可交换债） | 117098.SZ | 17 克明 EB | 3.0 |
| | 137042.SH | 17 湘电 EB | 9.4 |
| | 137037.SH | 17 旗滨 EB | 10 |
| | 小计 | | 22.4 |
| 总计 | | | 635.16 |

资料来源：湖南证监局。

### （二）募集资金使用情况及特点

2017 年，辖区共有 36 家公司通过首发、再融资（增发）等方式募集资金 612.76 亿元，3 家公司控股股东通过发行可交换债募集资金 22.4 亿元。辖区上市公司募集资金使用情况较为规范，涉及变更募集资金使用项目的公司严格履行了内部审批以及对外披露程序。

### （三）募集资金变更情况

2017年度，辖区共有8家公司变更募集资金使用项目，涉及金额15.75亿元，占上市公司募集资金总额（90.91亿元）的17.32%（见表10）。公司变更募集资金使用项目的主要原因有：一是部分公司因募集资金实施方式、主体和地点发生了变化；二是募集资金到位后，拟使用项目所处行业发生变化，继续投资难以实现预期效益；三是为提高资金使用效率，变更了募集资金投向。

表10　2017年湖南上市公司募集资金使用项目变更情况

| 变更募集资金使用项目的公司家数 | 涉及金额（亿元） | 募集资金总额（亿元） | 占公司募集资金总额的比例（%） |
|---|---|---|---|
| 8 | 15.75 | 90.91 | 17.32 |

资料来源：湖南证监局。

## 六、湖南上市公司规范运作情况

### （一）上市公司治理专项情况

2017年，湖南证监局严格贯彻落实依法全面从严监管要求，推进上市公司完善公司治理、提升规范运作水平。一是强化并购重组的事中监管。对涉嫌“忽悠式”重组的上市公司开展“刨根式”问询，加强并购重组事中监管，着力防范上市公司并购重组风险。二是加强业绩承诺履行监管。对近3年实施过并购重组的公司，分析其业绩承诺完成情况，对于“踩线”达到业绩承诺的公司或未完成业绩承诺的公司开展专项核查。三是加强关联方资金占用监管，检查发现个别公司存在经营性资金占用、关联交易未及时履行审议和披露程序的问题，督促公司整改到位。四是加强与中证中小投资者服务中心的沟通交流，对部分公司开展持股行权，督促辖区50余家上市公司修订公司章程、健全中小投资者投票机制，完善公司治理。

### （二）审计情况及监管情况

2017年年报审计中，湖南辖区101家上市公司，97家公司被出具标准无保留意见审计报告，2家公司被出具带强调事项段的无保留意见审计报告，1家公司被出具保留意见审计报告，1家公司被出具无法表示意见。2017年年报审计被出具非标意见的公司比2016年增加1家。湖南证监局以日常监管信息为基础，结合风险评估分析结果，优先安排高风险、次高风险公司的现场检查，实施专人负责年报审核，确定业绩异常、涉及业绩承诺、媒体质疑举报投诉较多的14家公司作为年报审核重点，全年约谈上市公司董事长、财务负责人和年审会计师34家次

100余人。2017年，湖南证监局完成年报现场检查5家，专项检查5家，发现问题200余个，对公司及相关责任人采取行政监管措施5次，将2家公司移送立案稽查。

### （三）信息披露情况

湖南证监局紧紧抓住信息披露真实、准确、完整的要求，不断提升上市公司信息披露的质量。一是对上市公司披露的各类定期报告、临时公告均由责任人负责逐一审阅，并对有关问题和疑点进行问询或采取监管措施。2017年，全年审阅定期报告404件，临时公告6869件。二是坚持做好网络舆情监测，设置专职舆情监控员，每日定期对辖区公司公告、媒体报道进行排查，形成每日舆情专报，全年编写专报243期，关注和处理舆论报道600余篇、股价异动44家次，很好地履行了信息披露监管的核心职责。

### （四）证券市场服务情况

湖南证监局采取多项举措，全面服务和保护资本市场投资者。一是妥善处理投诉举报，2017年投诉举报数量大幅增长，湖南证监局认真对待每一起投诉，通过查实投诉举报发现问题和风险，保护投资者合法权益。二是举办“投资者集体接待日”活动，促进上市公司与投资者有效沟通，保障中小投资者的参与权。三是加强上市公司培训，举办3次上市公司高管培训，明确投资者保护要求，加强与投资者保护密切相关的重要法规文件的学习，不断提高公司投资者保护意识和规范运作水平。

审稿人：李金玉

撰稿人：樊晓晖、李检华

# 广东地区

## 一、广东国民经济发展概况

表 1　　2017 年广东国民经济发展概况　　单位：亿元

| 指标 | 1～3月 | | 1～6月 | | 1～9月 | | 1～12月 | |
|---|---|---|---|---|---|---|---|---|
| | 绝对量 | 同比增长（%） | 绝对量 | 同比增长（%） | 绝对量 | 同比增长（%） | 绝对量 | 同比增长（%） |
| 地区生产总值（GDP） | 19438.05 | 7.80 | 41957.84 | 7.80 | 64815.38 | 7.60 | 89879.23 | 7.50 |
| 全社会固定资产投资 | 5679.23 | 12.50 | 15482.32 | 14.60 | 25599.70 | 14.60 | 37477.96 | 13.50 |
| 社会消费品零售总额 | 9053.38 | 10.50 | 18482.32 | 10.50 | 28040.43 | 10.30 | 38200.07 | 10.00 |
| 规模以上工业增加值 | 7220.42 | 7.10 | 15938.91 | 7.20 | 25136.45 | 7.20 | 33071.99 | 7.20 |
| 规模以上工业企业实现利润 | 1688.80 | 15.40 | 4080.70 | 15.10 | 6425.00 | 15.30 | 8986.00 | 15.70 |
| 居民消费价格指数（CPI） | 1～3月 | | 1～6月 | | 1～9月 | | 1～12月 | |
| | 1.50 | | 1.40 | | 1.40 | | 1.50 | |

资料来源：国家统计局，广东统计局。

## 二、广东上市公司总体情况

### （一）公司数量

表 2　　2017 年广东上市公司数量　　单位：家

| 公司总数 | 2017年新增 | 股票类别 | | | 板块分布 | | | |
|---|---|---|---|---|---|---|---|---|
| | | 仅A股 | 仅B股 | （A+B）股 | 沪市主板 | 深市主板 | 中小板 | 创业板 |
| 298 | 57 | 293 | 2 | 3 | 59 | 39 | 118 | 82 |

资料来源：沪深交易所，同花顺。

## （二）行业分布

表 3　　2017 年广东上市公司行业分布情况

| 所属证监会行业类别 | 家数 | 占比（%） | 所属证监会行业类别 | 家数 | 占比（%） |
|---|---|---|---|---|---|
| 农、林、牧、渔业 | 2 | 0.67 | 金融业 | 4 | 1.34 |
| 采矿业 | 1 | 0.34 | 房地产业 | 10 | 3.36 |
| 制造业 | 219 | 73.49 | 租赁和商务服务业 | 5 | 1.68 |
| 电力、热力、燃气及水生产和供应业 | 10 | 3.36 | 科学研究和技术服务业 | 3 | 1.01 |
| 建筑业 | 3 | 1.01 | 水利、环境和公共设施管理业 | 2 | 0.67 |
| 批发和零售业 | 4 | 1.34 | 教育 | 0 | 0.00 |
| 交通运输、仓储和邮政业 | 11 | 3.69 | 卫生和社会工作 | 2 | 0.67 |
| 住宿和餐饮业 | 1 | 0.34 | 文化、体育和娱乐业 | 3 | 1.01 |
| 信息传输、软件和信息技术服务业 | 17 | 5.70 | 综合 | 1 | 0.34 |
| 合计 | 298 | 100 | | | |

资料来源：沪深交易所，同花顺。

## （三）股本结构及规模

表 4　　2017 年广东上市公司股本规模在 10 亿股以上公司分布情况

| 股本规模（亿股） | 公司家数 | 具体公司 |
|---|---|---|
| 100≤～<200 | 4 | TCL 集团，分众传媒，南方航空，保利地产 |
| 50≤～<100 | 7 | 美的集团，粤电力 A，格力电器，广发证券，温氏股份，广州港，广汽集团 |
| 20≤～<50 | 22 | 粤高速 A，宝新能源，韶钢松山，海印股份，越秀金控，巨轮智能，广电运通，大洋电机，海格通信，搜于特，领益智造，易事特，白云机场，广州发展，金发科技，格力地产，华发股份，粤泰股份，中远海特，康美药业，东阳光科，海天味业 |
| 10≤～<20 | 41 | 佛山照明，韶能股份，*ST 中富，中山公用，东莞控股，海信科龙，华铁股份，德豪润达，粤水电，贤丰控股，纳思达，粤传媒，南洋股份，塔牌集团，奥飞娱乐，海大集团，省广集团，棕榈股份，珠江啤酒，达华智能，东方精工，勤上股份，普邦股份，国盛金控，珠江钢琴，欧浦智网，星辉娱乐，劲胜智能，高新兴，汤臣倍健，蓝盾股份，三环集团，生益科技，白云山，冠豪高新，科达洁能，中船防务，佳都科技，梅雁吉祥，宜华生活，东风股份 |

资料来源：沪深交易所，同花顺。

表 5　2017 年广东上市公司分地区股权构成情况　单位：家

| 股权性质 / 地域分布 | 央企国资控股 | 省属国资控股 | 地市国资控股 | 民营控股 | 其他 | 合计 |
|---|---|---|---|---|---|---|
| 广州市 | 7 | 8 | 18 | 55 | 9 | 97 |
| 珠海市 | 1 | 0 | 5 | 18 | 3 | 27 |
| 汕头市 | 0 | 0 | 1 | 28 | 3 | 32 |
| 韶关市 | 1 | 0 | 0 | 1 | 1 | 3 |
| 佛山市 | 1 | 3 | 3 | 24 | 4 | 35 |
| 江门市 | 0 | 0 | 0 | 11 | 1 | 12 |
| 湛江市 | 1 | 0 | 0 | 1 | 0 | 2 |
| 茂名市 | 0 | 0 | 0 | 1 | 0 | 1 |
| 肇庆市 | 0 | 3 | 0 | 4 | 0 | 7 |
| 惠州市 | 0 | 0 | 1 | 7 | 3 | 11 |
| 梅州市 | 0 | 0 | 0 | 5 | 2 | 7 |
| 汕尾市 | 0 | 0 | 0 | 0 | 0 | 0 |
| 河源市 | 0 | 0 | 0 | 0 | 0 | 0 |
| 阳江市 | 0 | 0 | 0 | 2 | 0 | 2 |
| 清远市 | 0 | 0 | 0 | 1 | 0 | 1 |
| 东莞市 | 0 | 0 | 1 | 19 | 6 | 26 |
| 中山市 | 0 | 0 | 2 | 17 | 1 | 20 |
| 潮州市 | 0 | 0 | 0 | 5 | 2 | 7 |
| 揭阳市 | 0 | 0 | 0 | 6 | 1 | 7 |
| 云浮市 | 0 | 0 | 0 | 1 | 0 | 1 |
| 合计 | 11 | 14 | 31 | 206 | 36 | 298 |

资料来源：广东证监局。

### （四）市值规模

截至 2017 年 12 月 31 日，广东 298 家上市公司境内总市值 42480.02 亿元，占全国上市公司境内总市值的 7.48%；其中，上交所上市公司 59 家，总股本 836.94 亿股，境内总市值 12548.42 亿元，占上交所上市公司境内总市值的 3.78%；深交所上市公司 239 家，总股本 1999.43 亿股，境内总市值 29931.60 亿元，占深交所上市公司境内总市值的 12.69%。

### （五）资产规模

截至 2017 年 12 月 31 日，广东 298 家上市公司合计总资产 39859.52 亿元，归属于母公司股东权益 13902.7 亿元，与 2016 年相比，分别增长 24.35%、24.06%；平均每股净资产 4.75 元。

## 三、广东上市公司经营情况及变动分析

### （一）总体经营情况

表 6　　2017 年广东上市公司经营情况

| 指标 | 2017 年 | 2016 年 | 变动率（%） |
|---|---|---|---|
| 家数 | 298 | 241 | 23.65 |
| 亏损家数 | 17 | 6 | 183.33 |
| 亏损家数比例（%） | 5.70 | 2.49 | 3.21 |
| 平均每股收益（元） | 0.59 | 0.55 | 7.27 |
| 平均每股净资产（元） | 4.75 | 4.56 | 4.17 |
| 平均净资产收益率（%） | 12.51 | 11.98 | 0.53 |
| 总资产（亿元） | 39859.52 | 32054.83 | 24.35 |
| 归属于母公司股东权益（亿元） | 13902.7 | 11206.37 | 24.06 |
| 营业收入（亿元） | 19262.51 | 14759.29 | 30.51 |
| 利润总额（亿元） | 2201.28 | 1773.05 | 24.15 |
| 归属于母公司所有者的净利润（亿元） | 1738.69 | 1342.72 | 29.48 |

资料来源：沪深交易所，同花顺。

### （二）分行业经营情况

表 7　　2017 年广东上市公司分行业经营情况

| 所属行类 | 营业收入（亿元） | 可比样本变动率（%） | 归属于母公司所有者的净利润（亿元） | 可比样本变动率（%） |
|---|---|---|---|---|
| 农、林、牧、渔业 | 597.53 | -3.59 | 68.95 | -41.98 |
| 采矿业 | 39.85 | 24.07 | 1.63 | 158.73 |
| 制造业 | 12814.29 | 31.27 | 1073.79 | 34.16 |
| 电力、热力、燃气及水生产和供应业 | 727.88 | 12.98 | 45.51 | -14.10 |
| 建筑业 | 154.60 | 19.41 | 6.14 | 70.08 |
| 批发和零售业 | 225.53 | 13.67 | 11.82 | 30.18 |
| 交通运输、仓储和邮政业 | 1640.44 | 13.16 | 114.27 | 20.07 |
| 住宿和餐饮业 | 63.92 | 9.85 | 1.77 | 29.20 |
| 信息传输、软件和信息技术服务业 | 316.18 | 26.38 | 29.85 | 14.11 |
| 金融业 | 299.50 | 2.46 | 100.04 | 5.15 |

续表

| 所属行类 | 营业收入（亿元） | 可比样本变动率（%） | 归属于母公司所有者的净利润（亿元） | 可比样本变动率（%） |
|---|---|---|---|---|
| 房地产业 | 1837.41 | 2.27 | 203.39 | 36.32 |
| 租赁和商务服务业 | 336.40 | 14.30 | 58.13 | 3.79 |
| 科学研究和技术服务业 | 13.78 | 21.52 | 1.56 | -10.86 |
| 水利、环境和公共设施管理业 | 49.63 | 79.23 | 5.74 | 77.16 |
| 教育 | 0.00 | — | 0.00 | — |
| 卫生和社会工作 | 59.08 | 30.77 | 3.63 | -60.28 |
| 文化、体育和娱乐业 | 81.69 | 3.59 | 11.88 | 28.99 |
| 综合 | 4.79 | 54.52 | 0.48 | 17.07 |
| 合计 | 19262.51 | 22.74 | 1738.60 | 21.39 |

资料来源：沪深交易所，同花顺。

### （三）业绩变动情况分析

1. 营业收入、毛利率等变动原因分析

2017年，广东上市公司实现营业收入19262.51亿元，较2016年增长30.51%；实现利润总额2201.28亿元，较2016年增长24.15%；实现归属于母公司所有者的净利润1738.69亿元，较2016年增长29.48%；实现平均每股收益0.59元，较2016年增长7.27%；平均净资产收益率12.51%，较2016年增加0.53个百分点；毛利率25.02%，较2016年下降1.16个百分点。

2. 盈利构成分析

从盈利构成来看，2017年上市公司利润来源主要是营业利润，金额为2158.15亿元，占利润总额的98.04%，其中，投资净收益占利润总额的比重为21.39%。营业外收支净额为43.24亿元，占利润总额的比重为1.96%。

3. 经营性现金流量分析

2017年，广东上市公司经营活动产生的现金净流入为900.78亿元，较2016年下降51.08%。其中，有231家上市公司经营活动产生的现金流量为正，占辖区298家上市公司的77.52%，较2016年下降3.39个百分点；67家上市公司经营性现金流量为负，占比22.48%。

4. 业绩特点分析

2017年，广东上市公司经营情况呈现以下特点：一是上市公司整体业绩稳中向好。辖区上市公司总资产、营业收入、归属于母公司所有者的净利润等经营指标与2016年相比，分别增长了24.35%、30.51%、29.48%；平均每股收益、平均每股净资产也较2016年分别增长了7.27%、4.17%。二是主板上市公司的龙头支柱作用依然明显，占比略有上升。上海、深圳主板的广东上市公司实现净利润共计1270.68亿元，约占辖区上市公司净利润总额的73.08%，较2016年增加

2.75个百分点。从排位上来看，广东上市公司2017年净利润贡献前十位的企业除温氏股份、分众传媒外，其余均为主板大型上市公司，共实现净利润1018.92亿元，约占广东上市公司净利润总额的58.60%。三是不同行业之间的经营情况仍存在较大差别。2017年，制造业、房地产业、交通运输仓储和邮政业的上市公司分别实现营业收入12814.29亿元、1837.41亿元、1640.44亿元，占比分别为66.52%、9.54%、8.52%，其他行业上市公司实现的营业收入合计只占15.42%。2017年，除金融业，农、林、牧、渔业，水利、环境和公共设施管理业3个行业外，广东其他行业的上市公司均实现了不同程度的营业收入的增长，其中增长幅度最大的为住宿和餐饮业，同比增长2011.11%，随后是综合，信息传输、软件和信息技术服务业，同比分别增长了54.55%、39.91%。

5. 利润分配情况

表8　　2017年广东上市公司现金分红情况

| 2017年分红公司家数 | | | 2017年分红金额 | | |
|---|---|---|---|---|---|
| 家数 | 变动率（%） | 分红公司家数占地区公司总数比重 | 金额（亿元） | 变动率（%） | 分红金额占归属于母公司所有者的净利润比重 |
| 256 | 21.90 | 85.91% | 533.38 | -7.86 | 30.68% |

资料来源：广东证监局。

## 四、广东上市公司并购重组情况

### （一）并购重组基本情况

2017年，广东上市公司并购重组活动保持活跃状态，共有16家上市公司实施并完成17次重大资产重组，分别为美的集团、维信诺、中昌数据（2次）、银禧科技、星普医科、南洋股份、正业科技、岭南控股、广东鸿图、东方精工、宜通世纪、鸿利智汇、道氏技术、纳思达、杰赛科技、天创时尚，涉及金额545.79亿元，实施完成重大资产重组上市公司家次较2016年下降41.37%，并购金额较2016年下降9.13%。其中，11家公司以发行股份购买资产的方式整合行业资源或实施多元化发展战略，4家公司以协议转让的方式处置上市公司资产或子公司股权，进行资产调整或业务转型，1家公司以增资方式收购标的资产股权，1家公司要约收购资产。并购完成后，上市公司质量有所提升，这16家公司平均总资产、净资产、营业收入、净利润同比分别增加37.42%、39.18%、64.67%、33.16%，远远高于广东上市公司的总体水平。

### （二）并购重组特点

整体来看，2017年广东上市公司并购重组呈现以下特点：一是以横向整合或多元化战略为目的的并购重组仍然占主要地位。道氏技术、美的集团、银禧科技、南洋股份、正业科技、岭南控股、广东鸿图、东方精工、宜通世纪、中昌数据、天创时尚、杰赛科技12家公司收购资产向横向整合或多元化发展。二是发行股份购买资产的方式成为并购重组的主要形式。在完成的17家次并购重组中，以发行股份购买资产方式的有11家次，为广东上市公司并购重组的主要形式。三是民营企业并购重组活跃度明显高于国有企业。在完成的17家次并购重组中，14家次为民营控股上市公司，3家次为国有控股上市公司，民营企业参与并购重组的积极性高于国有企业。四是板块全覆盖、行业集中度高。已实施完成重大资产重组的上市公司涵盖了资本市场的主要板块，其中，上海主板2家，深圳主板2家，中小板6家，创业板6家。按照证监会行业分类标准，包括制造业12家，信息传输、软件和信息技术服务业3家，住宿和餐饮业1家，并购重组公司主要集中在制造业。

## 五、广东上市公司募集资金情况、使用情况

### （一）募集资金总体情况

表9　　2017年广东上市公司募集资金情况

| 发行类型 | 代码 | 简称 | 募集资金（亿元） |
|---|---|---|---|
| 首发 | 002922 | 伊戈尔 | 4.10 |
| | 300735 | 光弘科技 | 8.86 |
| | 002920 | 德赛西威 | 20.42 |
| | 002918 | 蒙娜丽莎 | 12.34 |
| | 002919 | 名臣健康 | 2.56 |
| | 603848 | 好太太 | 3.23 |
| | 002911 | 佛燃股份 | 7.81 |
| | 300723 | 一品红 | 6.82 |
| | 300716 | 国立科技 | 3.24 |
| | 300720 | 海川智能 | 2.11 |
| | 300711 | 广哈通信 | 3.01 |
| | 002909 | 集泰股份 | 2.24 |
| | 002908 | 德生科技 | 2.53 |
| | 002905 | 金逸影视 | 8.81 |
| | 002906 | 华阳集团 | 10.01 |
| | 002902 | 铭普光磁 | 4.95 |
| | 603813 | 原尚股份 | 2.24 |
| | 002898 | 赛隆药业 | 3.32 |

续表

| 发行类型 | 代码 | 简称 | 募集资金（亿元） |
|---|---|---|---|
| 首发 | 603386 | 广东骏亚 | 3.15 |
| | 603882 | 金域医学 | 4.76 |
| | 603725 | 天安新材 | 3.54 |
| | 300691 | 联合光电 | 3.42 |
| | 603535 | 嘉诚国际 | 5.70 |
| | 300687 | 赛意信息 | 4.43 |
| | 603233 | 大参林 | 9.89 |
| | 300681 | 英搏尔 | 3.30 |
| | 002888 | 惠威科技 | 1.86 |
| | 002884 | 凌霄泵业 | 5.64 |
| | 603043 | 广州酒家 | 6.59 |
| | 603335 | 迪生力 | 2.29 |
| | 002870 | 香山股份 | 5.66 |
| | 603920 | 世运电路 | 13.39 |
| | 603797 | 联泰环保 | 3.18 |
| | 300639 | 凯普生物 | 4.14 |
| | 002862 | 实丰文化 | 2.23 |
| | 300635 | 达安股份 | 2.63 |
| | 601228 | 广州港 | 16.00 |
| | 603833 | 欧派家居 | 20.79 |
| | 002774 | 快意电梯 | 5.11 |
| | 300629 | 新劲刚 | 1.38 |
| | 002855 | 捷荣技术 | 3.92 |
| | 300625 | 三雄极光 | 13.51 |
| | 603630 | 拉芳家化 | 8.02 |
| | 002853 | 皮阿诺 | 4.84 |
| | 300620 | 光库科技 | 2.51 |
| | 300616 | 尚品宅配 | 14.67 |
| | 300619 | 金银河 | 2.05 |
| | 300607 | 拓斯达 | 3.40 |
| | 300606 | 金太阳 | 1.86 |
| | 002846 | 英联股份 | 2.50 |
| | 300599 | 雄塑科技 | 5.35 |

续表

| 发行类型 | 代码 | 简称 | 募集资金（亿元） |
| --- | --- | --- | --- |
| 首发 | 002841 | 视源股份 | 7.72 |
| | 002842 | 翔鹭钨业 | 2.86 |
| | 603038 | 华立股份 | 3.88 |
| | 300589 | 江龙船艇 | 1.37 |
| | 002824 | 和胜股份 | 2.94 |
| | 300591 | 万里马 | 1.84 |
| | 300586 | 美联新材 | 2.23 |
| | 小计 | | 323.15 |
| 再融资（增发、配股） | 000100 | TCL 集团 | 40.34 |
| | 603608 | 天创时尚 | 5.14 |
| | 002180 | 纳思达 | 14.33 |
| | 300098 | 高新兴 | 5.81 |
| | 002544 | 杰赛科技 | 17.00 |
| | 600499 | 科达洁能 | 12.00 |
| | 601238 | 广汽集团 | 150.00 |
| | 002084 | 海鸥住工 | 4.04 |
| | 002005 | 德豪润达 | 20.00 |
| | 002308 | 威创股份 | 9.18 |
| | 002233 | 塔牌集团 | 30.00 |
| | 601900 | 南方传媒 | 11.37 |
| | 300281 | 金明精机 | 4.61 |
| | 600242 | 中昌数据 | 5.03 |
| | 002656 | 摩登大道 | 5.24 |
| | 300050 | 世纪鼎利 | 5.66 |
| | 300476 | 胜宏科技 | 10.82 |
| | 002678 | 珠江钢琴 | 10.93 |
| | 300448 | 浩云科技 | 3.50 |
| | 002709 | 天赐材料 | 6.21 |
| | 603898 | 好莱客 | 5.98 |
| | 002345 | 潮宏基 | 6.00 |
| | 300310 | 宜通世纪 | 10.42 |
| | 002741 | 光华科技 | 2.50 |
| | 002431 | 棕榈股份 | 9.95 |

续表

| 发行类型 | 代码 | 简称 | 募集资金（亿元） |
|---|---|---|---|
| 再融资（增发、配股） | 002465 | 海格通信 | 16.75 |
| | 300219 | 鸿利智汇 | 5.40 |
| | 000524 | 岭南控股 | 44.38 |
| | 002663 | 普邦股份 | 5.75 |
| | 002611 | 东方精工 | 58.45 |
| | 002101 | 广东鸿图 | 19.65 |
| | 002705 | 新宝股份 | 9.13 |
| | 300438 | 鹏辉能源 | 8.87 |
| | 300410 | 正业科技 | 6.70 |
| | 002684 | 猛狮科技 | 13.00 |
| | 002461 | 珠江啤酒 | 43.12 |
| | 300221 | 银禧科技 | 11.02 |
| | 002668 | 奥马电器 | 19.04 |
| | 002212 | 南洋股份 | 57.41 |
| | 600728 | 佳都科技 | 2.18 |
| | 小计 | | 726.91 |
| 其他融资（公司债券、短期融资券、中期票据、次级债、金融债、境外发行债券） | 300409 | 道氏技术 | 4.80 |
| | 002670 | 国盛金控 | 20.00 |
| | 300340 | 科恒股份 | 1.00 |
| | 000861 | 海印股份 | 1.50 |
| | 002663 | 普邦股份 | 8.20 |
| | 002728 | 特一药业 | 3.54 |
| | 600183 | 生益科技 | 18.00 |
| | 300147 | 香雪制药 | 3.00 |
| | 300147 | 香雪制药 | 6.00 |
| | 000776 | 广发证券 | 20.00 |
| | 000776 | 广发证券 | 35.00 |
| | 000776 | 广发证券 | 30.00 |
| | 000861 | 海印股份 | 4.50 |
| | 000776 | 广发证券 | 30.00 |
| | 000776 | 广发证券 | 35.00 |
| | 300094 | 国联水产 | 2.40 |
| | 000776 | 广发证券 | 60.00 |

续表

| 发行类型 | 代码 | 简称 | 募集资金（亿元） |
|---|---|---|---|
| 其他融资（公司债券、短期融资券、中期票据、次级债、金融债、境外发行债券） | 3383 | 雅居乐集团 | 30.00 |
| | 002425 | 凯撒文化 | 3.00 |
| | 000100 | TCL 集团 | 30.00 |
| | 300498 | 温氏股份 | 20.00 |
| | 000776 | 广发证券 | 60.00 |
| | 300030 | 阳普医疗 | 3.00 |
| | 000100 | TCL 集团 | 10.00 |
| | 300498 | 温氏股份 | 5.00 |
| | 002668 | 奥马电器 | 4.00 |
| | 300273 | 和佳股份 | 0.60 |
| | 002668 | 奥马电器 | 6.00 |
| | 300089 | 文化长城 | 3.50 |
| | 300273 | 和佳股份 | 4.40 |
| | 小计 | | 462.44 |
| 总计 | | | 1512.50 |

资料来源：广东证监局。

### （二）募集资金使用情况及特点

2017 年度，广东辖区上市公司募集资金总体使用情况良好，呈现如下特点：一是投向实体经济比例高，投向制造业的募集资金占全年募集资金总额的比例在 90% 以上；二是投入使用率较高，已投入募集资金占计划投入的比例在 80% 以上。

### （三）募集资金变更情况

2017 年，广东辖区有 19 家公司变更募集资金的使用项目，涉及金额约为 41.38 亿元，占该 19 家公司原计划投入募集资金（50.12 亿元）的 82.56%。具体如表 10 所示。募集资金变更的程序合法。变更的原因主要包括：一是为提高募集资金使用效率，结合市场形势和公司未来发展战略的需要对募投项目进行调整；二是外部的宏观经济和市场环境发生了较大变化，原有产品市场开拓不如预期；三是公司募投项目地块规划发生变化；四是原投资项目可行性和假设条件发生了较大变化，将剩余募集资金改投其他项目。

**表 10　　2017 年广东上市公司募集资金使用项目变更情况**

| 变更募集资金使用项目的公司家数 | 变更后投入募集资金（亿元） | 原计划投入募集资金（亿元） | 变更比例（%） |
|---|---|---|---|
| 19 | 41.38 | 50.12 | 82.56 |

资料来源：广东证监局。

## 六、广东上市公司规范运作情况

### （一）上市公司治理专项情况

2017 年，广东证监局深入贯彻依法全面从严监管理念，继续推进公司治理监管工作，持续提高上市公司质量，将公司治理列为年报审核和现场检查的一项重点内容，切实抓紧抓好。根据对辖区 298 家上市公司年报审核和现场检查的情况来看，除少部分公司存在内控制度未有效执行、“三会”运作不规范、关联交易未及时履行审议程序、财务核算不规范等问题外，大部分公司治理运作都比较规范。

### （二）审计情况及监管情况

广东辖区 298 家上市公司均如期披露了 2017 年年度报告，其中，291 家公司被出具标准无保留意见的审计报告，2 家公司被出具带强调事项段的无保留意见的审计报告，3 家公司被出具保留意见的审计报告，2 家公司被出具无法保留意见的审计报告。广东证监局对披露 2017 年年报的上市公司实施年报监管。在年报监管期间，广东证监局对辖区 298 家上市公司年报进行全面审核，并重点审核 110 家，结合日常监管掌握的情况，向 63 家公司的年报审计机构下发了年报审计风险提示函；以风险为导向，按照问题导向和“双随机”原则，选取 26 家上市公司进行年报现场检查，同时延伸检查年报审计机构的审计工作底稿；强化会计审计监管联动，在对辖区会计师事务所执业情况进行全面分析的基础上，对 1 家事务所进行全面检查，并选取其执业的 3 个上市公司 2017 年年报审计项目进行检查；选取 28 家上市公司年报审计项目开展基础审计程序（函证）专项检查。

### （三）信息披露情况

2017 年，广东辖区上市公司基本能够按照信息披露的有关法律法规，依法履行信息披露义务，在指定信息披露报纸和网站真实、准确、完整、及时地披露公司动态信息，保障信息使用的公平、公正。

### （四）证券市场服务情况

2017 年，广东证监局认真贯彻落实全国证券期货监管工作会议精神和各项工作部署，切实做好保护投资者尤其是中小投资者合法权益的相关工作。一是强化现金分红监管。督促辖区上市公司建立差异化分红制度，规范、完善利润分配的内部决策程序和机制，增强现金分红透明度和持续回报投资者能力。2017 年，广东辖区 256 家上市公司实施了现金分红，分红金额达 533.38 亿元。二是认真做好承诺履行监管工作。持续跟进业绩承诺履行情况，将相关方是否能够及时进行业绩补偿作为日常监管关注的重点，督促相关方及时履行业绩补偿义务。三是认真做好信访投诉举报处理工作。进一步优化投资者诉求处理机制，压实上市公司处理投资者投诉举报的首要责任，督促上市公司建立完善纠纷处理工作机制。2017 年，广东辖区全年共办理涉及上市公司的投诉举报事项 40 件，调解投资者纠纷 36 起，切实把投资者保护工作要求落到实处。四是加强上市公司诚信教育引导。坚持惩防并举、预防为先的思路，通过会议和培训增强上市公司完善内部控制机制、提高规范发展的意识，开展新上市公司及发生并购重组的上市公司“监管第一课”培训，要求公司不断增强规范意识，完善治理结构，健全内部控制机制，确保规范运作。

**（五）其他**

2017 年，广东证监局坚决落实证监会党委提出的“守土有责、守土尽责”要求，以提高上市公司质量为目标，坚持依法全面从严监管，积极稳妥地推进辖区上市公司风险防控和处置工作。一是全面排查风险。先后 10 多次对辖区上市公司存在的风险隐患进行摸底排查，建立风险台账，进行分类监管，有针对性地制订风险处置预案，确保对公司风险做到“心中有数、应对有策”。二是强化动态监测。持续开展舆情监控和信息收集工作，加强对辖区上市公司风险的动态监测，紧盯媒体质疑集中、投诉举报频繁等存在风险隐患的公司，提前介入、及时处置，对公司的风险隐患抓早抓小，及早防范。三是实施贴身监管。将风险排查与分类监管紧密结合，在监管资源分配、现场检查和非现场监管方面向高风险公司倾斜，按照“一司一策”原则对高风险公司实施贴身监管，有效防范和化解公司风险。

审稿人：张敏聪、徐茂龙
撰稿人：张　华、李函芹、李凤鸣
　　　　刘　毅

# 广西地区

## 一、广西国民经济发展概况

表 1　　2017 年广西国民经济发展概况　　单位：亿元

| 指标 | 1～3 月 | | 1～6 月 | | 1～9 月 | | 1～12 月 | |
|---|---|---|---|---|---|---|---|---|
| | 绝对量 | 同比增长（%） | 绝对量 | 同比增长（%） | 绝对量 | 同比增长（%） | 绝对量 | 同比增长（%） |
| 地区生产总值（GDP） | 3909.53 | 6.30 | 8179.81 | 7.20 | 12757.93 | 7.00 | 20396.25 | 7.30 |
| 全社会固定资产投资 | 2468.05 | 0.50 | 9421.20 | 12.80 | 13689.54 | 12.50 | 19908.27 | 12.80 |
| 社会消费品零售总额 | 1762.99 | 9.90 | 3597.83 | 10.60 | 5560.39 | 11.00 | 7813.03 | 11.20 |
| 规模以上工业增加值 | — | 5.80 | — | 7.00 | — | 6.70 | — | 7.10 |
| 规模以上工业企业实现利润 | 271.70 | 34.60 | 580.10 | 23.20 | 906.40 | 23.50 | 1559.30 | 25.20 |
| 居民消费价格指数（CPI） | 1～3 月 | | 1～6 月 | | 1～9 月 | | 1～12 月 | |
| | 0.70 | | 1.50 | | 2.00 | | 2.40 | |

资料来源：国家统计局。

## 二、广西上市公司总体情况

### （一）公司数量

表 2　　2017 年广西上市公司数量　　单位：家

| 公司总数 | 2017 年新增 | 股票类别 | | | 板块分布 | | | |
|---|---|---|---|---|---|---|---|---|
| | | 仅 A 股 | 仅 B 股 | （A+B）股 | 沪市主板 | 深市主板 | 中小板 | 创业板 |
| 36 | 0 | 36 | 0 | 0 | 17 | 12 | 6 | 1 |

资料来源：沪深交易所，Wind 资讯。

## （二）行业分布

表 3　　2017 年广西上市公司行业分布情况

| 所属证监会行业类别 | 家数 | 占比（%） | 所属证监会行业类别 | 家数 | 占比（%） |
|---|---|---|---|---|---|
| 农、林、牧、渔业 | 1 | 2.78 | 金融业 | 1 | 2.78 |
| 采矿业 | 0 | 0.00 | 房地产业 | 1 | 2.78 |
| 制造业 | 19 | 52.78 | 租赁和商务服务业 | 0 | 0.00 |
| 电力、热力、燃气及水生产和供应业 | 3 | 8.33 | 科学研究和技术服务业 | 0 | 0.00 |
| 建筑业 | 0 | 0.00 | 水利、环境和公共设施管理业 | 3 | 8.33 |
| 批发和零售业 | 2 | 5.56 | 教育 | 0 | 0.00 |
| 交通运输、仓储和邮政业 | 2 | 5.56 | 卫生和社会工作 | 0 | 0.00 |
| 住宿和餐饮业 | 0 | 0.00 | 文化、体育和娱乐业 | 0 | 0.00 |
| 信息传输、软件和信息技术服务业 | 4 | 11.11 | 综合 | 0 | 0.00 |
| 合计 | 36 | 100 | | | |

资料来源：沪深交易所，Wind 资讯。

## （三）股本结构及规模

表 4　　2017 年广西上市公司股本规模在 10 亿股以上公司分布情况

| 股本规模（亿股） | 公司家数 | 具体公司 |
|---|---|---|
| 50≤～<100 | 1 | 桂冠电力 |
| 20≤～<50 | 3 | 国海证券、中恒集团、柳钢股份 |
| 10≤～<20 | 5 | 柳工、北部湾港、恒逸石化、银河生物、广西广电 |

资料来源：沪深交易所，Wind 资讯。

表 5　　2017 年广西上市公司分地区股权构成情况　　单位：家

| 股权性质地域分布 | 央企国资控股 | 省属国资控股 | 地市国资控股 | 民营控股 | 其他 | 合计 |
|---|---|---|---|---|---|---|
| 防城港市 | 0 | 0 | 0 | 0 | 0 | 0 |
| 南宁市 | 1 | 2 | 3 | 4 | 3 | 13 |
| 崇左市 | 0 | 0 | 0 | 0 | 0 | 0 |
| 柳州市 | 0 | 2 | 2 | 1 | 0 | 5 |

续表

| 股权性质地域分布 | 央企国资控股 | 省属国资控股 | 地市国资控股 | 民营控股 | 其他 | 合计 |
|---|---|---|---|---|---|---|
| 来宾市 | 0 | 0 | 0 | 0 | 0 | 0 |
| 桂林市 | 0 | 0 | 1 | 4 | 1 | 6 |
| 梧州市 | 0 | 1 | 0 | 1 | 0 | 2 |
| 贺州市 | 0 | 0 | 1 | 0 | 0 | 1 |
| 玉林市 | 0 | 0 | 0 | 1 | 0 | 1 |
| 贵港市 | 0 | 1 | 0 | 0 | 0 | 1 |
| 百色市 | 0 | 0 | 0 | 0 | 0 | 0 |
| 钦州市 | 0 | 0 | 0 | 0 | 0 | 0 |
| 河池市 | 0 | 0 | 0 | 0 | 1 | 1 |
| 北海市 | 0 | 1 | 0 | 5 | 0 | 6 |
| 合计 | 1 | 7 | 7 | 16 | 5 | 36 |

资料来源：广西证监局。

### （四）市值规模

截至 2017 年 12 月 31 日，广西 36 家上市公司境内总市值 3058.73 亿元，占全国境内上市公司总市值的 0.54%；其中，上交所上市公司 17 家，股份总额 208.42 亿股，总市值 1402.34 亿元，占上交所上市公司总市值的 0.42%；深交所上市公司 19 家，股份总额 166.90 亿股，总市值 1656.39 亿元，占深交所上市公司总市值的 0.70%。

### （五）资产规模

截至 2017 年 12 月 31 日，广西 36 家上市公司合计总资产 3338.18 亿元，归属于母公司股东权益 1282.85 亿元，与 2016 年相比，分别增长 5.77%、8.44%；平均每股净资产 3.42 元。

## 三、广西上市公司经营情况及变动分析

### （一）总体经营情况

表 6　　2017 年广西上市公司经营情况

| 指标 | 2017 年 | 2016 年 | 变动率（%） |
|---|---|---|---|
| 家数 | 36 | 36 | 0.00 |
| 亏损家数 | 4 | 6 | -33.33 |
| 亏损家数比例（%） | 11.11 | 16.67 | -5.56 |
| 平均每股收益（元） | 0.32 | 0.20 | 60.00 |
| 平均每股净资产（元） | 3.42 | 3.25 | 5.23 |
| 平均净资产收益率（%） | 9.43 | 6.19 | 3.24 |
| 总资产（亿元） | 3338.18 | 3156.18 | 5.77 |
| 归属于母公司股东权益（亿元） | 1282.85 | 1183.03 | 8.44 |

续表

| 指标 | 2017 年 | 2016 年 | 变动率（%） |
|---|---|---|---|
| 营业收入（亿元） | 1922.25 | 1314.02 | 46.29 |
| 利润总额（亿元） | 152.32 | 97.04 | 56.97 |
| 归属于母公司所有者的净利润（亿元） | 120.98 | 73.28 | 65.09 |

资料来源：沪深交易所，Wind 资讯。

## （二）分行业经营情况

表 7　　2017 年广西上市公司分行业经营情况

| 所属行类 | 营业收入（亿元） | 可比样本变动率（%） | 归属于母公司所有者的净利润（亿元） | 可比样本变动率（%） |
|---|---|---|---|---|
| 农、林、牧、渔业 | 23.94 | 15.71 | 1.13 | 91.53 |
| 采矿业 | 0.00 | — | 0.00 | — |
| 制造业 | 1401.50 | 57.64 | 62.45 | 253.42 |
| 电力、热力、燃气及水生产和供应业 | 202.64 | 35.34 | 29.23 | -5.53 |
| 建筑业 | 0.00 | — | 0.00 | — |
| 批发和零售业 | 117.68 | 20.49 | 4.03 | 40.42 |
| 交通运输、仓储和邮政业 | 50.67 | 18.28 | 9.09 | 34.87 |
| 住宿和餐饮业 | 0.00 | — | 0.00 | — |
| 信息传输、软件和信息技术服务业 | 48.52 | 3.37 | 5.07 | -23.99 |
| 金融业 | 26.59 | -30.72 | 3.76 | -62.99 |
| 房地产业 | 5.34 | -16.56 | 1.52 | 132.48 |
| 租赁和商务服务业 | 0.00 | — | 0.00 | — |
| 科学研究和技术服务业 | 0.00 | — | 0.00 | — |
| 水利、环境和公共设施管理业 | 45.37 | 103.00 | 4.69 | 96.23 |
| 教育 | 0.00 | — | 0.00 | — |
| 卫生和社会工作 | 0.00 | — | 0.00 | — |
| 文化、体育和娱乐业 | 0.00 | — | 0.00 | — |
| 综合 | 0.00 | — | 0.00 | — |
| 合计 | 1922.25 | 46.29 | 120.98 | 64.96 |

资料来源：沪深交易所，Wind 资讯。

## （三）业绩变动情况分析

1. 营业收入、毛利率等变动原因分析

2017 年广西上市公司实现营业收入合计 1922.25 亿元，较 2016 年上升 46.29%；平均净资产收益率 9.43%，较 2016 年上升 3.24 个百分点；整体销售毛利率为 19.43%，较 2016 年下降 4.87 个百分点。

2. 盈利构成分析

从盈利构成来看，2017 年广西上市公司利润来源构成中，主要是营业利润，占比 94.28%，其中投资净收益占利润来源的比重为 20.37%，公允价值变动净收益为负，绝对值占利润来源的 0.34%。

3. 经营性现金流量分析

2017 年，广西地区上市公司经营活动产生的现金流量净额为 147.62 亿元，较 2016 年减少 4.77%，其中 27 家上市公司经营现金流量净额为正，占 36 家上市公司的 75%，9 家上市公司经营现金流量净额为负。

4. 业绩特点分析

2017 年广西上市公司利润总额 152.32 亿元，较 2016 年增长 56.97%；归属母公司所有者的净利润 120.98 亿元，较 2016 年增长 65.09%。经营情况呈现以下特点：一是营业收入和营业利润与 2016 年相比有较大增长，其中制造业，电力、热力、燃气及水生产和供应业，批发与零售业，信息传输、软件和信息技术服务业，水利、环境和公共设施管理业占收入和利润规模的比重较大。二是制造业，批发与零售业，交通运输、仓储和邮政业，水利、环境和公共设施管理业业绩大幅提升，制造业增长最快，对收入、利润增长的贡献最大，19 家制造业上市公司实现净利润 62.45 亿元，较 2016 年增长 256.22%。三是金融业和信息传输、软件和信息技术服务业上市公司业绩大幅下滑，其中，1 家金融业上市公司实现净利润 3.76 亿元，较 2016 年减少 62.99%，4 家信息传输、软件和信息技术服务业上市公司实现净利润 5.07 亿元，较 2016 年减少 23.99%。

5. 利润分配情况

表 8　　2017 年广西上市公司现金分红情况

| 2017 年分红公司家数 | | | 2017 年分红金额 | | |
|---|---|---|---|---|---|
| 家数 | 变动率（%） | 分红公司家数占地区公司总数比重 | 金额（亿元） | 变动率（%） | 分红金额占归属于母公司所有者的净利润比重 |
| 27 | 28.57 | 75% | 57.49 | 89.61 | 47.52% |

资料来源：广西证监局。

## 四、广西上市公司并购重组情况

### （一）并购重组基本情况

2017 年广西共有 10 家上市公司计划实施重大资产重组，2 家上市公司完成重大资产重组工作，占广西上市公司总数的 5.56%。相关上市公司计划通过重大资产重组，整合并充实主业，或实现产业结构调整转型，提升公司的经营实力和盈利能力。另外，多家上市公司通过资产收购和行业并购，进一步拓展了上下游产业链和业务范围，资产质量和盈利能力得到显著提升。

（二）并购重组特点

2017 年，广西上市公司并购重组热情持续不减，但重组成功率偏低，多家上市公司拟借助资本市场平台和机制实现规模扩张或业务转型，百洋股份通过定向增发和现金支付方式收购教育服务业公司新余火星人投资管理合伙企业 100% 股权，实现主营业务多点布局，提升了公司的经营实力。天夏智慧通过出售公司部分子公司股权共计 3.43 亿元，将现有化妆品业务和医药流通业务置换出去，推进公司产业转型。

## 五、广西上市公司募集资金情况、使用情况

（一）募集资金总体情况

表 9　　2017 年广西上市公司募集资金情况

| 发行类型 | 代码 | 简称 | 募集资金（亿元） |
|---|---|---|---|
| 首发 | 小计 | | 0 |
| 再融资（增发、配股） | 002696.SZ | 百洋股份 | 5.60 |
| | 002696.SZ | 百洋股份 | 5.37 |
| | 小计 | | 10.97 |
| 其他融资（公司债券、短期融资券、中期票据、次级债、金融债、境外发行债券） | 000750.SZ | 国海证券 | 27.9 |
| | 000750.SZ | 国海证券 | 20.6 |
| | 000911.SZ | 南宁糖业 | 5.00 |
| | 000911.SZ | 南宁糖业 | 3.00 |
| | 000528.SZ | 柳工 | 15.00 |
| | 小计 | | 71.50 |
| 总计 | | | 82.47 |

资料来源：广西证监局。

（二）募集资金使用情况及特点

2017 年，广西共有 21 家公司使用募集资金，金额合计 113.93 亿元，其中，73.57 亿元为 2017 年度募集的资金，占年度使用募集资金总额的 64.57%，43.90 亿元为以前年度募集资金，占年度使用募集资金总额的 35.43%。2016 年使用的募集资金中有 0.82% 是首发募集资金，再融资资金占比 99.18%。

（三）募集资金变更情况

2017 年，广西共有 5 家公司存在募集资金用途变更情况，其中 1 家变更金额为 1.20 亿元，系首发募投项目的变更。另外 4 家变更金额分别为 0.61 亿元、0.37 亿元、6.50 亿、1.70 亿元，系再融资项目终止变更。具体如表 10 所示。

表 10　　2017 年广西上市公司募集资金使用项目变更情况

| 变更募集资金使用项目的公司家数 | 涉及金额（亿元） | 募集资金总额（亿元） | 占公司募集资金总额的比例（%） |
|---|---|---|---|
| 5 | 10.38 | 54.12 | 19.18 |

资料来源：广西证监局。

## 六、广西上市公司规范运作情况

### （一）上市公司治理专项情况

2017 年，广西证监局继续推进上市公司监管工作，向上市公司传达监管政策，畅通沟通渠道，引导市场主体不断提高规范运作意识，完善公司治理。一是按照“惩防并举、注重预防”的思路，加强法治培训教育，推动上市公司规范治理运作。召开辖区上市公司董事、监事培训班及董秘座谈会，帮助参训人员了解掌握证券法规知识，增强规范意识、诚信意识和自律意识，避免无知违规。加强沟通引导，约见辖区上市公司及中介机构高管人员 61 家次 163 人次。对 5 家上市公司进行走访调研，了解公司经营运作情况，沟通监管形势和关注的问题，提醒公司规范治理运作和信息披露行为。二是推动上市公司继续落实现金分红政策。通过组织培训、检查督促、开展投资者教育活动等方式继续深入推动辖区上市公司股东提高回报意识。

### （二）审计情况及监管情况

广西证监局坚持“依法全面从严监管”的理念，强化中介机构市场主体地位，加强持续督导，推动审计机构归位尽责。一是聚焦高风险公司，持续跟踪辖区高风险公司动态，做好调查取证工作。二是加强上市公司年报审计督导工作。主动约谈辖区 12 家上市公司审计机构，对 1 家上市公司年报审计开展现场督导，要求 1 家上市公司年报审计机构出具专项核查意见。三是以检查促落实，督促审计、评估等服务机构勤勉尽责。在开展 9 家上市公司现场检查的同时，对其审计机构执业的辖区项目开展专项检查，结合非日常现场监管，延伸检查 2 家上市公司资产收购及商誉减值相关评估机构。四是持续跟踪防范上市公司股权质押风险。通过跟踪事态进展，及时研判风险，督促公司规范运作，防范违规问题。五是稳步推进辖区上市公司破产重整。增强与重整公司的联系，了解重整情况，同交易所、相关地市政府领导沟通，协同督促公司履行相应程序，排查风险点，推进重组工作顺利进行。

### （三）信息披露情况

广西证监局抓住上市公司信息披露监管这一核心，加强预判研判，做好非现场监管工作。一是落实上市公司信息舆情监测响应机制，加强舆情监测和信息审核，年内共审阅上市公司各类公告超过 4500 条，深入挖掘上市公司疑点和问题线索，将监管资源向高风险公司和风险问题倾斜。二是开展“看年报说监管”活动，加强辖区上市公司2016年年报审核，结合年报审核及时调整上市公司风险分类，及时明确公司监管重点，强化风险分类监管。三是排查风险，结合日常监管情况对重大风险摸底排查，对信息披露违法情况快速出击，严格执法，维护监管权威。

**（四）证券市场服务情况**

广西证监局始终坚持“监管与服务并重”，积极支持符合条件的企业发行上市和上市公司通过非公开发行、发行公司债等方式进行再融资，提高直接融资比重，积极推进并购重组，着力提高上市公司质量，提升资本市场服务实体经济的水平。2017年辖区1家上市公司完成定向增发，募集资金合计10.97亿元；2家上市公司完成公司债券发行，融资额为56.50亿元；2017年辖区2家上市公司完成重大资产重组，交易金额14.4亿元，辖区资本市场融资和并购重组功能得到有效发挥。

**（五）其他**

广西证监局2017年严格落实日常监管与稽查执法联动机制，及时将检查发现的违法违规线索移交立案稽查，积极争取交易所及其他派出机构的支持，提高稽查办案速度，尽快化解公司风险，切实维护中小股东的合法权益。全年共对辖区上市公司及相关主体采取行政监管措施6家次，移送立案稽查1起。

在拟上市公司的培育和辅导方面，广西证监局引入优质保荐机构，辅导拟上市公司完善治理结构、加强规范运作、提高治理水平。同时，不断完善辅导监管工作机制，简化监管程序，降低拟上市公司信息成本，加大社会公众监督力度。

审稿人：高瑞启

撰稿人：朱　琪

# 海南地区

## 一、海南国民经济发展概况

表 1　　2017 年海南国民经济发展概况　　单位：亿元

| 指标 | 1~3 月 | | 1~6 月 | | 1~9 月 | | 1~12 月 | |
|---|---|---|---|---|---|---|---|---|
| | 绝对量 | 同比增长（%） | 绝对量 | 同比增长（%） | 绝对量 | 同比增长（%） | 绝对量 | 同比增长（%） |
| 地区生产总值（GDP） | 1056.39 | 8.90 | 2198.23 | 7.50 | 3213.68 | 7.50 | 4462.54 | 7.00 |
| 全社会固定资产投资 | 697.12 | 12.20 | 1785.40 | 12.80 | 2799.13 | 11.60 | 4125.40 | 10.10 |
| 社会消费品零售总额 | 401.14 | 10.50 | 786.75 | 11.50 | 1172.38 | 11.50 | 1618.76 | 11.40 |
| 规模以上工业增加值 | 109.40 | 7.50 | 223.90 | 4.70 | 340.94 | 4.60 | 487.08 | 0.50 |
| 规模以上工业企业实现利润 | 28.40 | 53.50 | 61.70 | 25.20 | 92.10 | 25.30 | 110.40 | 6.50 |
| 居民消费价格指数（CPI） | 1~3 月 | | 1~6 月 | | 1~9 月 | | 1~12 月 | |
| | 2.10 | | 2.80 | | 2.70 | | 2.90 | |

资料来源：国家统计局。

## 二、海南上市公司总体情况

### （一）公司数量

表 2　　2017 年海南上市公司数量　　单位：家

| 公司总数 | 2017 年新增 | 股票类别 | | | 板块分布 | | | |
|---|---|---|---|---|---|---|---|---|
| | | 仅 A 股 | 仅 B 股 | （A+B）股 | 沪市主板 | 深市主板 | 中小板 | 创业板 |
| 30 | 2 | 26 | 0 | 4 | 11 | 12 | 4 | 3 |

资料来源：沪深交易所，同花顺。

## （二）行业分布

表 3　　2017 年海南上市公司行业分布情况

| 所属证监会行业类别 | 家数 | 占比（%） | 所属证监会行业类别 | 家数 | 占比（%） |
|---|---|---|---|---|---|
| 农、林、牧、渔业 | 3 | 10.00 | 金融业 | 1 | 3.33 |
| 采矿业 | 3 | 10.00 | 房地产业 | 3 | 10.00 |
| 制造业 | 11 | 36.67 | 租赁和商务服务业 | 0 | 0.00 |
| 电力、热力、燃气及水生产和供应业 | 0 | 0.00 | 科学研究和技术服务业 | 0 | 0.00 |
| 建筑业 | 1 | 3.33 | 水利、环境和公共设施管理业 | 0 | 0.00 |
| 批发和零售业 | 0 | 0.00 | 教育 | 0 | 0.00 |
| 交通运输、仓储和邮政业 | 3 | 10.00 | 卫生和社会工作 | 1 | 3.33 |
| 住宿和餐饮业 | 1 | 3.33 | 文化、体育和娱乐业 | 1 | 3.33 |
| 信息传输、软件和信息技术服务业 | 1 | 3.33 | 综合 | 1 | 3.33 |
| 合计 | 30 | 100 | | | |

资料来源：沪深交易所，同花顺。

## （三）股本结构及规模

表 4　　2017 年海南上市公司股本规模在 10 亿股以上公司分布情况

| 股本规模（亿股） | 公司家数 | 具体公司 |
|---|---|---|
| 100≤～<200 | 1 | 海航控股 |
| 20≤～<50 | 4 | 华闻传媒，海航基础，洲际油气，海南橡胶 |
| 10≤～<20 | 6 | 海南海药，海马汽车，罗牛山，神农基因，海航创新，海南矿业 |

资料来源：沪深交易所，同花顺。

表 5　　2017 年海南上市公司分地区股权构成情况　　单位：家

| 股权性质<br>地域分布 | 央企国资控股 | 省属国资控股 | 地市国资控股 | 民营控股 | 其他 | 合计 |
|---|---|---|---|---|---|---|
| 海口市 | 3 | 6 | 1 | 13 | 3 | 26 |
| 三亚市 | 0 | 0 | 0 | 2 | 1 | 3 |
| 昌江黎族自治县 | 0 | 0 | 0 | 1 | 0 | 1 |
| 合计 | 3 | 6 | 1 | 16 | 4 | 30 |

资料来源：海南证监局。

### （四）市值规模

截至2017年12月31日，海南30家上市公司境内总市值3574.00亿元，占全国上市公司境内总市值的0.63%；其中，上交所上市公司11家，总股本325.41亿股，境内总市值1846.27亿元，占上交所上市公司境内总市值的0.56%；深交所上市公司19家，总股本148.17亿股，境内总市值1727.73亿元，占深交所上市公司境内总市值的0.73%。

### （五）资产规模

截至2017年12月31日，海南30家上市公司合计总资产4378.4亿元，归属于母公司股东权益1633.08亿元，与2016年相比，分别增长15.16%、1.77%；平均每股净资产3.45元。

## 三、海南上市公司经营情况及变动分析

### （一）总体经营情况

表6　　2017年海南上市公司经营情况

| 指标 | 2017年 | 2016年 | 变动率（%） |
|---|---|---|---|
| 家数 | 30 | 28 | 7.14 |
| 亏损家数 | 7 | 7 | 0.00 |
| 亏损家数比例（%） | 23.33 | 25 | -1.67 |
| 平均每股收益（元） | 0.1 | 0.1 | 0.00 |
| 平均每股净资产（元） | 3.45 | 3.48 | -0.86 |
| 平均净资产收益率（%） | 2.94 | 2.97 | -0.03 |
| 总资产（亿元） | 4378.4 | 3801.89 | 15.16 |
| 归属于母公司股东权益（亿元） | 1633.08 | 1604.73 | 1.77 |
| 营业收入（亿元） | 1363.13 | 1025.19 | 32.96 |
| 利润总额（亿元） | 79.62 | 69.53 | 14.51 |
| 归属于母公司所有者的净利润（亿元） | 47.98 | 47.65 | 0.69 |

资料来源：沪深交易所，同花顺。

### （二）分行业经营情况

表7　　2017年海南上市公司分行业经营情况

| 所属行类 | 营业收入（亿元） | 可比样本变动率（%） | 归属于母公司所有者的净利润（亿元） | 可比样本变动率（%） |
|---|---|---|---|---|
| 农、林、牧、渔业 | 126.00 | 15.31 | -1.27 | -180.38 |
| 采矿业 | 111.03 | 76.91 | -1.60 | 25.93 |
| 制造业 | 332.19 | -4.17 | -3.12 | -168.42 |
| 电力、热力、燃气及水生产和供应业 | 0.00 | — | 0.00 | — |
| 建筑业 | 1.50 | -1.96 | -0.46 | 0.00 |

续表

| 所属行类 | 营业收入（亿元） | 可比样本变动率（%） | 归属于母公司所有者的净利润（亿元） | 可比样本变动率（%） |
|---|---|---|---|---|
| 批发和零售业 | | | | |
| 交通运输、仓储和邮政业 | 619.87 | 45.70 | 36.01 | 7.85 |
| 住宿和餐饮业 | 0.28 | 27.27 | 0.03 | 200.00 |
| 信息传输、软件和信息技术服务业 | 1.84 | -15.21 | 0.17 | -39.29 |
| 金融业 | 2.03 | 361.36 | 0.73 | 2333.33 |
| 房地产业 | 117.71 | 11.24 | 21.44 | 147.00 |
| 租赁和商务服务业 | 0.00 | — | 0.00 | — |
| 科学研究和技术服务业 | 0.00 | — | 0.00 | — |
| 水利、环境和公共设施管理业 | 0.00 | — | 0.00 | — |
| 教育 | 0.00 | — | 0.00 | — |
| 卫生和社会工作 | 0.44 | -94.85 | -6.93 | -50.98 |
| 文化、体育和娱乐业 | 34.21 | -25.16 | 2.77 | -68.27 |
| 综合 | 16.03 | 84.25 | 0.21 | -36.36 |
| 合计 | 1363.13 | 22.01 | 47.98 | -4.67 |

资料来源：沪深交易所，同花顺。

### （三）业绩变动情况分析

1. 营业收入、毛利率等变动原因分析

2017年，海南上市公司实现营业收入1363.13亿元，较2016年增长32.96%；营业成本1357.48亿元，较2016年增长30.47%；营业利润71.86亿元，较2016年增长82.62%；利润总额79.62亿元，较2016年增长14.51%。从毛利率来看，海南30家上市公司整体毛利率为0.41%，较2016年上升1.08个百分点，其中，17家毛利率上升，13家毛利率下降；营业成本和营业收入均大幅增加，营业收入增幅略高于营业成本是毛利率小幅上涨的主要原因。

2. 盈利构成分析

从盈利构成来看，2017年海南上市公司利润来源主要是营业利润，其占利润总额的比重为90.25%，较2016年上升32.8个百分点。其中，投资净收益43.51亿元，营业外收支净额为7.76亿元，公允价值变动净收益为-3.69亿元，分别占利润总额的比重为54.65%、9.75%、-4.63%；资产减值损失为23.08亿元，比2016年增加4.45亿元，占利润总额的比重为28.99%。

3. 经营性现金流量分析

2017年，海南上市公司经营性现金流量净额为139.5亿元，比2016年下降1.43%。30家上市公司中，17家上市公司经营性现金流量净额为正，占30家上市公司的56.67%，较2016年下降11.19个百分点，其余13家上市公司经营现金流量净额为负。经营现金流量净额增幅最大的是海航基础，比2016年增加25.13亿元，降幅最大的是海马汽车，比2016年减少21.63亿元。

4. 业绩特点分析

海南上市公司2017年整体业绩特点：一是总体盈利水平与2016年相比基本持平。海南30家上市公司2017年归属于母公司所有者的净利润为47.98亿元，较2016年总额增长0.69%；30家上市公司中有23家实现盈利，7家出现亏损，与2016年亏损家数持平。二是盈利能力与2016年相比基本持平。海南上市公司2017年营业收入较2016年增长32.96%，归属于母公司所有者的净利润增长0.69%，盈利水平基本持平。三是经营情况行业分化明显。海南上市公司2017年营业收入整体比2016年有所增加，其中，农林牧渔业、采矿业、制造业、交运仓储邮政业、房地产业、文体娱乐业6个行业2017年营业收入合计1341.01亿元，占比98.38%，2017年营业收入较2016年增长46.82%，6个行业中除文体娱乐业以外，其他5个行业营业收入均出现较大幅度增长。

另外7个行业整体营业收入占比较少，其中，除住宿餐饮业、金融业和综合行业出现增长以外，其他行业营业收入均出现不同程度的下滑，其中，批发零售业降幅100%，卫生和社会工作行业降幅94.85%。

5. 利润分配情况

表8　　2017年海南上市公司现金分红情况

| 2017年分红公司家数 | | | 2017年分红金额 | | |
|---|---|---|---|---|---|
| 家数 | 变动率（%） | 分红公司家数占地区公司总数比重 | 金额（亿元） | 变动率（%） | 分红金额占归属于母公司所有者的净利润比重 |
| 10 | 11.11 | 33.33% | 7.15 | -42.8 | 14.9% |

资料来源：海南证监局。

## 四、海南上市公司并购重组情况

### （一）并购重组基本情况

2017年，海南辖区有6家上市公司实施并购重组，分别为新大洲A、览海投资、欣龙控股、中钨高新、洲际油气、京粮控股，涉及交易金额116.64亿元，其中重组成功的有览海投资、京粮控股、新大洲A等3家上市公司，涉及资产交易金额44.36亿元。

### （二）并购重组特点

海南上市公司通过并购重组实现资源整合与业务转型。览海投资本次重组主要用于建设上海市外滩金融集聚带内的国际高端医院，完善医疗健康服务全产业链布局，增强上市公司竞争实力；京粮集团通过承接珠江控股盈利能力弱的资产及涉及的人员，有效解除上市公司负担，同时，向上市公司置入京粮股份100%股权，致力于提升上市公司后续的持续经营能力，改善上市公司的经营状况，实现上市公司的持续稳定发展，增强上市公司的盈利能力和发展潜力；新大洲A通过处置与公司主营业务关联度较低的摩托车资产，在突出主产业发展的同时，获得资金支持主营业务做大做强、缓解公司资金压力、实现业务转型及未来可持续发展。

## 五、海南上市公司募集资金情况、使用情况

### （一）募集资金总体情况

表9　　2017年海南上市公司募集资金情况

| 发行类型 | 代码 | 简称 | 募集资金（亿元） |
|---|---|---|---|
| 首发 | 002865 | 钧达股份 | 2.72 |
| | 300630 | 普利制药 | 3.51 |
| | 小计 | | 6.23 |
| 再融资（增发、配股） | 000505 | 京粮控股 | 21.31 |
| | 002320 | 海峡股份 | 10.71 |
| | 601969 | 海南矿业 | 8.93 |
| | 小计 | | 40.95 |
| 其他融资（公司债券、短期融资券、中期票据、次级债、金融债、境外发行债券） | 101761046 | 华闻传媒（17华闻传媒MTN001）中期票据 | 10 |
| | 143050 | 海南矿业（17海矿01）公司债券 | 2 |
| | 011764021 | 海航控股（17海南航空SCP001）短期融资券 | 10 |
| | 011764125 | 海航控股（17海南航空SCP005）短期融资券 | 10 |
| | 011764040 | 海航控股（17海南航空SCP002）短期融资券 | 5 |
| | 011764122 | 海航控股（17海南航空SCP004）短期融资券 | 5 |
| | 011764045 | 海航控股（17海南航空SCP003）短期融资券 | 5 |

续表

| 发行类型 | 代码 | 简称 | 募集资金（亿元） |
|---|---|---|---|
| 其他融资（公司债券、短期融资券、中期票据、次级债、金融债、境外发行债券） | 112533 | 海南海药（17 海药 01）公司债券 | 13 |
| | 011761021 | 海南海药（17 海药 SCP001）短期融资券 | 5 |
| | 小计 | | 65 |
| 总计 | | | 112.18 |

资料来源：海南证监局。

### （二）募集资金使用情况及特点

2017 年，海南 13 家公司使用募集资金 45.21 亿元，较 2016 年减少 82.89%。其中使用 2017 年度募集资金 3.65 亿元，占全年使用募集资金总额的 8.07%；使用以前年度募集资金 41.56 亿元，占全年使用募集资金总额的 91.93%。

### （三）募集资金变更情况

表 10　　2017 年海南上市公司募集资金使用项目变更情况

| 变更募集资金使用项目的公司家数 | 涉及金额（亿元） | 募集资金总额（亿元） | 占公司募集资金总额的比例（%） |
|---|---|---|---|
| 1 | 1.3233 | 13.822 | 9.57 |

资料来源：海南证监局。

## 六、海南上市公司规范运作情况

### （一）上市公司治理专项情况

2017 年，海南证监局不断加强辖区上市公司监管，着力提升海南上市公司整体公司治理水平，积极跟进中证中小投资者服务中心向海南辖区 23 家上市公司发送股东建议函的相关情况，督促各上市公司高度重视公司章程制定工作，从投资者保护及提升公司治理的角度出发，及时推动章程的修改完善。

### （二）审计情况及监管情况

海南证监局针对 2017 年度的年报审计监管工作主要围绕以下几点：一是以年报审核为重要抓手，提高非现场监管质效。2017 年年报监管期间，海南证监局实现对 14 家重点类审计监管项目的审计总结审阅全覆盖，共向 23 家上市公司及 10 家年报审计机构调取资料。二是年报披露后，海南证监局按照“监管员独立审核、集体分析复核、年报审核全覆盖、监管措施差异化”的工作思路，结合审计项目风险分类及近 3 年检查核查情况，重新调整上市公司风险分类。三是针对年报审核发现的问题以及风险程度，充分利用监管措施、约谈、要求年报审计机构出具专项意见等方式，及时传递监管压力。四是开展函证专项检查工作，强化基础审计程序，对辖区 3 家上市公司进行专项检查，督促审计机构强化基础审计程序，提高执业质量。

### （三）信息披露情况

海南证监局坚持以信息披露监管为核心，督促上市公司不断提高上市公司透明度及信息披露质量。一是借助上市公司监管信息系统、Wind 资讯等信息平台，及时收集、分析上市公司信息，通过对信访举报反映情况的排查，对媒体质疑、网络舆情、微博微信等信息监控，及时全面了解上市公司情况，掌握上市公司风险底数。二是以信息披露为抓手，对公司披露的证券发行、重大资产重组、上市公司收购等事项保持高度关注，找准重大事项信息披露违规线索，开展监管工作。三是以快速接入、纠偏之乱为目标，以现场检查为主要手段，不断提高现场监管工作的精准度和警示效果。

### （四）证券市场服务情况

2017 年，海南证监局不断提升服务资本市场的能力，坚持监管与服务并重。一是扎实推进多层次资本市场建设，不断提高服务实体经济的能力，2017 年辖区两家公司成功上市，1 家企业向证监会申报首发上市申请材料，3 家企业进入上市前辅导程序，上市公司利用股权融资及并购重组支持主业发展的能力持续提高。二是认真处理投资者投诉举报，注重保护中小投资者合法权益，就高风险举报事项积极争取证监会机关支持和政策指导，与交易所紧密协作配合，全年共处理举报事项 20 单，转办 12386 热线诉求 6 单，涉及辖区上市公司 11 家，对投保基金通报的 3 家上市公司投资者服务电话不畅通情况分别下发关注函，督促上市公司切实做好投资者沟通交流工作。三是配合中国上市公司协会要求上市公司参加合规培训 2 家次，配合中国上市公司协会、交易所开展专业培训 9 次，督促公司增强合规意识，提高合规运行水平。

审稿人：杨宗儒、贺玲、郑纪宁

撰稿人：蒋　玮

# 重庆地区

## 一、重庆国民经济发展概况

表 1　　2017 年重庆国民经济发展概况　　单位：亿元

<table>
<tr><th rowspan="2">指标</th><th colspan="2">1～3 月</th><th colspan="2">1～6 月</th><th colspan="2">1～9 月</th><th colspan="2">1～12 月</th></tr>
<tr><th>绝对量</th><th>同比增长（%）</th><th>绝对量</th><th>同比增长（%）</th><th>绝对量</th><th>同比增长（%）</th><th>绝对量</th><th>同比增长（%）</th></tr>
<tr><td>地区生产总值（GDP）</td><td>4306.74</td><td>10.50</td><td>9143.64</td><td>10.50</td><td>14309.18</td><td>10.00</td><td>19500.27</td><td>9.30</td></tr>
<tr><td>全社会固定资产投资</td><td>2709.43</td><td>11.80</td><td>6922.79</td><td>12.30</td><td>11934.73</td><td>10.10</td><td>17440.57</td><td>9.50</td></tr>
<tr><td>社会消费品零售总额</td><td>1977.51</td><td>12.02</td><td>3914.42</td><td>11.69</td><td>5856.58</td><td>11.00</td><td>8067.67</td><td>10.95</td></tr>
<tr><td>规模以上工业增加值</td><td>—</td><td>10.30</td><td>—</td><td>10.40</td><td>—</td><td>9.60</td><td>—</td><td>9.60</td></tr>
<tr><td>规模以上工业企业实现利润</td><td>334.10</td><td>13.90</td><td>764.20</td><td>22.70</td><td>1201.40</td><td>21.40</td><td>1498.40</td><td>18.80</td></tr>
<tr><td rowspan="2">居民消费价格指数（CPI）</td><td colspan="2">1～3 月</td><td colspan="2">1～6 月</td><td colspan="2">1～9 月</td><td colspan="2">1～12 月</td></tr>
<tr><td colspan="2">-0.20</td><td colspan="2">0.80</td><td colspan="2">1.70</td><td colspan="2">1.60</td></tr>
</table>

资料来源：国家统计局。

## 二、重庆上市公司总体情况

### （一）公司数量

表 2　　2017 年重庆上市公司数量　　单位：家

<table>
<tr><th rowspan="2">公司总数</th><th rowspan="2">2017 年新增</th><th colspan="3">股票类别</th><th colspan="4">板块分布</th></tr>
<tr><th>仅 A 股</th><th>仅 B 股</th><th>（A＋B）股</th><th>沪市主板</th><th>深市主板</th><th>中小板</th><th>创业板</th></tr>
<tr><td>50</td><td>6</td><td>48</td><td>1</td><td>1</td><td>26</td><td>12</td><td>7</td><td>5</td></tr>
</table>

资料来源：沪深交易所，同花顺。

## （二）行业分布

表 3　　2017 年重庆上市公司行业分布情况

| 所属证监会行业类别 | 家数 | 占比（%） | 所属证监会行业类别 | 家数 | 占比（%） |
|---|---|---|---|---|---|
| 农、林、牧、渔业 | 0 | 0.00 | 金融业 | 1 | 2.00 |
| 采矿业 | 1 | 2.00 | 房地产业 | 4 | 8.00 |
| 制造业 | 28 | 56.00 | 租赁和商务服务业 | 0 | 0.00 |
| 电力、热力、燃气及水生产和供应业 | 5 | 10.00 | 科学研究和技术服务业 | 0 | 0.00 |
| 建筑业 | 2 | 4.00 | 水利、环境和公共设施管理业 | 1 | 2.00 |
| 批发和零售业 | 3 | 6.00 | 教育 | 0 | 0.00 |
| 交通运输、仓储和邮政业 | 2 | 4.00 | 卫生和社会工作 | 0 | 0.00 |
| 住宿和餐饮业 | 0 | 0.00 | 文化、体育和娱乐业 | 1 | 2.00 |
| 信息传输、软件和信息技术服务业 | 2 | 4.00 | 综合 | 0 | 0.00 |
| 合计 | 50 | 100 | | | |

资料来源：沪深交易所，同花顺。

## （三）股本结构及规模

表 4　　2017 年重庆上市公司股本规模在 10 亿股以上公司分布情况

| 股本规模（亿股） | 公司家数 | 具体公司 |
|---|---|---|
| 50≤～<100 | 3 | 金科股份，西南证券，重庆钢铁 |
| 20≤～<50 | 7 | 太阳能，长安汽车，华邦健康，巨人网络，迪马股份，重庆水务，隆鑫通用 |
| 10≤～<20 | 9 | 国城矿业，重药控股，宗申动力，智飞生物，福安药业，奥瑞德，重庆燃气，重庆建工，力帆股份 |

资料来源：沪深交易所，同花顺。

表 5　　2017 年重庆上市公司分地区股权构成情况　　单位：家

| 股权性质<br>地域分布 | 央企国资控股 | 省属国资控股 | 地市国资控股 | 民营控股 | 其他 | 合计 |
|---|---|---|---|---|---|---|
| 重庆市 | 9 | 9 | 3 | 23 | 6 | 50 |

资料来源：重庆证监局。

### （四）市值规模

截至2017年12月31日，重庆50家上市公司境内总市值6315.08亿元，占全国上市公司境内总市值的1.11%；其中，上交所上市公司26家，总股本384.20亿股，境内总市值2743.44亿元，占上交所上市公司境内总市值的0.83%；深交所上市公司24家，总股本308.54亿股，境内总市值3571.64亿元，占深交所上市公司境内总市值的1.51%。

### （五）资产规模

截至2017年12月31日，重庆50家上市公司合计总资产8149.31亿元，归属于母公司股东权益2655.93亿元，与2016年相比，分别增长26.02%、24.68%；平均每股净资产3.80元。

## 三、重庆上市公司经营情况及变动分析

### （一）总体经营情况

表6　　2017年重庆上市公司经营情况

| 指标 | 2017年 | 2016年 | 变动率（%） |
|---|---|---|---|
| 家数 | 50 | 44 | 13.64 |
| 亏损家数 | 0 | 5 | -100.00 |
| 亏损家数比例（%） | 0 | 11.36 | -11.36 |
| 平均每股收益（元） | 0.39 | 0.33 | 18.18 |
| 平均每股净资产（元） | 3.80 | 3.83 | -0.78 |
| 平均净资产收益率（%） | 10.16 | 8.59 | 1.57 |
| 总资产（亿元） | 8149.31 | 6466.89 | 26.02 |
| 归属于母公司股东权益（亿元） | 2655.93 | 2130.16 | 24.68 |
| 营业收入（亿元） | 3855.11 | 2790.10 | 38.17 |
| 利润总额（亿元） | 320.89 | 215.33 | 49.02 |
| 归属于母公司所有者的净利润（亿元） | 269.87 | 182.97 | 47.49 |

资料来源：沪深交易所，同花顺。

### （二）分行业经营情况

表7　　2017年重庆上市公司分行业经营情况

| 所属行类 | 营业收入（亿元） | 可比样本变动率（%） | 归属于母公司所有者的净利润（亿元） | 可比样本变动率（%） |
|---|---|---|---|---|
| 农、林、牧、渔业 | 0.00 | — | 0.00 | — |
| 采矿业 | 12.40 | 11.31 | 4.12 | 76.07 |

续表

| 所属行类 | 营业收入（亿元） | 可比样本变动率（%） | 归属于母公司所有者的净利润（亿元） | 可比样本变动率（%） |
|---|---|---|---|---|
| 制造业 | 1925.95 | 16.90 | 136.57 | 22.05 |
| 电力、热力、燃气及水生产和供应业 | 186.68 | 8.54 | 38.05 | 52.69 |
| 建筑业 | 459.97 | 4.34 | 4.85 | 9.73 |
| 批发和零售业 | 582.21 | -1.90 | 19.60 | 115.86 |
| 交通运输、仓储和邮政业 | 65.58 | 160.24 | 7.64 | 102.12 |
| 住宿和餐饮业 | 0.00 | — | 0.00 | — |
| 信息传输、软件和信息技术服务业 | 31.95 | 30.51 | 13.32 | 35.09 |
| 金融业 | 30.61 | -15.72 | 6.69 | -27.12 |
| 房地产业 | 511.30 | -1.52 | 33.72 | 53.55 |
| 租赁和商务服务业 | 0.00 | — | 0.00 | — |
| 科学研究和技术服务业 | 0.00 | — | 0.00 | — |
| 水利、环境和公共设施管理业 | 32.77 | -0.06 | 1.09 | -27.81 |
| 教育 | 0.00 | — | 0.00 | — |
| 卫生和社会工作 | 0.00 | — | 0.00 | — |
| 文化、体育和娱乐业 | 15.67 | 112.04 | 4.22 | 59.25 |
| 综合 | 0.00 | — | 0.00 | — |
| 合计 | 3855.11 | 9.82 | 269.87 | 33.86 |

资料来源：沪深交易所，同花顺。

### （三）业绩变动情况分析

1. 营业收入、毛利率等变动原因分析

2017 年，实现营业收入 3855.11 亿元，同比增长 38.17%，可比增长 12.84%，营业收入规模呈现较快增长态势；实现归属于上市公司股东的净利润 269.87 亿元，同比增长 47.49%，可比增长 30.70%，50 家上市公司全部实现盈利；销售毛利率 18.95%，同比下降 4.10%。总体来看，收入规模逐年扩大，净利润上升，但销售毛利率有所下降。

2. 盈利构成分析

从盈利构成来看，2017 年 50 家重庆上市公司非经常性损益 80.82 亿元，占当期归属于上市公司股东净利润的 29.76%，非经常性损益占净利润的比例同比上升 19.60 个百分点。部分上市公司对非经常性损益依赖度较高，其中，4 家上市公司扣除非经常性损益后净利润为负，12 家上市公司扣除非经常性损益后净利润同比下滑；49 家非金融类公司扣除非经常性损益后净利润与净利润之比为 68.50%，聚焦主业的盈利能力仍有待提高。

3. 经营性现金流量分析

2017年，重庆上市公司经营活动产生的现金流量净额为13.12亿元，同比下降84.95%；现金及现金等价物净增加额为-19.44亿元。现金流状况总体表现不佳。

4. 业绩特点分析

（1）整体经营业绩得以改善，风险公司实现扭亏。2017年重庆辖区50家上市公司全部实现盈利，共实现归属于母公司股东的净利润269.87亿元，可比增长30.70%。辖区重大风险公司通过破产重整或剥离资产并注入优质资产等方式，化解经营风险，实现盈利，扭转了连续多年亏损的局面。

（2）整体资产负债率略有增加，部分公司面临较大偿债压力。在宏观经济整体“去杠杆”的背景下，市场资金面偏紧，截至2017年年末，50家上市公司整体资产负债率为65.47%，较期初增加0.09个百分点。部分公司资产负债率处于高位，其中有10家上市公司资产负债率在70%以上，剔除房地产行业上市公司，仍有7家公司资产负债率超过70%，偿债压力较大，财务结构有待优化。50家上市公司2017年度财务费用总额为46.95亿元，同比增长29.95%，可比增长11.98%，利息支出增加。

5. 利润分配情况

表8　　2017年重庆上市公司现金分红情况

| 2017年分红公司家数 | | | 2017年分红金额 | | |
|---|---|---|---|---|---|
| 家数 | 变动率（%） | 分红公司家数占地区公司总数比重 | 金额（亿元） | 变动率（%） | 分红金额占归属于母公司所有者的净利润比重 |
| 34 | 21.43 | 68% | 95.91 | 20.38 | 35.54% |

资料来源：重庆证监局。

## 四、重庆上市公司并购重组情况

### （一）并购重组基本情况

2017年度，重庆地区2家上市公司完成并购重组，涉及金额72.08亿元，其中，*ST建峰实施重大资产重组，发行股份购买重庆医药96.59%股份，涉及金额66.97亿元，化解了*ST建峰退市风险；ST嘉陵出售子公司嘉陵全域45%股权及相关资产，涉及金额5.11亿元。

### （二）并购重组特点

在宏观经济运行稳中向好、供给侧结构性改革逐步深化的背景下，2017年重庆上市公司积极利用资本市场优化资源配置功能，通过并购重组促进产业结构调整升级。有的公司通过并购重组退出亏损行业，进入医药领域；有的公司通过向大股东出售资产，进一步整合资源。资本市场进一步发挥服务实体经济发展的功能作用。

## 五、重庆上市公司募集资金情况、使用情况

### （一）募集资金总体情况

表 9　　2017 年重庆上市公司募集资金情况

| 发行类型 | 代码 | 简称 | 募集资金（亿元） |
|---|---|---|---|
| 首发 | 600939 | 重庆建工 | 5.66 |
| | 603717 | 天域生态 | 6.32 |
| | 603758 | 秦安股份 | 6.48 |
| | 002872 | 天圣制药 | 11.86 |
| | 603976 | 正川股份 | 3.87 |
| | 002907 | 华森制药 | 1.81 |
| | 小计 | | 36.00 |
| 再融资（增发、配股） | 000950 | *ST 建峰 | 66.97 |
| | 小计 | | 66.97 |
| 其他融资（公司债券、短期融资券、中期票据、次级债、金融债、境外发行债券） | 601127 | 小康股份 | 15.00 |
| | 600369 | 西南证券 | 10.00 |
| | 002742 | 三圣股份 | 5.00 |
| | 小计 | | 30.00 |
| 总计 | | | 132.97 |

资料来源：重庆证监局。

### （二）募集资金使用情况及特点

2017 年，重庆 6 家上市公司通过首发新增募集资金，计划投入募集资金 33.04 亿元，已投入募集资金 17.95 亿元，完成比例为 54.33%。部分公司利用暂时闲置募集资金购买安全性高的理财产品，以提高资金使用效益。

### （三）募集资金变更情况

表 10　　2017 年重庆上市公司募集资金使用项目变更情况

| 变更募集资金使用项目的公司家数 | 涉及金额（亿元） | 募集资金总额（亿元） | 占公司募集资金总额的比例（%） |
|---|---|---|---|
| 1 | 1.99 | 11.85 | 16.79 |

资料来源：重庆证监局。

## 六、重庆上市公司规范运作情况

### （一）上市公司治理专项情况

2017 年，重庆证监局按照全国证券期货监管工作会议的总体部署以及中国证监会的要求，坚持稳中求进工作总基调，继续深化依法、全面、从严监管，服务实体经济发展。一是加强上市公司风险研判和监测，全年共开展风险排查 3 次。二是持续加大非现场检查监管力度，针对非现场监管发现的问题及时启动现场检查。三是深入贯彻从严监管要求，加大现场检查和违规处理力度，全年共开展上市公司现场检查 21 家次，覆盖面积 42%，对 3 家公司采取行政监管措施。

### （二）审计情况及监管情况

重庆 50 家上市公司均按时披露了 2017 年年度报告和审计报告。其中，48 家公司的审计意见为标准无保留意见，2 家公司的审计意见为带强调事项段的无保留意见。为提高年报审计监管的前瞻性，重庆证监局周密部署，制定上市公司年报监管工作方案，逐家约谈审计机构，通报监管关注问题，列席会计师与上市公司独立董事、审计委员会的沟通会。2017 年重庆证监局对 3 家上市公司进行了年报现场检查。

### （三）信息披露情况

2017 年，重庆证监局立足信息披露监管，持续督促辖区上市公司提升信息披露质量。借力中介机构，通过约见谈话、审阅审计计划、现场督导等手段，督促审计机构等中介机构勤勉尽责，提高上市公司信息披露质量。加强与沪深交易所的监管协作，提升信息披露监管的及时性和全面性。总体来看，辖区上市公司能够按照要求及时披露定期报告和临时公告，个别公司仍存在信息披露不及时、不完整的情况。

### （四）证券市场服务情况

寓监管于服务之中。在加大监管力度的同时，持续开展多种形式的合规培训，包括 IPO 公司及新任董监高培训，上市公司及中介机构违规警示教育等，促进辖区上市公司提高规范运作水平。

深化投资者保护工作。一是坚持把投资者保护的要求全面嵌入日常监管，妥善处理投诉举报。二是开展投资者网上集体接待日活动，联合深交所开展“走进上市公司”活动等，引导上市公司积极回应投资者关切。三是持续推动上市公司健全投资者回报机制，开展现金分红，2017 年辖区上市公司实施现金分红 95.91 亿元，同比增长 20.38%。

### （五）以市场化、法制化方式推动国企改革脱困的情况

重庆钢铁前身为清朝汉阳铁厂，1997 年、2007 年分别在香港联交所、上海证交所上市。由于行业低迷、产品结构与市场需求错配等因素，公司自 2011 年起连

年亏损，截至2016年12月，公司资产总额364.38亿元，负债总额365.45亿元。重庆钢铁如破产清算或退市，将涉及17.7万中小投资者、1400多户债权人、8200多名职工的切身利益，对地区金融生态环境和社会稳定将造成重大影响。为避免公司破产清算，在重庆市委、市政府的主导下，多方共同努力积极推动重庆钢铁司法重整，中国证监会和重庆证监局主动担当积极配合，2017年4月启动司法重整，2017年年底重整执行完毕，重庆钢铁实现涅槃重生。

重庆钢铁司法重整成为第一家“A+H”股上市公司重整案件、第一家采取全网络形式召开债权人大会的上市公司，资产和负债规模、债权人数和股东人数均为目前国内上市公司重整案件之最。

审稿人：张姗姗

撰稿人：刘然、吴丹

# 四川地区

## 一、四川国民经济发展概况

表 1　　2017 年四川国民经济发展概况　　单位：亿元

| 指标 | 1~3月 | | 1~6月 | | 1~9月 | | 1~12月 | |
|---|---|---|---|---|---|---|---|---|
| | 绝对量 | 同比增长（%） | 绝对量 | 同比增长（%） | 绝对量 | 同比增长（%） | 绝对量 | 同比增长（%） |
| 地区生产总值（GDP） | 7552.00 | 8.20 | 16080.33 | 8.20 | 27297.19 | 8.10 | 36980.22 | 8.10 |
| 全社会固定资产投资 | 6849.82 | 12.60 | 15769.31 | 12.50 | 23723.93 | 10.80 | 31235.89 | 10.60 |
| 社会消费品零售总额 | 4051.04 | 12.30 | 8312.67 | 12.40 | 12555.30 | 12.10 | 17480.53 | 12.00 |
| 规模以上工业增加值 | — | 8.50 | — | 8.60 | — | 8.30 | — | 8.50 |
| 规模以上工业企业实现利润 | 643.50 | 26.00 | 1276.90 | 22.40 | 1899.80 | 23.00 | 2610.60 | 29.00 |
| 居民消费价格指数（CPI） | 1~3月 | | 1~6月 | | 1~9月 | | 1~12月 | |
| | 0.90 | | 1.40 | | 1.40 | | 1.40 | |

资料来源：国家统计局。

## 二、四川上市公司总体情况

### （一）公司数量

表 2　　2017 年四川上市公司数量　　单位：家

| 公司总数 | 2017年新增 | 股票类别 | | | 板块分布 | | | |
|---|---|---|---|---|---|---|---|---|
| | | 仅A股 | 仅B股 | （A+B）股 | 沪市主板 | 深市主板 | 中小板 | 创业板 |
| 115 | 5 | 115 | 0 | 0 | 39 | 23 | 27 | 26 |

资料来源：沪深交易所，同花顺。

## （二）行业分布

表 3　　2017 年四川上市公司行业分布情况

| 所属证监会行业类别 | 家数 | 占比（%） | 所属证监会行业类别 | 家数 | 占比（%） |
|---|---|---|---|---|---|
| 农、林、牧、渔业 | 0 | 0.00 | 金融业 | 1 | 0.87 |
| 采矿业 | 1 | 0.87 | 房地产业 | 2 | 1.74 |
| 制造业 | 76 | 66.09 | 租赁和商务服务业 | 3 | 2.61 |
| 电力、热力、燃气及水生产和供应业 | 9 | 7.83 | 科学研究和技术服务业 | 2 | 1.74 |
| 建筑业 | 3 | 2.61 | 水利、环境和公共设施管理业 | 1 | 0.87 |
| 批发和零售业 | 3 | 2.61 | 教育 | 0 | 0.00 |
| 交通运输、仓储和邮政业 | 2 | 1.74 | 卫生和社会工作 | 0 | 0.00 |
| 住宿和餐饮业 | 0 | 0.00 | 文化、体育和娱乐业 | 2 | 1.74 |
| 信息传输、软件和信息技术服务业 | 10 | 8.70 | 综合 | 0 | 0.00 |
| 合计 | 115 | 100 | | | |

资料来源：沪深交易所，同花顺。

## （三）股本结构及规模

表 4　　2017 年四川上市公司股本规模在 10 亿股以上公司分布情况

| 股本规模（亿股） | 公司家数 | 具体公司 |
|---|---|---|
| 50≤～＜100 | 2 | *ST 钒钛，和邦生物 |
| 20≤～＜50 | 13 | 兴蓉环境，五粮液，新希望，四川路桥，国金证券，宏达股份，通威股份，蓝光发展，中铁工业，川投能源，四川长虹，东方电气，四川成渝 |
| 10≤～＜20 | 17 | 川化股份，泸州老窖，四川九洲，创维数字，印纪传媒，三泰控股，科伦药业，天齐锂业，云图控股，利君股份，红旗连锁，易见股份，正源股份，鹏博士，茂业商业，博瑞传播，新华文轩 |

资料来源：沪深交易所，同花顺。

表 5　　2017 年四川上市公司分地区股权构成情况　　单位：家

| 地域分布＼股权性质 | 央企国资控股 | 省属国资控股 | 地市国资控股 | 民营控股 | 其他 | 合计 |
|---|---|---|---|---|---|---|
| 成都市 | 7 | 6 | 3 | 47 | 7 | 70 |
| 自贡市 | 0 | 0 | 1 | 2 | 0 | 3 |
| 攀枝花市 | 1 | 0 | 0 | 0 | 0 | 1 |
| 泸州市 | 1 | 0 | 2 | 0 | 0 | 3 |
| 德阳市 | 0 | 0 | 0 | 1 | 0 | 1 |
| 什邡市 | 0 | 0 | 0 | 2 | 0 | 2 |
| 绵阳市 | 0 | 0 | 2 | 5 | 1 | 8 |
| 峨眉山市 | 0 | 0 | 1 | 0 | 0 | 1 |
| 遂宁市 | 2 | 0 | 0 | 3 | 1 | 6 |
| 内江市 | 0 | 1 | 0 | 0 | 0 | 1 |
| 乐山市 | 0 | 0 | 0 | 4 | 1 | 5 |
| 南充市 | 0 | 0 | 1 | 1 | 0 | 2 |
| 眉山市 | 0 | 0 | 0 | 2 | 0 | 2 |
| 宜宾市 | 0 | 0 | 3 | 1 | 0 | 4 |
| 广安市 | 0 | 0 | 1 | 0 | 0 | 1 |
| 达州市 | 0 | 0 | 0 | 1 | 0 | 1 |
| 雅安市 | 0 | 0 | 0 | 1 | 0 | 1 |
| 阿坝藏族羌族自治州 | 1 | 0 | 0 | 0 | 0 | 1 |
| 西昌市 | 1 | 0 | 0 | 0 | 0 | 1 |
| 江油市 | 0 | 0 | 0 | 1 | 0 | 1 |
| 合计 | 13 | 7 | 14 | 71 | 10 | 115 |

资料来源：四川证监局。

### （四）市值规模

截至 2017 年 12 月 31 日，四川 115 家上市公司境内总市值 15058.25 亿元，占全国上市公司境内总市值的 2.65%；其中，上交所上市公司 39 家，总股本 555.00 亿股，境内总市值 4510.87 亿元，占上交所上市公司境内总市值的 1.36%；深交所上市公司 76 家，总股本 586.43 亿股，境内总市值 10547.38 亿元，占深交所上市公司境内总市值的 4.47%。

### （五）资产规模

截至 2017 年 12 月 31 日，四川 115 家上市公司合计总资产 10699.91 亿元，归属于母公司股东权益 4598.96 亿元，与 2016 年相比，分别增长 8.24%、15.33%；平均每股净资产 3.97 元。

## 三、四川上市公司经营情况及变动分析

### （一）总体经营情况

表 6　　2017 年四川上市公司经营情况

| 指标 | 2017 年 | 2016 年 | 变动率（%） |
|---|---|---|---|
| 家数 | 115 | 110 | 4.55 |
| 亏损家数 | 7 | 15 | -53.33 |
| 亏损家数比例（%） | 6.09 | 13.64 | -7.55 |
| 平均每股收益（元） | 0.37 | 0.24 | 54.17 |
| 平均每股净资产（元） | 3.97 | 3.78 | 5.03 |
| 平均净资产收益率（%） | 9.25 | 6.42 | 2.83 |
| 总资产（亿元） | 10699.91 | 9885.07 | 8.24 |
| 归属于母公司股东权益（亿元） | 4598.96 | 3987.72 | 15.33 |
| 营业收入（亿元） | 5543.04 | 5276.16 | 5.06 |
| 利润总额（亿元） | 565.03 | 355.47 | 58.95 |
| 归属于母公司所有者的净利润（亿元） | 425.4 | 255.89 | 66.24 |

资料来源：沪深交易所，同花顺。

### （二）分行业经营情况

表 7　　2017 年四川上市公司分行业经营情况

| 所属行类 | 营业收入（亿元） | 可比样本变动率（%） | 归属于母公司所有者的净利润（亿元） | 可比样本变动率（%） |
|---|---|---|---|---|
| 农、林、牧、渔业 | 0.00 | — | 0.00 | — |
| 采矿业 | 3.91 | -80.98 | -22.88 | -469.15 |
| 制造业 | 4006.08 | 0.53 | 289.01 | 122.13 |
| 电力、热力、燃气及水生产和供应业 | 135.75 | 2.05 | 47.39 | -7.73 |
| 建筑业 | 353.23 | 6.13 | 11.11 | -0.63 |
| 批发和零售业 | 217.97 | 12.93 | 11.55 | 59.53 |
| 交通运输、仓储和邮政业 | 90.60 | -4.19 | 9.92 | -13.13 |
| 住宿和餐饮业 | 0.00 | — | 0.00 | — |
| 信息传输、软件和信息技术服务业 | 145.20 | 2.89 | 17.12 | 26.44 |
| 金融业 | 43.91 | -5.99 | 12.01 | -7.54 |

续表

| 所属行类 | 营业收入（亿元） | 可比样本变动率（%） | 归属于母公司所有者的净利润（亿元） | 可比样本变动率（%） |
|---|---|---|---|---|
| 房地产业 | 245.91 | 15.27 | 13.74 | 59.40 |
| 租赁和商务服务业 | 194.09 | -2.49 | 22.36 | 18.31 |
| 科学研究和技术服务业 | 13.21 | 22.43 | 2.53 | 47.95 |
| 水利、环境和公共设施管理业 | 10.79 | 3.55 | 1.97 | 3.14 |
| 教育 | 0.00 | — | 0.00 | — |
| 卫生和社会工作 | 0.00 | — | 0.00 | — |
| 文化、体育和娱乐业 | 82.40 | 11.93 | 9.59 | 35.45 |
| 综合 | 0.00 | — | 0.00 | — |
| 合计 | 5543.04 | 1.63 | 425.40 | 56.38 |

资料来源：沪深交易所，同花顺。

### （三）业绩变动情况分析

1. 营业收入、毛利率等变动原因分析

2017 年，四川上市公司营业总收入 5543.04 亿元，较 2016 年增长 5.06%；营业成本 4140.79 亿元，较 2016 年增加 0.05%；销售费用、管理费用和财务费用合计 777.26 亿元，较 2016 年增加 6.41%；平均毛利率 32.24%，较 2016 年上升 1.74 个百分点。总体来看，营业收入增幅大于营业成本增幅，毛利率小幅上升。

2. 盈利构成分析

从盈利结构来看，2017 年，四川上市公司营业利润占利润总额的比重进一步提升，达到 101.07%，比 2016 年上升 2.07 个百分点，原因是营业外收入小于营业外支出。归属母公司净利润在 5 亿元以上的 24 家，比 2016 年增加 5 家，总额 380.85 亿元，占四川上市公司归属母公司净利润总额的 89.58%。*ST 华泽和 *ST 天化分别亏损 22.87 亿元和 14.87 亿元，对整体经济效果影响较大。

3. 经营性现金流量分析

2017 年，四川 84 家上市公司经营现金流量净额为正，占 115 家上市公司的 73.04%，低于 2016 年 78.18% 的水平。

4. 业绩特点分析

2017 年，四川上市公司实现归属母公司所有者净利润 425.4 亿元，较 2016 年大幅增长 66.24%。平均每股收益 0.37 元，较 2016 年增长 54.17%。

5. 利润分配情况

2017 年，四川共有 83 家上市公司进行分红，总计分红 158.40 亿元，占四川上市公司归属母公司所有者净利润的 37.26%。其中，分红 5 亿元以上的公司 5 家，共计分红 93.41 亿元，占总分红的 58.97%，白酒类上市公司现金分红占据前两位，共计 68.76 亿元，占总分红的 43.41%。具体如表 8 所示。

表 8　　2017 年四川上市公司现金分红情况

| 2017 年分红公司家数 | | | 2017 年分红金额 | | |
|---|---|---|---|---|---|
| 家数 | 变动率（%） | 分红公司家数占地区公司总数比重 | 金额（亿元） | 变动率（%） | 分红金额占归属于母公司所有者的净利润比重 |
| 83 | 10.67 | 72.17% | 158.4 | 8.12 | 37.26% |

资料来源：四川证监局。

## 四、四川上市公司并购重组情况

### （一）并购重组基本情况

2017 年，四川共有 12 家公司筹划重大并购重组事项 13 次，有 12 家上市公司（国金证券、迅游科技、金宇车城、北化股份、蓝光发展、茂业商业、川能动力、三泰控股、金石东方、贝瑞基因、长城动漫、中铁工业）完成重大并购重组 12 次，涉及交易金额 392.90 亿元，完成并购重组数量较 2016 年同期上涨 20.00%，交易金额较 2016 年同期增加 23.29%。

### （二）并购重组特点

一是横向整合的产业并购逐渐成为主流。2017 年，四川完成的 12 次重大并购重组交易中一半为同行业收购，上市公司通过并购重组实现整合，提高了产业集中度和核心竞争力，不少企业降低了成本，培育了发展新动能。二是民营经济并购重组活跃。在四川 2017 年筹划的重大重组项目中，民营企业占比达 83.33%。三是借壳上市金额巨大。在四川 2017 年完成的并购重组中，借壳上市金额达 159.90 亿元，占并购重组金额的 40.70%。

## 五、四川上市公司募集资金情况、使用情况

### （一）募集资金总体情况

表 9　　2017 年四川上市公司募集资金情况

| 发行类型 | 代码 | 简称 | 募集资金（亿元） |
|---|---|---|---|
| 首发 | 603477 | 振静股份 | 3.34 |
| | 603809 | 豪能股份 | 5.97 |
| | 300696 | 爱乐达 | 3.86 |
| | 300678 | 中科信息 | 1.96 |
| | 603679 | 华体科技 | 2.36 |
| | 小计 | | 17.49 |

续表

| 发行类型 | 代码 | 简称 | 募集资金（亿元） |
|---|---|---|---|
| 再融资（增发、配股） | 002466 | 天齐锂业 | 16.33 |
| | 600528 | 中铁工业 | 60.00 |
| | 000710 | 贝瑞基因 | 43.00 |
| | 000568 | 泸州老窖 | 30.00 |
| | 002268 | 卫士通 | 26.93 |
| | 300467 | 迅游科技 | 23.75 |
| | 600039 | 四川路桥 | 23.10 |
| | 002246 | 北化股份 | 9.85 |
| | 300434 | 金石东方 | 8.00 |
| | 000876 | 新希望 | 4.00 |
| | 300425 | 环能科技 | 1.74 |
| | 300414 | 中光防雷 | 0.81 |
| | 小计 | | 247.51 |
| 其他融资（公司债券、短期融资券、中期票据、次级债、金融债、境外发行债券） | 002422 | 科伦药业（2次）（公司债） | 14.00 |
| | 600804 | 鹏博士（公司债） | 10.00 |
| | 002630 | 华西能源（2次）（公司债） | 20.00 |
| | 600093 | 易见股份（公司债） | 5.00 |
| | 002480 | 新筑股份（公司债） | 3.00 |
| | 002926 | 华西证券（2次）（金融债） | 31.00 |
| | 小计 | | 83.00 |
| 总计 | | | 348.00 |

资料来源：四川证监局。

### （二）募集资金使用情况及特点

2017年，四川上市公司通过资本市场直接融资348.00亿元（不含H股融资），其中，A股首发股本融资（IPO）17.49亿元，再融资247.51亿元，公司债券融资52亿元，金融债融资31亿元，资本市场有力地支持了四川上市公司持续健康发展。上市公司募集资金主要用于以下方面：一是增资或收购外部资产；二是用于新建扩建自有项目；三是补充流动资金、归还银行贷款。2017年度募集资金使用情况整体正常，基本符合募投项目计划安排。

### （三）募集资金变更情况

2017年，四川有3家公司变更募集资金使用项目，变更项目涉及金额约为2.62亿元。变更募集资金用途的主要原因有：将结余和超募资金永久补充流动资金。上述公司募集资金的变更均经过董事会或股东大会批准并公告披露。具体如表10所示。

表10　2017年四川上市公司募集资金使用项目变更情况

| 变更募集资金使用项目的公司家数 | 涉及金额（亿元） | 募集资金总额（亿元） | 占公司募集资金总额的比例（%） |
|---|---|---|---|
| 3 | 2.62 | 16.43 | 15.95 |

资料来源：四川证监局。

## 六、四川上市公司规范运作情况

### （一）上市公司治理专项情况

一是通过集中培训、部分座谈等多种方式，督促上市公司规范运作，促进上市公司高质量发展。组织了内容涵盖上市公司信息披露规范、合规交易、减持新规、并购重组等内容的辖区上市公司高管培训，辖区内61家次企业的197位高管参加了培训。二是以《上市公司现金分红监管指引》为依托，积极开展现金分红监管，推动长期未分红上市公司完善现金分红机制。三是做好上市公司承诺履行监管，督促辖区上市公司及相关方严肃对待承诺事项，严格履行承诺事项。

### （二）审计情况及监管情况

2017年，四川辖区115家上市公司中，114家按期披露了年度财务报表审计报告，*ST华泽延至2018年6月末披露。从审计意见类型来看，标准无保留意见110家，带强调事项段的无保留意见2家，无法表示意见1家，保留意见2家。

四川证监局坚决贯彻落实“依法、全面、从严”的监管理念，牢牢把握“稳重求进”的工作总基调，紧紧围绕“强监管、防风险、促发展”的主线，把风险防控放在更加突出的位置，以科技手段优化监管，守住不发生系统性风险的底线，持续提高上市公司质量。

### （三）信息披露情况

经过不断的监管引导和培训教育，四川辖区上市公司信息披露事务管理能力逐年加强，信息披露质量不断提升，有效地维护了广大投资者的知情权。四川证监局运用科技监管系统快速、高效地对上市公司信息进行全方位收集、分析、整理，实时关注媒体舆情，对重大媒体质疑事项及时反应与核查。2017年，针对上市公司信息披露等违规事项，四川证监局对上市公司及相关方采取行政监管措施共计19次，通过加强监管及时纠偏，提高了四川资本市场的透明度。

### （四）证券市场服务情况

一直以来，四川证监局高度重视投资者保护工作，2017年组织辖区上市公司开展系列投资者保护活动。一是组织开展上市公司咨询服务电话接听情况专项治理工作，针对电话无人接听的情况，立即要求公司提交书面报告，制定落实整改方案，切实保障投资者权益。二是联合深圳证券交易所、四川省证券期货业协会、中证中小投资者服务中心、四川省上市公司协会共同主办“投资者服务西部行”系列活动。通过举办投资者大讲堂、调研投教基地、走进券商营业部、走进上市公司等活动，把投资者服务中心的公益服务带到四川地区中小投资者身边。三是指导四川省上市公司协会，联合上证所信息网络有限公司和上海证券报共同举办“2017年四川辖区上交所上市公司投资者集体接待日”主题活动及“董秘值班周”活动。通过投资者与上市公司网络互动交流的方式，推动辖区上市公司加强与广大投资者特别是中小投资者的沟通与交流，切实提高上市公司透明度和公司治理水平，将投资者权益保护责任落到实处。

审稿人：侯睿、姜志华

撰稿人：刘飞、熊城棋

# 贵州地区

## 一、贵州国民经济发展概况

表 1　　2017 年贵州国民经济发展概况　　单位：亿元

| 指标 | 1～3 月 | | 1～6 月 | | 1～9 月 | | 1～12 月 | |
|---|---|---|---|---|---|---|---|---|
| | 绝对量 | 同比增长（%） | 绝对量 | 同比增长（%） | 绝对量 | 同比增长（%） | 绝对量 | 同比增长（%） |
| 地区生产总值（GDP） | 2504.83 | 10.20 | 5732.35 | 10.40 | 9499.53 | 10.06 | 13540.83 | 10.22 |
| 全社会固定资产投资 | 2215.29 | 21.00 | 5714.90 | 21.00 | 9541.65 | 20.50 | 15288.01 | 20.10 |
| 社会消费品零售总额 | 958.96 | 13.00 | 1913.70 | 13.10 | 2933.54 | 12.30 | 4514.00 | 12.00 |
| 规模以上工业增加值 | 1101.78 | 9.90 | 2366.40 | 10.00 | 3244.76 | 9.10 | 4304.80 | 9.50 |
| 规模以上工业企业实现利润 | 191.40 | 26.80 | 397.40 | 27.90 | 633.20 | 39.30 | 873.10 | 46.80 |
| 居民消费价格指数（CPI） | 1～3 月 | | 1～6 月 | | 1～9 月 | | 1～12 月 | |
| | 0.50 | | 1.00 | | 0.80 | | 1.00 | |

资料来源：国家统计局。

## 二、贵州上市公司总体情况

### （一）公司数量

表 2　　2017 年贵州上市公司数量　　单位：家

| 公司总数 | 2017 年新增 | 股票类别 | | | 板块分布 | | | |
|---|---|---|---|---|---|---|---|---|
| | | 仅 A 股 | 仅 B 股 | （A+B）股 | 沪市主板 | 深市主板 | 中小板 | 创业板 |
| 27 | 4 | 27 | 0 | 0 | 14 | 5 | 7 | 1 |

资料来源：沪深交易所，同花顺。

## （二）行业分布

表3　　2017年贵州上市公司行业分布情况

| 所属证监会行业类别 | 家数 | 占比（%） | 所属证监会行业类别 | 家数 | 占比（%） |
|---|---|---|---|---|---|
| 农、林、牧、渔业 | 0 | 0.00 | 金融业 | 1 | 3.70 |
| 采矿业 | 1 | 3.70 | 房地产业 | 1 | 3.70 |
| 制造业 | 18 | 66.67 | 租赁和商务服务业 | 0 | 0.00 |
| 电力、热力、燃气及水生产和供应业 | 2 | 7.41 | 科学研究和技术服务业 | 1 | 3.70 |
| 建筑业 | 0 | 0.00 | 水利、环境和公共设施管理业 | 0 | 0.00 |
| 批发和零售业 | 1 | 3.70 | 教育 | 0 | 0.00 |
| 交通运输、仓储和邮政业 | 0 | 0.00 | 卫生和社会工作 | 0 | 0.00 |
| 住宿和餐饮业 | 0 | 0.00 | 文化、体育和娱乐业 | 0 | 0.00 |
| 信息传输、软件和信息技术服务业 | 2 | 7.41 | 综合 | 0 | 0.00 |
| 合计 | 27 | 100 | | | |

资料来源：沪深交易所，同花顺。

## （三）股本结构及规模

表4　　2017年贵州上市公司股本规模在10亿股以上公司分布情况

| 股本规模（亿股） | 公司家数 | 具体公司 |
|---|---|---|
| 20≤～<50 | 2 | 中天金融，贵阳银行 |
| 10≤～<20 | 6 | 信邦制药，贵州百灵，圣济堂，盘江股份，贵州茅台，贵广网络 |

资料来源：沪深交易所，同花顺。

表5　　2017年贵州上市公司分地区股权构成情况　　单位：家

| 股权性质／地域分布 | 央企国资控股 | 省属国资控股 | 地市国资控股 | 民营控股 | 其他 | 合计 |
|---|---|---|---|---|---|---|
| 贵阳市 | 8 | 1 | 1 | 7 | 2 | 19 |
| 遵义市 | 0 | 2 | 0 | 1 | 0 | 3 |
| 六盘水市 | 0 | 1 | 0 | 0 | 0 | 1 |
| 安顺市 | 0 | 0 | 1 | 1 | 0 | 2 |

续表

| 股权性质 / 地域分布 | 央企国资控股 | 省属国资控股 | 地市国资控股 | 民营控股 | 其他 | 合计 |
|---|---|---|---|---|---|---|
| 黔南州 | 0 | 0 | 0 | 2 | 0 | 2 |
| 合计 | 8 | 4 | 2 | 11 | 2 | 27 |

资料来源：贵州证监局。

### （四）市值规模

截至2017年12月31日，贵州27家上市公司境内总市值11306.70亿元，占全国上市公司境内总市值的1.99%；其中，上交所上市公司14家，总股本122.52亿股，境内总市值9997.26亿元，占上交所上市公司境内总市值的3.01%；深交所上市公司13家，总股本119.97亿股，境内总市值1309.44亿元，占深交所上市公司境内总市值的0.56%。

### （五）资产规模

截至2017年12月31日，贵州27家上市公司合计总资产8568.61亿元，归属于母公司股东权益1988.09亿元，与2016年相比，分别增长24.83%、19.93%；平均每股净资产8.20元。

## 三、贵州上市公司经营情况及变动分析

### （一）总体经营情况

表6　2017年贵州上市公司经营情况

| 指标 | 2017年 | 2016年 | 变动率（%） |
|---|---|---|---|
| 家数 | 27 | 23 | 17.39 |
| 亏损家数 | 1 | 2 | -50.00 |
| 亏损家数比例（%） | 3.7 | 8.7 | -5.00 |
| 平均每股收益（元） | 1.59 | 1.14 | 39.47 |
| 平均每股净资产（元） | 8.2 | 7.27 | 12.79 |
| 平均净资产收益率（%） | 19.43 | 15.75 | 3.68 |
| 总资产（亿元） | 8568.61 | 6864.18 | 24.83 |
| 归属于母公司股东权益（亿元） | 1988.09 | 1657.69 | 19.93 |
| 营业收入（亿元） | 1682.97 | 1320.86 | 27.41 |
| 利润总额（亿元） | 524.32 | 353.94 | 48.14 |
| 归属于母公司所有者的净利润（亿元） | 386.2 | 261.05 | 47.94 |

资料来源：沪深交易所，同花顺。

## （二）分行业经营情况

表 7 2017 年贵州上市公司分行业经营情况

| 所属行类 | 营业收入（亿元） | 可比样本变动率（%） | 归属于母公司所有者的净利润（亿元） | 可比样本变动率（%） |
|---|---|---|---|---|
| 农、林、牧、渔业 | 0.00 | — | 0.00 | — |
| 采矿业 | 60.81 | 55.37 | 8.77 | 347.45 |
| 制造业 | 1133.88 | 30.64 | 296.25 | 58.23 |
| 电力、热力、燃气及水生产和供应业 | 51.98 | 24.15 | 4.58 | 100.00 |
| 建筑业 | 0.00 | — | 0.00 | — |
| 批发和零售业 | 89.76 | 3.48 | 1.79 | 123.75 |
| 交通运输、仓储和邮政业 | 0.00 | — | 0.00 | — |
| 住宿和餐饮业 | 0.00 | — | 0.00 | — |
| 信息传输、软件和信息技术服务业 | 29.85 | 11.09 | 5.39 | 2.08 |
| 金融业 | 124.77 | 22.82 | 45.31 | 24.00 |
| 房地产业 | 172.64 | -11.90 | 20.82 | -29.16 |
| 租赁和商务服务业 | 0.00 | — | 0.00 | — |
| 科学研究和技术服务业 | 19.27 | 21.50 | 3.29 | 104.35 |
| 水利、环境和公共设施管理业 | 0.00 | — | 0.00 | — |
| 教育 | 0.00 | — | 0.00 | — |
| 卫生和社会工作 | 0.00 | — | 0.00 | — |
| 文化、体育和娱乐业 | 0.00 | — | 0.00 | — |
| 综合 | 0.00 | — | 0.00 | — |
| 合计 | 1682.97 | 22.31 | 386.20 | 45.68 |

资料来源：沪深交易所，同花顺。

## （三）业绩变动情况分析

1. 营业收入、毛利率等变动原因分析

2017 年贵州上市公司营业收入较 2016 年可比样本增长 22.26%，增速提高 6.23 个百分点。营业收入最高的 3 家公司为贵州茅台（610.63 亿元）、中天金融（172.64 亿元）、贵阳银行（124.77 亿元）。3 家公司营业收入占贵州上市公司总营业收入的 53.95%；2017 年营业收入较 2016 年增加 208.93 亿元，占贵州上市公司总增加额的 68.19%。2017 年贵州上市公司总体毛利率 52.48%，较 2016 年提高 3.66%。

2. 盈利构成分析

2017 年贵州上市公司归属母公司股东的净利润为 386.20 亿元，投资净收益 9.14 亿元，占归属于母公司股东净利润的

2.37%；非经常性损益10.46亿元，占归属于母公司股东净利润的2.71%，较2016年的4.37%下降1.66%。

3. 经营性现金流量分析

2017年度，贵州上市公司经营活动现金流入2576.94亿元，较2016年可比样本下降17.73%；经营活动现金流出2106.55亿元，较2016年可比样本增长5.49%；经营活动现金流量净额470.39亿元，较2016年可比样本下降58.57%；其中，中天金融、振华科技、圣济堂3家经营活动现金流量净额为负数，较2016年增加1家。

4. 业绩特点分析

一是盈利能力实现提升，2017年净资产收益率（ROE）、销售净利率、成本费用利润率较2016年均有所提高。二是收益质量进一步提升，2016年利润总额/营业收入实现了同比增长。三是资本结构更加合理，2017年加权平均资产负债率、权益乘数［1/（1－资产负债率）］同比2016年均有所下降。四是贵州茅台业绩表现突出，2017年实现归属母公司股东净利润270.79亿元，占贵州上市公司该项指标总额386.20亿元的70.12%。

5. 利润分配情况

表8　　2017年贵州上市公司现金分红情况

| 2017年分红公司家数 | | | 2017年分红金额 | | |
|---|---|---|---|---|---|
| 家数 | 变动率（%） | 分红公司家数占地区公司总数比重 | 金额（亿元） | 变动率（%） | 分红金额占归属于母公司所有者的净利润比重 |
| 22 | 10 | 81.48% | 162.96 | 45.84 | 42.20% |

资料来源：贵州证监局。

## 四、贵州上市公司并购重组情况

### （一）并购重组基本情况

2017年度，贵州上市公司主要有中天金融、益佰制药、永吉股份实施了并购重组。

中天金融拟以不超过310亿元收购北京千禧世豪电子科技有限公司以及北京中胜世纪科技有限公司持有的华夏人寿保险股份有限公司21%～25%股权，进而成为华夏人寿第一大股东。截至2017年12月31日，交易各方签订了《中天金融集团股份有限公司与北京千禧世豪电子科技有限公司和北京中胜世纪科技有限公司之框架协议》与《中天金融集团股份有限公司与北京千禧世豪电子科技有限公司和北京中胜世纪科技有限公司之框架协议的补充协议》。如本次交易成功实施，将促进中天金融在保险行业的优化布局，有利于公司进一步向金融行业转型。

益佰制药以人民币13500万元的对价，受让四川富临实业集团有限公司持有的绵阳富临医院90%股权。另外，出资4030万元，通过协议转让、增资的方式，获得辽阳市曼迪科医疗企业管理服务有限公司59%的股权。益佰制药作为医药制造公司，收购医院有利于公司拓展主业，并开拓新的发展空间。

永吉股份出资人民币1470万元，收购自然人金瑕芝、贵州一箔金包装材料有限公司持有的贵州金马包装材料有限公司100%股权。金马包装是一家专业生产铝箔纸和框架纸的公司，是贵州中烟的烟用铝箔纸和框架纸的主要供应商之一。收购完成后，永吉股份持有金马包装100%股权，有助于进一步完善公司主营产品的结构，提高上市公司在贵州中烟供应商中的竞争地位。

### （二）并购重组特点

一是2017年贵州辖区各上市公司开展的并购重组事项在规模上差异较大。二是各公司收购标的均与上市公司主营业务相关。三是开展并购重组的方式主要为现金收购。

## 五、贵州上市公司募集资金情况、使用情况

### （一）募集资金总体情况

表9　　2017年贵州上市公司募集资金情况

| 发行类型 | 代码 | 简称 | 募集资金（亿元） |
|---|---|---|---|
| 首发 | 600903 | 贵州燃气 | 2.70 |
| | 002895 | 川恒股份 | 2.81 |
| | 603458 | 勘设股份 | 9.11 |
| | 002873 | 新天药业 | 3.17 |
| | 小计 | | 17.79 |
| 再融资（增发、配股） | 000851 | 高鸿股份 | 1.55 |
| | 小计 | | 1.55 |
| 其他融资（公司债券） | 000920 | 南方汇通 | 1 |
| | 600594 | 益佰制药 | 5 |
| | 002390 | 信邦制药 | 3 |
| | 小计 | | 9 |
| 总计 | | | 28.34 |

资料来源：贵州证监局。

### （二）募集资金使用情况及特点

2017年度，贵州5家上市公司通过股权融资方式合计募集资金总额为19.34亿元，截至2017年年底累计使用募集资金14.26亿元，变更募集资金0亿元，尚未使用募集资金5.18亿元。

募集资金使用特点：一是无上市公司进行募投项目变更。二是募集资金使用效率较高，累计已使用募集资金占募集资金总额的比例达74%，其中贵州燃气因募集资金到账时间为11月底，导致未投入

使用。三是部分上市公司在不影响募投项目投资进度的前提下，经履行必要审批程序后，动用尚未使用募集资金暂时补充流动资金、购买理财产品等，提高闲置募集资金使用率。

## 六、贵州上市公司规范运作情况

### （一）上市公司治理专项情况

现场检查是发现和核实上市公司在公司治理方面是否存在问题的主要抓手。2017 年，贵州证监局持续开展推进上市公司治理工作，以“防范风险、化解风险”为出发点，采取风险和问题为导向，对 5 家上市公司分别开展各类现场检查，对公司三会运作、内部控制规范体系建设和运转、内幕信息知情人登记、专门委员会职能发挥、财务核算基础规范等方面进行了较为详细的检查。根据检查结果，对 2 家公司下发年报问询函，对 1 家公司采取出具警示函的行政监管措施，对 1 家公司采取下发监管关注函的日常监管措施。

### （二）审计情况及监管情况

2017 年，贵州证监局按照证监会会计部的部署要求，通过“双随机”抽查、项目延伸检查等多种方式，进一步加强对会计师事务所的监管。一是加强上市公司年报审计监管，督促会计师事务所勤勉尽责。年报审计前，及时审阅审计计划，约谈辖区所有上市公司审计机构，做到计划早、范围广、重点明。年报审计中，适时跟进审计进度，及时掌握审计情况，督促审计机构提高审计质量。二是认真开展现场检查。通过“双随机”抽查对 1 个上市公司项目进行现场检查或延伸检查；通过日常监管中的风险分析，对 2 个上市公司项目进行现场检查或延伸检查。共对 2 家会计师事务所下发结果告知书。

### （三）信息披露情况

在日常监管中，贵州证监局围绕上市公司信息披露、信访投诉、媒体质疑等情形，进一步加强沟通协作，不断强化风险防范和及时处置，督促上市公司提高信息披露质量，坚决维护市场稳定，充分保障投资者权益。一是及时审阅贵州辖区上市公司公告 2964 份，对发现的疑点或问题及时关注并第一时间与交易所和上市公司进行沟通，对于重大问题及时向证监会上市部请示，对于需要进行现场核查的事项果断采取行动，确保做到不遗漏问题、不忽视隐患、不延误处置。二是强化舆情监控，提升舆论风险应对能力。通过辖区资本市场舆情监控系统、中央信息监控平台以及四大法批媒体等平台和渠道，实时监测辖区上市公司舆情状况，对发现的上市公司所存在问题及时与上市公司沟通。三是加强投资者保护，妥善处理信访投诉。全年共通过电话闻讯、约见谈话等方式处理信访投诉 22 起。

### （四）证券市场服务情况

一是举办 2017 年上市公司董监事培

训班。贵州上市公司董事、监事，贵州证券业协会、贵州证监局部分人员近200人参加了培训。贵州证监局精选培训专家、精心设计课程、精准选择培训对象。贵州证监局旨在规范新任董监事对资本市场的规矩意识、促进公司规范运作。鼓励其他上市公司积极参与，加强新规新政的学习，主动防范风险。

二是以“提升公司内生动力，促进公司规范发展”为主要目的，对辖区新上市公司贵阳银行、贵广网络、永吉股份分别开展了监管谈心活动。活动由专人负责，“一司一谈”。采取“问答式”与“讲解式”相结合的方法，通过一对一问答，了解公司董事长、总经理、财务总监对资本市场的认识和需求。

三是加大促进资本市场扶贫攻坚的力度，提升服务实体经济的能力。召开资本市场产业扶贫交流暨助推安顺市产业扶贫项目推荐会，贵州辖区30家上市公司、新三板挂牌公司、拟上市公司高管，安顺市有关部门、各区县、管委会领导参加会议。与贵州省金融办联合主办“资本市场助推脱贫攻坚大会暨中国西部资本市场论坛”，会议邀请了来自沪深交易所、创投机构、创业企业、多家证券公司、贵州省本地企业、省市各级金融办等单位代表近500人参会。

审稿人：程催禧

撰稿人：杨德付、朱涵

# 云南地区

## 一、云南国民经济发展概况

表 1　　2017 年云南国民经济发展概况　　单位：亿元

| 指标 | 1～3 月 | | 1～6 月 | | 1～9 月 | | 1～12 月 | |
|---|---|---|---|---|---|---|---|---|
| | 绝对量 | 同比增长（%） | 绝对量 | 同比增长（%） | 绝对量 | 同比增长（%） | 绝对量 | 同比增长（%） |
| 地区生产总值（GDP） | 3115.66 | 9.90 | 6447.81 | 9.50 | 10646.65 | 9.00 | 16531.34 | 9.50 |
| 全社会固定资产投资 | 2665.91 | 17.00 | 7444.92 | 16.00 | 12463.49 | 17.00 | 18474.89 | 18.00 |
| 社会消费品零售总额 | 1445.13 | 12.30 | 2971.49 | 12.40 | 4629.95 | 12.30 | 6423.06 | 12.20 |
| 规模以上工业增加值 | — | 9.30 | 1705.54 | 9.90 | — | 9.30 | 3876.34 | 10.60 |
| 规模以上工业企业实现利润 | 225.60 | 128.60 | 385.50 | 75.30 | 544.30 | 67.30 | 772.00 | 145.90 |
| 居民消费价格指数（CPI） | 1～3 月 | | 1～6 月 | | 1～9 月 | | 1～12 月 | |
| | 0.80 | | 0.70 | | 0.90 | | 1.00 | |

资料来源：国家统计局。

## 二、云南上市公司总体情况

### （一）公司数量

表 2　　2017 年云南上市公司数量　　单位：家

| 公司总数 | 2017 年新增 | 股票类别 | | | 板块分布 | | | |
|---|---|---|---|---|---|---|---|---|
| | | 仅 A 股 | 仅 B 股 | （A+B）股 | 沪市主板 | 深市主板 | 中小板 | 创业板 |
| 34 | 2 | 34 | 0 | 0 | 14 | 8 | 10 | 2 |

资料来源：沪深交易所，同花顺。

## （二）行业分布

表 3　　2017 年云南上市公司行业分布情况

| 所属证监会行业类别 | 家数 | 占比（%） | 所属证监会行业类别 | 家数 | 占比（%） |
|---|---|---|---|---|---|
| 农、林、牧、渔业 | 2 | 5.88 | 金融业 | 1 | 2.94 |
| 采矿业 | 1 | 2.94 | 房地产业 | 3 | 8.82 |
| 制造业 | 21 | 61.76 | 租赁和商务服务业 | 0 | 0.00 |
| 电力、热力、燃气及水生产和供应业 | 2 | 5.88 | 科学研究和技术服务业 | 0 | 0.00 |
| 建筑业 | 0 | 0.00 | 水利、环境和公共设施管理业 | 2 | 5.88 |
| 批发和零售业 | 1 | 2.94 | 教育 | 0 | 0.00 |
| 交通运输、仓储和邮政业 | 0 | 0.00 | 卫生和社会工作 | 0 | 0.00 |
| 住宿和餐饮业 | 0 | 0.00 | 文化、体育和娱乐业 | 0 | 0.00 |
| 信息传输、软件和信息技术服务业 | 1 | 2.94 | 综合 | 0 | 0.00 |
| 合计 | 34 | 100 | | | |

资料来源：沪深交易所，同花顺。

## （三）股本结构及规模

表 4　　2017 年云南上市公司股本规模在 10 亿股以上公司分布情况

| 股本规模（亿股） | 公司家数 | 具体公司 |
|---|---|---|
| 100≤～<200 | 1 | 华能水电 |
| 50≤～<100 | 2 | 驰宏锌锗，太平洋 |
| 20≤～<50 | 2 | 美好置业，云铝股份 |
| 10≤～<20 | 9 | 云南白药，我爱我家，云南铜业，云内动力，锡业股份，沃森生物，云天化，云南城投，ST 云维 |

资料来源：沪深交易所，同花顺。

表 5　2017 年云南上市公司分地区股权构成情况　单位：家

| 地域分布 \ 股权性质 | 央企国资控股 | 省属国资控股 | 地市国资控股 | 民营控股 | 其他 | 合计 |
|---|---|---|---|---|---|---|
| 昆明市 | 4 | 11 | 1 | 6 | 2 | 24 |
| 曲靖市 | 0 | 2 | 1 | 0 | 0 | 3 |
| 玉溪市 | 0 | 0 | 0 | 1 | 0 | 1 |
| 保山市 | 0 | 0 | 0 | 1 | 0 | 1 |
| 丽江市 | 0 | 0 | 0 | 1 | 0 | 1 |
| 普洱市 | 0 | 0 | 0 | 1 | 0 | 1 |
| 临沧市 | 0 | 0 | 0 | 1 | 0 | 1 |
| 文山州 | 1 | 0 | 0 | 0 | 0 | 1 |
| 大理州 | 0 | 0 | 0 | 1 | 0 | 1 |
| 合计 | 5 | 13 | 2 | 12 | 2 | 34 |

资料来源：云南证监局。

### （四）市值规模

截至 2017 年 12 月 31 日，云南 34 家上市公司境内总市值 5154.04 亿元，占全国上市公司境内总市值的 0.91%；其中，上交所上市公司 14 家，总股本 375.82 亿股，境内总市值 2101.21 亿元，占上交所上市公司境内总市值的 0.63%；深交所上市公司 20 家，总股本 191.89 亿股，境内总市值 3052.83 亿元，占深交所上市公司境内总市值的 1.29%。

### （五）资产规模

截至 2017 年 12 月 31 日，云南 34 家上市公司合计总资产 6193.08 亿元，归属于母公司股东权益 1723.43 亿元，与 2016 年相比，分别增长 53.17%、52.40%；平均每股净资产 3.04 元。

## 三、云南上市公司经营情况及变动分析

### （一）总体经营情况

表 6　2017 年云南上市公司经营情况

| 指标 | 2017 年 | 2016 年 | 变动率（%） |
|---|---|---|---|
| 家数 | 34 | 32 | 6.25 |
| 亏损家数 | 5 | 4 | 25.00 |
| 亏损家数比例（%） | 14.71 | 12.5 | 2.21 |
| 平均每股收益（元） | 0.18 | 0.1 | 80.00 |
| 平均每股净资产（元） | 3.04 | 3.2 | -5.00 |
| 平均净资产收益率（%） | 5.92 | 3.24 | 2.68 |

续表

| 指标 | 2017年 | 2016年 | 变动率（%） |
| --- | --- | --- | --- |
| 总资产（亿元） | 6193.08 | 4043.21 | 53.17 |
| 归属于母公司股东权益（亿元） | 1723.43 | 1130.86 | 52.40 |
| 营业收入（亿元） | 3024.58 | 2611.42 | 15.82 |
| 利润总额（亿元） | 139.69 | 57.88 | 141.34 |
| 归属于母公司所有者的净利润（亿元） | 101.97 | 36.59 | 178.68 |

资料来源：沪深交易所，同花顺。

## （二）分行业经营情况

表7　　2017年云南上市公司分行业经营情况

| 所属行类 | 营业收入（亿元） | 可比样本变动率（%） | 归属于母公司所有者的净利润（亿元） | 可比样本变动率（%） |
| --- | --- | --- | --- | --- |
| 农、林、牧、渔业 | 7.34 | -32.04 | -4.35 | -749.25 |
| 采矿业 | 184.69 | 30.95 | 11.55 | 169.87 |
| 制造业 | 2345.52 | 8.85 | 52.93 | 86.18 |
| 电力、热力、燃气及水生产和供应业 | 148.82 | 11.16 | 23.46 | 251.20 |
| 建筑业 | 0.00 | — | 0.00 | — |
| 批发和零售业 | 77.51 | 24.04 | 4.23 | 19.83 |
| 交通运输、仓储和邮政业 | 0.00 | — | 0.00 | — |
| 住宿和餐饮业 | 0.00 | — | 0.00 | — |
| 信息传输、软件和信息技术服务业 | 23.16 | 7.32 | 0.22 | 4.76 |
| 金融业 | 12.97 | -28.10 | 1.16 | -82.63 |
| 房地产业 | 201.48 | 19.28 | 10.01 | 1.01 |
| 租赁和商务服务业 | 0.00 | — | 0.00 | — |
| 科学研究和技术服务业 | 0.00 | — | 0.00 | — |
| 水利、环境和公共设施管理业 | 23.09 | 2.99 | 2.76 | -4.17 |
| 教育 | 0.00 | — | 0.00 | — |
| 卫生和社会工作 | 0.00 | — | 0.00 | — |
| 文化、体育和娱乐业 | 0.00 | — | 0.00 | — |
| 综合 | 0.00 | — | 0.00 | — |
| 合计 | 3024.58 | 10.63 | 101.97 | 140.16 |

资料来源：沪深交易所，同花顺。

### （三）业绩变动情况分析

1. 营业收入、毛利率等变动原因分析

2017 年，云南 34 家上市公司共实现营业收入 3024.58 亿元，同比增长 15.82%；平均毛利率为 27.63%，同比增加 14.61 个百分点。2017 年只有 1 家公司毛利率为负，其余上市公司毛利率均为正值，仅有 6 家公司毛利率在 10% 以下，有 17 家公司毛利率超过 24%，有 4 家公司毛利率超过 67%。

2. 盈利构成分析

2017 年，云南 34 家上市公司有 29 家累计实现归属母公司股东净利润 115.68 亿元，5 家亏损公司累计实现归属母公司股东净利润 -13.71 亿元；合计实现归属母公司股东净利润 101.97 亿元，同比增长 178.68%。

3. 经营性现金流量分析

2017 年，云南上市公司经营活动产生的现金流量净额为 233.73 亿元，同比增加 99.16%；34 家公司中有 10 家经营活动产生的现金流量净额为净流出，24 家实现净流入。

4. 业绩特点分析

一是整体经营情况回升。2017 年云南 34 家上市公司营业收入、实现净利润较 2016 年有了较快增长，总资产收益率、净资产收益率均有所提升，整体经营情况呈现回升态势。二是主业盈利能力显著增强。2017 年，云南上市公司扣除非经常性损益后净利润为 89.89 亿元，较 2016 年扣除非经常性损益 -26.72 亿元绝对值增长 116.61 亿元，主业盈利能力显著提高。三是行业发展差距逐渐加大。云南上市公司主要集中在有色金属、化工、生物医药、房地产和装备制造、农林业等行业，近年来受宏观经济周期的影响，化工和装备制造行业仍处于下行区间，有色金属行业企稳回升，房地产行业回暖，生物医药行业平稳增长但增速放缓，农林业亏损严重。

5. 利润分配情况

表 8　　2017 年云南上市公司现金分红情况

| 2017 年分红公司家数 | | | 2017 年分红金额 | | |
|---|---|---|---|---|---|
| 家数 | 变动率（%） | 分红公司家数占地区公司总数比重 | 金额（亿元） | 变动率（%） | 分红金额占归属于母公司所有者的净利润比重 |
| 21 | 10.53 | 61.76% | 38.05 | 75.75 | 37.31% |

资料来源：云南证监局。

## 四、云南上市公司并购重组情况

### （一）并购重组基本情况

2017 年，云南辖区共有 6 家上市公司完成或获批开展重大资产重组，占辖区上市公司总数的 17.65%，涉及交易金额 153.02 亿元。其中，西仪股份发行股份收购承德苏垦银河连杆股份有限公司股权，云南城投现金收购宁波银泰等 8 家公司股权，罗平锌电现金收购普定县宏泰矿业有限公司股权，云内动力发行股份并支付现金收购深圳市铭特科技股份有限公司股权，昆百大A发行股份并支付现金收购北京我爱我家房地产经纪有限公司，创新股份非公开发行并购买上海恩捷新材料科技股份有限公司股权事项获批。

### （二）并购重组特点

2017年，云南上市公司并购重组活跃，从参与并购主体所有制方面来看，与2016年并购重组以国企资源整合为主相比，2017年民营企业在并购重组中活跃度提高。从并购目的来看，2017年并购以横向整合为主，创新股份、昆百大A等公司通过并购重组拓展新的业务领域。云南城投等公司则通过同类企业并购发挥规模效应，提高市场份额，优化区域配置，提升上市公司核心竞争力。

## 五、云南上市公司募集资金情况、使用情况

### （一）募集资金总体情况

表9　　2017年云南上市公司募集资金情况

| 发行类型 | 代码 | 简称 | 募集资金（亿元） |
|---|---|---|---|
| 首发 | 600025. SH | 华能水电 | 39. 06 |
| | 603963. SH | 大理药业 | 3. 15 |
| | 小计 | | 42. 21 |
| 再融资（增发、配股） | 600497. SH | 驰宏锌锗 | 38. 37 |
| | 603963. SH | 罗平锌电 | 8. 61 |
| | 000560. SZ | 我爱我家 | 39. 24 |
| | 002265. SZ | 西仪股份 | 4. 69 |
| | 002265. SZ | 锡业股份 | 24. 00 |
| | 002727. SZ | 一心堂 | 9. 00 |
| | 000903. SZ | 云内动力 | 7. 86 |
| | 小计 | | 131. 77 |
| 其他融资（公司债券、短期融资券、中期票据、次级债、金融债、境外发行债券） | 145395. SH | 太平洋 | 9. 00 |
| | 145482. SH | 太平洋 | 20. 00 |
| | 145483. SH | 太平洋 | 5. 00 |
| | 145552. SH | 太平洋 | 11. 00 |
| | 145623. SH | 太平洋 | 20. 00 |
| | 小计 | | 65. 00 |
| 总计 | | | 238. 98 |

资料来源：云南证监局。

### （二）募集资金使用情况及特点

上述10家公司通过IPO首发、定向增发、发行公司债等方式募集资金238.98亿元，较2016年下降14.58%。募集资金主要用于技改工程、项目投资、股权收购、偿还银行借款以及补充流动资金。

### （三）募集资金变更情况

2017年，云南辖区4家上市公司变更募集资金使用项目、项目实施主体、项目实施地点，涉及资金6.9亿元，占募集资金总额98.31亿元的7.02%。4家上市公司均按照相关规定履行了相关的审议程序，并及时进行了披露。具体如表10所示。

表10　　2017年云南上市公司募集资金使用项目变更情况

| 变更募集资金使用项目的公司家数 | 涉及金额（亿元） | 募集资金总额（亿元） | 占公司募集资金总额的比例（%） |
|---|---|---|---|
| 4 | 6.90 | 98.31 | 7.02 |

资料来源：云南证监局。

## 六、云南上市公司规范运作情况

### （一）上市公司治理专项情况

2017年来，受经济下行压力的影响，部分上市公司出现经营风险向违规风险转化的苗头，加之上市公司前期并购重组活跃，并购企业人员、业务整合衍生的公司治理问题显现。云南证监局一是重点关注上市公司“三会”运作的规范性，督促上市公司加强重大对外投资和对子公司的管理，防范控制权争夺影响公司稳定。二是加大对违法违规行为主要责任人员的责任追究，督促上市公司董监高谨慎履职。三是持续关注上市公司人员、资产、业务的独立性。规范高管在多个单位任职的行为，加强对关联交易决策程序、关联资金往来、信息披露的监管。四是持续开展上市公司实际控制、大股东承诺履行、股份减持的专项工作，及时采取监管措施，保护上市公司和中小投资者的权益。

### （二）审计情况及监管情况

2017年，云南辖区34家上市公司中，除1家公司被出具保留意见，3家公司被出具非标准无保留审计意见外，其余30家公司审计报告均为标准无保留意见。27家上市公司披露内部控制审计报告或内部控制鉴证报告，其中，2家公司被出具否定意见，1家公司被出具带强调事项的无保留意见，其余24家均为标准意见。云南证监局采用现场督导、约谈、下发问询函、现场检查等多种方式，对2017年年报审计进行持续监管，对多家上市公司年报审计业务进行检查，并对基础审计程序（函证程序）进行专项检查，对未履职尽责的中介机构及签字会计师采取监管措施，督促整改，同时向辖区上市公司、会计师事务所、云南省财政厅、云南省注协通报审计监管中发现的问题。

### （三）信息披露情况

2017 年，云南证监局落实以信息披露为中心的监管要求，严肃查处处理信息披露违法违规行为，从严追究违法违规主体责任。辖区上市公司总体上能够依法履行信息披露义务，但是部分公司以及信息披露主要责任人仍存在合规意识淡漠，信息披露不真实、不准确、不完整的问题。2017 年全年，云南辖区 1 家上市公司及 2 名高管因信息披露重大遗漏事项受到行政处罚；1 家上市公司因涉嫌披露虚假财务信息被立案稽查；1 名上市公司股东、2 名信息披露主要责任人因信息披露违规被采取了行政监管措施。

### （四）证券市场服务情况

一是做好投资者接电、接访工作，云南证监局 2017 年共办结投资者投诉举报事项 198 件。二是深化与法院系统、证监会系统各单位的协作，构建证券期货纠纷多元化解决机制，云南证券期货调解中心及投服中心调解工作站正式挂牌成立。三是加强与云南各州市政府合作，开展现场调研，宣传资本市场扶贫等相关政策，共同推进多层次资本市场建设，2017 年全年到 6 个州市调研企业 20 余家，与部分州市签订《资本市场帮扶合作备忘录》，形成合作建设多层次资本市场的良好示范效应。四是着力推动企业扩大融资渠道，一对一听取相关企业在并购重组、再融资等工作中的困难和建议，共同研究解决对策，帮助企业加快融资工作进度，增强资本市场支持和服务实体经济发展的能力。

### （五）其他

加强上市公司及董监高诚信建设工作，通过录入诚信档案、行政监管措施公开、规范上市公司承诺履行事项等工作，对失信主体进行惩戒，着力提升辖区上市公司及董监高的诚信水平。

审稿人：林　林

撰稿人：张瑶、张卓

# 西藏地区

## 一、西藏国民经济发展概况

表 1　　2017 年西藏国民经济发展概况　　单位：亿元

| 指标 | 1～3 月 | | 1～6 月 | | 1～9 月 | | 1～12 月 | |
|---|---|---|---|---|---|---|---|---|
| | 绝对量 | 同比增长（%） | 绝对量 | 同比增长（%） | 绝对量 | 同比增长（%） | 绝对量 | 同比增长（%） |
| 地区生产总值（GDP） | 271.35 | — | 555.41 | — | 939.51 | — | 1310.63 | — |
| 全社会固定资产投资 | 93.70 | 18.60 | 633.71 | 20.90 | 1387.25 | 21.20 | 1975.60 | 23.80 |
| 社会消费品零售总额 | — | — | — | — | — | — | — | — |
| 规模以上工业增加值 | — | 14.20 | — | 14.10 | — | 13.50 | — | 14.20 |
| 规模以上工业企业实现利润 | 4.20 | -4300.00 | 11.20 | 133.30 | 16.80 | 51.40 | 25.20 | 43.20 |
| 居民消费价格指数（CPI） | 1～3 月 | | 1～6 月 | | 1～9 月 | | 1～12 月 | |
| | 2.00 | | 1.20 | | 1.70 | | 1.30 | |

资料来源：国家统计局。

## 二、西藏上市公司总体情况

### （一）公司数量

表 2　　2017 年西藏上市公司数量　　单位：家

| 公司总数 | 2017 年新增 | 股票类别 | | | 板块分布 | | | |
|---|---|---|---|---|---|---|---|---|
| | | 仅 A 股 | 仅 B 股 | （A+B）股 | 沪市主板 | 深市主板 | 中小板 | 创业板 |
| 15 | 1 | 15 | 0 | 0 | 9 | 2 | 4 | 0 |

资料来源：沪深交易所，同花顺。

## （二）行业分布

表3 2017年西藏上市公司行业分布情况

| 所属证监会行业类别 | 家数 | 占比（%） | 所属证监会行业类别 | 家数 | 占比（%） |
|---|---|---|---|---|---|
| 农、林、牧、渔业 | 0 | 0.00 | 金融业 | 0 | 0.00 |
| 采矿业 | 3 | 20.00 | 房地产业 | 1 | 6.67 |
| 制造业 | 9 | 60.00 | 租赁和商务服务业 | 0 | 0.00 |
| 电力、热力、燃气及水生产和供应业 | 0 | 0.00 | 科学研究和技术服务业 | 0 | 0.00 |
| 建筑业 | 1 | 6.67 | 水利、环境和公共设施管理业 | 1 | 6.67 |
| 批发和零售业 | 0 | 0.00 | 教育 | 0 | 0.00 |
| 交通运输、仓储和邮政业 | 0 | 0.00 | 卫生和社会工作 | 0 | 0.00 |
| 住宿和餐饮业 | 0 | 0.00 | 文化、体育和娱乐业 | 0 | 0.00 |
| 信息传输、软件和信息技术服务业 | 0 | 0.00 | 综合 | 0 | 0.00 |
| 合计 | 15 | 100 | | | |

资料来源：沪深交易所，同花顺。

## （三）股本结构及规模

表4 2017年西藏上市公司股本规模在10亿股以上公司分布情况

| 股本规模（亿股） | 公司家数 | 具体公司 |
|---|---|---|
| 20≤～<50 | 1 | 梅花生物 |
| 10≤～<20 | 1 | 海思科 |

资料来源：沪深交易所，同花顺。

表5 2017年西藏上市公司分地区股权构成情况 单位：家

| 股权性质<br>地域分布 | 央企国资控股 | 省属国资控股 | 地市国资控股 | 民营控股 | 其他 | 合计 |
|---|---|---|---|---|---|---|
| 拉萨市 | 0 | 3 | 1 | 8 | 0 | 12 |
| 山南市 | 0 | 0 | 0 | 2 | 0 | 2 |
| 林芝市 | 0 | 0 | 0 | 1 | 0 | 1 |
| 合计 | 0 | 3 | 1 | 11 | 0 | 15 |

资料来源：西藏证监局。

（四）市值规模

截至2017年12月31日，西藏15家上市公司境内总市值1371.59亿元，占全国上市公司境内总市值的0.24%；其中，上交所上市公司9家，总股本69.33亿股，境内总市值931.27亿元，占上交所上市公司境内总市值的0.28%；深交所上市公司6家，总股本26.45亿股，境内总市值440.32亿元，占深交所上市公司境内总市值的0.19%。

（五）资产规模

截至2017年12月31日，西藏15家上市公司合计总资产617.55亿元，归属于母公司股东权益313.81亿元，与2016年相比，分别增长14.12%、14.43%；平均每股净资产3.28元。

## 三、西藏上市公司经营情况及变动分析

（一）总体经营情况

表6　　2017年西藏上市公司经营情况

| 指标 | 2017年 | 2016年 | 变动率（%） |
|---|---|---|---|
| 家数 | 15 | 14 | 7.14 |
| 亏损家数 | 1 | 1 | 0.00 |
| 亏损家数比例（%） | 6.67 | 7.14 | -0.47 |
| 平均每股收益（元） | 0.44 | 0.38 | 15.79 |
| 平均每股净资产（元） | 3.28 | 3.07 | 6.84 |
| 平均净资产收益率（%） | 13.29 | 12.40 | 0.89 |
| 总资产（亿元） | 617.55 | 541.14 | 14.12 |
| 归属于母公司股东权益（亿元） | 313.81 | 274.24 | 14.43 |
| 营业收入（亿元） | 263.11 | 242.23 | 8.62 |
| 利润总额（亿元） | 52.78 | 40.34 | 30.84 |
| 归属于母公司所有者的净利润（亿元） | 41.71 | 34.00 | 22.68 |

资料来源：沪深交易所，同花顺。

（二）分行业经营情况

表7　　2017年西藏上市公司分行业经营情况

| 所属行类 | 营业收入（亿元） | 可比样本变动率（%） | 归属于母公司所有者的净利润（亿元） | 可比样本变动率（%） |
|---|---|---|---|---|
| 农、林、牧、渔业 | 0.00 | — | 0.00 | — |
| 采矿业 | 40.39 | 42.17 | 14.53 | 69.15 |

续表

| 所属行类 | 营业收入（亿元） | 可比样本变动率（%） | 归属于母公司所有者的净利润（亿元） | 可比样本变动率（%） |
|---|---|---|---|---|
| 制造业 | 175.75 | 6.96 | 23.86 | -1.20 |
| 电力、热力、燃气及水生产和供应业 | 0.00 | — | 0.00 | — |
| 建筑业 | 35.91 | 43.58 | 3.30 | 30.43 |
| 批发和零售业 | 0.00 | — | 0.00 | — |
| 交通运输、仓储和邮政业 | 0.00 | — | 0.00 | — |
| 住宿和餐饮业 | 0.00 | — | 0.00 | — |
| 信息传输、软件和信息技术服务业 | 0.00 | — | 0.00 | — |
| 金融业 | 0.00 | — | 0.00 | — |
| 房地产业 | 9.65 | -65.25 | 0.82 | 9.33 |
| 租赁和商务服务业 | 0.00 | — | 0.00 | — |
| 科学研究和技术服务业 | 0.00 | — | 0.00 | — |
| 水利、环境和公共设施管理业 | 1.42 | 12.70 | -0.79 | 16.84 |
| 教育 | 0.00 | — | 0.00 | — |
| 卫生和社会工作 | 0.00 | — | 0.00 | — |
| 文化、体育和娱乐业 | 0.00 | — | 0.00 | — |
| 综合 | 0.00 | — | 0.00 | — |
| 合计 | 263.11 | 6.63 | 41.71 | 18.93 |

资料来源：沪深交易所，同花顺。

### （三）业绩变动情况分析

1. 营业收入、毛利率等变动原因分析

2017 年，西藏辖区上市公司实现营业收入 263.11 亿元，同比增长 8.62%；营业成本 150.05 亿元，同比下降 3.25%；平均毛利率 42.97%。营业收入增长主要系辖区新增 1 家上市公司，此外，灵康药业、西藏珠峰、西藏天路收入大幅增长。从毛利率来看，辖区上市公司总体毛利率增长主要是西藏珠峰、灵康药业毛利率大幅增长带动。

2. 盈利构成分析

2017 年，辖区上市公司实现净利润总额 45.05 亿元，同比增长 22.99%；主要原因是辖区新增 1 家上市公司且多数上市公司净利润较 2016 年稳步增长，其中，西藏珠峰、西藏天路、华钰矿业、西藏矿业净利润同比增长超过 50%，特别是西藏珠峰净利润持续高速增长。归属于母公司所有者的净利润 41.71 亿元，同比上升 22.68%。各公司利润主要来自于公司主营业务收入。

3. 经营性现金流量分析

2017 年，西藏辖区上市公司经营性活动现金流量净额为 47.75 亿元，较 2016 年减少 13.2 亿元，同比下降 21.65%，平均每家公司经营性活动现金流量净额

3.18亿元。2017年辖区15家上市公司中，有14家经营性活动现金流量净额为正，但有8家同比下降。下降幅度较大的原因主要是梅花生物经营活动现金流量净额减少15.15亿元所致。

4. 业绩特点分析

2017年，西藏辖区上市公司除ST藏旅外全部盈利。从板块方面来看，上海主板上市的公司整体盈利能力持续增强，特别是梅花生物、西藏珠峰净利润超过10亿元，西藏天路净利润超过5亿元；深圳主板2家上市公司业绩平稳增长；4家中小板上市公司中，海思科受医药行业“两票制”影响后营销成本增加以及加大研发投入力度等因素的影响，利润下滑较大。

5. 利润分配情况

表8　　2017年西藏上市公司现金分红情况

| 2017年分红公司家数 | | | 2017年分红金额 | | |
|---|---|---|---|---|---|
| 家数 | 变动率（%） | 分红公司家数占地区公司总数比重 | 金额（亿元） | 变动率（%） | 分红金额占归属于母公司所有者的净利润比重 |
| 10 | -9.09 | 66.67% | 18.14 | -1.52 | 43.49% |

资料来源：西藏证监局。

## 四、西藏上市公司并购重组情况

2017年度西藏上市公司无并购重组事项。

## 五、西藏上市公司募集资金情况、使用情况

### （一）募集资金总体情况

表9　　2017年西藏上市公司募集资金情况

| 发行类型 | 代码 | 简称 | 募集资金（亿元） |
|---|---|---|---|
| 首发 | 603676 | 卫信康 | 3.48 |
| | 小计 | | 3.48 |
| 再融资（增发、配股） | 600211 | 西藏药业 | 12.41 |
| | 小计 | | 12.41 |
| 总计 | | | 15.89 |

资料来源：西藏证监局。

### （二）募集资金使用情况及特点

2017年，西藏辖区共有8家公司使用募集资金，共16.37亿元。其中，13.29亿元为2017年募集资金投入；3.08亿元为以前年度募集资金投入。8家使用募集资金的上市公司中，有5家为医药企业，占比62.5%；募集资金主要用于药品研发，购买药品产品、品牌、渠道等相关资产。也有部分公司经过相关程序

将闲置募集资金用于补充公司流动资金。

### （三）募集资金变更情况

表 10　　2017 年西藏上市公司募集资金使用项目变更情况

| 变更募集资金使用项目的公司家数 | 涉及金额（亿元） | 募集资金总额（亿元） | 占公司募集资金总额的比例（%） |
|---|---|---|---|
| 2 | 6.02 | 17.26 | 34.88 |

资料来源：西藏证监局。

## 六、西藏上市公司规范运作情况

### （一）上市公司治理专项情况

2017 年，西藏辖区上市公司规范运作水平进一步增强。一是持续督促公司实施内部控制规范。西藏辖区主板上市公司全部实施内部控制规范并进行内部控制审计。对于不要求进行内部控制审计的中小板上市公司，鼓励在做好内部控制自我评价的基础上有条件的也进行内部控制审计，同时对公司实施内部控制规范情况全程进行监管，在现场检查中将内部控制规范列为重要检查对象。二是及时化解治理风险。2017 年，西藏证监局坚持以问题为导向，加强公司治理，辖区上市公司质量进一步提升，规范运作意识进一步增强。

### （二）审计情况及监管情况

2017 年对 5 家年审机构进行检查，发现问题 25 个，均督促整改，通过加强对中介机构的监管，向中介机构传导监管压力，督促其勤勉尽责，提升执业质量，进而提升辖区上市公司信息披露质量。公司监管中发现问题 70 个，其中，财务基础问题 31 个，内部控制制度及执行问题 16 个，信息披露问题 7 个，三会运作问题 5 个，关联方资金占用 1 个，募集资金使用及管理问题 5 个，持续督导机构问题 3 个，其他问题 3 个。针对发现的问题，下发监管关注函 15 份，约见谈话 14 人次。

### （三）信息披露情况

2017 年，通过审核辖区上市公司定期公告、临时公告、年报等方式，督促上市公司履行信息披露义务，全年未发现上市公司存在信息披露违规情况。

### （四）证券市场服务情况

联合上海证券交易所、深圳证券交易所、证券业协会等，多次深入西藏多个地市，通过开展培训、授课、论坛、走进交易所、调研指导等方式，帮助西藏优质企业法人增进对企业 IPO 上市、企业改制上市流程及关注重点等方面知识的了解，加强市场培育，引导其通过资本市场发展壮大。组织召开辖区《证券期货投资者适当性管理办法》专题培训会，组织开展

“12·4”国家宪法日普法宣传活动等，做好投资者保护教育工作。

（五）其他

继续加强与地方政府的密切合作，共同做好辖区资本市场风险化解，推动辖区资本市场发展。一是强化信息通报。每月以《西藏资本市场月度统计表》形式向自治区政府及有关部门通报当月辖区资本市场大事件，内容涉及市场基本数据、公司风险状况与存在的主要问题等。二是合力推动辖区公司化解风险。针对辖区资本市场获得的重大成就及上市公司存在的重点问题，以《资本市场要情专报》形式报地方政府，提请政府关注公司存在的风险，协调帮助公司解决问题。三是帮助地方从事经济金融的干部树立资本意识。在企业上市时，西藏证监局牵头组建由自治区相关部门及各地市领导、西藏优质企业代表组成的西藏资本市场调研团，赴上海证券交易所、深圳证券交易所和拟上市公司调研培训，通过多种方式促进西藏从事经济金融工作的干部和优秀企业家增强金融意识和资本意识。

审稿人：颜晓红、孙秀振、苏　飞

撰稿人：尹　贺、黄金波、陆梅芳

# 陕西地区

## 一、陕西国民经济发展概况

表1　　2017年陕西国民经济发展概况　　单位：亿元

| 指标 | 1~3月 | | 1~6月 | | 1~9月 | | 1~12月 | |
|---|---|---|---|---|---|---|---|---|
| | 绝对量 | 同比增长（%） | 绝对量 | 同比增长（%） | 绝对量 | 同比增长（%） | 绝对量 | 同比增长（%） |
| 地区生产总值（GDP） | 4147.22 | 8.10 | 9581.10 | 8.20 | 15202.11 | 8.10 | 21898.81 | 8.00 |
| 全社会固定资产投资 | 2455.47 | 14.50 | 9315.20 | 14.20 | 16671.10 | 14.60 | 23468.21 | 14.60 |
| 社会消费品零售总额 | 1963.92 | 11.50 | 3839.59 | 11.90 | 5849.53 | 12.00 | 8236.37 | 11.80 |
| 规模以上工业增加值 | — | 7.10 | — | 7.90 | — | 7.70 | — | 8.20 |
| 规模以上工业企业实现利润 | 427.70 | 117.90 | 910.70 | 85.40 | 1495.40 | 76.10 | 2185.70 | 49.30 |
| 居民消费价格指数（CPI） | 1~3月 | | 1~6月 | | 1~9月 | | 1~12月 | |
| | 0.40 | | 1.00 | | 1.40 | | 1.60 | |

资料来源：国家统计局，陕西统计局。

## 二、陕西上市公司总体情况

### （一）公司数量

表2　　2017年陕西上市公司数量　　单位：家

| 公司总数 | 2017年新增 | 股票类别 | | | 板块分布 | | | |
|---|---|---|---|---|---|---|---|---|
| | | 仅A股 | 仅B股 | （A+B）股 | 沪市主板 | 深市主板 | 中小板 | 创业板 |
| 47 | 2 | 47 | 0 | 0 | 21 | 11 | 6 | 9 |

资料来源：沪深交易所，同花顺。

## （二）行业分布

表 3　　2017 年陕西上市公司行业分布情况

| 所属证监会行业类别 | 家数 | 占比（%） | 所属证监会行业类别 | 家数 | 占比（%） |
|---|---|---|---|---|---|
| 农、林、牧、渔业 | 0 | 0.00 | 金融业 | 2 | 4.26 |
| 采矿业 | 3 | 6.38 | 房地产业 | 1 | 2.13 |
| 制造业 | 30 | 63.83 | 租赁和商务服务业 | 2 | 4.26 |
| 电力、热力、燃气及水生产和供应业 | 1 | 2.13 | 科学研究和技术服务业 | 0 | 0.00 |
| 建筑业 | 1 | 2.13 | 水利、环境和公共设施管理业 | 2 | 4.26 |
| 批发和零售业 | 2 | 4.26 | 教育 | 0 | 0.00 |
| 交通运输、仓储和邮政业 | 0 | 0.00 | 卫生和社会工作 | 0 | 0.00 |
| 住宿和餐饮业 | 1 | 2.13 | 文化、体育和娱乐业 | 0 | 0.00 |
| 信息传输、软件和信息技术服务业 | 1 | 2.13 | 综合 | 1 | 2.13 |
| 合计 | 47 | 100 | | | |

资料来源：沪深交易所，同花顺。

## （三）股本结构及规模

表 4　　2017 年陕西上市公司股本规模在 10 亿股以上公司分布情况

| 股本规模（亿股） | 公司家数 | 具体公司 |
|---|---|---|
| 100≤～<200 | 1 | 陕西煤业 |
| 50≤～<100 | 2 | 供销大集，中国西电 |
| 20≤～<50 | 7 | 陕国投 A，中航飞机，西部证券，坚瑞沃能，彩虹股份，航发动力，金钼股份 |
| 10≤～<20 | 6 | 国际医学，陕天然气，中再资环，隆基股份，陕西黑猫，陕鼓动力 |

资料来源：沪深交易所，同花顺。

表 5　　2017 年陕西上市公司分地区股权构成情况　　单位：家

| 股权性质<br>地域分布 | 央企国资控股 | 省属国资控股 | 地市国资控股 | 民营控股 | 其他 | 合计 |
|---|---|---|---|---|---|---|
| 西安市 | 5 | 9 | 6 | 12 | 1 | 33 |
| 咸阳市 | 0 | 1 | 1 | 2 | 0 | 4 |

续表

| 地域分布 \ 股权性质 | 央企国资控股 | 省属国资控股 | 地市国资控股 | 民营控股 | 其他 | 合计 |
|---|---|---|---|---|---|---|
| 宝鸡市 | 1 | 3 | 0 | 0 | 1 | 5 |
| 渭南市 | 0 | 0 | 0 | 1 | 0 | 1 |
| 安康市 | 0 | 0 | 0 | 0 | 0 | 0 |
| 商洛市 | 0 | 0 | 0 | 1 | 0 | 1 |
| 汉中市 | 1 | 0 | 0 | 0 | 0 | 1 |
| 榆林市 | 0 | 0 | 0 | 0 | 0 | 0 |
| 延安市 | 0 | 0 | 0 | 0 | 0 | 0 |
| 铜川市 | 1 | 0 | 0 | 0 | 0 | 1 |
| 杨凌示范区 | 0 | 1 | 0 | 0 | 0 | 1 |
| 合计 | 8 | 14 | 7 | 16 | 2 | 47 |

资料来源：陕西证监局。

### （四）市值规模

截至 2017 年 12 月 31 日，陕西 47 家上市公司境内总市值 6297.11 亿元，占全国上市公司境内总市值的 1.11%；其中，上交所上市公司 21 家，总股本 347.82 亿股，境内总市值 3699.07 亿元，占上交所上市公司境内总市值的 1.11%；深交所上市公司 26 家，总股本 286.03 亿股，境内总市值 2598.04 亿元，占深交所上市公司境内总市值的 1.10%。

### （五）资产规模

截至 2017 年 12 月 31 日，陕西 47 家上市公司合计总资产 6092.22 亿元，归属于母公司股东权益 2790.95 亿元，与 2016 年相比，分别增长 18.04%、24.76%；平均每股净资产 4.40 元。

## 三、陕西上市公司经营情况及变动分析

### （一）总体经营情况

表 6　　2017 年陕西上市公司经营情况

| 指标 | 2017 年 | 2016 年 | 变动率（%） |
|---|---|---|---|
| 家数 | 47 | 45 | 4.44 |
| 亏损家数 | 5 | 4 | 25.00 |
| 亏损家数比例（%） | 10.64 | 8.89 | 1.75 |
| 平均每股收益（元） | 0.29 | 0.20 | 45.00 |
| 平均每股净资产（元） | 4.40 | 3.92 | 12.24 |

续表

| 指标 | 2017 年 | 2016 年 | 变动率（%） |
|---|---|---|---|
| 平均净资产收益率（%） | 6.61 | 5.20 | 1.41 |
| 总资产（亿元） | 6092.22 | 5161.22 | 18.04 |
| 归属于母公司股东权益（亿元） | 2790.95 | 2237.00 | 24.76 |
| 营业收入（亿元） | 2577.80 | 1976.39 | 30.43 |
| 利润总额（亿元） | 292.53 | 164.02 | 78.35 |
| 归属于母公司所有者的净利润（亿元） | 184.51 | 116.27 | 58.69 |

资料来源：沪深交易所，同花顺。

## （二）分行业经营情况

表 7　　2017 年陕西上市公司分行业经营情况

| 所属行类 | 营业收入（亿元） | 可比样本变动率（%） | 归属于母公司所有者的净利润（亿元） | 可比样本变动率（%） |
|---|---|---|---|---|
| 农、林、牧、渔业 | 0.00 | — | 0.00 | — |
| 采矿业 | 619.50 | 41.77 | 106.01 | 274.46 |
| 制造业 | 1339.82 | 22.94 | 41.41 | -25.23 |
| 电力、热力、燃气及水生产和供应业 | 76.43 | 5.99 | 3.95 | -22.40 |
| 建筑业 | 38.94 | 7.39 | 1.34 | 8.94 |
| 批发和零售业 | 318.49 | 72.71 | 16.13 | 77.25 |
| 交通运输、仓储和邮政业 | 0.00 | — | 0.00 | — |
| 住宿和餐饮业 | 4.94 | -1.40 | -0.11 | -191.67 |
| 信息传输、软件和信息技术服务业 | 28.53 | 9.90 | 1.76 | 32.33 |
| 金融业 | 43.21 | -2.24 | 11.05 | -32.62 |
| 房地产业 | 0.11 | 120.00 | -0.02 | -166.67 |
| 租赁和商务服务业 | 87.67 | 19.88 | 2.50 | -9.09 |
| 科学研究和技术服务业 | 0.00 | — | 0.00 | — |
| 水利、环境和公共设施管理业 | 18.62 | 0.70 | 0.44 | -31.25 |
| 教育 | 0.00 | — | 0.00 | — |
| 卫生和社会工作 | 0.00 | — | 0.00 | — |
| 文化、体育和娱乐业 | 0.00 | — | 0.00 | — |
| 综合 | 1.54 | -4.94 | 0.04 | 140.00 |
| 合计 | 2577.80 | 29.67 | 184.51 | 53.39 |

资料来源：沪深交易所，同花顺。

### （三）业绩变动情况分析

1. 营业收入、毛利率等变动原因分析

2017 年度，陕西 47 家上市公司共实现营业收入 2577.80 亿元，较 2016 年度增长 30.43%；归属于上市公司股东的净利润 184.51 亿元，较 2016 年度增长 58.69%；除陕国投 A、西部证券两家金融企业外，其余 45 家上市公司平均毛利率 26.27%，较 2016 年提高 2.93 个百分点。营业收入、净利润、毛利率大幅提高主要是受国家供给侧改革深入推进、煤炭及相关行业去产能成效明显以及部分公司重组置入资产规模较大所致。

2. 盈利构成分析

2017 年度，陕西 47 家上市公司的利润来源主要为营业利润，金额为 286.79 亿元，占陕西上市公司利润总额的比重为 98.03%。其中，投资净收益 54.03 亿元，占利润总额的 18.47%；资产减值损失 90.40 亿元，占利润总额的 30.90%，较 2016 年增长近 3 倍，主要由于坚瑞沃能计提大额商誉减值准备所致。此外，金融类公司资金回收风险显现，金融资产减值准备计提有所增加。资产减值损失的大幅增加，侵蚀了陕西上市公司的部分利润。

3. 经营性现金流量分析

2017 年度，陕西 47 家上市公司经营活动产生的现金流量净额为 210.78 亿元，较 2016 年度增加 197.42%，陕西煤业、航发动力等公司经营活动获现能力较强，现金流入同比增长较大；投资活动产生的现金流量净额为 -423.69 亿元，说明陕西上市公司投资活动较为活跃，其中，彩虹股份、隆基股份等公司项目投资支出较大；筹资活动产生的现金流量净额为 236.13 亿元，较 2016 年度增加 116.65%，表明陕西上市公司融资能力和意愿均有所增强。2017 年年末，陕西上市公司现金及现金等价物较 2017 年年初增加 18.25 亿元。

4. 业绩特点分析

2017 年度，陕西上市公司经营呈现以下特点：一是随着供给侧结构性改革的深入推进，陕西上市公司整体经营情况保持稳中向好的发展态势，煤炭等行业公司盈利能力出现恢复性增长。二是制造业加快创新驱动发展，成为实体经济的中坚力量。航发动力、中航飞机、中国西电、隆基股份等公司，在落实“中国制造 2025”行动纲领要求中发挥了积极作用。三是受复杂经济环境的影响，个别上市公司经营风险凸显。坚瑞沃能主要子公司因受新能源产业补贴政策调整、激进扩张等影响，资金链紧张，持续经营出现重大不确定性，并由于计提大额商誉减值准备出现巨额亏损。

5. 利润分配情况

表 8　　2017 年陕西上市公司现金分红情况

| 2017 年分红公司家数 | | | 2017 年分红金额 | | |
|---|---|---|---|---|---|
| 家数 | 变动率（%） | 分红公司家数占地区公司总数比重 | 金额（亿元） | 变动率（%） | 分红金额占归属于母公司所有者的净利润比重 |
| 25 | -3.85 | 53.19% | 66.94 | 89.47 | 36.28% |

资料来源：陕西证监局。

## 四、陕西上市公司并购重组情况

### （一）并购重组基本情况

2017 年，伴随并购重组政策的收紧，陕西上市公司并购重组逐渐趋于理性，但仍保持活跃态势。全年共计有 10 家上市公司实施或启动重组，占陕西上市公司总数的 21.28%。炼石有色、通源石油、陕西金叶 3 家上市公司完成重大资产重组，共计注入资产约 38.05 亿元。陕国投 A、*ST 宏盛、西安旅游 3 家上市公司终止了重大资产重组；建长化建、中环装备、供销大集、坚瑞沃能 4 家上市公司正在筹划或进行重大资产重组。此外，广电网络由于国有股权行政划转，公司实际控制人发生变更。

### （二）并购重组特点

2017 年，陕西上市公司并购重组主要以横向整合为主，聚焦做大做强相关产业规模，通过产业并购达到资源整合，发挥协同效应以提升行业地位。炼石有色、通源石油通过购买海外业务，延伸拓展产业链，为陕西省企业利用“一带一路”战略，实现“引进来、走出去”进行了有益探索；陕西金叶通过外延式收购，整合行业资源，既增强行业领先优势，又有利于在全国范围内的整体战略布局。此外，根据重组标的多为海外资产的特点，重组形式从以前年度主要以发行股份方式购买资产，转变为以现金支付方式为主。

## 五、陕西上市公司募集资金情况、使用情况

### （一）募集资金总体情况

表 9　　2017 年陕西上市公司募集资金情况

| 发行类型 | 代码 | 简称 | 募集资金（亿元） |
|---|---|---|---|
| 首发 | 603139 | 康惠制药 | 3.64 |
| | 002864 | 盘龙药业 | 2.17 |
| | 小计 | | 5.81 |
| 再融资（增发、配股） | 600217 | 中再资环 | 4.62 |
| | 601015 | 陕西黑猫 | 24.60 |
| | 002673 | 西部证券 | 48.52 |
| | 000812 | 陕西金叶 | 4.91 |
| | 600893 | 航发动力 | 96.30 |
| | 600707 | 彩虹股份 | 192.20 |
| | 小计 | | 371.15 |

续表

| 发行类型 | 代码 | 简称 | 募集资金（亿元） |
|---|---|---|---|
| 其他融资（公司债券、可转债） | 601225 | 陕西煤业 | 10.00 |
| | 000796 | 凯撒旅游 | 7.00 |
| | 601012 | 隆基股份 | 28.00 |
| | 小计 | | 45.00 |
| 总计 | | | 421.96 |

资料来源：陕西证监局。

### （二）募集资金使用情况及特点

2017年，陕西上市公司利用资本市场共计融资421.96亿元，有36家上市公司共使用募集资金335.12亿元，较2016年增长234.99%，主要由于投资项目支出增加所致。其中，彩虹股份使用募集资金128.23亿元，积极拓展显示液晶面板产业，实现“面板+基板”的上下游产业联动。2017年年末，34家上市公司尚待使用的募集资金共计174.72亿元。

### （三）募集资金变更情况

2017年，航发动力、建设机械、坚瑞沃能3家上市公司变更了募集资金投向。其中，航发动力将原计划用于增资子公司偿还借款的1.09亿元募集资金，变更为由公司本部偿还其他借款；建设机械将原计划用于增资子公司购买设备的剩余资金6498.28万元，变更为增资另一子公司用于购买设备，以促进其运营和发展；坚瑞沃能将“收购纽思曼股权”等项目进行结项，并使用上述项目节余资金3396.57万元，增资子公司以支持其发展。整体来看，陕西上市公司能够按原计划使用资金，募投变更金额和比例均较低。具体如表10所示。

表10　2017年陕西上市公司募集资金使用项目变更情况

| 变更募集资金使用项目的公司家数 | 涉及金额（亿元） | 募集资金总额（亿元） | 占公司募集资金总额的比例（%） |
|---|---|---|---|
| 3 | 2.08 | 182.98 | 1.14 |

资料来源：陕西证监局。

## 六、陕西上市公司规范运作情况

### （一）上市公司治理专项情况

2017年，陕西证监局积极开展上市公司专项监管工作。一是开展内幕交易防控专项工作，通过核查，对1名上市公司人员移交稽查立案调查，对1名年报审计人员采取行政监管措施；在此基础上下发《关于进一步加强内幕交易防控工作的通知》通报问题及处理情况，强化内幕交易防控意识。二是规范上市公司关联交易，排查大股东通过关联交易侵占上市公司利益的风险隐患，针对日常关联交易未履行股东大会审议程序等问题，采取下发监管函件督促1家公司切实整改。三是“抓预防、抓查处、抓补偿、抓教育”四位一体，着力加强上市公司大股东承诺履行监管，对1家公司股东变更增持承诺事项采取行政监管措施，并对业绩承诺未完成的公司进行密切跟踪，提醒公司督促股东及时、足额地进行补偿。四是对上市公司现金分红方案是否符合法律法规及公司章程规定等情况进行汇总分析，针对个别公司章程现金分红规定存在模糊歧义等问题督促整改完善，压缩公司不进行现金分红的制度空间。

### （二）审计情况及监管情况

2017年度财务报表审计方面，陕西47家上市公司中，有1家公司因连续两年亏损，且2017年扣除非经常性损益后净利润为负，被出具带强调事项段的无保留意见审计报告；1家因大额预付款缺乏商业合理性被出具保留意见审计报告；1家因风险资产减值、预计负债问题被出具无法表示意见审计报告；其他为标准无保留意见。在内部控制审计方面，有2家公司分别因关联交易审议不规范、募集资金使用不规范而被出具了带强调事项段的无保留意见内部控制审计报告。

年报审计期间，陕西证监局持续加大审计监管力度。一是通过出具监管备忘录、约见上市公司相关负责人及年审会计师等多种形式，充分提示风险。共出具审计监管备忘录21份，并首次针对商誉减值评估业务向评估机构出具监管备忘录2份，提示各类风险事项74个，有效传递监管压力。二是通过实地走访相关公司、现场审计督导等方式，持续跟进风险事项审计进展。年审期间，对10家上市公司进行现场审计督导或走访，约谈注册会计师19家次，督导相关方切实化解风险隐患。三是召开年报审计监管工作座谈会，召集在陕执业的审计机构，研究讨论审计中遇到的商誉减值等疑难、复杂问题，助力陕西上市公司2017年年报审计工作顺利完成。

### （三）信息披露情况

2017年，陕西上市公司及相关信息披露义务人基本能够依法履行信息披露义务，但个别公司仍存在信息披露不规范事项。对此，陕西证监局以非现场监管和现场检查为抓手，依法从严处置，持续督促上市公司提高信息披露质量。针对发现的退市风险披露不及时、重大诉讼未及时披露、重大关联资金拆借未披露、营业收入披露存在重大差错等问题分别采取了出具警示函的行政监管措施；对不构成明确违规的不规范问题，通过下发监管关注函、约见谈话等方式强化公司整改责任，督促公司提高信息披露质量和规范运作水平。

### （四）证券市场服务情况

2017年，陕西证监局发挥职能优势，推动陕西企业利用多层次资本市场扩大融资规模，提高证券市场服务实体经济的能力。一是大力推进企业上市工作。积极推动盘龙药业充分利用证监会“即报即审、审过即发”资本市场扶贫优惠政策实现上市，为陕西省脱贫攻坚工作做出贡献。2017 年，有 2 家公司成功上市，陕西省上市公司数量达到 47 家。二是积极培育上市公司后备资源。通过召开新三板创新层挂牌公司上市座谈会、组织在陕保荐机构报送陕西省上市潜力企业清单、联合陕西省金融办对具有上市潜力的公司进行摸排等方式，充实上市公司后备资源库。三是推动上市公司再融资，通过举办培训、加大政策宣传力度等，引导陕西上市公司募集资金再创新高，利用资本市场进一步做大做强。

审稿人：陈国飞、王宝卷

撰稿人：赵　南

# 甘肃地区

## 一、甘肃国民经济发展概况

表 1　　2017 年甘肃国民经济发展概况　　单位：亿元

| 指标 | 1～3 月 | | 1～6 月 | | 1～9 月 | | 1～12 月 | |
|---|---|---|---|---|---|---|---|---|
| | 绝对量 | 同比增长（%） | 绝对量 | 同比增长（%） | 绝对量 | 同比增长（%） | 绝对量 | 同比增长（%） |
| 地区生产总值（GDP） | 1388.75 | 6.10 | 2993.02 | 5.00 | 5641.46 | 3.60 | 7677.00 | 3.60 |
| 全社会固定资产投资 | 570.72 | -20.60 | 2814.60 | -36.30 | 4565.68 | -38.70 | 5696.35 | -40.30 |
| 社会消费品零售总额 | 800.07 | 9.10 | 1636.41 | 8.90 | 2487.50 | 8.40 | 3426.60 | 7.60 |
| 规模以上工业增加值 | 393.90 | 4.40 | 829.70 | 1.90 | 1204.20 | -1.20 | 1603.70 | -1.70 |
| 规模以上工业企业实现利润 | 25.10 | -309.20 | 87.60 | 257.60 | 165.50 | 170.00 | 246.90 | 111.20 |
| 居民消费价格指数（CPI） | 1～3 月 | | 1～6 月 | | 1～9 月 | | 1～12 月 | |
| | 0.20 | | 1.30 | | 2.10 | | 2.20 | |

资料来源：国家统计局。

## 二、甘肃上市公司总体情况

### （一）公司数量

表 2　　2017 年甘肃上市公司数量　　单位：家

| 公司总数 | 2017 年新增 | 股票类别 | | | 板块分布 | | | |
|---|---|---|---|---|---|---|---|---|
| | | 仅 A 股 | 仅 B 股 | （A+B）股 | 沪市主板 | 深市主板 | 中小板 | 创业板 |
| 33 | 3 | 33 | 0 | 0 | 16 | 8 | 6 | 3 |

资料来源：沪深交易所，同花顺。

## （二）行业分布

表 3　　2017 年甘肃上市公司行业分布情况

| 所属证监会行业类别 | 家数 | 占比（%） | 所属证监会行业类别 | 家数 | 占比（%） |
|---|---|---|---|---|---|
| 农、林、牧、渔业 | 3 | 9.09 | 金融业 | 0 | 0.00 |
| 采矿业 | 3 | 9.09 | 房地产业 | 2 | 6.06 |
| 制造业 | 21 | 63.64 | 租赁和商务服务业 | 0 | 0.00 |
| 电力、热力、燃气及水生产和供应业 | 1 | 3.03 | 科学研究和技术服务业 | 0 | 0.00 |
| 建筑业 | 0 | 0.00 | 水利、环境和公共设施管理业 | 0 | 0.00 |
| 批发和零售业 | 2 | 6.06 | 教育 | 0 | 0.00 |
| 交通运输、仓储和邮政业 | 0 | 0.00 | 卫生和社会工作 | 0 | 0.00 |
| 住宿和餐饮业 | 0 | 0.00 | 文化、体育和娱乐业 | 1 | 3.03 |
| 信息传输、软件和信息技术服务业 | 0 | 0.00 | 综合 | 0 | 0.00 |
| 合计 | 33 | 100 | | | |

资料来源：沪深交易所，同花顺。

## （三）股本结构及规模

表 4　　2017 年甘肃上市公司股本规模在 10 亿股以上公司分布情况

| 股本规模（亿股） | 公司家数 | 具体公司 |
|---|---|---|
| 50≤～<100 | 2 | 酒钢宏兴，白银有色 |
| 20≤～<50 | 3 | 靖远煤电，银亿股份，华天科技 |
| 10≤～<20 | 6 | 中核钛白，恒康医疗，亚盛集团，方大炭素，刚泰控股，兰石重装 |

资料来源：沪深交易所，同花顺。

表 5　　2017 年甘肃上市公司分地区股权构成情况　　单位：家

| 地域分布＼股权性质 | 央企国资控股 | 省属国资控股 | 地市国资控股 | 民营控股 | 其他 | 合计 |
|---|---|---|---|---|---|---|
| 兰州市 | 2 | 8 | 1 | 9 | 0 | 20 |
| 嘉峪关市 | 0 | 1 | 0 | 1 | 0 | 2 |
| 金昌市 | 0 | 0 | 0 | 0 | 0 | 0 |
| 白银市 | 0 | 1 | 0 | 1 | 1 | 3 |

续表

| 股权性质<br>地域分布 | 央企国资控股 | 省属国资控股 | 地市国资控股 | 民营控股 | 其他 | 合计 |
|---|---|---|---|---|---|---|
| 天水市 | 0 | 0 | 0 | 2 | 0 | 2 |
| 武威市 | 0 | 0 | 0 | 2 | 0 | 2 |
| 张掖市 | 0 | 0 | 0 | 0 | 0 | 0 |
| 酒泉市 | 0 | 0 | 1 | 1 | 0 | 2 |
| 平凉市 | 0 | 0 | 0 | 0 | 0 | 0 |
| 庆阳市 | 0 | 0 | 0 | 0 | 0 | 0 |
| 定西市 | 0 | 0 | 0 | 0 | 0 | 0 |
| 陇南市 | 0 | 0 | 0 | 2 | 0 | 2 |
| 合计 | 0 | 0 | 0 | 0 | 0 | 33 |

资料来源：甘肃证监局。

### （四）市值规模

截至2017年12月31日，甘肃33家上市公司境内总市值3408.73亿元，占全国上市公司境内总市值的0.60%；其中，上交所上市公司16家，总股本249.88亿股，境内总市值1987.63亿元，占上交所上市公司境内总市值的0.60%；深交所上市公司17家，总股本171.18亿股，境内总市值1421.10亿元，占深交所上市公司境内总市值的0.6%。

### （五）资产规模

截至2017年12月31日，甘肃33家上市公司合计总资产2894.54亿元，归属于母公司股东权益1179.92亿元，与2016年可比样本相比，分别增长19.27%、23.15%；平均每股净资产2.8元。

## 三、甘肃上市公司经营情况及变动分析

### （一）总体经营情况

表6　2017年甘肃上市公司经营情况

| 指标 | 2017年 | 2016年 | 变动率（%） |
|---|---|---|---|
| 家数 | 33 | 30 | 10.00 |
| 亏损家数 | 3 | 6 | -50.00 |
| 亏损家数比例（%） | 9.09 | 20 | -10.91 |
| 平均每股收益（元） | 0.25 | 0.09 | 177.78 |
| 平均每股净资产（元） | 2.8 | 2.74 | 2.19 |
| 平均净资产收益率（%） | 9.04 | 3.28 | 5.76 |

续表

| 指标 | 2017 年 | 2016 年 | 变动率（%） |
|---|---|---|---|
| 总资产（亿元） | 2894.54 | 1945.58 | 48.78 |
| 归属于母公司股东权益（亿元） | 1179.92 | 827.04 | 42.67 |
| 营业收入（亿元） | 1768.79 | 923.7 | 91.49 |
| 利润总额（亿元） | 137.11 | 45.68 | 200.15 |
| 归属于母公司所有者的净利润（亿元） | 106.69 | 27.09 | 293.84 |

资料来源：沪深交易所，同花顺。

## （二）分行业经营情况

表 7　　2017 年甘肃上市公司分行业经营情况

| 所属行类 | 营业收入（亿元） | 可比样本变动率（%） | 归属于母公司所有者的净利润（亿元） | 可比样本变动率（%） |
|---|---|---|---|---|
| 农、林、牧、渔业 | 32.91 | -0.54 | 2.66 | 1430.00 |
| 采矿业 | 46.59 | 39.28 | 5.68 | 246.34 |
| 制造业 | 1492.19 | 14.03 | 76.57 | 227.64 |
| 电力、热力、燃气及水生产和供应业 | 19.03 | 19.54 | 2.46 | 329.91 |
| 建筑业 | 0.00 | — | 0.00 | — |
| 批发和零售业 | 42.69 | 1.40 | 2.64 | -3.65 |
| 交通运输、仓储和邮政业 | 0.00 | — | 0.00 | — |
| 住宿和餐饮业 | 0.00 | — | 0.00 | — |
| 信息传输、软件和信息技术服务业 | 0.00 | — | 0.00 | — |
| 金融业 | 0.00 | — | 0.00 | — |
| 房地产业 | 127.49 | 28.97 | 15.93 | 133.24 |
| 租赁和商务服务业 | 0.00 | — | 0.00 | — |
| 科学研究和技术服务业 | 0.00 | — | 0.00 | — |
| 水利、环境和公共设施管理业 | 0.00 | — | 0.00 | — |
| 教育 | 0.00 | — | 0.00 | — |
| 卫生和社会工作 | 0.00 | — | 0.00 | — |
| 文化、体育和娱乐业 | 7.90 | 5.19 | 0.75 | -10.71 |
| 综合 | 0.00 | — | 0.00 | — |
| 合计 | 1768.79 | 14.89 | 106.69 | 212.32 |

资料来源：沪深交易所，同花顺。

### （三）业绩变动情况分析

1. 营业收入、毛利率等变动原因分析

2017 年，甘肃上市公司实现营业收入 1768.79 亿元，较 2016 年可变样本增长 14.89 %；营业利润 138.82 亿元，较 2016 年可变样本增长 189.76%；利润总额 137.11 亿元，较 2016 年可变样本增长 147.81%；平均毛利率 22.72%，较 2016 年可比样本增长 5.1 个百分点。营业收入增加的主要原因是受国家供给侧改革、环保政策趋严、淘汰落后产能和行业供需格局变化等因素的影响，方大炭素主要产品销售价格大幅上升，全年实现营业收入 83.50 亿元，剔除方大炭素的影响，甘肃其他上市公司整体营业收入与 2017 年相比，变化不大。

2. 盈利构成分析

2017 年，甘肃上市公司盈利状况良好，实现归属于母公司所有者的净利润 106.69 亿元，较 2016 年可比样本增长 241.07%，主要原因是方大炭素实现归属于母公司所有者的净利润 36.20 亿元，较 2016 年增长了 52.68 倍。从盈利构成情况来看，2017 年上市公司利润主要来源于营业利润，金额为 138.82 亿元，占利润总额的 101.25%，营业外收支净额为 -1.71 亿元，投资净收益为 11.64 亿元，占利润总额的比重分别为 -1.25% 和 8.49%。

3. 经营性现金流量分析

2017 年，甘肃上市公司经营活动产生的现金流量净额为 83.11 亿元，较 2016 年可比样本增长 1.72%，其中，23 家公司经营活动产生现金流量净额为正，占 33 家上市公司的 69.70%，较 2016 年下降 10.3 个百分点。

4. 业绩特点分析

2017 年，甘肃上市公司实现归属于母公司所有者净利润 106.69 亿元，较 2016 年可比样本增长 212.32%；平均每股收益 0.25 元，较 2016 年同比增长 177.78%；平均净资产收益率 9.04%，较 2016 年同比增长 5.76 个百分点。甘肃上市公司整体业绩显著改善，兰州黄河、荣华实业、甘肃电投、敦煌种业扭亏为盈，亚太实业由盈转亏，方大炭素、三毛派神、上峰水泥、祁连山盈利增长幅度较大，亚太实业、甘肃电投盈利下降幅度较大。

5. 利润分配情况

表 8　　2017 年甘肃上市公司现金分红情况

| 2017 年分红公司家数 | | | 2017 年分红金额 | | |
|---|---|---|---|---|---|
| 家数 | 变动率（%） | 分红公司家数占地区公司总数比重 | 金额（亿元） | 变动率（%） | 分红金额占归属于母公司所有者的净利润比重 |
| 22 | 4.76 | 66.67% | 73.30 | 1127.81 | 68.70% |

资料来源：甘肃证监局。

## 四、甘肃上市公司并购重组情况

### （一）并购重组基本情况

2017 年，甘肃上市公司收购金额合计 127.88 亿元。银亿股份收购宁波东方亿圣投资有限公司和荣安教育 25% 股权，为公司寻找新的利润增长点；恒康医疗继续扩大医疗服务业务规模，收购 PRP 公司 70% 股权，提升了公司核心竞争力；方大炭素收购合肥炭素有限责任公司 47.89% 股权和喜科墨（江苏）针状焦科技有限公司 51% 股权，不断拓展相关业务，增强公司盈利能力。

### （二）并购重组特点

2017 年，甘肃上市公司并购标的普遍与主业相同或与上下游产业相关，能够与公司主业产生互补作用和协同效应，但也存在跨行业并购的情形。通过并购重组，公司对原有业务进行优化和调整，拓宽现有产业布局，并强化上下游产业链，提升了公司业务规模和抵御风险的能力，为公司寻找到新的利润增长点，有效促进了公司持续健康发展。

## 五、甘肃上市公司募集资金情况、使用情况

### （一）募集资金总体情况

表 9　　2017 年甘肃上市公司募集资金情况

| 发行类型 | 代码 | 简称 | 募集资金（亿元） |
|---|---|---|---|
| 首发 | 601212 | 白银有色 | 12.42 |
| | 601086 | 国芳集团 | 5.06 |
| | 002910 | 庄园牧场 | 3.49 |
| | 小计 | | 20.97 |
| 再融资（增发、配股） | 000981 | 银亿股份 | 4 |
| | 600738 | 兰州民百 | 4.09 |
| | 小计 | | 8.09 |
| 其他融资（公司债券、短期融资券、中期票据、次级债、金融债、境外发行债券） | 600687 | 刚泰控股 | 5 |
| | 002772 | 众兴菌业 | 9.2 |
| | 小计 | | 14.2 |
| 总计 | | | 43.26 |

资料来源：甘肃证监局。

### （二）募集资金使用情况及特点

2017年，甘肃省靖远煤电、恒康医疗、银亿股份、方大炭素、蓝科高新、兰州民百、亚盛集团、敦煌种业、大禹节水、海默科技、佛慈制药、刚泰控股、兰石重装、读者集团、金徽酒、国芳集团、白银有色、华天科技共18家上市公司使用募集资金，合计金额48.84亿元，主要用于股权投资、项目建设和补充流动资金。募集资金建设项目2017年实现效益合计5.91亿元。截至2017年年末，有16家公司募集资金尚未使用完毕。

### （三）募集资金变更情况

2017年，甘肃上市公司恒康医疗、方大炭素、兰石重装存在变更部分募集资金使用用途的情况，变更的资金均为2017年以前募集的资金。具体如表10所示。

表10　　2017年甘肃上市公司募集资金使用项目变更情况

| 变更募集资金使用项目的公司家数 | 涉及金额（亿元） | 募集资金总额（亿元） | 占公司募集资金总额的比例（%） |
|---|---|---|---|
| 3 | 14.9 | 57.21 | 26.04 |

资料来源：甘肃证监局。

## 六、甘肃上市公司规范运作情况

### （一）上市公司治理专项情况

2017年，甘肃证监局坚持以问题和风险为导向，通过现场检查与非现场检查相结合的方式，传导监管压力，持续推动上市公司提高公司治理水平。一是高度重视上市公司股份减持、并购重组承诺履行情况，督促公司及时履行并披露相关信息。二是督促上市公司严格执行公司章程中确定的现金分红政策以及决策程序，鼓励上市公司现金分红，积极回报投资者，2017年甘肃上市公司现金分红总额为73.30亿元，较2016年增长1127.81%。三是在现场检查中关注上市公司三会运作、关联交易、财务管理等公司治理情况，及时反馈检查发现的问题，督促公司进一步完善治理机制。2017年对15家公司治理情况进行检查，检查发现的问题均得到及时整改。

### （二）审计情况及监管情况

2017年年报期间，共有10家会计师事务所为甘肃30家上市公司提供年报审计服务，其中，瑞华会计师事务所甘肃分所为14家公司提供审计服务。30家公司的财务报告审计报告中，28家公司为标准无保留意见审计报告，2家公司为非标准意见审计报告。在纳入内部控制实施范围的25家公司的内部控制审计报告中，24家为标准无保留意见报告，1家为否定意见报告。在年报审计监管工作中，甘肃证监局详细制定方案，合理进行监管风险分类，督促会计师事务所提高执业质量、规范执业行为。2017 年，共列席年报审计沟通会 9 家次，约谈签字会计师 7 家次，对 8 家公司开展年报审计现场督导，对 2 家审计机构开展现场检查。

### （三）信息披露情况

2017 年，甘肃证监局坚持以信息披露监管为中心，提高现场检查次数，加大对违法违规行为的惩处力度。同时，提升上市公司非现场检查监管的针对性和有效性，增强对上市公司信息的敏感度，做到快速反应和及时处置，督促公司做好信息披露和舆情管理。2017 年因信息披露违规，向 3 家上市公司的 5 名股东出具行政监管措施。严格要求上市公司履行信息披露义务，增加沟通渠道和沟通方式的多样化，认真做好与投资者的沟通交流工作，提高公司透明度，强化舆论监测和危机应对能力。

### （四）证券市场服务情况

2017 年，甘肃证监局以提高多层次资本市场利用水平为突破口，积极推动企业首发上市融资，大力支持已上市公司实施并购重组和再融资，主动研判融资政策变化，引导公司通过发行公司债券、可转换债券等方式融资。同时，注重培育拟上市后备资源，增强资本市场服务实体经济的能力。辖区有 2 家公司通过再融资募集资金 8.09 亿元；有 3 家公司实现 IPO，募集资金 20.97 亿元；有 2 家公司发行债券募集资金 14.2 亿元。截至 2017 年年末，甘肃拟上市公司达 9 家；甘肃股权交易中心挂牌企业、纯托管企业、展示企业分别达 1183 家、869 家、1691 家。

### （五）其他

2017 年，甘肃证监局举办辖区上市公司培训班，甘肃上市公司的 70 余名董监高参加培训。此外，约见辖区 3 家新上市公司白银有色、庄园牧场和国芳集团董监高 20 余人，结合上市公司现场检查发现的问题，向其传达监管要求，对提升上市公司董监高合规履职意识和风险防范意识、增强上市公司信息披露质量起到了积极的作用。

审稿人：柴小平、贾汝明

撰稿人：杨丽萍

# 青海地区

## 一、青海国民经济发展概况

表 1　　2017 年青海国民经济发展概况　　单位：亿元

| 指标 | 1～3 月 | | 1～6 月 | | 1～9 月 | | 1～12 月 | |
|---|---|---|---|---|---|---|---|---|
| | 绝对量 | 同比增长（%） | 绝对量 | 同比增长（%） | 绝对量 | 同比增长（%） | 绝对量 | 同比增长（%） |
| 地区生产总值（GDP） | 524.01 | 7.60 | 1204.30 | 7.60 | 1921.75 | 7.00 | 2642.80 | 7.30 |
| 全社会固定资产投资 | 232.00 | 16.90 | 1503.47 | 8.50 | 2825.93 | 5.00 | 3819.86 | 10.50 |
| 社会消费品零售总额 | 179.65 | 9.50 | 372.70 | 10.50 | 596.39 | 9.50 | 839.03 | 9.30 |
| 规模以上工业增加值 | — | 7.90 | — | 7.30 | — | 6.10 | — | 7.00 |
| 规模以上工业企业实现利润 | 12.10 | -388.10 | 38.80 | 158.70 | 60.90 | 112.20 | 73.20 | -4.20 |
| 居民消费价格指数（CPI） | 1～3 月 | | 1～6 月 | | 1～9 月 | | 1～12 月 | |
| | 0.10 | | 1.60 | | 2.30 | | 2.20 | |

资料来源：国家统计局。

## 二、青海上市公司总体情况

### （一）公司数量

表 2　　2017 年青海上市公司数量　　单位：家

| 公司总数 | 2017 年新增 | 股票类别 | | | 板块分布 | | | |
|---|---|---|---|---|---|---|---|---|
| | | 仅 A 股 | 仅 B 股 | （A+B）股 | 沪市主板 | 深市主板 | 中小板 | 创业板 |
| 12 | 0 | 12 | 0 | 0 | 8 | 3 | 1 | 0 |

资料来源：沪深交易所，同花顺。

## （二）行业分布

表 3　　2017 年青海上市公司行业分布情况

| 所属证监会行业类别 | 家数 | 占比（%） | 所属证监会行业类别 | 家数 | 占比（%） |
|---|---|---|---|---|---|
| 农、林、牧、渔业 | 0 | 0.00 | 金融业 | 0 | 0.00 |
| 采矿业 | 2 | 16.67 | 房地产业 | 0 | 0.00 |
| 制造业 | 9 | 75.00 | 租赁和商务服务业 | 0 | 0.00 |
| 电力、热力、燃气及水生产和供应业 | 0 | 0.00 | 科学研究和技术服务业 | 0 | 0.00 |
| 建筑业 | 1 | 8.33 | 水利、环境和公共设施管理业 | 0 | 0.00 |
| 批发和零售业 | 0 | 0.00 | 教育 | 0 | 0.00 |
| 交通运输、仓储和邮政业 | 0 | 0.00 | 卫生和社会工作 | 0 | 0.00 |
| 住宿和餐饮业 | 0 | 0.00 | 文化、体育和娱乐业 | 0 | 0.00 |
| 信息传输、软件和信息技术服务业 | 0 | 0.00 | 综合 | 0 | 0.00 |
| 合计 | 12 | 100 | | | |

资料来源：沪深交易所，同花顺。

## （三）股本结构及规模

表 4　　2017 年青海上市公司股本规模在 10 亿股以上公司分布情况

| 股本规模（亿股） | 公司家数 | 具体公司 |
|---|---|---|
| 20≤～<50 | 3 | 盐湖股份，智慧能源，西部矿业 |
| 10≤～<20 | 2 | 藏格控股，西宁特钢 |

资料来源：沪深交易所，同花顺。

表 5　　2017 年青海上市公司分地区股权构成情况　　单位：家

| 地域分布＼股权性质 | 央企国资控股 | 省属国资控股 | 地市国资控股 | 民营控股 | 其他 | 合计 |
|---|---|---|---|---|---|---|
| 西宁市 | 0 | 3 | 0 | 6 | 0 | 9 |
| 海东市 | 0 | 0 | 0 | 1 | 0 | 1 |
| 格尔木市 | 0 | 1 | 0 | 1 | 0 | 2 |
| 合计 | 0 | 4 | 0 | 8 | 0 | 12 |

资料来源：青海证监局。

### （四）市值规模

截至2017年12月31日，青海12家上市公司境内总市值1585.16亿元，占全国上市公司境内总市值的0.28%；其中，上交所上市公司8家，总股本77.58亿股，境内总市值707.92亿元，占上交所上市公司境内总市值的0.21%；深交所上市公司4家，总股本59.96亿股，境内总市值877.24亿元，占深交所上市公司境内总市值的0.37%。

### （五）资产规模

截至2017年12月31日，青海12家上市公司合计总资产1845.15亿元，归属于母公司股东权益598.38亿元，与2016年相比，分别增长1.87%、降低4.99%；平均每股净资产4.35元。

## 三、青海上市公司经营情况及变动分析

### （一）总体经营情况

表6　　2017年青海上市公司经营情况

| 指标 | 2017年 | 2016年 | 变动率（%） |
|---|---|---|---|
| 家数 | 12 | 12 | 0.00 |
| 亏损家数 | 2 | 1 | 100.00 |
| 亏损家数比例（%） | 16.67 | 8.33 | 8.34 |
| 平均每股收益（元） | -0.14 | 0.19 | -173.68 |
| 平均每股净资产（元） | 4.35 | 4.86 | -10.49 |
| 平均净资产收益率（%） | -3.3 | 3.84 | -7.14 |
| 总资产（亿元） | 1845.15 | 1811.29 | 1.87 |
| 归属于母公司股东权益（亿元） | 598.38 | 629.82 | -4.99 |
| 营业收入（亿元） | 729.13 | 670.74 | 8.71 |
| 利润总额（亿元） | -12.76 | 31.88 | -140.03 |
| 归属于母公司所有者的净利润（亿元） | -19.74 | 24.21 | -181.54 |

资料来源：沪深交易所，同花顺。

### （二）分行业经营情况

表7　　2017年青海上市公司分行业经营情况

| 所属行类 | 营业收入（亿元） | 可比样本变动率（%） | 归属于母公司所有者的净利润（亿元） | 可比样本变动率（%） |
|---|---|---|---|---|
| 农、林、牧、渔业 | 0.00 | — | 0.00 | — |
| 采矿业 | 274.68 | -1.58 | 2.73 | 73.89 |
| 制造业 | 439.59 | 18.65 | -22.95 | -205.61 |
| 电力、热力、燃气及水生产和供应业 | 0.00 | — | 0.00 | — |
| 建筑业 | 14.86 | -29.74 | 0.47 | -48.35 |

续表

| 所属行类 | 营业收入（亿元） | 可比样本变动率（%） | 归属于母公司所有者的净利润（亿元） | 可比样本变动率（%） |
|---|---|---|---|---|
| 批发和零售业 | 0.00 | — | 0.00 | — |
| 交通运输、仓储和邮政业 | 0.00 | — | 0.00 | — |
| 住宿和餐饮业 | 0.00 | — | 0.00 | — |
| 信息传输、软件和信息技术服务业 | 5.16 | 25.24 | 0.64 | 39.13 |
| 金融业 | 0.00 | — | 0.00 | — |
| 房地产业 | 0.00 | — | 0.00 | — |
| 租赁和商务服务业 | 0.00 | — | 0.00 | — |
| 科学研究和技术服务业 | 0.00 | — | 0.00 | — |
| 水利、环境和公共设施管理业 | 0.00 | — | 0.00 | — |
| 教育 | 0.00 | — | 0.00 | — |
| 卫生和社会工作 | 0.00 | — | 0.00 | — |
| 文化、体育和娱乐业 | 0.00 | — | 0.00 | — |
| 综合 | 0.00 | — | 0.00 | — |
| 合计 | 729.13 | 8.71 | -19.74 | -181.54 |

资料来源：沪深交易所，同花顺。

### （三）业绩变动情况分析

1. 营业收入、毛利率等变动原因分析

2017年，青海上市公司实现营业收入729.13亿元，较2016年增长8.71%；营业利润-13.68亿元，较2016年下降153.00%；利润总额-12.76亿元，较2016年下降140.03%；归属于母公司股东的净利润-19.74亿元，较2016年下降181.54%；毛利率19.89%，较2016年下降0.51个百分点。2017年，青海上市公司营业收入同比增长，但净利润同比下降的主要原因是，盐湖股份计提资产减值损失导致亏损41.59亿元。剔除2家亏损公司后，青海大部分上市公司经营业绩向好，营业收入、净利润均呈现不同程度的增长，其主要原因系一方面，随着宏观经济稳中有进，供给侧结构性改革、“三去一降一补”政策持续发力，钢铁行业、有色金属行业产品价格回暖，2家上市公司净利润增幅较大；另一方面，辖区部分上市公司受益于资产重组，提高了公司资产质量，盈利能力得到明显改善。

2. 盈利构成分析

2017年，青海上市公司利润来源主要是营业利润，剔除2家亏损公司后，其他10家公司实现营业利润28.03亿元，占利润总额的比重为96.55%，其中，投资净收益9.73亿元，占营业利润的34.71%。营业外收支净额为1.01亿元，占利润总额的比重为3.45%。6家上市公司确认投资收益金额较大，主要来源于投资理财、处置资产等，对年报利润贡献力度大。3家上市公司扣除非经常性损益后，净利润为负，主营业务盈利能力有待提高。

3. 经营性现金流量分析

2017年，青海上市公司经营性现金流入761.78亿元，现金流出741.37亿元，现金流入净额20.41亿元，较2016年下降37.31%。其中，5家公司经营性现金流量净额为正，占比41.67%；7家公司经营性现金流量净额为负，占比58.33%。8家公司2017年经营性现金流量净额较2016年同比下降，4家公司2017年经营性现金流量净额较2016年同比上升。3家公司已持续3年以上经营性现金流量净额为负。

4. 业绩特点分析

（1）部分上市公司经营业绩回升。2017年，辖区10家上市公司盈利，其中7家上市公司营业收入、归属于母公司股东的净利润较2016年均呈现不同程度的增长。主要原因为：一方面，有色金属行业产品价格回暖，西部矿业实现净利润2.53亿元，同比增长149%；另一方面，辖区已完成资产重组或定向增发的上市公司经营业绩均有明显改善，广誉远实现净利润2.5亿元，同比增长62.63%；藏格控股实现净利润12.17亿元，同比增长32.39%；神州易桥实现净利润0.78亿元，同比增长88.42%。

（2）个别公司主营业务盈利能力不佳。青海上市公司大部分还属于传统制造业，尚处于转型升级阶段，公司资产质量未得到明显提升，公司核心竞争力不强的现状没有得到根本性改善。2017年，辖区上市公司确认的非经常性损益为12.48亿元，非经常性损益的主要来源为处置资产。3家上市公司扣除非经常性损益后净利润为负，分别为青海华鼎、西宁特钢、神州易桥，主营业务盈利能力有待提高。个别公司已连续3年以上扣除非经常性损益后净利润为负。

（3）个别公司存在较大经营风险、财务风险。一是截至2017年年底，盐湖股份负债总额高达601.82亿元，资产负债率高达73.02%，继续从银行融资比较困难。公司2018~2019年为偿债高峰期，公司2017年亏损41.59亿元，经营困难，债务偿付存在较大风险。二是西宁特钢2015~2017年资产负债率分别为92.84%、86.73%、85.12%，资产负债率处于较高水平。截至2017年年末，公司负债总额206亿元，其中有息负债约166亿元，年度财务费用约10亿元，公司主营业务能力较弱，资金链紧张，偿债能力弱，财务风险较高。

5. 利润分配情况

表8　2017年青海上市公司现金分红情况

| 2017年分红公司家数 | | | 2017年分红金额 | | |
|---|---|---|---|---|---|
| 家数 | 变动率（%） | 分红公司家数占地区公司总数比重 | 金额（亿元） | 变动率（%） | 分红金额占归属于母公司所有者的净利润比重 |
| 6 | 20 | 50% | 9.36 | 176.92 | / |

资料来源：青海证监局。

## 四、青海上市公司并购重组情况

### （一）并购重组基本情况

2017 年，青海 4 家上市公司开展资产重组，其中，1 家属于重大资产重组，1 家将发行股份及支付现金购买资产并募集配套资金事项改为现金收购部分资产。一是神州易桥为提高公司盈利能力，将原明胶主业资产彻底剥离，出售了明胶有限 100% 股权、明诺胶囊 100% 股权、明洋明胶 67.03% 股权、宏升肠衣 100% 股权，构成重大资产重组。二是为提高上市公司资产质量，提高公司盈利水平，智慧能源及其控股股东分别以现金方式各自收购了北京京航安 51% 股权、49% 股权。三是正平路桥先后收购了隆地电力、贵州水利、青海金阳光股权，进一步拓宽了公司业务领域，提高了公司盈利能力。四是西部矿业现金收购了大梁矿业 100% 股权，构成关联交易，解决了与控股股东之间的同业竞争，增强了上市公司的独立性。

### （二）并购重组特点

2017 年，青海上市公司积极开展以产业整合、结构调整及产业转型升级为目的的并购重组，并购重组方式多样化，主要包括现金收购、重大资产出售、小额多频次资产收购等。一是剥离传统亏损资产，实现产业转型升级发展。神州易桥 2015 年 12 月开始发行股份购买易桥财税科技资产重组工作，2016 年 4 月完成，2017 年将原明胶主业资产明胶有限、明诺胶囊等资产彻底剥离出售，实现了主业由传统明胶、胶囊的生产销售到企业互联网服务业的完全转型，极大地提高了公司盈利水平。二是跨行业重组实现产业结构调整。智慧能源是全国规模最大的智能电缆生产企业，是电缆行业唯一荣获全国质量奖的企业，公司一直致力于通过并购重组实现公司产业结构调整，提高抗风险能力。2017 年，公司顺应国家“十三五”规划对机场行业万亿元的投入，并购了智慧机场服务商——北京京航安机场工程有限公司。2017 年，北京京航安贡献净利润 1.12 亿元。三是横向并购扩宽业务领域。正平路桥一直坚持“以投资为引领”，通过股权并购等外延式并购方式，不断完善产业布局，延伸上下产业链，提高公司核心竞争力，提高公司盈利能力。四是为解决与控股股东之间的同业竞争，增强上市公司独立性，提升公司金属资源储量，提高公司可持续发展能力，西部矿业现金收购了大梁矿业 100% 股权。

## 五、青海上市公司募集资金情况、使用情况

### （一）募集资金总体情况

表 9　　2017 年青海上市公司募集资金情况

| 发行类型 | 代码 | 简称 | 募集资金（亿元） |
| --- | --- | --- | --- |
| 其他融资（公司债券、短期融资券、中期票据、次级债、金融债、境外发行债券） | 600869 | 智慧能源 | 4.6（公司债） |
| | 000792 | 盐湖股份 | 20（超短期融资券） |
| | 000792 | 盐湖股份 | 10.5（短期融资券） |
| | 000792 | 盐湖股份 | 8（超短期融资券） |
| | 000792 | 盐湖股份 | 7（超短期融资券） |
| | 000792 | 盐湖股份 | 20（短期融资券） |
| | 小计 | | 70.1 |

资料来源：青海证监局。

### （二）募集资金使用情况及特点

2017 年，青海辖区 1 家上市公司通过发行公司债券募集资金 4.6 亿元，8 家公司使用募集资金 19.43 亿元，其中，使用本年度募集资金 4.57 亿元，使用以前年度募集资金 14.86 亿元。募集资金主要用于募集资金投资项目建设和补充流动资金。辖区上市公司募集资金使用整体较为规范，募集资金严格按照募集说明书约定投向使用。个别公司对暂时闲置募集资金实施现金管理，购买银行保本型理财产品。

### （三）募集资金变更情况

表 10　　2017 年青海上市公司募集资金使用项目变更情况

| 变更募集资金使用项目的公司家数 | 涉及金额（亿元） | 募集资金总额（亿元） | 占公司募集资金总额的比例（%） |
| --- | --- | --- | --- |
| 1 | 2.97 | 10 | 29.7 |

资料来源：青海证监局。

## 六、青海上市公司规范运作情况

### （一）上市公司治理专项情况

2017 年，青海证监局始终坚持把完善公司治理作为规范上市公司运作的重要抓手，始终坚持通过日常监管、现场检查、约谈等多种方式，引导大股东规范行使权力，督促辖区上市公司提高“三会”规范运作水平，充分发挥好独立董事、监事的作用。一是在上市公司年报现场检查中，重点对公司治理情况做专项检查，经整改，辖区上市公司治理进一步完善，规范运作水平进一步提升。二是从严采取行政监管措施，净化资本市场环境。针对上市公司藏格控股控股股东非经营性占用上市公司资金问题，对上市公司、上市公司董事长、财务总监、控股股东财务总监采取行政监管措施 4 家次。三是及时落实证监会领导对“高送转”行为的系列批示精神，督导盐湖股份合理调整资本公积金转增股本比例，防止“高送转”概念炒作。四是高度重视上市公司高管培训，要求上市公司董事长、总经理认真参加由证监会上市部、青海证监局及中国上市公司协会举办的各类专题培训，切实加强上市公司董事长、总经理的规范意识、自律意识，从源头上提高上市公司规范运作水平。五是积极配合做好“持股行权”工作，向辖区8家上市公司印发《关于要求辖区部分上市公司修改公司章程的通知》，要求公司对《公司章程》的合规性、完整性开展自查，并适时召开股东大会修改完善公司章程，促使公司完善公司治理，保护中小投资者合法权益。六是不断加大内幕交易防控工作，督促上市公司做好内幕信息管理工作。七是强化重组业绩承诺履行监管，督促藏格控股、青海春天相关方依法履行审议程序，按时完成股份回购注销承诺。

### （二）审计情况及监管情况

青海12家上市公司均如期披露了2017年年报，8家会计师事务所为辖区上市公司提供年报审计服务，出具的审计报告均为标准无保留意见。青海证监局坚持问题和风险导向，加强事前沟通提醒，强化事中督导，全面开展事后监管，加大年报审核分析和现场检查力度，着力提高会计师事务所履职尽责意识，提升执业项目质量。年报审计前，认真审阅《审计计划》，与上市公司及其审计机构召开座谈会，向审计机构出具《监管提醒函》12份，提出重点审计事项86项。及时开展年报审核，认真审阅《年报审计总结》，加强年报审核分析，强化与交易所的监管协作，向上市公司出具《年报审核问询函》12份，提出审核问题或关注事项105项，要求公司及其审计机构做出解释说明或整改。扎实开展年报审计现场检查，强化审计监管效率，发现审计问题25项，向相关审计机构出具《现场检查情况告知书》3份，收到整改报告3份。

### （三）信息披露情况

2017年，青海证监局持续以信息披露监管为核心，强化信息披露监管力度，确保上市公司信息披露真实、准确、完整、及时、公平，提高上市公司透明度，保障投资者的知情权。一是及时审核上市公司定期公告、临时公告，关注公司信息披露、股价异动、媒体质疑，做好舆情监控。二是强化信息披露日常监管，针对青青稞酒信息披露不及时、盐湖股份安全生产事故，分别向公司出具《监管提醒函》。三是在上市公司年报现场检查中，重点对公司信息披露情况做专项检查，经整改，辖区上市公司信息披露透明度、及时性、完整性、准确性进一步提高。

### （四）证券市场服务情况

2017年，青海证监局以提升资本市场服务实体经济能力、助力供给侧结构性改革、促进企业产业结构调整与转型升级、增强地方经济活力为工作目标，支持上市挂牌公司并购重组、再融资，支持非上市非挂牌企业融资，加大拟上市挂牌培育力度。一是推动融资方式多元化，拓宽企业融资渠道。2017 年，辖区企业积极拓宽融资渠道，多渠道、多元化融资 87.58 亿元，助力企业产业结构调整、产品转型升级，有力地支撑了实体经济企业转变发展方式，转换经济增长动力。二是积极支持配合辖区上市公司债转股，助力供给侧结构性改革，去杠杆、降成本。按照国务院及青海省政府关于债转股新政的相关要求，积极支持盐湖股份、西宁特钢、西部矿业按照市场化、法制化要求实施债转股。重点针对盐湖股份债务负担较重、利息支出较大、盐湖资源综合利用项目尚未盈利等实际，支持配合青海省政府及相关部门助推盐湖股份通过债务重组、市场化债转股的方式优化资本结构，减轻财务负担，促进可持续健康发展。三是拟挂牌企业培育工作取得实际成果。创鑫咨询、乡巴林卡、北控绿产成功在新三板挂牌。有力助推了挂牌公司依法合规经营，完善公司治理结构，促进公司价值发现，为公司利用资本市场做强做大，下一步转板、上市夯实基础。四是扎实推进 PPP 项目资产证券化。根据《国家发展和改革委员会、中国证监会关于推进传统基础设施领域政府和社会资本合作（PPP）项目资产证券化相关工作的通知》要求，与省发改委召开 PPP 项目资产证券化座谈会。为积极稳妥推进青海省 PPP 项目资产证券化，创新业务发展，联合省发改委举办《青海省 PPP 项目资产证券化业务专题培训》，该项工作受到证监会办公厅的肯定。

审稿人：梁世鹏、肖雪维、谢　誉

撰稿人：张雅洁

# 宁夏地区

## 一、宁夏国民经济发展概况

表 1　　2017 年宁夏国民经济发展概况　　单位：亿元

| 指标 | 1～3月 | | 1～6月 | | 1～9月 | | 1～12月 | |
|---|---|---|---|---|---|---|---|---|
| | 绝对量 | 同比增长（%） | 绝对量 | 同比增长（%） | 绝对量 | 同比增长（%） | 绝对量 | 同比增长（%） |
| 地区生产总值（GDP） | 588.12 | 8.60 | 1397.61 | 8.60 | 2449.57 | 7.80 | 3453.93 | 7.80 |
| 全社会固定资产投资 | 305.67 | 13.60 | 1542.69 | 7.90 | 2744.89 | 1.50 | 3640.12 | 3.00 |
| 社会消费品零售总额 | 221.65 | 9.20 | 428.15 | 9.70 | 671.49 | 9.50 | 930.45 | 9.50 |
| 规模以上工业增加值 | 247.30 | 10.20 | 562.10 | 10.00 | — | 8.50 | — | 8.60 |
| 规模以上工业企业实现利润 | 29.90 | 214.70 | 76.00 | 87.20 | 115.40 | 69.20 | 152.10 | 22.30 |
| 居民消费价格指数（CPI） | 1～3月 | | 1～6月 | | 1～9月 | | 1～12月 | |
| | 0.70 | | 1.70 | | 1.40 | | 2.30 | |

资料来源：国家统计局。

## 二、宁夏上市公司总体情况

### （一）公司数量

表 2　　2017 年宁夏上市公司数量　　单位：家

| 公司总数 | 2017 年新增 | 股票类别 | | | 板块分布 | | | |
|---|---|---|---|---|---|---|---|---|
| | | 仅 A 股 | 仅 B 股 | （A+B）股 | 沪市主板 | 深市主板 | 中小板 | 创业板 |
| 13 | 1 | 13 | 0 | 0 | 5 | 7 | 1 | 0 |

资料来源：沪深交易所，同花顺。

## （二）行业分布

表 3　　2017 年宁夏上市公司行业分布情况

| 所属证监会行业类别 | 家数 | 占比（%） | 所属证监会行业类别 | 家数 | 占比（%） |
|---|---|---|---|---|---|
| 农、林、牧、渔业 | 0 | 0.00 | 金融业 | 0 | 0.00 |
| 采矿业 | 0 | 0.00 | 房地产业 | 0 | 0.00 |
| 制造业 | 9 | 69.23 | 租赁和商务服务业 | 0 | 0.00 |
| 电力、热力、燃气及水生产和供应业 | 2 | 15.38 | 科学研究和技术服务业 | 0 | 0.00 |
| 建筑业 | 0 | 0.00 | 水利、环境和公共设施管理业 | 0 | 0.00 |
| 批发和零售业 | 1 | 7.69 | 教育 | 0 | 0.00 |
| 交通运输、仓储和邮政业 | 1 | 7.69 | 卫生和社会工作 | 0 | 0.00 |
| 住宿和餐饮业 | 0 | 0.00 | 文化、体育和娱乐业 | 0 | 0.00 |
| 信息传输、软件和信息技术服务业 | 0 | 0.00 | 综合 | 0 | 0.00 |
| 合计 | 13 | 100 | | | |

资料来源：沪深交易所，同花顺。

## （三）股本结构及规模

表 4　　2017 年宁夏上市公司股本规模在 10 亿股以上公司分布情况

| 股本规模（亿股） | 公司家数 | 具体公司 |
|---|---|---|
| 10≤～<20 | 3 | 西部创业，*ST 中绒，嘉泽新能 |

资料来源：沪深交易所，同花顺。

表 5　　2017 年宁夏上市公司分地区股权构成情况　　单位：家

| 地域分布＼股权性质 | 央企国资控股 | 省属国资控股 | 地市国资控股 | 民营控股 | 其他 | 合计 |
|---|---|---|---|---|---|---|
| 银川市 | 2 | 1 | 0 | 5 | 0 | 8 |
| 石嘴山市 | 2 | 0 | 0 | 1 | 0 | 3 |
| 吴忠市 | 0 | 0 | 0 | 1 | 0 | 1 |
| 固原市 | 0 | 0 | 0 | 0 | 0 | 0 |
| 中卫市 | 1 | 0 | 0 | 0 | 0 | 1 |
| 合计 | 5 | 1 | 0 | 7 | 0 | 13 |

资料来源：宁夏证监局。

### （四）市值规模

截至2017年12月31日，宁夏13家上市公司境内总市值916.64亿元，占全国上市公司境内总市值的0.16%；其中，上交所上市公司5家，总股本37.92亿股，境内总市值483.75亿元，占上交所上市公司境内总市值的0.15%；深交所上市公司8家，总股本65.08亿股，境内总市值432.89亿元，占深交所上市公司境内总市值的0.18%。

### （五）资产规模

截至2017年12月31日，宁夏13家上市公司合计总资产667.66亿元，归属于母公司股东权益299.94亿元，与2016年相比，分别增长12.42%、10.30%；平均每股净资产2.91元。

## 三、宁夏上市公司经营情况及变动分析

### （一）总体经营情况

表6 2017年宁夏上市公司经营情况

| 指标 | 2017年 | 2016年 | 变动率（%） |
|---|---|---|---|
| 家数 | 13 | 12 | 8.33 |
| 亏损家数 | 2 | 3 | -33.33 |
| 亏损家数比例（%） | 15.38 | 25 | -9.62 |
| 平均每股收益（元） | 0.06 | -0.12 | 150.00 |
| 平均每股净资产（元） | 2.91 | 3.32 | -12.35 |
| 平均净资产收益率（%） | 1.94 | -3.69 | 5.63 |
| 总资产（亿元） | 667.66 | 593.91 | 12.42 |
| 归属于母公司股东权益（亿元） | 299.94 | 271.93 | 10.30 |
| 营业收入（亿元） | 258.44 | 234.06 | 10.42 |
| 利润总额（亿元） | 9.06 | -6.52 | 238.96 |
| 归属于母公司所有者的净利润（亿元） | 5.81 | -10.04 | 157.87 |

资料来源：沪深交易所，同花顺。

### （二）分行业经营情况

表7 2017年宁夏上市公司分行业经营情况

| 所属行类 | 营业收入（亿元） | 可比样本变动率（%） | 归属于母公司所有者的净利润（亿元） | 可比样本变动率（%） |
|---|---|---|---|---|
| 农、林、牧、渔业 | 0.00 | — | 0.00 | — |
| 采矿业 | 0.00 | — | 0.00 | — |

续表

| 所属行类 | 营业收入（亿元） | 可比样本变动率（%） | 归属于母公司所有者的净利润（亿元） | 可比样本变动率（%） |
|---|---|---|---|---|
| 制造业 | 159.82 | 10.59 | 4.11 | 137.81 |
| 电力、热力、燃气及水生产和供应业 | 17.67 | -17.20 | -0.24 | -116.22 |
| 建筑业 | 0.00 | — | 0.00 | — |
| 批发和零售业 | 74.36 | 5.49 | 1.07 | 69.84 |
| 交通运输、仓储和邮政业 | 6.60 | 42.55 | 0.87 | 987.50 |
| 住宿和餐饮业 | 0.00 | — | 0.00 | — |
| 信息传输、软件和信息技术服务业 | 0.00 | — | 0.00 | — |
| 金融业 | 0.00 | — | 0.00 | — |
| 房地产业 | 0.00 | — | 0.00 | — |
| 租赁和商务服务业 | 0.00 | — | 0.00 | — |
| 科学研究和技术服务业 | 0.00 | — | 0.00 | — |
| 水利、环境和公共设施管理业 | 0.00 | — | 0.00 | — |
| 教育 | 0.00 | — | 0.00 | — |
| 卫生和社会工作 | 0.00 | — | 0.00 | — |
| 文化、体育和娱乐业 | 0.00 | — | 0.00 | — |
| 综合 | 0.00 | — | 0.00 | — |
| 合计 | 258.44 | 7.25 | 5.81 | 167.01 |

资料来源：沪深交易所，同花顺。

## （三）业绩变动情况分析

1. 营业收入、毛利率等变动原因分析

2017 年，宁夏上市公司全年共实现营业总收入 258.44 亿元，同比增长 10.42%；平均销售毛利率为 24.44%，较 2016 年度上升 6.2 个百分点。总体来看，辖区上市公司主要为传统制造业，受宏观经济整体回暖和供给侧结构性改革持续推进的影响，公司经营业绩呈现复苏迹象。

2. 盈利构成分析

2017 年，13 家公司实现归属于母公司所有者的净利润为 5.81 亿元，较 2016 年的 -10.04 亿元，同比增长 157.87%；实现营业利润为 6.08 亿元，同比增长 128.48%，扭转了 2016 年度归属于母公司所有者的净利润、营业利润合计均为负的不利局面。

3. 经营性现金流量分析

2017 年，上市公司经营活动产生的现金流持续改善，实现经营活动产生的现金流量净额为 31.97 亿元，同比增长 31.46%，辖区上市公司收益质量、获取现金的能力不断提升。

4. 业绩特点分析

总体来看，辖区上市公司盈利状况明显改善，经营业绩呈现复苏迹象，主要具有以下特点：一是整体业绩提升。辖区营业利润为负的公司数量由 7 家减少至 4 家，11 家公司营业利润较 2016 年大幅上升；

持续经营能力有所提高，扣除非经常性损益后的净利润同比增长61.5%。二是上市公司业绩增长明显。其中，西部创业、美利云2家公司主业实现扭亏为盈；往年业绩表现较差的3家公司，宝塔实业、*ST中绒、新日恒力均不同程度地减亏；近年来持续盈利的3家公司，英力特、宁夏建材、新华百货本年度业绩同比实现增长；新上市的嘉泽新能本年度业绩有所增长。

5. 利润分配情况

表8　　2017年宁夏上市公司现金分红情况

| 2017年分红公司家数 | | | 2017年分红金额 | | |
|---|---|---|---|---|---|
| 家数 | 变动率（%） | 分红公司家数占地区公司总数比重 | 金额（亿元） | 变动率（%） | 分红金额占归属于母公司所有者的净利润比重 |
| 3 | 0 | 23.08% | 1.91 | 198.44 | 32.87% |

资料来源：宁夏证监局。

## 四、宁夏上市公司并购重组情况

### （一）并购重组基本情况

2017年，辖区3家公司完成各类并购重组，涉及资产16.18亿元。其中，宝塔实业收购桂林海威军工轴承75%股权，涉及金额3.225亿元；新日恒力出售金属制品相关全部资产负债，涉及金额10.09亿元；商赢环球出售世峰黄金72%股权并收购DAI资产包，涉及金额2.86亿元。

### （二）并购重组特点

总体来看，一是辖区上市公司利用资本市场平台实现产业转型与升级的意识逐步增强，并购重组相对活跃。二是并购重组融资脚步放缓，2017年涉及金额较2016年度有所下降，但规范性进一步提高，更加“谨慎、健康、绿色”，通过并购重组剥离落后产能、吸收合并优质资产做大做强现象更加明显。但与此同时，上市公司前期重组涉及资产规模大且行业跨度大等特点带来的后续企业整合、运营难题有所显露。

## 五、宁夏上市公司募集资金情况、使用情况

### （一）募集资金总体情况

表9　　2017年宁夏上市公司募集资金情况

| 发行类型 | 代码 | 简称 | 募集资金（亿元） |
|---|---|---|---|
| 首发 | 601619 | 嘉泽新能 | 2.44 |
| | 小计 | | 2.44 |
| 再融资（增发、配股） | 000862 | 银星能源 | 11.74 |
| | 小计 | | 11.74 |
| 总计 | | | 14.18 |

资料来源：宁夏证监局。

### （二）募集资金使用情况及特点

上市公司募集资金主要用于公司主业相关的募投项目及补充营运资金。在募集资金管理和使用方面，各公司严格按照法律法规和公司制度的规定，与保荐机构、银行签订《募集资金三方监管协议》，对募集资金实行专户存储，严格审批，确保专款专用。

## 六、宁夏上市公司规范运作情况

### （一）上市公司治理专项情况

2017 年，宁夏证监局依法开展上市公司日常监管工作，以保护投资者合法权益为目标，以依法行政为准绳，切实督促上市公司完善治理结构，全面提升上市公司规范运作水平。在现场检查中，落实风险导向理念，密切关注上市公司治理规范性，有效履行派出机构一线监管的核心职能。持续督促上市公司完善内部管理制度，有效执行内部决策流程，加强内幕信息管理，严格执行内幕信息知情人登记管理制度。同时，积极推动辖区国有上市公司将党建工作写入公司章程，鼓励民营上市公司参照实施。

### （二）审计情况及监管情况

2017 年，辖区公司年报分别由信永中和会计师事务所银川分所、立信会计师事务所、瑞华会计师事务所、中兴财光华会计师事务所、大华会计师事务所、利安达会计师事务所 6 家会计师事务所审计。2017 年，有 3 家公司年报、2 家公司内部控制被年审会计师出具非标审计意见报告。宁夏证监局积极加强与证监会会计部、沪深交易所的监管协作，贯彻风险导向监管理念，扎实推进年报审计监督工作，增强监管的针对性和有效性；启动监管约谈机制和审计监督机制，督导审计机构提高年报审计质量；加大会计师事务所执业质量检查力度，强化年报审计责任。进一步完善辖区会计师事务所与资产评估机构的内部治理，健全质量控制体系，提升执业水平。同时，督导被会计师出具非标审计意见报告的上市公司有效落实整改。

### （三）信息披露情况

2017 年，辖区上市公司信息披露规范化程度有所提高，各公司以体现投资价值为导向，强化投资者关心事项的披露，年报披露涵盖了经营业绩、公司治理、内部控制规范体系实施、利润分配、社会责任等。通过及时、有效的信息披露，公司重大风险得到充分揭示和有效化解。

### （四）证券市场服务情况

1. 扩大增量，推动宁夏企业上市

一是嘉泽新能通过 IPO 绿色通道上市，实现宁夏资本市场多年 IPO“零”的突破；二是积极组织召开“宁夏企业 IPO 工作会议”，全面了解辖区企业上市需求；三是深入调研辖区 IPO 后备资源，发掘与储备并重；四是持续夯实 IPO 辅导备案监管，为进一步推动辖区企业上市奠定了坚实的基础。

2. 改善存量，着力提高上市公司质量

为提高宁夏上市公司核心竞争力，推动宁夏上市公司并购重组工作，宁夏证监局组织召开 2017 年宁夏上市公司并购重组座谈会，提出“健康并购、审慎并购”理念，为辖区企业并购重组工作提出了思路，指明了方向，对提升并购重组质量具有积极作用。

3. 多措并举，提升投资者保护工作

一是联合全景网举办“宁夏上市公司 2017 年度业绩说明会暨投资者集体接待日”活动，促进上市公司与投资者的沟通交流，提升上市公司投资者关系管理能力和水平。二是向辖区上市公司下发专题通知，通报中国证券投资者保护基金公司对各家上市公司投保工作的评价情况，督导上市公司切实做好投资者保护工作。三是积极应对媒体质疑与市场传闻，让市场充分了解情况，减少误读误判。四是积极引导宁夏上市公司协会组织上市公司董监高培训，提高上市公司管理人员的法制意识和合规运作能力。

审稿人：陈　玲、孔艳芬

撰稿人：刘燕强、李东升、弭杨囡

# 新疆地区

## 一、新疆国民经济发展概况

表 1　　2017 年新疆国民经济发展概况　　单位：亿元

| 指标 | 1～3 月 | | 1～6 月 | | 1～9 月 | | 1～12 月 | |
|---|---|---|---|---|---|---|---|---|
| | 绝对量 | 同比增长（%） | 绝对量 | 同比增长（%） | 绝对量 | 同比增长（%） | 绝对量 | 同比增长（%） |
| 地区生产总值（GDP） | 1791.85 | — | 4362.98 | — | 7656.35 | — | 10920.09 | — |
| 全社会固定资产投资 | 523.67 | 13.30 | 4530.47 | 24.60 | 10376.54 | 31.00 | 11795.64 | 20.00 |
| 社会消费品零售总额 | 683.76 | 6.50 | 1386.82 | 7.00 | 1932.40 | 7.00 | — | — |
| 规模以上工业增加值 | 614.70 | 6.80 | — | 5.90 | — | 6.20 | — | 6.40 |
| 规模以上工业企业实现利润 | 168.50 | 440.10 | 361.20 | 206.90 | 584.60 | 160.20 | 736.80 | 104.70 |
| 居民消费价格指数（CPI） | 1～3 月 | | 1～6 月 | | 1～9 月 | | 1～12 月 | |
| | 1.20 | | 2.10 | | 2.80 | | 2.70 | |

资料来源：国家统计局。

## 二、新疆上市公司总体情况

### （一）公司数量

表 2　　2017 年新疆上市公司数量　　单位：家

| 公司总数 | 2017 年新增 | 股票类别 | | | 板块分布 | | | |
|---|---|---|---|---|---|---|---|---|
| | | 仅 A 股 | 仅 B 股 | （A+B）股 | 沪市主板 | 深市主板 | 中小板 | 创业板 |
| 52 | 5 | 52 | 0 | 0 | 27 | 8 | 12 | 5 |

资料来源：沪深交易所，同花顺。

## （二）行业分布

表 3　　2017 年新疆上市公司行业分布情况

| 所属证监会行业类别 | 家数 | 占比（%） | 所属证监会行业类别 | 家数 | 占比（%） |
|---|---|---|---|---|---|
| 农、林、牧、渔业 | 5 | 9.62 | 金融业 | 2 | 3.85 |
| 采矿业 | 5 | 9.62 | 房地产业 | 0 | 0.00 |
| 制造业 | 24 | 46.15 | 租赁和商务服务业 | 1 | 1.92 |
| 电力、热力、燃气及水生产和供应业 | 4 | 7.69 | 科学研究和技术服务业 | 1 | 1.92 |
| 建筑业 | 1 | 1.92 | 水利、环境和公共设施管理业 | 0 | 0.00 |
| 批发和零售业 | 5 | 9.62 | 教育 | 0 | 0.00 |
| 交通运输、仓储和邮政业 | 2 | 3.85 | 卫生和社会工作 | 0 | 0.00 |
| 住宿和餐饮业 | 0 | 0.00 | 文化、体育和娱乐业 | 0 | 0.00 |
| 信息传输、软件和信息技术服务业 | 2 | 3.85 | 综合 | 0 | 0.00 |
| 合计 | 52 | 100 | | | |

资料来源：沪深交易所，同花顺。

## （三）股本结构及规模

表 4　　2017 年新疆上市公司股本规模在 10 亿股以上公司分布情况

| 股本规模（亿股） | 公司家数 | 具体公司 |
|---|---|---|
| 200≤ ~ <500 | 1 | 申万宏源 |
| 50≤ ~ <100 | 4 | 渤海金控，中油资本，广汇能源，中油工程 |
| 20≤ ~ <50 | 5 | 德展健康，中泰化学，金风科技，特变电工，中粮糖业 |
| 10≤ ~ <20 | 10 | 天山股份，西部建设，新研股份，中葡股份，同济堂，*ST 新亿，美克家居，*ST 青松，天富能源，卓郎智能 |

资料来源：沪深交易所，同花顺。

表 5　　2017 年新疆上市公司分地区股权构成情况　　单位：家

| 地域分布＼股权性质 | 央企国资控股 | 省属国资控股 | 地市国资控股 | 民营控股 | 其他 | 合计 |
|---|---|---|---|---|---|---|
| 乌鲁木齐市 | 5 | 3 | 5 | 16 | 3 | 32 |
| 克拉玛依市 | 2 | 0 | 0 | 2 | 0 | 4 |

续表

| 地域分布＼股权性质 | 央企国资控股 | 省属国资控股 | 地市国资控股 | 民营控股 | 其他 | 合计 |
|---|---|---|---|---|---|---|
| 昌吉市 | 1 | 0 | 0 | 3 | 0 | 4 |
| 库尔勒市 | 1 | 0 | 1 | 0 | 0 | 2 |
| 石河子市 | 0 | 0 | 3 | 0 | 0 | 3 |
| 博乐市 | 0 | 0 | 1 | 0 | 0 | 1 |
| 伊犁哈萨克自治州 | 0 | 0 | 1 | 0 | 0 | 1 |
| 阿拉尔市 | 0 | 0 | 1 | 0 | 0 | 1 |
| 阿克苏市 | 0 | 0 | 1 | 1 | 0 | 2 |
| 和田市 | 0 | 0 | 0 | 1 | 0 | 1 |
| 塔城市 | 0 | 0 | 0 | 1 | 0 | 1 |
| 合计 | 9 | 3 | 13 | 24 | 3 | 52 |

注：中葡股份、金风科技、渤海金控计入“其他”类。

资料来源：新疆证监局，Wind资讯系统。

### （四）市值规模

截至2017年12月31日，新疆52家上市公司境内总市值7523.35亿元，占全国上市公司境内总市值的1.32%；其中，上交所上市公司27家，总股本343.03亿股，境内总市值2677.42亿元，占上交所上市公司境内总市值的0.81%；深交所上市公司25家，总股本523.75亿股，境内总市值4845.93亿元，占深交所上市公司境内总市值的2.05%。

### （五）资产规模

截至2017年12月31日，新疆52家上市公司合计总资产20606.94亿元，归属于母公司股东权益3630.35亿元，与2016年相比，分别增长100.10%、40.69%；平均每股净资产4.19元。

## 三、新疆上市公司经营情况及变动分析

### （一）总体经营情况

表6　　2017年新疆上市公司经营情况

| 指标 | 2017年 | 2016年 | 变动率（%） |
|---|---|---|---|
| 家数 | 52 | 47 | 10.64 |
| 亏损家数 | 6 | 12 | -50.00 |
| 亏损家数比例（%） | 11.54 | 25.53 | -13.99 |
| 平均每股收益（元） | 0.34 | 0.27 | 25.93 |
| 平均每股净资产（元） | 4.19 | 3.67 | 14.17 |
| 平均净资产收益率（%） | 8.07 | 7.36 | 0.71 |
| 总资产（亿元） | 20606.94 | 10298.47 | 100.10 |

续表

| 指标 | 2017 年 | 2016 年 | 变动率（%） |
|---|---|---|---|
| 归属于母公司股东权益（亿元） | 3630.35 | 2580.40 | 40.69 |
| 营业收入（亿元） | 3917.97 | 2950.18 | 32.80 |
| 利润总额（亿元） | 462.44 | 241.70 | 91.33 |
| 归属于母公司所有者的净利润（亿元） | 292.94 | 189.91 | 54.25 |

资料来源：沪深交易所，同花顺。

## （二）分行业经营情况

表 7　　2017 年新疆上市公司分行业经营情况

| 所属行类 | 营业收入（亿元） | 可比样本变动率（%） | 归属于母公司所有者的净利润（亿元） | 可比样本变动率（%） |
|---|---|---|---|---|
| 农、林、牧、渔业 | 31.40 | -15.59 | -3.10 | 62.33 |
| 采矿业 | 657.49 | 16.13 | 14.27 | -10.31 |
| 制造业 | 2016.16 | 22.98 | 134.34 | 35.45 |
| 电力、热力、燃气及水生产和供应业 | 61.73 | 14.36 | 5.24 | -12.81 |
| 建筑业 | 98.06 | 50.17 | 0.51 | 27.50 |
| 批发和零售业 | 232.98 | 7.10 | 4.30 | -19.78 |
| 交通运输、仓储和邮政业 | 12.14 | 50.62 | 0.68 | -20.93 |
| 住宿和餐饮业 | 0.00 | — | 0.00 | — |
| 信息传输、软件和信息技术服务业 | 17.71 | 96.34 | 1.61 | 106.41 |
| 金融业 | 426.74 | -2.00 | 114.42 | 4.55 |
| 房地产业 | 0.00 | — | 0.00 | — |
| 租赁和商务服务业 | 359.34 | 48.13 | 26.30 | 15.50 |
| 科学研究和技术服务业 | 4.20 | -43.62 | -5.64 | -505.76 |
| 水利、环境和公共设施管理业 | 0.00 | — | 0.00 | — |
| 教育 | 0.00 | — | 0.00 | — |
| 卫生和社会工作 | 0.00 | — | 0.00 | — |
| 文化、体育和娱乐业 | 0.00 | — | 0.00 | — |
| 综合 | 0.00 | — | 0.00 | — |
| 合计 | 3917.97 | 19.37 | 292.94 | 15.39 |

资料来源：沪深交易所，同花顺。

## （三）业绩变动情况分析

1. 营业收入、毛利率等变动原因分析

2017 年，新疆上市公司实现营业收入 3917.97 亿元，较 2016 年增长 32.80%；营业成本 3520.31 亿元，较 2016 年增长 20.34%；营业利润 462.32 亿元，较 2016 年增长 116.52%；归属于母公司所有者净利润 292.94 亿元，较 2016 年上升 54.25%；毛利率 10.15%，较2016年上升0.47个百分点。总体来看，随着新疆地区上市公司家数的增多，营业总收入呈现稳步增长态势；同时营业收入增幅大于营业成本增幅致使毛利率相对上升。

2. 盈利构成分析

从盈利构成来看，2017年，新疆上市公司利润来源主要是营业利润，其占利润总额的比重为99.97%，较2016年上升11.63个百分点。营业利润中投资净收益总额为84.38亿元，占营业利润的比重为18.25%；公允价值变动净收益为-1.16亿元，资产处置收益总额为2.37亿元，其他收益总额17.15亿元。

3. 经营性现金流量分析

2017年，新疆上市公司产生经营性现金流净额703.80亿元，较2016年大幅增长；其中，销售商品、提供劳务收到的现金流总额为3383.56亿元，较2016年上涨24.86%。52家上市公司中，37家全年经营性现金流量净额为正，24家公司经营性现金流量净额呈增长态势。

4. 业绩特点分析

（1）上市公司整体业绩稳步增长。2017年新疆上市公司营业收入和净利润总体增长明显，因中油资本、合金投资2家公司迁入及熙菱信息、德新交运、立昂技术3家公司新上市，新疆上市公司资产总额较2016年增长一倍；归属于母公司股东权益总额较2016年增长40.69%。平均净资产收益率略微上升，由2016年的7.36%上升至2017年的8.07%；每股收益0.34元，较2016年上涨25.93%。

（2）国资控股企业业绩增速高于民营控股企业。2017年，新疆国资控股上市公司共25家，民营控股上市公司共24家。其中，国资控股上市公司共实现营业收入2348.62亿元，较2016年增长42.05%；归母净利润177.69亿元，较2016年增长84.42%。民营控股上市公司共实现营业收入954.69亿元，较2016年增长21.22%；归母净利润59.3亿元，较2016年增长45.95%。

（3）制造业企业业绩增长明显，农、林、牧、渔业等行业公司业绩出现下滑。从行业经营情况来看，2017年新疆制造业企业公司家数仍占据首位（24家），共实现营业收入2016.16亿元，较2016年增长25.44%，实现归母净利润134.34亿元，较2016年增长46.20%。与之相对应，采矿业，电力、热力、燃气及水生产和供应业，科学研究和技术服务业，农、林、牧、渔业及批发和零售业上市公司较2016归母净利润呈现下降趋势。

5. 利润分配情况

2017年，新疆上市公司中有36家进行了现金分红，分红金额合计78.80亿元，占46家盈利上市公司的78.26%，分红金额占辖区上市公司归母净利润的26.90%；从近3年上市公司分红情况来看，分红公司家数不断增加，分红金额持续增长，上市公司投资者回报意识逐渐增强。

表 8　　2017 年新疆上市公司现金分红情况

| 2017 年分红公司家数 | | | 2017 年分红金额 | | |
|---|---|---|---|---|---|
| 家数 | 变动率（%） | 分红公司家数占地区公司总数比重 | 金额（亿元） | 变动率（%） | 分红金额占归属于母公司所有者的净利润比重 |
| 36 | 28.57 | 69.23% | 78.80 | 52.09 | 26.90% |

资料来源：新疆证监局，Wind 资讯系统。

## 四、新疆上市公司并购重组情况

### （一）并购重组基本情况

2017 年，新疆共有 3 家上市公司完成重大资产重组，即新疆城建定增收购卓郎智能 95% 股权；渤海金控收购 C2 公司 100% 股权；八一钢铁收购八钢公司下属非股权资产；交易总价值共计 812.65 亿元。4 家公司实施重大资产重组，即天山生物定增及支付现金收购大象股份 96.21% 股权；中葡股份定增收购国安锂业 100% 股权；西部黄金定增及支付现金收购佰源丰 51% 股权和科邦锰业 51% 股权；新农开发挂牌转让其全资子公司处置的实物资产；交易总价值共计 73.83 亿元。

### （二）并购重组特点

2017 年，新疆上市公司并购重组呈现如下特点：一是重大资产重组交易总价值较 2016 年有所上升。二是重大资产重组的支付方式主要采取现金或定向增发的模式。完成及实施重大资产重组的公司中有 4 家涉及定向增发，占比超过一半。三是重组公司涉及上市板块较为集中，行业分布较为分散。上交所公司 5 家，深交所主板公司 1 家，创业板公司 1 家。制造业企业 2 家，建筑业 1 家，农、林、牧、渔业 2 家，采矿业 1 家，租赁和商务服务业 1 家。四是重组目的多为产业整合升级，优化产业链。仅有卓郎智能一家涉及借壳上市。

## 五、新疆上市公司募集资金情况、使用情况

### （一）募集资金总体情况

表 9　　2017 年新疆上市公司募集资金情况

| 发行类型 | 代码 | 简称 | 募集资金（亿元） |
|---|---|---|---|
| 首发 | 603032 | 德新交运 | 1.94 |
| | 300588 | 熙菱信息 | 1.24 |
| | 300603 | 立昂技术 | 1.17 |
| | 小计 | | 4.35 |

续表

| 发行类型 | 代码 | 简称 | 募集资金（亿元） |
|---|---|---|---|
| 再融资（增发、配股、优先股） | 600721 | 百花村 | 6.31 |
| | 600089 | 特变电工 | 34.47 |
| | 000877 | 天山股份 | 11.50 |
| | 600337 | 美克家居 | 16.00 |
| | 600339 | 中油工程 | 250.66 |
| | 600509 | 天富能源 | 16.93 |
| | 600545 | 卓郎智能 | 75.25 |
| | 002302 | 西部建设 | 20.25 |
| | 002307 | 北新路桥 | 0.50 |
| | 小计 | | 431.87 |
| 其他融资（公司债券及可转债） | 600256 | 广汇能源 | 14.80 |
| | 300159 | 新研股份 | 4.00 |
| | 002100 | 天康生物 | 10.00 |
| | 小计 | | 28.80 |
| 总计 | | | 465.02 |

资料来源：新疆证监局，Wind 资讯。

### （二）募集资金使用情况及特点

2017 年，新疆上市公司首发融资金额 4.35 亿元，通过再融资募集资金总额 431.87 亿元，其他融资 28.80 亿元。其中有 8 家公司使用 2017 年再融资募集资金（主板 6 家，中小板 2 两家），金额共计 197.99 亿元，占 2017 年再融资总额的 45.84%，募集资金已投入项目 10 个。募集资金使用具有以下特点：一是部分公司募集资金主要用于并购重组对价支付，未设立单独募投项目。二是受市场环境影响，部分上市公司募投项目进展缓慢。

### （三）募集资金变更情况

2017 年，有 1 家公司变更 2017 年募集资金投资项目 1 个，涉及金额 1.12 亿元，占本年度募集资金总额的 0.24%。募集资金变更程序合法，经过了相应审批程序。变更原因主要是由于公司实际募集资金少于计划募集资金，因此，不再实施部分计划募投项目，并相应调减继续实施募投项目金额。

表 10　2017 年新疆上市公司募集资金使用项目变更情况

| 变更募集资金使用项目的公司家数 | 涉及金额（亿元） | 募集资金总额（亿元） | 占公司募集资金总额的比例（%） |
|---|---|---|---|
| 1 | 1.12 | 6.31 | 17.75 |

资料来源：新疆证监局，Wind 资讯。

## 六、新疆上市公司规范运作情况

### （一）上市公司治理专项情况

2017 年，新疆证监局进一步加强对辖区上市公司治理情况的监管关注。持续督导上市公司章程修订，“三会”运作、关联交易及对外担保审议披露情况合法合规。同时，在现场检查过程中，将公司“三会”运作、独立性以及股东权益保障等治理情况作为重点检查内容；通过约谈公司董事长、董事会秘书等有关人员，日常电话沟通或发函问询等多种监管手段，督促新疆上市公司不断完善内部治理，对存在的治理问题切实有效整改。

### （二）审计情况及监管情况

2017 年，共有 15 家会计师事务所承担了新疆 52 家上市公司 2016 年年报审计业务。4 家上市公司审计报告被出具非标审计意见，4 家披露年度内部控制审计报告的上市公司被出具非标审计意见。新疆证监局在本年度审计监管过程中，坚持靶心式监管理念，突出监管有效性和针对性。一是紧盯风险点，紧抓风险项目。聚焦公司风险变化，动态调整年报审计监管风险分类，持续跟踪高风险公司动态。二是高度重视非现场监管。以日常关注重大事项为点，年报审核为线，集体分析为面，通过“点、线、面”相结合的方式，多措并举全面开展非现场监管工作；强化与上市公司及年审会计师的沟通工作，共对 34 家公司年审会计师实施谈话提醒，下发审计监管提示函 4 份；对上市公司 2016 年年报进行全面审核，有针对性地出具年报审核意见 14 份，提出反馈意见近 200 条。三是加强现场监管力度。采取“双随机”及“问题和风险导向”检查方式，详细制定检查计划，明确检查重点，持续提高检查针对性，提升现场检查效率。

### （三）信息披露情况

2017 年，新疆上市公司进一步完善信息披露制度，提高信息披露质量。41 家公司在沪深交易所 2017 年度信息披露考核评价中获得 A、B 等级，占比 78.85%。2017 年度，新疆上市公司均能按期披露定期报告，并通过交易所投资者关系互动平台、投资网上集体接待日等多种方式，积极主动地与投资者交流，信息披露意识进一步增强。新疆证监局持续将信息披露作为日常监管重点，持续关注上市公司信息披露情况，共对上市公司信息披露违规行为采取行政监管措施 1 家次，涉及 2 人次。

### （四）证券市场服务情况

2017 年，新疆证监局围绕“两维护、一促进”核心职责，寓监管于服务，多措并举推动新疆资本市场发展。一方面，借助各类会议平台，传递监管信息，加深双边理解。通过组织召开座谈会等方式传达重要会议精神，通报日常监管中发现的风险隐患，督促上市公司提高风险防控意识；联合辖区上市公司协会定期举办上市公司董事长联席会，董事会秘书、财务总监专业委员会议，加强监管互动；组织召开上市公司监管工作会，董事、监事及高级管理人员培训班，为辖区上市公司规范运作提供专业性、实用性及指导性建议。另一方面，通过调研走访了解公司实情，促进精准服务。主要领导带队多次走访上市公司，开展深入调研，了解公司在经营管理和资本运作方面存在的问题和困难，听取公司意见和建议，为日后更好地帮助新疆上市公司利用资本市场做大做强打下坚实基础。

审稿人：童　惟

撰稿人：张雅婧

# 深圳地区

## 一、深圳国民经济发展概况

表 1　　2017 年深圳国民经济发展概况　　单位：亿元

| 指标 | 1~3 月 | | 1~6 月 | | 1~9 月 | | 1~12 月 | |
|---|---|---|---|---|---|---|---|---|
| | 绝对量 | 同比增长（%） | 绝对量 | 同比增长（%） | 绝对量 | 同比增长（%） | 绝对量 | 同比增长（%） |
| 地区生产总值（GDP） | 4584.27 | 8.60 | 9709.02 | 8.80 | 15408.62 | 8.80 | 22438.39 | 8.80 |
| 全社会固定资产投资 | 706.13 | 24.3 | 2071.60 | 30.60 | 3501.98 | 31.10 | 5147.32 | 23.80 |
| 社会消费品零售总额 | 1302.63 | 9.10 | 2773.91 | 9.40 | 4342.80 | 9.10 | 6016.19 | 9.10 |
| 规模以上工业增加值 | 1668.58 | 7.60 | 3596.30 | 7.80 | 5680.07 | 9.70 | 8087.62 | 9.30 |
| 规模以上工业企业实现利润 | — | — | — | — | — | — | — | — |
| 居民消费价格指数（CPI） | 1~3 月 | | 1~6 月 | | 1~9 月 | | 1~12 月 | |
| | 1.40 | | 1.30 | | 1.30 | | 1.40 | |

资料来源：国家统计局。

## 二、深圳上市公司总体情况

### （一）公司数量

表 2　　2017 年深圳上市公司数量　　单位：家

| 公司总数 | 2017 年新增 | 股票类别 | | | 板块分布 | | | |
|---|---|---|---|---|---|---|---|---|
| | | 仅 A 股 | 仅 B 股 | （A+B）股 | 沪市主板 | 深市主板 | 中小板 | 创业板 |
| 273 | 40 | 255 | 1 | 17 | 20 | 59 | 112 | 82 |

资料来源：沪深交易所，同花顺。

## （二）行业分布

表 3　　2017 年深圳上市公司行业分布情况

| 所属证监会行业类别 | 家数 | 占比（%） | 所属证监会行业类别 | 家数 | 占比（%） |
|---|---|---|---|---|---|
| 农、林、牧、渔业 | 0 | 0.00 | 金融业 | 7 | 2.56 |
| 采矿业 | 0 | 0.00 | 房地产业 | 17 | 6.23 |
| 制造业 | 160 | 58.61 | 租赁和商务服务业 | 10 | 3.66 |
| 电力、热力、燃气及水生产和供应业 | 3 | 1.10 | 科学研究和技术服务业 | 4 | 1.47 |
| 建筑业 | 19 | 6.96 | 水利、环境和公共设施管理业 | 1 | 0.37 |
| 批发和零售业 | 16 | 5.86 | 教育 | 0 | 0.00 |
| 交通运输、仓储和邮政业 | 7 | 2.56 | 卫生和社会工作 | 0 | 0.00 |
| 住宿和餐饮业 | 0 | 0.00 | 文化、体育和娱乐业 | 0 | 0.00 |
| 信息传输、软件和信息技术服务业 | 28 | 10.26 | 综合 | 1 | 0.37 |
| 合计 | 273 | 100 | | | |

资料来源：沪深交易所，同花顺。

## （三）股本结构及规模

表 4　　2017 年深圳上市公司股本规模在 10 亿股以上公司分布情况

| 股本规模（亿股） | 公司家数 | 具体公司 |
|---|---|---|
| 200≤～＜500 | 1 | 招商银行 |
| 100≤～＜200 | 4 | 平安银行，万科 A，中信证券，中国平安 |
| 50≤～＜100 | 5 | 华侨城 A，招商蛇口，国信证券，招商证券，广深铁路 |
| 20≤～＜50 | 22 | 中国宝安，南玻 A，深康佳 A，深圳能源，中集集团，中金岭南，中兴通讯，中国长城，海王生物，深圳机场，怡亚通，世联行，格林美，兆驰股份，欧菲科技，立讯精密，比亚迪，第一创业，香江控股，金地集团，深高速，深圳燃气 |
| 10≤～＜20 | 44 | 世纪星源，深振业 A，神州长城，深科技，深深房 A，中粮地产，华联控股，东旭蓝天，深天马 A，方大集团，皇庭国际，深赛格，农产品，华控赛格，盐田港，天健集团，大族激光，宝鹰股份，科陆电子，沃尔核材，劲嘉股份，飞马国际，拓日新能，兆新股份，信立泰，美盈森，南山控股，洪涛股份，海普瑞，爱施德，达实智能，兴森科技，广田集团，英飞拓，海能达，奋达科技，华测检测，汇川技术，英唐智控，铁汉生态，欣旺达，聚飞光电，健康元，长园集团 |

资料来源：沪深交易所，同花顺。

表 5　　2017 年深圳上市公司分地区股权构成情况　　单位：家

| 股权性质 / 地域分布 | 央企国资控股 | 省属国资控股 | 地市国资控股 | 民营控股 | 其他 | 合计 |
|---|---|---|---|---|---|---|
| 深圳市 | 22 | 2 | 24 | 187 | 38 | 273 |

资料来源：深圳证监局。

### （四）市值规模

截至 2017 年 12 月 31 日，深圳 273 家上市公司境内总市值 53401.62 亿元，占全国上市公司境内总市值的 9.40%；其中，上交所上市公司 20 家，总股本 715.42 亿股，境内总市值 19181.44 亿元，占上交所上市公司境内总市值的 5.77%；深交所上市公司 253 家，总股本 2322.09 亿股，境内总市值 34220.18 亿元，占深交所上市公司境内总市值的 14.51%。

### （五）资产规模

截至 2017 年 12 月 31 日，深圳 273 家上市公司合计总资产 213409.85 亿元，归属于母公司股东权益 26304.87 亿元，与 2016 年相比，分别增长 13.80%、17.80%；平均每股净资产 8.06 元。

## 三、深圳上市公司经营情况及变动分析

### （一）总体经营情况

表 6　　2017 年深圳上市公司经营情况

| 指标 | 2017 年 | 2016 年 | 变动率（%） |
|---|---|---|---|
| 家数 | 273 | 233 | 17.17 |
| 亏损家数 | 14 | 8 | 75.00 |
| 亏损家数比例（%） | 5.13 | 3.43 | 1.70 |
| 平均每股收益（元） | 1.04 | 0.9 | 15.56 |
| 平均每股净资产（元） | 8.06 | 7.54 | 6.90 |
| 平均净资产收益率（%） | 12.96 | 11.96 | 1.00 |
| 总资产（亿元） | 213409.85 | 187538.46 | 13.80 |
| 归属于母公司股东权益（亿元） | 26306.27 | 22330.92 | 17.80 |
| 营业收入（亿元） | 31182.18 | 26796.4 | 16.37 |
| 利润总额（亿元） | 4921.33 | 3838.92 | 28.20 |
| 归属于母公司所有者的净利润（亿元） | 3408.83 | 2671.61 | 27.59 |

资料来源：沪深交易所，同花顺。

## （二）分行业经营情况

表 7　　2017 年深圳上市公司分行业经营情况

| 所属行类 | 营业收入（亿元） | 可比样本变动率（%） | 归属于母公司所有者的净利润（亿元） | 可比样本变动率（%） |
|---|---|---|---|---|
| 农、林、牧、渔业 | 0.00 | — | 0.00 | — |
| 采矿业 | 0.00 | — | 0.00 | — |
| 制造业 | 7832.34 | 10.78 | 533.12 | 66.79 |
| 电力、热力、燃气及水生产和供应业 | 286.50 | 33.87 | 16.52 | -51.78 |
| 建筑业 | 792.18 | 27.89 | 35.96 | 4.02 |
| 批发和零售业 | 2425.99 | 25.43 | 47.21 | 4.19 |
| 交通运输、仓储和邮政业 | 313.22 | 6.67 | 40.47 | 4.79 |
| 住宿和餐饮业 | 0.00 | — | 0.00 | — |
| 信息传输、软件和信息技术服务业 | 336.92 | 14.90 | 29.68 | 1.44 |
| 金融业 | 12880.85 | 17.70 | 2046.44 | 21.84 |
| 房地产业 | 4585.09 | 0.75 | 630.90 | 26.41 |
| 租赁和商务服务业 | 1604.63 | 23.52 | 20.76 | -37.92 |
| 科学研究和技术服务业 | 48.45 | 24.45 | 6.28 | 23.87 |
| 水利、环境和公共设施管理业 | 5.31 | 10.17 | 0.15 | -86.24 |
| 教育 | 0.00 | — | 0.00 | — |
| 卫生和社会工作 | 0.00 | — | 0.00 | — |
| 文化、体育和娱乐业 | 0.00 | — | 0.00 | — |
| 综合 | 70.71 | 9.63 | 1.33 | -42.92 |
| 合计 | 31182.18 | 14.11 | 3408.83 | 25.22 |

资料来源：沪深交易所，同花顺。

## （三）业绩变动情况分析

1. 营业收入、毛利率等变动原因分析

深圳辖区 273 家公司 2017 年实现营业收入 3.12 万亿元，实现归属于上市公司股东的净利润（以下简称“净利润”）3408.83 亿元，同比增速分别为 16.37%、27.59%，营业收入、净利润分别突破 3 万亿元和 3 千亿元大关。其中，金融业回归本源，房地产业整体增速明显放缓。制造业表现抢眼，2017 年实现净利润 533.12 亿元，净利润同比增速达 66.73%，为 2014 年以来的最高增速，制造业由“中国制造”走向“中国智造”，成为实体经济增长的新引擎。

2017 年，非金融房地产业毛利率为 19.96%，制造业提升较为明显，由 2014 年的 21.21% 升至 24.85%，连续 6 年逐年提升。

2. 盈利构成分析

从盈利构成来看，2017 年深圳上市公司利润来源主要是营业利润，占利润总额的比重为 99.33%，比 2016 年增长 2.02 个百分点；而营业外收支净利润占总额的比重为 0.67%，比 2016 年降低 2.3 个百分点。在营业利润中，投资净收益占总额的比重为 45.37%，较 2016 年上升 0.47 个百分点；公允价值变动净收益占利润总额的比重为 1.69%。

3. 经营性现金流量分析

2017 年，深圳上市公司经营活动现金流量净额 -568.98 亿元，其中，扣除金融、房地产业，其他上市公司的经营活动现金流量净额为 555.67 亿元，较 2016 年增加 18.59%。

4. 业绩特点分析

2017 年，深圳上市公司业绩呈现以下几个特点：一是经营业绩稳中有进，实体经济活力增强，深圳辖区 273 家公司 2017 年实现营业收入 3.12 万亿元，实现归属于上市公司股东的净利润（以下简称“净利润”）3408.83 亿元，同比增速分别为 16.37%、27.59%，反映深圳地区实体企业增长动力强劲，“脱虚向实”态势进一步确立。二是制造业表现抢眼，成为实体经济增长的新引擎，2017 年实现净利润 533.12 亿元，净利润同比增速达 66.73%，为 2014 年以来的最高增速。三是金融业回归本源，房地产业整体增速明显放缓，深圳金融业上市公司 2017 年回归正增长，实现营业收入、净利润分别为 12880.85 亿元、2046.44 亿元，同比增速达 18% 和 22%，扭转了 2016 年的下滑态势。在政策调控的背景下，房地产行业拐点渐现，深圳房地产业上市公司 2017 年实现营业收入 4585.09 亿元，同比增速不足 1%，实现净利润 630.90 亿元，同比增速 26%，较 2016 年下降 18 个百分点。四是供给侧改革深入推进，高质量发展可持续性强，深圳辖区上市公司盈利能力不断提高，去库存稳步推进，短板领域继续得到增强。

5. 利润分配情况

表 8　2017 年深圳上市公司现金分红情况

| 2017 年分红公司家数 | | | 2017 年分红金额 | | |
|---|---|---|---|---|---|
| 家数 | 变动率（%） | 分红公司家数占地区公司总数比重 | 金额（亿元） | 变动率（%） | 分红金额占归属于母公司所有者的净利润比重 |
| 228 | 18.13 | 83.52% | 852.38 | 11.36 | 25.01% |

资料来源：深圳证监局。

## 四、深圳上市公司并购重组情况

### （一）并购重组基本情况

2017 年，深圳上市公司共发生重大资产并购重组 23 宗，完成 18 宗，失败 5 宗。其中，发生借壳式重组 1 宗，完成 1 宗。18 宗完成的重大资产重组分别是：

（1）深圳市惠程电气股份有限公司以现金收购哆可梦 77.57% 股权；

（2）深圳天源迪科信息技术股份有限公司定增收购维恩贝特 94.84% 股权；

（3）深圳市奋达科技股份有限公司定增收购富诚达100%股权；

（4）深圳键桥通讯技术股份有限公司以现金收购上海即富45%股权；

（5）深圳九有股份有限公司以现金收购润泰供应链51%股权；

（6）深圳市赛为智能股份有限公司定增收购开心人信息100%股权；

（7）深圳光韵达光电科技股份有限公司定增收购金东唐100%股权；

（8）深圳市索菱实业股份有限公司定增收购三旗通信100%股权和英卡科技100%股权；

（9）深圳歌力思服饰股份有限公司受让前海上林16%股权；

（10）上海现代制药股份有限公司定增收购11家医药公司及相关经营性资产；

（11）深圳市赢合科技股份有限公司定增收购东莞雅康100%股权；

（12）深圳赛格股份有限公司发行股份购买4家公司股权；

（13）深圳香江控股股份有限公司发行股份及支付现金收购两股权标的和物业资资产；

（14）中航地产股份有限公司出售房地产开发业务；

（15）大连国际合作（集团）股份有限公司定增收购多家公司股权；

（16）马鞍山鼎泰稀土新材料股份有限公司发行股份购买顺丰控股100%股权；

（17）中国长城计算机深圳股份有限公司换股合并长城信息以及定增收购军工企业资产；

（18）国药集团一致药业股份有限公司定增收购4家医药公司。

### （二）并购重组特点

2017年，深圳上市公司的重大资产重组较2016年17宗有所上升。从并购类型来看，13宗为行业整合式重组，2宗为多元化战略，1宗为借壳上市，1宗为业务转型，1宗为资产调整，整合效益明显。

## 五、深圳上市公司募集资金情况、使用情况

### （一）募集资金总体情况

表9　　2017年深圳上市公司募集资金情况

| 发行类型 | 代码 | 简称 | 募集资金（亿元） |
|---|---|---|---|
| 首发 | 002916. SZ | 深南电路 | 13. 51 |
| | 002917. SZ | 金奥博 | 3. 29 |
| | 300731. SZ | 科创新源 | 2. 91 |
| | 002912. SZ | 中新赛克 | 5. 05 |
| | 300713. SZ | 英可瑞 | 4. 28 |
| | 300693. SZ | 盛弘股份 | 3. 29 |
| | 300689. SZ | 澄天伟业 | 2. 45 |
| | 603978. SH | 深圳新星 | 5. 99 |

续表

| 发行类型 | 代码 | 简称 | 募集资金（亿元） |
|---|---|---|---|
| 首发 | 300686. SZ | 智动力 | 2.94 |
| | 300679. SZ | 电连技术 | 20.32 |
| | 002889. SZ | 东方嘉盛 | 4.47 |
| | 603063. SH | 禾望电气 | 8.02 |
| | 300675. SZ | 建科院 | 1.34 |
| | 002882. SZ | 金龙羽 | 4.96 |
| | 300676. SZ | 华大基因 | 5.47 |
| | 300671. SZ | 富满电子 | 2.06 |
| | 002885. SZ | 京泉华 | 3.11 |
| | 002886. SZ | 沃特股份 | 2.60 |
| | 002881. SZ | 美格智能 | 2.39 |
| | 300668. SZ | 杰恩设计 | 2.21 |
| | 002880. SZ | 卫光生物 | 6.78 |
| | 002875. SZ | 安奈儿 | 4.27 |
| | 002876. SZ | 三利谱 | 3.82 |
| | 300656. SZ | 民德电子 | 2.34 |
| | 002869. SZ | 金溢科技 | 6.44 |
| | 300647. SZ | 超频三 | 2.69 |
| | 002867. SZ | 周大生 | 15.31 |
| | 300514. SZ | 友讯达 | 2.12 |
| | 300638. SZ | 广和通 | 2.09 |
| | 300633. SZ | 开立医疗 | 2.09 |
| | 002856. SZ | 美芝股份 | 2.94 |
| | 300621. SZ | 维业股份 | 2.92 |
| | 300622. SZ | 博士眼镜 | 2.11 |
| | 002851. SZ | 麦格米特 | 5.42 |
| | 002850. SZ | 科达利 | 13.20 |
| | 300615. SZ | 欣天科技 | 2.87 |
| | 300601. SZ | 康泰生物 | 1.38 |
| | 300602. SZ | 飞荣达 | 3.71 |
| | 002845. SZ | 同兴达 | 3.84 |
| | 603228. SH | 景旺电子 | 11.12 |
| | 小计 | | 198.12 |

续表

| 发行类型 | 代码 | 简称 | 募集资金（亿元） |
|---|---|---|---|
| 再融资（增发、配股） | 000058. SZ | 深赛格 | 44. 82 |
| | 000028. SZ | 国药一致 | 35. 04 |
| | 002681. SZ | 奋达科技 | 29. 37 |
| | 600162. SH | 香江控股 | 23. 50 |
| | 002121. SZ | 科陆电子 | 18. 16 |
| | 002191. SZ | 劲嘉股份 | 16. 50 |
| | 000066. SZ | 中国长城 | 15. 43 |
| | 000060. SZ | 中金岭南 | 15. 25 |
| | 300044. SZ | 赛为智能 | 12. 45 |
| | 002138. SZ | 顺络电子 | 11. 31 |
| | 002301. SZ | 齐心集团 | 11. 00 |
| | 300178. SZ | 腾邦国际 | 7. 98 |
| | 002369. SZ | 卓翼科技 | 7. 56 |
| | 002583. SZ | 海能达 | 7. 53 |
| | 002766. SZ | 索菱股份 | 7. 36 |
| | 002047. SZ | 宝鹰股份 | 7. 28 |
| | 300047. SZ | 天源迪科 | 7. 16 |
| | 002240. SZ | 威华股份 | 6. 58 |
| | 002388. SZ | 新亚制程 | 6. 00 |
| | 002055. SZ | 得润电子 | 4. 80 |
| | 300130. SZ | 新国都 | 4. 56 |
| | 300457. SZ | 赢合科技 | 4. 53 |
| | 002740. SZ | 爱迪尔 | 4. 07 |
| | 002551. SZ | 尚荣医疗 | 3. 68 |
| | 300085. SZ | 银之杰 | 3. 62 |
| | 002654. SZ | 万润科技 | 3. 36 |
| | 300227. SZ | 光韵达 | 2. 65 |
| | 300235. SZ | 方直科技 | 2. 39 |
| | 300348. SZ | 长亮科技 | 1. 79 |
| | 002587. SZ | 奥拓电子 | 1. 44 |
| | 小计 | | 327. 17 |

续表

| 发行类型 | 代码 | 简称 | 募集资金（亿元） |
|---|---|---|---|
| 其他融资（公司债券、短期融资券、中期票据、次级债、金融债、境外发行债券） | 002218. SZ | 拓日新能 | 2 |
| | 000027. SZ | 深圳能源 | 130 |
| | 001979. SZ | 招商蛇口 | 74 |
| | 600446. SH | 金证股份 | 3. 5 |
| | 002766. SZ | 索菱股份 | 5 |
| | 002416. SZ | 爱施德 | 6 |
| | 002456. SZ | 欧菲科技 | 22 |
| | 000009. SZ | 中国宝安 | 26 |
| | 002340. SZ | 格林美 | 17 |
| | 300207. SZ | 欣旺达 | 7. 8 |
| | 000002. SZ | 万科 A | 57 |
| | 002436. SZ | 兴森科技 | 4 |
| | 600525. SH | 长园集团 | 10 |
| | 600383. SH | 金地集团 | 117. 5 |
| | 002047. SZ | 宝鹰股份 | 6. 1 |
| | 000078. SZ | 海王生物 | 41 |
| | 002594. SZ | 比亚迪 | 15 |
| | 002121. SZ | 科陆电子 | 2 |
| | 002672. SZ | 东江环保 | 6 |
| | 002815. SZ | 崇达技术 | 8 |
| | 002797. SZ | 第一创业 | 6 |
| | 002736. SZ | 国信证券 | 311 |
| | 300197. SZ | 铁汉生态 | 13 |
| | 002482. SZ | 广田集团 | 22. 8 |
| | 601139. SZ | 深圳燃气 | 9 |
| | 002325. SZ | 洪涛股份 | 7 |
| | 600999. SH | 招商证券 | 618. 1 |
| | 002183. SZ | 怡亚通 | 13 |
| | 600030. SH | 中信证券 | 403 |
| | 600036. SH | 招商银行 | 6797. 94 |
| | 600380. SH | 健康元 | 9 |
| | 000099. SZ | 中信海直 | 3. 52 |
| | 000039. SZ | 中集集团 | 30 |
| | 000022. SZ | 深赤湾 A | 1 |
| | 000001. SZ | 平安银行 | 9106. 75 |
| | 小计 | | 17911. 01 |
| 总计 | | | 18436. 30 |

资料来源：深圳证监局。

### （二）募集资金使用情况及特点

2017 年，40 家公司通过 IPO 募集资金 198.12 亿元；65 家公司通过增发、配股及其他融资方式共筹集资金 18238.18 亿元。与 2016 年相比，2017 年新增 IPO 融资项目 11 家，再融资项目减少 14 家。IPO 及再融资共有募集资金项目 238 个。

### （三）募集资金变更情况

2017 年，深圳有 10 家上市公司变更募集资金投向，涉及金额 14.65 亿元（见表 10）。相比 2016 年，变更家数增加 4 家，涉及金额减少 8.4 亿元。变更募集资金新投 13 个项目，其中 6 个项目用于补充流动资金，另外 7 个项目与上市公司主营业务相关。

表 10　　2017 年深圳上市公司募集资金使用项目变更情况

| 变更募集资金使用项目的公司家数 | 涉及金额（亿元） | 募集资金总额（亿元） | 占公司募集资金总额的比例（%） |
|---|---|---|---|
| 10 | 14.65 | 69.91 | 20.96 |

资料来源：深圳证监局。

## 六、深圳上市公司规范运作情况

### （一）上市公司治理专项情况

2017 年，深圳证监局进一步推动脸谱系统向风险监测预警的智能平台发展。一方面，围绕监管关注的 15 类风险事项、122 个风险指标，探索将上市公司公告信息与工商、税务、海关、司法裁判等外部数据进行关联比对，构建风险识别预警模型。另一方面，探索运用信息化、科技化手段对上市公司风险问题进行监测。在前期探索推进脸谱监管系统建设的基础上，进一步推动脸谱系统向风险监测预警的智能平台发展，增加异常公告、舆情监测的功能模块。目前，该平台已经上线运行。

2017 年，在总结上市公司监管信息公开经验的基础上，深圳证监局继续完善信息公开内容、扩大覆盖主体和业务条线，将信息公开的对象由上市公司拓展至非上市公众公司和公司债发债主体，进一步丰富和完善“一站式、全方位、体系化”的监管信息公开机制，为监管对象规范发展提供阳光透明的法制环境。截至 2017 年 10 月，共计发布各类监管法规、案例、行政监管措施、行政处罚文书等监管信息 200 余条。

### （二）审计情况及监管情况

2017 年，深圳证监局根据辖区上市公司的风险状况及日常监管掌握到公司存在的重大事项，确定了 2017 年年报审计监管 13 家重点公司，约谈相关年审会计师，积极督促会计师事务所尽职履责。

### （三）信息披露情况

深圳证监局持续推动上市公司提高信息披露质量，保障投资者的知情权。要求各上市公司提高投资者服务意识，不断优化和改进上市公司信息披露管理机制，鼓励辖区各上市公司根据自身情况探索建立信息披露委员会或类似机制，已建立信息披露委员会的应进一步完善相关制度规则，保障信息披露委员会的持续有效运作，切实提升辖区上市公司信息披露整体质量和水平。截至 2017 年年底，辖区已有大约 30 家上市公司建立信息披露委员会。

### （四）证券市场服务情况

2017 年，深圳证监局持续优化监管手段和服务方式，结合上市公司“监管第一课”的经验，把授课范围拓展至新三板公司。在拟上市公司辅导监管方面，深圳证监局一方面优化流程、简政放权，将辅导监管报告出文时限缩短至 5 个工作日内；另一方面，把好“入门关”，在辅导阶段结合 IPO 核查掌握的流程标准及关注重点，向辅导对象进行授课培训。同时，积极配合、参与持股行权扩大试点相关工作，与中证中小投资者服务中心在持股行权相关监管、公司章程修改、股东建议函等事项中保持积极沟通。

此外，督促上市公司畅通与投资者的沟通渠道，针对投资者反映的与上市公司沟通不畅等问题，全面提醒和督促辖区上市公司，对上市公司热线接听及投资者沟通交流等情况逐家进行跟踪督促，并通过当面、电话等方式约谈提醒部分上司公司，要求提高投资者服务意识，切实保障投资者的知情权和参与权等各项权益。

### （五）其他

2017 年，深圳上市公司在产业发展、健康、教育、社会扶贫等方面累计投入资金约 68 亿元，投入资金量是 2013 年精准扶贫之前的 100 倍（2012 年 7439 万元）。其中，中国平安、招商银行、国信证券等上市公司在扶贫项目上的投入连续两年超过 1000 万元。招商证券、招商银行 2017 年 3 月分别获得中国扶贫基金会颁发的“中国扶贫大使奖”“杰出贡献奖”；国信证券上榜第十四届（2017）中国慈善榜。

审稿人：訾磊

撰稿人：彭凰、吕哲

# 大连地区

## 一、大连国民经济发展概况

表 1　　2017 年大连国民经济发展概况　　单位：亿元

| 指标 | 1～3 月 | | 1～6 月 | | 1～9 月 | | 1～12 月 | |
|---|---|---|---|---|---|---|---|---|
| | 绝对量 | 同比增长（%） | 绝对量 | 同比增长（%） | 绝对量 | 同比增长（%） | 绝对量 | 同比增长（%） |
| 地区生产总值（GDP） | 1342.30 | 6.70 | 3287.30 | 6.80 | 5378.40 | 7.00 | 7363.90 | 7.10 |
| 全社会固定资产投资 | 279.80 | -17.40 | 750.90 | -25.70 | 1278.80 | -4.90 | 1652.80 | 15.10 |
| 社会消费品零售总额 | 830.80 | 8.90 | 1723.50 | 9.60 | 2686.00 | 8.70 | 3722.50 | 9.20 |
| 规模以上工业增加值 | — | 7.20 | — | 9.80 | — | 11.30 | — | 11.20 |
| 规模以上工业企业实现利润 | — | — | — | — | — | — | — | — |
| 居民消费价格指数（CPI） | 1～3 月 | | 1～6 月 | | 1～9 月 | | 1～12 月 | |
| | 1.10 | | 1.20 | | 1.50 | | 2.10 | |

资料来源：国家统计局。

## 二、大连上市公司总体情况

### （一）公司数量

表 2　　2017 年大连上市公司数量　　单位：家

| 公司总数 | 2017 年新增 | 股票类别 | | | 板块分布 | | | |
|---|---|---|---|---|---|---|---|---|
| | | 仅 A 股 | 仅 B 股 | （A+B）股 | 沪市主板 | 深市主板 | 中小板 | 创业板 |
| 29 | 1 | 26 | 2 | 1 | 15 | 5 | 7 | 2 |

资料来源：沪深交易所，同花顺。

## （二）行业分布

表 3　　2017 年大连上市公司行业分布情况

| 所属证监会行业类别 | 家数 | 占比（%） | 所属证监会行业类别 | 家数 | 占比（%） |
|---|---|---|---|---|---|
| 农、林、牧、渔业 | 1 | 3.45 | 金融业 | 0 | 0.00 |
| 采矿业 | 0 | 0.00 | 房地产业 | 1 | 3.45 |
| 制造业 | 11 | 37.93 | 租赁和商务服务业 | 0 | 0.00 |
| 电力、热力、燃气及水生产和供应业 | 2 | 6.90 | 科学研究和技术服务业 | 1 | 3.45 |
| 建筑业 | 0 | 0.00 | 水利、环境和公共设施管理业 | 1 | 3.45 |
| 批发和零售业 | 6 | 20.69 | 教育 | 0 | 0.00 |
| 交通运输、仓储和邮政业 | 3 | 10.34 | 卫生和社会工作 | 0 | 0.00 |
| 住宿和餐饮业 | 0 | 0.00 | 文化、体育和娱乐业 | 0 | 0.00 |
| 信息传输、软件和信息技术服务业 | 2 | 6.90 | 综合 | 1 | 3.45 |
| 合计 | 29 | 100 | | | |

资料来源：沪深交易所，同花顺。

## （三）股本结构及规模

表 4　　2017 年大连上市公司股本规模在 10 亿股以上公司分布情况

| 股本规模（亿股） | 公司家数 | 具体公司 |
|---|---|---|
| 100≤～<200 | 2 | 国电电力，大连港 |
| 50≤～<100 | 1 | 广汇汽车 |
| 20≤～<50 | 2 | 圆通速递，恒力股份 |
| 10≤～<20 | 7 | 海航投资，中广核技，大连重工，晨鑫科技，铁龙物流，辽宁成大，*ST大控 |

资料来源：沪深交易所，同花顺。

表 5　　2017 年大连上市公司分地区股权构成情况　　单位：家

| 股权性质 / 地域分布 | 央企国资控股 | 省属国资控股 | 地市国资控股 | 民营控股 | 其他 | 合计 |
|---|---|---|---|---|---|---|
| 大连市 | 3 | 2 | 6 | 15 | 3 | 29 |

资料来源：大连证监局。

### （四）市值规模

2017 年 12 月 31 日，大连 29 家上市公司境内总市值 3915.37 亿元，占全国上市公司境内总市值的 0.69%；其中，上交所上市公司 15 家，总股本 472.03 亿股，境内总市值 3027.57 亿元，占上交所上市公司境内总市值的 0.91%；深交所上市公司 14 家，总股本 105.63 亿股，境内总市值 887.80 亿元，占深交所上市公司境内总市值的 0.38%。

### （五）资产规模

截至 2017 年 12 月 31 日，大连 29 家上市公司合计总资产 6380.74 亿元，归属于母公司股东权益 2016.38 亿元，与 2016 年相比，分别增长 7.76%、11.77%；平均每股净资产 3.18 元。

## 三、大连上市公司经营情况及变动分析

### （一）总体经营情况

表 6　　2017 年大连上市公司经营情况

| 指标 | 2017 年 | 2016 年 | 变动率（%） |
|---|---|---|---|
| 家数 | 29 | 28 | 3.57 |
| 亏损家数 | 2 | 5 | -60.00 |
| 亏损家数比例（%） | 6.9 | 17.86 | -10.96 |
| 平均每股收益（元） | 0.22 | 0.24 | -8.33 |
| 平均每股净资产（元） | 3.18 | 3.12 | 1.92 |
| 平均净资产收益率（%） | 6.97 | 7.65 | -0.68 |
| 总资产（亿元） | 6380.74 | 5921.09 | 7.76 |
| 归属于母公司股东权益（亿元） | 2016.38 | 1804.01 | 11.77 |
| 营业收入（亿元） | 3580.97 | 3158.69 | 13.37 |
| 利润总额（亿元） | 200.28 | 211.41 | -5.26 |
| 归属于母公司所有者的净利润（亿元） | 140.54 | 137.97 | 1.86 |

资料来源：沪深交易所，同花顺。

### （二）分行业经营情况

表 7　　2017 年大连上市公司分行业经营情况

| 所属行类 | 营业收入（亿元） | 可比样本变动率（%） | 归属于母公司所有者的净利润（亿元） | 可比样本变动率（%） |
|---|---|---|---|---|
| 农、林、牧、渔业 | 32.06 | 5.05 | -7.23 | -1003.75 |
| 采矿业 | 0.00 | — | 0.00 | — |
| 制造业 | 382.60 | 10.72 | 25.21 | 37.53 |

续表

| 所属行类 | 营业收入（亿元） | 可比样本变动率（%） | 归属于母公司所有者的净利润（亿元） | 可比样本变动率（%） |
|---|---|---|---|---|
| 电力、热力、燃气及水生产和供应业 | 606.15 | 2.52 | 22.27 | -53.03 |
| 建筑业 | 0.00 | — | 0.00 | — |
| 批发和零售业 | 2049.03 | 16.29 | 62.71 | 42.20 |
| 交通运输、仓储和邮政业 | 406.97 | 13.22 | 22.74 | 6.01 |
| 住宿和餐饮业 | 0.00 | — | 0.00 | — |
| 信息传输、软件和信息技术服务业 | 34.93 | 42.22 | 12.91 | 53.33 |
| 金融业 | 0.00 | — | 0.00 | — |
| 房地产业 | 0.97 | -66.20 | 0.13 | 102.99 |
| 租赁和商务服务业 | 0.00 | — | 0.00 | — |
| 科学研究和技术服务业 | 1.13 | -30.67 | -2.64 | -325.81 |
| 水利、环境和公共设施管理业 | 3.45 | 14.62 | 0.55 | 61.76 |
| 教育 | 0.00 | — | 0.00 | — |
| 卫生和社会工作 | 0.00 | — | 0.00 | — |
| 文化、体育和娱乐业 | 0.00 | — | 0.00 | — |
| 综合 | 63.69 | 110.68 | 3.89 | 24.68 |
| 合计 | 3580.97 | 13.65 | 140.54 | 1.12 |

资料来源：沪深交易所，同花顺。

### （三）业绩变动情况分析

1. 营业收入、毛利率等变动原因分析

2017年年末，辖区上市公司总资产6380.74亿元，归属母公司股东的净资产2016.38亿元；全年实现营业收入3580.97亿元，归属母公司股东的净利润140.54亿元；27家公司盈利，2家公司亏损。

2017年，辖区上市公司营业收入总额较2016年同期增长13.37%，延续了2015年以来营业收入增长的趋势，但是低于全国非金融上市公司20.98%的涨幅。从单个公司分析，广汇汽车营业收入上涨252.89亿元，是辖区上市公司营业收入总额大幅上涨的主要原因，占辖区上市公司营业收入增加额的近6成。

2. 盈利构成分析

从盈利情况来看，辖区2家公司亏损，较2016年减少3家；亏损公司占比6.9%，略高于全国6.83%的亏损面。除亏损的2家公司外，另有7家公司（大连热电、瓦轴B、时代万恒、大连友谊、ST大控、大连重工、海航投资）虽然盈利但扣除非经常性损益后的净利润为负值，主营业务不突出，相对薄弱。受獐子岛、易世达亏损影响（分别亏损7.23亿元、2.64亿元），辖区上市公司归属母公司股东的净利润合计 140.54 亿元，同比略为增长 1.86%，与全国非金融上市公司归属母公司股东的净利润上涨 33.38% 的情形差距明显。29 家公司中利润过亿元的公司 14 家，占比 48.28%；盈利增长 100% 的公司 7 家，较 2016 年增加 1 家；盈利下降 100% 的公司 2 家，较 2016 年减少 1 家。

3. 经营性现金流量分析

辖区上市公司 2017 年经营活动产生的现金流量净额为 298.68 亿元，较 2016 年同期减少 17.54%。18 家公司经营活动现金流量净额同比下滑，占比超 6 成，且呈现逐年增加的趋势；其中，4 家公司现金流降幅超过 100%，较 2016 年减少 1 家。5 家公司现金流为负值，同比减少 2 家。其中，大冷股份是辖区唯一一家连续 3 年经营活动产生的现金流量净额为负值的上市公司，现金流呈现紧张趋势。分行业来看，现金流为负值的行业主要涉及制造业、批发和零售业等。

4. 业绩特点分析

辖区 29 家上市公司在全国 18 个一级行业中涉及 10 个，多数分布在制造业（11 家）与批发和零售业（6 家），此外还分布在交通运输、仓储和邮政业（3 家），电力、热力、燃气及水生产和供应业（2 家），信息传输、软件和信息技术服务业（2 家），综合（1 家），水利、环境和公共设施管理业（1 家），农林牧渔业（1 家），科学研究和技术服务业（1 家），房地产业（1 家）。10 个一级行业中有 2 个行业整体亏损，制造业、批发和零售业连续 3 年全行业快速发展，电力、热力、燃气及水生产和供应业连续 3 年全行业利润下滑，科学研究和技术服务业连续两年全行业亏损，各行业业绩分化显著。

从分布较为集中的行业来看，辖区 11 家制造业上市公司业绩保持增长态势，营业收入和归属母公司股东的净利润分别增长 11.08%、43.54%，每股收益 0.26 元，平均净资产收益率 8.94%，较 2016 年有所增长。6 家批发和零售业上市公司营业收入和净利润分别增长 16.29%、49.18%，每股收益 0.76 元，平均净资产收益率 6.23%，保持了近年来盈利连续上涨的态势。

5. 利润分配情况

**表 8　　2017 年大连上市公司现金分红情况**

| 2017 年分红公司家数 | | | 2017 年分红金额 | | |
|---|---|---|---|---|---|
| 家数 | 变动率（%） | 分红公司家数占地区公司总数比重 | 金额（亿元） | 变动率（%） | 分红金额占归属于母公司所有者的净利润比重 |
| 19 | -9.52 | 65.52% | 42.65 | -15.59 | 30.35% |

资料来源：大连证监局。

## 四、大连上市公司并购重组情况

### （一）并购重组基本情况

2017 年辖区上市公司利用资本市场累计融资 509.6 亿元，其中，股权融资 199.34 亿元，占比 39.12%；发行债券融资（公司债）31.7 亿元，占比 6.22%；发行短期融资券 246 亿元，占比 48.27%；发行中期票据 29 亿元，占比 5.69%。

### （二）并购重组特点

2017 年度辖区实施并购重组再融资的公司 6 家，其中，中广核技发行股份购买资产 42 亿元，配套融资 28 亿元，其余 5 家公司均为非公开发行募集资金，共计 129.34 亿元。虽然辖区上市公司融资规模不断扩大，但是与全国相比，辖区上市公司股权和债券融资（公司债）金额分别仅占全国上市公司股权和债券融资总额的 1.4% 和 0.19%。辖区上市公司利用资本市场融资的能力还需进一步提升。

## 五、大连上市公司募集资金情况、使用情况

### （一）募集资金总体情况

表 9　　2017 年大连上市公司募集资金情况

| 发行类型 | 代码 | 简称 | 募集资金（亿元） |
|---|---|---|---|
| 首发 | 603360 | 百傲化学 | 3.08 |
| | 小计 | | 3.08 |
| 再融资（增发、配股） | 000881 | 中广核技 | 70 |
| | 002354 | 天神娱乐 | 31.32 |
| | 300097 | 智云股份 | 4.80 |
| | 600241 | 时代万恒 | 7.97 |
| | 600297 | 广汇汽车 | 80 |
| | 603318 | 派思股份 | 5.23 |
| | 小计 | | 199.32 |
| 其他融资（公司债券、短期融资券、中期票据、次级债、金融债、境外发行债券） | 000679 | 大连友谊 | 6 |
| | 002220 | 天宝食品 | 5 |
| | 002354 | 天神娱乐 | 10 |
| | 600739 | 辽宁成大 | 65.5 |
| | 600795 | 国电电力 | 210 |
| | 601880 | 大连港 | 10.7 |
| | 小计 | | 307.2 |
| 总计 | | | 509.6 |

资料来源：大连证监局。

### （二）募集资金使用情况及特点

2017年度，大连辖区非公开发行募集资金的上市公司6家，共募集199.32亿元，其中，金额最大的为广汇汽车，募集资金80亿元；金额最小的为智云股份，募集资金4.8亿元。各公司公告的募集资金使用情况鉴证报告显示，6家公司均不存在变更募集资金投资项目的情况。

### （三）募集资金变更情况

表10　　2017年大连上市公司募集资金使用项目变更情况

| 变更募集资金使用项目的公司家数 | 涉及金额（亿元） | 募集资金总额（亿元） | 占公司募集资金总额的比例（%） |
|---|---|---|---|
| 0 | 0 | 0 | 0 |

资料来源：大连证监局。

## 六、大连上市公司规范运作情况

### （一）上市公司治理专项情况

2017年是十九大召开之年，风险防控是首要任务。大连证监局完善分工协作机制，健全风险处置预案，提高“发现—报告—处置—反馈”一条龙的风险防控工作效率。全面分析辖区监管对象的风险状况，各上市公司反复筛查、逐一分析，及时更新风险台账。强化舆情监控分析，每日浏览，重点筛查，第一时间有效应对。

根据2017年“双随机”现场检查工作的安排，大连证监局对两家上市公司开展“双随机”现场检查，检查内容为募集资金管理和使用情况以及公司治理情况。对于检查发现的问题，大连证监局分别下发书面反馈意见和监管关注函，要求公司认真整改、及时汇报。在现场检查工作的基础上，大连证监局要求上市公司进一步加强公司规范运作，完善公司法人治理结构，严格履行信息披露义务，提高财务核算质量，切实保护投资者利益。2017年度，大连证监局开展上市公司现场检查10家次，全年共采取行政监管措施1项，移交稽查立案1项，采取行政处罚措施1项。

### （二）审计情况及监管情况

截至2017年4月30日，辖区29家上市公司全部如期披露2016年年度报告，除大连控股被审计机构出具了无法表示意见的审计报告、无法表示意见的内部控制审计报告外，审计意见类型均为标准无保留意见。2017年，大连证监局对年报审核监管工作思路进行了调整，实现风险监管端口前移，提前传导压力，做到风险提醒及时，督促上市公司强化信息披露工作，提高信息披露的针对性和有效性。年报披露前，向辖区所有上市公司下发《关于做好2016年年报披露工作的通知》，要求辖区上市公司高度重视年报工作，严格执行准则规定，积极配合会计师事务所的年审工作，鼓励自愿性信息披露。在此基础上，大连证监局对辖区各公司存在的风险事项进行逐一梳理，对实际控制人变更、延迟开展年报审计工作的公司分别下发监管关注函，了解年审进展，强调要严格按照上市公司相关法律法规规定，及时、充分履行信息披露义务。对计划摘帽、业绩承诺、频繁重大资产重组、高溢价收购等存在风险隐患的公司，向负责审计的会计师事务所下发《关于提请审计重点关注事项的函》，要求会计师事务所关注重点事项，真实、准确地反映上市公司财务经营状况。根据日常监管情况和非现场审阅情况，对一些重点关注公司采取约谈公司高管的方式进一步加大监管力度。年报披露后，大连证监局结合日常监管和重点类审核公司名单，在全面审核的基础上，对辖区 12 家公司年报进行重点审核，并撰写 12 篇年报分析报告。

### （三）信息披露情况

近年来，大连辖区有近半数的公司实施了收购或重大资产重组，其中大部分已变更了主业或转入双主业运行，管理总部和主要资产变更为异地，很多进入了游戏、速递、教育等相对新兴的行业和产业，而且后续融资并购动作不断。相应的，监管挑战明显加大，估值合理性、业绩真实性、治理规范性、股价波动性等方面的媒体质疑、投诉举报更加集中，加大了信息披露监管工作的复杂性。对此，大连证监局突出问题和风险导向，将近 3 年来发生重大资产重组和实际控制人变更、主业变化或双主业经营的上市公司作为提高辖区上市公司质量的重点，全部列入关注类，占全部关注类公司的 63%，在日常监管中予以重点倾斜，并结合现场检查工作重点，关注上市公司信息披露情况。同时，大连证监局鼓励辖区上市公司开展自愿性信息披露，推动辖区上市公司探索建立以投资者需求为导向的信息披露体系，增强上市公司信息披露的主动性和差异化，以满足投资者实际需求。督促、指导上市公司建立健全信访问题和矛盾纠纷协调机制，畅通与投资者的日常沟通渠道，及时对投资者关注问题予以解释和澄清。

### （四）证券市场服务情况

一是持续组织开展“中小投资者走进上市公司”活动。大连证监局指导协调上市公司与辖区券商机构联合举办了 2016 年股东大会暨“我是股东——做理性投资人”之走进上市公司投资者交流活动，畅通中小投资者与上市公司的沟通渠道。

二是坚持举办网上集体接待日活动。在“2017 年度大连辖区上市公司投资者网上集体接待日”中，辖区 29 家上市公司的高管与投资者就 2016 年年报、公司治理、发展战略、经营状况、股权激励、投资者保护、可持续发展等问题进行充分沟通和交流，充分实现了上市公司与投资者的良好互动。

三是积极支持上市公司融资并购。摒弃狭隘的地方保护主义，坚持全国一盘棋思想，支持市场化的并购重组。及时向地方政府反映借壳后的圆通速递等上市公司的合理诉求，推动地方政府及其相关部门解决公司本地投资遇到的障碍，促进本地投资顺利实施，达到上市公司与本地经济的双赢。对地方重点企业恒力股份的经营发展和资本运作重大事项，联合地方政府积极向证监会争取必要的政策支持，对过程中频繁出现的投诉举报事项即收即办，加班加点，快查快结，在最短时间内查明情况，出具意见，确保不因大连证监局未结事项影响公司融资发展。

审稿人：滕兆滨

撰稿人：周子歆

# 宁波地区

## 一、宁波国民经济发展概况

表 1　　2017 年宁波国民经济发展概况　　单位：亿元

| 指标 | 1~3月 | | 1~6月 | | 1~9月 | | 1~12月 | |
|---|---|---|---|---|---|---|---|---|
| | 绝对量 | 同比增长（%） | 绝对量 | 同比增长（%） | 绝对量 | 同比增长（%） | 绝对量 | 同比增长（%） |
| 地区生产总值（GDP） | 2042.42 | 8.50 | 4456.54 | 7.80 | 7075.20 | 8.30 | 9846.94 | 7.80 |
| 全社会固定资产投资 | 1204.30 | 6.20 | 2697.10 | 4.00 | 4026.40 | 6.50 | 5009.60 | 3.50 |
| 社会消费品零售总额 | 869.62 | 7.60 | 1795.40 | 9.00 | 2850.43 | 10.40 | 4047.81 | 10.40 |
| 规模以上工业增加值 | 700.65 | 9.70 | 1612.22 | 9.00 | 2530.93 | 9.60 | 3266.70 | 9.60 |
| 规模以上工业企业实现利润 | 273.28 | 58.30 | 574.40 | 29.90 | 909.18 | 33.10 | 1264.1363 | 30.90 |
| 居民消费价格指数（CPI） | 1~3月 | | 1~6月 | | 1~9月 | | 1~12月 | |
| | 1.60 | | 3.10 | | 1.80 | | 1.80 | |

资料来源：国家统计局。

## 二、宁波上市公司总体情况

### （一）公司数量

表 2　　2017 年宁波上市公司数量　　单位：家

| 公司总数 | 2017 年新增 | 股票类别 | | | 板块分布 | | | |
|---|---|---|---|---|---|---|---|---|
| | | 仅 A 股 | 仅 B 股 | （A+B）股 | 沪市主板 | 深市主板 | 中小板 | 创业板 |
| 73 | 17 | 73 | 0 | 0 | 44 | 1 | 12 | 16 |

资料来源：沪深交易所，同花顺。

## （二）行业分布

表 3　　2017 年宁波上市公司行业分布情况

| 所属证监会行业类别 | 家数 | 占比（%） | 所属证监会行业类别 | 家数 | 占比（%） |
|---|---|---|---|---|---|
| 农、林、牧、渔业 | 0 | 0.00 | 金融业 | 1 | 1.37 |
| 采矿业 | 0 | 0.00 | 房地产业 | 4 | 5.48 |
| 制造业 | 55 | 75.34 | 租赁和商务服务业 | 1 | 1.37 |
| 电力、热力、燃气及水生产和供应业 | 1 | 1.37 | 科学研究和技术服务业 | 1 | 1.37 |
| 建筑业 | 4 | 5.48 | 水利、环境和公共设施管理业 | 0 | 0.00 |
| 批发和零售业 | 3 | 4.11 | 教育 | 0 | 0.00 |
| 交通运输、仓储和邮政业 | 3 | 4.11 | 卫生和社会工作 | 0 | 0.00 |
| 住宿和餐饮业 | 0 | 0.00 | 文化、体育和娱乐业 | 0 | 0.00 |
| 信息传输、软件和信息技术服务业 | 0 | 0.00 | 综合 | 0 | 0.00 |
| 合计 | 73 | 100 | | | |

资料来源：沪深交易所，同花顺。

## （三）股本结构及规模

表 4　　2017 年宁波上市公司股本规模在 10 亿股以上公司分布情况

| 股本规模（亿股） | 公司家数 | 具体公司 |
|---|---|---|
| 100≤～<200 | 1 | 宁波港 |
| 50≤～<100 | 1 | 宁波银行 |
| 20≤～<50 | 2 | 荣安地产，雅戈尔 |
| 10≤～<20 | 10 | 宏润建设，韵达股份，围海股份，龙元建设，亿晶光电，宁波富达，宁波海运，杉杉股份，百隆东方，三星医疗 |

资料来源：沪深交易所，同花顺。

表 5　　2017 年宁波上市公司分地区股权构成情况　　单位：家

| 股权性质 / 地域分布 | 央企国资控股 | 省属国资控股 | 地市国资控股 | 民营控股 | 其他 | 合计 |
|---|---|---|---|---|---|---|
| 宁波市 | 0 | 4 | 2 | 63 | 4 | 73 |

资料来源：宁波证监局。

### （四）市值规模

截至2017年12月31日，宁波73家上市公司境内总市值7114.12亿元，占全国上市公司境内总市值的1.25%；其中，上交所上市公司44家，总股本399.96亿股，境内总市值4060.86亿元，占上交所上市公司境内总市值的1.22%；深交所上市公司29家，总股本202.83亿股，境内总市值3053.26亿元，占深交所上市公司境内总市值的1.29%。

### （五）资产规模

截至2017年12月31日，宁波73家上市公司合计总资产15737.45亿元，归属于母公司股东权益2922.12亿元，与2016年相比，分别增长16.75%、18.87%；平均每股净资产4.85元。

## 三、宁波上市公司经营情况及变动分析

### （一）总体经营情况

表6　2017年宁波上市公司经营情况

| 指标 | 2017年 | 2016年 | 变动率（%） |
|---|---|---|---|
| 家数 | 73 | 56 | 30.36 |
| 亏损家数 | 6 | 3 | 100.00 |
| 亏损家数比例（%） | 8.22 | 5.36 | 2.86 |
| 平均每股收益（元） | 0.44 | 0.48 | -8.33 |
| 平均每股净资产（元） | 4.85 | 4.51 | 7.54 |
| 平均净资产收益率（%） | 9.1 | 10.76 | -1.66 |
| 总资产（亿元） | 15737.45 | 13302.41 | 18.31 |
| 归属于母公司股东权益（亿元） | 2922.12 | 2370.76 | 23.26 |
| 营业收入（亿元） | 2975.29 | 2294.48 | 29.67 |
| 利润总额（亿元） | 352.97 | 338.98 | 4.13 |
| 归属于母公司所有者的净利润（亿元） | 266.02 | 255.00 | 4.32 |

资料来源：沪深交易所，同花顺。

### （二）分行业经营情况

表7　2017年宁波上市公司分行业经营情况

| 所属行类 | 营业收入（亿元） | 可比样本变动率（%） | 归属于母公司所有者的净利润（亿元） | 可比样本变动率（%） |
|---|---|---|---|---|
| 农、林、牧、渔业 | 0.00 | — | 0.00 | — |
| 采矿业 | 0.00 | — | 0.00 | — |
| 制造业 | 1595.74 | 34.80 | 109.00 | 3.92 |

续表

| 所属行类 | 营业收入（亿元） | 可比样本变动率（%） | 归属于母公司所有者的净利润（亿元） | 可比样本变动率（%） |
|---|---|---|---|---|
| 电力、热力、燃气及水生产和供应业 | 15.58 | 28.44 | 0.96 | 14.29 |
| 建筑业 | 436.17 | 11.06 | 13.06 | 50.11 |
| 批发和零售业 | 118.16 | 28.64 | 1.33 | -54.45 |
| 交通运输、仓储和邮政业 | 297.56 | 19.95 | 44.15 | 23.84 |
| 住宿和餐饮业 | 0.00 | — | 0.00 | — |
| 信息传输、软件和信息技术服务业 | 0.00 | — | 0.00 | — |
| 金融业 | 253.14 | 7.06 | 93.34 | 19.51 |
| 房地产业 | 244.78 | -12.90 | 2.88 | -93.23 |
| 租赁和商务服务业 | 11.22 | -46.55 | 0.86 | -20.37 |
| 科学研究和技术服务业 | 2.92 | -4.26 | 0.44 | -26.67 |
| 水利、环境和公共设施管理业 | 0.00 | — | 0.00 | — |
| 教育 | 0.00 | — | 0.00 | — |
| 卫生和社会工作 | 0.00 | — | 0.00 | — |
| 文化、体育和娱乐业 | 0.00 | — | 0.00 | — |
| 综合 | 0.00 | — | 0.00 | — |
| 合计 | 2975.29 | 20.45 | 266.02 | -3.37 |

资料来源：沪深交易所，同花顺。

### （三）业绩变动情况分析

1. 营业收入、毛利率等变动原因分析

2017 年，宁波 73 家上市公司实现营业收入 2975.29 亿元，同比增长 29.67%，主要由制造业转型升级、批发零售业稳健发展等因素形成，制造业、批发零售业分别实现营业收入 1595.74 亿元、118.16 亿元，同比增长 34.80%、28.64%。

2017 年，宁波上市公司共有 26 家销售毛利率同比增长，占 72 家上市公司（剔除宁波银行）的 36.11%，其中制造业公司 19 家，说明制造业上市公司产品附加值增加，盈利能力提升。

2. 盈利构成分析

2017 年，宁波上市公司实现归属于母公司股东的净利润 266.02 亿元，同比上升 4.32%，扣除非经常性损益后的净利润 226.99 亿元，同比下降 3.80%，建筑业和交通运输、仓储和邮政业盈利增幅较快，同比分别增长 50.11% 和 23.84%。

3. 经营性现金流量分析

2017 年度，宁波上市公司经营活动现金流较为稳健，货币资金保有量相对较高，全年经营活动产生的现金流量净额为 423.80 亿元，超过扣非净利润 226.99 亿元，同比减少 69.42%，剔除宁波银行后，同比减少 16.48%。2017 年年末，有 47 家上市公司的货币资金较2016年同期增长，占72家上市公司（剔除宁波银行）的65.27%。

4. 业绩特点分析

（1）传统制造业等行业企稳回暖。金属制造、纺织服装等传统制造业受益于供给侧结构性改革，净利润同比大幅增长，例如，博威合金生产的高性能、高精度有色合金材料受益于行业影响，实现归属于上市公司股东的净利润3.06亿元，同比增长66.65%；雅戈尔的传统服装制造板块实现归属于上市公司股东的净利润7.59亿元，同比增长38.75%。

（2）建筑业盈利改善。宁波4家建筑业上市公司2017年实现营业收入436.17亿元，同比增长11.06%；归属母公司股东净利润13.06亿元，同比增长50.11%。其中得益于PPP项目的高速发展，龙元建设净利润增长74.07%。

（3）汽车零部件行业增速趋缓。宁波11家汽车零部件上市公司2017年度实现营业收入597.77亿元，同比增长31.31%，较2016年同期56.39%的增速下降25个百分点。

5. 利润分配情况

表8　　2017年宁波上市公司现金分红情况

| 2017年分红公司家数 | | | 2017年分红金额 | | |
|---|---|---|---|---|---|
| 家数 | 变动率（%） | 分红公司家数占地区公司总数比重 | 金额（亿元） | 变动率（%） | 分红金额占归属于母公司所有者的净利润比重 |
| 63 | 36.96 | 86.30% | 90.79 | 35.49 | 34.14% |

资料来源：宁波证监局。

## 四、宁波上市公司并购重组情况

### （一）并购重组基本情况

2017年，宁波共有鲍斯股份、宁波东力、维科技术3家上市公司开展了重大资产重组交易活动，交易金额33.34亿元。其中，维科技术以发行股份和支付现金方式取得维科电池71.40%股权、维科新能源100%股权和维科能源60%股权，维科技术得以优化业务结构；鲍斯股份以发行股份和支付现金方式取得新世达100%股权，本次收购以资本为纽带使上市公司业务领域延伸扩展，产品结构得到丰富。

### （二）并购重组特点

2017年，宁波上市公司并购重组呈现以下特点：第一，交易方式多样化，上市公司通过现金支付和发行股份购买资产等多种形式进行并购重组；第二，并购重归理性，通过产业并购做强做大主业。

## 五、宁波上市公司募集资金情况、使用情况

### （一）募集资金总体情况

表 9　　2017 年宁波上市公司募集资金情况

| 发行类型 | 代码 | 简称 | 募集资金（亿元） |
|---|---|---|---|
| 首发 | 603877 | 太平鸟 | 11.71 |
| | 603266 | 天龙股份 | 3.66 |
| | 603677 | 奇精机械 | 4.23 |
| | 603637 | 镇海股份 | 3.54 |
| | 300626 | 华瑞股份 | 1.88 |
| | 603178 | 圣龙股份 | 3.77 |
| | 603538 | 美诺华 | 4.21 |
| | 603081 | 大丰实业 | 5.40 |
| | 300666 | 江丰电子 | 2.54 |
| | 603617 | 君禾股份 | 2.23 |
| | 603305 | 旭升股份 | 4.68 |
| | 002896 | 中大力德 | 2.35 |
| | 300703 | 创源文化 | 3.97 |
| | 603076 | 乐惠国际 | 3.68 |
| | 600933 | 爱柯迪 | 15.22 |
| | 300727 | 润禾材料 | 2.04 |
| | 300729 | 乐歌股份 | 3.45 |
| | 603917 | 合力科技 | 3.98 |
| | 小计 | | 82.54 |
| 再融资（增发、配股） | 600699 | 均胜电子 | 83.20 |
| | 002586 | 围海股份 | 24.70 |
| | 002124 | 天邦股份 | 14.80 |
| | 300118 | 东方日升 | 32.00 |
| | 300441 | 鲍斯股份 | 1.39 |
| | 601689 | 拓普集团 | 23.95 |
| | 603788 | 宁波高发 | 8.84 |
| | 600152 | 维科技术 | 5.14 |
| | 002164 | 宁波东力 | 3.60 |
| | 603606 | 东方电缆 | 7.10 |
| | 002048 | 宁波华翔 | 20.44 |
| | 小计 | | 225.16 |

续表

| 发行类型 | 代码 | 简称 | 募集资金（亿元） |
|---|---|---|---|
| 其他融资（公司债券、短期融资券、中期票据、次级债、金融债、境外发行债券） | 002142 | 宁波银行 | 100.00 |
| | 002062 | 宏润建设 | 4.00 |
| | 小计 | | 104.00 |
| 总计 | | | 411.70 |

资料来源：宁波证监局。

### （二）募集资金使用情况及特点

2017 年，宁波上市公司使用募集资金约 63.62 亿元，占当期募集资金总额 307.70 亿元（公司债除外）的 20.68%。宁波上市公司在募集资金管理、使用方面存在以下特点：一是绝大部分公司均按要求执行募集资金管理、使用制度，募集资金管理、使用程序符合规范要求；二是募集资金使用进度整体情况良好，募集资金变更公司家数及金额较 2016 年有所减少；三是募集资金主要投入公司主业，上市公司利用资本市场融资工具进一步做大主业。

### （三）募集资金变更情况

2017 年，宁波有 1 家上市公司变更募集资金用途，涉及金额约为 1.42 亿元，占该家公司募集资金总额（14.8 亿元）的 9.59%，相对于 2016 年的比例数（8.60%）有所上升。此次募集资金变更程序合法，经过公司股东大会批准，募集资金用途变更的原因主要是出于对拟投资项目周围环境安全的考虑。具体如表 10 所示。

表 10　　2017 年宁波上市公司募集资金使用项目变更情况

| 变更募集资金使用项目的公司家数 | 涉及金额（亿元） | 募集资金总额（亿元） | 占公司募集资金总额的比例（%） |
|---|---|---|---|
| 1 | 1.42 | 14.8 | 9.59 |

资料来源：宁波证监局。

## 六、宁波上市公司规范运作情况

### （一）上市公司治理专项情况

近年来，上市公司融资总量不断增加，多种融资方式并存的融资体系初步形成，再融资已然成为上市公司筹资资金的一个主要渠道。2017 年，针对上市公司募集资金使用情况，宁波证监局通过多种方式加强事中、事后监管，强化募集资金使用效果，提升资本市场服务实体经济的功能。一是以问题为导向，对募集资金使用情况进行现场检查，并针对检查中发现的问题及时约谈上市公司并下发监管措施。二是联合宁波上市公司协会举办辖区上市公司董事、监事和高管人员培训班，解读相关案例，切实提高上市公司规范运作能力。三是结合日常监管和年报审核中掌握的情况，对7家募集资金项目大幅变更或预计效益不达标、收购动作频繁的公司开展专项检查，将专项检查作为对上市公司开展“精准体检”的有效工具。四是宁波证监局通过下发监管情况通报，及时向上市公司传递监管精神，并进行细致的政策解读。

### （二）审计情况及监管情况

宁波73家上市公司均按时披露了2017年年度报告和审计报告，其中，1家上市公司审计意见类型为保留意见，2家为带强调事项段的无保留意见，其余均为标准无保留意见。

2017年，宁波证监局坚持问题与风险导向，采取事前分析、约谈，事中督导，事后检查等手段，全面加强审计监管工作。一是以“双随机”检查传导监管压力，以风险公司和问题公司专项检查开展“精准体检”，强化现场检查问题发现功能。全年共开展上市公司现场检查18家次，其中，按照证监会现场检查随机抽查工作实施方案要求，开展双随机检查4家次；结合日常监管情况及证监会专项检查任务要求，就募集资金、新上市公司、并购重组等事项开展专项检查14家次。二是着力抓好年报监管工作，切实提高上市公司信息披露质量。以中介机构为抓手，全面开展年报审核，针对审核中发现的问题，视情况下发问询函、行政监管措施、监管关注函或进行口头提醒，强化追责力度，有效树立监管权威。

### （三）信息披露情况

宁波证监局加强信息披露事后审核工作，督促公司履行好信息披露义务。深入剖析上市公司风险隐患，切实提高上市公司信息披露质量。一是坚持重点突出，对上市公司进行分类审核，全面提高监管效率。二是坚持压力传导，在年报披露之前，对收入确认、股份支付、理财产品投资等实务中会计处理分歧相对较大的事情，下发会计监管政策通报，全面提高监管质量。三是坚持监管问询，对审核中发现的问题，对公司下发关注函和行政监管措施，全面提高监管威信。

### （四）证券市场服务情况

宁波证监局立足监管工作的同时，通过调研、培训等多种方式，切实解决公司遇到的各类实际问题，认真做好上市公司服务工作。一是联合宁波上市公司协会开展多项培训活动。2017年针对减持新规、现金分红、内部控制机制、防控内幕交易等内容，对上市公司董监高、董事会秘书、财务总监及证券事务代表分层分批开展专题培训交流会9次，培训公司482家次，受训人员1328人次。二是举办新上市公司“监管第一课”培训会，做好新上市公司法律法规培训宣传。2017年共对 18 家新上市公司高管人员进行了约谈，向新上市公司传达监管理念，明确监管要求。三是有针对性地调研走访上市公司，加强调查研究。深入了解公司生产经营情况，帮助公司解决困难和疑惑，同时提高监管有效性，促进公司健康发展。

审稿人：方乐乐

撰稿人：陆佳红

# 厦门地区

## 一、厦门国民经济发展概况

表 1　　2017 年厦门国民经济发展概况　　单位：亿元

| 指标 | 1～3月 | | 1～6月 | | 1～9月 | | 1～12月 | |
|---|---|---|---|---|---|---|---|---|
| | 绝对量 | 同比增长（%） | 绝对量 | 同比增长（%） | 绝对量 | 同比增长（%） | 绝对量 | 同比增长（%） |
| 地区生产总值（GDP） | 908.47 | 8.10 | 1865.82 | 8.00 | 2961.62 | 7.50 | 4351.18 | 7.60 |
| 全社会固定资产投资 | 482.17 | 10.20 | 1234.86 | 12.30 | 1800.32 | 10.10 | 2381.46 | 10.30 |
| 社会消费品零售总额 | 358.92 | 12.40 | 727.47 | 13.20 | 1065.64 | 13.00 | 1446.74 | 12.70 |
| 规模以上工业增加值 | 318.96 | 7.90 | 706.03 | 8.00 | 1060.25 | 8.10 | 1437.16 | 8.10 |
| 规模以上工业企业实现利润 | — | — | — | — | — | — | — | — |
| 居民消费价格指数（CPI） | 1～3月 | | 1～6月 | | 1～9月 | | 1～12月 | |
| | 1.50 | | 1.70 | | 1.90 | | 2.00 | |

资料来源：国家统计局。

## 二、厦门上市公司总体情况

### （一）公司数量

表 2　　2017 年厦门上市公司数量　　单位：家

| 公司总数 | 2017年新增 | 股票类别 | | | 板块分布 | | | |
|---|---|---|---|---|---|---|---|---|
| | | 仅A股 | 仅B股 | （A+B）股 | 沪市主板 | 深市主板 | 中小板 | 创业板 |
| 47 | 10 | 46 | 1 | 0 | 17 | 4 | 14 | 12 |

资料来源：沪深交易所，同花顺。

## （二）行业分布

表 3　　2017 年厦门上市公司行业分布情况

| 所属证监会行业类别 | 家数 | 占比（%） | 所属证监会行业类别 | 家数 | 占比（%） |
|---|---|---|---|---|---|
| 农、林、牧、渔业 | 0 | 0.00 | 金融业 | 0 | 0.00 |
| 采矿业 | 1 | 2.13 | 房地产业 | 0 | 0.00 |
| 制造业 | 30 | 63.83 | 租赁和商务服务业 | 1 | 2.13 |
| 电力、热力、燃气及水生产和供应业 | 0 | 0.00 | 科学研究和技术服务业 | 2 | 4.26 |
| 建筑业 | 0 | 0.00 | 水利、环境和公共设施管理业 | 0 | 0.00 |
| 批发和零售业 | 5 | 10.64 | 教育 | 1 | 2.13 |
| 交通运输、仓储和邮政业 | 2 | 4.26 | 卫生和社会工作 | 0 | 0.00 |
| 住宿和餐饮业 | 0 | 0.00 | 文化、体育和娱乐业 | 0 | 0.00 |
| 信息传输、软件和信息技术服务业 | 4 | 8.51 | 综合 | 1 | 2.13 |
| 合计 | 47 | 100 | | | |

资料来源：沪深交易所，同花顺。

## （三）股本结构及规模

表 4　　2017 年厦门上市公司股本规模在 10 亿股以上公司分布情况

| 股本规模（亿股） | 公司家数 | 具体公司 |
|---|---|---|
| 20≤～<50 | 1 | 建发股份 |
| 10≤～<20 | 5 | 合兴包装，厦门象屿，厦门钨业，盛屯矿业，厦门国贸 |

资料来源：沪深交易所，同花顺。

表 5　　2017 年厦门上市公司分地区股权构成情况　　单位：家

| 地域分布＼股权性质 | 央企国资控股 | 省属国资控股 | 地市国资控股 | 民营控股 | 其他 | 合计 |
|---|---|---|---|---|---|---|
| 厦门市 | 1 | 2 | 7 | 37 | | 47 |

资料来源：厦门证监局。

## （四）市值规模

截至 2017 年 12 月 31 日，厦门 47 家上市公司境内总市值 3620.94 亿元，占全国上市公司境内总市值的 0.64%；其中，上交所上市公司 17 家，总股本 131.48 亿股，境内总市值1832.73亿元，占上交所上市公司境内总市值的0.55%；深交所上市公司30家，总股本108.72亿股，境内总市值1788.21亿元，占深交所上市公司境内总市值的0.76%。

### （五）资产规模

截至2017年12月31日，厦门47家上市公司合计总资产4821.38亿元，归属于母公司股东权益1432.4亿元，与2016年相比，分别增长31.15%、32.03%；平均每股净资产5.96元。

## 三、厦门上市公司经营情况及变动分析

### （一）总体经营情况

表6　　2017年厦门上市公司经营情况

| 指标 | 2017年 | 2016年 | 变动率（%） |
|---|---|---|---|
| 家数 | 47 | 37 | 27.03 |
| 亏损家数 | 4 | 4 | 0.00 |
| 亏损家数比例（%） | 8.51 | 10.81 | -2.30 |
| 平均每股收益（元） | 0.59 | 0.24 | 145.83 |
| 平均每股净资产（元） | 5.96 | 5.07 | 17.55 |
| 平均净资产收益率（%） | 9.94 | 4.71 | 5.23 |
| 总资产（亿元） | 4821.38 | 3676.27 | 31.15 |
| 归属于母公司股东权益（亿元） | 1432.4 | 1084.94 | 32.03 |
| 营业收入（亿元） | 7744.62 | 5015.84 | 54.40 |
| 利润总额（亿元） | 222.14 | 88.57 | 150.81 |
| 归属于母公司所有者的净利润（亿元） | 142.34 | 51.11 | 178.50 |

资料来源：沪深交易所，同花顺。

### （二）分行业经营情况

表7　　2017年厦门上市公司分行业经营情况

| 所属行类 | 营业收入（亿元） | 可比样本变动率（%） | 归属于母公司所有者的净利润（亿元） | 可比样本变动率（%） |
|---|---|---|---|---|
| 农、林、牧、渔业 | 0.00 | — | 0.00 | — |
| 采矿业 | 206.68 | 62.61 | 6.10 | 222.75 |
| 制造业 | 765.67 | 18.66 | 54.11 | 11863.04 |
| 电力、热力、燃气及水生产和供应业 | 0.00 | — | 0.00 | — |
| 建筑业 | 0.00 | — | 0.00 | — |

续表

| 所属行类 | 营业收入（亿元） | 可比样本变动率（%） | 归属于母公司所有者的净利润（亿元） | 可比样本变动率（%） |
|---|---|---|---|---|
| 批发和零售业 | 4485.81 | 50.71 | 53.86 | 27.96 |
| 交通运输、仓储和邮政业 | 153.73 | 46.37 | 5.19 | -14.21 |
| 住宿和餐饮业 | 0.00 | — | 0.00 | — |
| 信息传输、软件和信息技术服务业 | 37.28 | 19.11 | 9.67 | 15.67 |
| 金融业 | 0.00 | — | 0.00 | — |
| 房地产业 | 0.00 | — | 0.00 | — |
| 租赁和商务服务业 | 2032.91 | 70.74 | 7.14 | 67.61 |
| 科学研究和技术服务业 | 23.42 | 39.82 | 2.53 | 12.44 |
| 水利、环境和公共设施管理业 | 0.00 | — | 0.00 | — |
| 教育 | 28.12 | 115.15 | 0.24 | 124.24 |
| 卫生和社会工作 | 0.00 | — | 0.00 | — |
| 文化、体育和娱乐业 | 0.00 | — | 0.00 | — |
| 综合 | 11.01 | 70.43 | 3.49 | 43.03 |
| 合计 | 7744.62 | 51.49 | 142.34 | 116.03 |

资料来源：沪深交易所，同花顺。

### （三）业绩变动情况分析

1. 营业收入、毛利率等变动原因分析

2017 年，厦门上市公司实现营业收入 7744.62 亿元，较 2016 年增长 54.4%，归属于母公司股东的净利润 142.34 亿元，较 2016 年增长 178.5%；平均毛利率为 7.16%，较 2016 年增长 1.41 个百分点。从行业上来看，以建发股份、厦门象屿、厦门国贸为代表的贸易型国有上市公司仍为中坚力量，随着国内供给侧结构性改革的持续深化，国内大宗原材料商品市场回暖，拉动了供应链贸易量价齐升，营业收入和利润水平大幅度增长。

2. 盈利构成分析

2017 年，厦门上市公司归属于母公司股东的净利润为 142.34 亿元，利润总额为 222.14 亿元，其中，营业利润 225.4 亿元，营业外收支 -3.27 亿元，营业利润占利润总额的比重为 101.47%，相比 2016 年，上升 10.84 个百分点。在营业利润中，投资净收益占利润总额的比重为 21.14%，相比 2016 年，上升 9.31 个百分点。

3. 经营性现金流量分析

2017 年，厦门上市公司经营性现金流量净额为 -235.66 亿元，与 2016 年的 57.4 亿元相比，整体经营性现金流量净流出金额大幅增加。47 家上市公司中，有30家经营活动产生的现金流量为正。经营性现金流量净额显著下降的主要原因是建发股份和厦门国贸的现金流量流出金额大幅增加，总计增加244.58亿元，其中，建发股份因房地产业务支付地价款及拍地保证金大幅增加，导致经营活动现金净流出增加137.47亿元；厦门国贸因增加大宗商品采购量以及土地储备，期末存货和预付款项相应增加，导致经营现金支出增加107.11亿元。

4. 业绩特点分析

一是整体业绩高速增长，盈利能力明显改善。厦门上市公司中43家实现盈利，其中37家归属于母公司股东的净利润同比增长。乾照光电、厦门钨业等8家公司归属于母公司股东的净利润增幅超过100%；厦工股份、金龙汽车、三维丝、紫光学大扭亏为盈；安妮股份等4家公司出现亏损，亏损总额从2016年的36.25亿元下降至4.36亿元，亏损幅度缩小。

二是传统行业复苏，新兴产业成为发展“新引擎”。随着供给侧改革持续深化，传统行业经营情况明显复苏，有色金属等周期性行业产销两旺，厦门钨业、盛屯矿业归属于母公司的净利润同比增长320.66%、223.67%。象屿股份、建发股份、厦门国贸的供应链业务收入合计5327.93亿元，同比增长66.18%；厦门15家战略性新兴产业上市公司坚持创新驱动，2017年共实现营业收入483.43亿元，归属于母公司股东的净利润48.29亿元，同比增长14.04%、194.75%。

5. 利润分配情况

表8　　2017年厦门上市公司现金分红情况

| 2017年分红公司家数 | | | 2017年分红金额 | | |
|---|---|---|---|---|---|
| 家数 | 变动率（%） | 分红公司家数占地区公司总数比重 | 金额（亿元） | 变动率（%） | 分红金额占归属于母公司所有者的净利润比重 |
| 38 | 35.71 | 80.85% | 41.24 | 143.59 | 28.97% |

资料来源：厦门证监局。

## 四、厦门上市公司并购重组情况

### （一）并购重组基本情况

2017年，厦门15家上市公司完成并购重组交易，涉及交易总额32.39亿元，其中重大资产重组2家次，涉及交易金额23.31亿元。

### （二）并购重组特点

在政策引导和市场约束下，2017年度厦门上市公司并购重组支付方式以现金支付为主，涉及行政审批的重大资产重组家数和交易金额有较大回落，相比2016年，分别下降60%、74.38%。

## 五、厦门上市公司募集资金情况、使用情况

### （一）募集资金总体情况

表 9　　2017 年厦门上市公司募集资金情况

| 发行类型 | 代码 | 简称 | 募集资金（亿元） |
|---|---|---|---|
| 首发 | 603444 | 吉比特 | 9.61 |
| | 603628 | 清源股份 | 3.81 |
| | 603345 | 安井食品 | 6.01 |
| | 300628 | 亿联网络 | 16.55 |
| | 300632 | 光莆股份 | 2.14 |
| | 300657 | 弘信电子 | 2.02 |
| | 603180 | 金牌厨柜 | 4.73 |
| | 300658 | 延江股份 | 4.85 |
| | 300685 | 艾德生物 | 2.77 |
| | 002901 | 大博医疗 | 4.64 |
| | 小计 | | 57.13 |
| 再融资（增发、配股） | 600603 | 广汇物流 | 14 |
| | 603306 | 华懋科技 | 7.18 |
| | 002228 | 合兴包装 | 5.53 |
| | 600057 | 象屿股份 | 17.50 |
| | 小计 | | 44.21 |
| 其他融资（公司债券、短期融资券、中期票据、次级债、金融债、境外发行债券） | 600755 | 厦门国贸 | 85 |
| | 600153 | 建发股份 | 20 |
| | 600057 | 象屿股份 | 35 |
| | 000701 | 厦门信达 | 49 |
| | 002228 | 合兴包装 | 2 |
| | 小计 | | 191 |
| 总计 | | | 292.34 |

资料来源：厦门证监局。

### （二）募集资金使用情况及特点

2017 年，厦门有 34 家上市公司使用募集资金，共计 58.98 亿元，占 34 家上市公司募集资金总额的 24.03%。厦门上市公司使用募集资金呈现以下特点：一是大部分上市公司募集资金使用程序基本符合规范要求，少数上市公司存在募集资金未存放于专项账户管理，募集资金使用情况披露不准确等；二是募集资金使用进度整体情况良好，部分上市公司存在因项目可行性发生重大变化，导致募投项目大幅度

延缓或搁置、效益低于预期的情况。

### （三）募集资金变更情况

2017 年，厦门 6 家上市公司变更募集资金，涉及金额 13.36 亿元，其中，3 家变更募集资金使用用途，2 家变更部分募集资金投资项目的实施主体，1 家变更募集资金投资项目实施地点。上述募集资金变更均经过股东大会批准，履行了相应的信息披露义务。具体如表 10 所示。

表 10　　2017 年厦门上市公司募集资金使用项目变更情况

| 变更募集资金使用项目的公司家数 | 涉及金额（亿元） | 募集资金总额（亿元） | 占公司募集资金总额的比例（%） |
| --- | --- | --- | --- |
| 6 | 13.36 | 58.13 | 22.98 |

资料来源：厦门证监局。

## 六、厦门上市公司规范运作情况

### （一）上市公司治理专项情况

2017 年，厦门证监局认真督导厦门上市公司持续完善公司内部治理结构，提高公司治理水平，取得较好成效。一是抓好入门教育，对 10 家新上市公司的董事、监事、高级管理人员共计 100 余人进行了集体谈话，引导公司转变观念，严格按照法律、法规和规章要求，进一步健全、完善公司的相关制度和规定，引导高管从市场典型违法违规案例中吸取教训。二是抓好日常引导，充分发挥协会的桥梁、纽带作用，持之以恒地抓好上市公司培训；督促协会在会刊中坚持做好典型案例、普法宣传，介绍证券监管最新法规，倡导规范经营理念；指导协会组织上市公司相关人员开展形式多样的专题座谈会、研讨会，增进沟通与交流，强化守法合规意识，推进上市公司规范运作。三是上市公司回报投资者的意识不断提高，积极落实现金分红政策要求，分红机制逐步完善，制定股东回报规划，现金分红公司家数持续增加，分红比例稳步提高。

### （二）审计情况及监管情况

2017 年，会计师事务所的执业项目分布相对集中，13 家会计师事务所对厦门 47 家上市公司财务报告进行了审计，10 家会计师事务所对厦门 32 家上市公司内部控制进行审计或鉴证。除三维丝、*ST 厦华的财务报告被出具带强调事项段的无保留审计意见外，其他 45 家上市公司财务报告、31 家上市公司内部控制报告均被出具标准无保留审计意见。厦门证监局立足监管本位，多方借力，聚焦风险，成立小组有序开展审计监管工作，向所在会计师事务所下发《年报审计监管提示函》12 份，提示风险点 59 个。对影响重大的会计审计问题，及时化解风险，确保财务信息质量。对 6 家上市公司深入开展现场检查，内查外调核实可疑线索，综合运用多种调查手段，确保将重大问题查深查透。对部分审计质量较差的项目严肃问责，向会计师事务所下发《检查结果告知书》4 家次。

### （三）信息披露情况

2017 年，厦门上市公司进一步完善信息披露机制和责任追究制度，信息披露进一步提高，总体而言，厦门上市公司信息披露工作基本能够做到及时、准确、完整。在证券交易所信息披露工作评价考核中，厦门 3 家上交所上市公司、7 家深交所上市公司被评为 A 级。针对个别公司存在的业绩快报与前期业绩预告存在重大差异、信息披露不及时、年报信息披露存在数据错误等问题，厦门证监局积极采取监管措施，督促上市公司加强信息披露工作，共下发行政监管措施 6 家次、关注函 14 份。

### （四）证券市场服务情况

2017 年，厦门证监局扎实做好培育上市后备资源、处理信访投诉等多方面工作，全力维护投资者合法权益，取得良好成效。一是支持和指导辖区公司利用资本市场发展。加强与相关部门的沟通和协调，积极协助解决企业上市存在的障碍。辖区先后有 10 家企业上市，募集资金 57.14 亿元。二是积极培育上市后备资源，与厦门市金融办联合举办拟上市企业 IPO 专题培训，提供政策指导，不断完善辅导监管工作机制，优化监管程序，督导拟上市公司完善治理结构，加强规范运作，提高治理水平。三是督促上市公司利用投资者热线、业绩说明会等方式回应投资者关切。加大对投资者热线抽查力度并建立长效机制，对存在无人接听情况的公司，发函督促其排查原因并整改。四是高度重视投资者的投诉举报，确立以风险和问题为导向的信访处理机制，在认真分析信访投诉内容的基础上，通过开展现场核查、督促中介机构履职等方式，查清事实，并做好对投资者的答复解释工作。

审稿人：李永春、叶敏、陈永强

撰稿人：林文杰

# 青岛地区

## 一、青岛国民经济发展概况

表 1　2017 年青岛国民经济发展概况　单位：亿元

| 指标 | 1~3 月 | | 1~6 月 | | 1~9 月 | | 1~12 月 | |
|---|---|---|---|---|---|---|---|---|
| | 绝对量 | 同比增长（%） | 绝对量 | 同比增长（%） | 绝对量 | 同比增长（%） | 绝对量 | 同比增长（%） |
| 地区生产总值（GDP） | 2460.61 | 7.20 | 5075.08 | 7.70 | 7983.82 | 7.50 | 11037.28 | 7.50 |
| 全社会固定资产投资 | 964.70 | 9.70 | 3571.80 | 9.30 | 5854.10 | 8.30 | 7777.10 | 7.40 |
| 社会消费品零售总额 | 1033.90 | 8.60 | 2085.10 | 10.20 | 3208.80 | 10.20 | 4541.00 | 10.60 |
| 规模以上工业增加值 | — | 7.01 | — | 7.40 | — | 7.40 | — | 7.50 |
| 规模以上工业企业实现利润 | — | — | — | — | — | — | — | — |
| 居民消费价格指数（CPI） | 1~3 月 | | 1~6 月 | | 1~9 月 | | 1~12 月 | |
| | 1.30 | | 1.80 | | 1.70 | | 2.00 | |

资料来源：国家统计局。

## 二、青岛上市公司总体情况

### （一）公司数量

表 2　2017 年青岛上市公司数量　单位：家

| 公司总数 | 2017 年新增 | 股票类别 | | | 板块分布 | | | |
|---|---|---|---|---|---|---|---|---|
| | | 仅 A 股 | 仅 B 股 | （A+B）股 | 沪市主板 | 深市主板 | 中小板 | 创业板 |
| 29 | 4 | 28 | 1 | 0 | 13 | 3 | 8 | 5 |

资料来源：沪深交易所，同花顺。

## （二）行业分布

表 3　　2017 年青岛上市公司行业分布情况

| 所属证监会行业类别 | 家数 | 占比（%） | 所属证监会行业类别 | 家数 | 占比（%） |
|---|---|---|---|---|---|
| 农、林、牧、渔业 | 1 | 3.45 | 金融业 | 1 | 3.45 |
| 采矿业 | 0 | 0.00 | 房地产业 | 0 | 0.00 |
| 制造业 | 23 | 79.31 | 租赁和商务服务业 | 0 | 0.00 |
| 电力、热力、燃气及水生产和供应业 | 0 | 0.00 | 科学研究和技术服务业 | 0 | 0.00 |
| 建筑业 | 0 | 0.00 | 水利、环境和公共设施管理业 | 0 | 0.00 |
| 批发和零售业 | 1 | 3.45 | 教育 | 0 | 0.00 |
| 交通运输、仓储和邮政业 | 0 | 0.00 | 卫生和社会工作 | 0 | 0.00 |
| 住宿和餐饮业 | 0 | 0.00 | 文化、体育和娱乐业 | 1 | 3.45 |
| 信息传输、软件和信息技术服务业 | 2 | 6.90 | 综合 | 0 | 0.00 |
| 合计 | 29 | 100 | | | |

资料来源：沪深交易所，同花顺。

## （三）股本结构及规模

表 4　　2017 年青岛上市公司股本规模在 10 亿股以上公司分布情况

| 股本规模（亿股） | 公司家数 | 具体公司 |
|---|---|---|
| 50≤～＜100 | 1 | 青岛海尔 |
| 20≤～＜50 | 2 | 汉缆股份，赛轮金宇 |
| 10≤～＜20 | 4 | 海联金汇，东方铁塔，海信电器，青岛啤酒 |

资料来源：沪深交易所，同花顺。

表 5　　2017 年青岛上市公司分地区股权构成情况　　单位：家

| 股权性质 / 地域分布 | 央企国资控股 | 省属国资控股 | 地市国资控股 | 民营控股 | 其他 | 合计 |
|---|---|---|---|---|---|---|
| 青岛市 | 1 | 1 | 6 | 20 | 1 | 29 |

资料来源：青岛证监局。

（四）市值规模

截至2017年12月31日，青岛29家上市公司境内总市值3423.75亿元，占全国上市公司境内总市值的0.6%；其中，上交所上市公司13家，总股本148.67亿股，境内总市值2229.07亿元，占上交所上市公司境内总市值的0.67%；深交所上市公司16家，总股本123.40亿股，境内总市值1194.68亿元，占深交所上市公司境内总市值的0.51%。

（五）资产规模

截至2017年12月31日，青岛29家上市公司合计总资产3369.15亿元，归属于母公司股东权益1283.29亿元，与2016年相比，分别增长17.51%、17.86%；平均每股净资产4.58元。

## 三、青岛上市公司经营情况及变动分析

（一）总体经营情况

表6　　2017年青岛上市公司经营情况

| 指标 | 2017年 | 2016年 | 变动率（%） |
|---|---|---|---|
| 家数 | 29 | 25 | 16.00 |
| 亏损家数 | 1 | 1 | 0.00 |
| 亏损家数比例（%） | 3.45 | 4 | -0.55 |
| 平均每股收益（元） | 0.5 | 0.42 | 19.05 |
| 平均每股净资产（元） | 4.58 | 4.33 | 5.77 |
| 平均净资产收益率（%） | 10.88 | 9.73 | 1.15 |
| 总资产（亿元） | 3369.15 | 2867.09 | 17.51 |
| 归属于母公司股东权益（亿元） | 1283.29 | 1088.86 | 17.86 |
| 营业收入（亿元） | 2921.1 | 2289.29 | 27.60 |
| 利润总额（亿元） | 196.49 | 157.77 | 24.54 |
| 归属于母公司所有者的净利润（亿元） | 139.68 | 105.98 | 31.80 |

资料来源：沪深交易所，同花顺。

（二）分行业经营情况

表7　　2017年青岛上市公司分行业经营情况

| 所属行类 | 营业收入（亿元） | 可比样本变动率（%） | 归属于母公司所有者的净利润（亿元） | 可比样本变动率（%） |
|---|---|---|---|---|
| 农、林、牧、渔业 | 9.24 | 9.22 | 0.92 | 73.58 |
| 采矿业 | 0.00 | — | 0.00 | — |

续表

| 所属行类 | 营业收入（亿元） | 可比样本变动率（%） | 归属于母公司所有者的净利润（亿元） | 可比样本变动率（%） |
|---|---|---|---|---|
| 制造业 | 2761.64 | 22.33 | 125.86 | 27.40 |
| 电力、热力、燃气及水生产和供应业 | 0.00 | — | 0.00 | — |
| 建筑业 | 0.00 | — | 0.00 | — |
| 批发和零售业 | 105.54 | 2.54 | 3.95 | 9.12 |
| 交通运输、仓储和邮政业 | 0.00 | — | 0.00 | — |
| 住宿和餐饮业 | 0.00 | — | 0.00 | — |
| 信息传输、软件和信息技术服务业 | 24.28 | 2.45 | 5.40 | -19.04 |
| 金融业 | 0.71 | -78.42 | 0.27 | 58.82 |
| 房地产业 | 0.00 | — | 0.00 | — |
| 租赁和商务服务业 | 0.00 | — | 0.00 | — |
| 科学研究和技术服务业 | 0.00 | — | 0.00 | — |
| 水利、环境和公共设施管理业 | 0.00 | — | 0.00 | — |
| 教育 | 0.00 | — | 0.00 | — |
| 卫生和社会工作 | 0.00 | — | 0.00 | — |
| 文化、体育和娱乐业 | 19.69 | 10.99 | 3.29 | 20.96 |
| 综合 | 0.00 | — | 0.00 | — |
| 合计 | 2921.10 | 21.02 | 139.68 | 24.17 |

资料来源：沪深交易所，同花顺。

### （三）业绩变动情况分析

1. 营业收入、毛利率等变动原因分析

2017 年，辖区上市公司共实现营业总收入 2921.10 亿元，同比增长 21%。23 家公司收入实现增长，占公司总数的 8 成，其中，4 家公司收入增长幅度超过 50%。辖区上市公司整体毛利率 28%，与 2016 年持平。辖区上市公司收入指标稳中有进，反映出实体经济稳中向好，经济发展质量和效益逐步提升。

2. 盈利构成分析

2017 年度，辖区上市公司共实现利润总额 196.49 亿元，同比增长 24.54%。从利润构成来看，营业利润 189.24 亿元，同比增长 33%；资产减值损失 15.44 亿元，同比下降 4%；公允价值变动净收益 8.49 亿元，同比增长近 5 倍；投资收益 25.26 亿元，同比增长 9%；营业外收支净额 7.24 亿元，同比下降 69%。

3. 经营性现金流量分析

2017 年度，辖区上市公司经营活动产生的现金流量净额合计 231.62 亿元，同比增长 25%。其中，9 家公司当年经营活动产生的现金流量净额为负数。

4. 业绩特点分析

辖区上市公司2017年业绩呈现以下特点：一是整体业绩平稳增长，6成公司收入利润双增。29家公司中有17家实现收入和净利润双增长。二是盈利能力总体增强，半数公司利润超两亿元。归母净利润2亿元以上的公司达16家，首次超过总数的一半。三是需求成本双重压力，9家公司利润下滑。受市场需求和成本上涨等因素的影响，9家公司净利润同比出现下滑。四是把握消费升级趋势，产品结构优化升级。部分公司积极把握市场消费结构升级趋势，加快产品结构调整优化，业绩保持强势增长。五是外延并购效果显现，助力业绩强劲增长。多家公司借助并购重组实现企业转型，业绩表现良好。六是新上市公司表现稳健，具备扎实业绩支撑。2017年新上市4家公司业绩总体平稳。七是研发投入逐年加大，创新能力不断增强。辖区公司研发支出持续增长，增幅超过营业收入增幅。

5. 利润分配情况

表8　2017年青岛上市公司现金分红情况

| 2017年分红公司家数 | | | 2017年分红金额 | | |
|---|---|---|---|---|---|
| 家数 | 变动率（%） | 分红公司家数占地区公司总数比重 | 金额（亿元） | 变动率（%） | 分红金额占归属于母公司所有者的净利润比重 |
| 25 | 38.89 | 86.21% | 42.57 | 28.42 | 30.48% |

资料来源：青岛证监局。

## 四、青岛上市公司并购重组情况

### （一）并购重组基本情况

2017年，青岛辖区共发生并购重组26起，交易金额合计167.40亿元，涉及10家上市公司，每单平均交易金额6.43亿元。上述并购重组交易中，1起构成重大资产重组。

### （二）并购重组特点

2017年，青岛辖区上市公司并购重组继续活跃，资本市场继续发挥并购重组主渠道作用，辖区10家公司新增并购重组事项。全年辖区并购重组呈现以下特点：一是并购重组交易持续活跃，助力企业转型升级和新旧动能转换。交易数量和金额继续保持较高水平。二是海外并购持续升温，推动优质资源全球布局，提升企业国际竞争力。继2016年青岛海尔收购通用电气家电业务后，辖区上市公司再次瞄准海外资产，2017年海信电器启动收购日本东芝电视业务，天华院启动收购德国橡塑机械行业龙头KM集团。三是前期并购效果显现，助力业绩强劲增长。东方铁塔通过重组实现主营业务由单一的钢结构制造转变为钢结构与钾肥产业并行的双主业，2017年在钢结构产品毛利率下滑的情况下，实现归母净利润2.51亿元，增幅84%；青岛金王通过并购积极开拓化妆品新主业，收入和利润实现双翻番，2017 年归母净利润 4.03 亿元，增幅 117%；海联金汇通过重组联动优势，转型为金融科技和智能制造双主业企业，2017 年归母净利润 4.14 亿元，增幅 78%。

## 五、青岛上市公司募集资金情况、使用情况

### （一）募集资金总体情况

表 9　　2017 年青岛上市公司募集资金情况

| 发行类型 | 代码 | 简称 | 募集资金（亿元） |
|---|---|---|---|
| 首发 | 603639. SH | 海利尔 | 7.49 |
| | 601366. SH | 利群股份 | 15.52 |
| | 002871. SZ | 伟隆股份 | 2.62 |
| | 002899. SZ | 英派斯 | 4.82 |
| | 小计 | | 30.45 |
| 再融资（增发、配股） | 601058. SH | 赛轮金宇 | 13.00 |
| | 002094. SZ | 青岛金王 | 3.52 |
| | 小计 | | 16.52 |
| 其他融资（公司债券、短期融资券、中期票据、次级债、金融债、境外发行债券） | 300001. SZ | 特锐德 | 9.83 |
| | 小计 | | 9.83 |
| 总计 | | | 56.80 |

资料来源：青岛证监局。

### （二）募集资金使用情况及特点

2017 年，青岛辖区上市公司通过资本市场融资 56.80 亿元。其中，4 家公司首发融资 30.45 亿元，同比增长 41%，2 家企业增发融资 16.52 亿元，1 家公司通过资产证券化融资 9.83 亿元。资本市场有力支持辖区上市公司持续健康发展。募集资金使用呈现以下特点：一是募集资金脱虚向实。辖区上市公司募集资金主要用于投入生产经营、补充流动资金或偿还债务，有力支持公司聚焦主业，实现做大做强。二是募集资金使用整体较为规范。

### （三）募集资金变更情况

2017 年，青岛辖区共 5 家公司变更募集资金用途，涉及金额 7.46 亿元，占 5 家公司募集资金总额的比重为 19.90%。5 家公司募集资金变更程序合规。辖区多数上市公司按照所计划募投项目和进度使用募集资金，个别公司使用进度较慢。具体如表 10 所示。

表 10　　2017 年青岛上市公司募集资金使用项目变更情况

| 变更募集资金使用项目的公司家数 | 涉及金额（亿元） | 募集资金总额（亿元） | 占公司募集资金总额的比例（%） |
| --- | --- | --- | --- |
| 5 | 7.46 | 37.49 | 19.90 |

资料来源：青岛证监局。

## 六、青岛上市公司规范运作情况

### （一）上市公司治理专项情况

2017 年，青岛证监局立足监管本位，强化日常监管，督促辖区上市公司落实准则要求，提升公司治理水平。一是举办辖区上市公司投资者网上集体接待日活动，督促上市公司依法保障股东权利，注重保护中小股东合法权益，引导上市公司与投资者互动，畅通沟通渠道；二是强化对董事、监事和高级管理人员的培训教育，召开上市公司监管情况通报会、辖区董事监事培训会、新上市公司高管集体谈话等专项活动，传达关于公司治理方面的规范要求，督促董监高切实履行相关义务，在公司治理中充分发挥作用；三是加强日常监管，对 6 家在现金分红、三会运作、内部控制运行等方面存在问题的公司下发关注函，提醒公司认真整改。

### （二）审计情况及监管情况

辖区 29 家上市公司 2017 年年报审计涉及 9 家审计机构。1 家公司被审计机构出具带强调事项段的无保留意见审计报告，其余 28 家公司被出具标准无保留意见审计报告。对 3 家审计机构执业项目进行现场检查。

2017 年，青岛证监局坚持问题和风险导向，以“给投资者一个真实的上市公司”为目标，扎实开展年报监管工作。一是及时传达政策要求，召开辖区审计评估机构座谈会、年报审核情况分析会等专题会议，传达年报审计监管相关要求；二是认真做好年报审阅，上市公司年报审阅实施全覆盖，对年报审阅中发现的问题，及时向公司以及年审机构进行问询，做到不留疑问；三是坚持问题风险导向和“双随机”相结合，全年共对 3 个上市公司年审项目开展现场检查，对发现的问题及时采取监管措施。

### （三）信息披露情况

2017 年，青岛证监局继续强化信息披露监管，着力提高监管效能。一是对上市公司定期报告进行全面审阅和深入分析，并撰写相关分析报告；二是强化重大事项临时报告事项监管，完善监管工作分工机制，对上市公司临时公告及时关注，对重要临时报告及时开展监管问询和约见谈话；三是持续做好舆情信息监测，抓好责任落实，充分利用中央监管信息平台、Wind 咨询等工具，实时监测互联网等各类渠道舆情信息；四是强化监管问责，从严处理违规行为，年内对1家公司未及时履行信息披露义务问题采取出具警示函的行政监管措施。

**（四）证券市场服务情况**

2017年，青岛证监局认真落实证监会党委决策部署，继续秉持“监管与服务并举、规范与发展并重”的理念，做好辖区证券市场服务工作。一是大力推动企业上市，服务供给侧结构性改革和创新驱动发展战略。全年新增4家上市公司，境内上市公司数量由25家上升至29家，其中18家企业为高新技术企业。二是大力支持并购重组，助力新旧动能转换和高质量发展。全年辖区10家上市公司实施并购重组。三是持续推进上市公司利用资本市场实现直接融资。全年上市公司直接融资56.80亿元，其中，特锐德成功发行绿色资产支持专项计划，进一步拓宽融资渠道。

审稿人：张兆兵

撰稿人：李世伟、武　剑

# 第四篇

# 上市公司治理篇

- 福田汽车监事会实践：独立监督、内外兼修
- 招商银行监督模式：小机构、大监督、大服务
- 广汽集团：股东为本，诚信为道
- 佳讯飞鸿：慎而思之，勤而行之，践行投资者权益保护
- 凤凰传媒：积极维护投资者关系，切实保护投资者利益
- 云南白药：始于专注，忠于坚守
- 宇通客车：良好的投资者关系是上市公司健康发展的基石
- 云南铜业：责任之源，发展之需
- 奇正藏药：以可持续价值观打造青藏高原长青企业

# 福田汽车监事会实践：独立监督、内外兼修

1996 年，100 家国有资产跨地区重组，共同发起成立了福田汽车公司。1998 年，福田汽车整体上市。公司治理上，控股股东、独立董事、战略中小股东、经理层（职业经理人）4 种力量有效制衡，监事会独立监督，不存在控股股东集权、控权现象，也不存在内部人控制、越权现象，各方股东的合法权益得到有效平衡和保障。

监事会作为董事会后的重要推手，在助推公司董事会、经理层更好地履职的过程中，形成了具有特色的监事会工作实践。

## 一、结构合理、杜绝“一言堂”的监事会队伍

福田汽车监事会由 7 名监事组成，其中，职工代表监事 3 名，大股东代表监事 1 名，中小战略股东代表监事 3 名（见表 1）。成员配置为监事会独立监督、检查的工作职能奠定了基础，因此，在福田汽车监事会，没有“一股独大”“一言堂”现象发生。

表 1　福田汽车监事会的人员构成

| 序号 | 姓名 | 监事 | 类别 | 职　　务 |
|---|---|---|---|---|
| 1 | 邢洪金 | 监事长 | 职工代表监事 | 福田汽车党委常务副书记 |
| 2 | 吴海山 | 监事 | | 福田汽车工会主席、公关宣传总监 |
| 3 | 杨巩社 | 监事 | | 福田汽车审计总监 |
| 4 | 尉　佳 | 监事 | 中小股东监事 | 山东莱动内燃机有限公司董事长、党委书记 |
| 5 | 纪爱师 | 监事 | | 青岛青特众力车桥有限公司董事长 |
| 6 | 张　新 | 监事 | | 常柴股份有限公司董事、总经理 |
| 7 | 尹维劼 | 监事 | 大股东监事 | 专职监事、原北京汽车集团有限公司审计部部长 |

现任监事长邢洪金历任公司副总经理、党委副书记，主管纪检监察部、组织部及党群工作部，拥有纪检监察经验、党委工作经验，在监督和检查公司运营管理方面，威信力高，执行力强，并拥有高效、便利的各种监管通道。监事吴海山任福田汽车工会主席，能将基层员工的意见反映到上层的监事会，发挥工会组织维护全体职工利益的职能。监事杨巩社就职监事多年，自进入福田汽车便相继从事财务

管理、并购投行及审计工作，了解企业财务管理及对外并购投资的核心。以上3位监事均由职工代表大会选举派出，占到监事会1/3的席位，较好地代表了全体职工的意愿。

监事尹维劼是大股东派出监事，负责财务审计领域；另外3位监事尉佳、纪爱师和张新分别来自业务密切相关的中小股东单位（为福田汽车汽车零部件供应商，也是发起人股东）的董事长或总经理，熟悉汽车及其零部件产业，代表中小股东履行对公司监督检查的职能职责。

因此，福田汽车监事会成员配置合理，不仅有代表职工利益的职工代表监事，而且还有大股东和中小股东利益的代表、汽车相关领域的业内人士、财务审计方面的专家，组成了功能齐全、相互制衡的监事会团队。

## 二、设置监事会办公室和监事会秘书

福田汽车专门设立监事会办公室，以做好管理和服务，保障监事规范履职。其《监事会议事规则》规定：监事会设监事会办公室，处理监事会日常事务；监事长领导监事会办公室工作，并可以指定监事会办公室工作人员协助其处理监事会日常事务等等。

多年来，监事会办公室在以下方面开展了具有特色的工作：

（1）按规定规范、高效组织召开独立的监事会会议，审议关联交易、重大投融资等公司重大决策事项；对监事决策起到重要的辅助、支持作用，提升了监事会的工作效率。

（2）根据实际工作需要，组织内外部调研活动。根据项目的实施进度，监事会办公室组织监事会赴事业部进行一线调研检查，核查落实董事会决策的重大项目的实施情况，并对事业部财务状况进行专门检查。同时，每年都选取同行业优秀标杆企业进行学习交流，帮助监事了解汽车行业的竞争态势，拓展监事的视野，提升其专业决策能力。

（3）组织监事及时参加内外部培训。如果公司有新产品、新业务（如汽车金融、重型机械、氢能源、轿车），则组织专门的业务产品知识培训会，请监事参加。另外，及时督促监事按规定参加证监局组织的监事培训，强化监事的治理及监督能力。

（4）根据监事会现场会议召开的频次，组织季度汇报会，向监事汇报最近一个季度公司的重大经营情况，使监事及时获知一些重大事项的进展。

（5）组织监事间活动交流平台，促进监事间的相互了解，建设融洽的监事会。

（6）“服务＋管理”，既要做好对监事的个人服务工作，又要做好对监事履职的管理督促工作。监事会办公室在充分尊重各位监事的基础上，始终加强监事的规范管理，促使监事能够最大程度地发挥自身的作用。此外，监事会办公室会同董事会办公室，开展日常规定的专门解读，只要有新规定出台，均会在微信群里特别讲解和提示；另外，还对日常程序性事项进行惯例提示，如股票买卖窗口期提醒等。

（7）开放、学习型监事会办公室。公司监事会办公室除组织监事（或联合董事会办公室组织董监事间的）交流、检查、调研活动外，还保持了开放、学习的优良传统，积极学习其他上市公司监事会运作的优秀经验。例如，通过北京上市公司协会监事工作委员会平台，多次组织“走进上市公司”系列监事会交流活动。在外部交流活动中，借助交流平台，与监管部门的资深人士、其他上市公司的监事进行更加深入地交流、沟通，有助于开拓监事的视野，提升业务水平。

（8）率先聘任监事会秘书，专人负责，保证监事会高效履职。2008 年，福田汽车监事会依照北京证监局下发的《关于提高辖区上市公司质量的指导意见》的精神，根据公司实际情况，为进一步规范监事会办公室的运作，由监事会聘任了监事会秘书，在制度规定上明确由专人负责监事会办公室，以更好地协助公司监事长处理监事会的日常事务。

监事会秘书就任以来，出/列席股东大会、董事会，出席监事会，监督检查会议程序的合法性和审议流程的合规性，并听取股东和董事、监事的意见和建议；组织监事会事业部调研及同行业公司交流、学习，同时，以更加规范的标准和严谨的工作来要求监事会办公室的日常工作。

## 三、持续改进、富有创新性的制度建设

（1）满足监管部门的要求，制定制度，持续改进，发挥监事会的作用。福田汽车根据监管部门的要求，以及自身的实际情况，制定了《监事会议事规则》《监事行为规范》，分别从监事会的运作流程和监事履职要求等方面，做了制度规定，使得监事会做到有章可依、规范运作。

（2）建立监事会管理制度，发表独立审核意见，充分保障公司利益。为了更好地发挥监事会的作用，在监管层尚无明确要求的背景下，为了更好地发挥监事会的监督职能，尤其是保护股东的利益，监事会曾于 2003 年制定了《监事发表独立意见的管理办法》。该办法明确：公司变更募集资金投资项目时，监事会应对变更募集资金投资项目发表独立意见；公司向关联方累计购买量占当期其采购量 5% 以上的，或向关联方累计销售占当期总销售收入 5% 以上的，监事应对关联交易公允性发表独立意见；监事应对公司章程对关联交易决策程序的规定发表独立意见；在公司变更会计政策和会计估计前，公司监事会应切实履行监督职能，对董事会的决议提出专门意见，并形成决议等等。

近年来，公司监事会鉴于相关事项对公司、股东利益影响重大，改为直接由监事会审议，以决议的方式履行监督职责。

## 四、多元性监事会实践

### （一）独立监督，主动管理

独立召开监事会沟通会。福田汽车监事会每年均独立召开年度监事会，审议年度重要事项。每一次实体监事会会议均由监事会办公室独立组织会务，监事及监事会秘书出席，监事会独立审议并表决，形成独立的决议并公告。会议的全过程不受董事会、经理层等的干扰。此外，监事会还独立召开沟通会，通过座谈、互访等多种方式，增进监事间的关系，提高凝聚力。

独立审议议案，发表独立审核意见。在关联交易、投融资、定期报告等重大事项方面，福田汽车监事会主动提升业务水平，不仅仅停留在出具审核意见的层面上，还主动要求对议案进行审核监督，形成决议，以求最大限度地发挥独立监督检查的职能。

监事会除了积极履行以上例行的监督检查职能外，还进行监督管理，督促董事会、经理层贯彻执行决议。2007 年，受福田汽车与戴姆勒公司全球战略合作进展的影响，对其发展产生了重要影响。监事会主动行使监督检查的权利，以书面形式，严肃正式地向董事会发出了《关于提请董事会注意防范和化解财务风险的意见》的督促函，督促董事会推进工作，维护了福田汽车的整体利益，同时也进一步加强了监事会监督检查公司生产运营事项的权威性和影响力。

### （二）双管齐下的内外兼修式学习、交流机制

对内：及时学习掌握其公司的重大新业务。公司经理人员会适时组织关于重大新产品、新业务以及公司产品研发、价值链运营、管理流程等知识的专题培训。这些培训对于监事了解、学习新产品和新业务，拓展管理视野，更新经营理念起到了铺垫作用，有助于提升决策的效率和质量。

对外：监事会采用开放式工作机制，拓展了监事会治理水平，提高了决策质量。监事会每年至少 1 次赴同行业上市公司交流、学习，丰富监事会对国内外汽车行业发展趋势及状况、福田汽车行业竞争地位及状况等情况的了解，更好地履行监事会职责。随着国际化战略的推进，福田汽车监事会走进诸如华为公司等国际化企业学习。

### （三）监事会一线调研检查工作

监事会作为公司的监督机构，对各项决议事项进行追踪和监督。根据福田汽车重大项目的决策情况，监事会亲赴事业部现场调研，对事业部的一线生产经营情况进行调研和考察，追踪和监督公司重大项目、技术改造项目的推进情况，发挥监督管理职能，维护福田汽车的公司利益。

## 五、监事会、党委、纪检、工会、审计有机联结

福田汽车作为国有控股和依托现代企业制度设立的企业，具有多重管理职能和社会责任。福田汽车不仅有监事会设置，而且还设有党委、纪检和工会等组织。3个组织机构在党委建设、纪检督察和职工利益维护方面各有工作的侧重点。作为处于公司组织架构上层的监事会，聘任了党委副书记/纪检书记、工会主席作为职工代表监事。

同时，福田汽车设立审计部，董事会审计内部控制委员会办公室也由审计部承担。监事会办公室联合董事会办公室、审计部、纪检监察部共同对董事会决议执行情况进行监督，存在重大问题的分别报告给监事会、董事会、党委和纪委（见表2）。其中，重大内外部投资是监督检查的重点。

表2　各部门的职能职责

| 部门/角色 | 职能职责 |
|---|---|
| 联合检查小组 | 由监事会办公室、董事会办公室、纪委、监事会、纪检监察部、审计部、董事会审计内部控制委员会办公室人员组成，负责对技术改造项目实施情况进行监督检查、结果通报以及问题处理。 |
| 总经理 | 负责对重大问题整改措施的审批。 |
| 各项目责任人 | 1. 负责按照联合检查小组的要求配合检查；<br>2. 负责及时向公司提报项目实施情况以及存在的问题。 |
| 监事会办公室 | 1. 负责制定董事会决议执行情况调查表；<br>2. 负责牵头检查董事会决议执行情况；<br>3. 负责牵头出具董事会决议执行情况检查结果；<br>4. 负责牵头对超出董事会批复范围问题提出整改措施。 |
| 董事会办公室 | 负责承接监事会办公室牵头事项的具体操作。 |
| 审计部 | 1. 负责对项目达产情况及经济效益进行审查；<br>2. 负责出具审查结果并提出处理措施。 |
| 纪委/纪检监察部（公司监察室） | 1. 负责受理关于项目实施过程中发现的违纪违法问题；<br>2. 负责对项目实施过程中的违纪违法问题和相关责任人、责任领导进行调查及责任追究、处理；<br>3. 负责对违纪违法责任人、责任领导执行处理措施的监督和检查；<br>4. 负责向项目实施单位就调查过程中发现的管理漏洞、薄弱环节等问题，提出相应的纪检监察建议；<br>5. 负责项目实施过程中其他涉及信访举报案件的工作。 |

此外，要求董事年度述职报告要报监事会备案，监事会将对董事的履职情况（如会议参加情况、表决情况、汇报会听取情况、对公司的建言献策情况等）、行为规范情况（如参加培训情况、行为合规情况等）、自我改进情况等进行监督。

通过规范事前重大事项报备、事中不定期检查、事后执行情况反馈以及闭环检查等全过程管理、监控、检查，监事会在其中发挥着重要的监督作用。

此外，每年公司党委、纪检和工会还会召开联席会议，通过无障碍的沟通渠道，某些业务互通，联席办公，形成有机连结的监督检查机制。

## 六、独立审议年度内控报告，把关公司内控管理

福田汽车《董事会内部控制制度》规定，监事会须独立审议审计部牵头出具的《年度内部控制自我评估报告》，对公司内控制度实施的适当性、合法性、有效性进行评估和分析。并根据实际情况和需求，对体系内的内部控制情况进行监督检查，以促进公司实现可持续性内部控制改进机制，更好地做到防范风险、维护公司利益的目的。

## 七、勤勉负重的工作状态与作风

作为董事会背后的有力推手，监事会担任高效监督的责任。监事会勤勉尽责，积极参会。最近 10 年来，监事会会议召开情况及监事出席情况具体如表 3 所示。

表 3　　监事会会议召开情况及监事出席情况

| 年份 | 监事会会议次数 | 监事出席人数 |
|---|---|---|
| 2008 | 12 | 仅 1 名监事缺席 1 次会议 |
| 2009 | 9 | 全部出席 |
| 2010 | 9 | 全部出席 |
| 2011 | 11 | 仅 1 名监事缺席 1 次会议 |
| 2012 | 6 | 全部出席 |
| 2013 | 6 | 仅 1 名监事缺席 1 次会议 |
| 2014 | 9 | 全部出席 |
| 2015 | 11 | 全部出席 |
| 2016 | 11 | 全部出席 |
| 2017 | 10 | 仅 1 名监事缺席 1 次会议 |
| 截至 2018 年 6 月 12 日 | 5 | 全部出席 |

（1）发表独立意见、审核议案，督促信息披露事项的执行情况。监事会就公司的定期报告、关联交易、担保、募集资金、再融资、资产处置等重大事项和议案均发表了独立审核意见或进行了独立审核，为确保公司合法、合规运营，真实反映财务状况、降低交易风险起到了积极的作用。

同时，公司监事会每年都会对公司执行落实《信息披露事务管理制度》各项要求的有效性进行核查，确保相关信息披露的及时性和公平性，以及信息披露内容的真实、准确、完整，保护投资者的合法权益。

（2）独立撰写上年度工作报告和下年度工作要点。福田汽车监事会每个年度都须向股东大会提交上一年度的《监事会工作报告》，对上一年度的工作进行回顾总结，由监事长代表监事会向股东大会做汇报，由全体股东审议和问询。

此外，监事会还独立召开年度监事会，除了商讨上一年度的《监事会工作报告》以外，还须针对宏观环境和汽车行业的发展现状，制定下一年度的《监事会工作要点》，提出下一年度的工作方向和重点工作项目，明确监事会的年度学习目标和工作要点，保证监事会工作的规范化和系统化，切实发挥监事会的监督职能。

## 八、奖罚分明的激励机制

为充分激励监事勤勉尽责，监事会办公室制定了《福田汽车监事行为规范》。在充分尊重每位监事的基础上，坚持平等、规范管理，对其进行考核管理，对未按要求履行职责的监事扣减车马费。《福田汽车监事行为规范》规定，对未亲自出席会议的监事予以负激励，每缺席一次负激励300元；监事在一年之内累计2次未亲自参加董监事会会议，由监事会办公室做出书面报告；累计3次，由监事会办公室以书面形式报告监事长；监事连续2次不亲自出席监事会会议，股东大会或职工代表大会予以撤换。

（中国上市公司协会监事会专业委员会　供稿）

# 招商银行监督模式：小机构、大监督、大服务

## 一、打造“小机构、大监督、大服务”模式

招商银行监事会现有监事9人，其中，股东监事3人、外部监事3人、职工监事3人。监事会下设提名委员会和监督委员会两个委员会，每个委员会都由4名监事组成，主任委员都由外部监事担任。监事会设有监事会办公室，工作人员3人。在组织机构上，监事会属于小而精的类型，在董事会和高管层的支持和配合下，监事会能够充分调动履职需要的资源，切实行使监督职责，有针对性地提供高价值服务。据此，监事会形成了具有特色、务实高效、功能丰富的“小机构、大监督、大服务”模式。

## 二、创新性做法及实践经验

监事会依托行内各种资源，充分解放思想，实事求是地进行履职创新，不断摸索、不断实践，积累了一些好的经验和做法，同时也经历了实践的检验。

### （一）打造规模化、系统化、主题化、协同化的调研体系

监事会利用调研方式灵活、切入点广泛、解决问题效率高、价值导向突出等优势和特点，着力在调研方面下功夫，摸索出了一些实用性较强的经验：

一是打造规模化的调研体系。通过大范围、高频次、成规模的调研，全面了解各分行及总行部门的经营管理、内控合规、风险防范以及业务开展中遇到的困难和问题等，掌握了大量一线资料和基层诉求，为深入履职提供了必要支撑。从2014年下半年至今，调研分行及总行部门达60个，覆盖了全部境内分行以及大部分境外分行，对分行业务进行了摸底式调查，对各家分行的当地经济金融环境、业务特点和特征、队伍建设情况以及遇到的困难和问题等进行了详细考察，勾勒出全景图，使履职有的放矢，效果良好。

二是打造系统化、体系化的调研体系。在调研过程中，不是采取孤立调研某个分行的形式，而是集中化、系统化、体系化，将可以连成点、串成线或区域相近、经营相似、问题相同的分行进行一站式调研，既节省了时间成本、提高了效率，又便于发现规律以及内在问题的有机联系，形成了特有的风格和模式。

三是打造主题突出的调研体系。监事会密切结合招商银行经营战略和发展实际制定了高度契合的调研主题，做到每次调研都主题鲜明。例如，2014年长三角地

区经济下滑严峻，监事会重点调研长三角地区分行的不良情况及风险管控情况；2015 年重点调研了东北地区和西北地区等经济欠发达地区的分行经营情况，同时调研北京、上海、深圳等龙头分行，通过相互对比、经验互鉴，发现问题，解决问题；2016 年以二级分行及县域分行为主题，下基层，赴一线，重点考察这些分行的定位及未来发展方向；2017 年以境外分行为主题，重点考察招商银行国际化加速背景下，境外分行的样板效应及经验积累情况。此外，在这些主题之外，还穿插了以贯彻总行战略执行情况、新升格一级分行经营管理情况等为主题的调研，并提出了有针对性的意见和建议。

四是充分发挥协同效应，提升调研效能。在充分发挥监事会成员丰富的金融、法律、会计、管理等经验的同时，还有效调动行内各业务部门的专业能力，抽调总行资产负债管理部、财务会计部、信贷部、运营管理部、审计部、监保部等部门负责人参加调研，现场提供专业指导，回应分行诉求。

在创新调研形式的同时，监事会更加注重调研解决问题的能力，通过多种方式加强成果应用，提升调研的实效性：一是在调研过程中，通过监事提问、发表意见、提出建议等方式，督促分行提升内部控制合规和风险防范水平。二是形成调研报告，内部发送董事、监事和高级管理人员，外部发送监管部门，通过监事会调研建议的形式履行监督职责。此外，还就调研中发现的普遍性问题、突出性问题形成专题报告，并与高管层保持持续沟通，推动问题解决。三是上下呼应及联动促成问题解决。带着在分行或基层调研中发现的问题到总行有关部门调研，查找问题形成的原因，理清脉络，共同探讨解决路径和办法。四是将标杆分行好的经验和做法积极向其他分行传递，以供分享、参考和借鉴。调研中发现一些分行在某些领域的经验和做法具有普遍意义和价值，监事会通过报告、案例以及安排分行间互动等形式促进传播和借鉴，取得良好效果。五是通过督办体系提升问题的解决能力。对分行提出的困难和问题，通过督办系统发送总行有关部门，要求提供解决方案，向高价管理层报告并向分行反馈，将解决困难和问题切实落到实处。

**（二）打造务实高效、形式多样、边界清晰、履职到位的监督体系**

招商银行监事会按照监管要求，不断深化监督职责。为突出监督效果，持续创新监督手段，形成了种类多样、内容丰富、效能显著的监督体系：

一是以会议为载体对重大事项的出台及决策过程进行监督。通过召开监事会会议及专门委员会会议研究审议重要议题并发表意见和建议，通过列席董事会会议及专门委员会会议监督重点事项的研究审议过程，通过参加行办会及各类经营管理会议，了解全行经营管理情况和相关政策制度的落地执行情况。充分利用上述会议平台了解全局、关注重点，使监督有的放矢、目标明确。

二是利用内审和外审抓手，对监事会关注的重点问题、典型问题进行监督。监事会与内外部审计建立了密切的联动关系，依托审计抓手对各类风险点进行监督。通过内部审计对监事会较为关注的交叉性金融风险、系统性金融风险、员工异常行为等进行专项审计，并指导内审部门通过审计建议书、审计提示书等，要求被检查对象进行整改。与此同时，定期与外部审计机构召开沟通会，听取外部审计计划的重点、方案和内容等，并就监事会关注的重点问题委托外审机构进行专项检查。通过内外部审计这一强有力的抓手，监事会监督职责的落实从根本上得到了保证。

三是通过建立科学合理的评价体系和评估机制进行监督。充分运用评价和评估的指挥棒作用，增强约束效能。每年开展对董事和高管的履职评价工作，并形成《监事会对董事会及其成员履职评价报告》和《监事会对高管层及其成员履职评价报告》。为增强战略性、方向性的监督效能，监事会还定期对董事会制定的全行发展战略的科学性、合理性和有效性进行评估，形成专门的评估报告，确保发展战略符合前沿和大势，符合规律和趋势。

四是通过常态化的履职访谈机制进行监督。每年对董事和高管进行履职访谈，了解董事和高管对宏观经济形势、行业发展态势、经营管理、内部控制合规、风险防范等方面的观点和看法，对重大问题和事项进行深入探讨，形成共识。

五是借助外部监管评价强化监督职责。招商银行监事会还充分借助监管力量提升监督的有效性，在调研分行的同时，拜访当地监管部门并听取对分行的监管评价，并按照监管要求提示分行的经营管理行为。

**（三）打造多维联动体系，充分整合监督资源**

通过与审计、风险、法律合规等总行业务部门的合作，建立起信息共享、检查协同、系统对接的“大监督”格局。一是在非现场检查方面推动系统对接，提升监测能力。推动相关职能部门的监测系统进行对接，充分发挥各个系统的优势并弥补不足，合力提升内部监督效能。二是联合业务部门编写案例汇编警示全行。与审计、监保共同编写《重大违法违规典型案例汇编》，剖析典型违法违规案例的成因，提出思考和建议，起到了较强的警示作用。三是联合审计部门督促对全行审计发现的具有普遍性、重复性问题进行整改，提高整改效果。通过委托审计部门就近年来审计发现的具有重复性、普遍性且代表性强、危害性大的风险合规问题进行梳理并形成报告；对其中重点关注的问题向相关部门发出质询函，责成相关部门分析屡查屡犯、屡纠屡错的原因，要求采取措施限期整改，并在年度监事会上听取整改措施及其效果的专题汇报。

**（四）强化监事履职能力建设，做到“在履职中学习、在学习中履职”**

监事会成员在法律、经济、金融、管

理等方面均有从业经验，然而，随着金融创新的不断深化，他们对银行业务特别是新产品、新业务的了解还需要进一步深入。为此，招商银行监事会从多个角度加强监事的履职能力建设：

一是积极参加监管部门组织的各类培训。对金融监管部门的政策法规、监管理念及各类要求等进行深入学习，了解银行经营规则及上市公司的各种规定，为监督工作提供监管政策和理论储备。

二是邀请总行业务部门为监事讲解专业知识。银行业在日新月异地创新发展，监事对银行业务的了解也要与时俱进。为此，招商银行监事会邀请总行各业务部门负责人讲解资产管理、金融科技、同业业务等各类专业知识，并专门赴信用卡中心学习了解信用卡业务的发卡、收单、系统维护、定价机制等各项流程，通过广泛而深入地学习交流，以此促进监事对业务的了解。

三是通过与员工交流、听取意见和建议等形式，提升自身的履职能力。每年开展职工监事向职工代表大会述职工作，并通过与职工代表座谈的形式，了解员工诉求以及对职工监事履职的意见和建议。充分利用到各分行调研的机会，与基层员工进行交流，了解业务开展情况，在交流互动中丰富自身的专业知识。

四是通过审阅各类报告，强化专业能力。定期审阅财务报告、经营分析、资本与市场信息简报等各类分析报告，掌握银行日常经营状况，评估经营能力，并从中汲取专业知识，提升履职水平。

#### （五）通过顺畅的沟通机制，增强监事履职能力，提升履职效果

招商银行监事会与监管部门及公司治理各方建立了顺畅而广泛的沟通机制，有利于履职效能最大程度地发挥。一是通过监事会工作简讯的形式，定期向监管部门汇报工作动态及调研成果，并在调研分行的过程中，拜访当地监管部门进行沟通交流。二是与同业机构的监事会建立紧密的联系，相互沟通、交流、学习和借鉴。三是与董事和高级管理人员建立广泛的沟通渠道和融洽的沟通关系，定期通过访谈、座谈、会议等形式，了解经营管理情况并通报监事会监督重点。四是与业务部门建立多层次的沟通渠道，在调研、检查、宣导等方面协同合作，共同促进监事履职能力的提升。

### 三、进一步增强监事履职能力的方向和措施

#### （一）优化“大监督”机制，整合监督资源

从招商银行监事会履职的实践经验来看，通过监督资源的整合来提升监督效能，其优势和效果都非常明显，在一定程度上，弥补了监事会监督资源有限、无法全部覆盖的情况。监事会下一步将会在这种“大监督”格局的基础上，进一步调整优化，提升各种监督资源的整合效能和配置效率，持续推动监督效能的提升。同

时，在监事会内部，创新提名委员会、监督委员会两个专门委员会的运作方式，丰富其功能，充分发挥专门委员会“专”的价值和意义，进而提升监督效能。

**（二）进一步挖掘调研功能，突出调研实效**

一是进一步突出调研的针对性。分区划片、分门别类，对经济环境相似、规模相似、经营相似、特点相似的分行进行分类调研，便于分析和比较，使调研结论更加科学合理。二是对龙头分行或经营突出的分行，采取“量身定做”的调研方案和体系，突出调研深度，充分挖掘这类分行的经验和做法，进而推广至全行参考和借鉴。三是在调研主题的设计上，进一步与招商银行发展战略和经营实际相契合，提升调研发现问题和解决问题的能力。四是在招商银行国际化加速的背景下，进一步加大调研走出去的步伐，深入了解海外分行的经营管理情况并发表意见和建议，助力国际化进程。

**（三）创新联动内容，扩大联动范围**

在前期联动探索和实践的基础上，继续将联动向纵深推进。一是监事会围绕招商银行工作实际并结合履职内容，将联动部门继续扩容，在调研、监督、宣导等方面联合更多相关部门共同推进，充分运用各方优势资源，创造联动价值，提升联动效果。二是在联动内容上进行创新，以更为鲜明的主题、更加灵活多样的形式、更多功能的载体，进一步凸显联动价值。三是更加突出联动效果。通过联动切实把监事履职提升到新高度、新水平。

**（四）充分发挥监事的专业知识和经验**

监事拥有广泛的专业知识和经验，通过激发监事的专业知识和经验，提升监事会的履职效能。

（中国上市公司协会监事会专业委员会　供稿）

# 广汽集团：股东为本，诚信为道

广州汽车集团股份有限公司（以下简称“广汽集团”）把投资者关系管理和投资者保护作为公司治理的重要组成部分，严格遵守A股与H股两地交易市场监管法规，持续提高公司治理水平和信息披露质量，履行上市公司的法律责任和社会责任。广汽集团认为上市公司的内在价值体现和长远可持续发展离不开投资者的认可和支持，良好的投资者关系管理能够降低信息不对称，保护投资者特别是中小投资者的利益，提高投资者的满意度和忠诚度。

## 一、健全制度体系，构互信之基

健全的内部管理制度是保障投资者利益的重要基础。广汽集团作为A+H上市公司，坚持以两地监管法规为基本依据，根据《中华人民共和国公司法》《上海证券交易所股票上市规则》《香港联合交易所有限公司证券上市规则》等相关法律法规及《公司章程》的要求，制定了《信息披露管理制度》《内幕信息管理制度》《投资者关系管理制度》《投资者投诉处理工作制度》等规章制度，明确投资者关系管理的相关各方、各环节责任体系，致力于保障投资者的合法权益。广汽集团考虑到内地与香港两地监管法规的差异，按照“监管从严”的原则制定相关制度。例如，对于公司董事、监事、高级管理人员禁止买卖股票期间，公司综合两地监管法规要求，按更严格的香港监管法规，定为“公司刊发年度业绩前60天内”（中国证监会规定为“定期报告公告前30日内”），在兼顾两地监管法规的同时，也更好地保护了境内外投资者的利益。投资者关系管理事务由公司领导亲自抓落实，设董事会办公室及资本运营部作为投资者关系管理机构，配备多名专业人员，为投资者关系管理工作的顺利开展提供了保障。

## 二、重视信息披露，守诚信之道

信息披露是上市公司必须履行的法定义务，依法合规开展信息披露是保障广大投资者利益的首要工作。广汽集团遵守现行监管规则和要求，以“真实、准确、完整、及时、公平”为原则开展信息披露工作，充分保障投资者合法的知情权。广汽集团在近3年上交所开展的信息披露年度评价中均获A类等级评价。

广汽集团建立了较为完善的信息披露机制。为保证信息的收集、传递及审核、披露通畅、及时、有效，广汽集团结合投资控股型企业的特点，要求下属投资企业明确信息披露责任人和信息披露联系人，以作为日常信息披露管理的直接责任联络窗口；明确信息披露的流程管理，注重定期报告披露的计划性和临时报告的及时响应机制，通过多层级复核，交叉复核，各司其职，严把审核关，确保信息披露依法合规。

广汽集团结合 A + H 上市的客观情况，坚持“监管从严、披露从严”，坚持两地市场信息披露的一致性和同时性。例如，按照香港联交所规定需披露的《证券变动月报表》《翌日披露报表》等公告文件均会在上交所同步披露。

广汽集团通过积极主动信息披露，提升透明度。广汽集团主动及时发布有关公司发展理念、战略合作等方面的信息。如通过主动披露与腾讯、华为、科大讯飞等公司的重要战略合作，展示合作领域和合作内容，有助于投资者更好地理解公司的战略布局和产业发展趋势。广汽集团积极开展信息披露工作，每年披露的公告文件数基本保持在100项以上并呈逐年递增的趋势，2017 年上交所披露的公告文件数达 242 项。

## 三、加强双向互动，筑沟通之桥

广汽集团建立多渠道深层次的投资者沟通机制，通过上证 e 互动平台、投资者热线、公司邮箱、公司网站投资者关系专栏等多元化的沟通渠道，为投资者提供接触公司、获取公司相关信息的便利条件，营造良好的沟通环境。广汽集团设专职人员负责接听投资者热线电话、处理投资者咨询邮件及回复 e 互动平台问题，及时、有效地解答投资者的问题，2018 年上半年上证 e 互动平台回复投资者问题近 100 条，回复率 100%。

此外，广汽集团通过组织年度业绩发布会、电话沟通会、网上路演、投资者开放日、车展大型交流等多种形式的活动，拉近与投资者的距离；接待投资者来访调研，并配合上交所组织交流沙龙等活动，为境内外投资者提供现场参观和实地考察公司整车工厂及研究院的机会，加深投资者对公司自主品牌研发、生产经营等情况的了解，上市以来年均接待投资者及分析师超过 500 人次。

广汽集团注重保护中小投资者的权益，平等对待个人投资者，业绩发布材料及各车型销售数据均在官网展示，并按要求披露每月投资者关系活动记录表。广汽集团还参与了监管部门举办的投资者保护宣传活动，通过电子宣传栏、公司网站、专题展板及自编自导宣传微电影等形式，普及相关金融、法律知识，提醒投资者警惕投资陷阱，增强守法意识和风险防范意识。

广汽集团在内地与香港轮流召开年度股东大会，且采取“网络 + 现场”的投票方式，确保境内外投资者均有便捷参与的机会。每次股东大会除公司董事、监事出席会议外，还要求高级管理人员及相关部门负责人列席，并设置时间充足的股东问答环节。对于日常沟通过程中和股东大会上投资者提出的合理建议，董事会及经理层均会认真研究。

## 四、持续回报股东，享成长之果

现金分红是上市公司回报投资者的基本方式。广汽集团每年两次派息，每3年制订一轮股东分红回报规划，每年现金分红的比例均不低于当年净利润的30%。自2011年H股上市以来，现金分红金额逐年增加，截至2018年8月已累计派发现金股利超110亿元。

（中国上市公司协会投资者关系管理委员会　供稿）

# 佳讯飞鸿：慎而思之，勤而行之，践行投资者权益保护

北京佳讯飞鸿电气股份有限公司（以下简称“佳讯飞鸿”）成立于1995年，是国内指挥调度领域企业。自2011年上市以来，在经营业绩稳步增长的同时，探索投资者权益保护的途径和方式，加强公司与投资者之间的沟通，形成投资者与公司之间的良好互动。

## 一、强化内控，规范治理：从根本上保护投资者权益

佳讯飞鸿按照证监会和交易所的要求，不断完善内部控制制度，不断健全内部控制体系，加强公司治理。佳讯飞鸿在上市之前已建立起风险控制系统，以“内部审计团队直接对董事会负责，不受管理层约束”的方式，在董事会审计委员会的领导下独立开展内部审计工作；采用交叉审计的方式，增强内审可信度，发现潜在风险；首次发现的问题不处罚部门（或分子公司）主管人员，以解决问题为根本目的。佳讯飞鸿坚持每年进行两次内部审计，范围涉及公司所有部门及全部分子公司。佳讯飞鸿在逐步完善内部控制体系的同时，持续加强对内部控制的宣传和培训，提升全体员工的内部控制合规意识。举办内审团队培训工作，邀请会计师事务所、证券公司及公司内审顾问等数位专家为其内审小组成员、各部门负责人、各分子公司负责人等总计50余人进行了专业培训。

## 二、创新模式，良性互动：从沟通中保护投资者权益

佳讯飞鸿通过信息披露和组织（或参与）各类活动，向投资者解释企业现状和未来，及时地向资本市场传递公司价值和亮点，为投资者的理性决策提供依据，在沟通中保护了投资者的权益。

佳讯飞鸿通过定期报告、临时报告、投资者关系互动平台、网上业绩说明会、路演、定期组织投资者进行实地参观接待、线下调研、微信公众号、官网等多种方式与投资者在线上、线下保持联系，答复投资者的意见和问题。2015～2017年度佳讯飞鸿在深交所的年度信息披露考核评级为A级。

佳讯飞鸿参与外部机构组织的各类活动，让投资者能够多渠道了解公司。2018年4月27日，佳讯飞鸿作为北京证监局“明规则、识风险，理性投资戊戌年”专项活动的首站，邀请30余位中小投资者代表来到公司现场参观交流。

## 三、精研主业，现金分红：从收益上保护投资者权益

佳讯飞鸿自2011年上市以来经营业绩保持较好增长势头。2017年度，佳讯飞鸿实现营业收入117262.38万元，同比增长11.85%；实现营业利润13437.73万元，同比增长50.53%；归属于上市公司普通股股东的净利润11621.08万元，同比增长12.60%，营业收入和净利润5年连续增长。

在经营业绩不断增长的同时，佳讯飞鸿回报投资者，执行持续、稳定的利润分配政策。自2011年上市以来，佳讯飞鸿已累计实施现金分红7次，累计现金分红总金额达到13294.27万元。2018年发布《未来3年（2018～2020年）股东分红回报规划报告》，在公司盈利以及正常经营和长期发展的前提下，佳讯飞鸿实行积极、持续稳定的利润分配政策，坚持每年以现金方式分配的利润应不低于当年实现的可分配利润的20%。

## 四、回购股份，鼓励增持：从行动中保护投资者权益

2018年年初，资本市场出现了较大的波动。为了维护广大股东利益，结合自身财务状况和经营状况，佳讯飞鸿推出了股份回购计划。在回购价格不超过8.00元/股（含8.00元/股）的前提下，回购总金额不超过1亿元（含1亿元），且不低于人民币3000万元（含3000万元），若全额回购，预计可回购股份数量为1250万股，回购股份期限为自股东大会审议通过回购股份方案之日起不超过12个月。

同时，佳讯飞鸿鼓励全体员工积极买入公司股票。凡于2018年2月22日至2018年3月14日期间净买入的公司股票，且连续持有12个月（含）以上并届时在职的员工，若因在前述增持期间内增持公司股票产生损失，公司控股股东、实际控制人将以个人资金予以补偿，若产生股票增值收益则归员工个人所有。截至2018年3月14日收盘，佳讯飞鸿共有86位员工增持股票，合计增持股票数量为1705500股，增持均价人民币7.34元/股，增持总金额为人民币12520475.10元。

## 五、党建联动，铸造品牌：从软实力上保护投资者权益

佳讯飞鸿注重发挥企业文化及党建工作在经营中的促进作用，通过优秀的企业文化和扎实的党建工作的相互融合，尤其是充分发挥党员的先锋模范带头作用，加强团队凝聚力，增强了公司的整体竞争力，为公司长期、健康、稳定发展提供了坚实稳定的基础。

（中国上市公司协会投资者关系管理委员会　供稿）

# 凤凰传媒：积极维护投资者关系，切实保护投资者利益

江苏凤凰出版传媒股份有限公司（以下简称“凤凰传媒”）自2011年上市以来即重视投资者关系管理工作，规范信息披露，持续现金分红，保护投资者利益，落实平稳发展。

## 一、积极落实现金分红，给予股东丰厚回报

凤凰传媒响应证监会关于加强现金分红的要求，在公司章程中明确规定分红比例：“每年以现金方式分配的利润应不低于当年实现的可分配利润的10%，且任意3个连续会计年度内，公司以现金方式累计分配的利润不少于该3年实现的年均可分配利润的30%”，并引入中小投资者、独立董事、监事参与分红决策，确保股东能够享受持续、稳定地投资回报。2012～2018年，凤凰传媒累计现金分红30.52亿元，超公司实际募集资金的70%，超历年可供分配净利润总额的40%，累计派现率位于同类上市公司首位。

## 二、严格履行相关义务，切实提升信息披露质量

为了确保信息披露工作做到公开、公平、真实、准确和完整，凤凰传媒按照《上海证券交易所股票上市规则》《上市公司规范运作指引》《上市公司信息披露管理办法》等有关法律法规要求，制定了《江苏凤凰出版传媒股份有限公司信息披露事务管理制度》《江苏凤凰出版传媒股份有限公司对外信息报送制度》《江苏凤凰出版传媒股份有限公司重大信息内部报告制度》《江苏凤凰出版传媒股份有限公司内幕信息知情人登记管理制度》等一系列制度，明确信息披露的职责分工、业务规范、工作流程和权限责任，为信息披露工作的规范提供了保障。凤凰传媒严格执行同时向所有投资者公开披露重大信息的原则，确保所有投资者可以平等地获取同一信息，不会向单个或部分投资者透露或泄漏。凤凰传媒在上海证券交易所2017年、2018年上市公司信息披露工作评价中连续两年被评为A档。

## 三、丰富管理手段，加强投资者交流与沟通

凤凰传媒重视与投资者的交流与沟通，目前投资者可以通过上交所互动易平台、现场调研、投资者热线电话、公司网站、电子邮箱、电话会议等多种方式与公司进行沟通交流，并安排专人负责维护上述渠道和平台，认真回复投资者问题，确保沟通及时有效。同时凤凰传媒主动通过业绩说明会、路演等方式，主动与投资者互动交流，增进投资者对企业的了解。凤凰传媒重视中小投资者管理工作，做好投资者热线和上证E互动平台的工作，保持沟通渠道畅通。

2017年，凤凰传媒接待各类投资者调研超过100人次，并赴上海、杭州等地参加券商策略会，以小组会议、一对一会面等形式与机构分析师进行了深入交流。其间严格遵守公平性原则，介绍公司整体经营情况和已披露的重点事项，并就热点问题进行交流。此外，凤凰传媒共接听投资者电话700余次，在上交所网上互动平台回答问题65条。

## 四、提供畅通渠道，便于投资者参与公司治理

按照《公司法》《上市公司股东大会规则》及《公司章程》等有关规定，凤凰传媒严格规范股东大会的召开程序和会议内容。每次股东大会均提供现场会议和网络投票两种参会渠道，确保全体投资者可以平等、有效地参与到公司的治理中，从而切实维护广大投资者的合法权益和正当诉求。每次股东大会均设置股东问答环节，全体董事、监事、公司高管均直接面对面回复投资者关心的问题，为投资者了解公司、参与公司治理提供了方便快捷的渠道。对于分红、对外投资、关联交易、聘任会计师事务所等重大决策，在股东大会中引入中小投资者表决单独计票制度。在中国证券登记结算有限公司的协助下，每次股东大会均对事关中小投资者利益的重大事项进行中小投资者表决单独计票，并在上交所发布的股东大会决议公告中详细披露计票信息。

## 五、坚决维护公司独立，保护中小投资者利益

凤凰传媒按照证监会、上交所关于独立性的要求，实现与控股股东江苏凤凰出版集团有限公司（以下简称“凤凰集团”）在资产、人员、业务、财务和机构等方面完全分离，确保上市公司的独立性。凤凰集团根据《股东大会议事规则》《董事会议事规则》，通过委派的股东代表、董事行使重大事项的决策权，对于关联事项，股东代表、董事在会议中严格回避表决。根据中介机构历年出具的核查报告，凤凰传媒上市以后凤凰集团未有关联方占用上市公司资金的行为。

为避免潜在的同业竞争，保证投资者的利益，凤凰集团出具了《避免同业竞

争与利益冲突的承诺函》，承诺不直接或间接地从事任何（包括但不限于通过投资、收购、兼并等方式）与公司现有及潜在主要业务存在竞争的业务活动，杜绝了同业竞争的发生。针对关联交易，公司制定并严格执行《凤凰传媒关联交易决策制度》：对于日常关联交易，凤凰传媒与出版集团签订《日常关联交易框架协议》，并于每年年初对交易情况进行预计，年底对实际发生情况进行分析；对于其他关联交易，按照交易金额标准，在经过独立董事审核同意后，报董事会、监事会、股东大会审议。

## 六、禁止内幕交易，提升防控水平

凤凰传媒严格按照内幕知情人管理制度的要求，对于重大对外合作、对外并购、定期报告等重大事项，均能做到对内幕知情人进行全面、及时地登记。通过进行重大事项内幕信息知情人登记，不断提高内幕信息保密和登记管理意识，内幕信息知情人对其知晓的内幕信息负有保密的责任，不得擅自以任何形式对外泄露，不得进行内幕交易或配合他人操纵证券交易价格。公司的董事、监事、高管及其他相关涉密人员在定期报告编制、公司重大事项筹划期间，负有保密义务。对于定期报告、临时报告公布前，不得以任何形式、任何途径向外界或特定人员泄漏定期报告、临时报告的内容，包括但不限于投资者见面会、分析师会议、接受投资者调研座谈等方式。

（中国上市公司协会投资者关系管理委员会　供稿）

# 云南白药：始于专注，忠于坚守

云南白药重视投资者关系管理工作，公司治理架构、信息披露、投资者回报长久以来保持了规范、稳定地运行。

## 一、健全完善的治理架构和治理制度

云南白药在股东大会的领导下，董事会负责公司权力执行。董事会共有 11 名成员，其中，董事 7 人、独立董事 4 人，成员专业背景涵盖医药、金融、投资、审计、法律、管理等多个领域，可有效支持公司多领域发展。董事会下设战略、提名、审计、薪酬与考核 4 个专门委员会，各专门委员会根据委员会工作规则，发挥专业优势，认真履职，确保董事会的规范、高效运行。

监事会强化履职创新力度，建立健全风险防范和监督检查机制，在保障公司、股东、员工及其他利益相关者合法利益的同时，助力公司持续稳健发展。高管层严格在有关法律法规和议事规则的规范下，通过管理优化、商业模式、产品研发等系列创新，确保公司经营业绩的稳步发展。云南白药通过以实现发展战略目标、维护全体股东利益为出发点和落脚点，优化内部管理，提高抵御防范风险的能力，治理水平逐步提升。

## 二、强化信息披露管理，不断提升专业技能

云南白药严格按照有关法律法规的要求，不断完善信息披露管理制度，严格执行信息披露的有关规定，真实、准确、完整、及时地履行信息披露义务。为提高信息披露的透明度和可参考性，在确保信息披露合规的基础上，适度增加自愿性信息披露，主动向投资者传递多维度的实用信息，保障投资者的知情权，增加信息含量，全面反映公司面临的机会与风险。至 2017 年度，云南白药连续 12 年信息披露考核获评 A 档。

云南白药关注证监会和深交所的最新监管动向，及时开展法规培训学习提升专业技能，强化内幕信息管理，优化内部控制制度，严格按照“真实、及时、公平”的原则完成信息披露工作。这向资本市场、监管机构传递了条理清晰、内容完备的信息，树立公司积极形象，保障了广大股东的权益。

创新信息披露方式，拓展信息披露渠道，充分利用公司网站、投资者论坛、博客、微博、微信公众号等及时发布公司各类信息。在与投资者交流互动时，将公司发展信息、管理风格、经营情况、企业文化、核心价值观等理念传递给投资者，增

强其认同感。

## 三、持续稳定的分红机制，提高投资者回报

云南白药自1993年上市以来，每年持续现金分红回馈股东。上市至今，云南白药累计从资本市场募集资本16亿元，累计已完成现金分红近52亿元，占净利润的比重为30.60%，持续稳定、较高比例的现金分红在省内、行业内上市公司中均属于前列。2017年云南白药利润分配提高到10股送15元，达到其分红历史最高水平。

云南白药重视与投资者的沟通和交流，2017年，云南白药证券部构建立体化投资者管理体系，接待国内外投资者32批次，近500人次，发布调研材料64份。参加中金、瑞银、花旗等策略会超过20次，集中接待投资者超过800人次，证券部投资者专线为超过700人次的投资者提供了电话咨询服务。

云南白药还参与了投资者宣教活动，例如，2017年根据证监会、证监局要求，开展“6·14诚信记录关爱日”宣传教育活动和“投资者保护·明规则、识风险”专项投资者教育活动，省范围内粘贴宣传海报150套，发放宣传折页3000套，发布微信企业号文章6篇，覆盖人群超万人。

## 四、充分发挥资本市场对公司发展的支撑作用

1993年，云南白药首次公开发行2000万股，发行价3.38元，共募集资金6760万元，此后分别于1995年和1999年进行了两次配股，2008年向中国平安人寿保险股份有限公司（以下简称“中国平安”）增发0.50亿股，发行价27.87元，募集资金13.9350亿元。除配股和定向增发外，云南白药还借助交易所平台开展债券直接融资，分别于2014年和2016年面向合格投资者公开发行公司债，分别募得资金9亿元。

云南白药通过使用2008年向中国平安定向增发募集的资金建成了其新产业基地，成为云南白药转方式、调结构带动产业升级、整合资源、重塑品牌形象的重要契机，为后续可持续的发展打下基础。

为应对市场外部环境和竞争格局变化，发挥龙头企业的带头作用，促进生物医药和大健康产业实现跨越式发展，2016年在党中央国务院关于混合所有制改革相关要求的指引下，中共云南省委、省政府积极部署云南白药控股股东暨云南白药控股有限公司的混合所有制改革事项。控股股东混改的完成，进一步完善了云南白药现代企业制度和市场激励机制，建立市场化的公司治理体系，在市场调整中更具竞争力。同时，云南白药通过以资本为纽带的现代企业管理制度安排，把握医药行业发展的窗口期，更好地应对产业转型升级挑战。

（中国上市公司协会投资者关系管理委员会　供稿）

# 宇通客车：良好的投资者关系是上市公司健康发展的基石

伴随资本市场的发展，投资者结构也在持续发生变化，境外投资者持股比例越来越高，投资者越来越关注公司经营情况，构建长效的投资者关系管理机制是上市公司的重要工作，宇通客车自上市以来就非常重视公司的投资者管理和投资者权益保护。

## 一、把企业经营好是投资者权益保护的基石

只有上市公司健康发展，经营业绩稳步提升，投资人才能获取合理的回报。宇通客车在发展过程中，坚持构建持续的核心竞争力，为客户创造价值。自1993年改制以来，重视并保持充足的研发投入，市场份额逐年提升，国内大中型客车市场占有率33%以上，全球占有率15%以上；将“以客户为中心”的企业文化渗透到各项业务中去，研发出性能、质量、成本和服务等综合优势明显且客户满意的产品，通过小于60公里服务半径的售后服务网络最大化满足客户的需求，产品遍布全球五大洲100多个国家和地区；建立良好的上下游产业链关系，为长期发展奠定基础。

1997年上市至今，宇通客车逐步发展成为全球规模最大的客车生产企业：客车销量从3458台增长到2017年的67268台，增长18.45倍；收入从4.4亿元增长到332亿元，增长74.45倍；净利润从0.4亿元增长到31.29亿元，增长77.23倍；公司市值也从19.58亿元增长到2017年年底的539亿元，增长26.53倍。

## 二、大比例现金分红是投资者权益保护的核心

现金分红不仅可以为投资人提供现金流，而且在市场以市盈率为主要估值标准的情况下，为股票不断上涨提供较强的支撑。同时，现金分红也是企业经营质量的印证，企业盈利状况良好且大比例现金分红，不仅可以验证公司经营成果的可靠性，而且更能够体现公司回报股东的初衷，进一步增强投资人投资、持股的信心。

宇通客车在没有大额资本支出且不影响正常生产经营的情况下，充分考虑对投资者的合理回报，始终坚持以现金分红为主的利润分配政策，构建与股东的和谐关系。截至2017年，宇通客车上市后的20个完整会计年度，分红18次，累计现金分红116亿元，超过其在资本市场融资总

额29亿元，累计派现率57.63%，位列中证红利指数100家上市公司。

## 三、优良的公司治理结构是投资者权益保护的基础

优良的公司治理结构是协调股东和管理层、大股东与中小股东之间关系，促进公司健康发展的基础。

自上市以来，宇通客车严格按照监管部门的要求，不断优化和完善公司治理机制，通过董事会成员的多样化，汇集了经营战略、技术研发、财务、法律方面的专家，增强对风险事项的应对和管理能力，提高决议事项的科学严谨性；为独立董事履职提供便利条件，定期向独立董事汇报公司重大事项，确保独立董事工作的顺利开展；通过实施覆盖主要管理人员和核心技术人员的股权激励计划，保证了管理团队和股东利益的一致性；通过发行股份购买资产等方式，实现了主业相关资产的整合，同时减少大量的关联交易。

## 四、健全的信息披露机制是投资者权益保护的前提

资本市场中，信息披露不仅对降低信息不对称和交易成本具有重要意义，而且是保护投资者和实现资源优化配置的关键所在。通过公司的信息披露，投资者可以及时了解到被投资公司的经营状况，而公司信息披露制度也是以保护投资者利益为根本目标。

宇通客车制定了严格的信息披露和内幕信息管理制度，通过管控公司相关业务活动，一方面确保与经营相关的数据及时性、准确性和完整性；另一方面确保信息披露工作中的内部控制活动，管控内幕交易风险。

## 五、顺畅的沟通渠道是投资者权益保护的保障

顺畅的信息沟通渠道是信息披露工作的有效补充，保证了投资者能够及时获取公司信息，并满足不同投资者对信息的偏好，方便其进行投资决策。

宇通客车设置了投资者关系专岗，通过股东大会沟通、定期报告解答、接受现场调研、参加券商策略会和接听投资者电话等多种方式与投资者交流，保证了投资者与上市公司的沟通渠道顺畅。特别是年度股东大会的沟通环节，公司董事长、主要管理团队均参与沟通交流，与投资者面对面，分享行业情况和公司发展思路，解读定期报告及公司运营情况。通过这些工作，为投资者提供了顺畅的沟通渠道，充分保障投资者权益。

（中国上市公司协会投资者关系管理委员会　供稿）

# 云南铜业：责任之源，发展之需

云南铜业股份有限公司（以下简称“云南铜业”）为云南铜业（集团）有限公司控股的上市公司。云南铜业前身为云南冶炼厂，成立于1958年，1998年改制为股份制上市公司，更名为“云南铜业股份有限公司”，并于当年在深圳证券交易所上市。2007年，云南铜业（集团）有限公司进入中国铝业集团有限公司，云南铜业即作为中铝集团所属的上市公司之一。

## 一、履行责任，回报社会

云南铜业是中铝集团下属铜板块的核心企业，坚持依法合规运营，接受国家及社会的监督检查；与国内外一流企业、院校开展战略合作；带动地方经济发展，创造税收和就业机会；承担脱贫攻坚任务，开展精准扶贫。2017年度，云南铜业上缴税金9.49亿元；帮扶贫困人口近600人。

云南铜业将环境保护管理指标纳入公司生产运营的全过程；通过项目建设，积极参与社区建设，提供就业岗位，带动地方经济发展；对客户公开公平，互惠互利，严格履行合同，不断优化产品及服务；同时，积极建设员工职业发展通道，保障员工合法权益，帮助员工实现自我价值。

为提高投资者的风险防范意识，保证投资者的相关权益，云南铜业及时披露公司重大信息，向投资者全面介绍公司经营现状及未来发展目标；听取投资者对公司发展的意见和建议，并做出及时、真实的意见反馈；参与上市公司协会组织的投资者保护教育活动，提高风险识别能力，提升投资者服务意识，实现对公司和投资者权益的合法维护。

## 二、合规披露，有效沟通

云南铜业按照上市规则的要求，完善信息披露管理制度，真实、准确、完整、及时地进行信息披露，有效提升信息披露水平，让投资者及时了解公司的最新动态及生产经营。同时，不断探索信息披露工作的模式，通过清单管理、月度跟踪、专人负责等方式，保证信息沟通的及时性和有效性，进而第一时间将公司发展战略、经营情况、项目建设等重大事项向投资者传递。

云南铜业不断提升投资者关系管理工作水平，建立系统化的管理流程，拓宽与投资者的多元化沟通渠道，积极构建良好的投资者关系。通过投资者专线、现场调研、网站、媒体等渠道，加强与投资者的沟通交流，增强投资者对公司发展的信心，创造良好的市场反应。

云南铜业坚持信息披露真实全面，披露公司发展过程中存在的困难，可以让投资者了解公司所面临的压力，知悉管理层采取的措施，客观公正地向投资者反映后续的发展方向。

## 三、持续发展，践行承诺

云南铜业持续提升自身经营管理能力。云南铜业围绕生产经营，做好“加减乘除”、聚焦“提质增效”，减少亏损源；以多盈利为根本，实现经营业绩转折；努力减少内部问题，企业良性发展。

云南铜业以“提质增效”为中心，开展全面精准管理，启动“生产管理能力提升专项工程”和“风控内控体系完善项目”，促进生产运行的精细化和整体利益的最大化，促进运营效率的稳步提升，推进生产管理能力的有效提升，从基础管理上强基固本。

云南铜业细化战略发展目标，寻求获取国内外资源，推进重点项目建设，提升项目升级改造力度，促进稳步发展。同时，采取股权并购及整合、资产收购及处置等方式，按阶段严格履行所做出的承诺，通过非公开发行等解决资产注入承诺，通过股权整合等解决同业竞争承诺，通过破产清算等促进公司盈利能力的提升。

## 四、创造价值，合作共赢

云南铜业从产品到服务，从内控到外联，追究精益求精，促进长期合作，与上下游合作伙伴携手打造诚信供应链，促进公司健康发展，提升公司盈利能力，与股东互利互惠、共赢发展。

云南铜业在保证生产经营和盈利能力稳步提升的同时，通过投资者接待、网站、媒体等方式，将公司企业文化向投资者传递，使投资者形成共同的目标和价值理念，实现经济价值和社会价值的体现。

（中国上市公司协会投资者关系管理委员会　供稿）

# 奇正藏药：以可持续价值观打造青藏高原长青企业

西藏奇正藏药股份有限公司2009年在深交所中小板上市。自上市以来，奇正藏药在多个层面推动公司长期价值投资理念落地，切实保护资者权益，促进企业持续发展。

## 一、文化层面：将投资者受益纳入企业文化，引领可持续发展

奇正藏药围绕企业核心价值观，践行企业社会责任，在本土中小企业履行社会责任方面做出了探索。奇正藏药关注患者关爱、科技创新、资源保护、员工发展及文化传承5个关键议题。奇正藏药连续8年发布基于GRI标准、联合国全球契约十项基本原则的年度社会责任报告，接受社会监督。

## 二、制度层面：不断建立、完善制度，保障投资者权益

奇正藏药一方面将现金分红纳入公司章程，确保投资者获得稳定回报；另一方面强化相关制度，保障投资者权益。奇正藏药在内部规范运作方面建立了各项制度，聘请普华永道为公司建立了内部控制系统，在关联交易、信息披露方面均有严格的实施细则。

奇正藏药贯彻落实证监会各项监管要求，制定《信息披露管理制度》《重大信息内部报告制度》等多项制度，持续加强治理水平。为确保对外信息披露工作的真实性、准确性、完整性和及时性，保护公司、股东、债权人及其他利益相关人的合法权益，奇正藏药制定了《信息披露管理制度》，就信息披露的内容、保密措施、披露的程序做出规定，保证广大投资者在第一时间通过官方渠道获取相关公告。

在此基础上，奇正藏药总结信息披露中遇到的问题以及常见风险点，制定了《重大信息内部报告制度》，对公司运营中可能涉及到披露的各类事项做出分类，对每类事项做出明确额度，该额度低于监管机构的披露要求。同时，各职能部门均明确一名责任人和一名联络人，在业务部门发生或拟发生《重大信息内部报告制度》中涉及的事项，该部门的联络人都第一时间将相关信息告知信息披露部门，以保证后续的审批程序、披露程序复核要求，公司还定期更新该制度中的相关数据，持续对各部门的责任人和联络人进行培训辅导，使不同业务领域的熟知重大信息的内容和报告标准。

奇正藏药开通投资者关系专线电话及投资者关系邮箱，回复投资者的各类问询。奇正藏药利用深圳证券交易所的“互动易”平台，答复投资者对公司经营的各类问题。在年度报告披露后，除根据监管机构要求召开年度报告网上说明会外，奇正藏药还在半年度报告披露后也召开网上说明会，创造与广大投资者的沟通交流机会，帮助投资者更好地了解公司的发展战略和经营情况计划的执行情况，以便投资者在充分了解公司的基本面后，做出投资决策。

除参加监管机构举办的各种培训外，奇正藏药在公司内部，结合监管方向和资本市场热点，公司董事、监事、高管定期或不定期学习相关政策法规，2015～2017年进行13次集中学习，内容涵盖再融资新规、重组新规、减持新规、深交所中小板监管理念与监管重点、上市公司内部控制监管关注点、董监高行为规范等。

## 三、行动层面：以可持续发展为核心发展企业，为投资者创造长期价值

奇正藏药关注藏药产业的现代化，通过科研创新、技术创新、营销创新发挥藏医药的更大价值。奇正藏药运用低温真空冷冻干燥技术把传统的糊状黑膏药变成现代湿敷贴剂，并带入内地市场。奇正藏药研发中心依托藏药固体制剂和外用制剂两个国家地方联合工程实验室，与国内外一流的学术研究机构及科研院所保持长期合作。

截至2017年年底，奇正藏药有55个藏药品名和72个药品批准文号，涉及骨科、神经科、妇科、消化科等多个藏医特色治疗领域，其中，核心产品消痛贴膏市场占有率保持第一。消痛贴膏荣获国家科学技术进步二等奖，是西藏首个国家科技奖励。

## 四、注重对资源环境的保护性开发，建设着眼于长远利益的商业生态系统

奇正藏药从采购、研发到生产各环节，注重有效、合理、可持续利用藏药材资源，建设可持续的商业生态系统。

一是在源头进行藏药材资源调研，开展替代性研究，优化工艺与处方，提高药材的利用率；二是认可当地居民利用当地资源谋求生存和发展的权益，调动生态贸易领域的企业和产地居民的参与，在原产地实现可持续采购，减少对野生药材资源的滥采滥挖，减少对环境的人为破坏，为环境提供自我修复以及人为辅助修复的条件；三是开展藏药材种植技术研究与基地建设。截至2017年，奇正藏药有各类保护及种植研究基地103000余亩，分布在西藏林芝、山南等地，海拔从2000多米到4000多米不等，已成功开展了47种藏药材的种植技术研究。

## 五、以长效机制反哺藏区，为企业营造良好的外部社会环境

奇正藏药利用企业专长反哺藏区，一

方面依托传统医疗优势资源，对贫困地区民众进行医疗救援、改善健康状况；另一方面，改善当地传统藏医教育及义务教育状况，提高群众受教育水平，实现与当地社区共同发展，为企业发展营造良好的外部社会环境。

奇正藏药支持民间传统藏医教育。2004 年在林芝南伊沟捐建贡布曼隆宇妥藏医学校，2008 年发起藏区百家藏医诊所项目，与民间传统藏医教育项目相互配合，传统藏医教育的毕业生扎根基层藏医诊所，依托本土医疗资源发展边远藏区医疗卫生事业。2017 年，作为中央统战部下属中国西藏文化保护与发展协会民间藏医教育专项的主要实施单位，奇正藏药推动民族地区民间藏医教育的发展。截至 2017 年年底，奇正藏药捐建、支持运行的藏医诊所共 14 家，分布于西藏、青海两地。

2007 年，奇正藏药在光彩基金会下成立了“西藏文化保护与传承”专项基金；2017 年捐赠资金支持成立西藏奇正慈善基金会。奇正藏药累计投入 9000 余万元用于藏区和西部医疗、教育、扶贫等公益事业。在构建企业长期发展基础的同时，奇正藏药以现金分红回报投资者，上市以来累计分红 11.45 亿元。

（中国上市公司协会投资者关系管理委员会　供稿）

# 第五篇

# 上市公司并购重组篇

- 2017 年上市公司并购市场综述
- 维格娜丝现金收购 TEENIE WEENIE
- 美的集团要约收购库卡集团案例
- 金隅集团与冀东水泥并购重组案例
- 跨境通并购重组案例
- 三丰智能收购上海鑫燕隆实现跨越式发展案例
- 众泰汽车重大资产重组案例

# 2017 年上市公司并购市场综述

## 第一节　概述

伴随着中国经济增长模式逐步由“粗放型”向“集约型”的转变，“供给侧”改革等政策红利的不断释放，2017 年，中国并购市场延续了近年来的繁荣景象，全年共发生并购重组交易 6787 宗，创历史新高；并购交易发生总金额 4723.31 亿美元，虽较 2015 年略有下降，但仍处于历史高位。作为中国多层次资本市场的主力军，上市公司在 2017 年的资本市场扮演了举足轻重的角色，全年并购重组交易金额约为 3414.95 亿美元，约占并购重组交易总金额的 72.3%。具体如图 1 和图 2 所示。

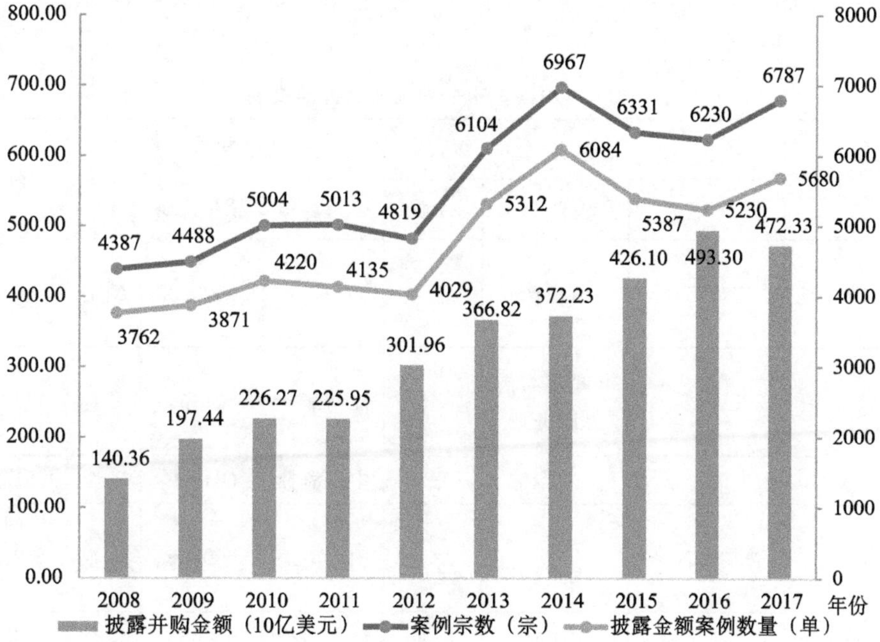


资料来源：Wind 资讯。

**图 1　2008～2017 年中国并购市场概况**

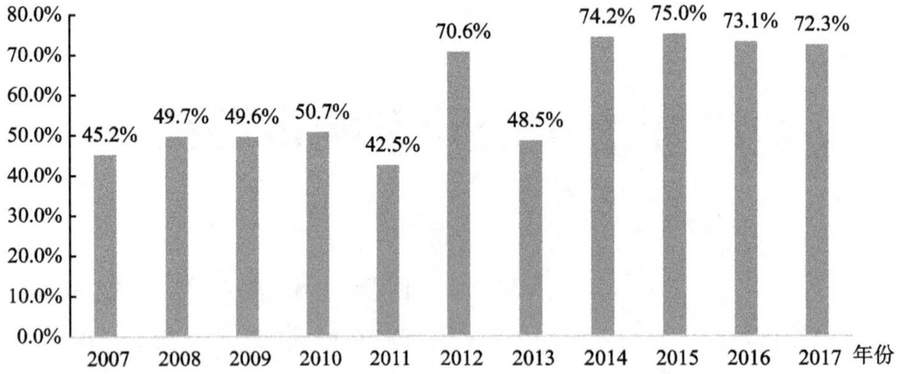


资料来源：Wind 资讯。

**图 2　2007～2017 年上市公司并购交易金额占中国企业并购交易总金额的比重**

按交易金额统计，2017 年中国上市公司前十大并购交易中，房地产、交通运输业各占 2 席次，互联网与信息服务业、电力与电力设备、金融、综合、煤炭、电子元器件各占一席。动态观察，2017 年前十大并购交易有 8 宗是 100% 的全资股权收购，2 宗为控股权收购，其中，2017 年 11 月 3 日宣布的“独角兽”三六零重组上市是 2017 年 A 股交易金额最高的重组上市。具体如表 1 所示。

**表 1　2017 年中国上市公司前十大并购交易**　　单位：亿美元

| 排名 | 宣布日期 | 目标方 | | | 收购方 | | | 交易金额 | 收购股比 |
|---|---|---|---|---|---|---|---|---|---|
| | | 公司名称 | 行业 | 性质 | 公司名称 | 股票代码 | 性质 | | |
| 1 | 2017-07-07 | 广信房产 | 房地产 | 民企 | 万科 A | 000002 | 民企 | 80.03 | 100% |
| 2 | 2017-11-03 | 三六零 | 互联网与信息服务业 | 民企 | 江南嘉捷 | 601360 | 民企 | 74.14 | 100% |
| 3 | 2017-07-10 | 东方海外国际 | 交通运输 | 民企 | 中远海控 | 601919 | 国企 | 61.28 | 98.43% |
| 4 | 2017-05-17 | 普瑞特高压 | 电力与电力设备 | 民企 | 国电南瑞 | 600406 | 国企 | 39.23 | 100% |
| 5 | 2017-05-26 | 上海星泓 | 房地产 | 民企 | 豫园股份 | 600655 | 民企 | 35.63 | 100% |
| 6 | 2017-06-15 | 苏州卿峰 | 金融 | 民企 | 沙钢股份 | 002075 | 民企 | 34.97 | 100% |
| 7 | 2017-11-18 | 成都会展 | 综合 | 民企 | 云南城投 | 600239 | 国企 | 34.67 | 100% |
| 8 | 2017-10-28 | 大船重工 | 交通运输 | 国企 | 中国重工 | 601989 | 国企 | 32.30 | 42.99% |
| 9 | 2017-11-28 | 淮矿股份 | 煤炭 | 国企 | 淮北矿业 | 600985 | 国企 | 30.98 | 100% |
| 10 | 2017-07-26 | 领益科技 | 电子 | 民企 | 江丰磁材 | 002066 | 民企 | 30.44 | 100% |

## 第二节　上市公司并购分析

1. 并购目标的行业分布

从 2017 年上市公司并购重组交易宗数的行业分布来看，软件与信息服务业以 348 宗交易单数独占鳌头，占当年并购交易总单数的 14.59%；医药与医疗服务、金融、电子业紧随其后，分别完成交易单数 220 宗、177 宗和 171 宗，占并购交易总单数的 9.22%、7.42% 和 7.17%；从并购重组交易金额的行业分布来看，房地产、金融、零售行业的交易规模分别为 330.44 亿美元、229.41 亿美元和 190.59 亿美元，占比 14.84%、10.31% 和 8.56%，位列前三。具体如图 3 所示。

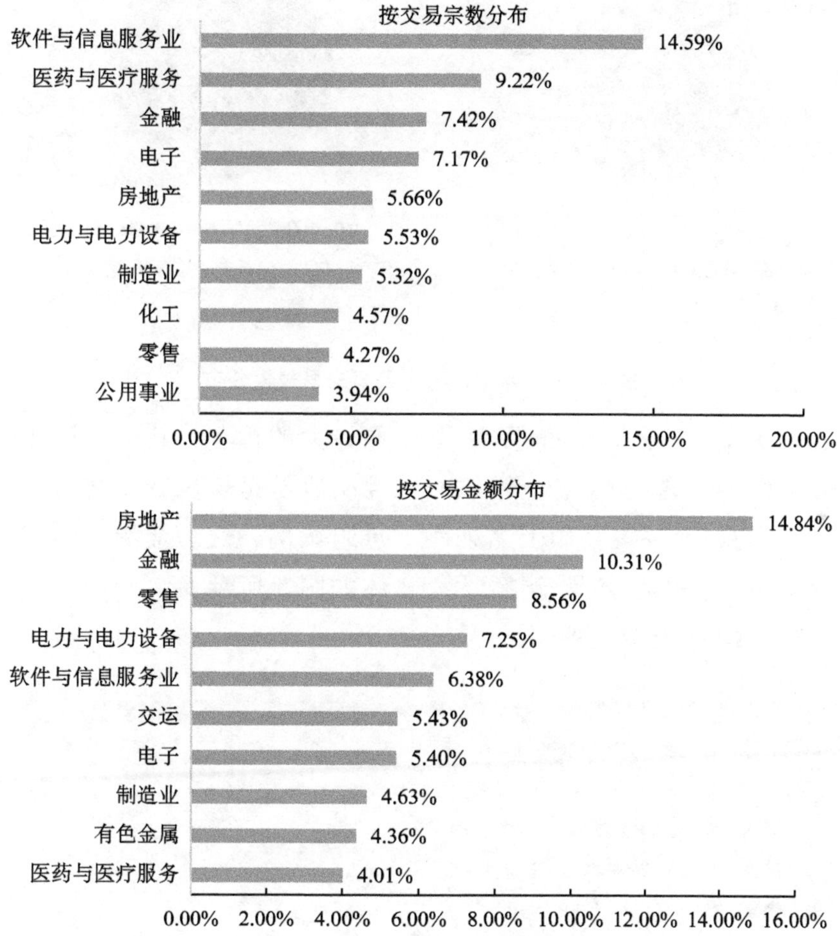


资料来源：Wind 资讯。

**图 3　中国上市公司并购按行业分布（2017）**

动态观察，近年来，软件与信息服务业、医疗与医疗服务、电力与电力设备、高端制造业等行业是并购重组交易金额较高、交易宗数发生较多、并购重组活动较为活跃的行业。通过纵向、横向等并购整合方式寻求竞争优势、获得先进技术和实现跨越式发展，是上述行业相关上市公司的优先选择。

2. 并购交易的规模分布

从并购重组的交易金额和交易宗数分布区间来看，2017 年中国上市公司完成了 2182 单小于 1 亿美元的并购交易，占并购交易总数的 78.26% 和交易总金额的 12.25%；交易金额大于 5 亿美元、小于 10 亿美元的并购案例占交易宗数的 4.61% 和交易总金额的 14.16%；交易金额大于 10 亿美元的并购案例仅占交易总宗数的 2.35%，但合计交易金额却约占整个并购市场交易的 49.46%。具体如图 4 所示。

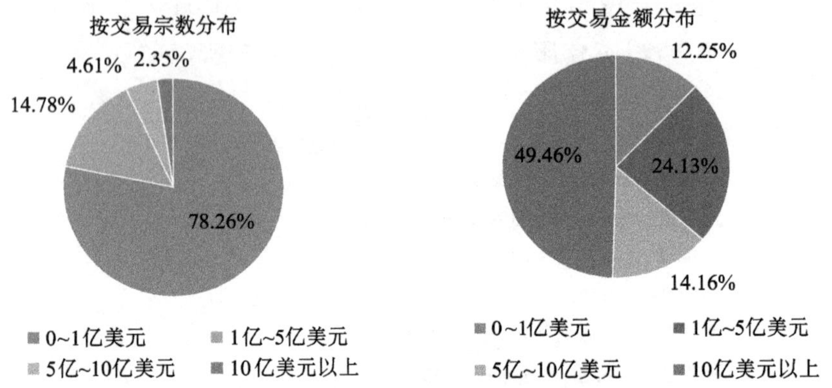


资料来源：Wind 资讯。

**图 4　2017 年中国上市公司交易规模分布**

从上市公司并购的行业分布观察，2017 年，煤炭、交通运输、航空、钢铁等重资产行业在平均单笔并购金额上名列前茅。煤炭行业单笔平均交易金额达 8.36 亿美元，是并购重组单笔平均交易额最大的行业，其中，淮北矿业吸收兼并淮矿股份是煤炭行业交易金额最高的并购重组案例，交易金额达 30.88 亿美元。具体如图 5 所示。

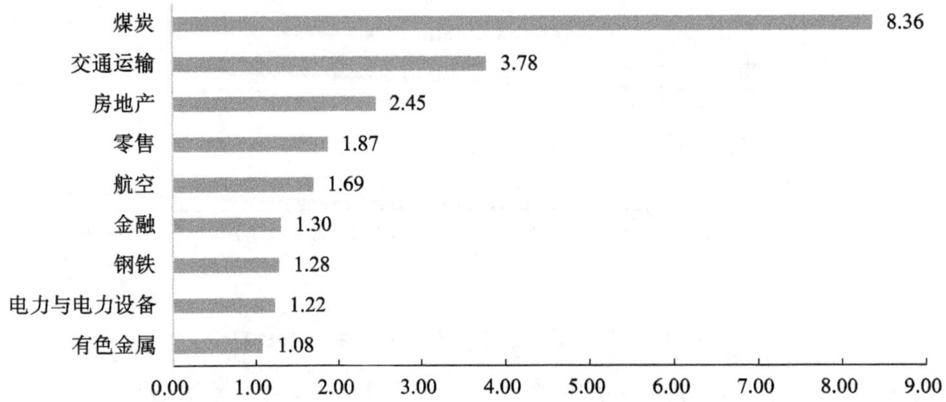


资料来源：Wind 资讯。

**图 5　2017 年中国上市公司单笔交易金额行业分布（单位：亿美元）**

3. 并购交易的类型分析

从并购类型来看，2017年境内并购交易金额占比由2016年的69.71%增长至79.95%，外资企业入境并购的交易金额占比由2016年的0.38%上升到2017年的4.44%，而跨境并购金额占比由2016年的29.91%下降至15.61%，降幅较为明显。

境内并购目标占据主导地位，2017年境内并购交易宗数达5985宗，交易金额达到3561.62亿美元，交易金额和交易数量较2016年有所上升，仍处于历史高位。中资企业2017年海外并购交易总额为695.29亿美元，仅为2016年的48.06%，降幅显著。具体如图6所示。

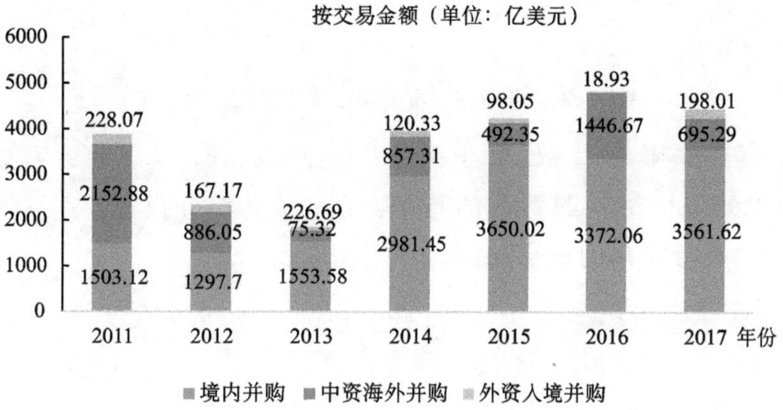


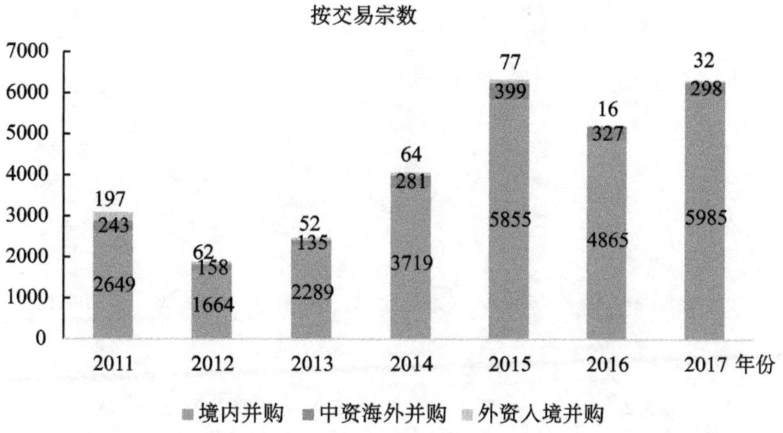


资料来源：Wind资讯。

**图6　2010～2017年中国上市公司交易并购类型分布**

动态观察，金融、公用事业和制造业是2017年中资企业海外并购的活跃板块。尽管2017年中资企业海外并购的金额较2016年有所下降，但是“一带一路”沿线国家并购交易金额仍处于历史高位，代表性案例有由万科领衔的中资财团收购亚洲最大的现代物流供应商新加坡普洛斯21.4%的股权（交易金额超过116亿美元）、中石油集团收购阿布扎比ADCO油田项目（交易金额超过18亿美元）等。具体如图7所示。

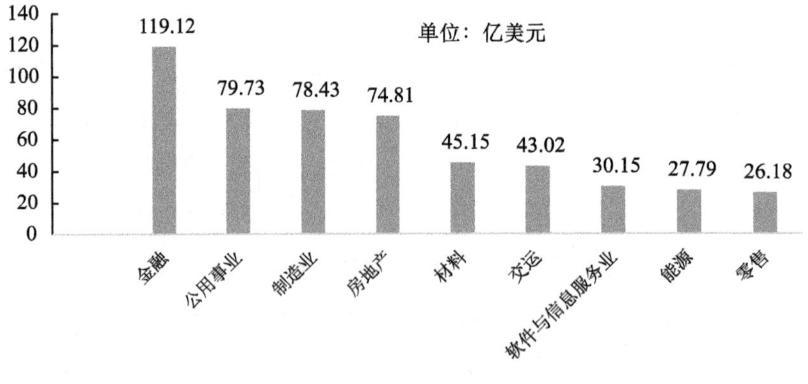


资料来源：Wind 资讯。

**图 7　2017 年中国上市公司出境并购按行业分布**

数据显示，纺织与服装、公用事业和制造业是 2017 年外资入境并购青睐的行业，随着中国市场开放步伐的加快和国内企业的成长，未来将会有更多的优秀境内企业成为海外投资者并购的标的。具体如图 8 所示。

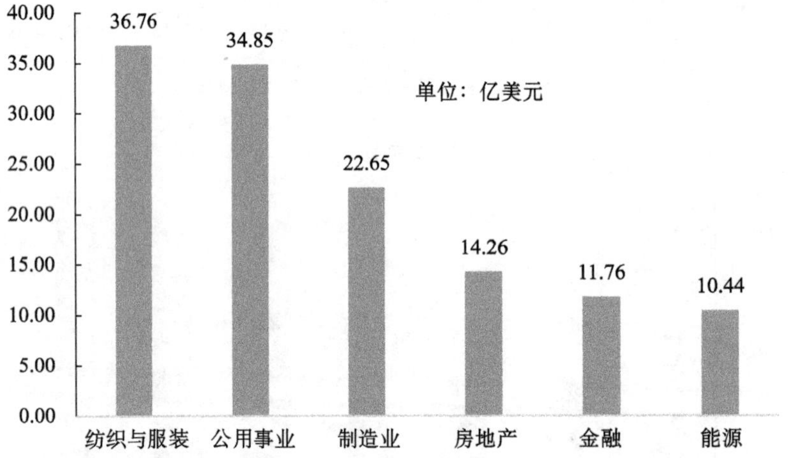


资料来源：Wind 资讯。

**图 8　2017 年中国上市公司外资入境并购按行业分布**

## 第三节　并购市场发展趋势

1. 并购重组监管环境趋于严格，市场化程度日趋提升

自 2016 年《上市公司重大资产重组管理办法》公布以来，证监会出台了一系列监管政策措施，进一步规范重组上市行为，严格遏制“跟风式”“忽悠式”及跨界并购，进一步规范再融资行为，增加交易的权定性和透明度。相关政策的出台一方面去伪存真，为并购重组支持供给侧改革和产业升级创造了良好的制度环境；另一方面，也在一定程度上提升了并购重组的市场化水平。

数据显示，2017 年，证监会并购重

组委召开了 78 次会议，审核 169 家上市公司、173 宗并购重组。相对于 2016 年，审核家数有所下降，但审核通过率却高于 2016 年，平均审核时间亦较 2016 年有所下降。

2. 跨境并购交易金额降幅明显，“一带一路”投资并购热度不减

数据显示，中资企业 2017 年跨境并购交易总金额 695.29 亿美元，为 2016 年的 48.06%。出境并购交易金额的下降反映了中资企业的海外并购行为发生了结构性的变化：一是中资企业对欧美地区并购重组交易金额和交易宗数开始下降；二是国家对房地产、酒店、影城、娱乐业、体育俱乐部等行业和领域的境外投资开始限制。

2017 年 8 月 18 日，国务院发布了《关于进一步引导和规范境外投资方向的指导意见》，明确将境外投资项目分成了鼓励开展、限制开展和禁止开展 3 类情况，该意见严格限制房地产、酒店、影城、娱乐业、体育俱乐部等境外并购投资，同时，鼓励有利于“一带一路”建设和促进高端制造业等行业产业升级的境外并购融资。有鉴于国家层面相关政策的推动和支持，2017 年，“一带一路”沿线国家中资企业跨境并购持续升温，根据普华永道的相关数据显示，全年并购金额超过 214 亿美元，较 2016 年有显著增长。

3. 并购重组继续支持国企改革和产业升级，助力实体经济增长

2017 年，并购重组继续支持国企改革和产业升级，助力实体经济高质量发展。2017 年，以中远海控响应“一带一路”倡议要约收购东方海外、淮北矿业收购淮矿股份等为代表的国企上市公司横向、纵向并购继续深入发展，国有资产管理体制从“管资产”向“管资本”的转变逐步从构想变为现实。

2017 年，并购重组持续推动新经济、新技术、新产业与资本市场的深度融合。一批已经显示出强大发展后劲的企业登陆 A 股市场，为后续发展注入强劲动力；一批尚未实现盈利或盈利不稳定、但具备发展潜力的新经济企业通过并购重组进入上市公司，获得了急需的资金支持。例如，360 科技通过江南嘉捷实现重组上市，带动实现我国网络安全技术体系自主可控，夯实我国网络强国的坚实技术基础，成为沪市“新蓝筹”行动的标志性事件。

4. 并购重组相关各方更加关注并购整合的市场价值

动态观察 2017 年以来的资本市场，我们发现一些长期业绩较差且无盈利改善、估值中枢下行的上市公司越来越难以通过并购重组的方式大幅推升股价。这既反映了我国资本市场发展不断成熟，亦和监管机构净化并购市场环境，去伪存真，打击“忽悠式”重组等一系列政策的出台紧密相关。证券化获利空间下降，一二级市场套利的阶段逐渐消弭。买卖双方更加重点关注并购标的基于产业基本面的成长性以及产业整合的逻辑。

# 维格娜丝现金收购 TEENIE WEENIE

国内上市公司虽然多半在各细分领域内处于龙头地位，但是从全球来看，由于发展时间较短、经营规模较小、技术储备不足，加之国内外经济转型加快，许多上市公司急需在“更大、更宽”的产业基础上，通过兼并重组的手段收购国内甚至全球品牌知名度更高、经营规模更大、技术储备更充足、管理更先进的中大型企业。维格娜丝以现金收购衣念香港及其关联方持有的 Teenie Weenie 品牌及该品牌相关的资产和业务（包括相关的人员），同时非公开发行股票募集现金支持该项收购活动。

## 一、维格娜丝并购的初衷：推行多品牌、国际化外延扩张战略

维格娜丝是国内知名的高端品牌女装公司，坚持以“匠心精神打造高端产品”。主要品牌 VGRASS 定位高端，根据中国商业联合会的调查显示，2012～2015年 VGRASS 品牌女装在同类产品市场综合占有率稳居于前五名。

Teenie Weenie 品牌 1997 年成立于韩国，2004 年引入中国市场，以其标志性的小熊形象和出众的设计知名，目前，已成为领先的中高端时尚休闲服装品牌。Teenie Weenie 品牌拥有包括女装、男装、童装、配饰、家居和餐饮的完整品牌组合，其服装品牌深受年轻人的喜爱，顽皮多样的卡通形象造型、轻松自然的设计风格和舒适柔和的质地使其拥有近 400 万名忠诚顾客。同时，Teenie Weenie 品牌通过多种渠道开展其业务，包括百货商场、购物中心、奥特莱斯、电商渠道等。截至 2017 年 6 月末，拥有终端门店 1，253 家，其中，直营店 1，138 家，占比为 90.82%，店铺覆盖了国内一、二、三城市的主要中高端销售渠道，形成了强大的营销网络体系。

### 1. 本次收购 Teenie Weenie 品牌与维格娜丝“打造国际化的时尚集团”的战略相契合

（1）落实公司多品牌发展战略，助力公司建立覆盖奢侈、高端精致、中高端休闲的时尚集团。

多品牌发展是维格娜丝重要的战略目标。对于奢侈品牌和高端品牌来讲，由于目标消费群体数量、与品牌档次相匹配的商场资源有限，制约了单品牌的销售规模。多品牌发展是维格娜丝打造国际化时尚集团的必然选择。云锦品牌定位奢侈品，产品精致、华丽；VGRASS 品牌已运营近 20 载，VGRASS 定位高端女装，坚持以“修身”为品牌 DNA，目标客户为 25～35 岁的中高收入时尚女性，近年来

VGRASS 品牌女装在同类产市场综合占有率稳居于前五名。本次收购的 Teenie Weenie 品牌定位中高端，产品主打时尚、可爱风格。本次收购后，将形成覆盖奢侈、高端精致、中高端休闲的有梯度的品牌体系。

（2）助力公司实现国际化发展的战略目标。

近年来，随着中国经济的快速发展和国际影响力的提升，国际时尚舞台越来越喜爱中国文化和中国元素，为中国服装品牌“走出去”创造了良好的机遇；同时，国际化也是我国服装品牌企业参与贸易新角力的必然选择。国际化战略是重要战略目标，维格娜丝已在韩国、意大利设立设计团队，并即将在意大利米兰开设旗舰店，逐步推进国际化发展的战略。Teenie Weenie 品牌已形成融合韩国元素的独特风格，拥有全球化的知识产权，在亚洲地区具有较高的品牌知名度，并进行全球化生产，具有较高的国际知名度和丰富的国际经营经验。本次交易完成后，可以充分借鉴 Teenie Weenie 品牌国际化经营的经验，为开展现有品牌的国际化经营积累经验，加快国际化经营进程。

（3）扩大覆盖的目标客户群体。

云锦品牌与 VGRASS 品牌主要客户群体为 25～35 岁的中高收入时尚女性，Teenie Weenie 品牌的主要客户群体较为年轻，主要为 18～28 岁的中高收入年轻女性。本次交易完成后，维格娜丝将全面覆盖不同年龄层的客户群体，客户群体将极大扩展。

（4）内生式增长和外延式增长结合发展。

内生式增长和外延式增长结合发展是维格娜丝把握市场时机做大做强、实现快速发展的必然选择。维格娜丝专注高端、坚持以“匠心精神打造高端产品”，不断创新，从产品、设计、品牌形象、渠道档次等方面，不断提高 VGRASS 品牌。VGRASS 品牌不断提高渠道档次、优化店铺结构，进驻多个重点城市高端商圈及商场，如北京东方新天地、南京德基、上海久光、上海中信泰富、深圳海岸城、深圳金光华、成都太古里、天津银河等。VGRASS 品牌不断进入高端市场，产品获得高端市场认可。

2014 年以来，维格娜丝主动进行战略性品牌提档，关闭与 VGRASS 品牌档次不相符的店铺，店铺数量从 2014 年年底的 335 家下降至 2017 年 6 月末的 167 家，店铺数量减少 50.15%。战略性调整 VGRASS 品牌店铺结构，有利于品牌和公司进一步提升档次和长期发展，2016 年平均单店收入较 2014 年增长 37.50%，店铺质量和店铺效率显著提高。店铺效率的提升也展示了维格娜丝强大的终端管理能力。在持续提升 VGRASS 品牌档次、提高公司经营质量的同时，维格娜丝适时把握市场时机，通过收购优秀品牌等外延式增长方式推动发展。2015 年，公司收购南京云锦研究所有限公司，对其进行整合，打造云锦品牌，开启打造奢侈品牌之路，为本次收购 Teenie Weenie 品牌积累了经验。维格娜丝把握市场良好机会，规划了本次收购，以使内生式增长和外延式增长有机结合，促进快速发展。

2. Teenie Weenie 品牌在中高端服装市场具有较强的竞争优势

Teenie Weenie 品牌在中高端服装市场具有较强的竞争优势：一是品牌形象、设计风格优势。Teenie Weenie 品牌以其标志性的小熊形象享有较高的辨识度和知名度，其卡通形象与产品风格、目标客户群的性格特点高度契合，设计风格为融合了韩国时尚元素的美式贵族风格。二是销售渠道优势。Teenie Weenie 品牌店铺覆盖面广，截至 2017 年 6 月末，拥有终端门店 1253 家，其中直营店 1138 家，已建立起覆盖国内一、二、三线城市的主要中高端销售渠道；Teenie Weenie 品牌以直营为主，直营店铺占比 90.82%，终端渠道控制能力较强。三是较高的客户忠诚度。Teenie Weenie 品牌凭借以美式贵族风格为基础的设计风格，其轻松自然的设计风格、舒适柔和的质地深受年轻一代的喜爱，并培养了一批忠实的品牌粉丝，拥有近 400 万名忠诚客户。四是充分发挥品牌协同效应。Teenie Weenie 品牌拥有包括女装、男装、童装、配饰、家居和餐饮的完整品牌组合，其品牌组合在性别、年龄上存在梯度，可伴随消费者年龄的增长、消费倾向的变化，在其成长的不同阶段，持续满足其消费需求，增加产品对消费者的黏性。五是国际化生产以降低生产成本。Teenie Weenie 品牌采取外包生产方式，在全球优选供应商以控制成本。近年来 Teenie Weenie 品牌生产中心从中国向东南亚、南亚转移，有效维持较低的生产成本。

3. 维格娜丝与交易标的可实现优势互补、发挥协同效应，全面提升公司价值

本次项目实施后，维格娜丝与交易标的在客户资源、渠道、设计等方面将发挥协同效应，有利于进一步提升上市公司的整体价值：

（1）客户资源协同。

现有云锦品牌和 VGARSS 品牌分别定位于奢侈和高端女装，为大淑女装，主要面向 25 ~ 35 岁的中高收入时尚职业女性；Teenie Weenie 品牌定位中高端，其女装主要面向 18 ~ 28 岁中高收入女性，为少女、淑女装，与维格娜丝现有品牌同样面向中高收入群体。维格娜丝现有品牌与 Teenie Weenie 品牌针对的是不同年龄阶段的中高收入群体。VGRASS 拥有接近 80 万会员，Teenie Weenie 品牌有近 400 万名忠诚客户。本次募投项目实施后，维格娜丝能为客户提供一脉相承的服务，从而扩大各品牌的客户资源，培养客户群体和消费习惯。

（2）销售渠道协同。

Teenie Weenie 品牌店铺基本覆盖一、二、三线城市的中高端渠道，VGARSS 品牌渠道更侧重高端，在店铺渠道方面既有差异又有协同，两个品牌都已在上海八佰伴、成都王府井、西安开元、北京百盛、深圳茂业等渠道开设店铺。本次募投项目实施后，各品牌对接商场集团不同档次定位的商场，可以加强公司与商场集团的合作；维格娜丝与终端渠道的议价能力将提

高，从而获得更好的店铺位置和更好的合作条件。VGARSS 品牌渠道比 Teenie Weenie 品牌渠道更高端，本次募投项目实施后，可以充分发挥 VGARSS 品牌的影响力，逐步对 Teenie Weenie 品牌渠道进行提升。本次募投项目实施后，可以通过开设旗舰店、生活馆等多种形式的店铺，促进销售、提高公司在终端渠道的影响力。

（3）设计协同。

Teenie Weenie 品牌由韩国设计师团队负责，围绕其标志性的小熊形象开展营销和设计工作，具有较为独特的品牌风格。维格娜丝在研发方面，坚持产品自主设计与开发，在保持品牌“修身”风格的同时，紧密跟踪国际流行趋势，对时尚敏感性更高。本次募投项目实施后，维格娜丝将在保持 Teenie Weenie 品牌风格的同时，提升其时尚性、设计风格的多样性。维格娜丝拥有高素质、国际化的研发设计团队，在韩国、意大利、上海、南京均有设计团队，多文化融合度高，与 Teenie Weenie 品牌设计团队的文化融合度高，为交易完成后设计师团队的融合提供了保证，促进维格娜丝与标的资产在设计方面充分发挥协同效应。

4. 有利于维格娜丝扩大经营规模、提高盈利水平，提高投资者回报

Teenie Weenie 品牌的业务规模、资产规模、收入规模较大，本次募投项目实施完成后，维格娜丝的店铺数量、资产水平、收入水平、利润水平都将大幅提高。截至 2017 年 6 月末，VGRASS 品牌女装共有店铺 167 家，Teenie Weenie 品牌在中国大陆地区经营店铺 1253 家；本次重组拟收购的标的资产年收入超过 20 亿元，收购后经营规模快速扩大，盈利水平和抗风险能力将大大提升，有利于长期发展和提高投资者回报。

## 二、并购方案简介

维格娜丝拟以现金收购衣念香港及其关联方持有的 Teenie Weenie 品牌及该品牌相关的资产和业务（包括相关的人员）。在本次交易中，衣念香港及其关联方分别将所持有的 Teenie Weenie 品牌及该品牌相关的资产和业务转让至衣念香港全资子公司甜维你，转让价格与本次重组作价一致。维格娜丝按照下列步骤获得拥有全部标的资产的 New Co. 的 100% 股权。

本次重组的标的资产为 Teenie Weenie 服装品牌及相关的资产和业务，包括中国境内及境外的资产（不包括中国大陆之外的有形资产和业务），不包括任何现金和金融负债。

在本次重组中，衣念香港及其关联方分别将所持有的 Teenie Weenie 品牌及该品牌相关的资产和业务转让至标的公司，维格娜丝设立并控制的有限合伙企业（以下简称“买方”）以增资的形式取得标的公司控股权，实现对衣念香港及其关联方持有的 Teenie Weenie 品牌及该品牌相关的资产和业务的收购。本次交易结构示意图如图 1 和表 1 所示。

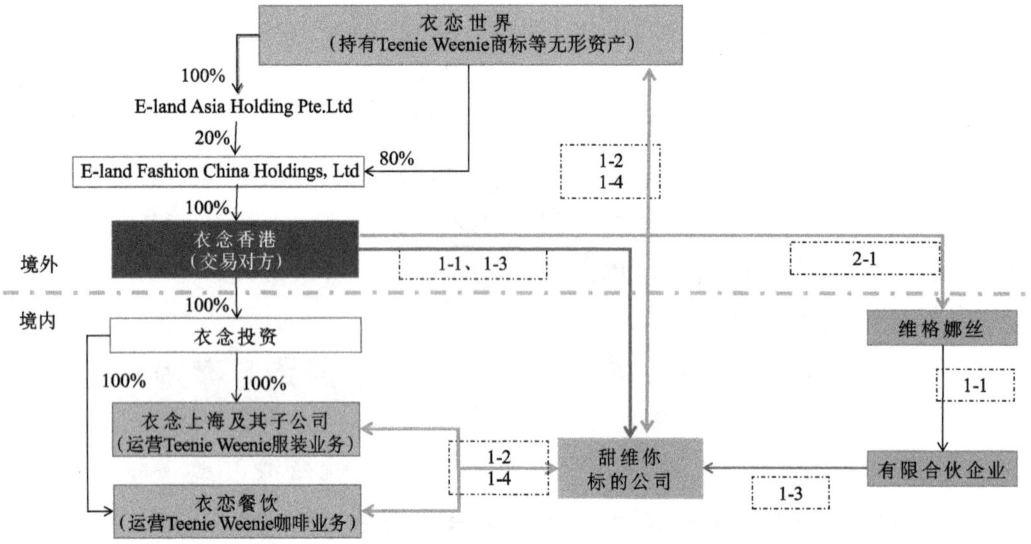


资料来源：Wind 资讯。

**图 1　交易方案示意图**

表 1　交易操作步骤

| 步骤 | 内容 | 具体操作 |
|---|---|---|
| 一、第一步收购：收购甜维你 90% 股权 | | |
| 1－1 | 设立主体 | 衣念香港在上海设立标的公司甜维你，维格娜丝设立由其控制的有限合伙企业。 |
| 1－2 | 业务重组 | 衣恋世界将其所持 Teenie Weenie 商标等无形资产，衣念上海及其子公司将其所持 Teenie Weenie 服装业务、存货等有形资产、人员，衣恋餐饮将其所持 Teenie Weenie 咖啡业务、存货等有形资产、人员转让至标的公司，并形成甜维你对上述主体的应付账款，转让完成后，标的公司成为 Teenie Weenie 品牌全球唯一且合法的拥有者。 |
| 1－3 | 买方取得标的公司 90% 股权 | 维格娜丝设立并控制的有限合伙企业、衣念香港分别对标的公司进行增资，增资后维格娜丝控制的有限合伙企业持有标的公司 90% 的出资，衣念香港持有标的公司 10% 的出资。 |
| 1－4 | 标的公司偿还应付账款 | 标的公司以资本金或向维格娜丝、衣念香港的借款偿还对衣恋世界、衣念上海、衣恋餐饮等的应付账款。 |
| 二、第二步收购：收购甜维你 10% 股权 | | |
| 2－1 | 买方收购标的公司 10% 股权 | 在标的公司运行 3 个完整的会计年度后，维格娜丝或其指定第三方收购衣念香港持有的标的公司剩余 10% 出资。 |

第一步收购，收购甜维你 90% 股权。标的资产（包括全球范围内的知识产权）的整体价格为标的资产在中国范围内业务的 2015 年估值净利润 ×11.25 倍。标的资产在中国范围内业务的 2015 年估值净利润为 43840.06 万元，第一步收购中，标的资产整体价格为 493200.63 万元，第一步收购的价格为 443880.57 万元。

第二步收购，收购甜维你 10% 股权。《资产与业务转让协议》签订后，且甜维你运行 3 个完整的会计年度之后，维格娜丝或其指定第三方收购衣念香港所持有的甜维你剩余 10% 股权。转让价格计算方法为：对经审计确定的 2019 年净利润进行调整，得出 2019 年估值净利润，按照本次重组交易对价形成的计算方法（即 2019 年估值净利润 ×11.25 倍 ×10%）确定购买甜维你剩余 10% 的股权对价。

## 三、维格娜丝以现金方式收购 Teenie Weenie 的主要考虑

1. 交易双方均不接受股份对价

本次交易，交易对方出售 Teenie Weenie 主要是衣恋集团业务转型，需要现金对价，不接受股份对价。在本次交易中，出售方衣念集团公司债务问题，其迫切需要取得现金以偿还债务，不接受购买方发行股份或换股的提议。因此，本次交易从一开始的竞标就采取了现金收购的方式。同时，因本次交易金额较大，超过 40 亿元，如以股份对价进行支付，可能会构成借壳，上市公司控股股东变更，也不符合目前上市公司及控股股东的需求。

2. 现金收购的交割速度较快，符合双方的利益

由于采用现金作为支付手段的兼并收购不需要审批，可以节约 3～5 个月时间，既能解决卖方急需资金的需求，又能实现买方（上市公司）快速接管标的，快速整合，避免交割过程带来的品牌和团队的不稳定性。

## 四、境内设立 SPV

经过双方协商一致，衣念香港及其关联方分别将所持有的 Teenie Weenie 品牌及该品牌相关的资产和业务转让至衣念香港在上海设立的全资子公司甜维你（上海）商贸有限公司，并形成甜维你的应付账款。维格娜丝通过控制的金维格基金，通过增资方式获得甜维你的股权。甜维你使用获得的注资偿还应付账款。

## 五、非公开发行

维格娜丝关于非公开发行 A 股股票的申请，已于 2017 年 9 月 28 日获得中国证监会发行审核委员会审核通过。维格娜丝拟向特定对象非公开发行股票，股票数量合计不超过 3044.23 万股（含 3044.23 万股），并以中国证监会最终核准发行的股票数量为准。本次非公开发行募集资金总额（含发行费用）不超过 150000 万元，扣除发行费用后的募集资金净额拟用于以下项目，具体如表 2 所示。

表 2　维格娜丝募集资金拟投资项目　单位：万元

| 序号 | 项目名称 | 项目实施主体 | 项目投资总金额 | 拟使用募集资金额 |
|---|---|---|---|---|
| 1 | 收购 Teenie Weenie 品牌及该品牌相关的资产和业务 | 南京金维格服装产业投资合伙企业（有限合伙） | 443881 | 150000 |
| 合计 | | | 443881 | 150000 |

注：“收购 Teenie Weenie 品牌及该品牌相关的资产和业务”项目第一步收购，交易标的整体价格为 493201 万元，第一步收购取得标的公司 90% 股权的价格为 443881 万元。

为及时把握市场机遇，在本次募集资金到位前，维格娜丝可根据募集资金投资项目实施进度的实际情况，以自有资金、银行贷款或其他方式融资先行投入，待募集资金到位后，按照相关法规规定的程序以募集资金对自有资金、银行贷款进行置换，本次募集资金不用于回购杭州金投维格投资合伙企业（有限合伙）持有的南京金维格服装产业投资合伙企业（有限合伙）的投资份额。若本次发行扣除发行费用后的实际募集资金低于拟投资项目的实际资金需求总量，不足部分由公司自筹解决或后续通过资本市场融资解决。

## 六、并购基金设计

维格娜丝通过设立并购基金的方式，由另一出资方“杭州金投维格”出资 18 亿元，作为夹层，连同维格娜丝的 9 亿元自有资金，成立了一个 27 亿元的南京金维格服装产业投资基金。通过金维格基金再向银行申请贷款，从而获得 18 亿元并购贷款，满足了本次收购的资金需求。具体如图 2 所示。

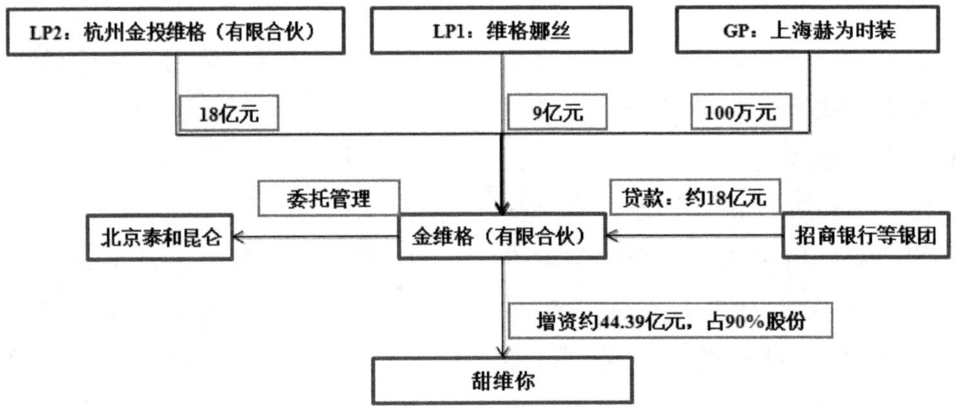


资料来源：Wind 资讯。

图 2　并购基金设计

## 七、维格娜丝收购 Teenie Weenie 的收益分析

Teenie Weenie 品牌在中高端价位休闲装市场品牌排名领先，拥有深受中国消费者喜爱的标志性可爱卡通小熊形象。其百货渠道销售排名领先，拥有包括女装、男装、童装、配饰、运动休闲、家居和咖啡店的完整品牌组合，可吸引最广泛的客户群体，在城市 80 后群体中知名度颇高。在品牌细分的行业大背景下，Teenie Weenie 品牌完整的产品组合保证了多样化的品牌形象和广泛的客户群体覆盖。另外，Teenie Weenie 品牌创新能力突出，自 2012 年以来陆续推出了男装、童装、配饰等多个产品线。Teenie Weenie 拥有总计 1400 余家门店，门店主要包括位于一至三线城市百货商店的直营店。受益于其中高端的品牌定位和高效的运营管理，

Teenie Weenie 拥有行业领先的利润率水平，收入规模及净利润水平均非常可观，其充沛的现金流及可观的利润均会对公司带来有利的影响。此外，收购该品牌能丰富和完善品牌和产品线，有利于发挥公司各品牌之间的协同效应，增强实力，拓展发展空间。

维格娜丝已于 2017 年 2 月底完成该笔收购的第一次交割，并于 2017 年 3 月完成将甜维你合并财务报表，为公司带来利润上的显著增长，根据公司 2017 年一季报和半年报显示，维格娜丝净利润分别增长 31.79%、54.11%。并且，随着维格娜丝未来通过非公开发行股票等其他方式获得资金偿还银行贷款之后，其每年逐步减少的利息支付成本可促进公司净利润的进一步提升。

随着我国国民经济规模的逐步扩大及经济结构的调整、产业升级的深入发展，作为国民经济中流砥柱的 A 股上市公司通过兼并收购的方式做大做强做优的产业诉求越来越强烈；同时伴随着经济全球化的深入发展以及国家“一带一路”战略的逐步实施，国内 A 股上市公司开展跨境并购的频率将越来越高、规模将越来越大。作为国内 A 股上市公司，需要考虑如何平衡好企业自身发展与兼并收购的关系、控制好收购本身及后续的风险。

（江苏证监局　供稿）

# 美的集团要约收购库卡集团案例

美的集团股份有限公司（以下简称“美的集团或公司”）成立于 1968 年。2013 年 9 月，美的集团以换股方式吸收合并其控股子公司广东美的电器股份有限公司，实现整体上市。美的集团主要从事消费电器、暖通空调、机器人与自动化系统、智能供应链等业务，2016～2018 年连续 3 年入选《财富》世界 500 强企业，也是唯一入选的中国家电企业。2017 年 1 月，美的集团通过境外全资子公司 MECCA International（BVI）Limited（以下简称“MECCA”）以现金方式全面要约收购德国库卡集团，收购完成后，美的集团合计持有库卡集团 94.55% 的股份。

## 一、收购背景

美的集团近年来持续关注海外市场的发展，2007 年以来先后在越南、白俄罗斯、埃及、巴西、阿根廷、印度 6 个国家建立了生产基地。为实现在全球范围内配置资源，推动产业升级，美的集团积极寻求与业内领军家电企业及制造企业的联系及协作。收购库卡集团前，美的集团累计投入使用近千台机器人，投入约 50 亿元进行自动化改造，积极探索实践全智能工厂，以设备自动化、生产透明化、物流智能化、管理移动化和决策数据化，实现订单、供应、研发、生产乃至配送全过程实时监控，提高了生产的自动化率。但由于机器人行业的技术门槛较高，在短期内实现技术层面的重大突破较为困难，因此，美的集团将寻找合适标的进行战略投资作为重要途径，并将目标瞄准了库卡集团。库卡集团是全球机器人四大企业巨头之一，是全球领先的机器人及自动化生产设备和解决方案的供应商，拥有优秀的工艺技能和前沿的机器人技术，客户涵盖医疗、电子、食品、消费品、航空、太阳能等诸多细分行业，是市场上为数不多具有核心技术且具备收购条件的大型机器人公司。

## 二、实施情况

2016 年 5 月，美的集团董事会同意公司通过 MECCA 以现金方式全面要约收购库卡集团的股份，要约收购价格为每股 115 欧元，交易金额约 37.07 亿欧元；国家发展和改革委员会出具了境外收购信息报告确认函，对本次收购予以确认。6 月，美的集团股东大会审议通过本次要约收购相关议案；德国联邦金融监管局审核通过了《要约文件》。8 月，中国商务部反垄断局出具《不实施进一步审查通知》，允许本次要约收购实施，同时本次要约收购陆续通过了美国、俄罗斯、巴西、墨西哥、欧盟的反垄断审查。11 月国家发展和改革委员会同意对本次收购予以备案。12 月，要约收购关于美国外资投资委员会（CFIUS）和国防贸易管制理事会（DDTC）审查的交割条件已经获得满足。2017 年 1 月，美的集团完成了要约收购中涉及的库卡集团股份的交割工作，并支付完毕本次要约收购涉及的款项。本次收购前，美的集团通过 MECCA 持有库卡集团 13.51% 的股权，收购完成后，通过 MECCA 合计持有库卡集团 94.55% 的股份。

## 三、收购意义

### （一）推进美的集团“双智”战略发展

美的集团近年来加快推进“智慧家居 + 智能制造”的“双智”战略。通过“智能制造 + 工业机器人”的模式，全面整合提升智能制造水平，同时以工业机器人带动伺服电机等核心部件、系统集成业务的快速发展；以“智慧家居 + 服务机器人”模式，推动智慧家居的快速发展与生态构建，并以服务机器人带动传感器、人工智能、智慧家居业务的延伸，打造美的集团智慧家居集成系统化、生态链能力，有效提升上市公司业务多样性、全球业务布局及盈利能力，为全球业务拓展带来新的增长空间。收购完成后，美的集团可借助库卡集团在工业机器人与系统解决方案领域领先的技术实力，进一步提升智能制造水平和发展智慧家居，实现制造实力升级，拓展产业空间。

### （二）提升美的集团在机器人行业市场的地位和实力

收购库卡集团有助于美的集团扩展工业和服务机器人业务范围，提高机器人和控制系统技术。美的集团将家电制造、销售及市场推广方面的专长积累与库卡集团在工业机器人与系统解决方案领域领先的技术实力进行有机结合，推进优势互补，发挥协同效应，积极开拓包括工业机器人在内的多领域机器人市场，努力满足消费品、医疗、智慧家居、物联网等多元化的市场需求，推动公司发展成为服务机器人行业的龙头企业。

### （三）促进双方协同发展

库卡集团已建立成熟完善的公司治理结构，拥有经验丰富的管理团队和研发团队。美的集团在收购完成后，继续保持库卡集团业务的独立性以及管理层及核心技术人员稳定，并协助库卡集团在中国市场进行纵深发展，在产品结构、市场分布、品牌定位、市场策略、销售渠道、产业架构等方面，与库卡展开良性合作，进一步提高库卡集团的盈利能力，进而提高美的集团的核心竞争力和可持续增长能力。

## 四、经验启示

### （一）明确目标，提前布局

制造过程机器人自动化已成为全球发

展趋势。由于工资成本上涨、质量需求不断增长等因素，机器人市场发展潜力很大。美的集团一方面借助库卡集团在工业机器人和自动化生产领域的经验和产品线，进一步提高生产效率，推动智能制造升级；另一方面，联合开拓广阔的中国机器人市场，并通过优势互补与协同效应，有效提升业务多样性、全球业务布局及盈利能力。

### （二）化整为零，逐步推进

美的集团并未采取激进的收购策略，而是通过分步推进、逐步增持的方式，最终取得了库卡集团的控股权。这样既降低了欧美政府和市场、民众对于中国企业收购当地优秀企业的陌生感和各方阻力，减少了公司收购的资金压力，同时又有效规避了中外企业合并中经常出现的诸多冲突和操作风险。同时，美的集团在收购时做出了长达7年半的承诺（保持库卡集团独立性、不退市、尊重库卡品牌及知识产权、保留工厂和员工至2023年年底等），进一步增强了有关各方支持收购的信心。

### （三）合理估值，充分准备

美的集团在综合考虑并全面评估目标资产的资产状况、盈利水平、品牌层次、技术水平、市场稀缺性、协同效应等因素的基础上，参考境外战略投资者收购大型国外上市公司的溢价水平而确定了本次要约收购的价格，同时，还提前获得现金确认函和银行授信，贷款银行将在本次交易全部所需的前置条件达成后无条件放款，有效避免了因不能及时取得并购借款而导致交易失败的风险。

（广东证监局　供稿）

# 金隅集团与冀东水泥并购重组案例

北京金隅集团股份有限公司（以下简称“金隅集团”）是由金隅集团联合中国非金属材料总公司（现中材股份）、北方房地产、天津建材和合生集团等5家发起人于2005年12月22日共同发起设立的股份有限公司。2009年在香港联交所上市（股票代码02009），2011年在上海证券交易所上市（股票代码601992）。主营业务包括水泥、新型建筑材料、房地产开发和物业投资及管理。

2017年，金隅集团与冀东水泥进行战略重组，双方共同组建合资公司，金隅集团持有合资公司47.09%的股权，未来3年金隅集团还持续将其持有的水泥行业企业的股权注入合资公司。

## 一、收购背景

2014年以来，我国房地产库存较高，投资需求不振，水泥价格持续下滑，水泥行业面临较大的产能过剩压力，水泥龙头企业竞争激烈，甚至为提升市场份额一度展开恶性竞争。另外，产能过剩和水泥价格的大幅下滑增加了水泥企业的业绩压力。2016年下半年以来，京津冀区域存在大量建设需求，金隅集团和冀东水泥分别作为北京和河北地区的水泥行业国有上市公司，希望通过并购重组提高水泥行业区域集中度，改善竞争结构，提高持续盈利能力。

## 二、实施情况

冀东发展集团有限责任公司（以下简称冀东集团）是冀东水泥的控股股东，持有冀东水泥30%的股权。2016年10月，金隅集团以475000万元现金认购冀东集团123975.204万元新增注册资本，并以47500万元现金收购中泰信托有限责任公司持有的冀东集团10%的股权。交易完成后，金隅集团持有冀东集团55%的股权，成为冀东集团的控股股东，并成为上市公司冀东水泥的间接控股股东。

2017年12月，为解决同业竞争问题，金隅集团对后续资产注入方案做出调整，改为双方共同成立合资公司。金隅集团以北京金隅水泥经贸有限公司等10家公司的股权，冀东水泥以其持有的冀东水泥滦县有限责任公司等20家公司的股权及冀东水泥唐山分公司等2家分公司的资产出资，双方共同组建合资公司。冀东水泥持有合资公司52.91%的股权，金隅集团持有合资公司47.09%的股权。双方同意自合资公司成立起的3年内，金隅集团将其持有的未纳入本次重组范围的从事水泥业务的14家企业股权以增资、出售或其他法律法规许可的方式注入合资公司或冀东水泥。

## 三、收购意义

### （一）有效化解产能过剩，顺应供给侧结构性改革政策导向

金隅冀东战略重组是顺应京津冀协同发展和供给侧结构性改革的政策导向，在产能过剩行业推进供给侧结构性改革的重要实践，打造了我国水泥行业通过市场化方式实现的最大规模的并购重组。当前我国国民经济保持中高速发展，为水泥行业发展提供了稳定的市场需求环境，同时“京津冀经济一体化”“一带一路”“雄安新区”“长江经济带”等国家战略的落地实施和深入推进，在提供需求增量的同时，还将积极促进水泥行业结构调整和行业转型升级。然而，行业产能严重过剩仍是当下及未来面临的主要问题。未来一段时间内，水泥行业内通过横向并购、强强联合整合过剩产能，向绿色制造、智能化、集约化的方向发展。

### （二）避免同业竞争，重组进一步强化竞争优势

本次重组不仅改善了金隅集团和冀东水泥在相关区域水泥业务的同业竞争情况，同时重组后的合资公司水泥业务规模将显著扩大，主营业务及核心竞争优势进一步突显，而且实现了优势互补、资源共享、技术融合和管理协同，进一步提升了水泥市场占有率和市场竞争优势，避免重复投资，降低产能过剩风险。

本次重组也为金隅集团和冀东水泥两家上市公司后续股权融资和持续健康发展奠定了基础。

（北京证监局　供稿）

# 跨境通并购重组案例

跨境通宝电子商务股份有限公司（以下简称“跨境通”）于2011年12月8日在深交所中小板上市，股票代码002640，主营业务为跨境电子商务进出口业务。

2017年，跨境通通过发行股份和支付现金相结合的方式，收购了周敏等6名股东持有的上海优壹电子商务有限公司（以下简称“上海优壹”）100%的股权。通过此次收购，跨境通扩大了进口业务，完善了跨境电商业务产业链，提高了资产规模和盈利能力。

## 一、实施背景

2016年，跨境通搭建了跨境进出口双向覆盖的立体零售生态圈雏形，基于对产业发展逻辑及境内外市场趋势的判断，为加深在“进口+出口”“自营+平台”等领域的战略布局，启动此次重大资产重组。通过收购上海优壹，加强跨境通在跨境进口电商板块品牌运营、配套服务能力以及在第三方进口渠道的布局，增强市场竞争力和盈利能力。

上海优壹是国内领先的跨境电商贸易综合服务商，在母婴数字消费市场具有优势，拥有线上电商平台与线下实体销售终端相结合的服务体系。凭借上海优壹在电商运营与服务等方面的经验和优势，跨境通将以数据驱动型精准运营模式为核心，逐步形成“品类品牌化”产品策略与“个性化体验”运营策略齐驱的跨境双向多渠道零售新业态。

## 二、实施过程

### （一）资产重组方案

1. 发行股份及至支付现金购买资产

跨境通以发行股份和支付现金相结合的方式，购买周敏、龚炜、江伟强、沈寒、陈巧芸、李侃合计持有的上海优壹100%股权。其中，以现金方式支付62650.00万元，以发行股份方式支付116350.00万元，发行股份价格为15.88元/股，共计发行73268261股。

2. 募集配套资金

跨境通向红土创新基金管理有限公司、北信瑞丰基金管理有限公司、上海并购股权投资基金合伙企业（有限合伙）、中信保诚基金管理有限公司非公开发行股份募集配套资金，配套资金总额659499985.06元，用于支付本次交易的现金对价及其本次交易相关的费用。发行股份价格为16.97元/股，共计发行38862698股。

### （二）资产重组的主要过程

2017 年 12 月 8 日，中国证监会下发《关于核准跨境通宝电子商务股份有限公司向周敏等发行股份购买资产并募集配套资金的批复》（证监许可〔2017〕2191 号）。2017 年 12 月 13 日上海优壹完成资产过户工商变更手续。跨境通向购买资产的交易对方和 4 家认购对象非公开发行 73268261 股、38862698 股，分别于 2018 年 1 月 26 日、4 月 27 日在深圳证券交易所上市。

## 三、收购意义

### （一）整合多方面资源，实现协调可持续发展

凭借上海优壹已在数据、仓储、物流、渠道、品牌沉淀等资源层面形成的规模经济优势，跨境通经过本次并购，将其自有电商平台与第三方平台资源、供应链资源以及相应的管理体系和运营经验与优壹电商进行全面整合，充分利用各方资源，有助于实现全方位协调可持续发展。

### （二）补充跨境电商领域业务，提升公司盈利能力

通过收购优壹电商，跨境通有望实现跨境电商领域的业务补充与完善，汇集管理经验和行业内技术人才，降低跨境电商业务延伸及纵深布局带来的管理和运营风险。

优壹电商 2016 年度经审计的营业收入 201122.16 万元，经审计的净利润 7720.26 万元。此外，优壹电商之盈利承诺人承诺，2017 年度、2018 年度、2019 年度净利润分别为不低于 13400 万元、16700 万元、20800 万元。本次交易完成后，跨境通整体盈利能力得到提升，进一步提高上市公司的整体价值，为股东带来更好的回报。

（山西证监局　供稿）

# 三丰智能收购上海鑫燕隆实现跨越式发展案例

## 一、收购背景及简要收购过程

为进一步加快智能装备制造业的产业化发展，实施制造强国战略，近年来国家加大了产业扶持的力度。国务院发布的《中国制造2025》，提出实施国家制造业创新中心建设、智能制造、工业强基、绿色制造、高端装备创新5项重大工程，实现长期制约制造业发展的关键共性技术突破，提升我国制造业的整体竞争力。2016年8月，国务院印发了《“十三五”国家科技创新规划》，提出加强智能制造、能源等领域一体化部署，推进颠覆性技术创新，加速引领产业变革；力争在智能制造和机器人等重点方向率先突破。湖北三丰智能输送装备股份有限公司（以下简称“三丰智能”）作为一家主要从事智能输送成套设备的研发设计及生产销售的公司，在自行小车输送系统领域已建立起较大的技术优势和市场优势，但在宏观经济下行及供给侧改革的大背景下，行业内企业的转型升级迫在眉睫，因此，三丰智能以立足于智能输送成套装备和工业机器人为核心，依据“依托资本市场、延伸产业链条、形成新的盈利增长点”的思路，使用资本市场工具扩大在其他智能装备领域的研发、设计和生产能力，形成了集“输送—焊接—装配”一体化的产业链布局，通过收购上海鑫燕隆汽车装备制造有限公司（以下简称“鑫燕隆”），增加在汽车智能装备自动化生产线领域的技术优势和客户资源优势，为后续发展提供了强有力的助推。

2016年9月12日，三丰智能发布公告，宣布自2016年9月12日开始筹划重大事项，即三丰智能向鑫燕隆全体股东以发行股份和支付现金相结合的方式购买鑫燕隆100%股权，并向不超过5名特定投资者发行股份募集配套资金。2017年4月27日，三丰智能向中国证监会提交《湖北三丰智能输送装备股份有限公司上市公司发行股份购买资产核准》的申请，同年9月25日获得中国证监会的正式核准批复，11月20日完成鑫燕隆的股权交割，鑫燕隆成为三丰智能的全资子公司。这一股权交易金额为26亿元，为支付现金对价及相关税费，又发行股份配套融资9.4亿元，交易完成后，对三丰智能和上海鑫燕隆的可持续、跨越式发展，都具有重要的现实意义和战略价值。

## 二、双方基本情况

### （一）三丰智能基本情况

湖北三丰智能输送装备股份有限公司

成立于1999年，地处中国现代工业的摇篮——黄石市，于2011年11月15日成功登陆创业板并在深交所挂牌上市。三丰智能一直以智能控制技术为核心，能够提供产品集成以及整体规划方案，是国内专业从事智能物流输送成套装备的研发、设计、生产制造、安装调试与技术服务于一体的国家高新技术企业，上市后通过内生式发展，逐步成长为国内领先的，以汽车制造产业为核心的柔性自动化输送装备系统供应商。截至2017年6月底，资产总额为9.7亿元，净资产为6.35亿元，归母净利润仅为846万元，一直实施内生发展导致公司增长缓慢，市场竞争压力较大，产业链延伸度不够导致利润增长点不足。

### （二）上海鑫燕隆基本情况

上海鑫燕隆成立于2011年5月，为汽车智能焊装生产线系统整体解决方案提供商，鑫燕隆主要产品包括汽车地板智能焊装生产线、侧围智能焊装生产线、门盖智能焊装生产线以及车身智能主焊线等，覆盖汽车白车身焊装的全工艺流程。通过经验的积累和技术的创新，不断丰富产品类别，在汽车白车身智能焊装领域不断做深、做强，已经成为细分行业的国内领军企业之一。截至2017年6月底，资产总额为11.12亿元，净资产为3.85亿元，半年实现利润8373.63万元，拥有较强的盈利能力。

## 三、收购方案及实施情况

本次收购方案为三丰智能向鑫燕隆全体股东以发行股份和支付现金相结合的方式购买鑫燕隆100%的股权，并向不超过5名特定投资者发行股份募集配套资金。鑫燕隆100%股权的交易作价为26亿元，三丰智能以发行股份支付65%的交易对价，购买标的资产涉及的发行股份价格为16.49元/股；并以现金支付35%的交易对价，上市公司向5名特定投资者非公开发行股份募集配套资金总额为9.4亿元，非公开发行的价格为13.23元/股。交易完成后，上市公司持有鑫燕隆100%的股份。

## 四、实现的成效与评价

### （一）通过本次收购，优化产业布局，提升市场竞争力

近年来，在国家大力推进经济结构转型和产业优化升级的大背景下，三丰智能一直谋求布局《中国制造2025》文件中重点提出的自动化控制技术和先进制造技术产业，力求优化原有智能输送装备业务产业布局，加快推进在高端智能制造和汽车工业机器人应用领域的发展。而此次并购标的上海鑫燕隆，一直致力于汽车智能装备自动化生产线领域的精耕细作，基于强大的研发设计能力、丰富的行业经验和高效的项目管理及服务，鑫燕隆在焊接机器人应用技术、智能化焊装生产线控制技术等领域处于业内领先水平，形成了良好的市场口碑。通过本次并购，上市公司在原有总装、智能运输生产线的基础上，向

智能焊装生产线进一步发展，完善了在汽车、工程机械及其他高端装备制造领域的市场布局，优化公司产业布局，提升市场竞争力，促进公司在国内工业生产智能化生产线市场竞争领域取得领先地位。

**（二）增加了上市公司与标的公司的资源整合，实现协同效应**

在收购前，三丰智能在工业生产智能化领域主要集中于汽车行业和工程机械行业，建立了较为稳定的客户资源关系，赢得众多知名厂商的认可，并与国内众多专业设计院所建立了长期、稳定、紧密的技术经营协作关系，但受相关因素的限制，在高端乘用车市场和合资品牌整车客户的市场份额一直较小，工业生产智能化应用领域也急需拓展。而鑫燕隆专注于为汽车整车制造商提供车身智能焊装生产线整体解决方案，下游客户主要为中高端汽车整车制造商，在汽车智能装备自动化领域技术优势明显。三丰智能与并购标的在业务技术、研发方向、目标市场、人才培养、生产及销售模式等方面产生了有效互补性，在下游市场、技术研发、材料采购、财务管理等方面产生了较大的整合空间，三丰智能的客户群进一步扩大，原有产品能够与鑫燕隆一同进入部分中高端汽车整车制造商，经营协同效应明显。

**（三）提升上市公司现有业务规模和盈利水平**

收购成功后，三丰智能切入汽车智能焊装领域市场，进一步强化了其行业地位，实现研发技术和销售市场的共享与协同，有效提升了主营业务利润空间。目前，鑫燕隆与三丰智能旗下企业之间在技术研发、市场营销、人才交流、资源共享等各方面均实现了良好的协同和发展，双方在销售领域互补的态势显得最为明显，三丰智能输送系统装备、AGV 机器人和自动化立仓等设备，通过市场协同，已成功进入上海鑫燕隆优质客户的供应链，上海鑫燕隆也充分利用三丰智能受众市场渠道和项目管理平台，在广汽、国能等客户市场获得拓展订单。本次资本市场的成功并购，三丰智能 2018 年度实现营业收入 17.92 亿元，净利润 2.36 亿元，与上年同期相比，三丰智能营业收入和归属于母公司所有者的净利润同比增长分别达到 180% 和 264%。本次收购有效提升了上市公司的整体收入规模和盈利能力，增强了上市公司的综合竞争实力；后续三丰智能与收购标的还将继续发挥在研发、采购、销售、渠道、产品、供应链等方面形成的优势互补，通过销售市场互补、细分市场拓展、新产品开发和提升议价能力等方式，实现收入和利润的稳定增长，以规模优势和项目管控优势，不断提升产品和服务的市场竞争力，实现最大化的经营协同效应。

（湖北证监局　供稿）

# 众泰汽车重大资产重组案例

众泰汽车成立于2003年，是以汽车整车研发、制造及销售为核心业务的汽车整车制造企业，拥有众泰汽车、江南汽车两个自主品牌，产品覆盖轿车、SUV和新能源汽车等品类。众泰汽车是具有核心竞争优势的汽车产业民族自主品牌。

黄山金马股份有限公司（以下简称“金马股份”）成立于1956年，目前是国内最大的车用仪表生产企业之一。2000年6月黄山金马股份有限公司在深交所上市（证券代码：000980）。

2017年6月7日，金马股份在深圳证券交易所举行重组更名仪式，众泰汽车正式上市。

## 一、重组背景

一方面，众泰汽车经过十多年的发展，资产状况和盈利能力均有不错的表现，品牌也具有一定的知名度。众泰汽车也曾考虑过IPO，甚至海外上市，但综合考虑各方因素，最后决定走重大资产重组、国内上市路线。

另一方面，金马股份原本20世纪60年代为机械部万用电表定点生产企业，七八十年代作为机械部和航空部的仪表定点生产企业，是安徽省及黄山市机械行业重点骨干企业。但21世纪初，因所处行业不景气，金马股份连年亏损。2003年5月，铁牛集团有限公司收购公司的控股股东黄山金马集团有限公司，实现对金马股份的间接控股，金马股份由国营企业改制为民营控股的上市公司。

## 二、重组过程

### （一）第一次重组

2015年10月8日，金马股份发布重大资产重组停牌公告。2016年3月25日，金马股份召开六届七次董事会审议通过了重组方案：以发行股份购买资产的方式收购众泰汽车100%的股权，作价116亿元，同时募集配套资金不超过100亿元，其中原实际控制人铁牛集团认购不低于45亿元。2016年4月29日收到中国证监会的受理通知书，6月20日回复了一次反馈的答复。但因证券市场环境发生变化，金马股份于2016年9月17日撤回了申报文件，并于9月30日收到中国证监会的终止审查通知书。

### （二）第二次重组

2016年10月9日，金马股份召开了六届九次董事会，重新启动重组程序。在此之前，铁牛集团已经收购了众泰汽车第一大股东的股份，因此，众泰汽车与金马股份均为铁牛集团控制的下属公司，本次重大资产重组成为同一控制下的两个企业合并，金马股份通过向铁牛集团等众泰汽车股东发行股份购买标的公司资产。根据《上市公司重大资产重组管理办法》的规定，仅有上市公司自控制权发生变更之日起60个月内，向收购人及其关联人购买资产，导致上市公司发生若干根本变化情形之一的，才会构成重组上市。由于2003年金马股份的实际控制人已经变更为铁牛集团，控制权变更事项时间已经超过60个月，故符合监管规定，可促成本次重组收购。

2017年3月1日收到中国证监会的通知，经中国证监会上市公司并购重组审核委员会2017年3月1日召开的2017年第9次工作会议审核，众泰汽车本次重大资产重组获得有条件通过。4月11日众泰汽车完成资产过户手续并换发了新的营业执照。5月25日，众泰汽车完成公司名称、注册资本及经营范围等事项的工商变更登记手续，公司名称由黄山金马股份有限公司变更为安徽众泰汽车股份有限公司。

## 三、经验与教训

### （一）政府的大力支持

本次重大资产重组之所以能够成功，政府的支持功不可没。在方案披露后，省市两级政府成立了众泰汽车资产重组小组，协调资产重组工作。在重组过程中，需要政府协调、审批的事项，在符合法律法规及国家政策的情况下，实现快速办理。在出现需要决策的事情时，及时听取政府的意见和建议。

### （二）公司上下齐心协力

本次重组对原上市公司——金马股份和标的公司——众泰汽车均是一件大事，对两公司的管理层和员工来讲，也是一次变革。通过内部会议不断强调重组对两家公司的重大意义，因此，在公司内部协调非常顺畅，重组过程效率很高。

## 四、重组的意义

本次交易前，金马股份的汽车车身件、汽车仪表和线束业务在下游汽车制造行业处于上升期，相对于每年国内汽车整车产销量，汽车零部件业务的市场份额还有很大的提升空间，产品层次和产业规模均有待提高。众泰汽车注重科技创新，2016年整车销量增长58.48%，显著高于同期乘用车行业的销售增长率；主营业务收入增幅为63.98%，处于业绩快速增长的阶段。

本次交易完成后，金马股份现有汽车零部件产品将全面进入众泰汽车配套体系，整车带动效应将在内部进一步突显，使得终端产品核心竞争力增强，提高市场占有率，进而形成零部件业务和整车制造业务的良性互动。金马股份主营业务将从汽车车身、仪表、线束零部件扩大到整车制造，进军汽车销售和售后服务市场，完善产业布局，深化零部件生产和整车制造之间的协作关系，获取纵向一体化带来的经济效益。

同时金马股份将共享众泰汽车研发平台，联合开发汽车电子电器产品，双方在资源共享的基础上实现协同发展，并在产品开发、技术创新、行业发展动态把握上实现互补，有效降低开发成本，缩短研发周期，提高产品质量。

（安徽证监局　供稿）

# 大事记

# 大事记

**2017 年 1 月 1 日** 财政部、国家税务总局发布并实施《关于完善企业境外所得税收抵免政策问题的通知》（财税〔2017〕84 号）。

**2017 年 1 月 13 日** 中国人民银行印发并实施《关于全口径跨境融资宏观审慎管理有关事宜的通知》（银发〔2017〕9 号），完善本外币一体化的全口径跨境融资宏观审慎管理框架。

**2017 年 1 月 15 日** 上海证券交易所发布《上市公司信息披露监管问答》，供上市公司在信息披露实务中参考使用。

**2017 年 1 月 17 日** 国务院发布《关于扩大对外开放积极利用外资若干措施的通知》（国发〔2017〕5 号）。

**2017 年 1 月 17 日** 工业和信息化部发布《大数据产业发展规划（2016 ~ 2020 年）》（工信部规〔2016〕412 号）。

**2017 年 1 月 18 日** 国有资产监督管理委员会修订发布《中央企业投资监督管理办法》（国资委令第 34 号）和《中央企业境外投资监督管理办法》（国资委令第 35 号），原国资委令第 16 号和国资委令第 28 号同时废止。

**2017 年 1 月 20 日** 为进一步规范发行审核预约接待工作，中国证监会发布并实施《中国证监会发行审核工作预约接待办法》。

**2017 年 1 月 20 日** 为完善发行审核履职回避制度，中国证监会发布并实施《关于加强发行审核工作人员履职回避管理的规定（2017 年修订）》和《关于加强发审委委员履职回避管理的规定（2017 年修订）》。

**2017 年 1 月 20 日** 国务院办公厅发布并实施《关于创新管理优化服务　培育壮大经济发展新动能　加快新旧动能接续转换的意见》（国办发〔2017〕4 号）。

**2017 年 1 月 23 日** 中国人民银行等五部门联合印发《关于开展金融精准扶贫政策效果评估的通知》（银发〔2017〕19 号），切实发挥评估工作对进一步改进精准扶贫金融服务的积极作用。

**2017 年 1 月 23 日** 国务院印发《“十三五”促进民族地区和人口较少民族发展规划》，积极支持民族地区符合条件的企业在沪深交易所上市或在新三板挂牌并融资。

**2017 年 1 月 24 日** 中国保监会发布并实施《关于进一步加强保险资金股票投资监管有关事项的通知》（保监发〔2017〕9 号）。

**2017 年 1 月 26 日** 国务院办公厅发布并实施《国务院办公厅关于规范发展区域性股权市场的通知》（国办发〔2017〕11 号），进一步健全多层次资本市场体系。

**2017 年 2 月 17 日** 中国证监会对

《上市公司非公开发行股票实施细则》部分条文进行了修订，发布并实施《发行监管问答——关于引导规范上市公司融资行为的监管要求》。

**2017 年 2 月 24 日** 财政部、税务总局颁布并实施《关于集成电路企业增值税期末留抵退税有关城市维护建设税 教育费附加和地方教育附加政策的通知》（财税〔2017〕17 号）。

**2017 年 3 月 2 日** 中国证监会发布并实施《中国证监会关于支持绿色债券发展的指导意见》。

**2017 年 3 月 10 日** 国内首批 PPP 资产证券化项目正式落地，华夏幸福固安计划和庆春路隧道计划两项目获准发行。

**2017 年 3 月 13 日** 中国人民银行印发《中国人民银行办公厅关于做好 2017 年信贷政策工作的意见》（银办发〔2017〕48 号）。

**2017 年 3 月 16 日** 俄罗斯铝业联合公司（United Company RUSAL Plc）在上海证券交易所成功完成首期人民币债券（即熊猫债券）发行，发行期限 2 + 1 年，发行金额 10 亿元人民币。这是首单俄罗斯大型骨干企业在中国发行的熊猫债券，也是首单“一带一路”沿线国家企业发行的熊猫债券。

**2017 年 3 月 17 日** 中国证券业协会发布并实施《公司债券受托管理人处置公司债券违约风险指引》，督促引导受托管理人做好公司债券违约风险的应急处置工作，保护投资者合法权益。

**2017 年 3 月 17 日** 上海证券交易所发布实施《上海证券交易所公司债券存续期信用风险管理指引（试行）》，意在加强公司债券存续期信用风险管理，切实维护投资者合法权益。

**2017 年 3 月 21 日** 财政部、税务总局发布《关于中小企业融资（信用）担保机构有关准备金企业所得税税前扣除政策的通知》（财税〔2017〕22 号），本通知自 2016 年 1 月 1 日起至 2020 年 12 月 31 日止执行。

**2017 年 3 月 28 日** 中国人民银行、工信部、银监会、中国证监会、保监会联合印发《关于金融支持制造强国建设的指导意见》（银发〔2017〕58 号）。

**2017 年 3 月 28 日** 全国中小企业股份转让系统发布并实施《挂牌公司信息披露及会计业务问答（三）》，意在保证挂牌公司信息披露内容的真实、准确、完整，提高挂牌公司信息披露的质量。

**2017 年 3 月 31 日** 中国证监会决定在上海证券交易所、深圳证券交易所设立巡回审理办公室，派驻执法人员对两交易所上市公司相关违法违规案件开展行政处罚审理工作，进一步提升监管执法效能。

**2017 年 3 月 31 日** 中共中央办公厅、国务院办公厅印发《关于深化国有企业和国有资本审计监督的若干意见》。

**2017 年 4 月 19 日** 税务总局发布《关于提供企业所得税税收政策风险提示服务的通知》（税总函〔2017〕135 号），自 2017 年开始实施。

**2017 年 4 月 25 日** 工信部、发展改革委、科技部联合印发《汽车产业中长期发展规划》（工信部联装〔2017〕53号），到2020年培育形成若干家进入世界前十的新能源汽车企业。

**2017年4月26日** 财政部、税务总局实施《关于继续实施物流企业大宗商品仓储设施用地城镇土地使用税优惠政策的通知》（财税〔2017〕33号）。

**2017年4月28日** 财政部、税务总局发布《关于创业投资企业和天使投资个人有关税收试点政策的通知》（财税〔2017〕38号），其中，规定的企业所得税政策自2017年1月1日起试点执行，个人所得税政策自2017年7月1日起试点执行。

**2017年5月2日** 财政部、税务总局、科技部发布《关于提高科技型中小企业研究开发费用税前加计扣除比例的通知》（财税〔2017〕34号），自2017年1月1日至2019年12月31日实施。

**2017年5月5日** 发展改革委发布并实施《关于清理规范涉企经营服务性收费的通知》（发改价格〔2017〕790号）。

**2017年5月10日** 国务院办公厅发布并实施《关于转发国务院国资委以管资本为主推进职能转变方案的通知》（国办发〔2017〕38号）。

**2017年5月12日** 深圳证券交易所发布并实施《深圳证券交易所独立董事备案办法（2017年修订）》。

**2017年5月15日** 中国人民银行成立金融科技（FinTech）委员会，旨在加强金融科技工作的研究规划和统筹协调。

**2017年5月16日** 人民银行、工信部会同财政部、商务部、国资委、银监会、外汇局联合印发《小微企业应收账款融资专项行动工作方案（2017～2019年）》（银发〔2017〕104号），立足实体经济，聚焦小微企业，全面实施小微企业应收账款融资专项行动。

**2017年5月22日** 中国保监会发布并实施《关于债权投资计划投资重大工程有关事项的通知》（保监资金〔2017〕135号）。

**2017年5月22日** 上海证券交易所修改《上海证券交易所交易规则》《上海证券交易所债券交易实施细则》中涉及债券质押式回购交易的若干条款并实施。

**2017年5月25日** 中国人民银行发布《中国人民银行关于加强开户管理及可疑交易报告后续控制措施的通知》（银发〔2017〕117号），维护社会经济金融秩序，保护人民群众财产安全和合法权益。

**2017年5月26日** 中国证监会发布并实施《上市公司股东、董监高减持股份的若干规定》（中国证监会公告〔2017〕9号）。

**2017年5月27日** 上海证券交易所发布并实施《上海证券交易所上市公司股东及董事、监事、高级管理人员减持股份实施细则》。

**2017年6月3日** 国家税务总局、中国银监会联合印发《国家税务总局、中国银行业监督管理委员会关于进一步推动“银税互动”工作的通知》，进一步加大“银税互动”助力企业发展力度，充分发挥政务信息共享效应，支持供给侧结构性改革，促进大众创业、万众创新。

**2017 年 6 月 6 日** 财政部发布《关于扩大小型微利企业所得税优惠政策范围的通知》（财税〔2017〕43 号），自 2017 年 1 月 1 日至 2019 年 12 月 31 日期间实施。

**2017 年 6 月 8 日** 中国人民银行、银监会、中国证监会、保监会、国家标准委联合发布《金融业标准化体系建设发展规划（2016～2020 年）》（银发〔2017〕115 号），明确提出了“十三五”金融业标准化工作的指导思想、基本原则、发展目标、主要任务、重点工程和保障措施。

**2017 年 6 月 12 日** 财政部印发并实施《国有企业境外投资财务管理办法》的通知（财资〔2017〕24 号）。

**2017 年 6 月 13 日** 发展改革委、工信部发布并实施《关于完善汽车投资项目管理的意见》（发改产业〔2017〕1055 号）。

**2017 年 6 月 19 日** 深圳证券交易所修订并实施《深圳证券交易所上诉复核委员会工作细则（2011 年修订）》，进一步完善上诉复核委员会运作，保护证券发行人、上市公司、会员及投资者等相关当事人的合法权益。

**2017 年 6 月 19 日** 股转系统修订并实施《全国中小企业股份转让系统股票挂牌业务操作指南（试行）》（股转系统公告〔2017〕147 号），意在适应股票挂牌业务电子化流程操作的需要，更好地指导申请挂牌公司和主办券商办理股票挂牌手续。

**2017 年 6 月 19 日** 发展改革委、国家海洋局印发并实施《“一带一路”建设海上合作设想的通知》（发改西部〔2017〕1026 号）。

**2017 年 6 月 19 日** 税务总局发布《关于实施高新技术企业所得税优惠政策有关问题的公告》（国家税务总局公告 2017 年第 24 号），适用于 2017 年度及以后年度企业所得税汇算清缴。

**2017 年 6 月 20 日** 上海证券交易所发布并实施《上海证券交易所资产支持证券挂牌条件确认业务指引》的通知（上证发〔2017〕28 号）。

**2017 年 6 月 21 日** 中国人民银行制定并实施《内地与香港债券市场互联互通合作管理暂行办法》，旨在规范开展内地与香港债券市场互联互通合作相关业务。

**2017 年 6 月 23 日** 上海证券交易所修订并实施《上海证券交易所上市公司信息披露工作评价办法（2015 年修订）》，完善上市公司信息披露工作评价机制，促进上市公司持续提高信息披露质量。

**2017 年 6 月 26 日** 中国人民银行、发展改革委、财政部、环境保护部、银监会、证监会和保监会印发并实施《浙江省湖州市、衢州市建设绿色金融改革创新试验区总体方案》的通知。

**2017 年 6 月 26 日** 中国人民银行、发展改革委、财政部、环境保护部、银监会、证监会、保监会印发并实施《广东省广州市建设绿色金融改革创新试验区总体方案》的通知。

**2017 年 6 月 26 日** 中国人民银行、发展改革委、财政部、环境保护部、银监会、证监会、保监会印发并实施《新疆维吾尔自治区哈密市、昌吉州和克拉玛依市建设绿色金融改革创新试验区总体方案》的通知。

**2017 年 6 月 26 日** 中国人民银行、发展改革委、财政部、环境保护部、银监会、证监会、保监会印发并实施《贵州省贵安新区建设绿色金融改革创新试验区总体方案》的通知。

**2017 年 6 月 26 日** 中国人民银行、发展改革委、财政部、环境保护部、银监会、证监会、保监会印发并实施《江西省赣江新区建设绿色金融改革创新试验区总体方案》的通知。

**2017 年 6 月 27 日** 中国人民银行印发《中国金融业信息技术“十三五”发展规划》，明确提出“十三五”金融业信息技术工作的指导思想、基本原则、发展目标、重点任务和保障措施。

**2017 年 6 月 28 日** 股转系统修订并实施《全国中小企业股份转让系统投资者适当性管理细则（试行）》（股转系统公告〔2017〕196 号）。

**2017 年 6 月 30 日** 中国人民银行和香港金融管理局签署《“债券通”项目下中国人民银行与香港金融管理局加强监管合作谅解备忘录》，建立有效的信息交换与协助执行机制。

**2017 年 7 月 1 日** 中国证监会发布并实施《区域性股权市场监督管理试行办法》。

**2017 年 7 月 1 日** 税务总局、财政部、中国人民银行、银监会、中国证监会、保监会制定并实施《非居民金融账户涉税信息尽职调查管理办法》。

**2017 年 7 月 1 日** 上海证券交易所颁布并实施《港股通投资者适当性管理指引（2017 年修订）》。

**2017 年 7 月 1 日** 上海证券交易所颁布并实施《股票期权试点投资者适当性管理指引（2017 年修订）》。

**2017 年 7 月 1 日** 上海证券交易所发布并实施《上海证券交易所债券市场投资者适当性管理办法（2017 年修订）》。

**2017 年 7 月 3 日** 中国人民银行发布并实施公告〔2017〕第 7 号，推动符合条件的境内外信用评级机构在银行间债券市场开展信用评级业务，促进信用评级行业健康发展。

**2017 年 7 月 7 日** 中国证监会发布并实施修订后的《证券公司分类监管规定》。

**2017 年 7 月 7 日** 中国证监会明确创投基金享受税收试点政策标准，助力创投基金支持初创科技型企业发展。

**2017 年 7 月 7 日** 中国证监会发布并实施《中国证监会关于开展创新创业公司债券试点的指导意见》。

**2017 年 7 月 7 日** 中国证监会修订并实施《中国证券监督管理委员会发行审核委员会办法》。

**2017 年 7 月 14 日** 股转系统发布并实施《挂牌公司并购重组业务问答

（三）》，以规范挂牌公司并购重组行为，明确市场预期。

**2017 年 7 月 15 日**　发展改革委发布并实施《关于发挥政府出资产业投资基金引导作用推进市场化银行债权转股权相关工作的通知》（发改办财金〔2017〕1238 号）。

**2017 年 7 月 18 日**　国务院办公厅印发《中央企业公司制改制工作实施方案》（国办发〔2017〕69 号），2017 年年底前基本完成国有企业公司制改制工作。

**2017 年 7 月 21 日**　国务院颁布《关于强化实施创新驱动发展战略进一步推进大众创业万众创新深入发展的意见》（国发〔2017〕37 号）。

**2017 年 8 月 7 日**　工信部、民政部、国家卫计委联合印发《关于开展智慧健康养老应用试点示范的通知》，旨在推动智慧健康养老产业发展和应用推广。

**2017 年 8 月 9 日**　股转系统发布并实施《全国中小企业股份转让系统公开转让说明书信息披露指引第 7 号——软件和信息技术服务公司（试行）》（股转系统公告〔2017〕303 号）。

**2017 年 8 月 18 日**　国务院办公厅转发并实施《国家发展改革委、商务部、人民银行、外交部关于进一步引导和规范境外投资方向指导意见的通知》（国办发〔2017〕74 号）。

**2017 年 8 月 21 日**　中国联通作为第一家央企层面"混改"的企业，集团旗下 A 股上市公司中国联合网络通信股份有限公司发布专项公告，披露混合所有制改革试点总体方案和拟改革的内容要点。

**2017 年 9 月 1 日**　中国人民银行发布并实施《中国人民银行公告》（〔2017〕第 12 号），规定金融机构不得新发行期限超过 1 年（不含）的同业存单。

**2017 年 9 月 4 日**　中国人民银行、中央网信办、工信部、工商总局、银监会、证监会、保监会发布《关于防范代币发行融资风险的公告》。

**2017 年 9 月 6 日**　股转系统修订并实施《全国中小企业股份转让系统股票挂牌条件适用基本标准指引（试行）》（股转系统公告〔2017〕366 号）。

**2017 年 9 月 7 日**　上海证券交易所发布并实施《沪市新上市公司信息披露上岗手册》。

**2017 年 9 月 8 日**　中国证监会修订并实施《证券发行与承销管理办法》，对可转债、可交换债发行方式进行了调整，将现行的资金申购改为信用申购。

**2017 年 9 月 8 日**　上海证券交易所制订并实施《上海证券交易所上市公司可转换公司债券发行上市业务办理指南》。

**2017 年 9 月 15 日**　国务院办公厅发布并实施《关于进一步激发民间有效投资活力促进经济持续健康发展的指导意见》（国办发〔2017〕79 号）。

**2017 年 9 月 18 日**　股转系统制定并实施《全国中小企业股份转让系统挂牌公司行业分类结果异议处理业务指南》，以进一步规范挂牌公司行业分类管理和维护工作，明确挂牌公司行业分类结果异议处理流程和要求。

**2017年9月18日** 税务总局、科技局发布并实施《关于加强企业研发费用税前加计扣除政策贯彻落实工作的通知》（税总发〔2017〕106号）。

**2017年9月22日** 上海证券交易所、深圳证券交易所、股转系统、登记结算公司联合制定并实施《创新创业公司非公开发行可转换公司债券业务实施细则（试行）》。

**2017年9月25日** 中国证监会发布并实施《公开发行证券的公司信息披露内容与格式准则第26号——上市公司重大资产重组（2017年修订）》。

**2017年9月26日** 国务院印发《国家技术转移体系建设方案》，推动技术市场与资本市场联动融合，拓宽各类资本参与技术转移投资、流转和退出的渠道。

**2017年10月1日** 财政部关于印发并实施《资产评估基本准则》的通知（财资〔2017〕43号）。

**2017年10月17日** 股转系统制定并实施《挂牌公司重大资产重组审查要点》和《挂牌公司重大资产重组在审项目审查进度表》（股转系统办发〔2017〕32号）。

**2017年10月20日** 深圳证券交易所制定并实施《深圳证券交易所行业信息披露指引第8号——上市公司从事零售相关业务》和《深圳证券交易所行业信息披露指引第9号——上市公司从事快递服务业务》。

**2017年10月26日** 财政部、税务总局发布《关于支持小微企业融资有关税收政策的通知》（财税〔2017〕77号），自2017年12月1日至2019年12月31日期间实施。

**2017年11月1日** 财政部、税务总局、中国证监会发布《关于继续执行沪港股票市场交易互联互通机制有关个人所得税政策的通知》（财税〔2017〕78号），对内地个人投资者通过沪港通投资香港联交所上市股票取得的转让差价所得继续暂免征收个人所得税，自2017年11月17日起至2019年12月4日期间实施。

**2017年11月3日** 深圳证券交易所修订并实施《深圳证券交易所行业信息披露指引第3号——上市公司从事房地产业务》。

**2017年11月6日** 国家标准委、发展改革委、商务部印发并实施《外商投资企业参与我国标准化工作的指导意见》的通知（国标委综合联〔2017〕119号）。

**2017年11月17日** 股转系统发布并实施《关于在全国中小企业股份转让系统挂牌的沪深交易所退市公司重大资产重组监管问答》。

**2017年11月20日** 工业和信息化部等十六部门发布《关于发挥民间投资作用 推进实施制造强国战略的指导意见》。

**2017年11月21日** 税务总局发布《关于企业境外承包工程税收抵免凭证有关问题的公告》（国家税务总局公告2017年第41号），适用于2017年度及以后年度企业所得税汇算清缴。

**2017年12月1日** 中国人民银行修

订《应收账款质押登记办法》（中国人民银行令〔2007〕第4号发布）并实施。

**2017年12月8日** 中国证监会发布并实施《关于修改〈证券登记结算管理办法〉等七部规章的决定》和《关于修改、废止〈证券公司次级债管理规定〉等十三部规范性文件的决定》。

**2017年12月13日** 中国人民银行与中国证监会联合印发《绿色债券评估认证行为指引（暂行）》，完善绿色债券评估认证制度，推动绿色债券市场持续健康发展。

**2017年12月14日** 中国人民银行公布制定《中国人民银行自动质押融资业务管理办法》，2018年1月29日起施行。待实施后废止《中国人民银行自动质押融资业务管理暂行办法》（中国人民银行公告〔2005〕第25号）。

**2017年12月18日** 发展改革委发布并实施《民营企业境外投资经营行为规范》的通知（发改外资〔2017〕2050号）。

**2017年12月18日** 国家发展改革委关于印发并实施《全国碳排放权交易市场建设方案（发电行业）》的通知（发改气候规〔2017〕2191号）。

**2017年12月22日** 股转系统制定《全国中小企业股份转让系统股票转让方式确定及变更指引》，2018年1月15日起施行。

**2017年12月25日** 股转系统制定《全国中小企业股份转让系统创新层挂牌公司年度报告内容与格式指引》及《全国中小企业股份转让系统基础层挂牌公司年度报告内容与格式指引》，2018年1月1日起实施。

**2017年12月29日** 中国证监会发布并实施《公开发行证券的公司信息披露内容与格式准则第2号——年度报告的内容与格式》（2017年修订）和《公开发行证券的公司信息披露内容与格式准则第3号——半年度报告的内容与格式》（2017年修订）。

**2017年12月29日** 国家发展改革委发布并实施《关于开展2018年度企业债券存续期监督检查和本息兑付风险排查有关工作的通知》（发改办财金〔2017〕1958号）。